国家级企业管理创新成果

（第二十四届）

中国企业联合会管理现代化工作委员会　编

企业管理出版社

图书在版编目(CIP)数据

国家级企业管理创新成果．第二十四届：全 2 册/中国企业联合会管理现代化工作委员会编．—北京：企业管理出版社，2018.3

ISBN 978－7－5164－1678－5

Ⅰ．①国… Ⅱ．①中… Ⅲ．①企业管理－经验－中国 Ⅳ．①F279.23

中国版本图书馆 CIP 数据核字(2018)第 041216 号

书　　名：国家级企业管理创新成果(第二十四届)
作　　者：中国企业联合会管理现代化工作委员会
责任编辑：徐金凤　黄　爽
书　　号：ISBN 978－7－5164－1678－5
出版发行：企业管理出版社
地　　址：北京市海淀区紫竹院南路 17 号　　邮编：100048
网　　址：http://www.emph.cn
电　　话：编辑部(010) 68701638　发行部(010) 68701816
电子信箱：qyglcbs@emph.cn
印　　刷：北京宝昌彩色印刷有限公司
经　　销：新华书店
规　　格：210 毫米×285 毫米　　大 16 开本　　86.75 印张　　2500 千字
版　　次：2018 年 3 月第 1 版　　2018 年 3 月第 1 次印刷
定　　价：300.00 元（上、下册）

国家级企业管理创新成果（第二十四届）

顾　问： 王忠禹

主　编： 邵　宁　朱宏任

副主编： 于　吉　于　武

专家组成员：（按姓氏笔画排序）

王　毅　王利平　王其文　王继承　宁连举
刘丽文　刘冀生　吕　萍　佟仁城　吴少平
吴贵生　吴剑锋　宋毓钟　张文彬　张秋生
张峻峰　杜莹芬　陆　燕　周应堂　周绍朋
郑明身　罗　鹏　赵剑波　郝树华　徐东华
陶文忠　崔永梅　崔新健　黄津孚　程多生
焦　豪　蔡曙涛　魏秀丽

加快企业创新发展 着力振兴实体经济

——在 2017 年全国企业管理创新大会上的讲话

中国企业联合会、中国企业家协会会长 王忠禹

各位代表、同志们：

首先，我代表中国企业联合会、中国企业家协会，向荣获第二十三届全国企业管理现代化创新成果的企业和创造人表示衷心的祝贺！

全国“两会”刚刚结束不久，我们在这里召开“2017 年全国企业管理创新大会”。这是我们贯彻落实全国“两会”精神的大会，也是适应经济新常态，总结、交流企业管理创新成果的大会。2016 年年底召开的中央经济工作会议提出，着力振兴实体经济。要坚持以提高质量和核心竞争力为中心，坚持创新驱动发展，扩大高质量产品和服务供给。十二届全国人大五次会议通过的《政府工作报告》又强调，要深入实施创新驱动发展战略，推动实体经济优化结构，不断提高质量、效益和竞争力。

早在 2015 年，习近平总书记就指出，要深入实施创新驱动发展战略，推动科技创新、产业创新、企业创新、市场创新、产品创新、业态创新、管理创新等，加快形成以创新为主要引领和支撑的经济体系和发展模式。以上这些创新，与每个企业都密切相关。其中，科技创新和管理创新更是企业创新的重点内容。我们过去就常讲，推动企业发展的两个“轮子”，一个是科技，一个是管理。只有这两个“轮子”转得好，才能推动企业更快、更好发展。对此，我谈几点意见，供参考。

一、加快科技创新，做强实体经济

创新驱动是振兴实体经济的重要引擎。改革开放以来，我国实体经济取得了快速发展，企业的发展动能正从主要依靠资源和低成本劳动力等要素驱动转向创新驱动。但也要看到，在实体经济中，低端供给过剩、中高端供给不足的结构性失衡问题仍然很突出；产品结构还无法适应消费结构升级变化，高品质、个性化、高附加值产品的供给能力不足；传统制造业中的关键装备、核心零部件和基础软件严重依赖进口。只有加快科技创新，才能尽快改变这种状况，适应和引领经济发展新常态，推进供给侧结构性改革。习近平总书记在参加十二届全国人大五次会议上海代表团讨论时，从创新驱动的高度，提出了明确的要求。一是要以全球视野、国际标准，提升科学中心集中度和显示度，在基础科技领域做出大的创新、在关键核心技术领域取得大的突破。二是要突破制约产、学、研相结合的体制机制瓶颈，让机构、人才、装置、资金、项目都充分活跃起来，使科技成果更快推广应用、转移转化。三是要大兴识才、爱才、敬才、用才之风，改革人才培养使用机制，借鉴运用国际通行、灵活有效的办法，推动人才政策创新突破和细化落实，真正聚天下英才而用之，让更多千里马竞相奔腾。这三个方面，既是推进企业科技创新的方向，也是加快企业科技创新的内容。华为经过 20 多年持续高投入的创新研发，已经突破技术跟随者的发展阶段，成为以科技产品引领世界潮流的中国企业，也是世界 100 个知名品牌中唯一一个中国知名品牌。国家电网强化创新意识，稳步推进成果转化，在重大科技攻关、科技示范工程、特高压和智能电网建设、电网标准制定等领域取得一系列重大科研成果，实现了很多世界第一，成为中国 500 强排名第一、世界 500 强排名第二的国际一流企业。

二、加强管理创新，做优实体经济

管理创新是做优实体经济的重要手段。改革开放以来，我国企业管理工作有了较大提升。但总体上

看，企业管理水平不高，管理能力还很不适应新形势发展的需要，仍存在管理思想和体制机制不适应改革发展的要求，管理手段落后、管理基础薄弱、管理较为松弛等问题，以至于造成产品质量不稳定、核心竞争力不强。中央经济工作会议提出，坚持以推进供给侧改革为主线，坚持以提高发展质量和效益为中心，深化创新驱动，为企业管理创新提出了新的方向，也对企业加强管理创新提出了更高的要求。企业要紧紧围绕推进供给侧结构性改革、提高质量和效益、增强核心竞争力，进一步加强管理创新。一是要充分运用现代化管理手段。将网络、大数据、物联网等新型信息技术等运用到管理的各个环节；利用云计算、大数据等技术，深度挖掘客户需求；有序实施生产装备的智能化改造，对简单重复、安全风险高、作业环境差、劳动强度大等岗位，实施机器人替代的科学管理。二是着力推进商业模式创新。以创造客户价值最大化为目标，以平台企业为中心，整合企业内外资源，建立持续盈利的经营模式；积极发展电子商务等互联网营销渠道，合理调整业务流程、组织架构和管理模式；推进跨界协同，通过组建联盟、投资合作等方式，实现资源共享。三是要探索多种形式的管理创新。持续推进精益管理，加强内部成本管控，强化资源能源集约管理和优化配置，创新内部市场化经营机制；发展大规模个性化定制、网络协同制造、云制造等新型生产模式；加强供应链管理，采用国际标准和行业先进标准，推进上下游企业横向联合和纵向整合。海尔集团不断更新企业管理的认知与思路，从“日事日毕，日清日高”的OEC管理模式，到面向市场的“市场链”管理，再到快速推进的“人单合一”，创造了新管理模式，成为世界排名第一的家电制造商，零售量已8次蝉联全球第一。张瑞敏同志提出要创造符合中国国情的管理3.0，他形象地比喻福特是1.0、丰田是2.0。我们预祝他成功。河钢集团邯钢公司面对新常态、新任务，积极探索“直面市场优化供给，对标一流效益否决”的新做法，通过抓市场、抓产品，以客户结构优化和满足高端客户需求，倒逼产品档次提升和品种结构调整，显著增强了竞争实力。在钢铁行业产能严重过剩、不少大中型企业亏损的情况下，河钢集团邯钢公司2016年实现营业收入720亿元、利润6.2亿元。

三、推进产业结构优化，做实实体经济

深化供给侧结构性改革是做实实体经济的重要举措。近年来，推动供给侧结构性改革取得初步成效。但不容忽视的是，一些企业和经济领域出现“脱实向虚”倾向；不少企业热衷于炒作房地产，热衷于开银行、办信托、炒股票；还有的热衷于上市“圈钱”，反复定向增发、减持套现、抽逃资本。在中央强调做好稳增长、促改革、调结构、惠民生、防风险各项工作的新形势下，要通过深入推进“三去一降一补”，进一步做好产业结构调整，做实实体经济。一是要运用行政手段与市场手段，大力淘汰落后产能、化解过剩产能；通过技术标准、能耗标准、环境标准、资源利用与消耗标准，通过技术改造淘汰落后设备，调整产品结构，提高技术水平。二是要突出主业、做强主业。围绕主业打造高附加值的产业链；大力压缩管理层级，不断提高企业运行质量和效率实力；推动资金、技术、人才等各类资源向核心业务和效益贡献高的业务集中；坚决退出无协同优势的非主业经营业务。三是要加快培育发展战略性新兴产业。突破重点领域核心关键技术，大力发展更加适应市场需求的新技术、新业态、新模式等，促进“中国制造”上升为“中国高端制造”。北京三聚环保新材料股份有限公司以技术为核心、以金融为手段、以资本为纽带，推动建立涵盖煤化工、石油炼制、石油化工企业链的产业联盟，通过技术创新、工程服务、产业投资、物流物联等方式，对联盟企业实施多种方式的改造，有力推动了我国煤化工和石油化工企业的结构性改革和产品升级。

四、深化企业改革，做活做大实体经济

深化企业改革是做活做大实体经济的关键。近年来，受经济发展方式转型等多重因素影响，我国实体经济发展遭遇瓶颈，在企业数量增长放缓、规模以上工业增加值增长速度大幅下降、企业效益明显下滑等方面表现都很突出。在全球经济一体化的形势下，企业要在全球竞争中立于不败之地，必须通过深化改革，加强资源配置和整合，做活做大实体经济。一是要推动混合所有制经济发展。大力推进股权多元化改造，实现国有企业和民营企业优势互补、资源共享、共同发展。二是要加强整合重组。通过收购、兼并、强强联合、大小联合、内联外合、资产重组、产业链延伸、品牌联盟等方式，形成一批对行业发展起引领示范作用的龙头企业。三是要加快“走出去”步伐。深入落实“一带一路”倡议，依靠两种市场、两种资源，加大对品牌、核心技术、营销渠道的开发力度，深化与其他国家跨国公司的合作。中国建材集团有限公司通过混合所有制改革，已经稳居全球第二大建材企业和最大水泥制造商。联想集团有限公司先后收购 IBM 和摩托罗拉，在品牌、技术、管理、产品、战略联盟和运营等各方面，极大提升了联想实力，业务已经拓展到世界上 160 多个国家和地区，连续多年稳居全球 PC 市场的龙头地位。

同志们，实体经济是创造物质财富、提升国家综合国力的基础。中央已就着力振兴实体经济做出重大决策和部署，各地、有关部门也陆续出台一系列政策措施。希望企业和企业家，进一步弘扬“敢为天下先”的精神，坚定信心，勇于担当，通过创新，在管理模式和发展方式上实现新突破，推动实体经济快速发展、不断壮大，为实现国民经济平稳健康发展做出积极的贡献！

最后，祝大会取得圆满成功！

谢谢大家！

深化企业改革创新 提升发展质量和效益

——在 2017 年全国企业管理创新大会上的讲话

全国企业管理现代化创新成果审定委员会主任　邵宁

尊敬的忠禹同志，各位领导、同志们：

大家上午好！

2016 年以来，国内外环境复杂严峻。在以习近平同志为核心的党中央领导下，全国上下坚持稳中求进的工作总基调，以推进供给侧结构性改革为主线，适度扩大总需求，坚定推进体制改革，扎实做好各项工作，经济社会保持平稳发展，实现了“十三五”规划的良好开局。

借此机会，我谈两点意见，供大家参考。

一、当前我国的宏观经济形势

2016 年我国经济和社会生活中出现了一些重要的积极变化。

一是经济增长速度趋稳。国内生产总值达到 74.4 万亿元，增长 6.7%，符合计划预期。经济平稳运行主要是通过积极的财政政策，扩大基础设施建设投资带动的结果。

二是农业稳定发展。全国粮食总产量达到 12325 亿斤，是我国历史上第二高产年。这得益于农业基础设施投资持续增加，农业的综合生产能力不断提高。

三是就业形势比较好。全年城镇新增就业 1314 万人，超额完成全年目标；农民工总量 2.82 亿人，比上年增长 1.5%；服务业成为就业增长的主渠道。

四是去产能工作取得进展。工业品市场价格开始回升，PPI 在连续 54 个月负增长后，于 2016 年 9 月由负转正，说明产能过剩导致的恶性竞争有所缓解。

五是产业结构得到优化。第三产业增加值占国内生产总值的比重提升了 1.4 个百分点，高技术产业和装备制造业增加值占全部工业的比重上升，跨境电商、智慧城市等新业态加快发展。

六是工业经济效益有所改善。规模以上工业企业实现利润总额增长 8.5%，而 2015 年是下降 2.3%。效益改善的原因除去产能外，减税、降成本都有贡献。

七是各项改革加快推进。尤其是政府简政放权方面，全年取消 13 项国务院部门行政许可事项、152 项地方行政审批事项、162 项职业资格许可和认定事项、192 项国务院部门行政审批中介服务事项。

同时我们也要看到，2016 年决定经济发展趋势的一些二级指标仍值得关注。一是投资。2016 年全国固定资产投资增长 8.1%，与上年相比增长幅度下降了 1.7 个百分点。而且其中民间投资只增长了 3.2%，国有控股投资增长了 18.7%。这说明并不很高的投资增长也主要靠政府投资带动，预示着投资增长的后劲不足。二是消费。2016 年全国消费品零售总额增长 10.4%，稍低于上年 10.7%的增长幅度，但 2016 年全国居民人均可支配收入增长的幅度只有 6.3%，比上年的增长幅度下降了 1.1 个百分点。消费的增长必须有居民收入的增长为基础，收入增长幅度降低说明消费增长的后劲也不足。

在经济下行的大背景下，国民经济发展出现积极变化是政府主动调控的结果，也正是我们所希望的。我们理解，党中央、国务院的意图正是通过需求调节，避免国民经济过度减速，为供给侧各项结构性改革措施创造尽可能宽松的环境和长一些的时间。从这个角度讲，2016 年的国民经济运行基本上实现了这个初衷。

2017年国民经济运行的调控，总体上应该继续2016年的思路，保持政策的稳定性。第一，继续通过积极的财政政策，扩大基础设施投资拉动经济增长，避免增长速度降得过低。第二，紧紧控制住几个关键的风险点：一是股市的泡沫风险，二是房市的泡沫风险，三是金融违约的风险。防止社会资金脱实向虚，防止出现系统性的风险。在速度不太低、各类风险可控的环境下，我们就可以以更大的力度推进供给侧各项结构性改革措施，争取得到更多的实质性收获。2017年供给侧结构性改革的各项任务国务院已有部署：国内生产总值预期增长6.5%左右，就业形势和价格总水平保持基本稳定，国际收支基本平衡，民生福祉进一步改善，发展的质量和效益进一步提高。具体工作除大力推进农业供给侧结构改革外，主要包括。

第一，确保“三去一降一补”重点任务取得实质性进展。充分运用市场化、法治化手段，继续推动钢铁、煤炭行业化解过剩产能。创造条件推动企业通过兼并重组淘汰落后产能，妥善处置好企业债务、做好人员安置工作。支持银行和企业等市场主体通过自主协商开展市场化债转股。进一步减少行政审批环节，降低不合理的中介评估费用，降低企业的制度性交易成本。在减税、降费、降低要素成本上加大工作力度，落实好研发费用加计扣除政策，进一步清理规范涉企收费，提高劳动力市场的灵活性，支持企业通过内部挖潜实现降本增效。

第二，强化基础、改造提升、创新驱动，大力振兴实体经济。针对我国制造业核心基础零部件、先进基础工艺、关键基础材料、产业技术基础方面的短板，组织企业和研发机构实施重点突破计划，实质性地提升我国的产业基础能力。以智能化、绿色化改造为中心，推动传统产业改造升级；扎实推进两化深度融合，提升企业的信息化水平，支持和引导龙头企业通过收购、兼并方式提高产业集中度和行业技术水平。以企业为主体，实施制造业创新中心建设和高端装备创新工程，推动航空发动机及燃气轮机、高档数控机床等一批重大装备的自主研发。

第三，持续深化重要领域和关键环节改革。主要包括继续推进简政放权、放管结合、优化服务的改革，再削减一批行政审批事项，全面清理调整行业准入证、生产许可证、经营许可证和职业资格证。深化国企国资改革，推动国有企业公司制改制，加快形成有效制衡的公司法人治理结构、灵活高效的市场化经营机制，推动部分重要领域国企的混改试点。稳妥推进财税和金融体制改革，制定中央与地方收入划分总体方案，推进金融监管体制改革，加强金融宏观审核管理制度建设。营造公平竞争市场环境，加强产权保护制度建设，出台激发和保护企业家精神的意见。

第四，推进更深层次、更高水平的对外开放。扎实有效推进“一带一路”相关国际经济合作走廊建设；积极务实地加强国际产能合作，推进产能合作示范区建设。围绕自由贸易试验区重点任务和薄弱环节继续深化改革探索，力争取得更多可复制推广的制度创新成果。进一步优化外资营商环境，进一步扩大开放领域，简化管理制度。落实和完善促进外贸发展的政策，充分发挥出口信用保险作用，设立服务贸易创新发展引导基金，继续开展跨境电子商务、市场采购贸易、外贸综合服务企业等试点。同时，妥善应对贸易摩擦，维护我国合法权益。

二、企业改革创新的最新实践

2016年，我们继续组织开展了第23届国家级企业管理创新成果的申报和审定工作。一共受理了445项申报材料，经过三轮专家审定，共有243项被审定为“国家级企业管理现代化创新成果”。从这些鲜活的企业实践中，我们可以看到，近年来广大企业主动适应经济发展新常态，牢固树立新发展理念，以提高质量和效益为中心，全方位推进企业改革和创新工作，取得了显著成效。

（一）扎实推进国有企业改革，激发企业发展活力

2016年，国资国企改革的顶层设计已搭建完成，国务院国资委部署开展了“十项改革试点”工作。各地方也陆续出台了相应的政策文件。可以说新一轮国资国企改革进入了全面实施的新阶段。一些国有企业主动试点，积极探索，在一些重点领域、关键环节实现了新的突破。

一是在国有资本投资运营公司试点建设方面。改组组建国有资本投资运营公司，是此次改革完善国有资产管理体制的关键所在，是从“管资产”迈向“管资本”的重要途径。重庆渝富集团以构建国资国企改革推动平台，国有资本优化布局操作平台和市场化、专业化国有资本运作平台为功能定位，在获得国资监管机构明确授权的基础上，对出资企业探索建立以股权为核心的管控机制。即开展“用手投票”发挥积极股东作用，在股权投资中推动投资企业价值创造；开展“用脚投票”强化“进退流转”功能，在资本流动中优化国有资本布局。不但实现了企业投资额、融资额、利润、经营性现金流净额、投资性现金流净额等关键经营指标的快速增长，而且有力推动了重庆市的国资国企改革、产业结构优化调整和战略性新兴产业发展。重庆渝富集团的探索走在了全国前列，值得各地国资监管机构和试点企业学习借鉴。

二是在混合所有制改革试点方面。混合所有制改革是国有企业改革的重点和难点，实现股权多元化是真正落实现代企业制度的关键。贵州天义电梯公司作为中航集团的三级企业，2014 年以来在混合所有制改革试点方面进行了有益探索。由经营层和骨干员工为主体成立合伙企业，以现金出资方式参股 20％股权，将企业由 100％国有股权转变为混合所有制，构建了国有资产与员工利益共同体，有效激发了企业活力，2014、2015 年销售收入增幅分别达到 57.6％、36.8％，净利润增长率分别达到 394.9％、106.8％。

三是完善企业法人治理体系方面。党的十八届三中全会提出“推进国家治理体系和治理能力现代化”。企业治理是国家治理的重要基础和有机组成部分，完善企业法人治理体系是实现国家治理能力现代化的重要体现。中国兵器工业集团从董事会、监事会和经营管理层三个层面推进企业治理能力现代化建设。董事会实行“3＋X”模式，即董事会由董事长兼党委书记、总经理、职工董事和若干外部董事构成。外部董事坚持来源独立、关系独立、管理独立、薪酬独立和发表意见独立，实现董事会从“橡皮图章”向“决策钢印”的转变。监事会参照“外派内设”模式，建立区域（行业）监事会制度，实现监事人员相对独立、考核评价相对独立、薪酬待遇相对独立、工作业务相对独立、运行经费相对独立的体制。经营管理层建立以市场化选聘、契约化管理、并行化考核、多元化激励、开放化授权、体系化监督为主要内容的职业经理人制度，并在以民品经营为主的五家子集团启动试点，取得初步成效。

（二）着力推进数字化、网络化、智能化改造，培育企业差异化竞争优势

当前，新一代信息通信技术革命正在颠覆传统发展模式和产业形态，数字化、网络化、智能化是其发展方向。我国企业积极贯彻落实“中国制造 2025”国家战略，以信息化和工业化深度融合为主线，瞄准智能制造主攻方向，积极应用新一代信息通信技术推动企业创新。

一是战略层面的创新。当前，企业发展和市场竞争的时代背景正在发生趋势性变化。企业要从这个高度来深刻理解新技术革命所蕴含的战略意义，要从企业发展全局来系统性思考和部署信息化工作，包括发展方向定位、增长方式转变、结构调整、资源配置方式优化、新业态、新机会、新模式等。海尔集团公司从 2005 年启动向互联网转型创新以来，经过十多年的艰苦摸索，不但走在了国内企业的前面，而且走在了世界前列。正如李克强总理在 2017 年“两会”上参加山东代表团审议时指出的那样，海尔集团公司创造了新管理模式。2017 年我们将组织专家对海尔集团公司在管理创新方面的最新实践进行总结提炼，并在下半年召开现场会，大家可以去实地考察学习。

二是产品、业务层面的创新。主要围绕产品本身的智能化和 IT 打通产品全生命周期两条主线展开。包括智能化产品的开发，研发模式的数字化、在线化、协同化，生产方式的柔性化、定制化，客户服务的实时化、精准化，以及在此基础上拓展基于 IT 的新业务、新服务等。中航工业第一飞机设计研究院在承担我国运－20 大型运输机研制任务中，改变传统基于二维图纸的串行研制模式，通过建立全三维设计标准和软件系统，打通飞机全生命周期信息共享壁垒，实现从飞机方案设计、关联设计、设计

效的内涵式发展，在煤价大幅下降、煤炭企业普遍亏损的情况下保持持续盈利，人均产量、人均收入、人均效益、人均资产等各项均量指标一直保持煤炭行业前列。

江苏沙钢集团有限公司则创造性地开展了项目制降本增效活动，通过确定降本增效年度总目标和攻关项目，建立“总目标、五大主线和支撑项目”为核心的降本增效目标与项目体系，激励全员开展有针对性的技术创新和管理改进活动，实现了降本增效的长期化、常态化和体系化，增强了企业抵御行业寒冬的能力。

各位代表、同志们，2017 年是我国经济社会发展进程中十分重要的一年，是推进供给侧结构性改革的深化之年。我们要按照中央经济工作会议的要求和十二届全国人大五次会议通过的《政府工作报告》的部署，贯彻落实工业和信息化部等 11 部委联合下发的《关于引导企业创新管理提质增效的指导意见》，以五大发展理念为指导，扎实推进企业改革，大力实施创新驱动发展战略，以优异成绩迎接党的十九大胜利召开。

谢谢！

发挥企业主体作用，切实引导企业创新管理提质增效

——在2017年全国企业管理创新大会上的讲话

工业和信息化部副部长　徐乐江

尊敬的忠禹会长，各位嘉宾，同志们、朋友们：

大家上午好。非常高兴参加2017年全国企业管理创新大会，大会作为全国企业管理创新的重要交流平台，对总结传播先进的管理理念和方法，提升企业管理水平和核心竞争力，促进产业结构调整和发展方式转变具有重要作用。在此，我谨代表工业和信息化部对大会的召开表示热烈的祝贺，对来自全国各地的企业家、企业管理工作者、专家学者和嘉宾朋友们表示诚挚的问候。

当前，世界经济仍处于深度调整期，全球总需求不振，贸易保护主义和"逆全球化"倾向抬头，外贸出口难度增大。我国经济发展进入新常态，经济下行压力加大。特别是近年来，我国企业生产经营成本持续上升，企业减税降费呼声较高，部分行业产能过剩严重，企业尤其是实体经济企业面临着更加严峻的经营环境。与此同时，新一轮科技革命和产业变革正在兴起，信息通信技术加速发展、融合渗透，对企业传统经营管理理念、生产方式、组织形式、营销服务等产生了深刻的影响，既带来了前所未有的挑战，也带来了巨大的创新空间和发展潜力。面对新形势，引导企业创新管理、提质增效不仅是企业降本增效，创新发展空间，提升竞争能力的必然选择；也是应对当前经济下行压力、实现稳增长的重要措施；更是推动我国产业转型升级和结构调整，塑造国际竞争新优势，提高我国经济发展质量和效益的有力支撑。

党中央、国务院高度重视引导企业创新管理提质增效工作。党的十八届五中全会提出创新、协调、绿色、开放、共享的发展理念，强调必须把创新摆在国家发展全局的核心位置，《中共中央国务院关于深化体制机制改革加快实施创新驱动发展战略的若干意见》把管理创新作为全面创新的一项重要内容，明确提出"探索政府支持企业管理创新的新机制"。国务院领导同志对此也多次做出重要批示和指示。为此，2016年7月，工业和信息化部等11部门联合印发了《关于引导企业创新管理提质增效的指导意见》（以下简称《指导意见》）。

企业是创新管理提质增效的主体，做好这项工作必须充分发挥企业的主体作用，调动企业的积极性和创造性；政府作为环境创造者，应该主要在为企业搭建平台、做好服务、营造环境等方面下功夫、做文章。下一步，我们将秉承这一基本定位，与有关部门加强沟通合作，切实贯彻落实好《指导意见》，今年将重点抓好以下几方面工作。

一是加强示范引领。榜样的力量是无穷的，总结推广企业管理创新成功经验，使企业学有典型、赶有先进，是我们的一项重要职责，过去原国家经贸委面向全国推广"邯钢经验"等优秀管理成果，对提升我国企业管理水平发挥了重要作用。我们将继续与中国企业联合会、有关行业协会等各方面加强交流合作，培育、发现、总结一批成功经验和好的做法，下大力气搞好推广，针对地区、行业面临的共性、关键管理问题，通过编写案例集、组织经验交流会、召开现场会等多种形式进行推广。今天我们在这里召开大会发布和推广优秀管理经验，也是这项工作的一项重要内容。

二是开展对标行动。对标管理是企业选择标杆企业从各个方面进行自评估、自诊断、自提升的良性循环管理过程，是支持企业不断改进和获得竞争优势的重要管理手段。在这方面，一些地方和行业已经

进行了有益的探索，我们将与有关地方、行业协会密切合作，选择部分地区、行业率先启动，探索经验，逐步推开；研究建立企业管理评价指标体系，优选一批国内外领先的同行业企业作为标杆，指导地方或行业协会动态更新并公布标杆企业指标水平，引导本地区、本行业企业对照标杆查找出差距和薄弱环节，采取针对性的措施加以改进，向标杆企业看齐。

三是强化服务指导。做好企业创新管理提质增效工作从根本上必须依靠企业，但也需要政府部门的服务、引导和指导。我们将联合有关行业协会、咨询机构、专家等开展“向企业送管理”活动，对企业免费开展现场指导和管理诊断；组织编制企业管理咨询机构名录，引导管理咨询行业专业化、规范化发展；继续实施企业经营管理人才素质提升工程和中小企业银河培训工程，培养造就一批优秀企业家和高水平经营管理人才；为企业提供政策咨询和公共信息服务，指导企业用好相关政策，加强分类指导，帮助企业解决创新管理提质增效工作中遇到的困难和问题。

四是营造良好环境。我们将加强与有关部门的沟通协调，认真贯彻落实国务院关于降低实体经济企业成本的决策部署，努力为企业营造良好的外部环境。进一步简政放权，深化“放管服”改革，降低准入门槛，加强事中事后监管，努力降低制度性交易成本。持续推动减轻企业负担，加快建立涉企收费目录清单制度，继续做好全国企业负担调查和第三方评估。进一步营造和优化中小企业发展环境，配合相关部门落实和完善财税、金融支持政策，改善中小企业服务环境和融资环境，推进中小企业创业创新转型。

各位嘉宾、朋友们，引导企业创新管理提质增效，需要社会各界共同努力，中国企业联合会搭建了一个很好的平台，在推进企业管理和管理创新方面做了大量卓有成效的工作，我们将继续加强沟通合作，加强服务和引导，努力为企业创造更好的环境，为产业结构调整和经济持续健康发展做出新的贡献。

最后，预祝本次大会取得圆满成功，谢谢大家。

（本文根据徐乐江同志在2017年全国企业管理创新大会上的讲话录音整理，未经本人审定）

夯实创新基础、激发创新活力，引领创新发展

——在 2017 年全国企业管理创新大会上的讲话

国务院国有资产监督管理委员会副秘书长　周渝波

尊敬的忠禹会长，邵宁主任，乐江部长，各位领导、嘉宾、同志们：

大家上午好！很高兴参加 2017 年全国企业管理创新大会，我谨代表国务院国有资产监督管理委员会（以下简称国务院国资委）对大会的召开表示热烈的祝贺！对获奖成果的创造单位表示祝贺！对参会的企业家、企业管理者和嘉宾朋友们表示诚挚的问候。

本届大会以加强企业管理创新、着力振兴实体经济为主题，具有很强的针对性和现实意义。在刚刚闭幕的“两会”上，习近平总书记在参加辽宁代表团讨论时强调指出，无论经济发展到什么时候，实体经济都是我国经济发展在国际竞争中赢得主动的根基。李克强总理在《政府工作报告》中也强调，实体经济从来都是我国发展的根基，当务之急是加快转型升级。借此机会，我就这个主题谈三点不成熟的想法，供大家参考。

一、积极把握新常态，突出创新导向

改革开放以来，我国经济 30 多年的高速发展，主要是利用了后发优势，表现为大范围、大规模的引进、模仿和上项目，实体经济自主创新能力不强，产品附加值不高，特别是近几年来，与加快升级的消费需求越来越不适应、不协调。新常态下振兴实体经济，必须坚持突出创新导向，以转型升级、提质增效为中心，从增量扩能向调整存量、做优增量转变，从规模数字型的粗放增长向质量效益型的集约增长转变，从传统的增长点向新的增长点转变。

近几年来，国务院国资委认真贯彻落实党中央国务院关于国有企业改革发展的一系列重大决策部署，以推进供给侧结构性改革为主线，积极适应、把握、引领新常态，大力推动中央企业重组整合，努力化解过剩产能，不断加快企业创新步伐。

2015、2016 两年共完成了 22 家中央企业的重组，中央企业监管户数已经减少到 102 家。2016 年中央企业化解钢铁过剩产能 1019 万吨，化解煤炭过剩产能 3497 万吨，均超前完成了年度目标。2016 年，中央企业创新成果进一步涌现，在国家科技奖励中共有 40 家中央企业获得了 78 个奖项，占获奖项目总数的 33％。所有这些为企业转型升级、更好发展实体经济发挥了积极的促进作用。

二、强化企业管理，夯实创新基础

创新是企业能够可持续发展的动力，管理是企业可持续创新的基础，也是振兴实体经济必须切实抓好的一项基础性的工作。从企业实际情况来看，以下几个方面在当前应当引起重视。

一是加强质量管理。要树立质量第一的强烈意识，发扬工匠精神，精益求精打造中国品牌，从根本上提升产品和服务的竞争力。

二是加强成本管理。要更加重视企业降本增效，通过全面预算管理、集中采购、资源整合等有效措施，最大化减少成本支出，向管理要效益。2016 年，中央企业通过压减工作，减少了管理费用 49 亿元，减少人工成本 76 亿元，收到了预期的效果。压缩管理层级，减少法人户数，我们简称压减工作。

三是全面加强风险管理。要强化企业的危机意识、风险意识，建立科学的风险内控体系，预防和控制企业战略、财务、市场、法律等各个方面的风险。2008 年以来，国务院国资委指导中央企业建立健

全全面风险管理体系，近几年又注重指导中央企业加强对境外并购投资、金融衍生业务等方面的风险监控。

四是加强安全生产管理。2016 年年底以前，一些地方和企业接连发生了一系列严重的安全生产事故，损失惨重，教训深刻。所以，加强企业管理还时刻不能忽视企业的安全生产管理，要进一步强调落实安全生产责任制，切实堵塞安全漏洞，强化安全生产的风险排查，严防重特大安全事故发生。

五是加强信息化运用。大数据、云计算、物联网等新技术的广泛应用，不但能够带来低成本、高质量的商业服务，也为制造业的创新和竞争力升级提供了更多的机会和途径。我们的实体企业要主动拥抱“互联网+”，以新技术、新业态、新模式全面推动生产管理和营销模式的变革。

总之，不断夯实企业基础管理，既是管理创新的应有之意，也为企业强化创新驱动创造了基础性的条件。

三、深化企业改革，激发创新的活力

振兴实体经济必须激发企业的创新活力，实现企业资金、人才、技术等各种创新要素流通、顺畅，而要打破当前创新要素流通的限制，建立鼓励创新的内外部环境，关键还是要进一步深化企业改革。当前国有企业改革已经进入深水区、攻坚期，我们要以习近平总书记强调自我革命、刀刃向内的自觉和勇气，坚定不移把改革推向深入，要按照国家有关国有企业“1+N”顶层文件设计明确改革的方向和途径，加快推进国有企业公司制股份制改革、混合所有制改革、剥离企业办社会职能等一系列改革任务，真正把企业打造成为自负盈亏、自我发展的市场化竞争主体。从企业自身来说，要扎实推进内部体制机制的变革，破除等、靠、要的观念和做法，加快建立健全职业经理人制度，探索落实股权期权和分红等激励政策，更好发挥企业家和高、精、尖骨干人才的作用。为了推进中央企业深化改革，国务院国资委目前已在十家中央企业开展国有资本投资运营公司试点，明确了首批重点领域混合所有制改革的试点企业。确定了十家中央企业子企业开展员工持股的试点，国有企业“三供一业”的分离移交工作也已经在全国展开。83 家中央企业初步建立了规范的董事会，四家企业开展了落实董事会职权的试点。下一步我们将按照国家国有企业改革“1+N”文件规定，不断深化落实各项改革措施，努力为激发企业改革创新的活力和创造力做出新的努力。

各位领导、同志们，我们正处于一个日新月异的剧烈变革的时代，创新是唯一的出路，我们衷心预祝本届全国企业管理创新大会圆满成功，谢谢大家。

（本文根据周渝波同志在 2017 年全国企业管理创新大会上的讲话录音整理，未经本人审定）

关于发布和推广第二十四届全国企业管理现代化创新成果的通知

各省、自治区、直辖市、新疆建设兵团、计划单列市企业管理现代化创新成果审定委员会、管理现代化工作委员会、企业联合会，各全国性行业协会，各有关企业：

为深入学习贯彻党的十九大精神，进一步落实工业和信息化部等 11 部委《关于引导企业创新管理提质增效的指导意见》，根据《关于组织申报第二十四届全国企业管理现代化创新成果的通知》（国管审〔2017〕2 号），全国企业管理现代化创新成果审定委员会（简称全国审委会）组织开展了第二十四届全国企业管理现代化创新成果的申报、推荐与审定工作。截至 2017 年 9 月底，共收到并受理企业申报成果 551 项。经组织高等院校、科研机构、行业协会有关专家初审、预审，在媒体进行公示，并由全国审委会终审，有 205 项成果被审定为“国家级企业管理现代化创新成果”，其中一等 33 项、二等 172 项，现予公布（名单详见附件）。

第二十四届全国企业管理现代化创新成果涉及企业管理主要领域，充分反映了我国各类企业主动适应经济新常态，坚持以供给侧结构性改革为主线，积极落实创新驱动战略，在发展数字经济、共享经济，培育新增长点、形成新动能中取得的新经验新成就，体现了当前企业管理的最新趋势，为政府有关部门制定相关政策提供了参考，为企业提供了可学习和借鉴的成功经验，为大专院校和科研机构进行企业管理科学研究与教学提供了现实案例。

现就本届成果宣传推广工作，提出以下意见。

一、拟于 2018 年 3 月底在北京召开“全国企业管理创新大会”。会议将就新时代推动高质量发展，如何加强企业管理创新等问题进行研讨，组织成果交流，表彰成果创造单位和创造人。会议具体安排另行通知。

二、希望有关单位按照《关于进一步组织做好全国企业管理现代化创新成果有关工作的通知》《关于组织中小企业参加全国企业管理现代化创新成果推荐申报工作的通知》要求，参照《国家科学技术奖励条例》（国务院 2003 年第 396 号令）和《国家科学技术奖励条例实施细则》（科学技术部 1999 年第 1 号令），结合各地区、各部门及企业制订的奖励办法，对成果创造人员给予适当奖励。

三、各地区、有关行业协会要按照《关于引导企业创新管理提质增效的指导意见》（工信部联产业〔2016〕245 号）的要求，围绕当前企业改革与企业管理面临的重点难点问题，加强统筹协同和组织领导，积极开展专题性或区域性的成果交流和宣传推广，充分发挥成果的示范作用。广大企业要适应新时代、紧跟新时代，大力培育新动能，推动创新发展，结合成果审定和推广活动，加强企业管理创新经验总结和相互交流借鉴，进一步激发企业活力和创造力。

附件：第二十四届国家级企业管理现代化创新成果名单

全国企业管理现代化创新成果审定委员会
2017 年 12 月 29 日

附件

第二十四届国家级企业管理现代化创新成果名单

等级	成果名称	申报单位	主要创造人	参与创造人
一等	专用车制造企业基于资源共享的“双品牌·双渠道”管理	徐州徐工随车起重机有限公司	孙小军 杨成团	赵　蔚、陈志伟、吴步昇、刁　启、杨娅文、戚海彬、曹　微、吴　锋、陈宝凤、高玉坤
一等	打造科技产品核心竞争力的工业设计管理	小米科技有限责任公司	雷　军 刘　德	李宁宁、陈　露、任　恬、张　磊、朱　印
一等	以建成国际一流航天防务公司为目标的创新创业体系构建	中国航天科工集团公司	刘石泉 马天晖	年　丰、熊海洋、陈国瑛、焦　珣、舒金龙、刘瑞华、李曙春、常　贺、王　飞、马驰原
一等	纺织企业满足差异化消费需求的品牌延伸管理	内蒙古鄂尔多斯羊绒集团有限责任公司	王　臻	张梅荣、戴塔娜
一等	以“安全、效能、成本综合最优”为目标的电网企业实物资产全寿命周期管理	国家电网公司	舒印彪 寇　伟	张智刚、单业才、张建功、胡庆辉、胡江溢、文卫兵、田洪迅、张兴辉、储　惠、齐立忠
一等	大型重工企业以“工位化、工装化”为核心的生产组织体系变革	上海振华重工（集团）股份有限公司	王兆荣	杜　渝、卢玉春、余锡平、徐正斌、包　孔、赵　勐
一等	基于数字化、可视化、智能化的复杂军工电子装备全生命周期质量管理	中国电子科技集团公司第十四研究所	胡明春 王　平	梅文辉、赵玉洁、刘扣贞、张其政、王　健、杨剑飞、胡金明、胡亮兵、张　柳、曾　静
一等	化纤龙头企业以纵向联盟为载体的竹纤维产业培育管理	吉林化纤集团有限责任公司	宋德武	岳福升、李振峰、于长慧、康志海、陈　阵、张云乔、华伟亮

等级	成果名称	申报单位	主要创造人	参与创造人
一等	大型流域水电公司基于自主创新的智慧企业建设	国电大渡河流域水电开发有限公司	涂扬举 何仲辉	周业荣、郑小华、陈　刚、温伟军、贺玉彬、李善平、晋　健、侯远航、张洪涛、罗立云
一等	大型企业集团以“四个资金池”为依托的境内外资金管理	中国重汽财务有限公司	韩文杰 刘德英	玄甲莲、刘玉婷
一等	实现标本兼治的特大型国有企业联合重组管理	中国机械工业集团有限公司	任洪斌	王锡岩、杨正洪、翟祥辉、徐　刚、王永祥、李　光、王　赟、王玥琦、杨　晨
一等	基础科研院所“一体两翼”技术创新体系建设	中国飞机强度研究所	王彬文	尚忠弟、段世慧、徐　浩、周建锋、刘小川、黄　河、郭冬梅、徐晓东、李　明、杨家驹
一等	打造发展中国家建材家居综合服务商的连锁经营模式构建	中建材投资有限公司	蔡国斌 冯　玮	文　敏、翟　颖、鲍建涛、潘　璇、唐东海、宋瑞来、陈　强
一等	大型军工集团公司发挥军贸优势的国际化经营战略实施	中国兵器工业集团公司	尹家绪 曹光祥	植玉林、马保勇、彭心国、安伟时、韩晓东、徐余庆、孟庆贵、李　群、唐　辉、王鲲鹏
一等	基于“共享共赢”理念的电力多边交易市场的创建与管理	内蒙古电力（集团）有限责任公司	王玉成 贾振国	侯生明、李平均、温培峰、王睿淳、王敏捷、周　鹏、付兆庆、辛　力、李　煜、王海利
一等	跨企业多车型共线混流生产体系构建与实施	东风汽车集团股份有限公司乘用车公司	刘卫东 余　军	刘玉俊、张　超、梅石磊、李庆华、李宏伟、石毅鹏、方　萱、曾　政、吴　威、向　燕
一等	地方商业银行基于大数据精准分析的小微企业融资服务管理	江苏银行股份有限公司	夏　平 季　明	葛仁余、周　凯、王　迅、潘　沁、许皓玮、管薇薇、潘　雁、张　宁、黄文韬
一等	依托集团全产业链优势的海外电力项目“投建运一体化”管理	中国电建集团海外投资有限公司	盛玉明 杜春国	蔡　斌、俞祥荣、曹跃生、李　铮、何书海、赵新华、黄彦德、胡胜丰、齐晓凡

等级	成果名称	申报单位	主　要 创造人	参与创造人
一等	基于综改示范区“煤改电”背景的低温余热高效利用管理	山西中聚晶科半导体有限公司	陈　宏 刘人楷	姚劲松、陈志梅、史　添、韩　丽、翟利民、王　治、王　皑、张　宇、郝贵荣、朱昌辉
一等	支持世界一流综合性国际能源公司建设的标准化智慧化油气田建设管理	中国石油天然气股份有限公司勘探与生产分公司	王元基 汤　林	班兴安、徐英俊、李秋忙、李　庆、云　庆、苗新康、丁建宇、李时宣、李　勇、陈彰兵
一等	大型汽车集团以服务型制造为目标的转型升级	北京汽车集团有限公司	徐和谊	张夕勇、孔　磊、杨　钧、李春华、王刘芳、刘　乐、于晓艳、张　健、冯彦彪、张　旭
一等	以保障安全、高效运行为目标的天然气管网集中调控管理	中国石油天然气股份有限公司北京油气调控中心	黄泽俊 杨　毅	范　莉、刁洪涛、唐善华、杨兴兰、徐春野、赵小川、刘　松、周晓莹、高　义、梁志敏
一等	服务实体经济的供应链金融共享平台的建设与运营管理	中企云链（北京）金融信息服务有限公司	詹艳景 刘　江	宋文东、赵红军、柏晓琳、张　岩、白　静、刘长波、程　菲
一等	创新引领的大型现代煤制油化工基地建设与管理	神华宁夏煤业集团有限责任公司	姚　敏 邵俊杰	蔡力宏、汤卫林、兰志强、赵　平、王玉芹、罗春桃、温　豹、张玉柱、郭中山、李晓东
一等	大型电网企业智能化无障碍供电服务管理	国网山东省电力公司济南供电公司	钱庆林 陈水军	聂　翔、逯怀东、张宝栋、施亚林、刘　晓、隗　蓉
一等	以打造世界一流乳制品企业为目标的国际优质资源整合管理	内蒙古蒙牛乳业（集团）股份有限公司	卢敏放 马建平	吴文婷、石东伟、张　平、高　飞、刘胜利、温永平、吴福顺、于晓庆、程晓飞、朱春红
一等	智能煤化工工厂的建设与运营管理	中煤陕西榆林能源化工有限公司	姜殿臣 周永涛	王小川、马春雷、武　凯、金永文、张振江、贺海波、陈海波
一等	航空装备修理企业精益维修管理	中国人民解放军第五七二〇工厂	袁先明 凌凤文	阚　艳、张建春、张森林、徐立举、蒋晓弟、刘和侠、韩道荣、邓阳春、俞秀林、丁　冬

等级	成果名称	申报单位	主　要 创造人	参与创造人
一等	老三线国有企业产业结构调整中的员工分流安置管理	攀钢集团有限公司	杨　槐	杨　立、杨　东、李顺健、姜建国、黎一冰、明　永、张小军
一等	油田企业以全方位降本增效为目标的系统性管理变革	中国石油天然气股份有限公司吐哈油田分公司	徐可强 娄铁强	周元祥、王仲林、崔　奋、刘彦军、史东风、鲁正乾、李江予、陈　云、李振权、王玉强
一等	非公有制建筑企业构建利益共同体的股权结构改革管理	新十建设集团有限公司	王建东	王东才、肖仁松、张秋权、徐保国、袁云林、袁守文
一等	以助力绿色水运为目标的京杭大运河（浙江段）港口岸电建设运营管理	国网浙江省电力公司	肖世杰 吴国诚	孔繁钢、张　燕、陈吉奂、刘　强、卜佩征、王　广、薛云耀、李颖毅、王　伟、石　勇
一等	轨道交通装备企业面向产品全生命周期的智能化改造	中车长春轨道客车股份有限公司	安忠义 张　波	李　丹、李　核、邓　钢、杨景宏、曲　强、吕　义、王　锐、李卫东、左文龙、都青华
二等	基于人单合一模式的共享式双创平台建设	海尔集团公司	张瑞敏 周云杰	张玉波、赵建华、郑子辉、尹同刚、杨吉虎、赵艳滨、高　燕
二等	轨道交通部件制造企业数字化工厂建设管理	中车株洲电机有限公司	王小方 范庆锋	龙谷宗、臧苗苗、郑　涛、关　辉、汤亚宇、黄永芳、蒋敦增、屈　琳、苏诗湖、胡　锐
二等	大型钢铁集团促进产融协同的产业链金融服务管理	河钢集团有限公司	刘贞锁 胡志刚	李　栋、赵向军、赵　晔、李峰辉、张百兴、王陇刚、于　超、陈　博
二等	基于风险管控的航天型号独立评估管理	中国航天科技集团有限公司	徐　强 师宏耕	杨多和、卿寿松、贾成武、李　胜、贾纯锋、王　磊、张　华、朱　放、张　然、仲维昆
二等	大型军工集团基于双平台的经营管控体系构建与实施	中国电子科技集团公司	王　政 郭冠斌	严义君、郑宏宇、王关林、范雅婷、左朝树、李　明、李　昕、司　文、刘兆毅、王邵飞

等级	成果名称	申报单位	主　要 创造人	参与创造人
二等	电网企业基于“三维评估模型”的人力资本价值管理	国网湖北省电力公司	肖黎春 侯学东	邱　炜、高　梅、杨光明、金　军、张　平、陈　程、钟　颖、尹秋旎、陈　春、刘　斌
二等	设计、制造、销售全生命周期参数驱动的企业设计管理	珠海格力电器股份有限公司	董明珠 谭建明	刘　华、徐萃端、曾伟强、刘怀灿、莫　湛、帅明月、刘荣国、侯坤鹏、和中元、肖　彪
二等	基于特许经营的火力发电企业环保设施专业化、集约化运营管理	大唐环境产业集团股份有限公司特许经营分公司	邓贤东	刘银顺、江澄宇、张成虎、竺森林、姚学忠
二等	突破第三代采铀技术的科技创新管理	中国铀业有限公司	杜运斌 苏学斌	曾毅君、李成城、张金带、牛玉清、田胜军、苏艳茹、谭亚辉、李建华、张永明、常京涛
二等	基于大数据的城市高负荷密度区安全可靠供电管理	国网重庆市电力公司市区供电分公司	钟筱军 陶时伟	田　迅、谢　兵、王晓刚、陈　峥、陈文浩、许晓川、颜　东、邓世杰、刘会灯、周　亮
二等	以安全、优质、高效为目标的高速铁路运营体系管理	中国铁路上海局集团有限公司	唐　强 卢万胜	陈　勇、李青松、向　岚、曹仕权、杨励民、何会兵、李　宏、曲思源、尹春峰、陆志华
二等	国有元器件分销企业实现转型发展的混合所有制改革	深圳中电国际信息科技有限公司	宋　健 刘　迅	周继国、杨春红、王丽凤、张显军、周　杰、陈红星、佘玲玲、元明海
二等	特大型炼化企业渐进追赶世界一流能效的对标管理	中国石化青岛炼油化工有限责任公司	孟祥德 胡正海	孙　浩、莫少明、张罗庚、张　成、王寿璋
二等	大型国有集团企业基于分级机制的应收账款证券化设计与实施	中国电子信息产业集团有限公司	李晓春	李兆明、贾海英、许海东、周　仙、赵　惟
二等	海洋石油企业实现集团价值最大化的炼化板块专业化重组整合	中海石油炼化有限责任公司	董孝利 周德春	陈贵云、孙大陆、何仲文、朱玉明、韩星三、陈文强、冯景信、吴　青、毛晨新、沈洪源

等级	成果名称	申报单位	主　要 创造人	参与创造人
二等	基于财务管理转型的大型企业资金集中管理	中国有色矿业集团有限公司	毛　宏	刘　非、闫俊华、刘　宇、剧　宁、石　岩、宗雅鑫、闫　森、高　洁、张力月、王　珏
二等	以实现智能制造为目标的航空装备设计、生产、使用一体化管理	西安飞机工业（集团）有限责任公司	于　萍 郝　巨	何胜强、李红卫、杨　飞、王守川、宋锦斌、寇　洁、李海龙、刘泽秋、郝勇智、李振阳
二等	以服务地方绿色环境建设为导向的电网新能源一体化业务扩展管理	国网辽宁省电力有限公司大连供电公司	王如伟 唐如海	孔剑虹、司　艳、李春平、杨万清、张葆刚、王跃东、牛明珠、李振威、刘家振、刘　冰
二等	以智慧城市电力服务为目标的电网“三元示范区”建设管理	国网河北省电力公司石家庄供电分公司	朱薪志 陈香宇	刘　伟、田文树、王学彬、侯志辉、董江涛、张国兴、王　晶、陈　阳、李子钰、武　超
二等	汽车企业构建和谐劳动关系的劳动用工管理评价体系建设	东风汽车公司	李绍烛 何　伟	吕传文、胡卫东、刘剑云、刘玉翠、王　莲、丁月鹏、邱升亮、方　芳、张胜利
二等	驻洛中央企业“三供一业”供电设施接收改造管理	国网河南省电力公司洛阳供电公司	赵仲民 刘志贺	马晓久、郭　雷、李建华、李积会、裴明军、孙志强、宁　奎、石玉红、田　海、贾　佳
二等	大型有色企业基于优势互补的境内外镍钴战略资源协同管理	金川集团股份有限公司	杨志强 王永前	陈得信、包国忠、姚维信、张三林、郜天鹏、田东晗、衣淑立、王永才、刘　拓、朱发岭
二等	以效益提升为目标的配电网综合投资绩效管理	国网辽宁省电力有限公司	谭洪恩 赵洪伟	冯　凯、范士新、肖一飞、胡　囡、刘中彦、桑文奇、巴明强、李恒宇、尹明植
二等	电信运营商间移动通信网络资源的共享服务管理	中国联合网络通信有限公司北京市分公司	霍海峰 王传宝	邢志超、许　强、杜宇玲、张　放、迟　野
二等	军工科研院所以军民融合发展为目标的社会治安防控协同管理	中国电子科技集团公司电子科学研究院	吴曼青 程　静	张　博、徐　海、王德勇、李慧波、谢海永、张欣海、刘科科、方　俭、王　宏、胡　罡

等级	成果名称	申报单位	主 要 创造人	参与创造人
二等	迈向世界高端的纺织机械核心产品自主创新管理	常州市同和纺织机械制造有限公司	崔桂生 崔 婷	黄新伟、屈臻辉、杜 志、李立新、唐国新、盛维东、鲍玉荣、李伟国、胥惠英、钱成林
二等	以提质增效为导向的集疏港管理系统构建与实施	中国铁路北京局集团有限公司	郭竹学 张春辉	孙雁胜、许子敏、王世友、董二通、金树桥、王俊刚、史柱文、侯建民、宋子平、张立平
二等	以共享为目标的高速公路数字视频平台建设与管理	北京市首都公路发展集团有限公司	张恒利 刘绍民	毕 爽、程 锋、张明月、赵永生、柳 辉、韩 鹏、董 丽、王 琦、赵 阳
二等	服务智慧城市的"无线城市"建设与运营管理	安徽四创电子股份有限公司	李思明 任子晖	李 铮、张丽君、王雨晴、刘小虎、郝李芬、仝 菲、朱 静、姚宇琛、罗 菁、董 凯
二等	电网企业以资产组为对象的投资管理优化	国网江苏省电力公司	王小兵 林汉银	朱永彦、徐 帅、陈启忠、曹小进、程 璐、芮 筠、曹 贺、陆晓冬、张 进、胡朱周
二等	特大型油田以效益开发为目标的稠油区块合资合作管理	中国石油新疆油田分公司	杨学文	聂海光、何 杰、何长坡、关泉生、陈瑞光、杨 波、张 辽、罗双涵、于鑫泰
二等	施工企业以提升项目管控能力为目标的模块化管理	中铁五局集团第四工程有限责任公司	钟勇奇 张习亭	张顺强、陈玉安、熊锦阳、高海祥、丁 坪
二等	面向需求、流程驱动的商用航空发动机产品研发体系构建与实施（一期）	中国航发商用航空发动机有限责任公司	杜 辉 张卫善	谢永波、王文耀、程 茵、罗婷婷、张 燕、魏利军、郭 宇、蒋 平、陈继悦、王凤森
二等	军工企业集团合并重组后的整合管理	西北工业集团有限公司	李 良 王 英	陈月明、王 舜、胡亚江、刘 翮、张培龙、杨莉娜、丁红英、骆 宏、翟亚茹、王小平
二等	钢铁企业以高端客户为核心的产品定制化管理	河钢股份有限公司承德分公司	魏洪如 耿立唐	郭晋宏、张振全、国富兴、赵建东、张兴利、朴述银、刘 伟、孔 超、石小艳、周艳群

等级	成果名称	申报单位	主要创造人	参与创造人
二等	国有老煤炭企业实现脱困发展的亏损治理	新汶矿业集团有限责任公司	张若祥 葛茂新	徐竹财、高颖敏、李　良、高　楠、牛　超、韩顺兴、顾　超、丁芳强、王洪坤、李　森
二等	以领先发展战略为指引的大型通用航空企业建设	中航通用飞机有限责任公司	徐占斌 傅俊旭	吴光权、杨　雷、宋庆春、孙　康、王　涛、黄领才、褚林塘、张育松、梅　瑜、张立贤
二等	基于开放式创新的人力资源柔性管理	中国电子科技集团公司信息科学研究院	马　林 裘　颖	侯鉴航、王　颖、华　鑫、王武军、张　德、刘光宏、汪志强、康子路、吴云鹏
二等	核燃料元件制造企业以创新为引领的新生产线建设与运行管理	中核建中核燃料元件有限公司	任宇洪 童慎修	简旭宏、杨焕明、李　羽、华月强、李建华、张　兵、余希木、吴　军、邓昌义、车友均
二等	大型集中供热企业绿色智能发展的转型升级	北京市热力集团有限责任公司	李大维	郭明星、刘水洋、张　群、陈义国、田金风、赵　峰、刘　荣、冯　伟、张　玫、付　瑶
二等	大型企业集团财务公司适应利率市场化的融资服务管理	京能集团财务有限公司	朱保成 唐鑫炳	刘嘉凯、张　玫、张　伟、刘　颖、杨　建、王　申、熊　涛、张　捷、王雪莹
二等	基于公交优先发展战略的城市交通企业集团一体化管控	重庆城市交通开发投资（集团）有限公司	李方宇 郝满炉	陈晓明、刘昌萍、车天义、付　平、张东旭、陈　静、刘　林、张冬奇、邓军涛、王　玲
二等	基于行业对标的国际一流能源工程企业建设	海洋石油工程股份有限公司	朱　磊 周学仲	闵　兵、李　涛、金瑞健、孙　宇、赵　婵、傅小荣
二等	实现央企间战略合作优势互补的石化产品集采专供服务管理	中石油铁工油品销售有限公司	王之君 杜向忠	黄怀朋、田景惠、朱定法、胡亚群、田　双、蔡　斌、郭　斌、韦　健、吴　静、徐哲璐
二等	打造高铁国家名片的企业价值驱动战略人力资本管理体系建设与实施	中国中车集团有限公司	刘化龙 楼齐良	薛　松、魏　东、吴新林、郝晓龙、张利明、黄登启、江建春、袁建玲、刘　鹏、彭　鹏

等级	成果名称	申报单位	主要创造人	参与创造人
二等	高海拔青海藏区高标准、精细化通电工程项目管理	国网青海省电力公司西宁供电公司	刘文泉 冯学红	祁连清、薛建峰、钟永泰、宋兴志、徐世山、李永斌、潘兹勇、刘　冰、韩廷海、马长文
二等	有效支撑新一代战斗机研制任务的创新型设计师队伍建设	中国航空工业集团公司成都飞机设计研究所	季晓光 许　泽	李　松、王海峰、蒋　平、井　涛、李　华、汪　亮、郑　雁、周世俊、江秀英、李宏召
二等	大型航空企业战略导向的运营管理	沈阳飞机工业（集团）有限公司	郭殿满 纪瑞东	李长强、郭显华、王建明、陈继璋、闫立峰、王晓明、徐黎明、李晓军、张　敏、夏英姿
二等	民营企业适应军工、核用市场需求的质量管理提升	大连金玛硼业科技集团股份有限公司	王洪涛 于　娟	陈　昕、韩春源、李学斌、杨莹山、刘丕显
二等	实现多方共赢的城乡一体化示范区建设	伟大集团	邓天骥 邹舒潜	刘九冬、汪政家、吴文觉、张伟峰、谢庆安、向爱民
二等	支持企业大健康发展战略的产品体验馆建设管理	漳州片仔癀药业股份有限公司	刘建顺	黄进明、陈纪鹏、刘丛盛
二等	大型央企开放式电商化物资采购管理	国网电子商务有限公司	丁　杨 杨东伟	赵孟祥、樊　涛、陈学先、杨砚砚、龙　磊、张兴华、柏峻峰、石瑞杰、储海东、孟　贤
二等	供电企业以全员参与为导向的本质安全管理	国网冀北电力有限公司唐山供电公司	宋天民 刘福义	石庆周、李　华、朱长荣、张　鸿、贺则铭、李　钢、马伟强、秦浩然、张兆鑫、李　岳
二等	基于集成产品开发团队的民用飞机主制造商研制项目组织管理变革	中国商用飞机有限责任公司	秦福光	章引平、沈大立、王　欣、徐春夏、俞彬彬、李　媛、徐　明、董　习、赵艳红、邹运佳
二等	基于共享云平台的智慧水务运营管理	河北建投水务投资有限公司	牛豫海 张自力	张　强、苏　鹏、张　锋、王　建、张士民、武和平、刘志全、常亚林、周　游、刘一姮

等级	成果名称	申报单位	主要创造人	参与创造人
二等	钢铁企业提升战略管控能力的决策支持系统建设	鞍钢集团公司	唐复平 白静瀑	计　岩、陆　颖、刘卫民、刘炳宇、杨汝艾、陈家成、白　雪、梁会霞、于忠灏、李成志
二等	基于规范保障的分布式电源并网服务管理	国网湖南省电力公司长沙供电分公司	李宗赐 许　彬	李　俊、张　勇、成　晨、曹　漾、姜浩斌、姚　远、周丽兰、刘志军、袁恒伟、程怡捷
二等	大型供电企业以激发基层活力为目标的班组建设管理	国网吉林省电力有限公司长春供电公司	冷传东 真大伟	李双林、贾中辉、王鹏宇、焦明曦、姜冬辉、纪光明、李　波、李　岩、费东东、何　涛
二等	基于价值创造的特种产品生产组织管理变革	重庆长安工业（集团）有限责任公司	李　毅 黄庆新	梁　隆、吴　刚、黄左锐、黎　智、王德昆、李毅成、李云利、吕天霞、刘瑞娟、安智红
二等	以“丝绸之路经济带”为战略导向的铁路市场化运输管理体系建设	中国铁路乌鲁木齐局集团有限公司	单立军 邓有跃	张文卓、苏智勇、王劲松、姚志强、张秀丽、钱　文、李燕彬、王盘疆
二等	面向舰船研制单位的科技信息资源知识服务管理	中国船舶重工集团公司第七〇一研究所	蔡大明 喻　菁	陈捷捷、彭路瑶、黎汉军、王　娜、易基圣、符安邦、胡文莉、朱志安
二等	特大型建筑企业面向 PPP 项目的投资管理	中国中铁股份有限公司	孙旭东 李永青	周民忠、冯慧光、景　象、王德志、李林杰、罗元恒、汪先俊、林生辉
二等	交通机电集成企业以实现智慧高速为引领的自主创新管理	江西方兴科技有限公司	邝仲平 谢雄伟	李卫江、吴昌华、丁　军、杨新华
二等	建筑施工企业促进劳动关系和谐的农民工工资监督管理	中冶建工集团有限公司	姚晋川 周　勇	雷善军、王善桃、黄祥有
二等	邮政企业实现“共建共赢”的电商精准扶贫体系建设	中国邮政集团公司江西省分公司	李金良	黄君仲、杨战军、李红标、纪　幸、章荣晖、徐晓峰、王贵文、甘兆勇

等级	成果名称	申报单位	主　要 创造人	参与创造人
二等	大型施工企业以提质增效为目标的集约化项目管理	中铁六局集团有限公司	马江黔	肖于太、王东旭、王德志、李林杰、袁志富、裴　涛、付晋德
二等	以提高运营绩效为目标的对标管理	乌江渡发电厂	戴建炜 刘春志	贺兴亚、徐　虹、潘　剑、田贵明、熊必文、张　林、廖优林、申明光、贺　灿、皮雪松
二等	基于业主管控下的地铁现场施工“四色”管理	合肥城市轨道交通有限公司	陈　华 罗　斌	夏卫平、胡永涛、郑　浩、席方珅、丁　斌、陶治来、王　海、马晶晶、李　凯、王　健
二等	汽车企业提升价值创造能力的财务共享中心建设	神龙汽车有限公司	沈　军	黄　河、罗　楠、潘　倩、刘　柳、张　映、魏　滨
二等	以转型升级为目标的经营管理机制变革	大庆石油管理局	王建新 梁哨辉	周仕林、马国良、冷宇恒、李钟磬、程　诚、曲连军、徐庆红、夏庆江、徐龙福、郑占营
二等	民营企业绿色生态型马铃薯全产业链构建与管理	张家口弘基实业集团有限责任公司	张　海 刘国峰	赵秉印、张　阁、夏长永、张　静、张东凯、赵振丽、李　芬、艾连庆
二等	化工企业基于资源深度开发利用的节能减排管理	安徽金禾实业股份有限公司	杨迎春	夏家信、姜维强、王从春、陶长文、孙彩军、李恩平、田家民、耿庆保、施以军
二等	以增强核心竞争力为目标的投资与建设一体化管理	中铁投资集团有限公司	张永强	崔根群、宋　凯、张宇宁、李鸿宾、薛军亮
二等	服务文化古城风貌保护的电网规划建设管理	国网陕西省电力公司西安供电公司	余先进 李　静	何晓英、韦加雄、李昆烨、杨引虎、冯雅琳、蒋　勃、吴小平、高彦骋、蒋光英
二等	钢铁企业内部市场化选聘、契约化经营管理	鞍钢集团朝阳钢铁有限公司	刘宝山 杨建伟	于　峰、衣晨光、聂常生、刘　卫、张天祥、付志海、魏荣堃、张思倩、张　辉、乔立峰

等级	成果名称	申报单位	主 要 创造人	参与创造人
二等	促进老油田提质增效的增储建产一体化管理	中国石油天然气股份有限公司大港油田分公司	赵贤正 赵平起	周立宏、周建生、王文革、柴公权、夏国朝、李东平、祝文亮、李晓良、李洪革、赵　敏
二等	大型海外油气投资公司业务价值链的优化和拓展	中国石油拉美（秘鲁）公司	陈金涛 刘文涛	高金玉、王政文、纪春库、谢　刚、李勇明、李　刚、阳　辉、李怀志、吕大维、田　蕾
二等	基于“一三八”管理体系的重大活动网络通信和信息安全保障	中国移动通信集团浙江有限公司	郑　杰 王文生	陈洪涛、戚志良、方国强、郑航海、丁　东、胡　镇、郑　鹏、徐瑾兰、岑曙炜、陈　龙
二等	基于合肥综合性国家科学中心建设的精细化供电服务管理	国网安徽省电力公司合肥供电公司	汤　军 徐其春	汤涤非、李文芳、田　伟、黄长杰、高　雷、鲁　冰、徐伟刚、陈　晨、王洪波、王得胜
二等	钢铁企业基于去产能背景下的转型发展管理	杭州钢铁集团公司	陈月亮	张利明、汤民强、任海杭、李　凯
二等	以提高防灾抗灾能力为目标的配电网企业应急机制建设	国网福建省电力有限公司福州供电公司	郑佩祥 林　平	夏圣峰、陈　斌、郑　勇、江　南、李　函、张海滨、葛　清、吴　蓓、蔡芝炜、林肖斐
二等	石油企业以价值最大化为目标的富余资源优化配置管理	中国石油化工股份有限公司中原油田分公司	王寿平 吕新华	唐立永、石书灿、刘　兴、宣　东、贝远根、黎仕强、赵　栋、邓　强、王燕丽、陈世超
二等	基于首都功能定位的电网建设管理	国网北京市电力公司	安建强 蔡红军	魏宽民、邓佳翔、韩晓鹏、李　伟、刘守亮、胡进辉、张　健、才忠宾、张　璞、李　男
二等	以保障铁路隧道安全高效施工为目标的超前地质预报管理	中铁第四勘察设计院集团有限公司	姜　鹰 赵新益	张　文、廖进星、刘　铁、李　军、陈世刚、曾强运、林　昀、唐　涛、化希瑞、赵晓博
二等	航天研究所以市场为导向的科技创新管理	上海航天控制技术研究所	杨勤利 刘　莎	刘付成、耿　森、胡元闻、柳明旻、何子辉、秦　捷、张嘉轩、杨海容、刘　颖、沈　洁

等级	成果名称	申报单位	主要创造人	参与创造人
二等	白酒企业快速响应市场的智慧供应链管理	江苏洋河酒厂股份有限公司	张惠谦 姚忠明	宋志敏、徐艳丹
二等	实现油气重大发现的新区新领域风险勘探管理变革	中国石油天然气股份有限公司	赵文智 杜金虎	郭绪杰、张义杰、何海清、袁庆东、郑新权、胡素云、徐春春、田　军、李国欣、杨　涛
二等	基于互联网+的一站式高速公路客户服务平台建设	广东省交通集团有限公司	刘小峰 梁　华	曾文东、郭绪刚、陈　春、卢　峰、李　斌、余腊荧、利　冲、卢捷环
二等	虹桥机场公务机机坪管控体系建设	上海霍克太平洋公务航空地面服务有限公司	陆　迅 谢思颢	张　磊、范文珺、陶露予、刘晨曦、蒋鑫钢、谢炜金、施新颜、刘叶青、唐小卫、王　琪
二等	军工科研院所基于创客平台的群众性创业管理	北京机械设备研究所	刘　浩 王彦丰	韩世礼、汪　霞、薛　山、韩　永、刘　婷、何春涛、杨海健、王小文、王　赟、曹　杰
二等	航空物流企业跨境电商综合服务管理	中国东方航空股份有限公司	李福娟	张　震、陈　骏、周定治、陆体山、孙　扬、屈鹏飞
二等	以保障发电企业煤炭供应为目标的水运管理	华远星海运有限公司	丁焕德 刘传柱	卓　山、李强德、陈　昊、贺　吉、王勤丰、张爱培、饶庆平、唐平良、笪如军、姜　岚
二等	移动终端企业以客户为导向的多平台协同经营管理	中国移动通信集团终端有限公司浙江分公司	朱丽宁 王春林	石思奇、张存伟、宋广卫、林　涛、李灿斌、黄淮滨、李　博、徐凤霞、孙晓青、曹俊琴
二等	电信企业以物联网为载体的创新项目孵化管理	中国移动通信集团浙江有限公司杭州分公司	郑　杰 王文生	屠宇飞、盛　华、翁其艳、边恩炯、徐　明、柳　毅、陆恒力、金仁杰、赵晓娇、王士源
二等	航空制造企业基于全过程成本控制的工具个性化采购管理	成都飞机工业（集团）有限责任公司	常金平 王　懿	林　波、顾佳彦、孙　臻、靳　冰、岳　林、李亚君、蒲　君、林　慧、喻　华

等级	成果名称	申报单位	主　要 创造人	参与创造人
二等	钢铁企业基于全成本分析的客户关系管理系统建设	南京钢铁股份有限公司	黄一新 祝瑞荣	姚永宽、楚觉非、谯明亮、王　芳、张秋生、傅小彬、刘汝营、蔡博言、杨　帆、李小亮
二等	以转型升级为目标的煤机装备制造企业全产业链构建	山东能源重型装备制造集团有限责任公司	周　峰	郭彦光、苗　健、潘立强、高荣惠、刘孝利、李　旭、陈文思
二等	建筑企业引入价值链理论的管理标准动态优化与实施	中建三局集团有限公司	易文权	夏志华、赵　军、任会军、周迎辉、唐道斌、马　青、李锦君
二等	采油生产企业以建设智慧油田为目标的流程优化管理	中国石油天然气股份有限公司华北油田分公司第一采油厂	李惠杰 程玮东	朱瑞彬、马献斌、周正奇、刘　莉、殷海军、王建颖、王亚轻、张淑玲、杨　静、杨　涛
二等	煤矿安全风险预控管理体系建设	神华新疆能源有限责任公司	王宁波	李新华、田　华、陈建强、张新战、刘凡波、侯德建、马洪涛、杨　峰、赵南方、付根宁
二等	石油钻井企业盘活人力资源的“双线”用工管理	中石化胜利石油工程有限公司黄河钻井总公司	曹新华 张建阔	李　迅、张加义、付立新、杨钟山、刘明亮、张志国、刘　乐、王　宁、吴春刚
二等	大型钢铁企业提高供给质量和效益的管理变革	唐山钢铁集团有限责任公司	王兰玉 田　欣	王亚光、张小帅、田　川、张爱民、杨利东、王东林、李云海、刘洪斌、刘　杰
二等	煤炭企业以“双增双降”为目标的岗位管理	冀中能源峰峰集团有限公司	赵兵文 张德祥	许　凯、邢建军、张和平、刘冀英、杨艳强、王献平、郝曙亮、李明勋、郜玉英、李保华
二等	火力发电机组超低排放改造工程多项目交叉并行管理	华能沁北发电有限责任公司	钱　辉 韩吉亮	赵德清、庞　博、李建高、李吉峰、李福林、吕炳燕、郭小丰
二等	跨多国天然气管道利益相关方共享价值管理	中亚管道有限公司	孟繁春 孟向东	张少峰、金庆国、曹　伟、张　鹏、钟　凡、李　琳、钱亚林、刘　涛、王立军、关新来

等级	成果名称	申报单位	主要创造人	参与创造人
二等	保障电网安全运行的输变电设备防污闪全面综合管理	内蒙古电力（集团）有限责任公司乌海电业局	兰志军 郑军生	王永强、余　洋、樊　刚、苏　勇、王　群、乙兴隆、王振国、郑　璐、连　众、贾毓彦
二等	石油钻探企业以低碳、环保为核心的绿色钻井生产管理	中国石油集团渤海钻探工程有限公司	范先祥	刘云卿、刘荣军、唐廷川、马　强、秦　超
二等	制药企业以提质增效为目标的流程优化管理	上药东英（江苏）药业有限公司	张耀华 张　秋	王　殷、汪晓铭、王　坚、王国良、平士观、黄舰明、何小虎、黄　升、李鑫华、蒋　鹏
二等	实现“过程创效”的海外石油技术支持与商务运作平台建设	中国石油天然气勘探开发公司	陈　龙 林佳明	司军涛、黎　江、杨兆军、宋宇波、生丽敏、李仁昌、桑俊梅、米林林、谢新宇、韩　治
二等	火力发电企业实现绿色发展的蜂窝型集束煤仓管理	华能国际电力股份有限公司长兴电厂	张　峰 陈　彬	刘国跃、赵　平、谭海涛、沈　琦、柯文石、陈胜军、徐建刚、徐　玮、王晓渊、黄国新
二等	地市供电公司基于大数据综合管控平台的精益目标管理	国网湖南省电力公司湘潭供电分公司	梁　剑 耿春江	许海清、肖宗斌、饶宏伟、贺铁光、尹献文、吴轶蓓、龙亦文、丁一奇
二等	成品油销售企业以信息化为支撑的“四全四员”安全督查管理体系建设	中国石化销售有限公司北京石油分公司	佟德健 刘　尧	崔　凌、赵　亮、杨　和、何洪奎、张　磊、肖　肖、宋卫军、石秀丽、温　浩、马广喆
二等	火电基建项目的精益化调试管理	华电山西能源有限公司	杜将武 李茂运	闫俊杰、张绍清、张　赛、牛培荣、张迎新、李　宁、周　波、李国敏
二等	以客户为导向的第三方物流企业精益运营管理体系构建	重庆长安民生物流股份有限公司	谢世康 石井岗	廖家华、吴官洋、李林味、杨　梅、郭金雨、陈　程、张　吉、邓　莉
二等	大型煤炭企业集团提高供给质量和效率的结构性改革	山东能源集团有限公司	李位民 张寿利	孙世海、李继斋、张廷玉、彭业廷、赵　玉、东忠岭、李君清、康井海、赵洪秀、谢蛟龙

等级	成果名称	申报单位	主　要 创造人	参与创造人
二等	以解决大型城市变电站落地难为目标的协同管理体系建设	国网河南省电力公司郑州供电公司	张中青 郑　阳	朱　颉、马　磊、张　雯、辛　军、管晓峰、朱　勇、郑会平、张梦瑶、吴越人、刘念祖
二等	移动通信企业基于客户感知的互联网电视品质管理	中国移动通信集团福建有限公司	刘　坚	张　莉、葛松海、首建国、尹壮志、雷日东、章金水、林　海、陈银铃、刘　杰、林超艺
二等	基于集成化信息平台的全供应链"一站式"物资供应服务	中油管道物资装备有限公司	司马俊 郄振雷	王华荣、陈　喆、侯　勤、左扬平、何宝生、孙宝海、王春辉、杜　娟、汤　怡、李雪松
二等	以打造一流可持续发展智库为目标的企业咨询服务管理	责扬天下（北京）管理顾问有限公司	殷格非 陈伟征	管竹笋、代奕波、邹续林、林　波、王　雯、侯彩霞
二等	面向突发及重大活动的组合式柔性供电服务管理	国网浙江省电力公司杭州供电公司	肖世杰 杨　勇	阙　波、邵学俭、黄武浩、徐　昱、吴志敏、侯素颖、周　华、祝春捷、陈晓刚、陈　超
二等	石油企业以提质增效为目标的管理变革	中国石油天然气股份有限公司华北油田分公司	王万迅 陈兴德	刘建武、黄　铠、张彦春、周爱新、李　林、郭增强、李红霞、冯运凯、张　影、高振友
二等	能矿企业以国内一流为目标的"四个文化"建设管理	西南能矿集团股份有限公司	李在文 何毓敏	赵震海、王永茂、龙正毕、尹云省、曾繁钰、臧　朕、何　骁
二等	大型开发建设企业以"管理驾驶舱"为抓手的综合管理	北京住总集团有限责任公司	王宝申	张伟泽、姜　华、靳军安、顾　昱、张恒跃、雷宏宇、张大威、鲍　克、宋　涛、许海涛
二等	基于互联网的多管理体系整合管理	中国石油天然气股份有限公司宁夏石化分公司	陈　坚 吴庆善	刘玉民、梁国斌、高耀廷、马会涛、温海明、吴志炯、马朝龙、朱建立、陈攀峰、杨学刚
二等	以创建国际军事海洋旅游领航企业为目标的战略实施	天津滨海泰达航母旅游集团股份有限公司	刘占中 刘卫东	郭琴丽、侯　婷

等级	成果名称	申报单位	主　要 创造人	参与创造人
二等	铁路运输企业基于微信平台的移动化管理	中国铁路呼和浩特局集团有限公司	席建国 曹云明	胡汉锋、骈文波、王秀山、石三黑、石　光、张　涛、王　馨、李　超、贾　鹏、仲瑞善
二等	大型钢铁企业基于能力提升和配置优化的操作员工测评管理	太原钢铁（集团）有限公司	李晓波 高祥明	张敏芳、孟永刚、毋建贞、黄万管、张　鹏、郭长宝、徐新华、任变变、杨　俊
二等	大宗物资无车承运人服务平台的构建与运营管理	成都积微物联集团股份有限公司	谢　海 刘茂刚	陈　源、岳富金、张　维、赵冠杰、朱中源、王　昶、杨小云、王武顺、陆　东、徐之军
二等	冶金地下矿山以安全高效为目标的爆破“四化”管理	首钢矿业公司	黄佳强 张金华	孙建珍、付振学、陈国瑞、王凌云、张文东、刘　军、徐　冲、严振湘、李月喜、张　达
二等	采气企业“链条节点法”管理优化	中国石油天然气股份有限公司长庆油田分公司第一采气厂	刘占良 张书成	闫　昭、蒋海涛、范启明、贺丽华、张东明、杨玉林、袁旺军、任　涛、蒋晓梅、张　博
二等	邮政企业助推战略转型的企业文化体系建设	中国邮政集团公司	李国华 李丕征	赵双占、陈剑锋、谢　册、杜永壮、张　宇、邢迎春、郭冬芬、李莹辉、刘俊英、杨宁宁
二等	轨道交通装备企业战略实施体系建设	中车株洲电力机车研究所有限公司	丁荣军 李东林	王卫安、程　惠、涂晓红、吴爱虎、邓恢金、黄　蓉、曾鸿平、彭华文、杨孝杰、黄　准
二等	卷烟企业基于全员持续改善的绩效管理优化	江西中烟工业有限责任公司南昌卷烟厂	罗　飚	华　刚、邱　宏、肖　莲、魏小兰
二等	石油物探企业基于专业化的内部市场化管理变革	中国石油集团东方地球物理勘探有限责任公司西南物探分公司	耿　炎 陈　杰	袁才鑫、张光武、游　浩、于振坤、罗建华、罗雪梅、袁枫尧、肖旭东、陈　波、杨　利
二等	地市供电公司以提升核心能力为目标的卓越运营管理	国网福建省电力有限公司厦门供电公司	丛　阳 吴进辉	许志永、郑建江、戴贤哲、董　琳、周雪梅、沈晓秋、张卓生、李华君、温永贤、童　刚

等级	成果名称	申报单位	主要创造人	参与创造人
二等	德资企业践行匠心致远理念的工匠精神培育	普罗名特流体控制（大连）有限公司	王轶敏	关景华、王朝龙、郑　伟、李清海
二等	面向业务创新的能力共享开放生态系统建设	中国联合网络通信集团有限公司	孙世臻 陈淑平	刘海舟、常　培、冯天洋、陶　元、何　璇、刘啸原、王立峰、孙　艺、李　焱
二等	冶金矿山以市场为导向强化“产线”的组织管理变革	河钢集团矿业公司	黄笃学 张国胜	齐国志、朱华明、胡志魁、霍顺生、王宏剑、刘炳智、韩　勇、康　杰、杨福军、蔡义兵
二等	高速公路运营企业业财一体的扁平化财务管理	山东高速股份有限公司	赛志毅 伊继军	张晓冰、郭玉波、周　亮、高德忠、于立意、陈　鹏、张建忠、周慧娟、邱　娜、戚俊丽
二等	供电企业服务政府老旧城区改造配电网规划管理	国网湖北省电力公司武汉供电公司	明　煦 刘　嵩	孙　皓、邓　薇、韩启新、万文轩、戴　飞、周　纯、王　睿、傅　蕾、刘　纲、梅维胜
二等	煤炭企业基于资源整合的工矿游景区建设	河南大有能源股份有限公司新安煤矿	李书文 刘建中	郭　栋、姚红军、席战伟、郭　晓、杨伟锋、张正义、杨宏伟、田彦伟、张陆化、刘　昱
二等	电网企业以价值为核心的内部市场化管理	国网陕西省电力公司	卓洪树 曹海东	张　宏、张春艳、季斌炜、李金芳、梁　岳、王海育、梁少丽、蒋　娜、王　军、党恬恬
二等	邮政企业以打造新增长极为目标的快递包裹业务发展	中国邮政集团公司浙江省分公司	陈　清	李革平、严　明、钱晓辉、杨东辉、黄昌数、毛立民、庄　郁、周国勇
二等	以智能制造为目标的汽车锻件质量追溯管理	湖北三环锻造有限公司	张运军	代合平、杨诗江、梁文奎、邵光保、左　培、张宏涛、陈天赋、汪　峰、晏　洋
二等	数据驱动的公路大桥预防性养护管理	江西九江长江公路大桥有限公司	林宝剑 李中兴	刘秋文、徐　娜、李　明、晏冬阳、邱　超、刘衍锋、李红万

等级	成果名称	申报单位	主　要 创造人	参与创造人
二等	基于高端军工制造型企业特色的知识工程管理	江苏曙光光电有限公司	周昌平 黄金娥	陈　军、许茂斌、方　正、韩　冲、马红平、朱志国、于扣开、翁振武、付国青、刘红青
二等	大型航天企业海外研发机构管理	中国运载火箭技术研究院	王国庆 张　巍	白志富、蒋先旺、曾　东、张旭辉、丁鹏飞、齐春棠、韩志富、王国辉
二等	以智能化为目标的建筑工程项目现场精益管理	中建三局第一建设工程有限责任公司	吴红涛 丁　刚	张义平、张爱梅、秦长金、陈金勇、张　欣、赵福宝、张觅媛
二等	化工企业基于文化为引领的安全生产管理能力提升	新疆中泰（集团）有限责任公司	梁　斌 王利国	肖　军、唐湘军、李　戈、冯　斌、王小红、冯新建、周　英、权国顺、韩仲元、胡　勇
二等	大型供热企业煤炭清洁高效利用技术管理	天津能源投资集团有限公司	李庚生 赖振国	王　勇、裴连军、梁家琪、柳　颖、郭成更、柏　松、李晓冬、王　珊、侯玉玲、刘焕志
二等	民营企业“纵横双向”战略的决策与实施	浙江荣盛控股集团有限公司	陈国刚 俞传坤	李水荣、项炯炯、倪信才、俞凤娣、罗　伟、寿柏春、朱太球、卢　铭、倪雪刚、高洁琼
二等	电网企业以“业务地图”为核心的运营监控精细管理	国网山东省电力公司	蒋　斌	刘伟生、康梦君、刁柏青、刘远龙、张伟昌、任　剑、刘玉娇、韩　锋
二等	供电企业运维检修成本项目化管理	国网天津市电力公司滨海供电分公司	周敬东 陈　涛	高海霞、孙云东、廖春清、郑渠岸、张永伍、张　昕、刘书玉、李超群、王　媛、武晓晶
二等	基于设备责任制的特高压电网设备管理	国网安徽省电力公司检修公司	秦红三 施有安	曾德龙、曹　俐、李　冀、丁　霞、汪　晓、汪太平、黄　伟、樊培培、董翔宇、翁良杰
二等	汽车企业基于自主品牌的国际产能合作	安徽江淮汽车集团股份有限公司国际公司	佘才荣	张　鹏、吴如浩、余　阳、黄继勇、徐光宴、丁燕平

等级	成果名称	申报单位	主　要 创造人	参与创造人
二等	电网企业基于海量数据挖掘的新能源消纳能力提升管理	国网冀北电力有限公司	施贵荣 孙荣富	宁文元、王东升、王靖然、丁　然、王若阳、徐海翔、柳　玉、吴林林、丁华杰、王冠楠
二等	传统军工企业开放协同式技术创新体系的构建与实施	北京大华无线电仪器厂	叶　枫 李德友	高　飞、贾卫力、孙福清、东英华、杨　勇、董宏波、闫立超、林培峰、赵云跃、杜建军
二等	供电企业基于政企联动的工业园区服务管理	国网江西省电力公司上饶供电分公司	于金镒 林一凡	李迎军、廖　明、肖炜孝、孙目元、张荣旺、谢慕林、王　远、刘玉平、陈金林、王雪茹
二等	地区供电企业全价值链智慧型供电服务管理	国网上海市电力公司浦东供电公司	潘　博 张　弛	俞　磊、金志红、叶傲霜、廖　静、康晓燕、刘皓峰、沈　健、于盛楠、范晓华、柯洁珣
二等	以两化融合为导向的生产管理信息化建设	瓮福（集团）有限责任公司瓮福化工公司	黄　进 付　勇	李红林、张　文、徐　春、朱奉刚、梁礼强、张　艺、李及利、刘方敏、赵　清、唐时炯
二等	海洋石油企业以追求价值最大化为导向的勘探管理	中海石油（中国）有限公司天津分公司	薛永安 周心怀	田立新、王　昕、王凤荣、张德林、朴庆利、徐长贵、谭忠健、尚锁贵、柴永波、吴俊刚
二等	边疆地区 IT 企业以信息安全为核心的多语种产品开发管理	新疆信息产业有限责任公司	张伟奎 曹　丽	旷瑞明、龚　珂、席小刚、余长江、王安娜、肖思雨、孙　庆、袁玉花、艾丽菲努尔·艾斯卡尔、赵　清
二等	以激活组织、提升效率为目标的战略绩效管理	咸阳彩虹集团实业有限公司	黄明岩	张君华、魏永刚、朱文激、孙有良、左阳之、张和平、刘　昭、刘建平、李志强
二等	军工集团基于“四能四力”导向的人事用工分配制度改革与实践	中国兵器装备集团公司	皇甫莹 李　宁	张　叙、邓　比、王　岩、余　洪、熊全胜、傅　升、余小虎、邓育福、任建峰
二等	有色金属企业以可持续发展为目标的全价值链管理	白银有色集团股份有限公司	廖　明	张锦林、雷思维、孙　茏、吴贵毅、张鸿烈、付庆义、朱银鸿、谢春生、刘存骥、赵玉宗

等级	成果名称	申报单位	主　要 创造人	参与创造人
二等	市县两级供电企业以提高服务水平为目标的业务集约管理	国网河北省电力公司保定供电分公司	王军利 王向东	唐　勇、李彦辉、刘　辉、王晓红、杨立忠、田　叶、宋振红、张旭东、张惠卿、梁　爽
二等	新型城镇化背景下城市综合开发产业链整合	中交城市投资控股有限公司	刘成云	丁仁军、何　勇、何小明
二等	近城大型露天矿区基于系统理论的协调发展	马钢（集团）控股有限公司南山矿业公司	朱青山 李生玉	王维勤、袁英杰、洪振川、彭　中、王建军、方宗龙、刘文胜、王绍平、曹　兵、徐社教
二等	民营企业以提升竞争力为目标的经营管理机制转型	吉林省华兴工程建设集团有限公司	孙启郧 徐佳彬	王家利、高　峰、张　平、王绍鑫、尹延云、李延清、梁卫光
二等	卷烟生产企业基于跨界合作的品牌推广管理	山东中烟工业有限责任公司济南卷烟厂	孟庆华 邢志刚	李金河、路国行、于　飞、靳　磊、冯　波、王原东、冶　梦、李　虎、查　龙、顾　强
二等	地方供电企业以“红细胞工程”为引领的卓越服务管理	国网四川省电力公司资阳供电公司	涂　辉 马江怒	王武英、王　敏、张欣宏、赖　毅、何培术、刘开义、唐　波、刘　俊、程　杰、张锦杰
二等	以行业引领为目标的冶金企业智慧能源管理体系的构建与实施	首钢京唐钢铁联合有限责任公司	靳　伟 张功焰	赵民革、王　涛、刘建辉、邱银富、曾　立、刘正发、吴礼云、李顺心、王伟业、刘恩辉

目　录

协同管理与营销服务

组织变革与集团管控

商业模式与战略管理

金融服务与财务管理

社会责任管理与国际化经营

技术创新与双创管理

生产运营与安全管理

提质增效与精益管理

两化融合与智能管理

人力资源管理与文化建设

协同管理与营销服务

专用车制造企业基于资源共享的“双品牌·双渠道”管理

徐州徐工随车起重机有限公司

徐州徐工随车起重机有限公司（以下简称徐工随车）成立于2002年，是徐工集团全资子公司，是致力于随车起重机、桥梁检测车、高空作业车以及清障车等专用车辆的研发与制造的专业化企业。徐工随车生产的随车起重机和桥梁检测车是行业内型谱较全、吨位（米数）覆盖较广的产品，目前公司拥有有效授权专利252项，其中，授权发明专利48项，产品远销100多个国家和地区，随车起重机牢牢占据国内行业50%以上的市场份额，成为较具价值和较受用户信赖的全球前十的臂架类专用车制造领军企业。

一、专用车制造企业基于资源共享的“双品牌·双渠道”管理背景

（一）践行国家战略，实现我国专用车行业中高端发展要求

目前，专用车制造行业，以随车起重机为例，国内市场需求量占卡车市场的0.5%，国际市场早已达到了25%，中国专用车占卡车比例不高，专用车品牌建设急需加强。徐工集团作为中国工程机械龙头企业，义不容辞地肩负着民族高端制造和产业报国的重任，提出“巩固和提高在工程机械行业的竞争优势，大力发展专用车和核心零部件”的发展战略，徐工随车按照集团发展战略，深刻认识到当前国家的发展形势，紧紧抓住难得的战略机遇，突出创新驱动，发挥制度优势，实现中国制造向中国创造转变，中国速度向中国质量转变，中国产品向中国品牌转变，致力为国家建设提供更加高端优质的专用设备，引导用户使用习惯和行业发展，努力做大中国专用车市场，提升专用车品牌影响力。

（二）适应专用车结构特点，实现行业共同进步、品牌共赢的需要

随车起重运输车，又称为随车吊，集吊装和运输于一体，多用于车站、仓库、码头、工地、野外救援等场所，可配备不同长度的货厢和不同吨位的吊机。目前行业上，随车吊的吊装部分与运输底盘部分是分开在两种类型的企业生产的，一类是生产底盘的汽车类厂家，另一类是生产上吊机的工程机械类厂家，两者通过具备改装资质的企业将上吊机与底盘改装后产出随车吊，此类由底盘与上吊机合二为一的产品称之为专用车产品。而目前，中国专用车行业市场份额相对较小，而且大多数企业的生产规模小，产品同质化相当严重，难以实现产业经济规模，企业的经济效益也很难突显。徐工随车自2011年首次在行业内将随车起重运输车定义为“高配卡车”，运用卡车的客户熟知度引导客户更好地理解专用车行业特点，研究此行业的发展及管理方法，不断探索专用车行业发展的成功之路。

（三）适应激烈竞争，推进企业转型升级的迫切要求

徐工随车在成立初期并不是行业的领先者，面对国内复杂的竞争环境，徐工随车敏锐地意识到“满足客户超值需求”将会为企业带来新的动力并可能实现行业突破。在此理念的引领下，徐工随车作为吊装设备的工程机械厂家开始意识到随车起重机运输车不是工程机械，而是专用车领域的产品。于是，徐工随车着手将随车吊产品销售渠道与汽车底盘厂家互通有无，进入“渠道互通”理念阶段。这一理念的转变，给徐工随车带来了突破式增长，2006年，徐工随车站在了行业前列，2010年，徐工随车起重机市场占有率一度达到50%并确立行业优势。随着徐工随车与底盘经销商在渠道上的合作到逐渐与各大底盘企业深度合作，徐工随车意识到只有将“高配卡车”模式化、体系化才能在专用车领域越走越远。2012年，基于资源共享的“双品牌·双渠道”管理理念初步形成，徐工随车的管理思路也逐步清晰。

二、专用车制造企业基于资源共享的“双品牌·双渠道”管理内涵和主要做法

“双品牌·双渠道”即为吊装设备（即上吊机）厂家与底盘厂家双方在品牌维度上联合做强，并互相利用双方的渠道实施推广，也是上吊机厂家与底盘厂家在专用车制造企业的全价值链环节的资源共享，实施协同。徐工随车基于资源共享的“双品牌·双渠道”管理就是根据专用车行业特点，以提高专用车产品区域适应性、打造行业内最强渠道体系为目标，以软文化和互联网信息平台为支撑，通过研发前置、柔性生产、品牌融合、渠道互建、一体服务等全价值链协同举措，在行业内与一汽、东风、重汽等高端底盘品牌和渠道磨合，进行全价值链合作，引领专用车行业发展的方向。主要做法如下。

（一）以市场需求为导向，形成基于资源共享的“双品牌·双渠道”管理思路和管理架构

1. 确立以满足市场需求为导向的“双品牌·双渠道”管理思路

徐工随车依托“徐工”品牌的强大影响力，最早专用车板块业务是由工程机械板块业务拓展而来的。徐工随车成立之初，整个经营体系也是仿照工程机械企业构建，经过多年摸索逐步发现专用车企业与工程机械企业存在很大差异。工程机械企业基本都是整机研发、整机生产、整机出厂，而专用车企业专业生产上装产品，底盘部分为整体外购，国内生产二类底盘的品牌企业二十余家，产品研发过程中，单一底盘如何匹配多种类型的上装以及单一上装如何匹配不同品牌底盘成为一大难题。产品改装生产过程中，由于专用车行业大都采用通用底盘进行改装，各品牌厂家通用底盘布置各不相同，产品改装过程中极大影响生产效率及产品质量。外部营销渠道，最早依靠传统的工程机械类经销商，对底盘资源的把控不足，市场竞争中不占优势，而且专用车终端客户群体与工程机械客户群体亦存在差异，工程机械经销商对专用车产品投入力度不够，极大地制约了企业的快速发展。徐工随车在“十二五”之初即确立“坚持持续创新”的理念，加强与底盘企业战略合作，专注于各类主机产品及其衍生品的研发、生产、销售与服务，致力于成为极具价值创造力的臂架类专用车辆领军企业。

2. 完善组织结构，构建基于资源共享的“双品牌·双渠道”组织体系

“双品牌·双渠道”管理体系基于打造“高配卡车”，即单一专用上装产品可匹配多品牌底盘，单一类型品牌底盘可匹配多种型号专用上装，最终形成一体化整车专用产品推向市场终端。为了更有效地执行“双品牌·双渠道”的经营思路，提升高配卡车项目的运行效率，使整个产业链协同推进，徐工随车与底盘企业成立由双方总经理直管，分布于各个职能部门的专业对接小组。对接小组从整个产业链环节针对双方需求进行计划、组织、协调、控制工作，从而保证了整个项目系统更加有效地运行。

从管理体系来说，“双品牌·双渠道”打造的是一体化的专用车，需要从全产业链深度融合提升。一是研发协同，与底盘企业深入对接，底盘选取上配合底盘企业将通用二类底盘改为专用底盘；二是供应协同，双方互为战略供应商，商务结合，提升市场竞争力；三是生产协同，在生产改制上，工艺互通，制造出标准的一体化专用整车产品；四是渠道协同，共享、融合，在市场前端联合推广；五是服务协同，培育出既能够进行上装服务又能够进行底盘服务的一体化服务商。全产业链协同发力，丰富“双品牌·双渠道”管理内涵和组织责任。

（二）技术融合，实施高匹配度协同研发管理

1. 技术先行，以客户需求为目标的上装与底盘匹配升级

通过“双品牌·双渠道”运作，徐工随车与解放、东风等品牌实现技术资源的融合，在产品研发上，借助徐工集团的平台，利用研究院等高端资源，对核心技术攻关突破，实现与底盘厂商的技术对接与匹配升级。通过联合聚焦客户需求，技术合作更精准、产品更具适应性，也使产品后续制造和服务过程更高效。通过市场需求分析，底盘与厂商的选型定位更精确；通过技术融合匹配，产品适应性更优化；进行模块化整合，使产品研制、使用及服务过程更高效。

从未来市场和产品走势出发，双方从突破核心技术、抢占行业科技制高点、预研扩展产品的应用范

围、互相驱动提升产品适应性，以及技术创新实现产品的绿色发展等方面发力，使行业技术、产品不断提升。底盘厂不断推出了适应不同行业需要、不同上装产品需要的专用底盘，使上装产品能够更为经济、有效、全面地发挥臂架的专有性能，提升产品装配效率，节约人工成本。双方不断推出适应市场及客户需求的底盘和上装，上装产品通过需求驱动完善自身对底盘的适应性，用户操作也更为安全舒适。

2. 融通设计，解决技术匹配协同问题

“双品牌·双渠道”能够在前端研发基于资源共享推进的最关键要素，主要问题是解决技术的匹配融合，让专用底盘根据上装需求设计出具有多种上装适应性的底盘。

在技术匹配融合的过程中，专用底盘厂商与上装设计互相深入优化研究各自的产品结构。双方技术人员通过现场沟通、模型共享和定期专项讨论等对存在的匹配及适应性问题进行攻关，在方案制订前联合评审、模型虚拟优化，实物装配和使用时现场再评审优化，通过不断完善设计，实现最优的匹配效果。

专用底盘厂商会根据上装特点匹配诸如发动机功率、变速箱接口、大梁层数以及车桥轴距等系统方面的主要配置及参数，也会在油箱、电瓶、横梁及进出气装置上做出布局调整，以适应加装更多型号的专用车上装需要。上装厂家也通过在与底盘接口最关联的支腿结构、操作机构、取力机构和副车架结构等机械、传动及液压接口方面进行优化，从而在实现同一型号的上装可适应多种型号底盘匹配安装的同时，实现上装的快速安装。

3. 无缝匹配，推动一体化整车绿色节能研发见成效

为了实现专用车的绿色环保理念，徐工随车会同底盘制造商从整车装备的自重轻量化、系统使用节能方面进行无缝匹配。双方会根据专用车的应用特点研究优化通用配置，简化与实际应用无关的相应部件，上装从当前最新高强材料、非金属材料以及最新工艺方法上深入研究应用，确保装备自重的最优设计。在使用上，根据最终用户工况特点，优化匹配动力系统及操作系统的主要阀锁性能，实现轻载时注重运行速度效率，减少工作准备时间，重载工作时强化运行平稳性，节省由于系统波动带来的能量损失，达到节能效果。

（三）资源共享，形成高质量的供应与制造协同互动管控体系

1. 通过整合资源，双向供应，互为供应商，形成强大的供应系统支撑

将底盘采购职能从生产系统调整至营销公司，提高与底盘供应商的合作黏度。推进品类管理工作思路，细分现有供应中物资采购的品类化工作，实时调整供货范围，确保整个体系的专业化程度。重视与供应体系相关方的深入合作，大力发展战略以及核心供应商队伍，持续发挥其技术、人才以及渠道方面的互融互通，形成强大的供应系统支撑。针对体系中对成本贡献度高的相关方，给予一定优质商务政策，以确保供应的有效和延续，长期发展，互惠互利，从共生到共赢，实现战略合作的健康发展。

2. 打造柔性制造管理方法，快速响应多品牌底盘需求

随车起重机产品具有多品种、小批量的生产特点，常规产品40余种，再匹配不同品牌、型号的底盘，产品种类以几何倍数增长，给生产组织带来巨大挑战。吊机生产立足于产品的模块化设计，采取对通用模块库存生产，个性化需求订单生产，按合同需求匹配装配的柔性制造模式，保障量大产品现货供应的同时缩短了个性化需求周期。加强与底盘厂家的沟通，建立常态化需求信息共享机制，对常规底盘滚动备货，实时掌握底盘库存信息，借助底盘的适应性改进，统型底盘改制附件，压缩生产周期，提高了生产资源的保障能力。

3. 质量护航，一体化整车高标准产出

徐工随车与底盘供应商建立互访机制，定期沟通交流底盘与上装的质量问题，建立开放性问题清单，提出相应的意见及改进建议，动态更新管理，促进双方产品质量逐步提升，实现双方共赢。为从根

本上提高整车质量，徐工随车走出传统产品质量管理的误区，将底盘质量管理的关口向前移，采取质量策划和风险控制的方法，收集以往生产和制造过程中的问题，特别对可能产生干涉和改制的底盘部分以及随车产品特殊工况，联合工艺、采购、技术等相关部门与底盘厂家洽谈，要求底盘公司设计底盘时就把以上情况考虑进去，采取 FMEA 的方法，提前做好改进和预案，提升整车的产品质量和生产效率。

（四）品牌协同，促动“双品牌”更大的传播价值

1. 规范“双品牌”推广理念，搭建“双品牌”理念屋

按照品牌＋品牌“1＋1＞2”的理念，徐工随车“双品牌”战略解决产品定位问题，以徐工集团深厚的工程机械制造企业专业上装的背景，联合一汽、东风等大牌汽车底盘的优势品牌资源，放大双方品牌在产品系列的势能，打造高端产品，构建品牌联合理念屋。如徐工东风一体化随车起重运输车，是中国卡车行业的领导者东风和雄踞世界工程机械行业第五的徐工进行品牌强强联合，双方合作旨在成为个性化定制专用车辆解决方案的双品牌服务商，为用户打造投资回报最快的利器，满足客户超值需求。

2. 定制“双品牌”传播方式，打造“一二三”传播理念

徐工随车打造“123”双品牌传播理念，提炼解决方案品牌核心内涵，提升国际化品牌形象。“123”传播理念即“一种声音，以整车一体化的高配卡车领导者形象对外传播一种声音，形成冲击传播的合力；两向通道，运用双品牌的推广和传播通道向不同的客户群及不同类别的受众传播，形成双重覆盖面；三种平台，运用共有的线上媒体、线下活动、视觉体系三种平台同步发声和推广，提升高配卡车产品行业影响力”。

“一种声音”，主张“One Voice，One Action”同一个声音，同一个行动，聚焦联合品牌价值内涵提升；“两向通道”，主张“传播互联，数据共享”，以软文共享、信息共享、荣誉共享等为目标，建立月度互通日，按照“主题交流－传播策划－提案实施－过程分享－成果发布－成果共享－跟踪反馈”的传播执行流程，加强双方的过程管控，引用项目制工作方法，实现跨系统、跨企业的知识共享，发挥群策群力策划实施的能力，提高双方传播通道的利用率和对客户的覆盖面；“三种平台”主张平台多维多元化，做好线上媒体传播的同时，聚焦“高配卡车”特质化的产品竞争优势，以“一体化”技术交流会、“个性化定制”“国内外展会”“投资回报最快的利器”等为主题，策划专题传播事件，深挖专题事件传播内涵，吸引潜在客户；规范国际化品牌形象，将徐工与底盘品牌视觉识别体系联合固化。联合推动品牌管理组织能力发展，在推广、广告、传播、公关、舆情管理等多维度实现品牌管理职能的全面对接，全面提升徐工品牌全球竞争力。

3. 规范双方公告合作，以互补应用提升产品牌照实力

徐工随车产品包括随车起重运输车、高空作业车、桥梁检测车、清障车四大系列臂架类专用车辆，自 2002 年公司成立以来，陆续开展与东风、解放、欧曼、江铃、庆铃、江淮、重汽等多家底盘厂的合作，2013 年，升级管理，建立“双品牌·双渠道”协同管理体系，在公告系统内，底盘与上装厂家以互补形式申报整车公告成为提高产品竞争力、增强品牌综合实力的重要举措。徐工随车与东风商用车、解放公司、东风柳汽、徐工汽车等底盘厂都开展了公告合作，以互补申报让企业获得了良好的收益。截至 2017 年 5 月，徐工随车拥有新国五阶段随车吊公告 45 个，7 个待发布，可用底盘厂随车吊公告 51 个，大幅领先行业其他厂家位居前列。

（五）渠道互补，提升“双渠道”价值贡献增长点

1. 合作打造战略级经销商队伍，促使双方在专用车产品销售上形成优势

徐工随车经销渠道与各底盘厂经销商渠道相融合，互为经销商、互为二级销售网点共同打造更加细密的立体渠道。利用双品牌战略合作，为双方经销商提供平等且有竞争力的底盘货源平台，保证整车货

源规范性；通过经销商区域合理划分、整车及配件的合理匹配、价格体系一致性控制等举措，实现了渠道布局的规范化管理。通过五年的发展，销售网络遍布全国，最终形成全国31个省、自治区、直辖市110家重点专用车经销商，480余家二级销售网络，有效支撑了专用车销售渠道建设。根据各个产品不同板块、各市场需求状况，打造内外两种营销渠道。在外部渠道建设方面，重点培育经销商渠道，打造战略核心经销商，并根据渠道、产品类别、用户群体划分不同类别的专业经销商，由战略经销商进行辐射管理；在内部渠道建设方面，对公司营销人员优化培养，打造一支专业营销队伍，作为外部渠道开拓者及管理者，对外部渠道进行有效管控和补充，在外部渠道布点不足区域由内部渠道进行重点开拓。

徐工随车营销公司市场部根据业务部门意见将全国经销商进行三维立体布局，横向按区域布局，纵向按代理产品类型布局，竖向按客户类型布局；没有二级网点的区域由战略经销商执行布局，最终形成战略经销商区域布局全覆盖，实现区域价格和产品的高度管控。

2. 规范一体化整车服务网点，形成高配卡车高端服务品牌

自“双品牌·双渠道”实施以来，徐工随车推动一体化整车服务，依托徐工随车和各大底盘企业在覆盖全国的底盘上装一体化服务网络、配件专卖店，让车辆问题一站式解决。并且利用双方信息平台，优化CRM客户管理系统，用推进微信平台、客户服务平台等方式与客户建立长效联系，实现15分钟响应、24小时解决率，提升服务满意度。

在与底盘企业的服务站维护上，双方进行服务理念融合，统一服务形象。徐工随车与各底盘企业战略合作，实现服务协同，依托徐工随车及各大底盘企业在覆盖全国的底盘上装协同服务网络、配件专卖店，提供车辆问题一站式解决全程关爱服务。

在双方服务信息资源共享方面，进行管理协同，共同为客户量身打造全方位专用车服务方案。一是所有产品档案信息、客户信息、客户报修记录及产品维修记录全部实行信息化管理，在CRM系统实施联动的信息管理，成立专业化的信息监督员队伍，实时监控CRM系统完工情况、异常工单日汇报，掌握维修流程各环节所需的知识、技能；二是建立客户服务信息“黄页”，包含客户个人资料、客户车辆管理、维修历史记录、客户常用维修点等，实现服务网点快速响应老客户需求，实施针对性服务；三是实施“专家”服务方案设计，为客户量身打造全方位整车服务方案，实现产品一体化全生命周期管理。

3. 规范价格体系，渠道终端协同管控

一体化的专用车结合后，由于双方涉及采购后加点销售给经销商，以及产品返点不一致的情况，导致最终双方发布一体化整车价格不一致。双方本着互利互惠，共同管控，杜绝恶性竞争原则，采取年度谈判形式，双方拿出最优商务政策，针对一体化整车取消加点销售、返利点，最终形成具有竞争力的渠道发布价。并且设立市场销售终端控制价，实行终端合同穿透性管理，避免出现渠道内相互价格竞争，保持渠道利润。

渠道内共同布设前移资源，每台前移产品收取10%的定金，并根据经销商销售能力，严格限定前移产品数量，以三个月为销售周期，已前移的产品在销售合同执行回款完毕后才能补充新的前移产品，可进行资源调配，不允许取消合同。双方安排专人对前移资源对接监管，针对前移资源实行月报制，监控前移资源状况。前移产品实行即卖即付制，不允许资金占压，有效控制渠道经营风险，并且保证前移资源能够快速满足市场终端需求。

4. 海外“双渠道”战略复制，快速拓展国际市场

海外“一二二四”战略，即一个核心是方案营销，两个模式是关税让利模式和底盘独占模式，两个战场是国内和国外，四种渠道是国内外的底盘厂、改装厂、外贸公司和自营渠道。与江铃、福田、沃尔沃等海外渠道健全的底盘企业合作，以渠道协同为突破口，扩大徐工随车在海外市场的占有率，提高徐工品牌的海外知名度。

（六）协同培养，促进人才素质能力提升和文化共享

1. 以深度挖掘培养资源实现知识共享

为有效支撑“双品牌·双渠道”总体战略，徐工随车编制《岗位图谱》和《岗位等级认证标准意见》，规范各类人才梯队建设标准，打通员工职业晋升通道。通过实施“双品牌·双渠道”内外部人才双重培养计划，将经销商、服务商与底盘供应商的技术人员、销售人员和服务人员统一纳入公司人才梯队建设中来，在培养机制上实现多方联动。

以知识管理项目为平台，协同开设“随车大讲堂”“经销商学堂”和“供应商课堂”三大课堂，系统搭建知识管理体系，构建知识管理应用，建立“隐性知识显性化、显性知识共享化”的长效机制，深度挖掘公司内外部课程资源和讲师资源。通过知识管理项目开展，已累计孵化出42门优秀课程，涵盖市场分析、销售技巧、底盘构造、售后服务等方面，内容丰富，针对性强，为公司内外部人才培养工作提供了丰富的内部课程资源。

2. 以双向联合培养快速形成人才优势

徐工随车本着“互通互融，双向提升”的原则，紧紧围绕各产品细分市场，以项目为载体，充分利用会议行销有利时机，借会议培训，开展“随车起重机项目南北互助计划”“高空作业车项目经销商培养工程”“桥梁检测车项目经销商培训计划”和“清障车项目破冰之战”等一系列内外部培养交流，有效提升徐工品牌的渗透力度，进一步深化了与各大底盘供应商的合作。

为打造一支具备“一专多能、一人多机”的技能型、专家型、职业化的服务人才队伍，通过制订通用类、融通类、实践类培训培养计划，签订服务工程师之间、服务商与服务工程师之间的导师带徒协议，开展双方内外部帮扶、一对一技能提升行动、“维修牛人”技能大赛、互访培训等交流活动，建立专业的百人服务团队。同时，双方销售人员捕捉市场前沿需求并传递至技术部门，定期组织技术人员与底盘供应商技术专家召开专题讨论或分享会，为专业上装与各类底盘的有机匹配提供了技术互通保障，有效保证了新产品快速投入市场。

3. 以文化融合实现共商共赢的文化认同

针对“双渠道”共同的核心经销商，创新提出“共商·共赢”合作方案，就核心经销商管理提升行动进行深度布局，以共同经销商打通与底盘厂家文化凝聚的通道。“共商·共赢”核心经销商管理提升行动致力于提升徐工品牌在客户心中的吸引力和文化感染力，重点培养核心经销商在生产、管理、文化培育等方面的能力。

（七）运用互联网技术，提升“双品牌·双渠道”管理运行质量和效率

针对徐工随车专用车产品在同一主要平台上会衍生出多样化的用户个性化订制装备的产品特点，解决设计及生产过程中的多品种、小批量的问题，在搭建信息化平台时，还会与底盘厂商针对上述问题进行系统的柔性处理，通过诸如“超级BOM”的产品物料组织模式，使产品在设计、工艺及组织生产过程中得到快速有效的处理，适应专用车产品的特点需求。在全产业链的体系运营过程中，徐工随车努力搭建信息化平台，提升体系运行质量。

1. 深化PDM系统应用，提升研发设计质量和效率

产品数据管理系统PDM，是徐工随车产品协同研发信息平台建设的核心和基础，实施后快速完成历史产品的数据录入，在实现全线产品线上设计、建立双向产品数据更改管控机制的基础上，制定通用件、借用件标准，完善通用件、借用件数据库，为产品模块化设计提供良好的支持。根据专用车小批量、订制化的特点，针对不同的地盘型号，采用TOP－DOWN设计思想，使用模块化方法，实现快速设计；配合有限元分析及运动仿真，在设计阶段就可以实现协同设计、虚拟整车装配，并实现“边设计、边试制”，降低设计到生产制造之间的不确定性，在虚拟环境下将生产制造过程压缩和提前，并得

以评估与检验，从而缩短产品设计到生产的转化时间，提高产品的可靠性与成功率，快速响应市场、客户需求。

2. 优化ERP、MES系统，实现柔性生产，提高企业的应变能力，不断满足用户的需求

深度优化ERP、MES系统，并有效集成上游CRM、PDM和下游的SRM系统，自订单开始，快速完成产品设计、验证后，ERP系统将生产任务指令、产品BOM传递给MES系统，PDM系统同步将通过审核的最新的产品文档，包括技术通知、图纸、工艺流程卡等及时推送到MES系统前端工位，MES根据生产能力和资源分配情况生成排产计划，并下达到各主要设备，全程监控物料使用状态、设备状态信息和工序进展信息；供应商通过MES系统，根据动态物料库存、生产计划，实现物料精准配送，实现精益化生产和敏捷制造，快速满足用户需求。

3. 依托三维工艺、三维电子发布物平台，提高服务效率和服务质量

依托现有PDM、ERP和MES系统，构建三维工艺系统，产品设计基于模型进行三维标注，工艺设计依据产品设计三维模型进行，以PDM系统进行数据和流程管理，并通过与ERP、MES的集成部分，完成整体工艺设计数据向生产及生产管理系统的发布应用。实施三维电子发布物系统，并和MES系统集成，从产品设计开始进行三维电子技术手册的创建、存储、维护，到生产制造过程根据实际使用的物料，完善电子文档手册，真正实现一机一册一档，使产品设计、生产和备件等服务体系可以协同工作，实现主动、精准的服务。

三、专用车制造企业基于资源共享的“双品牌·双渠道”管理效果

（一）强强联合提升了企业运行效率

徐工随车在行业内率先形成了基于全价值链的“双品牌·双渠道”臂架类产品上装与专用底盘深度融合的协同管理体系，包含研发、供应、质量、生产、品牌、渠道、服务、人才、信息化、文化十项管理举措来支撑，建立了与之匹配的体系管理制度及流程，提升了企业运行效率和效益，转变了底盘厂家的经营思路，促进了双方互利共赢合作。双方通过协同管理，整车非标产品设计评审时间缩短40%，研发周期平均由140天缩短至103天，存货周转率提升5%，销售渠道显著增长，代理商增加20家，整车服务及时率提高17.3%，2016年，15分钟响应率同比提高了8.91个百分点，满意度回函同比提高23.47个百分点。技术人员对外交流频次增加一倍，生产技能人员、服务人员的专业技能得到扩展，拉动国际市场，与福田、沃尔沃合作加深，多次形成批量大单。

（二）企业经济效益提升明显，合作双方共赢效果明显

徐工随车在“十二五”期间，成功攻克并掌握轻量化、多节臂架、自动收钩、油门联动、防倾覆等核心技术。“双品牌·双渠道”创新实践双方合作后，经销的渠道得到扩展，客户黏度明显增强，客户群体增多，底盘类经销商的业绩贡献增幅达到50%以上；随车起重机的市场占有率持续保持在52%以上，其中个性化定制的占比达到25%以上，提升了10个百分点，双方的销售增量均超过22%，公告增量达到15%。公司2016年利润较2015年同期增长354%，2017年上半年的利润同期增幅75%，并且通过多环节整合资源，战略协作，降低成本比例达15%，双方通过双渠道产生经济效益占企业营业额的60%以上。双方合作后，双方公司高层高度关注，结合双方客户的需求，提出基于客户需求的专用车油耗控制进行深入研究，使得用户使用过程节能30%；徐工随车在环保方面的工作也得到了促进和强化，更新了污水处理站，规范了危险废弃物的处置，促进了和谐绿色工厂的创建。

（三）推动了产业协同，行业整体取得了长足进步

徐工随车以“定制化”设计为载体，以“双品牌·双渠道”管理为依托，在市场竞争扩大化的形势下实现一大批定制化、三高一大产品走向市场，赢得行业赞誉和市场的信赖。2015年以来，国内首款汽车底盘式侧面起重机、双级伸缩臂林业起重机、消防车托臂、龙门洗消车、新能源剪叉高空作业车、

防撞缓冲车等一大批三高一大产品在徐工随车问世，与军工合作提供的援建设施也在非洲大地熠熠生辉。“双品牌·双渠道”创新实践改变了用户对高配卡车的接受度和认知能力，在中国高端底盘厂家中引起强烈反响，陕汽、解放、东风等集团专门成立专用车管理机构，东风集团也为专用车建立特有的底盘运转仓库，支撑专用板块业务发展，在专用车行业进行有效复制推广，整体拉动专用车行业增量。

（成果创造人：孙小军、杨成团、赵　蔚、陈志伟、吴步昇、刁　启、杨娅文、戚海彬、曹　微、吴　锋、陈宝凤、高玉坤）

纺织企业满足差异化消费需求的品牌延伸管理

内蒙古鄂尔多斯羊绒集团有限责任公司

内蒙古鄂尔多斯羊绒集团有限责任公司（以下简称鄂尔多斯羊绒集团）创立于1979年，经过30多年的持续发展，现已成为全球羊绒行业领军企业。羊绒制品产销能力达1000万件/年，占中国市场的40%和世界市场的30%以上，产品质量、市场占有率、出口创汇、销售收入连年居全国绒纺行业前茅，被誉为"羊绒大王"。1999年，"鄂尔多斯"经国家工商总局认定，获得纺织行业"中国驰名商标"称号。在世界品牌实验室品牌价值评选中，鄂尔多斯品牌价值连续20年位居中国服装行业最具价值品牌前列，2017年，品牌价值达880.66亿元。

一、纺织企业满足差异化消费需求的品牌延伸管理背景

（一）满足中国消费升级和消费者差异化需求的需要

我国有着巨大的消费市场，随着社会经济的发展，一方面消费者行为越来越成熟、理性和多元，消费者细分在加速；另一方面消费升级从量变到质变，对中国经济和企业的影响正日益加深，消费者对更高品质和更好体验的需求日益凸显。过去那种普遍性的市场增长时代已经结束，旧的消费格局已经被颠覆，新的个性化消费需求已经出现，尤其在时尚行业，由于其自身的特点，企业与消费者的互动更深层、更加紧密。随着我国中产阶层群体的逐步扩大，消费能力不断攀升，消费需求日趋丰富和外延，时尚消费的空间亦将进一步扩大。羊绒作为最珍贵的天然材质，是时尚业中皇冠上的明珠，在消费转型升级的大背景下，羊绒行业的转型升级恰逢其时，也势在必行。中国作为世界闻名的羊绒产地，过去，在全球羊绒产业链中扮演着上游的角色，在国内市场上，过多同质化的产品和品牌导致羊绒的真正价值没有发挥出来，往往带给大家一些传统老套的刻板印象，要扭转这种偏见，让各类中国消费者真正感受到羊绒软黄金的时尚和质感，鄂尔多斯羊绒集团必须提升品牌价值，调整和改进经营模式，用更细分的产品品牌、更好的产品和更加人性化的服务满足人们对美好生活的追求和个性化的消费需求。

（二）应对纺织服装行业日趋激烈的市场竞争的需要

2014年，中国经济增长的减速降档使纺织服装行业的发展面临巨大压力。一是快时尚品牌的进入加剧了行业竞争，且电商渠道竞争日趋激烈，行业对外出口竞争力仍在维持，但受东南亚成本比较优势的冲击，市场份额存在进一步下降的压力。在成本方面，行业主要原材料价格反弹，服装渠道成本仍位于高位。在财务方面，纺织行业整体规模仍保持低速增长，财务表现难以实质改善。二是移动互联网时代是以用户为王、体验为王、速度为王、平台为王的全新时代。曾经创造无数辉煌的核心竞争力正在成为企业的束缚，不改变就意味着死亡。三是国际一线品牌均进入中国市场，这些品牌的羊绒制品也成为经典款式，赢得中国消费者的广泛认知，众多国内品牌的市场空间受到了一定的挤压。面对市场竞争和行业发展的新形势、新环境，要实现持续健康发展，鄂尔多斯羊绒集团必须依靠全产业链优势和多品牌细分进一步确定差异化的竞争优势。

（三）"立民族志气、创世界名牌"的需要

全世界70%的羊绒源自中国，其质量在世界领先。但长久以来，中国的羊绒只是作为原料出口。改革开放后，伴随着鄂尔多斯羊绒集团等龙头产业的技术进步和生产工艺水平的提升，中国的羊绒产业才获得长足发展。"立民族志气，创世界名牌"是鄂尔多斯羊绒集团始终坚持的企业理想，"品牌就是命牌"的理念深入人心。当今时代是羊绒产业的黄金时代，羊绒作为珍贵稀有的顶级材质，也从流传于欧

洲贵族中的时尚奢侈珍品走入寻常百姓家。“让全世界知道最好的羊绒在中国，最好的羊绒品牌是鄂尔多斯，让鄂尔多斯温暖全世界”，这是鄂尔多斯羊绒集团的梦想，也是鄂尔多斯品牌的发展目标。鄂尔多斯羊绒集团要通过不断的创新与变革，用差异化的品牌服务不同的羊绒消费客群，坚持产品主义，深化品牌认知，承担更大的责任，成为国际化企业，让中国品牌屹立于世界品牌之林。

二、纺织企业满足差异化消费需求的品牌延伸管理内涵和主要做法

鄂尔多斯羊绒集团基于充分的消费者调研，根据差异化的消费需求，将单一品牌拓展为“1436”“ERDOS”“鄂尔多斯 1980”“BLUE ERDOS”四大品牌，构建四个品牌区隔经营、有效协同的运营管理体系，以企划为指挥中枢创立“三上三下”的产品全生命周期管理机制，打通研发、设计、市场和销售；推进生产体系的柔性化改造和精益化管理，优化完善多品牌渠道体系，制定差异化的品牌形象和宣传策略，广泛吸引行业顶尖专业人才，成功实现由单一品牌向多品牌经营的转型，得到消费者的高度认可和社会的广泛肯定，品牌价值和品牌形象不断提升。主要做法如下。

（一）充分调研，科学细分四大品牌

1. 开展大规模消费者调查研究，确定多品牌发展思路

2015 年，在“办百年强企、创世界名牌”的企业使命引领之下，鄂尔多斯羊绒集团启动品牌升级战略。对全国 35 个城市的 5000 个消费者进行深度调查、研究、访谈，以期更全面地认识市场和消费者，从而探索一条贴近消费者、促进行业健康可持续发展的路径。调查发现，在消费者眼中，鄂尔多斯虽然存在品牌认知模糊、老化、货品管理和形象管理能力薄弱等问题，但广大消费者还是认可鄂尔多斯品牌的，他们相信鄂尔多斯羊绒集团是专业的、有品质的企业，他们愿意为羊绒而投资，对羊绒有期待、有渴望。

在对消费者开展调研的基础上，鄂尔多斯羊绒集团研究了行业、市场、品牌竞争和渠道态势，尤其对鄂尔多斯品牌运营与发展的现状进行了深入分析，并系统总结回顾了过去 6 年转型的经验得失。研究认为，当前，我国中产阶层消费升级、城镇化进一步发展、个性消费呈现多元化发展、年轻群体的消费步入主流，这四大趋势正在创造越来越多的市场机会与发展潜力。对羊绒产业而言，其原料的珍稀和穿着使用的舒适，必将是消费升级的主流选择；作为时装行业的新兵，在个性化多元消费的大时尚行业，鄂尔多斯的成长空间毋庸置疑；“80 后”和“新生代”的强大购买力、鄂尔多斯对传统客群的深度挖掘和精准服务以及传统客群的需求升级，都为品牌发展提供了广阔的空间。同时，鄂尔多斯有着 30 多年品牌资产的积累，有着原料、生产、研发、销售的全产业链条的庞大支撑体系。因此，鄂尔多斯确立以市场和消费者为导向的发展方向，明确多品牌发展战略，即聚焦优势、细分市场、精准定位、精耕细作，打造多品牌管理体系，并通过多品牌区隔经营、协同管理，打造世界知名品牌，让中国品牌站在国际时尚舞台的顶端。

2. 针对不同层次消费者需求，全新设计四大差异化品牌

鄂尔多斯的多品牌发展战略，就是针对市场中不同的消费人群，打造针对各细分市场、定位更加精准的品牌，为不同人群提供更有针对性的系列产品，更好地满足不同细分市场的需求，并与其形成更好的品牌共鸣。一是“1436”品牌。“1436”是代表极致羊绒的世界级奢侈品牌。通过艺术化的创意表现手法和极致的匠心工艺，诠释品牌独立、珍贵并富有内涵的核心价值，为中国以及世界正在快速崛起的一批有独立个性和价值体现的年轻富裕人群提供极致的羊绒体验和精神的双重感受。二是“ERDOS”品牌。这是面向中国中产阶层人群的时尚羊绒品牌，品牌基于对美和时尚的高度敏锐，完美融合羊绒艺术与时尚风格。聚焦在经济独立、具有良好教育背景与文化修养、注重品质和时尚、有独立审美及服装选择主张的现代都市中产人群。三是“鄂尔多斯 1980”品牌。这是为中国成熟品质型人群打造的专业羊绒品牌，品牌基于对成熟品味和舒适穿着的极致追求，演绎经典羊绒与针织工艺的极致追求，聚焦于

热爱生活、关注家庭、注重着装舒适度、追求品位但不盲从的高端消费者。四是“BLUE ERDOS”品牌。这是为年轻、有态度的消费者推出的高性价比羊绒品牌，定位于“简约而充满活力，自在而物超所值”的入门级羊绒。核心客群主要集中在个性独立、注重品质，同时理性消费的都市年轻客群，抓住当下正在快速成为社会消费主力的“80后”“90”后人群。

每个品牌根据其细分定位、所处市场的容量机会、业务和渠道模式、现状基础和竞争优势，分别有不同的发展策略和目标。“1436”和“ERDOS”针对高端和时尚客群，这是市场上消费能力和消费意愿双高的人群，必须保持高度一致的品牌形象、渠道体系和完整的零售体验；“鄂尔多斯1980”是传承和开拓并重，引入了新的设计总监，确保在保有和发展传统客群、激活和开发更多无龄化品质客群之间实现合理的平衡。“BLUE ERDOS”面对的是中国消费体量最大且潜力也巨大的一个市场，但同时也是一个有着高度竞争力的市场，然而，“BLUE ERDOS”具有“设计感＋性价比＋鄂尔多斯品质背书”的核心竞争优势，有潜力成长为一个规模化的品牌。重新定位之后的四大品牌进行了各自全新的VI系统和SI终端店铺形象的设计和切换实施，也同步启动了全国品牌视觉形象提升计划，在每一个消费者与品牌可能的触点上，朝着品牌定位的方向去优化。

（二）构建以企划为核心的“三上三下”产品全生命周期管理

鄂尔多斯在战略上拆分品牌，就是为了更清晰地规划各品牌的商品、客群和服务，品牌拆分完毕，更细化的商品和销售的链接就是重中之重。具体讲就是做好更精准的商品企划方案，更有效地开发执行，把每个品牌的产品品类、波段结构以及风格的差异化规划得更清楚、执行得更到位，和市场需求连接得更紧密、更匹配。同时，也要继续推动全国市场掌握正确合理的买货方法，给他们更加实际的培训和指导，再去跟进销售，有效分析数据，反馈到企划和开发上，从而把货品这个链条打通，逐步释放出每个环节上的效率，提升商品售出率，降低库存量，形成良性循环，从根本上改善营销终端的盈利能力，推动品牌长期发展。

为此，鄂尔多斯对公司组织架构做出很大的调整，建立四个品牌区隔经营但综合管理的体系。四个品牌有独立运营的单元，比如产品研发、推广、形象管理。同时，后台则是综合管理的共享体系，例如，物流、供应链、生产、服务、信息系统。要构建这样一个有区隔又相互协同的管理体系，核心是发挥企划部门的指挥中枢作用，通过企划环节打通研发、设计、市场和销售，即创立以企划为枢纽的“三上三下”产品全生命周期管理体系。所谓“三上三下”就是通过多次阶段性的多方沟通会议来打通从商品企划、开发执行、组货买货，到终端销售的整个链条。在“三上三下”体系中，企划部门通过对项目管理的工具和模式的把控和跟进每一个环节的方向和进度，在每次重要节点的会议中，通过沟通达成的共识都会在企划部门的监督和协调之下有计划地执行与落实，并确保最终的实施效果。

在“三上三下”产品全生命周期管理的开端，设计团队开始寻找创意灵感，包括选择面料、流行色彩和流行元素等，之后进行“一上一下”，就是生产、销售、设计、推广部门共同进行充分研讨沟通。设计部门介绍灵感、主题、流行趋势和元素，生产、销售和推广等相关部门在会上和会后的规定时间要给出相关的反馈意见。当产品有了初样之后，则是“二上二下”，针对货品的结构、价格、趋势等展开充分研讨并决定有哪些可以设计可以进入下一环节。而“三上三下”则是每季订货会之前的一次关键会议，除了之前的参与部门，也有专业的买手团队加入，进行订货会前的组货，比如从每个品牌几千件样品中可能只选几百件，组出一盘货来召开订货会。近两年来，每个品牌的定货品种从几千款减少到几百款，但订货量却较以前有两位数的增长。在整个管理的闭环中，每个部门都能确切地知道在每一个时间节点自己的主要工作职责，而生产体系的工作量却并没有因为品牌的增加而增加，因为四个品牌订货的总款式相比之前不增反减，每一款的订量增长显著。“三上三下”让设计、企划、生产及销售部门在根据规则充分发表意见之后能够协同合作，将产品开发的工作进行整合管理，利用多轮互动沟通，打通从设计到零售的脉络，实现产品开发的准确和高效，最大限度地融合时尚创意与市场需求，利用制度保证设计与品牌形象一致，避免品牌间发生终端产品的冲突。

（三）推进生产体系的柔性化改造和精细化管理，确保多品牌战略的有效落地

多品牌战略就意味着品牌个数的增加，而通过多品牌经营实现五年销售翻番的经营目标也意味着要生产出大量的产品来满足市场和消费者。对于生产体系来说，过去只有“1436”和“鄂尔多斯”两种生产标准，而品牌拆分之后，四大品牌则需要有四套生产标准。虽然通过 PMO 的有效工作，通过企划中枢在四个品牌之间的排兵布阵，让很多生产都能预测准确和提前计划，并未给生产体系带来更多的工作量，但随着未来产量和销量的增加，随着个性化需求的增长，以及市场灵活性的反应速度不断提高的要求，都需要生产能够更加柔性，需要生产和供应体系更加高效协同。

1. 加快推进生产的柔性化改造

为支持和推进生产制造水平的有效提升，早在 2014 年年初，鄂尔多斯羊绒集团就开始实施信息化升级改造工程。当年，鄂尔多斯入选工信部“两化融合管理体系贯标”首批试点企业名单，核心是打造“排产优化和产能平衡能力”，就是以鄂尔多斯羊绒集团的 ERP 系统和 MES 系统为支撑的柔性生产支持系统。2016 年开始，鄂尔多斯的核心 ERP 系统全国升级，覆盖全国的直营和经销渠道网络，并行建设线上线下全局打通的 O2O 业务系统，基于大数据的业务分析和决策支持系统，并在 2017 年完成基于微信的会员管理体系和门店管理系统。基于这几项整体规划并同步开展的核心信息化建设，真正把零售核心的“人、货、店”三个层面的大数据整合在一起，实时进行多维度的透视和洞察，并结合不断涌现的各项新技术，为品牌建设和终端零售赋能，360 度提升消费者体验，不断定义时尚品牌新零售的发展。

2. 推进精益生产，持续改进

对生产运营体系的改进还包括精细化管理运营体系，从生产流程、成本与质量控制到运营管理，建立严密的管理体系。2015 年开始，鄂尔多斯羊绒集团的生产运营体系通过改革生产运营模式、重新测定各工序指标的目标值、建立生产运行数据的月度监测与分析机制，以及各环节加工核算为主体的全链条协同运作机制等措施，实现集中管控和统筹运营，使园区系统效率和产能释放得到有效提升。2016 年年初推进持续改进工作，一方面通过精益化项目的不断实践和尝试，在生产管理中逐步脱离以经验为主的模式，尝试用系统的、科学的专业方法去解决生产管理中的问题。比如用六西格玛中的统计学方法，寻找造成纯绒围巾胚布某种经常性疵点的关键因素；用实验设计（DOE）的方法，寻找两个有交互作用的关键影响因素的最佳组合等。另一方面，通过持续改进和精益生产的理念改变员工的思维模式，让员工坚持用专业方法解决生产中的问题，用系统思维分析、面对问题。专业领域运营管理水平的提升以及相应的专业人才队伍的逐步成型，让整个生产体系的能力不断得到有效提升。

（四）优化完善零售渠道，实现多品牌全渠道覆盖

多品牌战略的有效落地，离不开渠道的优化与拓展。基于四个品牌的策略和市场定位的不同，鄂尔多斯羊绒集团一方面对全国渠道进行动态的优化和匹配，细化制定每个品牌的渠道策略和规划，同时，根据细分消费客群的购买习惯，进行渠道的精准定位，对现有渠道及零售门店进行品牌的重新定位和对标，快速完成全国渠道体系的重塑。在渠道策略上，在保持“1436”对标世界精品品牌渠道策略的同时，“ERDOS”坚定不移地向高端渠道开拓，在核心主力市场率先进入国内一线服装品牌行列，在保持羊绒楼层优势的同时，快速进入到服装楼层，以及新兴的渠道业态，包括购物中心、机场、高铁站等。“鄂尔多斯 1980”则快速推进服装化渠道策略，进驻主力服装楼层，渠道模式从单一的羊绒厅转变为服装厅、羊绒厅、羊绒品类专柜三种模式并行。2016 年开始，鄂尔多斯开始尝试转变为“服装品牌集合店”的新零售业态，不仅集合旗下所有品牌，未来亦将作为年开始，鄂尔多斯新兴的渠道业态，包括购物中心。在渠道结构上，实现对重点百货的快速进驻以及原有渠道的持续升级，扩大鄂尔多斯品牌在行

业的影响力。同时，在优质购物中心渠道开拓上进行突破，为未来进一步打开购物中心渠道的市场奠定坚实的基础；对于旅游零售渠道则进行深入挖潜，特别是机场渠道；同时严格控制街边店，有效优化街边店的渠道质量。2016 年和 2017 年上半年，"ERDOS" 和 "鄂尔多斯 1980" 品牌共新开店 200 家，升级和翻新 122 家； "1436" 在北京嘉里中心开设旗舰店，与众多国际一线品牌同场竞技。在海外，"1436" 和 "ERDOS" 成功进入日本市场，在东京和大阪等核心城市商圈已拥有 8 家门店，为鄂尔多斯品牌的海外拓展迈出坚实的一步。鄂尔多斯羊绒集团的渠道策略如图 1 所示。

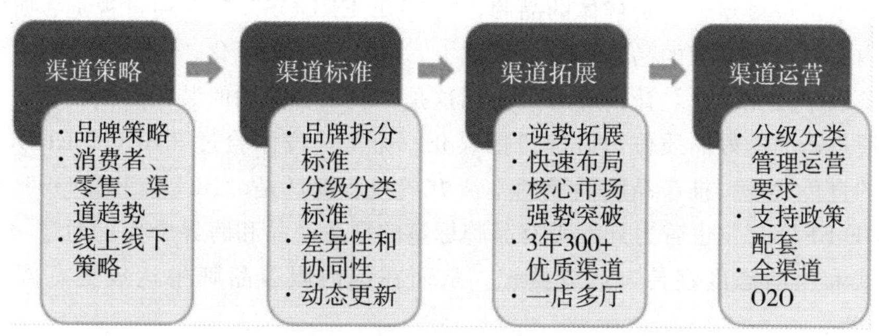

图 1 渠道策略的体系化、科学性、前瞻性和具体落地执行性

另一方面，建立科学的渠道评估及跟踪体系，制定系统且明确的全国精品渠道开发规划，完成重点市场和重点渠道的开拓目标。在经销商管理上，重新制定经销商授权和管理政策，强化选用预留和淘汰机制，确保经销商管理体系和品牌转型目标的稳妥有机结合。同时，进一步梳理品牌渠道信息，建立完善的数据库，优化渠道业务流程，完善渠道发展规划。从渠道规划、发展与管控的角度，进一步严格执行开店标准的同时，更有针对性地调整支持政策，更加客观、更加精准、更多维度地对新开、升级渠道进行评估。

（五）确立差异化的品牌形象和推广策略，实现多品牌相互区隔、互为补充

一直以来，多品牌管理是管理界的难题之一，因为各品牌之间要实施严格的市场区分，具有鲜明的个性，且这些个性还要能吸引消费者。为此，鄂尔多斯羊绒集团首先针对四个品牌不同的市场定位细化各自不同的品牌推广和消费者沟通策略。

"1436" 坚持顶级原材料，坚持最高品质；追求和传承最精湛的羊绒手工艺；坚持具有国际化视野的设计创新；与消费者开展积极的情感建设；提供惊喜的品牌体验和服务。因此，在推广方面，紧紧围绕 "1436" 品牌定位，把握媒体传播方式的趋势与潮流，以时尚、艺术、趣味的形式将 "1436" 品牌内涵充分诠释。让顾客了解为什么 "1436" 是最好的羊绒产品，展现作为行业领军者的专业水准，讲述高品质人群的生活方式，与顾客在情感上产生共鸣。

"ERDOS" 作为品牌家族里的时尚品牌，近年的推广传播旨在通过发现羊绒的时尚与精美；创新羊绒工艺、材质与设计；感受生活中的美感等多个维度立体塑造 "ERDOS" 品牌，凸显品牌的内涵。用创造性思维的传播角度，塑造 "ERDOS" 在时尚领域、穿搭、生活美学、设计、产品细节中的独到审美，建立属于自己的风格，演绎 "ERDOS" 独立而自信的时尚态度。日常公关上与明星、红人、意见领袖、时尚媒体等时尚典范进行 360 度全方位深度合作。让 "ERDOS" 的羊绒时尚通过典范引领潮流。"ERDOS" 品牌在推广上则强调创新羊绒工艺、材质与设计，通过品牌每季最具代表性的作品和大师设计元素——艺术化的图案，打造 "ERDOS" 最具直观识别性和标志性的时尚文化等。

"鄂尔多斯 1980" 在沟通上钟情于羊绒带来的温暖触动，在视觉上，通过富于细腻人物情感、有带入感及故事感的大片突出形象。清晰呈现 "无龄化" 及 "四季化" 的设计理念与风格，传递 LOUNGE

WEAR 及家居产品营造的品质生活理念，以及家人、爱人的温情时光。在品牌传播推广方向上，“鄂尔多斯 1980”加强与家庭生活或匠人匠心等温情生活相关的资源平台或品牌进行合作，选择明星亲子拍摄合作，描绘消费者向往的生活方式，进而触动人心的温暖情感。在沟通时间上，基于品牌诉求温暖，关注有中国特色的、传统的、家人团聚等人与人之间的关系，有爱、有温度的节日。在日常传播上，丰富自媒体内容，加强自媒体影响力，创造更具阅读性的内容，提升视觉质感，丰富素材类型。在品牌推广上，精心策划主题活动，清晰品牌形象。

作为品牌家族里定位最年轻消费群体的品牌，“BLUE ERDOS”旨在通过视觉、听觉、内心共鸣等感官认知，在业内树立独立鲜明的品牌形象。视觉上，继续保持国际化、辨识度高的广告形象，结合简约的终端店铺形象和个性化服务，让消费者关注到这是一股来自国内时装品牌的清流。听觉上，重在产品的口碑传播，通过产品的好品质作为口碑传播媒介，让每一位体验过“BLUE ERDOS”产品的消费者都能成为品牌的宣传大使。推广品牌倡导的生活方式和态度，是“BLUE ERDOS”品牌推广策略的终极目标，“BLUE ERDOS”也着力开发带有品牌标签的周边产品和跨界合作，通过一系列与目标消费者一致的生活方式和生活态度宣传，达成共识，从而在国内服装品牌中达成更宽阔、夯实的市场占有率。

为加强与客户的有效沟通，鄂尔多斯羊绒集团从服务入手，精选全国各个市场的 69 家代表性门店，通过“类直营”的方式，由总部统一管理门店的商品和视觉形象，包含陈列、橱窗等，总部统一设计实施终端活动和消费者体验，并给予大力度的培训和资源支持，打造标杆，影响和带动全国。领峰项目部还建立终端零售体验的快速测试机制，根据测试结果，在全国不同级别的店铺范围内进行推广复制，在终端建立区分不同品牌的不同零售体验体系，让消费者更为立体、更为全面地感受和理解品牌独有的特质，在超出预期服务的同时，传播鄂尔多斯的品牌文化。

（六）广泛吸引顶级专业人才，为多品牌发展战略奠定人才基础

在企业的变革和转型中，各企业的变革力度和做法迥异，但唯一一致的一定是人才战略与企业战略的“同步适配”。在鄂尔多斯羊绒集团多品牌战略落地的进程中，在不断吸纳优秀人才加盟团队的同时，也始终与国际顶级创意资源保持着密切合作，包括和已经在国际上崛起的优秀华人独立设计师进行合作。同时，随着国内时尚行业的快速发展，鄂尔多斯也致力于和国内时尚行业先锋人才的全线合作，包括中国有名的时尚摄影师、艺术造型师、广告和平面设计师等。鄂尔多斯深知品牌管理的专业性以及专业的价值，因此，不吝代价地和国际水准的各类专业机构进行全面合作，包括品牌策略和 VI 形象设计公司，国际品牌 4A 广告公司，以及专业的市场和消费者调研机构等，以此使自身站在专业和科学的起点上，加速品牌的发展。

比如，2016 年鄂尔多斯羊绒集团开始与国内独立设计师合作，拓展思路，发现羊绒材质的无限可能。“ERDOS”与于惋宁、欧敏捷、马凯三位优秀的中国新锐设计师合作，透过设计视角发现羊绒更多的可能性，扩充品牌的丰富性与时尚度。与知名设计师 BING XU 合作，根据时装秀的主题概念和造型需求来设计走秀款。2017 年，又在 2017 秋冬季产品中与 BING XU 开展更深入的跨界合作，以当季主推系列为主题开发了特别系列，并投放市场销售。“1436”则与中国独立设计师王汁合作，其特别合作系列“1436×UMA WANG”在 2016 年上海时装周一亮相就引起广泛关注。以全新的跨界合作互相促进，不仅拓展了整合人才的新思路，也给市场和消费者带来了意想不到的惊喜，为整个行业带来了新的可能。为了更好地培养人才，2015 年成立鄂尔多斯时尚学院，在多品牌战略落地的过程中，时尚学院针对不同领域和区域的人才需求，开发差异化的课程体系，培养专业化的人才队伍。

三、纺织企业满足差异化消费需求的品牌延伸管理效果

（一）成功从单一品牌经营拓展为满足差异化消费需求的多品牌经营

鄂尔多斯羊绒集团通过多品牌发展战略，完成了鄂尔多斯品牌家族的全面升级，打造了全新的品牌时尚新形象，无论是老客户还是新客户都在四个品牌中找到了自己喜欢的生活方式和服装款式。“ERDOS”和“鄂尔多斯1980”连续四季订货数量和订货金额稳步增长，当季新品销售率维持两位数的提升；“BLUE ERDOS”品牌成功打开年轻客群的入门级羊绒市场，实体店和网店销售火爆。全新的形象让品牌获得市场的广泛认可，不仅在低迷的市场中实现渠道逆市拓展，开设新店的同时也打造了数十家精品形象店，搭建品牌官网和天猫“鄂尔多斯官方旗舰店”，成功打造了线上线下同步的全渠道体系。

（二）得到了市场高度认可，经济效益显著提升

鄂尔多斯羊绒集团通过多品牌管理战略，不仅跨越了常规品牌换标可能带来的业绩风险，而且取得了超预期的强劲市场表现。2016年全国秋冬新品销售同比增长30%以上，2017年全国春夏货品的售出率创历史新高，全国市场销售整体实现了同比19%的增长。品牌总部的电商和奥莱业务也实现了量和质的同步飞跃，电商平台的2017年春夏新品销售同比增长达100%以上。重新定位后的BLUE ERDOS更是华丽转身，快速完成对全国重点城市的覆盖，2016年秋冬和2017年春夏新品销售同比增长3倍以上。2016年电商的业绩增长率达到67%，“双十一”单日的销售业绩实现了135%的增长。多品牌发展战略显著提升了企业经济效益，鄂尔多斯羊绒集团正在稳步实现“五年销售翻番”的奋斗目标。

（三）品牌形象全面提升，获得社会各界高度肯定

在世界品牌实验室发布的2017年《中国500最具价值品牌》分析报告中，鄂尔多斯以880.66亿元的品牌价值位居年度最具价值品牌第43位，蝉联纺织行业品牌的头把交椅。2017年6月，在国家工商总局、世界知识产权组织联合举办的中国商标金奖颁奖大会上，鄂尔多斯荣获“商标运用金奖”。该奖项是中国商标领域的最高荣誉奖项，2017年9月，由亚洲品牌网、香港大公文汇传媒集团、外交部中国亚洲经济发展协会、商务部《国际商报》社共同主办的“第12届亚洲品牌盛典”举行，鄂尔多斯羊绒集团在参选企业中脱颖而出，一举斩获“亚洲十大影响力品牌”大奖。

（成果创造人：王　臻、张梅荣、戴塔娜）

地方商业银行基于大数据精准分析的小微企业融资服务管理

江苏银行股份有限公司

江苏银行股份有限公司（以下简称江苏银行），是在江苏省内无锡、苏州、南通等10家城市商业银行基础上，合并重组而成的现代股份制商业银行，江苏银行于2007年1月24日正式挂牌开业，开创了地方法人银行改革的新道路。是江苏省最大的法人银行。江苏银行下辖13家省内分行、4家省外分行，服务网络辐射长三角、珠三角、环渤海三大经济圈，实现了省内县域全覆盖。营业网点541家，员工1.4万人。发起设立了苏银金融租赁公司和丹阳保得村镇银行。截至2016年年底，资产总额达15983亿元，各项存款总额达9074亿元，各项贷款总额达6494亿元。2016年8月2日，江苏银行首次公开发行A股在上海证券交易所成功上市。

一、地方商业银行基于大数据精准分析的小微企业融资服务管理背景

（一）解决小微融资难题，支持“双创”发展的需要

近年来，在我国经济进入新常态的背景下，全社会涌现出了一大批敢于创业创新的小微企业，这些小微企业代表了我国万众创新、产业升级的方向。根据《江苏省第三次全国经济普查主要数据公报》显示，截至2013年年末，江苏省共有第二产业和第三产业的小微企业法人单位87.8万个，占全部企业法人单位96.5%，小微企业的发展已成为江苏经济和社会发展的基础与保障。地方商业银行作为为地方经济提供服务的金融机构，研究如何在新形势下立足小微企业的融资服务，扩大小微企业融资的服务范围、提升小微企业融资服务的精准度，已成为地方商业银行责无旁贷的重要工作之一。

（二）落实金融普惠政策，推进实体经济发展的需要

有数据统计表明，作为提供传统金融服务的银行，面对目前中国5600多万的小微企业，银行提供的融资服务真正能够覆盖到的小微企业仅占其中的11.9%，绝大多数小微企业的融资需求无法在现有的银行金融产品和服务方式下被有效覆盖和满足。造成这种现象的根本原因在于银企间的信息不对称、单户服务成本高，造成了银行不愿、不敢、不能为小微企业提供融资服务。在金融普惠化改革的推进中，银行只有探索出一条能够切实解决小微企业融资难、融资贵问题的新道路，运用新技术、新手段、新方法降低小微企业的融资门槛和融资成本，才能真正实现金融普惠化政策的成功落地，最终推动实体经济的快速发展。

（三）利用大数据技术，提升小微企业融资服务的需要

随着利率市场化大潮的来临和互联网金融的强烈冲击，传统银行赖以生存的高额利差盈利模式已难以为继。市场环境的变化迫使银行必须寻找出一条能够适应新的市场竞争的可持续发展道路。江苏银行作为一家地方型商业银行，小微企业数量在全部的企业类客户中占比达到三分之二。深挖小微企业融资的需求，不断提升小微企业融资服务管理的能力，不仅是江苏银行作为地方商业银行的责任和义务，也是实现银行自身快速发展的必然选择。经过深入研究和探索，江苏银行发现大数据技术不仅能解决小微企业融资服务中的信息不对称问题，降低小微企业向银行融资的门槛，还能通过全线上的服务方式有效解决线下服务的高成本和时间限制等问题，最终彻底解决小微企业融资难、融资贵的问题。因此，江苏银行基于大数据的小微企业融资服务管理在提升小微企业融资服务的同时，也可实现自身业务的快速增长。

二、地方商业银行基于大数据精准分析的小微企业融资服务管理内涵和主要做法

江苏银行的小微企业融资服务管理，以大数据为核心技术，以互联网技术为实现渠道，以小微企业融资需求为出发点，以金融普惠化和服务实体经济为目标；通过数据模型实现对小微企业的精准分析，探索跨领域的产品创新，开发出符合个性化需求的小微企业融资产品系列，依托互联网完成业务流程再造，建立完善的风控体系，为小微企业提供全信用、全天候、全覆盖、全线上的“四全”化融资服务。主要做法如下。

（一）把握小微融资需求特点，明确服务管理思路

1. 多方调研深挖小微融资痛点

为深入挖掘和分析小微企业在寻求融资过程中的每个痛点问题，江苏银行一方面通过实地走访江苏省各市、区、县的小微企业，现场听取小企业主提出的企业融资痛点问题，记录不同地区、不同行业、不同发展阶段的小微企业对融资的需求和建议。另一方面在银行内部开展金融业务“回头看”工作，收集来自电话客服、在线客服、客户经理、线下网点等不同渠道的客户反馈，重新回检银行在小微企业提供融资服务管理中暴露出的问题。通过小微企业和银行工作两方面的结合分析，总结出小微企业融资过程中的四大痛点问题。

一是门槛痛点。小微企业难以满足银行对融资担保和抵押物的要求。小微企业普遍规模小、抗风险能力弱，银行从防范风险的角度考虑，在向小微企业提供融资时通常会附加关于担保或抵押物的条件，并且还对担保机构和抵押物价值有一定的要求。这对大多数独立发展且可抵押资产很少的小微企业来说，相当于设置了难以逾越的融资门槛痛点。

二是时间痛点。小微企业难以跟随银行服务时间的限制。小微企业不像大中型企业机构设置完善、管理人员配备齐全，为节约企业运营成本，一个小企业主通常既要跑客户、抓生产，又要亲自做管理。平时工作时间很难顾及融资问题。与之矛盾的却是银行对企业的服务时间只在平时工作日时间内，节假日和平时晚间都无法为企业提供服务。这就造成了小微企业在向银行寻求融资服务过程中的时间痛点。

三是有效覆盖痛点。小微企业难以从银行找到满足个性化需求的融资产品。小微企业数量众多，融资需求也各不相同，小微企业的融资需求往往呈现“短平快”的特征，这必然无法适应到每一个小微企业的个性化需求，形成小微企业融资需求无法被有效覆盖的痛点。

四是业务流程痛点。小微企业不像大中型企业拥有专业的财务人员和完善的档案管理，因而导致小微企业常常因申请资料问题反复奔赴银行网点多次，造成小微企业常常疲于应付。即便材料完全满足审核要求，银行的审批周期也是动辄半个月以上，这对急需资金的小微企业来说是难以忍受的业务流程痛点。

2. 顶层设计明确工作指导思想

针对小微企业在融资过程中的上述痛点问题，江苏银行明确以下三大指导思想。

一是以客户为中心。改变传统银行业“以产品为中心”的固有观念，以小微企业的融资需求为核心，针对小微企业的融资特点，通过引入大数据技术、推动管理创新、进行流程重构，为小微企业进行一站式、针对性、定制化的融资产品设计。同时利用互联网技术和完善的信用分析模型，实现高效化、自动化、智能化的用户信息跟踪和融后管理，降低用户的资金成本、时间成本、信息成本，提升用户的融资效率和融资体验。

二是金融普惠化。普惠金融的实质是提升金融服务的覆盖率，使之覆盖到难以得到融资服务的大多数长尾用户。传统银行对于小微企业融资普遍持谨慎态度，主要原因在于信息不对称提高了风险识别成本，而传统融资产品单一的阶梯定价方式使得融资的风险收益水平难以合理匹配，从而降低小微企业融资的边际回报率。针对这种情况，江苏银行借助科技手段、整合数据资源，打造银行业内领先的大数据

平台，从而提高小微企业融资的边际回报率，推进金融普惠化战略的落地。

三是服务实体经济。地方商业银行的重要使命是服务实体经济、促进地方经济发展。我国目前正处在创新企业、科技企业、创业企业快速发展的历史阶段，为上述小微企业提供融资支持，就是支持新兴产业、支持地方经济、支持实体经济的发展。江苏银行的大数据小微企业融资服务平台，将立足技术创新、产品体系创新、管理流程创新，持续加大对实体经济发展的金融支持力度。

3. 针对痛点问题确定服务目标

在三大工作指导思想下，根据小微企业融资中的具体痛点问题，江苏银行进一步制定有针对性的“四全”化系统建设目标，降低小微企业融资服务门槛、放款服务时间、扩大服务群体、简化服务流程，将小微企业融资痛点问题逐一击破。

一是全信用。江苏银行小微融资服务管理以大数据技术为抓手，通过解决信息不对称问题，在风险可控的前提下，免除传统融资产品中对担保和抵押物的要求，放宽小微企业融资准入条件。同时，将客户精准分析的结果反映在额度审批模型和客户定价模型中，为小微企业量身定做与自身条件相匹配的纯信用融资产品。

二是全天候。将互联网实时在线、无须人工成本的优势用于小微企业融资服务中。打破线下银行网点服务的时间限制，提供线上 24 小时全天候、节假日无休的服务。全天候的服务不仅能够弥补线下网点服务时间的短板，提升小微企业融资服务的灵活度，还有效降低了银行的服务成本投入，实现银行与小微企业的双赢。

三是全覆盖。积极推进融资产品的创新，通过灵活的产品设计，扩大小微企业融资服务覆盖面，尽可能满足每一个小微企业的融资需求。在单个产品创新的基础上，探索“四全”化小微企业融资产品系列的扩展，不断在新领域中复制产品的成功模式，设计出更多针对不同行业、不同场景下的小微企业融资产品。

四是全线上。提供多渠道的互联网在线业务办理入口，如网银、手机银行、直销银行、微信银行、合作平台等，让小微企业足不出户就可完成贷款申请。不断积极推进并优化线上网贷的审批流程，在强大的网贷系统支持下，做到让小微企业全程无须奔赴银行网点即可获得融资，实现商业银行与小微融资需求的线上“无缝对接”。

（二）集合内外多方资源，形成合力推进工作

1. 内部资源协作成立工作小组

从总行顶层设计上，形成一支集全行智慧、集精干力量的专家团队，将先进的大数据资源和技术有效用于小微企业融资服务管理中。一是在总体规划上提出“集合全行智慧，集中精干力量，集聚内外资源”的总体工作思路，按照全新的“业务线＋技术线＋管理线”架构打破以往不同业务部门相互独立的局面，建立明确的专家人员构成、专项资金支持、专题工作推进方案，确保各项资源形成合力推动小微企业融资服务管理的创新。二是组织形式上成立小微企业融资服务管理建设的大数据专项工作小组，从全行抽调来自不同业务的人才，汇聚风险、审批、信科、网金、计财、零售、法律、内审、营运等各部门的专家智慧，促使业务、管理、技术的相互融合和有机互动，产生出“1＋1＞2”的组织效能。三是在工作机制上建立项目制的推进形式，将总体的小微企业融资服务管理工作分解到具体项目，每个项目均制定明确的工作目标、详细的工作方案和具体的时间计划，确保每个项目均能有效落地。在工作推进过程中定期召开大数据应用汇报会，向行领导和工作小组全体成员汇报项目进展情况，项目之间互通有无，确保小微企业融资服务管理整体项目的有序推进。

2. 外部资源联动建立合作平台

为扩大数据资源、扩展合作渠道为小微企业融资服务管理的提升提供支持，江苏银行与外部政府部

门、高校院所建立起紧密联系的战略合作关系。一方面，通过数据共享建设，加强江苏银行与工商、税务、海关、司法、电信部门的联系，实现数据交叉授权和渠道互惠共享。另一方面，通过研发共享建设，加强与高等院校、科研院所、政府部门的研究成果分享，以实现大数据平台与时俱进、持续创新。在具体操作层面，江苏银行推出两方面举措。

一是与外部权威数据平台建立数据共享机制。大数据技术的快速发展，显示出全社会信息融合的发展方向。数据融合的背后，是各类数据平台在渠道资源和用户资源方面的合作。江苏银行大数据系统，在设计之初，就高度重视与外部数据平台的数据共享建设。江苏银行通过数据互换、数据共享、项目合作等方式，引入工商、海关、法院、征信、税务、电信、教育等各类外部权威数据源，实现无缝对接。

二是与高校院所、政府机构建立研发共享机制。大数据系统是技术密集型的全新事物，其演进发展必然伴随着持续创新和政策引导的需要。因此，江苏银行高度重视研发共享机制的建设，以促进高校的理论研究成果与小微企业融资实践相结合，前瞻性地把握大数据发展趋势和方向，全面推动大数据技术在小微融资服务管理中的应用深度和广度。

（三）开发典型产品，丰富“e融”系列产品

江苏银行充分利用引入的外部数据和自身拥有的内部数据，解决小微企业客户群体征信数据缺乏的问题，通过数据模型建立起一套小微企业的信用背书机制，推出以“税e融”为典型产品的小微融资产品系列，打造出一个体系完整、覆盖全面、灵活组合的小微企业融资产品库，改变小微企业融资产品单一化、同质化的市场状况。

1. 探索银税互动，推出首个“四全”产品

“税e融”产品是江苏银行面向小微企业融资推出的首只开创性、示范性产品。“税e融”产品的核心设计理念在于通过外部权威数据平台，为小微企业提供充分信用背书。对有真实融资需求，且经营正常、信用记录良好的小微企业，“税e融”直接提供免担保、免抵押的“全信用”融资产品。

一是在产品的设计原则上，高度重视产品设计的灵活性、融资方案的定制性。“税e融”为产品设计赋予极大的灵活空间，融资产品的金额、期限、利率、还款方式等均为灵活变量，融资方案一户一定，为用户提供适应其实际需要的定制个性化的融资产品。

二是在产品的数据层面、渠道层面深入贯彻内外联动原则。一方面，“税e融”产品通过跨平台数据合作，降低小微企业融资的信息成本和风险识别成本。打通银行业务数据和国税纳税数据，利用三方数据之间的互验互证，解决银行与小微企业间的信息不对称问题。具体操作层面，系统根据小微企业的纳税财务报表判断企业的生产经营情况，根据纳税记录和银行违约记录判断企业的信用情况。另一方面，“税e融”产品通过跨平台渠道合作，实现精准的客户导流。具体操作层面，江苏银行将“税e融”业务申请流程直接嵌入国税的网上办税大厅，帮助小微企业在缴税场景下，实时发现自身资金流量的问题，方便快捷地在国税网上办税大厅直接链接进入江苏银行“税e融”业务平台，及时获得融资。

2. 针对个性需求，开发“e融”产品系列

为使小微融资产品能适应小微企业更加个性化的需求，江苏银行将“税e融”设计成具有标准化、模块化、批量化特点的产品，在结合具体小微企业的需求和场景后，可以迅速在成功蓝本的基础上衍生创新出更多“e融”系列产品。

在系列产品的设计中，根据小微企业涉及的行业、经营方式、发展阶段等的不相同，仿照“税e融”银税互动的跨界合作模式，进一步开拓其他领域的跨行业合作。继“税e融”之后，江苏银行又陆续推出的“e融”类系列产品包括与公积金中心合作的“金e融”，与房产中心合作的“房e融”，与银联商务合作的“商e融”等。针对特定场景下的“e融”类系列产品包括结售汇场景下的“汇e融”，消费场景下的“享e融”，农村电商融资场景下的“链e融”等。在这种可复制、可扩展的产品创新模式

推动下，江苏银行的“e 融”系列产品在短短两年时间内已扩展至 10 多个，形成具有江苏银行特色的立体化小微融资产品体系。

3. 成立合作平台，实现产品跨地区覆盖

在“e 融”系列产品成功实践后，为让更多的小微企业能够享受丰富的个性化融资服务，江苏银行不仅在自身业务覆盖的五个地区（江苏、上海、北京、深圳和杭州）大力推广广受市场认可的小微企业融资产品“税 e 融”，还通过与同行业间的业务合作突破服务地域的限制，进一步扩大受益的小微企业范围，面向全国推广复制“e 融”产品体系的成功经验，最终发起成立联合国内各地商业银行的小微企业融资服务平台“融联创”。

在具体操作层面，江苏银行遵循“系统共建、数据共通、风险共担、收益共享”的原则，与多个外省法人商业银行签订《“e 融”产品体系双边合作协议》，在合作银行所在地区联合推出“税 e 融”网贷产品，并约定额度分配比例，利息收入及授信风险均按照各自的比例承担。“融联创”平台的发起和成立，标志着江苏银行在全国小微企业融资领域确立了领导地位。

（四）打造“三位一体”系统，实现服务“四全”目标

江苏银行小微融资服务管理系统是以大数据平台为基础，以网贷业务流程为支撑，以风控模型为保障的“三位一体”架构。运用大数据建立小微企业的数据信用背书，实现融资产品的“全信用”；利用网贷业务流程实时在线、全年无休的特点，实现融资服务的“全天候”和“全线上”；通过风控模型提升银行风险容忍度，实现客户融资需求的“全覆盖”。

1. 建立大数据基础平台

大数据核心平台是整个小微企业融资平台的基石。江苏银行大数据核心平台是建立在 hadoop 技术之上、具备数据动态更新能力和完整逻辑体系的有机整体。通过建立体系完整、层次丰富、结构清晰、关联紧密的核心数据库，获取全面、海量、多源、动态的企业用户数据，将为小微企业的资产评估、财务预测、信用评级等数据挖掘提供坚实基础。

一是打造内部数据集市，实现内部数据平台的融合贯通。内部数据集市的建设，主要是在大数据技术平台基础上，将散落在银行核心系统、信贷管理系统、信用卡系统、个贷系统、票据系统、国际结算系统等几十个业务系统中的客户数据进行整合。经整合后的内部数据平台可以展示出企业在银行办理过的所有业务概貌，记录包括企业资产状况、现金流量、违约记录等历史信息，便于银行了解客户的需求变化和成长轨迹，以便更好地为企业提供融资服务。

二是引入外部数据并建立外部数据平台。外部数据平台中的数据主要通过数据互换、数据共享、项目合作等方式引入来自不同渠道的外部数据，实现大数据核心平台与工商注册数据、海关进出口交易数据、法院涉诉信息、失信被执行人信息、工商处罚信息、通信运营商数据、个人学历学籍信息、网络舆情信息等的无缝对接。外部数据平台为内部数据平台增加了新的数据维度，使得数据库从平面走向立体，从而提高用户资产信息和经营信息的可信度，增强用户数据的互证性，降低审核成本和风险识别成本。

三是以企业客户为中心，建立内外数据库之间的映射关系，实现用户完整画像和动态分析。江苏银行在“以客户为中心”的指导思想下，在大数据平台基础上建立起能完整展现客户全貌并提炼客户特征的画像数据，从而实现对客户的多维度、全景式、动态化数据分析，为小微企业融资服务管理工作提供决策和依据。

2. 开发网贷业务流程

江苏银行在原有内部系统架构基础上充分运用互联网的优势，将传统的线下小微融资服务逐步引导至线上进行服务，最终突破线下服务时间和空间的限制，实现“全天候”和“全线上”的小微融资服务

目标。整个网贷业务流程包含业务申请、授信审批、签署合同和贷款支用、贷后管理流程四部分。

业务申请流程。接收来自不同线上渠道的小微企业融资申请，由客户在线签署电子授权书，以便银行查询企业和企业主的人民银行征信信息及其他各类信息。获得客户授权后，正式进入业务审批流程。

授信审批流程。通过大数据信息验证客户的身份，确保客户身份真实有效。进行身份验证后系统流程进入在线审批模型，在线审批模型包含一系列子模型，如内控名单库、反欺诈规则库，以及其他风险识别模型。自动审批流程还运用大数据、在线视频、生物识别等先进技术，确保业务正式发生前剔除虚假客户和风险客户，为真正有融资需求的小微企业客户提供服务。

签署合同和贷款支用流程。经过授信审批流程后，系统将为客户生成一个与企业规模和经营情况相匹配的融资额度，并根据企业内部评级结果给出融资定价，客户在签署合同前可以先看到在线审批结果，并自主选择是否接受融资额度和定价。如客户选择接受，系统在线与客户完成合同签署，生成电子合同文本记录本次融资的额度、定价、期限等要素，并精确记录本次合同签署的时间。合同签署完成后，客户就能够查询到自己账户上的融资款项已到账，并可随时提取使用。

贷后管理流程。在客户还款前系统持续跟踪管理客户，预警系统是实现贷后管理的主要系统。预警系统中配置的超过 700 多个预警规则，能确保在客户发生风险的第一时间发出预警信号，有效控制小微企业的风险发生。

3. 完善风险管控模型

一是通过反欺诈规则库和内控名单提前识别并隔离风险。反欺诈规则库是融资业务风险防控的第一道防火墙，在客户提交融资申请后，系统后台业务申请信息与反欺诈规则库进行比对，即刻识别网络攻击、排除诈骗团伙骗贷的可能性，并能对存在法律纠纷、违约记录等风险隐患的客户发出预警，提前实现风险隔离。在完成风险隔离的基础上，进一步通过内控名单中对不同风险等级的黑、灰名单客户进行差异化管理：黑名单客户直接阻断业务流程，已有授信也将尽快压缩退出；灰名单客户可以继续业务流程，但将通过调整授信额度和利率进行风险补偿。黑、灰名单的来源主要包括行内各业务系统、行外监管部门发布、江苏银行主动采集、同行业信息互换等。目前，江苏银行共有 46 类名单类型，共收集风险客户 310 万个。江苏银行通过建立内控名单的管理，对客户的风险程度进行划分，依据风险程度的不同为客户提供差异化的融资服务。

二是通过内部评级模型实现客户的分级管理。内部评级模型是在完成客户准入之后，结合工商信息、税务信息、海关信息、诉讼信息、通信运营商信息等外部数据，对申请客户进行资产评估、财务评估、信用评估、经营情况评估等，并根据模型打分结果将客户分为“增、持、减、退”四类，再结合企业客户的融资需求和所申请的融资产品测算出银行给出的具体授信额度和产品定价。

三是建立持续的风险预警模型，实现对小微企业融资的全生命周期管理。针对小微企业融资业务常规化、阶段性、滚动式的特点，在小微企业获得融资后持续跟踪监控客户在内部、外部各个联动数据平台的资产、经营、利润、现金的综合变化，及时动态调整企业的信用分析结果。同时，江苏银行的预警系统还对小企业主个人名下的住房贷款、综合消费贷款、信用卡及个人经营贷产品等进行定期扫描，根据预警规则识别风险隐患，降低银行坏账发生的可能性。目前，江苏银行预警系统已配置了 900 多项预警规则，实现对客户信息进行 7×24 小时监控，对可能影响信贷资金安全事项进行分类预警，实现全面的风险防控。

三、地方商业银行基于大数据精准分析的小微企业融资服务管理效果

（一）解决了小微企业融资难题，促进了地方经济发展

江苏银行以大数据为基础的小微融资服务管理方式，有效解决了江苏地区的小微融资难题，为江苏省的企业发展壮大、产业结构升级、地方经济发展做出了突出的贡献。全新的“四全”化小微融资服务

方式为江苏省内数十万小微企业提供了低门槛、高效率、定价合理的银行融资服务，收获了良好的用户体验，为新兴产业、科技产业、创新企业的发展起到了促进作用，成为助力地方经济发展的重要金融支持。

对此，江苏地方政府、行业监管部门、社会媒体纷纷给予了极大的认可。“税 e 融”获得了《新金融世界》2016 年度中国金融信息化与创新优秀案例奖；在江苏省银监会组织开展的“第四届小微企业金融服务宣传月”活动中，江苏银行的明星产品“税 e 融”成为金融产品创新的典范；中央电视台 2 套的“经济半小时”栏目、江苏卫视的“江苏新时空”栏目，均对“e 融”产品进行了专题报道；《人民日报》《新华日报》《经济日报》等数十家国内权威媒体，纷纷对江苏银行的小微融资业务进行了专访和深度研究报道。

（二）带动了企业自身业务全面发展，资产质量有效提升

2014 年 12 月，江苏银行正式启动基于大数据的小微企业融资服务管理建设，首个产品“税 e 融”于 2015 年 5 月正式成功上线投产。截至 2016 年年底，“税 e 融”产品授信客户累计达 9.5 万户，为小微企业共计发放纯信用贷款 160 亿元。从“税 e 融”客户的综合回报情况来看，全线上服务方式在有效降低运营成本的同时，还获得了 3.2 亿元的利息回报。此外，“税 e 融”还带动个人网银开立 31427 个、直销银行客户 6475 个、理财购买量 6.78 亿元、保险 1.4 亿元、基金 6.35 亿元，代发工资客户 2644 个。除“税 e 融”业务以外，贷款企业在江苏银行办理的其他个人经营贷业务 6.9 亿元，经营实体在江苏银行办理的对公授信业务共计 106 亿元，全面带动了江苏银行各项业务的同步发展。

业务发展的同时，以大数据为基础的小微企业融资服务管理方式使江苏银行的小微业务有效审批通过率不断上升，业务的不良率逐步下降，信贷资产质量获得了持续提升。从江苏银行小微企业贷款规模和不良率的变化趋势看，在 2015 年 5 月正式推出新的小微企业融资服务管理之后，江苏银行在小微企业融资业务的拓展和资产质量的提升方面起到了双重的积极效果。

（三）探索了一套小微融资服务新模式，示范推广效应显著

江苏银行通过与同行业机构间的跨地区合作，在更广阔的范围内推广小微企业融资服务管理经验。截至 2016 年年底，通过跨地区同业双边的方式，“税 e 融”产品共与 14 个地方商业银行签订双边合作协议，惠及全国 15 个省的小微企业。随着江苏银行与更多外省商业银行签订双边协议，并发起成立全国范围的“融联创”金融合作平台，确立了江苏银行在小微融资服务管理领域中的领导地位。

在系统共建和数据共享的基础上，江苏银行实现了用户数量的快速增长，积累和沉淀下来的企业数据成为江苏银行新的核心资产，促进江苏银行持续不断推进小微企业融资服务管理的创新和升级。2015 年 7 月，国家税务总局和银监会在多方调研的基础上，专门下发了《关于开展“银税互动”助力小微企业发展活动的通知》，要求“积极发挥纳税信用的社会效应，助力小微企业发展，服务地方经济发展”，高度肯定了江苏银行的小微企业融资服务管理的成功实践，也为全国更多城市商业银行打开了小微企业融资服务市场，促进这一普惠金融创新模式向全国范围内推广。

（成果创造人：夏　平、季　明、葛仁余、周　凯、王　迅、
潘　沁、许皓玮、管薇薇、潘　雁、张　宁、黄文韬）

大型电网企业智能化无障碍供电服务管理

国网山东省电力公司济南供电公司

国网山东省电力公司济南供电公司（以下简称济南供电公司）隶属于国家电网公司，是大型重点供电企业，担负着全市11个区、县（市）的供电任务，供电区域8177平方千米，服务客户225.42万户。公司下辖6个县公司，共有97个营业服务窗口，80个供电所。现有全民员工1293人。济南电网是山东电网的重要枢纽骨干电网，有1000千伏泉城站、500千伏济南变等9个电源点，构成了坚强的电源支撑。拥有35千伏及以上变电站327座，变电总容量2726.71万千伏安；35千伏及以上输电线路417条，总长度4503.53千米；10千伏配网线路1885条，总长度1.83万千米。2016年，电网最高负荷541.6万千瓦，公司实现售电量238.63亿千瓦时，同比增长6.61%。

一、大型电网企业智能化无障碍供电服务管理背景

（一）适应经济发展新常态与电力改革新要求，提高市场化供电服务能力的需要

当前，我国经济发展进入结构优化、动力转换的新常态，宏观经济下行压力增大，钢铁、化工、水泥等高耗能产业逐渐淘汰，对用电需求产生较大影响，给公司发展带来严峻挑战。与此同时，新一轮电力体制改革进入向纵深推进的关键阶段，随着增量配电与售电侧放开，多家售电公司已经成立，市场竞争日益激烈。面对新形势，传统简单粗放式的营销服务模式短板逐渐显现，如何提高适应新形势变化的供电服务能力和响应速度，以增强对市场竞争和用户服务需求的适应性具有很强的紧迫性。

（二）提升供电服务智能化水平，创新服务手段与提升服务质量的需要

近年来，电网智能化不断加快。特别是以大数据为核心和基础的“大数据、云计算、物联网、移动互联网”等新兴技术迅猛发展，能源电力技术与信息化技术深度融合，为智能化调控奠定了坚实基础。但目前供电服务技术支撑不够，智能化进程明显滞后。在客户端，服务沟通手段单一落后，客户诉求难以高效快速响应；在管理端，各专业信息尚未共享，数据分析和监控预警能力不高，对供电服务全流程无法提前预警、在线调控、精准匹配。特别是故障抢修业务智能化水平低，无法从被动抢修向主动抢修转移。因此，消除技术障碍，提升供电服务智能化水平，切实让广大客户享受到便捷高效优质的供电服务具有重要意义。

（三）满足多元化服务需求，面向客户“一口对外”提升服务效率的需要

互联网时代，客户需求更加碎片化、即时化、差异化；灵活用电、能效管理、节能服务等需求日益呈现多元化、增值化趋势。但目前供电服务管理粗放、效率低下，不能满足客户需求的新变化，主要存在服务渠道单一、服务流程不畅、定制服务缺乏、“多口对外”亟待消除等问题。因此，消除管理障碍，推动跨专业服务协同，打造面向客户“一口对外”的无障碍服务体系，“以客户为中心、市场为导向”提升服务效率，已成为“互联网＋”时代满足人民群众多元化用电需求、提升客户用电体验的重要抓手。

二、大型电网企业智能化无障碍供电服务管理内涵和主要做法

济南供电公司紧紧围绕实现智能化无障碍供电服务的目标，坚持一切以客户为中心，综合利用“大云物移”等新兴技术创新智能化服务手段，无障碍满足客户的碎片化、即时化、个性化需求，构建智能化无障碍供电服务管理体系。通过建立“纵向贯通、横向协同、末端融合”的供电服务组织体系，打造“客户端需求快速响应、后台数据融合共享、管理端过程联合监控”的智能化平台，实施“故障实时感

知、派单柔性优化、过程全景调控、趋势预测预警”的智能化主动抢修，基于客户画像精准提供涵盖“客户办电全流程响应、延伸服务多元化定制、帮扶服务无遗漏覆盖”在内的个性化差异化服务，聚焦配网抢修和客户办电两项关键业务，同步开展供电服务智能化平台优化升级与安全防护，维护客户信息安全与运行安全。进而实现全业务资源统筹优化配置、配网故障主动抢修以及个性化精准服务，做到“故障抢修无障碍、客户办电无障碍”，提高差异化服务水平和市场竞争力。主要做法如下。

（一）明确智能化无障碍供电服务管理总体思路

1. 组织内外部调研，确立“智能化无障碍”的变革方向

济南供电公司在科学分析“互联网＋”时代特征、深入总结原有粗放式供电服务管理模式问题的基础上，先后组织近10次内外部企业调研，探索改革路径。调研单位包括浙江、江苏、上海电力公司等先进兄弟单位，以及阿里巴巴、腾讯、华为等多家数据驱动型企业。通过吸收先进经验，借鉴互联网企业的5F管理思维①，结合自我发展实际，逐步确立“智能化无障碍”供电服务管理的变革方向。

所谓“智能化”，是指利用智能化的设备、技术、方法与供电服务深度结合，支撑服务手段全面升级和服务能力提升。所谓“无障碍”，是指内部扫除影响客户需求迅速、充分、完全响应的组织、流程、管理、信息化手段等障碍，外部良好适应互联网时代客户需求即时化、碎片化和差异化的新变化，全面覆盖、快速响应、主动服务各类客户群体的各种用电需求。

2. 结合战略规划目标，确立智能化无障碍供电服务管理基本内容与流程

济南供电公司将智能化无障碍供电服务管理体系建设充分融入公司战略规划，作为规划目标的落地载体。成立由公司领导任组长的智能化无障碍供电服务管理领导小组，在执行层面组建跨部门联合工作组，对接业务边界，重点解决体系建设中的跨部门跨专业协同问题。明确管理主体及对象、组织体系、业务体系、智能化系统建设、评价指标体系、考核与激励机制等一系列建设任务，共同支撑智能化无障碍供电服务管理体系的构建。

管理体系以实现智能化无障碍供电服务为目标，综合利用“大云物移”等新兴技术创新服务手段，通过建立“纵向贯通、横向协同、末端融合”供电服务组织体系，打造“客户端需求快速响应、后台数据融合共享、管理端过程联合监控”的智能化平台，实施涵盖“智能化无障碍主动抢修、基于客户画像的个性化精准服务”在内的一整套服务体系，同步开展智能化平台动态优化与信息安全防护，保障运行安全与信息安全。

明确各项建设任务之间的基本流程。该体系是以实现智能化无障碍供电服务为目标引领，以供电服务指挥中心、光明服务公司、供电所大所制改革为组织保障，以智能化平台为手段支撑，以无障碍实施主动抢修和客户办电、提供个性化差异化服务为业务核心，以平台动态优化和数据安全防护为安全保障。各部分互为有机整体，保证智能化无障碍供电服务体系建设的完整性和科学性。

（二）建立“横向协同、纵向贯通、末端融合”的组织体系

济南供电公司系统整合“一头一尾”两端服务资源，深化供电服务指挥中心建设，成立光明服务公司并开展实体化运作，推动供电所大所制改革；调整供电所、营业厅、大客户经理班、设备巡检班组、

① 5F思维是“大云物移”时代以客户为中心的最新管理思维，将“5F”思维应用于供电服务中，形成主动服务理念。即第一思维（First）：第一时间提供优质服务，成为客户心目中的用电首选；快一步思维（Fast）：主动分析客户需求，提高服务响应能力和服务效率，更快地满足客户需要；焦点思维（Focus）：聚焦客户的最根本需求，把握影响服务质量的主要方面，首先改造重点业务；碎片化思维（Fragment）：利用大云物移技术手段实现服务支撑手段多样，更好地适应客户需求地点的分散化、需求时间的碎片化、需求内容的差异化；粉丝思维（Fans）：与客户良好沟通，充分听取客户意见与建议，提高客户忠诚度。

电动汽车服务公司等原有业务实施机构的业务隶属关系，统一由供电服务指挥中心调度指挥。通过改革供电服务组织体系架构，提升“头”的指挥能力和“尾”的响应能力，进一步实现供电服务“纵向贯通、横向协同、末端融合”。

1. 成立供电服务指挥中心，实现专业横向协同

以往与供电服务直接相关的95598工单接派、抢修指挥、设备监控、业扩流程监控、服务资源调配等职能分散在调度、营销、配电、运检等各专业，“多口对外”，服务工单先经专业主管部门再到服务末端，协同服务能力亟待提升。

济南供电公司成立供电服务指挥中心，统一接收客户诉求，直接传递至服务末端，形成“一口对外、分工协作、内转外不转”的协同服务运转机制。在功能发挥上，对外为公司供电服务客户诉求归集、服务信息发布、客户诉求答复的统一平台；对内为公司营销部、运检部及调控中心的支撑机构，对相关专业服务质量进行分析评价，提出相应的考核整改建议；对上接受国网客户服务中心和省客户服务中心业务指导，承接和回复两级客户服务中心下派的业务工单；对下全面指挥调度涉及客户服务的相关部门、单位和班组的服务资源，对服务质量进行监督管控。

2. 成立光明服务公司，实现业务纵向贯通

贯彻落实国家电网公司《关于实施农村供电所业务委托工作的指导意见》工作部署，在国家电网系统内首家成立“光明”服务公司并开展实体化运作。功能上，明确光明服务公司是供电所的支撑机构，负责农电用工管理和供电所委托业务；业务上，具体承担故障抢修、低压运维、抄表收费、业扩工程等供电所委托业务；人员上，实现农电用工集中规范管理，提升农电工业务能力，依法规范运作；组织上，根据具体业务，主要成立抢修服务站、抄表催费班和工程施工队；管理上，光明服务公司直接接受供电服务指挥中心调度，迅速响应客户诉求。

3. 实行供电所大所制改革，强化资源末端融合

济南供电公司打破“一镇一所”模式，按照地域相邻、区域经济类似的原则，开展组织架构集约化、专业化变革，将“小所”优化合并或变革为“大所”，对人员、设备、车辆等资源实施集中化配置，提高管理效率。功能上，直接接受供电服务指挥中心调度，发挥属地优势，迅速响应客户需求；业务上，负责统一管理辖区内抢修运维、营销业务受理、客户服务及属地协调等工作，现场业务具体实施委托给光明服务公司，解决农电工管理难和用工紧张问题；组织上，优化内部机构设置，下设营销、配电、综合三类专业班组和多个供电服务站，明晰各层级管理职责；管理上，实施标准化管理，完善班组作业组织模式，加强关键岗位和核心业务管控，提高精益化管理水平。

（三）构建客户需求无障碍传导的供电服务智能化平台

济南供电公司综合运用先进信息化技术，深化应用“营销一配电一调度”跨部门信息贯通，在全省电力系统先试先行，通过集成融合调度、运检、营销等业务系统数据，创新服务响应方式与服务监控手段，构建“客户端需求快速响应、后台数据融合共享、管理端过程联合调控”的智能化平台，实现供电服务信息动态更新、服务状态在线监测、客户需求快速响应以及全业务资源统筹调配。

1. 服务响应由逐级串行转变为移动互联

以往服务响应由客户发起，客户需求通过流程传递和电话沟通方式逐级向末端传导，沟通方式落后低效。为解决这一问题，济南供电公司在智能化平台中增添基于移动互联技术的APP响应模块，具体包括营销APP、生产APP、增值服务APP，一方面作为客户需求的反馈入口，另一方面作为供电服务的响应出口。具体来看，营销APP面向客户，提供查询、投诉、业扩、抢修等掌上移动服务，同时后台采用人工和机器人程序自动答复两种方式对客户诉求迅速响应。生产APP与增值服务APP整合各系统平台数据资源，根据实际业务流程生成主动式工作单及派发式工作单，实现专业部门与客户之间、供

电服务上下游之间互联互通、需求快速响应；将故障抢修、设备巡视、缺陷处理等生产信息集成到移动工作端，提高对服务的支撑质效；将代维队伍管理、客户设备运行状况等集成到移动终端，为客户提供增值服务。

2. 信息支持由分散孤立变为多领域大数据融合共享

综合应用大数据、云计算等现代信息技术，集约整合数据资源，开展数据质量治理，梳理原业务系统之间的数据逻辑关系，按月通报源头数据质量治理结果，稳步提升数据质量。整合营销业务应用、用电信息采集、PMS、电网GIS、配电网运行监控等系统，建立基础信息查询、监控工单派发、指标动态监测三大模块的应用平台。解决数据“汇聚、融通、分享、应用”难题，确保在数据安全的条件下，为无障碍供电服务体系的构建提供数据基础支撑。

3. 服务监控由事后结果评价变为过程分析预警

改变目前结果式事后评价的服务监控手段，按照服务业务的不同主题，利用大数据分析手段和可视化技术对业务全景进行全过程联合调控。联合调控按照“导向、原则、关注点、手段”四个标准开展，即坚持问题导向、聚焦服务协同的主要问题；坚持“三个有利于”原则，即有利于公司决策、有利于畅通部门间协同、有利于基层服务提升；坚持“三点”关注，即领导关注焦点、跨部门协同难点、客户需求热点；坚持综合运用业务应用系统获取数据的手段。有针对性地发布日、周、月、季、年的监测分析报告，在线监测、及时预警业务异动和问题，实现配网抢修、业扩报装、95598投诉等供电服务业务的联合监控和预警。开展投诉“说清楚”，采取敏感、典型投诉即时督办等有效措施，跟踪整改效果，确保措施落地；修订投诉考核办法，常态开展明察暗访，把控事后评价，督促专业改进提升。

（四）实施智能化无障碍的配网故障主动抢修

1. 开发架构独立、功能互补的配网故障主动抢修系统

主动抢修系统包括支撑一体化抢修业务处理以及支撑可视化全景监控两大模块。一方面，一体化抢修业务处理模块涵盖配网抢修智能指挥系统、表箱断电报警系统、来电弹屏系统等业务系统。具体来看，配网抢修智能指挥系统旨在实现配抢快速响应和主动服务信息推送；断电报警系统能够将故障范围精确至表箱，提高抢修的快速反应能力；客户来电自动弹屏系统能够准确定位报修用户，提高响应速度。另一方面，配网主动抢修可视化全景监控模块，具备全景监测、报修预警、实时态势监控和工单分析等监测分析功能，实现主动发现、主动报告、主动分析故障、主动派工。业务处理模块与全景监控模块互为补充，有力支撑配网抢修由被动向主动的转变。

2. 将被动抢修流程改造为闭环式主动抢修流程

原业务流程缺少反馈环节，从客户发起到回访归档结束，流程是开环的、被动的。遵循“抢用户之未报，修用户之未察”的理念，在原有流程基础上增加“抢修预警”和“工单分析”一前一后两个反馈，利用大数据分析和预测手段，主动分析客户报修热点问题和区域，主动发现、预警设备隐患点、故障点，实现将原来的开环、被动流程优化为闭环、主动的目的，大大提高故障抢修效率。

3. 采取“大云物移”技术实现故障抢修智能化

一是基于安装在客户开关柜、环网柜、变压器等设备上的用能监测智能传感终端，实时采集客户设备的运行工况，获得海量的设备状态数据，实现设备全天候在线监控。开展预测性数据分析，以确定可能的设备或零部件故障，从而制订预防性维护计划，为帮助用户提前预测设备出现的故障、缩短设备停运时间、提升设备运营效率奠定坚实基础。

二是利用大数据分析技术，提供资产性能管理，实现自动智能故障研判。故障研判环节的精准度和有效性直接影响到派单的准确性和抢修效率，以往由指挥人员凭经验预判，而在3分钟时限要求的考核限制下，预判结果准确性较差。现在通过自动调取、比对关联业务系统信息，能够在短时间内判断出用

户报修是欠费停电、客户设备故障引起，还是片区停电、线路停电引起，进一步精准、有针对性地采取不同抢修方案，大大提高故障抢修效率和速度。

三是开展报修趋势智能预警，自动提示针对性抢修预案，实现客户报修无障碍。利用信号传感装置实时感知、即时告警、迅速定位设备故障情况，同时开展故障报修的初级、中级、严重三级预警，各级预警基于跨业务、跨系统的关联数据，利用大数据挖掘技术实现。每类预警均事先制订好有针对性、标准化的抢修预案，预警信息产生后利用数据可视化、移动互联网等信息化手段，在抢修业务受理之前及时推送给指挥人员和抢修运维人员，提前启动抢修预案，实现从被动接单安排抢修到主动预警安排抢修。

四是利用大数据优化技术，工单派发实现柔性优化。以往报修工单是按区域固定派发，没有考虑到实时路况、抢修资源、抢修点工作量对抢修效率的影响。通过实时定位抢修车辆、抢修人员的手机APP，展示其工作状态，关联报修地址、实时交通状况和各抢修点任务量对派单进行优化，自动为抢修指挥人员给出派单的最优选择，指挥人员可以选择向离报修地址最近的空闲抢修人员派发工单，同时也提前从机制上保证抢修点之间的相互协同，实现柔性派单，显著提高了抢修效率。

此外，通过不断积累大数据进行机器自主学习，进一步向上溯源，指导前期设备选型，实现从资产的开发到资产的维护和使用等全过程的智能化，形成资产管理的闭环。

（五）基于客户画像①量身提供个性化差异化服务

1. 实施客户画像，实现客户细分和精准服务管理

实施客户画像，根据客户的社会属性、生活习惯和用电行为等真实数据抽象出标签化的用户模型，实现客户细分聚类。利用线下走访调研、线上数据融合等多种方式，开展基础数据收集；利用数据挖掘技术，对客户个人信息、用电信息、消费信息、渠道信息、客户信用及行为轨迹进行行为建模和挖掘分析；采用打标签的方式建立多维度、立体化的客户画像，对客户群体实施细分聚类。

利用客户画像实施三维立体式精准服务，为客户量身提供个性化差异化服务产品。客户画像维分级分类建立完善的客户标签，包括用户基本属性、客户类别属性、用电特征、客户价值属性、需求周期、风险控制6类，客户管理更量化和精细化；业务切分维精准分析客户个体与群体需求，将传统粗放式的营销服务管理进一步切分为客户细分、渠道扩展、效果评估、服务定制、业务优化、风险防范6类，同时聚焦客户办电、延伸服务和帮扶服务，业务管理更精益化；服务层次维分为基础标签层、服务定制层、服务管理层，服务更精准化。

根据客户画像，主要按照服务渠道、行业类别、客户价值、增值潜力、保电级别、风险级别、用电性质、是否特殊群体等，将客户进行了细分，并分别提供差异化服务。进一步根据不同标签组合，既可以按照管理需要进行更灵活的客户分类，也可以按照客户需求迅速定位具体客户群体，提供更加丰富、更加灵活和更多层次的个性化服务。

2. 构建业扩报装全流程响应模式，实现客户办电“最多跑一趟”

根据用电性质、行业类别、报装容量等客户画像标签，对新增报装业务进行分类，提供套餐化办电服务，推进新装用电定制化与差异化。对大用户、各类园区用户、电能替代项目，建立项目团队、高效运转的“绿色通道”；结合济南市危化企业“入园入区”政策，加强各类园区用电需求调查，提前介入，超前沟通，积极为新增售电市场提供优质服务，提高客户满意度，全面提升市场化服务竞争力。

---

① 客户画像是根据用户社会属性、生活习惯和消费行为等数据而抽象出的标签化用户模型。客户画像主要用于精准营销、用户统计、产品推荐、效果评估、服务或产品定制、业务分析等。构建客户画像的核心工作是给用户贴“标签”，标签中部分是根据用户的行为数据直接得到，部分是通过一系列算法或规则挖掘得到。

以“客户最多跑一趟”为目标，精简业扩报装各项流程环节。实现客户低压用电“一趟都不跑”、高压用电“最多跑一趟”，提高客户上电需求的响应速度。在业务办理环节，拓展多元服务渠道，大力推广微信、手机 APP、移动终端等移动互联网渠道应用，实现“线上全天候受理”。精简申请资料，优化审验时序，减少客户临柜次数，实现“线下一站式办理”，简单业务客户可网上提交材料，足不出户即可办理。在现场勘查环节，实行不同专业合并作业和联合勘查，提高现场勘查效率。在方案答复环节，取消供电方案分级审批，实行直接开放、网上会签或集中会审，缩短方案答复周期。在工程建设环节，简化客户工程查验，取消普通客户设计审查和中间检查，实行设计单位资质、施工图纸与竣工资料合并报验。

强化规划、建设、运检等各专业协同力度，加快解决业扩受限等问题，实现客户上电无障碍。利用大数据关联分析方法，科学分析电网可开放容量，同时严格按照各电压等级用电接入容量开放标准界定，释放一批原来受限的项目；充分发挥技改、基建“两个项目包”功能，量化分析工程、物资、服务的匹配度，动态解决业扩受限，迅速响应客户需求；优化居民配套工程的管理模式，量化分析短板环节，进一步压缩建设周期，快速响应市场需求。

3. 提供多元化定制化延伸服务，实现服务价值增值

依据客户画像结果，预测、瞄准具有设备代维、节能等实际需求的企业客户，提供增值性的延伸服务。建立服务档案库，细化服务措施，完善客户经理制，为客户量身定制节能服务、用能管理、设备代维检修、设备租赁等“一条龙”综合服务，提升客户价值感知。主动提供节能诊断，指导客户进行节能技术改造，优化用电模式，实现节能降耗增效。开展大客户增值服务，建立大客户用电量价费损分析模型，定期分析客户用电量和电价电费情况，依托需求侧管理平台，研究大客户用电服务需求，精准推送能效分析建议、能效改造方案，指导优化用电方案，合理安排生产经营，实现双方共赢。

4. 开展帮扶服务，打通供电服务“最后一公里”

组建彩虹共产党员服务队，根据客户画像，重点对弱势群体、特殊企业、涉农用电开展用电帮扶服务。实施“一队一特色”工程，通过“四进”活动，打通服务群众“最后一公里”，架起党和群众的连心桥。

进普通社区。结合“社区经理”等制度，定期开展“供电服务便民日”活动，到社区进行用电宣传、电费收缴等现场服务，开展“走进社区、走进居委会、走进帮扶家庭”等爱心服务，帮扶孤寡老人、残疾人等客户。

进特殊企业。组织相关专业技术骨干，协调相关专业力量，到企业客户实地走访解决用电问题，定期走访高危及重要客户排查设备安全隐患，提供安全指导、异常诊断、技术培训、节能服务等技术支持，指导客户开展能效分析，帮助其合理避峰、错峰，降低用电成本。对于重点项目和紧急特殊工程帮助协调开辟业务办理绿色通道。

进乡村农户。立足区县特色和实际，着力解决各类涉农用电问题，积极开展送技术、送服务、保安全服务活动。积极开展农村安全用电、节约用电特色宣传，开展农村弱势群体扶助活动和农村公益活动。

进爱心场所。到学校、医院、养老院等爱心场所开展爱心服务，积极开展阳光服务解决用电问题，适时开展学雷锋、环保宣传、扶贫帮弱等志愿服务行动，以“微公益”汇聚众爱心，以“善小”铸就大文明。

（六）实施智能化平台升级维护与信息安全防护

1. 开展智能化平台升级维护，确保平台运行安全

以“准确实用、实际便捷”为优化目标，遵循“业务需求、客户需求”导向，开展应用统计分析、

用户行为分析、接入终端统计分析，及时跟踪业务发展情况和用户实际需求，将业务活动和信息处理相结合，不断升级维护平台。

平台基础设施方面，以硬件资产和软件资产可用为目的，定期评价业务需求，根据实际情况升级网络系统、主机系统、安全系统、存储系统和机房专用设施和数据库等。

平台应用功能方面，以平台整体可用和为供电服务提供可靠支撑为目的，对业务需求及功能变更进行统一分析、评估和设计审定，定期开展业务和应用的技术运维，以及信息内容服务优化等，确认业务功能的完整性和可用性，推进平台的实用化工作。

数据和信息资源方面，以深化数据融合、信息共享利用为目的，开展数据质量评价，包括数据获取、清洗、存储、传输、使用等的数据资产寿命全周期，对数据的准确性、舆情监测等进行控制，确保平台横向、纵向数据的及时性、完整性和准确性。

平台安全运行方面，遵循“人员绑定、强身份认证”的原则，防范被盗号、非授权使用等风险，严格控制并动态调整平台使用权限；健全移动接入平台专项应急预案并开展应急演练，定期组织信息专家开展黑红双方攻防演练，寻找系统漏洞，模拟黑客攻击，提高紧急事件处置能力，确保系统安全、稳定运行；定期开展系统安全风险评估工作，定期对用户操作日志进行归档，确保日志、审计记录不被更改、删除，定期备份相关日志记录，并开展日志审计。及时落实整改安全风险，消除系统安全隐患。

2. 加强数据安全防护与全周期管控，确保信息安全

在数据信息分类分级管控的基础上，采用多种安全防护技术为数据资产提供安全防护和监管。一是采取“一主两备”的数据存储策略，主机存储供日常使用，第一份备份为热备用，在主机故障时立即无缝对接、即时调用，第二份备份为冷备用，备份均定时接收主机推送数据进行自动存储。二是差异化保护，根据客户价值、数据采集成本、保密要求、数据密度、增值效用等进行数据价值评估，将数据分为高价值和低价值数据，制定不同的安全策略，高价值数据采用安全性更高的策略，低价值数据采用效率更好的策略。三是提供全寿命周期防护，从终端加密、传输防泄漏到数据销毁与恢复，将各个分散的安全防护技术整合集成，实现一站式管理；采用“安全隔离网闸”等物理隔离技术，利用私有通信协议和加密签名机制保证数据的机密性、完整性和可信性；开展第三方专业机构信息安全测试。四是违规事件追踪取证，及时发现违反安全策略的事件，产生实时告警记录，以数据资产为线索获取证据链，为安全事件定位和责任认定提供依据。五是提供统一安全管理视图，将分散的安全审查信息统一采集、存储、分析、可视化，为管理者提供告警、热点、组织等不同维度的统一安全视图。注重客户信息安全防护，对数据进行脱敏、脱密，切实维护客户权益。电力数据包含用户隐私数据，需严格控制对外共享的数据内容，避免侵犯用户权益。如公示用户用电量等数据，催缴电费等做法，会使用户的户名、住址、用电量等信息一览无余，产生泄露个人隐私的风险。济南供电公司采用匿名算法、差分算法等技术手段对数据处理过程中的数据隐私进行切实保护。

三、大型电网企业智能化无障碍供电服务管理效果

（一）提升了供电服务能力和效率，管理与经济效益显著提高

实现了智能化无障碍主动抢修，抢修效率显著提高。故障报修工单减少 37%，工单回退数量同比下降 65%；故障研判准确性由 60%左右提升到 95.7%，故障到达现场时间缩短了 15.1 分钟，停电恢复时间由 105.21 分钟下降为 68.77 分钟。实现了业扩报装全流程管控，客户办电由“跑断腿”变为“最多跑一趟”。作业表单无纸化率达到 100%，线上受理率、服务规范率均达 99.8%以上；高压业扩报装时间由 123.6 天缩短为 97.2 天，新增容量同比提升 38.41%。

个性化差异化服务的精益化水平显著提高。电子化服务客户超过 130 万户，覆盖率全省第一、国网领先。利用客户画像，累计排除 3300 余户安全用电风险隐患，为大客户提供定制化增值性延伸服务

1741 户；电能替代潜力得到挖掘，完成主城区燃煤锅炉电能替代 242 蒸吨。

实现了显著经济效益，累计约 11.6824 亿元。两年多以来，通过业扩报装提质提速和释放受限容量、不停电抢修、电能替代，增供电量共计 15.982 亿千瓦时，平均新增售电收入约 11.3312 亿元。另外，通过“光明”服务公司的实体化运作、大客户增值服务等增收 3512 万元。

（二）全方位满足了多样化客户需求，用户满意度大幅提高

面向客户的各项指标均显著向好。停电类投诉工单下降 42.4%，客户满意率达到 99.8%以上；城市供电可靠率达到 99.98%，农村供电可靠率 99.92%，在国网大型供电企业对标中由 B 段上升为 A 段。完成 63 个小城镇（中心村）电网改造升级、3568 眼机井通电和市贫困村电网改造，农村电网的服务水平显著提高。共产党员供电服务队累计走访、帮扶客户 3568 户，打通服务群众“最后一公里”，受到社会广泛好评。连续 7 年获得济南市行风民主评议公共服务类第一名，取得了显著的社会效益。

（三）为建设智能电网做出有力贡献和探索，产生了良好示范推广价值

济南供电公司打造的智能化无障碍供电服务新模式，为全国供电企业开展供电服务改革摸索出了一条新路子。目前本成果已经在国家电网公司系统内进行了推广，其中，供电服务指挥中心、光明服务公司、供电所大所制等组织体系已经在国家电网公司系统内全面推广建设；打造的供电服务智能化平台相关业务系统申请了 5 项发明专利，主要创新功能模块已添加进了山东省电力公司供电服务指挥平台系统，在山东省电力公司系统内推广使用；业扩全流程响应模式已固化为国家电网标准流程。

（成果创造人：钱庆林、陈水军、聂　翔、逯怀东、张宝栋、施亚林、刘　晓、隗　蓉）

以助力绿色水运为目标的京杭大运河（浙江段）港口岸电建设运营管理

国网浙江省电力公司

国网浙江省电力公司（以下简称浙江电力）是国家电网公司的全资公司，以建设和运营电网为核心业务，承担着保障更安全、更经济、更清洁、可持续电力供应的基本使命。浙江电力已建成1000千伏变电站3座，变电容量1800万千伏安，±800千伏直流换流站2座，换流容量1600万千瓦；500千伏变电站42座，变电容量9205万千伏安。2016年售电量3328亿千瓦时，营业收入2242.53亿元，资产总额2147.99亿元，职工总数38838人。近年来，浙江电力切实履行央企社会责任，荣获全国文明单位、中国一流电力公司、全国五一劳动奖状、电力行业AAA级信用企业、全国电力供应行业排头兵企业、浙江省工业大奖金奖等称号。

一、以助力绿色水运为目标的京杭大运河（浙江段）港口岸电建设运营管理背景

（一）满足内河绿色水运转型升级和服务地方经济发展的需要

京杭大运河浙江段流经湖州、嘉兴、杭州三市，全长约120千米，河道可通行1000吨级机动船舶，船舶日均流量达到1500艘，年货物运量超过1亿吨，沿线各港口共有船舶泊位420个，占整个京杭大运河水系泊位总量的三分之一强，是京杭大运河流域的重要区段。近年来，内河水运如何转型升级，拓展服务功能，实现绿色低碳发展，提高船民用户生产生活质量，成为各级政府部门、社会各界普遍关心的热点问题。“十二五”期间，我国内河水运行业坚持以科学发展为主题，以转变发展方式为主线，加强专业化码头和内河航道等重点设施建设，保持了健康持续发展的良好态势。

由于前期布局规划不科学、建设责任主体不明确、多方协同机制不健全等因素，内河水系沿线港口码头等区域仍存在缺少完善岸电服务网络、无法满足船民用户便利便捷使用岸电需求等诸多问题，与国家《水运“十三五”发展规划》中着力推进水运转型升级和提质增效、加快发展内河水运、拓展港口功能的要求不相适应。为进一步促进能源消费革命，落实能源发展战略行动计划及大气污染防治行动计划，2015年6月，浙江省经信委、发改委等六部门印发《关于加快实施电能替代的意见》，首次指明浙江省岸电推广的工作目标，要求在沿海、沿江、沿河港口码头，推广靠港船舶使用岸电和电驱动货物装卸。

（二）满足靠港船舶节能减排和沿岸环境保护的需要

港口码头等区域作为航运交通和物流的枢纽，其快速发展的同时也带来了巨大的环境污染和能源消耗问题。船舶停靠期间，传统的燃油供电方式受船舶自身设备质量、规模、品质等影响，会产生大量污染物、废气和可吸入颗粒物，对港口码头等区域及周边地区水源、大气等造成了不可逆转的污染破坏，同时，燃油发电机运行还会持续产生大量噪音，这些都对船民用户及周边居民的生产生活环境造成重大不良影响。此外，燃油发电机普遍发电效率不高、损耗严重，过剩电能无法有效储存，导致大量能源浪费和船舶用电成本偏高。大力实施港口岸电建设，推动绿色水运发展，对促进节能减排、防治大气污染、创建清洁能源示范省具有重要意义，是实现生态文明建设绿色可持续发展的有力手段。

（三）践行国网公司推进电能替代和市场开拓的需要

国家电网公司要求各省（市）电力公司充分发挥电网资源优化配置作用，根据各地区能源资源禀赋和用能消费特性，不断扩大电能应用领域和范围，推动建立以电为中心、可再生能源协同应用的新型能

源消费方式，并将交通运输列为五大重点推广领域之一，在沿海、沿江、沿河港口码头，推广靠港船舶使用岸电和电驱动货物装卸，推动岸电入海应用。

在港口岸电的落地建设和推进过程中，还存在国内外建设经验不充分、岸电装置技术标准不统一、岸电服务平台不智能、港口电网设施不配套、商业运营模式不成熟、创新增值服务不丰富等诸多难题，需要通过不断的管理和技术创新来逐一破解。浙江电力为进一步助力京杭大运河沿线生态保护，推进实施政府“绿色水运”工程，提升沿线港口岸电保障能力，拓展售电市场空间，于 2016 年 2 月率先开展港口岸电建设工作。

二、以助力绿色水运为目标的京杭大运河（浙江段）港口岸电建设运营管理内涵和主要做法

浙江电力以京杭大运河水系航运转型升级的市场需求为导向，调查研究、适度超前、分步实施，确保岸电发展与电网配套等同步规划；主动汇报取得的政策支持，创新模式，充分发挥企业的优势；探索破解关键技术难题，构建全省统一的“一体化”港口岸电运营服务系统平台，促进京杭大运河水系岸电服务网络互联互通；补强配套电网设施，开辟岸电接入绿色通道，统一运用标准化模式，保障岸电建设的快速高效推进；确立各方合理收益格局，维系持久安全运营，创新商业模式与增值服务，扩大岸电辐射带动效应，提升岸电服务水平；显著改善了京杭大运河水系港口码头等区域环境污染，大幅压降船舶生产运营成本，提高绿色水运用能效率，有效改善了船民与周边居民的生活质量。主要做法如下。

（一）提前谋划岸电布局，积极开展示范工程建设

1. 谋划岸电整体布局

浙江电力组织力量详细调研京杭大运河（浙江段）水系港口地理区位、吞吐量规模、靠泊能力等情况，梳理国家港口区域控制污染文件和相关要求，为科学制定船舶与港口岸电建设推广工作行动目标和主要任务提供数据支撑，充分满足港口岸电系统性规划建设的需要。一是主动对接省交通运输厅、港航部门，做好港口岸电规划工作，成立专项规划领导小组，负责对规划编制工作的组织协调；成立专项规划工作小组，负责具体相应的规划编写，明确由地市供电公司负责现场调研和资料收集。二是对运河沿线河道、航运能力、港口分布、岸电需求、电网配套、岸电现状等情况开展调研，掌握沿线港口的泊位数量、港口货物吞吐量、岸电需求、建设计划和港口周边区域供电能力等，对各类码头进行电能替代潜力分析。三是对比分析市场调查数据和政府统计、公报数据，不断补充修正市场调查结果，确保调研数据科学准确，为规划编制提供翔实的数据支撑。

2. 完善电网配套规划

一是省市两级联动开展岸电规划编制。协助省交通厅启动全省岸电规划编制工作，国网湖州供电公司与当地港航局同步启动湖州市“十三五”内河港口岸电建设专项规划，在全国率先将“内河港口岸电建设”纳入地方政府专项规划。二是加强与当地交通、港航等政府部门的沟通汇报，收集政府部门交通规划信息，确保港口岸电电能替代规划与交通、水运等领域规划相契合。加强与各地航运企业代表、岸电设备厂商的沟通，深入调研典型港口码头用能方式，确保规划符合行业发展方向，确保重点项目能够有效落地。密切与船民用户和周边居民沟通访谈，了解船民用户实际用电需求，合理规划岸电建设规模，充分满足船民用户和周边居民改善生产生活条件的期望。三是运用数学规划与综合筛选相结合的方法确定整体布局，明确建设目标，制定行动路径和科学有序的实施步骤，加强岸电配套电网设施的同步规划，强化岸电布局规划与电网配套规划的有效衔接，在规划编制工作中始终保持与各方面的沟通协调，确保港口岸电建设规划与浙江电网建设相配套，与政府交通、水运规划相适应，与港口生产经营情况相协调，与船民用户用电需求相符合。

3. 明确目标试点先行

推广内河航运港口岸电建设是率先贯彻国家“十三五”绿色交通规划、电能发展规划的重要体现，

是京杭大运河水系作为全国内河航运试点的行业要求，是浙江省创建内河水运转型发展示范区的关键性工作。在浙江段先行先试，探索形成可复制、可推广、可持续的港口岸电建设和运营管理经验。浙江电力立足省内港口岸电建设运营现状，分区域、分阶段地开展港口岸电全覆盖建设工作。2016 年，在嘉兴芦花荡公共水上服务区建成全省首个内河水上服务区港口岸电试点项目，相继在湖州、嘉兴等 12 个公共水上服务区推广建设港口岸电示范项目，浙江电力依托试点工程，点面结合普及推广岸电设施建设，进一步扩大示范效应，推动京杭大运河（浙江段）水系、太湖沿岸公共水上服务区等港口岸电推广规模迅速扩大，构建浙江电力经营范围内的港口岸电互联互通。

（二）创新多方合作模式，实现多方资源优势共享

1. 营造良好政策环境

港口岸电的健康发展需要良好的政策环境，浙江电力主动向省政府、经信委、环保厅等上级单位汇报岸电工作情况，成立省、市、县三级电能替代工作领导小组对接相应政府部门，得到了积极响应与认可。近年来，省内关于岸电的配套支持政策日渐完善，逐步形成港口岸电的政策支撑体系。在浙江省政府、浙江电力的积极推动下，2016 年 5 月国家发改委等八部委联合发布《关于推进电能替代工作的指导意见》，明确指出电能具有清洁、安全、便捷等优势，实施电能替代对于促进能源绿色发展意义重大，是减少大气污染的重要举措，其中一项重点任务就是在内河航运领域使用电能替代化石能源等其他终端能源。协助浙江省经信委召开全省岸电工作推进会，省发改委等多部门及各地市参加会议，宣贯有关文件精神，将各项岸电建设工作要求落到实处。联合省经信委、发改委等七部门印发《浙江省岸电推广应用指导意见》，进一步明确“十三五”期间浙江省港口岸电重点任务，坚持市场运作，鼓励社会资本投入，引导社会力量积极参与岸电技术、业态和运营等创新，探索多方共赢的市场化运作模式。因地制宜，稳步推进经济性好、减排效益佳的岸电试点项目，结合各地生态环境要求和港口码头岸电需求，统筹推进岸电全面推广应用，促成省物价局明确岸电设施用电价格按大工业用电电度电价执行，有效降低靠港船舶用能成本。

2. 构建多方合作模式

港口岸电的健康发展离不开政府的支持、资金的投入和技术的研发，需要参建各方发挥自身主动性，形成合力才能顺利推进。浙江电力创新建立“市场主导、政府统筹、电网主推、社会参与”的合作模式，在港口岸电建设中探索由当地港航部门提供岸电建设项目所需场地，开展岸电桩日常运行维护和落实人员代办充值结算等业务；由当地供电公司根据项目需要对相关电网设施进行改造升级，在岸电设备选型、规格容量、电网接入等方面提供技术支撑；引入社会企业作为项目投资建设方，提供技术支持和运维服务，多方协作共同打造“惠民岸电”工程。在省交通运输厅、各地市政府的大力指导和支持下，浙江电力已与多个地市港航部门签订合作协议，共同推进京杭大运河（浙江段）水系港口岸电建设工作。促成嘉兴市交通运输局、国网嘉兴供电公司、国网浙电节能服务有限公司签署《关于加快内河岸电建设等绿色交通发展的合作协议》，在芦花荡水上服务区建立省内首个内河标准化岸电系统试点，取得嘉兴地区内河岸电独家建设经营权。促成湖州市港航管理局、国网湖州供电公司、国网浙电节能服务有限公司签订《“绿色交通港口岸电工程”战略合作协议》，共同助推湖州市创建国家首个内河水运转型发展示范区和港口岸电全覆盖建设。根据协议，三方在湖州城东水上服务区岸电试点项目成功实施的基础上，深化合作推进内河港口岸电建设项目，鼓励、引导水上服务区、港口码头配备岸电设施。

3. 明确各个部门职责

为进一步加快岸电建设进度，必须加强岸电建设组织协调。明确岸电建设的任务计划、职责分工和时间要求，充分发挥政府主管部门政策优势、港航部门属地化优势、电力公司技术优势和社会企业资本优势，引导社会各界投资建设岸电设施，大力开展对外合作，协调各方形成合力，稳步推进岸电建设。

政府主管部门负责加强完善配套政策，强化港口污染物排放的监测和控制手段，完善相关考核评价机制。出台省、地各级岸电建设补贴政策，吸引社会资本参与投资建设岸电设施。根据燃油、电力价格走势，实施阶段性岸电运营补贴，促进形成岸电设施建设运营健康可持续发展的商业模式。港航部门负责岸电建设项目场地的政策处理协调，配合建设单位施工现场管理，指导船民用户使用岸电。电力公司负责在实施过程中与市政、港航部门进行协调，根据项目需要开展电力增容、电源接入、岸电服务运营管理系统开发等工作。社会企业负责编制项目建设方案、设备采购及安装、项目验收调试，开展日常安全巡检、维护保养、业务培训等工作。

（三）构建技术服务平台，促进岸电服务互联互通

1. 规范统一技术标准

浙江电力通过前期调研和论证，针对港口岸电多项技术难题开展相关研究，充分结合国际水上运输的发展趋势和船舶大型化发展方向，加快推进船舶岸电技术的标准化建设。浙江电力与港航等多部门联合，依托已建成试点项目，积极探索港口岸电设施与智能电网、智能用电服务、绿色港口融合的技术发展方案，在超大容量高压变频电源、船岸连接设备国产化等领域开展研发工作。加强检测认证、船岸双向互动、安全保护、无人值守自助服务等关键技术的研究。对各类型岸电设施及船舶接口等方面进行统一和规范，先后在双频供电岸电电源技术、船岸快速柔性连接技术、全软件控制船侧馈能抑制技术、船舶岸电系统与电网峰谷负荷协调互动技术、岸电电源模块化单机/组合输出技术、船舶岸电电源多泊位同时供电技术、船舶岸电电源输出电压自动调节技术、港口船舶岸电系统负载全容量测试 8 项技术领域实现重大突破。

2. 构建互联互通平台

浙江电力在省政府的监督指导下，统一编码规范、数据接口和支付标准，深入融合“互联网＋”技术应用，开发建设全省统一的“一体化”港口岸电运营服务系统平台，实现客户服务、资产维护、实时监控、系统支撑等功能。平台整合与省交通运输厅共同创建的浙江省高压岸电调度系统集成全省境内所有泊位的岸电信息，并采集所有需要在浙江省内停靠船舶的岸电使用信息，实行统一调度，提高岸电使用效率。依托系统，客户更好地互动交流，为船舶提供岸电导航、预约充电、智能用电监控、接电量实时计量结算等个性化服务，引进支付宝、微信、银联等主流支付渠道，为用户提供多种便捷的支付方式，基本实现“高低兼备、互联互通、一卡走遍浙江”的岸电服务运营模式。“一体化”港口岸电运营服务系统平台在港口岸电设施相关领域充分发挥信息枢纽、公共服务和带动支撑等功能，基本消除区域间、领域间信息技术标准差异，促进政府部门、电力公司、社会企业、船民用户等群体之间的信息交换，有效扩大信息价值，推动港口岸电设施普及，拓宽运营服务范围，带动港口岸电设施及相关设施产业链的发展。充分运用大数据技术，深入分析岸电利用情况，为进一步做好岸电推广应用、相关补贴发放、标准修订等工作提供坚实的技术支撑。

3. 强化区域联动协同

为推动港口岸电普及应用，浙江电力在国家电网公司的统一部署下主动加强对外联络，与港口航运企业、岸电产业链相关单位、新闻媒体共同推进靠港船舶使用岸电，减少港口码头环境污染，扩大岸电内外部影响力，共同推动京杭大运河（浙江段）水系沿线港口岸电全覆盖建设。积极与江苏、山东、河北、北京、天津等省市电力公司进行京杭大运河水系沿线港口岸电工作对接，分层次、分步骤、有重点的循序推进，大规模批量建成具备向船舶供应岸电能力的港口码头等区域，推动实现运河岸电跨省区域联动。在统一技术标准、统一船舶接口、统一结算平台的基础上，促进“一体化”港口岸电运营服务系统平台推广应用，基本实现国网公司经营范围内岸电互联互通。

（四）增强供电服务保障，加快岸电设施建设进程

1. 补强电网配套服务

浙江电力为全方位推动岸电建设，深入实施港口岸电配电网建设快速响应机制，简化配套电网建设项目管理流程，建立多层级、多部门协同机制，实行统一规划、统一标准、集中审批和应急增补模式，提高配套电网建设的时效性，优化港口电网结构，补齐配电网布局短板，为港口岸电长远发展打下良好基础。一是加大港口岸电配套电网投资力度。2015 年以来浙江电网累计开工建设 10 千伏及以上输电线路 5116 千米、变电容量 20 万千伏安。在湖州、嘉兴、宁波、舟山等地大力建设港口岸电配套电网工程，持续提升港口岸电电网配套基础。二是加快配电网改造进程，提升供电可靠性。积极推进港口配电网高可靠性工程改造，已完成 30 个港口配电网改造项目，进一步提高全省港口配电网的供电可靠性。三是提供免费接入服务。对港口岸电项目，免除外部接入费用，实行直供到户，将投资界面延伸至客户红线，即红线以上接入工程，以及由港口岸电项目引起的 35 千伏及以上中心变电所、10（20）千伏开关（环网）站所等共用配电设施建设改造，由电力公司出资建设。对引起上级电源改造的项目，按照“先接入、后改造”的原则实施。

2. 开辟用电绿色通道

浙江电力为岸电接入项目专门开辟用电报装“绿色通道”，确保港口岸电项目无障碍接入，设立专属客户经理实施跟踪服务，缩短工作时限。一是流程从简。港口岸电项目配套工程实行“随到随报、随报随批、随批随建”，纳入年度投资和建设计划管理，按照“特事特办”的原则优先实施。二是便捷高效。严格执行港口岸电项目配套工程建设限时机制，10 千伏、35 千伏项目，自供电方案答复之日起有效建设周期最长不超过 60 个工作日、120 个工作日；以客户的用电时间倒排工期，最大限度满足客户用电需要。三是专属服务。为纳入绿色通道的港口岸电项目配备专属客户经理，建立客户服务跟踪机制，为客户提供业务咨询、时限预警告知、用能成本核算、项目实施协调等管家式服务。对纳入绿色通道的行业性、区域性港口岸电项目，专属客户经理由市县供电公司单位领导担任，并组建由发展、营销、运检、物资、基层单位等人员组成的专属服务团队，对项目进行全过程跟踪服务。

3. 形成推广建设模式

浙江电力建立可快速复制、高效推进的标准化岸电建设模式，实现“设计的定制化、设备的模块化、施工的标准化”。经过京杭大运河（浙江段）水系各内河港口的调研分析，编制典型设计，针对不同吨位的港口泊位，统一固化岸电设备选型、电网配套设施、计量方式、施工工艺等内容，为今后的港口岸电的互联互通奠定硬件基础。通过不断调整、不断优化，形成三种成熟的内河港口低压岸电建设典型模式。一是集中式小功率岸电桩布置方案，主要用于煤炭码头、水泥码头、食品码头等港口及锚泊区，适合船只用电方式为即插即用式，且用电负荷不大，具备安装岸电桩条件的场所。二是集中式大功率充电桩布置方案，主要布置在纯电动、混合动力船只停泊充电的港口，适用于充电功率 80 千瓦～100 千瓦的快充设备。三是移动式小功率岸电桩布置方案，主要用于港口地理条件较差，水位变化较大的码头，适合船只用电方式为即插即用式，且用电负荷不大，具备安装移动岸电桩条件的场所。以上三种岸电建设典型模式，节约设计、研发、制造、安装、调试等环节的人力物力，有效缩短建设周期，大幅加快建设进程。

（五）建立健全制度体系，大力提升岸电服务水平

1. 健全各方协同机制

浙江电力及所属市、县供电公司多次走访地方政府交通运输、港航等部门征求意见建议，共同推动港口岸电建设与运营工作。与地方政府积极对接，形成岸电建设与运营的三大对接制度。一是属地协调制度。全面构建“政企联动”的港口岸电工作机制，推行“岸电建设政府主导”及“政策处理港口包

干”等模式，使项目管理属地化协调机制得以发挥其强大动力。二是联合考评制度。与各港口管理单位签订岸电建设政策处理责任书，把岸电建设项目的政策处理、前期工作纳入地方市政府重点关注项目，进一步强化对属地乡镇（街道）责任制考核，促成各地市主要领导对岸电建设进行分阶段调研和督查，及时解决电网建设中出现的困难和问题，进一步加大电网建设攻坚力度，加快岸电建设进度，确保工程项目顺利推进、及时投运。三是信息通报制度。定期实现信息互通，随时更新最新情况，随时研究解决岸电建设及运营过程中存在的问题，实行“周通报、月例会、季考核、年总结”的定期沟通制度。

2. 构建运营管理体系

制定并推行统一的运营模式是实现岸电设施安全稳定运行的关键举措。浙江电力坚持“安全第一，多方协作”的运营管理思路，整合政府部门、电力公司、社会企业等多方力量，加强与港航部门、航运企业间的联络，在京杭大运河（浙江段）水系形成布局合理、辐射广泛、系统完整、多方参与的港口岸电运营服务网络。一是建立健全电能替代运营管理模式，制定和完善港口岸电经营、运行、维护制度，提高岸电接驳可靠性，加强服务质量监管，增强企业质量意识和履约能力，健全售后服务保障机制。以湖州城东水上服务区岸电试点项目为例，经过港航部门、电力公司、社会企业协商，确定由港航管理局负责委托服务区的物业公司进行日常安全运营，并编制填写《岸电日常管理工作内容单》，安排专人加强对现场岸电工作人员的业务管理，确保岸电业务正常开展，形成多方协作共同推进岸电设施安全稳定运行的局面。二是加强港口岸电配套电网运维，推进电网升级改造，强化电网安全运行管理，提高供电保障能力，确保岸电设施安全运行。浙江电力发挥技术保障优势，定期安排人员进行电力安全巡查，对紧急的电力故障进行快速抢修。三是建立多方协作的商业模式。引导社会资本投向安全、高效、智能化的港口岸电服务，合理运作政府岸电设施建设改造奖励补贴，通过船舶使用岸电服务费等方式形成合理的收益格局。

3. 创新用电营销服务

浙江电力大力推进港口码头等区域港口岸电的商业模式创新与服务创新。改变传统无针对性的“推销式”广告模式，以客户体验为中心，建设并利用现代信息化手段，积极拓展物流、电子商务、配送和广告等增值服务，吸引更多社会资源参与，扩大岸电区域带动效应，提高岸电的可持续发展能力。一是加强宣传引导，借助移动互联网普及岸电应用。浙江电力通过微信公众号、微博等“互联网＋”传播方式为船民推广岸电设施的使用技巧及安全注意事项。对于容易影响岸电设备使用的注意事项，在售电服务大厅的电子公告栏、岸电桩的显眼位置均进行二次告知。二是联合港航等部门拓展增值服务，为船舶提供便捷的多样化服务。例如，湖州城东水上服务区采取的“岸电桩＋饮水机”并排布局，满足船民用户停泊期间的岸电接驳和生产生活等多重需要。三是在水上服务区售电服务大厅为船舶提供岸电卡充值服务和国网电商线下合作销售体验等服务，真正实现多种形式并举，全面为船民用户服务的局面。

三、以助力绿色水运为目标的京杭大运河（浙江段）港口岸电建设运营管理效果

（一）取得显著减排效果和良好经济效益

在港口码头等区域推行港口岸电建设，基本消除了船舶靠泊期间有害气体的排放和噪声污染，截至2017年6月底，已建成智能岸电试点项目促成减少燃油消耗47.82万吨，减少排放硫氧化物1.22万吨，氮氧化物0.06万吨和细颗粒物（PM10、PM2.5等）11.09万吨，有效改善了水上服务区及周边城区环境质量和船民居民生活质量。

港口岸电的建设推广实现了船舶船民、港口码头，以及电力公司等多方的互利共赢。船民通过燃料费与岸电服务费之间的差价，有效降低燃料运营成本，经济效益显著。截至2017年6月底，已有8826船舶用户通过使用岸电节约用能成本1.22亿元。浙江电力通过推动港口岸电建设，已实现岸电替代电量4.08亿千瓦时。

（二）形成港口岸电建设和运营管理经验

浙江电力在京杭大运河（浙江段）水系基本建成自助式小容量岸电系统服务网络，充分满足现阶段船舶使用岸电需求，并在京杭大运河沿线省份推广应用。截至 2017 年 6 月底，全省已建成内河低压岸电设施 6137 套，容量 73644 千瓦，已为 90321 艘船舶，提供 200687 次岸电服务，岸电使用量 12236.78 万千瓦时，提供充电服务 35 次，累计充电量 5420 千瓦时。

建成了全省统一的智能岸电一体化服务运营管理平台，为全省靠港船舶提供信息权威、运行高效、智能便捷的岸电设施服务。推动船舶航运技术长足发展，浙江湖州地区研发的全国首艘 500 吨级新能源纯电动货船建造完成并试航成功，用电力替代了传统能源柴油，实现了内河船舶“零排放、无污染、噪声小”的生态行船和绿色行船。通过将港口岸电工程逐渐推广至全航程绿色水运，最大限度地发挥了岸电系统接电和充电双重功能，提高了岸电系统的整体利用效率和经济效益。

（三）获得相关多方和社会各界充分肯定

以示范工程建设为契机，浙江电力积极汇报沟通，促成交通运输部、国家能源局、国家电网公司、浙江省人民政府于 2017 年 9 月 25 日，在浙江湖州成功举行“靠港船舶使用岸电现场推进会暨京杭运河岸电全覆盖启动仪式”。会上交通运输部、国家能源局、国家电网公司“三方”签署了《交通运输部国家能源局国家电网公司共同推动靠港船舶使用岸电战略合作框架协议》，就进一步减少船舶污染排放建立了战略合作关系，全面打造我国“两纵一横”（东部沿海、京杭运河、长江沿线）绿色运输线。

同时，浙江电力研究制定了高低压港口船舶岸电综合解决方案，确保了港口船舶岸电系统运行的稳定性与可靠性，减少了港口船舶岸电设施的重复建设，提高了岸电系统的使用率和输出电能质量。《基于智能化控制的港口船舶供电关键技术及示范应用》项目经过浙江省科技信息研究院、机械工业信息研究院查新，省技术经纪人协会鉴定，整体技术达到国际领先水平，具有较高的推广价值。项目相关技术成功申请科技专利 15 项，其中已正式授权专利 8 项。参与制定了《港口岸电系统建设规范》《港口岸电系统运行与维护技术规范》等三项国家电网公司企业标准。目前正配合国家电网公司加快推动企业岸电设施、互联互通等 14 项标准规范上升为国家标准，为岸电在全国范围内推广乃至在国际范围内的普遍运用创造条件。港口岸电全覆盖建设得到社会各界的一致好评。

（成果创造人：肖世杰、吴国诚、孔繁钢、张　燕、陈吉奂、刘　强、卜佩征、王　广、薛云耀、李颖毅、王　伟、石　勇）

大型有色企业基于优势互补的境内外镍钴战略资源协同管理

金川集团股份有限公司

金川集团股份有限公司（以下简称金川集团）是甘肃省的大型企业集团，是全球知名的采、选、冶配套的大型有色冶金和化工联合企业。拥有世界第三大硫化铜镍矿床，主要生产镍、铜、钴、铂族贵金属及有色金属压延加工产品、化工产品、有色金属化学品，是中国镍钴生产基地及铂族金属提炼中心，被誉为祖国的“镍都”。金川集团经过50多年的发展，已具备125万吨有色金属及加工材和440万吨化工产品生产能力。镍产量、钴产量居世界第三位，铜产量居国内第三位，铂族金属产量居亚洲第一位。在全球20多个国家和地区开展有色金属矿产资源开发合作，形成“金川—境内—海外”跨国经营格局，境内外员工37000余人，2016年位列中国企业500强第63位。

一、大型有色企业基于优势互补的境内外镍钴战略资源协同管理背景

（一）保障国家战略安全及经济发展的需要

我国镍、钴资源分别仅占全球的3.7%、1.11%，属紧缺资源。当前，我国经济发展较快，城镇化、工业化、信息化在快速推进的进程中，对镍、钴资源的需求持续增长，消费量占全球近20%，位居全球之首。镍、钴资源对外依存度分别高达83%、87%，作为战略资源，其保障形势异常严峻。在我国镍钴资源短缺的背景下，金川集团理当落实国家资源战略，牢记“聚金汇川、利民兴邦”的使命，在境内外镍钴资源协同利用方面积极突破，增强我国镍钴战略资源储备，保障国家经济发展需求和战略安全。

（二）突破资源瓶颈，保障长远发展的需要

金川集团自有的金川铜镍矿虽是世界第三大硫化铜镍多金属矿，但经过半个多世纪的开发，保有矿石储量已减少到3.89亿吨，难以满足长远发展对原料的需求。21世纪以来，金川集团超过50%的镍金属量、90%的铜金属量、80%的钴金属量来自国内外其他矿山，原料对外依存度高，资源“瓶颈”十分突出。金川集团在我国镍钴工业和社会发展中占有重要地位，是甘肃省支柱企业。从长远发展考虑，金川集团必须发挥自身优势，以全球视野，立足“两个市场、两种资源”，加大境内外资源协同利用力度，提高境内外资源协同管理能力，优化空间布局，建设坚实可靠的资源保障基地，破解资源约束，不断做大、做优、做强，实现可持续发展。

（三）应对全球竞争，提升综合实力的需要

金川集团在国内为行业翘楚，在世界范围内也具有一定影响力，但放眼全球经济、置身国际市场，金川集团仍然存在经济总量不够大、经济增长质量不够高、国际竞争力不够强等制约长远生存和发展的诸多问题。如不置身世界范围，加强资源和管理协同，在竞争中锤炼和提升，金川集团将会在残酷的市场竞争中被淘汰。金川集团致力于建设成为具有国际竞争力的跨国经营集团，必然要深度融入国际大环境，提高协同利用管理能力。当然，金川集团自有矿山的资源基础和多年发展积累的先进技术、经济指标，也使金川集团具备在更大范围内同全球其他矿业巨头同台竞争的能力。

二、大型有色企业基于优势互补的境内外镍钴战略资源协同管理内涵和主要做法

为增加我国镍钴战略资源储备，金川集团以国际视野实施资源和业务全球配置，加强绿色资源开发、协同管理，在20多个国家和地区开展资源协同开发利用，构建“金川—境内—海外”跨国经营格局，持续优化“金川主导、中西融合、优势互补、属地管理”的境内外资源协同管理新模式，促进和谐

共同发展。加大科技驱动、产业带动、循环利用。借助综合优势，建成多国别镍钴资源协同开发利用基地，重构镍钴资源协同利用工艺技术指标体系，形成不同资源类型、不同资源品质、不同开发环境、不同市场需求和不同生态约束下境内外镍钴资源协同管理模式，实现优势互补，提高我国镍钴战略资源安全保障能力。主要做法如下。

（一）发挥发展理念和顶层战略的引领作用

1. 确立科学的发展理念

牢固树立并贯彻“创新、协调、绿色、开放、共享”五大发展理念。把创新作为发展的动力之源，加快形成创新引领型发展模式；把协调作为发展的制胜之道，有机处理好发展手段与目标、评价标准与尺度的关系；把绿色作为发展的长远之策，综合提高资源低耗、低碳、环保、循环利用水平；把开放作为发展的必由之路，践行“一带一路”倡议，持续优化“金川－境内－海外”跨国经营格局；把共享作为发展的根本之计，积极履行大企业社会责任，共享发展成果，促进企业、社区、政府、客户、员工等利益相关方共同进步和价值提升，共建命运共同体。

2. 建立全球化的战略体系

“十三五”时期，金川集团确立“构筑资源优势，优化产业结构，深化科技创新，加强资本运作，实施跨国经营”的总体战略，明确“转型升级、提质增效，推进市场化、集团化、国际化，抓住阶段性的机遇实现跨越式发展，解决结构性的矛盾提升发展质量”的总体思路，明确“矿业权益资产全球布局，冶炼产能资产在一带一路布局”的结构性调整重点，设定远景目标为“进入世界500强，建设具有国际竞争力的跨国经营集团，打造‘百年金川’”。确立资源战略为第一战略，以此在全球实施资源配置和业务布局。拥有的6家境外矿业公司投资额占境外投资总额比重达94.42%，是资源战略为先为重的直接体现。金川集团聚焦于资源、资本、国际化取向，致力于逐步发展成为品牌优势显著、企业文化亲和力强，以镍钴为核心产业的世界一流综合性多金属跨国经营集团。

（二）以项目为载体，构建资源协同保障体系

1. 构筑“三个四”经营管理布局

构建“四大区域性资源公司”“四大业务运营中心”“四大产业板块”的“三个四”经营管理布局。以中国及中亚南亚区、大澳区、美洲区、欧非区为四大区域性资源业务中心；以金川为生产经营决策管理中心、兰州为科技研发中心、上海为商贸中心、北京为资本运营中心的业务运营布局；以金川股份、金川实业、金川科技、金川海外为四大产业板块布局。同时强化总部中央枢纽，壮大科研实力、立足市场前沿、夯实资本基础。

2. 建立金川特色资源项目筛选评价标准

以“资源可靠、技术可行、风险可控、效益可观”为资源项目投资筛选标准。资源可靠是根本，就是按照资源项目的不同状态、不同阶段、不同类型，对资源可靠的概念区分定义，分别制定评价标准；技术可行是前提，就是依照现实技术条件，能否经济合理地对资源进行利用、开采和提炼；风险可控是保障，即矿产资源项目具有高风险、投资大、回报周期长的特质，须对风险有清晰认识和客观评价，做好风控预案，保障投资安全；效益可观是核心，一方面参考专业机构的估值模型，另一方面在长期经验积累和摸索基础上，借鉴国际上通行的现金流折现法，建立内部经济模型，对资源项目进行合理估值，通过对比分析找出关键差距，最终将经济性作为是否投资开发的关键。

3. 强化资源获取和积累

一是开展自有矿山和已有资源项目储量升级、外围地质找矿力度和深边部勘探；二是通过合资合作、项目合作、自有勘查等方式获取国内资源，推进青海夏日哈木镍矿等项目；三是积极参与处于“绿地”阶段的勘探类项目，以期重大突破时获得收益；四是参股、贸易融资境外小型矿业开发公司，获取

矿产品包销权；五是立足可持续发展，瞄准行业趋势，并购成规模的大中型矿业公司，获取优质矿山资源。

4. 兼顾不同类型、不同区域、不同品质资源协同利用

金川集团以前瞻性的战略眼光提前布局，重点聚焦在南部非洲、美洲和东南亚等区域实施资源协同利用。这些区域属全球镍铜钴资源主要成矿区域，也是我国开展国际产能合作的重点区域，符合国家和金川集团自身发展战略和目标定位。种类上，重点投资镍、铜、钴资源品种，兼顾投资资源品质好的其他有色金属品种。品质上，南部非洲5座铜钴矿铜品位在1.99%以上，出矿铜品位在3.5%以上，钴品位在0.4%以上。

5. 借力国家战略机遇，建设原料保障基地

金川集团在广西防城港建成铜镍生产冶炼加工基地，作为利用境外资源的登陆口岸和“飞地经济区”的重要组成部分。“广西金川”被确定为甘肃省“海上丝绸之路”出口基地，成为金川打通借船出海通道、走向世界的桥头堡。依托南非梅特瑞斯公司构建金川集团非洲铜钴资源开发基地，红土镍项目被列入国际产能合作重点项目。红土镍资源开发、高镍铁冶炼项目和西藏采选基地正加快建设，总体上构建形成金川集团资源协同利用的产业基地。

6. 协同利用外部管理技术资源

金川集团借力中介机构，由专业院所提供资源和技术调查分析、会计师事务所提供财务分析、律师事务所提供法律分析、投行机构提供政策架构分析，使资源协同利用工作论证更充分、更专业化。2012年，金川集团并购南非梅特瑞斯股权项目，通过与知名中介的密切合作，防范化解了各类风险。尤其是汇率按照“方案简单、保本、零成本”的原则，采用“交易成功随附性远期”方案进行外汇保值，节约收购资金近1亿美元。

（三）实施产业带动，注重产业链的价值协同提升

1. 发展有色金属新材料产业

金川集团在保持传统镍钴产业优势地位的基础上，大力发展有色金属新材料产业，形成镍及镍合金加工材、铜及铜合金加工材、电工材料、电池材料、粉体材料及粉末冶金制品、电镀材料、贵金属材料、高纯金属八大新材料板块。2016年，金川集团生产有色金属新材料产品35万吨，销售收入103亿元。“十三五”期间，建设“金川镍钴新材料高新技术产业园”，并在产业园内建设五大核心制造区，即电池产业区、电镀产业区、粉末冶金产业区、电工材料产业区和铜/镍合金加工材产业区，延伸产业链、做大做强精深加工及新材料产业。

2. 发展循环经济，推进资源节约和环境友好发展

金川集团遵循“减量化、再利用、资源化、修复、替代”原则，立足自身资源和技术的比较优势，围绕“城市矿产、综合利用、循环经济、产业互通”发展模式，整合优势资源，盘活存量资源，推动绿色低碳循环发展方式，不断促进与周边企业和产业的共生耦合发展，创建资源节约和环境友好型企业。金川集团已被确定为国家首批“有色金属选冶废弃物资源化利用”行业技术中心和“国家级铜镍多金属矿产资源综合利用”示范基地。

3. 发展电池材料产业，推动转型升级

金川集团以自有镍钴资源为基石，以新能源产业与循环经济产业相互促进为发展思路，持续专注环保高能新型二次电池及其材料产品领域，分步进入便携式二次电池和动力电池领域，带动电池材料的发展。2002年开始生产电池材料四氧化三钴，目前二次电池上已形成“镍氢电池”和“锂离子电池”两大主导产品系列并举的格局。

（四）建立市场导向、联合攻关的科技协同支撑体系

金川集团瞄准世界冶金科技前沿，坚持“工艺为重、研发并举，以我为主、引智借力”原则，建立以企业为主体、市场为导向、产学研用为一体的技术创新体系。每两年召开一次“金川科技攻关大会”。镍钴资源综合利用国家重点实验室获批建设，特大型复杂坑采矿山采矿等一批镍钴资源综合协同利用关键技术取得突破。在镍钴铂族金属采选冶及相关新材料领域，形成一批国际、国内领先且具有自主知识产权的核心技术。通过持续开展科技攻关和技术改造，钴资源总回收率达到95.8%，总直收率达到95%以上，处于行业较好水平。

金川集团的目标是以技术改进创新强化资源综合利用能力，提高资源开发的回采率，降低贫化率，延伸产业链；不断提升资源回收利用率，充分挖掘资源价值，实现“吃干榨尽”；将技术优势、资源优势转化为终端经济优势。

（五）构筑资本平台，实现资源资本协同提升

1. 打造资源资本协同共享旗舰平台

金川集团于2009年9月设立“金川香港”。2016年度营业收入达到335亿元，资产总额达330亿元，累计为金川集团和广西金川低成本融资超过62亿美元。作为主体先后完成6家境外矿业公司收购。2010年在中国香港主板市场控股改组设立“金川国际”，建立起金川集团与国际资本市场联系，采用多种方式募集收并购及项目开发资金。金川香港、金川国际两级平台，构成金川集团实施资源项目并购开发、资产整合、资本运作、投融资的旗舰平台，以金融资本助力产业资本，实现跨越式发展，利用香港资本市场融资、投资、再融资、再投资，不断滚动发展，实现良性循环。

2. 借助资本手段，实施资源项目跨国并购

跨国并购是实施资源协同利用比较快捷的路径，可有效利用被并购方的现存资源、降低不确定性风险。这是国际上比较通行也是国内企业比较青睐的主流方式。金川集团“走出”国门以来，深入研究跨国并购理论和典型案例，充分比对新建和并购利弊，通过投融资及贸易采购等方式进行有益探索。近10年间，金川集团抓住全球矿业资产大幅缩水的有利时机，重点通过跨国并购获得并协同利用境外优质矿产资源。集中实施了6次大中型跨国并购活动，全部为矿业领域并购，投资总额19.61亿美元。

3. 探寻多种合作模式和多渠道融资

坚持“利益共享、风险共担、优势互补，合作共赢”理念。探索采用独资、合资、控股、参股、租赁等多种方式和模式合作开发资源类项目，以并购控股主导为主、参股合作为辅。

探索多种可行的资金融通渠道，尤其注重寻求股权投资等权益性资金。2011年并购南非思威铂矿引入中非发展基金为财务投资人，引进股权资金1.035亿美元；2012年向紫金矿业转让大陆矿业公司谢通门铜矿45%的权益，获取权益性资金2.28亿美元，最终实现由金川主导、联合建设开发该项目的初衷；2014年赞比亚穆纳利镍矿创新合作模式，引入外资公司租赁经营，实现在矿业低潮期及时止损、获取稳定收益的目标；2017年4月引进山东高速战略入股金川国际，募集股权资金3.86亿港元，所筹资金用于旗下矿产项目的建设开发。

4. 实施资源整合，着力优化资产结构

金川集团依托“金川香港”“金川国际”两级旗舰平台，按照“主业突出、资产清晰、市场竞争力强”的原则，加强对境外矿产资源的统一整合与管理，实现资产优化配置和良性发展，发挥规模效应，节约资金流转成本。2013年将梅特瑞斯公司股权整体注入金川国际，形成境外核心矿业资产与上市平台相互联动，实体资源与资本市场相互促进的局面。这也是金川集团对核心矿业资产证券化的重要实践，实现在一个更高层次和资本平台上同境内外矿业巨头竞争的优势。

(六)"以我为主、博采众长",构建资源项目协同管控体系

实施"走出去"战略的企业,只有掌握好核心技术、储备好经营人才、解决好融资问题、融合好文化理念,在两种不同管理体制、运作机制互动中不断寻求契合点,以理性、成熟的国际眼光看待问题、分析问题、解决问题,才能"进得去""立得住""过得好"。

1. 建立资源项目协同运营管理新模式

金川集团自2008年收购第一个资源项目至今,已拥有10余个境内外资源项目,在运营管理模式方面不断探索、不断完善。历经"金川团队管理""外方职业经理人团队管理""金川主导、中西融合、优势互补、属地管理"三种主要模式。

赞比亚穆纳利镍矿是金川集团在境外第一个自主运营的资源项目,采用金川团队全面介入现场管理,没有经过缓冲过渡期和磨合适应期,实施效果欠佳。

总投资12.8亿美元的南非梅特瑞斯项目,占金川集团境外资产比例超过55%。运营管理模式上充分借鉴历史经验,根据不同时期不同需要,历经外方职业经理人主导、中西融合两个阶段。第一阶段即在并购后改组董事会、确保重大事项在决策权基础上,采取"三不变"原则(管理团队不变,管理理念不变,管理模式不变),使项目平稳交接过渡。同时委派各专业人员进入外方体系学习交流,对项目进行必要监督,也对外方管理模式、现场实际情况逐渐熟悉,找到契合点,为之后深层次变革奠定基础。第二阶段即在合适时机推行全方位变革创新。委任金川团队主导高层管理,同时保持外方中层管理和核心技术团队不变,实施"下移管理重心、优化技术工艺流程、强化降本增效"等措施。发挥出金川集团50多年矿山生产管理的经验和优势,也发挥出外方人员熟悉情况、掌握西方管理模式的优势,形成合力,促进发展。

通过南非梅特瑞斯公司的实践,以此为试点和示范,在金川集团的主导下,融入西方因素,通过文化延伸、理念融合、体系完善,在不断探索实践、总结归纳的基础上,金川集团形成"金川主导、中西融合、优势互补、属地管理"的资源项目运营管理新模式,作为行之有效的管理模式全面推广。

2. 建立经济模型对标管理

通过对近年来收购项目估值模型的研究,金川集团采用国内外通用的现金流折现方法,对资源项目全面建立技术经济模型,重新进行价值评估。分析预测长期金属价格,资源变化、品位、选矿回收率、生产运营成本、资本支出、净现值等技术经济指标。对产品价格、生产成本等进行敏感性测试。与中介机构模型对比分析,得出影响资源项目价值体现的因素和关键指标。

建立动态经济储量模型,根据市场价格变化及时更新矿山储量和开采计划;建立资源项目运营财务模型,采用市场化核算,确定最佳运营模式;开展第三方矿石采购,建立第三方矿石采购财务模型,利用现有设备设施增加产量和收益。

对照模型指标,在管理中不断细化措施、严控风险、分解目标、靠实责任,将提高收益回报作为落脚点,着力提高投资收益率、投资回报率,实现提质增效。

三、大型有色企业基于优势互补的境内外镍钴战略资源协同管理效果

(一)实现"金川—境内—海外"跨国经营格局

金川集团依托金川本部采选冶和精深加工基地、兰州金川科技园有色金属新材料研发和钴产业基地、广西防城港外部原料加工基地、东南亚红土镍生产基地、南部非洲铜钴生产基地为支撑点,形成全球冶炼和资源协同利用总体产业布局。紧紧抓住服务和融入"一带一路"倡议的机遇,完成在"新丝绸之路经济带"和"海上丝绸之路"的战略布局。境外投资总额超过20.88亿美元,境外资产达363亿元,成为一家资源初步实现全球配置、资产和业务全球分布的跨国经营集团。"金川主导、中西融合、优势互补、属地管理"的资源项目协同管理新模式作为行之有效的模式开始全面推广,不仅实现了"走

出去”，更开始“走进去”。四大区域性资源业务中心从机制上保障资源战略稳步实施。“金川—境内—海外”跨国经营格局形成，金川集团已经迈进国际化经营发展新时期。

（二）资源保障更加有力，综合实力切实提高

在加快自有矿山建设、加大贫矿资源的开发利用、确保自有矿山在资源战略中的基础作用的同时，金川集团通过股权投资兼并收购在金川以外获得11座有色金属矿山，含硫化镍金属13.13万吨、红土镍金属70万吨、铜金属889万吨、钴金属37万吨、铂族金属413吨、黄金220吨、白银2960吨。参股6个境外中小型矿业公司，获得含镍量105万吨矿产品包销权。2016年11月金川集团投资的印尼WP&RKA红土镍项目开工建设，标志着金川集团正式进入红土镍矿领域，极大地巩固了其在全球镍行业的优势竞争力。通过境内外资源协同利用，金川集团形成坚实可靠的资源积累和良好的接续能力，综合实力、国际影响力、抗风险能力不断增强，获取资源、协同利用资源、提供满足客户需求的产品与服务能力不断增强，品牌影响力和美誉度不断得到新的提升，为企业长远可持续发展及国家战略安全提供了最根本的保障和有力的支撑。

（三）取得显著的经济效益、社会效益和生态效益

金川集团坚持绿色经营，适应社会经济可持续发展的要求，把发展经济、节约资源、保护和改善生态环境、合作共赢的理念贯穿于资源协同利用全过程和各个方面，达到了经济效益、社会效益和生态效益的有机统一。一是经济效益显著。2017年1至9月实现营业收入1633.54亿元，利税35.54亿元，其中，利润9.83亿元，获得境内外投资收益4.54亿元。2008年以来，累计获得境内外投资收益12.49亿元。二是积极履行大企业社会责任，重视资源项目所在国和周边社区发展。按照“属地化”“本土化”原则，除委派核心管理及技术骨干外，90%以上人员实行本土化招聘，雇用外籍员工超过3000人。采购当地物资设备、履行纳税人义务，促进项目所在地共同发展。三是秉承“工艺先进，环保一流，循环经济，社区和谐”的理念，坚持绿色资源开发。在金昌投资23.18亿元的十大“蓝天”工程、十大“碧水”工程如期建成投运。金川主力矿山龙首矿、二矿区成为首批国家级“绿色矿山”试点单位。境外矿山严格按照当地矿业开发政策法规和相关标准开展项目建设和矿山开采，同时注重矿山闭坑后矿区及周边环境的复垦。

（成果创造人：杨志强、王永前、陈得信、包国忠、姚维信、张三林、
郜天鹏、田东晗、衣淑立、王永才、刘　拓、朱发岭）

军工科研院所以军民融合发展为目标的社会治安防控协同管理

中国电子科技集团公司电子科学研究院

中国电子科技集团公司电子科学研究院（以下简称电科院）始建于1984年，是中国电子科技集团公司（以下简称中国电科）总体研究院，固定资产逾10亿元，现有员工1000余人，中国工程院院士3人。电科院是从事电子信息技术发展战略研究、大型信息系统顶层设计、工程总体研发及综合集成的国家级科研机构，长期致力于“安全”和“智慧”两大行业领域的技术研发和产业发展，在社会治安防控以及大数据应用领域长期服务于军队、武警、公安、国家有关部委及地方政府等重要用户，近年来，深入一线进行社会治安防控领域大数据应用实践，开拓创新，取得了瞩目的成绩。截至2016年年底，电科院通过开展社会治安防控军民融合协同管理，累计创造超过10亿元的市场价值；同时通过项目建设，体系化解决社会治安防控面临的现实难题，做到将99.6%的社会治安防控事件消灭在行动之前。

一、军工科研院所以军民融合发展为目标的社会治安防控协同管理背景

（一）落实军民融合发展战略，加强社会治安防控体系建设的需要

推动军民融合深度发展，是全面深化军民融合相关改革的新要求。社会治安防控体系是社会公共安全体系的核心要素，是驾驭动态社会治安的主要抓手。在军队系统与地方系统的动态协调中，军地信息资源壁垒重重，各地平战结合政策的落实存在着诸多差异，国家资源得不到有效整合和高效利用。因此，迫切需要促进和落实军民融合，着力打造社会治安防控体系建设新高地，有效提升维护公共安全的能力和水平。

（二）优化资源配置，实现军地一体化协同管理的需要

传统的社会治安防控体系建设以应对解决单一问题、实现局部效果为出发点，没有以能力建设为着眼点，成体系破解全面痼疾。在日常治理方面，社会治安防控主要由公安机关主管，但由于军政长期分割，导致公安机关与地驻军、武警、大型军工企事业单位等缺乏有效的协同与沟通机制，无法形成整体合力；在应急管理方面，应急机制不应急的问题比较突出，缺乏军、警、民联合指挥的应急管理模式，极大地限制了应急处置体系作战能力。因此，在社会治安防控领域亟须建立跨军地、跨部门、跨层级的军地一体化组织协同体系，从顶层入手，统筹规划、统一管理社会治安防控资源，优化资源配置，努力实现国家安全战略目标效益最大化。

（三）深化企业改革，提升核心竞争力的需要

军工企业是武器装备科研生产的主体，是国家国防安全的技术和物质保障。军工企业必须要确保平时和战时武器装备的科研生产、供应和维护保障。由于平时和战时军品需求量陡升陡降规律，平时军品生产能力相对过剩成为制约军工企业发展的重要因素。因此，为深化改革，提升核心竞争力，军工企业亟须实施多领域协同的军民融合战略，在军民二元结构内合理配置和充分利用技术、人才、产品、平台等方面的存量优质资源，促进组织体制优化重组，增加自主知识产权和重要成果专利，加速资产积累和人才培养，加快升级换代和攀升科研生产能力新平台，开辟更广阔的市场渠道，形成可持续发展的良性格局。

二、军工科研院所以军民融合发展为目标的社会治安防控协同管理内涵和主要做法

电科院以军民融合发展为指导思想，依据资源共享、优势互补、协同推进的工作原则，联合多个地

方部门，共同构建社会治安防控协同管理体系，明确指导思想，制定协同方案，建立高效运行、责权明晰的组织保障体系，注重战略协同、组织协同、技术协同、保障协同，搭建军地一体服务保障平台，经济效益凸显，企业核心竞争力显著提升，开创了军工企业军民融合发展的新路子。主要做法如下。

（一）明确指导思路，制定社会治安防控协同管理总体方案

在开展体系建设中涉及各县100余家不同的用户，参研单位包括电科院等数十家军工科研院所和地方企业，建设覆盖面广、设备部署层级多，涉及专业跨度大、参研单位利益交错，工程实施时间久、质量要求高。电科院明确“统筹引领、战略合作、敏捷管理、协调推进”的指导思想，从顶层进行项目统筹规划，制定社会治安防控协同管理总体方案，有力保障了项目的建设实施。

1. 强强联合促成高端战略合作，优势互补支撑双方共同发展

电科院充分发挥其作为电子国家队在大型信息系统顶层设计、工程总体研发及综合集成等方面的经验优势，积极寻求与地方政府的深度合作，并通过战略合作框架协议的形式固化合作模式，逐步在更广泛领域内形成整体性、长远性和基础性合作关系，为地方社会治安防控体系建设及产业塑造奠定坚实合作基础。以电科院为牵头核心单位，中国电科分别与相关地方省、市两级政府签署战略合作协议，决定以社会治安防控体系建设与产业发展为牵引，以社会治安防控、智慧城市等领域为重点，在科学研究、技术创新、装备研制、学科建设、人才培养等方面开展长期合作，充分发挥双方资源优势，形成“统筹规划、顶层设计、需求对接、融合发展”机制，共同提升社会治安防控领域的体系、系统、装备各层次总体论证、顶层设计、装备研制、技术攻关、集成试验能力，以进一步促进大数据、人工智能等前沿技术在社会安全领域的深度应用，全面提升社会安全风险感知与防控信息化水平和社会安全大数据自主创新能力，更好地服务于“建设平安中国”的国家战略需要。双方通过战略合作协议的签订，实现“优势互补、相互支撑、互有侧重、共同发展”的目标，也为社会治安防控体系的建设打下坚实的基础。

2. 与用户集智论证、共谋规划，统筹协同管理

电科院制定社会治安防控协同管理总体方案，实现双方的需求衔接、项目落地、资源保障到位等。方案在总结以往社会治安防控体系建设实践经验的基础上，全面梳理当地社会治安防控工作特点、业务需求和市场开拓方向，一是进一步完善当地社会治安防控体系建设的顶层设计，使当地用户和承建单位对体系建设的目标任务、方向重点、措施要求和初步计划等达成一致共识，为未来能力建设、装备配备提供有据可依的规划保障；二是进一步明确与用户共同建立协作通畅、督导有力的项目指挥机构，以及分工明晰、执行力强的项目实施团队；同时，结合当地实际情况和参研单位的差异化能力，通过敏捷性组织结构设计与实现、强化敏捷项目沟通管理、再造敏捷管理流程、实现敏捷的人力资源管理等手段，优化配置、集约运用，广泛调动和充分利用军、警、民各方优势资源，形成团队的整体合力，实现项目的敏捷快速响应和协同管理。

（二）健全工作机制，建立高效运转的组织保障体系

1. 搭建纵向贯通、横向协同的组织管理体系

社会治安防控体系建设作为复杂信息系统工程，包括规划计划、资源统筹、技术创新、质量控制多方面工作，同时又是包含着众多分项目、子项目的项目体系。为推进社会治安防控体系建设的高效运转，电科院在中国电科、产业联盟相关单位范围内下达《关于任命某项目行政指挥系统、设计师系统和质量师系统的通知》，正式成立联合项目组，明确三部分队伍的人员构成、职责划分和主要工作程序，其中，行政指挥系统由电科院与地方政府主要领导担任项目行政总指挥，设计师系统由电科院主要院领导担任项目总师，质量师系统由电科院与产业联盟有关单位相关领导担任质量总师。联合项目组通过及时了解项目进展情况、存在风险、资源分配、完成质量等情况，着眼项目需要决定资源筹措的规模和方式，同时统领各个子项目、子系统重要资源配置、使用和管理活动，提升对项目的管理能力和重要资源

的使用效益。

2. 构建任务明晰、顺畅高效的需求沟通机制

围绕社会治安防控体系建设，作为总体单位，电科院坚持需求牵引，以问题为导向，以全面提升社会治安防控风险“感、传、知、用”能力为目标，构建任务明晰、顺畅高效的需求沟通机制，一是创新“国家需求牵引、技术创新牵引”双牵引双驱动需求分析方法，联合军地优势力量，研究确定社会治安防控体系定位与总体需求；二是从体制机制着手，推动成立由政法委、武警部队、公安厅等主要业务部门，以及由电科院牵头的技术单位共同组成的联合调研组，确定需求调研目标与调研范围，明确各调研组成员单位在需求调研工作中的任务；三是在调研组织上，由于调研范围广、部门多，因此按地区成立多个调研小组，由业务单位任组长，牵头带队深入一线开展调研工作；四是在调研用户范围上，横向上覆盖军政社会治安防控各主要业务部门的核心需求，纵向上，贯穿社会治安防控流程各环节、各级部门急需解决的痛点、难点、短板问题，最终形成横线覆盖、纵向贯通的社会治安防控需求体系。

3. 形成业务契合、能力匹配的项目运行机制

在社会治安防控体系工作建设过程中，电科院充分发挥总体院作用，联合政府、科研院所、民营企业在内的多家单位，强化顶层设计、标准体系建设，通过战略协同、组织协同和管理协同，打造一支以电科院为总体的、“业务契合、相对固定、能力匹配”的社会治安防控信息化建设团队。针对项目参建成员单位多这一实际问题，为突破成员单位间的地域边界和信息交流的组织边界，由总体单位和参建单位项目经理组成项目现场指挥部，明确组织协同的指导思想，采用分区统筹实施、严格质量管理、全程监督管控的项目运行机制深入地方百余县对接需求、签订合同、同步开展项目建设。克服人手短缺、时间紧、实施地域跨度大等难题，确保项目在短时间内保质保量按期完成，成体系地解决一线面临的诸多实际难题。

（三）战略协同，搭建开放多源的合作平台

1. 成立社会治安防控技术联合实验室，加强创新平台共建共用

电科院与地方一线部门联合成立“社会治安防控技术联合实验室”，将“科研、演练、实战”等过程紧密结合，共同研究新形势下一线社会治安防控领域亟待解决的迫切问题、创新理论体系、突破关键技术，在社会安全事件的发现、预警、处置、取证等环节形成一批自主可控、国际领先的解决方案、核心技术和标准规范并及时应用到一线实战，有效提升对社会安全事件的精确预警、深度溯源、快速处置能力，也推动科研单位和应用单位的成体系协同发展。

2. 成功申报国家工程实验室，推动创新资源统筹共享

为进一步整合创新资源，统筹军地力量，提升在社会安全风险防控领域的科技创新能力，电科院以地方社会治安防控工作为基础，牵头联合长期合作并具备技术、市场优势的业界领军单位和业务应用部门，包括地方一线部门、公安一所、公安大学和中国华戎集团，采用军民协同、产学研用紧密结合的合作机制，构建核心创新团队，成功申报国家发改委的“社会治安防控风险感知与防控大数据应用国家工程实验室”。实验室遵循“强强联合、资源互补、开放融合、协同创新”的指导思想，以重大科技任务军民协同攻关为主线，集聚整合创新资源，形成有效的合力，军工研究院、用户单位和地方企业协同开展技术研究和工程实践，为国家社会治安防控能力提升、核心领域大数据自主创新能力形成与产业快速发展提供有力支撑。

3. 构建创新产业联盟，促进产学研用合作共享

为优化军民融合发展的制度环境，打破行业封闭，坚决拆壁垒、破坚冰、去门槛，鼓励更多符合条件的企业、人才、技术、资本、服务等在军民融合社会治安防控领域上有更大作为，突出核心能力，推进军民融合大协作，电科院以“社会治安防控试点工作”、平安城市等项目建设为牵引，加强与中国电

科内外社会治安防控行业在政策、技术、产品等领域具有比较优势的政府部门、企事业、高校和科研机构开展深入合作，按照“统一领导、体系规划、资源共享、互惠合作”的原则，推动成立以中国电科为龙头的社会治安防控创新产业联盟（以下简称联盟）。

联盟以社会治安防控产业链为基础，以公共平台整合调配政、企、社等资源，形成政府引导、企业主导的联盟组织。其中，地方政府是创新产业联盟的推动者，电科院是产业联盟的主导力量，高等院校和科研机构是产业联盟的创新资源提供者。联盟具有鲜明的产业链组成特征，成员包括社会治安防控领域“体系设计、产品研发、系统集成、运维服务、市场推广”等各个环节的优势企业或科研单位。联盟宗旨就是统筹优势资源，协同技术创新，为社会治安防控整个产业链上每个环节的企业、团队提供一个相互联系、相互帮助、共同成长的发展大环境，推动整个社会治安防控产业更快速更优质地发展。

（四）组织协同，推动军地资源优化配置

电科院在开展社会治安防控体系建设工作中，有机整合政府、科研机构、企业三方主体，构建全方位、系统化、三重组织协同的产业技术创新战略联盟，有机地整合政府与社会资源，形成政府与企业、科研机构之间沟通的桥梁，实现军地资源优化配置。一是电科院联合地方政府各相关职能部门，对社会治安防控行业信息和经济运行情况进行汇总分析，协助政府对产业发展实行监督和管理，向政府反映企业的要求和意愿；二是通过政府及行业龙头企业的带动作用，对联盟内民营企业进行补助，加快民营企业发展速度，扩大企业发展规模。三是针对社会治安防控体系建设中的关键、难点技术问题和能力建设需求，电科院会同中国电科相关科研院所，将太赫兹雷达、无人机管控、夜视红外、三维 GIS、云计算大数据基础设施等军事科研最新技术和产品结合民用需求进行适用性转化，成功运用到试点应用和全省推广建设中。四是对于民营企业研发的三维数据门等新兴技术在由实验室科研成果向广泛工程运用的成熟产品转化过程中，电科院的质量管理团队提供军品科研过程质量控制及标准化的一整套成熟经验，帮助民营公司完善内部质量管理体系，培训工艺设计、试验检验等相关质量保证人员，提供先进的环境适用性试验平台和软件测试平台，显著提升产品质量和可靠性。五是对于大数据分析挖掘、人工智能应用技术的国内一线安防厂商如海康威视、深醒科技、阿里云等一线民营厂商的视频结构化分析、动态人脸识别等一批具有自主知识产权、国内领先的科技成果，进行整合，获得技术增量，通过工程实践成功运用到社会治安防控关键技术攻关和产品研发过程中，开创政企合作、军地协同、资源优化配置的组织协同模式。

（五）技术协同，建立现代化社会治安防控技术体系

1. 优势互补，促进社会治安防控领域技术融合

电科院以平台打造为核心，通过与用户共建社会治安防控技术联合实验室，与用户和优势企业共建社会治安防控风险感知与防控大数据应用国家工程实验室，与各相关方共建技术创新和产业发展联盟，打造“国家工程实验室＋本地公司＋产业联盟”的协同创新平台，打通“军、警、民”技术融合路径。面向社会治安防控领域的建设需求，依托协同创新平台，电科院将安防产品、系统集成、软件开发、大数据应用等 50 家优势龙头企业，清华、北理、北航等 12 所知名高校，以及公安部一所、空六所、中科院物化所、自动化所、计算机所等 11 家科研院所有机组合，在社会治安防控体系的感知探测、融合分析、预测预警等各环节形成优势技术、打造拳头产品，形成以中电科为龙头的产学研用有机体，实现各方优势互补，加速技术进步、产业升级，有效推动社会治安防控产业规模化发展的骨干力量。

2. 开放合作，推动社会治安防控领域技术创新

为保障社会治安防控技术体系的先进性和现代化，电科院还加强与国内其他有关企业、高校和研究院所的合作研究和交流，包括合作研究、成果资料共享等。同时广泛吸收国外学者进行交流学习，鼓励研究人员出国进修和学习，建立科研人员“请进来，走出去”的交流模式，并通过设置开放基金和开放

课题、合作争取国家的重大科研计划项目和国际合作项目、积极参与国际重大科学研究计划、实施交换访问学者计划等合作方式广泛吸收国内外先进的技术成果和应用产品，同时，针对重要项目，建立开源社区，通过各方力量共同参与加速关键技术突破与成果形成，进一步支撑现代化社会治安防控技术体系的创新构建。

3. 顶层规划，建立现代化社会治安防控技术体系

基于优势互补的技术融合及开放合作的技术创新，电科院通过组织所有承制单位不断地探索和创新实践，突破社会治安防控领域的 48 项关键技术，打造 18 项国际领先、国内首创的系统装备，搭建“省—市—县”三级横向联动、纵向贯通的社会治安防控平台，汇聚千亿条社会治安防控领域多源异构数据，构建百余类关联分析算法和预测预警，建立现代化社会防控技术体系，有效提升社会治安防控领域的风险感知与防控能力。

(六) 保障协同，搭建军地一体服务保障平台

1. 建立军地一体、协同管理的制度保障

在社会治安防控体系建设中，电科院规范管理、制度先行，结合项目和用户需求，充分整合军地资源，遵循“鼓励创新、科学管理、高效运行、流动开放和持续发展”的原则，在经营管理、人才管理、经费管理、科研项目管理、资产管理、开放合作、评估奖励、成果管理等方面形成一系列行之有效的机制，建立健全军地一体、协同管理的制度保障，创造宽松和谐的研发环境和强烈的创新氛围，为技术突破、项目建设、产业发展提供持续有效的支撑。

2. 建立需求牵引、优先一线的人才保障

在社会治安防控体系建设工作中，电科院充分发挥人才优势，通过院长办公会、周报、月报及时了解一线需求，统一调配院内人才力量，优先服务保障一线。项目工作密集开展时，共有百余名包括专家、博士等在内的高端人才在地区各基层县区开展建设。同时，为带动地方科技强警能力的整体提升，电科院还在地方设立子公司，大量吸引地方优秀人才参与项目建设，并选派院内高端人才到地方公司任职，全力带动地方人才队伍整体水平提高。

3. 建立因地制宜、服务一线的条件保障

电科院充分发挥总体院作用，与地方政府签订战略合作协议，为项目团队争取提供办公场所、展览场地和人员驻地等政策支持和环境支持，包括为国家工程实验室、中国电科成员单位、产业联盟提供办公场所和研发环境，建筑面积近 2 万平方米，为各单位员工提供 40 套人才公寓，为各单位提供仓库，总面积为 1500 平方米，为联合实验室提供 2000 万元的科技经费，用于研发新技术和新装备。这些大环境政策的搭建，为电科院牵头开展社会治安防控业务提供了坚实的条件保障。

三、军工科研院所以军民融合发展为目标的社会治安防控协同管理效果

(一) 经济效益凸显，市场应用前景广阔

截至 2016 年 12 月末，电科院在当地 100 余个县全面开展了社会治安防控体系的建设工作，完成合同签约数约 55 份，累计总金额超过 10 亿元，其中，中国电科集团下属单位占比 63%。相关产业发展在促进地方经济繁荣、增加地方税收、带动地方企业增值和人才就业等方面也发挥了重要作用，几年间产业联盟带动当地两家信息科技公司完成创业板上市，吸引了国内六家高科技公司落户当地智慧安防产业园，安排本地员工就业和下岗职工培训上岗再就业超过 400 人，有效促进了当地经济发展和社会稳定。

此外，电科院打造形成的社会治安防控产业市场推广模式，得到中国电科的高度认可，要求集团内相关院所以电科院开展的社会治安防控产业发展模式为榜样，联系并联合集团内外有技术实力和优秀装备系统的单位和公司，依托联合团队形成合力，共同推进当地整体市场工作。

（二）深化企业改革，提高核心竞争力

电科院通过实施多领域协同的军民融合发展战略，有效盘活了军工技术、成果、人才、设施等方面的存量资源，在军民二元结构内实现了资源合理配置，促进了企业组织体制优化重组，开辟了更广阔的市场渠道，并借此成功申报建设了“社会治安防控风险感知与防控大数据应用国家工程实验室”。国家工程实验室进一步汇聚技术、凝聚人才，极大地提升了电科院在社会治安防控领域的核心竞争力，也确立了电科院在地方社会治安防控体系建设中的总体地位，开辟了社会治安防控全新业务领域。

（三）推动军地一体协同落地，为军民融合发展建立了示范

电科院紧紧围绕国家战略需求，坚持协同创新，推动军民融合发展，在社会治安防控领域充分发挥了军民各方优势，有效统筹了军民资源，促进双方资源优化整合、合理配置和集约利用、双向流动和共享互用，把先进技术和成果应用到社会治安防控一线，实现了技术创新和国家需求的对接融合，探索走出了一条以“需求与技术双牵引双驱动”为指导，以基于“1＋1＋1”（国家工程实验室＋本地科技公司＋产业技术创新联盟）协同创新平台的“战略协同、组织协同、技术协同、保障协同”四大协同为核心的军民融合发展创新创业新路子，为军工企业军民融合发展提供了有益借鉴。

（成果创造人：吴曼青、程　静、张　博、徐　海、王德勇、李慧波、谢海永、张欣海、刘科科、方　俭、王　宏、胡　罡）

钢铁企业以高端客户为核心的产品定制化管理

河钢股份有限公司承德分公司

河钢股份有限公司承德分公司（以下简称河钢承钢）始建于1954年，是中国钒钛磁铁矿高炉冶炼技术的发祥地。钒钛资源综合开发利用产业化技术处于世界领先水平，具备年产800万吨钢、2万吨钒产品、6万吨钛精矿的生产能力，被誉为中国北方钒都，是世界500强企业河钢集团的一级骨干子公司。截至2016年年底，总资产421.92亿元，在岗员工13700人，2016年产铁875万吨、钢833万吨、钢材820万吨、钒渣15万吨、钒产品（折 V_2O_5）1.44万吨，实现营业收入203.69亿元，实现利税5.5亿元。

一、钢铁企业以高端客户为核心的产品定制化管理背景

（一）抓住供给侧结构性改革的有利契机，把内在优势转化为企业竞争力的需要

现阶段我国市场需求特别是消费需求结构正在由中低端向中高端升级，但供给侧存在着部分行业产能严重过剩、实体经济成本过高、企业杠杆率偏高、有效供给不够、高端制造能力和自主创新能力不足、产品质量提升难等问题，难以适应新形势的要求。河钢承钢地处承德钒钛资源区，拥有优良的装备、重要的区位、庞大的技术和管理团队优势，面对国家供给侧结构性改革，决心加快市场反应速度，以高端客户需求倒逼产品、服务和技术高端，走高精尖的高端产品路线，提高对高端化、小微化和定制化市场需求的适应能力，从而把优势转变为企业竞争力，提升盈利能力。

（二）应对钢铁行业新机遇和挑战，提升高端供给能力和绿色发展水平的需要

因钢铁产能严重过剩、产品同质化竞争激烈，钢材价格持续下跌，2015年，钢铁行业从微利经营进入整体亏损，销售利润率为−2.23%，行业发展进入“严冬”期。2015年年底，中央经济工作会议提出推进供给侧结构性改革，新大气污染防治法将正式施行，企业环保压力和成本将普遍提高，给钢铁企业带来新的机遇与挑战。钢铁行业化解过剩产能，有助于行业脱困发展，但作为典型的劳动、资本密集型产业，去产能面临着职工安置、债务处理、资产核销等重重挑战。河钢承钢只有调整客户结构，提高产品档次，培育知名品牌，提升绿色发展水平，提升供给能力，才能满足用钢需求不断升级的要求，在严峻的钢铁市场中占一席之地。

（三）提升响应速度和资源配置效率，推进客户结构优化和产品结构调整的需要

长期依赖中间销售商的“批发式”营销模式，使得河钢承钢与终端客户之间存在着一道无形的“墙”，难以了解下游行业的客户分布情况以及客户对产品的需求和评价，对市场和用户需求不敏感，被迫在用户群不特定的低端市场上，与技术装备水平、社会负担都较低的低成本对手血拼，造成技术、装备、人才、管理等方面的优势无法发挥。因此，改变传统生产组织模式和营销模式，构建适应市场、灵活高效的组织结构，提高企业对市场的响应速度和资源配置效率，是企业摆脱困境、获得新生的重要途径。

基于上述原因，河钢承钢从2015年年底开始推进以高端客户为核心的产品定制化管理。

二、钢铁企业以高端客户为核心的产品定制化管理内涵和主要做法

河钢承钢以国家供给侧结构性改革为契机，深入贯彻落实河钢集团各项决策部署，以“做精钢铁、做强钒钛、做大非钢”战略为引领，聚焦“市场”和“产品”两大关键，建立客户导向型的营销模式和需求驱动型的商业模式，以客户结构优化倒逼产品结构调整、以高端客户需求倒逼产品质量升级；以市

场化改革为动力，健全完善与市场完全接轨的体制机制，大力推进实施“以产线为独立市场单元”的组织结构扁平化变革，提高资源配置效率；构建客户驱动型产销研一体化运行机制，提高产线市场单元定制化制造和专业化服务水平；建立与结构调整和产品升级相适应的技术、质量、人才、信息化和自动化支撑体系；不断提升产品创效能力和成本控制能力，为河钢承钢建设最具竞争力钢铁企业奠定基础。主要做法如下。

（一）聚焦市场和产品两大关键，明确产品定制化管理总体思路

聚焦市场和产品两大关键，以高端客户为核心开展产品定制化管理，通过高端客户拉动产品的升级换代，颠覆“为计划而生产，为生产而销售”，针对高端客户的个性化需求，为其“量身定做”产品，迅速提升产品盈利能力和品牌竞争力，从而实现“做精钢铁、做强钒钛、做大非钢”战略目标。

1. 引导全员主动关注市场、研究市场、对接市场

引导干部职工全身心投入到研究提升工艺技术、改善产品质量和满足客户需求上来，形成全员对接市场、全员研究产品的浓厚氛围。深入研究国内市场与国际市场、老市场和新市场，时刻了解市场形势变化，深入谋划市场战略，明晰市场定位，研究营销策略。深入推行大客户经理制，深化市场细分，优化客户结构，不断开发高端市场。依托客户结构调整带动产品结构调整，依托客户优化拉动产品升级，以客户高端倒逼技术高端、产品高端和服务高端，全面提升企业综合竞争实力。

2. 提高产品档次，推进产品升级，实现产品高端

树立特色精品理念，持续深入开展产线对标，充分利用装备优势、技术优势、特色优势和人才优势，对 7 条产线重新分工和定位，每条产线主打 3～5 个拳头产品，不断推动产品由普钢向特优钢转变，努力实现产品高端。

3. 推进技术进步和科技创新，为产品升级提供强力支撑

完善科技创新体系，加快国家级工程技术研究中心建设，打造技术研究、产品研发、成果转化紧密结合的创新平台。充分利用国内外科技资源和成果，持续提升自主创新能力。深入开展“产学研”协同创新，力争在高端产品研发和核心技术领域取得新进展。加快产线信息化建设，用信息化手段改造传统工艺流程，打造智能产线。不断提升产线的技术水平，为产品升级提供强有力的支撑。

4. 健全完善产线与市场完全接轨的体制机制

以市场化改革为动力，大力推进实施“以产线为独立市场单元”的组织结构扁平化变革，加快推进从生产型向市场型转变，牢记“客户的要求就是我们的标准，客户的需求就是我们的追求”，真正做到“为客户而销售，为销售而生产”，不断提升营销增效水平。强化激励考核的导向作用，让高端技术人才、优秀管理人才扎根产线为产品服务，深化产线对标，迅速提升职工技术素质和职业素养，提高质量控制能力和品种研发能力，全力推动产品提档升级。

（二）识别高端客户，明确针对性的营销策略

1. 科学界定、准确识别高端客户

河钢承钢的高端客户是具有一定的行业影响力，信誉及资金状况良好，对公司渠道建设、产品升级、品牌价值提升具有战略意义的客户。评定为高端客户需具备以下条件：一是客户分级评定为四星级以上（即企业影响力、产品档次、供货方式和连续订货四个方面综合分值≥70 分）的客户；二是月均品种钢订货量或高端产品订货量达到一定数量以上，且需求持续稳定、年度内无连续两个月或累计三个月无订货情况；三是售价提升稳定高于公司计划；四是资金状况良好，保证按河钢承钢相关规定及时付款；五是客户信誉度高、无不良信誉记录。对于采购公司特色战略品种，且处于行业龙头地位或生产行业名牌产品、有显著市场影响力的优质客户，可适当放宽条件。高端客户评定申请由销售部门提出，经营销中心、客户服务中心审核，公司销售副总批准确定，按“能上、能下”原则进行动态调整。河钢承

钢的高端客户主要覆盖汽车、家电、工程机械、工程建筑、食品包装、集装箱等行业。

2. 制定高端化、精品化、差异化营销策略

高端化营销。依靠技术创新和品牌打造，进入高端市场；提高高端客户和产品的市场占有率，提升盈利水平；提供高端服务，建立与客户稳固的合作共赢关系。

精品化营销。树立特色精品理念，每条产线主打3～5个拳头产品，不断推动产品由普钢向特优钢转变，努力实现产品高端，不断占领高端市场、满足高端客户。

差异化营销。加强战略营销，借助集团品牌优势，巩固发展与国内外知名企业的长期战略合作。加强技术和品牌营销，提高品牌影响力和用户忠诚度，形成以优质、稳定客户群作支撑的特色产品系列。主动适应小批量、多品种需求特点，切实提高工序匹配、质量保证和按期交付能力。

3. 明确开展客户导向型营销的途径

一是持续优化客户结构。针对现有一对一直供终端客户比例（约15%）偏低，高端客户销量占比（约49%）偏少，制约产品提档和售价提升等问题，河钢承钢经研究决定压减板材部分低端三方直供客户，压缩建材产品贸易商比例，提升对接终端客户比例，并制定《钢材产品销售客户分级和评价管理办法》《大客户开发及服务管理办法》《重点工程客户开发及服务管理办法》等，对客户结构进行科学分类、动态管理，推进客户开发、培育工作，确保对接高端市场，每条产线建立忠诚稳定的客户群，实现客户结构的持续优化。

二是优化和扩大营销渠道。对接核心市场渠道开发高端客户，重点在汽车、家电、工程机械、核电等领域锁定目标客户群。推动产线对接高端客户，提升高端产品销量；板带事业部1780产线不断增加高强汽车板、高端家电板、薄规格卷板的销量；棒材事业部长材产线紧盯国家重点工程和城市地标工程，通过多种渠道大力推广高强、大规格钢筋及精轧钢筋等产品。加强与大型央企、国企的战略合作，与有加工配送能力和承揽工程能力的企业深度对接，全面取消中间环节，不断增加直供直销量。抢占周边和全国高价位市场，密切关注承、赤、秦周边区域的政府项目和民用项目建设，依靠工程直供、终端直供大力抢占周边市场。实施钢材“南下”计划，积极开发上海、广州、海南等区域高端市场，实现合理布局，不断扩大高端产品比例。依托德高平台，大力提升高附加值产品出口比例。

三是创新定价模式。结合产品定位和营销策略，统筹考虑策划年度价格政策；指导月度及日锁单定价，以快速响应市场，同时发挥好价格杠杆导向和引领作用。河钢承钢的定价模式包括集团模式、直销模式、工程直供模式、锁单模式、现货模式、招标或竞拍模式等。综合当前实际情况、资源组织难度、客户黏性、产品品质改善程度持续优化价格策略，逐步实现品质稳定和价格幅度提升。

四是建立大客户开发和服务体系。制定《大客户开发及服务管理办法》，开发稳定的高端客户群，为大客户提供优质产品和服务。健全完善客户服务中心运行机制，以服务中、高端客户为重点推进客户经理制，建立多层级定期走访客户、研究市场的长效工作机制，与客户培养稳固的合作共赢关系。深化“为客户而销售，为销售而生产”的理念，建立全流程服务于销售需求的支持保障体系。

五是加强品牌建设，提升河钢承钢品牌知名度和美誉度。通过媒体推广打造品牌知名度，集中展示企业品牌的优势与实力；开展推广活动、发布户外广告、积极参与社会公益活动；聚焦品牌目标客户，将品牌形象建设与市场营销活动相结合；提高客户体验价值，创新客户服务，获得客户认可与支持。

4. 加强营销人才保障，完善营销激励机制

开展经营管理、专业技术、操作技能序列职位体系设计及职业发展通道建设，选拔任用市场营销业务管理专家，充分发挥专业人才的业务素质及管理才能，专家薪酬福利待遇采用“岗位工资＋绩效工资”的薪酬模式。将原职能部门中专属性强的市场营销人才合理配置到产线市场单元，加大反映业绩成果指标的考核。直接营销人员执行“底薪＋提成＋客户开发奖励”的薪酬模式，营销服务人员主要考核

“售价提升”“品种比例”“高端产品比例”“终端客户销售比例”和“新增高端产品一对一直供客户户数”五项指标的完成情况。

（三）多渠道了解、沟通客户，准确研判、深入挖掘高端客户需求

1. 建立高端客户需求的快速反应机制

快速反应机制包括快速发现顾客需求、快速研发产品、快速制造产品、快速物流配送等环节。首先，通过与客户高层互访、与技术专家交流等方式，快速确定高端客户的需求。其次，确立客户需求产品的快速研发、制造和物流配送机制，在产品事业部组建以营销中心为龙头的产销研一体化团队，每个品种产销研一体化创效团队按“1名产品主任工程师＋N名产品主管工程师＋N名客户经理”模式组建。产品工程师负责牵头建立市场分析、客户需求分析、订单评审、制定定制化生产方案、技术实现、生产制造、质量保证、物流管控、客户贴身服务等产销研迅速联动机制，实现以客户为中心，快速响应客户，满足客户需求。

2. 提供个性化解决方案，实现企业与高端客户的共赢

深入推进EVI先期介入服务模式，对客户深层次需求以及用钢发展趋势进行前瞻性识别。一是做好用户采购人员的技术顾问，积极出谋划策，在满足用户产品质量要求及加工使用技术要求的前提下，为用户实现低成本采购提供技术支持。二是与客户联合开发，共同引领行业用钢发展。加强客户特殊特性控制管理，在产品设计开发阶段，加强识别、确定产品和过程的特殊特性。做好用户技术及研发人员的合作伙伴。随着用户新产品的开发及老产品的升级换代，推荐合适的产品，提供咨询、建议。

3. 建立专门的高端服务渠道，与客户建立密切的关系

针对高端客户，公司领导带队定期走访；明确客户经理，客户经理全程服务，客户服务团队全面支撑，客户服务中心全力督导；资源优先分配，技术、生产、运输等重点倾斜；客户服务中心管理平台开放最高级别服务项目；进行全方位、定制化服务，依靠优质产品和服务持续提升客户的满意度和忠诚度，增加客户黏性。建立大客户经理制，组织客户定期评价和调整，建立客户订单跟踪日报、规范客户服务标准，实现客户区域布局渐趋合理、合同按期兑现率显著改善。

（四）“以产线为独立市场单元”，推进组织结构扁平化变革

为适应产品定制化对制造方式的新要求，颠覆大规模制造方式下采取的直线职能制组织机构，以“产线单元市场化、组织结构扁平化、公共服务平台化”为原则，以产线为中心，构建直面市场的业务单元，使每条产线都成为拥有特定客户群的专业化市场单元。

1. 以产线为核心构建独立市场单元，全面压缩管理层级

打破原有事业部设置模式，以产线定位、产品定位、客户群定位为依据，结合钢、轧工序流程配套，撤消长材事业一部、长材事业二部和热轧卷板事业部，按棒材、线材和板带产品分类，对三个事业部原有业务进行组合，设立棒材事业部、线材事业部和板带事业部，同原钒钛事业部、炼铁事业部一起形成五个直面市场、聚焦产品的“产线业务市场单元”（产品事业部）。

改革公司领导体制，按“去中间层”原则，任命公司副总经理为产品事业部总经理，作为产线市场单元的第一责任人。赋予产线市场单元“五项权力”：采购和销售的主导权、公共服务平台资源选择权、用人的选择权、独立核算的自主经营权和绩效激励的自主分配权，使其成为企业资源的配置中心、产品经营的责任主体和面向市场的“虚拟法人”，实现公司领导到市场单元之间的“零距离”，产线市场单元与客户的“零距离”。

2. 以产线为核心优化企业资源配置，做实做强市场单元

坚持需求驱动和价值导向，结合产线对标和产线诊断分析，突出产线市场单元的价值创造功能，将原职能部门中专属性强的技术研发、市场营销、生产和设备运行管理职能以及专业人才1000余人合理

配置到产线市场单元。加快市场单元内部“去行政化”进程，进行岗位“价值分析”，将与产线价值创造功能不紧密的非核心资源以及公共管理职能逐步与市场单元分离，平移至公司公共管理和服务平台，进行集中管理。

3. 搭建“货架式”公共管理和服务平台，支撑产线高效运行

调整职能部门工作机制，推进“去行政化”。优化整合原20个职能部门和18个服务单位，转换角色定位，建立经营财务管理和服务平台、采购管理和服务平台、市场营销管理和服务平台、人力资源管理和服务平台等11个专业管理和服务平台。专业管理和服务平台为事业部提供专业化的服务或资源，其价值取决于产品事业部的满意度。

4. 建立以产线市场单元为核心的目标管理体系

在公司战略目标和经营目标的指导下，打破原有归口部门条块分割的预算管理模式，以产线为预算主体，突出产线自主经营原则，每一条产线都是独立的预算单元，直接面对市场、面对客户，自负盈亏。各事业部发挥主体责任，根据预算办公室下达的公司预算大纲要求，自主编制分解各产线经营预算，预算办公室对事业部编制的产线经营预算进行服务指导和审核把关，对事业部专项预算进行评价，并汇总发布公司预算执行文件。预算办公室对预算实施进行过程跟踪，并对预算执行进行核算、分析和评价。

按照“市场化、平台化”“价值创造”“目标导向”“靶向定位”原则，改革绩效考核和薪酬分配体系。薪酬设定为“岗位工资＋绩效工资”模式，绩效工资以公司全面预算为依据，体现靠创效提高收入。针对产品事业部，以产线为独立市场单元单独核算，以“利润”为主要考核指标，关注现金流和售价提升完成情况，成本指标作为绩效否决项进行考核，利润超目标、挖潜部分按一定比例提奖。

（五）加强内部协同，构建客户驱动型产销研一体化运行机制

河钢承钢将优质的技术、营销、生产资源配置到产线，组建营销服务、技术研发和生产运行“三个团队”，以营销中心为龙头的，使各事业部成为能够为客户提供定制化、精准服务的专业化、一体化的独立市场单元，最大限度地满足客户需求，实现产线与客户共赢。

各产品事业部“营销中心”负责为客户提供个性化、定制化的产品和服务，实现“客户”到“客户”的全流程管控。对内代表客户向产品提出要求，对外代表产线满足客户需求，同时承担产线作为独立市场单元的经营管理职责。营销中心包括产销研一体化组织以及营销服务业务单元。事业部总经理依托营销中心进行整体管控，同时负责事业部与专业管理和服务平台的统筹协调。

1. 组建产销研一体化创效团队

产销研一体化组织成员来自营销服务、技术研发、生产运行三大团队，依据产品分类建立数个品种的产销研一体化创效团队，每个品种的产销研一体化创效团队按“1名产品主任工程师＋N名产品主管工程师＋N名客户经理”模式组建。

产品工程师是整个团队的核心，是为客户提供一站式服务解决方案的全流程闭环管理责任者。客户经理负责对外协调市场资源，并根据客户需求，对所需生产、技术、设备等平台资源配置提出具体要求。另外，根据市场需求，不断增加新开发高端品种对应的小微创效团队。产品工程师分四个级别，即产品主任工程师、产品主管工程师、工序工程师、岗位工程师。产品主任工程师、产品主管工程师负责产品全过程的处理和协调，对工序工程师和岗位工程师进行培训和管理。工序工程师是根据产线需要，配备在各工序的工艺、质量、维护（机、电、液等）工程师，24小时为产线稳定顺行提供技术支撑。岗位工程师负责协助工序工程师对本工序产品质量关键控制点、工艺操作要点、岗位操作标准化的落实及产品质量控制负责；在现场存在影响质量的违规行为或质量设备功能缺失时，做好记录并及时通知相关人员。

2. 明确营销服务业务单元职责

营销服务业务单元负责订单管控（评审、录入、跟踪、预排程等）、客户管理（客户识别、客户分级、客户服务、大客户管理等）、价格管理、市场调研分析、质量异议管理、物流管理、经营管理、绩效管理等业务，各业务模块的执行由专人负责，实现产品与市场接轨，切实提高产品盈利能力。

（六）按订单拉动生产，严控制造质量

1. 科学开展产品质量设计，有效策划产品实现方案

产品质量设计遵循设备技术参数、工序技术标准、产品内控检验标准的要求，并同时符合用户指定接受的产品标准的相关技术规定要求，包括 CE 标准、美国材料试验协会标准、欧标标准或生产方企业标准等。高端产品质量设计分四步来实现：第一步，按用户要求及产品的使用性能进行成分初设，制定试制方案；第二步，按试制方案进行小批量试制；第三步，对试制品进行性能检验，按产品检验结果确定是否对钢水成分进行调整；第四步，确保产品的质量成本匹配达到最优，形成最终产品最优控制方案。

产品实现方案的策划是决定新品种能否开发成功的关键，技术研发团队进行充分的论证，在低制造成本原则下，研究满足用户使用要求的新产品。在充分市场调研的基础上，分析、研究目标用户的使用技术及产品质量要求，开展产品实现方案的策划工作。常规控制条件下研发的新品种已能满足产品大部分用途的使用要求的，直接按行业标准或用户要求起草试制方案并安排生产；对于部分产品质量要求较高或加工工艺稍微复杂的新品种，组织进行产品质量标准的设计及控制，重点对用户特殊要求部分进行相应环节的技术调整，按调整要求起草试制方案，按方案组织生产；针对部分新的使用领域，或用户特殊的加工使用要求，组织全流程设计开发，研发新品种来满足使用要求。

2. 建立订单拉动式生产组织模式，满足客户个性化、定制化需求

河钢承钢积极推动生产组织模式由计划推动式向订单拉动式转变，以满足不同客户个性化、定制化需求。生产计划编排以实现工序间生产平衡稳定、产品质量满足需求和最终产品满足交期为原则。生产运行团队依据公司月份生产经营计划编制事业部月度生产作业计划。依据 MES 系统订单交货期制定周产品计划，依据周计划安排，每日核对并下发浇次、辊役轧制计划。从人、机、料、法、环、测六要素进行分析，制定订单生产边界条件表，确认订单的生产时间，并提前组织产销研一体化创效团队成员召开生产准备会，确认岗位人员配备、内部生产条件、工艺参数测量等，组织各单位对边界条件表签字确认；技术研发团队确认进厂物料检验等。生产过程中精准控制质量，严格执行工序服从，杜绝不合格品向下工序流转。产品工程师检查落实过程控制精度和最终产品质量检查、控制。

3. 构建产品全过程质量管控体系，确保产品质量

一是采取问题追踪管理、在线纠正和快速处理方式解决产品试制过程中发生的问题。以问题追踪管理的方式对生产环节暴露出的问题及产品缺陷进行整改，按钢种归类统计产品质量问题，建立质量缺陷图谱，以方便快速分析和解决质量缺陷。产品工程师对各工序都安排专业人员进行现场跟踪，通过全流程跟踪，在线及时掌握品种钢试制情况，并快速采取响应措施。

二是制修订产品各项配套标准。为实现产品质量稳定可控，确保新产品顺利投产，在新产品小批量试制结束的同时，各级产品工程师按照合同或用户协议的要求，修订或制定新品种质量要求配套的内控标准，如工序工艺控制的技术标准、钢水成分的精控范围、外观及性能检验的产品标准等，并确保制修订的新产品各项标准可执行。按产品标准和冶铸轧工艺工序控制标准，组织专业技术人员制定“转炉、LF 精炼、连铸和轧制”四个主工序的生产工艺要点，经事业部主管技术经理、作业区技术人员、现场工艺技术员评审，主管技术经理签发，通过技术文档系统发布到操作岗位执行。“标准＋α”工艺卡片通过液晶看板和现场计算机实时显示质量控制要求，实现需求、订单、工艺要点的无缝衔接。

三是借助信息化手段进行全流程质量控制。河钢承钢于 2015 年启动质量过程控制信息系统建设，目前，系统运行稳定。质量过程控制信息系统应用大数据技术，实现跨工序生产数据的交互，形成覆盖全流程、全工艺、全产品的质量管控体系，为产品质量追溯、优化产品设计和技术参数提供科学依据。此外，将操作规程、作业标准、参数控制范围录入质量过程控制信息系统，自动监控岗位标准操作，自动实现违规报警、岗位评价、班组评价等，固化标准化作业，监控关键过程控制特性，提高岗位控制能力。

四是实现设备状态在线监控。用设备运行状态评价和工序能力评价指导生产和设备维护，达到设备利用最优化、产品质量最优化的“双优”效果。用设备稳定性指导排产，保证产品质量，防患于未然；用产品质量评估来促进设备稳定性改善，精益求精。

（七）多措并举为客户提供专业化、精准服务，提高顾客满意度

1. 建立“互联网＋”客户服务平台

以提升客户服务水平为核心，打造个性化服务，为客户提供合同状态、生产进程、发货信息、质量数据信息查询、质保书在线查询及下载、客户咨询反馈、产品数据包和查看工具等功能；直接对接核心客户系统，数据无缝衔接。

2. 提供卓越的技术服务

以产品工程师为纽带，进行高端产品生产前、生产中和售后的全面管理。产品工程师协调、服务公司生产现场，使产品在质量上成功达到设计要求、在时间节点上顺利达到计划及合同规定要求，服务好用户现场，确保新产品顺利使用。精心做好售前、售中及售后技术服务工作，让用户买得放心，用得顺心，在合理的质量、成本匹配条件下实现产品的顺利生产和使用，以优良的产品性能和优越的售后服务赢得用户的信赖和认可。

3. 动态监控产品使用质量

产品工程师通过营销、用户采购及技术咨询、技术交流或用户现场跟踪等方式，掌握产品在用户加工使用过程中的质量动态，对用户使用过程中的异常情况进行现场确认，并根据产品使用中出现的问题及用户的技术质量要求，及时调整产品质量设计，提升产品质量控制水平。通过用户走访和用户满意度调查，了解和收集用户对产品的意见或建议，并形成用户调查报告反馈到生产一线，为修订工艺技术管理制度提供依据。产品工程师按用户要求牵头组织工艺制度修订和技术保障措施的制定，并检查验证措施落后的实施效果。

4. 科学处理产品使用中的问题

产品在加工使用过程中难免会发生用户不认同的质量特征，如压痕、擦伤、塔形、横裂等外观缺陷，发生开裂、浪形、冷弯不合、失效现象等。产品工程师负责及时跟进，开展原因调查和分析，掌握缺陷或失效现象产生的原因，制定纠正预防措施。因用户使用原因造成的使用失效问题，为用户提供必要的技术支持，以帮助用户尽快解决存在的问题，赢得用户信赖，拉近与用户的距离，建立良好的合作共赢关系。

三、钢铁企业以高端客户为核心的产品定制化管理效果

（一）形成稳定高端客户群，改善客户结构

通过成果的实施，以客户的高端化倒逼技术、产品和服务的高端化，形成稳定的高端客户群。汽车大梁钢 510L－750L 系列成功销往国内知名车企；车轮钢 380CL－490CL 系列稳定供货并配套整车制造企业。SPHETi－3、SAE1001 等高端家电板成功供货美的、格力和海尔等企业，以良好的口碑赢得市场青睐。客户结构显著改善，2015—2017 年上半年高端客户数量、销量占比持续提升，如表 1 所示。

表 1　2015—2017 年上半年高端客户数量、销量占比

	高端客户数量	客户数占比/%	高端客户销量/万吨	销量占比/%
2015 年 1～12 月	69	20.6	396	49.07
2016 年 1～12 月	70	19.55	484.5	57.34
2017 年上半年	64	22.61	272.1	69.79

（二）提升了高端客户的满意度

河钢承钢建立客户导向型的营销模式，提高了市场响应速度、资源配置效率、定制化制造和专业化服务水平，同时通过对小批量高端客户订单实行“拼单”生产，小微交货方式得到客户一致好评，有效提升了高端客户的满意度。2016 年高端客户满意度 95.57%，较 2015 年提升 2.51%。

（三）创造了显著的经济效益

以高端客户为核心的产品定制化管理，促进了河钢承钢产品提档升级和产品创效能力的提升，2016 年实现高端客户销量 484.5 万吨，销量和售价较 2015 年同期大幅度提升，创造了显著的经济效益，扣除市场因素和成果实施费用，实现销售增创效 12628.66 万元。

（成果创造人：魏洪如、耿立唐、郭晋宏、张振全、国富兴、赵建东、张兴利、朴述银、刘　伟、孔　超、石小艳、周艳群）

支持企业大健康发展战略的产品体验馆建设管理

漳州片仔癀药业股份有限公司

漳州片仔癀药业股份有限公司（以下简称片仔癀公司）是国家高新技术企业、中华老字号企业、国有控股上市公司。2003年6月，片仔癀公司股票于上交所成功上市，市值已超过300亿元。目前拥有29家控股子公司、9家参股公司、4只产业基金。2016年，片仔癀公司完成营业收入23.09亿元，同比增长22.45%；2017年上半年完成营业收入17.53亿元，同比增长82.50%，是同行业平均增速的8倍。片仔癀公司经营范围涉及中成药、保健食品、化妆品、日化品、医疗器械、现代医药物流等7个行业，并进军大数据领域，发展高科技产品。核心产品片仔癀，具有近500年历史，被列为国家一级中药保护品种，处方及工艺受国家绝密级保护；其传统制作技艺列入国家级非物质文化遗产名录；出口30多个国家和地区。

一、支持企业大健康发展战略的产品体验馆建设管理背景

（一）保持中华老字号生机与活力的内在需求

中华老字号是中华民族的独有特色，作为承载中华文明、传承匠心精神、凝聚先辈智慧的重要载体，以其厚重的历史文化积淀成为国家实施品牌强国战略的重中之重。但是老字号的发展现状堪忧，只有20%～30%处于发展壮大阶段，大部分老字号都面临着不断衰弱甚至倒闭的困境，观念陈旧、创新不足、资金短缺、体制不顺等成为制约老字号发展的普遍问题。片仔癀公司作为中华老字号企业，在激烈紧张的市场竞争中，同样面临着机遇和挑战。

片仔癀公司长期以独家产品片仔癀打入市场，消费群体主要集中在中、老年龄段，在北方和年轻一代人中还有很大的发展潜力和空间，并且在销售、机制、战略等方面存在一定的短板，想要谋求发展必须寻找突破口，突破发展阻力，制定适应新经济形势下符合实际的发展战略，推动片仔癀公司转型升级，让老字号焕发新的生机和活力。

（二）强化品牌资本，适应片仔癀大健康产业布局的需求

近年来，中国进入人口老龄化快速发展阶段，人口老龄化规模大、发展速度快，加重我国人口负担比重，社会赡养率增大，却为大健康产业的发展带来巨大机遇。目前，我国大健康产业前景巨大，预计到2020年国内大健康产业的产值规模有望占到GDP的10%以上。以2013年2万亿元为基数，在2020年左右健康服务业将达到8万亿元的市场规模，年均增长26%。围绕“健康中国”战略，片仔癀公司审时度势，实施“一核两翼”大健康发展战略，即以传统中药生产为龙头，以保健药品、保健食品、功能饮料和特色功效化妆品、日化产品为两翼，创新销售渠道和销售模式，适应新的市场形态变化，保障大健康发展战略落地。

（三）同质化竞争激烈，创新销售模式成为必然选择

中医药是中华民族的优秀文化遗产，经过数千年的发展形成一套独特的理论与实践体系。近年来，随着人类疾病谱的变化与“中药治未病”潮流的兴起，中医药的发展日益引起世人的瞩目。目前，国内的传统中药企业有6000多家，产值只有四五千亿元，同质化竞争激烈，影响行业的提升与发展。作为经营片仔癀的传统中成药企业，长期以来，片仔癀公司以“酒香不怕巷子深”的思维，坚持单一产品“打天下”，除主产品外，其他普通中成药所占市场份额比例小、竞争优势弱，导致企业发展受限。

为了顺应大健康产业发展，完善市场竞争机制，片仔癀公司必须创新营销手段，转变服务方式，化

“坐商”为“行商”再到“营商”，提升服务质量以增加有效供给，让消费者享受到更优质的服务。

基于上述原因，片仔癀公司从2015年年初起，整合资本、技术、品牌、产品等优势，借助社会力量，利用当地业界资本、人文、地利等资源，融合片仔癀公司的文化、技术、产品等，布局设立“片仔癀体验馆”。

二、支持企业大健康发展战略的产品体验馆建设管理内涵和主要做法

片仔癀公司坚持市场化导向，以营销模式创新引领发展创新，设立片仔癀体验馆，集合片仔癀中药文化博物馆、片仔癀系列大健康产品专卖店、片仔癀贵宾体验区于一体，专项销售片仔癀系列产品，展示片仔癀公司大健康的企业形象，让消费者在中国传统中医药文化的氛围中，体验片仔癀公司的深厚文化底蕴和优质服务，提升社会群体对片仔癀品牌的认知度和认可度，激发消费群体购买欲，提高产品忠诚度，从而增强零售终端实力，加大品牌宣传推广力度，挖掘销售新的增长点，带动企业转型升级。主要做法如下。

（一）依据企业大健康发展战略，明确产品体验馆建设管理的整体思路

依据国内外经济形势的发展变化，以及居民消费结构的改变，提出“一核两翼”发展战略，即以传统中药生产为龙头，以保健药品、保健食品、功能饮料和特色功效化妆品、日化产品为两翼，着力打造“制药（传统中药＋生物制药）＋现代健康生活＋现代物流方式”的大健康产业。根据战略需求，以“两个转变”为新思路，即从传统经营理念向现代经营理念转变、从计划经济以生产为中心向市场经济以顾客为中心转变。以品牌为旗帜，以资本为平台，抢抓“窗口”战略机遇期，创新商业模式，将“文化传播＋品牌展示＋产品推介＋现场体验”有机结合，完善销售渠道建设，带动改造传统商业模式成为片仔癀公司发展的重要增长点。以体验营销的方式，增强终端客户对片仔癀的感性认识，在体验中增加品牌认知度的黏性，实现市场与品牌互利互动的循环发展。

片仔癀体验馆采用“合作不合营”的方式，自主经营，盈亏自负，经营者必须具备以下几项基本条件：一要有较雄厚的经济实力，二要有广泛的人际关系基础，三要有较丰富的经营经验，并将上述基本条件作为考核重点，确保“片仔癀体验馆”开设成功。

在装修风格上，既要展现片仔癀“源于明朝宫廷”，又要体现片仔癀“传承于闽南漳州”的特色文化底蕴，将宫廷文化与地方特色有机结合，增强片仔癀视觉文化感观。

在经营服务上，建立“片仔癀体验馆”管理服务制度，统一规范管理体验馆，负责提供产品、培训等方面服务，不参与决策经营，由经营者自主经营。片仔癀公司负责开展不定期走访，帮助经营者解决遇到的问题和困难。每年召开1～2次全国片仔癀体验馆经销商大会，为经销商们提供交流经验的平台，进一步调动经营者的积极性，提升盈利能力，激发商业活力。

（二）加强品牌传播，提升品牌的社会认知度

以品牌文化为主线，向消费者阐述品牌故事，引起心灵共鸣，触动内心情感。通过品牌传播，使每位进店的消费者都能够了解片仔癀悠久的历史文化，聆听片仔癀公司的品牌故事，感受中医药文化精髓，使每位消费者都能成为片仔癀中医药品牌文化传播的使者，将片仔癀品牌文化传承、发展、发扬光大，增加品牌的社会渗透力。

1. 宣传品牌故事，夯实品牌深厚底蕴

片仔癀拥有近500年的悠久历史，极具传奇色彩和文化底蕴。随着华侨移居东南亚，片仔癀的声誉逐渐远播东南亚，直至世界各地。片仔癀公司根据自身历史文化积淀，汇编品牌故事，并通过多样化形式宣传品牌故事，如片仔癀公司官方微信开辟品牌故事专栏；在福建漳州、厦门鼓浪屿、广东惠州等地建设片仔癀博物馆，提供专业讲解及视听感受；定期举办线上活动（“金牌小药师”官微周年庆、“玩趣味闯关游戏，赢东南亚之旅”等）。

2. 完善片仔癀品牌形象

建立并实施品牌培育管理体系，成立片仔癀品牌培育战略管理委员会和片仔癀品牌培育推进办公室，调动核心资源和精干力量，对品牌发展历史进行全面的回顾与梳理，结合品牌培育管理体系，厘清品牌培育发展思路与方向。提出品牌培育战略愿景："将'片仔癀'打造成为大健康领域的领导品牌"；品牌培育方针："用工匠精神做中国品质，以创新意志铸长盛产业"；品牌培育使命："您的健康，我们的事业"。

在明晰自身优势和市场需求的基础上，将片仔癀品牌定位为"精品国药，一片去'癀'"。将品牌内涵与企业文化、经营理念合而为一，综合内外环境情况及长远发展战略，按照品牌定位的目标市场及品牌形象的传播要求制订多角度、多层次的片仔癀品牌设计输出方案，从外在形象体现及品牌内涵策划两方面展示片仔癀品牌，树立良好的品牌形象。形成《片仔癀视觉识别统一形象手册》，对片仔癀的视觉形象进行系统规范，每年年底进行年度小结，每 3 年总结 1 次，根据社会审美趋势的变化、新材料新工艺的应用改进等进行调整。

3. 多渠道宣传，提高品牌知名度

借助电视媒体强势宣传品牌。近年来，片仔癀频繁登陆电视节目，向全国观众展现片仔癀品牌和文化理念。

利用国家级报纸杂志头版宣传报道片仔癀，包括新华社的《片仔癀——坚持传统制药工艺打造国际中药名品》《参考消息》的《片仔癀：海上丝绸之路上的中国符号》《中国质量报》的《用大国工匠精神炼就"国宝名药"》等。

通过主流权威媒体的宣传，配合官方微信、微博等线上传播渠道以及线下实体、行业展会、学术性会议等，开展全方面、多层次、宽领域的品牌推广，提升片仔癀品牌知名度，赋予"中华老字号"新的活力。

（三）科学阐述功效，为销售推广提供有力保障

利用现代医学、分子生物学、临床医学等手段，诠释片仔癀独特的功效，提升社会，特别是新开辟的新兴区域和年轻人对片仔癀的认知度和忠诚度，开发消费潜力。

专利申请方面，2016 年片仔癀公司共有 12 个发明专利获得授权，12 个发明专利及 5 个实用新型专利获得受理。在药品注册申报方面，完成药品国内注册 13 项，保健品、食品注册 13 项，进行 7 项药品的国外注册。

科研申报方面，2016 年度先后开展 29 项项目申报工作，其中"2015 年度中药材提升和保障领域项目""2017 年福建省科技重大专项""福建省科技小巨人领军企业"等 14 个项目获批准或评定，新获批 3 个省级以上科技项目。

科研成果方面，"名优中成药片仔癀治疗肝癌二次开发研究"项目获 2017 年福建省科技重大专项立项及资助；"功能化石墨烯及其在双孢蘑菇砷化合物控制和抗肿瘤活性成分筛选中的应用"获 2016 年度福建省中科院 STS 计划配套项目立项及资助。

产品研发方面，片仔癀精准功效，强化科技引领助推市场。一是创新"合作＋无围墙研究院"研发模式，建立以课题为纽带的研发平台共建模式，实现"不为我所有，但为我所用"的价值。二是发挥博士后工作站及院士工作站作用，建立专家智囊团，引进全国学科带头人，为片仔癀研发项目选题、论证、立项及实施、临床研究开展等提供专家意见及技术支持，提升科研实力。三是聚焦中药新药研发，逐步涉足化药及生物制药研发，立足自主优势品种二次开发，拓展保健食品、化妆品等新产品。

（四）强化质量管理，生产优质产品

1. 加强药材基地建设，建立产品可追溯体系

中药的原材料特别是药用动植物资源，作为中医药产业传承和发展的物质基础，是影响传统中成药生产和销售的至关重要的因素，更是关系国计民生的战略性资源。麝是国家一级保护动物，雄麝的香囊分泌物（麝香）是中药材的重要原料，但是由于人类对麝类资源的非法、过度利用，使麝类种群数量急剧减少，分布范围日益缩小，麝香的稀缺和名贵程度显而易见。片仔癀处方公布的四味原材料其中一味是天然麝香，是国家允许使用天然麝香的少数药品之一，上游原材料资源是片仔癀生产的生命线。

为了切实保护药用野生动植物资源，解决产品的原材料供给，保障天然麝香的品质和供应，片仔癀公司自2005年起在四川阿坝州和陕西凤县建立林麝标准化养殖基地，以麝资源的保护、利用、再开发为重点，创新"公司＋农户＋基地＋科研"的产业模式，加强对珍贵、濒危药用野生动植物资源的保护和合理利用，实现中药产业持续发展与生态环境保护相协调。目前片仔癀公司的林麝养殖存栏数约占全国养殖林麝的60%，成为我国林麝养殖的领军企业。

出于保护道地药材资源、保证消费者用药安全及产业可持续发展的需要，在云南文山建立原材料种植基地——苗乡三七规范化种植基地，完善从原材料种植、生产，到产品加工、销售一条龙的产业体系。严格践行"无公害三七标准"，按照统一标准和规范管理进行中药材的种植、生产和加工，对203项农残和5项重金属的限值做出明确规定，确保三七品质具有可追溯性、安全性和有效性。片仔癀使用的三七总皂苷含量高出国家药典的40%以上，这同时也是片仔癀产品入药的最低要求，形成独特的中药材"优质优价"良性发展体系，从源头保障中药材的质量。

2. 严格管控产品质量，增强社会公众对品牌的信任度

遵循"用创新赢得优势、用品质赢得市场"的思路，以"创一流工厂，做精品国药"为宗旨，着力打造"行业第一车间"，不断提升质量和经营管理水平，主要从以下方面发力：

一是强化源头管控，紧盯上游供应链管理，严把供应关口，按照GMP的要求和严于药典的内控标准严苛精选物料。从供应商的选择、资源的分布，到物料的采购、选用、保存、管理，形成一条龙式的有效管理。建立严格的采购程序，每一种物料的采购，都要经过质检部、仓库、车间、领导多环节把关，任何一个环节都拥有一票否决权。

二是重视生产细节，完善中游生产过程管理。在产品生产标准上，始终坚持"药材好，药才好"的严格标准生产，把握"紧盯安全，严控过程，重抓质量"的原则，审视生产过程，重视生产细节，完善中游生产过程管理，使生产管理活动规范化、制度化，从而保证片仔癀的"金牌品质"。以全员参与、提升产品质量为核心建立分级的质量管理体系，做到层层挂钩、责任倒推，坚决落实主要负责人的主体责任和具体行为人的实际责任，实施全面的质量管理工作。

在制作生产工序上，始终坚持传承传统工艺，严格古法炮制，确保用药功效，专注做精核心产品，营造"上道工序为下道工序服务，下道工序是上道工序的客户"的产品质量循环互检网络。

在产品质量把关上，严格遵守医药行业相关质量法律法规，以高标准高要求来规范，坚持"质量优先、自主创新"的原则，设立质量管理部和质量检验部，从制度考核、绩效积分上加以管理，严格规范生产操作，把控产品质量，以过硬的质量和品牌的信誉为社会提供一流的产品和服务。

（五）合理布局体验馆，充分展示"一核两翼"大健康的产品体系

1. 科学布局、合理选点

片仔癀系列产品市场定位高，消费对象主要为中高收入群体。从消费能力上考虑，适合在全国各地经济较发达的城市设点布局。一是科学布局。省会城市、重点城市等一、二线城市，设立1～2家"片仔癀体验馆"，并"以点带面"向本地区城乡地区辐射，既有利于价格管理，杜绝"串货"，又维护经营

者的经营空间。

二是合理设点。为保证片仔癀体验馆的可持续运营，在人流量较大的地方设点。主要将片仔癀体验馆选址在名胜风景区、机场、文化街区或繁华的商业区，并在馆内设置文化展示区、产品展示区和产品体验区。

2. 完善片仔癀体验馆设计

合理布局片仔癀体验馆，致力于营造传统中医药的购物氛围，精准定位高端客户市场，培养高端客户消费习惯，突显品牌文化个性，给予消费者良好的购物体验。制定体验馆的规范化装修标准和装修验收制度，内部划分有博物馆区、体验区、产品展示区，彰显片仔癀的悠久历史、浓厚文化底蕴和获得的赞誉，唤醒消费者对片仔癀品牌文化的认同感，促进产品销售。

3. 开展高端顾问式营销，提供一对一服务

以体验服务为导向，打造特色的高端顾问式销售体验，提供一对一的服务、专业的用药指导和售后咨询服务等。同时，注重与顾客之间的沟通，关注消费者内在的价值观念、消费文化，从顾客视角，审视产品和服务的质量，并及时完善、满足其情感体验的需求，进而获得消费者的认同感，提升顾客对品牌的满意度和忠诚度。转变服务对象，增强产品黏性。改变重经营商服务为重终端消费者服务，将优质服务传递到终端消费者，增强消费黏性。

4. 培育专业团队，提升服务水平

制订片仔癀体验馆员工培训标准程序。通过讲授法、演示法、案例法、讨论法、视听法、角色扮演法等培训方法，针对片仔癀公司介绍、片仔癀品牌文化、荣誉等相关知识、片仔癀及片仔癀系列产品（含案例介绍）、礼仪及销售技巧等内容进行培训。规范培训考核方式，即定期对体验馆员工进行书面考试或口语表达测试，并将员工的书面试卷或口语表达测试影像进行建档、备查，对未达标的员工进行再次培训和考核直至达标。

（六）采用“合作不合营”方式，建设、管理片仔癀体验馆

体验馆采取“授权经营不合营”的经营方式，授权经营业主自主经营，发挥经营主体在资金、人际关系等方面的能动性。片仔癀公司提供品牌、产品、服务等，实现利益共享，制订准入机制。合作方需提供人员资料、设立申请表、商业企划书，承诺独立经营、自负盈亏、诚信守法、照章纳税，严格遵守体验馆装修规范，零售片仔癀系列产品并主动维护片仔癀品牌形象；相应片区业务经理就店面选址进行考察并提供考察报告。体验馆申请准入经相关测评、领导审批许可。

根据体验馆的规范化装修标准完成装修验收并开业，片仔癀提供相应宣传物料支持。在体验馆经营中，片仔癀根据各体验馆业务情况，配比提供宣传物料、促销品等支持体验馆开展终端活动。片仔癀定期开展价格维护市调工作，如体验馆被查出低价、‘串货’现象，片仔癀将予以处罚，以维护市场价格秩序，保障消费者利益。

三、支持企业大健康发展战略的产品体验馆建设管理效果

自 2015 年福建省武夷山内景区第一家片仔癀体验馆开馆以来，至今在全国已有 100 家体验馆开馆营业，范围覆盖国内重点城市的名胜风景区、机场、文化街区或繁华商业区。2016 年，仅片仔癀体验馆就实现营业收入近 2 亿元，充分显示出片仔癀体验馆强大的品牌推广力、产品销售力，从而为公司的发展筑起具有片仔癀文化特色的产品销售渠道，受到业界好评，吸引越来越多的业界精英申请开设体验馆。

（一）建成覆盖广泛的体验馆网络，推动全系产品销售

通过片仔癀体验馆的人际关系网络，挖掘与传统药店不一样的消费群体，开拓药店、医院等传统医药渠道未涉及的保健和礼品市场，丰富片仔癀的营销渠道，为片仔癀的市场提供新增量。体验馆的创新

营销模式有效地开拓产品新市场，提升全系产品销量。

体验馆开设范围涉及北京、上海、广州、深圳等全国各大省市地区，使得片仔癀体验馆的网络布局覆盖范围广。与传统销售渠道不同，由于店租、装修、人工等投入的压力，各体验馆合作方充分运用自身的资源和经验，有利于片仔癀在全国范围内的市场开拓和销量的提升。

片仔癀体验馆的产品展示方式推翻了很多消费者固有的只销售中成药片仔癀的印象，现在消费者在各个片仔癀体验馆不仅看到片仔癀及系列药品，还可以看到片仔癀化妆品、日化产品、保健品、健康食品等上百个产品。生动地树立起片仔癀公司大健康企业的良好形象，推动全系产品销售，为企业未来融资、并购等发展方式创造有利条件。

（二）提高产品知名度，获得市场广泛认可

通过规范片仔癀体验馆的设计装修，片仔癀体验馆展示出独具片仔癀特色的文化和形象，是最好的终端销售形式之一。特别是各大机场、动车站、重要旅游景点的片仔癀体验馆，每天至少有几十万消费者看到片仔癀体验馆的终端形象，加深消费群体对片仔癀的印象。片仔癀体验馆在终端与数万家销售片仔癀药店及媒体高空宣传呼应，这样的宣传效果，可以说是四两拨千斤。

体验馆建设有力地提高了产品知名度，获得市场广泛认可，品牌价值不断提高。片仔癀公司跨入中国制药工业100强企业，被列入福建省品牌培育示范企业、福建省质量标杆企业。2016年以248.23亿元的品牌价值高居中华老字号品牌价值第3位；2017年以品牌价值298.19亿元位列《中国品牌价值500强》第101位，居《2017年中国最具竞争力品牌TOP10》（医药行业）第3位。2017年片仔癀公司荣获第十一届中国主板上市公司价值百强。

（三）推动企业整体的稳步发展

产品体验馆建设使片仔癀公司经营业绩快速增长。从2015年起，片仔癀公司进入快速增长期，企业营业总收入显著提高，以营业收入复合增长率为例，大健康产业规模优势初显成效，截至2017年6月，片仔癀公司市值超300亿元。2016年，片仔癀公司实现营业收入23.09亿元，同比增长22.45％；实现净利润5.07亿元，同比增长9.38％，扣除非经常性损益后，归属于上市公司股东的净利润5.22亿元，同口径比增长13.71％；上缴税收3.83亿元，同比增长48％。2017年上半年完成营业收入17.53亿元，同比增长82.50％，是同行业平均增速的8倍。

（成果创造人：刘建顺、黄进明、陈纪鹏、刘丛盛）

基于规范保障的分布式电源并网服务管理

国网湖南省电力公司长沙供电分公司

国网湖南省电力公司长沙供电分公司（以下简称长沙公司）成立于1978年，是国家电网公司所属、湖南省电力公司直属的大型重点供电企业。全公司供电范围覆盖长沙六区三县，供电面积1.19万平方千米、人口731.5万人，电力客户305万户。截至2016年年底，长沙公司下辖164座35千伏及以上变电站，主变压器容量1706.595万千伏安。长沙公司累计售电量达到249.17亿千瓦时；资产总额139.4亿元；2016年销售收入156.71亿元；城市综合电压合格率99.999%，供电可靠率99.978%；农村综合电压合格率99.950%，供电可靠率99.8828%。

一、基于规范保障的分布式电源并网服务管理背景

（一）促进国家新能源发展战略落地的需要

积极发展分布式能源，促进可再生能源就地消纳利用，对推动区域能源转型示范，实现产业发展和环境保护“双赢”具有十分重要的意义。2014年6月7日，《能源发展战略行动计划（2014—2020年）》中明确提出“着力发展清洁能源，推进能源绿色发展”的能源战略指导思想。同时，提出加强太阳能发电并网服务，鼓励大型公共建筑及公用设施、工业园区等建设屋顶分布式光伏发电。到2020年，光伏装机达到1亿千瓦左右，光伏发电与电网销售电价相当；同时积极发展风能、地热能、生物质能和海洋能的工作任务要求。结合湖南省实际，出台《关于推进分布式光伏发电发展的实施意见》，力争到2017年年末，湖南省新增分布式光伏发电装机规模超过100万千瓦，累计达到145万千瓦以上。2015年，出台《关于加快分布式光伏发电应用的实施意见》。为了贯彻国家新能源发展战略，2012年10月26日，国家电网公司率先发布我国关于分布式光伏并网服务工作的文件《关于做好分布式光伏发电并网服务工作的意见》。一系列标准和细则的制定，将优化并网流程，简化并网手续，提升服务效率，切实提高分布式电网并网的服务水平。完备的分布式电源并网服务对顺应新形势下能源发展的新形式具有深远意义。

（二）满足本地并网需求急速增长的需要

分布式电源作为一项新型业务，根据规划，到2020年年末，长沙市将新增光伏发电装机容量300兆瓦以上。这一新形势下产生的新任务、新课题，长沙公司内部过去没有经验，也没有一套从申请报装到并网结算，从线上信息化管理到现场规范化作业的多维度分布式电源规范化管理体系。为适应市场发展和客户的并网需求，长沙公司越来越多地认识到建立分布式电源管理体系的迫切性和重要性。

（三）提高并网效率和保障电网有效运行的需要

分布式电源的并入，为电网系统增加了新的单元，同时也增加了供电公司电网运营的难度。从运行上讲，电网运行更加复杂化会引起配网配置发生变化，对电能质量、用户可靠性如何保证均提出新的要求，配网负荷预测变得更为困难，目前还没有与之匹配的服务规范，如果有多余的电力向配电网输送，电价问题又较难解决，不适当的安装地点、容量和接线方式会使配网可靠性降低，效益下降，今后还需通过建设坚强智能电网以及发展储能系统，对分布式电源进行更好的预测、协调，以实现平衡。因此，长沙公司建立完备的分布式电源并网服务，对保障电网有效运行，实现能源生产清洁化、能源消费电气化具有十分重要、深远的意义。

针对上述情况，长沙公司积极响应，从2012年开始，探索构建分布式电源并网服务规范，并通过

一系列措施实现规范的实施落地。

二、基于规范保障的分布式电源并网服务管理内涵和主要做法

长沙公司以服务党和国家工作大局、服务电力客户、服务发电企业、服务经济社会发展为思想指引，以绿色发展理念和保障业务规范开展为根本，以坚定实施国家电网公司“两个替代”（清洁替代、电能替代）和快速、优质做好并网服务为宗旨，以信息技术为支撑，实现“分布式电源全接受、并网过程全提速、项目信息全掌控”的工作目标。通过明确并网服务目标，搭建分布式电源并网组织保障体系；以客户为中心，优化并网服务流程；建立分布式电源服务规范，完善服务管理体系；搭建分布式电源并网信息化与技术支撑平台；创建分布式电源并网服务保障机制；设立分布式电源并网重大项目全流程评估机制；建立分布式电源并网考核与激励体系，以“安全高效、标准规范、服务优质”的高效管理实现长沙地区分布式电源项目顺利并网、安全运行。主要做法如下。

（一）明确并网服务目标，搭建分布式电源并网组织保障体系

1. 明确分布式电源并网服务管理理念、目标

长沙公司基于国网公司提出的创新、协调、绿色、开放、共享五大发展理念，主动适应国家新能源发展战略部署，充分满足电力客户分布式电源并网需求，积极履行企业社会责任，通过明确提出分布式电源并网服务的管理理念和管理目标，不断提升公司的管理水平、履责能力和企业形象。

分布式电源并网服务管理理念：服务党和国家工作大局、服务电力客户、服务发电企业、服务经济社会发展。

分布式电源并网服务管理目标：分布式电源全接受、并网过程全提速、项目信息全掌控，即按照“欢迎、支持、服务”的工作要求，对申报并网的分布式电源项目全部受理、全部并网、确保发电量全额消纳；对与分布式电源并网流程相关的申请资料、流程环节、服务规范、信息系统等不断优化，实现并网过程全面提速；对于已申报和已并网的分布式电源项目，全面实行数据化管理，不断提升项目管控力度；从而不断提升客户服务满意度程度。

2. 构建分布式电源并网服务管理的组织保障

一是组建电网企业基于规范保障的分布式电源并网服务管理领导小组。组建电网企业基于规范保障的分布式电源并网服务管理领导小组，主要负责人由长沙公司分管副经理担任，成员由客服中心、发展、运检、财务、调控5个关键部门的主要负责人组成。负责对并网服务管理工作进行全方位指导；审定体系构建的实施方案和相关制度规范；对并网服务管理工作推进的质量和进度进行监督管理。

二是组建电网企业基于规范保障的分布式电源并网服务管理工作小组。组建电网企业基于规范保障的分布式电源并网服务管理工作小组，主要负责人由市场室负责人担任，成员由客服中心专业室、市场室、计量室、电费营业室、发展部、运检部、财务部、调控中心、经研所精干力量组成。

三是实施并网项目客户经理责任制。明确客户经理职责，即负责分布式电源客户新装、增容等业务全过程实施单位协调、监督内部流程流转，督促各实施单位在有效时限内完成各自节点工作；负责分布式电源客户项目流程全过程的实时跟踪；负责向分布式电源客户提供信息咨询服务；负责建立健全分布式电源客户档案信息资料，以及在分布式电源客户服务过程记录相关资料归档；负责编制服务范围内“分布式电源客户服务分析报告”和相关报表，及时对分布式电源客户服务工作提出改进建议。

（二）以客户为中心，优化并网服务流程

长沙公司以客户为中心积极开展主动服务，简化业务受理、接入系统方案答复、图纸审查、验收并网等流程，主动接受项目业主、客户监督，切实做好并网服务等各项工作。

1. 优化受理申请流程

一是开展多渠道的受理服务。在接受柜台受理的同时，充分运用“互联网＋”，面向客户开放

95598 网站、掌上电力 APP、微信等多个咨询、报装渠道与客户互动，让客户切实感受到“互联网+”带来的便捷服务。二是优化报装提资模式。推行“一证受理”服务，即居民客户提交身份证、企业客户提交营业执照或组织机构代码证，其余资料在现场勘查环节提交补齐，提高工作效率的同时提升客户的办电体验。

2. 优化答复接入系统方案流程

一是开展现场勘查一次性答复，对于居民客户和并网容量为 400 千瓦及以下且单点并网的法人客户，采用典型接入系统方案的模式，在现场勘查时由客户经理一次性将项目接入系统方案答复客户。二是实行接入系统方案网上会签，电子备案。对于电压等级在 35 千伏以下、非一次性答复客户的分布式电源项目，取消接入系统方案审查会，采取营销部、经研所等多部门网上会签的形式进行审定，由客户经理根据网上审核意见进行接入系统方案的修改、备案和答复，全面实现并网流程提速，为客户早并网、并好网提供有力支撑。

3. 优化设计图纸审查流程

一是优化设计图纸审查执行范围，对于电压等级为 380 伏及以下单点并网的项目，免除设计图纸审查环节，对于总报装数量占比 80%以上的居民和小型法人项目，提速显著。二是实行电子文档审查，对于并网电压等级在 35 千伏以下的并网项目，按照“随到随审查”的原则，依据申报设计图纸电子文档进行审查，审查意见通过公司系统传递，由客户经理汇总，按照“一口对外”的工作要求答复客户。

4. 优化验收并网流程

一是细化验收并网计划。在进行并网验收之前，由客户经理负责组织运检、调度、计量等部门人员成立专门的并网验收小组，制订完善的验收并网计划，防止出现漏验、错验的情况。对验收过程中出现的风险，制订相应的危险点预控措施，避免验收过程中意外事故的发生，全面提高工作质量。二是细化验收并网规范。明确验收并网设备的验收范围。有效利用“三交站队”等组织措施（交代作业任务、工作内容、人员分工，交代现场安全措施及带电部位，交代风险辨识及控制措施），严格现场作业安全，实现有序验收。三是采取验收通过后现场立即并网做法，省去项目完成验收后再次申报并网流程，实现客户收益最大化和项目一次性并网。

（三）建立分布式电源服务规范，完善服务管理体系

长沙公司结合分布式电源接入和运行现状，按照“统一规划、统一标准、统一建设”的工作原则，逐条剖析国家有关法律法规及技术标准、《国家电网公司关于印发分布式电源并网相关意见和规范（修订版）的通知》（国家电网办〔2013〕1781 号）、《国家电网公司分布式电源并网服务管理规则》和《分布式电源接入配电网相关技术规定》等，对照每项管理过程的要求思考业务，围绕分布式电源接入设计、系统应用、并网服务等多个方面全面创建长沙公司的分布式电源并网服务规范。

自 2013 年起，长沙公司密集出台《长沙供电公司分布式电源并网实施细则》《长沙供电公司分布式电源接入系统典型设计》《长沙供电公司分布式电源电能计量设计规范》《长沙供电公司分布式电源电量电费结算规范》《长沙供电公司分布式电源接入电网技术规定》《长沙供电公司分布式电源接入配电网测试技术规范》《长沙供电公司分布式电源接入配电网运行控制规范》《长沙供电公司分布式电源接入配电网设计规范》《长沙供电公司分布式电源 SG186 系统应用规范》《长沙供电公司分布式电源标准化现场作业要求》《长沙供电公司分布式电源并网服务手册》等 10 余项并网服务规范。

工作开展之初，分布式电源并网服务的总体工作原则、市、县公司和供电所各个职能部门在并网过程中的关键流程节点职责如何划分等基础性问题均需要在长沙公司层面进一步细化明确，长沙公司根据《国家电网公司分布式电源并网服务管理规则》，经过充分讨论，制定《长沙供电公司分布式电源并网实施细则》。

为使分布式电源接入电网更便捷，缩短并网时间，提高分布式电源建设的效率和效益；同时，也为促进分布式电源并网规范化，统一并网技术标准，统一设备规范，保障分布式电源接入电网运行安全，促进分布式电源与电网发展的和谐统一，依据国家电网公司下发的《分布式电源接入系统典型设计》，结合长沙地区实际情况，制定《长沙供电公司分布式电源接入系统典型设计》。

为进一步明确分布式电源电量关口结算的计量装置和发电表计的配置原则和技术要求，明确不同电压等级和不同发电容量并网客户的计量装置类型和准确度等级，同时明确电能计量屏（柜/箱）的基本要求和用电信息采集终端的采样要求，结合现有电能计量规定，制定《长沙供电公司分布式电源电能计量设计规范》。

分布式电源的接入位置和容量对配电网中的节点电压、线路潮流、短路电流、可靠性等都会带来影响。为此，对照《Q/GDW11147－2013 分布式电源接入配电网设计规范》，制定《长沙供电公司分布式电源接入配电网设计规范》。该规范主要是对接入电网的分布式电源一次系统和二次系统做相关的设计规定。

分布式电源主要以同步电机、感应电机、变流器形式接入 35 千伏及以下电压等级电网，其接入不当将会给电能质量、电网安全稳定和设备运行安全带来威胁。为此，对照《Q/GDW 480—2010 分布式电源接入电网技术规定》制定《长沙供电公司分布式电源接入电网技术规定》，该规定针对新建和扩建分布式电源接入电网运行应遵循的一般原则和技术要求进行了规定。

不同电压等级、不同类型分布式电源并网的测试对保证并网分布式电源设备性能、保障分布式电源安全、高效并网起到积极的促进作用，为此，对照《Q/GDW 666—2011 分布式电源接入配电网测试技术规范》制定《长沙供电公司分布式电源接入配电网测试技术规范》。

根据《国家电网公司关于印发分布式电源并网相关意见和规范（修订版）的通知》，结合 SG186 营销业务应用系统分布式电源模块实际应用情况，编写《长沙供电公司分布式电源标准化现场作业要求》，明确勘查、验收等现场的工作流程和工作标准。

分布式电源并网后，上网电费和补助资金是采用分开结算模式还是统一抵扣结算模式，出现总表与分表结算减度不下的情况如何结算等问题都是完善分布式电源并网的关键问题，为此，长沙公司进行多次调研与讨论，优化完善各类结算工作表单，制定《长沙供电公司分布式电源电量电费结算规范》。

为保证分布式电源与配电网的安全协调运行，对照《Q/GDW 667—2011 分布式电源接入配电网运行控制规范》制定《长沙供电公司分布式电源接入配电网运行控制规范》，该规范主要对接入配电网运行的分布式电源做了功率控制和电压调节、继电保护与安全控制、自动化与通信、防雷与接地等方面的规定。

结合实际项目录入情况，制定《长沙供电公司分布式电源 SG186 系统应用规范》，主要在国网公司的工作标准框架下，进一步细化分布式电源新装业务 SG186 流程录入要求，为实际工作的开展提供保障。

根据《国家电网公司关于印发分布式电源并网相关意见和规范（修订版）的通知》《国家电网公司分布式电源并网服务管理规则》等文件精神，面向客户编写《长沙供电公司分布式电源并网服务手册》。主要介绍分布式电源并网现行政策、工作流程和工作时限。为一次性告知和一站式服务工作的开展，打下了坚实的基础。

（四）搭建分布式电源并网信息化与技术支撑平台

1. 搭建基于企业内网分布式电源并网服务管理信息支撑平台

在国家电网公司内部“纵向贯通、横向集成”的一体化企业级信息集成平台“SG186 系统”上新增分布式电源模块，以实现长沙公司上下信息畅通和数据共享，该分布式模块下设 14 个独立子流程。

一是完成分布式电源并网服务信息化平台测试上线。“SG186 系统”分布式电源模块能够实现从分布式电源客户申请报装到并网运行全信息、全流程记录，涵盖新装、增容、更名等14个独立流程，包括合同签订、计量、收费账务、核算发行、报表统计等多项功能。系统上线前，组织人员对14个流程和功能逐一开展仿真测试，并存档测试报告，记录详细的测试时间、测试内容、测试流程、测试问题和测试结果，保障平台正常上线。

二是编写《长沙供电公司分布式电源并网服务信息化平台操作手册》。在长沙公司的管理体系框架下，进一步细化分布式电源业务计量信息、税率信息、财务结算、报表统计等录入要求，为实际工作的开展提供保障。

三是开展"SG186"系统分布式电源模块应用培训推广。在长沙公司范围内，按照市、县、供电所"三级纵向延伸"的要求，按营业受理、分布式电源报装、电费结算等5个专业3个批次开展系统培训工作，培训人员117人次，全部通过培训考试，达到分布式电源模块统一规范应用的效果。

2. 搭建基于互联网的分布式电源并网服务的信息支撑平台

搭建基于互联网的分布式电源并网服务信息化平台，开发基于互联网移动终端的分布式电源并网服务的应用软件APP。通过专用信息平台能够实现数据采集、异常数据甄别、自动生成报表等功能，实现客户、电网双方信息畅通和数据共享，实现从分布式电源客户申请报装到并网运行全信息、全流程记录，涵盖新装、增容、更名等全流程，包括合同签订、计量、收费账务、核算发行、报表统计等多项信息互通功能。能够确保各种客户方便可靠的实现分布式电源并网信息发布、对分布式电源并网的新型用电模式起到很好的推广和宣传作用。平台上线前，组织人员对全流程和功能逐一开展仿真测试，并存档测试报告，记录详细的测试时间、测试内容、测试流程、测试问题和测试结果，保障平台平稳上线。

（五）创立分布式电源并网服务保障机制

1. 创立分布式电源专业化管理机制

为确保分布式电源并网服务执行规范度和准确度，制定《长沙供电公司分布式电源专业化管理要求》。该要求规定客服中心市场室会同专业室组织分布式电源专业骨干人员以月度为周期，定期赴基层单位开展专业化现场检查与指导交流。主要从前台受理、流程时限、资料归档等方面检查分布式电源并网项目实施情况，提出整改意见，确定责任落实，确保分布式电源并网服务规范体系的推广应用闭环管控。

2. 创立分布式电源舆情防控机制

编写《长沙供电公司分布式电源舆情防控办法》。通过制订舆情防控责任人通讯录，指定分布式电源并网答疑专责人员，任何窗口人员出现因技术、流程界定不清晰等问题无法答复客户的情形，立即通过座机、手机等联系方式，寻求解答，确保一次性让客户满意；对于可能发生或者已经发生的舆情事件，及时汇报舆情应对小组，按舆情防控预案开展下一步工作，形成"上下联动、横向协作、快速响应"的应急服务机制，通过有准备的工作充分预防和控制舆情事件的发生。

3. 创立现场安全监督机制

制定《长沙供电公司分布式电源现场安全监管办法》。对分布式电源现场工作实施安全检查活动，成立现场安全督查与管理工作小组，对各班组的现场工作计划开展随机现场检查，实施责任到人的管理制度，专人监督整改，以提高员工现场安全意识，落实现场安全责任。同时对现场安全检查结果开展评价活动，做到全面覆盖、不留死角、突出重点。

（六）设立分布式电源并网重大项目全流程评估机制

针对并网容量在20兆瓦及以上或并网电压等级为35千伏及以上的分布式电源项目引入第三方评估机制。分布式电源重大项目并网的第三方评估链由评估前期、评估中期、评估后期和评估结果运用4个阶段组成。

在评估前期，长沙公司项目管理部门（通常为客服中心市场室）与委托的第三方评估机构签订重大项目评估协议，以明确相互的权利义务关系。在评估中期，第三方评估机构要核实工程执行“五制”（即业主项目制、项目资本金制、招标投标制、经济合同制、建设监理制）的情况，分别针对分布式电源项目工程建设的组织管理、进度控制、投资控制、质量控制和安全控制几方面进行评价等工作。在评估后期，第三方评估机构需要从项目布局合理性、发电效率、电压合格率、设备运行消缺情况和可靠性水平以及电力电量平衡几个方面开展分析，撰写完善的评估报告。评估结果运用阶段，第三方评估机构把评估报告反馈给长沙公司、项目投资方，为项目开展过程中的绩效考核、经费拨付和优秀典型遴选提供科学依据。同时，这些运用结果也反馈给第三方评估机构，为下次评估提供参考。

（七）建立分布式电源并网考核与激励体系

长沙公司建立一套科学有效的考核与激励体系，客观评价部门和员工的业务水平，提高员工积极性和企业的生产效率，是推进分布式电源并网服务规范的严格落实的重要环节。长沙公司在分布式电源并网服务规范考核的目标设置、方法措施完善、考核结果运用、激励措施等方面开展积极探索和实践。考核激励体系建设以“突出重点、力求精简、量化考核、奖罚分明”为基本原则，保障考核目标设置的合理性、科学性、可操作性、全面性和实效性。基于上述基本原则长沙公司建立分布式电源并网服务考核体系指标包括：业务办理环节时限达标率；业务办理规范度；分布式电源并网服务质量好评率，该指标为各单位同业对标指标。指标按月排名，名次计入单位绩效考核。细化分布式电源项目实施考核扣分标准。

建立激励措施：一是开展物质激励，对考核指标结果排名前三的三级单位分别按月、季度、年度在长沙公司范围内进行表扬，同时配合绩效奖励。二是开展职业发展愿景激励，调动员工的积极性，增强归属感。在绩效封顶等物质激励有限条件下，通过提供高层次培训学习机会和业绩与晋升挂钩等对员工进行激励；让员工参与共识性决策，增加员工归属感。三是开展自我价值激励，帮助员工得到社会公众的认可，增强个人品牌和荣誉感。

三、基于规范保障的分布式电源并网服务管理效果

（一）建立了分布式电源并网服务规范体系，有效推动并网工作的实现

安全可靠、便捷高效、标准统一的分布式电源并网服务规范管理体系适应了当前新能源快速发展的需要，指导了分布式电源并网的服务与实施，有效地在各供电公司形成示范并快速推广，确保了分布式电源项目顺利并网、安全运行，实现了长沙分布式电源并网服务从无到有，强化了内部协同，全面提升了分布式电源业务管理水平与业务经办效率。

（二）保障了并网服务水平，提高了客户服务满意度

长沙公司高效促进了金太阳工程在长沙地区的实施，实现了分布式电源在长沙地区的快速并网，推进了绿色清洁能源发展，2016 年全年分布式电源并网咨询满意度达 99.8%，客户回访满意度 100%，高、低压客户并网时限达标率 100%，规范度达标率 100%。截至 2017 年 7 月，长沙公司累计受理光伏、风力、天然气分布式项目共计 1367 个，分布式电源累计发电量 8650.22 万千瓦时、累计上网电量 3164.72 万千瓦时。已并网的分布式光伏发电项目均已录入国家电网营销业务系统，并按关联的用电客户抄表例日正常进行抄表和电费结算。累计支付上网电费 1421.42 万元，所有并网项目安全稳定运行，无一出现异常状态。

（三）提高了企业社会效益，促进了地方经济发展

自 2013 年 1 月起，截至 2017 年 7 月底，长沙地区分布式光伏并网发电量为 8650.22 万千瓦时，累计已节约标煤 3.46 万吨，减少粉尘排放量 2.35 万吨、二氧化碳排放量 8.63 万吨、二氧化硫排放量 2590.54 吨、氮氧化物排放量 1295.27 吨。按照长沙分布式电源发展计划，到 2020 年，长沙市将实现

分布式光伏并网装机容量 30 万千瓦。届时长沙地区的分布式光伏发电项目每年发电量将达到 28000 万千瓦时，每年累计可节约标煤 12 万吨，减少粉尘排放量 7.59 万吨、二氧化碳排放量 27.93 万吨、二氧化硫排放量 8385.35 吨、氮氧化物排放量 4192.67 吨，大大缓解长沙市节能减排压力，有效促进大气污染防治工作。

（成果创造人：李宗赐、许　彬、李　俊、张　勇、成　晨、曹　漾、姜浩斌、姚　远、周丽兰、刘志军、袁恒伟、程怡捷）

基于合肥综合性国家科学中心建设的精细化供电服务管理

国网安徽省电力公司合肥供电公司

国网安徽省电力公司合肥供电公司（以下简称合肥公司）是国网安徽省电力公司直属的国有大型电网经营企业，承担着合肥市及巢湖、肥东、肥西、长丰、庐江县区内共382万电力客户的供电任务。随着合肥市“大湖名城、创新高地”战略的实施，综合性国家科学中心建设的不断加速，城市用电增长迅猛，客户对供电服务的需求日显个性化。在国家电网公司、国网安徽省电力公司的坚强领导下，合肥公司积极践行“努力超越、追求卓越”的企业精神，不断加快电网建设，夯实安全基础，提升优质服务，在服务地方社会经济发展的同时，实现了自身综合实力的快速增长。

一、基于合肥综合性国家科学中心建设的精细化供电服务管理背景

（一）适应综合性国家科学中心建设的战略需求

自2014年中国科学院批准合肥大科学中心以来，合肥市一直致力于科学中心的建设工作。2017年1月，合肥又成为继上海之后国家正式批准建设的第二个综合性国家科学中心。该中心将建设成为国家创新体系的基础平台，聚焦信息、能源、健康、环境四大科研领域，开展多学科交叉和变革性技术研究。随着该中心建设的不断推进，大装置集群区园区规划建设的启动，创新型大学和研究机构落户合肥，相关高科技产业企业和中小企业聚集，对供电服务的需求出现了新的趋势。为全面支撑2020年基本建成综合性国家科学中心这一目标，合肥公司急需创新服务模式，以适应研究机构、高新技术企业快速增长和发展对电力的需求。

（二）提升供电服务能力、追求卓越品质的需求

随着合肥综合性国家科学中心的建设，科研院所、高新技术企业大幅度增加，出现了以大科学装置、智能制造、量子通信、生物医学等新型科技为主的重要客户，其中很大一部分都是初创型企业，对用电安全性、可靠性、节能环保等服务有很高的要求。另一方面，为保障综合性国家科学中心的建设，合肥市配套的交通、住宅、通信等基础设施建设也在加速推进，这也需要制订与城市重大基础设施建设相匹配的供电保障措施。

（三）合肥公司实现自身发展的需求

合肥公司本身存在着客户办电不够便捷、流程设计不够精简、供电服务的信息化手段应用水平不高、客户获取信息手段不够丰富、与客户互动方式亟须创新等问题。所以，合肥公司围绕合肥市综合性国家科学中心建设，以高新技术客户为中心，依托“互联网”技术，强化主动服务，整合内部资源，快速响应客户需求，提升客户体验，实施旨在提高服务效率和效益的精细化供电服务管理。

二、基于合肥综合性国家科学中心建设的精细化供电服务管理内涵和主要做法

为适应国家科学中心城市建设，满足经济快速发展的需求，保障高新技术企业用电服务，合肥公司深化服务理念和意识，优化资源配置，构建基于科学中心不同层级客户的精细化供电规划与管理方案，建立涵盖组织机构、智库服务的服务保障机制，明确了分层差异化实施的策略，将高新技术客户实施分层管理。强化服务意识，变“被动服务”为“主动服务”，采用域格化开展精准规划，构建业扩服务新体系，强化全业务融合，研发增值服务产品，全面支撑综合性国家科学中心的建设，提升供电能力和服务能力。主要做法如下。

（一）明确分层管理，构建服务保障

1. 搭建互动平台，强化政策研究

合肥公司强化与政府机关、高等院校、研究机构、高科技企业的沟通与合作，整合内外部资源，研究综合性国家科学中心建设政策对于用电需求的变化，全面提升应对综合性国家科学中心建设供电服务需求的把握能力。一是与政府建立合作。与合肥市政府相关机构建立常态沟通机制，及时了解政策信息，参加合肥市综合性国家科学中心建设工作小组，确保掌握政策方向。二是加强与研究机构的交流。与中国科学院、国网经研院、能研院、智研院、中国电科院等科研机构建立战略合作关系，发挥其专业研究特长，为持续开展服务提升提供技术支撑。三是加强与高校、科研机构、高新技术企业交流互动及协作。合肥公司与中国科技大学和合肥工业大学的研究院所、科大讯飞等高新技术企业建立常态协作关系，确保实时掌握综合性国家科学中心建设战略对于用电服务需求带来的变化。

2. 分解建设任务，落实分层策略

合肥公司详细研究合肥综合性国家科学中心建设方案，根据用电需求的不同，从重要性、影响度、用电可靠度特征 3 个维度划分客户群，将涉及的客户分为核心层、关键层、扩展层 3 个层级，便于开展精准服务。核心层主要是国家实验室，建成和在建的大科学装置和“七大创新平台”；关键层主要是世界一流的创新型大学、研发机构和具有较强国际竞争力的高新技术型企业；扩展层依托于合肥综合性国家科学中心建设，助力地方经济社会发展的高新技术产业集群及相关中小企业，引领新兴产业发展，推动企业孵化。

合肥公司认真分析每个层级的服务需求，提出分层差异化服务的策略。在保证普遍性服务要求的基础上，对扩展层高新科技产业集群建设实施主动服务，双向沟通，实现客户服务零投诉；对关键层的重点院校和科研机构建设进一步做到提供个性化服务，实现服务响应零延迟；对核心层客户确保安全可靠用电，实现供电设施零停电。

3. 构建专项组织，明确各级责任

合肥公司成立以决策层、管理层和执行层 3 个层面为支撑的专业化供电服务专项组织，加强对相关企业和建设项目用电服务工作管控，确保及时、有效解决综合性国家科学中心建设过程中出现的各类用电问题。决策层由总经理挂帅，公司领导班子全体参加，主要负责与政府机构、高校、研究机构、高新技术企业负责人的沟通，强化对供电服务整体方向的把控。管理层涵盖发展部、营销部、运检部、调控中心、建设部、人资部等多个管理部门，主要负责电网规划、电网建设、调度指挥、运维检修、营销服务等业务，确保协同高效，服务到位。执行层主要包括客户经理、设备运维及抢修人员，由其提供终端服务，全面提升服务效率和服务质量。

4. 强化考核评价，提升服务效能

为提高供电服务水平，合肥公司在国家电网公司供电服务“十项承诺”指标考核的基础上，每季度应用微信、网站和实地调研等形式就大型科学装置、重点院校、科研机构、高新技术企业的用电服务水平进行第三方问卷调查，对工作人员进行考核评价。一方面根据反馈不断提高服务水平，持续提高供电服务满意度；另一方面构建新型沟通渠道，强化用电客户各类用电需求的“先知先觉”。

（二）细化电网发展规划，确保可靠供电

1. 采用配网域格化，协同市政规划

合肥公司采用配电网域格化规划，将合肥市分为 138 个网格进行详细规划，每个网格与城市片区控制性单元规划及控制性详细规划融合，解决中压 10/20 千伏站房和廊道预选预控。每个网格的精细化规划全面适配合肥综合性国家科学中心建设的工作任务，配合政府需求主动开展电网发展规划的调整，提高了供电服务资源的利用效率。

在电网规划过程中，突出电网与市政规划3个层次的融合。一是开展电力专项规划与《合肥市市政基础设施综合规划》融合，解决110千伏及以上站址和廊道规划预控，为未来的用电需求预留资源空间；二是将电力专项规划成果纳入“四规合一”，融入城乡发展规划和土地利用规划，充分与综合性科学中心建设布局、地块性质、用电属性全面对接，确保电力规划与城市发展规划完全匹配；三是详细规划适配综合性科学中心建设任务的用电需求。

2. 优化分析模型，保障科学合理规划

建立涉及综合性国家科学中心重点供电服务任务的VIP服务机制，满足客户对电力供应能力电能质量高敏感度及高可靠性的要求。

一方面，优化分析模型。针对不同行业、等级、投资规模的客户，以线路输送容量、主变容量、供电半径及电压质量、供电可靠性、损耗、线路走廊和短路电流等为约束，建立网架结构和间隔资源优化分析模型。从供电安全性、供电可靠性、投资经济性3个维度给定接线模式下的通用公式，配合出线间隔、变电站容量、负荷密度，实施间隔资源优化。另一方面，充分应用数据规划。整合规划数据，归类规划信息要素，将信息要素分类为城市规划、市政计划、生产运维、客户报装4类。大客户经理应用接路网信息、报装信息、网架信息、管沟信息，实施电网规划工作的信息化、专业化、图形化、标准化管理，保证规划的科学性、合理性。

3. 综合考虑区域定位，差异化构建配电网

在电网规划建设环节，综合考虑区域发展定位、客户需求、分布式电源发展和多元化柔性负荷发展等因素，提出各区域配电网建设思路，差异化建设不同形态电网。以客户实际用电可靠性为导向，针对不同区域合理安排电网发展形态和发展技术路线，全面提升自动化水平，切实提高客户用电可靠性。根据客户需求，差异化加强供电可靠性、电能质量保障，对类似大科学装置这一类可靠性、电能质量要求高的核心客户，构建主动配电网，应用主动服务模块高级应用，从规划、运行、电能质量监测多方面满足用电需求。

（三）业扩关口前移，构建服务新体系

1. 强化需求信息搜集，建立市场快速响应机制

设置客户分析专员，开展国家综合性科学中心建设发展现状调查分析，掌握现有核心层、关键层、扩展层3个层级客户的基本情况。加强与政府部门的沟通与互动，全方位开展信息搜集工作，准确及时掌握政府政策、招商引资、项目落地等信息，实时关注国家科学中心建设有关的重要客户的市场行为，灵敏捕捉市场信息变化，为售前服务提供准确可靠信息支撑。

2. 业扩服务关口前移，优化服务机制

针对核心层、关键层客户，设置售前服务专员，主动联系沟通客户，充分了解客户用电需求，从电力规划需求、接入服务需求、可靠性用电需求等方面了解客户总体需求情况，并根据客户类型对客户用电需求进行总结、提炼，为客户量身定做咨询服务方案，签订供电服务框架协议，为客户接入提供前期保障。

针对扩展层的客户，建立客户经理负责制，及时收集客户的用电需求，主动为客户提供业务咨询、业扩全流程跟踪、重要事项提醒等服务内容，压缩客户服务响应时间，为客户提供高品质服务。

2016年合肥公司开展第一阶段的用电需求调研工作，在合肥各供电区域内选取大型科学装置、重点院校、科研机构、高新技术企业、国家试验室五种类型共539家大客户开展调研，搜集分析客户对供用电政策、业扩报装等方面的需求，根据调研结果，制定相应的客户清单和不同的服务策略，编制客户供用电需求表和现状表，为深度开展个性化、定制化服务提供依据。

3. 构建多种服务模式，变革业扩报装流程

一是构建大客户订制式服务模式。为核心层、关键层客户设置全能型大客户经理。大客户经理按照

接入技术规范和客户个性需求设计全过程接入服务产品方案，以客户确定的最终送电时间倒排工作计划，设置关键环节控制节点。二是创新园区客户服务模式。针对3个层级客户主要集中于工业园区的特点，试点设立3～5人的全能型市场服务工作组，专门为园区内重要客户用电需求提供服务，做到服务关口前移，缩短服务中间环节，加快客户服务响应，提升品牌影响力和客户体验感。三是强化业务会平台支撑作用。完善业扩报装业务会沟通、协同、督办的功能，强化各相关部门对营销业务全过程支撑和保障，对国家综合性科学中心建设相关客户业扩报装遇到供电电源、设计、装表接电、验收等问题，通过业务会加强调度、协调、沟通，确保及时解决。四是实施业扩全流程实时预警和评价。重要客户业扩流程按照供电方案答复、电网配套工程建设、客户受电工程建设、装表接电4个环节设置22项预警指标，依托市、县两级监督体系对业扩环节工作进度实时预警督办。

4. 开展主动服务，提升服务水平

一是用电安全责任具体化。针对科研院所、重点院校等客户，提供《重要电力客户确认书》，签订《供用电安全协议》，对重要客户安全用电实施“一户一档”，明确责任义务和产权分界，协助客户编制内部安全管理规章制度及应急处置预案，避免因用电安全造成损失。

二是强化客户安全检查。为提高重要客户的用电安全性，实施差异化沟通。合肥公司一方面通过政企联合检查机制，积极向客户宣传国家相关政策法规，借助政府的力量推进客户侧隐患排查和督办整改工作；另一方面发挥专业技术和用能信息优势，不仅从用电安全性上为客户进行诊断，也从用电经济性上为客户提供合理整改方案，消除客户抵触情绪，高效推进客户侧安全隐患整改。

（四）建立常态化保电机制，强化应急保障

1. 开展多业务融合，提升服务能力

合肥公司启动“深化配网抢修营配调业务融合体系建设”工作。一是运维与抢修业务融合。整合变电运维、线缆运检、检修试验、二次专业及低压抢修等专业成立网格化运维班，按照设备主人制要求，全面负责区域配网设备的日常巡视、检修与故障处理，参与区域新增设备的验收、送电，按照“1＋N”工作模式，负责区域内抢修驻点管理。二是高低压抢修业务融合。建立故障抢修“一张工单、一支队伍、一次现场”的解决机制。三是营配末端融合。在网格化驻点配置客户经理，实行营配业务人员集中办公，将客户经理工作纳入网格化管理。客户经理第一时间掌握电网运维信息、客户诉求信息，实时发布故障原因和处理进度、收集客户诉求、解答客户疑惑，提高客户服务满意度。

2. 合理安排重要客户电源线路，确保安全冗余

为满足大型科学装置、重点院校、科研机构、高新技术企业对用电可靠性的严格要求，合理安排重要客户电源线路的运行方式，电源线路普遍满足“N－1”原则，对于有特殊供电需要的特别重要客户，其电源线路必须满足“N－2”原则。以重要客户电源方式管理为抓手，改变传统工作思路，从客户末端负荷至合肥地区各层级电网电源关系和运行方式进行全面梳理，做到极端情况下只要合肥电网任意一个220千伏分区有电，核心区域内特别重要客户就具备市电供电条件，从而确保重要客户的用电安全可靠。

3. 成立配网抢修指挥中心，提升故障应急能力

合肥公司建立配网抢修指挥中心，实现了抢修指挥层、现场作业层、支撑系统层的业务融合。按照“一口对外，协同分工，内转外不转”的工作思路，从管理、业务、操作3个层面，开展跨专业业务流程优化、细化及再造工作。应用“互联网＋”技术开展设备信息收集、过程管控、故障预警研判和指挥协调。抢修人员利用手持终端，开展设备定位、集群对讲、视频通话、现场照片发送、现场视频实时传输等功能，直接接收、处理和回传工单，实现抢修工作的信息化、可视化、移动化，实现高效的指挥与快速的应急响应相协同，提高抢修效率和工作质量，全面提升公司营配调服务资源统筹、事件预警、快速响应和服务管控能力。

4. 加强配电自动化建设，提升供电可靠性

合肥公司配电自动化系统可实现配电网安全与数据监控、馈线自动化、配电管理等功能，经过配自主站功能逐步扩展，实现了分布式电源接入和管理功能、配电高级应用、生产运行指挥、配网智能化等功能。

在大型科学装置、重点院校、科研机构、高新技术企业供电的线路和设备上，安装配电自动化终端，利用配电自动化主站系统和大数据分析手段，对核心层和关键层客户的用电数据进行分析研判，实时监视配电线路的运行状况。主站开发故障点自动判定、隔离、恢复等自愈技术，提高服务的精准度和供电可靠性，当故障发生时能迅速诊断、快速隔离、全面自愈，快速恢复重要客户的供电。

5. 落实保电任务，确保重大活动安全用电

针对重大科技活动和大型科学装置，实施“三分三级四型”常态化保电机制，实现“零差错、零投诉”的工作目标。“三分”指的是保电任务分层次、分时段、分重点来确定不同保电任务级别，根据级别制订差异化保电方案。“三级”指的是根据差异化的保电计划和不同保电部位的风险程度，确定不同的保电等级，分为一级、二级、三级保电，明确任务，建立“全面管控、专业负责、属地落实、协同支援”的分层实施、分类协同组织体系。“四型”指的是柔性化、标准化、信息化、可视化保电。

（五）整合技术支撑资源，保障服务体系运转流畅

1. 构建营配调融合平台，实现电网资源可视化

以畅通营销、运检、调控、信通等部门的技术为支撑，对营销业务系统、生产管理系统等 9 个系统进行适应性改造，开展营销、调控、配电信息集成和数据贯通，实现“入口唯一、同步更新、全局共享”，各专业数据汇聚形成营配调“一张图”，解决营销、运检、调控等部门信息不对称、管理支撑数据不统一等问题。

客户经理应用营配调一体化信息平台，共享电网资源信息，在配网全容量开放管理基础上，建立负面清单闭环管控流程，对主变、间隔、线路、配变 4 类设备利用历史数据，结合业扩项目预期增加容量，按照“预警级、警告级和限制级”3 类开展设备受限综合评价，将警告级和限制级设备纳入负面清单并定期发布，从而优化供电方案编制，确保供电方案编制的准确性。

2. 应用信息系统，强化服务基础信息支撑

合肥公司针对核心层、关键层、扩展层 3 个层级客户，构建主动式服务模式，按照售前、售中、售后 3 个阶段，从潜在大客户画像、流程分析、用电经济性优化等多维度，基于大数据平台为实现增量大客户、存量大客户的主动式服务提供全过程的数据分析与服务。充分利用信息化手段，基于大数据平台进行数据分析的开发和展现发布，更好地为综合性国家科学中心建设提供技术保障。具体措施包括：一是推进“互联网＋”深化应用。推进线上业务办理，推广移动作业终端应用，提高业务办理效率；二是建立杆管线廊道管理机制。全面梳理合肥公司杆管线资源，完善杆管线异动更新机制和流程，为客户经理开展咨询服务、产品研发提供可靠信息支撑；三是建立客户市场信息支撑平台。加强与市、区政府相关部门沟通，建立常态沟通对接机制，为政府相关项目建设提供电力咨询和服务。

（六）研发增值服务，满足个性化需求

1. 提供咨询服务，满足个性化用电需求

为核心层和关键层的大型科学装置、重点院校、科研机构、高新技术企业等客户提供量身定制的咨询服务，形成主观能动性强、灵活性高的个性化咨询服务方案。为扩展层的各类初创、附属企业提供业扩咨询、运维抢修咨询、安全用电咨询、电费电价咨询等服务，形成规范的标准化咨询服务方案。根据客户的生产建设情况制订与之配套的供配电设施建设用电计划，为客户进行具体化、阶段化指导。

2. 构建个性化接入流程服务，满足接电时间需求

在大客户办理供配电设施接入业务后，客户经理面向客户提供一口对外服务，并全权代理客户组织协调流程在公司内部不同专业、不同部门间的流转。客户经理根据项目类型的客观规律和客户的项目开发建设进度，对每个项目量身定制个性化接入流程时间节点计划，使得供配电设施接入过程与客户的项目建设紧密配合，衔接有序，减少客户不必要的等待时间，根据节点计划有序与客户配合开展各项接入工作。

3. 提供经济运行分析服务，满足经济用电需求

为客户提供及时、准确的电费、电价相关服务建议，开展客户周期性用电经济情况评估，对客户用电情况提供综合性指导意见，向客户提供有效的节能降费意见，帮助客户合理经济地使用电能。通过电网设备监测系统实现对客户设备运行工况的实时监测，保障设备安全运行。

4. 提供客户用电人员专项培训服务，满足安全用电需求

2016 年共分四期开展培训，共计培训电工 518 人次，包括合肥市中国电子科学集团公司第十六研究所、第四十三研究所、第三十八研究所和中科院合肥物质科学研究院等重要电力客户，培训内容涵盖电力设备操作、电力市场政策、用电法律法规、客户权益保障以及安全教育等，进一步提高客户侧电力安全管理水平。

三、基于合肥综合性国家科学中心建设的精细化供电服务管理效果

（一）有力保障了综合性国家科学中心建设，社会效益良好

合肥公司构建“全员大服务”理念，从企业发展目标、电网规划建设、营销优质服务、信息互通共享等多个角度全力支撑综合性国家科学中心的建设与发展，促进了国家重大科学基础设施建设，促进了产业链企业效益的全面提升，获得良好的社会效益。合肥国家级科学中心建设过程中，未出现因供电导致建设任务滞后的现象。2016 年通过 95598、来函、致电或送锦旗等不同方式，共收到客户表扬 134 次。

（二）构建了新型服务方式，客户满意度提升

合肥公司主动构建适应综合性国家科学中心建设的精细化供电服务管理，应用“互联网＋”技术，变革供电服务管理模式，提高了公司的服务质量和服务效率。一方面深化“大服务”理念，以客户满意度提升和业扩提速为抓手，巩固客户经理服务成果，加快营配调业务末端融合，提升供电可靠性 0.016 个百分点，投诉工单同比下降 49.5%，客户回访满意度 99.78%。核心层和关键层客户全年未发生电网侧故障停电事故。另一方面提供用电检修、节能服务、光伏发电等延伸服务，提高服务品质和技术含量，全面满足客户个性化的用电需求，支撑综合性国家科学中心建设。2014—2016 年，累计完成节约电量 2.7 亿千瓦时，累计节约电力 5.87 万千瓦，针对重要企业完成地面电站 48 个，申请并网容量 1120 兆瓦，分布式光伏电源 104 个，并网容量 256 兆瓦。

（三）运营指标全面提升，经济效益良好

合肥公司应用手持终端、“互联网＋”等技术，推动服务智能化，全面缩短服务时间、降低服务成本，完善了业扩提速增效组织体系和技术保障。实施业扩供电方案网上会签，供电方案批复效率提高 60%；建立两级指标、三层数据服务和大数据挖掘分析体系，实现了业扩报装全量化在线跟踪、评价、考核。2014—2016 年，共有 272 户重点院校、高新技术企业完成业扩报装，报装容量 14 万千伏安，为合肥市提供就业岗位 9 万余个，创造国民生产总值约 75 亿元，有力地支撑了合肥市经济社会发展。

（成果创造人：汤　军、徐其春、汤涤非、李文芳、田　伟、黄长杰、高　雷、鲁　冰、徐伟刚、陈　晨、王洪波、王得胜）

航空物流企业跨境电商综合服务管理

中国东方航空股份有限公司

中国东方航空股份有限公司（以下简称东航股份）总部位于上海，1997 年成为率先在纽约证券交易所、香港交易所、上海证券交易所上市的中国航空企业。东航股份拥有超过 580 架的机队，构建了以上海为核心枢纽、通达世界 187 个国家和地区、1062 个目的地的航空运输网络，年服务旅客 1 亿多人次。东方航空物流有限公司（以下简称东航物流）是中国东方航空集团旗下的现代综合物流服务企业，总部位于上海。2017 年 6 月，作为国家民航领域混合所有制改革试点率先落地企业，东航物流率先实现股权多元化，东航集团、联想控股、普洛斯、德邦物流、绿地集团及核心员工分别持有公司 45%、25%、10%、5%、5%、10%股份，东航物流以全新姿态重新启航。东航物流旗下拥有中国货运航空、东航快递、东航运输等子公司及境内外近 200 个站点及分支机构，员工 6000 余人。东航物流拥有功能齐全、结构均衡的战略资本。东航 600 余架客机的腹舱和 9 架全货机的航空运力，以及遍布全国、辐射全球的航线网络构成了东航物流得天独厚的资源优势。在上海虹桥和浦东机场均设有运营基地，拥有 6 个近机坪货站（含海关监管仓库、跨境电商示范园区），总面积达 125 万平方米。同时，在昆明、西安、北京等东航主要枢纽机场还设有多个异地货站。

一、航空物流企业跨境电商综合服务管理背景

（一）抓住我国跨境电子商务快速增长机遇的需要

我国电子商务蓬勃发展，其中跨境电商业务增长迅速。2016 年我国跨境贸易交易额达到 5.5 万亿元，同比增长 28%；跨境网络零售交易额达到 1.3 万亿元，占总交易规模的 22%。其中，跨境电子商务的零售进口额达 3000 亿元，出口额达 9000 多亿元。此外，中国海淘用户达到 4100 万人，增速为 78.3%，开展跨境电子商务外贸企业超过 20 万家，跨境电子商务平台企业达到 5000 多家。我国的跨境电商正与“一带一路”沿线国家进行更紧密的合作，来促进政策联通、资金融通、贸易交融，中国的商家已经在全球跨境电商卖家中占到 27%以上。随着国家层面密集出台“一带一路”“互联网＋”等重要措施，伴随实体经济的活跃和海上丝绸之路的全面铺开，作为近年来外贸链条上增长势头强劲的跨境电子商务将会有更加广阔的发展前景。航空是跨境电商的重要物流途径，随着我国跨境电商的高速发展，航空物流也迎来高速发展期，作为我国航空骨干企业的东航股份及其下属东航物流，充分利用上海在跨境电商中的区位优势，积极拓展相关服务业务，培育新的业务增长点。

（二）承接国家自由贸易区发展的需要

“一带一路”作为世界上跨度最大、最具发展潜力的经济合作地带，贯通中亚、南亚、东南亚、西亚等区域，连接欧洲和亚太两大经济圈。当前沿线国家普遍处于经济发展的上升期，与我国企业开展互利合作、扩大经贸合作的前景广阔。“一带一路”沿线国家通过跨境电子商务网络平台建设国与国之间的跨境自由贸易平台将成为现实。上海作为率先获得跨境电子商务试点资格的城市，适时成立了跨境电商领导工作小组和上海跨境电商协会，积极推动跨境电商的综合试点工作。跨境电商综合服务平台是推进国家“一带一路”倡议、落实《国务院办公厅关于促进跨境电子商务健康快速发展的指导意见》的具体措施，是新商业模式下海关监管方式的全新尝试，是上海自贸区先试先行的又一探索，以期形成全国“可复制、可推广”的示范经验。东航股份作为总部位于上海的重要航空企业，有义务、有责任贯彻落实上海以及国家的发展需求，助力上海自贸区的发展。

（三）配合国家监管机构对跨境电商管理的需要

跨境电商作为蓬勃兴起的对外贸易新形态，有别于传统国际贸易特点，也对海关和检验检疫机构的工作模式和监管内容提出了新要求，形成了新挑战。跨境电商量小、批次多、来源渠道繁多、销售模式多样等特点，决定了海关和检验检疫机构对跨境电商的进出口商品很难按照现行的商检法规实施有效的监管。从产品的合规性、合法性、安全性考虑，涉及的违禁物品的禁止、产品溯源、消费者权益的维护、产品的召回、物流的监管、以及通关效率的提高等，国家监管机构在加紧完善行业的法律法规。针对电商自身特点制订相关技术对策，结合“互联网＋管理”的新方法，以网络为纽带进行严格的限定，规范电商经营秩序，确保国家安全，保障商家和消费者利益，维护跨境电商的健康发展。2015 年 8 月，东航物流被正式认定为上海市跨境电商综合服务试点企业。东航物流倾力打造的跨境电商航空物流综合服务平台将成为覆盖上海两大机场的跨境电商进出口公共平台，为上海跨境电商综合试点工作的快速、健康发展做出更大的贡献。

二、航空物流企业跨境电商综合服务管理内涵和主要做法

东航物流在东航股份的领导和支持下，积极争取上海市跨境电商综合服务试点单位，建设上海跨境电商浦东机场综保区示范园区，对接电商平台和国家监管部门，设计建设满足国家监管需要的网络信息平台，采取多种措施积极推动跨境电商规范发展，取得了明显成效。主要做法如下。

（一）积极争取上海市跨境电商综合服务试点单位

在东航物流“十三五”战略规划中，东航物流将由传统航空承运人向现代航空综合服务集成商转型，打造“互联网＋贸易”和“互联网＋物流”的全新商业模式，通过对外整合社会资源打造公共平台、与电商和速递等货源进行企业战略合作，对内探索发展混合所有制、建立充分市场化的体制机制等方式，完成从“资源导向”向“需求导向”转型，成为中国最具创新力的航空物流服务集成商之一。东航物流将跨境电商项目定位为企业业务创新，是发展转型的重点项目之一，积极争取跨境电商综合服务试点。

2015 年 8 月，上海市跨境电商航空物流综合服务平台暨跨境电商示范园区在东航物流浦东西货运区正式启动，是上海市率先经海关批准的跨境电商航空物流综合服务平台，同时也是全国规模最大的空港跨境电商服务场地之一。该监管场所位于东航物流西货运区四、五号地块内，处在上海自贸区和机场综保区的中心位置，与三号跑道货机坪、快件专业库（DHL/UPS/FEDEX）相邻，地理位置优越，设备完备。通过上海跨境电商海关服务平台一东方支付（以下简称东方支付）和海关专用光缆，实时连接海关管理平台，采用全新“清单核放、汇总申报”模式，大大便捷了跨境电商的业务流程。跨境电商企业只需在东方支付平台完成企业备案和商品备案后，根据交易实时上传订单、物流和支付的“三单信息”；将一般出口货物运至东航物流跨境电商监管场所交运，通过海关流水线检查设备后按“清单核放”原则快速放行。跨境电商可定期汇总申报，生成出口报关单，实现跨境电商原先无法实现的“退税、结汇”。

（二）充分发挥上海自贸区制度优势，积极推动跨境电商规范发展

东航物流公司发挥上海自由贸易试验区的制度创新优势，着力在跨境电子商务的技术标准、业务流程、监管模式和信息化建设等方面先行先试，聚集企业主体，提升跨境电子商务发展水平。2014 年 1 月，东航物流第一时间响应国家发展新型外贸进出口业务的号召，牵头发起成立“上海跨境电子商务行业协会”(以下简称协会)，并捐赠开办费、秘书处人员工资和办公场所。2014 年 1 月，在协会成立大会上，东航物流当选为首任会长单位。4 年来，协会代表上海跨境电商企业发声，参与相关政策起草和修改，东航物流积极扮演好会长单位的角色，牵头协会各方，为会员企业争取政府扶持政策，积极主办各种会议，有效提升完善了上海跨境电商行业的发展生态。东航物流不仅为协会发展投入巨大的人力、物力，其面向跨

境电商市场的东航跨境直达项目坚持走阳光化、合规化发展道路，更在行业内起到了“只有坚持合规才能走得远”的良好示范作用。

东航物流跨境电商综合服务平台服务重点定位在长三角的上海、杭州、宁波海关口岸的跨境电子商务业务，主要服务于长三角跨境电商企业和跨境贸易企业，提供“电商订单”“物流单”和“支付单”三单在海关总署的申报服务，系统支持国家检验检疫要求的“企业备案”“商标备案”和“商品备案”申报服务。为了更好地服务国内外客户，跨境电商综合服务平台将完善和完成与更多国内外电商平台、支付平台和物流平台的对接，实现更加及时、准确地获取客户和海关所需的订单数据、支付数据以及物流数据。

2016 年 9 月，东航物流跨境电商综合服务平台与国内大型电商企业（阿里巴巴、天猫、洋码头等）的订单系统进行了对接，实现了“电商订单”的数据交互，同时实现了将“电商订单”申报的回执状态回传电商平台系统的功能，提高了业务数据传输的自动化程度、数据的精准度，提升了业务操作的效率，实现了跨境电商订单数据在客户、电商平台、跨境电商综合服务平台、海关数据口岸系统之间的数据共享。来自不同电商平台系统的电商订单，都有各自的数据格式和数据类型，东航物流跨境电商综合服务平台统一按海关口岸系统相关规定，将这些不同格式的订单数据进行格式转换，以满足数据申报的要求。再将从海关接收的申报回执信息，或通过平台查询的方式供客户查询，或通过系统接口交互的方式直接回传至客户的订单状态系统，实现了订单数据在客户系统、物流跨境电商综合服务平台系统、海关系统之间的数据互通，有效地提高了数据的准确性和数据传输的效率。同时，也满足了海关所需的运输到达前提供预报，运输到场后提供确报的要求。

此外，海关所需的“物流单”部分，目前东航物流跨境电商综合服务平台与东航货物系统（nCargo 系统）也进行了对接，东航物流跨境电商综合服务平台系统可根据主运单号，自动获取电商订单在航空承运段的物流信息。随着东航物流公司混改的进行，物流园区管理和物流运输企业的引入，实现物流业务链在航空运输两端的延伸，可以更加迅速便捷的获取到一手的“物流单”数据信息，更加有利于为客户提供完整的、综合的跨界电子商务物流解决方案，提升服务水平和服务质量。

（三）建设上海跨境电商浦东机场综保区示范园区

为促进跨境贸易电子商务零售进出口业务发展，方便企业通关，规范海关管理，2014 年海关总署发布第 12 号文，增列海关监管方式代码“9610”，全称“跨境贸易电子商务”，简称“电子商务”，适用于境内个人或电子商务企业通过电子商务交易平台实现交易，并采用“清单核放、汇总申报”模式办理通关手续的电子商务零售进出口商品。2014 年 7 月，海关总署颁布的《关于跨境贸易电子商务进出境货物、物品有关监管事宜的公告》从政策层面上为跨境电子商务制定了框架和规划了蓝图。上海海关为了规范跨境电商业务，分配专门的“9610 海关监管”代码，东航物流跨境电商综合服务平台系统在第一时间实现了与“上海跨境电商公共服务系统”的连接，为东航物流实现海外仓集货，航空干线运输、机场报关/转关/清关、监控区货物操作和末端物流配送的全流程一站式服务打下坚实基础。

东方航空物流有限公司积极配合上海跨境电商的试点工作，承接了上海跨境电商航空物流综合服务平台的建设和运营管理，东航物流投资近亿元，在浦东机场基地划拨 10000 平方米的专用场地，建设航空物流综合服务平台的公共配套场地—跨境电子商务园区，园区的设计和建设，依照海关监控库设施的规范性，考虑了业务发展的前瞻性，生产流水线管理和监管的自动化，整个园区设置了各类摄像设备近百台，设置了监督管理所需的监管设备，所收集的监管数据直连海关总署监管平台系统。高质量、高标准的现代化管理模式为高效和高质的生产、及时和准确的数据传输，以及标准和有效的监管打下坚实的基础。

2016 年，上海自贸区举办“中国（上海）自由贸易区跨境电子商务示范园区”启动仪式。由于东航物流具有完善的配套基础设施，具有明确的服务定位，符合上海市跨境电商示范园区建设标准，并与上海市跨境电商公共服务平台形成良好的“线上线下”对接机制，能为入驻园区企业提供涵盖商品企业备案、物流通关、对接监管信息等“一站式”的综合配套服务，被授予上海市和上海自贸区的“跨境电子商务示范园区－浦东机场综保区”称号。

（四）对接电商平台和国家监管部门，满足国家监管需要

我国跨境电子商务业务在比较短的时间内爆发式增长，对国家管理部门为保障商品的合规合法，以及国家和人民安全提出了全新的监管要求。东航物流跨境电商综合服务平台系统已对接上海检验检疫系统、上海海关系统、海关总署系统。在国检系统中，实现了国家检验检疫要求的“企业备案”“商标备案”和“商品备案”申报功能，为电商企业的报备工作提供了便捷高效的渠道。在日常业务订单操作流程中，实现了进出口电商订单在国检与海关系统中的预报和确报功能，同时将从国检和海关的通关和抽检信息传送给电商货物操作单位。在“9610”操作场地，在货物交接和分拣过程中，对于每一件货物的扫描动作，系统将自动侦测是否是海关、国检需要抽检查验的包裹，只有在系统接收到抽检包裹“查验通过”回执结果后，这些货物才能继续后续的操作流程，同时将抽检、查验、查没、通过等信息回馈至电商的系统平台。这些服务为国家监管部门实现对跨境电子商务相关商品的有效监管起到了有效支撑的作用。例如，检查在线下渠道被严禁销售的不合格“假洋货”通过跨境电商的“快速通道”走进国内市场；发现一些国外添加剂不合格、微生物污染的食品等。此外，通过“9610”监管模式获得的跨境电商业务数据也具有重要意义。通过分析海关平台系统收集到的业务申报数据，可以了解我国跨境电商进出口货物的情况，分析得到哪些产品出口到了哪些国家，从哪些国家进口了什么样的产品，不同产品的季节和地域分布情况。这些大量历史数据的积累，对可以看到的未来趋势具有重要的指导意义。

三、航空物流企业跨境电商综合服务管理效果

（一）促进了跨境电商规范发展

针对跨境电商的 B2C 模式和小额多单的特点，海关总署增列“9610”的跨境电商服务海关监管方式，有效规范了跨境电商发展。“9610”独创的“清单核放、汇总申报”解决了跨境 B2C 出口订单数量少、企业退税难等问题。东航物流跨境电商综合服务平台起到了信息枢纽的作用，平台对接各电商企业，获取“9610”方式申报所需订单的相关信息，并按规定的数据格式和申报节点向相关监管机构进行申报。各系统对接、全流程无纸化的高效通关服务提高了企业的通关效率并降低了成本。2017 年的“618”电商销售大促销，成为东航物流跨境电商新型业务发展的标志性事件。东航物流的虹桥、浦东机场两处跨境电子商务示范园区，成为“618”海淘物流的重要枢纽。“618”期间，东航物流跨境电商综合服务平台总计处理超过 10 万单来自日本、韩国以及欧洲的跨境包裹，系统按着上海海关和国检结构的法规要求，合规准时的完成货物信息的申报、抽检、清关等工作，为电商企业和消费者提供了优质高效的综合服务。

（二）赢得了政府和市场的认可

2016 年年底东航物流位于浦东、虹桥机场的两大跨境电商园区设施完成验收，并被授予上海市和上海自贸区的“跨境电子商务示范园区”称号。2017 年上半年，园区全面投入使用。由此，东航物流能够为跨境电商平台提供海外仓集货、航空干线运输、机场报清关、转关服务、末端物流配送至终端消费者等进口海淘的全流程一站式服务。

（成果创造人：李福娟、张　震、陈　骏、周定治、陆体山、孙　扬、屈鹏飞）

移动终端企业以客户为导向的多平台协同经营管理

中国移动通信集团终端有限公司浙江分公司

中国移动通信集团终端有限公司浙江分公司（以下简称浙江终端公司）成立于2012年，是中国移动通信集团终端有限公司在浙江省的唯一分支机构，开展终端的定制、测试、采购、销售、售后服务等工作。浙江终端公司在省内设立2个分公司、9个营销中心，分布在全省11个地市，共有1846名员工。2016年，浙江终端公司全年营业收入68.3亿元，销售终端527万部。

一、移动终端企业以客户为导向的多平台协同经营管理背景

（一）快速适应市场环境变化，保持盈利能力的需要

2016年，行业整体利润呈现下滑趋势。随着终端产业的发展成熟，行业进入门槛明显降低，吸引大量互联网及国产品牌涌入。在技术创新出现瓶颈的情况下，行业同质化竞争愈演愈烈，利润率显著下滑。同时，随着4G竞争的愈发激烈，卡槽之争明显升级，终端作为竞争手段，重新得到各省公司的关注与重视。重点投入资源、大力开展“移动优先”手机的营销，成为各省公司的普遍做法。集团明确指出，“从终端、资费、渠道方面采取有效措施，主动应对卡槽争夺并赢得竞争”。终端成为集团开展竞争的重要着力点。为快速适应多变的市场环境，移动终端企业需提升经营管理水平，以在瞬息万变、竞争激烈的市场环境下保持强盛的盈利能力。

（二）突破企业经营管理发展瓶颈的需要

2016年以来，各厂商普遍寻求掌控力更强的渠道模式，如推行FD模式、平衡产品代理权等，传统全国独家代理模式的生存空间明显被挤压，转型发展迫在眉睫。目前，全国代理商普遍往两个方向调整。一是渠道下沉、掌控渠道服务界面，与厂商渠道能力互补。二是提供低附加值、参与度较弱的支撑服务。浙江终端公司有着大市场客户、渠道、业务规模优势，为在新竞争格局下重塑核心竞争力，需在多平台连接支撑下，辅以个性化服务和精准化营销手段，在多元化、市场化运营中，根据终端行业特性、产品发展趋势、客户选择偏好等专业要求，对终端采购、销售、售后、测试服务等业务实行有效管控、定期评估、科学决策，提升企业经济效益，重塑核心竞争力。

（三）提升企业管理能力的需要

浙江终端公司一直致力于服务大市场，省公司、专业公司、厂商、渠道、消费者都是公司的客户，要做到一切从客户利益出发，心怀感激、真诚真心对待客户，为客户创造价值，进而实现企业价值。浙江终端公司处于产业链中间环节并拥有末端销售平台，面临着“大进大出高成本、上下挤压低利润”的运营环境，面对新市场环境及竞争格局，必须通过公司内部协同管理、上下游供应链协同服务、省市移动协同合作、多平台协同经营管理，促进公司加快对用户需求的反应速度，以客户为导向，提升企业管理能力，提高精准决策能力，实现协同发展。为此，浙江终端公司运用先进的技术手段，将关联度不同的资源进行有效整合，重塑管理活动，做好大市场服务，实现终端销售企业以客户为导向的多平台协同经营管理。

二、移动终端企业以客户为导向的多平台协同经营管理内涵和主要做法

浙江终端公司依托智能终端服务网络平台，融合零售、分销等平台及管理层的大量数据、图表等信息资源，实现多平台信息集中化管控，通过数据挖掘，辅助决策层制订精准化战略措施，定制个性化销售方案，协同供应商实现战略合作；协同渠道和门店资源，智能化满足客户需求；协同物流商建立一体

化服务平台。全面重塑企业管理活动，增强企业价值创造能力，将公司打造成环境匹配度高、应变能力强、资源浪费少的智能终端服务综合大平台，实现体系化运作、精细化管理、个性化执行的经营管理模式，持续增强企业的核心竞争力。主要做法如下。

（一）实现多平台泛在数据信息连接，促进决策精准化、科学化

浙江终端公司基于运营商政策快速变化、品牌厂商更迭加速的市场大环境，通过各管理层平台的信息数据耦合，建立统一的管理决策信息数据库，覆盖各业务系统、各平台销售信息和各区块及外部ERP行业系统的全量信息数据，数据颗粒度从订单级延伸至串码级，精准掌握行业趋势、市场需求、内部运营等信息，为公司决策提供较为全面、准确、可靠的依据，提升决策效率和准确性，为公司分析、研判经营模式，及时掌控市场变化动态，抓取行业潜在商业机会，准确把握经营机遇、管控经营风险赢得先机。

浙江终端公司以大数据为手段，通过将不同业务线条使用的亚信系统、B2B系统、SCM系统、博远零售系统及业务辅助系统等多平台业务数据集中在大数据平台进行全面准确的数据分析、挖掘，并根据不同用户的个性化需求进行即席查询、生成报表等，进行多维度展示，实现科学数据决策，提升决策效率和质量。

（二）协同供应商战略合作，实现个性化服务、智能化合作

1. 细分战略品牌厂商合作需求，开展个性化品牌销售管理

浙江终端公司通过多平台集成的信息数据，对品牌进行细分管理，依照低中高端机型进行有机组合。利用毛利贡献型与流量型品牌相结合的规则，保障公司的销量、收入、毛利等各项指标都完成战略任务等。通过对产品全生命周期进行跟踪式数据分析，对厅店销售流速差、市场接受度低的产品进行快速淘汰，定位优质战略合作品牌，降低库存风险并集中资源提升销售效率和针对性。同时，对产品进行进一步划分，针对封闭渠道产品、行业终端产品等各类战略意义不同的产品，根据公司不同时期战略进行取舍，打造终端客户感知层面的企业形象。

在合作方式方面，不再局限于汇集产品的平台职能，而是实现产品与企业形象，产品与公司战略的深度融合。浙江终端公司与优质品牌签订战略协议，制订年度销售目标，通过配套销售返利、整合营销资源、协同促销手段等方式多层面开展终端销售业务领域的战略合作。通过建立品牌月活动，提升品牌在移动终端的销售份额，强化双方战略合作关系，大幅提升品牌厂商与移动终端的业务黏性。通过与上游品牌商共建营业员，引导、维系厂家对浙江终端公司持续投入优质市场资源，实现共同管理，双向提升效率。

2. 建立终端测试平台，协同多形态终端厂商共同研发

浙江终端公司组建的萧山信息产业园测试中心，完成音频实验室、硬件结构实验室等的搭建并投入运营；在国内率先完成多模全制式网络测试实验室。搭建涵盖华为、中兴、诺西设备的现网网络测试实验室和模拟网测试实验室；建设具备NB－IOT（基于蜂窝的窄带物联网）和eMTC（增强型机器类通信技术）网络能力的物联网开放实验室，提供实验测试场地，开放引流；建设机顶盒、家庭网关等家宽产品测试实验室。以测试中心主流测试实验室为基础，联合主流芯片、模组厂商，构建面向多形态厂商的服务平台，为多形态终端厂商开展研发测试、技术讨论等，并为优秀产品厂商提供资金、物流、研发、营销、推广等服务，建立浙江多形态终端生态圈，提升终端产业影响力。

（三）协同渠道销售及门店运营，实现精细化投放、体系化运作

1. 形成渠道品牌销售地图，预测品牌发展趋势，把控业务先机优势

通过各平台信息数据的连接、耦合，形成各平台产品全生命周期地图。针对分销系统、零售系统、省移动终端系统、行业ERP系统（外部数据）进行全面归集，从总库到分销和零售，从渠道到店面，从店面到客户，围绕单个产品的全生命周期流转，全面描绘品牌（产品）在不同区域、不同渠道、不同

竞争环境下的销售特征。归集数据的同时呈现数据挖掘结果，针对不同类型系统的数据归集特点，辅助公司制订时效性最强的数据抓取方案。通过业务线条抓取市场整体的价格波动情况，输出价格波动走势图表，对产品营销政策设计提供快速有效的决策建议。

2. 细分门店特性类别，定制需求礼包服务

浙江终端公司探寻“手机＋配件”的组合式销售方案，实现手机和配件相互增值，通过厅店礼包展示陈列，大幅提升厅店促销氛围。同时，针对厅店数据分析销售特点，推出个性化礼包供厅店挑选，实现资源配置的双向选择，实现资源最优分配方案。

（四）扩展多元化销售平台，提供选择性定制套餐，有效激发客户潜在需求

为满足市场需求，提升企业的平台化销售形象，浙江终端公司试水打造潮品专区，融合宽带业务，覆盖智慧家居、智控玩具、创意周边等高新科技产品，打造智慧家庭平台概念。

浙江终端公司建立以消费者体验为中心的、由数据驱动的新零售形态，线上线下融合运营，形成“门店—电商—物流—互联网金融”运营模式。浙江终端公司实现终端门店向微平台转型、门店单一运营模式向分类运营模式转型、终端配件搭售模式向组合销售模式转型、线下线上独立运营向融合运营模式转型、售后业务向省市分级运营模式转型，依托大数据分析，结合异业合作试点、分期付款增值业务创新、碎屏保二次营销业务创新、电子发票业务创新等，实现新零售运营模式。

浙江终端公司在售后维修业务方面，针对客户到店维修业务，在维修工位安装摄像头，客户在休息区可通过大屏幕观看实时维修高清画面；对于寄修业务的来件拆包、维修及打包寄送环节进行全程摄像，实现保障维修全程透明化管理；通过打通官网与售后系统，实现维修进度的实时查询；CRM 系统的客户满意度回访结果自动回传至售后系统，供售后运营团队掌握各网点业务开展情况。

（五）协同物流商及运营商，实现协同发展共赢

1. 创建物流仓储服务平台，协同上下游提供一站式服务

浙江终端公司 LIS 系统依托平台优势和物流合作伙伴资源，面向省市移动和体系内专业化公司、厂家和渠道商，推广拓展仓储配送协同合作。通过整合下游渠道物流资源，提供适度领先的物流服务；通过聚集上游厂家需求，持续做大业务规模，提供“仓储＋配送＋系统＋解决方案”的供应链一站式解决方案。LIS 系统深度契合终端市场销售特点，通过创新优化操作流程、精细化运营管理标准，打造平稳、高效、开放的终端物流服务平台。通过持续创新优化仓储作业标准流程，物流配送信息 B2B、B2C 化展示，客户及产品精细化分级管理，以及开放共享数据应用平台，服务大市场，实现协同共赢。

2. 全力支撑移动集团发展重点

浙江终端公司全力支撑移动集团发展重点，紧跟发展方向，发挥终端专业优势，引导厂家服务大市场发展要求；优化渠道结构，保持渠道总投入，助力省市公司提升渠道掌控力；积极配合省公司政策调整要求，根据统一部署，全力助力发展进程，以强能力、扩规模，提升大市场终端份额；优化销售结构，开展多形态政企项目，开展智能家庭网关的代理和销售，开展智能家居产品的代理和销售；拓展与浙江公安研究院的合作，尝试警务终端的战略合作，加强与政企分公司合作，引入新款车联网终端和对讲终端。浙江终端公司协同省移动建立终端公司政企供货平台，提供集方案制订、订单管理、库存管理、物流配送、统一结算、统一售后的政企线条行业终端一站式解决方案。

（六）通过门店实时管理平台，深度剖析经营管理瓶颈，有效提升管理效能

浙江终端公司着力将自身打造成为具有快速适应能力的智能多形态终端服务平台。针对行业发展环境，通过多平台的系统分析销售数据，挖掘出当下自身运营“痛点”。由总经理亲自挂帅，开展战略课题研究，先后确定产品布局、渠道重塑、零售协同、降本增效、人员精化、风险防控 6 大课题，针对不同课题，跨部门建立专题项目组，量化课题目标，明确课题分工，实时通报课题进展，使公司在运营商

政策剧烈变化、品牌商梯队快速更迭的环境中抢足先机、布局未来。

通过全量信息数据耦合，集中化统一分析员工行为，实现人才管理精准化。对一线员工运用千里眼实时视频监控、钉钉签到等移动信息数据连接，形成200余家门店人员现场远程实时管理平台，通过门店移动端员工行为数据分析包，随时分析、稽查、考核一线员工，在系统平台上实现一线人员集中化远程管理。

通过平台信息数据细分考核维度、优化评价方案等形式，集中进行人员调配、员工绩效考核、薪酬核算及员工评估，通过统一门户平台实现对地市员工的管理。省部业务部门制定对地市员工的考核方案、薪酬核算体系及培训计划，实现考核目标和资源投放的逐级下传。通过固化业务流程、规范管理手段，实现人员管理精准化。

通过对员工行为特性进行数据收集，划分优质员工核心能力区域，针对不同类别员工强化能力优势，塑造员工适应市场环境的优势能力。通过对不同类别门店特性达成匹配，投放“良才”进入“良田”。实现人员管理精细化、个性化、智能化，帮助不同特性员工找准自身定位，找到最大化发挥效能的对应环境。

三、移动终端企业以客户为导向的多平台协同经营管理效果

（一）服务质量显著提升，市场占有率得到提升

浙江终端公司的运营管理能力得到提升，实现全面个性化、定制化客户管理，提高了服务质量，锻造了品牌影响力，进一步提高了市场份额，2016年销量份额达到22%。

（二）整体竞争力显著增强，实现了快速发展

一是公司整体竞争力增强，客户集中度及稳定度提升。2016年合作渠道数从2015年的8977家上升至13514，上升50.5%。渠道客户集中度为42%，客户稳定度达75%，有效客户的平均提货次数达6次。二是产品销售能力增强，销售规模进一步扩大。2016年，公司全年累计实现终端销量527万台，完成全年目标的105.4%，销量比2015年提升1.62%。其中分销总销量499万台，完成全年目标的105%，销量比2015年提升0.6%。零售手机销量77.5万台，完成全年目标的103.3%，销量比2015年提升7.04%。终端产品3个月存货占比为1.56%，较2015年下降0.24个百分点。三是降本增效显著，经济效益突显。2016年的直接业务成本比2015年减少111682万元，同比下降14.51%。资本类成本比2015年减少1510万元，同比下降20.97%。市场费用使用的针对性越来越强，2016年的市场类成本同比下降6.23%，广告宣传展览费、社会渠道服务费、促销费、售后维修备机费及演示用机费用均有所降低。

（三）社会效益显著提升

一是为公司履行可持续发展的责任提供了保障。浙江终端公司实现了公司经营业绩的进一步提升，并为客户提供更广泛、更精细、更智能、更便捷的新服务；为产业搭建开放共赢、价值共创的新生态。二是为终端销售型公司创新经营管理运营模式提供了借鉴。

（成果创造人：朱丽宁、王春林、石思奇、张存伟、宋广卫、林　涛、李灿斌、黄淮滨、李　博、徐凤霞、孙晓青、曹俊琴）

钢铁企业基于全成本分析的客户关系管理系统建设

南京钢铁股份有限公司

南京钢铁股份有限公司（以下简称南钢）是国家特大型、江苏省重点钢铁企业，国家级高新技术企业，总资产343亿元，年产能1000万吨，已形成板材和长材两大生产体系。南钢产品包括中厚板、棒材、高速线材、钢带、异型钢等5大类，通过ISO9001、ISO14001、GB/T28001、ISO/TS16949、API Q1等标准体系认证，船用钢产品在国内率先通过11国船级社认证，建筑结构用钢板通过CE和FPC认证，压力容器板通过欧盟PED认证。超低温容器Ni系钢板、高级别管线用钢、石油储罐用钢、耐候免涂装桥梁板等特用钢供货和质量水平达到国际一流，并与中石化、中石油、中集集团、新加坡吉宝等建立长期战略合作关系，产品远销50多个国家和地区，享誉海内外。近几年先后荣获“全国质量奖”“亚洲质量奖”“全国用户满意企业”“工业企业质量标杆”等重要荣誉。2016年，利润7.2亿元。

一、钢铁企业基于全成本分析的客户关系管理系统建设背景

（一）应对行业激烈竞争，摆脱同质化和低价竞争的需要

2012年以来，我国钢铁行业生产经营形势严峻，长期粗放式发展带来产能过剩和竞争加剧使行业进入冬天，2015年国内钢材供需矛盾进一步凸显，同质化和低价竞争导致全行业性亏损严重。为了摆脱不利局面，中央经济工作会议聚焦供给侧结构性改革，提出2016年经济工作要抓住去产能、去杠杆、去库存，减成本、补短板5大任务。而整个钢铁行业内仍存在着信息不畅、上下游脱节、资源分散等问题，钢铁企业需要通过信息化和“互联网＋”中的技术和运营经验，与用户的联系将更加直接紧密，大幅度降低产品流通环节和拓展用户的成本，提高用户产品个性化定制概率和生产资源利用效率。

（二）满足个性化和多样化需求，实现与客户共赢的需要

随着钢铁行业智能制造水平整体提升，满足下游用户个性化需求逐渐增多，但仍存在几方面的问题，一是零散订单不断增加，小钢种多，炼钢组坯困难，余坯和余材增加；二是订单成本核算不清，销售订单的动态成本中没有考虑订单的个性化要求带来的成本变化；三是在销售报价有效期和部门交叉报价难以有效监管，不利于效益管控；四是个性需求订单生产工艺过程复杂，影响成本的因素多，测算实际动态成本难度极大，现阶段国内还没有钢铁企业能建立动态的成本测算体系。这些问题直接导致了在销售过程中，对个性化需求难以体现出真正的公平，实现和用户共赢。解决这些共性问题，钢铁企业需要建立客户关系管理系统，推进精益成本管理，对订单进行全成本分析和精准定价，实现公平交易。

（三）大数据与信息化发展，为系统开发应用提供技术条件

2007年开始，南钢已建设ERP、MES、OA等信息系统主体工程，覆盖了研发、生产、采购、销售、质量、财务成本、供应链、办公等企业生产经营的各个主要领域，构建了产销协同一体化的运作体系，尤其是“十二五”期间，投入信息化建设资金达8亿元以上，企业大数据应用和信息化技术水平得到大幅提升，具备了自主开发客户关系管理系统的能力。在严峻的市场形势下，若想在未来更为激烈的竞争中获得可持续发展的核心竞争力，南钢亟待通过信息化手段创新实现客户关系管理，自主开发“共享型、服务型、智能型”CRM系统，率先在钢铁行业实现系统在线全成本快速测算询单，提升订单效益分析能力，接单快速响应能力，客户服务能力，以及市场分析能力，提升客户满意度和忠诚度，稳固和扩大“忠诚客户”群体。

二、钢铁企业基于全成本分析的客户关系管理系统建设内涵和主要做法

南钢以两化深度融合为抓手，促进营销变革和企业转型升级，结合精细化营销管理与精益生产管理，进行基于全成本分析的客户关系管理系统的自主集成开发和创新实践，为公司打造 C2M 智慧生命体提供管理支撑。通过快速响应、资源优化、品种与用户的价值贡献分析、成本控制、约束机制等措施，提高复杂形势下的市场驾驭能力，营销从关注传统的“表观效益”到关注客户价值链的共同增值。精细化的成本体系和用户需求分级的融合管理，快速挖掘了钢企合作价值，企业效益显著提升，客户服务得到新体验。主要做法如下。

（一）以企业战略为指引，制订指导思想和实施目标

“十三五”期间，南钢提出了“一体三元五驱动”发展战略（即做优金属新材料本体，以节能环保、智能产业、“互联网＋”为三向多元发展方向）和创建国际一流受尊重的企业智慧生命体的宏伟目标。其中，重要战略落脚点是以智能制造为基础，导入“JIT＋C2M”以及“平台、聚合、跨界、共享、生态”的全产业链经营理念，充分嫁接互联网整合内外部资源，实现智能生产管控、智能经营决策，打造对痛点、短板及各种矛盾的自我修复和进化迭代能力，与外部世界构建一个共生、共赢、共荣的生态圈。在战略的指引下，南钢智能制造规划最终要实现“设备自动化、业务信息化、服务网络化、运营智能化”的目标，提升南钢智能制造水平和竞争能力。基于全成本应用的客户关系管理系统开发与应用以实现智能制造规划为终极目标，促进南钢营销管理创新，提升客户管理和智能经营决策能力，是南钢“建设 JIT＋C2M 平台，打造企业智慧生命体”的重要支撑。

指导思想：客户关系管理系统开发与应用，要以客户为中心，将南钢的营销、市场和服务等业务有机整合，建成统一客户服务管理平台，提升客户服务能力、接单响应能力、市场预测能力等；通过对客户相关信息的分析与挖掘，实现客户分级评价，识别客户价值，为公司营销决策提供支撑，为客户提供更优质的服务，提升客户满意度和忠诚度，最终提高公司市场竞争力。

实施目标：实现客户精益服务管理，打造智能化 CRM 系统，系统包括接单快速响应、客户退差管理、客户信息管理、客户服务管理、客户评价管理、决策分析、移动应用及其他等功能模块。通过在 ERP 系统、销售电子商务系统、协同办公系统，以及移动南钢平台基础上，建设客户关系管理相关功能，快速响应市场变化，对接客户个性需求，对接产线、技术等真实成本，达到品种成本优化、资源管控等管理目标，据此优化资源配置、改进报价模式、选择最佳价格、确定最优成本链、提升产品成本的竞争力，实现订单效益最大化，持续提升拳头产品核心竞争力。

（二）提供组织制度保障，优化营销业务流程

南钢成立项目推进组织机构，提供组织保障。董事长担任领导小组组长，总裁担任副组长，战略运营部作为项目建设的主管监督和考核部门，在市场部设立工作推进办公室，负责项目目标制订和推进计划，由板材事业部营销处、特钢事业部营销处和国贸公司等业务部门组成业务推进组，负责项目需求优化，测试和使用推进，金恒公司组建项目开发组，负责项目的功能开发。系统开发建设过程实行例会制度，每周汇报项目进展和已解决的问题，详细列出下周工作任务和需要协调解决的问题，按计划推进项目建设。

优化销售流程，规范销售制度。为最大限度发挥系统作用，结合产品销售实战，出台《订单报价评审管理流程》《合同评审价格管理规定》等 9 个管理制度，对评审时间、价格有效期、预付款比例和期限、招标流程等细化和明确。通过系统优化销售流程，能够确保销售制度的有效执行，例如，价格有效期，由以前的业务人员口头约定转变为系统管控 3 天有效期；评审时间细化，由文件规定时间，但不能有效执行，优化为系统设定各层级审批时间，超时后系统自动流转审批至下一节点，确保总的审批时间可控；预付款比例进行系统设定，达不到预付款比例条件的订单，不能生效。

推进CRM系统流程的规范应用。系统用户拜访流程，落实公司关于“销售人员在外出拜访用户时必须及时登录CRM系统（移动端）建立或更新用户走访数据”的要求，制定销售人员CRM系统用户拜访流程，销售人员CRM用户走访记录将作为其走访差旅费报销审核必要凭证。鼓励业务人员建立健全系统内的客户管理信息，保证售前询单、投标报价、客户拜访等信息及时有效的录入与管理，全体营销人员必须下载安装APP，各业务部门人员，要求每天登录并录入订单、价格、招投标等相关信息；考核部门每月初将对上月CRM系统使用情况进行统计，对每天各部门登录及录入信息情况进行排名，报评审后，对排名前三位的业务部门和业务人员进行奖励，对没能按要求每天登录系统的业务部门人员给予处罚。

（三）以大数据应用为支撑，建立客户关系管理平台

在CRM系统中建立客户数据库。目前主要来源于几个方面，一是ERP系统中积累的订单、研发、生产、资金等历史业务数据，二是通过与客户互动的方式来采集客户信息、需求信息、销售机会信息等数据，三是多渠道收集的市场信息数据，四是客户服务信息数据。这4个方面的数据源输入CRM系统后存储到与ERP系统共享的数据库中，共同组成CRM系统的数据仓库。

应用客户数据仓库进行大数据分析，建立客户关系管理平台，促进客户价值最大化。通过数据仓库技术、数据挖掘技术和算法将这些信息进行综合汇总和抽象分析，从而对市场和销售情况进行预测分析，对客户的购买行为、客户价值等进行分级和对比分析。经由系统的自动匹配和对比分析，形成客户决策支持，通过大数据分析决策，将客户价值和订单价值进行自动分级，当价值低于系统设定值，将会自动提示相应业务人员进行处理，采用适当策略与客户沟通，进行业务风险控制。

完善对成本数据的应用。在客户产品质量要求不断提升、个性化需求越来越多的市场环境下，客户零散订单的价值实现成为钢铁企业在生产经营中不得不面对和思考的一个问题。南钢面对零散订单，通过建立合理有效的评估机制，对零散订单进行生产、成本、效益、客户需求的全方位评估后，进行订单确认。通过在CRM系统中建立专门的零散订单成本分析功能，实现对零散订单价值的快速分析，在零散订单成本测算的基础上，通过进一步的客户识别、关系维护与有效沟通，找到企业价值与客户价值的平衡点，做到快速响应订单需求，实现与其他钢铁企业的差异化客户体验，有效促进客户与南钢间的稳定合作关系和良性发展。在实际生产中，利用MES系统等信息化手段，改进生产组织方式，降低零散订单对生产的不利影响，最终实现了企业与客户价值的共赢。

（四）建立全成本分析体系，实现客户成本精益管理

全成本涵盖了钢材制造流程中所有的工序成本。钢铁企业工序复杂，且均为按订单要求个性化定制生产，主要工序为炼铁、炼钢、连铸、加热、轧钢、剪切、矫直、热处理、喷涂、打包、物流等，不同品种、规格、批量、交货状态、检验标准等个性化要求对应个工序成本的变化。目前国内各大钢铁企业均未建立全成本测算体系，一般采用的都是标准成本，弊端是订单效益测算失真，各自凭经验进行判断，南钢经过多年摸索，逐步构建起一套按订单个性化要求，模拟各工序实际生产的“全成本”分析体系。

全成本分析体系在南钢年度全面预算与月度动态计划成本的基础上，将客户的个性化需求带来的成本变化纳入成本测算分析，通过新引入个性化成本测算模块和边际成本测算模块，同时优化基础成本模块的测算模型，实现针对个性化订单的完全成本测算和管理过程。实现对客户成本的精益管理，大幅提高订单需求与价值分析的效率与准确性，实现对不同客户、不同需求的快速反馈，找到企业价值与客户价值的平衡点，为南钢与客户价值的共赢提供基本依据。

优化基础成本管理。南钢遵循标准成本与作业成本结合的先进理念，紧密结合自身品种丰富、可生产规格范围齐全，以及工艺特点，制订年度预算成本。炼钢成本改变传统成本测算方法中只分析合金成

本与冶炼成本的做法，在全成本测算中借鉴了作业成本法理念，将单一的炼钢过程，按照工序生产流程与工艺特点划分为不同的作业，通过对不同作业的成本动因分析，制订合理的间接费用分摊原则，实现不同品种、不同作业过程的成本归集、测算与管理。轧钢成本测算改变以往大多数钢铁企业轧钢成本分摊只采用机时产量这一个因子的做法，创造性地提出按照在炉时间、返红温度、机时产量等多因子相结合的成本分摊方式，把在全成本测算方法下制订的动态成本作为基础成本，更加准确、透明、有效的体现出不同性能需求产品的实际成本和产品价值增值过程。

开发个性化成本管理。在基础成本之外，针对不同客户不同的外观、性能等个性化需求，在 CRM 系统中开发了个性化的成本分析模块，将影响钢种生产成本的因素，具体分为特殊工序、工艺变更、生产难度判定、检验试验要求等大类，并详细制定了每一大类中可能涉及的具体细项的成本分析规则，以实现不同需求下订单的价值分析。

合理应用边际成本管理。南钢在一般订单成本效益分析中通常使用全成本分析，有利于在较为稳定的经营环境下对产品效益进行整体把握。与全成本不同，边际成本指的是每一单位新增生产的产品带来的总成本的增量，其更多考虑的是新增加生产的产品在生产过程中需要花费的增量部分的成本。钢铁企业作为重资产行业的一员，固定费用在成本中占比较大，而折旧、人工等固定费用作为已经投入的成本，属于沉没成本，即不论是否生产，此类成本都已经发生并且只要没有进一步的设备投入就不会发生大的变化。在不同的市场和企业经营环境下，需要考虑不同的经营策略，合理的运用全成本与边际成本将有效提升企业的产品竞争力与盈利能力。南钢在成本分析体系中，开发边际成本与边际贡献分析模块，通过将全成本划分为变动成本与固定成本的方式，在测算订单全成本的同时，测算出订单的边际贡献，将订单毛利、边际贡献与客户需求分析统一考虑，努力实现企业与客户价值的最大化。

（五）开发询单测算功能，进行价值分析和价格决策

南钢 CRM 系统中的询单测算功能，是成本分析体系的有效应用功能之一。询单系统由基价与加价规则体系、标准成本与个性化成本影响测算体系、一键报批、统计报表、重复询单自动比对与拦截等模块组成，通过在线测算指导价和毛利，指导销售接单。系统全面实现售前询价、合同评审、价格审批、询单结案等功能。同时，询单系统以客户需求为中心，进行订单全生命周期管理，更加准确的反映市场变化，了解客户需要，更加高效地进行价格管控和接单管控。

CRM 询单测算管理具有高度的可定制性、灵活性。让个性化配置更符合销售管理在不同市场行情运行，针对不同品种、不同技术条件、不同产品规格等情况即可为客户生成一个规范的报价，以规范销售报价、提升业务效率、快速响应市场、实时询单数据统计等全面的融合与展现，提升销售整体的核心竞争力。以全成本为标准深度对接生产线和市场，优化订单管理，促进便捷、高效接单和订单综合效益最大化，实施全成本毛利测算，将 527 个品种的基价、基础成本、各品种的规格、交货状态、Z 向性能、探伤、船检、公差、冲击温度等 19 项加价规则及 11 项个性化增本因子和计算规则进入系统，变以往人工测算为系统自动测算指导价和全成本毛利。询单系统顺利植入非计划、成材率、小钢种炼钢换组增本测算等功能，模拟实际成本测算毛利，为价格指导、提高生产效率、降低非计划率、优化品种结构提供支撑。

接单价格快速决策。打通价格评审、合同评审等流程，具有快捷、方便，能够快速响应市场，服务客户，为销售人员对客户快速响应提供数据支撑，提高接单响应效率，留住更多客户。提高市场分析工作效率，实现原料和产品的市场信息管理线上化，信息共享，为市场分析提供信息支撑，形成价格走势等趋势分析，提高市场分析工作效率。订单测算速度快，管理效率大幅提升，变以往人工测算为系统自动测算指导价和全成本毛利，测算时间由以前人工测算平均 1 个多小时变为线上测算，系统可 1 秒内反馈结果，准确、快捷，线上 24 小时询单可以随时测算并即刻显示结果，避免因各人算法不同和技术差

异而带来的测算波动。

数据决策的可视化。可为销售、客户服务和进销存提供灵活、可完全定制的统计报表，也可实时显示企业的关键数据，可以很方便地图形化显现有关历史销售、目标市场、客户偏好、进销存等数据的对照、发展和趋势，这样信息分析的价值也显得更有意义，高层决策者也可以根据CRM统计图表做出更全面及时的商业决策。自动生成每天、每周和每月的销售报表分析，销售经理通过这些报表分析可快速查找到目前的销售瓶颈、落后的销售指标、明显下滑的指标、客户的成交率和需要提高的重点指标。

（六）拓展移动应用功能，强化与客户的快速联动

南钢CRM系统支撑电脑终端、平板、手机移动终端等多种方式的在线使用。尤其是强大的移动应用功能，相关管理人员可通过移动终端查询支持决策分析的销售、市场等信息，为快速响应市场变化提供信息支撑；客户可通过移动终端录入客诉信息，查询订单在南钢内部的生产和物流进程，查询客户资金情况，提高客户服务体验。CRM移动端可以对销售过程环节实时把控，通过销售过程的不断优化迭代，持续提升销售环节能力。

客户信息动态管理。可通过移动端查询自己负责的客户信息以及公海池内的客户信息，并对客户进行关注、取消关注等操作。当业务员发现可能会存在一定的销售机会的客户时，通过拍照上传客户名片和手工录入的方式，收集添加客户信息，便于业务员对客户进行集中管理跟踪。

销售机会精细化管理。销售业务员在客户的拜访、客户商务沟通中收集客户的采购需求，将这些需求转化为销售机会，对销售机会进行跟踪处理，通过对机会挖掘、初步接洽、需求确定、询单报价、谈判审核、赢单等一系列的机会状态的管理，动态跟踪一切客户售前信息，实现全员线索上报机制，实现线索池管理，为销售业务员提供售前工作日志清单，同时也为后期的售前情况分析提供数据支撑。

询单和报价管理。在销售机会管理的同时若进展顺利，客户会进行询单，系统根据业务的发展生成询单跟踪管理流程，业务员将客户的报价明细整理后通过PC端的计算，并反馈给移动端，业务员在移动端能清晰地看到成本、毛利，以及是否需要加减价的详细提示。

客户招投标及竞争钢厂价格信息管理。市场竞争激烈，需要全面了解合作伙伴、竞争对手和终端客户的情况，并利用信息做出分析，支撑战略决策。可通过移动端实时输入或上传客户招标信息，以及各竞争钢厂的报价，为企业的投标信息采集分析提供支撑。

销售行为记录和管控。业务员可以实时通过手机记录客户拜访、客户商务沟通，以及任何关于客户动向的信息，并可上传照片以及当前地址等信息，通过移动端实时记录，对用户的需求，动态进行跟踪分析，促进销售机会的提升。

业务员绩效和考勤管理。南钢建立以客户为中心的业务员绩效管理，系统可对业务员的工作情况进行跟踪，为绩效考核提供支撑，通过销售行为记录等构建“员工画像”“勤奋度”大数据评估模型，帮助企业全面了解员工个性和努力程度。同时，可实现在异地打卡考勤，统一管理。

三、钢铁企业基于全成本分析的客户关系管理系统建设效果

（一）快速响应个性需求，提升客户管理能力

客户关系管理系统的开发应用，实现了客户信息和市场资源统一管理，客户与企业之间互动交流更加便捷。客户接单响应效率明显提升，价格审批时间减少，优惠政策执行和退差服务效率提高，客户订单进程、资金状况、电子质保查询等远程自助服务更加便捷，促进了接单结构的优化。系统快速响应接单和测算订单效益，既兼顾公司效益，又维持和增加黏性“客户群”，与客户实现共赢，更好地促进公司新用户开发，2016年新开发客户227家，用户增加数为历年最多。客户忠诚度明显提高，2016年南钢第三方客户满意度调查报告中，客户服务满意度90.88%，比2015年提高7.88%，高达96%的客户看好南钢未来的可持续发展能力，愿意与南钢长期合作。

（二）价格管控精准高效，提升产品经济效益

高效、精准、智能的CRM系统，为南钢C2M模式提供产品指导价的定价支撑。通过系统程序实现产品价格调整触发机制和定价模型，定价由旬调价到日定价，2016年后4个月平均调价节奏领先同类钢厂3天以上，价格领先50元/吨以上。促进产品效益快速提升，CRM系统采用全成本进行效益测算，通过对炼钢效率、非计划、成材率等加价因子精准调整，订单各项加价幅度平均值89元/吨，比系统上线之前增加22元/吨，月均增益721万元，年度可实现效益8652万元。对不符合生产经济性的订单进行加价，通过价格杠杆优化订单结构，使得品种定位更精准，消化三项费用后有利润订单比例由系统上线之前的41.6%提高到69.3%，全年增益2.23亿元。

（三）率先进行创新实践，发挥行业示范作用

南钢客户关系管理系统在国内钢铁企业中属率先创新，在深入分析销售管理现状及未来发展的基础上，采用国际先进的管理思想和经验，推出基于市场、客户和生产线的行业解决方案和信息化定制平台，系统将组织绩效、产销协同与专业技术进行有效的整合，最终能实现全成本询单、销售e化、客户服务和统计分析等4大核心功能，是企业服务管理实践经验与信息化技术深度融合的结果，也是企业两化融合的典型案例，系统功能上线之后，发挥了较好的行业示范作用。

（成果创造人：黄一新、祝瑞荣、姚永宽、楚觉非、谯明亮、王　芳、张秋生、傅小彬、刘汝营、蔡博言、杨　帆、李小亮）

以解决大型城市变电站落地难为目标的协同管理体系建设

国网河南省电力公司郑州供电公司

国网河南省电力公司郑州供电公司（以下简称郑州供电公司）是国有大型供电企业，担负着服务省会经济社会发展和保障近千万人口可靠供电的重要任务。截至2016年年底，供电营业总户数320.4万户，资产总额156.9亿元，当年完成售电量358亿千瓦时，电网最大负荷862.5万千瓦。运行35～220千伏变电站262座，主变压器527台，变电总容量3211万千伏安；35千伏及以上线路875条，长度5452.5千米；10千伏及以下线路2103条，长度19048千米。郑州供电公司连续12年获“全国‘安康杯’竞赛优胜企业”。

一、以解决大型城市变电站落地难为目标的协同管理体系建设背景

（一）保障区域经济社会转型发展，提供充足电力供应的需要

随着郑州国际性大都市的加快推进，当前和今后时期郑州用电量仍将保持较快增长趋势。预计2020年，郑州市的城镇化率将由2015年的70%提高至82%，城市人口大量集聚对包括电网在内的基础设施需求进一步提高。到2020年，郑州全社会年用电量将达到680亿千瓦时，负荷1300万千瓦，市区年用电量将突破300亿千瓦时，负荷700万千瓦，预计城区三环内还需建设220千伏变电站3座、110千伏变电站18座。当前电网供电能力与未来供电需求不平衡的矛盾日益凸显，推动变电站落地、加快电网基础设施建设、高效满足区域经济社会发展日益增长的用电需求具有十分重要的意义。

（二）增强核心区域电网供电能力，着力提升供电可靠性的需要

当前，郑州整体电力供需形势突出表现在核心区域电网供电能力不足，迎峰度夏形势严峻。用电需求的快速增长，尤其市区变电站“落地难”，是导致近年来核心区域供电形势紧张的主要原因。城区三环以内由于220千伏、110千伏电源点不足造成的限制报装红色区域面积达80平方千米（占三环内总面积的约60%），市区三环内有9座“有计划、有资金”的变电站因“落地难”而长期无法开工建设，现有电网承载能力已达极限。因此，为满足核心区域供电安全、可靠的要求，加快协调解决变电站“落地难”已成为从根本上解决供电“卡脖子”、提升郑州核心区域电网供电能力的必然举措。

（三）统筹推动多方协同管理，提升电网发展效率效益的需要

变电站落地建设涉及面广、统筹协调难度大。一是规划选址难，市区土地开发临近饱和，寸土寸金，很难寻觅到合适的变电站建设用地；二是后续推进难，变电站规划选址土地产权纠纷复杂，征地困难，后续拆迁难度大；三是建设实施难，一些居民出于对电磁辐射的恐惧，对变电站建设进行阻挠。以郑州为例，部分项目因政府规划调整、环评审批、居民反对等原因，不得不更改站址或造成项目无法按计划实施，在一定层面上已成为制约电网发展的瓶颈；部分市民对变电站电磁辐射存在认识误区，反对变电站落地。因此，迫切需要加强电网发展与城市发展的衔接，着力构建政府与电力企业协同支持的电网建设组织协调机制，推动电网发展规划纳入地方规划的整体布局中，加强属地协调，赢得市民认可，努力营造促进变电站有效落地的外部环境，内外部结合共同推动电网发展。

二、以解决大型城市变电站落地难为目标的协同管理体系建设内涵和主要做法

郑州供电公司以解决大型城市变电站落地难为目标，以强化多方协同、实现互利共赢为指导思想，遵循“前期规划统筹衔接、专业部门横向协同、政府沟通高效互动、支撑保障坚强有力”的整体思路，

坚持理念、方法、机制、保障统筹推进，通过建立高效运转的协同管理组织体系，统筹做好变电站规划与城市规划有机衔接，深化公司跨专业部门之间的高效横向协同、市县公司上下联动，积极推动与各级政府的沟通协调，构建涵盖政府部门、电网企业、前期工作支持机构等主体在内的协同联动机制，实现信息实时共享、资源优化利用、沟通高效协调，有力促进各利益相关方在推动变电站落地方面形成价值共识、凝聚合力，管理效率大幅提升，变电站落地时间显著缩短，为解决变电站“落地难”、促进变电站后期建设顺利开展发挥重要作用。主要做法如下。

（一）明确整体思路，构建协同管理体系整体框架

郑州供电公司从提升核心区域电网供电能力、服务区域经济社会转型发展的工作大局出发，全面梳理总结变电站落地存在的困难与典型经验，以“前期规划统筹衔接、专业部门横向协同、政府沟通高效互动、支撑保障坚强有力”为整体思路，坚持理念、方法、机制、保障统筹推进，通过打造高效运转的协同管理组织体系，逐步构建涵盖政府部门、电网企业、前期工作支持机构等主体在内的协同联动机制，推动各利益相关方形成价值共识、凝聚合力，集中力量协调解决变电站“落地难”问题。其中，“前期规划统筹衔接”就是从源头推动电网发展规划纳入地方规划的整体布局；“专业部门横向协同”就是实现各部门最大程度支持配合，形成跨部门一体化协同运作合力，优化业务流程，加强业务融合；“政府沟通高效互动”就是建立与省、市、县各级政府的沟通协调机制，加强纵向沟通互动，与政府签订战略合作协议，争取政策支持，构建合作机制开辟项目绿色通道；“支撑保障坚强有力”就是以提升项目前期支撑能力、强化人才队伍保障以及营造良好舆论环境为着力点，持续提升可研设计质量和可研内部评审能力等项目前期支撑能力，推动变电站项目相关参与人员提升专业素质、熟悉各项政策，发挥好舆论导向作用。

（二）建立高效运转的协同管理组织体系

1. 成立公司层面的组织机构

郑州供电公司成立专门的协调推进工作组，加强与相关单位的沟通，强力推进输变电项目建设。小组组长由公司领导担任，各分管领导任领导小组成员，相关部门共同参加工作小组。对内强化内控流程优化，统一各部门思想，更好的执行各项指令；项目所在地的供电公司充分发挥属地优势，调动各种资源，及时有效地解决遇到的困难和问题。对外持续转变各级政府电网发展观念，全面推动政企战略合作，保障电网在复杂外部环境下和谐持续发展。更好引导社会舆论，有效处理各类舆情，为电网建设营造良好的社会舆论环境。

2. 构建市县公司上下联动机制

一是开展项目适应性分析。组织经研所对规划库内项目逐一深入现场进行项目适应性分析，即规划选址选线，用地适应性分析，城乡规划适应性分析，环境适应性分析，矿产地质适应性分析，地方政府支持性分析，电源项目时序分析。根据分析结果，对外部条件较好、不存在明显制约因素的项目，安排本年度核准任务，各项控制节点时间可适度提前；对外部条件较差，存在用地、规划或其他明显制约因素的项目，本年度主要安排可研工作，安排下年度完成核准任务。

二是制定项目控制节点。可研工作设置“项目选址”“项目选线”“可研评审初审意见”3个控制节点，对支持性文件办理工作设置“环评”“土地预审”控制节点。前期工作计划每年年底启动编制，项目滚动两年。

三是严格执行“节点计划表”工作安排。在管理模式上，采取“变电站项目全过程节点管控管理法”，将前期工作细化分解为不同阶段，明确各阶段时间节点和职责，落实责任，强化考核。同时，参照“大规划”体系工作模式，建立市县联动的“项目经理”制，市经研所和县公司分别明确项目经理，共同负责项目前期工作。将各项支持性文件办理的属地前期工作分为若干个重要节点问题，解决一个销

号一个，工作节点计划完成情况及时记录入表。

四是建立工作简报制度，做到信息共享。在推进方式上，每月编制变电站项目前期工作简报，推动前期工作的开展。每周编发工作简报，报领导小组并抄送相关部门和单位、政府有关领导和部门，及时与项目相关的部门共享工程项目前期进展情况，让各方了解、理解、支持项目的前期工作。

3. 制定制度方案落实推进机制

一是印发推进方案。郑州市城乡规划建设管理工作领导小组印发《中心城区 13 座输变电工程建设推进方案》，加快推进黄家庵、桐柏、红旗等 13 座输变电工程，最大限度缩短工作时间。二是坚持周例会制度。工作组每周召开一次协调推进会，及时解决问题，做到输变电项目建设周有进展、月有突破。三是坚持现场协调（办公）制度。针对每个输变电项目存在的问题，进行现场办公，及时协调推进。四是坚持信息周报制度。每周四前向市专项治理工作组办公室书面报告输变电项目进展情况及存在问题。五是建立督查通报制度。市政府督查室会同市专项治理工作组办公室每半月督办输变电项目建设推进情况，适时通报并向市委、市政府报告。

（三）做好变电站规划与城市规划统筹衔接

1. 大力推动“四规合一”，加强电网规划与各级市政规划的深度融合

以城市发展为导向，全面落实电网规划与城市经济社会发展规划的有机衔接。深化电网规划与城乡规划、土地规划、项目计划的无缝衔接，充分抓住全面推进“四规合一”工作的契机，突出电网与市政规划的 3 个层次的融合：编制电力专项规划与市政基础设施综合规划融合；将电力专项规划成果纳入“四规合一”，融入城乡发展规划和土地利用规划；将电网规划分别与城市片区控制性单元规划及控制性详细规划融合。通过规划的分层融合，逐层细化，深化电网与市政规划的协调，减少和控制不确定因素对配电网规划的影响，促进变电站项目的实施落地。坚持电网规划与市政规划同步，优化电网规划布局，持续提升电网规划建设的科学性、合理性。在实现与市政规划深度紧密融合的同时，市政规划和建设也能够对配电网规划发展形成更强有力的支撑。

2. 全面强化变电站对地方规划、大电网整体规划、地区配电网规划以及电网设施“落点定线”规划的有效落实

一是与地方规划衔接，提升城市发展契合度。围绕城市总体规划，明确郑州电网“十三五”发展思路和目标，科学合理预测“十三五”期间各地市的用电量和负荷，满足郑州乃至河南地区经济社会发展对电力的需求，重点加强经济开发区、工业园区、新城等区域的项目开发，优先布点，实现电网与城市发展的同频共振。推动市政府发布《郑州都市区电网电力设施布局规划（2015—2030 年）》，明确 78 座新增 220 千伏变电站和 364 座新增 110 千伏变电站控制用地位置。二是与大电网整体规划衔接，注重电网的协调发展。根据国家电网公司电网规划工作方案，以电网分片为基础，根据电网现状基础、电源规划和供电可靠性要求三方面，最大限度调动上下级电网的供电能力和裕度，提高终端供电用户供电可靠性，实现技术性和经济性的最佳平衡，加强上下级电网之间的协调与支撑。三是与地区配电网规划衔接，做深做实变电站规划。与地区配电网规划紧密衔接，结合定量和定性分析，科学确定规划目标，确保目标网架简明清晰、设备优化选型，满足全过程整体经济性最优。做到“廊道一次到位”“导线截面一次选定”“土建一次建成”，全面构建以“省心电、省钱电、绿色电”为核心的一流配电网。四是与电网设施“落点定线”规划衔接，确保变电站规划项目有效落地。组织编制以城市规划为底图的电网设施“落点定线”规划（“六线”规划）。通过相关政府专业管理单位将“落点定线”成果与城市建设规划、土地规划、环保规划、交通规划、空间规划等做好专业对接、资源预留。促请政府加强变电站规划项目站址、通道资源的保护，建立督察督办机制，提高变电站规划“刚性约束”的地位，为工程顺利实施提供有力保障。

将国网公司和省公司的电网规划与中心城区、县公司的电网规划进行有机协调，统一部署。一方面，通过开展电网发展诊断分析工作明确中心城区电网发展现状，结合地区经济发展状况，在电网发展规划滚动修编报告中提出明确的发展目标和发展方向，将“十三五”规划中形成的若干项110千伏及以上输变电项目上报省公司和国网公司。另一方面，按照国网公司和省公司下达的电网规划任务进行统一部署，将电网规划纳入公司“二十四节气表”分解任务，每年将任务细化为若干项工作，实施过程管控。同时，细化年度配网规划管理重点、工作任务清单，落实分解到位，并开展远景规划及专项规划，有序推动变电站规划建设工作。

（四）强化跨部门横向协同，提高工作效率

1. 加强专业部门之间的横向协同

一是加强与基建部门协同，结合以往基建项目出现的问题，力争项目前期阶段予以规避，对正在开展项目的选所选线提出优化建议，降低建设过程中可能出现的社会风险。二是加强与设计单位协同，尽快取得规划、用地、水保的原则性意见，深度参与项目可研编制。三是加强与营销、运检部门协同，建立与营销、运检常态信息互通机制，提高需求响应能力。合理利用为政府服务的机会，以“资源”换“政策”，进一步提高前期工作效率。以客户需求为导向，积极服务于客户。直接与建设单位进行基建工作，同时进行相应手续办理，两手准备，推动项目前期管理。

2. 强化与支撑部门的横向协同

一是构建“业主单位、经研所、设计单位横向协同”机制，统筹评审专家资源，强化设计评审人员的规划意识。通过规划设计环节把规划的意图通过设计落实到工程建设中去。二是加强经研所工程可研工作的牵头力度，突出经研所在可研工作中规划设计的引领地位；加强规划研究和工程设计的衔接，使站址及线路走廊得到有效预留和保护。三是加强规划业务和设计系统业务的融合，统筹培养规划、设计中心的电力系统规划设计人才。将分散资源进行集中，增加评审专家资源、提升可研内部评审质量。经研所安排专项管理人从项目前期阶段介入，在工程前期阶段继续开展工作，协助工程建设管理，直至工程竣工投运。

（五）建立与各级政府的沟通协调机制，缩短变电站落地时间

1. 签订战略合作协议，有力推进项目前期工作

一是以行文上报、专题汇报、组织会议、定期走访等形式向地方政府和各职能部门传递变电站项目建设的必要性和紧迫性，进一步争取地方政府的理解和支持，促使政府不断转变电网发展思路，为战略合作协议的签订做好铺垫。二是为解决三环以内80平方千米报装受限红色区域供电紧张问题，2016年，郑州供电公司率先与市政府签订《十三五电网合作框架协议》。三是与郑州市人民政府共同启动《强化保障，提升供电服务能力三年行动计划》，全面落实省市战略合作，推动2016—2018年市区49项新建输变电工程落地。

在与政府及相关部门签订战略合作协议后，为其他地市公司、各县公司与政府签订战略合作协议打造了标杆，为前期工作在市、县的顺利开展奠定了坚实基础。

2. 加强沟通汇报，积极争取政策支持

根据电网建设的需要，多渠道向政府反馈电网建设需求，最大限度地争取政府的理解与支持。整合电网建设区域业扩报装、线路迁改等电力需求，结合电网建设项目，制订“一揽子”计划。增加前期工作“话语权”。同时，积极与区政府沟通，建立良好的协商机制，提升变电站项目落地前期工作的管理水平。建立覆盖政府相关机关、村镇及相关部门的前期工作网络，充分发挥属地管理优势。

（六）提升支撑能力建设

1. 强化前期支撑能力

一是持续提升可研设计质量和可研内部评审能力。经研所以输变电工程项目推进为主线，对整个业务流程进行梳理，重点做好规划与可研、可研与初步设计阶段评审工作的协调、衔接工作，从体系角度调通流程，加快进度。二是强化可研评审关口前置到选址选线阶段，加大现场评审工作力度。同时，提高评审信息化手段，推进评审信息化进程；强化会前预审，下发整改通知单，促进评审会议有的放矢，提高会议效率；建立可研设计质量量化评价标准，对评价结果进行内部通报并提供参考。

2. 强化人才队伍保障

一是着力加强人才培养，推动变电站项目前期参与人员提升业务专业素质，提高变电站规划能力。推动相关人员向审批机关学习，能够与审批机关人员达成专业知识的契合，减少双方的沟通成本，加快项目审批的进度。设计院主动与审批机关建立良好的关系，建立项目前期小组，采取高频次、多沟通的措施，将项目信息与审批机关及时共享，与审批机关人员形成一对一的业务关系，定人、定项、定时开展项目前期工作。二是将政策学习研究放到“一线战斗组”，深入理解各级政府、国网公司、省公司的政策规划。有针对性地加强政策学习属地化，推动项目规划、土地审批、环评审批进度同时进行，有效解决项目前期一线工作因单纯地执行国网及省公司的规划，造成的市县公司对于政策把握的迷茫、执行力度不足等问题。

3. 营造良好的变电站落地工作舆论环境

一是打造舆论宣传平台，传递电网建设正能量。充分发挥网站、报刊、微博、微信等各种平台的宣传功能。围绕“电磁辐射”问题对公众进行宣传说明。通过诚意沟通培育公众信任，促成共识，为解决城市变电站“落地难”问题营造良好的社会舆论环境。二是积极发挥舆论引导作用。围绕特高压、电磁环境辐射等重大社会热点话题，主动沟通交流，及时输出权威信息，进一步增进社会各界的理解、认同和支持。努力争取主流媒体、专业人士、行政主管部门各方的支持。加大电网知识的宣传力度，尽力消除公众认识的误区。三是完善舆情处置闭环机制。针对部分公众采取不同方式阻挠变电站项目建设的情况，组织舆情风险排查专项行动，对负面舆情做到早发现、早处置，努力做到第一时间发布权威信息，避免舆情发酵扩大。同时实施舆情闭环管理，强化舆情协同处置，提升快速响应和协同处置能力。

三、以解决大型城市变电站落地难为目标的协同管理体系建设效果

（一）管理效率大幅提升，有力推动变电站加快落地

在规划对接方面，基于郑州电力电网总体规划指导，联合当地规划部门，开展城市电力设施布局规划工作，并形成与城市规划、国土等部门的常态沟通机制，实现规划编制、审批和实施全过程衔接。电网规划均已纳入省、地、县三级总体规划、土地利用总体规划、城乡总体规划。在前期设计方面，按照发展部牵头、经研所组织、设计单位具体参与的模式，依据年度前期工作计划，开展输变电工程接入系统集中论证评审工作，2016－2017 年分别集中论证输变电工程项目接入系统方案 60 项和 100 项，为可研编制工作奠定坚实基础，极大提升可研编制效率和评审一次通过率。在申报核准方面，采取变电站项目打捆集中申报核准机制，每年将计划核准项目分为 3 个批次集中上报核准，避免项目核准一事一议，大幅提高核准工作效率。2015－2016 年分别核准变电站项目 25 项和 33 项，项目核准数量持续创造历史新高。

（二）取得显著的经济效益

长期制约中心城区供电能力的 13 座“落地难”变电站已建成投运 9 座，极大地缓解了城市核心区供电紧张局面，优化了市区电网整体布局。在一年半的时间内，率先成功实现全省首座 110 千伏移动式变电站投运和 4 座 220 千伏变电站、8 座 110 千伏变电站的集中开工建设。项目建成后，航空港区电网

供电范围将由 50 平方千米扩大至 200 平方千米，覆盖港区全部先行发展区域。因站址长期无法确定的 10 座急需建设的变电站，通过积极协调，已落实 7 座变电站站址。截至 2016 年年底，公司供电营业总户数达 320.4 万户，资产总额达 156.9 亿元，同比增长 18%；当年完成售电量 358 亿千瓦时，同比增长 4%。

（三）树立了良好的企业形象

郑州供电公司通过构建协同管理体系，不仅解决了城市变电站落地难的问题，而且进一步完善了与各级政府长期沟通协调机制，并确保顺畅运转发挥效用，营造了良好的宣传舆论环境，得到主流媒体、专业人士、行政主管部门各方的支持，树立了良好的企业形象。

（成果创造人：张中青、郑　阳、朱　颉、马　磊、张　雯、辛　军、管晓峰、朱　勇、郑会平、张梦瑶、吴越人、刘念祖）

移动通信企业基于客户感知的互联网电视品质管理

中国移动通信集团福建有限公司

中国移动通信集团福建有限公司（以下简称福建公司）是中国移动（香港）有限公司的全资子公司，于1999年10月9日正式挂牌成立，1999年10月28日在香港交易所、纽约证券交易所上市。经过10余年的发展，公司资产总额、客户规模、运营收入和净利润均实现跨越式增长，成为省内网络规模、客户规模、收入规模、利润规模最大的通信运营商。福建公司下设9个市级公司，截至2016年，员工总数1.3万人，客户总数达2640万户，客户市场份额达62.3%，收入规模达到237.4亿元，利润总额56.6亿元，行业收入份额达54.5%。先后荣获“全国文明单位”“全国五一劳动奖状”“全国通信行业用户满意企业”“全国通信行业管理创新先进单位”等荣誉称号。

一、移动通信企业基于客户感知的互联网电视品质管理背景

（一）落实集团发展战略的要求

当前，全球主流运营商纷纷将视频定位为基础业务。对于中国移动而言，发展互联网电视是拓展视频业务的重要手段，也是公司发展的战略要求。中国移动“大连接”战略要求积极发展互联网电视。集团公司“十三五”规划要求：“积极发展魔百和、和目、和彩云以及支持多屏融合的数字家庭业务，集中开展内容运营、内容引入和内容生产，强化视频内容优势和视频技术能力，提升产品差异化”。互联网电视是发展视频业务重要手段，手机屏、电脑屏、电视屏“三屏合一”是视频业务发展的重要趋势，互联网电视作为“三屏”之一是视频业务的主要入口。

（二）提升互联网电视品质是发展互联网电视的关键

互联网电视竞争激烈，低价策略难以奏效。一是电信、联通和广电均已推出同类的机顶盒，传统电视厂商和互联网企业的参与导致竞争更加激烈，2016年中国彩电市场互联网电视渗透率达到84.7%，已经成为消费标配。二是以价格战为主的竞争模式已不适应当前市场需求，行业迎来新一轮洗牌。2016年以来互联网电视领先企业相继涨价，部分企业开始探索高端市场。

互联网电视消费者群体调查数据显示，“体验好”和“内容丰富”是用户选择互联网电视的最重要原因，占比高达55.8%，品质已成为用户首选，拥有高品质产品的企业，才能在互联网电视市场占有先机。与大部分省公司一样，福建公司互联网电视产品仍以“实惠”为卖点，尚未形成品质口碑，仍未成为用户首选产品。

（三）互联网电视品质管理模式亟须改变

现有互联网电视品质管理以“我”为主，从网络指标出发，与市场需求并不相符。一方面，品质管理理念与市场发展脱节，以网络感知为主，客户感知为辅，主要关注丢包、网络时延等，导致网络指标完成较好，但客户对产品不买账；投入较多资源提升网络指标，但客户感知并没有获得提升。另一方面，管理方式与产品特点脱节，互联网电视品质管理长流程由多个部门分别管理，缺乏端到端的管理机制，跨边界、跨部门的深度协同和融合能力不足，品质和故障问题的分析与处理脱钩，容易出现推诿扯皮现象，品质提升效果不佳。

基于上述原因，福建公司从2015年开始，积极推进基于客户感知的互联网电视品质管理。

二、移动通信企业基于客户感知的互联网电视品质管理内涵和主要做法

福建公司以客户感知为依据，参照国际权威的TMF精益运营评价指标体系，从互联网电视的内容

丰富度、操作便捷性、观看流畅性和响应及时性 4 个维度构建全方位的品质管理体系，采取 5 大举措全面提升互联网电视品质，切实提供用户满意程度。主要做法如下。

（一）聚合多家内容提供商，向客户提供优质丰富的内容体验

一是改变原来依靠单一内容源的模式，率先在全国范围内创新聚合多家内容提供商内容的运营模式，采用“1＋N”运营方式，由 1 家牌照方和 N 个 CP 分别提供存量片源清单，播控平台与福建公司联合组成运营团队，梳理需要注入平台的内容清单，并做好内容编排、整合以及存储的协调工作，打造最丰富的视频内容优势。

二是通过“基础播控费用＋增值点播费分成”结算机制激励合作方共同完善平台内容建设，根据牌照方对内容平台的贡献度制订动态分成比例，激励牌照方提供最新、最优的内容资源。同时，采取月度运营考核，确保合作方注入视频内容的丰富度与品质。具体如下：

结算机制，包括基础播控费用结算机制和增值点播费分成机制。其中，基础播控费用结算机制是根据牌照方对内容平台的贡献度确定的结算分成比例，并制订动态分成比例分配方案，激励牌照方提供最新、最优的内容资源。而增值点播费分成机制是将平台中增值点播内容产生的点播费按一定比例对移动、CP 和牌照方进行分成。

考核机制：月度运营考核与结算金额挂钩，结算费用的 20％直接根据考核得分来计算。EPG（Electronic Program Guide，电子节目指南）界面质量和内容更新及时率占月度考核 50％权重，以此督促合作方做好视频内容保障。

（二）建立电视操作体验优化机制，向客户提供敏捷快速的操作体验

建立互联网电视操作体验优化机制，通过人员反馈和大数据画像，定期优化用户操作界面和交互设计，给用户带来更为便捷的操控体验。

人员反馈，即建立互联网电视操作体验定期反馈机制，组织友好用户和各地市业务测试员反馈优化建议，由专业人员进行筛选和评估，优化用户界面和交互设计，使其更符合当前主流的电视交互操作模式。

大数据画像，即建立跨部门的大数据联合运营机制，通过大数据平台对互联网电视用户进行画像，分析用户观看互联网电视的喜好，以客户感知为导向，针对不同用户群的特点提供便捷的电视操作界面。

（三）全方位监测和优化观看感知指标，向客户提供稳定流畅的观看体验

建立软探针监测和人工入户测试相结合的互联网电视品质监控机制，全面收集、分析互联网电视观看的各种客户感知指标，评价观看流畅性、及时定位问题。

软探针监测，即在机顶盒中内置探针，收集并分析全省互联网电视收视情况，对区域观看流畅性指标及时预警，监测结果自动形成报表上报，自动分析牌照方、厂商、地市的故障情况，并对终端概况、EPG 概况、实时概况等进行管理。

人工入户测试，即为更加贴近客户观看互联网电视的感知，定期组织测试人员对全省各区县互联网电视进行入户测试，审视分析客户感知、定位观看流畅性问题。

综合比对分析各期入户测试的数据以及用户对测试结果的感知，结合用户可接受的感知门限参考值，发现用户对观看流畅性具有“两高一低”的感知重点。一是用户对成功率相关的指标要求高，对互联网电视出现闪退和跳播、导致连续播放失败零容忍。二是用户对流畅度相关的指标要求高，对互联网电视直播和点播的卡顿等零容忍。三是用户对响应时长类的指标有一定的容忍度，对互联网电视的首帧等待时长、快进快退等待时长等的波动没有感知变化。

根据客户感知“两高一低”的特点，全省统一制定提升感知的专项工作部署，根据不同的感知要

求，制定差异化的保障机制。一是将 CDN（Content Delivery Network，内容分发网络）下沉到各个地市，让内容进一步靠近用户，提高内容分发效率，降低省干传输压力，提升互联网电视平台的稳定性。同时，明确 CDN 扩容阈值，当地市 CDN 负荷达到 70%即自动触发扩容需求。二是互联网电视 VLAN（Virtual Local Area Network，虚拟局域网）改造，为视频业务配置独立 VLAN 和开通组播 VLAN，开展 VLAN 专项整治活动，提升互联网电视 VLAN 接入率，支持组播功能的开通。三是推进互联网电视的有线接入整改工作，提升新增互联网电视接入率，要求各地市新增宽带有线接入率≥90%，减少因无线网络环境不稳定而影响观看流畅性。四是规范机顶盒版本升级和入网管理，加强对机顶盒厂家考核，保障入网的机顶盒质量，对出现问题较多的机顶盒及时更换，不再集采。

针对用户零容忍的成功率和流畅度相关指标，一旦出现异常，必须在 12 小时内解决，出现 1 次以上就进行考核。对于其他时延类指标，在感知门限内允许指标波动，若超出感知门限，48 小时内解决问题。

（四）全流程提升办理效率，向客户提供高效及时的响应体验

1. 售前阶段

向用户提供“购物车”式订单业务受理体系，实现用户资源自查、产品自选、预约受理，实现全流程智能支撑，参照总部规范，实现宽带正装机、资源闭环管理、群障拦截等功能；业务能力可视，向用户提供地理信息服务，可查询资源覆盖、网点分布等信息，了解宽带电视及相关产品；渠道便捷受理反馈，深化产品订购能力，向用户提供一站式订购服务，同时组建省市县三级评测智囊团队，全维度获取使用感知；订单式透明溯源跟踪，区分对内对外两个界面，差异化向用户和内部人员展示订单流转进度。

2. 售中阶段

优化装维流程，建立动态调度机制，实现一点接入全线支撑，收到安装需求后 30 秒内响应，装维全程等候时长不超过 10 分钟，社区经理装维平均时长由 2.5 小时缩短至 1.5 小时，具体措施如下：

一是灵活有弹性的装维调度。开发管理工具，结合业务量变动趋势，开展动态支援、网格动态调整，确保人员投入与短期、中期需求相匹配。优化后平均开通时长 1.06 天，与竞争对手相当。

二是建立调度中心，加强装维全流程闭环管理。主要负责装维监管，市县协同做好过程管控。理顺工单直派，提升整体运维效率。95%以上工单均实现自动直派，投诉工单 2 小时内到达一线。

3. 售后阶段

一是开展故障预处理，故障工单拦截量显著提高，有效减少上门数量，缩短故障处理时长。二是加强专家预处理环节，有效拦截 25%的故障工单。集成后端多个系统的业务信息及网络能力，客服人员 1 次输入、5 次点击、12 秒完成一次故障预处理。投诉处理平均时长缩短 15%，故障诊断准确性提升 30%，投诉拦截成功率上升 20 个百分点。

（五）构建省市两级考核，有力保障互联网电视品质提升

构建省市两级考核方式，通过人工测试和网络监测两种渠道全面收集影响客户感知的指标，作为考核的输入，切实将基于技术指标的考核转变为基于客户感知的考核。除考核地市公司 KPI 外，还对省公司部门和地市公司设立专项奖金奖罚，针对每个阶段互联网电视品质的提升情况直接进行经济奖惩。

三、移动通信企业基于客户感知的互联网电视品质管理效果

互联网电视品质提升明显。截至 2017 年 3 月，互联网电视大部分体验感知相比 2016 年年初提升明显，经过一年多的管理提升，互联网电视品质的客户感知已超越广电，并与主要竞争对手电信相当。带动宽带业务快速发展，有效提升用户活跃度与黏性。相比 2016 年年初，2017 年年初家庭宽带到达份额提升 6.1%，互联网电视用户活跃度提升 8%，开通互联网电视用户离网率下降 8%。互联网电视投诉

量下降明显。用户在流程受理、操作规范、网络故障、平台和内容等故障、终端故障、装维等 6 大方面投诉率明显下降。

互联网电视品质管理获得集团公司认可和推广。2017 年 4 月召开的全国家庭市场最佳实践研讨会上，福建公司就互联网电视品质提升进行最佳实践介绍，获得集团公司认可。

（成果创造人：刘　坚、张　莉、葛松海、首建国、尹壮志、
雷日东、章金水、林　海、陈银铃、刘　杰、林超艺）

基于集成化信息平台的全供应链“一站式”物资供应服务

中油管道物资装备有限公司

中油管道物资装备有限公司（以下简称物装公司）成立于1973年，隶属于中国石油天然气管道局。物装公司主要从事油气储运工程项目物资采办及物流服务，先后承担国内外100多条管道建设和600多座储罐工程建设项目的物资采办工作，累计完成物资供应量近千亿元。2016年，物装公司实现营业收入7.39亿元、利润5235万元，完成市场开发额16.93亿元。

一、基于集成化信息平台的全供应链“一站式”物资供应服务背景

（一）适应管道市场发展现状的需要

目前，国内、国际管道市场正多元化发展，即投资主体多元化、项目管理多元化、参建方多元化，要求采办物流分包商转变角色，由单一采办物流服务向采办规划、信息服务、决策支持等综合物资供应服务转变。越来越多EPC投资主体要求转嫁采办风险，降低采办成本，提出采办“一站式”分包服务；项目管理方要求提供采办物流前期规划、延伸服务保障；参建方对重要物资和设备提出更多个性化、高标准服务要求等。

（二）提升企业服务竞争力的需要

物装公司擅长物资采办服务、物资仓储、清关物流服务，而国际贸易还处于发展阶段，“一站式”服务其他环节还比较薄弱，难以满足建立一流采办物流综合服务商目标，也难以适应国际、国内激烈的市场竞争。尤其是2014年油气管道市场“寒冬期”到来，长输油气管道工程锐减，物资采办工作量随之减缩，物装公司生产经营压力骤然上升，企业资金流、利润流大幅下降。为应对市场寒冬带来的挑战，也为适应国家“一带一路”倡议所带来的机遇，物装公司必须全面发展“一站式”服务能力，推进公司业务多元化，延伸服务内容，提升服务质量，从而有效拓展市场范围，提升服务竞争力。

（三）整合企业资源，提升服务质量、降本增效的需要

伴随“互联网＋”服务理念和技术日渐成熟，电子招标、智能仓储、移动数据终端、智能物流、电子商务等技术逐渐应用于物资管理领域。借力信息化技术，物装公司能够实现采办规划、招标、投标、采购、仓储、物流、清关、运行物资保障等线上服务，同时延伸提供第三方物流贸易、行业咨询与信息服务等业务，形成新的业务增长点，增强创效能力。

基于以上原因，物装公司从2015年4月开始推进基于集成化信息平台的全供应链“一站式”物资供应服务。

二、基于集成化信息平台的全供应链“一站式”物资供应服务内涵和主要做法

物装公司以全生命周期物资保障服务为目标，以集成信息平台为基础，以整合供应链企业内部资源和外部供应商、客户、第三方物流资源为手段，为客户提供涵盖采办前期规划、招投标、物资采办、驻厂监造、智能仓储、国际贸易、清关物流、后期安装调试、运行服务保障等的“一站式”物资供应服务。主要做法如下。

（一）顶层设计，明确“一站式”物资供应服务总体思路

物装公司以集成化信息平台为基础，整合供应链资源，进一步夯实业务能力，包括市场开发、采购寻源、采办执行、清关物流、仓储中转、增值服务等，与生产商、代理商、仓储物流服务商、技术服务商开展广泛合作，合理选择第三方支付、渠道等合作伙伴，围绕物资供应搭建服务生态圈，为客户提供

物资采购全业务流程“一站式”服务：一是依托全业务流程集成化信息平台，线上操作采办前期规划、招标、选商定商、合同管理、清关物流、智能仓储等，切实提高采办物流服务质量、执行效率；二是通过信息平台开展物资供应过程监控，建立采办风险预警机制，增强合规管理和风险抵御能力；三是为企业经营提供决策支持，为客户提供信息化增值服务。

（二）建立集成化信息平台，支撑全供应链“一站式”物资供应服务

物装公司以集团ERP、电商、物采信息平台为基础，开发全业务流程集成化信息平台，以此作为全供应链“一站式”物资供应服务的核心支撑。

1. 电子招标、电子竞价系统与ERP系统集成

为提高招标工作专业化、标准化、规模化和集成化发展，物装公司率先完成电子招标系统与ERP系统集成上线，实现招标信息网上发布，资格预审、招标、评标、定标网络化，远程异地评标和招标过程电子归档管理。

2. 合同系统、电子商务平台、物采系统、ERP集成融合

电商系统与集团物采系统、ERP系统融合后，订单从ERP传递到电商系统，与合同系统数据对接，在系统中自动控制、合同、订单、物资验收调拨、财务发票结算和付款等环节。利用ERP、电商、合同管理系统业务端已录入的数据，形成多层级需要的标准化报表，进行合同结算、收付款管理，生成全过程管理报表。同时，采办物流集成系统与财务系统衔接，采办物资数据直接反馈至财务账面，数据以财务货币表述，利于管理层获取决策信息。

3. 智能仓储系统与ERP系统融合

物装公司进一步升级原中转站数据采集处理系统，采用二维码、便携打印技术及移动手持终端，实现现场条码打印、扫码采集数据和图形可视化发货操作，通过互联网实时传递数据，为用户提供更高效的中转站现场服务。手持终端通过扫码直接将信息传输至电子商务平台，由电商系统实现对物资入库、验收、调拨、盘点全过程监控；通过电商系统与ERP系统融合，生成ERP系统数据；通过ERP与财务系统衔接，直接反馈在财务账面。公司管理层可直接从财务获得直观、准确的物资仓储信息反馈。

4. 清关物流系统与电子商务、合同管理系统融合

物装公司清关运输系统，具备对项目清关运输的全过程管控功能，设立电子商务平台、合同管理等系统接口，实现清关业务与采办业务的对接，可自定义查询并生成各种报表，如运输进度表、合同付款情况表、进出口货量统计表、异常情况统计表、出口退税统计表等。

（三）分级、动态管理供应商，确保采购寻源质量

1. 优化供应商资源，实行供应商分级管理

根据集团公司供应商管理办法，统一供应商准入资质标准和流程，建立供应商管理共享平台。根据供应商资质、业绩、资金、技术和重要性，将供应商分为战略供应商、合格供应商和潜在供应商。战略供应商为国内外知名生产商，所生产物资为管道工程经常采购、批量采购、大规模采购物资，其履约能力、质量和信誉都具有保证，通常在集团一、二级供应商目录中。与其开展战略合作，签订战略合作框架协议，采购政策向其倾斜，执行集中采购或战略采购策略。合格供应商为产品质量合格、开展少量合作或零星采购的供应商。潜在供应商为市场中广泛存在的未与之合作的供应商。加强巩固与战略供应商合作关系，将国内优秀战略供应商带入管道局进行的国际工程项目，与国际管道工程协同发展，同时将国际优秀战略供应商引入国内、其他国工程项目中，获得其更多价格和服务优惠政策。对于合格供应商给予充分晋升空间，加强潜在供应商寻源，拓展供应商资源。

2. 闭环管理供应商，建立高效的供应商动态管理体系

供应商体系实行严格准入、规范管理，建立供应商准入、管理、激励和退出闭环管理机制，加强供

应商跟踪考核管理。

供应商准入执行集团“统一准入标准、统一准入证书、统一信息管理、资源共享”原则。准入申请由供应商自荐、推荐供应商或特邀供应商三种来源，按照“申请推荐、资格预审、准入评审、准入核准、信息录入和发放准入证”的流程，对供应商资质条件、履约能力、产品质量、商业信誉和主要业绩等方面，进行层层筛选和核准，符合条件后上报集团审批，通过后颁发准入资格证书。

根据到货阶段、投运阶段、质保金阶段、运行维护阶段情况，实行供应商全寿命周期量化考核，并根据考核结果实行分级管理，Ⅰ级供应商优先采购，年采购份额占60%以上，采购政策向其倾斜；Ⅱ级供应商维持正常采购，要求供应商持续改进；Ⅲ级供应商保证基本生产需求的采购，作为非重要产品的采购对象；Ⅳ级供应商减少其采购，重点辅导，要求其在一周内解决主要问题，三个月内升级至Ⅲ级，辅导两次以上仍无改进，取消其合格供方资格。

（四）通过集成化信息平台，实现采办执行线上操作、动态监控

1. 采办业务流程线上操作，提高采办服务质量和效率

物装公司梳理和分解细化物资供应服务流程，分为采办计划、采购方案、采购订单、库存管理和结算管理环节，根据各业务流程特点归属各系统平台录入和流转，各系统平台之间信息共享，互通、互融，保证采办信息质量准确性、统一性、完整性，提高采办服务质量和效率。

2. 推行电子招标，提升选商议价能力

供应商通过互联网远程操作，与其他供应商一起匿名参与整个投标、竞价过程，招标竞价公开、透明，将传统静态的投标报价转变为动态的供应商竞价过程，促进供应商之间充分竞争，获得更精准、快捷的成交价格，提升采办选商议价能力。

3. 启动三级预警机制，增强抵御和防范风险能力

首先，按阶段细化识别风险：采办前期，采办技术文件风险、供应商选定风险、采办方案规划风险；采办物流过程，采购招投标过程风险、合同签订风险、合同执行风险、物流方案风险、物流过程中风险、物资仓储风险；采办后期，安装调试风险、服务保障风险等。

其次，根据各项风险重要性，对产品质量、进度、成本影响程度，划分为三级风险预警：一级风险主要为潜在风险或已经发生的采办物流与目标细小偏差，不会对产品质量、进度、成本造成影响；二级风险主要为已经发生的采办物流与目标较大偏差，并对产品质量、进度、成本造成较大影响；三级风险为已经发生的采办物流与目标重大偏差，并对产品质量、进度、成本造成重大影响。

最后，对于不同级别风险采取相应监控和解决措施：一级风险，通过集成化信息平台时时监控、及时预警和纠偏；二级风险，对于重要风险控制点和重点物资加强风险监控和预警；三级风险，由项目上报至管理层，并立即采取有效纠偏措施。

（五）清关物流实行动态、精细化管理

通过清关物流系统实现清关物流过程（运输跟踪、单据、合同、费用）管理、统计管理、退税管理、国内配送管理等，实现物资清关物流全业务流程动态、精细化管理。面向用户共享信息，用户可及时掌握物资清关动态，做好对应港口接货、清关和仓储准备，掌握物资运输费用、出口退税额多种成本数据，确定最优运输方案。及时跟踪物流服务状态，保证物流服务工作有序进行，不但降低物流服务成本，同时有效缩短运输周期。例如，在泰国那空沙旺项目中运用清关物流系统优化运输方案和GPS车辆定位，顺利完成业主16377根钢管共7批次港口至堆场运输任务，运输过程中密切跟踪物资清关到港情况，合格安排车辆、人员和运输批次，及时高效完成运输任务，节省运输费用约40万美元，累计缩短运输周期7个工作日。

（六）开展数字化、智能化仓储物流服务

一是物资信息录入采取手持智能终端扫码方式。供应商根据项目要求对出库物资贴上唯一的二维码，记录物资规格型号、数据参数、出厂编号、出厂日期、供应商信息等，保证物资信息的可追溯性。中转站仓储管理人员通过扫码，将信息直接传输至电子商务平台。

二是建立集中仓储库存管理机制。根据集团公司集中仓储和“零库存”目标，优选中转站地址，使区域物资集中仓储，地区项目物资集中共享。

三是通过第三方物流仓储模式，充分利用外委物流仓储资源。依托于管道建设项目，物流配送资源以专业化的管道物装公司为主，结合地区优势，发挥地方油建和其他物流配送体系作用，采取中转站外包和委托仓储、运输等模式，利用信息化平台对第三方物流统一规划、统一调配和过程监控。

四是仓储物流信息共享，降低物资库存量。物装公司仓储物流中心发挥集中管理和信息共享优势，加强对仓物流仓储全程监控、过程管理，有效降低物流仓储成本。与战略供应商签订分批次到货协议，根据库存最优订货量计算物资分批发货时间、发货量，力争减少仓储库存量，降低仓储成本。

（七）为客户提供投标报价、采办前期规划、决策支撑等增值服务

1. 为客户提供采办前期投标报价服务

物装公司基于全供应链集成化信息平台建立，收录1万余条物料信息、1400余家有效物物资供应商信息、600余名专业专家和40个国内工程项目的结构化数据，以及100余个中转站、600余个施工项目数据，据此科学分析近几年的价格信息和价格趋势，由采购工程师提供及时、准确的估价。对于数据库尚未覆盖的大型、复杂、精密仪器设备，报价难以准确把握，通过覆盖全供应链的供应商战略联盟，请相关专业供应商参与报价，与采办、设计工程师进一步协商完善业主技术参数，从而提供较准确报价。针对不同施工环境设备、材料的影响，物装公司委派相关采办工程师跟随项目客户进行前期踏勘，保证设备、材料数据适应当地环境。

2. 为客户提供采办前期规划服务

物装公司基于数据积累，为客户提供采办前期规划服务，包括制订采购计划、采购方案、采购进度控制措施、采购风险预估和采购服务保障措施等。

在采购计划阶段，物装公司主动式汇总物资清单，补充详细物资数据信息，制订翔实、充分的采办计划。根据工程里程碑计划，结合设计计划和施工计划，以及所需设备、材料规格型号、特点等信息，制订设备、材料采购计划。在采购方案阶段，根据物资采购计划在集团物采系统中选择采购方案，拟定潜在供应商资源、采购方式。控制采购进度，根据物资采购计划，确定长周期、重要关键性物资，并制订进度保障措施，如采取第三方督办、进度节点检测等。预估采购风险，结合进度控制措施，制订翔实的采办服务保障措施，保证采办计划执行。

3. 为客户提供决策支持服务

完善技术手段，客户通过门户网站，选取所需数据信息，即可生成多维度、综合集成的报表统计数据，为决策和管理提供支持。

（八）利用国际贸易支持市场开发力度

为加强市场开发力度，全力推进国内外进出口贸易市场拓展，在国内外建立贸易平台，把国内优秀产品推向国际，把国际知名品牌引入国内，为国内外客户创造商机。例如，开展大宗物资进出口服务，根据自身具备的对外贸易经营资质为国内外目标客户提供大宗物资的进出口服务；根据国际市场需求，将国内优质产品代理到海外，帮助中国企业走出国门，开拓海外市场；根据国内市场需求，将海外高科技产品代理到国内，帮助中国企业实现技术升级；根据当前的市场需求和自身丰富的供应商资源，通过具有议价权的集中采购优势为合作方开展物资及配套设备的委托采购服务；结合多年的国内外工程项目

采办经验，针对合作方工程项目的需求和特点，制订系统的采购计划方案，提供优质的物资和高效的采办分包专业化服务。

成立国内贸易总部和国外贸易公司，分别为哈萨克斯坦贸易公司、乌兹别克斯坦贸易公司、迪拜贸易公司，以及非洲贸易公司、欧洲贸易公司，实行“引进来，带出去”战略，吸引国际知名供应商战略合作，建立国内、国际一体化市场，不断扩展市场开发范围。

三、基于集成化信息平台的全供应链“一站式”物资供应服务效果

（一）形成完整的采办服务供应链

物装公司以集成化信息平台为基础，提供采购寻源、采办执行、清关物流、仓储中转、增值服务和市场开发等服务，实现“一站式”物资供应，满足客户个性化需求，提高客户满意度，降低全生命周期采购物流成本，塑造了良好的企业品牌声誉，并带动了全产业链相关方的共同发展。

（二）采购效率、质量明显提升，促进企业良好发展

成果的实施大幅提高了采购效率，保障了采购质量，缩短了采购周期，节约了采购成本，客户满意度大幅度提升，得到管道局 EPC 项目业主好评，外部委托业务量逐年攀升，2016 年市场开发额达到 16.93 亿元，外委招标项目在数量和金额上比 2015 年分别增加 15％和 50％。

（三）降本增效，支持集团重大项目开展

两年来，累计采用电子招标完成物资采购 1000 多次，总金额约 26 亿元；电子竞价系统得到泰国项目业主、孟加拉国项目业主青睐，已成功采取电子竞价方式完成了 300 多个采办包采购，总金额约 6 亿元。截至 2016 年年底，利用信息化集成系统，配合市场开发部开展贸易物流询价 108 次。配合各个贸易公司、市场开发部做好贸易合同的物流工作，采用国际铁路联运、空运、海运的方式将国内的物资运输至哈萨克斯坦、乌兹别克斯坦、肯尼亚、迪拜、南苏丹共和国等国家和地区。

（成果创造人：司马俊、郄振雷、王华荣、陈　喆、侯　勤、左扬平、
何宝生、孙宝海、王春辉、杜　娟、汤　怡、李雪松）

以打造一流可持续发展智库为目标的企业咨询服务管理

责扬天下（北京）管理顾问有限公司

责扬天下（北京）管理顾问有限公司（以下简称责扬天下）成立于2003年，是我国率先投身于推动中国社会责任与可持续发展事业的专业机构，致力于成为可持续发展企业和机构的高级智囊和亲密伙伴。作为中国社会责任的倡导者、传播者、推动者和开拓者，以打造一流可持续发展智库为目标，率先在国内开展社会责任与可持续发展领域的咨询、研究、培训及责任品牌建设服务。

一、以打造一流可持续发展智库为目标的企业咨询服务管理背景

（一）引领可持续发展事业发展的需要

企业社会责任、可持续发展的概念自20世纪20年代在西方发达国家产生到现在已有近100年的时间，在欧美发达国家已从当初处理劳工冲突和环保问题，发展到实施企业社会责任战略提升企业国际竞争力的阶段。而在中国，企业在可持续发展方面的认识和实践仍有差距，仍存在认识不统一、实践不系统、管理不深化的问题。这就需要社会责任专业服务机构为中国可持续发展事业贡献力量。

（二）推动组织顺应可持续发展潮流的需要

伴随着经济全球化的进程，可持续发展已经成为全球范围广泛认可的价值理念和话语体系，要求企业和组织顺应可持续发展潮流，实现自身的可持续运营与发展。然而，可持续发展也需要一定的专业技能，需要付诸努力，并加以系统思考和管理才能实现，需要借助社会责任专业服务机构的专业优势，从而精准制定可持续发展工作策略、找准可持续发展工作路径、推进可持续发展目标实现。

为此，责扬天下作为国内率先致力于推动中国社会责任与可持续发展事业的专业咨询机构，坚持“责任竞争力成就可持续发展”信仰，把握自身优势，不断提升自己的服务水平和管理绩效，打造发展竞争力，为客户提供优质的咨询服务。

二、以打造一流可持续发展智库为目标的企业咨询服务管理内涵和主要做法

责扬天下以“成为可持续发展企业和机构的亲密伙伴和高级智囊”为战略目标，坚持“用世界的智慧服务中国，用中国的智慧服务世界”，构建完善的组织管理体系，建立全价值链的社会责任产品服务体系，营造政府、行业、企业、社会、国际等多方共识、共建、共享的可持续发展管理路径，努力成为一流可持续发展智库，推动全球可持续发展事业的发展。主要做法如下。

（一）确立愿景和战略目标

结合社会发展和自身优势，责扬天下提出专注可持续发展的运营思路，即以可持续发展为核心，培育培训、咨询、网站、国际合作、研究等多维度于一体的可持续发展服务模式。明确“成为世界可持续发展的中国智库”的企业愿景，确立四步走的战略举措，努力发挥专业优势，在企业社会责任领域，鼓励优秀的企业和组织，帮助具有进步和发展意愿的企业和组织，培育推动企业履行社会责任的责任消费和责任投资市场机制，最终促进一个负责任的社会氛围形成。

在此基础上，制订业务发展目标：2010年完成运营模式转型，达到业务平稳运转；2012年完成专业化、产品化、市场化方面基础建设；2015年实现各项业务快速发展，整体业务规模比2009年翻两番；2016—2017年业务保持较快发展，员工收入、福利随业务发展持续改善。

搭建“寻找金蜜蜂企业—合作金蜜蜂企业—服务金蜜蜂企业”的商业运营模式，依托寻找金蜜蜂企业活动，开展中国金蜜蜂社会责任倡议激发客户服务需求，完善金蜜蜂社会责任理念研究体系做好客户

服务。自2007年起，在全国范围内开展“寻找金蜜蜂企业”活动，共授予291家企业金蜜蜂企业称号。与21家企业和2家机构成为金蜜蜂全球CSR2030倡议伙伴，在一定程度上激发社会责任领域的服务需求。

（二）完善组织体系建设

适应市场发展和加快业务运营的需要，建立健全组织体系。设置管理委员会，定期召开会议，按既定的议事规则开展决策，负责制订公司发展战略、经营计划和投资方案；决定公司内部管理机构的设置、重大人事任免；审议公司员工薪酬机制和核心管理制度，审议公司的年度、半年度、季度工作总结；审查、批准及监控重大支出；指导文化建设；检查内部监控系统，包括财务、运营及风险管理等。公司成立管理委员会。

内部组织分为市场系统、业务系统及支持系统3个系统。市场系统由品牌部、市场部和客户部等组成，负责公司品牌、市场活动的策划、组织，以及品牌的建设、管理、传播和维护，并负责客户和项目的开发、销售管理和客户维护工作；业务系统由行业咨询部门、区域办公室（上海、广州、西安等）及教育中心组成，负责社会责任产品/服务的研发、咨询、研究、培训等项目的执行、管理；支持系统由综合管理部、人事财务部组成，开展行政、人力资源、财务管理、商务计划和文化建设等工作，为机构的运行提供保障。截至2017年10月，在北京、上海、广州、西安、武汉、杭州、南京设有办公室，研究生学历员工比例达80%。

（三）深耕社会责任研究业务

坚持“基础理论研究作为核心竞争力”，汲取全球最佳实践、专业知识，以13年的社会责任研究经验，致力于成为各类组织社会责任与可持续发展咨询的智库。

1. 构建金蜜蜂社会责任理念体系

创新建立责任竞争力理论、责任层次理论以及责任品牌理论，形成公司社会责任原创理论体系，为各项业务的开展奠定理论基础。率先提出“企业责任竞争力”理念，形成由企业责任竞争力、产业责任竞争力和国家/区域责任竞争力构成的较为完善的“责任竞争力”理论体系。将企业社会责任分为必尽责任、应尽责任和愿尽责任，构建责任层次理论体系。倡导企业责任品牌概念，提出责任品牌是企业负责任形象在利益相关方中累积所形成的品牌类型，是在利益相关方中形成的良好品牌声誉。

2. 积极参与社会责任相关国际和国家标准研制

成立专门的社会责任研究部，积极跟踪探究社会责任领域国内外最新的前沿发展，参与国际、国内社会责任标准、指南与政策制定，促进社会责任在中国以及全球的发展。截至2016年年底，共参与7项社会责任相关标准的制定，包括《社会责任国际标准指南：ISO 26000》《解决标准可持续性指南》《社会责任绩效分类指引》《社会责任指南》《社会责任报告编写指南》等。2017年，牵头完成《社会责任融入企业管理体系实施指南国家标准研制与试点应用》，同时为电力、建筑、食品、乳品等7项社会责任国家标准的研制与试点应用提供基础支持。

3. 持续开展企业社会责任评估研究

自2009年起，持续对企业社会责任实践、各类社会责任报告开展搜集、统计、分类和研究工作，构建起企业责任竞争力典型案例库、中国社会责任报告动态数据库。

构建金蜜蜂企业社会责任“四有”评估体系，持续开展社会责任实践基准研究、社会责任最佳实践研究。对企业的社会责任实践进行评估，包括企业的内在理念和制度、企业的外在责任表现、企业同外界的沟通和企业社会责任的具体实践4个方面。每年定期发掘履行社会责任的最佳实践案例并进行推广，帮助更多企业和组织深刻理解并履行社会责任。截至2017年10月，已发掘500多个企业责任竞争力案例，形成一批在国内外具有影响力和示范意义的优秀案例。

构建“中国企业社会责任报告研究理论模型”，持续开展社会责任信息披露研究。对企业和组织所披露的社会责任报告主要从核心内容、基础信息，并满足基本原则三大方面进行评估。定期发布《金蜜蜂中国企业社会责任报告研究》，帮助各界认识和把握中国企业社会责任报告发展现状和趋势，为中国企业编制更高质量的社会责任报告提供参考，成为中国企业和社会各界开展社会责任报告交流的工具和平台。

（四）拓展社会责任管理咨询业务

以“责任竞争力”理念为核心，通过咨询服务由外而内地深入审视企业与社会的和谐共生关系，通过社会责任理念重塑企业管理模式，激发企业对责任的承担和可持续发展价值的追求，推动企业增强责任竞争力，实现企业与社会的可持续发展。

1. 率先开展企业社会责任报告编制咨询服务

自 2007 年以来，在国内率先开展企业社会责任报告编制咨询服务，结合客户社会责任报告编制的不同需求，提供全程咨询服务、定制咨询服务以及技术指导服务等多元化的产品。全程咨询服务是指公司作为技术支持方和主要执行方，全程参与报告编制准备、报告内容撰写、报告设计、报告发布等工作。技术指导服务是指公司指导客户在识别实质性议题、搭建报告框架等方面提供方向建议，对报告质量进行全面评估，提出改进建议。定制咨询服务包括跨国公司报告本土化咨询、中国企业国别报告编制咨询，以及集团与分子公司报告打包编制咨询。跨国公司报告本土化咨询是指识别本土报告与集团报告的区别与联系，定位本土报告的重点与亮点，提供中英双语服务。中国企业国别报告编制咨询是指服务企业“走出去”，帮助企业在海外运营中掌握“社会责任”这一国际化语言，提供中英双语服务。

截至 2017 年 10 月，已为 100 余家企业/机构编制超过 300 份报告，成为参与企业社会责任报告编制数量最多的机构。累计设计 180 余册报告，在国际专业报告设计奖项“ARC AWARDS”中多次斩获大奖，积累丰富的报告设计服务经验。

2. 构建完整的咨询产品服务体系

契合中国社会责任界“五位一体、多元共促”的社会责任推进模式，从企业服务、政府服务、行业组织服务、社会组织服务以及国际合作服务等五个维度提供一整套社会责任产品服务。

企业服务体系根据企业客户的实际运作方式及其在市场中的独特定位，从社会责任融入业务运营、社会责任融入职能管理、社会责任沟通传播管理等多维度，为客户度身定制解决方法。社会责任融入业务运营是指推动企业客户将社会责任管理理念融入企业研发、采购、生产、销售、服务等全过程；社会责任融入职能管理是指推动企业客户在战略管理、责任管理、文化管理、品牌管理等方面落实履行社会责任的要求；社会责任沟通传播管理是指导企业客户在报告编制设计、奖项申报、影像制作等层面更好地树立企业负责任的形象。

政府服务体系借助丰富的实践与研究经验，面向中央政府、地方政府以及事业单位，用社会责任理念重塑管理模式，激发所属企业对责任价值的追求。积极参与社会责任重要文件起草，承办社会责任管理培训，承接社会责任战略规划课题。

行业组织服务体系面向全国性组织、地方性组织，从行业管理体系、行业标准制定、行业责任培训等方面，构建不同行业社会责任领域共同的话语体系，统一和规范行业社会责任的共同理解及相关实践，为行业企业履行社会责任提供指导。

社会组织服务体系重视科研院校、社会团体、媒体、同行的沟通合作，更大范围提升公司影响力。通过联合开发 MBA 案例、设置 MBA 教学课程、组织记者社会责任培训班等方式，增进社会各界对社会责任的理解和认识。

国际合作服务体系坚持“用世界的智慧服务中国，用中国的智慧服务世界”，促进中国社会责任事业发展，与国外知名社会责任组织建立经常性联系和合作关系，并在世界可持续发展领域中呈现中国的努力。

（五）强化社会责任培训业务

于2009年成立金蜜蜂社会责任教育中心，面向企业、非企业组织及社会责任经理人等提供专业、领先的社会责任培训指导，以培训帮助客户掌握国际商业发展的先进趋势、创新管理模式，提升可持续发展能力，致力于成为社会责任与可持续发展专业组织和人才的培养基地。

1. 建立资深专家团队

构建起包括社会责任专家、企业社会责任经理人、相关行业专家等在内的数十名资深专家团队。中心专家长期专注于社会责任、可持续发展方面的研究与推广，拥有丰富的实战经验，洞悉社会责任领域热点议题。

2. 提供社会责任培训指导

系统分析企业、非企业组织和社会责任经理人在社会责任领域的需求，结合国内外社会责任最新发展趋势，研发符合市场要求的各类培训课程产品，帮助组织掌握国际商业发展先进理念，激发组织可持续发展的内在动能。通过线下培训积累的教学经验，搭建CSR E－learning学习平台，突破时间和空间的局限，为组织和个人提供更加丰富的学习内容和灵活的学习方式。为上百家企业提供社会责任定制培训服务，并应相关政府及行业组织邀请为其会员或所属企业授课，累计培训超过6万人。

3. 开发社会责任培训新产品

基于移动端开发“责任蜜坛”产品，率先打造社会责任领域的社会责任视频网络平台。以课程包为单位，向用户开放。用户登录后可根据需要，选择课程包，看后即可答题，累计答题分数达标后即可申请学习证书。

（六）探索社会责任品牌传播业务

凭借在企业社会责任管理与实践领域多年积累的实战经验，结合专业的品牌传播管理系统，帮助企业建立与利益相关方沟通渠道，提升社会价值认同，实现企业的可持续发展目标、扩大品牌声誉。

1. 构建金蜜蜂品牌

选定蜜蜂作为企业社会责任的形象代言人，倡导企业和组织要像蜜蜂一样建立“和谐共生”的可持续商业模式，追求与各利益相关方的和谐关系，以公平与效率作为行为绩效衡量标准。提出金蜜蜂企业的概念，创新对社会责任和可持续发展的理解。每年定期举办企业社会责任国际论坛、企业社会责任报告国际研讨会，传播金蜜蜂品牌理念，建立专业的交流平台，更大范围树立公司的品牌影响力。

2. 深化责任品牌管理服务

为客户提供责任品牌管理、传播规划、形象塑造等全方位的解决方案，帮助企业建立与利益相关方沟通渠道，提升社会价值认同，实现企业的可持续发展目标、扩大品牌声誉。

3. 发挥平台传播作用

陆续建立和运营WTO/FTA咨询网、企业社会责任中国网、中瑞企业社会责任合作网、全球供应链社会责任管理门户网络中文版等多个网站，发布社会责任专业信息数万条，成为重要的信息传播和沟通载体。

（七）推进社会责任国际合作业务

1. 与国际组织建立紧密联系

与人力资源管理协会（SHRM）、日本企业市民协议会（CBCC）、德国国际合作机构（GIZ）、联合国儿童基金会（UNICEF）等国外知名的社会责任组织建立紧密的联系，与合作伙伴一道不断加强国际交流与合作，努力在世界可持续发展领域中发出中国声音。

2. 联合开展国际合作项目

通过联合主办社会责任国际论坛、开展“金蜜蜂中国企业社会责任考察团”活动、合作社会责任专业书籍等方式，与欧洲企业社会责任协会（CSR Europe）等十余家国际机构达成战略合作关系。其中，与欧洲企业社会责任协会（CSR Europe）联合举办多届企业社会责任国际论坛，多次组织“金蜜蜂中国企业社会责任欧洲考察团”赴比利时出席欧洲企业社会责任协会主办的“企业 2020”展会，并举办主题论坛“企业社会责任在中国”。与此同时，双方还联合开办“CSR EUROPE”专栏。

（八）营造可持续发展氛围

1. 支持行业发展

充分发挥行业组织的服务、协调、中介、自律职能，支持构建较为完善的行业自律机制，引导和督促行业企业履行社会责任。受中国工业经济联合会委托，编制《中国工业企业社会责任指南》《中国工业协会社会责任指南》等文件，推动中国工业行业更好地履行社会责任；与中国对外承包工程商会合作，编制《中国对外承包工程行业社会责任指引》；参与《电子信息行业社会责任指南》及实施手册、《电子信息行业社会责任治理评价指标体系》等 3 个标准文件的制定，规范电子信息行业在社会责任领域的共同认知和行动框架；参与编制《乳制品企业社会责任指南》，明确乳制品企业履行社会责任的核心内容，促进乳制品企业转型升级提质增效。

2. 深化企业实践

充分发挥企业在推进我国社会责任建设中的主力军作用，推动企业将履行社会责任纳入制度化、规范化的轨道上来，有效形成良性的可持续发展市场机制。面向企业客户提供包括研究、咨询、培训、品牌传播、国际合作等在内的社会责任价值链全过程服务。

3. 倡导社会参与

充分发挥社会公众的舆论监督作用，建立健全社会监督服务机制，从社会层面营造有利于企业履行社会责任的外部环境。倡导社会公众通过责任消费、责任投资以及其他社会责任主题运动发挥监督作用，督促企业履行社会责任。推动新闻媒体营造良好的社会氛围，加大宣传力度，增强企业履行社会责任的意识，宣传交流企业回报社会的成效和经验，提升社会公众关注度和参与度，构建有利于行业社会责任报告发布和实施的人文环境和舆论。

三、以打造一流可持续发展智库为目标的企业咨询服务管理效果

（一）促进公司自身的可持续发展

责扬天下自 2003 年正式成立以来，经过 14 年的发展，公司盈利能力大幅提升，竞争力、可持续发展能力水平呈倍数增长，实现了 2015 年整体业务规模比 2009 年翻两番的战略目标，与 300 多个企业建立起战略合作关系，其中世界 500 强企业达 70 家，在社会责任、可持续发展领域树立了较好的品牌形象。

（二）帮助客户实现可持续发展

通过研究、咨询、培训、品牌等多项业务，全方面提供专业、领先的社会责任服务，帮助客户树立社会责任理念，建立可持续发展管理体系。协助南方电网、中国五矿、中国建筑、招商局集团等多家企业总结提炼出精准的社会责任理念，明确了社会责任推进模式。创新挖掘出百事中国的“沙漠种土豆——环境和原料一箭双雕”、广州石头造“技术创新与模式创新解决白色污染”等 500 多个责任竞争力案例。从案例挖掘、模式提炼、体系设计，帮助企业一步步找到其专业优势的用武之地，识别利益相关方的诉求，实现经济、环境、社会效益的共同可持续发展，提升了企业对可持续发展的认识。

（三）推动社会整体可持续发展

为社会培养了一大批可持续发展专业人才，带动行业内越来越多的企业履行社会责任，走可持续发

展道路。推动包括承包工程行业、乳制品行业等在内的近 10 个行业形成了可持续发展的行业标准。积极参与社会责任国际标准指南、社会责任国家标准等多项标准制定，极大地促进了整个社会对于可持续发展的认识与理解。通过开展国际合作，不断加强与合作伙伴之间的国际交流和合作，推动了中国声音在世界可持续发展领域的传播。

（成果创造人：殷格非、陈伟征、管竹笋、代奕波、邹续林、林　波、王　雯、侯彩霞）

面向突发及重大活动的组合式柔性供电服务管理

国网浙江省电力公司杭州供电公司

国网浙江省电力公司杭州供电公司（以下简称国网杭州供电公司）是国家电网公司大型重点供电企业、国网浙江省电力公司直属企业，供电区域16596平方公里，电力用户437万户，有职工2205人；所属县级供电企业7个，职工2716人。截至2016年年底，杭州电网拥有35千伏及以上公用变电所367座，变电容量6490万千伏安，线路9925公里。

一、面向突发及重大活动的组合式柔性供电服务管理背景

（一）消除突发及重大活动供电服务差异的需要

杭州地区供电服务的任务特点包括：一是任务差异大。近年来，杭州地区自然灾害和电网外力破坏事件频发，供电企业应对突发性事件的压力不断增大，供电服务保障工作日益繁重。同时，重大活动供电服务保障从临时性向常态化转变，根据用户需求和现场实际，供电服务保障工作间存在较大差异。从重大活动保障来看，活动类型、政治影响、场馆设置都对供电服务保障的具体方式和内容产生影响；从突发性事件保障来看，保障任务的重点主要集中在如何迅速地集结起相应的技术团队，并快速的消缺止损。二是保障模式单一。目前，供电企业应对突发及重大活动供电服务保障主要采用“一事一议”的方式，无法充分发挥专业优势。因此，在突发及重大活动供电服务中，急需供电企业采用组合式管理，将参与供电服务保障的团队按职责分化为若干供电服务保障模块，并进行合理搭配，以应对不同区域、不同类型、不同等级的供电服务保障需求，形成快速响应能力。

（二）构建突发及重大活动供电服务横向协同机制的需要

2017年，杭州成功举办了包括G20国际峰会、全国学生运动会在内的众多重大活动；2022年，杭州还将举办第十九届亚运会。在后峰会、前亚运的历史机遇期，杭州市对电力供应的稳定性和可靠性提出更高的要求。一是组织筹备复杂。在进行突发及重大活动供电服务保障的组织过程中，必须统筹兼顾履行社会责任和保障民生。如按照目前“一事一议”的方式进行筹备，保障方案编制、指挥体系设置、保障团队组建都需要长时间的检验和磨合，难以适应当前供电服务保障要求。二是横向协同困难。突发及重大活动供电服务需求多样、情况多变，需要供电企业内部各专业间的密切配合和高效协同。但当前供电企业日常业务还是以专业垂直化管理为主，且各专业间独立性较强，跨专业协同作战能力不足。为妥善应对多样多变的供电服务，供电企业必须从机制变革上寻求突破。

（三）提升突发及重大活动供电服务管理水平的需要

近年来，国网杭州供电公司保障供电的压力和挑战越来越大。一是服务涉及面广。对突发及重大活动供电服务保障需求的等级高，活动保障需延伸至用户电器设备末端；电压等级覆盖全，部分突发及重大活动供电服务范围需从低压用户追溯至特高压电网，会超过一县、一市供电企业管辖的范围，需要上级部门协同，跨区域集团化协作成常态化。二是纵向管理模式多样。在面对跨区域、多层级的突发及重大活动供电服务保障时，缺少能够包容各地区特色，快速形成统一战斗力的管理机制和模式。三是资源调配不灵活。人、财、物的调配，按照目前刚性计划管理的模式，无法满足当前供电服务工作灵活高效的需求，急需通过柔性管理机制实现内外部资源的合理配置。为有效应对和解决杭州市当前快速增长的供电服务需求，国网杭州供电公司自2015年中旬以来，以G20峰会供电服务保障为契机，实施面向突发及重大活动的组合式柔性供电服务管理。

二、面向突发及重大活动的组合式柔性供电服务管理内涵和主要做法

国网杭州供电公司为全面兼顾突发应急事件、重大活动与民生生产生活的供电服务工作，引入组合式柔性管理的理念，运用“稳定与变化”的管理策略，在横向管理上，搭建以内外协调联动、专业分工协作、资源统筹配置为主体的“三维度”工作协同机制；在纵向执行上，搭建以上下指挥统一、工作任务明晰、绩效管理闭环为内容的“三要素”工作推进模式；采用结构化分析与设计方法，以全盘设计、自由组合的理念，梳理出突发及重大活动供电服务工作任务模块，打造灵活多变的组合式柔性供电服务管理体系，满足不同级别、不同区域、不同类型的突发应急事件和重大活动供电服务需求。通过组合式柔性管理实践，实现突发及重大活动供电服务“政企全联动、职责全覆盖、资源全配置、流程全管控、服务全提升”，为供电企业高效、成功应对突发及重大活动，全面做好供电服务工作提供可参考、可推广的典型经验和管理模式。主要做法如下。

（一）组合式建立以“三维度”为主体的工作协同机制

1. 建立内外部工作协调联动机制

在突发应急事件和重大活动中，只有通过政府、电力企业和客户密切配合的联动机制才能较好地完成组合式柔性供电任务，高效实现多种供电服务的需求。政府主导供电服务，发布相关政策，协调督促各相关单位（部门）完成保电任务；客户承担主体责任，按照政府要求，做好隐患和缺陷的排查治理，确保安全、可靠用电；供电企业主动对接，提供技术支持，督促指导客户完成隐患和缺陷的排查治理，协调推进各项工作。

一是规范突发事件和重大活动供电服务标准。依据政府发布的信息，将重大活动供电服务分为特别重大、重大、较大、一般四个等级；将突发事件以天气预警信号为主，分为特别严重（红色）、严重（橙色）、较重（黄色）、一般（蓝色）四个等级。按照不同等级确定供电服务标准，国网杭州供电公司推动政府先后出台一系列制度标准，系统规范重大活动、突发事件各方职责、服务内容和工作标准，为供电服务保障工作快速、高效开展奠定基础。二是构建“三位一体”供电服务工作体系。“三位一体”是指政府主导、客户主体、电力主动。要发挥政府主导地位，在政府的统一领导下，明确突发事件、重大活动的总体负责部门或临时机构，综合协调各项工作。要落实客户主体责任，在重大活动筹备期，由政府见证，国网杭州供电公司与活动承办客户分别签订《供用电安全协议书》，明确客户的主体责任。要体现电力主动服务，全面做好突发事件、重大活动的电网抢建、应急照明、技术支撑和现场服务。

2. 建立专业间分工协作联动机制

依据突发应急事件、重大活动供电服务的主要工作，在公司内部设立供电服务保障指挥部，下设供电服务办公室，横向设置设备运维组、营销服务组、安全保卫组、信息通信组、后勤保障组、党群宣传组、外围工作组等多个专业组。各专业组根据各类供电服务保障任务，组织制定“1＋23”类供电服务保障规范，涵盖以突发事件和重要活动电力保障管理办法为总纲，涉及保密、信访稳定、电网规划、财务保障、安保（防恐）、应急演练、应急处置、客户侧服务、信息通信、电网建设、物资管理、外联品牌、法律保障、培训保障、后勤保障、政治审查、临时党组织管理、纪检监察、电网调控、工会保障、外援管理、外围保障等23项制度规范。

一是专业协作实现全流程贯通。在各专业部门设置兼职供电服务管控专职，负责监督供电服务中本专业各模块的有序推进、专项联系和信息统一出口，纵向对接供电服务办监督管控工作，垂直对接上级部门的监督管控专职。在接到供电服务任务后，明确本专业供电服务的总体目标，以及工作执行负责人、工作内容、绩效考核、预期效果及时间节点。定岗、定责、定人，贯穿整个供电服务始终，同时进行信息的统一汇总和报送。

二是专业协同实现全业务覆盖。供电服务办公室设立在公司办公室，负责统筹协调，完成各专业间

的协同联动，并跟踪工作落实情况。根据当前工作进度，以“前松后紧”的频度定期召开供电服务督办会。各专业监督管控专职汇报本专业当前供电服务进度，在此基础上，供电服务办通过资料核查及现场检查的方式督查各专业部门任务进度和完成情况，采用“综合督察”和“专业督察”相结合的方式，建立日跟踪、周通报、月考核的机制。针对突发重要影响因素、供电服务任务的临时变化及正常供电服务任务推进困难等情况，不定期召开专项综合协调分析会。组织各专业部门联合对阻碍当前任务正常推进的影响因素开展专业分析。供电服务办采用工作联系单制度统筹协调内外部相关资源，缩短协调路径，提高决策效率，促进专项问题的解决及临时任务的部署。

3. 建立“人、财、物”统筹配置联动机制

在人力资源方面，一是以属地责任单位人员力量为主，以确保区域内正常生产生活用电为前提，集中调动本单位、基层和集体企业的应急保障力量，按照保障重大活动、突发事件涉及的输电、变电、配电、客户为主线，做到快速集结、责任明确、分工协作。二是在基层单位人员力量无法满足供电服务需求时，根据任务和范围，测算支援的人员和装备，以工作联系单的形式向公司或其上级单位提出外援需求。由公司全局统筹调配人员，依据外部支援力量申请、调集、进驻、撤离四个环节的组织方案，从全公司选派政治可靠、技能过硬、身心健康人员参加重要活动的电力保障工作，其间按照“谁主管，谁负责”的原则，落实管理责任。

在财物支撑方面，突发事件发生和重大活动举办前后，各项财务费用支出按“专款专用、可区分、可追溯、可归集”的原则进行管理，即预算单独申请、单独审批，支出单独归集。其中，项目性支出严格遵照项目预算全过程管理的要求履行可研、储备、立项、结算、决算程序，在项目主数据中设置标识来归集统计；非项目性支出通过设置专项订单来归集统计；对于突发的预算外紧急支付事项，采用线下审批方式，经属地责任单位办理紧急支付，在决算时纳入决算范围，列示紧急支付事项的原因和明细，在年度预算调整时纳入预算调整方案。

在物资保障方面，突发事件和重大活动物资保障包含电网建设物资、备品备件、工器具、装备等，在采购时采用绿色通道的方式予以采购。一是临时项目采购，各单位以正式文件将紧急采购请示报网、省公司，经研究同意后，按批复意见实施批次外临时采购。二是零星设备、备品紧急采购，需求单位提出紧急物资采购申请，经省公司业务主管部门和安全管理部门审核同意后，授权地市公司紧急采购。三是后勤装备、个人工器具等零星物资采购，优先选用电商化采购或超市化采购范围内物资，“电商化”或“超市化”不能采购的物资，由省公司组织招标或授权地市公司采购，确保快速落实。

（二）柔性化建立以“三要素”为内容的工作推进模式

“三要素”是指以统一高效的指挥体系、按供电需求的不同，逐层分解工作任务管理体系，并体现绩效管理闭环体系。通过柔性化建立“三要素”体系，设立供电服务指挥部、责任区域、保障小组三级结构化指挥体系，从工作任务、时间进度、负责人员等方面柔性构建工作任务分解落实策略，理顺指挥体系运转方式，确保指令下达准确快捷，确保各阶段工作顺利完成，建立绩效管理闭环管控机制，为最终目标实现提供有力保障。

1. 指挥体系柔性化，上下统一高效

针对不同等级的突发事件和重大活动，立即形成与之匹配的以供电服务指挥部、各责任区域、专业保障小组为体系的指挥工作体系。

一是成立供电服务指挥部。国网杭州供电公司成立以主要领导为指挥长、各专业部门人员组成的指挥中心，全面负责全地区电网运行、设备巡检和驻守、客户侧保障、安保防恐、信通保障、新闻宣传、舆情管理、维稳保密、后勤保障及应急处置等决策、指挥、协调工作；编制现场指挥方案；组织指挥体系演练，参与综合演练；负责任务接收与信息报送；指挥部启用期间对接联系当地党委、政府部门。

二是划分供电服务责任区域。以“地理相对集中、任务相对匹配、力量相对均衡”为原则，以县公司或城区供电营业部为单位划分若干个涉及供电保障的区域，对供电服务人员、建设资金、供电服务物资、供电服务车辆等资源建立“预警机制”，无法满足当前供电服务需求时，向指挥部申报需求，由指挥部各专业组进行资源统筹协调，进行人、财、物等方面的支持。对专业、技术等薄弱方面的问题，由指挥部各专业组从专业技术角度进行指导、监督和管控。

三是成立供电服务专业保障小组。在责任区域内按照重大活动场所、突发事件地点，按照专业形成各专业保障小组，选派经验丰富、技术过硬人员作为现场工作负责人，负责线路和电气设备、活动场馆的供电服务工作。同时设置外围供电服务组，负责属地供电服务责任区域以外的设备巡检驻守、信通保障、环境质量管控等外围供电服务决策、指挥、协调工作；编制外围供电服务指挥方案；组织外围供电服务应急演练，参与综合演练。

2. 工作任务柔性化，逐层分解落实

根据不同等级的突发事件和重大活动柔性安排工作任务。一是供电服务指挥部以任务清单为抓手动态管控工作进展，覆盖安全生产、电网运行、客户服务等所有专业，梳理供电服务工作任务，贯通方案编制、隐患排查、供电督查、应急演练和现场保障等全过程。逐一编制任务清单和工作计划表，将“工作项目化、项目清单化、清单责任化、责任具体化”，滚动修编、销号管理，确保各阶段工作的顺利完成。二是供电服务责任区域根据任务清单开展电网和信息网络风险评估、电网补强项目建设改造、设备综合评价和状态检测、隐患排查治理和消缺、专项应急演练等工作，在政府主导下协助用户开展客户侧隐患排查治理。运维检修专业编制“一线一册”“一站一册”，营销专业编制“一馆一册”“供电服务卡”和“口袋书”，信通专业编制信息通信“一站一册”“一线一册”“一系统一册”，其他专业根据需要编制相应的工作手册，应急预案可纳入工作手册编制。三是确定每项工作时间进度具体责任人，按照时间进度实施“日监督、周管控、月通报”。同时，根据外部情况变化，及时调整任务清单内容和时间节点，确保工作任务有效落地。

3. 绩效管理柔性化，闭环管控评价

根据不同等级的突发事件和重大活动开展柔性化绩效管理。一是搭建绩效考核指标体系。对供电服务的各项任务，设计组合式定量指标。通过绩效考核，系统地将各项供电服务任务和员工岗位绩效有机结合。二是加强对供电服务责任单位的监督、检查和专项评价，奖优罚劣。通过绩效考核的组织保障、制度保障，形成 PDCA 循环的科学绩效考核机制，为供电服务保障及供电服务目标的最终实现提供有力保障。

（三）实施以“组合式”为手段的柔性管理

国网杭州供电公司按照“建立模块、组建模组、构建模型”三步骤，实施“功能可组合、流程全管控、模式易推广”的突发及重大活动组合式柔性管理体系。

1. 明确四分原则，构建供电服务模块

一是建立基础管理模块，按“分层次、分等级、分阶段、分专业”四分原则，对突发及重大活动的供电服务管理需求进行分析，总结提炼出一系列具有对外可组合拼接、对内可独立运行的模块。二是构建管理模块池，按照最严要求和最高标准，对近年完成的重要供电服务任务进行穿透式分析，共梳理形成 22535 个任务模块，构成目前等级最高、功能最全的突发及重大活动供电服务任务模块池。

2. 落实专业分工，组建供电服务模组

根据供电服务不同专业，将模块池中的模块划分为 23 个模组，确保分工明确，责任清晰。每个模组涵盖本专业领域所有供电服务模块，如设备运检模组中包含电网设备隐患排查、“一线一册”和“一站一册”编制等供电服务模块共 3836 个；临时党组织模组中包含组建临时党组织政工员队伍、挖掘工作先进典型等模块共106个。

3. 固化业务流程，建立覆盖全业务的“1+23”供电服务模型

一是建立“1”套统领式的突发及重大活动供电服务行为指南。梳理突发及重大活动供电服务业务流程，出台《国网杭州电力公司突发及重大活动电力保障管理办法》。突发及重大活动供电服务采用“统一指挥、资源统筹，上下联动、专业协同，综合管控、属地负责”的工作机制。按照“四化五定六保”的要求，即“优化、细化、实化、固化”的工作流程，“定点、定时、定人、定岗、定责”的工作要求，达到“保系统、保设备、保安全、保响应、保服务、保供电”的工作成效。二是形成“23”类覆盖全业务的突发及重大活动供电服务标准体系。各专业间建立工作联系单制度，做到任务清单化、清单责任化、责任具体化。在《国网杭州电力公司突发及重大活动电力保障管理办法》的统一引领下，23个专业工作规范同步发挥作用，形成突发及重大活动“1+23”供电服务模型和“1+23”供电服务制度体系，成为浙江范围内突发及重大活动具有示范指导意义的供电服务智库。

4. 满足差异需求，柔性构建“1+N”供电服务组合

面对各项具体突发及重大活动，可以根据供电服务的层次、等级、阶段、专业进行个性化选择，从“1+23”供电服务模型中选择适用的模组，通过减少不必要的模块、优化业务流程，形成个性化供电服务模型，即“1+N”供电服务模型。通过模块、模组、模型的建立，以及各模型相互间的灵活组合，实现供电服务的组合式柔性管理。

三、面向突发及重大活动的组合式柔性供电服务管理效果

（一）确立了组合式柔性供电服务管理

一是迅速提升了协同作业响应速度。打破原有“专业指导、属地负责”的管理定式，设立“省市县合一、跨专业整合”的综合协调机构，对供电服务实施全面、快速协调和全程管控。通过“组合”，有效打通了各个模块之间的职责传导速度，根据任务轻重缓急，有选择地采用多种方式加快推进各类工作进程。例如，政府部门的“并联审批”，最大限度地缩短了项目核准、选址等审批流程及时间。G20峰会期间新增主变容量80万千伏安，新建（完善）220千伏线路37.8公里、110千伏线路30.27公里，相关变电站建设周期刷新了杭州电网建设史上的记录。跨单位、部门支援方面，实现多单位、多部门联动作业，以属地责任单位人员力量为主，统筹调配人员，按照谁管理、谁负责的原则，减少了来回协调的时间，缩短响应时间30%。同时，预留机动队伍，应变及时到位，并通过加强轮换、缩短巡视距离，提升响应速度。二是有效优化了核心资源配置效率。实施“资源统筹、灵活配置、有序高效”的集团化运作。随着突发及重大活动日渐增多，有预见性地制订相应的工作计划，强调“柔性”供电服务管理，使核心资源合理配置，工作组织由金字塔型向网络型转变，服务内容由刚性向弹性转变，大大减少了非计划性供电服务任务，有效实现降本增效，使人力、物力、财力等核心资源配置效率平均提升12%。

（二）实现了对突发及重大活动供电服务的高效成功应对

2016年以来，运用模块组合有针对性地提供有效的柔性供电服务，在重大活动供电服务方面，先后完成了包括G20杭州峰会、第三次世界互联网大会、茶博会等各级供电服务任务1500余项。高效完成电网建设投资310亿元，新开工110千伏及以上工程138个，线路长度2425公里，变电容量2470万千伏安。投产110千伏及以上工程144个，线路长度3428公里，变电容量2613万千伏安，快速补全了城市电网的薄弱环节。在处理突发事件方面，先后完成了包括防御尼伯特台风、临安地震灾害、建德大洋镇特大洪水防汛抢险、电力外破等89项突发事件，电网检修停电时间明显缩短，配电网故障抢修平均修复时间由3小时/次减少到0.8小时/次，缩短了73.22%；居民用户平均停电范围从500户/次减少到150户/次，下降了70%。各类突发及重大活动现场排查参与人员达132318人次，出动车辆24859车次，排查整治各类隐患14533项。发布电网风险预警单3084张，减少停电时户数653.13万时·户。

各重大活动场所的供用电正常，未发生闪动情况；安保、保密、信访、舆情保持稳定，未发生异常事件。

（三）供电服务的客户满意度大幅提升

突发及重大活动的组合式柔性供电服务管理，促进政府开创了“三位一体”供电服务新局面，形成“政府主导、客户主体、电力主动”的工作机制，固化三方协商渠道，推进120余项制度、导则出台，为构建和谐的供用电环境确立了工作标准，得到各级政府的高度评价。用户办电时限达标率达100%，高压客户回访满意率达99.95%。95598系统总呼入电话779.15万通，95598处理故障报修535671件，供电服务十项承诺兑现率达100%。柔性管理的全面实施，极大程度确保了各类突发及重大活动供电服务的优质高效，赢得到社会各界的广泛认同。各类供电服务共收到锦旗278面、表扬信500余封，政府重点活动电力服务相关荣誉7项。相关工作先后被媒体报道，形成良好的社会反响。

（成果创造人：肖世杰、杨　勇、阚　波、邵学俭、黄武浩、徐　昱、吴志敏、侯素颖、周　华、祝春捷、陈晓刚、陈　超）

邮政企业以打造新增长极为目标的快递包裹业务发展

中国邮政集团公司浙江省分公司

中国邮政集团公司浙江省分公司（以下简称浙江邮政）是中国邮政集团公司所属分支机构，负责区内邮政通信网的建设、运行、经营与管理，受政府委托承担普遍服务和特殊服务义务，主要提供代理金融、包裹快递、电子商务，以及传统的信函、包裹、汇兑、储蓄、报刊发行、集邮等邮政专营业务，邮政特殊服务及商业化、竞争性邮政业务。浙江邮政下辖 11 个市分公司、62 个县（市、区）分公司、7 个二级邮区中心局和 11 个直属单位。全省邮政服务网点 4298 处，便民服务站 24320 处，用工人员 2.89 万人，服务人口达 5200 余万人。2016 年营业收入 82.82 亿元，拥有 70 多亿元资产，业务规模在全国各省市中列第五位，在全国各省市中名列前茅。

一、邮政企业以打造新增长极为目标的快递包裹业务发展背景

（一）抢抓快递行业黄金发展机遇期的需要

据数据显示，中国快递业连续 6 年年均增幅在 50%以上，2016 年业务量达到 312.8 亿件，浙江快递业 2016 年业务量 59.87 亿件，占比约 20%。快递业的高速增长，也吸引着众多竞争对手的涌入。浙江本地区就诞生圆通、申通、汇通等知名民营快递企业，成为名副其实的快递红海。浙江邮政以国内小包（2015 年 6 月起更名为国内快递包裹）、国际小包两大业务为抓手，主攻国内、国际两个电子商务寄递市场。在国际业务市场上，经过几年的发展，国际小包业务由于市场准入时机相对早，产品针对性强，竞争对手相对不多，逐步成为当地国际电商快递的主要渠道之一。但国内小包业务发展相对缓慢，民营快递基本形成规模和品牌，并牢牢占据主渠道地位，控制 90%以上市场份额，导致国内小包业务发展一直未有效突破，市场占有份额一直维持较低水平。因此，邮政企业打造新增长极为目标的快递包裹业务发展，增强核心竞争力，既是进一步抢抓快递业黄金发展机遇期，也是推进寄递翼发展，提高寄递翼行业地位的需求。

（二）适应电商时代快递需求新变化，提高服务能力和服务水平的需要

快递业的迅猛发展，主要源于电子商务的高速发展。据统计，有约 7 成快递量源于电子商务市场。而电子商务所具备的市场全球化、交易快捷化、成本低廉化、全流程标准化和数字化，以及经营品种多样化特征，对电子商务物流快递的发展提出更高的发展要求。因此，邮政企业打造新增长极为目标的快递包裹业务发展，增强核心竞争力，既是满足日益变化的电商客户新需求，也是提高服务能力和服务水平的需要。

（三）拓展业务领域，推进企业健康可持续发展的需要

为应对激烈的市场竞争，浙江邮政紧跟中国邮政集团公司发展战略部署，于 2015 年 6 月启动寄递翼改革，逐步推进产品整合、机构变革、队伍组建、结构调整等措施，探索浙江邮政国内电商市场寄递翼发展之路。2015 年国内快包实现业务量 3113.42 万件，同比增幅 8.26%，业务收入 27765.97 万元，同比增幅 9.19%，虽然基础进一步扎实，但与行业增速相比依旧存在差距，制约发展的网络传输时效慢、旺季节点爆仓、队伍能力不高、运营质量和效率低、专业管理薄弱等瓶颈问题依旧存在。因此，邮政企业打造新增长极为目标的快递包裹业务发展，增强核心竞争力，快速提升电商快递包裹业务规模，推进提质增效转型发展，既是浙江邮政寄递翼发展的内在迫切需求，也是浙江邮政寄递翼健康可持续发展的需要。

二、邮政企业以打造新增长极为目标的快递包裹业务发展内涵和主要做法

浙江邮政以市场为导向，确定“服务为本，网运先行，立足省内，面向全国”的总体发展思路，理顺快递包裹业务管理体制，通过强化网运、投递等基础能力建设，聚焦目标市场和重点领域，强化服务质量和效益管控，全面推进快递包裹业务超常规发展。主要做法如下。

（一）明确发展策略，理顺快递包裹业务管理体制

1. 明确专业局定位，建立健全专业经营管理体系

浙江邮政为加快快递包裹业务的顺利健康发展，打造专业化经营管理体系。一是围绕专业定位，明确包裹专业局是业务发展的指挥部、参谋部，前线冲锋的操盘手、主力军。同时，包裹专业局是包裹业务的问题发起中心，以问题导向倒逼经营和业务支撑快速前进。二是围绕专业布局，建立以专业经营部为主线的专业化经营模式。首先，理顺营揽投关系，在城区、集群市场以营揽一体为特点布局专业经营部，市本级或县域的城区，按区域范围或市场规模，组建1个城区经营部，或分片区组建经营部，以轻小件为主、日发货1万件以上的集群市场组建经营部，在农村地区依托支局推进营揽投一体建设形成有效补充。其次，关键岗位人员配置到位，经营部负责人、营揽人员、客服专岗，其中营揽人员不少于4人，投递员、生产辅助人员等辅助岗位视情况而定。三是建立健全激励机制，以现有分公司为单位，对标行业，加快推进市场化的薪酬体制改革，在营揽队伍力推计件制薪酬办法，在专业经营部积极尝试利润分成激励机制，在客服队伍积极尝试与质量指标、业务发展挂钩的薪酬办法，释放经营活力。

2. 明确发展目标，梳理市场拓展路线图

为实现超常规快速发展，浙江邮政设定2016年年底日均50万件，2017年年底日均100万件，2018年年底日均200万件的快递包裹业务发展目标。浙江邮政为实现2年发展目标，一是摒弃以前“胡子眉毛一把抓”的传统做法，从轻小件入手，以省内件作为突破口，以专线作为重要抓手，在营销终端形成“客户可以选择、路向可以选择”的经营理念，在迅速做大规模的同时，优化客户和业务的结构。二是修正只抓大户和单个客户取件越多越好的认识误区，强化客户储备，突出抓发货量大，但邮政占比不高的潜力客户；加强客户体验管理，建立“建档－蓄客－提升”三步走的客户开发流程，为快递包裹业务迅速占领市场，打开局面指明路线图。

3. 强化人才储备，打造专业队伍

为进一步增强竞争力，浙江邮政优化资源配置，加大专业人员的配备和培训力度，提升专业营销管理团队的能力和水平。一是内外合力，完善和增强包裹专业队伍建设。确立营揽、主动客服队伍人员的配置标准，其中营揽人员按600件/人天或揽收25个客户的标准配备，主动客服人员按照不少于2000件/人天的标准配备。各分公司按照专业布局和业务发展的实际需要，通过内部整合和外包两种形式来加强专业人员配备。同时，浙江邮政对外启动B类人员社会招聘程序，面向社会快递行业引进经营骨干人才，对业务发展出色的单位给予用工指标单列的政策优惠倾斜。二是强化专业化人才队伍的培训，针对管理层围绕政策解读、专业管理，针对营揽和客服人员围绕营销话术、寻客走访、业务知识等内容，以线上线下、送培上门、异地交流等形式，开展多频、分层培训、交流走访活动；并逐步推进一线经营团队建立晨夕会制度，强化管理团队综合管理水平提升，以及营揽和客服队伍专业能力的培养和提升。

（二）强化基础能力建设，为快递包裹业务发展奠定基础

1. 优化配置，提升快递包裹业务处理能力

浙江邮政通过加大原有营运节点能力投入和柔性资源配置，以网运的营运节点，作为贯通上下环节的枢纽核心，其邮件的及时处理，对前端收寄和后端投递的顺畅衔接起到关键作用。开辟旺季第二处理场地，以及推进县级处理中心建设等举措，统筹推进区域内各网运节点处理能力的提升。一是根据适度

超前原则，加大各节点营运处理能力，先后共投资近4000万元对全省11个地市节点自动化流水线、物流周转处理场地、现代化作业设备进行升级改造和扩容增效，包裹日处理能力和吞吐量明显提升。例如，湖州织里基地，场地面积从原来1200平方米扩展到4800平方米，并配备5个装卸口和爬坡机、伸缩机等装车设备，分拣用皮带机流水线2条。二是柔性资源配置，旺季开辟第二处理场地。进入四季度旺季以后，在杭州、宁波、温州等较大节点上，按照进口、出口分开处置的方式，启用第二处理场地。三是改变以前过度依靠省会中心局集中处理的“单点”集散模式，推进规模县域处理中心建设，形成营运节点网格化，先后完成慈溪、瑞安、诸暨、温岭、义乌、缙云等县域节点，有效舒缓省会中心局处理压力，为快递包裹“吃得进、走得快”提供切实保障。

2. 发挥邮运路网优势，灵活组开直达邮路

为进一步接轨民营快递企业物流时限，浙江邮政以市场为导向，大力优化省内邮运网络，省内邮件“T＋1”时效水平显著提升；采用够量直达原则，提升省际邮件时限。一是优化省内邮运网络，优化、开辟地市直达邮路。围绕省内“T＋1”为时限目标，加快省内快速网建设，不断推进“报邮分运”，以有效衔接投递为原则进行全面调整和优化，减少中转环节，新增、调整跨地市二干邮路33条，区内邮路50余条。二是以够量直达为原则，加大省际直达邮路组开发力度。新组开29条省际直达邮路，非省会中心局省际直达邮路60多条，辐射全国52个重点城市，取得良好效果。

3. 加快投递改革，推进投递能力建设

浙江邮政持续推进投递专业化和农村投递中心支局管理，加快投递网改造，更好地支撑寄递翼快速发展。一是全国首创“私车公助”模式，通过“私车公助”、新能源汽车使用推进汽车邮路改革。浙江邮政投递配备汽车1224辆，汽车道段占比达到19.5％。二是在全国率先将乡镇列入“T＋1”范围。在农村投递组织上，打破乡镇区域界限，将原有的属地管理调整为农村投递中心支局管理。每个投递中心支局至少配备一辆以上汽车，农村投递班次由一周五班调整为一周七班，有效缩短农村地区邮件寄递时限，实现省内“T＋1”时效稳定在95％以上，日均投递能力提升1.28倍。

4. 网运和投递深度融合，发挥“1＋1＞2”优势

浙江邮政着手推进网运和投递机构改革，实现网运和投递职能整合，通过网运和投递的深度融合提升工作效率，发挥出“1＋1＞2”的积极态势。一是优化本地市网组织，避免到达投递局过晚而无法投递的情况发生；根据进口投递量的变化，适当灵活安排市网组织，邮件量大的客户或农村电商配送点由邮路直接带运，邮件量小的区域由投递覆盖，实现区域内网运与投递有效融合。二是优化与运营流程，突破两网在信息流、实物流的互联互通，全省80％以上的县实现县域转运、分拣、投递三合一，促进作业组织的协同优化。将能力提升从干线网延伸至县域网，进一步强化节点末端运营能力，提升陆运网与投递网的整体效能。

（三）聚焦目标市场和重点领域，以点带面快速拓展快递包裹业务

1. 按重量段细分，主攻轻小件市场

浙江快递市场轻小件市场占比份额大，是各家快递企业抢夺的主要目标。浙江邮政以轻小件为突破口，通过阶段性推出专项营销活动、组织地区间PK赛、合理运用弹性价格等措施，迅速提升轻小件业务量，尤其提升1公斤以下重量段的市场份额，目前快递包裹1公斤以下的占比76％，较上年提升14个百分点。轻小件业务的发展，不仅快速扩大浙江邮政快递包裹的市场份额，也带动快递包裹整体业务的发展，形成良性发展态势。

2. 固化客户开发“三步走”流程，提升客户经营水平

浙江邮政围绕“以市场为导向，以客户为中心”的经营理念，优化客户开发流程。一是贯穿全年，推出“闪电行动”“渡江战役”“激情盛夏”“进位争先”“奋战60天”“春节旺季”等阶段性主题营销活

动，量化阶段性发展目标，将客户数等经营目标融入主题营销活动中，增强客户经营理念，加强客户开发和储备。二是总结各阶段活动经验，创新客户服务模式，分三步健全客户开发流程。首先，客户建档。通过业务拓展、市场调研、营销活动、客户体验等，建立客户信息档案库。其次，客户提升通过筛选重点客户、经营重点客户、挖掘潜在客户等工作，扩大业务规模，加深合作关系。最后，对储备客户信息档案库，采取跟踪、回访、联谊等活动，及时做好信息的更新和维护工作，更好地为业务营销拓展服务。

3. 点线面结合，抢占快递包裹的细分市场

为保障服务质量，提高用户体验度，实现市场规模的快速扩大，根据“立足省内、面向全国”的发展思路，通过树立省内件“单点”优势，以点带面将规模扩大到精品优质线路、省际直达专线，进而带动1～3区业务量的提升，以“点一线一面”逐步渗透的方式，实现优势范围的扩大和市场扩张。一是对标行业标准，以省内“T＋1”时限提升为突破口，通过扎实基础能力、制定各环节KPI指标、多部门联席质量分析、强化通报考核、完善主动客服等举措，着力打造省内邮件服务品质；同时加大宣传推广力度，以试寄、逾期承诺赔付等增值服务，全力拓展省内互寄市场。二是针对省际市场，一方面加强全国各省线路运营质量监控，综合流向时限、投递品质、投诉等情况，精选服务品质相对稳定的优质省际线路；另一方面积极研究本地市场情况，针对性组开直达专线，缩短传递时限，保障用户体验。同时，加大客户宣传推广力度，灵活采取填仓促销、免费试寄和承诺服务等营销活动方式，实现省际线路市场业务量的提升。通过抓省内件和省际优质线路市场，省内件业务量逐月攀升，从不足1万件提升到日均17.7万件，增幅43.4%。广东、山东、湖南、湖北等时限稳定的省际路线，以及针对电商重点路向组开的直达邮路，业务量迅速扩大，前往山东、湖南、湖北、河南和广东路向日均量增幅近500%；1～3区业务量占比稳步提升，目前达到94.2%，提升4.8个百分点。

4. 重兵配置，聚焦重点区域和集群市场

据有关数据显示，全国50强快递城市浙江省占位8列；浙江省拥有506个淘宝村和51个淘宝镇。前期各重点区域业务发展缓慢，重点集群市场（淘宝镇和淘宝村）方面仅部分市场业务取得实效，多数市场业务还处于开发初期。为打开局面实现突破，浙江邮政通过政策扶持力度、加大资源和能力投入支撑、开展重点营销活动、推出考核激励机制等举措，推动重点区域、重点集群市场、淘宝镇（村）集群开发。一是加快重点区域市场开发。制定重点城市快递包裹业务营销体系建设指导意见，强化营销、揽收、客服三支专业人才队伍的建设；组织全省邮政快递包裹专项竞赛活动，加大考核奖励力度、强化竞赛过程管控和追踪，激发客户积极性和活跃度，加大协议大客户、轻小件客户开发力度，实现重点城市市场业务量明显提升。有8个城市，业务量增幅均在200%以上，有6个城市收入增幅在160%以上。二是加大对日均1万件以上规模的县分公司资源配置力度，推行经营部体系建设，在场地、人员、设备、支撑等能力建设上给予保障，实现快速突破。三是加快重点集群市场、淘宝镇（村）市场开发。重点开发义乌市场及全省12个一类产业集群市场，加强资源配套，建立省市联动机制，通过政策支持、结对挂钩、培训帮扶、经验交流等措施的有效落地，促进集群市场实现快速发展。

5. 抓关键节点，打好旺季攻坚战

浙江邮政通过G20、“双十一”“双十二”春节等关键节点和快包收寄旺季，围绕组织领导、预案策划、客源积蓄、售后客服等方面强化做好旺季战前准备、战中现场应战和战后售后服务，完善人、财、物资源优化配置，强化统筹全局和指挥调度，确保信息顺畅，全面提升旺季营销的应战能力，促进业务快速发展，增强邮政寄递翼品牌影响力。2016年“双十一”期间，全省快递包裹达到881万件，同比增幅303%，占全国总量的17%。峰值突破150万件，达到上年峰值的4倍以上。“双十二”国内快包业务量峰值近90万件，也达到上年峰值的4倍以上。春节旺季期间，浙江邮政快递包裹收寄量达到

1106 万件，同比增幅 200%，业务量峰值达到 134 万件，是上年峰值的 2.65 倍。

（四）强化服务质量和效益管控，助推快递包裹业务发展

1. 科学管控价格资费

浙江邮政严格执行资费策略，对标快递市场，遵循按区域竞争程度、客户规模、运输里程、城乡差别、重量差别等要素的定价规律，进一步优化快递包裹资费体系，重点引导发展轻小件及优势线路，促进市场规模和经济效益双提升。一是对市场竞争激烈的重点区域轻小件快递包裹，给予协议客户更大的资费弹性空间。二是对竞争不充分且成本较高偏远件、重件市场，以随行就市的原则，适当提高资费标准。三是实施旺季价格资费弹性策略，针对“双十一”“双十二”、春节等旺季时机，根据客户忠诚度、交寄邮件重量段结构、流向结构情况，有针对性上浮资费，推进存量客户“一对一”协商旺季资费水平，通过价格杠杆，优化客户结构，保障旺季服务品质，提高盈利能力。

2. 强化效益管控

为科学管理企业经营，提高经济效益，浙江邮政从业务发展状况、效益和利润、欠费和规范经营等方面相继出台相关办法和实施意见，明确管控形式、管控内容和管控细则，加大生产运营质量管控力度，提高运营质量和效能。一是充分利用集团公司快递包裹损益核算信息系统，开发经营管理辅助功能，加强对低效益单位和客户的实时监测，发出预警信息，敦促采取措施，积极整改，实现全省邮政快递包裹业务毛利率不低于 15%。二是加强欠费管控，出台欠费管理八项规定，保障欠费及时结款，降低企业经营风险，提高经营单位和营揽人员效益意识，保障业务健康可持续发展，全省国内快递包裹欠费率控制在 8%以内。三是强化经营管控体系，严格经营纪律，对违规行为严惩不贷，营造积极健康的发展环境。四是加强对收寄、处理、运输、投递全流程管控，通过规整装车提高装载效率；注重提高电子面单使用率，降低成本，提升效率，以达到降本增效的目的。

3. 强化服务质量管控

一是狠抓省内件“T+1”时限，通过持续推进网运和投递能力改造，建立多部门联席质量分析会，强化 KPI 考核体系；同时浙江邮政根据应对 G20、“双十一”、春节等快递旺季需要，适时调整策略，全力保障省内件服务品质。例如，2016 年推出省内件承诺服务，对客户承诺“限时未达，按天补偿”；接着又推出“T+1”全程时限互相考核办法，由收寄局进行逾限判责，责任单位的考核款全额奖励收寄局，通过倒逼机制促进服务质量提升。二是强化主动客服服务，围绕团队建设要求、流程与标准、奖惩机制、KPI 评价体系等方面，进一步规范快递包裹业务主动客服流程和服务标准。明确设立主动客服人员配备标准及主动客服团队建立标准；制定监控分析台席、综合处理台席及公共关系台席等客服岗位职责制，实现为客户提供申报审核、拜访确认、服务调整、异常邮件监控、突发信息预警、全程时限分析、邮件查询、投诉处理、改址撤件等售前和售后服务，推进主动客服工作的“主动、专业、全面和优质”。三是对标民营快递，结合邮政实际，制定浙江邮政路运网质量考核体系。秉承“分层开展、同步推进、持续改进”原则，开展“快递包裹运行质量提升年活动”，通过完善机制、细化工作、提升能力、强化落实，以质量指标为抓手，进一步深化服务质量意识，加强快递包裹运营精细化管理，确保邮件传递时限，全力提升快递包裹运营质量，提高客户满意度。

三、邮政企业以打造新增长极为目标的快递包裹业务发展效果

（一）实现超常规发展，邮政品牌影响力有效提升

2017 年 1～6 月浙江邮政电商快递包裹业务量达 1.22 亿件，同比增幅 280.31%，约为行业增幅的 7.7 倍，全国邮政平均增幅的 1.6 倍，业务量从日均 23 万件提升到 100 万件以上，浙江邮政市场占有率从 2%提升至 6%。

省内快递包裹“T+1”水平达到行业先进水平，电商快递包裹协议客户从 4500 户上升到 1.38 万

户左右，增加约9300户；交寄客户数和日均100件以上大客户数均列全国邮政第一。邮政在电商旺季表现抢眼，“双十一”期间，邮政订单签收率为24%，同比提升10个百分点，行业排名提升2位。春节旺季期间坚守岗位，取得积极的社会效益，品牌影响力提升。

（二）专业能力与服务质量显著提升，增强企业核心竞争力

浙江邮政全年省内快递包裹县以上城区“T+1”达到95.7%，全省进口邮件当日妥投率达到95%以上；而直达邮路的组开，大幅缩短与民营快递干线运输时长的差距，平均相比组开前缩短1天左右，其中呼和浩特市和银川方向全程时限分别比民营快递平均时长快5～7个小时。竞争性网络初步形成，部分时限和服务质量与民营接轨，在省内、专线市场具备较强的市场竞争力。

专业体系初步形成，浙江邮政包裹专业人员（含管理、营揽、客服三支队伍）达到3000人以上，理顺营揽投关系，以专业经营部为主线的专业经营架构基本形成，浙江邮政组建专业经营部180余个，全省有25个单位日均业务量达万件以上，有17个单位市场占有率超过10%，专业化经营成为推动业务快速发展的主动力。

（三）运营质量显著提升，为企业持续健康发展提供保障

国内快递包裹业务以轻小件和省内件为重点的发展策略效果明显，省内件业务量快速增长，实现10余倍增幅；轻小件占比稳步提升，其中1公斤以下占比较上年提升14个百分点，业务结构不断优化。截至2017年6月，浙江邮政电商快递包裹业务量12238.24万件，同比增幅280.31%，业务收入53624万元，同比增幅124%，快递包裹业务经营毛利率达到18%，效益水平稳步提升。

（成果创造人：陈　清、李革平、严　明、钱晓辉、
杨东辉、黄昌数、毛立民、庄　郁、周国勇）

供电企业基于政企联动的工业园区服务管理

国网江西省电力公司上饶供电分公司

国网江西省电力公司上饶供电分公司（以下简称上饶供电）以建设、运营电网为核心业务，承担着为上饶市经济社会发展提供坚强电力保障的重要职责。上饶供电经营区域覆盖7个县（区）和上饶市经济技术开发区、三清山风景名胜区，供电区域面积1.01万平方公里，供电户数120万户，供区110千伏及以上变电站43座，主变容量703万千伏安，110千伏及以上输电线路2055公里，电网供电能力150万千瓦，2016年售电量62.03亿千瓦时，最高负荷121.15万千瓦。上饶供电在职职工4459人，总资产46亿元，经营规模在江西12个地市公司中列第6位，曾获“全国文明单位”“首届建设创新国家杰出企业”“全国厂务公开先进单位”等殊荣。

一、供电企业基于政企联动的工业园区服务管理背景

（一）为未来市场竞争打好基础的需要

2015年新一轮电改实施后，各地交易机构、售电公司纷纷成立，凭借政策扶持、经营灵活优势进入售电侧竞争，份额主要为电压等级在10千伏及以上的工业大客户，因工业电量占供电企业售电量比重的一半左右，供电企业感受到市场竞争压力，促使其重新审视工业园区的供电服务管理。供电企业本身希望以电能的质量不断提高为基础，通过更优质高效的服务，增强企业大客户的满意度、忠诚度，提高客户感知服务质量，形成具有市场区隔的核心竞争力，实现工业园区大客户保存量、促增量。

（二）配合工业园区大发展的需要

上饶工业园区属于国家级重点园区，市政府制定“四年决战2000亿”计划，提出打造“世界光伏城”——晶科能源、“中国光学城”——凤凰光学、“江西汽车城”——汉腾汽车的“两光一车”产业集群战略，“十三五”规划实现光伏过千亿元、光学过五百亿元、汽车过千亿元目标，并以此为龙头带动整个产业园成规模发展。市政府在发展园区工作中，要求供电企业从电网布局、企业用电规划、用电对接等多方面提供更有力的专业支撑。因园区无专设供电服务机构（在2015年以前，因市、县级工业园晚于供电企业的机构设立，全国多数市、县园区缺少对应机构），入园企业寻求用电接入、设备维护、故障检修等很不方便，在政府、供电两面奔走，存在办事环节多、周期长等问题，为此，企业希望政府、供电近距离集中办公，以获得对接最便捷、办电效率最高、投资成本最低、供电安全保障最好的供电服务。

（三）整合供电服务资源的需要

国家电网公司近年来明确推行整合资源、压缩层级、高效协同运转的“三集五大”改革理念，加强专业协同运作以提高效率是供电企业的内在要求。供电企业在园区服务对接中，各专业往往独立面对政府和园区企业，服务功能分散，专业协同度不高。此外，政府需要供电企业为园区招商、安商提供强有力的技术和资源支撑，供电企业需要政府在园区电网规划、建设、维护等方面提供有效的政策支持，双方联动服务园区的意愿高度统一。从对接政府、园区企业需求及调动供电服务优势资源考虑，应建设高度协同、一体对接、一站式服务的供电平台，加强供电专业间协同运作，满足园区供电统筹布局、集中对接、全方位服务要求，推动服务更加优质高效。

鉴于以上背景，上饶供电于2015年起率先开展工业园区服务优化工作，按照国网江西省电力公司“探索对工业园区等大客户试行‘上门驻点’服务”的要求，努力打造江西供电服务样板。

二、供电企业基于政企联动的工业园区服务管理内涵和主要做法

上饶供电为满足工业园区供电服务需求，提高企业客户感知服务质量，增强未来市场竞争力，通过在工业园区搭建政企联动的供电服务柔性平台并有效运作，形成政、供、企“三层交互”服务关系，构建“二下二上”服务流程，压缩服务层级、缩短业务链条、强化专业协同融合，建立一口对接、一站式服务，辅以重点打造“四个主动”特色供电服务，实施三措施、二督促保障服务落实，达成“五最三零”供电服务目标，实现园区供电服务优质高效，如图1所示。

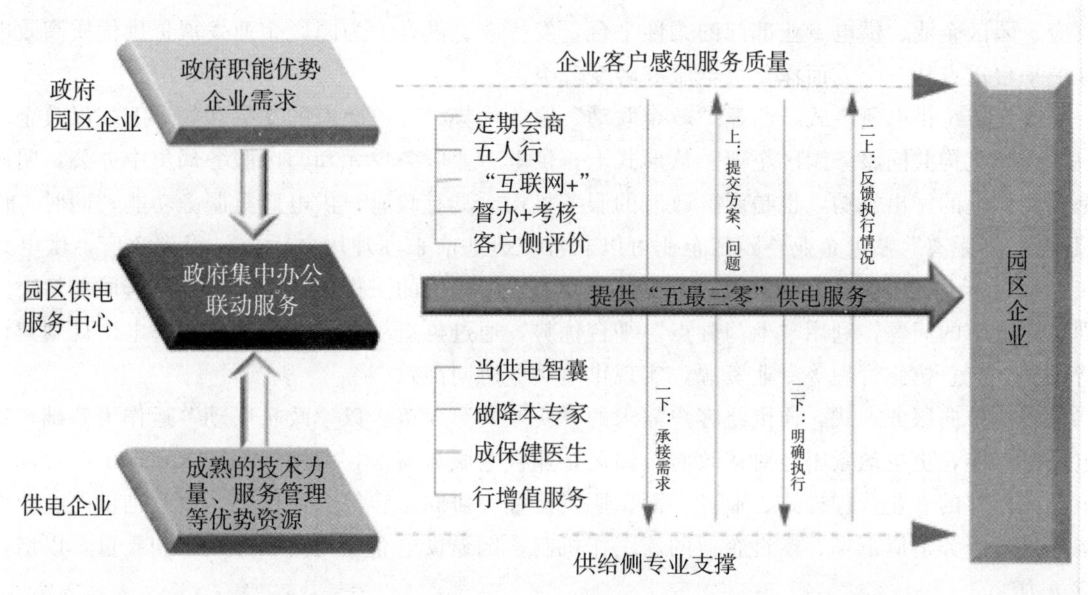

图1 供电企业基于政企联动的工业园区服务管理内涵

主要做法如下。

（一）明确基于政企联动的工业园区供电服务思路、目标

1. 明确政企联动总体思路，着力于服务转变

坚持把服务经济社会发展摆在第一位，并兼顾企业利益，重塑大客户供电服务管理，通过搭建高效协同的“政企联动”服务平台，集中整合政府、供电企业服务资源，完成职能对接和流程再造，建立交互式、融入式供电服务关系，解决园区企业用电实际难题，促进区域电网科学发展。同时，更深入、更主动对接政府、企业需求，以提高园区企业客户感知供电服务质量为导向，积极提供前移服务、特色服务、个性化服务等，与园区企业客户建立深度信赖，巩固长期客户关系，实现双赢发展，提高供电企业在未来市场的核心竞争力。

2. 构建“五最三零”工作目标，追求优质高效服务

通过深入园区企业走访、调研、会谈、磋商，充分把握园区企业客户需求，经向市政府反复汇报、沟通，明确“最优服务”定位，确立以“五最三零”为总服务目标，即打造园区供电服务流程最优、办事效率最高、企业投资成本最低、供电可靠性最高、服务评价最好，力争园区供电服务业务零距离、零差错、零死角，全面提升园区供电服务水平，达到政府、园区企业满意度100%。

（二）成立工业园区供电服务中心，理顺供电服务职责、流程

1. 搭建政供集中办公平台，实施政企联动服务

上饶供电于2015年11月25日发文成立工业园区供电服务中心（以下称园区供电服务中心），办公

地点设在经开区办公大楼，与企业服务局集中在一个办公室，具备内网、外网独立工作条件，作为虚拟机构进行实体化运作，承担园区供电服务优化职能。中心人员由上饶供电和经开区政府双方各派员组成，总计 10 人（供电 7 人+服务局 3 人），以上饶供电正科级干部担任主任，企业服务局负责人担任副主任。

该机构无独立法人资格，是供电服务“上门驻点”的特设机构，贴近园区企业“零距离”服务。市政府、市供电共同赋予该中心统筹园区供电服务权限，以政府为政策主导、以供电企业为业务主导，通过“政企联动”服务园区企业，把政府、供电企业、园区企业三方紧密联系起来，成为一个“一口对接”政府、园区企业、供电专业部门的柔性平台，发挥政、供合力为园区企业发展提供优质高效电力服务。这一平台重点从三个方面深化供电服务转变升级。

一是改变传统供电所模式，凸显“政企联动”服务优势。在市政府的支持和领导下，以政企联合的形式成立虚拟机构共同服务园区企业。从形式上，供电企业服务单元和园区服务局集中办公，明确该中心既是上饶供电的派出机构，也是园区政府的服务机构，具有政府、供电双重服务功能，同时，该中心坐落园区，“零距离”贴近企业，园区企业可以非常便捷地前来办理用电诉求，得到政府、供电集中服务对接。从运转上，园区供电服务中心既服务于政府发展园区的工作大局，又借助政府职能解决区域电网规划、建设中的问题，利用“上门驻点”平台优势，通过再造供电服务流程，统筹电网规划建设、电力运行维护、应急抢修管理等专业资源，实现供电服务协同高效。

二是转变单向服务方式，向围绕客户需求的“交互式”变革。以“政企联动”运作为基础，集中整合供电服务工作，更主动紧密地对接政府、园区企业供电服务需求，利用外部需求和评价“互动”来刺激供电企业内部的专业管理模式、业务界面、职责流程、协同运转等全面优化，以改进供电企业内部管理，构建供电服务适应市场、贴近企业的新工作机制，倒逼供电企业提高服务效率和质量，以增强自身核心竞争力。

三是打破内部专业壁垒，以园区机构为核心形成“一站式”服务。中心职权是确保政府、园区企业、供电企业三方“零缝隙”对接服务事项，最大程度实现政策共享、信息共享、资源共享。一方面，对外融入上饶国家级园区的发展大局，形成服务需求“一口对接”；另一方面，融入供电企业内部的专业协同管理，赋予其协同督促各专业职能，作为柔性平台，消除内部专业间壁垒，打造供电全业务“一站式”服务。

2. 构建“三层交互”服务关系，明确供电对接职责

将政府、工业园区视作供电“大客户”，遵循客户至上服务原则，高度关注“大客户”需求，依托园区供电服务中心平台，将政府职权优势、供电企业专业资源优势有效融合，统筹各专业有效服务对接，形成“三层交互”服务关系。

上层为园区政府、企业客户。其中，园区政府主导服务方向，总体部署招商、安商等工作，对园区供电服务中心工作监督、协调、疏导，并为电网规划纳规、电网工程项目实施提供行政保障等；园区企业提出个性化用电需求，参与供电涉及自身的服务事项，对服务方案提出改进意见、建议，评价服务质量。

中层为园区供电服务中心，是三层交互的核心，负责对接经开区政府、园区企业的服务需求，并取得政府在园区电网规划、建设等方面的政策支持；负责统筹支配供电企业营销、调控、运检、规划、建设等专业资源，实现供电服务功能集成，提供一口对接政府、园区企业的全程融入式服务。即“一口对外”接洽园区电网规划建设、营销服务、业扩报装、运维检修、电量统计分析、光伏接入等工作，“一口对内”牵头协同各业务部门具体性的服务工作，实施全过程协调、管理，把客户办电服务由“体外循环”变为“体内循环”。

下层为市、县供电公司专业部门，负责支撑园区服务中心业务，组织落实具体供电服务事项，包括需求对接、电网规划设计、施工建设、运行维护、调度控制、营销服务、电力运维等各个方面，服从园区供电服务中心的统一指挥、协调、督办及考核管理。

园区供电服务总的工作方向以政府为主导，园区供电服务中心代表上饶供电坚决贯彻执行。园区供电服务中心作为政府、园区企业和供电各专业之间的桥梁和核心纽带，对外、对内加强服务协同，打破供电内部专业壁垒和条块分割，同时，拉近“大客户”同供电的距离，双方加强互动沟通，以增强服务针对性，保障服务质量。

3. 再造“二下二上”服务流程，贯彻企业客户的服务意愿

以园区供电服务中心为运转核心，构建“二下二上”服务流程，更主动地引导企业客户参与服务管理过程，贯彻客户的需求、意愿，增强客户对服务质量的感知和认同。

“一下”即将客户侧的需求下达专业部门承接。园区供电服务中心按照园区企业需求、政府要求，组织内部各专业承接办理。各专业部门依据职责分工落实工作，并由园区服务中心统一协调。“一上”即将专业部门初步计划、反映问题提交需求侧。各专业根据客户侧需求，制订对接计划、节点安排，反映存在困难及问题、需政府协调事项、需客户配合事项等，通过园区供电服务中心“一口对外”向政府、客户报送和反馈。“二下”即形成经确认的具体工作执行方案。政府、园区企业对各专业“一上”的情况等作审核、回应、同意、配合等反应、反馈，由园区供电服务中心统一组织执行事项确定。“二上”即对完成情况执行反馈。各专业执行供电服务事项过程中，就工作计划执行情况、节点进度情况、问题解决情况、政府支持及客户配合情况等，及时形成周报、月度总结，向政府、企业客户及市、县公司领导报送，直至工作全面完成。

“二下二上”供电服务流程依托园区供电服务中心这一柔性平台，实现政、供、企三方交互对接，通过压缩管理层级、缩短服务链条，将各方诉求及时迅速地转化为工作具体举措，并由园区供电服务中心落实过程督办，推动供电各专业服务高效协同和一体化运转，从而实现服务优质高效，形成三方满意的良好工作循环。

（三）开展“四个主动”特色服务，实现服务再升级

1. 主动充当“供电智囊”，配合政府招商、安商

一是融入规划，提高园区配网规划科学性。应政府要求作为电力服务专项顾问，配合参与园区总体规划、地块使用规划等，依据变电站选址、电力线路通道等，提出企业类型分布、用电结构分布的合理布局意见；借助政府推动力，结合园区产业布局，科学、有序规划园区电网，为入园企业落地发展创造有利的先决条件。

二是前移服务，促进园区招商安商。配合政府参与招商会谈，作为政府部门助理方，直接参与亲商、安商工作调度推进会议，实现供电服务超前对接。结合园区电网现状及规划，为入园企业谋划供用电方案，提出合理建议，提早做好用电对接安排。

三是监测研判，为政府提供决策支撑。对政府关注的工业园区总电量、行业电量、重点企业电量走势情况，中心每月、分周形成“电量分析报告”报市政府，利用电力数据分析园区用电动态及行业经营形势，及时反映重点企业运况变化，为政府研判形势提供准确依据。

2. 主动担当“降本专家”，帮助企业科学合理用电

一是介入招商前端环节，降低企业用电规划成本。对刚入园企业实行“一对一”对接服务，编制《供电服务手册》发给企业指导用电，帮助企业选定容量、合理设备选型、适当选择电源距离，防止规划投资浪费。

二是推行“三典一标”，降低企业接电成本。结合国网标准和工作实际，组织制定业扩报装“三典

一标”（客户受电工程典型设计、典型造价、典型施工和标准化验收）并推广实施，为企业提供方便、快捷、公开、透明的服务标准，做到电力工程设计标准、安全标准、设备质量等级、工程造价标准和验收流程等透明化。

三是优化停电管控，降低企业用电运行成本。优化停电检修安排，保障企业生产秩序，特别是加强停（接）电工作计划统筹，优先安排带电作业，企业专线、专变检修与电网检修计划同步开展，保障企业合理安排生产。

四是贯彻用电优惠政策，让企业直接受益。组织人员深入企业宣贯江西省“降成本、优环境”新20条，紧扣“走访调研、入企宣讲、摸准问题、厘清思路、解决难题”等重点环节，让企业掌握电价执行、峰谷电价等利好政策。

五是积极推广节能项目，帮助企业挖掘节能空间。积极主动对接园区光伏发电并网项目，在满足企业自身生产使用的同时，还可实现发电上网创收。积极推行“电能替代”，鼓励引导企业“以电代煤、以电代油、以电代气”。

3. 主动化身“保健医生”，护卫企业安全生产

一是开展针对性培训，促进企业安全用电本位管理。开展用电安全集中培训，每年至少两期。一期针对企业老总，专门普及安全用电常识、政策知识，提高企业对设备并网安全管理的认识等；二期针对企业管电人员，开展供电安全技术、技能类培训，帮助企业提高一线管电人员安全防范意识和安全操作设备的相关电气知识、技术技能。

二是结合定期走访，现场排查安全隐患。由公司领导带队，对已入园企业定期走访，了解企业用电情况、存在问题，掌握对接人员信息变动，提供安全用电检查服务，对供电线路开展拉网式排查，下达隐患排查整改书，减少故障风险。

三是实行健康档案管理，确保企业用电设备安全可靠。结合电网定期巡检，建立企业用电设备健康档案，实现“一企一台账”，并对设备健康状况分三级诊断，不定期发布健康分析报告，及时报园区安监局、企业服务局备案。

四是配送无偿运维对接，提高企业用电可靠性。主动为园区企业无偿检修用电设备，并根据客户意愿，逐步无偿接收企业自建输配电线路，纳入供电企业统一运行维护，提高设备运行可靠性。

4. 主动推出“增值服务”，构建精品服务项目

一是建设智能化电网，大幅提高园区供电稳定性。上饶供电在园区建设基于分布式电源及多元负荷的主动配电网高效供电示范工程，构建结构合理、供电可靠、质量优质的园区电网，从根本上提高工业园区智能供电保障能力。

二是结合用电数据，辅助企业科学合理用电。建立《大数据综合管理台账》，针对重点企业开展负荷分析、用电效率效益分析、电费优化分析等，辅助企业优化生产投资及用电策略。针对企业生产特点，提供差异化供电策略、个性化定制的供电服务，指导企业提高经济用电水平。此外，通过企业设备运行数据分析，向企业反馈设备出力情况，帮助企业找到故障设备，保证高效生产。通过无功电量数据分析，帮助企业直接减除“功率考核调整电费”支出等。

三是依托供电服务指挥中心，确保抢修服务快速响应。上饶供电率先成立地市级供电服务指挥中心，负责配电网调控运行、配电设备运行监测、配电网抢修指挥、客户投诉受理、工单处理评价考核等业务，集中受理电网计划停电、临时故障、客户诉求等电网运维事件和问题。供电服务指挥中心接受园区供电服务中心的统筹管理，成为支撑园区电网抢修服务的一把“铁手”，为园区可靠供电提供强有力保障。

四是提供兜底服务，始终保障企业可靠用电。售电公司一旦经营不善退出市场，供电企业对其用户

实时接管，保障企业用电不间断，并始终把服务经济社会发展放在第一位，如出现天灾人祸将不计成本保障客户用电。

（四）执行“三项措施”，确保日常工作协同高效

1. 实行“定期会商”，确保问题及时解决

实行“月汇报、周例会、日协调”。“月汇报”即服从和服务于经开区政府和上饶供电领导，每月组织月度例会或联席会议，定期总结和汇报工作进展、工作不足，研讨解决工作中存在的困难和问题，并形成会议纪要和工作简报，呈送市政府和供电公司领导；“周例会”即每周五下午召开常态会议，按周掌控各事项推进情况，协调督促各专业部门扎实有序推进工作，存在问题及时协调；“日协调”即每天跟踪梳理存在问题事项，掌握进度节点，实时通过工作平台、电话、现场办公、微信办公等督办协调。园区人员按周、月“工作节点推进表”督进、销号，保障“定期会商”事宜落地。

2. 组建“五人小组”，加强服务事项协调

针对经开区每个入园企业，组成供电服务“五人小组”，以一位县级领导任组长，经开区招商、亲商安商、建设口、政法口、供电服务中心各派一人为组员。小组常态对接入园企业供电服务问题，常态走访园区企业，实时、实地掌握客户诉求，第一时间实现信息互通、问题处置，形成有效快速的互动协调机制。

3. 利用“互联网＋”，提高供电服务效率

园区供电服务中心以信息交互为保障基础，着力发挥平台柔性协调功能。一是在园区内分线路和供电区域，搭建3个微信工作群，成员由政、供、企三方领导、责任人构成，周、月例会纪要和工作简报第一时间在群内发布，政策信息、交流工作动态及时分享，保持24小时与客户互动，“全天候”受理园区企业用电咨询、故障报修、计划停电咨询及用户意见反馈等服务。二是积极推广掌上APP、电e宝、和我信等网络充值缴费应用，开通和宣贯95598外网网上申请用电的主动对接功能，切实方便用户办理业扩报装、电费查询和缴纳等。

（五）实施“两个督促”，推动服务管理不断改进

1. 实行“督办＋考核”，确保服务对接落实

中心人员严格执行政府和供电企业的各项规章制度、工作要求，把政府、企业对服务事项的满意度作为园区供电服务中心工作考核项，和年度评先、评优挂钩。赋予园区供电服务中心督办权限，有权对供电企业内部支撑和协同部门的工作配合、协同不到位的情况提出考核。中心每月初形成月度督办事项表格，由园区供电服务中心制定日常工作考核实施细则，上饶供电总经理通过微信平台每周过问运作情况，确保工作落实。

2. 引入“客户侧评价”，倒逼服务水平提升

园区供电服务中心不定期组织开展园区政府、客户满意度评价测评，通过组织“大客户”回访座谈会、到企业现场走访、每两个月安排一次明察暗访等多种形式，及时收集政府、客户回馈信息，评估阶段性工作。积极参与政府政风行风测评，设立服务咨询热线电话和意见信箱，高度重视客户侧评价和意见、建议。对接服务工作不力的专业部门，由上饶供电监察部组织专业分管领导约谈负责人。

三、供电企业基于政企联动的工业园区服务管理效果

（一）工业园区各类基础供电指标明显改善

上饶工业园区2016年扩建220千伏变电站1座，增容18万千伏安，新建110千伏变电站1座，增容10万千伏安，新（改）建10千伏及以上线路16条，10千伏线路N－1率由45%提升至100%，供电保障能力大幅提升，可满足未来10年入园企业用电最大负荷的需求。电网运行维护不断走向智能化、精益化，2016年园区电网故障跳闸率同比下降80.15%，故障工单数下降率85.5%，故障抢修平均修

复时长缩短 54 分钟，10 千伏线路电压合格率 99.1%，供电可靠率 99.9%，2016 年全年工业园区实现零投诉。

（二）特色主动服务取得良好社会效益

截至 2016 年年底，园区供电服务更加优质高效，“三典一标”使企业接电成本平均降低 20%，接电时长平均缩短 33 个工作日，部分内容纳入上饶市政府 2016 年“降企业成本，优化发展环境”110 条举措之一；园区累计接入光伏发电容量 11.72 兆瓦，全年发电 940 万千瓦时；开展电能替代项目 6 个，为企业节约成本 70 余万元；为客户用电检查 326 次，发现缺陷设备 78 台，整改率 100%；2016 年服务工单回访满意率为 100%，政府、企业对供电服务的满意度 100%，得到政府批示肯定和园区企业的广泛赞誉。园区企业对安全、便捷、透明、周到的供电服务一致好评，落户上饶工业园区的发展信心更强。中心接连获上饶经开区 2015 年、2016 年“服务之星”。

（三）工业园区供电服务管理获国网公司认可和推广

上饶供电通过基于政企联动的工业园区服务管理两年运作，全面达成“五最三零”目标，实现供电服务向优质高效迈进。园区供电服务中心实现内、外部服务资源优化整合，在内部打破了专业壁垒和条块分割，促进了专业高效协同，压缩了服务管理层级，缩短了服务流程链条，对外提升了客户感知供电服务质量，企业认同感、信赖度普遍增强。2016 年园区 320 家企业仅一家与售电公司签约，新进企业均为供电企业客户，实现保存量、促增量，售电量保持正增长。在成功试点的基础上，2016 年国网江西省电力公司向全省推广该做法，成功经验和先进做法引起国网公司高度重视。

（成果创造人：于金镒、林一凡、李迎军、廖　明、肖炜孝、孙目元、
张荣旺、谢慕林、王　远、刘玉平、陈金林、王雪茹）

边疆地区 IT 企业以信息安全为核心的多语种产品开发管理

新疆信息产业有限责任公司

新疆信息产业有限责任公司（以下简称信息产业公司）成立于 1999 年 11 月，注册资本 3800 万元，员工 236 人，是新疆新能集团有限责任公司的全资子公司、新疆维吾尔自治区认定的高新技术企业和软件企业。主要从事信息、通信业务范围的技术咨询、规划设计、工程建设、软件研发、运行维护、技术支持、保障服务、产品销售、系统集成及增值电信业务等。

一、边疆地区 IT 企业以信息安全为核心的多语种产品开发管理背景

（一）满足边疆少数民族地区对多语种产品需求的客观需要

新疆维吾尔自治区是以维吾尔族为主体的多民族聚居地区，多语种、多文字、多元文化构成新疆独具魅力的人文景观，少数民族语言文字造就了中华文化的多样性。新疆维吾尔自治区政府为提升少数民族信息化发展水平，出台多项支持和鼓励软件产业、集成电路产业发展的政策，明确提出基于多语种操作系统和软件等信息化产品需求，这为新疆 IT 行业提供了广阔的发展空间。

（二）防范网络安全风险是新技术发展应用的根本保障

近年来，随着“网络强国”“互联网＋”行动计划等重大战略深入实施，我国网络安全和信息化工作扎实推进，产业保障能力明显增强。目前，大、云、物、移等新技术快速演进，单点技术和单一产品的创新正加速向多技术融合互动的系统化、集成化创新转变。传统行业与信息系统高度契合，将衍生更多新业态、新产品、新应用，使系统架构日益复杂，网络安全防护面不断增加，敏感信息面临泄露风险，这对信息化架构、网络安全和风险内控提出更高的要求。

（三）把握机遇寻求企业可持续健康发展的必然要求

新疆地处亚欧大陆腹地，具有独特区位和地缘优势，战略地位十分重要。新疆众多民族的语言文化、生活习俗和周边国家相同或相近，语言交流与沟通无障碍。伴随“一带一路”倡议深入推进，周边国家对信息化产品需求也与日俱增。作为新疆维吾尔自治区核心骨干系统集成企业，信息产业公司拥有多语种产品开发团队和信息通信复合型人才队伍，以及安全可靠、体系完备的本地化快速响应服务团队，具备向西开拓国际市场的能力和承担周边国家信息化产品及服务外包业务的先天优势。

二、边疆地区 IT 企业以信息安全为核心的多语种产品开发管理内涵和主要做法

信息产业公司立足新疆独特的地缘、文化、语言及多语种人才等优势资源，紧密围绕发展战略，以市场需求为导向，以融合发展为主线，运用 SWOT 分析、头脑风暴，明确多语种产品开发定位和目标，从数据、服务和应用三个方面，按照“标准先行、总体布局、突出主线”的研发路线，以信息安全为核心，开展多语种信息处理技术创新，开发多语种操作系统、嵌入式系统、辅助翻译、电子词典等基础产品，促进边疆少数民族地区多语言信息化产品应用。主要做法如下。

（一）明确产品定位，开展多语种产品开发顶层设计

1. 明确多语种产品定位和开发目标

信息产业公司立足新疆独特的地缘、文化、语言及多语种人才等优势，聚焦边疆少数民族地区信息化产品需求，着眼新疆特色软件服务业未来发展，明确以信息安全为核心的多语种信息产品开发定位和目标。

多语种产品开发定位。牢牢把握新疆“社会稳定、长治久安”的着眼点和着力点，以安全优先理念

开展多语种产品开发。顺应“互联网+”发展趋势，完善网络安全接入和信息安全防护能力，健全安全责任制，坚持技术创新驱动，重视安全基础“三同步”建设，加强研发平台、架构、编码标准建设，增强安全防护和自主可控能力。从边疆少数民族地区产业、行业信息化产品需求出发，通过多语种信息处理技术创新，为边疆少数民族地区多语言信息化产品应用提供智力支持，稳固面向边疆行业客户的多语种金牛业务，开拓多语种移动应用、智能交互等未来发展的明星业务，促进多语种技术与信息化应用融合发展，助力新疆成为向西开放的“桥头堡”建设。

多语种产品开发目标。以信息安全为核心，围绕完善多语种信息处理标准，重点开发多语种操作系统、嵌入式系统、应用软件、辅助翻译、电子词典等基础软件产品，带动支持国际标准字符编码规范的多语种处理技术产品应用。

2. 明确多语种产品开发思路

围绕产品定位和开发目标，信息产业公司认真梳理分析边疆多语种产品信息安全要求、应用需求、未来发展趋势，明确多语种开发思路。多语种产品开发按照数据、服务和应用三个层次展开。一是研究和建设多语种数据资源；二是构建基于多语种语言处理技术的翻译服务；三是在辞典、辅助翻译方面满足行业客户应用需求。信息产业公司充分挖掘这三个层次的建设需求，坚持统一架构、统一标准、统一平台、统一建设、统一安防、统一运维的原则，从全局角度考虑并搭建以信息安全为核心的多语种产品开发架构，从业务、应用、数据、技术四个方面形成企业级多语言信息系统整体蓝图。

3. 制定多语种产品开发路线和工作计划

首先，充分借鉴成熟行业经验，分析和梳理业务架构设计需求及相关提升点，确立“标准先行、总体布局、突出主线”的产品开发路线。“标准先行”，即梳理多语言语料库、专业词汇库，整合数据资源，研究多语种文字的双向辅助翻译系统，开发覆盖多语言的辅助翻译软件，形成自主知识产权的多语种机器翻译核心能力，为多语种综合应用和服务平台建设夯实基础。“总体布局”，即通过统一的架构管控，统一的开发平台与编码、接口规范，推动多语种产品信息系统建设符合企业信息化架构总体设计，满足信息系统一体化建设和信息安全的发展需求，形成应用架构蓝图。“主线突出”，即以满足行业用户需求作为出发点和落脚点，以行业客户主要业务流程为主线，在多语种产品研发基础上，向外发散、辐射到其他环节，为提供高内聚、低耦合、支持分布式的多语种应用软件奠定基础。

其次，全面梳理企业现有技术和人员等资源，按照“以始为终”的原则，根据目标配置资源，倒排时间表，形成多语种产品开发实施计划，分多语种产品开发导入准备期、成长稳固期、创新发展期三个阶段推进多语种产品开发。

(二) 成立安全保障专业组织，强化研发团队安全能力建设

1. 成立安全保障专业组织

一是成立由总经理为主任、副总经理任副主任，各职能部门负责人为成员的“多语种产品开发安全生产委员会”，全面负责建立健全多语种产品开发与应用的安全责任制，以及产品开发过程中安全防护方案等重大决策审批。

二是下设信息安全办公室，办公室设在生产经营部，配置安全专责 2 人，负责信息安全管理与常态化的安全监督。

三是建立由公司领导、安全监督管理部门负责人、各部门负责人、安全员组成的三级安全管理监督网，编制并发布覆盖全员各岗位的《安全职责规范》，明确岗位安全目标、安全职责、安全风险点及防范措施，将安全责任制层层分解与落实。

四是选派业务骨干组建“研发蓝队”，选派运维骨干力量组建“信息安全红队”，定期开展信息安全技能竞赛和网络安全攻防演练，检验信息安全技防能力，及时消除技术短板，提高全员信息安全意识和

技术防护水平，促进形成专业技术型、安全防护型队伍。

五是定期召开安委会、安全网会议，对安全风险较大的项目及方案开展集中会审。根据产品开发阶段，按周、月编制《信息安全通报》，对多语种产品开发过程中各项安全风险、安全检查情况定期总结，在企业内部举一反三，及时消除风险隐患。

六是与供应厂家、项目组及成员分层级签订《安全责任书》《网络安全承诺书》《信息保密协议》，明确安全责任目标，夯实安全基础。

2. 优化研发组织机构，明确分工职责

信息产业公司结合多语种信息化发展需求，细化建设、运行期间的信息安全主体责任，一是调整优化组织架构。在原研发中心分离为研究开发部和信息通信运维部的基础上，同步设立生产经营部。二是明确分工、责任到位。研究开发部负责多语种产品开发与实施工作；信息通信运维部负责系统上线后的运行维护和系统安全；生产经营部作为项目管理、信息安全归口管理部门，负责项目管理、质量监督，完善信息系统上下线管理流程。

3. 多途径强化研发团队安全能力

信息产业公司为更好地满足业务发展需求，实施“六项安全提升措施”，强化研发团队安全能力。一是加大人才储备力度。采用“走出去、请进来”的方式，与先进省份研发企业合作交流，参加华为等厂商外部培训，采用企业内部师带徒、传帮带、专业培训等形式，促进形成阶梯式稳定的人才队伍。

二是开展高端人才培训。在重点培养数据库、软件架构等高端开发人员的同时，积极开展信息安全人才队伍建设，提高全员信息安全意识和技术防护水平。一方面组织研发人员参加系统分析师（高级）培训班、系统集成项目管理工程师、SAP BASIS 系统管理培训、H3C 认证网络工程师培训、Weblogic 技术培训，形成完整的专业研发团队和管理团队。另一方面常态组织覆盖全员、多轮次的信息安全和网络安全培训，适应日新月异的信息安全保障体系同步发展要求。

三是扩宽人才成长渠道。深入推进人力资源“定岗、定员、定编、定薪、定额”的“五定”管理。完善员工行政、专业双向发展通道，将职称评审、创新成果、技术层级、技能层级评聘与年度绩效积分挂钩。对不同的岗位序列，设置考核和薪酬标准，岗级、薪酬向安全岗位倾斜，鼓励内部优秀的项目经理竞聘部门安全员，形成人才纵向成长和横向流动良性循环。每年组织先进员工到优秀企业参观学习。建立与系统内外技术专家团队的协同，形成应急队伍储备力量。通过岗位练兵，网络安全技术比武、信息安全技能大赛等方式，培育注重安全技能的氛围。

四是完善轮岗制度。通过学习型轮岗和对调型轮岗相结合的方式，培养一专多能的复合型人才队伍，搭建人才梯队。学习型轮岗针对新进员工或完成自身岗位工作任务的员工，轮岗期间由原部门确定是否继续承担原有工作任务；对调型轮岗是指员工相互对调岗位，承担对方全部岗位职责，不再承担原先自身岗位职责。轮岗人员由组织安排和个人意愿提报相结合的方式产生。年度先进员工、骨干员工作为轮岗优先考虑人员。岗位转换前必须接受新岗位的安全教育培训，考试通过后方可承担新岗位。

五是建立全员持证上岗制度。遵循“统一大纲、教材、考试、标准、证书”的原则，组织实施全员上岗考试。将专业学历教育作为岗位任用必备资质，从事多语种研发人员必须通过定期和不定期的安全考试，取得信息系统项目管理师、项目经理、软件架构师、数据库工程师、程序员、测试员等相应资格、资质证书。按照“安全基础＋专业学历＋实践能力”并重的原则，通过专业岗位竞聘、安全基础考试等方式，对拟任用员工进行再次确认，满足岗位要求后方可上岗。

六是建立安全一票否决的评价考核。探索实施有效的考核激励机制，通过精细化管理和持续绩效改进、推动安全目标、安全责任落地，促进安全文化融入企业员工的日常行为。

（三）梳理研发过程关键控制点，明确产品信息安全保障机制

1. 制定研发管理标准

一是制定《信息系统开发与接口规范》，明确多语种产品开发规范和目标产品间的接口标准，为企业级多语种信息系统整体架构提供基础。二是制定《信息系统研发安全实施方案》，明确系统规划、上线、运行等涉及研发全过程管理9个环节、32个控制点的放行规则，促进多语种产品研发安全管理实现“全环节、建体系、夯基础、提能力”。“全环节”即优化完善研发各环节安全管理，覆盖信息系统全生命周期；“建体系”即建立研发安全责任机制和技术保障体系，健全研发安全保障机制；“夯基础”即夯实代码安全、漏洞修复、安全发布等基础工作，确保研发安全质量；“提能力”即强化研发安全技术支撑能力、人员安全开发能力，提升整体研发安全能力。三是按照信息系统全生命周期管理理念，完善开发流程与安全管理联动的技术保障机制，常态开展实用化诊断分析，构建涵盖研发单位、最终用户的多向交流生态圈，打造“数据干净透明化、模型统一规范化、灵活分析智能化”的开发环境。

2. 制定信息安全总体规划

结合边疆地区IT应用内外部环境，系统分析多语种产品信息安全需求，组织制定信息安全总体规划，提出信息安全防护总体策略，指导企业整体信息安全防护建设及多语种产品各系统安全防护建设。按照信息安全总体策略，考虑企业发展规划和产品定位，设计研发初期阶段即综合考虑业务流程、重要资产、系统部署情况、业务接口及数据安全保护等因素，并进行全面系统安全风险分析，完成安全需求文档的编制、评审。根据安全需求提出待建业务应用系统的安全规划，制定安全防护系统建设计划，细化安全措施，促进信息系统与信息安全防护手段同步规划、同步设计、同步投入使用。

3. 强化开发阶段安全管控

为确保信息产品开发交互内容有审批、可审计、可追溯，加大安全防护系统建设投入，确保信息安全可控。一是采用统一平台进行开发，按照标准的安全编程规范进行代码编写，对开发过程中引入的开源软件及插件进行安全测试，并按信息安全规则备案。二是建立代码管理服务器，对代码进行统一集中管理，并严格限制一般编码人员，特别是第三方开发人员直接访问并获取核心代码。同时，实行代码签名制，对代码编写人员、内容可追溯。三是编制《系统用户权限管理办法》，严格管控信息系统用户权限设置级别，分层级分类授予系统管理员、审计员、业务管理员各自独立权限，并设置系统弱口令字典，完善系统弱口令提示及拒绝登录功能。四是建立漏洞自检机制，研发部门对开发、测试、上线、运行等过程中发现的漏洞，即时开展安全防护短板、攻击路径评估，消除安全隐患。五是针对产品运行期间系统产生的漏洞，运维部门及时反馈、跟踪漏洞修复，同步对身份认证、授权、加密技术、异常管理等10项内容进行全方位安全检查和加固。

4. 细化分包安全管理

一是制定《项目服务分包管理办法》《服务分包供应商管理办法》，严格供应商评估机制，建成分包准入、培育、管控、考核等全过程管理防线，严把资质审查关、录用关、体检关和培训关。二是实行《外委单位和人员准入制度》，将分包人员纳入统一管理、统一标准、统一培训、统一考核的安全管控体系，组织分包人员进行安全教育和准入培训考试，健全人员档案。三是对审核通过的分包单位和人员，按流程和规范与外部开发商签订开发合同、安全协议和保密协议，并对合同代码安全质量、知识产权及保密等关键要素约定过程审查环节和标准。四是开展不定期安全督导和检查，深入服务现场进行检查、随机对供应商现场施工人员进行实名查验和安全抽查，从根本杜绝责任缺失。

（四）优化产品开发项目组织，加强过程管控

1. 组建多语种产品开发队伍

坚持“开放、融合”的多语种产品开发理念，结合信息、通信项目实施经验，通过吸收引进、内部

挖潜、整合研发力量等方式，建立多语种实验室。抽调业务骨干，成立由总工程师任组长的多语种信息化产品建设项目组，成员由系统架构师、系统分析员、安全员、测试人员、编码人员、多语种信息技术研发人员等组成。

一是配备先进的软件研发设备和人性化的软件研发环境，集合多语种开发、项目实施和研究成果优势，开展多个关键领域的专业研究，研发具有自主知识产权的多语种产品。二是健全完善《知识产权管理办法》，尊重员工智力创造、维护员工知识产权。三是完善《实验室成员培训管理制度》，规范创新项目管理，激励研发人员不间断开展理论学习，改进多语种产品研究方法。四是在不断满足新疆自身需求的前提下，利用现有的技术和优势资源，积极拓展外部市场。五是编制《风险分级预警管控制度》，及时掌握和把控项目实施关键点，及时纠正项目偏差。

2. 建立多标一体的内控管理机制

实施以安全达标评级为核心的开发和运维能力建设，着力提升多语种产品安全应用能力。在质量管理、环境管理、职业健康安全管理体系认证的基础上，组织30余名技术人员参与安全达标评级和CMMI认证实施，在企业顺利通过认证的同时，形成一套既符合企业特点，又符合信息化产品安全要求的开发流程。将企业内部流程与安全达标评级、CMMI开发体系接口、信息技术服务标准等高度融合，建立集多语种产品研发、设计、项目实施和运行维护为一体的综合服务管理模式。信息产业公司生产经营部对多语种产品研发、实施环节进行动态监控和安全监督，及时协调处理存在的问题。

3. 完善绩效考核

完善覆盖多语种研发过程的关键业绩指标、重点工作任务、信息安全措施落实等维度的考评体系，并根据职责划分为管理人员指标和开发人员指标。一是实行绩效经理人制度。信息产业公司研发人员平均薪酬高于企业职工年均收入，与职工年平均收入之比为1.32。二是建立完善收入分配模型，设置安全目标奖、长周期安全奖、安全特殊贡献奖，坚持以责论处的奖惩制度，突出重奖重罚。以责任、贡献为标尺，划分激励层次，安全奖励分配向承担主要安全责任和风险大的部门、生产一线人员倾斜。三是制定专项奖励办法，设置技术比武、行业竞赛、项目贡献、科技创新及特殊贡献五大类奖项，对产品研发、生产、经营做出贡献或为企业争得荣誉、表现突出的优秀员工和团队给予物质或精神奖励。

4. 强化PDCA研发过程管控

按照研发任务项目化的思路，将多语种产品研发过程纳入项目管理，以可交付成果为导向，形成结构化的项目单元组合，细化分解目标任务，强化责任到位，形成计划一实施一检查处理的闭环机制。

履行项目变更审批及执行的监控机制，确保项目基准发生变化时，项目的质量、成本、计划按照新的基线执行并仍在监控范围内，及时掌握和把控项目实施关键点，降低项目实施风险。建立风险管理分级负责与集中风险报告制度，对项目偏差及时纠正，预防不合格发生。

5. 夯实开发阶段安全管控

开发环境管理，严格遵循多语种产品开发管理要求，制订完善的管理机制，确保开发全过程信息安全。例如，开发环境及测试环境应与实际运行环境及办公环境安全隔离，同时测试环境禁止使用生产数据等。确保安全编码，开发人员采用统一开发平台进行开发，按照统一的安全编程规范进行代码编写。开发过程中不允许使用无安全性保障的第三方软件及插件，确实需要引入开源软件的，需通过第三方安全测试并备案。严格代码管理，建立代码管理服务器，集中对代码进行统一管理，并严格限制一般编码人员特别是第三方开发人员直接访问并获取公司核心代码。建立代码签名制，实现代码编写内容及编写人员可追溯。

系统口令及权限管理，编制信息系统用户权限的管理办法，严格管控信息系统用户权限设置，实现系统管理员、审计员、业务管理员的权限相互独立。信息系统在开发过程中，设置系统弱口令字典，实现系统弱口令提示及拒绝登录功能。

深化漏洞挖掘及修复，建立漏洞自检机制，及时发现开发、测试、上线、运行过程中的漏洞并进行漏洞修复。运维部门反馈运行期间发现的系统漏洞及问题，并配合漏洞修复。全面应用安全设计，包括身份认证、授权、输入输出验证、配置管理、会话管理、加密技术、参数操作、异常管理、日志及审计10个方面内容，并在安全防护方案予以体现。

6. 严格开展内外部测试，确保系统安全

建立内部安全测试机制，完善内部安全测试手段，在单一模块完成、多模块集成及发布前等关键节点进行；定期组织代码审核，全面开展代码安全检测。各类系统未经过内部代码安全检测，原则上不允许进行上线前功能和安全测评。

研发部门在完成内部测试后，将信息系统部署包连同相关资料，提交至第三方信息安全实验机构进行安全测试，包括安全功能测试、代码安全检测等，发现并修复深层次代码安全漏洞、预置安全后门等风险。

7. 深入开展上线测试

系统上线前，回收所有开发过程中使用的特权用户、测试账户、超级管理员等临时账号及权限。系统在运期间，定期（不得长于半年）对信息系统用户权限进行审核、清理，删除废旧账号、无用账号，及时调整可能导致安全问题的权限分配策略。项目实施部门对系统进行安全加固，并配合运维单位对运行环境进行风险评估及安全加固。

上线试运行期间，运维部门组织项目实施单位对系统进行压力测试和安全评估，包括系统的集成性、健壮性、稳定性、负荷响应能力和安全性等，并形成相关记录和报告。系统试运行结束后，由相关业务部门会同运维单位共同组织对系统进行上线前审查，审查通过后方可正式上线。同时系统上线前需在公司报备。

8. 发挥协同力量，研究关键技术

信息产业公司与新疆大学多语种信息技术重点实验室（新疆维吾尔自治区多语种信息技术重点实验室）、新疆大学软件学院、新疆大学信息科学与工程学院、大连理工大学、新疆师范大学、新疆财经大学等高校签署长期合作协议，在人才培养、科技攻关及技术创新等方面建立战略合作伙伴关系，为多语种产品研发提供必要的技术、人力资源和智力支持。

构建多语种资源库。采用原型法和面向对象的软件开发方法，在自主软件设计框架和统一平台软件的基础上，按照标准规范进行编码。完善多语种权威性词典，建立真人朗读语音库，创建平行句对语料库等。

（五）精心运维，确保产品使用安全

1. 开展系统移交前的安全加固和防护

为保障信息系统上线后数据信息在储存、传输、交换、应用过程中的完整性、可用性、保密性和可靠性等安全问题，在多语种产品开发结束、移交客户前重点开展下列工作。

一是完成上线前安全评测，消除系统安全隐患。多语种产品开发结束上线前，经过第三方安全测评机构的安全测试，测试通过后方可部署上线试运行。重要系统上线前，根据客户要求，协助完成防火墙、审计系统和漏洞扫描系统等安全防护系统部署，降低后期数据和运行风险。

二是按照“谁使用，谁负责”的原则，协助客户方做好安全教育培训和风险点分析。引导客户在思想上增强网络信息安全防范意识，工作中掌握必要的防范技能，协助客户方做好上线前安全检查和日常维护。对涉及互联网应用的多语种产品，在上线后的维护期内，重点协助客户开展安全意识形态管理，定期监测网络安全动态，做好技术防护和舆情监测，协助客户方有针对性地进行舆论引导。开展重大专项保障、重大突发事件舆情监测、预警、报告和处置。

三是加强口令管理与数据备份，提高系统安全性。所有服务器与计算机，均设置口令，并保证口令的安全性及复杂性，重要系统建立口令保管和动态更新机制。同时，定期进行数据备份，尤其关注重要资料的储存、保管、容灾恢复。

四是健全资源共享机制，建立隐患漏洞及运行维护知识库，共享知识，提升信息安全预控能力。根据边疆地区重大活动保障要求，与客户方、供应商等相关单位加强技术协作，针对重要区域、重要客户的内、外网关键系统，提升巡检频次，主动开展安全检查和防御，提高应急处理能力。

2. 提升多语种产品上线后的抗风险保障能力

一是按照“构体系、建机制、强管理、上手段”的多语种产品运行保障思路，制定多语种产品建设转运维流程，由信息通信运维部负责多语种产品上线后的运行维护。二是重视运维现场标准化管理，严格执行“工作票、操作票”制度，即线系统现场工作严格执行运行许可制度，未经运行人员许可不得对设备、系统开展工作。三是完善信息系统运行模型，分离信息系统运行、检修和客户服务机构。运行机构对已上线系统开展24小时不间断的分层主动巡检，对巡检过程发现的缺陷、隐患开展风险评估分析和预警，并对上线系统的各类检修操作执行监督；检修机构负责信息系统检修计划的制定和执行；客户服务机构负责客户端信息系统运行问题的接收及处理。四是运用“互联网＋”技术，借助信息监管平台，将承接运维的重要信息系统纳入7×24小时动态监控，确保告警、缺陷及时发现、及时解决。五是在运行环境管理方面，主要对机房门禁、监控系统、机房出入控制等整改和加固。六是通过破解技术难题、破译新技术应用，使用最新版网络防御智能软件等，构筑多语种产品立体化安全防御阵地，确保多语种产品上线后的信息安全。

3. 常态组织信息安全红蓝攻防和应急预案演练

定期组织开展信息安全技能竞赛和网络安全攻防演练，检验信息安全技防能力，及时消除技术短板。建立应急预案13项，开展信息通信系统大型实战应急演练、防暴演练等各类应急演练20余次。通过开展网络攻击监测、日志审计和关联分析工作，提高对各类攻击威胁和安全事件的发现、处置和精准溯源的能力。通过开展红蓝攻防、应急通信系统、网络攻击等联合实战演练，滚动修编专项预案6项，完善现场处置预案5项，提升各类突发事件处置能力。

三、边疆地区IT企业以信息安全为核心的多语种产品开发管理效果

（一）信息化服务保障能力显著增强

成果实施以来，培养了一支“专、精、尖”具备多语种研发能力的人才队伍。2014－2016年，共计440人次取得各类资格认证，形成完备的本地化技术服务支撑力量。“多语种电子词典和辅助翻译技术项目”“基于安卓的维吾尔文操作系统研究与应用项目”等3个项目获得国家科技部技术创新基金和国家技改扶持资金支持；“基于维汉双语的电力营销管理信息系统”获得第十五届中国国际软件博览会创新奖。截至2016年年底，多语种产品及技术服务带来直接经济效益1908万元。

（二）信息安全防御能力大幅提升

提高了代码质量和研发安全管理水平，自查消缺漏洞1856个。利用红蓝对抗和系统安全评测，及时发现系统薄弱点、漏洞等高风险安全问题共34项。监测并成功阻断各类网络攻击1433次，封禁高危攻击源28个，筑牢“网站页面不被篡改、敏感信息不被窃取、信息系统不被控制”的防御底线。圆满完成春节等重要节假日、和田地区皮山县地震抢险救灾、新疆维吾尔自治区成立60周年、抗战胜利70周年、十三届全国冬运会等重大活动的保障任务。企业自成立以来，无重大质量、设备、人身伤害、安全事故，未发生严重投诉和重大经济损失，生产经营持续向好，各项工作保持安全、平稳局面，保持了长周期安全记录。

（三）产业和行业竞争力明显提高

信息产业公司近年来共取得专利授权 26 项（发明专利 3 项，实用新型专利 23 项）、软件著作权 54 项、软件产品认证 7 项、新疆维吾尔自治区科技成果鉴定 9 项，发表专业技术论文 140 余篇。“十二五”期间，信息产业公司关键业绩指标、运营管理指标等全面提升，业绩考核连续 5 年位列集团第一。“十二五”末，营业收入较“十二五”初期增长了 235%；利润总额较“十二五”初期增长了 161%。经营业绩连续三年保持新疆 ICT 服务行业前列，获得新疆维吾尔自治区系统集成企业十强称号。

（成果创造人：张伟奎、曹　丽、旷瑞明、龚　珂、席小刚、余长江、王安娜、肖思雨、孙　庆、袁玉花、艾丽菲努尔·艾斯卡尔、赵　清）

市县两级供电企业以提高服务水平为目标的业务集约管理

国网河北省电力公司保定供电分公司

国网河北省电力公司保定供电分公司（以下简称保定公司）是隶属于国网河北省电力公司的国家大型供电企业，是河北省保定市最大的公用事业服务单位，承担着为地方经济社会发展提供更安全、更经济、更清洁、可持续的电力供应的重要使命。保定公司下辖县级供电企业22个，服务人口1182万人，供电面积2.2万平方公里，资产总额139.32亿元，职工11921人。截至2016年年底，拥有35千伏及以上变电站419座、变电容量2642.67万千伏安，35千伏及以上输电线路8947.7公里，10千伏配电线路38124.6公里。近年来，保定公司先后获得全国文明单位、全国精神文明建设工作先进单位、全国一流供电企业、全国"五一劳动奖状"、全国"安康杯"竞赛优胜企业、中央企业先进集体等多项荣誉称号。

一、市县两级供电企业以提高服务水平为目标的业务集约管理背景

（一）适应电力体制改革的需要

随着电力体制改革的持续深入推进，多元化市场主体参与售电市场竞争，灵活的市场竞争体制逐步形成；与此同时，客户用电需求和对服务的关注更加社会化和市场化，传统的供电企业和其管理体制面临前所未有的竞争和挑战。供电企业迫切需要从长远着眼、从机制着手、从改革着力，以国家层面顶层设计为政策依据，结合自身实际发挥创造能力，创新体制机制、优化管理架构、完善运作格局，提高对人、财、物等核心资源的集约化管理水平，提升核心业务运转管控能力，进一步降低企业成本，提升工作效率，更好地服务国家能源安全、经济发展、社会稳定和企业自身发展。

（二）提升供电服务质量的需要

当今世界已进入知识经济时代，市场竞争不再仅仅是产品质量的竞争，更是服务质量的竞争，优质服务已经成为经济社会的共识。电力作为国民经济发展的支柱产业，更应抢先一步树立以优质服务抢占市场的理念。近年来，由于国民经济的快速持续发展，带动了电力需求的强劲增长，对供电服务能力也提出了更高的要求。保定地区拥有的22家县级供电企业发展不均衡，普遍存在经济总量偏小、人员结构不合理、管理效率低、自我发展能力弱等问题，整体服务能力和水平不高。作为服务电力用户的前沿阵地，县级供电企业要想获得更好的发展，必须不断提升自身的供电服务能力，为电力用户提供更加优质的服务，切实解决好服务群众"最后一公里"问题，才能在竞争中赢得市场，促进企业的持续稳定发展。

（三）提高市县两级供电企业管理水平的需要

受历史原因和各县域经济社会发展不平衡影响，保定地区各县级供电企业管理习惯和业务实施模式不尽相同，难以实现一体化管理和同质化发展。加快推进管理高效、资源集约、业务集成贯通的市县两级供电企业一体化管理模式势在必行。2015年，保定地区22家县级供电企业全部完成"子改分"体制改革，使得市县层面实现资源、人员、业务的集约和界面的重新划分成为可能，为推动市县两级供电企业一体化管理创造了客观条件，为保定公司带来了管理和发展转型升级的难得历史机遇。

基于以上背景，保定公司于2015年开始实施市县两级供电企业以提高服务水平为目标的业务集约管理。

二、市县两级供电企业以提高服务水平为目标的业务集约管理内涵和主要做法

为适应内外部形势发展变化，加快改革发展，进一步深化提升供电企业发展质量和效益，保定公司在县公司“子改分”工作的基础上，以35千伏～110千伏运检业务集约化为重点，全面推进县公司25项管理业务向市公司纵向集约，通过加强流程管控、集合资源要素，进一步缩短管理链条，优化业务流程，促进专业管理纵向贯通、横向协同。精简县级供电企业管理职能、机构和定员，促进县级供电企业精干瘦身，着力解决县级供电企业经营效益差、用工效率低、优质服务水平不高等问题。全面推进市县两级供电企业“一体化管理、同质化发展”，提升市县两级供电企业效率效益和优质服务水平，更好地服务经济和社会发展。主要做法如下。

（一）明确业务集约管理的工作思路

1. 市公司作为市县公司协同运作的责任主体，进一步提升专业化管理水平

在市公司层面实现35千伏～220千伏电网“一个主体、一级管理、一体统筹”，充分发挥市公司的管理优势、技术优势、装备优势及人员优势，拓展市公司的专业管理广度和深度，确保电网规划更加精准、电网建设更加规范、电网方式更加经济、电网运检更加高效、整体电网更加坚实，为持续提升市县公司精益化管理水平搭建平台。

2. 县公司作为县域客户优质服务的执行主体，进一步提升属地化服务水平

通过集约管理，促使县公司“瘦身健体”，集中力量聚焦优质服务、属地协调和线损管理等核心业务，充分使其自身属地优势得到更大的发挥。同时，为加快农网升级，实施农田机井通电、光伏扶贫等建设项目创造有利条件。

（二）确定业务集约管理的主要内容

1. 以运维检修业务集约为重点

将县公司35千伏运检业务集约至市公司，在市检修公司设置运检分部，统筹开展35千伏～110千伏运检业务。

优化变电运维管理。按照“双60”（工作半径不大于60公里或不超过60分钟车程）调整运维班布点和人员力量，推行“2+N”运维模式（“2”为24小时值班人员，主要负责值班期间的应急工作，还从事变电站日常巡视、维护、倒闸操作工作，人员采用三班轮换值班模式，每班至少2人；“N”为常白班人员，负责巡视、操作和维护等运维工作），满足应急和日常运维需求，提升应急响应速度和运维效率。

强化变电检修专业化。统筹配置检修装备，加强内部协同，有效缩短检修现场停电时间和作业时间。

加强35千伏线路属地协同。市公司负责专业巡视和检修，县公司负责通道巡视、树障清理等属地工作，充分发挥市公司专业优势和县公司属地优势。

实施“大计划”管理。深化检修定时定额和生产承载力管理，统筹市县公司10千伏及以上生产计划制定，实现生产计划、生产指挥、应急抢修和生产装备的集约管理，全面提升运检专业效率。市县业务集约后运检业务管理关系如图1所示。

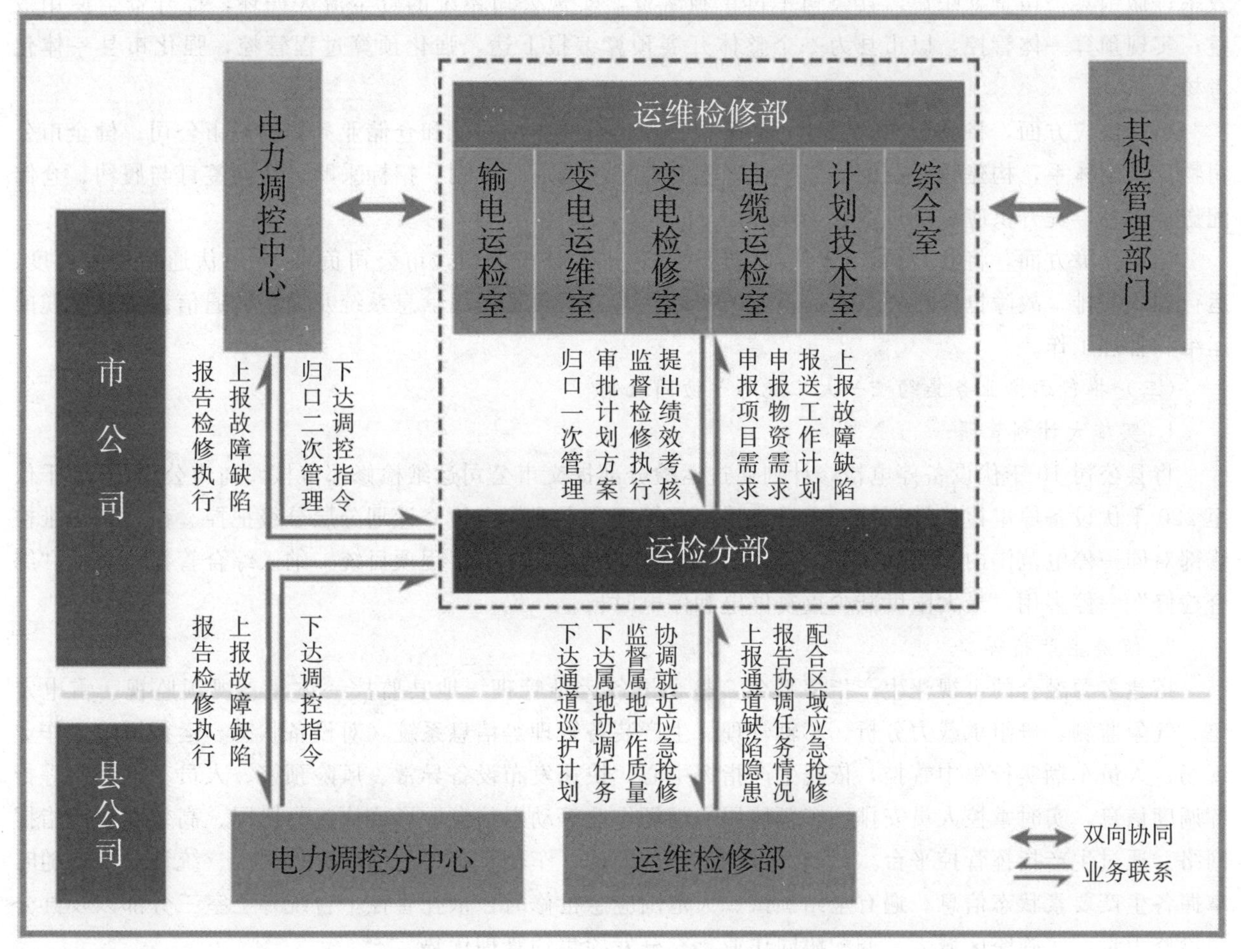

图 1　市县业务集约后运检业务管理关系

2. 其他业务集约配套开展

电网规划方面，35 千伏设备生产技改、大修计划和基建计划由市公司统筹编制；县公司主要履行属地化职能；强化“一张网”管理，打破县域界限，合理划分供电范围，缩短供电半径，实现集约发展；拓展规划管理深度，将规划编制延伸到村、到线、到变压器，实现精准投资，解决县域电网薄弱问题。

电网建设方面，县公司 35 千伏电网建设管理业务集约至市公司，县公司负责属地协调工作；强化 35 千伏项目管控，并与 110 千伏及以上输变电工程同质化管理。

电网运行方面，将县域 10 千伏～35 千伏电网调控专业管理工作集约至市公司；优化电网运行方式，打破“市县分层、县县分区”的管理模式，均衡分配设备负荷，提升电网安全经济运行水平；统筹 35 千伏电网停电计划，优化配置检修资源。

营销服务方面，将县公司 35 千伏客户抄表业务和电费账务相关业务集约至市公司，强化营销核心业务管控能力；将县公司营销部与乡镇供电所管理部合署，实现业务管理一贯到底，促进供电所业务末端融合；充分运用信息化手段，大力推进“互联网＋”行动，进一步提升客户诉求响应和优质服务水平。

人力资源方面，根据业务集约需求，同步优化机构编制、精简岗位定员；按照人岗匹配的原则，科学评估新增岗位绩效，建立适应市县业务集约的岗位等级序列；加强内部市场调配，促进人力资源有序流动、合理配置，努力提高劳动效率。

财务资产方面，推进资金集中管理，撤销县公司电费账户，压缩电费资金周转链条，提升资金归集效率；撤销县公司贷款账户，县公司不再单独融资，实现公司系统的资金流大循环，提升资金使用效益；实现预算一体管控，以市县为一个整体开展预算编报下达，强化预算过程管控，强化市县一体化考核。

物资供应方面，将县公司物资计划、采购管理、合同履约职能和仓储业务集约至市公司；健全市公司物资调配体系，构建物资调配信息平台，实时监控物资需求计划、招标采购、合同签订与履约、仓储配送等信息，提升供应链全过程管控能力。

通信保障方面，将县公司35千伏通信运检业务集约至市公司，市公司负责35千伏通信资源调度、运行方式安排、故障抢修指挥以及运检业务实施，县公司负责所属信息系统及设备、通信设备及光缆的运维和管理工作。

（三）推行运检业务集约“一大三统筹”协同机制

1. 实施大计划管理

将县公司10千伏设备停电检修计划通过运检分部提交市公司运维检修部审核，与市公司的35千伏至220千伏设备停电检修计划统一由运维检修部管理，实现停电检修计划分层分级把控。市公司运维检修部对同一停电范围内的检修任务、设备缺陷治理、大修技改等工程项目统一纳入综合管控，实现“综合检修”一停多用，最大限度减少重复停电和停电时长。

2. 统筹生产指挥

搭建多源融合的可视化生产指挥平台，整合设备运维管理、地县监控一体化、视频监视、雷电定位、气象监测、班组承载力分析、车辆管理、生产装备管理等信息系统，对设备状态、运行风险、作业现场、人员车辆实行集中管控，依托生产指挥中心，快速发布设备异常、风险预警、人员车辆调用等指挥调度信息，实时掌控人员安排、车辆使用、现场作业等动态信息，形成快速、协同、高效的生产指挥网络。通过生产指挥管控平台，每日对生产工作、人员、车辆、装备的信息进行录入、统计分析，随时掌握各生产要素状态信息。遇有全站预试、大范围应急抢修时，依托管控平台统筹三室三分部以及县公司检修力量，实施跨区域人员调配协同作业，充分发挥集约管理优势。

3. 统筹应急抢修

整合市、县35千伏输变电设备应急抢修力量，将县级应急抢修梯队纳入市公司统筹管理，完善市、县区域内两级梯队建设，由市公司运维检修部统一组织故障抢修，统筹调配抢修资源。应急启动时，生产指挥中心24小时值班，发布指令和重要过程信息，统筹各单位运检资源，指挥现场故障处置。

4. 统筹生产装备

35千伏及以上运检业务所需装备、车辆全部纳入市公司运维检修部集中管理、统一调配。市公司运维检修部根据生产计划安排，利用生产管理指挥系统，提前对各单位运检车辆、大型装备进行统一调配。通过系统实时掌控各单位运检车辆、工器具、备品备件等生产装备使用和剩余情况，应急条件下，对各类生产装备实施快速调拨，提高应急响应速度。

（四）调整机构编制提供组织保障

在市公司层面，将35千伏运检业务从各县公司剥离，在“一部一公司”运检组织架构基础上，综合考虑地理位置、交通条件、电网结构等因素，增设3个运检分部，分别为安新运检分部、易县运检分部和清苑运检分部，承担区域内110千伏和35千伏输变电运维检修业务。

撤销县公司运检部仓储管理职能，将仓储业务集中到市公司，仓储管理模式调整为“1个市公司周转库+3个县域周转库”。市公司物资供应中心增加调配室1个（班组级），增加仓储配送班1个。

在县公司层面，在“一部一工区”运检组织架构基础上，撤销县公司运维检修部35千伏业务相关管理及技术岗位、班组，县公司运维检修部和检修工区合署，更名为运维检修部（检修工区），具有职能管理和实施主体双重职责。下设4类班组，不再设置输电运检、变电运维、变电检修类班组，共减少班组62个。集约前后，县公司层面运检组织架构如图2所示。

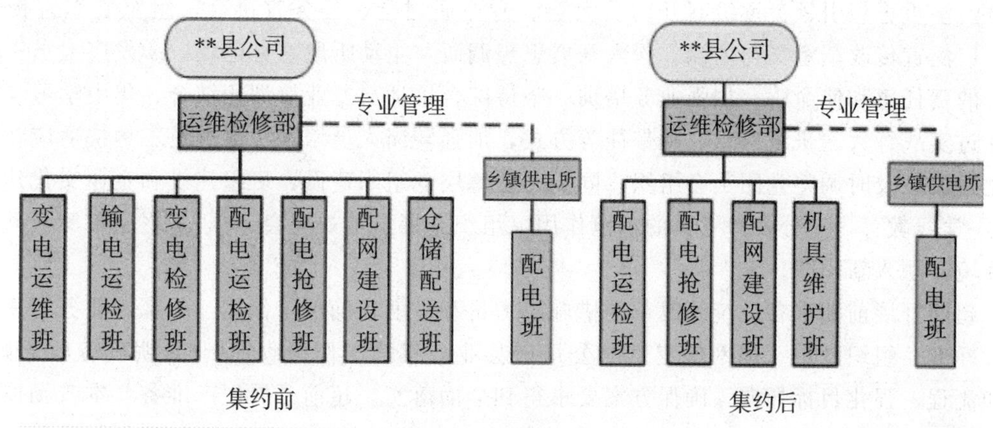

图2 集约前后县公司层面运检组织架构

县公司供电所由营销部和乡镇供电所管理部共同管理，造成工作交叉，多层级管理，职责不清晰。为实现一体化管理，缩短管理链条，将22个县公司营销部与乡镇供电所管理部合署，实现业务管理一贯到底，促进供电所业务末端融合，职能部门减少22个。

（五）合理安置人员提供人力保障

1. 优化组织调配，实现技能人员顺利划转

坚持“促进机制高效运转和员工个人职业发展”相结合的双赢理念，统筹设计人员组织调配方案。结合检修、输电、运维三大专业特点、工作性质，综合考虑员工个人专业特长、学历、能力和发展潜力，对现有人员进行优化组合，改变传统“一刀切”模式，以“以人为本、人适其岗”为前提，分专业制定各具特色的组织调配原则，人性化的人员配置策略得到广大员工积极响应。

2. 实施岗位竞聘，从严从紧科学配置人员

坚持“从严从紧、公开透明”，按照“人员变动幅度最小化、人岗匹配最大化”人员配置思路，明确招聘条件，强化人员管控，维护招聘的公正性。划定招录上限，确保配置均衡。充分参考各县公司人员承载能力、超缺员情况、薪酬水平，结合运检分部的地理位置及人员流动意愿等情况，为各县公司设定招录人数上限，确保县公司流出人数可控在控，同时提升县公司总体人员配置率。实施岗位竞聘，选拔优秀人才。本着“公平、透明、公开”的原则，由第三方咨询公司实施，监察部门全程监督，确保招聘工作公平公正进行。

3. 县公司内部实现人员正向流动

保定地区22个县公司从事35千伏输电、运维、变电检修业务的有669人，其中270人通过岗位竞聘招录到市公司，330人继续留在运维检修部，专注做好县域10千伏配网设备运维检修，69人根据供电所超缺员情况分流至供电所，增强供电所人员力量，打造全能型供电所，为电力用户提供更加优质的服务，切实解决好服务群众“最后一公里”问题。

（六）推进业务集约管理高效实施

1. 加强目标导向，统筹做好软硬件准备工作

首先，健全组织体系。把业务实施作为重中之重，整体谋划、统筹协调、有序推进。成立市县两级业务集约推进领导小组和18个专业工作组，构建横向协同、纵向联动、市县对接的工作体系，建立日报、周报和一周双例会等工作机制。精心编制操作方案，逐级细化计划安排，明确一级节点4个、二级

节点 28 个、三级节点 265 个，全面落实到岗、明确到人。

其次，加强宣传发动。坚持以人为本，统筹加强思想、作风、能力建设，形成推进改革的思想自觉和行动自觉。注重思想引领。逐级召开动员大会、专业研讨会、任务宣讲会，组织制作宣传手册、网站、展板，广泛宣传改革意义与内涵。深入开展思想调研，主动听取意见建议，激发广大员工“投身改革做尖兵”的责任感和使命感。加强业务培训。坚持综合培训与专业培训相结合、集中学习与岗位培养相结合。通过实战练兵、班组讲堂、师带徒等方式，加强转岗人员培训，促进员工尽快适应新岗位。强化企业文化建设。及时调整党团工会组织，同步开展基层党组织建设、班组建设和企业文化建设。结合“两学一做”学习教育，充分发挥党员的示范作用。组织开展员工欢迎会、“职工之家”等活动，帮助员工适应新环境、融入新团队。

最后，超前开展前期准备。统筹改革的措施、力量和进度，确保工作相互配套、业务有序衔接。超前明确验收标准。组织制定《国网保定供电公司市县业务集约工作验收细则》，明确验收原则、方式、职责分工和流程，强化目标导向，确保方案要求得到全面落实。超前开展生产准备。本着勤俭节约、内部盘活的原则，通过内部调拨方式保障新组建机构生产需求，办公场所、办公用品、安全工器具、车辆、家具及时到位，通勤班车、职工食堂同步配套。超前梳理业务流程要素。同步推进制度和流程调整，新增流程 18 项、优化流程 56 项、废止流程 17 项，提出通用制度差异条款 30 项。超前筹备信息系统调整。超前开展信息系统适应性调整需求分析，对 26 套在运信息系统及实际业务进行有效评估，共梳理需调整应用系统 15 套，确定业务调整工作 140 项。

2. 充分调研论证，精心开展方案编制工作

保定公司把握改革方向，确保操作方案科学合理、可操作性强，历经 8 轮次审查修改和模拟推演，最终形成 1 个市县业务集约管理总体操作方案和电网规划、电网建设、电网运行、运维检修、营销服务、人力资源、财务资产、物资供应、通信保障等 9 个配套子方案。

一是聚焦“一个重点”。综合考虑专业集约化程度和区域属地化优势等因素，科学论证、系统分析，重点做好运检分部组建工作。二是坚持“两个原则”。坚持国家方针政策和符合电力体制改革要求、坚持严格执行国家电网公司机构设置和人员配置总体要求两个原则，确保“规定动作不走样、自选动作有创新”。三是把握“三个关键”。围绕岗位设置、人员配置、薪酬水平“三个关键”因素，合理配置人力资源。

优化岗位设置，注重人岗匹配。业务模式调整后，通过对岗位职责、工作强度、工作难度、工作环境等要素进行评价，按岗级逐层递减的要求，界定新增岗位在组织中的价值；加强岗位任职资格管理，严格落实持证上岗相关要求，统筹开展人员转岗和岗前培训，加快提升人员适岗能力和水平。

优化人员配置，避免“逆向”流动。以市公司和县公司可持续发展为落脚点，统筹考虑市县公司人力资源现状，充分利用装备技术水平提升、非核心业务外包、绩效正向激励、内部人力市场以及新进毕业生补员等手段努力优化人力资源配置，杜绝人员向超员岗位逆向流动，有效提升人员配置效率和效益。

严控人工成本增长，避免异常变化。严控“人耗”，建立新增岗位价值评估、岗位配置和岗位绩效联动机制，防止薪酬水平异动，降低改革成本。

3. 强化安全稳定，有序开展模式转换工作

在确保安全生产、队伍稳定和工作质量的前提下，保定公司重点围绕人员、设备、安全责任及工作职责等方面开展模式转换工作，做到“五个到位”。

一是安全管控到位。强化安全责任落实，健全三级安全监督体系，明晰安全职责，签订改革期间安全稳定责任状 30 份，确保责任落实无盲区、无断档。深化风险辨识，针对新模式辨识出 5 大类 13 项安全风险，制定并落实防控措施 160 项，保障安全管理可控、在控。严格现场管控，在新模式导入前后，

优化生产工作计划，强化安全稽查，监督检查作业现场533个，确保改革期间作业现场安全。加强转岗人员培训，针对转岗人员业务技能薄弱、工作经验不足等问题，创新推行OTCI培训模式（目标＋任务＋检查＋激励），编制《员工技能进阶手册》，注重培训的针对性和实效性，加快提升员工整体素质。

二是工作交接到位。运检与财务部门协同编制35千伏电网设备资产清查调拨方案，完成35千伏电网设备资产清查和资产划转，累计清理资产卡片1.92万张，设备台账2.59万项，实现账、卡、物一致率100％。运检部门对交接的电网设备逐站、逐线路分专业进行验收，共交接各类生产资料图纸1080套，签订工作交接责任书58份。确保责任交接到位，管理衔接连续。

三是人员配置到位。统筹考虑市县公司人力资源现状，兼顾业务开展需要和员工队伍稳定，采取岗位竞聘和组织调配两种方式，实现运检等专业人员高效配置。

四是流程制度调整到位。同步完成管理流程和通用制度差异条款梳理工作，共涉及新增流程18项、优化流程56项、废止流程17项；针对20项通用制度提出30项差异条款。按照协同机制建设要求，将流程环节全部落实到岗到人，支撑新模式高效运转。

五是信息系统调整到位。通过有效的组织引导及统筹协调，完成了五大类15套信息系统中2437个角色权限、17个业务流程、1609个系统配置、18万条业务数据调整及16个系统功能和18个系统接口的开发工作，保证集约后各项业务的平稳过渡。

三、市县两级供电企业以提高服务水平为目标的业务集约管理效果

（一）企业管理水平明显提升

在人力集约方面，市县公司输变电班组精简51％，县公司职能部室精简13％、班组精简24％。变电运维、检修和输电运检效率分别提升56％、27％、102％，市公司用工效率提升11.6％、县公司提升3.5％。在财力集约方面，优化了35千伏和10千伏资产配置，累计清理资产卡片1.92万张、设备台账2.59万张，完成资产调拨21.54亿元，推动了资产全寿命周期管理，县公司77个电费账户全部撤销，电费资金平均在途时间由4天缩减至1天，平均到账确认时间由6天缩减至1.5天。在物力集约方面，仓库数量减少19个、面积精简45％，库存周转率达到5次/年以上。在生产组织方面，优化配置检修资源，计划停电时间同比缩短17.8％，县域10千伏重复停电率降低23％，35千伏重复停电全面消除。

（二）经济效益明显提升

通过深化市县业务集约管理，将计划预算统一安排、闭环管理县公司的资金小循环融入市公司资金流大循环，资金集中率达到99％以上，年降低利息和税费5700万元，投资完成率同比提高5.28个百分点，万元资产维护费同比下降849万元。实现了物资、装备等核心资源集约管控，装备配置需求数量降低50％，大型运检装备利用率提升1倍，生产服务车辆精简36％，为企业创造经济价值2919万元。

（三）服务水平明显提升，社会效益凸显

通过深化市县一体化管理、同质化发展，推行配网抢修一体化、运维一体化，促进供电所业务末端融合，畅通了服务客户的“最后一公里”，服务水平进一步提升，社会效益明显增强。配网10千伏故障率下降49.5％，农网综合电压合格率同比提升0.007个百分点，农网供电可靠率同比提升0.03个百分点，抢修到场时间缩短18.9％，运检类投诉同比下降52.1％，业扩和抄表类投诉分别降低16％和59％。2016年成功稳妥应对“7·19”保定地区发生特大暴雨灾害，统筹调配市县公司各级应急力量，迅速开展抢险救灾保电工作，在最短时间内安全快速地全面恢复了受损电网，保证了居民的正常生产生活用电，得到了保定市政府和广大电力用户的一致好评。

（成果创造人：王军利、王向东、唐　勇、李彦辉、刘　辉、王晓红、
杨立忠、田　叶、宋振红、张旭东、张惠卿、梁　爽）

近城大型露天矿区基于系统理论的协调发展

马钢（集团）控股有限公司南山矿业公司

马钢（集团）控股有限公司南山矿业公司（以下简称南山矿）是一座有着百年开采史的大型露天矿区，地处南京都市圈马鞍山市东郊城乡接合部。现有职工近3500人，矿区总占地面积16平方千米，保有铁矿资源7.08亿吨，经过6年的协调发展实践，南山矿区走上了生态绿色循环的生存发展之路，顺利完成了新老矿山交接，形成了年1300万吨的铁矿石生产能力，成品矿由169万吨上升到313万吨，累计实现利润13.38亿元，纳税13.16亿元。

一、近城大型露天矿区基于系统理论的协调发展背景

（一）贯彻落实国家政策，实现矿业开发与生态保护协调发展的需要

党的十七大报告将“建设生态文明”列入实现全面建设小康社会奋斗目标新要求。矿业开发是国民经济的重要支柱，推进矿区生态文明建设是实现矿区持续协调发展的必由之路。作为一座有着百年开采史的大型露天矿区，南山矿的沧桑变迁，浓缩了中国矿业的创业史。建矿以来，南山矿累计开采铁矿石2.7亿吨，为中国钢铁工业的发展做出了重要贡献，支撑了区域经济的繁荣发展，但矿石的开采是一把双刃剑，开采过程中产生大量的固体废弃物、粉尘及噪声等也给生态环境造成了严重影响。此外，南山矿区位于城市上风口和水源地，环境容量小，属生态敏感地带，资源开发与生态保护之间矛盾加剧，企业面临生死存亡的挑战。

（二）实现矿区开发与城市建设及区域经济协调发展的需要

缘矿而兴、因钢设市是马鞍山这座城市的一个鲜明特征。随着城镇化的深入发展，南山矿区逐渐被马鞍山市主城区、姑熟、丹博两个副城区和秀山新区所环抱，近城矿山正逐渐演变成为城市中矿区。然而一直以来，因权属关系的不同，矿区规划始终未纳入城镇规划，造成区域资源配置隔离，矿区城镇建设不能同步跟进，成为区域协调发展的“孤岛”。此外，露天矿山开发大量土地需求与城市日益趋紧土地供应构成了矿区开发与城市发展之间不可调和的矛盾。

（三）实现企业自我更新、转型发展的需要

南山矿是座老矿，自身存在诸多问题，阻碍了企业做优做强。一是资源禀赋差。南山矿资源保有量虽大，但矿石品位却不高，开发过程中会产生大量的固体废弃物，目前矿区已经堆存固体废弃物高达6亿吨，占用了广阔的土地资源，并且现有生产系统仍以年产1500万吨的速度产生固体废弃物，如果仍沿袭传统的“先开采，后治理”的模式，不仅开发难度大，成本高，还有悖于国家日趋严格且刚性化的环保政策。二是装备陈旧，工艺落后，资源利用率低。三是南山矿原有主力矿山相继闭坑，新矿山建设困难重重。因此，要保持企业又好又快发展，必须突破传统的矿业开发模式，对矿区内各类资源要素进行科学、合理的优化调整。系统规划南山矿区的铁矿资源利用和生态修复项目，避免重复建设、资源浪费，实现集约化、有序开采。

自2011年起，南山矿在总结多年管理提升实践的基础上，在国内同类型企业中率先探索矿区协调发展模式，激发企业内在活力，推动区域经济融合发展。

二、近城大型露天矿区基于系统理论的协调发展内涵和主要做法

南山矿从区域协调发展出发，遵循矿区发展规律，结合自身发展需求，通过构建矿区协调发展系统模型，理清矿区协调发展中问题；通过全面规划，科学处理矿区层级关系，明确矿区发展方向；遵循矿

区系统生命周期，统筹布局，利用时间分离、空间分离两种手段化解矿区发展中的矛盾；立足铁矿石开发，逐步拓展，综合利用矿区固废资源，发挥示范引领作用带动区域节能减排；构建政企共建服务体系，实现了资源共享、优势互补、协调发展。主要做法如下。

（一）吸取历史经验教训，明确矿区协调发展总体目标及基本框架

1. 总体思路

长期以来，南山矿虽然制定了各种发展规划，但缺乏系统理论指导，忽略了生态保护的需求，且重要资源管理分散，没有得到充分利用，未能形成规模效益和协同效应。针对上述存在问题，南山矿深入研究矿区发展规律，打破传统线性思维，将生态理念纳入矿区协调发展体系中，明确矿区协调发展总体思路。一是实现产业坚实。科学适度的保持主业生产规模，采用先进技术装备，充分利用有限的资源，通过在管理、技术上的不断创新，使企业始终处在行业内的先进水平。二是实现生态友好。搞好企业的清洁生产、从源头控制污染物，严格按国家标准做好环境保护，使厂区保持良好的作业生活环境。通过资源综合利用，将废弃物资源化、循环化，减少污染物排放，在生产过程中进行环境再造，逐步形成新的地理环境，实现矿区自然转型，可持续的科学发展。三是实现人群幸福。通过矿山的生产建设过程，使矿区与周边城镇共同发展，相互融合，构建和谐的区域人文环境，通过矿区的发展带动地方的经济社会发展，让职工和周边的人民群众共享改革开放的成果，充满自豪和获得感。

2. 基本框架

以实现自然、经济与社会有机结合为目标，构建矿区协调发展的系统模型，按照不同特点和功能将矿区系统分为自然子系统、经济子系统和社会子系统三个子系统，系统剖析矿区结构，梳理影响矿区建设的各要素，明确生态建设是矿区协调发展中的一部分，为后期开展矿区规划打下基础。以实现资源充分利用为核心，按照空间边界的扩展，构建矿区协调发展的层级模型。将矿区系统划分为微观（即由产权界定的矿区系统）和宏观（矿区所在宏观区域的经济系统、社会系统和自然系统构成的开放系统）两个层级，为制定矿区与区域统一提供科学方法。以实现资源有序利用为目标，依据矿区系统生命周期构建矿区系统成熟度评估体系。针对矿区各系统发展不均衡的特点，结合组织结构将矿区系统分解为相互独立的子系统。将矿区各子系统按其发展阶段分为婴儿期、成长期、成熟期和衰退期四个阶段。对矿区内部采场、选矿厂和尾矿库等系统进行分类统计评估，并制定个性化发展方案，为有序实现矿区各系统功能转换提供参考依据。

（二）统筹规划，推进矿区全生命周期管理

1. 科学规划处理矿区开发层级关系，发挥引领作用

矿区规划是实现矿区协调发展的依据和前提，由于权属关系的不同，公共资源不能共享及缺少相应的配套措施支撑其落实。为此，南山矿基于矿区协调发展层级模型，从宏观和微观两个层面制定了矿区发展规划，构建了统一规范的规划体系。宏观层面立足于区域经济的整体格局，联合政府共同编制统一的空间规划，实现规划矿区与区域全覆盖，为实现矿区资源与区域发展有效衔接提供依据。微观层面是以矿区内部空间布局优化和资源整合为导向的具体措施，为规划实施提供明确路线图。

2. 精心布局，有序实施系统功能转换

一是针对婴儿期系统，将生态理念、相关事宜的技术融合到该系统的规划和可行性分析中。例如，南山矿下属和尚桥铁矿建设伊始就开展了生态规划专项研究，通过落实生态景观建设，综合落实环境保护和土地利用规划。着重研发采选工艺布局，实施集约化开采。在采矿阶段实施破碎后就近预抛尾，获得的高品位矿石后再运往选厂，大幅度提高了选厂入选品位，提升了选矿能力，有效降低了物流成本。构建绿色环保运输体系，从总体上考虑矿石、废石运输、尾矿排放路线和输送排放方式的设计，采用植被隔离、景观塑造等多种主动控制措施，使物流系统与城市环境融为一体。和尚桥选矿厂设计上瞄准最

先进的技术，通过引进消化，全流程装备大型化、自动化，采用先进的清洁生产工艺，将工艺污染对环境的影响降到最低，实现源头上控制污染。

二是针对成长期系统，系统的各子系统处于优化建设阶段，建立动态技术分析体系，及时跟踪国际及国内先进技术应用到该系统建设中，最大限度降低固废排放量增长速度。例如南山矿下属高村铁矿持续推进技术升级，将传统选矿工艺“鄂式破碎（粗破）、圆锥破碎（中、细破）”的破碎系统前移放入采矿场，并增加三级干选工序，提高铁矿资源开采和回采率，降低矿产贫化率和减少废石出坑量，从而降低多余废石对土地的占用和运输带来的成本增加、环境污染和能源消耗等带来的不利影响。实现全系统半连续运输，取代单一的汽车运输方式，大幅度降低能源消耗和粉尘污染。

三是针对成熟期系统，生产单元各子系统功能完善，但很快会进入衰退期，一方面需要着手制定该生产单元下阶段发展规划；另一方面，需要采取适宜技术手段，使该生产单元延长在成熟期停留时间。南山矿下属凹山铁矿率先在露天金属矿山引进了边坡雷达监测及位移瞬时反馈系统，并系统集成了凹山边坡多元信息监测网，将雷达边坡监测集成技术与露天扩帮回采工艺进行了有效结合，动态调整各类参数，通过提前预警、诱导放落等工艺技术措施，有效解决了凹山铁矿复杂地质条件中高陡边坡下实现开采末期残存资源高效回收的技术难题，保证凹山地质环境治理高效有序地推进，延长其利用年限 6 年，并回收可利用资源 1250 万吨。与此同时南山矿启动了凹山铁矿转尾矿坑项目，提前铺设尾矿输送管路，凹山地质环境治理结束后，实现了采场转为尾矿坑无缝衔接，为南山矿节约远期建库费用数亿元，经济效益、安全效益、生态效益显著。

四是针对衰退期系统，该系统功能到达极限，不能满足现有生产需要，需要一个新的系统代替它。一是针对结构简单的单一系统进行整体功能转换，如采场。南山矿通过自主创新，研制了尾矿分泥和尾矿回水水质过滤系统，对南山矿东山采场的空间资源进行了科学合理利用，率先在全国实现了运用闭坑露天采坑大空间堆存细粒级尾矿泥，实现了尾矿多空间立体处置，节约了几亿元的资金投入，为国内同行业利用采坑排尾提供了可借鉴的成功经验。二是针对选矿厂等结构复杂的系统，在实际操作过程中，遵循“整体规划，分步实施，成熟一部分实施一部分”的原则制定详细实施方案，使其更具操作性。近年来，依据选矿工序逐步引进高压辊磨（超细碎），立磨等新技术装备，配置更合理、更集中，便于生产管理，提高破碎和磁选效率，降低选矿工序的能源消耗，符合当前选矿设备大型化发展的趋势和要求。

3. 联动管理，实现动态调整

一是依据生产流程，将采矿－运输－选矿－尾矿排放视为一个整体，通过梳理组织结构、规范系统设置，明确各系统生产能力、资源配置等基础工作，绘制全矿区系统流程图、发展路线图，建立全流程联动管理体系，实现全流程联动管理。二是按照系统分类，通过分析单一系统不同功能期的生命曲线，建立系统全功能生命周期管理体系，通过不同功能间有效连接与转换以实现资源高效利用。三是筛选全流程联动管理与全功能生命周期管理的关键时间点，并结合技术和资金配置等要素形成目标控制网络，根据关键程度制定控制措施，实现对矿区协调发展总体目标的动态调整。

（三）综合治理，实现矿区经济与生态协调发展

良好的生态环境是矿区持续发展的基础，南山矿坚持“以人为本，生态优先”的理念，因地制宜采用适宜技术、精心设计，对矿区固废资源综合利用、生产用水循环利用及闲置土地资源整合等课题进行专项研究。

1. 充分利用矿区固废资源

一是按照“源头减量，终端利用”的总体思路，采用先进工艺技术装备进行铁矿采选生产，从源头减少采选废石和尾矿等固废的产生量，提高矿产资源回收利用率。二是大力开展固废资源综合利用。实行剥离土分类堆存，在和尚桥铁矿建设初期剥离阶段，对近 1000 万立方米耕植土采取了保护措施，划

定了专门区域堆放，有效地解决了采场基建用土和城市山体公园的绿化用土；实施资源综合利用产业化发展和产业链延伸战略，提高固废资源综合利用率及产品附加值，与南京中联混凝土有限责任公司签订战略合作协议，共同开发利用南山矿区固废资源，有效衔接资源与市场。目前，南山矿已经建设完成年产 250 万吨砂石骨料的建材加工厂，远期规划每年利用 1000 万吨固废资源，实现全区域碳排放量减排。

2. 综合治理水资源

对全矿区用水需求进行分析，减少自来水用量、降低污（废）水排放量。在生产用水利用上，因地制宜利用采坑的地位优势，通过人工引流将雨水、排土场淋溶水等集中到采坑底部集中处理，通过深度工艺处理，使各项指标达到绿化灌溉、喷淋降尘用水要求，用于整个厂区的绿化灌溉、生产及道路喷淋用水等，做到尽可能多的利用，降低污水排放量。

3. 整合闲置土地资源

一方面对现有废弃地生态修复。根据现有废弃地条件，以农林利用为主，开展了 1# 排土场、铁华山排土场、大王山排土场、西井山排土场等废弃地生态修复项目，扩大了茶园、果园、葡萄园等种植面积，到 2017 年废弃地复垦率达到 90%。另一方面开展生产用地阶段性生态修复。遵循“边生产、边修复”原则，对凹山排土场、高村排土场等尚在使用的排土场，堆排到界的工作台阶，组织阶段性生态修复，坡面及坡顶植草绿化，台阶内侧设置排水沟，排土场周界设置挡渣墙及排洪沟，避免水体酸化；对和尚桥采场、高村采场等尚未闭坑的采场已达到开采境界的边帮，实施阶段性生态修复，重点是高出封闭圈高度的受损山体的生态修复。

（四）政企共建，构建高效的区域协调发展服务体系

1. 畅通沟通机制，提高工作效率

为了保障与政府部门信息沟通即时性、有效性，建立了多重沟通机制。通过派遣职工到政府部门挂职学习，提高企业职工对政府政策的理解。通过重点工程微信群实现工程推进中重点、难点问题即时沟通，确保工程高效推进。通过充实重点工程保平安平台，联动政府部门，预警矛盾和化解矛盾。通过搭建百名法官进企业平台，促进依法办企业、依法维权。通过构建市政府推动矿山建设体系，完善了工程建设过程中各部门的协调机制，提高了工作效率，加快了新矿山建设。2016 年南山矿与所在地政府共同成立了循环经济建设办公室，实现了政企合署办公，有效推进了区域循环经济协调发展。

2. 以项目为纽带，建立重点工程合作机制

共同推进工程项目建设是推进企业与区域融合发展的根本途径。南山矿职工与政府工作人员，通过共同参与工程项目的实践磨合，共同克服困难，增强彼此的信任感。同时，企业与政府都能够从项目中获益，发挥自身优势，实现优势互补的协调发展。2011 年以来，南山矿与政府先后通过“重点工程百日会战”快速建成和尚桥铁矿项目，通过共同推进“马鞍山市向山独立工矿区建设”争取国家开发银行低息贷款 1.01 亿元，共同推进“凹山选矿厂节能减排升级改造项目”及“凹山总尾矿库环境影响区域避险安置项目”等重点项目 10 余项。

3. 共享发展，实现优势互补双赢

南山矿业公司利用自身的技术优势、资源优势，在和尚桥铁矿因地制宜打造“与矿山开采同步建设的城市山体公园”。从和尚桥铁矿基建开始，在采场区域和居民生活区域之间利用和尚桥铁矿剥离表土和周边山势打造城市山体公园，屏蔽了噪声、抵御了粉尘，将露天采场对城区的影响降到最低，设计上通过规划植被种类、人工湖景观建设等技术措施与未来城市景观相协调，使该地区在开采结束后成为城市的生态优质区域，实现矿业拉动到生态拉动的转变。在所在地政府的支持下南山矿投资 6000 多万元，委托当地工程建设企业，实施了矿区自来水和液化气社会化改造，与城镇管网联通，实现统一管理，结束了矿区多年定时供水和使用罐装液化气的历史。投资 2000 多万元，先后开展了两次大规模的老旧小

区生活设施和环境综合整治，改造了生活区的供电、道路、广场，实施了绿化、亮化、美化工程，并移交给当地有管理经验的物业管理公司，实行专业化管理。与地方政府共建了矿山文化公园、南山农贸市场、体育场、和垃圾中转站等公共设施，免费面向区域人群开放，极大改善了周边居民居住环境和生活条件，丰富了业余文化生活。整合南矿子弟学校优质教育资源辐射周边社区和村镇，实现适龄儿童就近上学。近几年，由于和尚桥铁矿开发和固废资源的综合利用，解决周边 1500 多人就业和带动周边 30 多家中小企业发展，人均可支配收入位居全市前列。

三、近城大型露天矿区基于系统理论的协调发展效果

（一）实现经济效益与环境效益协调发展

6 年来，南山矿区正确处理经济发展同生态环境保护的关系，通过整合闲置土地资源、综合治理水资源、充分利用矿区固废资源，实现了矿区空间布局优化，促进了矿区资源节约，提升了矿区环境质量，推动了企业持续健康发展，为区域可持续发展奠定了坚实基础。

（二）推动了区域经济的融合发展

南山矿区发展规划首次纳入城市发展体系中，在市政府的统一决策下，道路延伸到矿区，城区建设向矿区拓展，一些产业园与经济实体落地生根，一大批商业综合体与住宅小区迅速崛起，显示出旺盛的生命力。与此同时，与南山矿相连的向山镇大力依托南山矿的资源优势，发展循环经济，推动经济发展。目前，政企共建日益成熟，路网、水网、文体设施等诸多公共资源实现共享，资源利用率和政企协同效率显著提高，实现了区域经济融合发展。

（三）提升企业综合竞争力

经过 6 年的基于系统理论的协调发展实践，南山矿区走上了生态绿色循环的生存发展之路，顺利完成了新老矿山交接，形成了年 1300 万吨的铁矿石生产能力，成品矿由 6 年前的 169 万吨上升到 313 万吨，累计实现利润 13.38 亿元，累计纳税 13.16 亿元。此外，造就了一支素质优良、适应矿区长远发展的职工队伍。现有高级技术主管 3 名、首席技师 3 名、岗位带头人 10 名，高层次科技、技能人才数量在马钢集团处于领先位置，人才竞争优势显著。自 2011 年起，累计授权专利 61 项，卜维平创新工作室被评为国家级技能大师创新室，5 个基层班组获得国家级安全管理标准化示范班组荣誉。南山矿先后荣获“国家级生态示范区”“国家级绿色矿山”“全国矿产资源节约与综合利用专项优秀矿山企业”“全国冶金矿山十佳厂矿”“全国群体工作先进单位”“全国模范职工之家”等光荣称号，2016 年喜获第四届“全国文明单位”称号。

（成果创造人：朱青山、李生玉、王维勤、袁英杰、洪振川、彭　中、王建军、方宗龙、刘文胜、王绍平、曹　兵、徐社教）

卷烟生产企业基于跨界合作的品牌推广管理

山东中烟工业有限责任公司济南卷烟厂

山东中烟工业有限责任公司济南卷烟厂（以下简称济南卷烟厂）创立于1928年，为山东中烟工业有限责任公司直属卷烟厂，中央驻鲁大型生产企业。济南卷烟厂厂区占地面积1280亩，年卷烟生产能力120万箱，是全国四家定点雪茄烟生产企业之一。主要产品有烤烟型卷烟、雪茄型卷烟和混合型出口烟三大系列近20个规格。2016年，生产卷烟100.09万箱，雪茄烟2.38亿支；实现工业总产值110.72亿元；实现销售收入108.74亿元，税金58.42亿元。

一、卷烟生产企业基于跨界合作的品牌推广管理背景

（一）推进烟草行业市场化改革的需要

在新常态下，卷烟市场表现为整体回落，高价高端卷烟市场需求紧缩和结构提升难度加大，并由此带来工商税利由高速增长转向中高速增长。济南卷烟厂作为卷烟生产企业，在多年销量大幅增长基础上的销售收入增幅已趋向逐年降低态势，整体税利面临逆势上扬压力。在新形势下，实施基于跨界合作的品牌推广管理，有利于挖掘自身潜力，有效推进“大市场、大品牌、大企业”战略，实现市场扩容和结构提升，促进销售提升和工商税利增长。

（二）推进烟草行业供给侧改革，提高供给效率的需要

目前行业内开展的供给侧结构性改革主要集中在两方面，一是“三去一降一补”成为当前乃至今后一段时间内的重点任务。二是“以销定产”的生产计划分配模式；而企业现有生产能力，已远远超出市场实际需求。济南卷烟厂所负责的5个地市市场面临品牌两极分化的压力，行业28个重点品牌的方阵区隔愈来愈清晰，各个方阵内部也呈现强者愈强、弱者愈弱的态势。基于跨界合作的品牌推广管理，可有效发挥现有企业资源优势，从卷烟生产环节推动运行效率提升，解决行业经济运行中去库存、降成本与稳销量、增税利的突出矛盾，同时满足市场多元个性化需求特点，实现市场供需状态的有效平衡，维护卷烟品牌市场形象。

（三）拓宽企业发展空间，实现企业可持续发展的需要

卷烟生产企业在实施品牌推广过程中，面临诸多不利因素。一是主导作用弱化，由于不掌握市场资源和渠道资源，在卷烟品牌推广流程中，处于辅助地位。二是系统运作意识不强，在销量及规模上下大力气提高，而在品牌培育方面，往往无从下手，推进较为缓慢。三是协同作用未能有效发挥，对品牌推广工作的认识，仅定位于营销部门工作职责，在其他相关活动中，品牌培育管理的目的性不明确，作用也无法凸显。卷烟生产企业要形成规模市场，拓展新的增长点，需要开拓零售终端外的新渠道，解决对渠道直接影响力的问题。基于跨界合作的品牌推广管理，能够实现多方位渠道资源共享，对提升品牌形象，推动销售、结构提升，并最终达成企业发展目标，具有重要意义。

二、卷烟生产企业基于跨界合作的品牌推广管理内涵与主要做法

济南卷烟厂引入与其他社会资源，基于“目标协同、深度沟通、合作共赢、利益共享”的原则，建立多元化跨界合作平台。通过构建新型的OSPA项目管理体系，将合作各方原有的宣传推广渠道、团队、信息、资源及管理经验和策略措施进行集合、归并和提炼，实现系统化、集约化深度融合。在推广自身品牌的同时，助力合作品牌的发展，也同时汲取合作品牌的先进技术、创新思路与经验精华，对自身品牌推广进行重塑和再提高。达到深挖内部发展潜力，提高资源配置效率，开拓企业发展空间，精塑

品牌形象和推广品牌价值的目的。主要做法如下。

（一）确立跨界合作品牌推广的指导思想

济南卷烟厂自2010年起，确立以跨界合作的方式作为当前企业品牌培育和推广的主要方向。实行跨界合作品牌推广，就是打破传统的营销思维模式，以品牌推广为根本目的，致力于提升品牌认知度、提高供给效率、树立品牌形象，进而增强产品竞争力。通过经营合作、服务拓展、渠道共享、团队协同等方式，与其他社会资源建立目标协同、利益共享、风险分担的长期合作关系。跨界合作的品牌推广管理，将企业各跨界合作项目进行系统的管理，在相关活动流程中，准确植入品牌推广理念，对项目实施进行及时有效的调研评估和持续改进。这其中包含三个方面的含义：一是构建跨界合作，这是作为品牌推广管理新模式的基础。二是专注品牌推广，打破传统的营销思维模式，从品牌入手，一切围绕品牌培育和推广的中心目标，以促进参与合作各方品牌形象建立和推广为目的。三是品牌推广既是跨界合作的目的，也是跨界合作的终点，即各跨界合作的活动项目，以达到品牌推广提升为成功的标志，不牵涉其他实际销售和经济效益目标。

推进评估管理，跨界合作是平台，品牌推广是目的，而对整个合作推广活动的管理是发挥合作模式效果，实现合作目的的关键与保障。将品牌推广这一无法量化的概念进行转制，通过对合作方的评估、合作模式的设计、推广活动的实施，以及对整个合作推广活动的跟进、监督、评估和改进，结合引入KPI管理思路，对跨界合作的品牌推广工作流程设置评估节点，建立考核项和评分机制，实现对跨界合作品牌推广工作的有效评估和优化设计。

（二）构建跨界合作品牌推广的管理体系

1. 实施内部组织管理

济南卷烟厂跨界合作的品牌推广管理划入营销管理范畴，由市场营销部负责管理运行，营销部负责人由分管厂长担任，负责跨界合作整体工作部署与评估确认。市场营销部下设市场处、综合处，其中，市场处负责跨界合作制度和方案衔接管理，综合处负责跨界合作推广的跟踪调研和评估，同时，营销部在各地市场均设有驻外营销办事处，与所有跨界合作对象的衔接和协同工作，均通过这两个部门进行管理，会同驻外营销办事处进行划片对接。

2. 搭建合作管理架构（OSPA）

济南卷烟厂跨界合作的品牌推广管理体系主要分为四个方面，分别是合作对象管理、合作制度管理、合作方案管理、合作评估管理。四个方面既独立运行又按照严格流程顺序衔接。将多层面、多行业的合作对象和多渠道、多形式的合作活动纳入统一流程的管理体系，设定相关的执行标准，并配合翔实的监督考核评估系统，突出品牌推广关键环节，提高跨界合作效率，最大限度的发挥各项跨界合作活动对品牌推广的助力作用。

3. 实施合作对象管理

跨界合作对象的选择，一方面通过营销部品牌推广方案所涉及部门、单位和个人，通过市场处拜访衔接的方式确立；另一方面，通过各区域办事处、商业公司和其他对口合作单位推荐，以可操作空间和预估推广效果，提请营销部领导审议。确立合作对象后，相关部门跟进，完善制度方案衔接等。

4. 实施合作制度管理

一是建立管理机构，双方部门负责人和相关部门长组成管理机构，负责确立跨界合作品牌推广的主要方向、大的活动项目、基本原则和考评机制要求等。二是建立执行机构，在管理机构之下，设置专项推进小组。三是建立议事制度，分别是领导层、管理层、执行层的联席会议管理。四是建立沟通制度，包括日常信息共享制度、部门间信息传递制度、事项处理和危机公关协同制度等。

5. 实施合作方案管理

合作方案管理由策划分析组牵头负责，其他合作部门协同。济南卷烟厂对合作方案的分类归并，主要从合作方向与合作性质两个方面进行。主要包含三个方面：一是方案策划，基于跨界合作双方或多方的主要需求目标、渠道客户组成、团队技术优势等，协同策划合作方案，明确活动目的、执行标准、保障机制和考评监督等具体工作。二是方案执行，即按照审定方案的要求，分工协作落实。三是方案改进。

6. 实施合作评估管理

一是协同调研，主要是实地调研，方案执行过程中，由合作各方共同组建调研督导组，负责方案执行落实的监督调研，收集方案执行的翔实资料。二是考核评估，就方案内容、执行情况、存在问题及后期整改意见，整理评估报告，对方案制定和执行情况、协同部门品牌推广工作能力、项目所实现的品牌培育和推广的结果水平和可推广价值进行分析。

（三）实行市场细分的跨界合作，建立特类市场宣传推广机制

济南卷烟厂实行的特类市场宣传推广，主要是从市场细分入手，寻找跨地区、跨机制、跨行业的合作推广，主要目的是进一步完善目标市场的细分，先入为主的抢占市场空间。以婚庆、旅游、农村、团购等目标消费群体和区间为主要宣传对象，主要是依托这些市场消费结构高、单笔消费量大、容易形成固定消费群的特点，加速特色规格和品牌的长期、持续推广工作。

特类市场的品牌推广开发是一项长期的、涉及面较大的跨界合作推广活动项目，需要策略、信息、物料、人力、财力等多方面共同支撑，所涉及的合作方案多属于经营合作性质和服务拓展性质，因此，推进方案关键过程主要有以下方面：相关各方的协同性和分工、物料资源保障情况、活动的组织管理。对跨界合作品牌推广效果的评估，则主要来自对推广活动本身的被认可程度，通过活动参与的个体数，实现的产品销售，特类市场规模发展和推广产品份额占比等来综合评定。

（四）实行渠道提升的跨界合作，塑造品牌的高端化形象

1. 打造“风光”系列高端品牌经理室项目

从 2015 年开始，济南卷烟厂协同济南市局公司、1532 专营店等合力打造“风光”系列高端品牌经理室项目，通过整体品牌文化展示和形象包装，完整的品牌发展历史宣讲和高端客户体验，以高端产品带动品牌形象提升。一是建立“风光品鉴室”，在大型零售企业或超市内部，开辟专门的品鉴区，条件允许的地方，采取整店装修的方式，突出品牌形象，进行品鉴室或品鉴区的建设。二是开展形式多样的高端推广活动，在跨界合作方，主要是大型零售企业开展终端助销，组织召开高端产品订货会，既可宣传产品品牌，又利于促进合作方的高端产品销售。三是利用合作方的高端消费人脉，广泛宣传发动，开展针对风光系列产品的宣传用语征集活动，提炼品牌和规格亮点，进行形象提升宣传，让高端消费群体从细节上感受风光系列产品的高端品质。

2. 开展烟草品牌宣传推广活动

研究探索新形势下烟草品牌宣传推广、卷烟营销策略宣传的新方法，通过“烟草企业提方法，地方政府出政策，专业人士作指导”的方式，以处室、区域为单位选拔兼职品牌宣讲员，组建品牌宣讲队，深入企业、乡镇、商业公司服务站（专卖所）等单位宣讲企业品牌文化和宣促政策。同时，为配合好品牌高端化宣传推广，济南卷烟厂一方面强化产品维护，发挥原有四款高端卷烟引领带动作用；另一方面强化新产品培育，设立新产品品牌管理员，专项负责新产品上市管理工作，确保新产品持续、健康发展。

（五）实行品牌互补的跨界合作，实现与高端消费群体的零距离接触

济南卷烟厂基于品牌互补的跨界合作品牌推广，重点面向的行业领域是汽车、名酒和茶叶行业。通

过长期对相关行业品牌宣传策略与销售数据的调研分析，烟草与以上三个行业在跨界合作上，具备十分契合的先决条件。一是优势精准互补。主要是资源、技术上互补，利用各自的市场资源、渠道资源，实现双方甚至多方从用户需求、用户体验到资源互补上的多赢，共同提升知名度。二是消费需求趋同。烟草的高端消费，与汽车、酒类和茶叶消费人群高度融合。圈定相对需求性一致的客户群体，通过跨界合作的方式把同一群潜在消费者吸引过来，使之成为跨界合作各方共同的目标消费人群，产生一加一大于二的品牌推广效果。三是各方均有跨界合作的基础与意愿。济南卷烟厂通过对跨界合作品牌推广项目的良性管理，制定长期合作和共同发展策略，从品牌推广宣传到消费理念沟通方面均与合作对象取得一致，最终取得跨界推广的跨越效果。

（六）实行技术创新的跨界合作，开展满足消费者个性化需求的私人订制服务

1. 开发区域性特色产品

济南卷烟厂在新产品开发上，一方面，按照统一的企业品牌发展战略，开发统一规格新产品；另一方面，通过跨界合作的方式，面向某一特定市场区划或消费群体，开发个性化新产品。个性化新产品开发，同样遵循从开发调研、试销调研、方案优化到投产保障的各个阶段，个性化从调研之初就基本确立大体方向。作为新产品开发和投放策划的基础，广泛的市场需求调研是基础，为改善以往市场调研针对面窄、代表性不强或者调研范围过宽、意见过于分散的不足，通过长期实践反馈机制优化，济南营销部构建了四级调研模型，分别针对内部、商业、渠道、消费四个层面进行调研，同时，采取不同权重系统归并调研意见，形成有效的调研指导成果。

作为具备区域个性化特色的新产品，主要突出商业公司和消费者层面权重，一方面，体现对消费者利益的尊重和满足市场实际需求的前提目标；另一方面，充分考虑商业公司作为产品投放和市场宣传工作实际运营者的依托作用。因此，区域特色产品开发的主要跨界合作对象是烟草商业公司和重点渠道客户。

2. 提供高端私人定制

为有效满足高端消费群体不断增长的个性化需求，增加产品附加值，济南卷烟厂采购专用设备，配置相关车间和技术人员，建立卷烟产品高端私人订制项目组，开展私人订制卷烟流水作业。卷烟高端私人订制作为成品卷烟的附加生产环节，同时，要符合烟草专卖法的流程，通过“客户采购—需求提报—素材优化—产品再加工—订制产品递送”等几个环节来完成。

（七）对跨界合作的品牌推广宣传进行定期评估，实现持续改进

1. 开展推广方案全流程跟踪监督调研

济南卷烟厂通过对跨界合作制度和方案的管理，使合作方、各层级、各部门相关人员明确每个关键工作内容与绩效的关系，并对关键绩效指标的测量程序进行说明。跨界合作项目调研督导组负责对品牌推广相关工作绩效指标的督导和审核检查，每个阶段的调研督导由专人负责，在方案执行中期和结束后各进行一次督导，分别针对一定的活动区域、一定规模比例的客户进行实地督导检查。

2. 开展品牌推广绩效考核评估分析

通过对督导调研活动中获取的数据信息进行分析，以判定品牌推广活动执行落实的符合性、有效性和适宜性，促进品牌推广能力和绩效的持续改进。

品牌推广基本评价是依托对品牌推广相关工作关键过程的提取所设置的评价体系，每一项涉及品牌培育和推广的经营活动都有其一一对应的评价表和关键过程赋分表，采用五级评价的方式，对关键过程绩效进行评价。

3. 开展特类市场跨界合作推广评估

特类市场开发是一项长期的、涉及面较大的跨界合作品牌推广活动项目，需要策略、信息、物料、

人力、财力等多方面共同支撑，同时，需要工商企业协同、渠道客户及其他相关方配合，因此，方案和实施的关键过程，较为突出协作落实，其关键过程主要从两大方面提取，一是方案制定方面，推进相关各方的协同性和分工、活动的组织管理、物料资源保障情况。二是检测和监督方面，活动销售目标完成率、份额目标完成率、市场开发效果、活动结果实现和改进过程等。通过分析特类市场开发工作的推进情况，设置关键因素绩效考核标准，用以指导和检验特类市场开发品牌培育的成效。

4. 开展渠道提升跨界合作推广评估

在“风光品鉴室”的跨界合作点，济南卷烟厂会同合作单位，做好客户引导和品牌宣传的同时，积极争取客户参与，并定期回访客户，适时组织客户联谊活动，对双方及多方品牌形象提升都具有较明显的作用。风光品鉴室作为渠道提升跨界合作品牌推广的主要活动载体，亦是对本合作项目品牌推广绩效进行监督和评估管理的关键因素，品鉴室的建设和运作情况，直接反映渠道提升跨界合作推广的整体绩效。主要关键评估项目包括展示区域形象与品牌宣传目标的一致性、客户参与性、维护和物料保障程度等。

5. 开展品牌互补跨界合作推广评估

济南卷烟厂以品牌互补性为基础的跨界合作，合作双方均有知名度较高的产品品牌和较成熟的服务体系，合作基础好，合作项目多，针对每一个项目，在制订方案期间各自明确考核评估重点，其中较为共性的关键过程有目标消费人群的互补匹配性、消费层面品牌认可度和项目参与性、合作展示项目的推广和维护等。例如，在与青岛啤酒就渠道共享和团队协同方面的跨界合作中，监督评估的主要内容包含终端拜访、产品陈列和信息采集等主要方面，对双方合作团队的执行能力进行系统的监督和评价，有助于双方合作项目的推进，同时，提高两个营销专业团队的整体能力素质。

6. 开展技术创新跨界合作推广评估

作为济南卷烟厂最新实施和大力推广的“高端私人订制”项目，涉及的合作对象既包括提供技术支持的设备生产厂家，也包括参与活动的消费者、提供订制用烟的零售渠道客户及参与制作流程的各相关工作人员，作为一项以满足高端消费群体个性化需求，增加产品附加值的合作项目，主要关键评估项目为技术创新性、工艺可靠性、流程规范化、消费者认可度等。

7. 进行跨界合作品牌推广课题年度验收

济南卷烟厂对跨界合作品牌推广项目的评估，包括同步监督评估和年度验收。根据项目推进所处的时间阶段，考评项目实施效果与绩效水平，达到预期效果的，制定相应的深度挖掘和推广策略，效果推进滞后的，提出相应的改进措施。使企业的跨界合作品牌推广始终与企业年度工作目标相一致，真正服务于企业的总体目标推进。

三、卷烟生产企业基于跨界合作的品牌推广管理效果

（一）提高了品牌知名度和美誉度

济南卷烟厂通过对省内市场的监督考评分析发现，近两年以来，“泰山”品牌在渠道客户调研层面，认知度达到100%，市场份额占比超过50%，品牌好评率达到81%；在消费客户调研层面，认知度达到100%，消费忠诚度超过65%，品牌好评率达到77%，均超过各价位段主要竞品。2016年，通过糖酒展销会、全国烟标藏品展览会、婚庆博览会等，共开展跨界合作品牌推广活动11场次；借助第四届“泉水节”平台，开展“书画名家进名企”和“泰山”品牌文化征文、摄影展等活动，累计覆盖7800余人次；通过开展新产品上市培训、重点客户品牌培训和邀请来厂参观体验等活动，累计开展新产品培训75场，覆盖2200余人次，完成零售终端培训164场次、7300余人次，接待重点零售户、集团客户、企业家协会来厂品鉴体验1500余人次。品牌形象不断提高，企业社会形象进一步提升。

（二）加强了与各界的合作关系，实现了资源共享

济南卷烟厂通过最大限度地发挥“跨界合作”互动互补和协同效应，使企业品牌培育理念更加清晰化，推广活动管理更加多样化和系统化，通过不同品牌文化符号的联合诠释和再现，使原本相对单一的企业品牌推广工作变得更加厚重和深刻，形成系统化、高效化、流程化、规范化的品牌推广体系。

（三）完善了产品结构

跨界合作的品牌推广促进了产品线的进一步完善，形成完整的产品家族 。目前，济南卷烟厂产品线已形成针对婚庆、添丁、生日、寿诞、乔迁、升学等特类消费市场的喜庆产品系列；针对团购、招待消费的高端产品序列；针对旅游、礼赠、高端私人订制消费的区域性规格和个性化产品系列。同时，地产烟市场份额实现突破。2016 年，辖区总量市场份额为 52.30％，同比增加 5.50 个百分点；高三类及以上卷烟市场份额为 38.05％，同比增加 1.73 个百分点；一、二类烟市场份额为 11.27％，同比增加 0.09 个百分点。

（成果创造人：孟庆华、邢志刚、李金河、路国行、于　飞、靳　磊、冯　波、王原东、冶　梦、李　虎、查　龙、顾　强）

地方供电企业以“红细胞工程”为引领的卓越服务管理

国网四川省电力公司资阳供电公司

国网四川省电力公司资阳供电公司（以下简称资阳供电）成立于2001年，是国网四川省电力公司下属特一型供电企业，也是资阳境内的电网运营和电力供应企业。资阳供电直管县级供电企业3家（乐至、安岳、雁江供电分公司），供电区域5757平方公里，供电人口350余万人。资阳电网处于四川省中部，是连接川南、川北、成都电网的重要枢纽。

一、地方供电企业以“红细胞工程”为引领的卓越服务管理背景

（一）践行国网“努力超越、追求卓越”精神，维护国网品牌价值的需要

国家电网作为国有大型骨干企业，在落实国家能源战略、保障国家能源安全、促进经济社会发展、服务民生改善等方面肩负着重要使命和责任，为此提出“努力超越、追求卓越”精神，要求自身勇于超越过去、超越自我、超越他人，不仅仅承担经营重任，提供从前端到末端的优质服务，更要主动承担社会责任、政治责任，以实际行动，为百姓提供更多延伸服务，体现更多的社会价值。

近年来，资阳经济社会各项事业持续健康发展，成资（成都一资阳）一体化激发强大活力，成资合作的重要平台和一批引领性项目陆续启动，全市加快建设成渝制造业核心区、现代服务业集聚区和内陆开放前沿区，对资阳供电提出了更多更高的要求，迫切要求企业对接城市发展战略，面向社会优化配置电力资源，面向客户提升需求感知，在服务经济发展的同时延伸服务内涵，创造多重社会价值，不断超越，树立供电企业服务新形象，维护国网的品牌价值。

（二）强化企业内部管理，应对市场竞争的需要

随着经济社会快速发展，当前电力用户对供电服务质量的要求也逐渐变化，用电需求开始向自主性、个性化、多样化、互动性等方向发展。与此同时，随着电力体制改革不断深入，电力行业将从垄断走向市场竞争，电网企业的售电收入将被分流，面临更大的服务压力，利润空间可能将被压缩。供电企业必须创新管理模式，创新服务理念，才能适应外部环境的变化。

资阳供电90%以上的辖区是农村，居住分散、距离较远，多年来囿于传统服务惯性，服务沟通渠道少、覆盖面小，用户需求信息获取不足，供电服务针对性低，各层级有效协同解决问题的效率较低，极大地影响了用户的服务体验。资阳供电必须从内部进行管理革新，围绕用户需求，创新服务举措，拓展用户需求获取渠道和方式，准确全面获取用户信息和用户差异化、个性化的用电需求，以实现精准服务，切实提高企业的核心竞争力。

（三）激发员工活力，弘扬传统文化正能量的需要

资阳供电作为老牌国企，底子厚、基础硬，但多年来在传统管理下沉积了不少“痼疾”，公众满意度不高，不少员工业务素质有待提高。资阳供电必须从培养员工的职业精神与内生动力入手，发扬中国文化的优良传统，构建优秀的思想文化价值体系，激发和调动员工的主动性、积极性和创造性，实施卓越服务战略，让卓越服务成为企业品牌的象征、企业的核心竞争力、联系客户及员工的“桥梁”。

二、地方供电企业以“红细胞工程”为引领的卓越服务管理内涵和主要做法

资阳供电践行国网“努力超越、追求卓越”精神，以企业日常工作为基础，引入“红细胞”概念，推进“红细胞工程”，通过构建组织机构、制定责任清单、推进“三项行动”、开展学习引导、实施员工关爱、组织公益行动等方式，唤醒和培育员工的卓越服务意识，引导员工立足岗位，在优质高效完成本

职工作的同时，联合社会各界，组建“红细胞”志愿服务联盟，将“红细胞”志愿服务转变为全社会的公益理念，奉献爱心、贡献社会，扎扎实实为百姓办实事、办好事，为构建和谐社会、打造“有爱资阳”做出积极贡献。主要做法如下。

（一）深化卓越服务理念，设计“红细胞工程”架构

1. 引入“红细胞”概念，深化卓越服务理念

红细胞是人体血液中最重要的组成部分，是运输氧气的重要工具，细胞虽小，却产生了巨大的能量。资阳供电将“红细胞”的生动喻义引入企业管理，提出构建“红细胞工程”：以社会主义核心价值观为指导，以“关爱、从善、责任、奉献”为基本追求，围绕企业实际工作，以关注地方经济社会发展、关心群众的困难和需求为出发点，对内加强管理、提质增效，对外优质服务、造福百姓、引领社会主义道德风尚，架起企业与城市客户、农村客户及员工的“连心桥”，让企业的每名员工成为组成企业血液的“红细胞”，将企业打造成社会血液的“红细胞”，把优质服务和正能量带到各个角落，做“追求卓越、不断超越”的坚定践行者。

2. 设计基于“红细胞工程”的卓越服务管理架构

将“红细胞工程”工作与企业现有管理机构、职能部门有机结合，改进工作流程、扩充服务渠道、修改完善管理制度，实行一人多责、团队共建的工作模式，打造企业、员工与社会紧密相连的交互平台，引导员工自觉树立综合价值与利益相关方视角、透明运营和以客户需求为导向的服务理念，将内部工作与贡献社会相结合，将社会期望与工作要求相结合，帮助员工在优质高效完成本职工作的同时通过服务社会体现自己的更多价值。

从细处着眼、从细节入手，将“红细胞”精神理念逐步融入经营管理的各方面、各环节。在组织统筹上、员工培养上、客户服务上、社会公益上分别制定相应的工作计划和准则，形成完整的“立足本职业务、服务社会大众”的管理模式，并制定以下管理原则：第一，把“红细胞工程”倡导的核心价值观融入岗位行为规范和工作要求，提升干部员工的个人素养、业务素质和服务意识；第二，将“红细胞工程”与班组建设相结合，充分发挥基层员工的个体“细胞力”；第三，“以人为本”，从员工的潜在心理需求出发，寻求和设计员工能够认同、愿意参与的方法、途径，培养员工热爱工作、热爱服务的主人翁意识；第四，设计建立完善的激励、考评、对标机制，确保每一次行动、每一件小事都能落到实处、产生效果；第五，关注社会期望，注重公益实践，提升企业形象，实现更多社会价值。

以“红细胞工程”为引领的卓越服务管理构架，如图 1 所示。

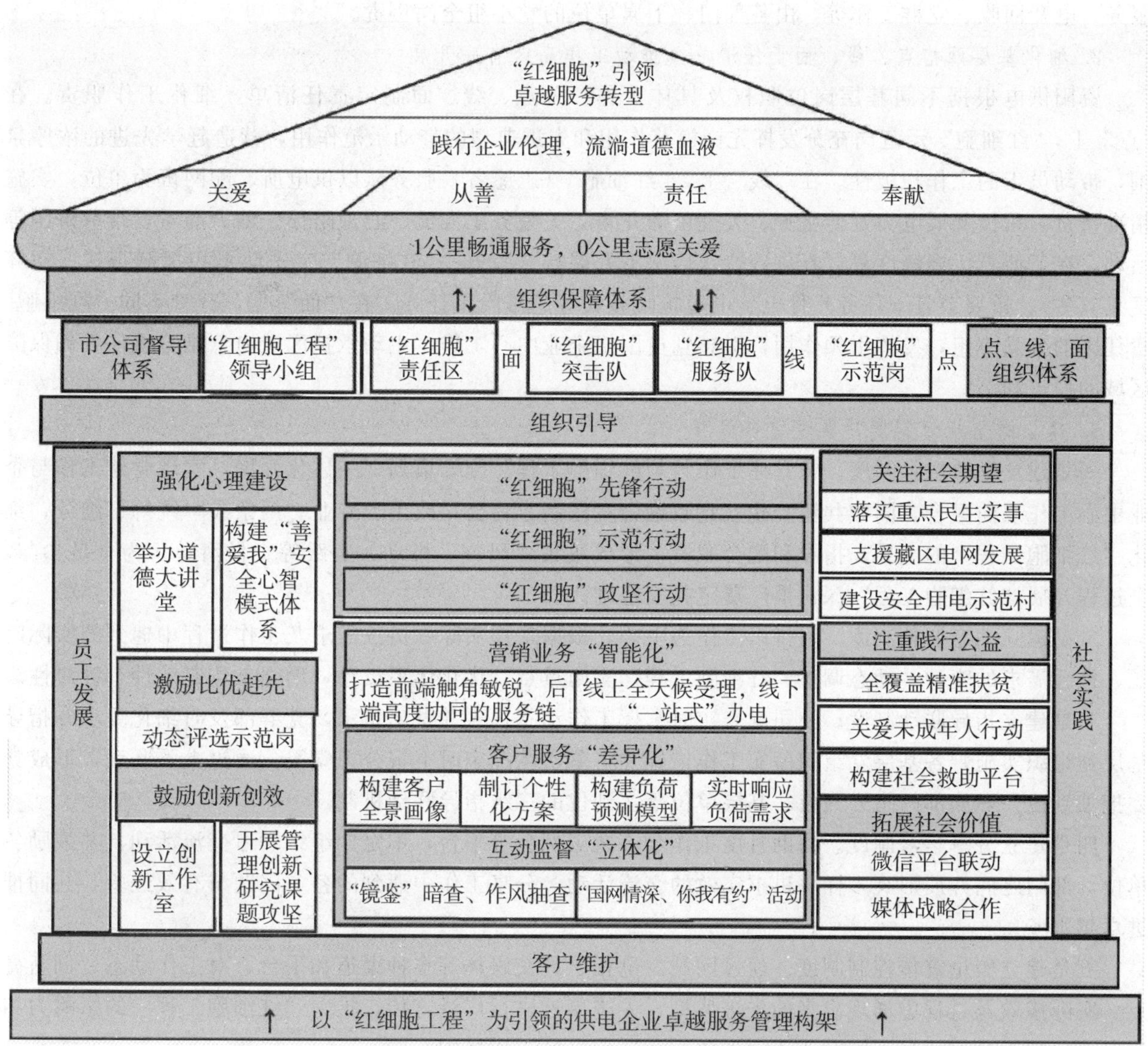

图1　以“红细胞工程”为引领的卓越服务管理构架

（二）建立三层联动“红细胞工程”工作体系，落实责任，健全规章制度

1. 建立三层联动工作体系，分类专业管理

建立领导、督导、工作网格三层联动、全员参与、贯通到岗的“红细胞工程”组织、工作体系。一是建立公司“红细胞工程”领导小组，全面负责工程的决策决议、统筹策划和组织实施；二是建立督导小组，以公司党群工作部为牵头部门，全面负责“红细胞工程”工作方案的推进实施、指导督办、对外协同和日常管理；三是建立基层工作网格，包括“红细胞”示范岗、“红细胞”责任区、“红细胞”突击队、“红细胞”（志愿者）服务队，以及不定数量的“微公益”“爱心书屋”等，具体落实工程的各项要求，使“红细胞工程”深入一线，更广泛覆盖、更紧密嵌入业务。

其中，“红细胞”示范岗以本部门、下属各单位的党员示范岗、“最美员工”为基本单位，充分发挥先进典型的带动作用；“红细胞”（志愿者）服务队不设固定人员，全员轮换参与，开展活动时以供电所、配网班为单位进行；“红细胞”突击队由资阳供电选拔各单位优秀共产党员及入党积极分子组成，发挥带头作用。责任区由公司机关和下属单位分专业设立，包括安全生产、农电管理、工程建设、优质服务、电费回收、党群工作等，由各部门、下属单位的党小组全面负责。

2. 细化基层网格点、线、面责任清单，推动工作高效有序开展

资阳供电根据不同基层岗位职权及具体工作，分点、线、面制定责任清单，细化工作职责。在“点”上，“红细胞”示范岗充分发挥先锋模范作用和先进典型的带动示范作用，营造赶学先进的浓厚氛围，带动员工的工作积极性。在“线”上，“红细胞”（志愿者）服务队以供电所、配网班为单位，实施精准扶贫，积极开展电力延伸服务、关爱留守儿童、关爱务工人员、心理陪伴、助力高考、帮贫济困等活动，在节假日、迎峰度夏、春耕等特殊情况下开展特殊服务。“红细胞”突击队承担援藏帮扶、迎峰度夏（冬）、重要节日（任务）保电、电力抢险救灾等急难险重任务。在“面”上，分管不同“红细胞”责任区的各党小组，发挥引领作用，引导党员围绕企业中心工作，主动承担区域内急难险重任务和保障区域的稳定和谐。

3. 建立健全规章制度，实现综合保障

一是建立党政融合制度。将党建工作与“红细胞工程”统筹策划、一体化开展，实现党建工作与企业中心工作双向融合、同频共振。建立党政融合责任制，将公司政工、专业“两条线”统筹、细分，细化“红细胞工程”的主导、指导和配合职责，形成决策、研究、推动、实践等责任清单，为全员参与、全过程开展“红细胞工程”深化推广奠定扎实基础。

二是建立动态调整制度。坚持以工作为中心，根据工作实际、员工需求及工作过程中遇到的实际问题、社会需求的变动，动态调整“红细胞工程”实施重点，优化体系设计，增强工作有效性、针对性。

三是建立指导联动制度。公司党委实时掌握工作动态报告并做出指示，党群部及时细化要求并指导基层党组织实施，各基层党组织落实工作措施并将落实情况定时上报公司党委。通过上下联动，形成党委把关到位、职能部门指导到位、基层单位落实到位的三级指导联动机制。

四是建立分享学习制度。借助月度工作会、政工例会等平台，不定期组织学习交流活动，并鼓励各单位、部门之间开展形式多样、讲求实效的交流活动，分享工作中遇到的各类问题与有效经验，共同推进卓越服务。

五是建立舆论宣传控制制度。通过网站、电视、社交媒体等多种渠道和平台，对工作动态、创新亮点、实际成效及过程中涌现出来的先进典型、先进事迹进行广泛宣传，扩大“红细胞工程”的影响力和辐射面，树立良好的员工、企业正面形象，营造积极的工作氛围。

（三）开展“三项行动”，扎实推进服务提升

1. 实施先锋行动，提升服务质量

资阳供电在深度研究地区电力发展现状和未来发展趋势的基础上，实施先锋行动计划。一是落实从严治党要求，形成“一级对一级负责”的工作架构，充分发挥党组织的带头作用和先锋模范作用。二是在安全生产责任区开展“严抓严管”活动，加强安全风险管控，加速推进全市10个安全用电村建设，编制《0.05级安装式标准电能表》《安全用电村建设标准》等地方标准规程，填补四川省计量器具监管和农村安全用电建设的标准空白。完成资阳220千伏孙家坝变电站GIS改造工程，有效提高资阳电网可靠性。三是积极发展新技术、新应用，在各台区普及无人机巡检、挖掘机立杆等，降低作业风险和作业强度。四是开展“大营销”体系建设，压缩机构和组织层级，深化市、县公司和乡镇供电所营销业务协同管理，建立纵向贯穿、城乡一体化的营销通用制度体系。五是建立“一口对外、流程精简、协同高效、全程管控”的业扩服务新机制，推出“掌上电力”、95598网站、支付宝等办电服务新方式。六是建成城市“10分钟交费圈”，实现农村“村村有交费点”。七是建立投诉处理回访机制，强化服务质量类投诉处理。

2. 实施示范行动，培育优良服务作风

资阳供电坚持“四抓四强化”，通过宣传教育、文化滋养、正向激励等方式，引领干部员工树立正确的人生观、培养良好的精神状态和优良的工作作风。围绕卓越服务，在本部各部门、基层单位中选树“红细胞”示范团队，建立卓越服务质量管理体系，对各项服务的准确率与时效性进行绩效考核，在服务主动性、超前性与积极性方面不断优化客户体验。要求各党支部和广大党员率先垂范，冲锋在前，对内承担企业安全生产及供电服务中的急难险重任务，对外积极履行社会责任，深入辖区各社区、乡村，为老百姓“诊断”用电安全，走街串巷到各中、小学开展进校园排查隐患、安全用电宣传、心理陪伴以及为客户检查电力设备，讲解安全用电知识。成立“红细胞”劳模工作室，围绕卓越服务转型开展项目攻关和新技术新技能攻关。

3. 实施攻坚行动，做好重点服务工作

一是组织“红细胞”服务队在迎峰度夏（冬）、重大节日（任务）保电、电力抢险等急难险重任务中，认真履责，勇于奉献，发挥“一支队伍一座堡垒、一个细胞一面旗帜”的作用，结合“下基层、察实情、解难题”主题活动，主动查找和解决影响企业发展的问题。

二是攻坚“电力天路”，在承建的道孚110千伏输变电等高难度建设工程中，训练“红细胞”突击队在高海拔、高寒、高辐照、缺氧等恶劣条件下，安全优质按期完成工程建设任务。

三是攻坚重点用电项目，先后与资阳市政府及各区县政府签订战略合作协议，派遣“红细胞”突击队，为成都天府国际机场、成渝客运专线、成安渝、遂资眉高速公路、成简快速通道等重大交通项目建设，四川现代汽车、南车集团、海大集团等大型工业企业以及工业园区、产业园区的建设和发展提供坚强电力保障。

四是攻坚应急抢险任务，组织“红细胞”志愿队开展抗洪抢险、春节保电应急建设项目、抗雪保电，及每年全市重大政治经济活动、重大节日保电等。

（四）优化用户体验，提升客户信任

1. 推动营销业务智能化，提高办电效率

加强线上营销业务处理、用电信息采集、营销辅助分析等信息化平台的开发与应用，及时、快捷获取用户问题、意见并快速响应户用需求。同时，组织“红细胞”志愿服务队深入社区、街道、园区等，大力推广“掌上电力”APP、微信公众号、支付宝等信息化便民惠民服务措施，线上全天候受理营销业务。客户可通过不同平台申请业务办理，后台汇总信息后自动调度分派业务到“红细胞”服务队，开展现场作业，实现低压客户“一站式”办电。业务办理结束后，客户通过评价入口对该次业务进行评价打分，或提出改进措施、意见建议，敦促企业和员工不断改进和自我完善。

2. 基于大数据制定差异化服务方案，优化用户感知

资阳供电针对不同信息平台所收集的海量用户数据，由公司运监、信息等部门进行数据分类处理，联合营销、农电等开展客户群体需求精准分析。以“标签库”的形式，绘制多层次、多视角的客户全景画像，对客户类型进行精细划分，针对不同客户的不同特征、要求，制定差异化的办电、催缴电费、咨询等服务方案，主动精准推荐用电套餐、电费垫付信贷、智能家居节能计划、分布式电能接入等产品方案。同时，建立和畅通与生产厂家、电商、实体卖场、快递公司等的合作渠道，构建基于电器销售数据的小区负荷预测模型，为配网改造提供基础数据支撑，并在用电高峰期自动定位超负荷配变供电范围内的客户，提示客户调减主要电器负荷，对实时响应的客户进行相应的激励和补偿，使服务更加精细化、精准化、人性化。

组织“红细胞”示范岗和服务队，积极向高耗能、高污染的客户宣传电能替代政策和技术，推介电能替代产品，详细介绍业务流程、细则，主动、科学引导客户改变用能习惯。在各乡镇开展“电网连万

家、共享电气化”主题活动，推广节能家电，赠送“爱心”电费，与用户一起，有力助推生态环境改善。

3. 创新监督、考察方式，实现企业—客户“立体化互动”

每季度邀请第三方机构或单位开展“镜鉴”暗查，随机邀请客户扮演“神秘顾客”进行服务抽查，如实记录汇报发现的问题。此外，每月开展一次作风抽查，对存在的问题严格管理、严肃处理，印发通报并落实考核，在当事人所在单位、部门内部实行评先一票否决。

每年开展“国网情深、你我有约”活动，邀请网友走进电力寻找“红细胞去哪儿了”，帮助网友和社会各界全面了解“红细胞工程”，了解“红细胞”为市民量身打造的“三省（省时、省事、省心）”业务、“辣妈帮帮忙”等特色便民服务，与网友、客户形成“立体式互动”。

（五）多措并举，激发员工“红细胞”精神

1. 建立“心灵驿站”，深化员工心理关爱

持续开展“3·25 善爱我”员工心理关爱计划，建立 4 个心灵驿站，邀请专业的心理导师开展初、中级心理辅导员培训及关爱拓展等活动，同时对全公司 3000 余名员工定期进行心理测试。开展为职工送“微盆栽”、工作日“工间操”活动，举办“电力佳缘”青年联谊交友会等，架起员工与公司的“连心桥”。

2. 举办道德大讲堂，构筑员工“善小”基石

定期举办“红细胞”道德大讲堂，紧紧围绕中华传统美德、社会主义核心价值观、依法治企、形势任务教育、廉洁自律、岗位履责、厉行节约等主题开展“专业讲”“劳模讲”“草根讲”等系列宣讲活动，并举办形式多样的心得体会交流沙龙，将社会主义核心价值观植入到员工的潜意识里，最终体现在岗位上、落实到行动中。

3. 选树先进典型，营造积极氛围

建立月度先进评选制度，结合抗冰保电、农网“百日攻坚”、战高温保供电等主题，每月评选 2 名“红细胞”月度明星，公布积分台账，将该项荣誉与经济收入、政治待遇挂钩，作为员工入党、职称晋级、干部选拔和优秀人才培养的重要依据，并通过先进事迹报告会、媒体等进行广泛宣传，引导广大员工学习模范、创先争优。

4. 鼓励创新创效，激发员工创造力

组织建立“红细胞”创新工作室，实施新进大学生“两师带一徒”培养方案，选拔全日制大学生组成 10 个技术创新和 10 个管理创新团队，给青年员工提供充分展示自我、激发创造力的平台。每年确定 10 大管理创新、10 大重点课题和 10 大精益化项目，从服务优化、降本增效、市场拓展、数据增值等 8 个方面开展创新研究，注重发挥技术领军人物的示范、引领、指导和辐射作用，努力将创新成果转化为推动“红细胞”扩散的生产力。

（六）拓展“红细胞”志愿联盟，集结社会力量弘扬正能量

1. 成立“红细胞”志愿服务联盟

立足电网优势，与资阳市委宣传部共同发起，联合其他 22 家企事业单位成立资阳市学雷锋“红细胞”志愿服务联盟，联合建立“红细胞”微公益、“红细胞”爱心书屋、“红细胞”服务站，开展扶贫帮困、助力新农村、志愿服务等活动。完善联盟机制，制定《联盟章程》，明确联盟宗旨、业务范围、运作方式，通过闭环管理、轮值主席制度，确保联盟运作发挥出预期效益。

2. 组建微公益团队，开展合作管理

牵头“红细胞”联盟，建立和开发志愿者微信群、“红细胞”志愿服务联盟手机 APP，由联盟单位指派专人组建微公益团队，进行合作管理，负责日常志愿服务活动信息发布、志愿者沟通交流、社会正

能量传播、便民业务服务宣传等，汇总社会需求与联盟单位能够提供的人力物力，进行有效的资源配置，快速响应社会需求。

3. 创造多方多元价值，打造城市“道德名片”

按照合作共赢的思路，加强与利益相关方沟通，了解利益相关方诉求，进一步扩大志愿服务范围，如积极与自来水、天然气、安岳油气田等合作，推出工业客户综合能效分析服务，与电信、银行、民政等企事业单位合作，发挥其优势，解决受助者在资金、信息技术等方面的困难，实现从电力优质服务扩展到联盟单位的创业贷款、网店申请、通信服务、医疗救助等多维度帮扶，让电力客户享受到更多的增值服务，实现共建微公益团队、共创信息共享平台、共同传递温暖力量、共促联盟互动合作“四共一体，携手前行”的生动局面。

组织各成员单位开展“村小圆梦”活动、“五点钟课堂”志愿服务、“我们都来学雷锋”网络主题实践活动、义务献血志愿服务、文明引导志愿服务、重要节日主题志愿服务、我为“成资一体化”建言献策活动等社会公益实践。对各级志愿服务组织进行专业孵化和指导，吸引更多的单位和个人参与到志愿服务中。

4. 以身作则，弘扬正能量

作为志愿联盟的发起者与领头者，资阳供电以身作则，用实际行动为社会各界树立良好榜样。除了开展如敬老院、福利院全覆盖精准扶贫行动，“大手牵小手、电亮连心桥”关爱未成年人行动，新春送文化下乡等系列活动，还面向社会开通微信公众号，加强与“掌上资阳”“资阳日报”“四川在线（资阳频道）”的微信互动，宣传、弘扬正能量事迹。以“红细胞”品牌价值为中心，搭建起通信、小说、漫画、歌曲、网络情景剧、微电影等多种传播形式的宣传框架，精心策划“‘红细胞’零公里志愿精准关爱行动”“红细胞”志愿服务进校园关爱行动等主题宣传活动，定期举办“红细胞”沟通日，邀请政府、合作伙伴、客户和媒体等利益相关方共同参与，及时披露“红细胞”服务地方经济发展和民生改善的实践。

三、地方供电企业以“红细胞工程”为引领的卓越服务管理效果

（一）企业经营管理与服务水平明显提升

在“红细胞工程”的推动下，资阳供电增强了企业发展实力，效益不断提升。2016 年，资阳供电同业对标综合排名位居国网四川省电力公司第六，较 2012 年提升 6 位，企业负责人业绩考核提升了 7 位，实现了历史新突破；售电量增长 26.38%；实施电能替代 1.38 亿千瓦时，完成年度下达目标的 727.21%；年度线损率 8.77%，较国网四川省电力公司下达的指标减少 0.2 个百分点；全年实现电费回收率 100%、电费资金解交率 100%，营销专业人均服务客户数提升 33%，抄表用工相对减少 24.9%；故障抢修到达现场平均时间城市缩短 56%，农村缩短 33%，停电时间减少 28%；高压客户业扩报装平均接电时间缩短 8.29 天，报装效率提高 13.91%，平均报装接电时间缩短 2.3 天；缴费渠道增加 12 种。

（二）培养了一支攻坚克难、服务社会的优秀队伍，企业内部活力大大增强

建成“红细胞”示范岗 50 个、“红细胞”责任区 50 个、“红细胞”突击队 10 支、“红细胞”（志愿者）服务队 80 支，培育“红细胞”志愿者 2276 名，完成了数以万计的急难险重任务，锻炼了一支服务优质、行为规范、技术过硬、作风顽强的供电队伍，并涌现出“四川好人”蒋小康、资阳市优秀志愿者李佳铭等一大批先进典型。截至目前，“红细胞”工程中涌现出的好人好事已累计超过 30 万件。“红细胞”志愿者服务队荣获资阳市 2014 年度志愿服务“十佳组织”，共产党员服务队荣获资阳市第三届“感动资阳”特别贡献集体奖。同时带动相关单位和个人的积极参与，截至 2016 年，“红细胞”联盟单位已达 78 家，整个城市注册志愿者 10 万余人，在资阳市 355 万人口中，平均每 35 人就有一人是志愿者。

（三）企业形象得到有力彰显，成为“城市名片”

“红细胞工程”通过精准帮扶、传递温暖，公益关爱覆盖范围达7962平方公里，受益对象超过500万人。服务全市范围内237家福利院，累积服务老人3390余人次；与50名孤残儿童进行结对帮扶；圆满完成2013年安岳、简阳强降雨抗洪抢险任务等。“红细胞工程”得到了社会各界的关注和认同，资阳市委将其纳入未来五年工作规划予以深入推广，“这城市有爱”成为资阳的鲜明定位，在人民日报《民生周刊》等各级媒体广泛报道。资阳供电连续4年在资阳市公共服务业消费者满意度测评中成绩优异，成功创建全国文明单位，荣获全国五一劳动奖状等称号。

（成果创造人：涂　辉、马江怒、王武英、王　敏、张欣宏、赖　毅、何培术、刘开义、唐　波、刘　俊、程　杰、张锦杰）

组织变革与集团管控

大型重工企业以“工位化、工装化”为核心的生产组织体系变革

上海振华重工（集团）股份有限公司

上海振华重工（集团）股份有限公司（以下简称振华）成立于1992年，是大型重工装备制造行业龙头企业；为国有控股A、B股上市公司，母公司为中国交通建设集团有限公司。总部位于上海，在上海、江苏等地共设有12个生产基地，占地面积达1万多亩，总岸线长达10千米，拥有资产600多亿元。同时，在海外25个国家设立了分支机构和全球化服务网点。产品已进入全球98个国家和地区；岸桥产品占据82%的全球市场份额。截至目前，已向“一带一路”沿线52个国家交付3512台设备。

一、大型重工企业以“工位化、工装化”为核心的生产组织体系变革背景

（一）改变企业传统用工模式、突破发展障碍的需要

振华产品均为多品种、小批量的订单型项目，根据用户的订单需求安排生产。与大多数船舶制造企业类似，振华所承制的产品由大型钢结构组成，且结构形式特殊、自重和体积规模庞大。在生产组织和用工模式上，主要通过引进分包商实行生产承包制，即每个项目以分包方式被分派给与公司合作的指定分包商，由分包商自行组建施工队伍根据节点要求完成生产任务，振华负责提供相应的生产设施和配套资源。这种用工方式的优势在于企业生产组织的灵活性，当生产任务急剧增加时，能够在短时间内筹备到一批能直接上手的施工队伍；而在生产任务不饱满时，则可通过分包商内部调整以减少施工人员。但弊端在于分包商队伍的机动性、流动性较大，施工人员的操作熟练度和技能水平普遍较低。其次，一些关键制造工序的核心操作技能和宝贵经验因外包队伍的人员调动而纷纷流失，不利于企业核心制造技术的积累和持续改进。此外，各家分包商人员工种重复，振华内部可供使用的生产资源难以分配均衡，浪费工人资源现象时常发生，施工效率大打折扣。另外，分包队伍的生产组织主要由分包商自行管理，振华失去了生产排程的主动控制权，难以保证产品的交付周期。近年来，客户响应速度不断加快、产业结构调整迅速、生产成本逐年攀升、行业生产模式发生巨大转变，这些弊端已完全显现并有逐渐放大的趋势，对振华的发展造成了前所未有的阻碍。因此，唯有依托企业内部生产工艺改革与流程再造，实施生产组织管理创新，转变企业生产用工模式，系统优化生产组织结构，充分利用现有用工资源，有目标、有原则、差异化、分阶段地培养和打造专业化的生产队伍，形成功能互补、协作共赢、符合现代化生产发展趋势的全新生产组织体系。

（二）积极应对市场环境变化的需要

为充分体现行业中的竞争差异，最大限度地满足客户的定制化需求，振华的产品具有标准化程度低、形式规格多样、结构复杂、零部件种类繁多等特点，通过高度个性化的设计，力求提升用户价值体验，这是振华的核心竞争力。随着订单业务量的日趋增长，产品个性化的设计方案对离散型制造企业的生产排程将带来巨大压力，因此，传统生产组织方式依靠大量人力，通过增加作业班次等手段来应对这一矛盾。近年来，随着原材料价格上涨以及人工成本的不断增加，振华原来所依靠的“人海战术”已开始对产品利润的增长形成一定的阻碍；同时，全球经济形势开始复苏，国外一些极具竞争力的同行对手也开始强势回归，加上受中央深化国有企业改革、国内经济增长放缓、人民币不断升值等诸多市场压力因素的影响，振华的产品市场竞争优势正逐渐减弱。因此，唯有通过生产工艺改革，优化生产系统布局和流程再造，提高生产效率和产品质量稳定性，从根本上释放和缓解企业生产个性化产品所遇到的排程压力，从多个方面减少生产上的冗余成本，寻找潜在利润增长点，才能持续保持原有的竞争优势。

（三）落实企业转型战略的迫切需求

在“中国制造2025”“十三五”规划以及“一带一路”倡议的宏观背景下，振华重工提出了开创“振华工业4.0”时代的规划路径，结合“十三五”规划战略方针，明确了公司“精益制造、智能制造、一体化制造、绿色制造”四个体系的发展目标，并着眼于六大转型升级：产品升级——从卖硬件到卖软件；质量升级——从卖产品到卖精品；营销升级——从卖单机到卖系统；服务升级——从点对点、派出制到属地化、全球化服务；制造升级——从工业1.0/2.0到工业3.0/4.0；管理升级——从粗放式管理到精益化管理。为此，围绕四个体系中的“精益制造”发展目标，从制造升级、管理升级的角度出发，振华多次与国内外同行企业开展对标交流，咨询并汲取精益管理创新理念与实施经验，经过论证与摸索勾勒出符合自身发展需求的精益转型战略。其中，推进实施“工位化、工装化”生产改革是振华向精益生产方式迈进的第一步，也是必要基础，从而确保企业从原先的“作坊式”生产向精益生产模式平稳过渡。

二、大型重工企业以“工位化、工装化”为核心的生产组织体系变革内涵和主要做法

振华围绕产业转型升级战略，以精益生产为变革导向，建立适用于振华重工生产运作模式及产品特点的“工位化、工装化”生产布局优化与流程再造机制，系统促进企业生产工艺改革创新升级，带动企业全新生产组织体系建设。同时，开展用工模式深化改革，根据产品价值属性、工艺成熟度及生产专业化程度，建立差异化用工及分配原则，实现专工（工序）、专位、专人、专事（工作内容）的定制化生产组织方式。主要做法如下。

（一）确立生产组织体系变革的目标与思路

振华根据转型升级战略，研究搭建精益转型运营管理系统。以此为指导，同步制定生产组织变革的目标。

一是围绕“精益制造”发展战略，持续推动和指导振华重工企业内部生产运作流程各项环节的增值与优化；健全和规范生产布局、流程优化实施机制；构建与完善生产流程优化知识体系，推动企业内部工艺革新人才的培养，同步提升劳动者的技能与素养。

二是围绕“智能制造”发展战略，以推行“工位化、工装化”改革为突破口，引领和推动企业向精益生产模式转型升级，引导和促进企业生产组织、生产物流、工艺过程、工艺管理的规范化、标准化及系统化运作。

三是围绕产品“模块化、一体化”制造战略，从产品设计、工艺流程策划、生产施工组织设计三方面同步优化的思路出发，持续推动产品的标准化、模块化设计研究与技术攻关，实现多层级联合攻关组织机制。

四是围绕“绿色制造”理念，依托“工位化、工装化”生产布局基础，系统推动企业产品涂装工艺改革。从源头削减、过程控制、末端治理等方面入手，研究挥发性有机化合物减排，改善社会环境。

为实现上述生产变革目标，振华系统梳理生产组织方式变革的思路。变革前拥有12个独立的生产单位，每个单位都有各自的产品分工和生产运作特点。如何推动这12个“生产孤岛”共同提升生产组织与工艺管理水平，弥补各自的不足，发挥各自的优势，并朝着统一的目标状态共同发展是关键。工艺体系作为企业不可或缺的生产管理核心体系之一，发挥着引领企业在生产运作与工艺管理方面转型升级的重要作用。围绕振华的总体转型战略目标，需建立一套以客户价值为导向、满足振华内在需求的、可主导企业生产组织与管理的现代化工艺管控体系。并以此为抓手，将前期所暴露出的生产组织问题作为关键切入点，通过一系列的创新做法和保障措施，共同推动企业生产层的运作与组织管理变革。为此，振华结合企业自身特色，并通过“走出去”引进行业内先进、科学的管理理念，创立以精益生产为指导思想的工艺体系，如图1所示。

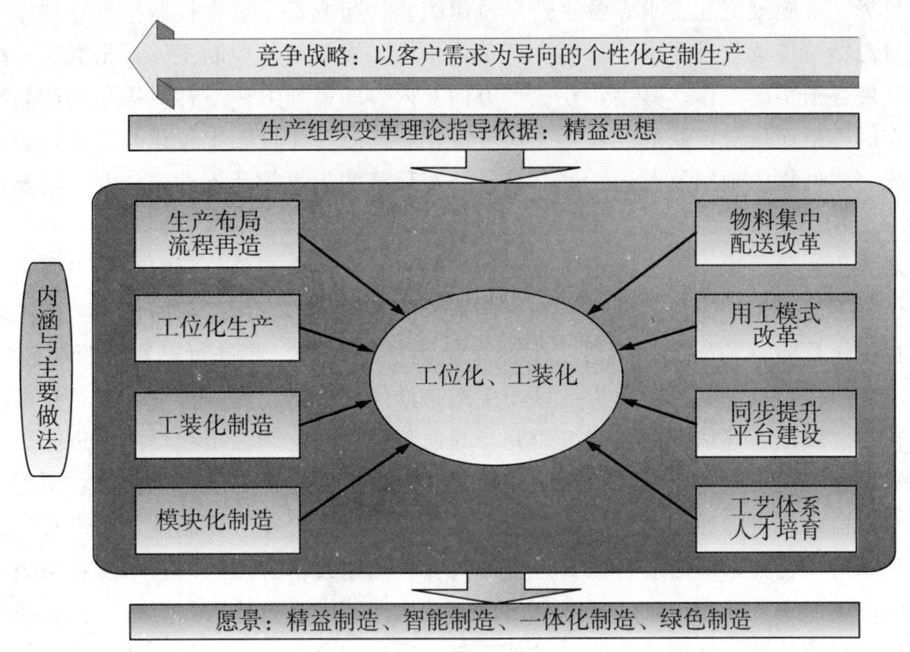

图1 以“工位化、工装化”为核心的生产组织体系变革模型

（二）开展生产布局优化与流程再造

通过借鉴同行企业的做法，并结合精益生产思想，振华组织对企业各生产单位开展生产布局优化与流程再造。生产布局优化的主要目标是尽可能缩短产品的生产物流路径，同时进一步提高生产资源利用效率，达到“物尽其用”。

1. 生产布局优化的实施原则与做法

首先，将各生产单位内部的生产区域、车间按功能的完整性进行划分。所谓功能完整性，是指能够完全满足特定产品生产工艺流程需求的一种特性。其次，将拥有相同或相似生产工艺路线、制作工序的产品或零部件进行统计和归类，将归为一类的产品分配到预先已规划好的专业化生产功能区域中安排生产，并根据该区域的生产能力决定产品所需分配的产量。从而既能实现产品在实际制作过程中的搬运路线优化，又能通过对产品的系统归类，最大限度地发挥出与之相匹配的生产资源功能和使用价值。

2. 开展流程再造

流程再造是生产布局优化的延伸环节。流程再造是对某一特定产品的生产工序进行详细分析、重组和最终优化。目的是确保所有产品和零部件均能在各自的生产区域内按照既定、明确的生产工序实现流程化生产。实施流程再造的做法是以生产布局优化为前提，针对特定产品的具体生产工序，运用精益生产理论中的价值流分析法，系统审视、跟踪、研究、分析和判断其生产工艺流程现状的优劣程度，找出影响和制约工序质量稳定性、在制品流动能力以及流程运行效率的瓶颈因素和浪费源头，通过制定改善策略加以消除和优化，最终形成有序、高效的标准生产流程。因此，生产布局优化与流程再造拥有各自的分工和使命，两者相互依存和互补，共同构成了在技术层面实现振华“工位化、工装化”生产组织体系变革的核心驱动要素。

3. 建立生产变革组织保障体系

第一，建立一套自上而下的项目策划与控制体系。由振华总部设立组织机构，成立推进工作组，作为一级策划与控制主体。工作组负责“工位化、工装化”改革运作机制的策划与导入，主要职责包括规划生产布局优化与流程再造总体目标与实施路径、总体实施计划、改革方向及内容、试点产品策划选择、阶段推进目标、实施规范和要求、各生产单位组织架构与职责、过程控制与检查程序、项目验收与考评要求、项目总结与持续改进要求等。各生产单位作为二级策划与控制主体，根据工作组的总体策划与部署，具体开展各项实施工作。其中，在改革方向及内容的策划上，是针对振华的产品特点、生产组织方式以及存在的不足而量身定制的，包括车间专业化布局改造建设、工位化与流程化生产梳理、工装化辅助制造研究、零件集中预制及配送、产品部件装配环节的无焊割及不动火作业，以及自动化生产研究等。

第二，针对各生产单位建立二级自主管控运作机制。明确各生产单位组织架构与职责。总负责人由振华各生产单位分管领导担任，负责项目实施所需资源的总体协调。生产部门作为实施主体，负责制定生产布局及流程优化目标、实施计划，落实生产布局调整与改造，并进行过程监督与控制。技术管理层，即工艺技术部门作为技术支撑，负责厂区内生产布局优化、工艺流程再造、工艺技术创新的具体实施方案策划、指导、跟踪、评估及后续改进研究，并向公司总部定期汇报项目实施进度。

第三，建立过程控制与双向监督考核机制。针对二级自主管控机制的运作保障，明确生产实施层与技术管理层的双向监督权责。通过建立“工位化、工装化”改革检查考评制度，生产实施层的生产部门具备对技术管理层的工艺技术部门进行监督考核的权力，确保技术管理层的技术支持与服务工作切实满足生产实施层的改革需求；同时，工艺技术部门也能对生产部门进行检查与考核，使各项生产布局及流程再造方案能付诸行动并按计划推进落实。另外，制定项目例会制度，提供生产实施层与技术管理层的沟通对接平台。

第四，建立项目总结、评估与持续改进机制。项目总结由生产实施层、技术管理层从不同的角度进行分工编制。生产实施层主要从实施目标的达成、实施计划的制定与控制、实施后的效果体验、实施成本与效益分析等角度进行总结；技术管理层主要针对方案的有效性、可操作性、生产实施层的满意度、过程跟踪方法、问题与不足、针对问题的后续改进思路与行动计划等角度进行评估和总结。振华总部推进工作组负责对项目进行最终验收与考核评估，并提出各生产单位的后续改进方向。

因此，通过构建由振华总部、各生产单位生产实施层、技术管理层所组成的策划、实施与管控网络，配合创新管理制度的建设，形成了一套完整的、系统化的生产布局优化与流程再造持续运作机制。

（三）开展工位化生产

工位化生产模式是在完成对各生产单位的产品生产布局统筹优化的基础上，为配合实现流程再造而实施的步骤，即“首先确定什么地方生产什么产品（生产布局），其次确定该产品在该地方的生产顺序（流程再造），然后确定生产顺序中的每道工序对应在哪个位置（工位化）”。工位化生产有利于产品生产流程和制作工序的固化，进而提高生产过程的稳定性；同时，也实现了对标准生产流程的分解，便于生产过程中的问题发现与持续改进。

工位化是建立在流程化、专业化生产基础上的一种生产形态。因此，系统实施流程再造是必要前提，流程只有先得到优化，工位化（流程固化）才有意义。专业化包括产品种类的专业化、生产物流的专业化以及生产组织的专业化，这些是实施工位化生产的基础保障。其中，产品种类的专业化即在生产布局优化阶段，实现对具有相同或相似生产工序的产品或部件进行种类划分和归类。生产物流的专业化，一方面，在流程再造阶段通过对特定产品的生产工艺路线的梳理和优化，形成最优的、固定的在制品或物料流转路径。另一方面，制订专属的生产物流计划，明确工件或物料向后道工序流动的时间节点和数量。生产组织的专业化，明确特定产品生产流程的施工人员的组成，以及每道工序的人员配置计划、工种对应的人数和技能要求等。在派工形式上，通过生产布局规划，相应的车间或生产区域只允许生产指定的部件。同时，为打造车间专业化施工队伍，施行车间生产队伍竞标进驻的模式，有选择、有条件（例如对工人流动比例的要求）地引进分包商队伍，实现了专业的生产队伍在专业化的车间，按照专业化的工艺流程生产指定产品的规范化组织模式。大大提高了产品部件制造周期的稳定性，提升了产业工人的专业化技能，为企业推行精益生产、智能制造建立了生产组织基础。

因此，实现专业化生产的前提，需要对各生产单位所承制的产品种类进行全面梳理，运用精益生产理论和工具事先确定、划分好产品类别，再将分类完成的产品或部件重新规划和分配到指定车间或生产区域中。在此基础上，实现对产品品类固定、物流路线固定、生产人员固定的专业化、定置化组织管理模式。

（四）实行工装化制造

工装化制造是基于流程再造后的工位化生产模式而形成的一种辅助改善作业方法。大多数工装都是基于生产过程中所发现的问题，并为解决该问题而采取的一种手段。工装化制造模式的推行为企业生产层提供了一个规范化的工装设计、制作、使用和持续改进的平台。工装化制造的目的和优势，旨在提升产品在生产过程中质量的稳定性，提高零部件装配精度和效率，有效控制产品构件的焊接变形状况，减少工序中不增值的动作环节，降低工人的劳动强度，同时提高工装的使用寿命和使用安全性，减少生产成本，改善企业生产环境。

具体实施步骤包括：首先，对原先由产业工人自发制作的“土工装”进行功能调研，与工人进行工装需求上的沟通，了解现有工装的制作意图、工作原理、使用方法和预期效果等；其次，从工装的功能性角度出发，兼顾使用的安全性、便捷性、可靠性、经济性等要素，重新设计、试制出满足工人使用需求的规范化工装；再次，将试制完成的工装投入到实际生产中，通过一段时期的观察，验证工装的使用效果，同步与工人沟通，了解试点工装的不足与待改进之处；最后，通过前期试点跟踪与改善总结，对工装进行设计优化，并将优化后的工装正式投入使用。

此外，如同机械化生产的核心要素在于设备本身一样，工装化制造的核心主体在于工装自身。与小企业不同，振华 12 个生产单位的生产体量十分庞大，生产工序复杂多样，诸多环节都会涉及到工装的使用。为确保工装化制造模式能在生产中持续稳定的运行，振华内部建立了一套系统化的工装管理体系。立足工装的全生命周期管理，从前期的工装年度预算申报、立项、设计、制作、验收、入库，到中期的使用、借用、调拨、维保，一直到后期的报废、后评估及台账管理等相关业务流程，均统一纳入该体系中实施管控。同时，针对其中的关键业务流程，以标准化、信息化、高效化运作为目标，在振华企业 OA 协同办公平台上成功建立了工装信息化管理系统，并制定了相关工装管理技术标准，是工装化制造的有效管理保障。

（五）组织模块化制造技术攻关

产品的模块化制造是打造“专业化、流程化、工位化、工装化”生产模式的技术保障，同样也是有效推动企业制造技术向自动化、智能制造转型的催化剂。为系统提升企业产品的模块化制造技术，加快产品设计、工艺与制造一体化发展进程，有效控制生产成本，提高产品质量，力求“打造精品”的目标，振华建立一套能够持续推动产品设计层、工艺策划层及生产执行层共同开展一体化制造技术的联合研究与攻关机制，系统提升产品的模块化制造水平。

首先，建立集产品设计层、工艺策划层及生产执行层的多层级联合攻关机制。以振华总部工艺策划层为推动主体，成立组织机构，为产品设计层、生产执行层系统搭建针对产品制造过程中亟待突破的制造技术，包括构件模块化制造、精度控制、焊接变形控制、减少漆后动火（指产品表面完成涂装后仍在表面上进行焊接、火焰切割等破坏油漆的现象）、现场安装及调试施工组织优化、降本增效等方面的联合攻关协作平台。其次，制定技术攻关标准工作流程。按照课题设立—调研取证—问题梳理—原因分析—方案策划—方案试行—效果分析—项目总结—方案推广—项目跟踪—持续改进的程序进行。项目实施过程中，工艺策划层作为核心轴贯穿课题攻关的始终，负责项目的课题设立、前期调研，组织产品设计层与生产执行层共同分析问题，推动产品设计层从设计源头制定解决方案；同步推动生产执行层从制造工艺、生产排程以及施工组织设计优化的角度制定对策。实现双管齐下，从根本上建立了产品一体化制造的设计、工艺和生产研究基础。通过该项攻关体系的建设，为企业内部开辟出了一条跨层级、跨部门联合解决生产实际问题、高效协同合作的创新实施路径。

（六）推进物料集中配送变革

为满足“专业化、工位化”生产组织的实际需求，实现各道工序、工位对物料或在制品需求的及时响应，规范物料的生产准备流程，提高物料的预制精度，进一步优化生产场地资源，同步为适应精益生产模式的后续导入与推动夯实基础。振华通过企业内部各生产单位的不断摸索和尝试，在生产物料的仓储管理、配送供应方面实现了改进和突破，并将其定义为集中配送管理模式。即根据各单位的自身需求，集中配送所涵盖的工序范围包括生产准备（注：指零件下料、冷加工、坡口制备等准备工作）、结构件制作、外场组立、机加工、热处理、涂装以及部件装配等。根据不同的工位需求，集中配送的物料或在制品种类包含数控零件、型材、板单元、结构小件、装配零部件、标准件及配套件等。此外，物料仓储与集中配送的方式包括托盘式配送管理、自制物流小车式配送管理、立体式配送货架仓储管理、叠堆式托盘仓储管理等，同步配以仓储与物流现场5S管理、定置管理与目视管理等精益管理手段。

集中配送管理的主要目标是要彻底改变原先“作坊式”生产时期所采用的在同一车间或生产区域内完成所有生产工序（包括生产准备）的“一条龙”生产方式，转为专业化配套生产模式，将不增值或增值较小的环节，例如零件下料、冷加工、开坡口等准备工序全部从原先的结构车间编排至生产准备车间完成。因此，结构车间的场地能够得到进一步释放，可用于制作更多具有高附加值的主要构件与核心部件。同时，将不同价值的工序分开，有利于逐步培养和提升各自的专业化程度。

为适应集中配送管理新模式的发展，各单位在生产组织方面进行同步变革，包括对分包商的管理创新、生产计划的梳理和优化、厂内物流方案的重新策划、场地资源的整合、信息流的传递策略，以及相应的监控和保障措施等一系列改革举措。

（七）推进用工模式变革

用工模式变革的主要目标及重点方向：一方面摒弃原先依靠分包商“以包代管”的粗放式生产组织方式，在各生产单位的生产系统中，以现有分包商为主要对象，通过导入现代化、精益化的管理要求和绩效考核指标，同步建立竞争与淘汰机制，力求全面打造能够适应工位化生产模式的专业化分包商施工队伍；另一方面，打破原先分包商“独裁专政”的局面，同步建立劳务工及本工队伍，使三者共同参与到生产活动中，系统提升企业生产队伍的可靠性和稳定性。

首先，建立差异化分工原则，将附加值较高、制作标准和质量要求较高、生产批量较大，以及工序复杂、体现核心制造技术特征（使用高端设备辅助生产）的（特殊）产品或核心制造环节交由劳务工及本工队伍完成生产；对于附加值较低、生产工序相对单一或制造工艺相对简单的常规产品及非核心制造技术环节，在完成生产布局优化与流程梳理的基础上，分派给分包商施工队伍完成生产，以便充分发挥出各自的生产组织特点和人员优势。其次，对于产值规模较大、结构类型相似、流程界面简单，但又缺乏充分竞争的产品或生产工序，采用引进分包商与本工队伍相结合的方法，为不同用工性质的工人队伍打造同台竞技的舞台，促进分包商队伍与本工队伍相互比拼、相互勉励、相互学习和共同进步，为建设多方协同式生产组织体系营造良好氛围。此外，建立竞争、激励与退出机制。组织开展车间分包商竞标，有效整合分包商施工资源，促进分包商队伍树立自主改革与自我提升意识；通过组织技能比武竞赛、合理化提案等方式，持续巩固产业工人专业技能素养，充分调动生产改革新模式下工人队伍自主改善的积极性；实施分包商绩效管理改革，重新策划KPI，由原先的结果导向逐步向过程导向指标倾斜；突出以人为本理念，以工人利益为出发点，对分包商法人提出用人要求，建立考核预警机制，设立退出红线，确保用工队伍质量与社会稳定。

（八）建立创新和沟通平台

工艺创新是推动企业发展的动力源泉。构建企业的工艺创新平台、知识竞技平台、对标交流平台，作为工艺创新研究与推广、工艺知识体系构建与知识巩固、工艺技术交流与内部切磋的互动极为重要。为此，建立了同步改进的沟通平台。

第一，建立工艺创新平台。以振华重工总部为建设主体，系统打造设立于企业内部的国家级、省市级技术中心、研究中心。为各生产单位提供工艺革新、工艺发明、工艺试验的研究实施平台。各生产单位作为研究实施主体，开展相关基础共性与前沿技术的研究工作，并通过该平台实现对技术成果的成功转化、对外宣贯以及内、外部的推广应用。使企业内部的工艺技术成果得到共享、公开和持续发展。

第二，打造专业知识与业务技能竞技平台。为统一振华重工生产与工艺管理人员勇于创新、持续改进的思想意识，系统强化生产与工艺管理人员专业知识体系建设，鼓励工艺系统人员群策群力、建言献策，以振华总部为组织方，各生产单位为参与方，选择与生产工艺改革、工艺管理及工艺技术等日常工作相挂钩的业务知识与技能，以时常会遇到的问题为主题，通过网络互动、知识竞赛、知识讲座与问答等多种方式开展活动，打造专业知识与业务技能的多元化竞技与教授平台。

第三，构建内部对标交流平台。以振华总部为组织方，建立企业内部对标交流长效运行机制。通过定期组织对各生产单位工艺改革成果的系统回顾、召开成果宣贯会，挖掘并宣传工艺改革创新亮点，总结推广价值，交流研究心得。同时，通过组织收集各生产单位工艺创新成果案例照片与辅助说明，编辑并印刷成册后于企业内部公开分发宣贯，使振华全体上下从中都能获得激励、成就感、荣誉感、使命感与自豪感，从而助推企业工艺改革工作持续向前推进。

三、大型重工企业以“工位化、工装化”为核心的生产组织体系变革效果

（一）初步形成了符合企业特点、适应市场竞争的新型生产组织体系

生产组织体系变革自 2015 年起开始启动。其中，2015 年在 12 个生产单位中共试点实施了 56 个改革项目；2016 年，改革工作得到持续深化，开展并完成改革项目 80 项；2017 年的推进目标是在前两年改革经验的基础上，对改革成果进行巩固与深化，截至 2017 年上半年共实施项目 46 项；12 个生产单位累计实施改革项目共计 182 项。通过对企业内部全面实施生产布局优化与流程再造推进，彻底扭转了振华原先“作坊式”生产组织的落后局面，初步建立了“专业化、流程化、工位化、工装化”生产组织新模式，生产效率、产品质量及安全文明生产状况得到大幅提升，受到外部用户、监理的一致好评和认同（如表 1 所示）。通过对物料的生产准备集中配送改革，实现数控件、型材集中预制以及托盘化配送，半成品小件集中化制作与工装化配送。通过释放结构车间制作空间，提升生产场地利用率 30％以上。通过对岸桥、场桥（注：轨道式/轮胎式集装箱起重机的简称）运行机构模块总成（包括小车架总成、机器房总成）的模块化制造研究攻关和实施推进，建成了岸桥运行机构模块“无焊接”装配车间，实现了车间专用工装的标准化。通过“工位化、工装化”流程再造的实施，同步完成对厂内原材料预处理流程的整合研究，并研制出国内首条环保水性预处理流水线，施工效率提升 50％；减少涂装稀料（注：涂装辅材）用量 90％。

表 1 振华重工所属部分生产单位生产布局改革成果一览

单位名称	绩效指标	改善前	改善后	提升情况
上海振华港机重工	月产能/（台/月）	32.8	42.6	提高 30％
	投入人力/（人/月）	39	34	减少 13％
	人均生产力/（台/人月）	0.84	1.25	提高 49％

续表

单位名称	绩效指标	改善前	改善后	提升情况
上海港机重工	装配时间/小时	7.15	4	减少 44%
	月产能/（台/月）	34	50	提高 47%
	面积/平方米	572	143	减少 75%
	人均生产力/（台/人天）	0.11	0.155	提高 41%
南通传动	装配面积/平方米	80	68	减少 15%
	有效工时占比	56%	83%	提高 27%
	装配移动距离/米	600	56	缩短 90%
	装配周期/分钟	283	157	缩短 44%
	在制品量/套	16	8	减少 50%

（二）取得了显著经济效益

“工位化、工装化”生产组织体系的建设，使振华岸桥产品中的大梁部件的钢结构产能增加约 2750 吨/年，年产值增加约 1650 万元。每年可节省人工及焊材费用约 245 万元，同时有效提升产品质量和文明生产水平，实现降本增效。此外，通过实现场桥产品运行机构“无焊接”装配，每年可节约生产成本约 200 万元。通过生产布局优化，成功实现了岸桥产品的流程化总装，并采用门机取代浮吊总装，在场地、设备资源利用及节能减排方面经济效益显著，每年可节约成本 3000 多万元；实现了大型风电管桩的流程化生产，取得了多项工艺创新，应用效果良好，并取得经济效益 500 多万元。通过精益管理思想的导入，减少浪费节约费用约 875 万元；通过提高生产效率，降低人工成本浪费，节约费用达 350 万元；通过现场生产环境改善，提高企业整体形象带来客户订单资源达 550 万元；通过工艺革新人才培养，自主开展生产改革节省外部咨询顾问费用达 375 万元；共计收益达 2150 余万元。模块化制造技术攻关方面，2016 年共计完成 20 项，通过对攻关成果的固化，每年可节约成本约 580 万元，并有效缩短了产品制作周期，提高生产效率。

（三）社会与生态效益明显

通过“工位化、工装化”生产组织体系的打造，完善了工艺管理体系建设，组建了一批工艺革新人才队伍；同步带动用工模式的创新转变，发挥行业引领价值，履行企业社会责任，通过建立竞争机制，充分挖掘用工队伍生产潜力，全面提升产业工人自身素养和专业技能水平；彻底改变了企业“大车间、小作坊”的生产面貌。同时，“工位化、工装化”改革同时也为公司的涂装工艺改革带来了机遇，随着企业生产资源的全面梳理与整合，依靠公司多年来的涂装技术研究基础，同步对涂装设施进行了技术升级。有效降低了污染物的排放，减少大气中苯、二甲苯等有害化学物质，降低空气中 PM2.5 含量，实现每年挥发性有机化合物减排量达 2500 吨，相比原先下降 71.4%，减少排污费用支出约 5000 万元，显著改善了生产环境，降低施工人员职业健康与安全风险；将企业“绿色制造”水平推上了新的高度，同时为保护生态环境做出了贡献。

（成果创造人：王兆荣、刘建波、杜　渝、卢玉春、余锡平、徐正斌、包　孔、赵　勐、汪　峰、郁利彬、姚　渊、赵德龙）

实现标本兼治的特大型国有企业联合重组管理

中国机械工业集团有限公司

中国机械工业集团有限公司（以下简称国机集团）成立于1997年1月，主营业务包括机械装备研发与制造、工程承包、贸易与服务、金融与投资四大主业，涉及机械、电力、冶金、农林、交通、建筑、汽车、船舶、轻工、电子、能源、环保、航空航天等国民经济重要产业领域，市场遍布全球170多个国家和地区。截至2016年年底，拥有36家全资及控股子公司，总资产2751亿元，员工11万人。2016年实现营业收入2148亿元、利润总额86.6亿元，完成国资委考核目标的230%；实现EVA30.4亿元，完成国资委和董事会考核目标的10.5倍，位列2017年世界500强企业第334位。

2011年，作为中国重型机械设备制造的领军企业、曾被誉为“国之脊梁”的中国第二重型机械集团有限公司（中国二重）陷入了严重经营困境。2013年，国机集团临危受命对中国二重实施联合重组，经过三年艰苦卓绝的扭亏脱困、改革振兴，中国二重2016年成功实现了经营性盈利，探索出一套特大型国有企业重组脱困的成功经验。

一、实现标本兼治的特大型国有企业联合重组管理背景

（一）中国二重扭亏脱困、起死回生的急迫需要

中国二重始建于1958年，是国家布局在西部的重型装备制造工厂，是中国最大的冶金设备，核电、水电、火电配套铸锻件，重型压力容器，大型传动件，大型航空模锻件等重大装备研制基地之一。国际金融危机后，世界经济陷入持续低迷，我国工业高增长的时期结束。中国二重由于未能预料到市场的巨大变化而进行过度投资扩张，研发重点也与国内外的高增长领域不相适应。随着国内重大装备行业跌入发展低谷，订单不足与产能过剩矛盾凸显，产品价格大幅下滑，从2011年起陷入了困境，经营收入、效益逐年大幅下滑，债务、人员等刚性费用负担沉重，2011－2013年累计亏损超60亿元，逼近资不抵债，主业上市公司被暂停上市。因经营困难，职工队伍态度消极、信心不足，局部出现不稳定苗头；融资渠道中断，资金链极度紧张，使中国二重陷入濒临死亡的危险境地。

（二）完善国机集团产业布局、落实企业发展战略的内在需要

从世界范围看，一流的装备与工业工程总承包企业都拥有强大的装备制造能力。2010年，国机集团提出，加快研究制定装备制造业发展规划，明确发展方向和目标，推进装备制造业快速发展。国机集团“十二五”发展规划和十年发展战略进一步提出，有效整合内外部资源，重点争取重大技术装备领域的高端资源，强化机械装备研发与制造、工程承包、贸易与服务等产业链环节的协同效应，以产业资本的整合能力和现代制造服务的带动作用，引导集团装备制造业务的产业升级，努力成为包括“装备制造业和现代制造服务业”两大领域、“机械装备研发与制造、工程承包、贸易与服务”三大主业、产业资本优势突出、在机械工业若干重点领域产业链整体竞争能力强、国内外知名的综合性装备工业集团，为迈向具有国际竞争力的世界一流企业打下坚实基础。中国二重是机械行业的国家队，在金属轧制设备、炼油化工设备、锻压设备、大型铸锻件、风电增速机等领域拥有国内领先的制造能力。重组中国二重，可以快速补强国机集团在装备制造领域的短板，形成研发、制造、工程承包到贸易、服务的完整产业链条，发挥战略协同效果，加快向世界一流企业迈进的步伐。

（三）积极承担政治责任，促进我国重大装备产业发展的需要

工业是国之基础，高端装备制造可谓大国重器。中国二重自1971年全面投产起，为我国重工业发

展提供了近200台套关键设备，对火电、水电、核电、冶金、航空、武器等领域的生产装备的提供发挥了重要作用，其研发的8万吨级巨型模锻液压机应用于航空、航天、核电、石化等领域关键高端部件的锻造，是象征重工业实力的国宝级战略装备。尽管改革开放以来，涌现出一批市场化和国际化程度高、市场竞争力强的地方国有企业和民营企业，但中国二重的产品研发、设计和制造能力仍然处于国内重型装备制造行业的前列。2011年后中国二重陷入经营困境，如果任由其倒闭破产，不仅将因上万职工下岗造成严重的社会问题，而且是对我国重型装备研发、设计和制造能力的破坏。后者一旦遭到破坏，很难在短时期恢复，不仅影响当下国民经济和国防建设重大装备供应，还会产生持续的负面影响。重组中国二重使其重型装备的研发、设计和制造能力得以保留并重新焕发生机，对于我国经济特别是军工产业的发展、维护国防安全有重大意义，是国机集团作为装备行业中央企业和机械行业龙头企业应该承担的政治责任和历史使命。

为此，2013年3月6日，国机集团与中国二重正式签署了《联合重组框架协议》。2013年7月，国务院国资委正式宣布国机集团与中国二重实施联合重组。

二、实现标本兼治的特大型国有企业联合重组管理内涵和主要做法

国机集团以“培育具有世界水平的一流装备制造企业”为目标，坚持战略统筹、标本兼治、内外结合的指导思想，遵循平等协商、相互尊重，优势互补、共赢发展，积极稳妥、规范操作的行动原则，通过中国二重自身优化改善、国机集团协同支撑、国家及上级部门的支持相结合，积极实施主动退市、债务重组、资产盘活等多项“外科手术”，推动中国二重减负增效，成功化解破产风险；开展人员分流、成本控制、业务调整、市场开拓等一系列“内科手术”，先控制“止血”点，再恢复“造血”机能，全面提升中国二重市场化经营管理能力，成功实现经营性扭亏为盈。主要做法如下。

（一）充分调研，确立联合重组的策略

2013年签订《联合重组框架协议》后，国机集团多位负责人赴中国二重调研，双方领导班子召开见面座谈会，部署联合重组前期工作。2013年5～7月，开展尽职调查、调研考察及业务对接。为确保重组方案的科学性与可行性，双方还广泛征求各级政府、行业主管部门、行业协会的领导和专家意见，成立由双方企业主要负责人牵头的重组工作领导小组，下设尽职调查、业务对接、维护稳定、机构整合四个工作小组。2014年5月，为统一认识、推动方案落地，国机集团向中国二重派出七人工作小组，主动融入中国二重团队，共同推进重组工作。在两年多时间里，小组成员与中国二重人共住德阳、同穿工服、并肩工作，赢得了信任。

1. 指导思想

根据行业特点和重组理论，借鉴国际先进企业经验，国机集团与中国二重确定联合重组的基本理念，即要始终坚持“战略统筹、标本兼治、内外结合”的指导思想。首先，国机集团与中国二重实施联合重组，是国机集团立足自身发展全局做出的战略行为。作为一家科工贸金一体的综合性装备企业，重型装备制造是国机集团的薄弱环节，中国二重的业务对国机集团的业务构成有很强的互补性，能起到优化国机集团产业结构布局的显著作用。其次，解决中国二重的困难和问题，归根到底要靠改革，必须做到远近结合、标本兼治。为此，双方明确联合重组的短期目标和长期目标，对于“外科手术”治标、“内科手术”治本相结合的重组方式达成共识。最后，中国二重的问题具有战略地位高、资产规模大和经营困境急的特点，仅靠国机集团的力量仍是不够的，必须依靠外部的支持。因此，双方明确“中国二重自身优化改善、国机集团协同支撑、国家及上级部门支持”三方结合的策略。

2. 行动原则

在《联合重组框架协议》中，国机集团与中国二重确定联合重组原则：一是平等协商、相互尊重的原则；二是优势互补、共赢发展的原则；三是积极稳妥、规范操作的原则。在制定与实施扭亏脱困方案

的过程中，双方恪守这三项基本原则，为联合重组平稳与顺利的实施奠定了行动基础。

3. 基本思路

国机集团与中国二重围绕“培育具有世界水平的一流装备制造企业”的总体目标，全力推进“内科手术”与“外科手术”并行，远近结合、标本兼治，制定并有序实施联合重组的系统化解决方案，如图1所示。

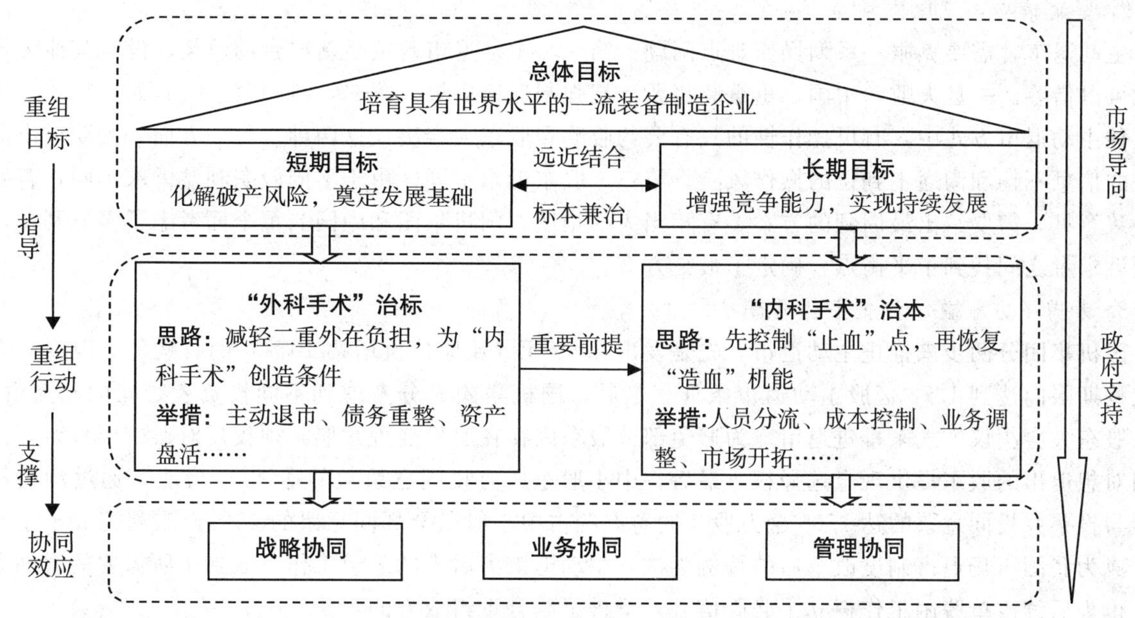

图1 标本兼治的国机集团与中国二重联合重组方案

“外科手术”旨在治标。从主动退市、债务重整、资产盘活三个方面入手，支撑中国二重减负增效。一是面临中国二重所属上市公司二重重装的退市风险，坚决否定权宜之计的保壳方案，实施全国首例主动退市；二是创新推进多种方案，妥善解决债务风险，使中国二重能够最大限度地降低债务负担，为可持续发展奠定良好基础；三是调整盘活中国二重所属镇江公司等多项重大资产，使其较快卸下包袱，提高资产周转效率。“内科手术”旨在治本。从加快“止血”和增强“造血”两方面入手，全面提升中国二重市场化经营管理能力。一方面，通过加快人员分流、严控运营费用、推动业务布局调整等措施，控制亏损“出血”点；另一方面，通过加强市场开拓、提高边际贡献等措施，实现增收增效，恢复企业“造血”机能。通过上述两方面的措施，发挥国机集团与中国二重在战略、业务和管理上的协同效应，中国二重真正实现了浴火重生、脱胎换骨，向“产品制造与技术服务”并重的重大装备制造服务商转变，不断增强为我国冶金、能源、矿山、石化、环保、军工等领域提供重大技术装备产品及服务的能力，成为我国重大装备制造行业的先进企业。

（二）主动实施国内股市退市第一单，为重组整合腾出时间和空间

1. 慎重权衡决策，确定主动退市方案

中国二重重装在2013年被给予“退市风险警示”，2014年公司股票被暂停交易，若2015年未能实现经营性扭亏为赢，将被强制退市。当时，有两种方案可供选择。

一是保壳方案，通过国机集团向中国二重重装注入资金。中国二重重装曾预估2013年亏损额为18亿元，但是，国机集团经过仔细测算后发现亏损远不止于此，而且二重重装面临的并不仅是资金周转问题，其业务结构和产品布局、大额债务、高成本等一系列经营管理问题和历史遗留问题，以及营业收入的增长、高额债务利息和人工成本支出问题，都不是保壳后就能立刻改善的。补亏和诸多其他问题交织

在一起加大了重组难度，保壳无法实现二重重装从根本改革脱困。

二是主动退市方案。2014 年国家新出台了退市政策，提供了七种可能的主动退市方式。在经过多方面考虑和慎重权衡后，国机集团决定从企业长远利益出发，否定保壳方案，不能为保壳而保壳，只有在“止血”的基础上，才能进一步探讨脱困方案。最终，国机集团和中国二重达成主动退市的一致意见。

2. 坚定信心，克服主动退市难点

主动退市，需要克服一系列操作难点问题。第一，主动退市政策是新出台的政策，没有其他公司的经验可以借鉴。一旦失败，中国二重重装将要承担强制退市后果。第二，时间紧。一方面，在政策规定的 7 种主动退市方式中，有可操作性的只有要约收购和股东大会决议这两种。另一方面，主动退市面临巨大的信息不畅和沟通不到位的操作风险。第三，股东诉求不同。由于不同股东利益诉求不同，若要达成一致意见，需要给出最周到的方案，有相当大的难度。国机集团和中国二重全面考虑了多方利益，在不同诉求者之间找到了平衡点，确定了最终方案。

3. 考虑多方利益，优化主动退市方式

国机集团分两步来推进主动退市。先是发出 2.59 元（比原估价增幅 10%）的收购价，但没有在要约收购期限内达到 1.72 亿股主动退市条件。之后，国机集团充分考虑到不同投资者之间的利益诉求，采取股东大会决议方式来推进退市。为避免部分股东因存在股份变现意愿必须投反对票或弃权票，国机集团对想退出的股东提供现金选择权。最后，中小股东所有投同意票数的达 2900 万股，通过沟通解释后参与投票并投同意票的达 1200 余万股，同意票约占中小股东全部同意票的 45%，顺利完成了主动退市，成为我国市场退市制度改革后的首例尝试。主动退市为后来的重组工作争取到了所需要的时间和空间，也为后续改革脱困工作树立了必胜信心，增进了联合重组双方的互信。

（三）探索多种债务重组方式，有效化解破产风险

继主动退市这项艰巨任务之后，解决债务危机，成为中国二重扭亏脱困的又一难题。国机集团与中国二重通过综合考量，依法灵活推动债务重组，以时间换空间，实现多方共赢。

一是母子公司“双重整”。此次债务重组中，通过中国二重及其主业上市公司二重重装同步进入司法程序实施“双重整”，彻底解决了中国二重及其主业上市公司的债务及连带责任。

二是庭外协议重组与庭内司法重整相结合。前期在银监会和国务院国资委指导下，中国二重与金融机构达成基本的债务偿还方案即以“现金＋留债＋股票”清偿全部计息金融负债，属于庭外协议重组。之后各方携手进入司法重整，在司法框架范围内，将之前庭外协议重组债务方案纳入整个重整计划。司法重整解决商业银行持股等法律障碍。此次债务重组是国内庭外协议重组与庭内司法重整相结合的首个案例，打造了司法重整的“二重模式”。

三是创新普通债权人清偿方式。在法定的普通债权组内，充分考虑其商业实质，针对不同性质的各类债权采取差异化的清偿方案。金融债权采取现金清偿与以股抵债相结合的方式；非金融普通债权采取全部现金分期清偿方式；国机集团债权采取留债处理。中国二重银行债务 121 亿元，其中 15 亿元留债，15 亿元偿还，91 亿元以股抵债。经营债权中，25 万元以下（含 25 万元）的债权部分，100%全额清偿；超过 25 万元部分提供 2 年内 5.5 折、3 年内 7.5 折、5 年内全额的分年偿债方案。

四是灵活解决不同类型的债权问题。在重整中，国机集团依法灵活解决中票、企业债、融资租赁、保理融资等不同类型的债权问题，包括单方采取“先收购后代偿”的方式化解中票企业债的违约危机、采取继续履行合同的方式妥善处理融资租赁、创新性对保理融资债权性质进行认定，创新性地处置了疑难复杂问题。

五是债务重组与资本市场相结合。已经退市的中国二重重装，在符合一定条件下，还可以重新上

市。将现在的债务解决与未来的重新上市安排结合起来，通过大股东及中小股东让渡股份和资本公积转增相结合，为债转股提供了偿债资源。

（四）盘活三项重大低效无效资产，优化企业资产结构

针对中国二重业务收入与资产规模不匹配导致刚性成本过高、资产使用效率较低的问题，国机集团从优化企业资产结构角度入手，推动中国二重的三项重大资产的盘活工作，大力清理和盘活了低效无效资产，减轻了中国二重的财务负担。

1.“股权转让＋协议转让”盘活8万吨压机项目

中国二重自主设计、自主制造、自主安装的8万吨大型模锻压机，属于极限制造，代表我国装备工业的前沿水平，总投资18.6亿元，已建成投产。该项目年亏损0.4亿元。在了解到中国航空工业集团公司正准备独立建设4万吨模锻压机的情况后，国机集团积极主动沟通，双方决定共同打造具有全球竞争力的高端航空模锻件制造公司。中国二重将8万吨模锻压机等资产注入与中国航空工业集团公司合作设立的新公司，双方股比为49：51，避免了重复建设，化解了过剩产能。

2.“股权转让＋托管”盘活镇江基地项目

镇江基地是中国二重从事装备制造及港口物流出海口基地，转让盘活前已完成部分建设。项目一期投资30亿元，二期投资8亿元，工程欠款约8亿元。该项目年亏损1.3亿元。国机集团采用“股权转让＋托管”的方式，分两步来优化盘活这块资产：第一步，将中国二重重装对镇江基地的债权按1：1比例全部转为对镇江基地的投资；第二步，将镇江基地全部股权通过公开挂牌方式转让给国机集团，转让后再由国机集团委托中国二重重装运营，实现中国二重减负增利。

3.“资产注入＋股权转让”盘活成都工程中心项目

成都工程中心是中国二重为了吸引高端技术人才、提升研发水平和营销能力而就近选择中心城市而建设的项目，该项目年亏损0.4亿元。根据扭亏脱困总体实施方案，拟采用公开挂牌实物转让方式，将成都工程中心项目转让给国机集团，再依托国机集团及项目已具备的条件，推进完成后期建设。在实施过程中，因项目建设存在遗留问题，房产及土地权属办理存在诸多障碍，最终，由中国二重重装将成都工程中心大楼及相关资产投资注入中国二重集团成都物业公司，再通过公开挂牌将公司股权整体转让给国机资产管理公司。

4.大力清理处置低效无效固定资产

一是对部分账目价值虚高的固定资产足额计提减值准备，确保公司固定资产财务信息更加真实完整。二是对低效无效资产，拟定盘活处置路径，创新工作方法，积极尝试挂牌处置、协议转让、合资合作、公开拍卖、债务抵消等方式，实现资产盘活和处置收益最大化。三是针对数量较大的在建工程项目进行“瘦身”，实施设备退货。

（五）实施二重与国机集团相关业务整合，提升二重“造血”功能

联合重组不是将中国二重业务板块拆分打散到国机集团的相关板块中去，也不是简单地将国机集团的优质资产注入中国二重，而是在推动中国二重止血、化解风险的同时，整合双方业务资源，在研发、市场、业务等方面实现全面协同，增强整体核心能力和市场竞争力。

1.以中国二重为平台，打造国机集团重装板块

多年来，中国二重的主业一直以重大装备为主，产业链短，产品结构也比较单一，而国机集团在工程总承包、国际贸易、研发设计等方面有优势。联合重组的关键就是整合双方各自的优势资源打造集团整体的竞争优势，其核心是打造重装板块。国机集团积极推进以中国二重重装为核心平台，实施与中国重型机械设计研究院股份有限公司、中国重型机械有限公司等集团内重型装备设计研发、工程成套等优质资源的重组整合，帮助前者完善产业链条；并以中国机械对外经济技术合作总公司（简称CMIC）为

海外业务平台，发展国际化经营能力，加快从单一制造商向工程服务商及总包商转型，打造具有重大装备实力水平、集科工贸于一体的高端重型装备板块——国机重装。通过资源联合重组，一方面为国机集团弥补了产业链短板，夯实了其迈向世界一流企业的基础；另一方面，中国二重在装备制造领域的传统创新优势，经由与国机集团强大的科研实力、准确的市场判断力和开拓能力的有机结合，弥补了其在市场开发和客户服务方面的薄弱环节，原有的产品开发、设计、制造能力通过与市场对接由“死”资源变为“活”能力，造血能力大为增强，真正为中国二重带来客户、带动销售、创造利润。

2. 推进中国二重与集团内部科研院所协同研发，提升中国二重产品市场竞争力

国机集团积极组织集团所属28家科研院所、11家设计院与中国二重建立更加紧密的合作关系，共同开展协同研发，实现在冶金、石化通用、铸造锻压等领域研发资源的共享，并引导集团所属科研院所将中国二重具备生产条件和能力的新工艺、新产品向中国二重全面倾斜，从而弥补中国二重研发短板，加快新产品开发速度。在传统的产品技术领域，瞄准冶金、锻压等传统领域节能环保和智能升级改造的需求，不断调整产品结构、开发适销对路产品，提高系统服务能力。同时，通过自主研发、协同研发、技术引进、技术合作、资本运作等手段，增加技术储备，增强发展后劲，努力拓展战略性新兴产业和现代制造业，重点推进核电装备、轨道交通装备、煤化工装备、智能制造装备等新兴业务领域的开发，加快形成新的利润增长点。

3. 充分利用国机集团市场资源，提升中国二重市场开拓能力

联合重组后，国机集团为中国二重提供了丰富的市场资源与机会。第一，逐渐将机械装备采购订单向中国二重倾斜，实现了集团内部的订单转移；第二，给予了中国二重在海外市场开发方面强有力的支持；第三，国机集团还主导了八万吨模锻压机与中航工业合作项目，走出了央企之间资源共享、化解过剩产能的一条新路；第四，借助国机集团与央企之间的良好合作关系，中国二重还与一批央企建立了战略合作关系，获得大量集团外部的增量订单；第五，国机集团借助自身是许多重大工程的总承包商的甲方身份，通过三方抵抹、转移支付、项目撬动等方式，帮助中国二重完成了货款回收。例如，通过CMEC协同收款实现增利1.02亿元，通过中国重机完成了广西银海铝1.5亿元的长账龄债权回收。这些举措，改善了中国二重的现金流和盈利状况。

（六）加强关键环节的成本优化与管控，实现降本增效

降本增效是重组扭亏的关键一环。联合重组后，中国二重集中资源突破关键问题，将管控重点放在人力成本和采购成本上。

1. 强化成本管理，全面推进降本增效

联合重组后，在国机集团的帮助下，中国二重明确管控重点，集中资源突破成本管理存在的关键问题。第一，建立健全全过程成本管控机制，强化成本控制意识。依据“横向到边、纵向到底”成本管理思想，搭建全过程、全员参与的成本管控体系，强化成本管控责任目标，从机制上引导各业务单元和广大职工关心、重视成本消耗控制；同时，改变考核模式，建立以边际利润和利润总额为核心的责任制考核指标体系，对降本增效工作组织和取得效果按季度进行正向激励。

第二，以降本增效关键指标为重点，强化落实。对产品生产成本中关键业务环节指标进行分解，明晰采购、设计工艺、能源消耗等关键环节的降本增效目标，细化落实各种管控措施到具体的责任人，明确时间进度要求及考核评价标准。通过关键环节降本增效考核，持续降低制造成本，2015年降本增效利润贡献额为1.3亿元，2016年降本增效利润贡献额为1.6亿元，其中，材料采购、外协降本增效力度最大，实现降本金额1.01亿元。材料采购在大宗原材料价格逐年上涨的情况下，降幅达15.3%，外协成本降幅达22.73%。

第三，推行精益成本核算，提高成本信息化水平。针对核算精细化不够、成本信息化水平不高的问

题，公司制定精益成本核算信息化工作规划，建立健全精益成本核算工作机制。2015 年度完成对重机公司、炼钢车间、铸钢车间三个具有冷热加工代表性单位的精益成本核算试点工作，2016 年完成 15 家精益成本核算单位的系统上线及系统功能优化工作，实现车间、业务单元、股份公司成本核算贯通，成本信息化取得了实质性突破。

2. 精简分流人员，优化人力资源结构

高人工成本，是导致中国二重入不敷出的原因之一。联合重组前，中国二重人均工资较德阳市国有企业人均工资高 25%左右。当时，在岗职工 1.5 万人，年综合人工成本 13.8 亿元，占每年刚性支出 30 多亿元的三分之一，远远超出企业承受能力，严重影响了企业竞争力。为减轻人工成本负担，中国二重实施了大规模人员分流措施及配套改革措施，实现了减员降本目标，优化了人力资源结构。

第一，注重职工利益，制定调整分流方案。人员分流涉及职工切身利益。分流方案的平稳实施，需要职工的认可与支持。中国二重在制定方案时，进行了前期测算和分析，并在符合法律规定的基础上，兼顾了职工的诉求和企业的承受能力。当公司与职工之间因分流方式、补偿标准等产生分歧时，中国二重从尊重职工意愿和维护社会稳定的大局出发，通过与职工密切协商，修改方案内容，最大限度地考虑职工利益，得到了绝大多数职工的理解和支持，顺利实现了减员降本目标。

第二，留住骨干职工，优化人力资源结构。公司扭亏脱困既要精简分流人员，控制亏损“出血”点，也要留住骨干职工，强化自我“造血”功能。中国二重以工资分配为切入点采取了两方面措施。一方面，确保职工月度可支配收入不低于 1200 元，提高未分流职工信心；另一方面，针对骨干职工实施“考核支付”，以强化工资激励效果。中国二重制定“工程技术、操作、管理”三支队伍考核支付办法，以岗位职务工资形式，大幅度提高了各类骨干职工的月度工资收入，增强了骨干职工的凝聚力。2016 年，技术人员占比由 2013 年年底的 11.4%增加到 12.5%，基本生产工人占比由 2013 年年底的 34.2%增加到 37.4%，辅助后勤人员则由 2013 年年底的 36%减少到 30.4%。

第三，实行竞聘上岗，强化干部人才队伍。为了从组织制度上保证扭亏脱困目标的实现，中国二重通过干部精简压编、竞聘上岗、从严管理考核、加强教育培训等措施，实施干部管理改革。2014—2016 年间 318 个中层干部岗位公开招聘，639 人次参加竞聘，180 名干部被不予正式聘任或解聘，中层以上干部人数下降 21%。

第四，开展教育培训，提高职工整体素质。中国二重运用各种宣传手段，开展“这个家如何当”的大讨论，引导职工正确认识与企业的关系，有针对性地实施教育培训，增强职工的市场竞争意识，提高职工的职业能力。

3. 强力推进招标，显著降低采购成本

国机集团对中国二重的采购业务提出“约法三章”的要求，多措并举规范采购管理，降低采购成本，改变中国二重长期以来的物资采购计划性不强、采购招标率偏低、采购成本高，采购管理工作规范性、准确性和及时性难以得到保证等管理弊病。

第一，强力推进招标，广泛开展采购价格比对。通过采购公开招标，吸引多元化的供应商，最大限度地保证了原材料、零部件的质量，“货比三家”，降低采购成本。截至 2016 年年底，招标和外协采购率由原来不足 20%提高至 78.95%，并对未招标项目进行公示。通过公开招标和采购价格比对，采购成本大幅降低，2016 年材料采购同比降低成本 0.52 亿元，降幅达到 15.30%；外协同比降低成本 0.49 亿元，降幅高达 22.73%。

第二，从严执纪，违者必究。针对不采取公开招标以及采购环节中有违规舞弊行为的现象，从严执纪，强化问责处理。例如，加大采购业务的审查力度，每月配合审计监察部进行采购业务抽查，对发现的不符合公司规章制度的问题记录在案，交由审计监察部处理，并及时反馈给问题单位，要求其进行整改。这对持续规范采购业务管理和监督形成了警示和威慑。

（七）变革管理组织与管理机制，提升管理精细化、市场化水平

1. 变革组织架构

在国机集团的帮助下，中国二重遵循“专业化运营、权责利对等、边界清晰、市场化运作、管控有效、资源优化”的原则，按照“分块搞活”的思路，调整公司组织结构，彻底改革了沿用多年的工厂制的业务运营模式，建立和重组了以主业产品为界，集技术、市场、制造一体化的业务单元制，构建4个经营业务单元，依法合规推进3个工业及生活服务类辅业子公司的混合所有制改革。2014年，国机集团还主导组建了以外派董事为主的新的中国二重董事会，确立董事会、经理层两级决策体制。组织架构的变革，增强了中国二重上下的市场化意识，提高了企业对市场环境变化的反应敏捷度。

2. 规范投资管理

国机集团通过规范投资管理，健全投资管理制度体系，改变了中国二重的投资结构不合理、投资规模过大、投资项目决策不科学等弊病。第一，抓好四个环节控制，优化投资结构。强化“计划编制、设计审查、投标备案、工程量变更”四个环节的控制，以优化投资结构、有效控制投资规模、预防投资超预算。例如，按照程序要求对25个单项招标进行备案审查，达到了控制预算费用的目的。其中，德阳基地未启动不再实施的投资项目减少了投资规模16.5亿元，镇江基地二期工程项目终止实施减少投资规模近12.5亿元；第二，投资项目独立论证，促进科学决策。针对以往投资项目论证存在的不足，建立了公司投资审查委员会，形成了投审委评审、专家评审和投资管理部门评审的三级评审体系，同时，经理层不参与投资评审，保证了投审委的独立决策权。

3. 狠抓质量管理

国机集团提出，“要把产品质量作为中国二重扭亏脱困的第一张名片，用过硬的产品质量，为挽回老客户、开发新客户提供支撑”，明确将质量提升作为扭亏脱困改革振兴的一个突破口。中国二重紧密围绕质量工作四项原则——“技术领先原则”“一次成功原则”“持续改进原则”和“顾客满意原则”，规划了与公司发展战略相适应的质量工作目标，从质量激励、先进管理理念学习、监督管理、专项质量提升等方面规划实施了一整套综合治理质量工作的“组合拳”。

第一，创新质量激励机制，提升员工质量意识。首先，针对过去以处罚为主的质量激励模式，全面规划实施了正向质量激励机制；其次，引入了累进式质量奖励模式，对持续达到考核要求的基础考核单元，按照逐月梯次递增的分配原则进行奖励兑现；再次，积极探索质量参与收入分配的激励模式，各业务单元、子公司要将经济责任制中每月以营业收入和订货额挣回的业绩工资中的50%，用于质量考核分配；最后，在制定分配方案时，重点向与提高产品实物质量密切相关的管理人员、设计和工艺等技术人员、基层主要作业人员和班组倾斜。

第二，积极学习先进管理理念，丰富质量管理手段。加大与国际国内先进同行质量管理对标工作力度，积极消化吸收先进管理经验，不断提升公司质量管理水平。例如，借鉴日本三菱公司经验，制定提升检验系统人员质量素质、提高质量控制水平实施办法；再如，学习法国阿尔斯通经验，建立8D质量问题分析及纠正措施管理机制和公司内部8D工作团队。

第三，强化监督管理，从严执纪问责。用最严厉的制度管住质量、管好质量。例如，对违反质量红线的单位和个人实施了严厉的处罚，从2014年至2016年的三年中，中国二重已对责任单位实施了累积229.57万元的经济处罚，对161名领导人员进行了问责考核，实施了降职、警告、通报批评等处分。公司还建立质量问题曝光制度。围绕现场暴露的典型质量问题，对80余起典型质量问题进行了通报处理。

第四，开展专项质量提升项目，切实提高产品质量。为从根本上突破公司产品质量各薄弱环节，公

司每年均持续组织开展大规模的“一次成功、件件达标”专项质量提升活动。2015年，建立常态性专项质量提升机制，2015年和2016年共规划实施了41个提升项目，通过严格管理，有效督导，共有37个达到了提升目标。2017年，中国二重再次规划15个产品质量提升项目和7项质量管理提升项目，以解决好突出产品质量问题。

4. 强化合同管理

在国机集团的大力引导下，中国二重全面提升合同管理能力，解决以往盲目抢抓订单，导致签订了不少无边利、大额垫支、超出风险能力和履约率低的劣质合同的问题。一方面，通过加强合同评审，强化风险意识，注重了事前合同质量的管理。为从订货源头提高合同质量和风险控制水平，公司实施了合同评审制度。每一项合同的签订需要分别从法律、财务、交货期等方面进行合同评审，进而事前保障了合同的质量。据统计，2016年合同执行边利率比2015年提高了20个百分点。另一方面，狠抓交货期管理，提升合同履约能力。为从根本上扭转公司合同履约能力低，确保实现销售合同完成率≥90%的工作目标，中国二重多措并举，努力提升自身的履约能力。加大对各业务单元的市场化意识的宣传力度，强化各经营主体的合同意识，强调内部合同等同于外部合同，合同从签订、执行、结算均按照市场原则进行。按照分级控制原则，明确重点合同，再根据合同的优先顺序，做好重点资源的统筹安排和协调监控，最大化地发挥生产资源作用。例如，中国二重强化对“外贸、核电、协同、重大”四类合同的监控、协调，确保公司层面的重要合同执行受控。大力开展项目制管理，优化生产组织模式，并强化激励政策，从严执纪问责，加大了合同执行情况与单位业绩工资、主管领导挂钩考核的力度。

三、实现标本兼治的特大型国有企业联合重组管理效果

（一）中国二重实现了扭亏脱困目标，企业焕发了生机

通过三年多的努力，2016年年底中国二重实现营业收入78亿元、利润总额5.25亿元，实现了三年扭亏为盈的目标。通过实施债务重组，减少金融债务近120亿元，每年节约利息支出6亿元以上，资产负债率从2014年年底的134%降至90%左右；金融债权清偿率达到100%，供应商也得到相对较好的清偿安排。年均减轻财务负担近2亿元，并加快盘活和回收低效无效资产、长账龄债权。2016年年底，应收账款较年初下降8.3亿元，降幅20.3%；存货盘活原值4.3亿元，盘活收益1.6亿元。用工人数比重组前减少近50%，人工成本较同期下降近6亿元；规范采购取得了成效，累计降本1.01亿元。

联合重组后，中国二重的经营管理能力明显提升。2016年产品质量状况明显趋好，废品损失率降至0.33%，处于行业领先地位；责任废品损失金额由2015年的1.26%降至2016年的0.14%，比2015年下降72.5%；近三年的顾客满意度已从联合重组前的77.55%提高至85.57%。质量满意度从联合重组前的70%上升到95.8%，达到了历史最高水平。2016年合同执行边利率比2015年提高了20个百分点。2016年12月，获得了恒力石化、浙江石化近13亿元的大单，意味着二重深化改革、扭亏脱困的努力得到了市场的认可。合同完成率达93.42%，较2015年提高了30多个百分点。重点产品交货期大大缩短，如大型核电半速转子，周期由2013年的15个月缩短为10个月；久益包头PH2300电铲侧机架等三个协同项目、日本神钢加古川棒料轧机、安丰1780热连轧机、金陵石化项目等如约交货。到2016年年底，中国二重已与国机集团及所属院所签订了16项联合研发协议和18项长线产品研发项目合同，涉及研发经费近10亿元，为长期发展创造了新动能。

（二）提升了国机集团的整体国际竞争力

通过联合重组中国二重，新国机集团也朝着“具有世界水平的一流装备制造企业”大步迈进。在业务转型上，国机集团着力推进国机重装研发设计能力、设备成套和系统集成能力的快速提高，打造工程总承包能力和国际化经营能力，实现了由单一制造商向工程服务商及总包商转型。在研发能力提升上，

成功研制了 ACP1000 华龙 1 号核电主管道、CAP1400 核电主管道、CAP1400 堆芯补水箱等填补国内空白的核电成套设备；首批空客 320 飞机主起外筒锻件已成功交付，实现了国际民用航空大型锻件研制生产交付的重大突破。在市场开拓上，中国二重借助国机集团的海外网络，实现了“借船出海”，加强了产品海外推介，创新了海外市场服务模式，特别是在 CMIC 整合基础上强化贸易与总承包能力，结合自身技术和制造能力优势，从产能合作向“产能＋金融＋投资”方向转变，在冶金、水泥、锻压行业大力开拓国际市场，重点是资源条件好、配套能力强、市场潜力大的国家，尤其是‘一带一路’沿线国家。重组三年来，中国二重已与国机集团 25 家兄弟企业在大型铸锻件、矿山装备、核电材料等方面实现订货签约 58 项，累计合同额超过 40 亿元，实现利润贡献 1 亿元以上。

（三）探索出了一条特大型国企联合重组的成功经验

在国机集团与中国二重的联合重组中，国机集团作为管理主体，按照市场化改革要求积极推动中国二重的企业改革脱困的各项工作。其中，中国二重及所属的二重重装“双重整”经验已被最高法院列为企业破产重整及清算十大典型案例。联合重组实施以来，国机集团和中国二重接受近 20 家中央企业、政府单位和科研机构现场参观和交流学习，接待 30 多家中央、地方新闻媒体采访，在国家级和省部级各类媒体发表 40 多篇报道。

（成果创造人：任洪斌、王锡岩、杨正洪、翟祥辉、徐　刚、
王永祥、李　光、王　赟、王玥琦、杨　晨）

基于“共享共赢”理念的电力多边交易市场的创建与管理

内蒙古电力（集团）有限责任公司

内蒙古电力（集团）有限责任公司（以下简称内蒙古电力公司）是内蒙古自治区直属国有独资特大型电力企业，主要负责建设运营自治区中西部电网，供电区域72万平方千米，承担着自治区8个盟市工农牧业生产及城乡1388万居民生活供电任务。2016年，员工人数36971人，资产总额946亿元，年售电量1464.6亿千瓦时，营业收入552.3亿元。2017年，在中国企业500强榜单中名列第252位，居自治区30强企业首位。

一、基于“共享共赢”理念的电力多边交易市场的创建与管理背景

（一）落实全面深化改革要求，结合区域特点探索电力市场升级发展新模式的需要

2002年，国务院下发《关于印发电力体制改革方案的通知》（国发〔2002〕5号），第一轮电力体制改革正式启动，通过“厂网分家”初步形成了发电侧竞争局面，整体上促进了电力工业发展，缓解了电力供需紧张局面。随着我国经济发展进入新常态和发电装机容量持续快速增长，2008年后，内蒙古西部地区电力行业逐渐显现出发电企业发电利用水平下降、用电企业用电成本偏高、清洁能源难以消纳等问题。作为国有大型电网企业，内蒙古电力公司肩负着贯彻落实国家和地方政府各项决策部署的重大政治责任、经济责任和社会责任。面对国家新一轮电力体制改革和地方政府提振地区经济的要求，内蒙古电力公司经过认真分析，得出产生上述问题的主要原因在于电力市场机制缺乏和电价改革严重滞后。特别是一直以来按照计划经济体制运行的电力市场，难以有效激发发电和用电两侧参与市场的积极性，政府定价定量的电力市场管理模式严重束缚发电、供电与用电三方提升生产效率、降低生产成本、实施管理创新的主动性。内蒙古电力公司秉承国有企业强烈的社会责任感，依托内蒙古西部电网（以下简称蒙西电网）独特的资源禀赋，以落实全面深化改革要求为出发点，在全国范围内率先启动电力市场化改革，探索电力市场升级发展新模式具有十分重要的意义。

（二）降低发电成本提高用电效能，服务区域经济发展的需要

2008年国际金融危机爆发，我国经济发展进入速度变化、结构优化、动力转换的新常态，宏观经济下行压力增大，对用电需求产生较大影响。蒙西地区支柱型工业产业用电成本占比高，对电价极其敏感，在经济发展新形势下，企业用电量急剧下滑，地区经济指标亮起红灯。作为关系国计民生的国有骨干企业，结合地区能源优势，建设电力多边交易市场，更好地发挥市场在资源优化配置中的决定性作用，降低发、用电成本，提高用电效能，服务地方经济社会发展是内蒙古电力公司的使命与职责所在。

（三）破解传统管理体制机制弊端，面向市场推动企业战略转型的需要

面对日益激烈的市场竞争，电网企业传统管理体制机制弊端严重制约了企业的可持续发展。

一是垄断独大的经营理念与当前共享共赢的发展理念，以及以客户为中心的市场环境不相适应。目前，增量配电与售电侧放开不断深化，面对多元市场竞争主体，电网企业固有的垄断型售电思维很难占有市场先机，传统简单粗放式的营销模式短板逐渐显现，市场化意识淡薄、客户服务响应速度慢，使企业面临优质客户流失、市场份额下降等前所未有的考验。只有秉持共享共赢、服务至上的市场发展理念，才能获得更大的市场份额。

二是各自为战、粗放分散的管理理念与提升公司核心竞争力的要求不相适应。受历史因素影响，电网企业各环节层级多、链条过长、协作松散，难以发挥集团化运作和专业协同优势，与现代化企业强调

跨专业协同配合、科学统筹集团管控之间存在显著差距。

三是以生产为中心的业务流程与客户日益增长的便捷高效服务需求不相适应。电网企业的工作重心长时间聚焦于生产业务，疏于市场研究和市场拓展，客户诉求难以高效衔接沟通。

因此，内蒙古电力公司从2010年起，以满足市场和客户需求为导向，在国内率先探索建设电力多边交易市场。

二、基于“共享共赢”理念的电力多边交易市场的创建与管理内涵和主要做法

内蒙古电力公司从推动自治区经济社会发展、电力行业升级与企业自身可持续发展实际出发，坚持以客户为中心、以市场化为导向，遵循“共享共赢”理念，以构建适应自治区电力体制和蒙西电网特点的主体多元、竞争有序、公平公正、共享共赢的多边交易市场为目标，积极承担电力多边交易的组织、协调和具体运营责任，通过强化顶层设计、明确多边交易市场建设目标与实施步骤，建立高效运转的组织机构，构建“三方参与、双向竞争、价差传导、模式开放”的多边交易市场，全面涵盖发电、用户和电网三方企业，切实降低了企业用电成本，稳定发电企业发电量，有效提升地区发电企业利用小时数，吸引优质新增负荷落地自治区，实现发、供、用三方共赢，取得了显著的经济效益和社会效益。主要做法如下。

（一）开展电力多边交易市场建设的顶层设计，明确建设目标与实施步骤

电力多边交易市场是基于我国输配电网现实格局和输配电价机制，由发电企业、用户和电网企业三方共同参与，发电企业和用户自主协商确定上网电价和销售电价的特定电能交易方式，符合我国电力改革从计划体制向市场化转变的改革精神和自治区地方经济发展需要。

1. 确定建设电力多边交易市场的指导思想

以科学发展观为指导，按照国家电力体制改革相关文件精神，遵循社会主义市场经济规律和电力工业发展规律，借鉴国内外电力市场建设的经验，发挥市场配置资源的决定性作用，积极培育市场主体，建立公平、规范、高效的电力交易平台，建设基于华北区域电力市场统筹考虑的“面向发电企业、面向大用户、面向区外”的内蒙古电力多边交易市场，促进内蒙古经济、环境和电力工业的健康可持续发展。

2. 明确建设电力多边交易市场的基本原则

内蒙古电力公司在建设多边交易市场时遵循以下几项基本原则：一是安全稳定，多边交易市场的前提是确保电网安全稳定运行，保证电力安全可靠供应；二是节能环保，通过市场机制，积极落实国家节能环保政策，发挥电力市场配置能源资源的基础性作用；三是统筹兼顾，按照区域电力市场建设的总体目标，合理规划多边市场，充分调动市场主体及有关各方参与电力市场的积极性，兼顾发电、用户和电网等各方利益；四是积极稳妥，充分利用内蒙古电力体制的有利条件，稳妥起步、积极推进、分步实施、规范运作。

3. 制定电力多边交易市场建设目标

坚持安全第一和民生优先，坚持电力市场化改革方向，以解决蒙西电网当前面临的新能源消纳困难和系统优化不足等主要矛盾为导向，围绕全面提升内蒙古电力多边交易市场运行效率这一核心任务，在充分放开发用电计划的基础上，建立优先发购电市场化落实机制，在现有输配电价体系的基础上进一步完善输配电价形成和调整机制，加快建立电力中长期交易与现货交易有机结合、协调运作的市场机制，着力构建适应自治区电力体制和蒙西电网特点的主体多元、竞争有序、公平公正、共享共赢的电力市场结构，充分发挥电力多边交易市场在电力资源配置中的决定性作用，以进一步释放改革红利、全面提高电力系统运行效率、不断提升电力安全可靠水平，实现自治区电力行业绿色健康可持续发展，促进自治区工业经济发展和产业结构调整，更好地服务自治区经济社会又好又快发展。

4. 设计电力多边交易市场建设步骤

为稳妥起步，减少矛盾，逐渐过渡，电力多边交易市场的建设任务分为三个阶段，具体如下。

第一阶段：部分发电机组和部分大用户参与的有限电量竞争交易。电量包括计划电量（含自治区外计划电量）和市场电量，市场交易电量以协商交易为主，集中竞价为辅。市场电量比例原则上按自治区政府发电量预期调控目标的20%安排，每年根据市场供需平衡情况进行调整。交易品种包括发电企业和大用户直接交易、区外电能交易、发电权交易和辅助服务交易。交易周期分为长期（一年以上）、年度和月度，以月度交易为主。

第二阶段：在第一阶段运行成熟的基础上，开放部分电量日前竞价市场和辅助服务市场。交易品种增加日前交易、辅助服务交易、绿色电力交易和实时交易。交易电量比例逐步扩大，建立日前市场价格机制。

第三阶段：在前两阶段的基础上，开放批发竞争市场、零售竞争市场和金融性电力市场。增加实时交易和电力金融交易品种，建立多层次的市场竞争体系。

（二）建立高效运转的组织机构，提供坚强组织保障

内蒙古电力公司作为自治区直属大型国有企业，积极履行国企职责，发挥统筹协调作用，在不同层级和不同环节建立相关组织机构，确保电力多边交易市场规范有序、高效运转、健康发展。

1. 成立多边交易市场管理委员会

成立市场管理委员会，是落实电力体制改革配套文件的具体体现，是完成电力交易市场规范管理运行工作的必然要求。为了维护市场的公平、公正、公开，保障市场主体的合法权益，充分体现各方意愿，内蒙古电力公司牵头建立由电网企业、发电企业、电力用户、售电企业和第三方机构代表组成的内蒙古电力多边交易市场管理委员会，建立链接各方的有效沟通渠道。委员会设置秘书长1人、常务副秘书长1人、副秘书长3人、委员27人，其中，发电企业代表8人、电力用户代表8人、电网企业代表6人、售电公司代表5人、第三方机构代表5人，市场管理委员会办公室设立在电力交易中心。市场管理委员会主要负责产生会议议题，召开全体委员会议，讨论相关议题，进行投票表决，形成会议决议，上报政府相关管理和监管部门，确定是否执行。政府相关部门具有对决议的一票否决权。通过充分发挥市场管理委员会议事机制功效，建立“政府－电网－发电－用电”四方充分沟通了解的有效渠道，为电网企业有效衔接发电、用电两侧业务，以及发电、用电企业合理制定企业经营发展规划提供科学和可靠的依据。

2. 完善交易机构组织架构建设

以内蒙古电力公司现有电力交易机构为依托，平稳起步，有序推进，以全资子公司模式组建相对独立的蒙西电网电力交易中心，实现交易业务与电网业务分开，建设公平透明的电力交易平台。交易机构不以营利为目的，在自治区政府、华北能监局的监管下为市场主体提供规范、公开、透明的电力交易服务。交易机构主要负责交易平台的建设、运营和管理；负责中长期市场和日前市场的组织实施；负责市场主体注册和相应管理、披露和发布市场信息等；负责提供结算依据和相关服务等；参与拟订电力市场交易规则。

建立并完善电力交易机构与公司相关部门的协同机制，多边交易的各项工作平稳过渡后，电力交易机构根据业务需要完善组织架构设置、补充人员，其关键业务处室职能如下。

市场管理处，内设市场管理委员会办公室，开展多边交易模式、交易规则、新交易品种研究和开发工作；市场成员准入、注册、年检以及交易行为管理工作。

市场交易处，组织准入的市场主体开展中长期交易；开展交易风险防控工作；负责发电计划及均衡管理，保证参与交易企业优先发、购电，并对执行情况进行跟踪；蒙西电网中长期及日前发、供负荷预

测工作。

交易结算处，开展交易结算工作，出具电量电费结算依据；对市场成员进行违约考核；对结算与考核执行情况进行跟踪管理；结算数据与信息统计。

3. 科学建立交易、调度协调工作机制

结合自治区电力交易市场建设进程，逐步建立完善、成熟的交易、调度协调运作机制。其中，交易机构主要负责市场和电网系统的经济性，调度机构主要负责市场和电网系统的安全性。在职责界面划分上，交易机构基于调度机构提供的电网信息，在考虑电网安全约束条件的基础上，根据交易结果拟定交易计划，经调度机构校核后执行；调度机构主要负责电力实时平衡和系统安全，进一步优化和改进调度规则，按照市场规则向交易机构提供市场交易清算所需的边界条件，实现科学、公正、公平调度。通过建立调度、交易机构之间的闭环工作机制，在系统互联、信息互通、计划制订、安全校核、交易结算等方面形成有效工作流程，在优化资源配置的同时确保电网安全稳定运行。

（三）建立“三方参与、双向竞争、价差传导、模式开放”的电力交易市场，推动多方共赢

1. 结合区域内在需求，设计多边交易市场模式

开展广泛调研，听取政府、发电、用电企业各方意见，深入研究国外成熟市场建设经验，认真分析自治区工业产业结构和经济发展内在需求，最终制定“三方参与、双向竞争，价差传导，模式开放”的市场模式和机制。

一是电力市场由“发电、用户和电网”三方企业自愿参与，首次将“发电侧和用户侧”两端引入市场竞争机制，构建购售电双向竞争的市场框架。内蒙古电力公司加大自身改革力度，主动打破独家购电的垄断格局。在多边交易市场模式下，交易机构负责市场主体注册、交易组织，提供结算依据，披露和发布市场信息，对市场主体及交易合同进行备案。发电和用电企业申请获得政府相关部门准入审批，在交易中心进行账号注册，发用电双方通过自主协商、单边挂牌、竞价等交易形式，依托电力交易平台技术支持系统，各自提交售电和购电电量、电价意向，双方电量、电价比对成功，经电力调度机构安全校核后，即实现交易电量、电价成交。电网企业则负责电力传输配送，不收取任何额外服务费用，确保输配电质量和用电安全，无歧视地向售电主体及其用户提供报装、计量、抄表、收费、结算、维修等各类供电服务，按约定履行保底供应商义务，确保无议价能力用户也有电可用。

二是作为华北区域电力市场的突破口，在华北区域电力交易市场的整体背景下进行统筹设计，各交易品种可以实现内蒙古电力多边交易市场和华北区域市场的双向移植，逐步实现与华北区域市场相互融合。目前，交易周期以月度交易为主，已经开展夜间负荷低谷期蒙西电网风电与华北地区的电能交易工作。夜间蒙西电网负荷下降，华北电网可以根据自身负荷需要，开放外送电量空间，进行电能交易。

2. 在售电侧市场建立主体准入和退出机制

根据售电侧市场放开的要求和各地实际，科学确定符合技术、安全、环保、节能和承担社会责任要求的售电主体准入和退出机制。售电主体必须具备独立法人资格、信用良好，拥有与售电规模和业务范围相适应的注册资本、设备、经营场所，以及具有电力系统基本技术经济特征的相关专职专业人员。拥有配电网运营权的售电公司需要取得电力业务许可证（供电类），按照国家有关文件要求，履行“一注册、一承诺、一公示、三备案”的准入程序。市场主体退出之前需要将所有已签订的购售电合同履行完毕或转让，并处理好相关事宜。

自治区电力主管部门定期公布完成准入资质审核的发电企业和电力用户准入目录，并对准入目录实施动态管理。获得准入资质的市场主体，须确保长期满足准入资质要求。市场主体经营过程中，如果不符合准入条件，经自治区电力主管部门确认后终止其市场准入资质。

完成市场注册的电力用户，其全部电量进入市场，不再执行目录电价，不得随意退出市场。进入市

场后，既不自愿参与交易、也不向售电公司购电的电力用户，由当地电网企业提供保底供电服务。自愿退出电力多边市场的电力用户，可通过电力多边市场技术支持系统提出退市申请，办理交易账号注销手续。对于拒不履行市场主体义务、违规行为情节严重或依法宣告破产、歇业的电力用户，由华北能源监管局会同自治区电力主管部门对其实施强制退出。

（四）科学引入电价竞争，创新电价形成机制

电力市场化改革的核心内容是“放开两头，管住中间”，“两头”是发电侧和用电侧，“中间”是传统的电网企业。达到这一目标的关键在于改变原有的电价核定机制，打破政府定价的传统模式，在发电侧与供电侧引入电价竞争机制，维持电网企业的合理收益，利用价格激励优化自治区电力产业布局，实现科学发展。

1. 实行“价差传导”电价模式

内蒙古电力公司根据地区实际情况，首次将竞争理念引入电价管理体系，在国内率先创新采用价差传导模式，引导发电侧和用电侧通过电力交易平台自主报价，双方达成的均衡交易价格与政府制定的电价相比，形成价差。价差由发电侧直接传导至用电侧，电网企业维持原有收益，不收取任何费用。在用电侧，用电企业最终电价为原先用电价格与价差之和。目前价差为负值，意味着最终电价较先前有所下降。这一模式主动改变了电网企业价格垄断经营模式，实现了销售电价、上网电价与大用户直接交易电价的互动，打破了以往“一口价”的电价模式。

2. 建立符合地区特色的输配电价体系

立足蒙西区域现状，结合地区资源分布、产业布局、工业体系和电源电网结构及其分布特点，积极推进国家首批输配电价改革试点建设，探索市场需要的输配电价形成机制并建立合理的输配电价体系。改革后电网企业按照“准许成本加合理收益”原则收取过网费，结算电价＝交易价格＋输配电价＋政府性基金及附加。通过科学测算现行电价中交叉补贴额度，核定电网企业的准许成本，明确各类用户承担或享受交叉补贴水平，做到交叉补贴的科学合理分摊和逐步消化。

3. 形成多层级、多维度的差异化定价模式

探索建立分峰谷时段独立核定的输电价格和配电价格，按照“试点先行、积极稳妥”原则，以培育优势特色产业和促进产业转移、发挥区域能源优势和消化地区富裕装机为切入点，优先开展特色工业园区的增量配网电价改革。针对地区用电特点和行业用电成本差异，根据不同行业用电成本占比和年用电量规模，分行业制定电力市场交易价格上限；同时，对于符合国家环保节能政策的绿色用电企业，按照国家相关文件，减免部分基金和附加，最终形成多层级、多维度的电价管理模式，恢复电力的商品属性，用市场手段贯彻落实国家降低企业用电成本的战略方针。

4. 建立符合市场实际运行需求的交易结算机制

采用电能计量系统数据开展电力交易电量电费结算，电力交易结算周期参照电网企业结算上网电量周期。各方市场主体基于计量数据远传功能，按照五分钟周期和十五分钟周期，稳定、准确、完整地上传电量数据，保障交易业务正常开展。电力交易中心则根据交易结果和执行结果，出具电量电费、辅助服务费及输电服务费等结算凭证，由电网企业提供电费结算服务。电力交易采用月清月结机制，日前及现货交易原则上采用日清月结机制。在具体实施过程中，内蒙古电力公司相关部门提供市场成员信息及用网电量、上网电量等数据，电力市场技术支持系统按月自动汇总，电力交易中心根据结算规则编制月度结算凭证。

（五）搭建信息化电力交易服务平台，提高市场运行效率

充分运用大数据等先进信息技术手段，坚持用数据管理、用数据创新，充分发挥数据资产价值，搭建涵盖一体化技术支持、需求侧响应、市场分析研判等各项功能于一体的实时在线电力交易平台，有力

支撑电力多边交易的顺利实施。

1. 建设一体化技术支持平台和需求侧响应系统，提高市场运行效率

划拨专项建设经费，加快建设高效、便捷、先进、安全的信息化电力交易服务平台。

一方面，为满足中长期、现货市场运行和市场监管要求，遵循国家明确的基本交易规则和主要技术标准，建设交易机构、调度机构、财务系统、营销系统统一标准、统一接口的技术支持系统。现有技术支持系统基于云端服务架构设计，全面涵盖市场注册管理、季度挂牌交易、月度协商交易、发电权置换交易、电网安全集中保障交易、月度结算、交易“三公”信息披露和统计分析等功能，及时有效披露信息，促进信息的公开透明，保证电力多边交易的有序规范实施。市场成员可以免费使用技术支持系统办理市场注册、中长期交易和结算等业务，查询历史交易和结算数据、全网交易信息、当前交易各方的意向和联系方式。通过系统的信息发布和统计分析功能，市场成员可以精准地评估各方的交易信息，更好地开展交易协议申报、合同签署和电费结算等工作；监管单位则可以登录系统对交易业务进行全流程监视和管控。

另一方面，大力提高电力需求侧响应能力，建设适应用户管理、提高终端用电效率的需求侧响应系统。利用先进技术推进平台建设，整合系统运行、市场交易和用户用电数据。充分运用大数据技术，提高负荷侧数据分析能力，增强负荷响应能力，实现用电、发电及相关经济运行数据共享，为市场分析研判提供数据支撑。

2. 以“云存储”为核心建设备用交易平台，提高市场运行可靠性

按照“一主一备”建设方案，基于云端服务架构设计，集中应用大数据、云计算、移动互联网等新技术，在交易平台主系统的基础上，重新搭建云平台，实现市场交易全过程数字化、信息化、电子化管理，提高市场运作的可靠性，有力保障国家监管机构和地方政府对交易全过程实施有效监督，推动构建开放透明、竞争有序的电力市场体系，确保多边交易市场严格按照交易规则规范有序运作。

（六）发挥市场优化配置能源资源作用，大力推动清洁能源发展

内蒙古自治区作为国家重要的清洁能源输出基地，风能和太阳能资源富集，但受到电网结构约束和外送通道不足的制约，蒙西电网存在弃风弃光现象以及新能源与常规能源相互争夺发电空间的矛盾。根据国家能源革命战略部署和自治区新能源就近消纳方案要求，结合地区新能源装机基数大、增长速度快的实际情况，电力多边交易市场在自愿参与的原则下，鼓励新能源发电企业积极参与市场竞争，并根据新能源发电特点，创新风火互补发电、风电替代辅助服务等适合新能源参与市场的交易机制和模式，有效发挥市场优化资源配置作用，提高新能源消纳水平，提高电力市场绿电交易比例。

一是充分发挥可再生能源电力边际成本低的优势，积极鼓励超出保障性收购电量范围的可再生能源发电量以市场交易方式消纳。探索开展风电等可再生能源与电力用户以及电储能、抽水蓄能等储能设施直接交易；建立日前有偿调峰集中竞价交易机制，提高电网调峰能力和清洁能源消纳能力，确保参与市场交易的可再生能源发电量在运行中优先调度。

二是结合分布式电源主要采用“自发自用、余量上网、电网调节”的运营模式，在确保安全、明确责任的前提下，积极发展融合先进储能技术、信息技术的微电网和智能电网技术，提高系统消纳能力和能源利用效率。深入开展分布式电源项目各类试点和示范，推进内蒙古西部新能源消纳示范区建设。

三是建立完善内蒙古西部调峰辅助服务市场，加强内蒙古西部辅助服务市场建设与京津冀辅助服务市场建设的协调衔接。贯彻落实可再生能源优先发电制度，优化电网运行方式和调度规程。

四是放开用户侧分布式电源建设，支持企业、机构、社区和家庭根据各自条件，因地制宜投资建设太阳能、风能、生物质能发电以及燃气“热电冷”联产等各类分布式电源，准许接入各电压等级的配电网络和终端用电系统。鼓励专业化能源服务公司与用户合作或以“合同能源管理”模式建设分布式

电源。

（七）建设融通共赢的企业文化、强化业务培训，为多边交易稳定运行提供有力支撑

1. 培育融通共赢的企业文化

融而通，通则久，融通方能致远。融是融心共智、融和共赢，强调以人为本理念；通是管理畅通、电网畅通、服务畅通，强调务实精神。电网两端分别连接发电侧与用户侧，是能源资源优化配置的枢纽平台。内蒙古电力公司深刻认识到自身在电力市场化改革中的重要责任，站在改革发展全局的视角看问题做工作，突破自身利益局限，与发电企业和用电企业同舟共济、守望相助，在多边交易市场建设中按规矩行事，遵章守纪，确保多边交易规范运行，同时倡导雷厉风行、笃行务实、高效畅通的工作作风，不断提升服务品质，畅通连接发电企业与用电客户的连心桥，推动市场各参与方共享共赢。抓好融通共赢的企业文化落地，大力推进文化进部门、进基层、进班组，培养员工的理念认同、价值认同、情感认同，在广大干部职工中形成坚实的思想基础、统一的步调、规范的行为和不竭的精神动力，推动队伍凝聚力、向心力、执行力不断提升。

2. 以能力建设为核心强化业务培训，为多边交易稳定运行提供坚强保障

内蒙古电力公司始终坚持市场化发展、以人为本的理念，按时按需开展内部人员以及相关市场主体培训工作，提高市场管理者和参与者的理论水平和业务素质。

一方面，每年按季度分区域，分别组织发电侧和用电侧市场主体开展改革政策和市场运行培训。培训内容以改革为核心、以问题为导向，向市场主体宣贯改革动向，研析改革政策；结合不同地区、不同类型市场主体的关注问题，及时进行解答；在业务层面，及时对新研发的交易品种和技术支持系统新功能进行培训指导，切实提高相关参与主体的市场意识和业务水平。

另一方面，积极开展公司各基层单位和内部人员培训工作，提升业务能力，打造一流人才队伍。开创校企联合机制，发挥高校理论研究优势，实现实践与理论有效衔接。邀请国内专家学者讲解改革形势、国外交易模式等课题，保障市场交易参与人员的理论与业务水平始终能够紧跟改革步伐。注重实践锻炼，把提升专业素质作为队伍建设的重要内容，依托多边交易实践，通过技能竞赛、经验交流等多种方式，着力培养一批与多边交易市场发展相适应的技术能手、工作骨干，形成在实践中发现、培养、造就人才的良好机制，有效提升员工素质。选树先进典型发挥示范作用，带动员工队伍素质整体提升，为多边交易市场建设和企业持续健康发展提供有力支撑。

三、基于“共享共赢”理念的电力多边交易市场的创建与管理效果

（一）结合地区电力市场特点，创新建立电力市场发展新模式

内蒙古电力公司积极适应经济发展新常态，合理应对发电装机富裕、用电成本偏高等问题和矛盾，主动参与改革，结合区域能源资源优势，在国内率先建立电力多边交易市场模式，引入电价竞争机制，改变了原有电力市场依托政府定价实施的购销差价运营模式，有效实现了发电、供电与用电三方共享共赢。

发电侧，在内蒙古电力大量富余、供大于求矛盾严重、发电企业经营压力较大的情况下，发电企业通过参与多边交易，有效扩大区内和区外电力市场，机组利用小时数显著提高。2010 年－2016 年火电机组通过参与多边交易，利用小时数平均增加 350 小时至 800 小时，有效缓解了发电企业的经营压力，保证电力行业的良性均衡发展。用电侧，累计完成交易电量 2286 亿千瓦时，降低企业用电成本 130 亿元，度电成本较未参与市场用电企业平均降低 6～7 分，确保地区参与市场用电企业用电成本普遍低于周边省市，提高用电企业市场竞争力。电网侧，2015 年以来，有力刺激了电量快速增长，停产半停产工业企业大规模复工，新增电力负荷迅速落地生产，公司售电量快速增长，2016 年售电量达到 1464.6 亿千瓦时，创历史新高。

（二）推动区域产业结构调整，有力促进地方经济发展

多边交易市场自 2010 年 5 月正式挂牌运营以来，经过 7 年经营发展，覆盖市场用电企业 622 家，涉及自治区全部优势特色产业和战略新兴行业；覆盖发电企业 248 家，囊括全部公用火电机组和符合参与市场条件的新能源机组。通过实施多边交易、降低电价显著降低了企业生产成本，增强了竞争力，自治区化工、冶金等优势特色产业产能利用率显著提高，有力促进了地方经济发展。

此外，通过电力多边交易市场实现到户电价 0.26 元/千瓦时，有效吸引投资。2016 年开展新一轮低电价招商，在全自治区签约的 85 个优势特色产业项目中，已开工在建 57 个，包括 450 万吨电解铝、500 万吨铁合金、500 万吨电石及下游延伸产品等。此外，全区以低电价招来的战略性新兴产业项目 153 个（意向签约项目 60 个），其中已开工在建 93 个。

（三）践行绿色发展大力促进新能源消纳，取得了显著的社会效益

为切实提高地区新能源消纳水平，电力多边交易市场以风火打捆模式，鼓励风电企业参与长期协商和挂牌交易，在确保风电保障性收购的前提下，2016 年通过市场方式消纳风电电量 31 亿千瓦时，助力自治区新能源发电量超过 550 亿千瓦时，发电量占全社会用电量的 21%，达到国内先进水平，相当于节约了 21%的化石能源，相当于火电节约原煤 5000 万吨，减少排放二氧化碳 5650 万吨，有力推动了清洁低碳发展。

（成果创造人：王玉成、贾振国、侯生明、李平均、温培峰、王睿淳、王敏捷、周　鹏、付兆庆、辛　力、李　煜、王海利）

支持世界一流综合性国际能源公司建设的标准化智慧化油气田建设管理

中国石油天然气股份有限公司勘探与生产分公司

中国石油天然气股份有限公司勘探与生产分公司（以下简称中国石油勘探与生产分公司）是中国石油天然气集团公司（以下简称中国石油）的专业分公司，属国有特大型企业，负责对大庆油田、长庆油田、塔里木油田、西南油气田等16个下属企业实施专业化管理，是国内最大的石油天然气勘探开发和生产企业。截至2016年年底，探明石油地质储量233.9亿吨、天然气地质储量9万亿立方米，资产净值6992亿元。2016年，生产原油10545万吨、天然气981.05亿立方米，分别占国内总产量的53%和72%，销售收入3010亿元。

一、支持世界一流综合性国际能源公司建设的标准化智慧化油气田建设管理背景

（一）满足加快油气产能建设的客观需要

“十一五”以来，随着国民经济的快速发展和能源结构调整，国内油气需求快速增长。作为国内最大的油气供应商和国有重要骨干企业，中国石油努力增加油气产量，保障国家能源安全，增加产量的基础和前提是必须加快产能建设。“十一五”前，中国石油年均新建原油产能1000万吨、天然气60亿立方米。“十一五”以来，中国石油进入储量增长高峰期，进而带来产能建设高峰期，年均新建原油产能1500万吨、天然气150亿立方米，分别是“十一五”前的1.5倍和2.5倍。同时，为确保天然气安全稳定供应，需在大港、西南、新疆、辽河、华北和长庆6个油气田建设10个储气库，建成工作气量270亿立方米。因此，油气田地面建设工作量超常规增长，每年需要新建近20000个井场、1300多座站场、20000千米管道，时间极其紧张，对项目工期控制带来严峻的挑战。传统的工程设计方式是每个项目均“从零开始”，仅有少量设备、设施采用通用设计；传统的施工方式以现场人工作业为主，各施工环节“串行”开展。落后、低效的传统设计和施工方式难以满足地面建设时间紧、任务重的要求。

（二）适应油气田绿色安全效益发展的内在要求

“十一五”以来，中国石油探明的油气田70%以上为低丰度、低渗透、稠油、碳酸盐岩、酸性油气藏，资源劣质化严重。同时，中国石油新开发的油气田大多处于严寒、沙漠、滩海、山地等自然环境恶劣的地区，有效施工期短，社会依托条件差，建设难度大、成本高。还有部分所属油气田地处城市、村镇及工矿企业等高后果地区和滩海、湿地、水系发达、植被茂盛等环境敏感地区。对工程建设的组织实施提出更高的要求。传统的地面建设组织方式、工程设计手段、施工方式等已经不适应油气田绿色安全效益发展的要求。因此，发挥中国石油整体技术优势，转变传统建设方式，将先进成熟的建设模式、工艺技术和高效设备定型固化后实现共享，采用先进的设计和施工方式，成为有效控制建设投资、适应新形势下工程建设质量和安全环保要求的必然选择。

（三）实现中国石油战略目标的必然选择

中国石油秉承“奉献能源、创造和谐”的企业宗旨，以企业的可持续发展推动社会的可持续发展。同时，中国石油确定了实施资源、市场、国际化和创新四大战略，和2020年全面建成世界一流综合性国际能源公司的发展目标。战略和目标对油气田建设提出了更高的要求。“十一五”末，中国石油建设形成了庞大的地面系统。共有油气水井20多万口，各类站场13816座，各种管线213647公里。玉门、新疆、西南、大庆、吉林、辽河、华北、大港、长庆、青海等油气田开发均已超过40年，油气田生产设施老化严重，且老油田进入高含水期，老气田进入增压开采期，直接生产成本显著增加。同时，由于

传统建设标准低、信息化管理水平低，安全环保保障程度差。为了维持这个庞大系统的安全平稳运行，建立了从油气田公司、采油气厂、采油气矿、基层站队到班组的5级管理机构，井场、站场均有人值守，员工队伍已经达到70万人，随着人工费用持续增长，生产成本控制压力越来越大。为积极应对上述挑战，2008年7月中国石油开始全面探索推行标准化智慧化油气田建设与管理。

二、支持世界一流综合性国际能源公司建设的标准化智慧化油气田建设管理内涵和主要做法

中国石油勘探与生产分公司针对不同类型油气田特点进行科学分类，对同类型站场进行系统分析、总结共性、优化简化，按照统一"工艺流程、平面布局、模块划分、设备选型、三维配管、建设标准"的原则，开展标准化设计，形成技术先进、通用性强、可重复使用的标准化、模块化、系列化的定型设计文件；以此为基础，开展模块化建造，实现工厂化并行作业、批量预制、模块现场组装；应用数据采集与监控、网络传输和PaaS平台等信息和自控技术，开展智慧化油气田建设，实现生产过程自动控制与优化、中小型站场无人值守、大型站场少人集中监控。在开展标准化智慧化油气田中，积极引入市场竞争机制，实施市场化运作，促进标准化设计、模块化建造和智慧化油气田建设高效实施。主要做法如下。

（一）开展顶层设计，明确工作思路、目标和保障措施

1. 提出总体思路

提出"明确分类、规范标准，统一部署、分级管理，突出重点、示范先行，注重效果、稳步推进"的总体工作思路和"一年示范引路、三年全面铺开、三年改进提升、常态化持续发展"的分步实施策略。明确分类、规范标准是针对油气田的多样性和复杂性，对其进行科学分类并总结共性，在此基础上对建设规模、平面布置、工艺流程、建设标准、设备材料等进行优化、简化和规范化，建立健全标准化的设计体系与管理制度。统一部署、分级管理是中国石油勘探与生产分公司统一制订管理制度和技术规范，明确工作原则、目标、职责与程序，协调指导考核，各油气田公司负责具体实施，各方共同协作、全力推动。突出重点、示范先行是确定具有典型代表性的区块，开展示范工程，尽快形成工作成果，为进一步推广奠定基础。注重效果、稳步推进是要结合实际情况、因地制宜，始终围绕加快建设进度、提高建设质量、降低工程造价、满足安全环保要求等目标，循序渐进开展。

2. 明确工作目标

制定"标准化设计覆盖率90%，工厂预制化率达到80%，建设工期缩短30%；数字化建设覆盖率达到95%，管理层级由5级压缩为3级，新油气田生产定员减少30%，老油气田减少用工25%；建设投资及综合生产成本各降低10%"的总体工作目标。

3. 建立组织机构

建立勘探与生产分公司和各油气田公司两级领导小组和工作小组，由各层级主要领导和主管领导分别担任组长。勘探与生产公司领导小组和工作小组负责标准化智慧化油气田建设与管理的顶层设计、理论与方法研究和重大技术攻关、体系建立、检查指导、监督考核工作。各油气田公司级领导小组、工作小组和管理办公室负责本公司的工作部署、技术标准与管理制度制定、具体工程实施等工作。同时，成立专家咨询组，针对重要决策、重点技术攻关推广、重点项目进行专家咨询，科学确定工作部署和策略，指导现场工作顺利推进。专家咨询组连续6年赴各油气田公司进行现场检查和指导。

4. 确立基本理论和方法

根据油气田的特点和标准化智慧化油气田建设和管理的需求，将系统工程理论和方法、标准化理论和方法、信息化理论和方法与油气田地面建设程序和方法相结合，创新提出基本原理及方法，即系统分析、最优化、简化、统一化、模块化、组合化、集成化、系列化、通用化。即对复杂的地面建设对象进行系统分析，作为明确分类的基础。开展优化和简化，体现先进性。在此基础上，进行统一化和标准

化，通过模块化、组合化和集成化提高效率，通过系列化扩大标准化成果的适用范围，通过通用化促进全面推广应用。建立基于系统工程 Hall 三维结构形式的工作方法和基于 SDEIE（Study 研究、Development 制定策略、Execution 实施、Improvement 改进提升、Expansion 推广应用）五步循环的工作流程。

5. 构建规范化管理制度和标准

构建覆盖油气田建设和运行管理的标准化管理体系。在管理层面推行标准化流程管理，实现所有业务活动的流程化、规范化；在操作层面推行标准化作业程序。制订覆盖中国石油和各油气田公司两个层面，支撑标准化智慧化油气田建设与管理的 28 项系列管理制度、技术标准和 1671 套标准化系列化定型图及 12831 项配套的综合计价指标，涵盖工程管理、标准化设计、模块化建设、智慧化建设与管理和运行维护等各个环节，主要的管理制度如《油气田地面工程标准化设计工作指导意见》《油气田地面工程标准化示范工程管理规定》及《油气田地面工程数字化建设规定》等，主要的标准规范如《油气田地面工程标准化设计管理规范》《油气田地面工程标准化设计技术导则》及《油气生产物联网系统建设规范》等。

6. 组织技术交流、培训和考核

组织各油气田及有关专家就关键问题和技术开展研讨，共进行 6 次中国石油范围内的专题技术研讨和工作推进，对理念、技术、方法进行交流研讨和共享。组织各种形式的培训，提升整体工作水平。中国石油勘探与生产分公司连续 5 年组织各油气田技术骨干进行标准化设计、模块化建造和智慧化建设培训班，对相关的项目管理、工程技术、标准规范等进行集中培训；各油气田也分期分批组织标准化设计和智慧化建设培训班，邀请专家进行授课；此外还不定期组织各种专题培训、视频培训等方式的培训。据统计，培训超过 5000 人次。连续六年组织对各油气田的工作进行考核、评比，并对组织管理、研发设计、施工建设、生产运行等方面的先进单位和个人进行表彰和奖励，还分别对优秀示范工程、优秀一体化集成装置和先进的技术等进行表彰和奖励，累积发放奖金近千万元。

（二）开展技术攻关，研发推广不同类型油气田建设模式和配套技术

组织中国石油各油气田公司的设计单位、建设单位开展联合技术攻关，发挥各单位的优势，针对各种类型油气田开展建设模式和配套技术研究。遵循有利于推进标准化智慧化油气田建设的原则，综合分析油气藏类型、油气物性、地理环境条件以及开发方式等要素，进行油气田类型划分。把油田划分为整装油田、分散小断块油田、低渗油田、稠油油田、沙漠油田、滩海油田、三采油田 7 种类型。把气田划分为高压气田、中压气田、低压气田、凝析气田、含 H_2S 气田、高含 CO_2 气田、煤层气田 7 种类型。

针对不同类型的油气田，在系统总结多年来的建设经验和技术成果的基础上，同时借鉴国内外先进经验和技术，重点针对核心技术、关键技术开展攻关，突破不加热集油技术、软件量油技术、稳流配水技术、井下节流技术、油气混输技术、湿气计量等 22 项优化简化关键技术并全面推广应用。在此基础上，在基本原理和方法的支撑下，对油气田建设模式和配套的工艺技术开展优选和研究，确定了整装、分散小断块、低渗透、稠油热采、沙漠、滩海、化学驱 7 类油田和高压、中压、低渗透、含 H_2S、高含 CO_2、凝析气、煤层气 7 类气田地面建设先进模式及配套的工艺技术，并制订《油气田地面工程标准化设计模式分类导则》《标准化设计技术规定》等进行固化。

（三）推行标准化设计，转变设计方式

开展标准化设计，转变设计理念，提出基于定型和模块化协同设计的全新设计管理方式，制订一套完整的管理制度和作业规范，包括《油气田地面工程三维设计导则》《模块化定型设计指导意见》《油气田地面建设数字化工程信息移交规定》等 7 项规定。

1. 统一设计要素，制定系列标准化设计定型图

针对各种油气田类型，根据确定的建设模式，在广泛筛选、分类和总结的基础上，对站场设计进行“六统一”，即统一工艺流程、统一平面布局、统一模块划分、统一设备定型、统一建筑风格、统一建设标准，为开展标准化定型图设计奠定基础。

对于功能较少、技术相对简单的中、小型站场，经系统分析、总结共性，开展整体定型，形成站场定型图系列。由于油气田大型站场功能多、技术复杂，整体定型难度大，根据工艺流程和平面布置，将站场设施划分为功能通用、可互换的若干模块（单元模块和单体模块），应用三维协同设计平台对模块（单元模块和单体模块）开展定型设计，形成具有不同功能、不同规格的单元模块和单体模块定型图系列。

面对具体工程项目，根据工程项目类型，筛选出配套的工艺技术，根据工程规模、工艺流程、平面布局和模块划分，可以方便快捷地直接调用标准化设计站场定型图，或通过调用模块定型图经拼接组合构建不同类型、不同规模的站场。如低渗透油田原油处理站，共包括分离器模块、加热炉模块、计量模块、外输泵模块等10个单元模块，通过在模块定型图库中筛选、调用，经拼接组合完成站场设计。标准化站场定型图和模块定型图已经得到广泛应用。如50万方和100万方处理能力的标准化集气站，到2016年年底，已经在长庆、西南等油气田成功应用160套。

2. 开发三维协同设计平台，提出全新高效的设计组织方式

传统工程设计方式缺乏直观的视觉效果和可定量的模型基础；各专业的软件之间都是相互独立的，缺乏数据库的支持，集成性能较差；错、漏、碰、缺等通病屡屡发生，造成了施工的停滞和反复。标准化设计转变传统的设计方式，以信息化技术为基础，开发三维数字化协同设计平台，平台设置高效的设计工具，建立标准的设计管理程序。由多部门、多专业构成的设计团队（总图专业、工艺专业、设备专业、管道专业、结构专业、包装运输专业等）在统一的数字化协同设计平台上开展工作，采用统一的基础数据库开展设计，进行数据、知识、经验与成果的共享。在协同设计平台上，定制充分的设计图例、设计模板、设计规定，并通过标准化信息数据库（GIS信息、标准化模型、三维元件、工程材料）实现项目标准化输入与输出。通过平台，建立完整的工程项目数据与模型，为实施数字化移交奠定基础。数字化协同设计平台中，建立工程详细的逻辑模型、地理信息模型、三维模型及工程数据库，为建设管理以及投产后的生产运维提供核心的基础数据和虚拟仿真环境。三维协同平台的系统和功能包括前端数据管理系统、工艺系统设计、三维设计、数字化设计、材料管理、数字化移交等。

3. 提高工程信息管理水平，实现数字化移交

为提高管理水平，以三维协同设计平台构建工程全信息三维模型为基础，开展工程全生命周期的数字化管理。设计单位建立工程全信息模型，为工程设施、设备的可视化管理提供图形支持。同时，推动施工单位利用工程三维模型，采用虚拟建造技术，实现工程的数字化施工；建立工程建设阶段管理信息系统，实现工程建设阶段的信息化管理；使用项目管理软件，实现建设和施工的工程进度管理，结合工程三维模型，实现工程进度的可视化管理。在工程交付阶段，根据生产运行的单位信息化建设要求，将工程设计和建造过程中的相关信息在数字化移交平台（或工程数据管理平台）上进行关联性整体交付，交付内容包括设计信息、采购信息、施工信息、检测信息、验收信息及调试、试运行信息等。通过数字化移交平台，提高对文档、图纸、三维模型、工程数据的查看效率，为工程的运营和管理带来极大的便利，同时实现对智慧化油气田建设和管理的支持。

4. 建立全面的标准化定型图安全环保保障技术和方法

模块化建设转变了传统建设模式，对安全评估的要求更加严格和全面。在标准化设计定型图的制订过程中，针对不同类型站场及其建设特点，特别注重对代表国际先进水平的安全环保保障技术的研究和

应用。根据 HAZOP（危害与可操作性研究）分析结果做好模块化装置的安全及可操作性布局；对于危险场所开展 SIL（安全仪表完整性）分析；开展模块制造、运输、现场吊装、生产运行等各种工况下的结构整体力学稳定性分析，包括强度、刚度、振动、脉动等的分析，以及各种工况下管系整体稳定性分析，包括应力、振动和噪声分析。

5. 加强知识产权保护

为保护研发、设计单位的利益，发挥积极性，专门制定规章制度保护知识产权，形成知识产权激励和保护机制。在《油气田地面工程标准化设计工作指导意见》中明确规定，鼓励各单位充分发挥自身优势，在政策和资金上支持在各项技术领域内取得创新成果并申请知识产权保护；规定标准化设计的定型图、一体化集成装置等成果的知识产权属于原设计、研发单位，在推广中，应用单位不应自行进行复制、发布、许可或转让。为鼓励标准化设计成果的共享和推广，要求不能因为设计单位采用标准化定型成果而减少设计费用。同时，组织开展行业鉴定，从行业层面对成果进行确认、评价和保护；发布标准化设计定型图成果及一体化集成装置系列名录，加大推广力度，并与集团公司相关部门沟通，完善对知识产权成果的支持政策。

（四）开展模块化建造，提高效益和质量

为规范油气田大型厂站模块化建设工作，制订管理规定《油气田大型厂站模块化建设导则》，对站场模块化建设的设计、工厂化建造、包装和运输、建设现场安装、试运投产等环节进行规定。

1. 转变施工组织方式

转变传统的串行施工组织方式为并行施工组织方式，打破传统作业队建制，实现工厂化批量预制、多生产线同时运行。依托集团公司内部及外部的预制力量，实施采购与设计同步进行、预制与采购同步进行、安装与预制同步进行、现场施工与预制同步进行等并行组织方式。为适应模块化建造方式的转变，各油气田公司根据未来的开发产能建设和老油气田改造项目，规划建设 37 座预制工厂，科学配置预制厂的功能、能力及生产流水线。

2. 建立模块化建造项目管理方法和管理系统

建立形成完善的模块预制生产管理、质量管理、计划管理、物资管理、预制组件管理等管理体系。以现场施工和模块化建造同时进行为主线制订项目计划，并分别制订模块的制造、工厂组装和现场安装等专项计划。

自主开发 SKID 模块化建造管理系统平台，涵盖采购、施工、监理和检测各环节，综合分析工程工作量、工期目标、环境条件、物资到货情况、人员入场时间、质量安全要求等因素，科学组织施工资源，优化施工配置，进而分析项目的可行性、经济性。

基于扁平化的信息共享平台，将项目技术部、物资采办部、生产运行部、质量部等各部门统一起来，将设计、施工、检测、监理数据高度集成，实行项目"一本账""销项制"管理，统一下达任务指令并由基层操作人员及时反馈执行信息。以"优先级"为核心思想，由信息驱动生产，自动触发下一道工序，做到单元数据完全闭合、所有信息可追溯，实现模块化建造项目的精细化、信息化管理，提升项目管理水平。

3. 开发模块化建造项目支撑技术

与模块化建造项目精细化、信息化的管理模式相适应，通过与设计三维软件接口的研究、SKID 厂站建设管理系统的研发、SORTER 排料软件的研发、Tekla 钢结构深度预制软件的二次开发、AUTO-CAD 软件二次开发和 Navisworks 软件的二次开发，以及现场的不断实践，形成一系列配套的相关技术，包括优先级分配技术、预制件划分及组合技术、模块划分技术、集中下料技术等功能。同时，形成 BIM（模型的信息化管理），提供建设项目的全生命周期服务。建立模块化建造的标准施工工序。从材料设备到货计划、流水线设置、作业班组的配备、预制工艺确定、配送制领料到焊口检验和预制件管理等，将传统的二维图纸施工转变为三维立体施工，最大限度地减少现场作业量、最大限度地使用全自动焊接技术。

（五）根据“工业 4.0”的理念和标准，研制智能一体化集成装置

根据“工业 4.0”的理念和标准，提出研制智能一体化集成装置，明确提高装置集成度、智能化水平和安全可靠性，降低装置造价和运行成本，统筹在新油气田建设和老油气田改造中应用的“三提、两降、一统筹”的总体思路，制订《油气田地面工程一体化集成装置设计制造与运行维护规定》《油气田地面工程标准化设计高效非标设备设计导则》等管理制度，对一体化集成装置的研发、设计、制造、检验、测试、包装、运输、到场检验、现场安装、现场验收试验、运行、维护等环节进行规定。

1. 研发和优选高效工艺及设备，提高装置集成度

组织研发和应用高效节能工艺，针对一体化集成装置的特点，进一步优选利于一体化集成的高效短流程，形成满足生产需要并且简捷、高效、便于生产管理的集成方案。加强高效多功能“合一”设备的研发、筛选和改进力度，使一体化集成装置的组成设备规格尺寸更小、重量更轻、功能更多、性能更强。研发和优选了提高装置集成度的油气混输、旋流分离等 18 项高效工艺，高效三相分离器等 34 种高效及多功能设备。

2. 应用先进可靠的自控及通信系统，提高智能化水平

与油气田智慧化建设充分结合，集成智能控制功能。根据装置的使用条件，按照自动控制、智能运行、精准操作、远程监控、无人值守，进行有针对性的开发和应用先进可靠的控制和通信系统及数据采集、数据传输、智能控制的相关配套设施。实现功能如图 1 所示。

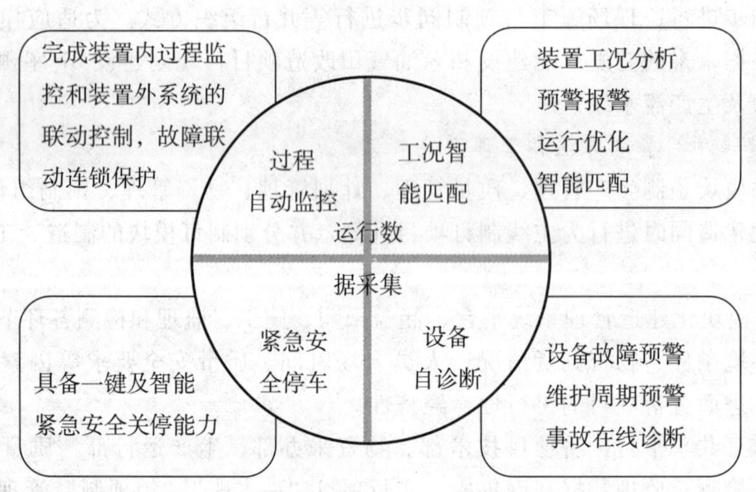

图 1　一体化集成装置的智能化水平

3. 开展装置安全分析和评价，提高安全可靠性

研究装置的安全设计技术，在研发设计中，采用先进、成熟的工艺及设备，针对装置的不同生产需求，开展全面的安全可靠性评估。同时，采用先进可靠的控制系统，确保装置的安全可靠运行，做到运行状态及环境自动监测、事故状态自动保护。同时，加强装置在制造、运输、安装等各阶段的检验和评价，保障装置本质安全。

4. 降低装置造价和运行成本

通过有针对性地研发和优选一体化集成装置应用的工艺技术及相关设备、材料，做到技术先进、经济适用，避免盲目追求高标准、高水平，控制装置的造价。同时，严格控制装置所采用的工艺技术、设

备等，必须符合节能环保要求，避免低效和落后的工艺和设备应用于一体化集成装置中。优化装置的布局方案，充分利用平面和空间，减小装置的橇装结构的规格，同时优化装置的橇座设计，在满足生产运行和运输的条件下，减少耗钢量。制定装置的运行维护和保养制度，确保装置安全、可靠、高效率生产运行。

5. 统筹在新油气田建设和老油气田改造中的应用

在新油气田建设项目规划阶段和老油气田改造方案制定中，优先采用一体化集成装置，扩大应用比例，新建站场直接采用，已建站场在系统优化简化后合理应用。工程设计单位在确定工程设计的方案时，把一体化集成装置的应用作为一项重要的方案进行技术经济比选，各油气田公司和勘探与生产公司在对设计单位的设计项目审查时，也把一体化集成装置的应用情况作为一项重要的审查内容。

（六）推动智慧化油气田建设，相应调整生产管理组织

1. 开发智慧化油气田生产管理系统

建立中国石油智慧化油气田生产管理系统，包括覆盖油气地面生产各环节的数据采集与监控子系统、数据传输子系统和生产管理子系统。采用传感和控制技术构建数据采集与监控子系统，实现油气田地面生产各环节的生产运行参数自动采集、生产环境自动监测、生产过程自动监控、紧急状态自动保护和物联设备状态监测。采用无线和有线传输技术相结合的组网方式，构建数据传输子系统，为数据采集与远程监控提供安全可靠的通信支持。采用云计算、大数据、面向服务框架（SOA）技术，开发油气生产智慧化管理平台（PaaS），以实时数据和历史数据的处理和分析，构建生产管理子系统，实现生产过程智能分析和预警预测、生产设备智能诊断、生产参数智能优化、生产场所智能防护、油气田统一监控管理等功能。

2. 建立三级管理架构，压缩管理层级，减少用工总量

通过智慧化油气田生产管理平台，实现井场远程监控、站场无人值守或少人监控、生产数据自动采集、单井自动计量、设备远程启停、参数自动优化、工况智能诊断、趋势智能分析，使井站结合、多站合建成为可能，发挥资源整合优势，减少管理层级，为优化用工奠定基础。通过取消传统的站队和班组两个层级，管理层级由5级压缩为3级，即“作业区—采油（气）厂—油气田公司”。

3. “大数据”辅助科学决策

通过平台“大数据”的应用，对实时采集的数据进行智能挖掘和统计分析；实现“数据共享”，为油气田开发生产的各类系统（油气藏管理、采油采气工程、地面工程等）提供所需的生产数据；支持应急生产调度、远程生产指挥、生产工艺流程仿真模拟及优化运行，实现科学决策。

（七）引入竞争机制，实现市场化运作

1. 规模化招标采购，降低物资采购成本

在标准化设计的基础上，对定型的设备及材料制订多项目、全油气田同类物资需求计划，进行批量采购，控制投资、加快建设进度。2011年，对华北苏桥、西南相国寺等6座储气库47台压缩机组实施了规模化集中采购，节省采购费用30%。凭借规模化采购，获得了压缩机成橇的核心技术转让。

2. 引入社会化队伍，优化配置资源

充分利用集团公司内部市场和外部市场两种市场，依托市场配置资源，调整优化业务结构，提高专业化运作和管理水平。在模块化建设起步阶段，面对集团公司所属建设单位在装备、人才、经验等方面欠缺的实际，引入竞争机制，优选社会化优势队伍，在磨溪气田10亿方产能建设工程中，就模块化工程建设公开向全社会招标，三家质优价廉的社会企业中标，开展并行模块化建造，施工进度、施工质量大幅度提高。

3. 内外部联合研发，提升自身实力

在一体化集成装置的研发中，研发设计实力较强的油气田公司依靠自身能力进行研发，但对于实力较弱的油气田公司，由于缺乏自己的研发团队或研发团队水平有限，为避免低水平研发，与许多实力较强的集团公司内部队伍和社会资源进行联合研发，对于市场上技术先进、运行可靠的成熟一体化集成装置产品，直接进行采购应用。

在智慧化油气田建设中，针对先进的数据采集、传输、控制系统的研发和应用，引进外部华为、中兴及浙大中控、北京安控等高水平信息技术公司开展联合研发，充分利用其产品和服务，确保智慧化管理系统的高效实施。在中国石油 16 家油气田公司的智慧化油气田建设中，广泛引入国内外先进 IT 技术和产品，大大提高了中国石油的智慧化油气田建设和智慧化管理的水平。

4. 加强市场引导和管理，严把质量关

在引进外部社会化队伍中，严格资质审查，严格准入管理，构建公开、公平、透明的招投标平台；严格执行过程监管，建立队伍业绩档案，择优录用外部队伍；同时，加强对外部队伍的管理，加大监督、监理工作力度，防范安全环保和法律风险，确保了受控运行，构建规范、有序、高效、健康的市场环境。

5. 产业化发展，提高产品生命力

通过产业化充分发挥研发和制造单位的优势，进一步延伸业务范围，形成从设计研发、产品制造到维护服务完整的产业链；同时，通过市场化运作，形成竞争机制，实现产品的优胜劣汰。通过推行产业化和市场化，不断提升产品和服务质量，更好地满足用户的需求，同时提升企业竞争力，实现可持续发展。长庆油田为适应一体化集成装置大规模应用需求，重新定位油田公司机械总厂的职能，由传统的制造企业，向产品制造、维护服务一体化的产业模式转变，承揽长庆油田一体化集成装置的加工制造、试运调试、维护及检修等全部工作。目前已自主研发形成 60 种一体化集成装置产品，累计应用 1243 台，保证了油气田的正常生产。

三、支持世界一流综合性国际能源公司建设的标准化智慧化油气田建设管理效果

通过开展标准化智慧化油气田建设与管理，标准化设计覆盖率达到 95%，工厂预制化率达到 85%，智慧化油气田建设覆盖率达到 98%，实现了地面建设与管理“质量、速度、效益、安全环保”的有机统一。

（一）明显缩短建设周期，实现规模跨越发展

标准化设计提高了设计效率，缩短设计周期 40%。模块化建设提高了建设效率，缩短了施工周期 40%。一体化集成装置的研发推广进一步提升建设和管理水平，共研发推广了 28 类、120 种、6209 套一体化集成装置，涵盖了油气田地面工程各个领域，替代中小型场站 2785 座，替代大型站场生产单元 3424 套，缩短建设周期 50%。通过开展标准化智慧化油气田建设与管理，中国石油优质、高效地建成了“西部大庆”——长庆油田。长庆油田自 1970 年投入开发以来，至 2008 年，用 38 年实现油气当量产量 2500 万吨/年。2008 年以来通过标准化智慧化油气田建设，利用 5 年时间建成了 5000 万吨/年级大油气田，5000 万吨用工是同规模大庆油田的三分之一。

（二）显著提高建设质量，有效控制成本

标准化设计通过采用先进的设计手段开展三维模块化定型图设计，提高了设计质量，减少设计差错率 80%以上，有利于实现本质安全。模块化建设通过工厂生产线预制，改善了施工环境，提高了建造质量，降低了现场施工人员风险。2016 年地面工程一次焊接质量合格率达 97.5%，与开展标准化设计前的 2007 年相比提高了 6.4 个百分点。同时，通过优化简化、推广先进节能的工艺技术和设备、规模应用模块化建设和一体化集成装置，实现了节能、降耗、减排，共节能 114 万吨标煤、节约占地 9.9 万

亩，有力促进了中国石油绿色发展。

智慧化油气田建设和管理转变了生产组织方式，优化了劳动组织架构，减少了管理层次和新增用工，促进了组织机构扁平化，提高了安全防范水平、生产效率和开发效益。自2008年以来，共节约建设投资113.3亿元，降低生产成本82.5亿元，单位投资及综合成本降低12%；减少新增生产定员54991人；累计多生产原油385.8万吨、天然气84.9亿立方米。

（三）全面建成管理体系，支撑一流公司建设

在建立和完善标准化智慧化油气田建设和管理体系过程中，确立了全新、高效的标准化油气田建设和管理模式，即小型站场采用智能化一体化集成装置建设模式，中型站场采用一体化集成装置和单体模块相结合的建设模式，大型站场建设采用以单元装置模块为主、单体模块和一体化集成装置为辅的建设模式。同时，制定发布包括《油气田地面工程标准化设计管理规范》《油气田地面工程标准化设计技术导则》《油气田大型厂站模块化建设导则》《油气田地面工程数字化建设规定》等28项管理制度和技术规范，形成了国家、行业、企业标准12项、公司级规定16项，编制了涵盖中国石油14类油气田的1671套定型图及12831项配套的综合计价指标，形成了国际领先的油气田标准化智慧化建设和管理体系，有力支撑了中国石油世界一流综合性国际能源公司建设。

（成果创造人：王元基、汤　林、班兴安、徐英俊、李秋忙、李　庆、云　庆、苗新康、丁建宇、李时宣、李　勇、陈彰兵）

大型军工集团基于双平台的经营管控体系构建与实施

中国电子科技集团公司

中国电子科技集团公司（以下简称中国电科集团）是中央直接管理的国有重要骨干企业，主要从事国际重要军民大型电子信息系统的工程建设，重大电子装备、软件和关键元器件的研制生产，技术和产品覆盖信息感知、信息传输、信息安全、信息处理和信息应用等各个领域，是国内覆盖电子信息技术全领域的大型军工集团。2016 年，中国电科集团总资产达 2500 亿元以上，所属法人单位 543 家，所属二级成员单位 66 家，控股上市公司 8 家。职工人数达 17 万人，科技人员比例达到 55%，中国工程院院士 10 名，享受国务院政府特殊津贴 303 人。“十二五”期间，获得国家科技进步奖 23 项、国防科技进步奖 327 项，申请专利 11393 项，其中发明专利 7638 项，授权发明专利 2193 项，处于军工集团前列。

一、大型军工集团基于双平台的经营管控体系构建与实施背景

（一）深化供给侧结构性改革，提高经营水平和效率的需要

中国电科集团自成立以来，始终坚定做强做优做大国有企业信心，围绕国家战略实施落地，坚持党的领导，全面深化改革，履行使命任务，担当央企责任，持续增强自主创新能力和企业治理能力，努力实现“国内卓越、世界一流”战略目标，打造中国电科集团成为具有国际竞争力的科技创新型领军企业。近年来，在国家大力推进供给侧结构性改革，经济发展进入新常态的宏观背景下，中国电科集团从规模速度型向质量效率型转型，迫切需要改进完善企业管理方式，增强核心竞争力，提高发展质量和效益，迫切需要进一步健全经营管控模式，构建经营管控新体系。

（二）提升协同效应，适应行业发展态势的需要

随着电子信息产业的高速发展，市场竞争的日益加剧，竞争方式正逐步从单一产品、单一领域的竞争转变为整体能力、产业生态的竞争，对集团公司主导能力和整体资源配置能力的要求不断提高。国民经济和国防建设信息化发展过程中，对于体系化、系统化要求越来越高，越来越多地需要企业提供整体解决方案。要求在进一步提升行业总体单位能力的同时，集团公司总部必须提高综合协调、统筹调度能力，调动系统、分系统、设备、器件各级成员单位协同作战。大数据、云计算、物联网、人工智能等信息产业新兴领域发展需要大量技术和人力投入，依靠单个单位难以实现，必须提升资源整合能力，成体系布局，同时积极吸收集团外优势力量。行业竞争模式的转变，要求产业生态的聚合能力不断增强，需要推动集团内成员单位间、与外部单位间的技术交流和资源共享，经营管控机制、激励考核机制都必须与新形势相适应。

（三）促进主导能力提升，实现集团公司战略发展的需要

中国电科集团正处于企业法人治理结构有效运转，主营业务布局不断优化，研究院所企业化改革大力推进的发展关键时期，经营管控必须更好地服务集团公司发展战略的落地，支撑集团主导能力的提升，推进改革举措的落实。中国电科集团进一步明确世界一流科技创新型领军企业的发展目标，为了实现发展目标，需要通过集团管控，将“规划”与“执行”有机结合；同时由于承担着军工央企的责任，不仅要服务国民经济，更要实现强军首责，需要通过集团管控将军工央企的使命任务层层落实。中国电科集团与众多中央企业集团类似，先有子公司（研究所）后成立集团公司，是通过行政手段的方式组建的；当前各成员单位“自发式”的发展路径已越来越难以适应电子信息产业的发展趋势，集团主导能力亟待提升。为全面推进事业单位企业化改革，中国电科集团构建“三级架构、两级经营”组织架构，大

力推进业务布局调整，加速母子公司为主体的运行模式建设，为此，经营管控的对象、监测方式、管控方式、考核方式都需要不断进行调整、创新。

二、大型军工集团基于双平台的经营管控体系构建与实施内涵和主要做法

中国电科集团按照“目标导向、面向市场、关注重点、遂行突发、例外调度、防范风险”的基本原则，2015 年起，用两年时间，逐步构建大型军工集团基于双平台的经营管控体系，形成“经营目标—监测预警—经济分析—运行调度—考核评估”五维联动和“红网—蓝网”双平台架构，基于目标和问题导向，综合运用管控数据进行归集、感知、分析和预警，持续提升经营管控能力水平，充分发挥经营管控对集团型企业经营发展的决策支持、综合协调、统筹推进作用。主要做法如下。

（一）构建大型军工集团经营管控体系的指导思想、原则目标和建设思路

中国电科集团立足大型军工科技型集团的新时期现代化企业治理需要，明确经营管控的原则、目标。中国电科集团的经营管控是通过构建科研生产经营的五维新模式，围绕战略目标和年度目标的实现，形成贯通上下的有机运行整体；通过基于双平台的科研生产经营信息系统搭建，满足军工企业经营管控的需要，实现数据收集—数据分析—运行分析—支撑决策的能力提升。涵盖策划年度经营目标，分解各业务经营目标；制定经营管控调度和管控计划，并监督、检查计划落实情况；集团经营管控数据统计、分析、评估；资源协调配置；组织实施科研生产项目；实施单位经营目标考核，研判经营管控质量等各方面的工作（如图 1 所示）。

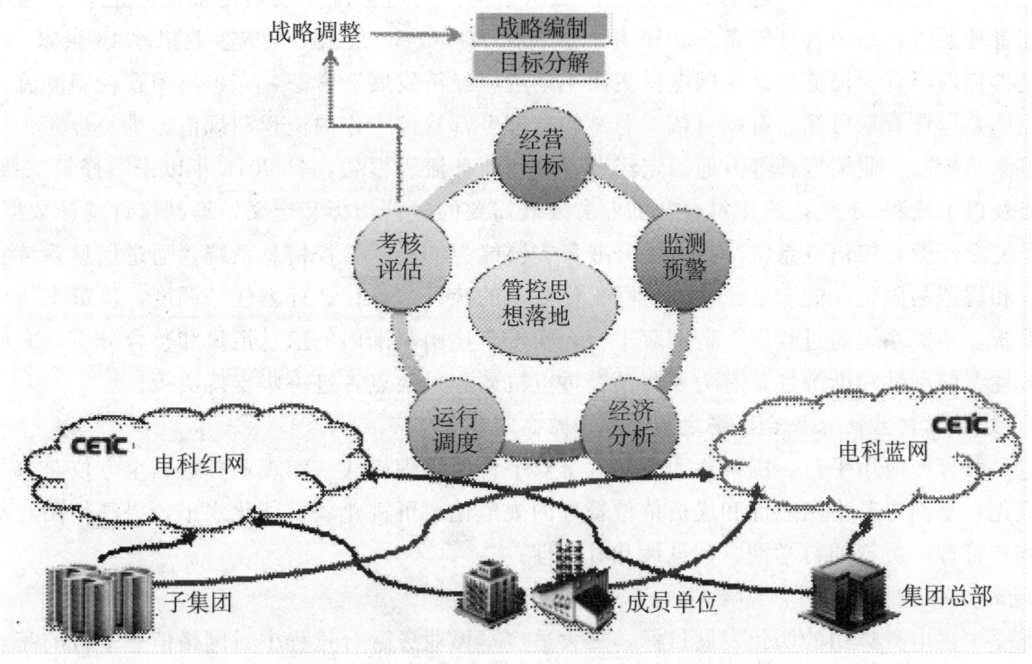

图 1 中国电科集团基于双平台的经营管控体系

1. 构建大型军工集团经营管控体系的指导思想、基本原则和主要目标

中国电科集团的经营管控体系开展总体设计、统筹协调、整体推进和督促落实工作，遵循“目标导向、面向市场、关注重点、遂行突发、例外调度、防范风险”的基本原则，设定四个主要目标：一是战略落地，符合战略目标和经营目标实现，责任层层分解；二是全面精准，全要素、全维度、全周期及时掌握企业经营情况，实现重点难点问题的精准分析；三是体系协同，形成从市场开拓、新动能培育到资本运作、主业支撑、技术先导的“联合作战”体系；四是实时高效，具有适应跨地域、跨专业的信息化

平台，可信息化分布式部署，多任务编排。

2. 构建大型军工集团经营管控体系的建设思路

中国电科集团的经营管控体系以“十三五”规划和各主营业务分规划为指引，依托基于红网蓝网的信息基础环境平台，对人、财、物和重大市场、投融资等重要资源进行综合统筹和调配，体现集团公司总部的价值创造、规范输出和全局经营调控能力。

一是规范体系建设。中国电科集团围绕企业化、市场化、集团化、国际化的四化发展目标，建立健全的基于双平台的经营管控机制，形成战略实施、目标管理、统计分析、监测预警、调度管控、考核评估等一系列标准和规范。从顶层明确集团经营管控的纲领性文件，分层设置专项制度和管理细则，基于集团经营层，统筹协调部门、业务部门、成员单位等不同层级的权责划分，实现普适性和特殊性兼顾。深挖财务指标，完善业务、统计指标，强化统计分析及时性和准确性，实施经营统计分析全级次覆盖，动态掌握重点任务计划执行情况，加强对应急、例外事件的调度和处理。改革和完善考核和薪酬激励机制，发挥考核结果与奖惩激励联动效应和绩效考核的激励导向作用，最大限度地调动总部和成员单位的积极性，完善各要素参与分配的利益共享机制，实现国家利益、企业价值和个人价值的有机融合。2015－2016 年共制定、优化、修订经营管控类制度十余个。

二是完善组织机构建设。2015 年，中国电科集团成立全面负责经营管控工作的部门，并设立分层分级的调度管控体系，形成联合参谋协调机制，在集团总部试行有效的基础上在全系统范围内进行推广运行，形成一体化协同、上下联动的经营管控组织架构。为适应战略发展的需要，进一步优化管理架构，压缩管理层级，缩短管理链条。2016 年，减少法人户数 30 余家，完成企业扭亏 40 余家。

三是再梳理经营管控流程。中国电科集团主动适应经济发展新常态，完善集团管控制度流程，保证经营管控体系运作有章可循、有据可依。总结和梳理经营管控工作的流程和规范，进一步完善从规划变计划、监测与控制、业绩考核等方面确定经营管理和业务流程框架，自 2015 年以来，修订二级流程 12 个、三级及以下流程 51 个，构建符合新的业务发展需要的经营指标和定义，编制修订统计数据词典。

四是健全经营管控信息系统。打造提升业务支撑能力的经营管控信息系统，通过信息系统实现相关工作流程和规范的固化，健全紧密贴合实际工作需求的统计信息化、计划任务调度、决策支持等一系列信息化系统。相关系统通过红网、蓝网双平台，实现全集团范围内的信息汇聚和整合分析，大幅提升工作的时效性、便利性和准确性，有力预测预警重点机遇和风险点，进一步支持决策。

（二）建设红网蓝网双平台，畅通军民融合信息通道

打造经营管控应用平台，围绕集团公司五维双平台的管理模式，实现业务数据全方位获取与业务流程持续优化，全面提升集团总部和成员单位管理的规范化、可视化、精细化水平，提高集团总部在经营管控和业务管理中决策的科学性、预见性和有效性。

1. 规划军民适用的先进网络架构

为支撑中国电科集团的四化发展目标，加大适应军民业务融合过程中对网络信息平台的需求，大力推进建设能够快速应对、灵活调整的先进网络架构，在原有“涉密红网”逐渐不能满足集团民品和国际化业务领域高速发展的经营活动背景下，规划并逐步建设“高可靠、高安全、随业务/服务而动”的一体化“非密蓝网”。

2. 建设云网一体的非密网络平台

按照多级经营管理模式建设的涉密网络平台需要，采用树状结构，按照涉及国家秘密的分级保护标准，同步建立安全保障体系，加强涉及国家秘密的企业管理部分的信息安全保密，并按照最小化原则进行优化和调整。通过该网络，有效打通集团总部和涉及国家秘密的各级成员单位涉密信息通道，支撑各类涉密业务开展。满足全集团涉密视频会议、战略管控、智能制造等业务应用的需要。按照国家等级保

护标准保障信息安全的基础上，充分利用互联网资源，泛在互联，建设云网一体的覆盖中国电科集团全级次成员单位的非密网络平台。

3. 率先打通红蓝双网信息通道

在充分符合国家相关保密政策及技术要求的前提下，以电科红网和电科蓝网双平台间高效、安全、可靠地进行数据交换为目标，探索创新，在军工集团内率先实现涉密系统与非密系统网间数据的高效、安全交换，打通双平台信息通道。通过建设数据共享和交换的公共基础设施，满足集团主营业务的内、外协作，军、民、国际化业务协作，提供实时、精确、安全、可靠的端到端数据传输能力。重点解决网间数据隔离和交换过程中最为核心的安全保密问题和效率问题，将蓝网中的业务活动内容安全可靠地交换到红网中。

4. 构建集团级数据中心

通过"统一数据源，打通纵横数据通道"建设中国电科集团经营活动数据库，一方面统一集团信息化技术架构，规范数据管理，为总部及其成员单位提供集中的数据存储和更加有效的数据保护；另一方面打通各部门间的业务壁垒，建立全局系统间数据的有效关联，实现"数据资产集中统管，数据产品共享共用"，实现集团管控数据"从成员单位业务一线到决策者桌面"的全面贯通。依据集团数据分析模型体系，建设完成面向全业务的决策支持系统，持续优化完善管理驾驶舱系统。

（三）确定以规划和经营目标为导向，差异化分解落实年度目标和任务

以落实战略规划和经营目标为导向，实施顶层谋划、集团主导、逐层分解、科学精准的工作思路，实施差异化管理，确定分解各类目标和重点任务，确保目标层层分解、责任层层落实，充分体现集团改革发展的主导意志。

1. 研判分析内外形势，落实承接企业发展战略

以贯彻实现战略规划和经营计划为目标，研究全球宏观经济走势和电子信息行业发展趋势，对比横纵和内外关键业绩指标，深入分析各月企业经营发展态势，把握方向，研判重大市场机遇和风险点。基于开展目标管理的SMART原则，进一步落实承接经营目标，在经营发展的里程碑阶段，一是设立年度责任目标，二是三季度前调研摸底，鼓励设置有挑战性的目标。

2. 约定经营绩效责任，突出集团主导重大专项任务市场

按照业务类型和发展阶段对成员单位实施差异化分类管理，制定设计经济指标、财务质量、市场开拓、可持续发展、重点任务（市场）、综合管理、约束保障七种指标，各类单位的同种指标分别在科学设置基础上建立等效二级指标。将年度经营任务分为定量的年度经营目标、阶段节点的重点任务计划和集团主导的重大专项任务市场三个方面。

3. 注重目标设立过程，推进三级架构两层经营

基于KPI理念，进一步强化目标设立过程，开展线下业务部门深度协调和会商座谈，线上在目标管理信息化模块实现基础数据采集、两上两下逐级审核、灵活统计分析、责任书自动生成等功能。2016年，首次对总部五大业务部门签订经营业绩责任书，中国电科集团总部、五大业务部门、成员单位逐级分解落实年度和任期目标任务，有力推进三层架构、两级经营企业集团建设，不断提升对五大主营业务的管控能力，有力提升中国电科集团经营管控水平。

（四）采集全生命周期数据，开展全要素指标经营监测与预警

采用全生命周期数据管理方式，设计周、月/季、年统计模式，从数据的采集、整合、生产、核算、运用、存储等方面进行监测，建立合同管理模块，修订完善数据词典，实现信息化手段下的全级次单位数据采集覆盖。

1. 全方位监测经营指标

周统计在军工集团中率先开展，按照营业收入、新签合同两大指标，细分符合电科特色的五大业态，涉及指标 80 余个，供决策者实时监测科研生产动态；月/季统计指标包括营业收入、新签合同、EVA、利润总额、资产总额、总产出、增加值、产销量、进出口贸易等，涉及四大类 500 余个指标，及时揭示经营管控情况和经济政策执行情况，为准确判断全集团经济形势提供扎实可靠的决策依据；年统计指标包括劳动工资、财务状况、科研生产活动、科技活动产出、固定资产投资、节能减排情况等，涉及九大类 600 余个指标，为经营决策者全面掌握年度经济数据提供保障。

2. 动态优化时令指标

统计指标体系滚动修订，具备友好的开放性。围绕安全与智慧两大事业，创造新动能培育的空间和生态，不断优化指标体系，保持动态化多维度统计。当前的统计指标体系构建包括经营管控类、集团四化建设类、国家政策落实类、综合指数类四大板块，梳理现有国内外相关研究实践，与集团公司经营情境密切结合，与集团公司自身经营特点紧密相关，继承已有指标和统计工作开展情况，完善科学性、操作性、适用性兼容的统计指标体系。

3. 多措并举提高数据质量

统一统计口径方面，通过修订《统计数据词典》和培训宣贯，从指标定义、采集方式、统计周期等方面规范，严格按照集团战略实施、业务发展和上级机关相关文件要求为基准，确保统计数据的准确性。明确统计规则方面，应用统计的专业知识，强化按照既定的规则准确生成所有统计数据，通过数据项之间的逻辑关系检查数据的有效性，确保统计数据的质量。开展统计检查方面，全系统范围内从机构设置、制度建设、流程优化、人员配置、数据源管理、数据收集和处理等多个方面开展统计工作交流检查，传达要求、规范细则、查漏补缺、及时整改。进行统计评价方面，重点关注统计数据的真实性、准确性、完整性、及时性和经营管控分析的有效性、全面性，每月开展一次统计分析。开展专题研究方面，加强统计指标体系、统计分析方法和垂直管理工作体系研究，指导集团总部以及成员单位的日常统计工作。

4. 变革统计生产方式

应用现代信息技术变革统计生产方式，协助科工局推进统计核算系统的全面实施，稳步推进统计信息化建设。2014 年始，中国电科集团开始建设统计信息系统并试点运行，三年间，通过不断完善优化，夯实统计基础，提高统计效率。2016 年年底，信息系统全面升级，实现覆盖全级次单位，各法人单位能通过红网、蓝网直接独立填入统计数据，按照填报时间自动计算、生成统计报表中的相关数据，并且逐级汇总、逐级审核；做到合同信息实时采集，建立合同采集模块，实现新签合同、结转合同信息的录入、运算和存储。

（五）突出基本面与重点难点，开展多角度结构分析

1. 引入多角度行业对标，开展业务组合分析

采用对标分析法开展有针对性的宏观形势研究，支撑集团经营发展分析。按月或季收集中央企业、军工集团经营状况资源，了解中央企业、军工集团经营发展情况，与集团企业运营情况进行对比分析，定位中国电科集团在央企、军工集团中的位置，比较各自发展的优势和劣势。立足中国电科集团所在的电子行业开展经营管控分析，根据集团经济发展特点在不同时间段选择不同的专业板块进行深入分析，安全电子、动力电池等，掌握集团相关专业板块的市场竞争能力、市场占有情况等，指导集团采取有效的应对措施。

2. 四层结构分析态势风险，支撑服务经营决策

设计“整体经济指标定量分析—重点单位重点业务定量定性分析—运行状态契合经营理念程度定性

分析—应对措施分析”四层结构分析法研判中国电科集团经营运行态势，指导经营决策和统筹调度。通过综合分析、对比分析等从经济效益、经济质量、市场竞争力、可持续发展、风险控制五类方面分析经营运行指标。通过业态发展分析，全局掌握军工电子、民品产业、国际业务等各板块的经济指标以及变化情况，分析是否存在异常及出现原因，同时监测五大业务新签合同的情况和变化，以及所签订的重点合同，预测五大业务未来发展走势。

3. 制定针对性应对措施，指导科研生产经营活动

制定有针对性的应对措施，指导全集团科研生产活动。立足于经济指标分析结果和中国电科集团发展需要以及对比国内外宏观经济形势，瞄准落实中国电科集团发展规划和年度经营目标任务以及临时性任务安排，结合经营管理需要，逐项提出对策。这些对策经总经理办公会和党组会研究、分析、决策后上升到实施措施，下发全集团执行，企业经营状况分析与经营决策有机衔接，是双平台经营管控体系落地的重要一环。

（六）例行与应急项双管齐下，统筹资源精准调度

中国电科集团围绕经营管控加强精准分析、精准调度，强化管控措施。从时间上，每季度召开全集团经济运行情况工作会；从业务层次上，按照集团主导、集团关注、成员单位主攻三个层次分类管理；从价值链上，强调关注重大市场、重大投资。打造统一的调度管控平台，总调度室统一指挥，满足集团对于调度任务计划的多层级贯通的管控需求，围绕实现集团公司目标，五大业态和成员单位协调运行，统筹资源精准调度，建立总部各业务管理部门之间、总部与各成员单位之间、各成员单位间的多层级监控和协作体系，构建在线反馈通道，做到业务和管理上下贯通，左右拉通。

1. 例行调度管控机制有序运转

通过日常调度会议、季度经济运行情况工作会等例行会议，有效协调和解决中国电科集团关注的重点任务和重点事项，提高决策全面性和及时性；以成员单位科研生产经营过程中存在的问题为导向，制定精准调度措施，策划解决方案，综合施策，有效提升暂时困难企业帮扶，成立改革脱困领导小组办公室，从管理、技术、项目进行多维度帮扶，同时通过政策导向和激励机制，增强自身内生动力和造血能力；以大项目、大市场的运作为抓手，调度集团内外资源，有序推进重大项目联合攻关，探索形成有效支撑新动能打造的联合运作机制，有效提升相关领域体系化、规模化发展能力。

2. 进一步加强专项调度力度

深入基层调研，及时发现和解决问题，组织推进相关政策落地及问题解决。2016 年中国电科集团半年增长率收入、利润情况不乐观，对完成全年任务造成较大压力，集团党组研究部署，党组成员分别带队到重点单位调研、解决问题，从而保证 2016 年任务的全面完成。

3. 完善应急调度机制

加强例外管控和应急响应，按照事件影响程度分级管理应急事件，建立总部和相关单位联动的应急组织机构，实践特大应急事件日报、周报和即时协调决策机制，有效应对和及时处理“黑天鹅”事件，在不利的条件下保障相关领域的安全和利益。通过日常经济运行风险研判，加强对运行态势的监测、预判、预警和评估，紧盯年度经营目标和调度任务计划，不断强化精准分析。

（七）实施分类分阶段业绩评估与考核，持续增强经营管控运行的动力

中国电科集团以实现国有资本保值增值，提高国有资本效率为目标，遵循目标问题导向、效果显现、有机衔接、精准有效的原则，通过应用绩效考核信息化模块，基于 KPI 方法进一步强化过程监控，注重效果反馈，整合业务、任务、市场、目标达成度，完整反映企业年度经营发展状态，充分发挥考核的指挥棒作用，持续增强经营管控运行的动力，促进企业集团价值创造最大化。

1. 发布标准值，引入行业对标

在运用国务院国资委每年发布的企业绩效评价标准值中的优秀、良好水平的基础上，抽取代表性质量效益指标和主要经济指标超额承诺目标程度，测算、分析并提出二级单位优秀、良好水平线，促进补充能力短板。

2. 开展分类分阶段考核评估，推动核心竞争力提升

开展涉及综合评价、业务改进、创新驱动三方面评估支撑。综合评价方面，主要包括评估初创战略类单位商业计划节点，反馈推进滚动修订商业计划书；评估集中采购集约效应，分步加快推进集采目标增补等管理专项。业务改进方面，主要包括评估贸易平台军贸体量及占比，反馈引导军贸推广进度；评估平台单位市场扩张带动作用，反馈单位间协作攻关市场力度。创新驱动方面，主要包括评估自主技术投入程度及产出效果，反馈促进技术向产业转化效率；评估卡脖子颠覆式技术突破程度及对主业支撑效果，反馈提升核心技术能力水平。

3. 考核绩效奖励联动，发挥激励约束作用

规范化评估流程方式，开展初评自查、数据审核、计划认定、特殊事项处理、评估沟通、结果发布等内容的业绩考核评价。主要包括三方面内容，承接上级机关考核、作为总部绩效评价中的重要组成部分、对成员单位业绩考核。成员单位业绩考核方面，依据经营管理绩效考核结果对成员单位评级和绩效管理，对成员单位负责人实施奖惩，体现业绩升绩效升，业绩降绩效降，并作为其任免的重要依据。建立年度特殊激励机制，表彰鼓励为稳增长、调结构做出重要贡献的单位，2015 年增设 500 强奋斗目标奖励办法，2016 年增设挑战目标与新动能打造奖励办法等激励机制。

三、大型军工集团基于双平台的经营管控体系构建与实施效果

（一）支撑企业年度运营目标的实现和规划落地实施

通过经营管控体系的构建与实施，中国电科集团在发展战略科学推进实施，信息化在企业转型升级和经营管控中的驱动作用得到有效发挥，安全、智慧两大事业实现高速发展。一是经济效益不断提升，2016 年，中国电科集团主营业务收入 1813 亿元，近五年年复合增长率 20.35%；利润 183.1 亿元，近五年年复合增长率 22.41%；总资产达 2466.7 亿元，是成立之初的 8.5 倍；净资产达 1362.2 亿元，是成立之初的 27.1 倍。二是行业地位不断提升，2016 年首次迈入《财富》世界 500 强，位列第 408 位。2017 年继续入榜《财富》世界 500 强，位列第 400 位，上升 8 名。三是经营管控和主导产业推进能力不断增强，实现对全集团经营目标动态、重点任务进展、应急事件和重点难点问题的掌控更加系统、清晰，对集团内外经济运行发展态势掌握更加全面。

（二）提高企业运营效率和运营管理水平

中国电科集团通过经营管控组织体系建设、制度流程梳理、指标规范确立、支撑体系保障，设立分层分级的调度管控体系和上下联动的经营管控架构；建立系统全面制度的体系，从规划变计划、监测与控制、业绩考核等维度确定经营管控流程框架；构建适应业务发展需要的统计指标和定义，形成目标管理、统计分析、监测预警、调度管控、考核评估等一系列标准规范；通过信息系统实现了相关工作流程和规范的固化，打造形成紧密贴合实际工作需求的统计信息化、计划任务调度、决策支持等一系列系统，集团公司整体经营管控能力和运营效率显著提升；同时随着企业化改革的推进，子集团和专业公司的逐步建立，上述经营管控模式已在二级单位得到推广复制，大大提升二级单位对三级及以下经营主体的管控效率。

（三）探索出一条军工集团多企业多法人运营管控模式

经过两年研究实践，逐步探索出一条适用于军工集团的多企业多法人经营管控模式。一是围绕中国电科集团企业化、市场化、集团化、国际化的发展目标，建立健全经营管控体系，形成了目标管理、统

计分析、监测预警、调度管控、考核评估等一系列标准规范；二是针对中国电科集团在网络和信息安全事业新动能打造不足的问题，通过集团领导两轮重点成员单位的经济运行专题研究工作，指导成员单位挖掘新经济增长点，协调发展新动能过程中亟待解决的问题；制定新动能打造特别奖励政策，通过绩效考核评估和奖励牵引成员单位转变发展思维模式，将成员单位优势资源集中至集团主导发展的新领域、新方向；三是围绕中国电科集团经营管理需要，实现对宏观环境变化、行业重大事件、市场变化形势、政策法规和热点问题的重点跟踪。

（成果创造人：王　政、郭冠斌、严义君、郑宏宇、王关林、范雅婷、左朝树、李　明、李　昕、司　文、刘兆毅、王邵飞）

海洋石油企业实现集团价值最大化的炼化板块专业化重组整合

中海石油炼化有限责任公司

中海石油炼化有限责任公司（以下简称中海炼化）是中国海洋石油总公司（以下简称中国海油）所属全资公司，2005年11月在北京成立，2015年年底全面实施炼化板块改革重组，主要业务包括石油炼制，石油化工和盐化工的产品生产、销售、储运，炼化科技研发、炼化工程设计等。中海炼化沿“两洲一湾”区域集中进行产业布局，目前原油一次加工能力超5000万吨，乙烯产能100万吨/年，纯碱产能280万吨/年，重交沥青产能288万吨/年，炼油和乙烯的生产能力位居国内第三位，沥青、盐化工的生产能力位居国内前列。2016年，中海炼化加工原油3334万吨，实现利润101.8亿元，其中释放改革红利超38.7亿元。截至2016年年底，资产总额1129.7亿元，员工约3万人。

一、海洋石油企业实现集团价值最大化的炼化板块专业化重组整合背景

（一）实现中国海油产业链有效延伸的需要

炼化板块是中国海油上游业务的补充和拓展，是支撑上游业务实现价值增值的重要环节。中国海油炼化板块在近几年得到突飞猛进的发展，但炼化板块各企业独立分散、营销资源相对弱小的经营局面与上游产业在发展规模、发展质量等方面存在差距，不符合“上下游一体化”发展的战略要求。为贯彻落实中国海油建设中国特色国际一流能源公司的战略部署，实现产业链有效增值，要求在产业发展中，加强炼化板块集团化管控，持续优化产业结构，推动面向“做强做优”的产业转型，统一优化配置管理、人力、技术、原料采购、产品销售等资源，形成集中发展合力。

（二）提升应对行业新常态能力的需要

近年来，在国内经济转型升级、城镇化进程加快、生态文明建设步伐加大、环保节能减排要求趋严的形势下，国家在炼化行业的规划发展、调整升级、节能减排、促进市场化竞争等方面陆续出台一系列产业政策，政策管控日益严格，炼化行业将向着清洁化、基地化、一体化的方向发展。同时，“十二五”以来炼化板块产能持续高速增长，出现严重的产能过剩问题，企业效益锐减甚至全行业陷入亏损，规模化生产和专业化生产变得越来越重要。炼化行业上下游之间和产品之间关联度高、衔接十分紧密，要求企业具备高效协调能力，迫切需要对中国海油的炼化板块进行优化整合，加快产业结构调整和转型升级，改革生产经营管理体制，以适应新的改革发展形势。

（三）强化公司集团化和专业化管控的需要

由于历史原因，中国海油的炼化板块规模分散、形式粗放、内部竞争激烈。重组整合前，中国海油炼化板块包括8家中国海油二级单位（不含两家名义公司），在专业服务和综合服务板块也有一家中国海油三级单位从事炼化业务，业务遍及全国20多个省份。这些炼化企业体制独立分散、管理薄弱，难以形成强大的生产力，不能统一调配资源，不能高效、协调组织生产，不能集中力量组织重大技术攻关，相对于中石油、中石化，达不到规模经济，在市场缺乏竞争力、话语权。为提高中国海油炼化板块的竞争能力，促进炼化板块有质量、有效益、可持续健康发展，必须加大业务、产业整合力度，坚持“有进有退”的原则，加快结构调整步伐，逐步形成产销一体化运营、专业化管理、集团化运作的管理体系。

二、海洋石油企业实现集团价值最大化的炼化板块专业化重组整合内涵和主要做法

中国海油以“统一产业规划、统一资源配置、统一营销策略、统一体系建设”为目标，将当前分散

在不同单位、不同区域的炼化与销售企业整合成为一个产销一体化的专业化管理、集团化运作的公司，优化资源配置，调整产品结构，加强产销协调、加强科技研发，促进生产经营绩效显著提升。主要做法如下。

（一）深入分析研究，确定重组总体方案

由于历史原因，中国海油炼化与销售领域的改革是一项复杂而又系统的工程，改革难度大、涉及面广、人员众多。2014 年 3 月，中国海油成立炼化与销售改革专项小组，具体负责改革前期的研究工作。2015 年 9 月，在前期研究方案获批后，中国海油又成立炼化改革实施领导小组和办公室，负责具体方案编制及实施。

1. 全面分析改革相关因素，总结、提炼经验和教训

制定“回顾历史、分析现状、着眼未来”的工作总体思路，在全面收集材料和深入调研分析的基础上，先后完成《中国海油炼化与销售产业的回顾及现状报告》《炼化与销售行业发展趋势和国家相关政策研究分析》《中国海油炼化与销售产业定位研究报告》和《国内外大型能源公司炼化与销售业务管控模式研究报告》四份专题报告的编制，为改革总体方案的编制奠定了坚实的基础。

2. 确定重组改革原则

以提升中国海油炼化板块整体价值和运行效率为目标，确定重组改革的五个原则。一是实现炼化与销售业务一体化统筹管理；二是建立扁平精简的组织架构，推行大部制，科学合理授权；三是人员职责清晰，分工明确，精干高效；四是注重顶层设计和长远规划，重组改革采取分步实施，循序渐进，持续优化；五是强化党的领导，充分发挥党组织的核心和引领作用。

3. 确定重组改革路径

中国海油炼化板块改革以“统一产业规划、统一资源配置、统一营销策略、统一体系建设”为路径。统一产业规划，即主要产业布局、产业结构、产业现状和产业前景等统一规划；统一资源配置，即干部队伍、专业队伍、业务领域、原油资源、成品油销售等统一配置；统一营销策略，即产品策略、价格策略、渠道策略、促销策略等统一制定；统一体系建设，即管理体制、经营机制、管理制度、管理流程等按统一标准进行建设。

（二）实施专业化重组，着力打造特色管理架构

对原所属中国海油的 6 家二级单位（中海炼化、油气利用、销售公司、大榭石化、山东海化、中海壳牌）实施业务重组，原所属中国海油的 1 家三级单位（海油发展石化公司机关及其他在惠州单位）整体划入惠州石化，新炼化公司员工总数 3 万余人，资产近 1100 亿元。

1. 构建“四大”专业板块，实施特色专业化管理架构

按照石化行业传统，炼油、化工生产和产品销售是下游企业的主营业务，重组前中国海油的这些业务不同程度分散在所属 7 家二级企业中的 140 多家三级、四级单位中，各自为政。只有进行重组整合，才能进一步实施业务改造和产业升级改造。经过认真梳理，形成生产、销售、工程、科研四大产业板块。

生产企业以“规模化、一体化、园区化”为目标建设特色产业基地。在珠江三角洲，以惠州石化、中海壳牌为核心发展世界级大型石化基地；在长江三角洲，以宁波大榭、泰州为中心，建立大榭成品油—芳烃国家级石化基地，发展壮大泰州特色润滑油和沥青基地；在环渤海湾，以重质油加工利用、盐化工为基本业务，形成以沥青、润滑油为特点的特种油品加工基地和盐化工生产基地。

销售企业以生产企业为资源半径，集中发展区域竞争力。分别设立华南、华东、华北三个大区销售公司，实行区域市场“资源包干、市场包干和效益包干”的“三包干”原则，实现“贴近市场、贴近炼厂、贴近政府”的“三贴近”运行体制，提高产销一体化管理效率。

在科研和工程体系建设方面，确立炼化科研“高起点、差异化、协同创新”的发展定位，通过建立炼化研究院、合并重组炼化工程院，强化专业管理，着力培育自主研发和工程设计能力，打造中国海油特色炼化科技创新体系。

2. 以股权优化带动产业转型升级

由于下属企业多数具有规模小、流程短、资源综合利用效率低的不足，受沥青生产技术进步、燃料油市场巨变等方面的影响，短流程炼厂效益大幅减少。为此，中海炼化提出“谨慎发展”和“择机退出”两种不同的发展策略。其中，对于规模不经济、市场竞争力不强，而退出难度又大的企业，维持运营，视国家产业政策和外部综合环境变化而定；对于严重不符合国家产业政策、竞争力差、缺乏发展前景的企业，维持观望或加快择机退出。2016 年 12 月，正式实施泰州区域资源优化整合，停止泰州沥青 150 万吨/年装置原油配置和生产，与泰州石化进行资源整合，提升总体效益。另有 2 家规模以下炼厂通过混合所有制的改革，企业经营绩效明显改善。

3. 引进国际资本参与重大项目建设

2016 年 3 月，中国海油与壳牌公司达成最终投资协议，由我方主导项目的统一规划和统一建设，实现对外合作中主导地位的转变；壳牌增资双方合资经营的中海壳牌，参与运营惠州炼化二期的百万吨级乙烯项目，共同打造中国规模最大的乙烯生产基地（220 万吨/年）。该项目直接引进外资 54.3 亿元，带动项目总投资 326 亿元，有效放大国有资本功能，提高了国有资本利用效率，同时降低运营成本和投资风险。该项目已被列入“中央企业在重大项目中引进社会资本示范项目”，2016 年 11 月 1 日项目正式完成资产交割。

（三）重组优化管理体制，建立高效运行的管理机构

按照“总部要做所属单位做不了的事”的要求，优化中海炼化管理模式，实行机关“大部制”、组织架构扁平化以及合理授权，职能定位清晰，管控有序。中海炼化机关设置财务资产部、生产经营部、计划发展部等 11 个部门，主要职能为产业规划、投资决策、资源优化、经营管理支持服务、监督考核。通过撤销油气利用、销售公司和海油发展石化公司机关，精减机关编制近 200 人，建立精干高效的总部机关。整合后，为破除等级式管理“层次重叠、冗员多、组织机构运转效率低下”等弊端，提高决策效率，由中海炼化直接管理 14 家生产企业，在产业规划、资源配置等领域落实“四个统一”原则。中海炼化所属生产企业实施三级管理（中国海油－中海炼化－生产企业），销售企业实施四级管理（中国海油－中海炼化－大区公司－省市公司），提高管控效率。

（四）以集团价值最大化为目标，建立产销一体化的营销体系

在组织架构上，以原有的中海炼化为基础，重组整合中国海油六家从事炼油、石化、盐化产品生产和销售的企业，实行集团化管控，形成生产和销售一盘棋。在生产经营上，以市场化为导向，产销联动，生产企业持续优化产品结构，销售企业持续提升营销能力，努力实现产品价值最大化。在管理机制上，以问题为导向，以市场化为原则，建立产销协同机制，优化价格机制，建立健全激励约束机制，调动产销双方积极性和创造性。

1. 以生产基地为中心，重组销售体系，实现区域化管理

对原销售体系进行重组，以生产基地为中心，分别设立华南、华东和华北 3 个大区销售公司，按区域销售成品油、炼厂副产品、化学品和进行成品油贸易。大区销售公司直属中海炼化管理，利于资源优化配置，降低物流成本，开发终端市场，提升投资效率，实现产业链整体效益最大化。新重组的三个大区公司依托区域资源和市场，取得较好的经济效益，2016 年，实现利润 15 亿元，同比增长 156%。

2. 统分结合，开展区域内产品集中销售

中海炼化组织生产企业和销售企业签署产销框架协议，明确产销合作量，以“市场化”原则促进全

面合作关系的持续推进。在产销协议总体框架下，各单位产销合作总体顺畅，执行状况良好，实现产销协同量达到50%的重大突破。在产销合作的过程中，针对不同生产企业产权属性的特点，以及不同产品的市场区域和销售特点，产销双方实行不同的销售策略。其中，航煤等产品实行集中销售；汽柴油等其他主要产品，明确各大区销售公司专属对接本区域的生产企业，在区域内实现产品集中销售，打造区域竞争优势。同时，以合资生产企业成品油为突破，通过生产、销售企业之间的竞争，提升销售企业的销售能力，逐步实现由50%集中销售过渡到100%集中销售。统一销售与分散销售结合，相互补充；自主销售与销售企业销售结合，互有比对，互相促进；尊重合作伙伴的合法权益，让合作伙伴理解和放心，诚信共赢。

3. 以“三包干、三贴近”，完善产销协调机制和价格结算机制

中海炼化生产单位和销售单位覆盖中国全部的沿海省市，并向内陆扩展，形成“两洲一湾”的市场格局，产销计划及产销协调工作的难度及复杂性较高。在产销协调机制下，通过月度资源统一配置，实现中海炼化一盘棋，定期组织月度产销计划对接，使生产企业和销售企业各自的困难和诉求得到有效沟通和解决，形成良好的运行机制。生产企业按照月度生产计划组织生产，按照月度配置计划保质保量交付产品。销售企业按照月度配置计划有序组织物流，实现产品顺利出厂。为合理体现生产企业盈利水平，以成本加成原则为基础，优化成品油价格结算，建立以市场化为导向的价格结算机制，促进价格机制公开透明、相对稳定且不易被干扰。通过设置调整项，使结算价格更加贴近市场。发挥激励约束和压力传导作用，引导生产企业集中精力抓好生产和优化，销售企业紧盯市场做好营销，提升中海炼化整体效益。

（五）推进惠州一体化基地整合管理，充分发挥规模效益和协同效益

按照“应急管理和安全监控一体化、资源统筹保障一体化、公用工程及后勤服务一体化”的原则，依据国家七大石化产业基地的战略部署，结合珠三角地区经济特点，推进惠州地区炼化板块的整合，努力打造集炼油、乙烯、芳烃、精细化工及煤气一体化的石化生产基地。惠州石化整合中国海油原海油发展惠州石化资源，有效盘活资产，灵活配置人员，经过纵深改革，原石化装置运营效益逐月提升，2016年实现利润8300万元，比上年同期增效5.65亿元。通过深化改革、加强合作，有效降低公用工程、应急管理和后勤保障成本，推动技术提升和产品升级，基地发展实现跨越式提升。

一是做好加法，统筹规划，优化资源配置、延伸产业链价值。从炼化一体化角度，将石化公司装置与惠州炼化当前产业优势互补，延伸产业链条，对部分产品进行深加工，提升产品附加值，实现更高利润。同时，通过优化内部资源配置、生产符合国家标准的免税产品，实现产业发展更加健康、有活力。

二是做好减法，统筹优化后勤服务资源，减少管理费用。实现集中办公，降低办公成本；统一车辆调度，减少租车费用；统筹后勤资源，打造标准化综合服务基地；剥离非核心业务，突出主营业务。

三是做好乘法，充分发掘生产一体化价值，提升整体效益。优化生产运行模式，由“单装置模式”向“一体化模式”转变；优化原料供应，增加装置口对口供应品种和数量；减少外租储罐，降低经营费用。

四是做好除法，稳妥推进用工制度改革，实现减员增效。根据用工形式，劳务派遣转业务外包，降低员工数量；从机构整合到思想融合，实现“人员、思想、工作”三到位的平稳过渡。

（六）提升科技创新和自主研发能力，建立专业化的创新体系

1. 加快完善炼化科技创新体系

中海炼化制定“高起点、差异化、协同创新”的科技创新战略及“2211”的总体建设目标，完善科技决策机制和激励机制，营造良好创新氛围，有效激发科技人员的创新激情与活力。通过组建炼油化工研究科学院、实施青岛研究中心定位转型优化，实行“一院两地”的统一管理，形成以炼油化工研究科

学院为核心、科技资源和科研项目有效统筹、“同目标、不分力、共发展”的研发组织体系。完成山东化学工程公司和青岛炼化工程公司的重组整合，明确各自研发的重点和方向，实现工程设计力量的有效整合。

2. 有效推动成果转化

充分利用中海炼化“研发、设计、生产和销售”一体化的优势，建立“同轴循环”成果转化模式，即以项目为纽带，通过重大专项的联合攻关，采取“小试—中试—工业化应用—总结提炼”的创新流程，深化“研究、设计与应用”的有机结合，开展“三新三化”工作。高酸重质原油全额高效加工技术、重整生成油非加氢催化技术（2015 年国家科技进步特等奖核心内容之一）、劣质柴油精准转化成套技术、环保橡胶油生产技术等自主研发新技术达到国内领先水平，相关技术已投入工业应用，为产业发展和转型升级提供强有力的支撑。

3. 强化“产学研”合作

围绕资源高效利用、差异化产品、结构转型和质量升级等方面开展“产学研”合作。充分利用石油大学等高校院所的人力资源和仪器设备，借外力提升炼化科技创新水平。以重质油加工和清洁燃料等领域为突破口，建立由“教授—博士—硕士—工程师”组成的联合研发团队。加强与雪佛龙、AXENS 等国外领先研发机构的研发合作，高起点开展重油高效转化、高端润滑油、催化剂生产技术的研发和创新能力建设。

（七）强化集团管控，提升资源整体配置能力

1. 加强原油资源配置

重组前，由于管理不统一，资源供给自然也是肥瘦不均，重组后中海炼化坚决执行“资源统一配置”原则，很好地解决这一难题。具体做法：一是坚持原油资源加工效益导向，优先保障吨油盈利较好企业，对加工亏损企业，资源紧张期间暂停或减少资源配置，保障创效主体单位高负荷运行，全年实现炼化系统整体增效 2.2 亿元；二是优化调整原油流向，降低炼化整体物流成本，以就近原则对年度计划中惠州炼化曹妃甸原油和大榭石化流花原油资源进行对调调整，全年降低流花和曹妃甸原油物流成本 0.4 亿元；三是优化海洋原油运价调整机制，降低物流成本，发挥集团化优势，与海洋原油船运单位进行商业谈判，最终达成新的海洋原油运价调整机制，年降低物流总成本 0.4 亿元；四是瞄准国内国外“两个市场、两种资源”拓宽和丰富原油供应渠道，协调惠州炼化加大进口原油采购力度，调整进口原油采购品种结构，适度提高重质原油进口量，以缓解海洋原油资源供需缺口矛盾，进口原油比年度计划增加 284 万吨；五是根据所属企业装置结构和加工流程，实施内部资源隔墙供应、区域互供、综合利用，使有限的资源实现巨大的价值增量。

2. 加强系统内部人力资源配置

中海炼化统筹协调系统内人力资源，先后为所属各单位调配领导干部 73 人次，董事、监事 110 人次，既化解了所属企业一时的人才短缺，又达到了干部交流、管理交流、文化交流的整合目的。同时，发挥重组整合优势，在全集团层面组织协调内部技术专家团队，为各新项目开工提供技术支持服务，共协调支持相关单位开工专家 40 余人次、开工队 150 余人次，为中沥公司含酸重质油综合利用与产品质量升级项目、中捷石化安全环保与清洁燃料升级项目、大榭石化馏分油综合利用项目和泰州一体化项目等顺利投产、增效提供强力支持。这四大项目 2016 年顺利投产共增效超 15 亿元。

3. 提高资金使用效率，建立集团“资金池”管理平台

重组后，伴随产业规模扩大，资金流量相应也是大进大出，为防范风险和应用好资本杠杆为生产经营服务，采取如下措施。一是搭建统一的资金管理平台，实现集团资金信息化管理。炼化系统 64 家公司全部在资金池管理平台开户，每日，资金需求由集团统一拨付，日末资金存量由集团统一上收。通过

发挥协同效益，降低资源浪费，实现按需下拨、定时上收的资金管理模式，实现集团资金透明管理、无缝对接，提升资金使用效率。二是加强存量资金管理，降低日末资金存量。“资金池”聚合集团资金，实现资金管理从单一到统一，从松散到集中，做到日末资金零余额。三是实现债务优化。共享集团内部资源，通过调剂集团资金余缺、主动作为，利用系统内存量资金替换贷款，实现存贷双降。相比年初，2016 年全系统降低金融机构流动资金贷款 90 亿元，减少集团财务费用支出 2.2 亿元。

三、海洋石油企业实现集团价值最大化的炼化板块专业化重组整合效果

（一）产销一体化效果显著，改革红利得到明显释放

中海炼化通过产销一体化管理机制的建立，降低了运营管理成本，提高了资源利用效率，推动了整体经济效益提升，2016 年全年加工原油 3334 万吨，销售产品 4017 万吨，实现营业收入 1383 亿元，实现利润 101.8 亿元，相较于重组整合前 2015 年炼化板块的同比口径，利润增幅达 97%。其中，改革重组释放红利超 38.7 亿元。

中国海油炼化板块重组改革实现“统一产业规划、统一资源配置、统一营销策略、统一体系建设”的目标，推动产品结构调整和下游产业升级，建立了与上游资源量相匹配和下游市场需求相吻合的炼化板块，进一步实现了中国海油上下游一体协调发展和集团整体产业链价值最大化，有效平抑了原油价格波动风险。2016 年，中国海油因石油价格低迷导致上游经营极度困难，中海炼化实现利润占到全集团的 96.4%，炼化板块在抵御低油价冲击、实现集团价值最大化的过程中显现出重要的“油价缓冲器”作用。

（二）成功实现人员分流安置，运行整体平稳

中海炼化按照整体规划、分步实施的工作方针，积极稳妥推进炼化板块改革重组，公平、公正、公开选人用人，员工积极参与改革。由于准备充分，工作细致，涉及多个总部机关、3 万余人的大调整，未出现大的投诉和群体性上访等不稳定因素，改革所涉及企业员工队伍总体比较稳定，生产经营平稳有序。

（三）行业竞争力显著增强，社会影响力逐步提升

实施炼化板块改革重组后，中海炼化更好地满足了客户的产品需求，市场竞争力显著增强。同时，通过加强与地方政府、国内外大型石油公司以及科研院校等的互利合作，得到社会各界的高度认同，在行业内也引起广泛关注，提高中国海油社会影响力，也得到国家有关部委的充分肯定。例如，通过惠州地区炼化板块体系的建设，带动了大亚湾石化区产业集群快速有效发展，形成令人瞩目的“榕树效应”。

（成果创造人：董孝利、周德春、陈贵云、孙大陆、何仲文、朱玉明、
韩星三、陈文强、冯景信、吴　青、毛晨新、沈洪源）

特大型油田以效益开发为目标的稠油区块合资合作管理

中国石油新疆油田分公司

中国石油新疆油田分公司（以下简称新疆油田分公司）是中国石油天然气股份有限公司所属的地区分公司，总部位于新疆维吾尔自治区克拉玛依市。新疆油田分公司隶属于中国石油天然气股份有限公司，主要从事石油天然气勘探开发、油气储运及销售、生产服务、矿区服务和其他辅助 5 个方面 21 项业务，其中，石油天然气勘探开发及油气储运是主营业务。拥有一支 41773 人的高素质员工队伍，其中少数民族 10739 人。

新疆油田所在的准噶尔盆地油气资源量 107 亿吨，目前探明石油地质储量 25.85 亿吨、天然气地质储量 2017.5 亿方，油气探明程度 25.7%，勘探潜力巨大；是中国石油“积极调整东部，加快发展西部”的重要战略接替地区之一。截至 2016 年年底，累计发现油气田 32 个，其中油田 27 个、气田 5 个；累计生产原油 3.6 亿吨、天然气 780 亿方。

一、特大型油田以效益开发为目标的稠油区块合资合作管理背景

（一）解决建设资金短缺、引进先进管理经验的迫切需求

20 世纪 90 年代，中国经济持续快速发展，作为工业血液的油气资源消耗量节节攀高，自 1993 年中国由石油出口国变为石油进口国，原油对外依存度以年均 6%的速度一路攀升。20 世纪 90 年代中后期，由于油价波动，世界石油市场不景气，国内自营勘探开发资金紧张。一方面中国石油天然气总公司控股的中国（香港）石油有限公司（以下简称中油香港）作为对外合作的平台，拥有充足的资金、先进的管理经验，并且迫切需要主营业务发展壮大自己；另一方面新疆石油管理局为解决稠油加密开发的建设资金短缺，决心引进国外先进管理经验，两者合作意愿强烈。

（二）有效动用稠油资源、实现效益开发的需要

为了能盘活区块稠油资源、实现效益开发，新疆石油管理局以解放思想、转换开发管理模式为手段，积极寻求合作方提升管理开发水平，提高稠油采收率。经过多次协商，与中油香港达成合作开发共识，1993—1995 年对拟合作项目进行了资产评估、可行性研究，合作提上正式日程，盘活稠油资源迫在眉睫。

（三）促进企地融合发展、繁荣克拉玛依经济的现实需要

通过合作开发油气资源，搭建起新疆地方、石油企业的合作平台，通过发挥各自优势，形成必要的利益共同体，以利于调动各方支持石油工业的积极性、主动性和创造性，促进各方融合发展；通过油地融合的方式可以将当地政府及其他利益相关者绑在一起，有利于化解来自方方面面的矛盾，为油田营造良好的发展环境。

克拉玛依远离大都市、地处边疆，自然环境相对恶劣，工作条件十分艰苦。新疆油田分公司作为驻市央企，肩负企地融合发展、繁荣克拉玛依经济、造福克拉玛依民众的社会责任，有义务、有责任通过转变稠油开发方式，推进合资合作，盘活稠油资源，促进地方经济发展、稳定就业、增加地方税收，实现油田与地方的科学发展、统筹发展、和谐发展。

二、特大型油田以效益开发为目标的稠油区块合资合作管理内涵和主要做法

新疆油田分公司围绕效益盘活稠油资源，精挑细选确定合资合作开发项目；明确稠油资源合资合作管理模式，突破传统自营管理模式；通过建立扁平化管理体系、财务精细管理体系、市场化运行体系、

“三支队伍”、HSE体系等，保障合资合作开发项目有序开展；坚持效益勘探开发与油藏精细管理，夯实油气资源与稳产基础；突出科研与技术攻关、创新应用，实现科技创新创效，全面增强企业发展的内生动力和活力，最终实现新疆油田有质量、有效益、可持续发展。主要做法如下。

（一）确定合资合作开发项目

1996年7月1日，由原中国石油天然气总公司与香港HAFNIUM有限公司在北京签署《中华人民共和国新疆克拉玛依油田九1—九5区块石油合同》。该合同规定，合同期限最长不超过25年，第一个连续生产期为12年；合作双方各委派3～5人组成合作项目的联合管理委员会（以下简称联管会），对合作项目的开发、经营等重大、重要事宜进行决策。合作区块位于克拉玛依市东北约40千米处，面积23.43平方千米（原合同中的区块面积20平方千米，2007年10月29日国家批复的第二次补充协议中新增九浅5区的3.43平方千米）。1996年8月29日，国家对外贸易经济合作部批准后于1996年9月1日正式实施。2008年4月28日，经国家批准同意，生产期延长8年至2016年。2016年8月31日合同终止。项目主要业务涉及采油、集输、热注三大类。

（二）确定合资合作管理方式

1. 确定生产管理方式

勘探开发领域油地融合合作项目的生产管理整体纳入新疆油田分公司的二级单位序列。在生产管理方面，合资企业的规划以及生产规范都要符合油田公司的要求。勘探开发领域的油地融合合作项目除生产管理以外的其他经营管理部分都实行独立运作，实行市场化运营。在组织结构、采购、财务、用人与管理等方面充分发挥独立自主性，体现合作项目的优势。

2. 明确投资规模及分成比例

新疆油田分公司作为国家石油企业的地区分公司，按照我国的法律，在矿权内拥有石油开采权和经营权，可以通过合作按一定比例分得一定数量的石油或一定数额的销售收入，至于分配比例通过相应协商确定。新疆油田分公司在勘探开发资金短缺的情况下，合作的物质基础为剩余可采储量与固定资产净值；中油香港拥有雄厚的资金。这种情况下，双方合作成立独立的资源经济实体，共同经营管理，各方按投入股份多少分享利润，并分担相应的风险或损失。

经过双方协商一致，双方投入为：新疆油田分公司以1996年9月1日前合同区的前期勘探费，即剩余可采储量折价2亿元和固定资产净值2.82亿元作为投入；中油香港承担合同区加密开发作业所需的开发作业费用，实际投资7.85亿元。产品分成按原油销售收入的5%缴纳增值税；按国家规定缴纳石油特别收益金；支付生产作业费用；支付双方投资回收油款（新疆油田分公司46%、中油香港54%）；支付双方税前分成油款（新疆油田分公司46%、中油香港54%）。

（三）理顺优化工作流程，建立简洁运行体系

1. 建立扁平化管理体系

一是推行大科室制。参照油田公司同类型油田机构与人员编制，本着精干高效的原则，坚持机构设置的科学性与先进性，加强顶层设计与研究谋划，持续优化调整“五定”（定责、定编、定岗、定员、定上岗规范）工作，破除业务职责交叉、重叠。合并同类业务机构，精简机关机构，推行大科室制，分为机关九部一室，即经理办、纪委监察部、计划经营部、财务部、人事组织部、群工部、保卫部、安全环保部、生产运行部、油藏工程部。截至2015年年底，员工1083人，与油田公司同类型油田参照对比，定员更精简，直属单位设置及用工总量较少。

二是精简组织机构。有效精简基层单位机构，安全生产、基础工作依托油田公司统一管理；开发、科研等依托勘探开发研究院、设计院，采研院、钻研院、监理公司等机构专业化负责。理顺职能流程，实现决策层、管理层、执行层三级管理，其中决策层为联管会，执行层为作业区采油一作业区、采油二

作业区、采油三作业区、稀油作业区、供汽作业区、集输作业区、联合采油作业区 7 个基层单位；明确联管会为最高决策层，其审批重大投资、技改、开发部署等方案后即可实施，保障了业务运行顺畅高效。

2. 建立财务精细管理体系

一是坚持预算先行，注重预算统筹。以全面完成原油生产和产能建设任务为基础，兼顾效益、效率，科学编制完成并实施年度预算，将指标分解下达至部门和作业区。严格预算执行，将一切收支纳入预算管理，严禁资金“体外循环”。定期检查预算的执行情况，建立预算执行的监督和反馈制度。强化单项超过 10％成本项目预算跟踪分析与调整优化工作，提高预算执行的符合率。建立预算执行考核制度，根据各部门、各单位预算执行情况，强化月度考核、年度兑现。

二是严控投资规模，抑制成本增长。本着“今天的投入就是明天的成本”管控理念，严格方案及投资审批，注重投资规模、稳产及成本控制的有序统一，确保双方投资收益。坚持全过程规范管理投资项目，按照工程项目性质分别成立钻井、地面、流化床等重点工程项目组，严格落实建设项目的投资计划、工期、质量、安全和合同责任要求，注重方案跟踪优化，努力杜绝无效钻井。积极开展招标、比价采购工作，实施地面建设优化简化、钻井周期优化控制、井型设计优化控制 3 个开发作业优化，有效控制投资成本费用。

三是坚持创新管理，提升管理水平。积极探索绩效考核，开展供汽模拟甲乙方合同、基层内部责任成本考核、绩效合同考核等工作，以各类单耗为切入点狠抓成本管理，坚持费用分类管理，注重效益类指标全过程控制，本着公平、公开、定期、制度化考核的原则，严考核硬兑现，有效促进生产经营管理水平的提升。

3. 建立市场化运行体系

坚持市场化运行机制，及早引入市场化竞争机制，构建公平、开放、有序的市场竞争环境，充分发挥自主经营、独立核算的优势，在产能建设、维护修理、工程技术服务、物资采购等方面，择优录用地方企业，依据联管会批复的框架预算编制工作订单，加强物资采购全过程质量管理，严格执行物资采购招标和比价管理规定，规范零星采购、急用料采购管理，持续开展招标、竞争性谈判等工作，有效实现投资节约、成本控制目标。“十一五”期间，百万吨产能投资平均 21.31 亿元，“十二五”期间，百万吨产能投资平均 26.69 亿元。

4. 开展“三支队伍”建设

将员工队伍作为提质量、增效益的第一资源，大力实施人本战略，持续加强“三支队伍”（管理人员、技术人员、操作人员）建设，围绕公司发展战略，以能力建设为核心，以人才队伍建设为重点，以优化员工队伍结构为主线，不断完善人才评价、培训、考核、选用等人力资源发展机制，鼓励人才创新，形成尊重人才、吸引人才、稳定人才、凝聚人才的良好氛围，以人才队伍带动全员素质提升，不断提高人力资源创效能力。

大力培养“多面手”。针对站、井、设备逐年增加与用工数量相对固定的问题，应用新技术、新工艺，大力推进信息化、自动化建设，结合员工实际，培养员工“一专多能”，有效缓解用工紧张的局面，实现工作量增加 2 倍、用工数量稳定、人工成本始终受控的目标。

5. 建立健全 HSE 体系

一是落实有感领导、直线责任、属地管理，坚持“安全发展、清洁发展”目标，扎实开展“三基工作”及“安全在我身边”活动，不断延伸和强化 HSE 管理工作，强化风险控制和隐患治理，着力转变观念、养成习惯、提高能力，持续夯实安全环保管理基础。二是推进 HSE 体系建设，制/修订规章制度、岗位职责、操作规程、应急处置预案。每周通报安全生产形势，安全环境管理与监督双轨并行。三是坚持隐患消项管理，全面排查、治理隐患，提高本质安全水平。狠抓“三违”治理，推进安全经验分享。开展预案演练，提高应急救援能力。四是持续强化承包商安全管理和施工作业现场监督，提高安全管理水平。树立稀油作业区“环保示范班组”，集输作业区被推选为集团公司绿色站（队）。

（四）坚持效益导向的勘探开发，盘活稠油资源

1. 坚持效益勘探，落实规模优质储量

按照“突出整体、重在发现、择优开发、注重效益”的战略导向，始终坚持效益勘探，强化油气资源掌控，突破合作开发区块面积的限制，稳步推进富油气区块再评价和滚动勘探工作，持续深化和创新地质认识，夯实合作区块效益开发的资源基础。截至 2015 年年底，探明地质储量 6826 万吨，可采地质储量 2799.54 万吨，实现接替资源良性循环，为持续稳产、效益开发创造资源条件。

2. 精细油藏管理，保障油田持续稳产

强化油藏精细管理，持续开展对标、追标、创标管理，精细编制方案，优化精细油藏注汽，优选吞吐措施增效，优化监测部署，持续深挖老区潜力，推进 3 次加密调整开发。

一是精心编制方案，强化部署落实。坚持“整体部署、分步实施”的原则，在勘探开发研究院做好整体规划方案的基础上，分年度编制完成配产配注方案、蒸汽驱综合治理方案、改善吞吐效果措施意见等开发治理方案。坚持“一分部署，九分落实”，将生产指标分解到各个作业区，在年度生产运行计划的框架下，测算季度、月度生产指标，强化季度、月度定量考核；强化现场跟踪与优化，根据方案实施效果持续调整优化方案，确保方案落地，凸显整体开发效益。

二是精细分类分治，强化汽驱调控。结合季节、油藏类型、剩余油分布等因素，强化井组注汽精细分类研究，采取针对措施，有效减缓油藏压力的下降趋势，逐步提升供液能力，实现井组日产水平稳定。

三是优选吞吐措施，推进“三个”转变。针对吞吐井占比大（占总井数 47.7%）与低轮次、低产液、低含水井多的问题，对比上轮次注汽效果，参照邻井生产情况，强化工程地质研究，坚持地上、地下一体化管理思路，精细优选低轮次、低产液、低含水井转轮，选择最佳注采参数，增加吞吐措施量。

四是优化监测部署，实施动态监测。坚持分步实施、调整优化的原则，编制动态监测井调整意见，实现陆续开发油藏动态监测面全覆盖，满足油藏动态认识与分析需要。

五是调整锅炉炉线，缓解注汽矛盾。深入调查并分析合作开发区块锅炉运行现状，研究制订锅炉管网调整方案。

（五）突出科技创新驱动，实现科技创新创效

完善科研体系建设，修订科技管理办法，持续开展对制约合作开发瓶颈技术的研究和攻关，并结合生产实际进行转化和应用。紧紧围绕成本管控、节能降耗，坚持问题导向，积极开展新工艺、新技术研究与创新应用，大力推进自动化、信息化建设。“十二五”以来，与中石油勘探开发研究院、新疆油田分公司勘探开发研究院、中国石油大学、西南石油大学等科研机构持续加强长效合作机制建设，深入开展特色技术攻关与应用，坚持科技创新与掌控资源并举，增强开发后劲，实施各类科技项目 150 项。

1. 创新应用流化床燃煤锅炉，稠油开发成效显著

为破解稠油开发成本受天然气短缺及涨价影响的难题，有效利用新疆丰富的煤炭资源。一是将循环流化床锅炉应用于油田稠油开发，以燃煤循环流化床锅炉取代现有燃油（气）锅炉；二是开展油田净化污水回用循环流化床燃煤锅炉注汽试验，建立和完善油田净化污水以 50% 比例掺混配套技术标准；三是应用弯管流量计计量技术和迷宫阀调节技术，解决蒸汽计量调控问题；四是开展防磨技术研究，有效降低流化床水冷壁磨损，提高运行时率，年运行时间达 7000 小时以上。

2. 推广应用新技术、新工艺，助力管理水平提升

一是推广应用注抽两用泵及优化选型，有效缩短井下作业措施周期、降低井控安全风险与现场操作员工劳动强度，全面覆盖吞吐引效井，累积减少修井作业 3564 井次。二是发明应用注抽两用泵井口防喷装置，解决转注井井口密封不严导致的盘根盒刺漏问题。强化节能管理，深入开展油井采出液保温技术、降低注汽管线沿程热损失研究等技术攻关。三是实施分层注汽技术及分层计量调控技术试验，精细油藏分层配汽，均衡动用剖面剩余油。四是大力推广应用节能变频控制柜。五是组织完成锅炉空气预热节能技术研究。六是开展盐污水处理技术攻关，实现含盐污水 COD、硫化物、石油类达标排放。七是深入开展撬装式生物泥浆反应器处理含油污泥技术研究，实现含油污泥处理的无害化和减量化。

3. 大力实施自动化、信息化，缓解项目用工压力

一是针对受极端天气变化造成大量抽油机停产的现象，大力推广应用抽油机节能增产优化系统及自动启停装置，增强油区供电系统稳定性。二是针对油井、计量站数量逐年增加，推广应用油井自动计量技术。三是大力推广应用采油计量站、注汽锅炉集中监控技术，实现供热站锅炉自动监控。

4. 注重科研项目技术攻关，攻克油田发展瓶颈

深入研究采油井层位调整、汽驱注汽层位调整、注汽方式转换等汽驱调控方法，为实施大规模汽驱调控提供参考依据。优选 4 个井组现场试验生物化学复合深部调驱，破解稠油蒸汽驱开发后期汽窜严重、蒸汽利用率低、采油速度低的难题。开展 J3q2 层井网完善潜力研究，2014 年优先实施 30 口井，总体生产效果较好。利用多种技术精细油藏描述与优化汽驱开发效果，为后期调整开发指明方向。始终坚持工程地质一体化管理理念，强化产能有序接替研究，筑牢油田持续稳产基础。

三、特大型油田以效益开发为目标的稠油区块合资合作管理效果

（一）有效提升低品位稠油资源，缓解投资压力

该合资合作项目的实施与管理，坚持市场化运作，有效盘活了稠油资源，实现质量、效益、可持续发展，为新疆油田增储上产、维护合作双发利益做出了贡献。通过充分利用社会资本，在一定程度上有效缓解集团公司投资压力。

（二）保障了合作双方的利益，取得良好的经济效益

自 1996 年合作开发以来，原油年产量连续 19 年稳产 70 万吨以上，累积生产原油 1496.12 万吨，销售原油 1445.37 万吨，实现销售收入 328.85 亿元；合作双方累计投入资金 38.18 亿元，累计分成油款 165.98 亿元。

（三）促进企地和谐发展，取得良好的社会效益

截至 2015 年年底，共缴纳各项税费 65.71 亿元，其中留存地方 14.30 亿元。积极参与政府公益事业，承担社会化费用 1.6 亿元；支付市残疾人保障金 720 万元；缴纳群众性团体会费及比赛赞助 25.2 万元。连续多年被评为纳税 A 级企业、克拉玛依市地方财政十大突出贡献企业。

（成果创造人：杨学文、聂海光、何　杰、何长坡、关泉生、
陈瑞光、杨　波、张　辽、罗双涵、于鑫泰）

施工企业以提升项目管控能力为目标的模块化管理

中铁五局集团第四工程有限责任公司

中铁五局集团第四工程有限责任公司（以下简称中铁五局四公司）创建于 1964 年，具有铁路、公路、市政公用工程施工总承包一级和桥梁、隧道、公路路基工程专业承包一级资质。注册资本金 5.1 亿元，公司现有员工 2433 人，总资产 36.6 亿元，2016 年完成施工产值 42.5 亿元。

一、施工企业以提升项目管控能力为目标的模块化管理背景

（一）适应建筑施工行业发展趋势的需要

近年来，我国经济由高速增长转变为中高速增长，国家积极推动建筑施工行业发展方式从粗放向集约转变，大力倡导以机械化、工厂化、专业化和信息化为重要内容的建筑产业化发展。装配式建筑由于建造速度快、生产成本低，这一理念得到持续发展。2016 年 2 月，出台《国务院办公厅关于大力发展装配式建筑的指导意见》，要求因地制宜发展装配式混凝土结构、钢结构和现代木结构等装配式建筑；2016 年 3 月，政府工作报告提出要大力发展钢结构和装配式建筑，提高建筑工程标准和质量；2016 年 9 月，国家提出要大力发展装配式建筑，推动产业结构调整升级。施工企业运用装配式理念，在工程施工中，把大量的建筑部品提前在车间加工生产完成，只在现场进行简单的装配，减少现浇作业，能够有效提高工作效率，确保安全质量，推进绿色施工。推行项目模块化管理是适应建筑施工行业产业化发展和装配式发展的重要基础。

（二）履行施工现场主体责任的需要

工程项目中标后，施工企业一般把工程的施工劳务作业分包给具有相应资质的劳务企业。在这种分包模式下，施工企业需要加强过程监管，以保证工程的安全质量和工期。自项目施工以来，施工企业不断加强分包管理的合法性和规范性建设，作业层建设较为薄弱，项目管理一般采用项目部直接管理劳务队伍的两级管理方式，对于规模较小、工程集中的项目，安全质量管控的矛盾可能不是非常突出，而对于越来越多的规模大、管段长、安全质量风险高的项目，仅仅依靠项目部对现场管理，难免出现鞭长莫及的情况，导致出现“包而不管”和“以包代管”，使项目的安全、质量、工期等不可控。在国家注重施工行业信用体系建设、对工程安全质量监管更加严格的背景下，施工安全质量直接关系到企业的生存和发展，作为一个合格的工程施工承包商，必须严格执行国家法律法规，杜绝工程的违法分包和转包，履行好总承包商的主体责任，加强对合法分包后的过程监管，以确保工程的安全质量和工期。推行项目模块化管理，既可以把影响安全质量的管理要素和主要环节掌握在施工企业自己手中，又可以通过自有作业组织加强过程监管，实现“以我为主”管控好现场，从根本上履行好主体责任，保证合同承诺的兑现。

（三）提升企业管理效率和经济效益的需要

项目部是施工企业为工程项目施工管理组建的一次性组织机构。在工程项目施工组织中，由于施工企业已授权项目部管理项目，往往由项目部自行组织和协调施工所需的人、财、物等各类生产资源，企业后台的管理容易缺位，导致企业的优势资源无法在项目充分利用，出现资源闲置、浪费的问题；由于项目部资源掌控和自身组织能力有限，项目进场后往往是临时建站队、租设备、找队伍，资源组织效率低下，项目开局进展缓慢，使后期管理变得被动。通过企业在后台提前构建常态化组织，按照模块化的方式为项目集中配置各类资源要素，既能促进企业内部资源有效整合，又能优化配置，提升项目管理效

率，保障工程项目高效组织实施，为创造良好经济效益奠定基础。

二、施工企业以提升项目管控能力为目标的模块化管理内涵和主要做法

中铁五局四公司为彻底扭转项目现场管理被动局面，通过分专业、分类别系统整合企业内部资源，在企业层面构建常设的专业化分公司、专业作业队和合格劳务队伍三类组织模块，配套建立各模块的运行和管理机制，注重模块之间的协同管理，使项目由原来项目部直管劳务工班的两级管理改变为“项目部—作业队—劳务工班”的三级管理，全面推进模块化管理，实现项目管理由粗放向集约转变，从根本上保障工程项目安全、质量、进度，提升经济效益和社会信誉。主要做法如下。

（一）明确思路，科学设计基于专业模块的矩阵式管理架构

1. 全面规划实施

中铁五局四公司通过对项目管理中存在的问题进行系统分析，认识到在即有的资源条件下，项目管理体系中缺少自有的现场管控层，是导致现场管控主导权丧失的主要原因。要从根本上解决这一问题，就必须变革传统的项目管理模式。为此，中铁五局四公司从企业发展战略的高度策划项目管理变革，把专业模块建设作为提升项目管控能力的重要举措，在企业层面进行系统规划，按专业、分类别重构项目作业管控层，通过模块化的方式把作业管控层固化在企业的管理架构中，同时结合其不同的属性和特点分别赋予相应的职能，从而建立企业基于专业模块的矩阵式管理架构，为有效提升项目管控能力奠定基础。为了保证战略举措的实施，先后出台《工程项目作业组织模块化管理办法》《专业化分公司组织管理办法》《作业队组织管理办法》和《劳务队伍组织化建设管理办法》，为三类专业模块的有序运行提供制度保障。

2. 明确职责分工

一是明确公司负责三类专业模块的规划构建。由于项目部是公司派往现场的一次性管理机构，而三类专业模块是公司在项目现场设立的常建制作业及管控组织，因此，为保证三类专业模块组织形态的常态化和职能作用的正常发挥，由公司负责对其进行规划构建；二是明确项目部负责三类专业模块的使用管理。专业化分公司、专业作业队和合格劳务队伍构建在公司，使用在项目，项目部应加强三类专业模块在项目的现场使用管理，包括日常的协调、指挥、指导、检查及考核；三是明确各专业模块主要负责自身的建设管理。三类专业模块作为独立经营、单独核算或自负盈亏的责任主体，负有对其自身进行内部建设管理的职责，包括人事、薪酬、考核等内部管理机制建设及日常经营管理。

3. 调整管理模式

中铁五局四公司通过把企业的资源交由自有专业组织进行集中管理，把原来无序的项目资源组织方式调整为由公司和自有专业组织统一配置和管理；把原来所有项目均实行项目部直接管理分包队伍的两级管理模式，调整为在规模大、任务重、风险高的项目实行“项目部—自有作业管控组织—分包队伍”三级管理模式（如图 1 所示），保证项目安全质量管控的需要。

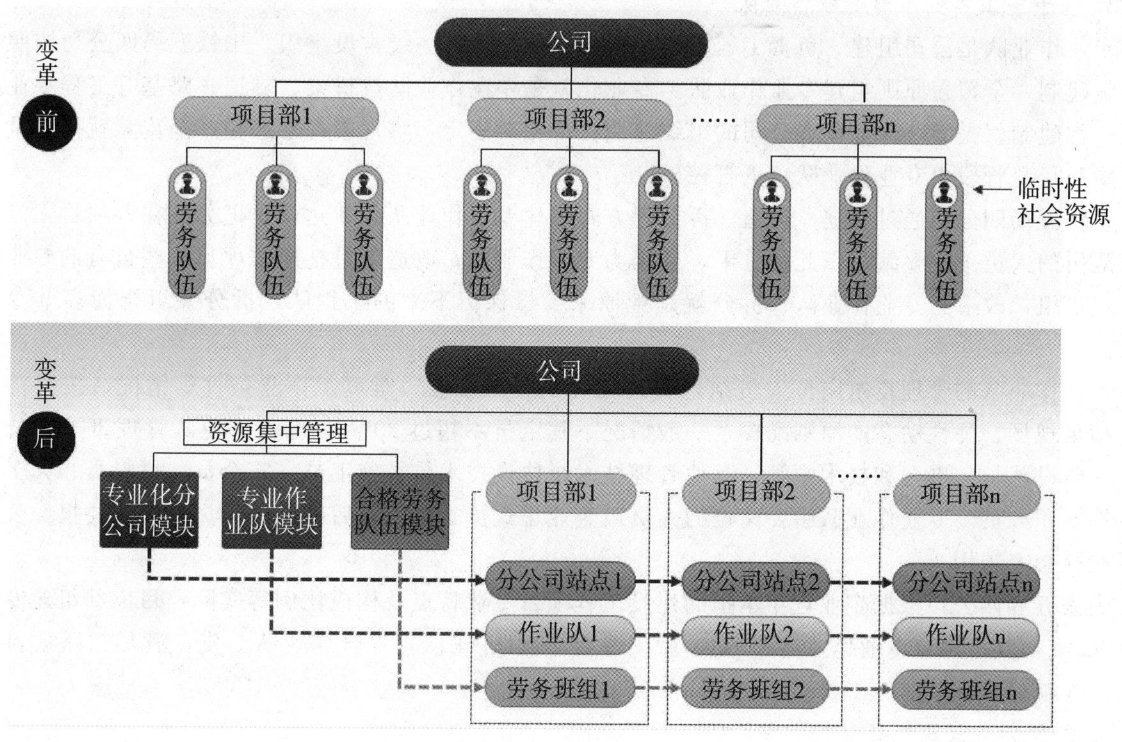

图1 项目模块化管理示意图

（二）组建三类专业模块

1. 基于资源要素组建专业化分公司

专业化分公司模块是公司组建、为项目提供专业产品及生产要素管理服务的一级常设组织。中铁五局四公司按照集中管理、专业发展、实体经营的原则整合公司各类专业资源组建专业化分公司。集中管理就是将人员、材料、设备等生产要素归集到专业化分公司；专业发展就是专业化分公司集中精力发展一个专业方向；实体经营就是将专业化分公司作为独立核算的生产要素经营主体。

专业化分公司按照其生产及资源管理的特点分为为项目提供专业加工生产服务管理的加工生产型分公司和为项目提供专业技术服务管理的技术服务型分公司两类。其中，加工生产型分公司主要包括承担项目混凝土工厂化集中生产供应的混凝土分公司，承担项目钢结构成品和半成品工厂化集中加工及配送任务的钢结构分公司，负责隧道大型机械化施工管理的机械租赁施工分公司和负责公司固定设备及砂石料生产线组织管理的经租服务分公司等；技术服务型分公司主要包括为项目提供测量、试验等技术管理服务的测绘分公司、试验检测分公司和为项目提供物资集采分供管理服务的物资分公司。

专业化分公司本部由领导班子和管理部门构成。领导班子由公司任命，依据分公司经营管理规模需要，一般设经理、书记、总工和副经理。技术服务型分公司只设技术管理部和综合管理两个部门，加工生产型分公司设置安全生产部、物机部和计财部 3 个部门。技术服务型分公司总部定员 6～8 人，加工生产型分公司总部定员 10～14 人。

为满足施工组织模块化管理的要求，中铁五局四公司共组建成立测绘、试验、混凝土、机械租赁施工、经租服务、钢结构、物资 7 个专业化分公司。目前专业化分公司中拥有管理技术人员 198 人，劳务技能工人 821 人，各类自有设备 1832 台套。

2. 基于施工作业组建专业作业队

专业作业队是公司组建、负责工程施工和现场作业管控的一级常设组织。中铁五局四公司按照专业化、常建制、全覆盖原则组建专业作业队。专业化就是专业作业队按桥梁、隧道、路基等工程专业类别设置；常建制就是专业作业队在公司的组织建制保持相对固定，实现管理常态化；全覆盖就是在重大及高风险项目全管段由专业作业队负责管控。

中铁五局四公司通过新建、改造、拆分等方式组建专业作业队。新建就是把分散在各项目工点管理劳务队伍的人员集中整编，以此为骨干，新建为专业作业队；改造就是把原来项目一些自有的专业管理和作业班组，改造为专业作业队；拆分就是把原来少量保留下来的工程队，拆分并组合为多个专业作业队。

专业作业队的管理技术岗位人员结合管理工程的施工强度、难度、作业条件等情况，按照精干高效、满足现场、弹性动态的原则配置，一般情况下其定员不超过20人。专业作业队管理班子由公司任命，一般设队长、书记和技术主管，其他管理技术岗位设技术员、施工员、安全员、材料员、火工品库管员等专职人员。专业作业队主要岗位的人员以企业正式员工为主，后勤辅助人员根据需要报经公司同意后在社会上聘用。

中铁五局四公司根据企业近年承担的建设工程项目专业特点及构成比例等实际，目前共组建专业作业队32支，其中隧道专业作业队17支，桥梁专业作业队11队，综合作业队3支，满足铁路项目和路外高风险项目全覆盖的施工管理需要。

3. 基于劳务资源组建合格劳务队伍

合格劳务队伍模块是由公司进行组织化管理，与公司长期合作，在施工现场承担劳务分包作业的一级社会法人组织。中铁五局四公司把原来游离于企业组织管理体系之外的劳务队伍进行组织化管理，按照“三个纳入、三个不变”的原则构建合格劳务队伍模块，即劳务队伍纳入企业组织体系，其社会属性不变；劳务队伍纳入企业管理体系，其自主性管理不变；劳务队伍纳入企业经济考核体系，其经济责任主体不变。

中铁五局四公司以施工能力强，信誉良好、满足劳务队伍负责人、合同签约人及现场负责人“三人合一”为标准构建合格劳务队伍。通过逐一对在用劳务队伍进行甄别和筛选，对评审合格的劳务队伍纳入公司劳务资源库，对不合格的限期整改或清退。对一些优秀的自然人负责的队伍，去掉虚假的挂靠，并着重培育其工序专业作业能力，与之建立紧密合作关系，成为相互依存的共同体。

目前，中铁五局四公司在册合格劳务队伍共计580支，其中，隧道专业97支，桥梁专业132支，路基土石方专业133支，其他专业218支。

（三）建立专业化分公司与项目部的合作机制

1. 建立专业化分公司在项目中的使用制度

专业化分公司根据项目现场需要，调派人员和设备到项目部组建现场站队，其中加工生产型分公司组建的现场站队主要有混凝土拌和站、钢结构加工厂、机械服务站、土石方施工队；技术服务型分公司组建的现场站队主要有测量队、试验室、物资采供站等。专业化分公司站队在施工生产的组织上由项目部统一管理，在人事和经济上由专业化分公司进行管理。

专业化分公司站队的管控层按精干高效、满足需要和动态弹性的原则进行配置。一般设1名总负责人和少量管理人员，作业班组以自行招录管理的劳务工构成的自建工班为主，如承担1.8万吨钢结构加工配送任务的蒙华15标三工区钢结构加工厂，配置管理人员6人，下设4个作业工班，共有各专业作业人员43名，管理人员和4个班组长均为正式职工，班组作业人员都是自行管理的劳务工。专业化分公司对一些生产加工能力较强的站队（如混凝土拌和站、钢结构加工厂等）保持其人员相对稳定，并固化为内部的专业模块，实现在项目的整体调动，提高专业化分公司站队的加工服务水平。

2. 项目部对专业化分公司的管理机制

专业化分公司通过向项目派驻现场站队，以内部分包方式为项目现场提供专业化支撑，保障现场施工生产、盘活公司设备资产、培养专业技术技能人才、精细现场成本管理。项目部与专业化分公司按内部市场规则进行业务承包，建立内部经济合同关系。承包单价由中铁五局四公司综合考虑任务量、工期和设备及人员等资源配置计划因素进行测算后，在征求项目部及专业化分公司意见的基础上定价。项目部根据专业化分公司的工作内容特点采取不同的分包方式。对钢结构、混凝土等专业化分公司，实行产品加工全费用分包，签订单价承包合同；对试验、测量等专业化分公司，根据业务量、工期、设备和人员费用，测算出总费用，实行总费用承包。例如，蒙华15标三工区项目部，对钢结构分公司实行钢结构加工及配送单价承包，其中格栅钢架900元/吨、钢筋笼525元/吨；对混凝土分公司实行混凝土加工运输单价承包，其中混凝土加工23.28元/方，运输22.3元/方；银西项目部对试验、测绘分公司实行总费用承包，根据新购仪器设备、设备折旧、维修、站队人员薪酬、分公司管理费及项目工期等因素，分别测算并确定承包合同总费用为3420853元和3500680元。

（四）建立专业作业队与项目部的合作机制

1. 专业作业队在项目的使用制度

中铁五局四公司根据项目施工管理需要，将专业作业队整建制调派到项目，由项目部根据施组需要和业主要求，构建为项目部的生产作业队（工区、架子队），编入项目部管理序列，作为项目部的一级现场管控组织，承担项目的主体工程施工作业现场管理任务。例如，承担八达岭隧道2#斜井及2470米正洞施工任务的京张铁路3标第十七隧道作业队，共配置队长、党支部书记、技术主管及其他管理技术人员17人，下辖6个作业班组，共有各类专业作业人员55名，专业作业队下辖班组的作业人员以班组自行招录管理的劳务工为主。

在项目部期间，生产作业队由项目部代表公司对其进行管理，对生产作业队的生产指挥权、经济管理权、除班子成员以外的人事权等全部委托给项目部。工程完工后，生产作业队又回归到公司的专业作业队，由公司统一调配到新的项目。

2. 项目部对专业作业队的管理机制

专业作业队在项目组建的生产作业队（工区、架子队），直接负责现场施工作业的组织管理，是项目主体工程施工管理的直接组织者，对其管辖区段的安全、质量、进度等负主体责任。项目部履行对作业队日常管理的职能，对其实行绩效工资考核、专项考核和责任成本考核，项目部按月或季度进行考核兑现。

在绩效工资考核方面，项目部对作业队员工实行以施工进度及员工考评为主要内容的月度考核。绩效工资＝绩效工资基数×绩效考核系数。绩效工资基数由公司根据作业队员工不同岗位实际统一确定，绩效考核系数由施工进度考核系数（权重60%）和员工考评系数（权重40%）组成。施工进度考核系数由项目部根据作业队当月生产计划完成情况进行考评，员工考评系数中，作业队班子成员由项目部组织考评，其他员工由作业队班子成员考评。

在专项考核方面，项目部根据工程特点，结合项目进展情况，对影响进度及成本的关键要素和环节制订专项考核办法。专项考核是绩效工资考核的补充和延伸。作业队按照办法规定的频次及时开展考核工作，如针对以隧道施工为主的作业队，实行工序循环、隧道开挖质量和材料节超等“三项”专项考核。

在责任成本考核方面，中铁五局四公司按照“权责对等”和“谁的责任谁承担”的原则，客观分析作业队对不同成本控制的责任，根据作业队责任大小合理设定其责任成本考核权重，如对作业队经费和未包进劳务队伍及专业化分公司分包内容的直接成本，作业队负直接管理责任，按全额节奖超罚的方式考核兑现；对已包进劳务队伍及专业化分公司分包内容的直接成本，作业队负管理责任，按一定比例进行责任分担和盈余分享。

（五）建立合格劳务队伍与项目部的合作机制

1. 合格劳务队伍在项目的使用机制

项目中标后，中铁五局四公司在对项目分包单元、任务划分及专业类别进行全面策划的基础上，根据项目部上报的劳务队伍需求计划，从合格劳务资源库中按照不低于需求计划 1 ： 3 的比例筛选确定符合要求的劳务队伍选用范围，并以文件形式下达给项目部。项目部在公司下达的选用范围内通过招（议）标方式选定劳务队伍。劳务队伍根据与项目部签订的分包合同组建现场作业班组，并纳入生产作业队统一管理。劳务队伍在项目的分包方式包括单工序、多工序及全工序三种类型。在分包方式的选择上，项目部注重与工程特点相结合，与劳务队伍的能力、信誉相匹配。

2. 项目部对合格劳务队伍的管理机制

项目部通过与选用的劳务队伍签订分包合同，建立经济合同关系。项目部侧重于对劳务队伍按照分包合同条款进行经济管理。生产作业队侧重于对劳务队伍作业班组的直接管理，对劳务班组履行组织、协调、监督、控制、服务职能，负责对劳务班组按期收方，并报项目部进行结算支付。同时，项目部和生产作业队对作业班组劳务人员实行实名制管理。

（六）建立公司对三类专业模块的管理机制

中铁五局四公司在模拟市场运作方式建立项目部与三类专业模块之间关系规则，解决各个模块干好干坏一个样的问题的基础上，通过建立公司对专业化分公司的年度经营承包责任制，对专业作业队的分级管理机制和对劳务队伍的信用评价管理机制，同时清晰界定各专业模块在项目成本管理中的责任，加强各专业模块关键运行环节的协同管理，保障各个模块高效有序运行。

1. 公司对专业化分公司的管理机制

对专业化分公司实行年度经营承包责任制，包括对专业化分公司领导班子年度绩效薪酬考核和分公司年度经营承包利润考核两项内容。其中，年度绩效薪酬由中铁五局四公司根据分公司年度目标任务的完成情况进行考核，考核指标由服务质量、利润、营业额、安全质量等四项内容组成，权重分别为30%、30%、20%和20%；对分公司年度经营承包利润考核，由中铁五局四公司结合各分公司业务板块特点对考核指标进行区别化、台阶式设定，保证指标考核的合理性和可操作性。如对混凝土分公司的利润考核，按照每方混凝土实现的利润金额，分利润区间明确超奖欠罚的比例标准，对测绘分公司的利润考核，则按照分公司年度实际实现的利润率，分利润率区间明确超奖欠罚的比例标准。

2. 公司对专业作业队的管理机制

对专业作业队实行分级管理。中铁五局四公司对专业作业队每半年进行一次评级考核，将专业作业队分为 A、B、C、D 四级。评级考核设刚性指标，每次要评 20%的 A 级，50%的 B 级，30%的 C 级，C 级的最后一名降为 D 级。中铁五局四公司根据作业队每半年的评级结果实行不同的奖罚政策，如对评为 A 级的作业队所有员工绩效工资上浮 10%；对评为 D 级的作业队班子成员进行诫勉谈话或采取人事调整措施，并对作业队所有员工绩效下浮 5%。

3. 公司对劳务队伍的管理机制

对劳务队伍实行信用评价管理。劳务队伍信用评价的内容主要包括基本条件实力、工程质量、安全职业健康、环保文明施工综合治理、施工进度、劳务人员管理和协调配合及纠纷处理 7 个方面，并把劳务队伍安全、质量管理情况，合同外结算的额度，以及对企业的社会信誉损害等作为评价红线，实行一票否决制。信用评价采取百分制的评分方法，按分值划分为 A（优秀）、B（合格）、C 级（基本合格）、

D级（不合格）4个等级。信用评价实行三级考评，由公司、项目部、作业队共同完成。作业队按月进行评价，项目部按季度进行评价，公司每半年进行综合评定并以文件形式统一发布。

在信用评价结果的应用上，对信用评价为A级的劳务队伍优先选用；近2年内发生安全质量事故的劳务队伍原则上不用；合同外结算过大的劳务队伍不用；上一个项目严重亏损的劳务队伍慎用或不用。

4. 界定专业模块在项目成本管理中的责任

项目部、作业队（或工区）和专业化分公司是项目成本管理的责任主体，中铁五局四公司通过清晰界定各个主体在项目成本管理中的责任，确保各司其职，各尽其责。项目责任成本体系构成和责任界定如表1所示。

表1　项目责任成本体系构成和责任界定

<table>
<tr><th colspan="3" rowspan="3">项目总成本体系构成</th><th colspan="7">责任界定</th></tr>
<tr><th colspan="3">项目部</th><th colspan="2">作业队</th><th colspan="2">专业化分公司</th></tr>
<tr><th>直接责任</th><th>间接责任</th><th>监管责任</th><th>直接责任</th><th>间接责任</th><th>直接责任</th><th>间接责任</th></tr>
<tr><td rowspan="5">作业队管辖区段的责任成本</td><td colspan="2">项目对劳务队伍的正常分包结算成本</td><td>★</td><td></td><td></td><td></td><td></td><td></td><td></td></tr>
<tr><td colspan="2">项目对生产型专业化分公司的正常分包结算</td><td>★</td><td></td><td></td><td></td><td></td><td></td><td></td></tr>
<tr><td rowspan="3">作业队责任成本</td><td>未包含在分包合同和专业化分公司合同中的直接成本</td><td></td><td>☆</td><td></td><td>★</td><td></td><td></td><td></td></tr>
<tr><td>作业队经费</td><td></td><td></td><td>○</td><td>★</td><td></td><td></td><td></td></tr>
<tr><td>结算溢价（含分包、材料、机械结算溢价）</td><td></td><td>☆</td><td></td><td>★</td><td></td><td></td><td></td></tr>
<tr><td colspan="2">专业化分公司责任成本</td><td>服务型专业化公司责任成本</td><td></td><td></td><td>○</td><td></td><td></td><td>★</td><td></td></tr>
<tr><td colspan="2" rowspan="3">项目部责任成本</td><td>项目部经费</td><td>★</td><td></td><td></td><td></td><td></td><td></td><td></td></tr>
<tr><td>其他直接费（征拆、委外等直接成本）</td><td>★</td><td></td><td></td><td></td><td></td><td></td><td></td></tr>
<tr><td>税负</td><td>★</td><td></td><td></td><td></td><td></td><td></td><td></td></tr>
</table>

注：直接责任：★　　间接责任：☆　　监管责任：○

在作业队管辖区段的责任成本中，第一类是劳务队伍及生产型分公司正常结算成本，因劳务队伍通过项目招标选用，生产型分公司与项目部的承包价格由公司确定，所以这一类正常结算成本由项目部负直接责任；第二类是未含在劳务和专业化分公司分包中的材料、机械正常消耗成本，因材料、机械由项目部采购、作业队管理使用，所以由作业队对这类材料、机械正常消耗成本负直接责任；第三类是作业队经费，作业队应负直接责任，项目部应负监管责任；第四类是结算溢价成本，虽然结算单价由项目部或公司确定，但因作业队负责分包队伍的现场管理及协调配合，负责材料的验收、使用及核算管理，负责机械的调配使用，由此导致分包及材料、机械消耗量超出合同正常结算量而形成的结算溢价，由作业队负直接责任，项目部负间接责任。

专业化分公司对在项目的经营结果自负盈亏，对其成本负直接责任，项目部对专业化分公司在项目的经营活动进行监督，对其成本负监管责任。

项目部的责任成本中，因现场经费由项目部直接发生，其他直接费的依据方案由项目部制订和实施，因此项目部对其现场经费、其他直接费负直接责任。

5. 加强关键环节的协同管理

一是建立项目部对专业化分公司现场站队的协同管理机制。为加强分公司站队的日常监管，中铁五局四公司明确分公司站队在组织关系上隶属于相应专业化分公司，但同时应接受项目部的现场生产指挥和日常监管与考核。项目部可就服务保障施工生产的质量、成本管理的重点环节制订办法，对分公司站队进行考核奖罚。二是建立项目部和专业化分公司的成本协同管理机制。项目部对分公司站队的盈亏负有监管责任。中铁五局四公司把专业化分公司站队在项目的盈亏与项目部领导班子的年度绩效薪酬考核挂钩。通过这一责任关联机制，促使项目部与专业化分公司目标同向，责任共担，共同管控好现场站队的成本。三是建立项目部与专业化分公司、专业作业队之间的索赔协调机制。中铁五局四公司明确专业化分公司、专业作业队与项目部因内部承包业务产生的争议和纠纷，经双方协商无法达成一致时，由公司据实裁定。四是建立项目部与专业化分公司的统一结算机制。中铁五局四公司建立统一结算机制，专业化分公司本部所需的日常费用开支由公司根据其资金使用计划按月支付，专业化分公司站队的日常生产经营开支由项目部代付。

三、施工企业以提升项目管控能力为目标的模块化管理效果

（一）完成了基于模块化的项目组织管理方式变革

项目施工组织模块化以来，各类资源在公司范围内实现了动态配置、有序流动，而且专业作业队、专业化分公司和劳务队伍从事专业管理和作业，提高了资源配置的效率和效益，部分职能转移到专业化分公司和专业作业队，极大程度地释放了项目部的管理力量，项目部有更多精力抓好现场管理和对外经营。通过专业作业队、专业化分公司和劳务队伍的模块化组织，构建了企业“以我为主”的现场作业组织和管控组织。近年来，中铁五局四公司构建的32支专业作业队、7个专业化分公司和在册的580支合格劳务队伍，在企业承建的沪昆、成贵、怀邵衡、蒙华、京沈、京张等多个国家重点铁路和茶格、广中江、大岳、云湛、郑州地铁、合肥地铁等路外项目建设中发挥了重要作用，保障了企业工程项目的高效有序推进。

（二）项目管理能力得到提高

近年来承建的银西、京张、蒙华5标、怀邵衡等多个项目混凝土拌和站、钢结构厂全线第一个建设完成；怀邵衡大岳、京沈等项目率先完成全线第一个桥梁承台、墩身施工，蒙华15标、广中江等项目率先完成全线第一片梁的浇筑；银西、云湛13标率先架设全线首片箱梁；沪昆客专壁板坡隧道平导提前6个月顺利贯通；蒙华5标西安岭隧道全线率先开工；怀邵衡铁路5标孙家屋隧道全线率先贯通。京张、沪昆、大岳、郑东新区、合肥地铁3号线、云湛13标、18标、广中江、雷西等多个项目获得股份公司及业主“安全文明标准工地”等在安全质量方面的表彰奖励。

（三）企业竞争能力得到提升

近五年来，中铁五局四公司生产经营能力大幅提升，累计新签合同额185.6亿元，新签合同额由2012年的34.1亿元增长到2016年的47.1亿元，增长38.1%；累计完成营业额188.5亿元，营业额从2012年的28.5亿元增加到2016年的40.1亿元，增长40.7%。项目毛利率由2012年的5.4%提高到2016年的7.14%。企业实现利润逐年增长，财务资金状况逐年好转，并消化历史潜亏1.58亿元。员工年平均收入保持近11%的增长率。

（成果创造人：钟勇奇、张习亭、张顺强、陈玉安、熊锦阳、高海祥、丁　坪）

军工企业集团合并重组后的整合管理

西北工业集团有限公司

西北工业集团有限公司（以下简称西北工业集团）隶属于中国兵器工业集团公司（以下简称兵工集团），2010年12月由西安北方华山机电有限公司、西安东方集团有限公司、西安北方秦川集团有限公司、兰州北方机电有限公司整合组建成立。西北工业集团是国家定点的某防务产品科研生产“双保留”能力单位，企业研发技术中心也被国防科工局授予“国防科技工业认定企业技术中心”，在数控加工、粉末冶金、易碎钨合金、旋压与温挤压等方面拥有较强的装备和工艺能力。截至目前，西北工业集团注册资本10亿元，资产总额67亿元，占地面积9713亩，职工9370人。

一、军工企业集团合并重组后的整合管理背景

（一）贯彻落实集团公司战略部署的需要

十八届三中全会明确“市场在资源配置中起决定性作用”，提出“改革国防科研生产管理和武器装备采购体制机制、引导优势民营企业进入军品科研生产和维修领域”，给军工行业带来重大机遇和严峻挑战。“十二五”时期，兵工集团确立“打造国际一流防务集团和建设国防重型装备、特种化工、光电信息三个产业基地的奋斗目标”，提出军品发展要通过提升技术地位来提升其战略地位，并在企事业单位集中的区域建立集群优势，推进产研资源的有机融合，重点打造30个左右军民结合、专业化的子集团（子公司），形成十几个有产业竞争力、市场话语权的行业领先者和百亿元企业。西北工业集团成为第三批合并重组子集团，作为兵器行业弹药领域的排头兵，面对新时期、新形势、新要求，按照集团公司“战略规划统一、资源调配统一、制度统一和文化融合”的重组原则及要求，积极探索合并重组后如何整合管理，满足深度融合的管理需要显得尤为重要。

（二）调整管控模式，提升集团化管控能力的需要

合并重组企业由于历史的积淀，均已形成较为成熟的管控模式、规章制度和业务流程，在不同时期均创造过辉煌，企业底蕴各具特色，内部管控模式、企业文化、人员结构与综合素质、领导风格、工资水平、激励模式等方面各不相同。重组后，各重组单元发展定位被打破，多元化的经济模式和管理相互交融，导致信息沟通不畅、控制措施不灵、执行力减弱等问题。要求西北工业集团建立适应合并重组后的管理模式，形成深度融合的管理制度和工作流程，积极化解和消除重组阻力，提升集团化管控能力，确保重组企业管理机制平稳过渡。

（三）加快业务优化调整，提升整体竞争力的需要

合并重组后，西北工业集团面对重重困难。一是产业布局分散。二是生产线局部能力建设重复，设备利用率不均衡，资源利用粗放，科研生产相互协作少，工艺和加工优势互补少。三是产业产品结构、资产结构不合理。西北工业集团在发展定位中将工业性民品定位为主导民品，但是民品收入的近1/3来自一家不控股的流通性企业——汽车4S销售企业。40余家民品子企业收入过亿的仅6家，其中4家刚过亿元线，其余民品企业产业领域分布散、经营规模小、赢利能力低、市场竞争力弱。这些情况要求西北工业集团以合并重组为契机，进行业务优化调整，实现有机融合，从而形成“主体突出、协调发展”产业新格局，提升整体竞争力。

二、军工企业集团合并重组后的整合管理内涵和主要做法

西北工业集团围绕企业核心使命和发展定位，利用市场化思维，坚持问题导向、市场导向和以人为

本的原则，通过组织变革、重塑管控模式、开展业务调整和优化等一系列举措，营造公平有序的企业内部氛围，系统整合内外部软硬件资源，实现管理无缝融合和军民融合发展。主要做法如下。

（一）科学设计顶层组织构架，提升经营决策效率

西北工业集团合并重组后，围绕核心使命和发展定位，采取以运营型为主的管控模式，对军品系统采取运营型管控模式，对民品系统采取战略型与财务型相结合的管控，原西安北方华山机电有限公司、西安东方集团有限公司两个企业的法人治理结构和职能部门完全融合，实行“一套人马、两块牌子”，基层生产经营单位维持不变，西安北方秦川集团有限公司和兰州北方机电有限公司继续保留整体建制，暂按子公司管理。

西北工业集团不断完善新的法人治理结构，使西北工业集团董事会、监事会、经理层、党委会相互促进、有序运转，积极引入外部专家和企业家担当外部董事，外部董事人数比例占 2/5。进一步加强董事会运行机制体制建设，董事会下设战略与投资委员会、提名委员会、薪酬与考核委员会、审计与风险管理委员会等 4 个专门委员会，将经理层有关的业务主管领导吸纳进各委员会，议案提交董事会前需各委员会审议，广泛征求各专门委员会及法律、监察等相关业务部门和公司业务主管领导的意见，提高董事会决策质量。同时，强化监事会、纪委的大监督体系建设，落实党风廉政建设的主体责任和监督责任，确保监督工作的独立性、权威性和实效性，形成与企业法人治理结构相适应的权力监督运行机制。

董事会决策过程中，针对不同决策事项，确定不同关注点，使决策趋于科学化。对年度预算，紧扣研发费用、投资、职工薪酬、经营目标、现金流、“两金”占用等“六个预算要点”不放松。对资产处置事项，重点关注账销案存后如何进行资产盘活，提高资产使用效率，防止国有资产流失。对重要人事任免，坚持“公开、公平、公正、竞争、择优”，听取纪检监察部门意见。对大额度资金使用，明确标准，在执行中强调“注重集体讨论、强化预算管控”两个环节。

（二）加强制度建设与业务流程优化，提升管理效率

为满足重组管控模式和组织结构的运行要求，消除原重组各方管理体制、运行机制与文化理念的差异，围绕加强市场意识，坚持“规范管理、科学管理、继承与发展”的原则，系统策划、设计管理制度体系，最终形成系统有效的集团化制度管控体系，为生产经营管理提供公平的机制保障。

首先，开展系统策划和顶层设计，形成统一规范的集团化制度体系。在对原重组各单位制度体系和业务流程进行提炼优化的基础上，进行系统设计和创新重塑，理清管理层级，将管理制度区分为基本制度和具体制度两个层面。基本制度主要涉及公司生产经营决策，具体包括公司治理层面的《公司章程》《董事会议事规则》《监事会议事规则》《总经理工作细则》等制度。具体制度则是对生产经营管理过程中的具体管理事项进行规范，主要包括岗位管理、科研技术、质量安全等。最终，形成战略管理、科研技术、生产经营、人力资源、资本运营、财务管理、企业文化等 12 个类别、280 多项管理制度和业务流程体系。

其次，建立制度建设管理规范，完善制度建设工作机制。制定《制度建设管理办法》《公文处理办法》《制度评价实施细则》等系列管理办法，明确制度制定的基本原则和基本要求，规范制度的基本内容、结构、名称命名、文本格式等，理顺制度起草、送审、发布、修改、废止等程序，建立健全制度建设意见征求机制、审查与发布机制、执行监督检查与评价机制。其中，制度建设意见征求机制，通过征求相关业务部门、生产单位以及公司业务主管领导的意见，使制度建设具备广泛的群众基础和可实践性，同时提高制度建设的公正性和有效性；执行监督检查与评价机制，通过对具体管理办法的执行情况进行检查和评估，解决制度建设“重制定、轻执行”的问题，切实提高管理办法的指导性和可操作性，促进制度建设持续改进、优化。

再次，推进管理事项流程化、表单化、电子化、数据化，在物资采购、物资发放、库房管理、生产

制造过程管理等领域，将具体管理事项与企业 ERP 项目结合，基本实现制度上线运行，有效地将管理办法中的业务流程、表单审批定制到管理软件中，通过信息化手段，提高工作规范性和办事效率。

最后，形成制度建设动态管理和持续改进机制。通过持续纠偏和市场理念的植入，使顶层设计方案，通过制度建设得到落实、固化，共废止制度 55 项、修订制度 86 项、新增制度 73 项，持续完善制度体系和具体规章制度，增强制度建设动态管理能力。

（三）优化调整产品结构，打好民品发展“组合拳”

围绕西北工业集团核心使命和发展定位，大刀阔斧地对既有民品产业产品进行“修枝剪叶”，并通过股权收购方式，充分利用民营经济和外资的活力、优势，积极探索发展混合所有制经济，构建适应市场竞争要求的民品投资及管控机制，集中资源发展主业，打造优势产品，鼓励新兴产业，促进民品产业产品结构调整优化。

1. 积极布局三大民品产业板块

以企业自有资源和基础为依托，开展资本运作，通过产业结构调整，形成机械装备、汽车零部件和新兴材料三大民品产业板块发展平台。在充分调研和深入接触的基础上，有效把握国内外产业发展趋势，了解目标企业经营特点和发展潜力后，依据自身机械加工优势和打造装备产业平台的规划，在工程机械装备和机电产品制造领域，筛选和运作具有高技术平台、已具备相当市场基础和市场影响力、具备核心竞争力和规模化发展前景、发展潜力大、预期收益好、对主营业务发展有重大战略意义的成熟项目，重点运用资本杠杆打造机电装备产业，成功收购国内高端混凝土搅拌机行业的龙头企业——珠海仕高玛机械设备公司 50% 的股权，并延伸产业链，入股珠海仕高玛机械设备公司的两个核心部件供应商——珠海飞马传动机械公司和珠海汇高机械设备公司。收购完成后，形成外资、港资和中资三方股权结构。为避免企业文化、管理模式等不同导致股权收购后人心离散、效益滑坡，西北工业集团尽最大可能保留原管理层人员，接续原管理模式，并逐渐灌输渗透西北工业集团的战略思想，通过四年多的运行较好地实现了收购意图。近三年来，该收购项目平均每年实现收入约 6.5 亿元、利润过亿元。

2. 深化长期股权投资清理整顿

2012 年以来，根据兵工集团“六个退出”——“国家不支持也不符合集团发展战略的产业产品要退出，无核心技术、无市场能力、无发展前途的产业产品要退出，属于高污染、高耗能行业的产业产品要退出，处于充分竞争领域且长期亏损的产业产品要退出，做不强、做不大、做不长、做不熟的产业产品要退出，缺乏技术团队、缺乏管理团队、缺乏市场运作团队的产业产品要退出”的总体要求，西北工业集团坚持市场化思路，进一步深化长期股权投资清理整顿工作，退出一批长期经营亏损、缺乏“造血”功能、缺乏核心技术和创新能力的“出血点”。采取股权转让、清算注销、破产清算、让渡控股权等方式，建立长期股权清理退出常态化工作机制。目前五级及以下子企业已全部完成清理。

（四）盘活存量资产资源，提升企业资源利用效率

以关注降低成本、注重价值创造为出发点，根据生产经营的实际情况，分析典型产品结构，剖析运营成本要素，以降低成本费用、改善现金流、降低两项资金占用和盘活资产为目的，有效开展价值创造活动。

一是在产品成本控制、工艺创效等方面，制订重点成本控制目标和措施，切实降低成本费用。例如，以某型号旋压钢质药筒为对标物，通过两年的重点关注和对标管理，该部件的成本明显下降，产品单位成本由 2012 年的 92.49 元降低到了 84.81 元，仅 2013 年交付的合格品数量就达到 10 万发，降低成本 76.8 万元。

二是加强财务线与业务线的融合管理。持续推进全面预算由管数据向管事项转变，从业务源头入手，通过规范业务来解决财务问题；针对资产运营效率低、存货占用居高不下等现实情况，财务部门会

同相关业务主管部门，重点开展存货专项分析等工作，及时发现管理短板，认真梳理经营活动中的重点业务环节并持续进行改善。明晰"两金"占用业务管控的主体责任和目标，严格控制非生产性支出及一般管理费用支出。

三是全面开展资产清查，提高资产利用效益。为摸清重组后各单位各类资产数量、质量和使用状况，改善资产效用，优化资源配置，西北工业集团从2013年开始对土地及建构筑物、设备仪器、存货、债权等全部资产开展专项清查工作，并对经甄别、评估、确认为不可盘活利用或利用不经济的资产，采取公开拍卖等"阳光"方式处置，加大内部设备调剂力度。

（五）推进企业文化整合，提升企业凝聚力

按照兵工集团"构建以兵器集团公司理念体系为统领、体现各单位文化特色的'一主多元'企业文化体系"的要求，结合公司实际，进一步丰富和完善以"精进创造价值，智能赢取未来"为核心价值理念、以"严细恒勇"为企业作风、以"十项修炼"为主要内容的企业文化体系内涵。

"精进创造价值，智能赢取未来"的核心价值理念体现了集团公司"精益文化"的内涵。"精进创造价值"强调公司每个员工每天都要进步一点点，时刻保持阳光心态，精心做好每件事情，精诚团结每个同志，精益求精持续改进，谦虚谨慎锐意进取，努力打造有抱负、负责任、受尊重的充满事业激情的精益化团队。"智能赢取未来"坚持把"产品智能化、管理信息化、装备现代化"作为公司竞争战略，持续推进"产品创新、管理创新、工艺创新"，集聚团队的智慧，努力打造在兵器有作为、在市场有地位、军民协调发展的数字化集团。

利用调迁建设契机开展精益生产线建设，坚持以价值创造和技术进步为导向，围绕国家供给侧改革的精神，从优化产能的角度，着力从"体系化、集约化、自动化、柔性化、安全化、标准化、数字化、常态化"等方面，推进精益管理战略和创新驱动战略落地。

（六）改进目标管理和考评体系，有效落实企业发展战略

1. 面对面沟通确定各单位年度目标

坚持市场化原则，通过面对面约谈沟通，确定各单位年度经营目标，使目标的测算过程更加符合实际，大大增强一线单位的使命感和责任感。一是在目标确定过程中，事先明确预算原则和导向，把质量效益型、精益化管理导向传递到基层单位，使基层单位的指标测算思路更加明晰。二是公司业务主管领导与子公司、基层生产单位、业务职能负责人采取面对面约谈的方式进行充分沟通，约谈内容包括上年工作中存在的主要问题、分析当年内外部环境情况、对指标的意见、当年需要采取的主要措施等方面，通过约谈发现问题、商讨解决方案，促进基层单位更好地完成经营指标。三是在充分分析市场的前提下，对收入、成本、利润进行结构分析，使目标测算的支撑资料更加完整，便于过程管控和对比分析。

2. 开展分类评价

按照"市场化、个性化、简洁明了"的原则，实施分类评价，突出检查、协调和沟通，完善对职能业务部门、生产单位、子公司及三产后勤单位的考核办法，使考核管理更加务实高效。一是对职能业务部门，简化评价考核内容，主要关注重点工作的完成效率、工作质量和费用控制；调整考核周期，变月考核为季评价；评价结果与问题单位点对点沟通，共同寻找问题根源，以便采取改进措施，真正发挥考核的促进作用。二是对基层生产单位，围绕降本增效采取个性化考核，引导改善运营质量。对生产任务多的生产单位，重点关注成本费用指标；对军品生产任务不饱满的生产单位，重点关注利润、应收账款、存货等效益指标，鼓励开拓外部市场，利用剩余能力创造价值。三是对子公司，重点关注质量效益指标，加大指标的分析和评价力度，及时发现经济运行中存在的突出问题，提出解决问题的措施和办法，准确掌握和有效监控经济运行状况，并对主要运营指标进行预警，积极防范经营风险，促进经营的良好运行。

3. 聚焦科研生产人员

实行“向科研技术倾斜、向生产一线倾斜、向价值创造倾斜”的薪酬分配体系，大幅提高科研、生产一线人员薪酬待遇。通过政策导向调控，使科研、技术、技能员工工资收入水平与个人业绩、贡献紧密挂钩，突出价值创造作用，充分调动技术、技能人员积极性。制定《西北工业集团有限公司带头人管理办法》《公司军品科研项目设计师系统管理办法》等，建立科技、技能三级（兵工集团—西北工业集团—下属单位）带头人管理体系，并对科研工艺技术人员实行项目津贴动态化管理。

三、军工企业集团合并重组后的整合管理效果

（一）提升了管理效率，企业高效运行

该成果实施后，西北工业集团大大压缩了管理层级、精简了管理链条，将管理层级由“兵器工业集团—事业部—子集团—成员单位”的四级模式缩短为“兵器工业集团—子集团（成员单位）”的两级模式，有效提升了管理效率。原两个合并重组单位的职能部门由40个压缩到20个，精简了管理机构，压缩了中层领导人员队伍，战略规划、财务管理、人力资源、市场营销、科研管理等职能业务完全实现整合，与生产质量体系相关的职能业务相对独立，保证了生产组织体系的协调运转。

构建了民主高效的决策机制，坚持把握依法决策、民主决策、科学决策和集体决策“四个原则”，不断完善以董事会为决策中心、以各专门委员会及相关职能部门为工作支撑、以领导班子联席会或党政联席会为议事平台的运行机制，落实好董事会决议事项执行情况检查考核机制和董事调研机制，有效发挥了董事会的核心领导作用。

（二）促进了产业产品结构调整

通过并购重组、清理退出等资本运作手段，西北工业集团有效地促进了民品产业产品结构调整，民品发展迈上了向“专、精、强”的转型之路，逐步培育了新的经济增长点，形成了机电装备产品为“头”、新兴材料和汽车零部件为“翼”的民品产业产品结构。

西北工业集团近三年每年以超过1.2亿元的规模、5%的增长率持续投入到新产品、新技术、新工艺的研发，加快了新产品研制速度，提升了产品质量与性能，促进新老产品的升级换代，新产品贡献率由2011年不足1/7到2016年的1/3，提升了对市场需求变化的适应能力。其中，更为突出的是在新产品的带动下，外贸产品得到长远发展，产品结构持续调整优化，外贸产品与国内订货比例由2011年的14 ∶ 86上升为2016年的31 ∶ 69，很好地迈进了国际市场。

（三）经济与社会效益持续改善，企业发展后劲十足

西北工业集团2012年以来主要经济指标连续多年得到改善，经济质量持续提升。剔除清理退出的并表企业后，西北工业集团2016年实现收入31.6亿元，较2011年平稳增长了7.27%；2012年当年即扭亏为盈，到2016年实现利润总额10682万元，较2012年增长了5.9倍，较2011年增加21524万元；全员劳动生产率增长了90.15%。2016年万元可比价产值综合能耗达到0.063吨标煤，较2011年降低了0.127吨标煤。

西北工业集团在取得经济指标改善的同时，积极贯彻“融入国民经济、服务地方发展”的策略，获得了来自政府和社会各界的认可与赞誉。近年来，西北工业集团先后通过了“国家高新技术企业”“两化”融合管理体系贯标认证，获得了“全国文明单位”“全国五一劳动奖状”“全国模范职工之家”“全国职工互助保险先进单位”等荣誉称号，集团公司多次组织成员单位、军方代表以及地方政府来西北工业集团参观学习，为企业发展树立了良好的知名度和美誉度。

（成果创造人：李　良、王　英、陈月明、王　舜、胡亚江、刘　翩、张培龙、杨莉娜、丁红英、骆　宏、翟亚茹、王小平）

基于公交优先发展战略的城市交通企业集团一体化管控

重庆城市交通开发投资（集团）有限公司

重庆城市交通开发投资（集团）有限公司（以下简称重庆交通开投集团）主要负责重庆市地面公交、轨道交通、枢纽站场、地方铁路等交通基础设施投融资建设和运营管理，是重庆市国有重点企业。截至 2016 年年底，重庆交通开投集团拥有全资、控股及参股企业 87 户，员工近 5 万人，资产总额 1877 亿元；公交、出租等常规公共交通营运车辆超过 10000 辆；轨道交通运营里程 213 千米；每天为 700 万人次乘客提供公交出行服务，已成为重庆城市公共交通建设和运营管理的主力军。

一、基于公交优先发展战略的城市交通企业集团一体化管控背景

（一）提高公交客运服务水平的需要

随着人民生活水平的提高和经济平稳健康发展，人民群众出行要求越来越高，如“零距离换乘”“一站式服务”“多样化需求（门到门、站到站、出行最后一千米等）”等。与此同时，重庆城市公共交通供给模式单一、服务质量不高、吸引力不强，“等车时间长、换乘不方便、通行距离远”等问题依然突出。重庆交通开投集团急需促进客运资源共建共享和基础设施互联互通，提供轨道交通、常规公交、穿梭巴士、特需公交等统筹规划的客运服务网络和设施，不断提高城市公共交通一体化服务水平。

（二）推动企业转型发展的需要

重庆交通开投集团作为市属城市基础设施投融资平台，原先主要采取的是“土地储备—融资—投资—建设”的发展模式，更多发挥投融资平台功能，业务管控能力较弱、管理抓手和机制缺乏，公交、轨道、枢纽站场、市域铁路等各种运输方式统筹发展不够、衔接不畅、信息共享程度不高，甚至出现公交企业与轨道企业无序竞争的现象。2014 年《国务院关于加强地方政府性债务管理的意见》明确划清政府与企业界限，剥离融资平台公司的政府融资职能。因此，重庆交通开投集团必须改变以往的投融资平台发展定位和财务型管控，推动企业转型发展。

（三）全面实施公交优先发展战略的需要

近年来城市居民的出行总量和出行距离呈现大幅增长，城市交通结构发生显著变化，机动化出行比例迅速上升，城市中心区的交通拥堵日益严重，环境污染和能源消耗压力不断加剧。公共交通优先发展作为国家战略提出，将城市公共交通发展放在城市交通发展的首要位置。而当前重庆定位为国际性综合交通枢纽，也呈现出交通总量显著增长、出行距离加长、出行方式增多的现象，山水城市的地理特征和多中心组团式布局的城市特点，决定了大多数市民经常乘坐公共交通工具出行的交通形态。因此，为了全面落实公交优先发展战略，提升基本公共服务均等化水平，需要创新公共交通运输管理体制，加快形成有利于公共交通运输发展的组织管理体系、工作运行体系、政策制度体系。

二、基于公交优先发展战略的城市交通企业集团一体化管控内涵和主要做法

重庆交通开投集团针对转型发展中遇到的问题，为全面实施公交优先发展战略，围绕国内一流、国际知名的城市交通一体化综合服务商的发展定位，以构建结构合理、权责明确、治理科学、运营高效的集团一体化管控体系为目标，制定“一个定位、两大抓手、三大板块、四大举措”的一体化发展策略，建立总部集约化、业务专业化、管理精细化的一体化管理体制架构，以规划建设、运营管理、资源开发三大业务一体化为核心，以信息共享一体化为平台，着力实现管理体制集团化、管理架构板块化、资源配置协同化、经营效益最大化，努力打造高效便捷、安全舒适、经济可靠、绿色低碳的城市公共交通系

统，形成快慢组合、层次分明、功能完善的一体化公共交通网络。主要做法如下。

（一）明晰一体化管控思路，制定一体化发展策略

1. 明晰一体化管控思路

重庆交通开投集团为适应经济发展，主动调整自身交通基础设施投融资平台的定位，按照“改革体制、创新机制、整合资源，打造城市交通建设运营主力军”的要求，创新集团化管控的体制机制。通过问卷调查、实地调研、交流研讨、专家研判等方式，组织开展文化建设大讲堂、全集团务虚交流会、一体化管控讨论会等活动，统一全员思想认识，确立一体化管控思路，即以“规划一张网、运行一张图、通行一张卡”为目标导向，发挥一体化发展策略的引领作用，强化一体化管控体制和模式创新，利用信息共享一体化平台支撑，夯实规划建设、运营管理、资源开发三大业务管控一体化，较好实现公共交通基础设施规划、建设、运营、管理“四同步”。

2. 制定一体化发展策略

为了全面贯彻落实公交优先发展战略，确保一体化管控体系建设有序推进，重庆交通开投集团以“公交都市”示范城市创建为契机，全力推进城市公交体制机制改革和供给侧结构性改革，加快提升城市公交引导城市发展能力、服务保障能力、可持续发展能力和综合治理能力。高度重视、积极谋划，专门成立领导小组和执行机构，抽调骨干人员与专业化咨询机构组成联合项目组，广泛深入地开展调查研究，经过多次研究探讨，最终制定“1234”一体化发展策略，即明确“1个定位”——国内一流、国际知名的城市交通一体化综合服务商；着力“2大抓手”——结构调整和创新发展；立足“3大板块”——城市公共交通基础设施建设、运营服务、资源开发与经营；实施“4大举措”——资源整合、资本运营、两个走向、混合所有制。

（二）优化重组业务板块和组织架构，建立一体化管控体系

1. 实行一体化的集团管控

为了与“公交、轨道、站场、铁路”多种交通方式一体化和“规划建设、运营管理、资源开发”多个业务板块一体化相适应，有效推进集团一体化发展策略的落地实施，重庆交通开投集团集中持有全资子公司、控股公司、参股公司的股权，在总部管控、主营业务和支撑业务方面，制订业务深化改革计划、集团管控体制机制和组织机构改革计划、全面预算管理、全面风险管理、全面绩效管理等基础管理提升计划，形成建设管理中心、运营管理中心、资产经营中心和资金管理中心四大总部中心、四大公交、轨道、铁路、枢纽主营企业、设计研究院、产业投资公司、通卡支付公司、公共运输职业学院、开投科技公司五大支撑企业的体制架构。

总部管控层面通过四大中心对集团所有业务实行一体化管控，主要发挥战略投资管理、资本运作、资源整合、管理创新等职能，统筹协调投资、建设、运营、经营一体化进程。

2. 实行专业化的业务管理

重庆交通开投集团从完善和优化集团价值链和产业链出发，按照企业分工专业化原则，合并重组集团内的专业化企业，加强内部资源的专业化整合，发挥资源的杠杆效应、规模效应、集约效应，提高市场回报率。通过剥离、置换、出售、转让等方式，积极处置市场效益低、资产回报率低、与主业关联度低的“僵尸企业”“空壳公司”，形成“专、精、新、特”的城市交通产业集群。

一是按照公交、轨道、枢纽、铁路业务分工，先后组建公交、轨道、铁路、枢纽四大主营公司，负责各自范围内的建设、运营、经营业务。例如，针对公交由7家单位分散化经营，导致不少区域存在公交线路重叠、停靠站点重复等现象，推进主城各片区公交区域化经营改革，形成两江、北部、西部、南部四大公交运营公司分区域运营管理的格局。

二是在规划设计方面，将轨道企业下属重庆轨道设计研究院收入集团层面统一管理，充分发挥居于

价值链龙头的规划设计作用。

三是在票卡经营方面，成立通卡支付公司，负责一体化票务管理，提供公交、轨道、都市快轨、P+R（换乘停车场）、出租车等多种运输方式下的一卡通服务，落实"通行一张卡"的管控思路。

四是在科技信息方面，整合集团体系内三级科技信息公司，成立开投科技公司，打造信息共享一体化平台，建立健全各种运输方式信息资源交互与共享机制。

五是在人才培养方面，整合集团体系内教育培训资源，成立公共交通运输学院，针对集团一体化管控中迫切需要的大量基础研究和复合型人才，培养适应城市公共交通迅猛发展的人才队伍。同时，成立集团党校，发挥党组织的政治核心作用，培养优秀的管理人才、政工人才，满足一体化管控需求。

3. 健全规范化的基础管理

积极构建以全面预算管理为主线、以全面风险管控为重点、以全面绩效管理为手段、以监察监督为支撑的集约化管理机制，进一步梳理和优化企业管理流程，完善企业规章制度，建立健全分工明确、权责清晰、流程顺畅的管理体系，提升管理效率和决策执行力。

一是按照一体化管控的要求，实行全面预算管理的战略集成、过程集成、信息集成。二是针对一体化目标体系的复杂性和有机关联性，以及风险因素和风险种类的复杂化、多样化，应用国际上成熟先进的风险整合框架，强化精细化全面风险管理。三是应用平衡计分卡（BSC）、关键业绩指标（KPI）等先进的管理理念和方法，从社会效益、经济效益、安全运营、规划建设、乘客服务、学习成长等方面，强化多目标、多层次、多维度的绩效管理。四是强化立体化的监督管理。加强内控机制建设，把风险控制贯穿到各项业务活动全过程；加强审计监督，完善"垂直集中、统一运作"的审计监督体系；加强法律监督，确保集团规章制度、经济合同和重要决策的法律审核全覆盖；加强纪律监察监督，围绕"三重一大"等权力运行的重要领域和关键环节，推进惩防体系建设。五是强化持续化的全面评估改进。建立一体化管控体系的闭环管理机制，以安全管理为主线，通过动态调整不断完善管控体系；建立风险评估改进机制，针对运营生产人员、设备设施等安全管理关键风险点、重大投资项目风险、公共交通运行稳定性风险等开展风险评估与梳理，建立多种交通方式应急联动的突发事件应急预案制度。

（三）强化规划一张网，实现规划建设一体化

1. 强化一体化的规划设计统筹

提出"规划一张网"一体化管控思路，专门组建研究团队，投入强有力的资源组织开展网络规划落地、衔接和节点的研究。同时强化作为业主的规划设计统筹管控能力，通过协调制式、统一标准、规划通道，最大限度实现不同交通方式内和之间的互联互通；通过网络统筹、系统整合、资源共享，实现资源共享与集约化。最终，形成一体化运营效率最大化、客流资源共享最大化、市民出行与生活便利最大化的规划方案，提高一体化的建设质量和产出效益。

一是专业规划落地同步。公共交通专业规划的调整和落地坚持与城市总体规划、控制性详细规划和城市综合交通规划相互衔接，积极开展与相关城市基础设施网络相关节点的研究。同时，将《主城区公共交通首末站及停车港基础设施布点规划》《城市轨道交通建设规划》《重庆大都市区轨道交通一体化暨都市快轨规划》等专项规划纳入城市总体规划及控制性详细规划。

二是公共交通一体化衔接同步。坚持轨道交通、市域铁路、地面公交等交通形式按照"匹配客流、区别调整，强化枢纽、方便换乘，循序渐进、逐步过渡，滚动推进、不断优化"的原则，开展《重庆主城区公共交通网络一体化优化方案》专题研究，落实公共交通线网优化调整，根据轨道交通站点布置同步规划调整公交站点和停车场，近期线路枢纽节点全部做到同步建设，远景线路枢纽节点预留后期建设条件，努力实现公共交通建设与周边建筑的同步规划、同步设计和有条件的同步建设。

三是制定一体化标准规范。强化标准规范在规划中的基础支撑作用，从源头上综合考虑轨道交通枢

组站场的一体化衔接和“建设+运营+经营”的全生命周期成本管理，制定《公共交通接驳和枢纽站场建设标准》《山地城市A型车车辆通用技术标准》等一系列标准规范。

四是建立资源共建共享和设施互联互通的管理机制。开展公共交通方式内的停车场和综合维修基地共享、轨道交通跨线和共线运营、市域铁路和轨道交通贯通运营、变电站共建共用、一体化接驳衔接、上盖物业等设施设备资源共享和互联互通专题研究，同时积极探索公共交通设施与其他市政设施（人行天桥、道路建设、城市桥梁、立体交通、地下通道等）共建共享机制。例如，以轨道交通5号线和市域铁路江跳线贯通运营为试点，组织下属铁路企业、轨道企业、设计研究院以及外部车辆厂、设计院、施工、监理等单位，开展双流制轨道交通示范工程，狠抓关键技术攻关、技术成果与标准同步形成，推进双流制轨道交通设计、施工及验收、车辆通用技术条件、联调联试等规范制定，聚集和发挥国内专家团队作用，确保轨道交通5号线和江跳线贯通运营。

2. 强化一体化的建设管理统筹

一是建立一体化的工期策划、管控工作流程和应急体系。针对集团业务范围点多、线长、面广，管理体量大、层级多、幅度宽的特点，集团建设管理中心以满足公共交通一体化接驳衔接和网络化运营经营为前期条件之一，负责建设管理的统筹协调工作。统一组织施工质量的标准制定、监督管理和工程验收，建立并实施集中招投标管理、工程变更、合同执行及支付、工作绩效考核等工作流程规范，确保工程施工的一体化推进和变更调整，促进业务间的协同配合。

二是建立“两个提前介入”建设管理机制。在轨道交通建设工程可行性研究阶段，公交企业、枢纽企业等提前介入，开展公交接驳、枢纽运营等专题研究。在工程项目建设筹划中，发挥多业务协同作用，运营部门和资源经营部门提前介入，提前明确运营管理需求和物业开发等经营需求，形成一体化建设规范和标准。

三是超前平衡关键建设资源。公共交通基础设施网络化建设带来同期施工的单位工程量大、关键资源需求集中等矛盾。建立集团层面月度重大项目推进会机制，加强协调城市轨道、都市快轨、干线铁路和其他交通方式的资源匹配，细化项目建设任务推进分解表，责任到人、挂图作战，加大重点项目协调督办力度，实行逐个分析、挂牌督办。

（四）发挥运行一张图，实现运营管理一体化

1. 建立一体化运营协同联动机制

针对轨道交通、地面公交、市域铁路等多种交通方式“运行分散化、信息难收集、平台多头建、服务不统一”的难题，提出公共交通“运行一张图”的一体化管控思路，充分利用集团运行监测与应急指挥中心的作用，建立“资源统筹共享集约、管理协调一体高效、应急保障快速反应”的协同联动机制，实现“信息上浮、平台统筹、服务下沉”。

一是统筹考虑多种交通方式之间的资源协同机制。从重庆公共交通运能运量总体平衡角度，利用大数据分析平台等工具合理制订公共交通线网运行图，加强轨道、公交一体化接驳。

二是积极推进管理协调机制一体化。坚持集中管控和专业管理相结合，加快城市交通的地方法规和政府规章的建章立制工作，形成协调、统一、有效的公共交通管理体制和法制环境。同时，建立一套自上而下、各种运营状态下、覆盖所有岗位、固化的运营管理流程。

三是建立信息集中共享机制，搭建车辆运行管理信息、乘客服务信息、关键设施设备信息和企业管理信息平台。重点编制《关于主城区轨道交通突发事件公交接驳应急预案》，充分利用常规公交的机动灵活性，细化轨道交通“一站一预案”和操作流程，发布固态化、流程化、可操作的工作指南，从主要断面、不同时段、接驳方式等方面形成121个车站详细预案。

2. 实行运营监控一体化管理

在集团总部层面，建立统一的运行监测与应急指挥中心，开展全方位、跨业务、综合性的分析，形成以运营监控分析为核心的“监测—分析—协调—改进”的闭环管理模式，实现网络监控与应急处置体系的集中与统一，实现网络运营信息的汇集共享及多种交通信息的及时准确互通，实现与市应急中心和相关部门的同步快速联动。

一是全面监测。围绕核心业务活动和资源，全天候对外部环境、运营状况、核心资源、综合绩效等全面监测。二是运营分析。以问题分析为导向，从整体运营的高度，跨专业、跨部门的视角，开展集团级运营效率与效益分析，揭示问题成因、影响及风险，提出对策建议。三是协调提升。基于全面监测与运营分析发现的异动、问题和风险，协调相关企业消除异动、解决问题、防范风险，对主营公司、部门协同工作开展情况进行跟踪、督促、验证、评价、考核。四是全景展示。运用先进的可视化技术和各类展示载体，面向政府部门、社会各界提供丰富直观的展示界面，实现对运营指标、管理手段等全方位的展示。

3. 推行运营票务一体化管理

一是严格按照公共交通“通行一张卡”的要求，根据市委市政府提出的“统一规划、统一标准、统一发卡、统一管理”的原则，向公众提供全链条、全方式、多元化的公共交通“一卡通”服务。统一发行“宜居畅通卡”，采用移动支付、电子客票等技术，更好地为乘客提供统一便捷支付。“宜居畅通卡”不仅应用到公交车、轨道交通、出租车、索道、扶梯、电梯等城市公共交通领域，并逐步拓展到餐饮、影院、超市、风景区等小额消费领域，还进入到厂区管理、校园等领域。

二是在充分考虑企业的合理收益、市民的承受能力、方便换乘和减少乘客由于换乘带来的额外支出的基础上，完善票价管理运行系统和分成约定制度，对公交票价体系进行改革，推进公交、轨道、换乘停车场（P＋R）多种交通方式换乘优惠，积极推行《主城区“公共交通一小时免费优惠换乘”》，纳入政府购买服务范围，主城区所有公共汽车运营线路、已投入运营的轨道交通线路全部纳入“免费优惠换乘”范围。

（五）打造经营资源共享平台，实现开发一体化

1. 实行多种交通方式经营资源开发一体化

从城市总体发展规划的高度，从建设交通生活圈的角度，开展全网经营资源的定位、规模、功能、形态、风格的系统规划，以及相关建设技术标准的研究，使资源开发既具有全网络一体化的统一特征，能够与商业经营共享客流资源，又能满足一体化运营客流疏散要求和消防安全要求。例如，沙坪坝枢纽将高铁、轨道、公交、出租和私家车等多种交通方式融为一体，实现交通有机衔接和协调配合；地上为多种资源开发业态（包含商务办公、商业消费、酒店娱乐等），力图打造沙坪坝区域的经济、文化和娱乐中心。

2. 实现资源开发与建设运营一体化

一是充分体现“客流是第一资源”的理念，做到公共交通车站建设与周边开发的紧密结合，促进“交通生活圈”的形成，以保证客流效益和资源开发经营效益的互动。基础设施建设与经营资源开发同步规划、同步设计，充分挖掘资源商业价值。

二是充分发挥城市公共交通网络规模优势，提升网络资源的经营价值。根据线路和站点特征，细化不同资源类型的开发定位，引进品牌化、连锁化的经营商，逐步建立统一的品牌形象。同时，注重提升文化品位，充分体现“人文公交”的品质。

（六）建立信息服务统一平台，实现信息共享一体化

1. 制定信息化规划

强化信息化顶层设计，邀请国内著名信息化咨询机构，开展信息化规划制订工作，按照管理制度

化、制度流程化、流程信息化的要求，发挥集团在信息化发展方向、建设运行、技术标准等方面统筹作用，以安全应急、出行服务、运营调度、决策分析系统为核心，形成“智慧管理、智慧生产、智慧服务”的信息化管理体系，实现重要信息系统的互联互通和协同应用。总部统一信息化规划、建设标准、软件平台、管理制度和系统实施，二级单位按集团规划制订实施本单位信息系统建设方案，三级单位落实信息系统建设工作安排，按要求规范使用信息系统。

按照“重点项目带动规划落地”的思路，大力推动重点项目实施，通过公交智能化应用示范工程、基于控制器局域网络（CAN）总线的行车监管系统等重点项目建设，完善城市公共交通运行状态与数据采集体系，提升企业智能调度与运营管理效率，提高动态监测、分析决策与应急能力。在此基础上构建内容丰富、形式多样、及时可靠的城市公共交通出行信息服务体系，满足不同人群高品质、个性化的公交出行服务需求。

2. 建立数据标准规范

针对下属单位之间信息化基础设施建设水平不均衡、软件工具缺乏统一标准、工作流程不贯通、数据标准缺乏统一性等问题，以建立集团数据治理体系和数据标准化管理平台为突破口，出台《城市公共交通信息化标准体系指南》，指导公交、轨道、枢纽、铁路、通卡等相关企业的信息化标准体系建设，对已建成的各项内部标准、规范、规程等，根据应用情况，进行修订和完善，搭建集团数据标准化体系架构，完成人资、财务、通用基础类数据标准化体系建立与落地。

3. 建立信息服务统一平台

以“电子站牌系统工程”“重庆交通出行网”等为基础，统一打造公众出行信息服务平台，建立和运行监测、应急指挥中心之间的业务对接机制，丰富公共交通动态信息，促进跨交通方式的信息共享交换、协同调度和运营效率提升，向公众提供全方位、多方式的公共交通“一站式”信息服务。

此外，为了满足市民多样化、个性化需求，重庆交通开投集团依托“互联网+”技术，针对不同的业务形态和受众特征，开发渝约出行、渝约公交、渝约的士、重庆轨道通、电子站牌等新媒体宣传工具，联合建立共享发布机制。

三、基于公交优先发展战略的城市交通企业集团一体化管控效果

（一）公交客运服务水平显著提高

通过一体化管控的建设和良好运行，各种公共交通方式实现良好衔接，推动了公共交通一体化发展，较成果实施前全网运载效率提高27.4%，全社会公交乘客总体出行时间节省5.0%。2016年，公共交通年总客运量超过25.5亿人次，中心城区公交站点500米覆盖率已达到86%，地面公交与轨道交通接驳线路220条，实现了空间紧密和时间紧凑。轨道交通网和地面公交网实施一票制和换乘优惠政策，能承担主城区60%以上客流量，换乘率增长10%以上，公共交通平均出行距离增加，但平均出行速度仍保持稳定，公共交通乘客满意度达到81%。同时，公共交通智能化调度、动态监控和实时信息服务水平不断提升，定制公交、商务快巴、旅游专线、社区巴士等特色公共交通服务遍地开花。

（二）企业转型发展成效显著

集团一体化管控从根本上促进了总部与主营业务公司、支撑业务公司的协同，成功实现了从投融资平台公司到产业链经营公司的转型，实现了“投融资、规划建设、运营管理、资源开发”四位一体和“地面公交、轨道交通、枢纽站场、市域铁路”交通一体化，推动形成了《重庆城市公共交通一体化发展规划》。

同时，重庆交通开投集团充分发挥集团一体化管控和产业集群优势，成功在缅甸仰光输出城市交通一体化产业成果，实现一卡通、信息化、培训等项目打包落地。

（三）公交优先发展战略落到实处

公共交通供给保障能力快速提升，相对于成果实施前的公共交通年度客运量和日均客运量同比提高3.03%，公共交通出行占机动化出行比例达60.8%。重庆率先成为“公交都市”创建示范城市，公交优先发展理念逐步得到广泛认同。主城常规公交运营线路总长度达到9000千米以上，投入运行公交车近9000辆，开行常规公交线路600条，公交日均运行里程146万千米；轨道交通运营里程达213千米、开通站点126个；“宜居畅通卡”发行量达1400万张，“一小时免费·优惠”日均换乘量近120万人次。

（成果创造人：李方宇、郝满炉、陈晓明、刘昌萍、车天义、付　平、
张东旭、陈　静、刘　林、张冬奇、邓军涛、王　玲）

大型航空企业战略导向的运营管理

沈阳飞机工业（集团）有限公司

沈阳飞机工业（集团）有限公司（以下简称沈飞公司）成立于1951年，是以航空产品制造为核心主业，集科研、生产、试验、试飞为一体的大型现代化飞机制造企业，是我国重要的歼击机研制生产基地。沈飞公司利用航空军品核心能力，不断向民机、民品领域延伸，拓展了民机机体结构研制、生产及系统集成业务，非航空装备制造、航空应用技术等业务，形成了军机、民机、非航空民品三个业务板块。沈飞公司秉承“航空报国、强军富民”的宗旨和“敬业诚信、创新超越”的理念，不断增强航空产品核心制造能力，自建厂以来，累计生产交付40多个型号余架歼击机，为国防建设做出了卓越贡献，先后荣获“国家全面质量管理先进企业”“中国企业管理杰出贡献奖”“全国质量效益型先进企业”等荣誉称号。

一、大型航空企业战略导向的运营管理背景

（一）增强公司核心竞争力的需要

随着全球军事工业的不断发展和我国周边形势的日益复杂，部队对大型航空企业的技术能力和管理水平都有了更高的要求。同时，国家优化军品定价机制，原有的成本加成模式与经济价值规律不相适应，亟须改革来激励企业通过创新降低生产成本，提高装备经费使用效益。面临新形势，增强核心竞争力是沈飞公司服务国防建设的重要责任，也是公司长远健康发展的重要保证。通过高效的运营管理，实现以最优的方式为客户创造最大价值，成为沈飞公司面临的重大挑战。

（二）推动公司运营管理转型升级的需要

对标世界先进航空制造企业，其共同特征是都建立了一套行之有效的运营管理体系，驱动企业各项业务顺畅运行。航空工业集团从2014年起在全集团范围内推进AOS体系建设，构建“架构－模型－流程－IT－标准”为一体的管理体系，推动业务管理转型升级和管理变革。沈飞公司要实现跨越发展，与国外先进企业齐头并进，也必须全方位提升运营管理水平，大力推进流程化、制度化、规范化管理，从粗放化管理向精细化管理转变、从人治化管理向法治化管理转变、从以职能职权为中心的管理向以流程为中心的管理转变，真正提高管理效能。

（三）提升公司运营质量、效率和效益的需要

沈飞公司在“十三五”及以后承担的科研生产经营任务比以往更加艰巨和繁重，还存在较多制约发展的管理问题，例如，战略规划和管控能力较弱，与公司地位及现代企业制度不匹配；由于管理水平和效率低，计划管控能力薄弱，每年科研生产任务完成得极为艰辛，不能满足长远发展需求；仍以职能管理为主，部门壁垒较明显，管理水平粗放，管理制度关注职能大于流程、衔接不到位；各部门和人员执行力参差不齐，有待通过绩效管理激发整体效率和潜能；信息流和物流建设滞后，不能有效支持生产过程管控等。要确保夺取“十三五”发展的全面胜利，就必须抓住转变发展方式的有利机遇，聚焦解决关键问题，以管理创新来提升公司的运营质量、效率和效益。

二、大型航空企业战略导向的运营管理内涵和主要做法

沈飞公司以“航空为本、创新求变、聚焦客户、质量强企”的发展原则为指导，贯彻落实集团公司构建“架构－模型－流程－IT－标准”为一体管理体系的要求，系统分析问题原因，抓住管理主要矛盾，研究管理模型，设计管理模型，实践管理模型，优化管理模型，推动运营管理模式升级，实现从粗

放化管理向精细化管理转变，从人治化管理向制度化管理转变，从职能化管理向流程化管理转变，促进沈飞公司实现管理水平和技术水平、工作质量和产品质量、企业效益和企业规模、劳动效率和员工收入同步跃升，提升公司核心竞争力。主要做法如下。

（一）构建规划管理模型，提高战略管控能力

1. 构建规划管理模型，建立规划管理机制

沈飞公司采取总体规划—子（专项）规划的两层结构，以总体规划明确公司发展战略目标，通过子（专项）规划承接总体规划进行任务分解。在实施过程中，建立年度计划实施总结、定期回顾评价的管理机制，以保证规划实施符合预期目标。

2. 制定实施发展规划，提高战略管控能力

沈飞公司于2016年完成“十三五”发展规划的体系设计构建和编制，包括“1个总体规划、17个子规划和6个专项规划”，理清了公司“十三五”发展思路、目标和举措。总体规划内容包括沈飞公司发展指导思想、思路和目标，以及业务发展重点和重点举措，主要指导子（专项）规划的制定和实施。子（专项）规划内容包括各业务、职能发展思路、目标、战略举措和年度行动项目，有效解决公司总体规划落地问题。规划体系中新增党建工作子规划，弥补过去党建工作规划的空白。

（二）构建流程体系模型，提升价值创造能力

1. 构建流程体系相关模型，确定流程体系建设路径

沈飞公司依据业务功能分类，横向将业务流程分三大类和17个业务模块，三大类包括战略类、运营类、管理与支持类；纵向将流程体系自上而下分为4个层次：业务模块层（L1）、业务域层（L2）、业务单元层（L3）和业务活动层（L4）。对54个责任单位的100多个部门领导进行访谈，了解各部门业务和流程开展情况，组织34家一级责任单位进行业务对应，最终确定一套具有战略导向和流程视角，分层分类逻辑清晰的沈飞公司流程体系框架。

设计流程成熟度评价模型，用于开展流程成熟度评价。通过对照成熟度5个级别对流程各指标进行分析和判别，结合实际反馈，诊断流程问题，利用精益六西格玛等工具，开展运营类流程优化，提升流程绩效指标，解决影响生产的流程问题，并逐步研究提炼流程优化的方法和流程。

2. 开展流程梳理和流程显性化、模型化工作

沈飞公司完成流程体系框架搭建工作，设计完成9个业务模块的1138个最小业务单元，设计流程管理办法并进行试应用；完成运营类流程的显性化、模型化工作，20家职能部门及各生产单位完成660条EPC流程模型，实现流程活动与组织机构、岗位角色、信息系统等要素的信息化挂接；完成生产制造模块的流程应用工作，共梳理出8个业务域、259个最小业务单元、1348个业务活动，32个端到端流程，利用ARIS系统对生产制造模块的活动要素进行解构，生成381份流程说明书并进行试应用，交付物整理汇编为流程总册（1本）、业务域分册（8本）和端到端分册（1本）。

3. 构建基于流程的制度体系模型，开展制度体系建设

以“面向流程、层次分明、形式规范、内容完备”为目标，以流程为主线，结合流程体系的设计与实施，重新构建科学合理的融合多管理要素的公司级制度体系框架模型。以绩效为导向，聚焦SQCDP，构建责任单位级制度体系模型。

基于模型开展制度体系建设，逐步形成涵盖各类流程从顶层业务模块至具体业务活动的面向全流程的规章制度体系，实现制度体系建设由“职能导向型”向“流程导向型”转变，由“业务自控型”向“体系融合型”转变。将公司制度体系分为四层并赋予相应层级领导审批权限，即管理手册、管理规章、管理程序、工作标准。强化文件梳理管控，依据流程要素制定文件编写标准，初步形成制度体系文件管理体系，实现公司制度体系框架流程化、体系化。

在责任单位，按 S（安全）、Q（质量）、C（成本）、D（交付）、P（员工）5 个方面梳理内部管控流程、规范管控内容、明确管理职责和管理要求，建立 5 套规范的内部制度体系文件。通过规范审批流程，修订责任单位制度体系考核标准，建立完善责任单位内部制度体系文件管理机制，推动责任单位内部制度体系系统化、规范化。

4. 结合业务流程梳理，优化组织机构设置

沈飞公司通过业务流程梳理，以流程为核心合理调整组织机构，完善部门和岗位职责，消除部门壁垒，提高管理效率。2016 年对制造工程部、技术中心、军机管理部、零件生产部、工程规划处、技改基建处等机构职能进行整合强化，调整新机试制部、军机项目办、经营部、军品销售部、人力资源部等机构的职能。2017 年调整经营管理、工程技术、生产组织、客户服务等多个部门组织机构。通过优化组织机构设置，统筹技术、生产、项目等管理资源，使各项工作职责更加清晰，流程更加顺畅。

（三）构建绩效管理模型，提升公司执行力

1. 构建绩效管理和考核模型，提升公司各层级执行力

沈飞公司构建绩效管理体系模型，通过绩效目标、绩效计划、绩效辅导、绩效考核、绩效激励、绩效改进 6 个方面形成的良性循环，有效发挥绩效管理的“指挥棒”作用，保证公司每个层面的工作都聚焦于战略目标的实现，进而实现更卓越的绩效目标。

沈飞公司构建绩效考核体系模型，突出绩效考核的“五原则”和“六统一”。“五原则”中“刚性”指要严格按计划考核，不能随意调整；“量化”指绩效考核要用“数据说话”，不能定性描述；“透明”指考核过程和结果要公开透明，便于监督和激励；“及时”指绩效管理数据传递要及时，逐步做到在线实时反馈，便于发现偏差和防控风险；“规范”指绩效管理全过程都要有标准化的流程、制度、表单，严格按制度和流程办事。“六统一”是指“管理平台、基础数据、考核原则、考核指标、管理工具、业务流程”的统一，要进一步完善管理信息系统，逐步实现网上计划、网上考核和网上薪酬分配。

2. 依据模型制订绩效方案，完善绩效管理和考核体系

沈飞公司绩效管理方案由 1 份管理规章、2 份管理程序和 16 份实施细则组成，确定将绩效管理打造成公司内部管理考核与薪酬分配“唯一”平台的管理思路，对现行计划体系、指标体系、考评体系和激励体系进行整合，并依托管理信息系统的深度开发应用来实现。

对非生产责任单位的考核方式，强化内部整体协同和客户需求导向，设置十大生产关键指标，与部门绩效直接挂钩，引导各部门要密切关注科研生产任务、经营目标和主要客户需求。对生产责任单位的考核方式，建立“分层分类管控”的管理机制，促进管理减压与管理规范。将原来项目部门直接考核生产单位的考核关系，改变为项目部门完善二层管理制度，对生产部门或其他项目计划承接单位的管理进行规范，通过客户需求的方式纳入其部门绩效计划并严格考核。

在责任单位内部建立二级绩效管理体系，由责任单位对内部业务部门和人员进行绩效管理和考核，进行二层管控，激发内部科室和员工工作的协同性和积极性。同时，对管理工作实施“强制排序”，总体上对综合管理指标进行简化，减轻生产单位压力，规范主管部门管理职能履行，改变原来个别部门行权幅度小或不行使职权的管理状况，推动管理部门的管理提升。

（四）构建计划管理模型，贯通公司计划体系

1. 构建计划体系模型，实现计划有效衔接

沈飞公司以科研生产任务为主线，以经营计划为牵引，以信息化系统为依托，构建公司计划体系模型，即公司级计划和厂级计划两个层级进行管控。公司级计划重点按照计划大纲、主进度计划、站位计划、零件生产（外协）计划、器材发放计划、器材试验计划、器材采购计划共 7 个计划重点环节进行管控。厂级计划分为厂级作业计划、班组作业计划、床头作业计划共 3 个环节进行管理。

公司级计划增强内部整体协同和客户需求的导向作用，基本实现公司层面计划管理的流程对接和数据对接，达到计划自动编制与应用的预期目标。通过 MES 系统在 8 家单位试点编制全部在制机型床头计划的深入应用，促进了整个计划体系的有效贯通。通过搭建公司生产管控平台，制定生产管控管理规定，将生产风险前置，使生产现场问题公开化，提高生产问题的解决效率，确保生产有序运行。同时，通过各类计划管理看板的构建开发，强化对关键和薄弱环节的有效管控，增强生产计划的整体控制力，规范项目计划管理、生产计划管理、采购计划管理等管理制度，促进沈飞公司管理水平不断提升。

2. 构建全员计划管理模型，规范管理者工作行为

沈飞公司为强化基础管理，提高全体管理者素养，构建全员计划管理模型，明确管理者工作计划的制订原则和考核原则，开发应用统一计划平台。

管理者工作计划既要向上承接公司战略目标和部门绩效计划，又要按照年度－季度/月份－周向下详细分解到日，使沈飞公司的大目标能够清晰地落实到每个岗位每天的小目标上来。制订员工计划时，采取“六点优先工作法”原则，把每名员工一天的工作任务按重要性排序，逐一完成，即优先完成最重要的任务（一般不超过 6 项），并通过“日事日毕、日清日高”，培养每名员工正确的工作方法，逐步提高管理者素养。沈飞公司全部 51 家职能部门和 27 家生产单位都已应用统一平台来制订每天的工作计划，总结每天的完成情况。统一的网上平台，让所有管理者的工作计划透明、工作结果透明，增加横纵向各级间的沟通渠道，提高协调效率和工作质量。

（五）构建信息平台建设模型，支持主业务流程信息化

1. 构建超级 BOM 模型，提供基础数据解决方案

基于 PDM 和 CAPP 系统构建面向运营管理的超级 BOM 模型，实现公司单一产品数据源管理。超级 BOM 管理平台实现了各层级工艺设计的协同并行工作，构建从顶层工艺分工到装配工艺设计、零件工艺设计，再到原材料定额、工时定额及制造资源的信息集成模型，提升产品数据技术状态管控和信息整合的效率。

2. 构建 ERP 系统模型，提升资源平衡管控能力

持续推进 ERP 系统建设，紧密围绕公司计划体系模型和绩效管理模型设计开发。以经营计划模块管控公司中长期经营目标，指导公司级 7 层计划，协调供需平衡；建立与供应链系统、采购系统、MES 系统集成，贯通各层级计划衔接。重构绩效管理模块，按照“刚性、量化、透明、及时、规范”五原则打造全新的绩效管理平台；与计划体系集成，自动采集科研生产 KPI 数据；与员工计划集成，从公司绩效到部门绩效，直至员工绩效层层分解落实。建立生产管控平台，动态跟踪各层级计划进展和关键风险问题。建立运营决策综合看板，为决策层集中展示公司总体生产进展和经济运行分析。

3. 构建 MES 系统模型，提升制造执行能力

深入研究与探索高级计划排产技术，从加工专业、排程模式、目标择优、资源约束、关键设备等方面优化排产算法，为厂级 3 层作业计划管理提供科学依据；进一步推广产品制造记录数字化，实现 3 家总装厂和 15 家零件生产厂的产品制造记录无纸化；构建基于 MES 系统的生产问题管控模块，提升生产现场异常问题的快速响应能力；完善实时进度看板，实现生产全流程监控。

（六）构建可视化管理模型，促进生产现场管理提升

1. 构建可视化管理模型，明确生产现场改善路径

沈飞公司立足生产现场管理提升构建可视化管理模型，以信息流和物流为主线，通过可视化看板应用和形迹化管理，揭示现场信息，迅速呈现异常，使相关人员能够及时采取恢复措施，从而达到信息对称、全员参与管理改进、现场管理获得实质性改善的目的。

2. 应用可视化看板，规范生产现场信息流

沈飞公司27家生产单位全面应用可视化看板，实现生产计划、生产进展、工作绩效信息在现场的可视、可控、实时，提高各类问题的响应和解决速度，促进各单位生产计划和目标的实现。

3. 推进形迹化管理，规范生产现场物流

通过形迹化管理，实现现场的产品、物料、工装、工具、设备等物品形迹状态完好，使生产过程更加顺畅。首期在部装、钣金、机加、热表选取6家首批试点单位，从产品防护和工装工具管理角度入手开展工作，让生产过程所需产品和工具直接展现在操作者面前，触手可及，实现工序配套情况一目了然，减少生产准备时间和重复搬运等浪费现象，提高生产效率。

（七）构建工具包管理模型，支撑流程有效管理

1. 构建工具包管理模型，明确重点应用工具

沈飞公司结合业务需要构建工具包管理模型，按功能将多项管理工具嵌入业务流程中组合应用，确定重点应用的10项管理工具，都与一线生产管控能力提升直接相关，包括分层例会、可视化看板、管理者标准作业、形迹化、班组自主管理、工艺标准化、设备自主维护、生产排产、能力平衡、操作工技能培养，明确推广应用主管部门。通过研究、开发与推广，使管理工具与业务工作深度融合，实现从单项工具推进向系统体系建设转变，实现对流程的有效管理和支持。

2. 应用分层例会工具，推动问题快速解决

沈飞公司全部27家生产单位的生产型工段班组及业务室，每天在固定时间、固定地点，按固定流程“七步法”召开生产分层例会。各单位按照公司要求制定内部管理制度并进行有效考核，问题沟通反馈及信息传递畅通，对生产过程实施回顾、控制，解决各层级生产管理中浮现出的问题。分层例会已100％覆盖到全部27家生产单位各层级。

3. 应用管理者标准作业工具，固化管理者工作标准

围绕生产控制过程，沈飞公司在全部27家生产单位的生产厂长、调度室主任、工段长3个岗位上全面推行管理者标准作业。组织制定内部管理制度，规范标准作业的具体要求，实现生产单位管理者标准作业与分层例会、可视化看板的融合集成应用，有效支持生产控制过程。

4. 应用班组自主管理工具，强化最小单元管理能力

为持续提升班组长各方面能力，针对“角色认识、管理理论知识、沟通技巧、SQCDPA工具应用”等10项内容，沈飞公司开展多期班组长培训，覆盖全部一线生产班组。设计完成班组绩效管理表单共6类32张，涵盖安全（S）、质量（Q）、成本（C）、交付（D）、人员（P）、绩效（A）各维度。把各项管理要求精细分解到公司生产最小单元，提升管理的精细化程度。

5. 应用设备自主维护工具，提升设备管理水平

沈飞公司主管部门选取数控设备等5类典型关键设备，拍摄设备自主维护点检指导书视频教程，规范指导书，用于操作人员点检培训。各单位全面开展设备自主维护管理工作，编制完善点检指导书403份，巡检路线图224份，设备保养定检企标50余份，使设备自主维护管理水平得到持续改善，实现设备完好率保持稳定并呈上升趋势的目标，管理工具融入各项业务流程并实现制度化和标准化，有效支撑业务流程的稳定运行和持续改进。

（八）构建执行机制模型，推动常态化管理

1. 构建执行机制模型，激发管理内生动力

沈飞公司从考核和评估、激励和约束、沟通和反馈、培训和教育4方面探索建立运营管理的执行机制，形成制度和体系，推动常态化管理，激发每个组织、部门、岗位的内生动力。

2. 完善沟通和反馈机制，提高沟通效率

建立管理创新联系人制度，进行日常沟通督导和反馈。每月召开公司级月份沟通例会，定期发布“管理月报”。每周召开周例会了解相关业务组工作进展，协调处理问题。针对专项工作召开专题研讨会。通过各层级例会，增强各部门之间的沟通交流。借力互联网，以经营管理网站为中心，搭建网络信息平台，发布微分享 14 期，使全公司共享经验和成果。

3. 完善培训和教育机制，提升员工能力

组织管理创新团队对全部 27 家生产单位进行整体培训，平均每月 130 余次。同时，利用分层例会对各生产单位进行管理成果点滴教育，制作 AOS 管理工具系列教学片 2 部。沈飞公司形成班组长培训的长效机制，每月组织一次培训、每周生产单位内部组织一次培训、每日生产班组组织一次教育，提高班组长各方面能力，进而提升企业整体业务和管理水平。

4. 建立考核和评估机制，提升组织绩效

沈飞公司发布年度创新工作计划，制订考核评估标准，每月对推进过程的进度和效果进行动态评估，对实施计划执行情况进行检查，将评估与检查结果纳入公司绩效考核，引导生产单位总结经验、查找不足、不断完善。

5. 建立激励和约束机制，鼓励人才成长

沈飞公司加强绩效目标引导，对“管理创新”给予 5% 考核权重，与各单位薪酬挂钩，突显领导层对管理创新工作的重视，激发各单位加强管理创新工作的积极性。

三、大型航空企业战略导向的运营管理效果

（一）助力公司圆满完成年度科研生产经营任务

通过提升经营管理能力，向管理要效益，在没有增加更多资源投入的前提下，沈飞公司两年来都圆满完成了年度科研生产经营任务，完成了航空工业集团的考核目标。2015 年沈飞公司实现营业收入同比增长 12.5%，利润总额同比增长 11.7%，EVA 同比增长 7.8%，工业总产值同比增长 3.7%。2016 年任务量同比增加 32%，全年实现年度营业收入同比增长 22.1%，利润总额同比增长 22.4%，EVA 同比增长 21.8%，工业总产值同比增长 32.6%。

（二）提升了公司运营质量和效率

通过围绕全部 27 家生产单位的生产现场开展可视化管理和管理工具应用，建立应用和考核的管理制度，实现了常态化管理，生产现场实质性改进显著。通过建立规划管理机制、推进流程体系建设、优化组织机构设置、贯通计划体系、推进信息平台建设、完善绩效管理考核体系、开展全员计划管理、建立执行机制等各项工作，沈飞公司运营管理更加规范化和精细化，各类业务协同联动顺畅高效。2015 年和 2016 年，沈飞公司全员劳动生产率同比分别增加 11.4% 和 16.2%，运营质量和效率有了明显提升。

（三）提升了企业的核心竞争力

通过开展大型航空企业运营管理模型构建与实施，形成了一套完整有效的运营管理体系，具备了一定的管理输出能力，提高了沈飞公司的战略管控能力和价值创造能力，有助于实现提升企业技术水平和管理水平、产品质量和工作质量、企业规模和企业效益、劳动效率和员工收入的发展目标，并为沈飞公司顺应国家军民融合发展大趋势，抓住战略机遇奠定了坚实的基础。

（成果创造人：郭殿满、纪瑞东、李长强、郭显华、王建明、陈继璋、闫立峰、王晓明、徐黎明、李晓军、张　敏、夏英姿）

以“丝绸之路经济带”为战略导向的铁路市场化运输管理体系建设

中国铁路乌鲁木齐局集团有限公司

中国铁路乌鲁木齐局集团有限公司（以下简称乌鲁木齐局）是中国铁路总公司下属的铁路运输企业，位于全国铁路网西北末端，注册资金 1054 亿元。主要承担新疆全境、进出新疆客货运输和我国与哈萨克斯坦等中亚、欧洲国家陆路物资运输任务，是新疆 5A 级物流企业。乌鲁木齐铁路局下设机关处室 31 个，运输站段 38 个，运输辅助单位 13 个，建设指挥部 8 个，非运输企业 12 个，控股合资公司 6 个，从业人员 6.3 万人，管辖营业线 20 条，营业里程 6232 千米，其中复线铁路 3056 千米、电气化铁路 2939 千米、高速铁路 845 千米，线路总延展长度 11394 千米。全局配属机车 812 台、客车 2566 辆、动车 17 组，开行图定旅客列车 69 对。2016 年货物发送量完成 6901 万吨，同比增长 10.7%，旅客发送量完成 3188 万人，同比增长 15.9%。

一、以“丝绸之路经济带”为战略导向的铁路市场化运输管理体系建设背景

（一）丝绸之路经济带建设的需要

丝绸之路经济带建设是国家经济发展战略的核心，是国家西部大开发战略的延伸，丝绸之路经济带建设是发挥新疆及新疆铁路独有的地缘优势，打通中欧、中亚通道，建立“东联西出”的交通枢纽，推进新疆及内地省市与丝绸之路经济带国家和地区的交流合作与发展。新疆铁路需要抓住丝绸之路经济带建设难得的历史发展机遇，通过加快路局市场化改革步伐，巩固铁路在综合交通体系中的枢纽骨干地位，实现由传统运输企业向区域最具竞争力的现代物流企业转型，由“全路偏远小局”向“西北路网强局”的蜕变。

（二）铁路市场化改革的需要

铁路实施管理体制改革后，国家明确了铁路企业化、市场化运作的基本要求，铁路总公司以建立现代企业制度为方向，以两级法人、三级管理为基本架构，逐步推进铁路企业市场化运行机制建设，实施对铁路局的运输收入清算和经营业绩考核新机制。丝绸之路经济带战略构想和“环新疆经济圈”概念的提出赋予新疆向西开放的多内涵、全方位、多层次、跨区域发展模式，突出了新疆交通枢纽的主导地位，乌鲁木齐铁路局作为铁路运输市场经营的责任主体，担负着拓展经营市场，提高经济效益，加快成为自主经营、自负盈亏、自我发展、自我约束的经营性企业的重大责任，迫切需要建立与市场经济相适应的企业运行机制。

（三）适应市场经济快速发展的需要

新疆向西开放发展的政策优势和国际大通道的战略优势要求新疆铁路必须从全局出发，科学规划运输生产布局，合理配置全局客、货运资源，打造以“乌鲁木齐、库尔勒”为中心的客运架构，才能实现南北疆到内地的直通直达，承担畅通“东联西出、西联东出”的运输大通道责任。然而，乌鲁木齐局传统的运输管理体系影响依然很重，过于强调生产管理职能，重平稳、轻经营，重安全、轻效益，没有按照市场规律确定市场定位，工作流程、管理标准、职责体系还停留在计划经济体制下，未建立起市场化价格体系、分配激励机制、市场信息机制。这都需要从市场化管理出发，重新定位，打破各部门、各系统的封闭、各自为政的管理体制，推进以市场为核心，以效益为目标的管理制度创新，使内部管理结构适应市场发展的需要。

基于以上背景，乌鲁木齐局于 2016 年年初开始实施以“丝绸之路经济带”为战略导向的铁路市场

化运输管理体系建设。

二、以“丝绸之路经济带”为战略导向的铁路市场化运输管理体系建设内涵和主要做法

乌鲁木齐局以“丝绸之路经济带”建设为战略支点，以交通基础设施为突破，确立面向市场的网格化发展格局，构建铁路路网体系、客运市场网络体系、货运经营管理体系。明晰市场定位，建立面向客户的经营管理机制，通过持续优化客运产品，统一货运营销市场资源，提升运输服务供给质量和效率，满足新疆群众对铁路运输的新期待。实现新疆铁路建设由“基本适应”向“适度超前”的发展目标，实现传统运输企业向现代物流企业转型发展。主要做法如下。

（一）确立市场化运输管理体系建设的总体思路

一是铁路路网体系以丝绸之路经济带建设为契机，通过完善铁路路网结构，加快铁路通道建设、环网建设、点线能力匹配，确立新疆铁路在新疆交通的枢纽地位。

二是客运市场网络体系以实施客运市场化战略布局，打造以乌鲁木齐、库尔勒为中心，辐射全国、全疆的客运网络，形成以兰新高铁为主干、南北疆快速通道为两翼的客运网络。

三是货运经营管理体系以推进货运系统生产布局优化和管理结构调整，建立与市场营销匹配的运行机制、价格体系和分配机制，以适应货运市场快速发展的新常态。

四是运输保障体系以提升运输组织效率与效益，搭建与市场营销相适应的动态调整机制、顺应市场营销的管理机制、符合市场营销的用人机制，实现管理架构再升级。

（二）建设铁路路网体系

1. 畅通对外通道

在向东方向，完成兰新线电气化改造工程，大幅提升连接新疆与内地、亚欧的“中通道”向东向西运输能力；投入运营新疆首条高速铁路——兰新高铁，极大释放“中通道”运输能力；推进“南北”两翼通道建设，额济纳—哈密铁路“北通道”按期竣工，格尔木—库尔勒铁路“南通道”已开工建设。在向西方向，继阿拉山口铁路口岸开通后，建成霍尔果斯铁路口岸站，打通亚欧大陆桥向西出口第二通道；积极协调推进中巴、中吉乌铁路、北屯（阿勒泰）—吉木乃口岸、克拉玛依—巴克图口岸等项目前期工作，畅通新疆向西开放通道。

2. 建设环网通道

在北疆地区开工建设阿富准铁路、克塔铁路、铁厂沟至塔城段、博州支线，进一步完善北疆环网骨架，形成环准格尔铁路网；在南疆地区建成开通库尔勒—阿克苏二线、吐鲁番—库尔勒二线电气化铁路，极大缓解了南疆铁路运输紧张局面；推进和田—若羌铁路前期工作，加快完善南疆环网，形成环塔里木铁路网；在东疆地区建成哈密货车南环线工程、哈密—罗中铁路，打通罗布泊矿产资源外运通道；推进若羌—罗布泊铁路前期工作，形成环东天山铁路网。

3. 扩能改造，提升点线能力

聚焦“补短板”，完成兰新线乌西—石河子提速整治、南疆线阿克苏—喀什段车站扩能改造等项目，即将建成南疆铁路－兰新高铁联络线、推进乌西－乌北联络线、开工建设乌北—准东、南疆线库尔勒—阿克苏—喀什段和精霍线扩能等项目，突破制约瓶颈，扩充既有能力，提升运输效率。

（三）布局实施客运市场化战略

1. 完善以“乌鲁木齐”为中心的客运网络体系

一是乌鲁木齐铁路局以乌鲁木齐为中心构建新疆内外快运网络。“丝路明珠”乌鲁木齐站开通运营，连续 3 次调整铁路运行图，58.5 对客车先后调整到乌鲁木齐站作为起始站和终到站；向东增开哈密、西宁、兰州高铁动车组；向北在伊宁、奎屯、阿拉山口等地与乌鲁木齐间开行 13 对旅客列车；向南密集开行 15 对旅客列车；完善覆盖新疆、辐射中亚的综合性陆路交通枢纽。实施既有线提速改造，推进兰新高铁与南疆线联络线工程，探索实践动车跨线运行，加快形成以兰新高铁为主干、南北疆快速通道为两翼的客运网络构架，打造以乌鲁木齐为中心辐射主要地州市的1小时、4小时、10小时“交通圈”。

二是做优客运服务品牌，搭建以高铁动车组列车、直达特快列车、城际列车、特快列车、快速列车、普快列车等为框架的公交化、规模化、密集化疆内旅客列车开行模式。以高铁为引领，创建和深化“民族团结一家亲号”“南疆之星”“北疆之星”“和田玉龙号”、周末动车、夕发朝至列车等客运品牌，提升服务品质，满足各族旅客不同层次的乘车需求，改善旅客出行体验。开发“吐鲁番赏花游”“汽车自驾游”等5个新疆内、42个“引流入疆”旅游专列产品，精心组织营销推介、运输保障和地接服务工作，培育“坐着火车游新疆”旅游消费新热点。

2. 打造南疆“库尔勒”铁路客运中心

南疆铁路是内地通往西部边陲的重要交通要道，提高南疆通道运输能力和运输质量，带动铁路沿线经济发展，促进东西部地区优势互补，对新疆经济发展具有巨大的推动作用。实施“打足打满管内、直通摆向两翼”客运战略布局，建立以库尔勒为中心的铁路客运中心，在建南疆库尔勒至格尔木铁路，拟建环南疆和田至若羌铁路，打通南疆与内地客运通道。

南疆以“库尔勒”为中心的铁路客运中心，陆续增开6对“南疆之星”城际列车、2对直通内地旅客列车、15对疆内城市旅客列车。西安至库尔勒列车延伸至阿克苏，乌鲁木齐至成都列车调整为库尔勒至成都，乌鲁木齐至喀什列车延伸至和田并套跑一趟喀什，乌鲁木齐至和田列车套跑一趟喀什，喀什至乌鲁木齐列车延伸至克拉玛依、伊宁各1对，乌鲁木齐至重庆列车调整为阿克苏至重庆。增开乌鲁木齐至和田2对旅客列车。新疆客运市场将由乌鲁木齐向南疆重镇库尔勒转移，实施客车扩能，线路提速，提升南疆喀什、北疆伊宁客车整备能力，增开和延伸新疆内外直通旅客列车，大力推进南疆到内地的直通旅客列车，解决赴南疆地区旅客因在吐鲁番换乘不便造成的客流大量流失，拉近内地与南疆的距离。扩能提速疆内旅客列车，增开直通客车由乌鲁木齐始发终到向南北疆主要城市转移，实行“车循环、人继乘”措施，满足新疆客运量爆发式增长需求。建立南疆铁路枢纽库尔勒铁路客运集散中心，实现区域集中管理。

3. 构建客运营销管理体系

乌鲁木齐铁路局在充分调查客运管理机构设置现状的基础上，构建和完善全局客运营销管理体系，及时掌握客流分布、出行意愿、换乘信息，灵活快速配置运力资源，实行固化应流开车、接驳联动等应对措施，以适应性产品扩大市场份额。

一是从完善客运经营职能入手，强化客运经营责任落实。厘清铁路局—车务站段—客运站3个层级的客运经营职能，以满足和激发市场需求，提升客户满意度为方向，全面转变客运经营管理方式，明确各层级的客运营销职能，细化岗位营销标准，完善考核评价体系，实现客运经营责任落实。

二是从优化客运机构岗位入手，强化客运营销作用发挥。在明确路局、车务站段和主要客运站的客运经营职能的基础上，用足用好既有资源，挖掘现有人力资源潜力，在不增机构编制的前提下，按照“专业管理加强、管理层次清晰、管理效能提高”的原则，全面优化客运机构设置和岗位配置，配齐配强客运专业管理力量，强化客运营销作用发挥。

三是从全方位推进客运营销入手，创新营销策略，强化客运上量增收。加强站段营销职能，健全客流调查分析机制，加强市场需求和客车效益分析；探索差异化定价机制，增强淡旺季、团体旅客、高端产品营销的针对性、有效性，提高客运资源效益。新增南宁方向特快列车、兰州方向动车、伊宁方向快速列车，适时推出阿克苏—和田区域列车；超前调研、设计储备列车增开方案，动态调整车辆编组、客车席别、开行时刻，最大限度贴近市场经营，抢占市场先机；加强相关产业合作，深化“引流入疆”工程，开发旅游特色产品，提升经济增长点。推行票额自动预分售票策略，提高客座率和客运营业收入；

加快自动售取票点布局，扩大网络、自助售票比例；完善客票代售点功能，开办退改签业务，方便旅客就近办理。

（四）优化货运系统生产布局，调整管理结构

1. 明晰市场定位

乌鲁木齐局按照面向市场、反应灵活、界面清晰的市场化管理架构，明晰货运系统各部门市场定位，即货运处为货运管理、营销的专业管理部门；货运营销中心业务受货运处管理，为物流市场专业营销部门；各货运中心、口岸站为市场营销、货运组织、安全生产的主体单位。通过职责的界定，确立货运营销中心在市场营销工作中的主体地位，同步开展市场调查分析、经营开发，设计运输物流及服务产品，实现营销组织、物流业务洽谈、服务及服务质量跟踪、分析一体化解决方案，持续改善物流运作模式，维护良好的客户关系。通过对物流市场调查、分析、研究、预测和市场价格监测分析，实现物流增值业务及资产和物流经营项目开发、管理。同时，统筹货运营销、服务、管理、生产资源，按照市场供求关系搭建货运营销管理平台，建立符合市场运作的工作流程、管理标准、职责体系，有效地规划和管理货运链上发生的营销、运输、接取送达和所有的物流活动，推进相关各方之间的协调与合作。

2. 拓展国际物流业务

乌鲁木齐局按照中欧、中亚西行国际班列常态化运行的统一部署，发挥新疆向西开放区域优势，打通东联西出国际大通道，按照专业化、规模化、集约化的原则组建国际物流公司，使各类经营资源在更大的范围内得到有效整合，在整合资源提高经营创效能力的同时，拓展向外发展的新空间。通过搭建以乌鲁木齐为物流节点的城市铁路国际物流平台，积极发展国际大宗物资商贸，拓展经营领域和国际物流业务。

3. 优化货运系统生产布局

乌鲁木齐铁路局为优化货运资源配置，解决同业无序竞争、货源争夺、议价羁绊造成的货源损耗，打造区域化管理品牌，先后对乌鲁木齐及南疆地区货运中心进行重组，确立以乌鲁木齐、哈密、库尔勒、喀什、奎屯为中心的货运经营格局。

一是将乌鲁木齐、昌吉两个货运中心整合，重新组建乌鲁木齐货运中心，经营乌鲁木齐、昌吉、准东、吐鄯区域。同时，优化乌鲁木齐地区货运资源配置，推进区域化货运“敞开收货”“一站式服务”“一口价管理”，建立以区域、客户为基础的市场营销事业部、项目部管理模式，拓展市场营销范围和经营开发项目，推进货运经营结构向纵深发展。加快建成现代化的中欧（中亚）班列乌鲁木齐集结中心，打通中欧（中亚）通道，形成优势互补、零散货物集结开行的经营模式，不断加强运输组织，使班列开行规模快速增长，班列开行密度不断增加，西行班列业务范围从新疆本地辐射全国，立足新疆、服务全国的关键点作用日益凸显。

二是将阿克苏、喀什两个货运中心整合，重新组建喀什货运中心，经营阿克苏、喀什、和田区域，调整南疆生产布局，建立以库尔勒、喀什为中心辐射南疆地区货运网络，解决在区域经营上存在业务交叉、同业竞争的现实问题，集中优势资源抢抓煤炭、矿石、棉花等大宗货源，打造运输、物流品牌产品，改善物流运作模式，延伸企业供应链服务和管理。

4. 完善货运中心经营管理模式

乌鲁木齐局为彻底改变货运中心按站段管理的模式，按照市场化运营方式对机构及管理岗位进行重新构建，实现与市场管理营销的全方位接轨，达到精干高效、方便快捷的扁平化管理模式。将内部管理层级分为营销层（前场）、管理层（中场）、作业层（后场）。

营销层（前场）改变分级管理的模式，负责外部市场的营销开发工作，即“前店”业务，是货运中心的核心部门。

管理层（中场）按综合部、安全信息调度部、生产技术部、财务收入部、人力资源部选择性设置，负责专业化管理工作，是货运中心的服务部门。

作业层（后场）作为货运中心的保障部门，负责货场和车务站段的衔接工作，即“后厂”业务。

货运中心在路局的框架下，根据市场变化和所在区域特点确定事业部、扁平化管理模式，破解货运价格、办理程序、运到时限、服务质量等影响货运上量增收的难题。

5. 推进货运价格管理体系建立

为打破系统间、组织内部及组织间固有的业务孤岛，信息孤岛，全面地掌握货运链的各种状况、各种活动和各类主体。乌鲁木齐局将运价管理、营销服务职能由货运处调整到货运营销中心，成立市场营销部，负责全局物流价格管理和协调、营销策划、客户维护等工作，实时监控并分析公路市场价格，制订出切实可行的营销对策，设计贴近市场服务需求的营销产品，推出贴合市场的议价政策，指导各货运中心（口岸站）。根据区域性运输特点，结合货源实际情况，制订个性化议价方案，合理运用议价政策，快速反应市场，培育稳定长期批快货源。通过协调、沟通，打通与客户的沟通渠道，实现运营的可视化、组织的生态化、要素集成化，建立横向多交通方式的网络信息平台，全面掌握市场货运信息，打通信息渠道。

（五）建立适应市场化运输的保障体系

1. 建立与市场营销相匹配的运行机制

一是建立与市场营销相适应的动态调整机制。乌鲁木齐局按照可持续创新发展思路，在市场中找准定位，精干高效、科学合理地确定经营管理机构设置和岗位人员配置，弹性动态调整经营部门。

二是建立顺应市场营销的管理机制。探索实施市场营销事业部、项目部管理模式，以客户、品类、区域为中心，结合地区经济发展情况和未来发展方向，拓展市场营销范围和经营开发项目，推进客运、货运经营结构向纵深发展。

三是建立符合市场营销的用人机制。根据经营策划、市场营销、物流服务岗位的不同，按照与市场相匹配、相适应的原则，推进营销人员岗位优化配置，各营业部、经营部、营销部门经营人员在保留原有职名的同时，可根据市场需要灵活使用经理、业务经理、营销经理等职名。

2. 建立多层次分配考核机制

乌鲁木齐局建立各系统间联挂考核机制，将客货运上量指标与机务、车务、车辆等后场单位紧密挂钩，共享经营成果、共担经营压力。在客货运营销“一盘棋”格局下，采用三级模式促进效能分配。客运处、货运处作为客货运管理职能机构负责客货运营销整体工作的指导和考核。货运营销中心作为市场营销的整体规划部门，负责对各区域货运中心（口岸站）营销实施促进货运增收上量的各项指标进行分析、调整并实施考核；各区域货运中心（口岸站）、车务站段负责营销的主体实施，在用好用活议价政策承揽货源的同时，根据岗位不同，推行不同绩效的分配模式，突出专兼职营销人员的业绩考核，实现职工收入与经营效益共享。

3. 搭建战略客户服务体系

乌鲁木齐局在路局层面成立大客户服务部，与战略大客户建立“一对一”服务关系，重点推进大客户的关系维护、营销组织、物流业务洽谈、服务及服务质量跟踪等全流程服务，拓展经营合作空间。

车务站段层面按照路局“优化产品设计、激发市场需求”的客运经营思路，由客运营销部门对客运市场进行调研，建立起以市场为主导的旅客开行方案，提升客运服务水平和服务效率。

货运中心层面推进“事业部”管理模式，由事业部负责区域内客户关系管理，并协助路局货运营销中心做好相对应的客户服务、需求兑现等工作，通过协调、沟通，打通与客户的沟通渠道。

4. 明确运输调度部门管理关系

乌鲁木齐局优化运输调度部门管理架构，明确调度所定位为路局生产部门，统一指挥管内运输生产单位，与客货运需求快速对接，完成运输经营任务；强化调度所内部管理，优化管理架构，压缩管理层级，强化一线行车调度管理人员和生产班组的岗位职能；实施年度综合评价和尾数淘汰机制，形成人员优胜劣汰、能进能出的良性循环；完善调度所考核激励机制，调动生产管理和作业人员工作效率和工作质量的积极性，调度组织向科学、精细化发展，提升调度指挥能力和水平。

三、以“丝绸之路经济带”为战略导向的铁路市场化运输管理体系建设效果

（一）筑牢新疆交通枢纽地位，助力新疆经济快速发展

乌鲁木齐局依托丝绸之路经济带建设，新疆铁路交通运输基础设施得到迅速发展，新疆基本形成“四纵、四横、三大对外通道、五个对外铁路口岸”的路网格局。乌鲁木齐局也从一个边陲小局一跃成为西北大局，成为新疆经济发展的基石；建立了辐射全国、全新疆的客运网络，开行旅客列车达 74.5 对（出新疆 34.5 对、管内 40 对），拉近南疆与北疆、新疆与内地的距离；科学合理地界定了货运中心的管理区域，并按照市场变化和所在区域特点确定了新型的事业部管理模式。完成了乌北、疏勒等 10 个铁路物流基地建设，率先打造出新疆“公铁联运现代物流园”。

（二）实现铁路运输管理体系的管理创新、机制创新

乌鲁木齐局确立货运中心、口岸站的市场营销、货运组织、安全生产主体地位，实现管理创新；按照“市场化、网络化、信息化”的新型营销管理架构，建立完善路局层面、站段层面货运营销管理制度、激励制度，实现制度创新；搭建起与市场营销相适应的动态调整机制、顺应市场营销的管理机制、符合市场营销的用人机制，实现机制创新；配齐配强市场营销及项目拓展岗位，派驻大企业客户代表、设置两端服务岗位，优化减少机构共计 18 个。货运系统“前店”“后厂”职能职责界定更加清晰明确，货运营销网络、生产组织、管理指挥组织体系渐趋扁平化，生产组织效率大幅提升，构建起符合市场需要的货运经营架构，实现管理结构创新。

（三）实现经济效益与职工收入“双增双赢”

乌鲁木齐局通过铁路市场化运输管理体系建设，精简了机构，降低了内耗，节约了成本，提高了效率，加速了周转，实现旅客、货物发送量与职工收入“双增双赢”。2016 年全年完成客运发送量 3188 万人次，同比增长 15.9%；完成货物发送量 6901 万吨，同比增长 10.7%。2016 年全乌鲁木齐局工资总额增长 3.3%，在岗职工平均工资增长 4%。2017 年第一季度，新疆铁路货物发送量同比增幅 73.9%。2017 年新疆铁路春运期间日均超 10 万人次，货运日装车 4770 车，发运量 27.16 万吨，货运日卸车 4745 车。

（成果创造人：单立军、邓有跃、张文卓、苏智勇、王劲松、姚志强、张秀丽、钱　文、李燕彬、王盘疆）

以转型升级为目标的经营管理机制变革

大庆石油管理局

大庆石油管理局（以下简称大庆油田）业务范围主要包括勘探开发、工程技术、工程建设、生产保障、装备制造、油田化工、矿区服务、多种经营“八个板块”，具有较为完整的业务体系和综合一体化优势。历经57年发展历程，形成了“爱国、创业、求实、奉献”的大庆精神和铁人精神，以“三老四严”“四个一样”为核心的大庆会战优良传统，为支持和促进东北老工业基地振兴发展，维护地区经济社会和谐稳定大局做出了贡献。大庆油田托管业务现有二级单位24个，员工12.72万人，资产总额902亿元。

一、以转型升级为目标的经营管理机制变革背景

大庆油田的专业化服务业务包括工程技术、工程建设、装备制造、油田化工、水电讯、多元经济、文化传媒等，这些业务虽然均属市场型业务，但主要是为油气业务服务，偏重内部保障性质。随着形势的变化，原有的经营理念、管控模式都表现出一些不适应，急需做出改变。

（一）破解国企改革难点的现实选择

传统国有企业，较为普遍地存在管控模式不合理，管理层级多，审批事项多流程长；经营活力不足，市场化机制不完善；劳动人事工资制度僵化，员工积极性得不到调动等问题。这些问题在大庆油田非油气业务都有较为明显的体现，归根结底在于责权利关系不对等，员工对被动改革不接受，为了改革而改革的效果较差。只有下放经营权，使员工能够主导自身发展，才会从生存发展的大局出发，自发地进行体制机制和三项制度的改革，突破现有体制机制的束缚，逐步建立起具有现代企业特征、符合市场经济规律的管理体系。

（二）实现传统产业转型升级的现实选择

油田专业化服务企业因油而生、依油而兴，多年来依托油田生存发展，产业发展缓慢，后续投入不足，技术创新滞后，市场化程度低，产业升级缺乏动力。只有通过简政放权，将企业经营权归位，充分自主经营，把市场压力、生存压力传递给企业，才能让企业消除依赖，激发出内生动力，走市场化道路，围绕市场化发展谋求转型升级。

（三）激发企业经营活力的现实选择

受长期计划经济管理体制的束缚，国有企业大多存在人员结构不合理，人均劳动效率低；工效挂钩力度不够，“大锅饭”均等化倾向等。三项制度没有真正体现业绩贡献导向，企业不能正确评价员工业绩，员工不关心企业效益状况。只有下放经营权，让企业自身根据市场化发展需要设计科学的劳动、人事、工资制度，加大工效挂钩力度，才能从根本上解决压力不足、动力不足、活力不足的问题，让员工凭业绩贡献得实惠、受重用、有荣誉、受尊重，激发员工兴企创效的内在潜能。

二、以转型升级为目标的经营管理机制变革内涵和主要做法

大庆油田兼顾油田专业化服务业务的国有企业属性和市场竞争的现实环境，以集团管控理论为指导，围绕回归市场主体、激发内生动力、满足市场化需要这一核心目标，自油田公司逐级下放相关管理权限，扩大专业化服务企业经营自主权，实现由运营管控向战略偏运营管控转变，以更加适应市场化发展需要。试点企业以此为契机，进行经营理念、组织架构、经营机制和管理流程等的再造，实施结构扁平化、机制市场化、流程简约化、分配绩效化等内部改革调整，增强管理灵活度和对接市场的反应效

率，使体制机制对接市场，在市场中求生存、快发展，实现良性转型。主要做法如下。

（一）精心搞好顶层设计，明确市场化改革框架

1. 设定“四步走”改革时间表

按照积极稳妥、试点先行、形成模板、复制扩大、全面覆盖的原则，对整体改革划分 4 个阶段有序推进。

第一阶段，2015 年元月至 2015 年 8 月，为制订方案阶段。按照简政放权、薪酬激励的思路，以解决制约专业化服务企业发展活力不足问题为切入点，开展专题调研和多层次讨论，确定工作思路、重点任务和工作目标。在此基础上出台《关于开展扩大经营自主权试点工作的指导意见》，作为试点工作的统领，明确各项经营权下放清单，成立油田公司扩大经营自主权试点工作领导小组及其办公室，进入实质性运作。

第二阶段，2015 年 10 月至 2016 年 12 月，为试点探索阶段。明确试点企业根据编制要求和模板形成实施方案（草案）。本着自主自愿、条件适宜的原则，筛选部分专业化服务企业作为试点，探索和积累扩大经营自主权工作经验。按照既能保证覆盖面，又能具有代表性的思路，2015 年 10 月，相继批准文化集团报捷公司、创业集团华谊电气公司、技术监督中心、矿区服务事业部油田总医院和龙南医院、昆仑集团涂料有限公司 6 家企业先期纳入扩大经营自主权试点范围。

第三阶段，2017 年元月至 2017 年 12 月，为扩大推广阶段。总结试点企业经验，完善相关政策，形成成熟可推广的专项实施模板，实行“三扩”，即扩范围，每一个市场经营型企业都选定至少一个所属企业开展试点；扩规模，在现有基础上再增加几家大的未上市主要生产企业进行试点；扩权力，向自主经营、自负盈亏、自担风险、自我约束、自我发展的“五自”经营过渡，进一步扩充下放权力，更大程度地激发经营活力。

第四阶段，2018 年元月至 2020 年，为“五自”经营阶段。研究制订油田公司“五自”经营专项改革方案，使油田所属专业化服务企业在扩大经营自主权的基础上，进一步转型为“五自”经营企业，推动其最终实现充分的市场化发展。

2. 建立规范的运作程序

为保证试点工作过程严密、运行紧凑、优质高效、依法合规，明确规范化的审核实施程序：试点企业编制实施方案，领导小组办公室对接审核，领导小组审定，试点企业正式呈文报批，油田公司相关部门签认，油田公司（管理局）以正式文件批复实施，试点企业组织开展工作。

3. 形成清晰的改革路径

一是论证明确业务定位。通过市场调研和企业自身业务状况分析，明确重点发展业务及前景、着力培育的业务及进展、推进市场开发的措施及潜力等，并依此对业务结构做出调整。

二是梳理清晰管理界面。确定上一级、本级和下一级各有哪些管理责权，依此向上一级管理机构提出下放权力清单，并对现有的管理权限做出相应调整。

三是调整完善组织架构。按照适应市场、共享服务、精简高效的原则，充分利用机构编制权，根据业务结构的调整情况完成组织结构的调整。

四是精干优化岗位设置。在重新定员定编的基础上，采取优化组合、竞争上岗等方式，做好岗位设置和人员选聘，用好自主用工权，发掘人力资源潜力。

五是加大工效挂钩力度。对试点企业实现超额利润部分进行一定比例的奖励。各企业内部按照鼓励实干、鼓励创新创效的导向完善薪酬分配机制，全面实行工效挂钩，拉开分配差距，充分体现岗位价值。

4. 健全高效的工作机制

试点工作在扩大经营自主权试点工作领导小组统一领导下进行，统筹谋划和推进实施。建立领导小组办公室综合协调、办公室各成员部门分工负责、机关相关业务配合支持、各试点企业为责任主体的工作机制。

（二）积极调整经营理念，明确市场化发展定位

试点企业抓住扩大经营自主权契机，转变经营理念，由依赖油田向依靠市场转变，以前是经营上不景气、创效上没底气、工作上没生气，现在是遍地是市场、处处是商机、人人有干劲；由满足内部保障向支撑外拓服务转变，以前是质量、工期、售后都有短板，现在是赶超同行项项领先。经营理念调整后，市场主体定位更加明确，市场竞争意识更加强烈，例如，华谊电气公司面向全国市场确立发展布局，2016 年外部市场比重由 3%提高到 13%，逐步形成辐射东北市场、布局全国市场的格局。

（三）推动理顺管理体制，搭建市场化管理架构

根据“加强事前控制、事中监督、事后检查，逐步弱化事中审核审批，建立分权机制，实现责权对等”的原则，下放管理权限，使试点企业增强自主决策能力，形成有利于市场化发展的管理体制。

1. 变集权为分权，授权体系体现经营主体特征

以油田公司下放经营权限为起点，各层级逐级理清管理界面，各司其职，各尽其责。

一是重置职能定位。为进一步还原企业的市场主体地位，对试点企业从运营管控向战略管控转变。重新划分公司机关部门与市场型企业的业务管理职能界限，理顺业务管理关系，确保试点企业的经营自主权。油田公司机关部门突出管理职能，主要负责制订战略规划、实施过程监控、评价经营结果和提供服务支持。市场型企业突出创效职能，主要负责组织日常生产、拓展业务市场、控制安全风险和创新技术产品。

二是下放管理权限。根据市场型企业的发展需要，组织各专业管理部门从效率、成本和风险 3 个维度对拟下放管理权限逐项进行充分论证和可行性分析，做到下放的事项明确、权限量化、效率提升、成本降低、风险可控，最终决定将集团公司授权范围内的机构编制设置权、用人自主权、薪酬自主权、投资自主权、资产设备采购、经营和处置权、资产折旧使用权、物资采购权、资金审批及使用权、合同审批权等经营管理权限下放给市场型企业。

三是优化审批流程。对于国家和集团公司要求审批的事项，对审批流程进行简化，形成“绿色通道”。例如，试点企业是公司所属三级成员企业的报批事项，不需报集团一级相关部门，只要经集团主要领导或主管领导签字后直接报油田公司相关部门。对于通过“绿色通道”报批的事项，采取一事一议的政策，并在审批时间上做出明确规定，尽可能缩短审批时间。

2. 变科层式为扁平式，机构设置体现服务创效特征

一是明确机构改革方向。按照“对接市场、服务创效、精干高效”的原则，积极推动市场型企业扁平化管理，抽掉夹层，减少层级。创效单元以做专做强为方向，对存在同业交叉、分散的业务进行专业化整合，交叉理顺、重叠剥离、同业归并，提升生产制造、技术服务和市场营销等各单元整体实力；管理单元以做精做小为方向，将共享服务职能上移、专业管理职能下移，精简机关部门；后勤保障单元以做优做特为方向，实行专业化服务或市场化外包，用最低的成本最少的资源满足保障需求。

二是放开机构设置权限。将机构设置权限下放给试点企业，试点企业可在油田公司核定并批准的各级机构设置和人员编制限额内，根据业务发展自主优化调整组织机构设置、劳动组织形式和员工队伍结构。

三是弱化人员行政级别。将用工自主权下放给试点企业，试点企业根据实际需要自主聘用中层干部，淡化级别、职称，原级别、职称记入档案，实行岗位管理，以岗定薪，能上能下，实现人员管理由

“身份管理”向“岗位管理”转变。

3. 变行政推动为订单驱动，资源配置体现市场竞争特征

试点企业弱化行政级别概念，取消行政命令执行模式，围绕订单配置生产要素，有序调动各类资源。建立以市场订单为核心，以生产单元为主导，保供单元无条件服从，管理单元全方位支持的高效联动运行体系。一旦订单到手，立即形成目标指向一致、各个系统同频、所有工序紧密衔接的工作流，一切围着订单转、全员盯着市场干，保质量、保工期、保满意度。

（四）加快转换经营机制，完善市场化运行环境

1. 市场开发变“等活干”为“逼着闯”，逼出一片新天地

为调动员工市场开发积极性，各企业根据年度经营目标和市场状况，将任务指标分解下达，逐级传递到员工，明确奖罚标准，实行重奖重罚，用指标逼着员工找活源，用重奖回馈员工的付出，实现企业发展个人受益。例如，报捷公司将超额利润的15%用于市场开发奖励，对市场开发给予通勤、通信、误餐等费用补贴，推动全员营销，市场合同额增长达到112%，使传统业务保持稳中有升，新业务拓展到新领域。华谊电气公司先后中标哈医大一院创伤救治中心项目、双鸭山三聚华本新能源公司焦炉气制LNG工程项目、克拉玛依油田玛湖区块钻井油改电项目等，目前正在跟踪的外部市场项目将近2亿元。技术监督中心西安招标公司牢牢占领西北招标市场，全年收入突破5000万元。

2. 薪酬分配变重约束为重激励，激出超强创造力

油田公司对试点企业加大工效挂钩奖励力度。区分3种情况进行奖惩激励：

一是完成经营目标。给予绩效薪酬总额一定基础增量，增量多少根据本单位绩效考核结果和油田公司薪酬总额的增量多少确定。

二是超额完成经营目标。在完成净资产收益率和资本保值增值率指标前提下，按当年实现超额利润的一定比例增加绩效薪酬总额。最终绩效薪酬总额增幅不超过本单位人均利润增幅，人均绩效薪酬增幅不高于本单位全员劳动生产率增幅。年度绩效薪酬总额增长上限为50%，超过部分可以暂作记账处理，留待以后年度以丰补欠。

三是未完成经营目标。按差值部分的20%扣减绩效薪酬总额，最多扣减绩效薪酬总额的40%。其中领导班子第一年完不成经营目标，扣罚绩效薪酬的50%，中层干部扣罚绩效薪酬的30%；连续两年完不成经营目标，领导班子扣罚绩效薪酬的80%，中层干部扣罚绩效薪酬的50%。

2016年，按照确定的工效挂钩奖励政策，在整体薪酬工资减少的情况下，给予试点企业超额利润（或减补）奖励4378万元。

试点企业在油田公司工效挂钩政策引导下，调整完善多种要素参与分配的薪酬机制，树立业绩贡献导向，鼓励员工做出贡献、当能人、得实惠。例如，华谊电气公司根据产品加工难易程度等因素确定企业产品奖金含量，一线员工月度奖金与工作量挂钩，生产辅助岗位月度奖金参照一线员工平均奖的0.7～0.85系数发放。一线生产岗位和生产辅助岗位奖金差距在900元～1500元，同工种之间的奖金差距在2000元～2500元。油田总医院薪酬向工作量多、劳动强度大、风险系数高、经济效益好的科室和人员倾斜。将科室风险系数、床位使用率、周转率和出院人次等反映劳动强度指标纳入考核方案，进一步拉开科室间的奖金差距。盈利科室和危重岗位科室较近三年平均水平增收5%～15%。龙南医院对科室实行全员量化考核，拉开科室间奖金差距，月度奖金最高和最低的科室相差3倍左右；岗位考核以量效为主，拉开个人奖金差距，工作量大的岗位奖金明显高于工作量小的岗位。

3. 业务运行变管住为管活，管出运转高效率

以适应市场高效运转为目标，制度规定和流程设计不再只考虑如何管住，更强调在依法合规前提下如何管活，符合市场化发展要求。例如，报捷公司结合机构扁平化和实施项目制管理方式的实际，完善

《报捷公司绩效考核实施细则》等9个方面制度，有效提高运行效率和经营效益。合同审查简化集团层面的专业审查和经济审查，应急合同可实现当天签订。昆仑涂料公司物资采购由原来的业务、经济、法律3项审批审查，变为1项法律审查，大幅提升采购及时性和灵活性。2016年仅提前储备溶剂油一项就降低采购成本120.5万元。油田总医院推进卫生耗材、化学试剂自主招标采购或委托招标采购，对大型医疗设备购买保修服务，有效降低运营成本。

（五）全力打造核心竞争力，提升市场化行为能力

1. 变依靠市场保护为服务增值，巩固老客户

推动产品质量、交货周期、服务能力等方面的提档升级，促进市场回流。报捷公司广告业务改变以往报纸、电视单兵作战的营销方式，利用新旧媒体资源，开展全媒体整合营销。2016年，先后为乘风新玛特、百货大楼和麦凯乐等商家店庆定制全媒体营销套餐，使商家一次性广告投放能够在报纸、电视、微信等多种媒体上同时展现，广告效果明显提升，赢得了客户的充分肯定。华谊电气公司以创新服务为目标，设立400电话服务中心，组建15人的售后服务团队，保证24小时为用户提供及时周到的全方位服务，获得用户的认可和信赖。

2. 变低端低效为技术增值，发展新客户

加强技术创新、工艺升级和产品系列化、成本控制，明显增强产品竞争力。华谊电气公司与哈尔滨工业大学、黑龙江大学、山东大学等高校建立稳固的产研攻关联合体，实现从生产需求到科研试验再到现场应用的无缝对接和快速转化。每年推出一个新产品、中试一个新产品、研发两个新产品，并实现序列化。2016年新产品收入达1.08亿元，占总收入的49%。产品均得到国家强制认证和型式试验报告，被集团公司评为甲级供应商。昆仑涂料公司通过引进人才、完善工艺，实现国产原材料替代进口原材料、低价原材料替代高价原材料，盘活库存低效资产，完成15种防腐漆和建筑涂料产品配方的改进，实现原材料成本下降2%。油田总医院与北京协和医院和天津眼科医院合作，在省内率先开展眼科全飞秒准分子激光业务；与上海宝腾公司共建联合分子医学中心项目，开展产前无创DNA检测业务，提升医院核心技术实力。

三、以转型升级为目标的经营管理机制变革效果

（一）深化企业改革，激发经营活力

通过下放经营自主权，企业成为市场主体，转变了依赖油田、要计划、要工作量等惯性思维，积极按照市场化生存发展的需要进行变革。试点企业积极进行产业结构调整，瞄准市场，突出主营，退出低端低效，千方百计开发新产业、新增长点，创效能力显著增强。传统的广告印刷业务逐步向新媒体业务扩展；医疗业务向社会化、市场化转型，在充分贯彻国家医改政策的前提下，自我发展能力有效增强；电器制造向智能化拓展，技术创新主体作用更加突出，产品科技含量大幅提升，技术附加值进一步增强；三项制度改革取得突破，干部能上能下、工人能进能出、薪酬能增能减的机制初步形成。

（二）创造显著经济效益

试点企业主动拓展市场，市场化程度不断提高。2016年，试点企业外部市场收入占比同比提高10%以上，利润占比同比提高20%以上。2016年，6家试点企业实现销售收入同比增长3.7亿元，增长幅度11.8%；利润同比增长4097万元，增长幅度252%；两家医院费用补贴同比减少9800万元，减幅40.7%。

（三）提高了员工收入，共享改革成效

2016年，按照工效挂钩奖励政策，给予试点企业超额利润（或减补）奖励4378万元，其中，报捷公司人均薪酬收入同比增长33.2%，华谊电气公司人均薪酬收入同比增长34.6%，技术监督中心人均

薪酬收入同比增长 28%。员工与企业形成“命运共同体”，企业发展愿景转化为员工职业理想、企业经营压力转化为员工工作动力、企业发展成果转化为员工成就感，形成企业与员工共荣共辱、共担风险、共闯市场、共创生机的向好态势。

（成果创造人：王建新、梁哨辉、周仕林、马国良、冷宇恒、李钟磬、程　诚、曲连军、徐庆红、夏庆江、徐龙福、郑占营）

钢铁企业内部市场化选聘、契约化经营管理

鞍钢集团朝阳钢铁有限公司

鞍钢集团朝阳钢铁有限公司（以下简称朝阳钢铁），是鞍钢集团鞍山区域三大钢铁基地之一，现注册资本 80 亿元。2007 年 4 月开工建设，2010 年 11 月份实现全线试生产。规模定位年产 400 万吨精品板材，分两期实施。一期工程产能 200 万吨，拥有能源动力、焦化、烧结、炼铁、炼钢、轧钢以及原料仓储、铁路运输等公辅配套设施设备。目前，在岗员工 2190 人，平均年龄 34.1 岁；外雇协力 1300 人，从业总人数 3490 人。

一、钢铁企业内部市场化选聘、契约化经营管理背景

（一）激发企业内生活力的有效途径

朝阳钢铁自成立之初照搬老国企体制机制，同时又是鞍钢集团的三级子公司，基本是以一个生产车间的角色进行内部管理，严重脱离市场，丧失竞争意识，造成企业失去内生活力。一是管理体制僵化，内部组织机构设置和分工不合理，责、权、利不对等，基层单位生产经营主体地位未得到充分体现。二是管理机制不灵活，干部能上不能下，职工能进不能出，职工收入不能与业绩有效挂钩。三是管理效率低下，管理层级多、管理流程不合理；履职不到位、办事拖拉；管理人员比例过大，人员总量过多，人员冗余严重。朝阳钢铁体制机制上存在的诸多问题，导致内部“死水一潭”，严重阻碍了企业的发展，急需探索激发内生活力的有效途径。

（二）企业自我求生的内在需要

朝阳钢铁自 2010 年 11 月投产之初即赶上了金融危机，可以说是生不逢时。特别是 2015 年下半年，宏观经济下行压力进一步加大，钢铁行业雪上加霜，供大于求矛盾突显，市场竞争已到白热化程度，钢材价格“跌跌不休”，钢企主营业务收入全线下滑。截至 2015 年年末，累计亏损达 60 亿元，资产负债率连年攀升，生产经营举步维艰，企业生存难以为继。与此同时，鞍钢集团公司也面临着巨大的生存压力，要求各单位封闭责任、分灶吃饭。按照“简化、瘦身、放权、搞活”深化改革总体原则，鞍钢把“点”打在“放权”上。如果仅仅局限于以一个生产单位的角色抓生产、降成本、控支出，朝阳钢铁是不可能走出困境，必须将利润创造作为企业生产经营的核心，把问题放在市场维度中考量，与市场要素对接，依靠自身“简化、瘦身、搞活”和再“放权”，全面提高市场竞争力和生存能力。

（三）适应市场竞争的客观要求

《中共中央、国务院关于深化国有企业改革的指导意见》明确提出：“坚持社会主义市场经济改革方向是深化国有企业改革必须遵循的基本规律。国有企业改革要遵循市场经济规律和企业发展规律，坚持政企分开、政资分开、所有权与经营权分离，坚持权利、义务、责任相统一，坚持激励机制和约束机制相结合，促使国有企业真正成为依法自主经营、自负盈亏、自担风险、自我约束、自我发展的独立市场主体。”社会主义市场经济宏观政策已经把企业推向市场，但国有企业长期受计划经济体制影响，市场意识薄弱，市场压力在企业内部不能有效传导，管理效率低下，经营活力缺乏，员工积极性不高。朝阳钢铁要生存、要发展，必须改变传统管理方式，促进内部公平交易、合法经营和规范管理，用市场规律驱动企业各要素实现最优配置，让企业快速适应市场经济的变化，在竞争中立于不败之地。

二、钢铁企业内部市场化选聘、契约化经营管理内涵和主要做法

朝阳钢铁紧紧围绕提升经营活力、提高组织效率和激发员工潜力，着力构建市场化选聘、契约化经

营管理方式，通过确立经营主体地位、确立精干高效体制，塑造两级经营主体；构建组织保障支撑、利润模型支撑、计量管理支撑、预算核算支撑、评价机制支撑和信息系统支撑；开展用人、用工和分配“三项制度”改革，激发员工潜能，取得了显著成效。主要做法如下。

（一）改革僵化体制，塑造两级经营主体

市场化选聘、契约化经营是指企业为实现其战略目标，科学确定、双向选择，公开选拔经营管理人员，并在企业出资人和经营者双方认同企业主要工作任务、管理目标、发展指标的基础上，按照法律程序，以任职合同的形式约定经营者任期内的工作目标、指标和奖惩措施，以及在完成上述任务、目标过程中契约双方的权利、责任和义务，共谋科学发展。

1. 确立经营主体地位

朝阳钢铁按照确立经营主体地位、确立精干高效体制“两个确立”优化管理体制，塑造市场化选聘、契约化经营管理方式的两级经营主体（如图1所示）。

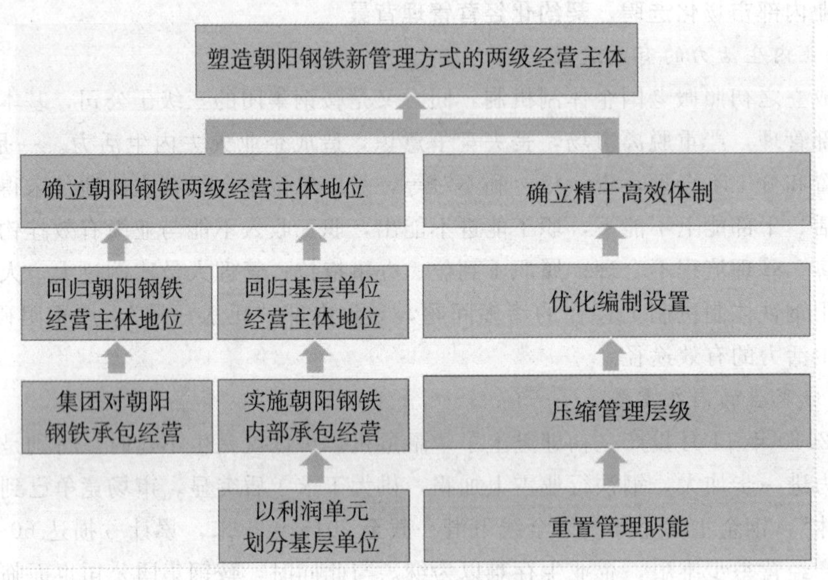

图1　确立两级经营主体

一是回归朝阳钢铁经营主体地位。2015年年末，签订2016年《承包经营合同》，鞍钢集团将朝阳钢铁确定为一级经营主体，明确责、权、利自然属性，规范经营行为、提升市场能力，实现自主经营、自负盈亏、自我约束、自我完善、自我发展。朝阳钢铁作为“责任封闭、自主经营”的独立法人单位，在承包经营期限内，在合法、合规的原则下，充分享有自主独立经营权，包括采购权、销售权、研发权、机构设置权、选人用人权和薪酬分配权，明确经济责任指标，实施风险抵押。鞍山钢铁回归股东角色，重点管班子、管资本、管重大决策、管考核、管监督，为基层创造环境、降压减负。

二是回归基层单位经营主体地位。为清晰划分各经营主体责任、权力和利益，转变原有区域化设置基层单位思路，按利润创造单元重新划分。将焦化从炼铁厂独立出来成立焦化厂，将钢轧厂拆分为炼钢厂和热轧厂，将设备保障部设备作业区全部划归到相应工序，将废钢料场、原燃料仓储、铁路运输等辅助工序从经营主体单位划出成立加工储运中心，实现主辅剥离。为确保计量和分析数据准确无误，保证各经营主体利润结果客观公正，成立了计量化检验中心，重点做实基层利润中心。

按照“抓两头、控中间”一体化工作思路，根据各项功能以及提供产品或服务将炼铁厂、焦化厂、炼钢厂、热轧厂、物资采购部、市场营销部确定为二级经营主体，对其进行承包经营，明确其年度经济责任指标、奖罚机制；同时，赋予其生产组织管理权、薪酬分配权、干部使用权、采购方案与结果的确认权、产品销售价格确认权。各经营主体在公司统一领导下，自行组织生产和经营管理活动，相互之间是水平的部门关系，各自独立核算，产品和服务按照生产上下游关系进行转移，分段控制成本，分段计算利润，使企业内部每个单元都承担降低成本、增加收入的责任。

2. 确立精干高效体制

一是重置管理职能，提升组织效率。将公司由一级管理向两级管理转变，公司重在做正确的事，基层重在正确地做事，两级管理各做各的事。将机关部门由“权力管控型”向“服务管理型”转变。机关实行“大部制”，机关部门由原来的13个减少为9个，改变原有的指令性管控模式，下放管理权限，机关部门更多关注规则制定、系统协调、资源配置、过程监管、调研服务和结果评价，加大基层单位的自主权和参与度。

二是压缩管理层级，实现高度扁平化。撤销机关部门内设科室，扩大管理幅度，由部门长直接管理到部门内设岗位人员；基层单位取消机关科室和作业区，直接管理到生产一线，基层机构模式统一为厂部、工区、班组、岗位。全公司共取消77个内设机构，减少中间环节，缩短“反射弧”，提高管理有效性、执行力和市场应变能力。

三是优化编制设置，提高劳动生产率。投产之初，朝阳钢铁受定员粗放、员工现场经验不足影响，冗员严重，厂区内从业人员接近1万人，几经裁减，到2015年年底，协力人员2669人，主体岗位定员2349人，其中管理技术岗位定员571人员，生产服务岗位定员1778人。这次改革，通过扩大业务范围、减少重复设置、推行一岗多职等手段压缩管理技术岗位，管理技术岗位定员减幅47.6%；通过取消非生产性岗位、推行大工种作业、值守改巡检和落实操检合一、操点合一等措施大力核减生产服务岗位，生产服务岗位定员精简30.2%，改革后，从业总人数降到3490人，全员劳动生产率一次性提高了60%。

（二）搭建高效运行支撑平台

作为企业经营管理的一种有效手段，市场化选聘、契约化经营管理方式需要一个良好的运行环境，朝阳钢铁充分发挥自主创新意识，通过构建组织保障支撑、利润模型支撑、计量管理支撑、预算核算支撑、评价机制支撑、信息系统支撑“六个支撑”搭建市场化选聘、契约化经营管理方式的高效运行平台。

1. 提供组织保障

成立领导组织和工作机构，负责组织制订实施方案和内部日常运行的管理工作。成立价格委员会，负责制定、修订市场价格。成立考核委员会，负责经营目标责任考核和运行考核评价。成立仲裁委员会，负责内部经营主体之间纠纷的协调、仲裁。各基层单位分别成立相应的领导小组，明确每一个机构组成人员、工作职责和运作流程。同时，系统制定完善管理制度和办法209个，维护各级经营主体的利益，营造有序竞争的氛围，确保有章可依、有规可循。再造核心业务流程111个，在内部上下工序之间和价值链增值环节之间强调客户的重要性，使原来用行政计划来协调的部门关系转化为客户和供方的关系。

2. 构建利润模型

利润＝（本工序产品市场销售单价－以上道工序提供产品的市场价格计算出的本工序产品单位成本）×本工序转移到下道工序或外销的产品产量－本工序流动资金超额占用部分的利息－产品质量损失额。

本工序产品市场销售单价：基本取自外部市场，目的是让生产单位在组织生产的同时更关注产品和原燃料市场价格，促进生产单元真正转变为经营主体。

以上道工序提供产品的市场价格计算出的本工序产品单位成本：引入市场价格的产品有焦炭、焦化副产品、铁水、钢坯、钢材。承包单位能源动力单价按 2016 年预算单价不变价计算。水渣按实际外销价格冲减炼铁厂成本。其他各工序成本核算体系不变。

产品质量损失额：因不合格品给下道工序带来的损失、因本工序责任造成质量异议带来的损失。

3. 统一计量管理

坚持“客观真实、相互监督、科学统计、数据共享”原则，制定科学的计量管理方案和运行办法，完善计量手段，统一计量标准，配备计量器具，强化计量管理，将买入的、卖出的、厂级间流转的产品和服务全部纳入计量范围，具体到各级经营主体的用水、用电、用暖、用料等均有量可计。在所有可计量点安装皮带秤、分析仪器、中子测水仪、磅秤等，另外，在关键测量仪器和分析仪器附近安装摄像头，全程监控，保证计量管理体系科学、客观、准确，确保利润计算结果准确无误。

4. 建立预算核算管理制度

完善制定《鞍钢集团朝阳钢铁有限公司预算管理办法》，重新下发了《关于编制每月三次预测的通知》和《关于编制每月预算的通知》，建立“全员参与，各司其职；目标总领，分解承接；滚动调控，分期执行；集中管理，逐级实施；综合平衡，量入为出；归口负责，严格考核”预算管理机制。加强预算控制管理，严格把关各单位月预算，实施费用控制报警机制，确保月预算优于年预算，保证年目标任务的实现。设立各级核算点，设置核算科目，制定核算流程，科学核定交易量，构建以经营主体为价值节点的核算体系。

5. 建立评价机制

为确保市场化选聘、契约化经营管理方式切实有效运转，并促进与之相适应的行为和观念的形成，根据各单位功能定位和特点，建立了与之相适应的绩效评价机制。在指标设置上，将公司承包任务逐层分解到单位、工区、班组、岗位上，从管理层级上实现纵向到底；依据生产管理、设备管理、安全管理、质量管理、环保管理、人力资源管理等制定专项考核办法，从管理职能上实现横向到边，真正达到全覆盖。在评价方式上，在对基层考核评价的基础上重点围绕机关服务职能建立基层对机关部门的考核评价，实现双向考核。在结果应用上，与职工工资挂钩，与领导人员任用和风险抵押金返还紧密联动，实现有效对接。

通过承包指标的层层分包、跟踪评价与兑现，建立部门之间、部门与分厂之间、分厂与工区之间、工区与班组之间、班组与个人之间的全方位利益联动网络，实现企业整体效益的“联动性”，考核模式的“统一性”，压力传递的“有效性”，考核结果应用的“及时性”，管控与责任担当的“严肃性”，形成纵向贯通、横向协同、全员覆盖的市场压力传导机制和自下而上、层层汇集的动力凝聚体系，将外部市场压力转变为企业发展内生动力，将内生动力转化为经营实力。

6. 构建信息系统

以 SAP 和 ERP 等系统为依托，固化新的管理方式和核心流程，统一规范信息，逐步建立完善“决策层看得见、管理层管得住、执行层办得快”一体化数据信息平台，实现信息资源共享，提高管控效率和效果。在决策信息化方面，建立包括战略、市场、内部运营、风险控制等信息的综合决策系统，利用大数据进行系统分析，通过数据找规律，透过现象看本质，支撑各单位和高层领导战略研究与决策。在管控信息化方面，按照新的管理方式，开发各层级单位利润计算模块，建立覆盖生产、采购、营销、财务、库存、人力资源、运营监控等流程的内部管控系统，重点实现任务分配、进度可视、风险预警和结果评价与应用等过程管理。同时，建立内部协同办公系统，提高工作效率，保证决策部署快速落地。

（三）深化“三项制度”改革，提升运行动力

以市场化选聘、契约化管理为统领，围绕用工、用人、分配制度深化“三项制度”改革，充分发挥

市场机制在人力资源配置上决定性作用，实现干部能上能下、员工能进能出、收入能增能减，推动企业中奉献者、打工者、偷懒者三类人的良性转化，深度激发经营者和员工潜能，全面提升新管理方式运行动力。

1. 推行竞争上岗，实现干部能上能下

一是实施经营班子市场化选聘，变“要我干”为“我要干”。在高层经营班子成员选用上，鞍山钢铁董事会、党委与现职朝阳钢铁经营班子成员就契约内容充分沟通并征求个人意愿，对同意契约化经营的班子成员，依法履行聘任程序，并签订《聘用合同书》和《经营业绩考核责任书》；对不同意契约化经营的班子成员，予以解聘，空余岗位面向社会公开招聘。在中层经营班子成员选用上，各单位行政正职由朝阳钢铁高层经营班子参照上述程序选拔；各单位行政副职由本人自荐，正职领导提名，经公司领导班子集体组织竞聘产生。最终，有 6 名业绩突出的优秀年轻干部竞聘到中层经营管理人员岗位，淘汰了原有 6 名领导人员。通过市场化选聘推动经营者身份由行政化转换为市场化，真正转身份、转观念，激发了经营管理者积极性、主动性和创造性。

二是突破干部工人界限，真正实现竞争择优。变“身份管理”为“岗位管理”，彻底消除干部、工人身份“旧观念”。对全体职工原有身份、岗位类别、岗位层级及岗位职级等信息封存并备案。制定并依法通过了《朝阳钢铁改革竞聘上岗实施办法》。全体解聘，自愿选择岗位，重新公开竞争上岗，只要具有全日制大学本科及以上学历或相近专业技术职称均可参与管理技术岗位竞聘，让多年受身份制约的优秀人才参与管理技术岗位竞聘，逐渐淘汰长期以干部身份自居却碌碌无为的部分干部。共有 64 名工人身份职工竞聘到管理技术岗位，落聘的 198 名原管理技术岗位人员安置到了生产服务岗位，其中包括 77 名副科级及以上干部。

三是强化政策连续，建立长效机制。按照竞聘办法，2017 年年初，对管理技术岗位又进行了一次全员竞聘上岗；自 2018 年起，对管理技术岗位人员在开展年度考核的基础上，实行“末位起立”竞聘制度，以部门、单位为单元，进行每年一度的考核排序，对处于年度考核排名靠后的 20% 岗位人员，从原岗位解聘，其岗位作为竞聘岗位，实行公开竞聘，建立干部能上能下长效机制，使上岗人员有压力，转岗人员有希望。

2. 开辟安置渠道，实现员工能进能出

为开辟分流安置渠道，建立员工退出机制，按照“先开渠、后放水”的原则，制定了一系列改革配套政策，即化解改革矛盾，保证改革顺利完成，又畅通员工出口，解决国有企业员工只能进不能出问题。

一是强化市场化选聘聘期管理，根据经营者年度契约指标完成情况，决定其上下去留。聘期届满，聘任关系自动解除，考核合格的可以继续聘任；考核不合格的，给予解聘或免职。二是实行居家休息政策，对于符合距法定退休年龄 5 年以内或满 30 年工龄的职工，在本人自愿的情况下，可以办理离岗居家休息。共有 68 名符合政策、不能满足优化后高强度岗位需要的职工自愿选择退出岗位，离岗居家休息。三是成立人力资源服务中心，建立内部人力资源市场化运行机制，对具备劳动能力和工作意愿但未竞聘上岗的职工进行转岗培训，培训合格人员，按照“双向选择，竞聘上岗”或组织分配的原则，共有 41 名职工进行了转岗安置。四是改革期间推行协商一致解除劳动合同政策，对自愿申请，协商一致解除劳动合同的职工按照《中华人民共和国劳动合同法》有关规定给予一次性经济补偿金，支持职工再就业，共有 18 名职工与朝阳钢铁协商一致后解除了劳动合同。

3. 实施精准激励，实现收入能多能少

通过公司效益、部门绩效、岗位绩效“三结合”完善绩效考核机制，合理调整内部收入分配结构，强化过程管控、精准激励和刚性约束。

一是落实市场化选聘、契约化经营管理《经营业绩考核责任书》，经营管理人员薪酬与经济责任指标挂钩。朝阳钢铁经营班子在完成经济责任指标时，得正常的薪酬；在超额完成经济责任指标时，按照增利额的不同梯度，增加年度薪酬，最高可得正常薪酬的2.3倍；在没有完成经济责任指标时，按照减利额的不同梯度，核减年度薪酬，最低全年不得薪酬，并扣减部分风险抵押金。重新制定并建立《领导人员绩效考核与薪酬管理暂行办法》，解决经营管理人员薪酬和单位效益不匹配问题。各单位经营班子薪酬分别与公司经济责任指标完成情况、本单位经济责任指标完成情况和本单位关键绩效指标完成情况挂钩，其中6个内部契约化经营单位的挂钩权重分别为40%、30%和30%。其经营班子最高可得正常薪酬的2倍，最低全年不得绩效薪酬，并自风险抵押金中扣减月预发薪酬。

二是落实关键绩效指标，职工薪酬与单位绩效挂钩。针对各单位的实际，围绕完成经营绩效指标，细化梳理关键绩效指标，对各单位、部门重新制定《绩效考核实施办法》和《绩效考核实施细则》。拉大主要创效部门和辅助生产单位的收入差距，炼铁厂、炼钢厂、热轧厂的薪酬基数较其他单位高出8%，市场营销部实行60%保底上不封顶的薪酬分配政策，鼓励主要创效部门努力完成关键绩效指标。

三是落实岗位绩效指标，职工薪酬与个人贡献挂钩。严格按照岗位绩效管理规定，细化量化考核指标，完善岗位绩效考核指标体系，指标压力传递到岗位，增加攻坚性、挑战性降本增效指标，加大挑战指标及新增工作量的考核激励力度。通过有效的分配政策，鼓励职工多干活，多担当，提高劳动效率。建立核心员工薪酬分配体系，对于在生产经营中起关键作用的生产操作岗位核心人员按照不超20%比例确定为单位核心员工，其薪酬水平可以比同岗位人员薪酬高20%，激励核心员工在生产经营中发挥关键作用，确保生产经营目标的实现。

三、钢铁企业内部市场化选聘、契约化经营管理效果

（一）员工观念发生根本性转变

规范契约，履行契约，严格按契约办事，市场化选聘、契约化经营管理方式把过去上指下派、行政命令式的管理变成契约化管理，变成法律经济手段的管理，让依法治企精神渗透于经营管理的每一个环节，促进企业行政化管理向自主管理、经验管理向科学管理、粗放式经营向精细化经营、考核机制向价值链机制、传统生产经营理念向市场化经营理念的转变。经营领导人员和普通职工的观念发生转变。经营领导人员实现了身份转换，有了职业风险，面对刚性考核和解聘风险，直接肩负经营压力，由之前的只关心完成生产任务，转变为在完成生产任务的同时必须实现效益最大化，市场意识、服务意识、风险意识、成本意识深入人心；普通职工由之前的“干一天活拿一天钱”转变为“多干活才能多拿钱”，变“企业发工资”为“个人挣工资”，形成人人关心企业效益、人人主动提升工作能力的局面。思想观念的转变促进了劳动生产率的大幅提升。管理技术岗位实有人员减幅43.2%；生产服务岗位实有人员减幅28%，其中劳务类外包人员减幅54.5%。全员劳动生产率提高了60%，吨钢人工成本下降20.5%，该两项指标均处于行业领先水平。

（二）经营业绩明显改善，管理水平大幅提升

通过更新管理理念，企业生产管控、降本增效、技术创新、经营能力等方面的管理水平得到全面提升。2016年，主要产品铁、钢、材产量分别完成198万吨、206万吨和211万吨，实现了轻伤以上安全事故和火灾事故为零，生产、设备、质量、环保四级以上事故为零。实施提质增效项目40项，全年创效7800余万元，主要产品成本低于行业平均水平。大胆实施白灰窑改全烧转炉煤气项目，提质降硫，替代炼钢外购白灰，实现了炼钢用白灰由全部外购变为100%自产自供，年实现创效700万元以上，该项技术填补了国内行业技术空白。通过实施TRT减压阀组更新改进，吨铁发电提高到48千瓦·时以上，年创效1000万元。全年进口矿采购比同期普氏指数低46.5元/吨，降采5096万元；洗煤、无烟煤同口径比对标企业降低采购成本6603万元；积极开展可置换品种替代，全年采购FMG混合粉50.5万

吨替代PB粉创效2238万元，采购PB块25万吨替代球团矿创效1250万元；优选近域资源采购废钢创效1020万元。以承包销售为手段，把目标市场由华东、华南为主转移到华北近域市场，华北市场销售比例由30%扩大到70%；大力开发终端市场，与5家直供客户签订年度协议，提高产品直供比例达86%，同比增加了22%；2016年1月顺利完成改革，自2016年3月实现连续盈利，2016年全年累计盈利9241万元，与承包经营控亏7.5亿元指标比，减亏增效8.4亿元，实现了朝阳钢铁投产6年以来由亏转盈的重大转折和持续盈利的历史性突破，荣获鞍钢集团2016年度“扭亏增效特别奖”。2017年1～8月，朝阳钢铁经营业绩再创新高，盈利4.1亿元，企业盈利势头强劲。

（三）得到社会各界高度肯定

朝阳钢铁通过市场化选聘、契约化经营管理方式实现扭亏为盈后，获得“辽宁省先进集体”荣誉称号。《央企动态》栏目、《人民网》《中国冶金报》《中国钢铁新闻网》《辽宁日报》等主流媒体高度关注，纷纷对朝阳钢铁实现扭亏为盈进行了专题报道并被《中钢网》等多家新闻媒体转载。2017年5月，辽宁卫视就朝阳钢铁实现扭亏为盈大力宣传，先后进行了3集系列报道，朝阳钢铁社会影响力显著提高。

（成果创造人：刘宝山、杨建伟、于　峰、衣晨光、聂常生、刘　卫、张天祥、付志海、魏荣堃、张思倩、张　辉、乔立峰）

促进老油田提质增效的增储建产一体化管理

中国石油天然气股份有限公司大港油田分公司

中国石油天然气股份有限公司大港油田分公司（以下简称大港油田）是中国石油天然气股份有限公司所属的地区分公司，是以油气勘探开发为主营业务的国家控股大型企业，地跨津、冀、鲁 25 个区、市、县，总部位于天津市滨海新区，矿权面积 18717 平方千米，油气资源量分别为 26.5 亿吨和 5610 亿方。截至 2016 年年底，大港油田累计探明石油地质储量 12.7 亿吨（探明率 48%）、天然气地质储量 730 亿方（探明率 13%），为国家贡献原油 1.85 亿吨、天然气 240 亿方。原油年生产能力保持在 440 万吨左右，天然气年生产能力保持在 5 亿方左右。现有员工总量 2.62 万人，下属二级单位 40 个，资产总额 544 亿元。

一、促进老油田提质增效的增储建产一体化管理背景

（一）确保老油田稳产实现可持续发展的需要

油气田企业承担着保障国家石油天然气供应的重任，为国家经济发展做出了重要贡献。据统计，大庆、胜利、大港等油气总产量占到全国国内油气供应总量的 70%。然而，经过数十年快速发展，这些油田进入勘探开发中后期，成为名副其实的“老油田”，稳产上产面临较大挑战。如果老油田产量不稳，国内油气 70%的供应总量保障将受到影响。对于以资源为龙头的老油气田企业来说，稳定的油气生产是其生存和发展的基石，如果产量不能够保持平稳，企业发展的基础就不牢固，企业效益也会受到影响，导致员工的工资待遇无法得到提升，企业核心竞争力日渐削弱，可持续发展受到较大冲击。以大港油田为例，勘探开发 50 多年的油田探井密度为 0.5 口/平方公里（0.1 口/平方公里为高勘探区），采出程度高达到 76%（60%以上为高采出程度），上产稳产面临着储量规模小，成本控制难，目的层埋藏深，储量品位低，升级动用难，稳产基础薄等问题。这些问题与低油价挑战叠加，油田产量出现下滑、企业盈利受到冲击，员工待遇受到影响。增储建产是新增储量和新建产能的简称。新增储量是指通过油气预探、油气藏评价新增石油天然气储量；新建产能是指通过产能建设新增油气生产能力。创新管理方式实施增储建产一体化，是大港油田实现稳产的迫切需求，也是老油田实现自身可持续发展的新需求。

（二）挖掘油气供应潜力保障京津冀区域经济发展的需要

京津冀协同发展是国家做出的一项重大战略决策，是国家三大区域发展战略之一。能源是国民经济和社会发展的基础性要素，是京津冀协同发展的重要前提。据有关资料显示，京津冀能源自给率低，能源供应主要依靠外地调入。2013 年，京津冀石油一次能源生产量 3635.54 万吨，自给率约 80.57%，其中北京 100%需要外地调入，天津从外省（区、市）调入 3653.08 万吨；天然气一次能源生产量 34.33 亿立方米，81.64%需要从外部调入，其中北京 100%需要从外省（区、市）调入，天津、河北均需从外地调入 30 亿立方米。作为京津冀重要能源供应企业的大港油田，实施增储建产一体化，挖掘自身油气供应新潜力，成为能源国企支撑地方经济发展责无旁贷的义务。

（三）突破传统勘探开发管理方式局限

国内石油企业传统的勘探开发业务按照“油气预探（发现油气）—油气藏评价（评价可采性）—产能建设（建成生产能力）—油气生产”模式运行，这种条块式管理在油田发现和建设初期发挥了重要作用，但是对老油田管理存在各种弊端，具体表现为：由于不同管理部门业绩观存在差异，追求的目标不统一，在一定程度上造成增储“硕果累累”而建产“无米下锅”的局面；基础研究、方案部署、井位研

究、钻前准备、现场实施各自为战，科研生产重复投入；拉长增储建产周期，延长投资回报周期，降低了增储建产投资收益。

二、促进老油田提质增效的增储建产一体化管理内涵及主要做法

大港油田按照各环节联动、全要素整合、全过程创新的要求，整合油气预探、油气藏评价和产能建设这三条关键业务链，形成专业相近、管理相通、目标相同的大勘探体系。将原属勘探处、油田开发处两个管理部门的职责整合到资源评价处一个部门，新增储量、新建产能全环节整体联动，人财物全要素高度整合，做到井位研究“一盘棋”、投资管理“一本账”、现场实施“一股绳”、精准奖励“一把尺”，大幅降低了增储建产成本，提高了储量动用率，加快了生产能力建成速度，缩短了投资回收周期，实现了投资收益最大化，为大港油田提质增效、持续稳健发展提供了保障。主要做法如下。

（一）科学研判，制定增储建产一体化整体方案

1. 研讨确定增储建产一体化总体思路

2014 年，中国石油提出“规范企业管理，着力改善运营质量和效率，坚持低成本发展，强化生产经营全过程控制，坚决遏制成本过快增长势头”。大港油田响应中国石油要求，积极谋划低成本发展战略，确定增储建产一体化发展战略。同时，开始调研、谋划增储建产一体化工作，先后召开 3 次专题会议，研讨增储建产一体化方案。2015 年 1 月，大港油田通过实施增储建产一体化方案，并调整职责分工，增储和建产由同一名副职主管。具体实践中，油田总经理亲自协调、亲自过问，主管副总经理亲自抓顶层设计，统一确定总体工作原则、统筹制定中长期规划。

2. 明确增储建产一体化工作原则与目标

增储建产一体化工作原则是坚持“层次部署、规模发现、效益评价、快速建产”，增储理念是“不可动不探明、无效益不升级”，工作目标是年度新增 3 个千万吨级以上规模储量区，落实 2 个 10 万吨级效益建产区，储量接替率大于 1，利用 3～5 年时间，力争实现新区、老区新建产能任务到达 1∶2（2014 年底为 1∶3）。效益目标是勘探综合成本逐年下降，利用 3 年实践，勘探综合成本在 2014 年基础上，下降 15%以上（降低 1000 元/米），发现成本在 2014 年基础上下降 15%以上（控制在 8 美元/桶），工作量完成率达到 105%以上，储量动用达到 90%以上，新建产能内部收益率达到 20%以上（按阶梯油价进行经济评价）。

（二）统一增储建产管理职能，完善配套制度

1. 组建资源评价处，统筹管理增储建产一体化工作

为推进增储建产一体化，大港油田组建资源评价处，在原勘探处职能基础上，整合原油气开发处负责的采矿权、探明储量、SEC 储量和新增储量区产能建设管理职能，形成统一的增储建产管理职能。资源评价处为增储建产职能管理部门，负责预探、评价、产能整体方案管理，负责管理预测储量、控制储量、探明储量（以前归油气藏评价事业部管理）、新增储量升级动用（以前归油气藏评价事业部和油气开发处管理）和产能建设管理（以前归油气开发处管理），以及探矿权和采矿权管理（以前归油气开发处管理）等。

2. 制定配套管理制度

资源评价处本着系统性、平等性、稳定性、可行性的原则，认真梳理工作流程、业务范围，根据增储建产一体化管理工作需求，在保持原有管理办法主体理念和主体内容不变的前提下，修订完善整合原勘探项目管理办法、评价项目管理办法和产能建设管理办法，形成包含井位管理、物探管理、储量管理、投资管理、奖励激励和对标管理的增储建产一体化管理办法，配套管理办法覆盖增储建产全过程，理顺管理职能，形成系统的考核奖励机制。

首次把油气生产单位作为井位研究的相关责任单位，与勘探开发研究院和物探研究院，同步下达任

务指标，同等纳入日常管理，同样享受奖励政策，实现井位研究“一盘棋”。统筹预探、评价投资，统一配置钻井投资、前期研究投资和地震采集、处理投资，实现投资管理“一本账”。预探、评价和开发地震采集、地震处理项目立项、招标、质量控制和项目验收，统一由资源评价处归口管理，实现物探管理“一道闸”。在现场实施中，充分发挥机关管理部门协调管理优势、项目建设单位主体推动职责、油气生产单位属地优势和支油办地方关系优势，形成现场实施的整体合力，实现现场实施“一股绳”；推动预探、评价和产能井考核指标同步下达，奖励激励同等对待；储量和产能指标同步管理，奖励激励同步制定；“两院七所”（勘探开发研究院、物探研究院和七个油气单位地质研究所）井位、储量和产能指标同步下达，奖励激励同等对待，实现奖励激励“一把尺”。

（三）增储方案和建产方案同步部署，减少重复投入

原来增储方案和建产方案分属不同的部门研究和管理，分别制订各自的方案，没有统一部署方案。为此，同步部署增储方案和建产方案，做到增储时就同步编制储量升级、动用、建产方案。在方案部署中，坚持“不可动不探明、无效益不升级”的增储理念，把落实若干个千万吨级规模区作为规模增储主战场，把储量升级率大于50%（2014年以前低于30%）和储量动用率大于90%（2014年以前低于50%）作为效益评价硬指标，把“4个当年”（当年发现、当年增储、当年建产、当年增油）作为快速建产高标准，确保新增储量高效建产，实现储量替代率（年度增加可采储量与年产油量的比值）大于1（老油田一般小于1）的总体目标。

增储建产中，涉及的方案主要有井位部署方案、资料录取方案和试油试采方案。井位部署方案指根据地质研究的结果和勘探目的，确定井位的位置、类别和数量。资料录取方案指根据地质研究和储量申报等需要，确定测井、录井录取井段和录取种类。试油试采方案指根据储量申报和油藏认识等需要，确定试油试采层数。

一是同步制编井位部署方案。以增储建产一体化总目标为指导，根据年度任务和增储建产生产实际，编制年度增储建产整体方案，突出预探突破、突出千万吨级规模增储区和10万吨级效益建产区。在增储方案中纳入产能井，共同认识油藏、控制储量规模，提高井控程度。在建产方案中将预探井、评价井均纳入开发井网，共同承担产油注水任务，加快储量升级动用，缩短储产转换期。同一区块增储建产方案编制中，预探突破、增储方案（预测、控制和探明储量）、建产方案同步编制。通过方案同步编制，少实施评价井、产能井14口以上，节约投资11600万元（占钻井总投资的7.5%），建成了东关潜山等4个增储建产示范区。

二是同步确定资料录取方案。根据增储建产一体化部署方案，预探、评价、产能井在井位设计、地质设计上，统筹考虑不同地区地质特点，研究现状、资料录取情况和钻井地质目的，在确保资料录取要求的前提下，优化录井井段、优化测井系列、优化取心设计，实现资料录取互补，有效压减综合成本。在港北潜山、东关潜山和板桥斜坡等地区共节约测井、录井投资1600万元（占测井、录井总投资的11.4%）。

三是同步优化试油试采方案。在增储建产方案一体化部署确定后，根据基础研究、储量申报和产能建设等需要，编制预探、评价、产能井试油试采一体化方案，预探、评价井认识好油层，产能井认识界限层和疑难层，加快生产运行，减少试油试采层数。淡化井别概念，整体安排试油试采方案，增储建产任务。所有产能井既承担油气生产任务，也参与储量计算，承担增储任务。同步优化试油试采方案既实现对油层的整体认识，又为开发方案编制提供翔实的油藏参数，减少预探、评价试油层数，避免重复投资，节约试油、试采投资1800万元以上（占试油总投资的4.5%）。

（四）井位研究团队化，开展井位研究协同

井位研究是增储建产一体化的主线。方案部署以井位为基础，生产推动以井位为抓手，投资管理以

单井为项目。井位研究协同就是整合力量、平行研究、有序竞争、尊重首创、精准奖励，做到研究力量“团队化”，井位目的“多能化”，井位管理“同步化”，最终实现井位研究协同化。

一是团队作战，实现井位研究“一盘棋”。在预探、评价、产能井位研究中，整合大港油田勘探开发研究院、大港物探研究院和七个油气生产单位地质所（两院七所）研究力量，形成井位研究“大团队”，发挥各自特长，取长补短，推行良性竞争，鼓励井位首创。勘探开发研究院发挥优势，强化整体地质研究，明确基本成藏条件，创新油气成藏模式，分层系开展区带目标评价，优选井位目标，优化井位设计；大港物探研究院突出精细构造解释、储层预测及处理解释一体化优势，精细构造解释，精细储层预测，提出有利目标；油气生产单位地质所突出单井生产井史、油藏动态跟踪及产能综合评价优势，系统开展单井试采评价，强化油藏工程研究，研究生产动态，提出优化方案。两院七所做到资料共用、信息共享、方案共商、设计共做，实现井位研究“一盘棋”。

二是推行一井多能，实现功能互补。大港油田位于渤海湾油气富集区，为典型的复式油气藏，具有多层系含油特点，已揭示奥陶系至新近系共十三套含油气层系，油气埋藏最浅为300米，最深5500米。在井位研究和部署时，坚持“六精六细”和“深浅兼顾、立体勘探”的工作原则，统筹考虑预探突破、储量升级、产能评价地质目的，淡化井别概念，预探井既要预探新层系、新圈闭及新增储量，也要评价油气规模，升级储量。获得工业油流后，同时要纳入产能方案，长期试采，增加油气产量。评价井既要查明油藏类型，升级、拓展储量，也要预探新层系、新油藏，同时要纳入产能方案，长期试采，增加油气产量。产能井既要增加产量，也要控制储量，同时也可以预探新层系。实现一井多能，减少试油、试采层数，减少资料录取次数，节约投资。

三是井位同步管理，奖励同一标尺。指标任务同步确定。井位研究单位均同时承担预探、评价任务指标，“两院七所”井位指标同时确定、同时下达。日常管理同步进行，预探、评价井均实施“三图两表”备案制，由资源评价处归口管理。完成井位数通过季报形式统一通报。井位审核均通过网上审核系统，实施三级审核制（研究单位初审、建设单位复审、油田领导终审）。井位运行均纳入油田日报、周报、月报和季报管理系统，生产数据信息及成果专报由资源评价处统一审核、统一上报。录井、测井等图件统一纳入A1系统（中国石油勘探生产数据管理系统）和井筒一体化系统中。奖励办法同步确定，制定《大港油田预探、评价及新区产能建设超值贡献奖励办法》，尊重首创，精准奖励，预探、评价和产能井获得高产高效、形成规模增储、挣得超值奖励均采用同一标准。“两院七所”根据井位系数和贡献大小同等享受各种奖励。

（五）优化投资管理，有效管控风险

开展投资管理一体化，以合规管理为前提，坚持“高效项目优先、用好每分投资”的原则，统一配置钻井投资、前期研究投资、地震处理投资，实现投资管理“一本账”。

一是研发单井效益评价系统，优选实施高效益井位。首次以精准、定量的方法对一般预探、评价井进行综合效益评价，研发《单井（多井）经济效益评价系统》。该系统以地质方案为基础，以国际动态油价为基准，以单井全生命周期投资为主线，包括工程服务投资、采油成本、投资回报、效益优选4个模块，按照7个油气生产单位、7套主力层系、3种井别、4种井型、不同井深近8年实际钻井米进尺成本、单层试油、措施改造平均成本、地面配套平均投资等参数为投资测算依据。按照预探、评价、产能井一体化实施方案，对各油气生产单位近八年来产能井平均吨油操作成本、生产经营成本、修井管理成本等参数进行修正，弱化井别概念。严格按照投资内部收益率大于10%、财务净现值为正、投资回收期低于8年、百万吨产能投资小于42亿元的标准进行对标，严格效益排队。

二是实施“一井一项目”，细化投资管理。坚持“先算后干、效益优先”的原则，改变以往以区块投资项目管理为主的投资管理模式，首次推行“一井一项目”投资管理，预探井、评价井全部以单井为项目下达投资计划，强化设计优化、强化精准预算、强化投资管理与方案实施互动，确保预探、评价投资均不超，实行投资优化配置、效益最大化。

三是推行成本一票否决制，减少无效投资。以地质方案为基础，创新研发单井（多井）经济效益评价系统，把经济效益作为主要实施依据，推行成本一票否决制，内部收益率低于20%井位暂缓实施。减少低效井5口以上，节约投资5000万元（占钻井总投资的3.2%）。

四是探索风险项目投资管理。针对“四新”领域甩开预探井，设立油田公司级风险项目投资，实施计划单列，不占用建设单位计划内投资，不考核建设单位成功率。

五是各环节实施投资效益评价，提高投资效益。以效益为导向，增储建产各环节均开展经济评价、效益评价，无效项目、低效项目均暂缓实施，提高投资效益。在井位研究中，开展单井、多井效益评价，实施效益排队，优选实施高产高效井。方案部署中，开展区块效益评价，初步测算内部收益率低于20%的井暂缓实施。

（六）现场实施联动，实现“一场多井”

现场实施联动是增储建产一体化的保障。在预探、评价和产能井位现场实施过程中，勘探事业部、油气藏评价事业部、油气生产单位（简称两部七厂）作为建设单位，三类井（预探井、评价井和产能井）整体联动，探索“一场多井”的集约用地模式，钻前准备、动力协调、资料录取一体化，快速实施，降本增效。在钻前准备上，井场勘测与优化实施地质主导“四联合”（建设单位、属地生产单位、施工单位、地方支油办四方联合），明确各方职责，提高工作效率。土地协调、安评环评充分发挥油气生产单位协调地方关系的优势，负责三类井钻探、试油全过程的土地协调及安评环评工作，确保现场实施顺利推进，同时解决建设单位反复协调的耗时耗资难题，钻前准备周期同比减少7天以上（缩短30%）。在动力协调上，建设单位与油气生产单位共同制定预探、评价和产能井三类井钻探、试油、试采运行安排，统筹钻井、试油动力，优化钻井、试油工序衔接，改变以往动力频繁搬迁等做法，消除耗时、耗资、阻工等症结，节约搬安费和土地赔偿费1000万元（占钻前总投资20%）。

三、促进老油田提质增效的增储建产一体化管理效果

（一）探索了老油田增储建产管理新路径

增储建产一体化管理将勘探开发阶段划分转变为增储建产项目划分，把石油行业传统的勘探开发“接力棒”管理变成增储建产“闭环式”管理，把传统的油气预探、油气藏评价和产能建设这三条关键业务链，整合成一个专业相近、管理相通、目标相同的大勘探价值体系，更强调项目管理，更体现价值理念，管理链条缩短，资源动用率提高，投资成本降低，可快速变现和收回投资，实现了投资效益最大化，为老油田提质增效扭亏解困提供了有益的借鉴模板。

（二）促进了老油田挖潜增效，服务区域经济生活

增储建产一体化管理的探索实施，使大港油田获得了新的发展：发现6个千万吨级规模效益增区，储量动用率达到90%以上；建成3个10万吨级以上产能新区，综合成本下降20%（降低1396元/米），节约投资3亿元（占总投资的14.7%），有力支撑了稳油增气，使老油田再现新活力。2015－2016年，大港油田每年年产原油保持在400万吨，年产天然气保持在5亿方。2012－2016年，累计上缴税费204.6亿元。作为京津冀地区能源供应的重要基地，大港油田为区域内工业、农业、交通运输等不同领域提供了能源保障，促进了地方经济的发展，改善了居民的生活水平。例如，有力地保障了京津冀地区200多万辆私家车和120多万辆出租车的燃油供应；连续3年承担了为京津冀地区冬季供暖提供气源的重任，每年约贡献2.5亿方天然气，保障了千家万户清洁取暖，彰显了能源国企的责任担当。

（三）得到行业认可，为老油田持续发展提供了有益借鉴

增储建产一体化管理得到了广泛认可，在集团公司2016年油气勘探年会和开发年会上做了专题报

告和推介，集团公司以专刊形式刊发推广该经验，并在包括尼日尔、乍得在内的中国石油国际市场，以及华北、冀东等国内老油田渐次推广。

（成果创造人：赵贤正、赵平起、周立宏、周建生、王文革、柴公权、夏国朝、李东平、祝文亮、李晓良、李洪革、赵　敏）

石油企业以价值最大化为目标的富余资源优化配置管理

中国石油化工股份有限公司中原油田分公司

中国石油化工股份有限公司中原油田分公司（以下简称中原油田分公司）与中原石油勘探局隶属于中国石油化工集团公司，实行一体化管理，主要从事石油天然气勘探开发、工程技术服务、炼油化工、油气销售、地热资源开发、公共服务等业务，勘探开发区域包括东濮凹陷、川东北普光气田和内蒙古探区，本部位于河南省濮阳市。累计生产原油 1.42 亿吨、天然气 869.68 亿立方米，上缴税费 940 亿元。2016 年，生产原油 147.81 万吨、天然气 39.97 亿立方米，实现收入 154.4 亿元，上缴税费 36.1 亿元。

一、石油企业以价值最大化为目标的富余资源优化配置管理背景

（一）低油价形势下实现持续发展的需要

从外部环境来看，2014 年下半年以来，国际油价断崖式下跌并保持低位震荡，世界石油经济进入低油价时代，国际油公司普遍采取削减投资、剥离资产、降薪裁员、压减成本等应对举措，国内石油石化行业也进入了生产经营“寒冬期”，中国石化油田板块上市以来首次亏损，油气业务成本控制压力空前加大，石油工程经营创效任务十分艰巨，面临着前所未有的巨大冲击和非常严峻的生存考验。从自然条件来看，东濮凹陷地跨河南、山东两省 6 市 12 县（区），面积 5300 平方千米，构造格局为“两洼一隆一斜坡”，油气藏特点为“三高一低一破碎”（地层温度高、地层压力高、矿化度高，渗透率低，断块破碎），历经 40 多年的勘探开发，地下石油地质储量不断减少，产量由巅峰期的 1988 年的 722 万吨降至 2016 年的 120 万吨，含水普遍在 90%以上，开发成本逐年上升。从历史沿革看，石油石化企业发展初期，形成了“大而全、小而全”的生产组织方式，但是随着石油石化系统改革，受外部市场环境的影响越来越大，石油工程业务开始走专业化路子，社区管理从采油厂剥离成立专门管理机构，但采油厂“大而全、小而全”的生产组织方式没有得到彻底转变，供电、特车、维修、作业等业务与油藏开发业务由采油厂统一管理和统筹的管理方式没有改变，市场经济主导调控作用在采油厂内部难以发挥。为了克服重重困难，直面形势挑战，实现持续发展，必须打破固有体制机制，建立一套与现代化市场经济相适应的体制机制，推进中原油田转型发展。

（二）解决富余资源出路，实现价值最大化的需要

中原油田 1975 年发现，1979 年投入开发，是我国最后一个以大会战形式建设的油田，按照千万吨级油气田规模配备了人员、资产和设备。由于资源接替不足的矛盾不断加剧，原油产量逐年下降，原有配套的生产辅助、后勤服务等单位人员显现富余。中国石化集团公司倡导“以效益为中心”，实行油藏投资效益排名。中原油田由于附着在油藏当中的人工成本、财务费用拉低了油藏价值，再加上国际油价低迷的影响，油藏区块效益排名靠后，维护正常油气生产运行的投资几乎都不能保持。企业员工是油田的宝贵财富，必须探寻可行路径，发挥好这些资源的价值，同时真实体现出油藏的价值，让员工有成就、企业有效益，实现企业在低油价寒冬期的高质量发展。

（三）油田职工适应新常态，走向市场的需要

长期以来，油田职工形成了以采油采气为业、靠油气业务而生的思想观念。在原来油气资源丰富、油价高的情况下，收入、待遇有保证，自给自足、生活优越，与周边社会相比，有一种自豪感和满足感，特别是一些老职工，奉献了青春还奉献子孙，把子女的就业寄托在油田招工上，主观要求非石油专业大学的孩子回油田工作，即使当个劳务派遣工，也心安理得。久而久之，油田形成了独立于社会之外

的封闭的“石油庄园”，员工不想到社会上工作，子女不想到社会上就业，无论企业的经济效益如何、发展状况如何，都死捧着眼前的“油饭碗”，与当前社会脱节、与市场大潮脱节。

二、石油企业以价值最大化为目标的富余资源优化配置管理内涵和主要做法

中原油田分公司为解决人员、资产、设备与油气产量不匹配的现实问题，消除旧体制对资源资产流动的壁垒限制，结合油田油气开发、油气服务、公共服务三支队伍现状，通过企业体制改革，科学定编定岗，倒逼显现富余人员和闲置资产。搭建人力资源、设备资产共享和外委项目公示审查平台，加大市场开拓力度，配套激励考核政策，实现人员、资产和设备的优化配置，提高资源资产使用效率，增强老油田战寒冬、求生存、谋发展能力。主要做法如下。

（一）精简内部管理体制，优化资源配置，确保业务运转高效

1. 调整油气核心业务管理体制

长期以来，采油厂实行油气开发、油气服务业务一体化管理，队伍规模偏大，管理过于粗放，层级过多过杂，责、权、利不对等。针对这种情况，中原油田分公司建立“扁平化架构、科学化决策、市场化运营、专业化管理、社会化服务、效益化考核、信息化提升”为核心的油公司管理模式，通过改革倒逼显现富余资源，为资源优化配置共享奠定基础。

一是精简管理机构。本着做强中原油田分公司、做专采油厂、做优采油管理区的原则，优化分公司、采油厂、管理区三级管理体制，定位分公司为利润中心、强化宏观管控职能，定位采油厂为服务中心、突出油气开发核心业务，定位管理区为成本中心、提升优化决策水平。油田机关处（部）室由 34 个减少到 27 个，内部科室由 189 个减少到 124 个；采油（气）厂由 9 个减少到 8 个，减少 1 个，机关科室由 126 个压减到 97 个，减少 29 个；整合油（气）藏经营管理区等基层单位 63 个，组建 27 个采油（气）管理区，减少 36 个。

二是科学定岗定员。加快重组后采油管理区的数字化改造，配套设置“三室一中心”（技术信息室、经营管理室、综合管理室、生产运行中心），实现视频监控、数据采集、网络传输、自动报警、监控指挥、智能分析“六大功能”。统一设置采油、集输、资料三类标准化班组，统一规范标准化岗位、标准化制度、标准化资料，转变传统生产组织方式，提高劳动生产率。已完成数字化改造的 11 个采油管理区，用工由 4427 人优化到 2130 人。

2. 调整油气服务业务管理体制

专业化业务长期过度依赖主业，分散在各二级单位，存在服务队伍多、管理人员多、业务重叠多“三多”，技术力量散、管理力量散、设备资产散“三散”和技术服务能力弱、市场竞争力弱、创效能力弱“三弱”等问题，持续发展受到严重制约。中原油田分公司按照同类资源“集中使用、统一调配、专业化管理、市场化运营”原则，整合采油厂专业化队伍，推进油田层面专业化大集中，提升油藏经营水平的同时，建设一支专业高效的油气服务队伍，提升专业化技术服务能力和外拓市场能力。

第一，分步运作实现车辆集中管理。以车辆改革作为专业化建设切入点，采取基地单位一步到位集中化管理、一线单位分步运作区域化服务的方式，将中原油田分公司、中原石油勘探局基地及外围 60 家单位车辆资产、业务和人员进行整合，划归中原石油勘探局车辆管理中心（原机关车辆管理中心）统一管理。

第二，依托中原油田分公司已有专业化单位实现归口管理。以现有中原油田分公司供电服务中心、技术监测中心为承接方，将采油气厂供（变）用电服务业务整合至供电服务中心管理，将测试业务（低压测试、高压测试、水井调配、生产测井等）及压力表、水表、流量计等检定维修业务划归技术监测中心管理。

第三，中原油田分公司层面新组建专业化单位，实现统一管理。组建采油气工程服务中心和地面工

程抢维修中心，将采油一至六厂、石油工程技术研究院井下作业、特车、机械采油等服务业务划归采油气工程服务中心统一管理运行，将采油一至六厂、天然气产销厂的地面维修业务划归地面工程抢维修中心统一管理运行。

3. 调整公共服务业务管理体制

随着经济社会发展和油气主业改革推进，中原石油勘探局社区服务业务的生存环境面临新挑战，社区系统暴露出机构设置分散、成本结构不合理、承担社会职能规模偏大、创效基础薄弱等问题，必须克服过度依赖主业的思想认识，转变服务模式，增强生存发展能力。

第一，整合医疗资源，为下一步分离移交地方做好准备。将原有分散在各个社区的14家医疗机构、759名员工剥离出来，油田层面重组成立1家医疗卫生服务中心，做到人员统一调配、设备统一调剂、药品耗材统一配送，实行独立核算、自主经营、自负盈亏。

第二，调整、精干社区管理机构。优化社区管理机构规模，整合组建中原石油勘探局采油社区管理中心和钻井社区管理中心，社区管理机构数量由10个压减为5个。社区管理单位统一按“5＋3”模式设置机构（即5个机关科室、3类专业化单位），压扁管理层级、厘清业务界面、优化资源配置。剥离社区物业服务、房屋维修、公用设施维修改造和管道维修业务，组建中原石油勘探局物业服务中心和房屋维修中心两个专业化单位，优化资源配置，降低运行成本，提升物业服务、维修质量，实现增收创效。在管理体制优化的基础上，组织人力、财务、设备等管理部门，系统梳理人员、资产、设备台账，摸清人力资源和设备资产富余情况，为富余资源高效利用奠定基础。

（二）宣贯资源共享理念，搭建富余资源共享平台

倡导“你有我用、相互补缺、共同使用”的共享理念，以优化为前提，以共享为渠道，以资源为纽带，以共赢为愿景，配套建立运行组织，规范操作运行，为转方式调结构、提质增效升级提供体系支撑。

一是实行中原油田分公司、中原石油勘探局一体化管理。消除“油气生产是主业”的观念，改变以往油气生产单位多发奖金的做法，树立“能够多创造价值的业务都是主业”的价值理念，将每个单位或项目都看作地位平等的价值创造个体，配套公平公正的政策环境，确保各种资源在创造价值之前有平等的基础地位。

二是搭建人力资源、设备资产、外委项目三个共享平台。明确人力资源处为责任主体，在网络上搭建人力资源共享平台，依托原有的人力资源组织体系，对人力资源共享平台进行管理维护，收集各单位借聘需求，不定期发布借聘需求通知，负责各单位间借聘事宜的统筹协调。明确设备管理处为责任主体，在网络上搭建设备资产共享平台，依托各单位设备资产组织体系，对设备资产共享平台进行管理维护，不定期发布设备和物资的富余及调剂需求通知，负责各单位设备物资借用事宜的统筹协调。明确企业管理处为责任主体，在网络上搭建外委项目公示审查平台，依托原有的企业管理组织体系，对平台进行管理维护，收集各单位外委项目，及时进行项目公示。

（三）调整用工政策，促进人员流动

长期以来，员工要调整工作单位或岗位，一般以调动的方式流动，需要油田领导和人力资源部门层层审批，审批环节多、程序复杂，还可能导致收入降低，员工流动积极性不高。体制机制调整后，部分单位人员富余矛盾突出，而部分单位由于外部市场开拓人员短缺，按照原来人力资源管理制度，人员短缺单位担心划转人员在项目结束后成为包袱，不愿接收富余人员，而人员富余单位为提高劳动效率，也仅愿意划转部分老弱病残的员工，不能有效盘活人力资源。为打破富余员工转岗分流困局，逐步对人力资源管理政策，做出一系列调整。

1. 细化借聘政策

先后出台《关于优化人力资源配置工作的实施意见》《关于试运行油田内部人才流动配置平台的通知》《关于加强人才储备与培训工作的意见》等一系列文件，明确人员借聘优惠政策，单位之间借聘人员不相互结算人员费用；借聘人员在借聘期间的人工成本（包括基本薪酬、绩效工资、艰苦边远地区津贴、驻勤差旅补贴）及休假往返差旅费用等，仍在原单位核销；借聘人员工作期间的住宿费、伙食费及劳动保护支出（含大劳保、小劳保）等由用人单位承担；借出人员在借聘期间发生的人工成本，按照核定的时间与标准（其中借聘人员在国外项目工作的，依据实际发生情况核定），在绩效考核时予以剔除。

2. 强化技能培训

针对人力资源优化过程中员工转岗较多的实际，及时补齐技能短板，通过强化"三基"工作，推行培训重心下移，将日常培训融入生产运行全过程，提升一线员工岗位胜任能力、规范操作能力和安全生产能力。2015 年，组织相关单位开展转岗培训 3881 人次，确保转岗能上岗，上岗能胜任。同时，配套建设岗位能力标准、考核题库、课程体系、师资队伍等资源，创新培训的方式方法，进一步提升培训实效。

3. 落实退出岗位政策

本着尊重历史、尊重贡献的原则，研究制定员工退出岗位的具体政策与帮扶措施，优化岗位用工，保障员工基本生活。实施提前退休政策，员工符合特殊工种退休条件的，可按中原油田分公司、中原石油勘探局《关于加强在职职工退休申报管理工作的意见》办理提前退休手续并享受相应待遇，按其距正常退休年龄的月数发放一次性补助，标准为 1500 元/月。实施内部退养政策，员工距法定退休年龄 5 年以内的，按中原油田分公司、中原石油勘探局《职工内部退养实施办法》办理内部退养手续并享受相应待遇，对因关停并转产生的成建制富余人员将年龄限制条件放宽到 10 年内，按内部退养职工的累计工作年限给予一定补助。实施离岗休息政策，与选择离岗休息的员工签订离岗休息协议，其间按照员工离岗前基本薪酬确定生活费，停发与岗位相关的津贴补贴以及绩效工资等待遇，期满可选择续签离岗休息协议或回单位工作。

（四）支持内部流转，盘活设备资产

在以产量为中心的生产运行模式下，部分单位为保障生产运行，提前储备部分生产设备和物资，造成大量设备和物资闲置。在低油价寒冬期时期，闲置的设备和资产既不能创效，还要产生折旧费用，更加加剧生产经营压力。为适应低成本运营，理顺内部价格体系，支持生产设施等内部资产流转使用，定期收集汇总单位闲置设备资产信息，编制"闲置设备信息汇总表"，实时反映设备和物资资产使用情况，依托设备资产共享平台，支持单位之间资产的流动，为盘活设备和物资资产打下基础。同时，制定配套政策，对借出设备的单位，年度考核剔除该项资产的折旧费用；对借入设备并综合利用的单位，无偿使用，设备的维修、保养及安全等由使用单位负责，充分调动各单位借用设备的积极性。

（五）依靠平台公示和内部市场，推动富余员工承接外委项目

全面落实集团公司、中原油田分公司、中原石油勘探局有关严控业务外包的决策部署，推进外委项目三公开，即源头公开、过程公开和结果公开，激发油田内部资源的活力和创造力，构建规范、有序、廉洁、高效的内部市场秩序。

一是明确公示范围。每年的外委项目数量约有 2 万个，若每个项目进行公示，会影响项目运行效率，因此合理确定公示范围，确保内部单位能干的活不外流，内部单位干不了的活不上平台，提高平台运行效率。按照专业化管理原则，组织业务管理部门对公示范围进行梳理，确定油气勘探、油气开发、油气工程技术、QHSE、机械设备修造、运输电力电讯、科技、财产保险、印刷标牌、咨询评价可研、培训就业统筹、物业医疗、公用后勤服务、信息化、工程建设、保安保卫、媒体宣传、文体福利、住房

维修 19 项 117 小项作为公示项目。

二是明确工作流程。制定下发《关于建立外委项目公示审查平台的通知》，明确应公示项目清单，各单位纳入应公示范围的项目发包前，必须在平台上进行信息发布，包括项目类别、资金来源、计划金额、施工区域、工作量情况、施工能力及资质要求、开工及完工时间等，等待内部其他单位响应，若 5 个工作日内无单位响应，方可转外委外雇，按相关规定办理市场准入手续，未在平台上发布信息的项目及规定时限内已有单位响应的项目，一律不予外委审批。所有项目最终的承包方必须在平台上公示。

三是强化监督检查。以网上巡视监督为主、现场检查为辅，督促各单位严格落实公示政策，对违规的单位和个人，按规定进行处理。通过中国石化合同管理系统，每星期对各单位签订合同的项目，倒查是否按规定履行外委公示手续。对违规的单位，在油田企业管理考核评价中进行通报批评。定期组织市场管理、业务管理、纪检监察等部门，对外委公示情况进行现场检查。严禁转包或违规分包，公示平台网站设立举报电话和信箱，接受社会监督，对转包或违规分包实行“零容忍”，一经发现，严肃处理。

（六）大力开拓外部市场，油田外实现资源价值

遵循“把人多的包袱变成人才的优势、资产基数大的缺点变成创收创效的优点”的理念，组建天然气技术服务中心，发挥技术、人才、管理优势，成立 5 个国内区域技术服务项目部，集中协调服务。鼓励油气服务业务打破固守宅田、自我封闭的惯性思维，在种好“责任田”的同时，大力开拓外部市场。

一是“中原气服”国内外创效。充分利用高酸性气田开发、凝析气田开发、天然气集输处理、储气库管理等技术优势，拓展天然气技术服务市场。目前积极融入国家“一带一路”倡议。市场遍布新疆、四川、山东、陕西、浙江、广东等 15 个省市区，苏丹、伊朗、沙特、伊拉克、土耳其等 12 个海外国家，队伍 48 支，2016 年员工 5135 人，收入 7.64 亿元。

二是公共服务油田外实现创收增效。着力打造中原服务品牌，构建总承包模式，实行区域化管理、一体化运作，提升市场竞争实力，积极拓展水电暖运维、通信网络、餐饮后勤、物业等公共服务市场。发挥全业务链服务优势，承揽中天合创煤化工、南水北调中线、天然气管道、天津热力等维保服务项目，2016 年用工 2471 人，收入 4.16 亿元。供水管理处依靠水务运维技术优势，借聘各单位的 526 人走出中原，年产值 9100 万元。通信、供水的外部收入已超过单位总收入的 50%。

（七）强化考核激励，激发队伍活力

树立“以效益论英雄”的意识，倡导“工资奖金自己挣”的理念，建立“经营绩效＋风险管控责任”分类考核体系，按照二级单位 6 个维度、经营者 9 个维度强化考核，所属油气开发及专业化服务单位均以利润超缴额或减亏额的 50%兑现经营绩效。年度经营绩效考核兑现后，绩效工资账户仍有额度，按绩效工资账户余额的 15%奖励，做到盈利与亏损、完成指标与未完成指标、完成好与坏、贡献大与小“四个不一样”。加大外部市场开拓激励力度，对在普光、内蒙古等内部单位创收的单位按纯收入额 3%奖励，对在油田外部创收的单位按纯收入额 10%奖励，对在国外创收的单位按纯收入额 15%奖励。各二级单位对员工个人建立工效挂钩的价值积分考核体系，从行为、效益、效率、质量、素质 5 个维度进行量化评价，个人利益与单位效益相关，个人收入与贡献大小挂钩，个人成长与单位发展同向，有效促进单位整体协调发展。

三、石油企业以价值最大化为目标的富余资源优化配置管理效果

（一）队伍结构趋于合理

企业内部单位实现人员借入单位“他有我用”与借出单位“自有他养”双赢互动，抛弃了全员靠油吃饭的陈旧思想。建立专业化管理、市场化运作、效益化考核的新模式，强化人才、技术、资源的一体化配置，鼓励“三支队伍”相互融合、跨界流动。2016 年，统筹配置 2803 人次，退出岗位 2307 人，油气开发、油气服务、公共服务队伍人员比例由改革前的 52∶17∶31 优化调整为 36∶30∶34。

（二）资产利用效率大幅提升

在设备物资资产管理方面，将原来“缺口买入”转变为现在的“缺口借入”，把其他单位甚至企业外设备物资作为库存，提高了效率和效益。发布设备（物资）调剂信息669项，支持内部资产流转和使用，调剂压缩机组、起重机等设备，盘活闲置物资，价值4669万元。2017年又从普光向本部单位调剂管材60吨、设备物资224项，盘活闲置资产1011万元，有效盘活了资产，提高了闲置设备资源的利用率。

（三）外委工作量大幅缩减

在外委项目管理方面，彻底抛弃了固有的“油老大、油老爷”做派，牢固树立内部市场也是市场的理念，以“三老四严”“苦干实干”为核心的石油精神得以传承。遏止了部分可以内部承揽的工作量外流，以“公开促公正，以透明促规范”，形成严格业务外包的倒逼机制，确保了利益不受损失。2016年，外委工作量同比减少了63.7%。

（四）保障了员工利益，推动了企业发展

通过调整体制机制，盘活内部富余资源，提升油藏储量价值21亿元，减少各项费用支出近5亿元。打造了“中原气服”“中原服务”两个品牌，2013年以来，外部市场用工由1250人增加到8075人，累计签订合同额46.9亿元，累计收入35.4亿元，市场遍布新疆、四川、内蒙古等15个省市、自治区，以及加纳、加蓬、苏丹、伊拉克等12个国家。保持员工收入不降，在十分困难的条件下，坚定不移地完成了中国石化集团公司下达的各项生产经营任务，并且在集团公司下达的工资总额减少、差旅费计入工资总额计算的情况下，保证了一线、科研和外部市场等重点岗位员工收入水平不降反增，激发了员工创新创效的积极性。在转方式、调结构的改革发展过程中履行了国企责任，实现员工队伍稳定。

（成果创作人：王寿平、吕新华、唐立永、石书灿、刘　兴、宣　东、贝远根、黎仕强、赵　栋、邓　强、王燕丽、陈世超）

实现油气重大发现的新区新领域风险勘探管理变革

中国石油天然气股份有限公司

中国石油天然气股份有限公司（以下简称中国石油）总部位于北京市朝阳区，拥有员工160万人，是中国油气行业中占据主导地位的上下游一体化的油气、石化产品供应商，2017年世界五百强公司排行榜位列第4位。“中国石油”下设“勘探与生产、炼化、管道、销售”等四大业务板块。截至2016年年底，勘探与生产板块已累计探明石油地质储量234亿吨，天然气9万亿立方米；开发油气田482个，累计生产原油43.3亿吨，生产天然气1.3万亿立方米；实现税前利润2万亿元，上缴税费2万亿元。中国石油勘探与生产分公司作为“中国石油”国内油气上游业务管理板块，主要负责“中国石油”国内油气勘探与生产中长期规划和年度计划的编制，国内大庆、长庆等16家油气田分公司石油天然气及煤层气等新能源勘探开发的业务勘探开发部署、投资计划的审定、重大工程技术方案的决策管理，组织协调中国石油勘探开发研究院（以下简称勘探院）、东方地球物理公司（以下简称东方物探）及其相关部门做好油气上游科技研发、勘探与开发工作。

一、实现油气重大发现的新区新领域风险勘探管理变革背景

风险勘探是针对资源基础好，具有战略性、全局性和前瞻性，久攻不克、勘探风险大的目标实施勘探，以寻求新区新领域油气勘探的重大突破或发现，确保中国石油实现储量产量持续增长、稳健可持续发展的一种新的勘探管理实践活动。

（一）加强新区新领域风险勘探是中国石油实现油气规模增储、稳健可持续发展的战略需要

我国石油工业经历半个多世纪的发展，取得了丰富的油气勘探成果。截至2004年年底（风险勘探管理实施前），中国石油累计探明石油地质储量156亿吨、天然气地质储量3.29万亿立方米。随着油气勘探程度不断提高，勘探条件日趋复杂，难度日益加大，规模发现步履艰难，油气储量、产量增长停滞不前。数据表明，1980－2004年间中国石油年均新增探明石油地质储量仅3.91亿吨，天然气1220亿方，油气当量不足5亿吨。然而，第三次油气资源评价却表明，中国石油探矿权范围内石油地质资源量630亿吨，天然气地质资源量30.3万亿立方米，截至2004年年底，油气资源的探明率分别为24.8％和10.9％，剩余油气资源丰富，石油总体处于勘探的早中期阶段，天然气处于勘探的早期阶段，仍具备继续寻找大中型油气田的客观条件。因此，必须也只有加大新区新领域的勘探力度，改变勘探管理体制，有效整合勘探相关资源，集中力量深化地质认识、持续技术攻关，才能有效实现新区新领域的重大突破。

（二）原有的勘探管理体制难以适应新形势下新区新领域勘探需求

20世纪80年代以前，我国油气勘探主要采取计划经济体制下的石油会战体制，政府集中国家资源搞会战，找到了大庆、胜利等大油田，为中国石油工业奠定了坚实的基础，但会战体制到后期由于太过于急于求成，具有一定程度盲目性，也导致资源的浪费。20世纪80年代后期至21世纪之初，中国石油就如何适应社会主义市场经济新形势、如何有效推动新区新领域勘探突破，在勘探管理体制机制上进行大胆探索，先后实施“科学探索井工程”和“新区勘探事业部”两种管理模式，但皆因未能充分发挥公司整体优势、缺乏油田公司直接参与，以及在勘探成本控制、钻探目标优化等方面存在弊端而被迫终止运行。

1999年中国石油上市以后，油气勘探管理主要采取国际油公司通用的项目管理模式，勘探工作中

的地质综合研究、技术支持和作业活动都以“预探项目管理”为基本单元进行。勘探与生产分公司负责年度勘探部署投资计划方案的审定下达，油田公司成立勘探项目经理部具体执行计划，作为项目运行主体，承担储量任务及效益指标，负责井位目标研究决策、现场实施和经营管理，形成了“股份公司一油田公司”两级管理体制。在该体制下，一方面使得油田公司成为经营利润的中心，投资效益是考核的重点指标，储量、产量和利润指标的压力使油田公司精力主要放在成熟凹陷和老油区的滚动勘探上，新区新领域的勘探动力不足、投入不够；另一方面，各油田公司各管一块现象突出，导致各探区井位选择“矬子里拔将军”现象普遍；重大领域及目标的研究缺乏勘探院、东方物探等总部直属研究单位强大技术力量的支持，在油气勘探战略方向及目标的选择、重大地质勘探理论及关键技术瓶颈问题研究及攻关、先进勘探经验借鉴推广及专家人才作用发挥等方面存在一定程度的缺陷及局限性。

如何在新形势下，变革勘探管理，解放思想，构建新的勘探管理机制以适应中国石油在新形势下油气勘探的需要，势在必行。

（三）已有的认识与技术严重制约新区新领域油气勘探的重大发现

我国在现代油气勘探历史过程中形成了“陆相生油”“复式油气聚集带”“满凹含油”及“沙漠地震”等特色理论与技术，为早期油气勘探发现做出了重要贡献。虽然这些特色理论与技术目前仍在广泛应用，但随着勘探的不断深入，却难以完全满足海相碳酸盐岩、山前复杂构造深层等新领域勘探需求。第三次油气资源评价表明，中国石油矿权内剩余石油和天然气资源量分别为392亿吨和23.4万亿立方米，其中的84%和88%赋存于上述四大领域，四大领域是寻求新区新领域油气大发现的重中之重。在原有的勘探管理体制之下，新区新领域油气勘探主要面临三大难题：一是勘探认识程度低，方向不明确，对大油气田的形成条件、油气分布富集规律等需要进一步认识，勘探方向需进一步明确；二是勘探技术不配套，勘探目标落实及实施难度大；勘探目标埋深大，隐蔽性强、目的层高温高压，圈闭识别落实和钻探的难度大，现有的勘探技术不配套；三是上述两大难题导致勘探不确定性增加，勘探成功率低、成本高，制约持续勘探步伐。

鉴于上述原因，中国石油自2004年底开始实施风险勘探管理，以寻求新区新领域油气勘探重大发现及规模有效储量增长。

二、实现油气重大发现的新区新领域风险勘探管理变革内涵和主要做法

中国石油为实施资源发展战略，基于我国石油地质特点、勘探管理现状，以新区新领域油气探索及规模高效储量发现为目标，开展全面精细的顶层设计，变革风险勘探管理运行机制，创建风险勘探目标科学评价体系，再造项目运行流程，加强技术攻关，实施“全过程”跟踪监督等，实现油气勘探重大发现及储量规模增长。主要做法如下。

（一）深入研究对比国内外勘探管理的优劣，做好顶层设计

中国石油为了有效开展新区新领域勘探，实现油气规模资源的发现，组织相关专家认真调查分析国内外历史上、现行的勘探管理体制优劣，对中国石油勘探管理体制历史沿革进行认真剖析，特别是针对中国石油实践过、由于不适应现行体制等原因而终止的“科学探索井工程”和“新区勘探事业部”两种勘探管理体制的问题进行系统总结分析，在汲取经验教训的基础上，构建并实施新区新领域风险勘探管理机制，于2004年底制定下发“中国石油风险勘探项目管理办法”。根据实施一年后出现的问题，2005年又提出和下发“中国石油风险勘探项目补充管理办法”。管理办法中对新区新领域风险勘探的立项原则及部署思路、组织管理形式、投资及实施过程控制、成果评估及奖励办法等做出明确规定和要求。

管理办法规定风险勘探在年度油气预探计划以外安排10亿元～15亿元，针对资源基础好，地质风险比较大，具有战略性、全局性和前瞻性的领域和目标实施钻探的立项原则；确立“四大、四新、两高、两低、一可行”（四大，即大盆地、大领域、大目标、大发现；四新，即新盆地、新区带、新层系、

新类型；两高，即高风险、高回报；两低，即坚持低认识程度、低勘探程度；一可行，即现有技术可行性）为评判标准的部署原则；明确力争每年实现1～2个战略发现，钻井成功率大于20%，推动相关勘探领域地质认识深化及技术进步的工作目标。成立风险勘探领导小组，由负责中国石油勘探生产业务的分管领导直接决策，勘探与生产分公司负责组织管理，勘探院风险勘探项目组负责技术支持，油田公司负责组织实施；由中国石油勘探地质、物探、工程等50余位顶尖知名专家组建风险勘探专家委员会及评审组；集成一支包括勘探院、东方物探、油田公司等多家单位参加的、多专业一体化的新区新领域勘探及研究力量。

（二）制定并规范风险勘探管理"四统一"运行机制

为充分发挥中国石油整体优势，把握风险勘探研究及部署方向，保障风险勘探顺利实施及油气发现，中国石油责成勘探与生产分公司制定并规范风险勘探管理"四统一"运行机制。

一是统一组织重大风险勘探领域研究。第一，统一组织研究项目规划立项，加强研究项目顶层设计及研究工作组织协调，专门设立勘探前期、科技及新区新领域研究项目（每年重点探区10～20项），每年投资1亿元～2亿元。第二，每年定期组织召开各探区风险勘探领域、区带及目标研讨会，重在分析当年风险勘探实施成效，系统总结勘探成功经验及失利教训，梳理下一年度风险勘探领域、区带与目标及其面临关键问题。在此基础上，统一评价优选重大勘探领域与接替区带，把握风险勘探战略方向，并按照目标优选、区带准备、前期研究三个层次安排重点工作，形成年度风险勘探部署意见下发各相关单位实施。第三，不定期召开勘探战例研讨会，调整或强化工作重点，推广成功经验，把握大区成藏认识，用"它山之石"攻玉，触类旁通、类比借鉴，高效实现类似地质条件地区的油气发现。

二是针对关键问题统一组织技术攻关，攻克勘探技术瓶颈难题。专门组织相关单位及技术骨干，每年投资1亿元左右，通过设立针对性课题、技术研讨等方式，集中优势兵力，开展联合攻关，确保关键技术攻关的重要突破，不仅为地质目标的实现提供强有力的保障，更重要的是开拓一批新的勘探领域。

三是统一组织勘探目标评价优选，确保目标落实可靠。组织各相关单位采用背靠背、平行及合作研究等方式，充分发挥勘探院、东方物探、油田公司各自技术优势与专长，各单位既分工又协作，深度融合，充分发挥不同专业人员的学科优势、积极性和创造性，使勘探目标数量及质量大幅提高。

四是统一组织工程设计及重大措施方案决策，确保钻探实施效果。严格风险探井工程设计及其变更审查：针对地质条件简单和勘探成熟的工区采取函审方式审查；针对深井、复杂风险探井，及其实施过程中的重大措施方案，专门组织专家论证会，优化地质设计、严格审查工程设计和施工方案。大力推广应用先进适用的工程配套技术，细化工程核算单元，严格控制勘探成本，使每口风险探井实施过程受控、可控。

（三）设立专项资金，专款专用，严格成本控制

中国石油设立风险勘探专项投资资金，每年投资约10亿元～15亿元。计划单列，专款专用，投资不与年度可采储量考核挂钩。批准通过的风险勘探项目计划下达有关油田公司组织实施，投资列入油田公司年度计划，根据支出属性列入勘探费用化或相应油气资产，费用化部分在考核时，对年度预算和实际执行的差额予以考核剔除。按照年度勘探费用化预算列支，但在确定油田公司考核指标和实际考核时予以剔除，风险勘探专项资金不列入油田公司效益考核。

风险勘探项目作为股份公司级重点勘探项目，实施全过程管理，严格成本控制。油田公司将工程实施纳入所在油田勘探工程管理，施工队伍选择实行公开招标制，严格按审批施工或调整设计组织实施，充分发挥其工程技术及现场实施管理优势；勘探与生产分公司对工程项目全过程跟踪监督，出现油气发现苗头，及时调整决策，不但保障各项工程顺利实施，而且确保投资不超预算。

（四）科学评价风险勘探目标，变革风险勘探目标审批流程

如何在众多勘探目标中评价优选出最佳钻探实施目标，最大限度地规避风险、最大限度获得勘探及经济效益，始终是勘探者要面临的选择难题和重要工作。勘探目标的评价与选择受到宏观石油地质、圈闭成藏条件等客观因素及认识程度、目标落实可靠性判断等主观条件的制约，为实现勘探目标评价优选的科学性，保障油气勘探突破发现，建立并完善风险目标科学评价体系，变革勘探项目审批流程，有效地把控风险勘探目标部署的质量。

一是建立和完善风险勘探目标科学评价体系：建立目标评价 4 类 36 项参数体系，突出目标的战略价值、落实程度、石油地质及工程技术条件；按照目标评选标准，坚持目标统一评价优选，根据目标类型、资源规模、油气性质、地质意义、准备现状及技术需求等，建立完整的目标评价、优选及举荐流程，优选出重大目标；建立目标质量监控流程，实行目标质量研究者自检、研究单位复检、风险项目组审检、专家组终检，分级把控原始数据、解释方案、速度模型等，保障风险勘探目标质量。

二是变革勘探项目审批流程，把握勘探方向、目标质量和战略意义，提高风险勘探成效：勘探院、油田公司及东方物探，依据风险勘探立项原则，经单位审查把关，申报风险勘探意向目标；勘探生产分公司委托勘探院风险勘探项目组，按照风险勘探目标评价体系，对各单位上报目标实行滚动统一评价优选，并到提出单位对初选目标逐一落实审查、完善论证方案后，提出初评审查意见；勘探与生产分公司组织专家评审组召开目标审查会，在听取提出单位的汇报和会议讨论基础上，专家独立填写评估意见书，组长汇总专家意见，勘探与生产公司主管领导对专家评估通过的目标审查筛选后，上报股份公司主管领导审批；股份公司主管领导负责风险勘探目标最终审核批准，批准后计划下达油田公司，并由油田公司负责组织实施。通过科学的评价体系及民主集中的审批流程程序，保证风险勘探目标的可靠性和战略性，如图 1 所示。

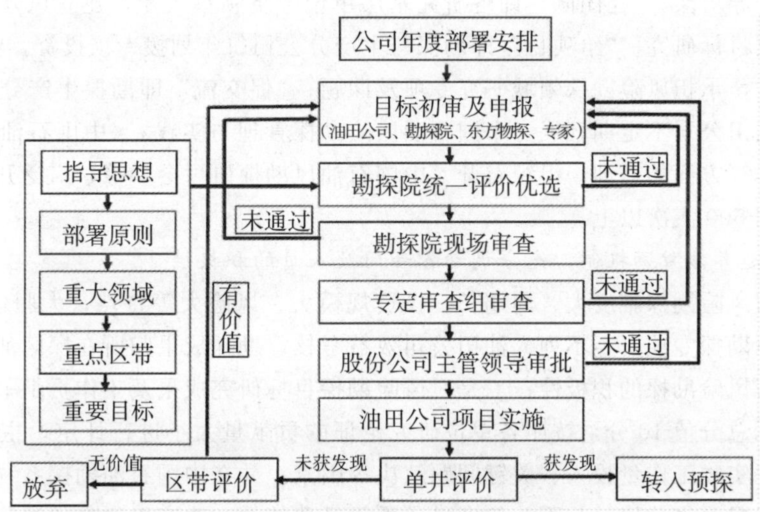

图 1 风险勘探项目运行及勘探目标审批流程

风险勘探目标科学评价体系及民主集中的审批流程程序为保障目标质量及油气发现发挥关键作用。12 年以来，共申报风险勘探目标 854 个，初评通过 418 个，评价优选 321 个，专家通过审查 260 个，最终部署 206 个，已实施完成的 191 口井中，63 口获工业油气流井，钻探成功率高达 33%，远超国外同类勘探项目成果水平。

（五）加强勘探信息化管理，确保勘探工程项目“全过程”实时可控

探井工程实施是一项涉及钻井工程、泥浆、地质录井、测井、油气测试等多专业、多工序的复杂技

术工程。针对新区新领域风险探井场大都远离决策指挥中心，实施过程中尚存较大不确定性等难题，勘探与生产分公司在广泛调研的基础上，创建勘探数据信息管理平台，实现项目信息化管理及实施过程可控，保证项目实施质量。该平台集勘探信息采集、上传、数据发布等功能为一体，一是为实现全方位监控井场、井下信息，建立一套集数据采集、传输、处理及应用的一体化数据管理平台，及时进行现场资料、成果数据等信息的交流及共享，推动科研、生产密切结合；二是依托勘探生产管理系统及远程视频系统，实行“全过程”跟踪监督，针对钻探过程中重大工程技术问题，及时开展远程专家会诊和实时决策，提高决策效率。

（六）加强科技创新管理，攻克技术难题

大量勘探实践表明，先进适用的勘探技术是油气勘探发现与突破的基本技术保障。针对勘探中出现的关键问题与技术瓶颈，结合股份公司重大科技专项、重大技术现场试验、重大技术推广专项、重大基础研究等科技项目，并依托国家级、公司级重点技术攻关实验室，开展国际技术交流与合作，与国内高校开展产学研一体化合作等方式，开展针对性攻关，不断优化科技资源配置，逐步构建专业配套、学科齐全、技术力量雄厚的科技创新组织体系，在风险勘探的探索实践中，形成一系列关键配套技术。

例如，通过多年持续攻关，在碳酸盐岩领域攻克高精度三维地震采集处理、礁滩与缝洞型储集层识别与预测、深层优快钻井与气体钻井、大型酸压改造等关键技术；在前陆盆地领域攻克宽线＋大组合等山地地震采集处理技术、高陡构造建模及叠前深度偏移处理、高陡构造安全快速钻井、超深高温高压复杂井试油等关键技术，为风险勘探的突破提供了技术保障。

（七）强化人才培养和团队建设

中国石油责成勘探生产分公司通过“定准人、建团队、给项目、促交流”四大措施，不断加强技术管理复合型人才培养。“定准人”即把真正能够在专业技术岗位上潜心、专心、安心从事科研工作的高层次人才纳入培育培养对象；“建团队”即各研究基层单位围绕领军人才，建立风险勘探研究室，专门从事风险勘探领域及目标研究；“给项目”即勘探与生产分公司每年划拨专项投资，优先选择优秀人才，特别是青年科技人才，承担风险勘探领域研究专项及课题；“促交流”即勘探生产分公司委托勘探院风险勘探项目组在各油田公司不定期开展《中国石油风险勘探管理与实践》《中国石油风险勘探目标评价与优选方法、流程》等方面的培训，组织召开《中国石油风勘探研讨会》等，广泛开展经验交流与技术培训，参加交流培训500人次以上。

（八）针对性制定考核激励机制，充分调动各部门及人员的积极性

针对新区新领域风险勘探难度大、周期长、投资规模大、风险大等特点，大胆创建考核激励机制，具体包括：一是风险勘探专项资金不列入油田公司效益考核，勘探成果归所在探区油田公司所有，有效地调动油田公司参与风险勘探的积极性；二是对风险勘探目标研究成果及工作贡献采用“定量化”评价管理。每个风险目标总分值10分，按照各单位研究论证的贡献量大小进行评定，主要考虑是否首次提出、认识创新程度、实物工作量投入、关键问题解决等因素，并在中国石油勘探系统内定期通报各单位风险勘探目标完成情况及得分值，与下一年度科研项目经费挂钩，改变以往唯“油气发现奖”的奖励机制，提高各单位对风险勘探目标研究、落实工作的重视程度；三是风险钻探成果纳入股份公司油气勘探重大发现成果奖进行重奖，极大调动油田公司和广大技术人员的工作积极性。

三、实现油气重大发现的新区新领域风险勘探管理变革效果

（一）发现了一批大中型油气田，为中国石油储量高峰期增长做出突出贡献

2004年，新区新领域风险勘探管理机制实施以来，通过不断深化地质认识、强化工程技术攻关，在碳酸盐岩、前陆冲断带、火山岩、碎屑岩岩性地层四个重要勘探接替领域，特别是以往久攻不克的地区或领域（如四川盆地寒武—震旦系、塔里木盆地库车深层）取得一批重大突破及发现，发现安岳、克

深、哈拉哈塘、玛湖等一批大油气田，产生巨大的经济和社会效益。

成果实施以来，实施风险探井191口，获工业油气流井63口，探井成功率32.9%，总投资133亿元。发现3个5亿～10亿吨级、3个3亿～5亿吨级和6个1亿～3亿吨级规模储量区。截至2016年，累计新增探明石油地质储量30亿吨当量，可采储量13亿吨当量（相当于1999－2004年中国石油新区新领域探明油当量的5倍），折算资本市场价值4311亿元。风险勘探已成为中国石油新区新领域勘探的主要管理方式。

（二）深化四个领域油气地质认识，形成一系列关键配套技术

风险勘探实施以来，通过系统组织研究和技术攻关，初步形成了碳酸盐岩、前陆冲断带、碎屑岩岩性地层、火山岩成藏理论认识和勘探配套技术，不断取得创新性认识，出版了诸如《塔里木盆地寒武一奥陶系碳酸盐岩油气勘探》等专著10本，《中国石油风险勘探的战略发现与成功做法》等科技论文100余篇。2005－2016年共有23项风险勘探成果获得了股份公司重大发现成果奖，有效调动各级勘探人员的积极性。"安岳大气田的发现""克深构造带的突破和发现"获国家科技进步二等奖。

（三）培养并造就一支复合型管理技术人才队伍，为持续开展风险勘探奠定人才基础

风险勘探管理机制运行12年来，使得高层次科技人才队伍得到充实，科研实力和学术水平得到提升，自主创新能力得到显著增强；同时促进了专业技术人才由业务型到管理型、复合型人才的转变，有效地促进了科技、管理创新人才队伍的结构优化和梯队建设。经统计，136人担任基层风险勘探研究室主任并承担股份公司前期、科技项目负责人，40余人成为研究所处级主要领导，26人成为股份公司高级技术专家，18个研究团队获得股份公司突出贡献奖50余次，形成一大批即懂技术又熟悉勘探管理的优秀人才队伍，为中国石油风险勘探的持续开展、上游勘探业务的稳健发展奠定坚实的基础。

（四）在油气行业得到广泛推广应用及借鉴

新区新领域风险勘探管理变革，形成一整套集项目管理、科技创新、信息建设、人才培养于一体的先进管理理念、管理体制、工作流程和方法，给中国石油国内油气勘探带来深刻的变革，在中国石油化工股份有限公司、中国海洋石油总公司等国内同行业得到有效推广应用，助推我国石油勘探工作的持续发展，有力保障我国能源安全。

12项风险勘探战略突破如表1所示。

表1　12项风险勘探战略突破

领域	战略突破	发现时间	代表井	发现领域意义	储量规模/亿吨当量
前陆盆地（1项）	库车山前克深构造带	2008年	克深2/5、阿瓦3	推动库车万亿方大气区资源落实	8～10
碎屑岩岩性地层（5项）	准噶尔环玛湖二台阶	2013年	玛湖1、盐北1	开拓环玛湖二台阶勘探新区带	8～10
	川中一川南过渡带须家河组	2006年	川中井组等	开辟须家河组万亿方天然气勘探场面	3～5
	鄂尔多斯西北水系长8－长9	2005年	峰/虎字号井组	发现西北新水系，进一步开拓勘探新区	3～5
	歧口歧北斜坡滩海	2007年	歧深1	开拓深层碎屑岩领域，推动浅层石油勘探	1～2
	扎哈泉深层致密油	2014年	扎探1	拓展了扎哈泉致密油勘探新领域	1～2

续表

领域	战略突破	发现时间	代表井	发现领域意义	储量规模/亿吨当量
碳酸盐岩（5项）	川中古隆起寒武系－震旦系	2011年	高石1、磨溪8	发现我国海相最古老万亿方大气田	8～10
	塔北斜坡奥陶系层间岩溶	2009年	哈6、轮东1	开辟了斜坡区层间岩溶勘探新领域	3～5
	靖西奥陶系岩性带	2010年	苏五1H、靳探1	开拓奥陶系风化壳勘探新区	2～3
	塔中北斜坡奥陶系	2006年	塔中84	发现塔中奥陶系岩溶斜坡大油气田	1～2
	开江－梁平海槽西南台缘P2－T礁滩体	2006年	龙岗1、剑门1	开辟了西南台缘岩性气藏勘探新区带	1～2
火山岩（1项）	松辽南部长岭断陷火山岩	2005年	长深1、王府1等	开辟了松南天然气勘探新领域	3～5

11项风险勘探重要发现如表2所示。

表2　11项风险勘探重要发现

领域	新领域	发现时间	代表井	发现领域意义
前陆盆地（1项）	昆仑山前冲断带下组合	2010年	柯东1	塔西南33年后新突破，证实下组合成藏
碎屑岩岩性地层（4项）	南堡凹陷沙一段	2010年	堡古1/2、堡探3	拓展了深层碎屑岩勘探领域
	鄂尔多斯东南部上古生界	2013年	吉探井组	开拓了盆地东南部上古生界勘探新领域
	柴西北侏罗系天然气	2016年	尖探1	有望开辟柴西北南部天然气勘探新领域
	三塘湖侏罗系地层岩性	2005年	马13/14	开辟三塘湖侏罗系地层岩性勘探新局面
碳酸盐岩（3项）	川西北栖霞－茅口组	2014年	双探1	发现了川西北7000米以下深层高产气藏
	塔中寒武系盐下	2012年	中深1	实现寒武系盐下白云岩突破
	塔东奥陶系	2012年	古城6	开辟塔东地区奥陶系碳酸盐岩新领域
潜山（3项）	霸州市深层	2011年	牛东1等	发现了东部目前最深油气藏
	廊固凹陷潜山	2016年	安探1X	发现了廊固凹陷潜山及内幕
	渤海湾岐口、南皮凹陷潜山	2009年	海古1 王古1	开拓石炭－二叠系潜山新领域

10项风险勘探发现苗头如表3所示。

表3　10项风险勘探发现苗头

领域	新苗头	发现时间	代表井	发现领域意义
碎屑岩岩性地层（6项）	松辽盆地深层致密气	2014年	徐探1	拓展了松辽深层砂砾岩致密气勘探领域
	束鹿凹陷深层砂砾岩	2012年	束探1H	拓展了深层碎屑岩勘探领域
	台北凹陷致密砂岩气	2010年	吉深1	开拓了台北凹陷斜坡天然气新领域
	准噶尔红车斜坡岩性地层	2010年	沙门1	开拓岩性地层勘探新区带
	准噶尔西北缘风城组云质岩	2008年	风城1	开拓风城组云质岩勘探新领域
	霸州市凹陷深层	2008年	兴隆1、文安1	拓展了深层碎屑岩勘探领域

续表

领域	新苗头	发现时间	代表井	发现领域意义
碳酸盐岩（3项）	川中古隆起斜坡区震旦系	2013年	荷深1	开拓了川中古隆起斜坡区勘探新领域
	川中嘉陵江组岩性地层	2009年	蓬莱1	拓展了川中嘉陵江组颗粒滩勘探领域
	四川P2－T台内礁滩	2007年	磨溪1	拓展了台内礁滩勘探领域
潜山（1项）	辽河坳陷中央凸起带	2008年	赵古1	拓展了中央凸起潜山勘探

（成果创作人：赵文智、杜金虎、郭绪杰、张义杰、
何海清、袁庆东、郑新权、胡素云、
徐春春、田　军、李国欣、杨　涛）

大型煤炭企业集团提高供给质量和效率的结构性改革

山东能源集团有限公司

山东能源集团有限公司（以下简称山东能源）为山东省属特大型国有全资企业集团，2011 年整合新矿、枣矿、淄矿、肥矿、临矿、龙矿等 6 家省属煤炭企业组建而成，已形成以煤炭为基础、电力、煤化工、装备制造、物流贸易、医疗健康等协同发展的产业格局，分布在山东、内蒙古、新疆、陕西、香港等十多个省区及加拿大、澳大利亚等五个国家和地区，现有生产煤矿 78 对，煤炭产能 1.3 亿吨/年，另有在建产能 5000 万吨/年。2016 年，实现营业收入 1946 亿元，利润总额 23.85 亿元，资产总额 2771 亿元，规模和效益均居山东省管企业前列。自成立以来一直稳居中国煤炭行业前 5 位，连续 6 年跻身世界 500 强，位列 2017 年世界 500 强企业第 372 位。

一、大型煤炭企业集团提高供给质量和效率的结构性改革背景

（一）贯彻落实国家供给侧结构性改革部署的要求

针对我国经济新常态的阶段性特征和实现“两个一百年”目标的需要，2015 年底召开的中央经济工作会议明确提出，在适度扩大总需求的同时，着力加强供给侧结构性改革，重点完成去产能、去库存、去杠杆、降成本、补短板五大任务。国务院出台的《关于煤炭行业化解过剩产能实现脱困发展的意见》要求，从 2016 年起，力争用三到五年时间，退出煤炭产能 5 亿吨左右、减量重组 5 亿吨左右，推动煤炭行业兼并重组。国务院正式公布的《关于积极稳妥降低企业杠杆率的意见》及《关于市场化银行债权转股权的指导意见》要求，针对有较好发展前景但遇到暂时困难的优质企业开展市场化债转股，有效降低企业杠杆率。为深入贯彻落实中央和山东省深化国有企业改革的要求，山东省国资委《关于加快拟退出亏损企业清理工作的通知》明确要求，力争三年内完成拟退出亏损企业资产清理工作，出清“僵尸”企业，提高国有资本配置和运行效率。作为以煤炭为第一主业的、山东省规模最大、人员最多的国有企业，山东能源集团全面贯彻落实国家、山东省供给侧结构性改革决策部署，将提高供给质量和效率的结构性改革作为重中之重的工作是职责所在，也是实现度危求进、转型升级、提质增效发展目标的必然选择。

（二）有效应对煤炭行业“寒冬”的客观需要

煤炭行业属于强周期行业。2012 年以来，煤炭价格出现断崖式下跌，煤炭行业和企业效益大幅下滑。山东能源集团 2016 年一季度煤炭价格跌至 2002 年以来最低谷，不含税吨煤综合售价最低降至 252 元/吨，比历史最高点下降 424 元/吨；利润总额从 2011 年的 178 亿元，一路下滑到 2015 年的 10 亿元，降幅高达 94%，生产经营面临严重危机。煤炭价格大幅下跌的根本原因，在于煤炭“黄金十年”期间，建成并且仍在建设大量煤炭产能，而“十二五”后期以来煤炭需求增幅明显下滑，从而形成了煤炭产能严重过剩。面对严重供大于求引发的煤炭市场剧烈波动，大力推进旨在提高供给质量和效率的结构性改革，从根本上消除制约企业长远发展的瓶颈因素，全面增强市场竞争能力，是山东能源集团应对惨烈市场竞争的必由之路。

（三）提高企业发展质量和效益的内在需求

山东能源集团既是一个新集团，又是一家老企业，“四多一高”问题严重制约企业持续健康发展。一是产业雷同多。六家权属矿业集团都存在“小而全”的问题，除煤炭为各矿业集团的共同主业外，多个矿业集团还存在装备制造、医疗服务、房地产、物流贸易、酒店等“同类项”产业，行业分布宽，产

业集中度低，缺乏协同效应，不利于相关产业做强做大。二是管理层级多。管理层级达到六级，四级及以下企业占60%左右，过长的链条、过散的布局，给集团管控带来很大障碍。三是老矿小矿多。六家权属矿业集团成立时间都超过50年，枣矿、淄矿均有百年以上历史，部分矿井逐渐进入衰退期；在煤炭“黄金十年”，部分权属企业收购了一些资源条件较差的小矿井，老矿、小矿占矿井总数的63%。四是亏损企业多。“十二五”末，12户二级核算企业有7户亏损，438家全资、控股企业有141家亏损。其中，亏损矿井占矿井总数的54%；“僵尸”企业146户，累计挂亏178亿元，不仅本身不能产生经济效益，还大量吞噬集团整体利润。五是资金成本高。受煤炭市场连年低位运行，煤炭行业被金融政策严格限制，融资大、融资贵、融资难的问题格外突出，山东能源集团资产负债率快速上升，资金成本压力巨大，年财务费用约70亿元，财务负担异常沉重，只有大力推进旨在提高供给质量和效率的结构性改革，优化资源组合方式，压缩管理层级，打造新增长点，根治老“出血点”，减轻资金压力，才能提升发展质量和效益。

二、大型煤炭企业集团提高供给质量和效率的结构性改革内涵和主要做法

山东能源集团以企业发展战略为目标，按照专业化方向，有序整合重组内部产业，优化产业结构，提升协同效应；推进个性化治理，大力出清“僵尸”企业，优化资产结构，提升运营质量；坚持规范化操作，全力化解过剩产能，优化产能结构，提升市场竞争力；首创市场化运作方式，率先完成企业债转股，优化资本结构，提丬融资能力；利用多样化方式疏解分流安置人员，实现企业减员增效；推行目标化管理，健全完善改革保障机制，确保结构性改革有效实施。主要做法如下。

（一）顶层谋划结构改革总体思路，促进持续健康发展

1. 战略引领

一是科学制定整体发展战略。山东能源牢固树立转型、创新、协调、绿色、开放和共享发展理念，围绕建设实力、价值、活力、和谐“四新山能”目标愿景，坚持改造提升传统产业与大力培育新兴产业“两业并举”，实施实体产业经营与资本运营“双轮驱动”，拓宽对内转方式、调结构和对外大开放、大合作“两大路径”，构建大能源、大金融、大服务“三大产业”协同发展格局，加快由依赖省内老区向省外境外支撑、单一煤炭企业向综合性能源集团、大集团向强集团“三个转变”，着力打造产业结构优、运营质量高、发展后劲足、竞争能力强的国内领先、国际一流的具有持续价值创造能力的综合性能源控股集团，为山东省在全面建成小康社会进程中走在前列。

二是确立结构性改革思路。山东能源集团正确认识和把握经济新常态的阶段性特征、市场运行的内在规律和国家供给侧结构性改革、国有企业改革的决策部署，确定了结构性改革的整体思路：立足企业实际，着眼于企业转型升级和可持续发展，以提高供给质量和效率的结构性改革为主线，以效益最大化为目标，确立了“七化四优四提”结构性改革框架，稳步实施各项改革，推动优质资源向自身资源配置能力、价值创造能力和市场竞争能力强的行业和领域聚集，推动山东能源集团实现“三个转变”。

山东能源集团结构性改革框架如图1所示。

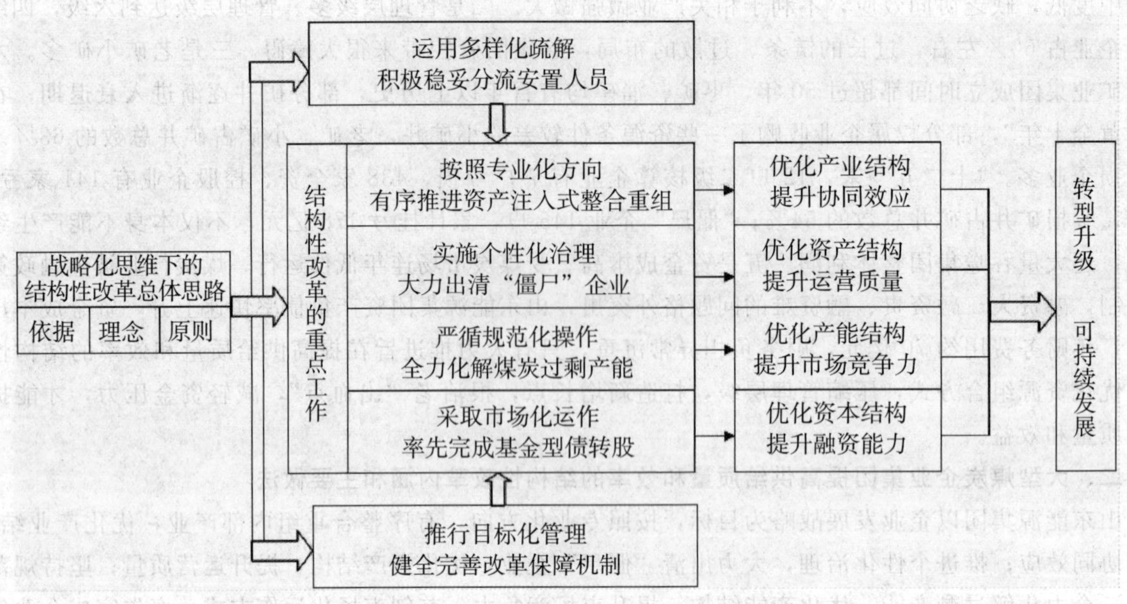

图 1　山东能源集团结构性改革框架

2. 树立两个改革理念

一是牢固树立以短期阵痛换取长远转型发展的理念。目前正处于国家供给侧结构性改革的政策机遇期，企业的结构性改革等不起、拖不起、也慢不起，必须抢抓政策机遇，忍受"壮士断腕"的短期阵痛，解决自身结构性矛盾，换取长远转型的"浴火重生"。二是牢固树立"以减为增，增减都是提效；以退为进，进退都是发展"的理念。企业效益不但来源于新进产业、新上项目，也来源于消灭亏损源、减少"出血点"，让亏损企业特别是衰老矿井停止运营，是符合企业生命周期规律的正确选择。

3. 严格遵循四项改革原则

一是立足长远原则。始终坚持从企业长期可持续发展的角度，分析自身存在的结构性问题，认识消除问题的好处，克服处理问题产生的短期困难，设计从根本上解决问题的有效对策，促进企业长远战略发展目标实现。二是安全稳定原则。始终坚守安全生产和信访稳定两条红线，既要加大结构性改革力度，也要确保安全生产措施到位，更要保护职工的合法权益，绝不能因改革危害安全稳定大局。三是市场化运作原则。始终坚定市场竞争导向，改革对象的选择、改革方案的设计、改革措施的实施、改革成效的检验都应遵循市场规律，符合市场规则，有利于提高企业市场竞争力。四是依法规范原则。始终坚决奉行依法治企方针，严格执行环保、质量、技术、能耗、水耗、安全等法律法规、强制性标准和产业政策，认真履行合法程序，依法依规推进结构性改革。

（二）有序推进整合重组，优化业务结构

1. 以专业化管理为方向，科学设计内部业务整合重组思路

针对成立之前六家矿业集团产业多元发展、且存在诸多同类项产业的状况，山东能源集团从充分发挥规模效应和协同效应的需要出发，确定了组合、整合、融合三步走的重组战略，旨在最终构建专业化管理为主、区域化管理为辅管理体制。第一步，先通过行政手段，将六家矿业集团组合为山东能源集团，对物资供应、煤炭营销、财务资金、人力资源、企业文化等职能业务实施集中统一管理；第二步，按照先易后难的顺序，对具有同类项性质的产业逐步进行整合重组，实现专业化管理；第三步，进一步进行业务和职能优化，彻底打破以块为主的管理格局，构建以专业化管理为主、区域化管理为辅的新型管理体制，消除"集而不团"问题，实现权属企业真正融合统一。

2. 深入比较整合方式，确立资产注入式整合重组

按照现行国资监管规定，企业内部产业重组整合主要有无偿划转、协议转让、作价出资等三种方式。经过充分地分析论证，山东能源集团认为作价出资可以消除前两种方式的弊端，将其作为装备制造、医疗健康、房地产等内部产业整合重组的主要方式。以装备制造产业的整合重组为例，主要涉及山东能源机械集团有限公司、山东鲁南装备制造有限公司、山东煤机装备集团有限公司三家企业。除注册资本 34920 万元的山东煤机为临矿集团全资子公司外，山能机械注册资本 10 亿元，新矿集团和山东国际信托有限公司分别持有 50%的产权；鲁南装备注册资本 40600 万元，为枣矿集团二级企业——山东中兴能源有限责任公司的全资子公司，枣矿集团和中国信达资产管理股份有限公司分别持有中兴能源 79.26%、20.74%的股份。首先，山东能源集团采取股权作价出资的方式，由山东能源集团出资回购山东国际信托有限公司持有的山能机械 50%的股权，成为山能机械的股东，并通过提前回购降低财务成本 3000 多万元；其次，枣矿集团以经审计评估后享有的股权分拆鲁南装备的权益；最后，山东能源集团和新矿集团分别将持有的山能机械股权、枣矿集团将持有的鲁南装备股权、临矿集团将持有的山东煤机股权作价出资，组建山东能源重型装备制造集团有限责任公司。整合后，山东能源集团、新矿集团、枣矿集团、临矿集团分别持有山能重装 30.07%、30.07%、15.06%、24.80%股权，山东能源集团以不到协议转让一半的资金实现了对山能重装的实质性管控，并通过维护新矿集团、枣矿集团、临矿集团的股份收益权，维系了其与山能重装的利益纽带，保护了二级企业的积极性。

3. 深化改革创新和管理创效，全面巩固提升重组整合成效

已经完成内部产业整合重组的公司，充分发挥专业化管理优势，采取了一系列行之有效的改革创新和提质增效措施。

一是调整发展方向。山能重装将现代服务业确立为主导产业，全力构建制造、再制造和现代服务业两大产业板块，不断增强企业发展后劲。医疗健康围绕医疗服务、医疗器械、健康养老、医药生产、贸易物流、咨询培训等核心产业布局大健康产业，致力打造具有较强社会影响力的医疗健康投资控股集团。山能置业立足长远，探索产业转型思路，迈出产业转型步伐，打造完善的产业链经济，实现房地产主业与多元产业的一体化发展，未来重点发展装饰装修产业，开发养老和产业特色小镇。

二是提升管控效率。一方面，压缩管理层级，精简管理机构。逐步清理注销中间层公司、空壳公司和投资平台等，严格控制新设三级企业，原则上不设四级企业，从源头上避免管理层级增多。按照“小机关、大服务”的思路，推广大部制、大工区制、科区合一模式，大力压减管理服务机构，优化岗位职能和人员编制，撤并无效、低效岗位。另一方面，着力推进战略规划、采购、营销、财务、人力资源管理等五个统一，提升规模效应和协同效应。

三是发力创新创效。山能重装建立完善科技创新机制，与山东大学联合成立山东省高效煤粉锅炉行业技术研究中心，共同推动高效煤粉锅炉的产业化发展；煤矿综采自动化开采已进入样品生产阶段，国内首套高端液压支架智能焊接生产线投入使用，煤矿机械大型结构件机器人焊接生产线顺利建设，一大批煤机和非煤机产品得到市场高度认可，并出口到俄罗斯、印度尼西亚、巴基斯坦等国家。大力开展融资方式创新和财务创效，多渠道、低成本筹措资金，年财务创效 1 亿元以上。

（三）大力出清“僵尸”企业，优化资产结构

1. 稳中求进，立足责任确定处置原则和程序

按照国家提出的企业主体、政府推动、市场引导、依法处置，多兼并重组、少破产清算，做好职工安置的处置僵尸企业要求，遵循山东省对“僵尸”企业“培育整合盘活一批、资本运营做实一批、关闭破产退出一批”的原则，全面贯彻落实国家和山东省供给侧结构性改革的决策和部署，坚持先易后难、先内后外、先治后关、分步实施、分户推进和少破产、多重组、少辞退、多转移、稳就业原则，在方法

上一企一策，在推进上领导包保，在考核上一票否决，综合采取强化管理提升、改造升级救活、机制转换激活、资本运营重生、重组整合归并、停产关闭消灭“六个一批”措施，首先实施企业自救，通过内部管理挖潜、改造提升、整合重组等方式，争取激活“僵尸”企业；其次寻求外部合作，通过租赁经营、并购重组、转让移交等方式，积极借助外部力量盘活“僵尸”企业有效资产；最后采取关停清退，对应用内外部综合治理措施仍不能起死回生的“僵尸”企业，采取申请工商注销、破产清算、关闭退出等措施，力争三年内彻底完成“僵尸”企业出清目标。

2. 查根溯源，对准症结制定处置方案

一是全面诊断，找准“僵尸”企业症结。根据国家和山东省“僵尸”企业出清的要求，山东能源集团要求并指导各二级企业结合实际情况，认真分析所属单位生产经营状况，对亏损单位进行全面诊断，按照标准确定“僵尸”企业名单，找细找准亏损的病灶，确定治理的标靶。二是对症施策，“一企一策”制定处置方案。针对不同企业治亏瓶颈和治理难度的不同，分年度列入“僵尸”企业治理计划，据实选择正确的处置方式，逐户制定治亏减亏措施。三是创新方式，实现多渠道有序出清。山东能源集团采取的处置方式主要有8种：第一，扭亏为盈。通过采取治理措施可以扭亏为盈、与主业关联程度大、预计盈利具有持续性的企业，进行输血式亏损治理并予以保留，现已完成25户。第二，技术改造或引进战略投资者。对因技术落后或缺乏资金、技术、管理等形成的“僵尸”企业，通过技术改造或引进战略投资者予以盘活，现已完成6户。第三，吸收合并。为压缩层级，降低管理和经营成本，对部分“僵尸”企业采取吸收合并的方式处理，现已完成10户。第四，改革重组。因偿债压力大、历史遗留问题多、职工安置困难的企业，可采取改革重组的方式，现已完成1户。第五，协议移交。对个别特殊“僵尸”企业，报经省国资委批准后，采用零作价方式协议转让给其指定的资产管理公司统一处理，现已完成5户。第六，产能关闭。对列入“去产能”计划的“僵尸”企业，坚决关停，将矿井封闭，剩余资产采取灵活方式处置，现已完成18户。第七，转让退出。将持有的国有股权通过产权交易中心对外公开转让，现已完成2户。第八，清算注销。无转让价值，盘活无望的，通过解散清算或破产清算的方式予以出清，现已完成8户。

3. 重点突破，完成肥矿集团改革重组

肥矿集团前身为1959年成立的肥城矿务局，曾经进入中国企业500强。随着煤炭价格断崖式下跌，前期大规模举债的肥矿集团沦为山东能源集团最大的“僵尸”企业，2015年底资产负债率高达150%，贷款总额近140亿元，累计拖欠员工工资社保费用等近20亿元，自身造血功能丧失，生产经营依靠赊欠供货款、银行续贷和能源集团输血艰难维持，随时面临崩盘的险境。据测算，如果实施整体破产清算，为其提供贷款的10余家银行清偿率只有20%左右，对银行业的影响难以估量，企业职工的生活也无法得到保障，严重影响山东能源集团发展和稳定。山东省将肥矿集团改革重组列入省政府工作日程，成立肥矿改革重组领导小组，在省国资委主持、山东能源集团主导、金融机构债务委员会协调配合下，围绕“有利于企业重新发展，有利于减少债权人损失，有利于保持社会稳定”的目标，按照“企业承责担当、债权人适度让利、政府政策扶持”思路，相关利益方顾全大局、担当配合，在综合考量多种方案后，创新性地选择了债务重组、资产重组、人员重组“三路同行”，扶持政策落地与社会职能移交“两翼并进”的改革重组路径，采取资产和债务分拆重组、政策性扶持、富余人员分流、社会职能移交等综合措施，体现了与去产能、除僵尸、治亏损、促改革“四个结合”，顺利完成了改革重组的阶段性目标任务，化解了金融危机、社会稳定、企业破产、资金安全“四大风险”，实现了肥矿重获新生、集团整体减负、历史问题妥善解决、社会效应有效展示“四大收益”。

(四) 全力化解煤炭过剩产能,优化产能结构

1. 确立“三退两清”和“三重两轻”策略

在工作思路上,实施“三退两清”,即淘汰退出没有政策空间、市场空间和利润空间的落后产能,优化产能结构;清理低效无效矿井投资,停建缓建煤矿项目,提升投资效能;清理去产能矿井无效资源占用,减少资产占用损失。在工作推进上,把握“三重两轻”,即坚持“应退早退、应退稳退、应退尽退”的原则,将“十三五”期间计划安排的去产能矿井,争取在前三年实现重头任务落地,减轻后两年去产能工作压力,为山东能源集团前两年调整蓄势、后三年转型崛起奠定坚实基础。

2. 实施关停缓压,落实化解产能任务

坚持把去产能与治亏损、除“僵尸”相结合,实行“多管齐下”,综合运用各项政策推动工作开展。一是利用政策,顺势关闭一批。对煤炭赋存条件差,资源濒临枯竭,已经丧失了政策利好空间,符合国家和有关省(区)关闭及兼并重组要求的 26 对矿井,坚决予以关闭。二是依据效益,主动停产一批。对产品无市场、经营无利润,当前亏损严重、低效无效的 3 对煤矿坚决停止生产。三是科学评价,果断缓建一批。从后续市场需求、经营效益等入手,综合评价在建、拟建的煤矿项目,按照“加快建设一批、适度控制一批、缓停建设一批”三个类别梳理排队,有保有压,扶优压劣,缓建 4 处矿井。四是减量生产,限产压产一批。按照 276 个工作日重新核定能力,认真组织生产,特别是立足煤炭市场走势判断,始终保持清醒认识和战略定力,不因煤价短期回升而动摇,主动控压矿井产量,2016 年累计减量化压产 420 万吨。

3. 严抓重点环节,确保规范高效操作

一是完善规章制度。结合企业实际,制定“十三五”化解煤炭过剩产能实施意见和分流安置职工、奖补资金使用、关井验收预案、推进产能置换等 12 个配套文件,形成“1+12”制度支撑体系。二是严格标准验收。按照国家化解煤炭过剩产能退出验收标准,制订了去产能矿井预验收实施方案,进一步对验收工作量化细化,做到了高标准、严要求、可量化、能操作、有遵循。所有去产能矿井均通过了权属企业自验、能源集团预验、所在省(区)化解煤炭过剩产能领导小组联合验收,并通过了国家相关部门多次组织的抽查验收和专项督查,实现一次性验收达标。三是规范资金管理。依据有关政策和职工个人情况测算安置费用,建立了专项奖补资金发放流程,对每一环节中资金发放人和接收人实行签字留档,把奖补资金落实到符合安置条件的职工身上并张榜公布。四是积极处置资产债务。抓住煤炭市场企稳回升的有利时机,在聘请中介机构清产核资、报经上级批准、履行相关程序的前提下,千方百计处置关退矿井相关债务和闲置资产。2016 年,已通过采取内部调剂、对外出售、吸收合并等方式处置关闭退出矿井闲置资产净值 3.44 亿元,处置比例超过 30%,高于其他企业去产能矿井平均水平。

4. 加强产能置换,释放先进煤炭产能

按照国家实施减量置换严格控制煤炭新增产能的要求,积极做好煤炭产能置换工作。2016 年能源集团使用省内东港、柳海、徐庄、湖西、马坊等 24 处煤矿退出产能 2046 万吨/年,以及 9 对煤矿职工人数指标折算置换方案外产能指标,先后完成了在内蒙古鄂尔多斯的长城三矿、长城五矿、长城二矿、长城六矿、巴彦高勒矿、新上海一号等 6 对优势矿井的产能置换,省外优势矿井 1044 万吨/年先进产能得以释放。同时,内蒙古的鲁新煤矿、长城一矿及陕西高家堡等优势煤矿也具备了产能置换条件,目前已落实了产能置换方案,正在申请置换产能 720 万吨/年的目标。

(五) 采取市场化运作,率先完成基金型债转股

1. 辨别两轮债转股差异,明确市场化债转股方式

与 1999 年政府主导的政策性债转股不同,此轮债转股是政府引导、市场化操作,突出体现为政策引导规范,银企双方按照“市场化选择对象、市场化定价、市场化筹集资金、股权市场化退出”方式自

主操作，政府不再指定债转股企业，不再干预债权股权价格，不再负有兜底责任。基于这种认识，山东能源集团与建设银行合作开展市场化债转股。坚持银行、企业自主平等协商的市场化方向，由建设银行募集社会资金，与山东能源集团共同设立基金，对山东能源集团控股子公司进行增资扩股，注入股权资金。控股子公司使用该资金偿还其他银行贷款，其他银行对企业的债权置换为建行的股权。

2. 平等商定债转股对象价格，奠定银企互利共赢基础

2016 年，全国两会传递出实施债转股解决实体企业负债率过高的动向后，山东能源集团立即着手与多家战略合作银行商谈合作市场化债转股项目。市场化债转股指导意见出台后，山东能源集团经过多方多轮次自主协商谈判，最终与建设银行山东分行及建行总行项目组顺利达成了合作共识，确定将财务状况优劣搭配的新矿集团、临矿集团、淄矿集团、枣矿集团 4 家子公司共同作为债转股实施对象，债转股定价主要依据市场形成的公允价格，由双方经过多轮谈判和磋商确定。

3. 合理选择基金操作模式，实现市场化债转股落地

山东能源集团债转股项目分阶段设立 150 亿元能源集团转型发展基金、30 亿元医疗健康并购重组基金和 30 亿元资本结构优化基金。三只基金分阶段、分别组织实施，目前正在实施第一阶段融资方案。在基金设立方面，山东能源集团和建设银行共同出资，采用契约型基金模式，发起设立能源集团转型发展私募基金，基金规模 150 亿元，期限不超过 7 年。建设银行作为基金的优先级 LP，通过资产管理公司设立的资产管理计划认购基金份额，出资金额 120 亿元，占基金规模的 80%。山东能源集团作为基金的劣后级 LP1，委托山东省国资委所属的山东国惠投资有限公司认购基金份额，出资金额 30 亿元，占基金规模的 20%。在资金募集方面，通过设立产业基金方式，由建设银行发行理财产品募集，充分利用各种市场化方式和渠道吸纳社会资本筹集。在基金管理方面，委托建设银行旗下全资公司建信（北京）投资基金管理有限责任公司为基金管理人，负责基金投资以及基金的日常经营管理。在基金运作方面，基金以“股权＋债权”方式投资山东能源集团及其双方商定的子公司，其中，以债权方式投放给山东能源集团总部 31.25 亿元；以股权方式对山东能源集团 4 家子公司实施增资扩股 118.75 亿元。实施债转股后，4 家子公司资产负债率分别下降 4.22、4.96、5.23、8.2 个百分点。在基金用途方面，基金对企业股权增资后，企业主要用于偿还其他银行的高息贷款。在基金退出方面，债转股基金到期前，如果山东能源集团根据规划完成上市，则能源集团转型发展基金在二级市场退出；如果未能上市，则通过设定条件由山东能源集团负责回购或通过基金份额转让实现股权退出。

（六）利用多种途径疏解分流安置人员

抓整合、去产能、除“僵尸”的最大难点在于妥善分流安置人员，保持企业和谐稳定。山东能源集团始终把分流安置员工作为重中之重，坚持“先挖渠、后放水”，以“四个一批”为导向，创新开辟了原单位就业、内部转岗、内部退养、待岗培训、特殊疾病人员安置、退休退职、自主创业、解除合同、组织参与外部招聘 9 种分流渠道，全年平稳安置 17811 名员工，做到了转岗不下岗、转业不失业，切实维护了职工个人利益。

一是转岗分流，有序转移一批。加快建设省内外“四个”大型煤电化基地，大力发展符合国家产业政策的优势项目，将需要分流的 7910 多名员工优先转岗安置到基地项目中，截至目前，集团在省外从业人员累计超过 2.7 万人。

二是外出托管，劳务输出一批。坚持打造“没有资源的资源开发企业”模式，积极“走出去”托管外部矿井，承揽社会工程项目，分流安置人员 2550 多人。截至目前，集团已托管外部矿井 23 对，累计输出人员 7000 多人。

三是畅通路径，自主创业一批。主动聚焦“大众创业、万众创新”，企业对自主创业的员工提供政策便利和路径支持，鼓励员工自主创业、自谋生路，分流安置员工 4558 人。目前，集团累计自主创业

人员达到1万多人。

四是自然减员，及时退出一批。对于符合国家有关政策的员工，本着“个人自愿、企业批准”的原则实行内退。先后通过退休、内部退养等方式实现减员2790人。通过采取上述行之有效措施，为分流安置员工提供了广阔空间。

(七) 推行目标化管理，健全完善改革保障机制

山东能源集团为每项结构性改革任务设定了清晰的目标、路径和时间表，并通过“三个突出”，充分发挥目标考核的导向作用，高标准抓好重点工作和关键环节，有力地保障了各项改革平稳有序推进。

1. 突出强化组织领导

结构性改革是一项十分复杂的系统工程，难度极大。为此，山东能源集团把加强组织领导摆在了保障改革的首要位置。一方面构建两级联动的组织领导体制。以能源集团为主导、以二级企业和改革对象单位为主体，逐级成立以主要领导为组长的领导小组，以分管领导为负责人、相关业务部门为成员的工作机构，明确了工作职责和任务分工，对上主动加强联系、对接政策，承担并落实相关职能任务；对下有效指导督查、协调组织，确保了各项工作有序推进。另一方面强化协调督导机制。建立运行调度分析制度，要求权属单位按时报送月度工作进展，及时分析发现成功经验和存在问题。建立运行重点包保制度，对重点改革单位和重点改革任务挂靠分工督导，不定期进行现场办公督导。建立运行定期检查制度，由分管领导和牵头部门带队，定期检查分析改革进展，督导协调存在问题，确保改革任务高效优质完成。

2. 突出目标考核兑现

一方面细化落实目标责任。与相关权属单位逐级签订改革目标责任书，层层分解落实目标任务，将改革工作压实到单位、部门、岗位和相关责任人员。另一方面严格目标考核兑现。严格落实目标责任书责任，并针对去产能、除“僵尸”等改革工作制定专项目标考核奖惩，将各项改革任务纳入对各单位年度重点工作和经营业绩考核，对主要领导、分管领导实行风险抵押金，细化考核办法，严格考核责任履行和任务完成情况，严格按照考核结果刚性兑现奖惩，以严考核倒逼措施落实，以硬奖惩倒逼改革成效，确保全面完成年度和阶段性改革目标。

3. 突出安全稳定保障

一是强化安全稳定责任。按照“分级管理、逐级负责、有责必担、失责必问、追责必严”的要求，进一步明确去产能期间安全稳定责任，落实各级领导分工负责制、业务保安制和岗位责任制；严格落实信访分级负责制，实行信访人员24小时值班制。二是细化工作措施。要求改革方案中必须制订各个环节的安全问题处理措施，并不间断地开展安全检查，强化安全隐患排查整改。同时，充分利用多种形式开展积极的正面引导，加强信息沟通，排查不稳定因素。三是规范透明操作。各种改革方案和配套制度全部认真听取职工代表意见和建议，职工安置方案全部经职工（代表）大会审议通过并公示，政府有关改革的专项资金全部按照规定使用并张榜公布，以规范透明的规范操作换取职工群众信任和拥护，杜绝了危害安全稳定事件发生。

三、大型煤炭企业集团提高供给质量和效率的结构性改革效果

(一) 结构改革实质性突破，提质增效成效显著

一是内部产业重组整合顺利推进。完成了内部3家装备制造企业、5家房地产公司、8家医疗机构整合重组，较好地破解了内部资源不共享、市场不协同和竞争无优势等难题，产业集中度和整体竞争力大幅提升。二是“僵尸”企业处置完成阶段性目标。列入2016年度计划的48户僵尸企业全部处置完毕，亏损企业同比减亏37.3亿元，减幅50%。共申报“僵尸”企业126户，目前已完成94户的处置工作，亏损户数和亏损面分别由2015年的138户、35.57%，减少至44户、11.03%。三是“去产能”

任务超前完成。2016 年，计划关闭矿井 20 对，退出产能 888 万吨/年，实际平稳无震荡退出 26 对矿井、产能 1038 万吨，分别超年度计划 6 对、150 万吨。“去产能”矿井关闭后比 2015 年减少亏损 1.19 亿元，单井规模从 129 万吨/年提高到 154 万吨/年，优质产能占比提高 7 个百分点。“十三五”期间，计划关闭矿井 62 对，目前已关闭退出 36 对。四是市场化债转股率先实施。在全国煤炭行业及山东省实施了第一单市场化债转股项目，总规模 210 亿元，目前已到位资金 101.95 亿元，企业经营发展得到了长期稳定的资金保障。债转股资金全部到位后，负债率可降低 6 个百分点，融资成本可降低 20BP 以上，累计可节约财务成本 10 亿元。

（二）企业经济运行持续向好，转型发展开创了新局面

2016 年，在商品煤销量同比减少 698 万吨的情况下，实现营业收入 1946.41 亿元、利润 23.85 亿元，同比分别增加 457 亿元、13.68 亿元，收入、利润分列省管企业第一位和第三位；期末资产总额达到 2771 亿元，比年初的 2522 亿元，增加 249 亿元；经营现金净流量达到 36.3 亿元，同比增加 21.1 亿元，创出成立以来最好水平；归属母公司净利润首次由负变正，开创了经济运行持续向好发展新局面。金融产业，煤电、新兴地产与医养结合和产融结合“三大一体化产业链”构建工作顺利破题启动，盛鲁 2×100 万千瓦电厂、伊犁煤制天然气项目等一批重点一体化项目加快建设，多个生物质发电、光伏发电项目顺利推进，完成了投资公司设立和 6 家金融机构参股，转型升级取得重大突破。

（三）获得高度认可，发挥了示范引领作用

山东能源集团“去产能”的经验得到国家有关部委的高度肯定，埠村煤矿成功转产转型成为国家发改委、国家能源局推广的先进典型，全国煤炭企业纷纷前来学习转型经验，中央电视台拍摄专题纪录片作在全国宣传推广。除“僵尸”工作走在山东省管企业前列。肥矿改革重组目标初步完成，降低金融债务负担 50 亿元，资产负债率由 150%降至 79%，2017 年 1～8 月肥矿整体扭亏为盈，盈利 2.26 亿元，达到了政府、债权银行、企业、员工“四方满意”，成为全国较大资产、较大债务规模困难企业改革重组解困发展的成功案例，得到银监会等国家部委和山东省主要领导的高度肯定。

（成果创造人：李位民、张寿利、孙世海、李继斋、张廷玉、彭业廷、
赵　玉、东忠岭、李君清、康井海、赵洪秀、谢蛟龙）

石油物探企业基于专业化的内部市场化管理变革

中国石油集团东方地球物理勘探有限责任公司西南物探分公司

中国石油集团东方地球物理勘探有限责任公司西南物探分公司原为川庆钻探工程公司地球物理勘探公司（以下简称川庆物探公司），成立于1956年，是中国综合实力较强的山地地震勘探工程技术服务公司，承担全国70%的页岩气物探工作量，服务客户遍布国内大庆、吉林、新疆、塔里木、西南、长庆等10多个国内油气田和缅甸、埃及等12个国际市场。川庆物探公司自主研发的全球首套山地物探GeoMountain ®一体化软件系统，被评为"国家战略性创新产品"和"世界石油最佳勘探技术奖"提名奖，"山地复杂构造精确地震成像与气层识别技术及工业化应用"达到国际领先水平，荣获国家技术发明二等奖。

2014年以来，在"低油价、新常态、老国有企业"的新形势下，川庆物探公司面临量价双跌、资源配置与使用存在重大结构性矛盾，以及不能降薪、不能裁员、不能卖资产、不能亏损等方面的挑战，聚焦"提质增效、管控风险"，以实现可持续发展、满足员工可持续需求为目标，全面谋划管理变革，实施了基于专业化的内部市场化管理变革，在市场中突出重围，走出了一条改革之路。

一、石油物探企业基于专业化的内部市场化管理变革背景

（一）国际油价持续走低造成公司运营风险增大

物探市场长期供过于求，25%左右的闲置率是常态。近年来，国际油价呈断崖式下跌，但此轮油价下跌以来，闲置率已经高达60%以上，世界物探行业整体遭遇重挫。油价寒潮给石油物探行业带来重大影响，国内外石油物探企业均不同程度下滑，全行业经营业绩陷入低谷，纷纷出现资产流动性吃紧和削减债务能力下降等问题，英国石油公司、壳牌、雪佛龙、道达尔等国际石油公司也将用出售资产、放弃新项目、终止合同、出售股权及裁员等方式应对寒冬。原油价格下跌，国内外各大油田公司在物探投资相应减少，2014年以来各大油田公司的物探投资压减幅度达到30%。物探单价大幅下降，导致公司收入从2013年的21.8亿元降至2016年15.50亿元。面对低投资、高风险、工作量减少的现实，无疑增加了公司的运行风险。

（二）成本控制的困难和压力空前巨大

由于川庆物探公司业务领域的延伸及地域跨度、管理跨度的不断加大，固定成本快速增长，变动成本压缩空间有限，2014—2016年，固定成本增长约1.94亿元，平均每年增长7.5%，经营压力已开始逐年加大，公司收入较2013年下降了近30%，15亿元左右总收入成为常态。而随着季节性用工成本、原材料价格、赔产费用、施工的社会环境成本、设备装备资源成本等逐年递增，15亿元左右的收入，显然已不能支撑21亿元工作量时的成本构成。同时，随着勘探难度增加和业主要求的变化，项目实施时效性越来越强，传统的以建制队为生产单元的施工组织方式，在面对超过1个以上建制队相关专业工序作业能力的项目时，由于未形成在技术、装备、队伍等方面内部市场化的调配机制，内部各单位之间，局部时点上资源的缺乏与整体能力过剩的矛盾日渐突出，公司成本控制、创效能力提升的困难和压力空前巨大。

（三）传统的生产运行模式不能完全适应规模化作战的需要

60年来，川庆物探公司采集板块是以单队作战方式组织生产，各物探施工单位员工年龄结构老化，部分操作、维修设备的人员技能水平不高和人员总量不足，部分员工责任角色有缺失，由于岗位任务不

明、待遇标准不清、分类激励不够、员工薪酬水平与贡献不对等，出工不出力已不是个别现象。尽管采集一线员工有 2800 多人，但测量、钻井、采集、运输等现场作业岗位严重显性和隐性缺员，操作岗"空心化"问题日益严重，部分操作技能员工的作业经验日趋减弱，逐步完全依赖季节工完成项目的现场操作作业。在这种生产组织方式下，专业化、集约化生产方式的优势没有充分发挥，在技术、装备、队伍等方面未形成内部市场化的调配机制，人力资源、装备资源和社会资源未得到充分合理利用，已经不能完全适应市场变化对成本、质量、服务新要求和新变化的需要。

二、石油物探企业基于专业化的内部市场化管理变革内涵和主要做法

川庆物探公司立足石油物探企业管理全过程，以提质增效、管控风险为核心，以目标设置优化为前提，以方案设计优化为重点，以管理体系优化为保障，实施以"人员专业化管理、资源集约化使用、分类激励工效挂钩、内部市场化运作"为主要内容的内部市场化管理变革，在机构调整、专业化管理、预算管理、成本费用控制、绩效考核、质量管控和 HSE 管理等方面精准发力，整合公司现有人力、装备和技术资源，堵塞管理漏洞，由传统建制式生产组织模式调整为模块化单元式生产组织模式，降低和控制公司运营风险和管理成本，提升物探技术服务、管理和施工作业能力，取得了明显成效。主要做法如下。

（一）开展"直线职能制、事业部制和矩阵制"相结合的组织结构变革

1. 建立适应专业化管理的组织结构和队伍

在国有企业管办职能不分的体制下，相关部门和单位管办权责界限模糊，存在紧密的利益关联，难以实施客观公正的监管。因此，按照"管办分离、精干机关"的原则，精简机关部门，强化机关职能，减少机关人员，充实基层，如将原装备事业部拆分为装备部和装备制造与服务中心，将采集事业部拆分为工程技术与质量标准部和采集技术中心。根据"专业归类、岗位归并、人员归队"的原则调整基层组织结构，明确职能定位；调整人员结构，压缩管理及后勤岗位，充实一线生产岗位。通过组织结构调整，机关及直属人员由 384 人精简到 149 人，一线操作人员由原来的 2700 人增加至 3092 人。

2. 对分公司进行"项目部＋工程队"的组织结构改造

将原 4 个分公司机关人员从 302 人精简到 190 人，将原物探队操作层面 2000 多名员工，保留 240 人组建 12 个项目部，负责施工管理协调工作，其余人员分别划入 690 个班组，充实各专业工程队力量，回归操作岗位，解决操作人员空心化问题。

3. 在各分公司成立测量、钻井、采集、运输等四大专业工程队

把固化在各建制队的测量、钻井、采集、运输等岗位作业人员归并到各专业工程队，人员的技能培训、竞聘上岗、履职考核均按专业集中归类管理。明确各专业队定员，并常设队部、技术服务和后勤保障等岗位。目前，共成立 4 个测量工程队，4 个钻井工程队，4 个采集工程队和 4 个运输队。

采集板块专业化改革前后对比关系如图 1 所示。

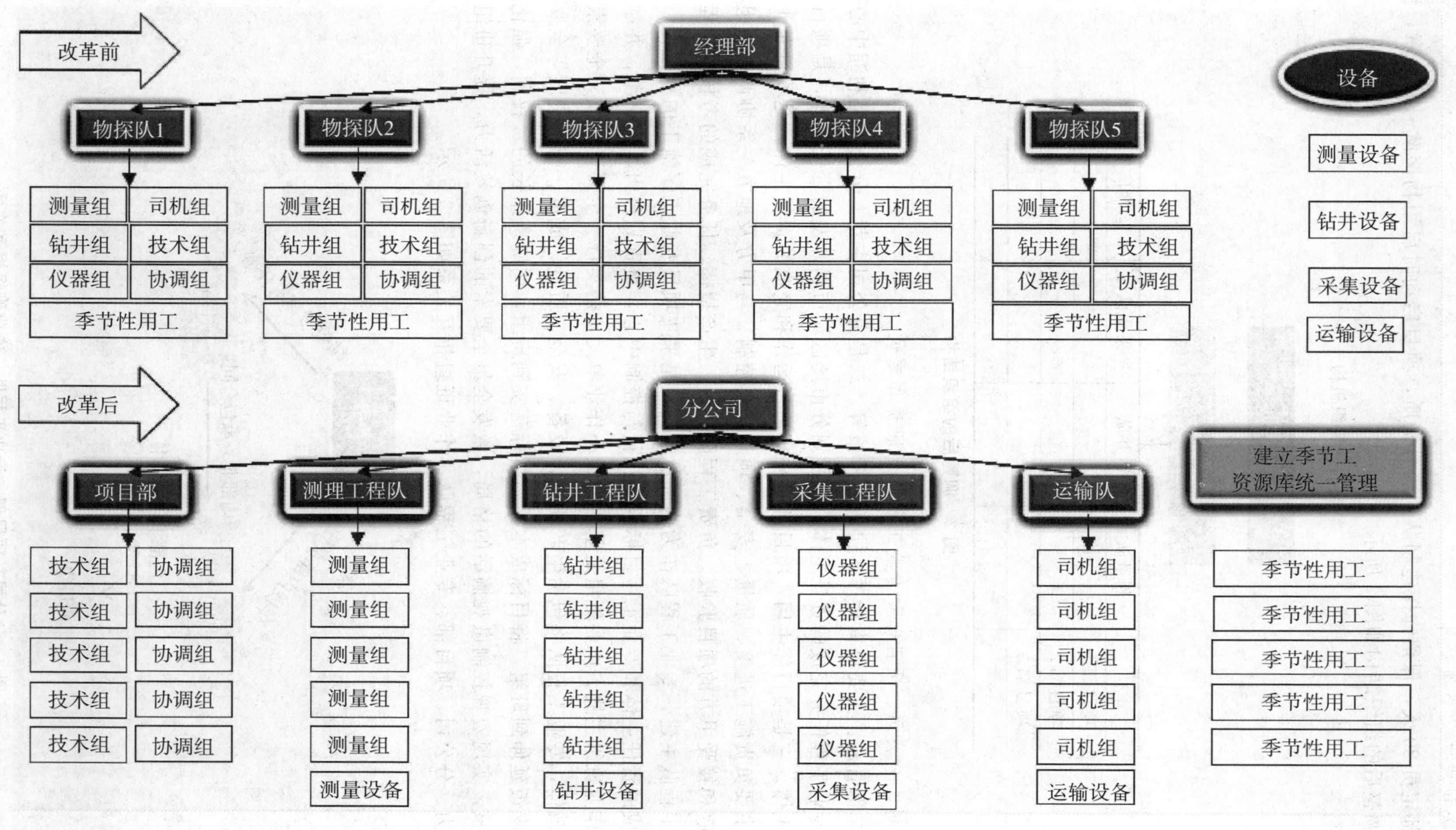

图1　采集板块专业化改革前后对比关系

4. 在各分公司成立三个项目部

每个项目部定员 20 人，保留物探建制队的队号资质，项目启动时启用物探队号及公章，满足队伍的资质要求。调整后的组织结构如图 2 所示。

调整后的组织机构

分公司

机关及附属

单位	测量队	钻井队	采集队	运输队
项目部 1				
项目部 2				
项目部 3				
…				

图 2　调整后的组织结构

5. 明确公司、分公司、项目部和专业工程队的职责和定位

一是公司总部管总。主要负责指挥、协调和考核等。二是分公司主营。分公司是利润中心，是所承担采集项目和专业工程任务完成的责任主体，是所划分市场区域市场开发的责任主体，是项目部和专业工程队的管理主体。三是项目部主用。项目部是采集项目运作和完成的责任主体，是项目专业工序业务的内部业主。主要负责施工进度、质量、安全、项目成本控制、与甲方及地方关系协调、承担项目专业工序任务的验收和接受甲方的项目验收。负责工程队选择、生产指挥、任务完成的考核和工程费用的结算。四是专业工程队主建。专业工程队作为内部承包商，是采集项目专业工序施工的承担者，是项目专业工序任务完成的责任主体和专业工序目标成本执行与控制中心，负责划班组、配资源，并制定相关考核制度。五是作业班组主战。作业班组是基层的最小作业单元，是实行"全要素集成、全要素承包、全要素考核"的载体，专业工程队将包括生产任务、设备、安全、质量、成本、施工进度等全要素承包到班组，将分灶吃饭延伸到班组，将目标成本控制指标落实到班组，明确班组长的责权利，强化对班组及员工的绩效考核，实现宏观控制微观搞活的格局，激发全员全要素的创新创效活力，提升班组的执行力和独立作战能力。分公司、项目部、专业工程队、作业班组相互关系如图 3 所示。

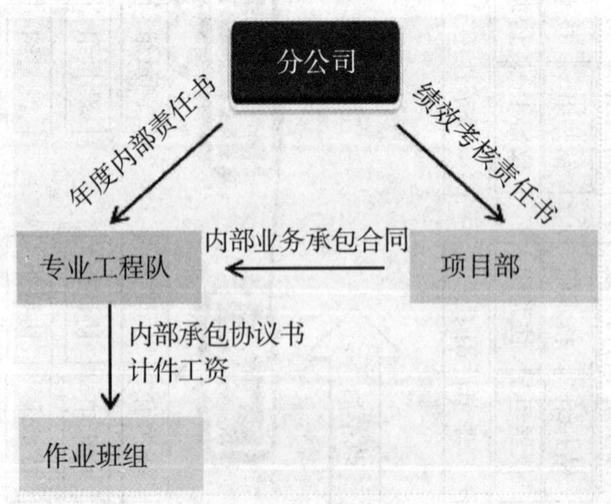

图 3　分公司、项目部、专业工程队、作业班组相互关系

经过调整，分公司形成四个横向联结的专业工程队，由若干专业工种的团队成员组成，分别集中于完成相应的核心流程：测量、钻井、采集和运输。每个流程任命一名流程主管（专业队队长）负责确保各团队实现总体目标。同时，财务、人力资源、工程技术、安全环保节能和市场开发等则仍然保留职能型结构，这些部门为整个分公司提供服务。在具体项目实施过程中，员工既与原专业队保持组织与业务联系，又参与项目的工作。这样的组织结构，更加适应项目管理的需求和资源优化配置的需要，从而提高了组织对环境的反应和响应能力。

（二）建立完善适应专业化管理的内部市场化运行机制

川庆物探公司以市场为导向，积极探索公司内部资源依据市场规则、市场价格来进行配置，努力建立了一套“有偿服务、独立核算、自负盈亏”的内部市场运作机制，科技研发以引导、拓展市场为目标，生产运行以项目合同良好执行为标准，经营管理以市场价格指引内部挖潜增效为出发点，力求在严峻的市场环境下争取效益最大化。

1. 建立项目部和专业工程队之间的甲乙方体制

在具体的采集项目实施过程中，对项目部和专业工程队建立内部业主—承包商模式，按照市场化方式运行。项目部作为项目专业工序业务的内部甲方，赋予其选择专业工程队的权利，同时通过对内部乙方（专业工程队）的工期、质量、工作量的确认、控制和结算，完成分公司下达的绩效考核指标。专业工程队作为内部乙方，与项目部签订《川庆物探公司采集项目内部承包合同》，作为专业工序的施工者，按经项目部核实的实际合格工作量，取得相应业务收入。

2. 确定定额工作量和定额生产成本

川庆物探公司近年来坚持做好成本写实工作，并不断细化测量、钻井、采集和运输等关键环节的成本费用定额标准，为项目部与专业工程队按内部甲、乙方关系签订《内部业务承包合同》奠定了管理基础。如一分公司，根据综合分析 2013—2014 年度 14 个项目的野外日报、A7 数据及竣工报告，对二维、三维不同施工模式下，分不同类型的工区，确定了测量、钻井、采集和运输等不同工序的时效和折标系数（难度系数）。通过将 2014 年的作业点折算为标准点、标准井和标炮后，得出定额工作量和定额作业成本。如在测量工序中，除明确了川渝地区在不同施工模式不同工区类别下，每个物理点测量标准点单点人工费、材料费和杂费的价格及合计形成的综合成本，甚至对材料费这一单项还更细化到每个标准点。

3. 完善内部结算体系

专业工程队管理费用的结算，由该公司财务资产部根据项目工程进度，按比例结算到为该项目专业工程队提供支撑服务的分公司；工程费用的结算，则由项目部根据《内部业务承包合同》和实际完成的工作量计算确定专业工程队应得的工程价款，增减对施工进度、质量、安全管理等方面相应的考核奖罚后，由项目部按月结算，上报采集项目成本核算中心确认拨付。内部生产与服务业务实行内部市场供给与购买，实行统一结算体系下各单位自负盈亏，项目部和专业工程队以《川庆物探公司内部劳务结算工作量确认单》的形式按月办理采集现场成本结算。运输费用的结算，由运输工程队根据《川庆物探公司内部承包合同》与用车单位按月据实办理结算。在专款专用的前提下，节约或超支各自承担 50%。

（三）完善预算、成本、绩效、质量、安全、装备等配套管控措施

1. 突出“分灶吃饭”，分类分级建立收支账户

推行“以收定支、工效挂钩、收支分列、量标双控”为核心的全面预核算管理。重点突出分灶吃饭，将经营收支全部纳入预算管理，分别按收支账户、费用限额账户和结算收支账户三种类型设置了 59 个内部资金账户。账户实行“量标双控”管理，即各单位支出必须以资金账户有钱为前提，否则无法付款；同时，工资奖金等控制性费用的支付不仅要有资金支付能力，而且受到指标的控制，充分落实

“有收才能支”“有指标才能支”，实现费用总量与预算指标双控制，员工收入与绩效和指标双挂钩，确保经营活动刚性合规、工效硬挂钩、经营指标完成严考核。项目部根据分解的预算指标，结合自身实际情况及预测的执行条件，按照公司下发的预算编制报表格式提出详细的本单位预算方案，报送预算管理办公室审核和汇总。

2. 采集现场成本费用的分解

根据市场选择的结果（项目合同费用）倒算并控制现场成本费用。在获得项目后，该公司针对合同费用逐层分解，在将合同费用分解为项目资料处理统筹费和项目采集费用基础上，对项目采集费用继续细分为采集内部利润、采集统筹费用和采集现场成本费用。在预留5项统筹费用的前提下，由该公司将采集现场成本费用下达给分公司。采集现场成本费用具体包括测量作业现场成本、钻井作业现场成本、下药作业现场成本、爆炸作业现场成本、放线作业现场成本、项目部现场成本、分公司项目管理费、分公司专业工程队管理费、项目赔偿费用等9项。

分公司编制采集现场成本分解方案下达给项目部实施。项目部则根据项目任务要求和分公司下达的采集现场成本分解方案与专业工程队签订《内部业务承包合同》，明确工作量、单价、安全、质量、工期等内容。专业队与班组签订内部承包协议书，抓实班组目标成本的分解、控制与考核工作。班组长对预算费用自主控制，“边算边干”，对控制得好，有节余的，进行奖励。通过对现场作业成本的层层分解和落实，形成了公司－分公司－项目部－专业工程队－班组－员工的作业成本控制链。

3. 实施工效挂钩分类激励

以实现人力资源效益最大化为目标，推行“总量控制、工效挂钩、分类激励、考核兑现”薪酬管理机制，探索实施员工能力评价和关键绩效指标（KPI）考核。公司对基层单位实行整体工效挂钩，按各单位实现的经营收入挂钩配置相应的效益工资指标，按月度预拨付工资总额，实行总额控制，不得超额发放。分公司对项目部和专业工程队完成的工作量、质量、安全、进度和成本控制等与效益工资总额挂钩考核。专业工程队明确分清管理人员和技能操作人员，管理人员设岗位绩效系数，实行绩效管理；技能操作人员严格实行计件考核管理，多劳多得、干好多得，并统一为每一位一线员工建立了《员工岗位业绩考核责任书》和《员工岗位业绩考核卡》。《员工岗位业绩考核责任书》将员工岗位业绩考核指标设置为效益类、服务类、营运类和人员类4类指标，并根据管理人员、技术人员、操作服务人员等不同类别的岗位职责特点，有针对性地确定每个岗位的具体考核指标；同时，根据员工岗位不同、管理层级不同，赋予其岗位业绩考核指标的权重也有所不同。《员工岗位业绩考核卡》动态记录员工岗位履职情况结果，作为岗位业绩奖金兑现、职级升降和岗位变动、培训发展和先进评比的重要依据。通过薪酬激励实现人员分流，充分调动员工积极性，提升全员创效能力。

4. 强化质量管控

对采集项目质量责任划分进行了明确，分公司负责工序质量的总体管控，督促质量指标的完成，项目部对全部工序的施工质量负责，专业工程队对本道工序的施工质量负责。健全了“上道工序对下道工序负责，下道工序对上道工序质检”的工序责任机制，推广运行“工序负责、自证合格、全面校核”的质量控制机制和监控评价流程，深化了五级质量控制措施，规定第一级质控为专业工程队对本工序施工质量进行100％自检，第二级质控为下道工序施工的专业工程队对上道工序施工的质量进行100％质检，第三级质控为项目部对采集工程队的测量、钻井、下药、埋置、采集及表层调查等工序的自证记录资料100％校核，第四级为采集技术中心对原始地震资料100％进行鉴定评价；第五级为分公司、公司负责抽检，分公司抽检比例二维不低于3％，三维不低于2％；公司抽检比例二维不低于1.5％，三维不低于1％。

5. 强化安全管控

构建HSE管理与责任体系。对照新"两法"，构建了"1手册+16程序文件+56管理文件+46作业文件"的F版HSE管理体系架构，厘清了公司各级的监管责任与主体责任，形成了"1公司+18管理部门+16二级单位+48基层单位+715岗位"的HSE权力与责任清单。修订《民爆物品管理实施细则》等九项关键制度，完善"1+15"应急预案，落实"一案一卡"应急管理。逐级签订HSE责任书，将责任分解至最小作业单元（班），签订到作业岗位，提升"我的属地我负责"自主管理成效。完善隐患排查治理管理职责，严格方案审批流程，严格执行隐患排查制度和治理方案评审制度，确保隐患治理精准到位。

6. 提高物资装备保障能力

公司将地震仪主机等主要设备全部分解下拨到分公司进行管理，对设备配置与员工定员实行一一对应，形成"人机合一"的班组作业单元。建立采集班组作业单元设备管理评价及考核机制，提升设备使用效率。开展采集处理解释及井中物探装备的定型分析和分类归并，着力配套与兼容，发挥资源效益最大化。加快资产、装备轻量化发展。制订资产轻量化运营方案，清理不适应生产实际的钻机和车辆，降低设备运行成本。加强物资采购计划管理，规范基层单位仓储和应急物资管理，提高整体物资管理效能。

三、石油物探企业基于专业化的内部市场化管理变革效果

（一）激发了基层单位和员工的经营活力，降本增效成绩显著

通过实施专业化的内部市场化管理变革，激发了基层单位和全体员工主观能动性，建立了全员、全方位、全过程的成本管理体系，各基层单位主动加压，挖潜增效，形成全员参与改革、提质增效的浓厚氛围。例如，第四运输队2016年施工中节省了季节性用工工资、劳保、体检、动迁等费用共计155.3万元。在五百梯—大猫坪二维地震勘探项目中，物探一分公司通过优化生产组织和管理流程，节约钻井成本约42.54万元。2016年，公司实现降本增效5453万元。

（二）在物探市场持续萎缩的严峻环境下，企业仍持续保持盈利

通过实施专业化的内部市场化管理变革，在物探市场持续萎缩状态下，川庆物探公司通过深度改革取得显著成效。2016年采集二维、三维工作量同比2013年分别下降39.1%、30.8%；在工作量和收入下降超过和接近30%的情况下，利润下降幅度不到5%。近三年尽管营业收入从21.80亿元下降到了15.5亿元，但仍然持续保持盈利，三年累积实现考核利润1.91亿元。

（三）顶住企业营业收入锐减的巨大压力，实现员工收入稳定

通过实施专业化的内部市场化管理变革，总体上体现了"打破大锅饭、多劳多得、奖勤罚懒、向一线倾斜"的原则，按劳取酬、收入凭贡献的导向进一步明确，通过改革，奖金与工作量完全挂钩，最高与最低的奖金差距达到5倍以上，员工实得工资性收入的稳定增长，员工对改革的获得感逐渐增强，维护了企业稳定和员工稳定，山地铁军文化得以传承。

（成果创造人：耿　炎、陈　杰、袁才鑫、张光武、游　浩、于振坤、罗建华、罗雪梅、袁枫尧、肖旭东、陈　波、杨　利）

冶金矿山以市场为导向强化“产线”的组织管理变革

河钢集团矿业公司

河钢集团矿业公司（以下简称河钢矿业）是河钢集团的全资子公司，总部位于河北省唐山市。2008年9月由原唐钢集团和邯钢集团所属矿山整合组建而成，是以铁矿石采选加工为主业，辅以有色金属、矿建、矿机、火工品制造、现代物流等产业的国有大型冶金矿山企业。2016年，公司总资产308.4亿元，营业收入52.38亿元，主体矿山利润近亿元。铁矿石资源掌控量达40亿吨，具备年产1000万吨矿产品的生产能力，现有在册职工1.1万人，其中专业技术和管理人员2000余人。直属公司、矿山23个，分布在全省6个城市。河钢矿业所属矿山先后获得全国冶金矿山“十佳厂矿”、全国冶金矿山绿色矿山观摩基地、河北省“工业旅游示范点”“国家级绿色矿山”试点单位等荣誉称号。

一、冶金矿山以市场为导向强化“产线”的组织管理变革背景

2008年组建成立的河钢矿业，经过战略重组与一体化整合后，协调调配现有资源，逐步理顺各种管理关系，矿山实力进一步提升。但是面对国外矿山巨头的挑战、适应集团战略发展、矿山行业自身发展及克服自身弊端的需要，河钢矿业推进以市场为导向，强化产线的组织变革，努力为钢铁产业发展提供战略资源保障。生产矿山产线是指从采碎选工艺设计、采碎选生产、产品销售到客户的整个管理链条；辅助单位产线是指从原材料、生产过程、产品销售服务到客户的整个管理链条。

（一）适应矿山行业发展市场化、管理高效化需要

当前，随着国家经济进入新常态，作为制造业基础的矿山行业在外部调整变革推动下，总体呈现由数量规模型向规模效益型转变，由增量扩能型向调整存量、做优增量并存型转变，这种转变的大趋势，衍生出矿山市场化、高效化发展特征，面对上述变化，矿山传统的组织管理模式也应进行调整和变革。矿山行业整体市场化管控，还不能很好适应当前经济新常态下发展方式和模式的转变调整升级，以及消费市场的趋势变化。矿山企业与市场对接还存在渠道、平台等各方面的障碍。一定程度上，产线远离市场，产品远离客户，以生产计划为主的经营方式和组织模式极大制约了竞争力的释放。以产线为核心，推进市场为导向的组织管理变革，是大势所趋、发展所向。

（二）解决企业现有体制机制弊端的需要

河钢矿业作为国内特大型矿山企业，传统组织管控模式在运行过程中，也一定程度上暴露出了不足。这种体制机制的弊端具体表现在以下几个方面：一是市场意识不强。作为钢铁企业的资源供应方，隶属于钢铁企业，集团包销产品的营销体制，矿山集中管控产品的计划、定价、销售，导致产线、部室与市场的位置错位，产线远离市场前端，市场压力传导逐层消减，产线对市场的敏感度降低，响应速度迟缓。二是解决管理集权较多的问题。公司集权管理较多，专业分工与职能界定不清，上边管控效果较差，下边主动性不高。产线的核心价值得不到充分体现，产线工人的劳动积极性得不到充分调动。产线激励机制的缺位客观上制约了企业的发展。三是解决产线管理不到位的问题。产线管理涉及主管领导、职能部门、工序主管等多个层次，管理流程不畅、职责界定不清、效率低下。产线激励机制重指标考核轻分配调控，重内部工序技经指标轻市场效益指标，指标与分配、分配与市场有断档点，激励机制导向市场权重分量不够。现行的直线职能制组织机构，产线处于市场末端，难以对市场需求的变化做出迅速反应。二级单位作为独立生产经营主体，缺乏对生产产线的定位意识及准确定位，产线主体地位不清，导致资源全要素配置缺项或弱化。

针对上述存在问题，2014 年以来，河钢矿业实施以市场为导向强化“产线”的组织管理变革。

二、冶金矿山以市场为导向强化“产线”的组织管理变革内涵及主要做法

为适应矿山行业发展市场化、管理高效化需要，河钢矿业推进以市场为导向强化“产线”的组织管理变革，通过整合核心业务，完成生产矿山、基建矿山、非矿资源的专业化整合，变革公司总部管理职能，梳理管理流程，构建“货架式”公共资源服务平台，加强服务产线功能，开展市场化运作，积极推进作业长制，为产线提供组织、制度保障，完善向产线倾斜考核激励机制，构建质量、技术、人才、自动化和信息化、安全保障五大支撑体系，释放出产线的活力和效力，产线运行效率大幅度提升，提高了河钢矿业对市场的适应度和能动度。主要做法如下。

（一）明确组织变革的工作思路，强化变革的组织领导

1. 明确以市场为导向，强化“产线”的组织管理变革的工作思路

产线是产品生产过程经过的路线。矿山产线源于矿山生产过程中所有工序的集合。其主要根据就是采、碎、选三大环节。河钢矿业推进以市场为导向强化“产线”组织管理变革，其总体思路是，将核心业务进行专业化重组，按生产单位、辅助单位、分别组织全管理链条的产线，总部放权，进行精简放权，管理重心下移，支持、服务产线。同时推进作业长制，重新梳理管理流程、制度，构建以产线为核心的目标管理体系，市场化导向的经济责任制考核分配机制，精简放权的管理审批清单机制，宏观政策指导、数据分析、监督考核为主的服务机制，面向客户的大客户经理制等。积极号召广大员工建言献策，人人做变革的参与者、推动者。

2. 加强组织领导

河钢矿业成立以主要领导任组长的专项工作领导小组，小组成员包括生产、财务、企管、人力、设备等相关部门主要负责人，全面负责公司管理体制变革工作的总体设计、统筹协调、督导落实。对现行管理构架、管理流程进行分析研究，形成公司的“组织结构扁平化变革指导方案”，配套下发“组织结构扁平化变革操作手册”。各矿山编制本单位扁平化变革方案，完成机构设置、人员调整、制度准备等工作。

（二）整合核心业务组建专业化产线，实施集中统一管理

河钢矿业为加强集中统一管理，在业务流程梳理、优化的基础上，对部分基层单位进行专业化整合。整合的总体目标是：在河钢矿业内部建立起“管理有序、运转协调、信息流畅、集中统一”的管理体制。整合分为两大类，一是生产矿山、基建矿山整合，即将业务相关或上下工序关系的单位进行整合；二是辅助单位整合，即将业务相关或相近的单位进行整合，实行统一管理。

1. 整合公司生产矿山资源，促进铁矿主业生产

针对矿山分布的特点，整合司家营铁矿、研山铁矿，成立司家营北区矿山分公司，成为产量规模全国名列前茅的铁矿。实现矿产资源、设备、技术和人力资源的优化配置。精简生产车间 9 个、职能科室 7 个、科级管理人员 29 人，通过调整岗位、创新管理模式等优化人力资源 200 余人充实到技改及后勤等岗位，年节省人工费用 1560 万元。2015－2016 年司家营北区完成铁精粉 1200 万吨，同比增加 130 万吨。通过整合，集中提高资源的配置效率和配置模式，消除产线上的附加成本，提高产线运作管理的效率，将更多的矿山资源向产线进行倾斜，保障产线有充足的各类资源供应。

2. 整合公司基建矿山资源，集中精力加快矿山建设步伐

整合田兴铁矿、大贾庄铁矿等基建矿山成立司家营南区矿山分公司，矿处级干部由 11 名减少为 7 名，科级由原来的 28 名减少为 22 名，减少科室职能组长 21 名，将相关人员充实到现场一线岗位，整合管理资源，优化设计方案。司家营南区达产后，年铁精粉产能达 800 万吨，在国内冶金矿山行业名列前茅。加快对项目矿山的产线整合，对于增量做优，是基于对未来发展的市场需要，着眼于未来竞争，

保障矿山发展的后劲。

3. 整合公司非矿资源，加强市场化运作

整合公司的火工品资源，成立专业的化工分公司；整合公司的技术科研力量，成立专业的矿山设计公司；整合区域内的尾矿和铁路资源，成立司曹铁路公司和曹妃甸造地分公司。组建自动化中心、设立机电检修公司，进一步加强和深化对司家营矿区机械、电气、自动化、检修等业务的整合，优化资源配置，培养专业队伍，提高机电检修对内对外的服务能力和创效能力。组建矿山事业发展公司，进一步加大非矿产业发展力度。逐步完善非矿板块运作机制、指标体系、考核办法，提升现有非矿板块的竞争力和管理水平。加快非矿项目的开发，与集团物流公司配合，紧密跟踪京津冀一体化北京在曹妃甸用地工程，打开岩土销售第二通道。盘活公司内部闲置土地、厂房、设备等资产资源，因地制宜开发种植、养殖、小型加工、整合维修等非矿项目，降低管理费用。非矿资源产业不断拓宽公司产业链条，打造新的效益增长点，有效规避经营风险，增强企业发展后劲。非矿板块是矿山产线的有力支撑。通过对非矿产线的专业化整合，能够为矿山产线提供强大的原料、检修服务、设计服务等相关辅助保障。

（三）变革总部管理体制，强化服务产线的功能

河钢矿业以“横向瘦身纵向扁平”为理念，强化推进产线的组织管理变革。横向瘦身，是指二级机关科室职能整合和业务流程的优化；纵向扁平是指二级机关科室和车间管控职能的整合，进一步优化生产组织的管控流程，实现高效扁平，使产线市场响应速度加快。

1. 减少管理层次，促进资源合理配置

河钢矿业总部机关实施机构精简，取消科室，实行主管、主办负责制，减少科级管理层级，提高工作效率。减少技管人员 43 人，占实配技管人员的 29.1%；减少技管人员编制 91 个，占技管人员编制的 46.4%。实现人力资源、财务、采购供应系统的库房集中管理。发挥新建项目优势，最大限度地消化安置龙烟、黑山等矿山富余人员。成立工程管理部，进一步加强工程现场管理，大力推进在建项目提速，确保实现早出矿、早见效的目标。目前，按计划从各矿山抽调支援中关铁矿建设的 450 人中已完成 403 人的人事关系划转，人员抽调培训工作按照工程进度有序推进。不以减机构减人为目标，剥离的机构与岗位人员安排到产线支持单元或纳入公共管理资源服务平台。

2. 构建“货架式”公共资源服务平台，支持产线高效运行

进行职能部室机构与业务的调整重组，搭建支撑产线高效运行的“货架式”公共资源服务平台。将原有的人力、资源、环保、安全、规划、科技、管理、财务、物资供应、企业文化、监察、后勤等统一归入公共资源服务平台，打造服务的综合体，提高服务水平和质量，集中为产线提供公共服务。产线管理“去行政化”“去中间层”，取消科室职能管理这个中间层，实行管理岗位主管主办制，管理岗位放到公共资源服务平台上。将选人用人权、内部考核分配权、技术改造方案、检修计划、备品备件采购决定权、销售权等下放给产线；将支持服务产线的宏观政策指导、生产经营数据分析统计、监督考核等业务纳入公共资源管理服务平台，平台实行公司部室与二级单位共建、共管。通过公共资源平台减少中间环节，提高了产线资源配置效率，实现了产线与平台的深度对接。

3. 重新梳理管理流程，确保产线高效运行

组建企管部，加强企业管理、现场管理、考核管理，通过强化企业管理，查找出产线运行的相关问题，针对存在问题制定整改措施，有效提高了管理效率。一是明确职责。按照专业化管理的要求，梳理管理流程，优化、细化管理，重点解决职责不清等问题。二是将管理重心下移产线。管理重心下移，单位副总直接对产线负责，实现高层管理者的决策和目标直接传达到产线，通过产线来直接实现。同时，产线直接对接市场，高层的决策、目标通过产线直接来形成。

（四）积极推进作业长制，为产线高效运行提供基层组织保障

作业长制是以作业区为最基层的现场管理单位，以作业长为产线最基层的管理者，组织开展作业区及作业长各项管理工作的企业基层管理制度。根据冶金矿山生产工序，划分为采矿、选矿、地质、测量、动力、设备等作业区。作业长制围绕产线独立生存、关注销售终端的需求变化、关注市场利润设计完善管理制度，由过去产量、成本等技经指标导向向产品质量稳定、市场利润导向转变。作业长作为直接的管理层，具有现场的临机处置权力。拥有人、财、物权，提高作业长积极性。河钢矿业定期开展作业长培训讲座。以作业长为核心，开展作业长的经验谈活动，搭建作业长经验交流的平台。在全公司开展作业长评选，对优秀作业长开展定制式的推介。作业长制的实施，实现产线管理中心的逐层下移，为产线高效运行提供基础组织保障。

（五）转变营销组织模式，提高市场效率，增强产线创效能力

严格按照集团销售政策、定价机制等规定，在满足集团内部精粉供应基础上，转变营销组织模式，成立大客户经理，对于自销产品部分，深入对接市场和客户，以客户需求为导向，实行从源头到客户端的全流程、全方位的质量监督；发挥大客户经理和产线技术员联合提质作用，深入对接客户需求和产线升级，开展提铁降硅、分级机改造、脱硫磁选流程改造等专项质量攻关课题，不断稳定产品品位，提高产品质量；把握销售节奏，灵活调整销售组织政策，利用河钢云商交易平台争取产品溢价销售，实现产品效益最大化。

对于非矿部分，加快营销组织变革，在满足内部需要的同时，主动对接市场，增强非矿产线的创效能力。所属的凤形钢球厂、卓越机械厂、魏家井白云石矿、丰镇铁合金在满足内部供给的同时，积极开拓外部市场，取得预期经营效果。

（六）构建五大支撑，为产线组织管控变革提供强有力的保障

河钢矿业构建五大支撑体系实现产线组织管理变革关键要素的优化提升，这五大支撑中，人才支撑体系是组织管理变革的核心，技术支撑体系是组织管理变革的引领，信息化自动化支撑体系是组织管理变革的手段，质量支撑体系是组织管理变革的目的，安全保障体系是组织管理变革的根本保障。

1. 打造资源、质量支撑体系

河钢矿业多座主体矿山露天转井下，资源供应出现结构性紧张，产线面向市场，必须要有足够的资源做保障。为此，河钢矿业强化资源供给侧结构性改革，变原来单一的自产矿供应，转变为自产矿、进口矿和地方矿多矿并行的资源供应结构。根据市场形势，及时准确的调整自产矿、进口矿和地方矿的供应比例，实现综合效益的最大化。河钢矿业生产、技术、质量、销售人员走进市场一线，加快产线与客户对接，充分体现围绕客户需求生产的思想，不断提高产品质量，为客户提供满意产品，提升市场竞争力。

2. 打造技术支撑体系

河钢矿业以市场和用户需求为参照，以竞争优势为追求，查找产线中缺失的技术标准、规程等，研究制定新标准，填补原有技术标准体系的空白，同时对现有的产线技术规程、岗位操作规程、工序技术质量标准、产品技术质量标准等进行梳理、修订和完善，健全产线技术标准体系。推行专业技术人员深入产线跟班作业制度，指导、参与现场操作，充分发挥专业技术人员的技术优势，提高解决现场问题的效率，为一线班组提供技术支持。制定各层级专业技术人员深入产线的工作制度，明确具体的工作任务、职责、深入产线的方式方法、具体时间和次数要求等。主要产线建立关键工艺技术参数控制点，每个控制点明确具体负责的专业技术人员和操作人员，强化生产过程中的工作质量、工序质量控制，减少生产波动，提高产品质量稳定率、合格率。

3. 打造人才支撑体系

河钢矿业以高端技术人才配置产线岗位、关键岗位操作从熟练工向技能工转变为重点，创新人才培养、使用、评价、考核、激励机制，畅通人才成长通道，持续激活人才增值创效能力，形成人才保技术、技术保质量的新格局。滚动开展技师培养计划，重点培养矿山行业特有工种的技师队伍。推行多能工制度，打造复合型高技能人才。开展矿山主体关键岗位、核心技术岗位的首席操作师、一级操作师评聘。完善人才配置新模式，实现技管人员向产线倾斜。完善与推行集中一贯制、作业长制相配套的人力资源配置新模式。建立“专业师＋技师”的“双师型”高技能人才培养模式，加强产线技术力量。以操作人员技能提升为重点，大力开展定制化培训。以青年后备干部管理能力提升为重点，组织开展专题轮训。

4. 打造设备、信息化支撑体系

河钢矿业实行设备全生命周期管理，建立设备档案，推行信息化和电子化设备跟踪体系，将设备管理的重点放在产线，产线对设备负责，对设备实行一定程度的承包制。产线成为设备的使用者、管理者和维护者。设备是产线面向市场的有力支撑，随着产线的任务，而具备随时调整节奏的能力。

河钢矿业通过矿山信息化加快建设保障矿山产线智能化、数字化水平，提升产线柔性生产和敏捷制造的能力，提升产品档次和质量，更好地服务于客户。以问题为导向、以需求为方向，确立了自动化信息化支撑体系建设的全流程闭环工作模式，即需求提报—业务调研—制订方案—系统实施—上线运行—问题反馈—功能优化。河钢矿业将设备管理提升到产线变革的关键位置，视为产线面向市场最重要的支撑之一。设备运行的稳定性和效率，直接关系到产线面向市场时的持续能力和稳定能力。

5. 打造安全保障体系

建立安全生产责任体系，进一步“明责”。按照“分级管理、逐级负责”和“谁主管、谁负责”的原则，进一步建立健全本单位安全生产责任制度，明确各岗位的责任人员、责任范围和考核标准等内容。推进各级领导干部分级进行安全包保，建立领导干部分片包保制度，进一步明确包保责任，确定包保范围，制订包保要求。分片包保情况要在本单位内定期进行公示，对于包保责任范围内出现安全事故的，包保领导要承担连带责任。

深入推进事故风险预控管理体系建设，抓好“知责”。通过事故隐患倒推管理责任，通过事故风险预控，抓好岗位人员责任“认知”。按照“抓住重点、管住一般”的总原则，对易发群死群伤的八类重点事故隐患通过事故责任预分解来进行控制，对于一般类事故隐患通过《岗位排查隐患目录（清单）》来进行控制。

健全完善隐患排查治理与考核体系，落实好“尽责”。按照“矿（公司）级月月查隐患、作业区周周查隐患、班组班班查隐患、岗位时时查隐患、职能部门专项查隐患”的原则，全力构建矿（公司）、作业区、班组、岗位四级网格化隐患排查治理体系。

（七）完善向产线倾斜考核激励机制

1. 明确考核原则

一是市场导向原则。全面对接市场，以市场倒逼成本先进性、激发创效潜力，考核激励向高效率、高效益单位倾斜，体现贡献程度决定收入水平。二是指标最优原则。考核指标要具有产线对标先进性并富有挑战性，能够反映单位历史最好水平、行业领先水平，提升公司技经指标的整体竞争力。三是有统有别原则。根据考核主体特点和属性，分类设置不同考核指标及考核方法，重点加强对反映市场创效能力和成本控制能力关键指标的考核。

2. 界定考核主体与指标权重

考核主体为公司所有矿山、子分公司及机关部室。按考核单位性质分为四类：生产矿山、基建单位、非矿单位、机关部室。与本单位绩效考核结果直接挂钩兑现绩效工资。考核指标对应考核主体类型，选择关键指标，作为与绩效工资总额直接挂钩的指标，以指标计划值为标准进行考核。

生产矿山产线：矿产品产量（权重40%）、矿产品全成本（权重30%）、矿产品质量（权重20%）、市场化经营现金流（权重10%）。

基建单位产线：工程进度（权重40%）、工程投资（权重10%）、工程质量（权重15%）、现场管理（权重15%）、工程预结算（权重15%）、风险管理（权重5%）。

非矿单位产线：考核利润总额（权重100%）。

机关部室：公司绩效（权重100%），与各二级单位主体指标平均考核结果挂钩体现。

通过明确上述考核原则、主体及指标权重，完善向产线倾斜考核激励机制，调动各条产线员工的积极性。

三、冶金矿山以市场为导向强化“产线”的组织管理变革效果

（一）变革后的管理运行顺畅，对接市场能力大为改进

成果实施以来，管理效率不断提升，河钢矿业各部门在横向沟通与联系上更加顺畅，纵向协调上更加快捷便利，进而缩短信息流转时间，提高业务人员的业务处理效率和领导者的管理与决策效率，保证企业高效运行。主要采矿、选矿技术经济指标明显优化，项目建设提速，矿山全成本大幅度降低，应对市场跌价风险能力进一步增强，矿山市场竞争力进一步增强。据冶金矿山协会通报，2014－2016年公司资产总额、净资产增长率、成本降低率等主要经济指标列冶金矿山行业前列。铁精粉全成本降幅30.2%。产量同比提高32%，人工成本降低39%，全员劳动生产率提高48%。

（二）调动职工的积极性，产线潜力充分发挥

通过管理变革实施，极大地推动和调动全体广大干部职工转变观念、干事业、促发展的积极性，使各级领导树立了依靠流程和系统进行规范管理的理念，培养和造就一大批优秀的业务骨干和信息化技术人才，使职工养成“制度化管理、程序化办事”的良好氛围，产线潜力、活力进一步发挥，为企业的长远发展奠定坚实基础。

（三）综合经济效益大幅度提高

成果实施3年来，累计生产铁精粉2400多万吨，实现利润10多亿元，为河钢集团提供重要的生产所需原材料。截至2016年年底，公司总资产308.40亿元，铁矿石资源掌控量达40亿吨，继续保持着国有资产大幅度增值的态势。非矿板块的矿建、矿机、钢球、白云石，造地等业务，市场化运行效果明显，对接市场的效率大幅提高，效益明显，累计创效10多亿元，多元化发展呈现良好势头。

（成果创造人：黄笃学、张国胜、齐国志、朱华明、胡志魁、霍顺生、王宏剑、刘炳智、韩　勇、康　杰、杨福军、蔡义兵）

电网企业以价值为核心的内部市场化管理

国网陕西省电力公司

国网陕西省电力公司（以下简称国网陕西电力）是国家电网公司的全资子公司，是陕西省电力建设、输送、销售的独立法人，是陕西省电网规划、建设和运营的公用事业企业，承担着为陕西省经济社会发展和城乡广大电力客户提供安全可靠电力供应的重要职责。国网陕西电力辖有11个地市级供电单位和12个综合单位，2016年售电量979亿千瓦时。截至2016年年底，国网陕西电力员工2.3万人，资产总额572.84亿元。陕西电网总装机3380万千瓦，外送能力771万千瓦，电网最大负荷2110万千瓦，现有输电线路4.8万公里、变电容量12657万千伏安，在保障陕西全省能源安全和经济社会发展方面发挥重要作用。

一、电网企业以价值为核心的内部市场化管理背景

（一）满足投资需求增强投资能力的迫切需要

在经济新常态下，国家加大“调结构、稳增长”政策调控力度，传统产业相对饱和，宏观经济总量增速放缓，用电市场需求不旺，售电量对电网企业收入和效益的增长贡献乏力。2011－2013年，国网陕西电力售电量年均增长6%，远低于“十一五”期间10%以上的增长水平。“十二五”初期，国网陕西电力经营一度陷入困境，利润不足1900万元，盈利水平处于国网公司末段。随着国家能源规划发展新格局逐步形成，特高压和城乡配电网建设进程加快，国网陕西电力的投资需求越来越大。但羸弱的盈利能力严重制约公司投资能力，投资能力与需求之间矛盾凸显。在此背景下，国网陕西电力既要承接国资委持续增长的业绩考核指标，又要应对经济下行和投资需求加大的压力，经营“两头受压”，急需创新经营模式，增强内部各业务环节的价值意识，重视投入产出，深挖内部潜力，实现提质增效。

（二）顺应电改形势应对市场竞争的客观要求

长期以来，国网陕西电力面临着来自陕西地方电力集团的直接竞争，两家公司在110千伏及以下增量售电市场的用户争夺激烈。党的十八届三中全会以来，以市场化为特征的新一轮电力体制改革序幕拉开，“三放开、一独立、三强化”的电力体制改革方向和实施路径逐步明确。随着售电侧放开、新增配电业务对社会资本放开、输配以外的经营性电价放开等改革措施深入推进，降价预期不断高涨，电网企业所处的发展环境和市场格局正在发生深刻变化。国网陕西电力既要应对新增售电主体带来的“新”竞争，又要应对“两家管电”特殊体制下与省地方电力集团之间的“老”竞争，面临的外部经营形势更为严峻。

（三）激发经营活力支持战略实现的必然选择

根据国家电网公司发展战略，到2020年末要全面建成“电网坚强、资产优良、服务优质、业绩优秀”的现代公司，各级电网企业创建“世界一流电网、国际一流企业”的任务十分艰巨。同时，电网发展进入以“特高压”为特征的新阶段，需要持续保障投资需求，不断提升投资能力和经营业绩。然而，国网陕西电力所属大部分单位均为分支机构管理模式，既不是完整的责任成本中心，也不是自然利润中心，价值贡献难以准确计量。部分单位和业务部门价值意识薄弱，降本和盈利压力主要集中在省公司本部，经营效益与投资效能压力难以有效传递。各单位各层级员工由于感受不到经营压力，客户需求导向意识薄弱，与经济社会快速发展对供电服务的需求相比，与人民生活水平不断提高对供电服务的期望相

比，供电服务质量和效率还存在差距。要建成国际一流企业，实现发展战略，国网陕西电力急需变革经营管理模式，把外部市场和内部发展压力传递给基层员工，提升员工的经营意识和服务意识，全方位激发企业内部经营活力。

国网陕西电力从2014年开始探索内部市场化管理，围绕“经营电网”理念，聚焦经营、强化协同、细化经营管理的颗粒度，内部模拟市场交易、确认价值贡献、考核经营绩效，实现内部市场运行的常态化。

二、电网企业以价值为核心的内部市场化管理内涵和主要做法

国网陕西电力坚持以“一强三优”战略目标为指引，牢固树立“经营电网”理念，将市场交易机制与经营电网实践相融合，按电网企业业务特点和价值链条设计内部市场架构，按供需关系梳理交易主体，按价值分解界定交易对象，按市场规律核定价格标准，按交易规则确认价值贡献，通过调整预算管理及经营评价方式强化运行管控，通过全过程考核完善激励约束机制，形成以价值为核心的内部市场化管理，全面激发各级员工增利创效主动性，促进各交易主体主动优化资源配置、改善经营活动、积极参与竞争、提高投入产出、提升服务能力，推动企业精益化管理和高效化运营。主要做法如下。

（一）明确构建思路，制定建设“四全”原则

1. 确立以价值为核心的内部市场管理总思路

确立以价值为核心的内部市场管理总体思路，在内部树立“经营电网”的核心理念，构建“大经营”的全新格局。以战略为引领支撑跨越发展，以业务为发端推动价值创造，以结果为导向构建长效机制，以考核为手段激发经营活力，通过强化价值创造和价值引领，把效益意识贯穿到电网建设和电网运行的各环节，按照市场方式确定评价标准、引导资源配置、考核效益贡献，以此实现经营主体承担经营责任，增量投入贡献增量产出，内部挖潜放眼外部市场，从而彻底转变员工传统观念，增强企业内生动力，摆脱经营困境，实现自我发展。

2. 制定内部市场建设“四全”原则

基于内部市场化的相关理论和实践，根据电网企业组织结构和业务特点，国网陕西电力制定“全单位覆盖、全价值分解、全市场运作、全过程考核”的内部市场建设“四全”原则。“全单位覆盖”是指根据电网企业组织结构，内部市场覆盖省、市、县三级单位，将国网陕西电力下属各供电企业、发电单位和支撑保障单位全部纳入管理；“全价值分解”是指根据电网业务特点，将成本沿业务价值链层层传导至终端售电环节，让公司的每一分投入与每一度售电挂钩，实现投入产出的可视化对接，实现每个市场主体全收入、全成本、全利润反映和全价值展现；“全市场运作”是指在内部交易中坚持市场定价、服务有偿，按照市场化规则设计运行机制，发挥市场功能，引导资源配置，实现内部全市场运作；全过程考核是指对各市场主体的价值目标和业务目标同步考核，引导各主体积极探索，多渠道多手段增供扩销、降本增效。

（二）分析价值链条，建立内部交易架构

国网陕西电力通过对公司价值链的深入分析，按全面逐级覆盖的原则确定内部市场结构、交易主体和交易对象，为内部市场交易要素体系的建立奠定基础。

1. 全单位覆盖，确立内部市场交易结构

遵循国网公司“三集五大”组织架构，系统梳理电网企业发、输、配、送、科研、教培等核心业务的“业务链”“价值链”和“责任链”，按照组织架构和交易层级，构建全范围覆盖、全业务贯穿的三级市场结构。

一级市场由市级公司和同级支撑单位组成。该级市场设立内部市场管理办公室和专业市场管

理中心。内部市场管理办公室由国网陕西电力本部财务部、人资部组成，主要负责内部市场价格管理、目标管理、内部交易模拟结算、信息化管理及业绩考核等，落实内部市场决策层布置任务，协调专业市场管理中心工作。专业市场管理中心由本部各业务归口管理部门组成，负责各专业市场管理。

二级市场由县级供电分公司和同级支撑单位、管理主体组成，该级市场管理由市级单位财务部、人资部负责，在财务核算、电力营销、物资采购、人力资源配置上发挥管理职能，起到承上启下作用。

三级市场由供电所、支撑单位等基层单位组成，该级市场管理工作由各县级单位财务部、人资部负责，管理县级公司各部门、供电所和班组，通过行使管理职能和维护交易秩序，落实上级布置的各项工作任务和经营目标。

通过明确各级市场的标准制度管理、价格管理、目标管理、交易模拟结算、信息化管理、评价考核等职责，逐级落实管理职能，开展市场化运作，打通从本部到基层、从财务到业务的提质增效压力传导通道，实现经营业务覆盖到底、经营责任延伸到边，让公司经营目标通过市场交易逐级传递到市、县公司和每个班所，让人人身处市场、参与市场，发挥主观能动性，通过提升个人投入产出水平提升公司整体经营业绩。

2. 全业务梳理，明确内部市场交易主体

分析各单位在电网行业价值链中的定位，分别将公司内部所有单位全部置于三级市场环境考虑，逐单位、逐机构明确前端供应方和后端需求方，遵循供求关系，将省、市、县三级的供电、发电、运维检修、支撑保障单位，乃至供电所、班组的所有运行单元全部转化为独立的市场经营主体，模拟市场独立运行，共设立供电、发电、支撑服务、管理等四类市场交易主体 894 个，其中供电主体 670 个，发电主体 1 个，支撑主体 108 个，管理主体 115 个，从而建立全业务口径内部市场交易主体。

其中，供电主体主要向外部用电客户提供供电服务，向内、外部发电单位采购电量，向外部供应商采购各类物资及服务，向内部支撑单位采购支撑服务；发电主体为安康水电厂，主要向内部供电单位提供购电服务，向外部供应商采购各类物资与服务，向内部支撑单位采购支撑服务；支撑服务主体包括检修、培训、信通、电科院、经研院（所）、物资、物业、医院等单位或部门，主要向内部单位提供支撑服务，部分业务对外提供市场化服务，主要向外部供应商采购各类物资与服务；管理主体主要承担各级公司管理职能。

3. 全价值分解，界定内部市场交易对象

内部市场交易对象是各交易主体提供的产品和服务，既包括对外销售的产品和服务，也包括对内提供的支撑服务。在交易对象界定过程中，国网陕西电力将对外销售的业务，直接作为各级内部市场的交易对象管理；对内提供的业务是内部市场管理的重点，根据“三集五大”规定的各项业务职责，按照全面覆盖原则，自上而下进行梳理识别，针对具体业务逐项分析业务实质，确定计量方式及资源投入。一级市场梳理内部业务 32 大类、114 个子类、477 项业务活动；二级市场梳理内部业务 11 大类、23 个子类、107 项业务活动；三级市场梳理内部业务 2 大类、2 个子类、6 项业务活动，涵盖公司完整价值链的所有业务和所有环节。

（三）参照市场定价，设计价值计量体系

1. 确定内部市场定价体系

发电、供电、支撑服务全价值链所有业务，全部参照市场定价规律，按公平、公正方式核定价格，确保模拟利润在各单位间横向可比，同一单位历史期间纵向可比，核定 590 项业务全交易价格，作为计算各层级单位价值贡献的基准。

按照所交易服务的特点及市场价格的可得性，交易价格的核定方法包括直接取用市场交易价格、参考外部市场定价、比照市场成本定价等三种。其中，对于外部市场业务，由于已经定价对外销售，直接取用该业务当前对外销售价格为外部业务的价格，并根据实际对外销售价格的变化同步调整，如供电单位的售电业务直接取用销售电价；对于可直接获取外部市场定价标准的内部交易事项，参考外部市场定价作为业务定价的依据，真实量化市场化价值贡献水平；对于无法取得相关外部参考价格的内部交易事项，根据历史业务量和资源投入量，通过作业成本分析，确定单位业务量的资源投入标准水平，作为内部定价依据。

2. 确定内部交易计量方式

从业务量、收入与成本、价值贡献量等多角度分析，区分具体情况，确定内部市场交易计量方式，作为内部交易规则与核算的依据。

市场交易业务量的计量根据业务类别和特点确定。例如，重复操作类业务，以操作次数为业务量；按既定金额提成的业务，以业务提成基数为业务量；部分项目类业务和日常支撑工作难以识别业务量的，按照时间进度确认实际工作量。

内部市场交易收入的确认范围，包括各类交易主体全部价值产出，包含全部内外部市场收入，真实反映全部产出。其中，外部市场收入已在各单位核算体系中记录，可直接引用；内部市场收入未在各单位核算体系中反映，需要基于各市场主体提供的业务量和业务价格计算确认。

内部市场交易成本的确认范围，包括各类交易主体全部资源耗用，包含全部内、外部市场成本，真实反映全部投入。外部采购成本已在各单位核算体系中记录，对于部分核算支付与实际消耗不配比的外部成本，如购电成本、资金利息和输电费等，按售电量或资源耗用等动因进行还原，再进行确认。

内部采购成本未在各单位核算体系中反映，需要重新计算确认，总体内部采购成本与内部收入相等，根据服务对象进行确认及分摊。当内部业务服务于单家供电单位时，内部采购成本按业务量和业务价格直接确认；当内部业务支撑公共生产环节，服务于所有供电单位时，按各供电单位的资源消耗动因量确认，如物资公司的物资综合服务，以各供电公司的固定资产投资额为动因进行确认。

除上述以业务量确定模拟收入的规则外，二、三级市场还应用增量效益法量化部分支撑主体价值贡献及管理主体增收节支成效。增量效益法，是指在保障日常运营工作安全有效进行的情况下，相关业务部门通过增收节支工作的开展，对公司整体价值提升的贡献。增量效益主要包括如下三项：第一，与电量相关的收入增加，如带电作业和零点检修、综合检修、降低故障停电、远方操作、技改大修采用过渡方式及基建项目提前完工；第二，建设部法人管理费的节约带来的成本降低；第三，万元资产运维成本降低所衡量的工作效率提升。

完成收入、成本、增量效益确认后，各类单位价值贡献按以下方式计量。

供电单位：价值贡献＝外部市场收入－自身运营成本－购电成本－内部采购成本－应承担的其他外部公共业务成本。

发电单位、支撑服务单位：价值贡献＝外部市场收入＋内部收入－自身运营成本＋增量收益。

3. 动态优化内部定价标准

优化核算方式，针对各交易对象，通过内部订单的方式进行成本核算归集，将成本逐项、逐级、逐个单位，落实到岗、到人。完善成本二维统计方式，纵向统计至业务项目，横向统计至会计科目，实时监控业务成本进度，真实反映成本耗用水平。通过持续按业务归集和积累信息，掌握业务成本的变化趋势，定期优化定价标准，促进定价标准更趋合理、科学、实用。

（四）调整管控机制，保障管理顺利运行

1. 调整预算编制，基于业务明确价值贡献

以业务计划为起点，围绕各单位价值计量方式开展预算编制。在编制预算中，通过预测内部交易

"事项"的业务量来计算预算单位的价值贡献量。各预算单位不仅要考虑外部市场业务，也要考虑内部市场业务。支撑和管理主体不仅要编制成本预算，也要编制内部模拟收入预算。供电主体成本预算编制中不仅要考虑外部采购成本，也要考虑接受内部单位支撑服务的资源耗费。具体设计预算编制模版 11 套、表单 40 余张，细化预算编制内容，优化预算编制流程，通过精益化的业务预算管理方式，清晰反映各单位经营产出、资源消耗、价值贡献，建立"以产出约束投入"的预算机制。

2. 开展模拟结算，反映内部市场经营状况

专门设置内部市场业务联系人，在确定交易内容、交易规模和业务价格的前提下，认定交易活动类别、确认业务价值量、确认业务活动的新增和变更，汇总当月所有业务量，发起填制结算单，上报至上级专业归口部门审核，确定后提报财务部门。财务部门依据确定后的业务量和相应内部交易价格，计算内部市场收入，分摊内部市场成本，再根据预算目标计算各单位价值贡献和执行进度。业务联系人及时跟踪业务实施进度和执行差异，及时发现问题并提交解决，切实提高工作效率。

3. 追本溯源监控，建立过程结果报告机制

多渠道建立内部市场运行过程管理报告机制，通过设立常态化定期报告制度，实时反映各级内部市场经营情况、目标进度、协同差异对比情况和对标情况；通过对子公司、模拟利润亏损单位的减亏增效设立不定期专题分析会、月度经营诊断分析通报例会制度，实时对内部市场运行结果追本溯源，强调过程监控，将发现的问题层层抽丝剥茧反映落实到具体责任人，以公开透明的方式，鼓励先进，督促落后，彻底改变以往责任落实不清的局面，提高管理报告的可用性和实用性，为评价考核提供有力依据。

（五）完善考评机制，推动内部市场化管理取得实效

调整考核激励，加大价值贡献和薪酬挂钩力度，发挥工资分配的杠杆作用，有力推动内部市场化管理取得实效。

1. 价值贡献导向，推行管理目标绩效评价

改变以往经营管理模式评价指标分散、导向多重的局面，强调价值跟踪评价，依据多维多层级内部市场运营绩效综合评价结果，建立以价值贡献为导向、价值目标和业务目标"双驱动"的管理目标绩效评价考核机制，明确评价标准，以价值贡献考核促进经济效益提升、以业务过程考核保障业务目标实现。在考核指标体系中，增加模拟利润、内外部收入等经营效益指标，考核权重占 48%。

2. 层层落实跟踪，逐级落实责任考核体系

针对价值贡献指标，建立指标评价"与目标比、与历史比、与标杆比"的"三元比较"计分机制，设置各项指标计算考核标准。在经营目标逐级分解到省、市、县三级市场的同时，考核激励逐级落实到省、市、县三级市场，逐级按月追踪价值目标实现情况，按季度测算价值目标完成度，将结果作为业绩考核依据，使各级市场、各单位部门、全体员工的努力在价值评价中得以体现，形成责任层层分解、压力层层传递、奖惩层层落实的三级市场责任考核体系，促进基层提升活力、提高效率。

3. 业绩薪酬挂钩，发挥激励机制价值导向

实行考核结果与工资总额、企业负责人薪酬"双挂钩"，客观反映其价值创造水平，实现价值提升的约束激励并重。年度增量工资的 2/3 用于季度考核兑现，1/3 用于年度考核兑现；通过模拟利润与预算完成进度和人均基数挂钩、收入与同比增长挂钩、售电量与同比增长和计划进度挂钩、线损率与同比降低挂钩等多种形式，实现季度考核结果与单位工资总额挂钩；设立年度超额利润奖，单位年度超额利润给予一次性工资总额奖励；考核结果与企业负责人薪酬挂钩，单位年度做出重大效益贡献、争先进位等，给予企业负责人年度一次性奖励。通过"双挂钩"考核，使员工收入与价值贡献联系起来，发挥薪酬激励对价值贡献的导向作用。

（六）优化配套措施，支撑内部市场高效运转

1. 建立全面的管理标准制度

全方位健全内部市场管理标准制度，制定涵盖操作手册、标准流程、职责分工、定价标准、信息标准、目标模板等方面的内部市场管理标准制度10余项，相继发布《内部市场体系操作方案》《内部模拟市场考核管理办法》《关于构建市县两级单位内部市场的指导意见》《关于建立供电单位内部市场考核体系指导意见》等制度办法；二、三级市场各单位结合实际制定本单位《内部模拟市场管理实施细则》《内部模拟市场考核管理实施细则》等，形成纵横有序、管理规范、运转高效的内部市场化管理工作流程和管理体系。

2. 构建高效的业务信息系统

统筹信息资源，以现有ERP系统为基础，通过扩展增强功能，构建内部市场信息系统，具备内部市场基础信息管理、预算编制、辅助分析等功能，大大提高日常工作效率，为内部市场管理高效协同、精益透明提供有力支撑。

3. 逐级开展全方位培训

通过领导带动和专业培训相结合的方式，多层次持续推进内部市场理念与实务落地。公司主要负责人在公司工作会、月度例会、专题会议等各种场合，以报告、讲话、讨论等多种形式，多角度宣贯内部市场化管理理念；基层单位主要负责人积极落实，带动内部市场管理落地生根、开花结果；各级财务部、人资部等部门组织开展业务培训，逐级推进，实现全员经营意识和专业技能的明显提升，公司上下形成全力以赴保增长、稳经营、促发展，降成本、提效益的良好经营局面。

三、电网企业以价值为核心的内部市场化管理效果

（一）经营实力显著攀升

2014—2016年，国网陕西电力共实现利润总额33.84亿元，年均利润是2011—2013年平均利润的9.2倍。2016年实现利润13.91亿元，同比增长27.99%，利润规模跃居国网第12、西北区域第1，是“十二五”最低年份的75倍。净资产收益率（排名第3位）和单位资产售电量（排名第4位）均处于国网系统各省公司前列。在支撑“十二五”投资307亿元基础上，2016年末资产负债率较“十二五”期间峰值降低10个百分点，创历史最好水平，带息负债规模比历史峰值降低90亿元以上，年利息支出比最高年份减少3.87亿元。“十二五”固定资产原值增长50%，单位资产运行维护费仅增长11%，成本投入效率大幅提升。在全国用电市场普遍疲软的情况下，2016年售电量同比增长8.41%，增速排名位居国网公司第4。

（二）发展能力极大增强

经营效益和效率的提升极大改善了国网陕西电力的投资能力。年固定资产投资能力由“十二五”初期的不足50亿元提高到100亿元以上，自身发展能力极大增强，支撑、拉动地方经济增长的能力同步显著提高。投资能力的提升带动了特高压及配电网建设投资的增加，2014年以来，投资涉陕特高压工程9项，电力外送能力超过771万千瓦，累计外送电量1515亿千瓦时，基本建成750千伏“一纵一环”骨干网架，330千伏关中主网形成双环网结构。累计投资55.5亿元支持农业现代化建设，农村供电可靠率达99.883%，大力开展电能替代和能源电力合作，完成电能替代项目429项。电网资产作为电网企业的核心资源得到保障和支撑，有力服务于陕西省经济社会快速发展。

（三）经营活力全面激发

通过将薪酬与价值贡献挂钩，各级单位、部门和全体员工的市场意识、价值意识和服务意识被全面激发，各级员工自觉将增供电量的要求转化为优质服务的行动，客户满意度不断提升。2016年，供电单位人均薪酬兑现水平最高差异为5620元/人，支撑单位人均薪酬最高差异为4369元/人，企业负责人

薪酬兑现水平最高差异 8 万元/人，体现了“效益为先”的分配原则；公司万元资产运维费降低 8.31%，存货周转率提高 3.01 个百分点；各单位全面实施网格化抢修，累计建成 698 个“网格化”抢修点，故障抢修率明显提升；完成带电作业 3.54 万次，避免客户停电 248 万小时户；报装接电时间平均缩短 10 天以上；公司投诉数量同比降低 35.6%，营销服务实现 51 天“零投诉”，5 个县公司、467 个营业厅（供电所）实现全年营销服务“零投诉”，被评为陕西省顾客满意度测评最佳单位。

（成果创造人：卓洪树、曹海东、张　宏、张春艳、季斌炜、李金芳、梁　岳、王海育、梁少丽、蒋　娜、王　军、党恬恬）

民营企业以提升竞争力为目标的经营管理机制转型

吉林省华兴工程建设集团有限公司

吉林省华兴工程建设集团有限公司（以下简称吉林华兴集团）始创于1955年，于2001年由国有企业转制而来的民营股份制公司，是以工业与民用建筑为主，集房地产开发、机电安装、公路工程、市政公用工程、钢结构工程、矿山工程、建筑装饰装修工程、消防设施工程、水利水电工程于一体，具有对外工程承包资格，国家施工总承包一级资质的综合性建筑企业。现有员工1000多人，下设13个管理部室、13个子公司，上百个项目部，拥有各类专业技术人员920多人，其中高级专业技术人员380人，中级300多人，国家注册建造师150人，具有中高级职称或本科以上学历的人员占90%以上。公司注册资本金7197万元，拥有资产总额5.79亿元，年施工能力50亿元以上，位列吉林省建筑施工企业前30强。

一、民营企业以提升竞争力为目标的经营管理机制转型背景

（一）应对建筑行业激烈竞争的需求

中国经济经过近年来的高速发展，现在正面临着结构调整、动力转换的转型期，正在掀起供给侧结构性改革的新篇章。而建筑业是一个低门槛的行业，建筑施工企业众多，特别是大多民营建筑施工企业存在着经营模式比较单一，经营方式比较落后，管理水平不高，国际化程度较低等现象。在当前形势下，建筑施工企业经营形势更加严峻，企业间竞争更加激烈，建筑市场正在重组和洗牌。如何在激烈的市场竞争中求得生存与发展，并保持竞争优势，是每个建筑施工企业所追求的目标和方向。吉林华兴集团要实现长远持续发展，在项目实施过程中就要舍得资金、技术、人力等方面的投入，加快转型升级，主动对接建筑业绿色、科技、环保、创新的发展要求，创新经营管理，提升企业核心竞争力，追求“精益建造”的发展要求，走转型升级的健康发展之路。

（二）破除企业发展瓶颈、提升竞争力的需要

吉林华兴集团作为拥有60多年历史的建筑施工企业，在漫长的发展历程中，有过独领风骚的辉煌。然而，随着市场经济的进一步深入发展，国有企业负担重，生产经营中思想僵化、效率低下等一系列的弊端明显显现，生产经营陷入困境之中，企业处于待产、停产状态，呈现逐年衰败景象。21世纪初，吉林华兴集团由国有企业转制为民营股份公司，但改制之初，由于机制、思想尚未随之转变，不但未给企业带来发展的生机，反而出现严重的不适应症，最困难的时期，企业工程承揽不到，欠薪欠款现象严重，离、退休人员不满意，员工怨声载道，企业被诉案件逾百起、疲于迎接，企业失去了向心力，已经濒于破产的边缘。吉林华兴集团意识到企业要发展，必须摒弃旧的经营方式，要转变经营管理，加强企业核心竞争力建设。

（三）员工对企业转型变革的强烈愿望

吉林华兴集团位于吉林省延边朝鲜族自治州首府延吉市，是延边建筑企业的旗帜和标杆，拥有1000多名员工的建筑施工企业，每年上交近亿元的税收，为延边州提供大量就业机会。企业明确规定“服务用户，创造价值，造福员工，奉献社会，打造百年华兴，建造美好生活”的宗旨。吉林华兴集团经历过企业经营不善，管理不到位，核心竞争力弱给企业生产经营所带来的困难，欠薪现象严重，近10个月工资未发放，员工家庭生活陷入困境。但华兴人对企业怀有强烈的责任感和事业心，热切希望吉林华兴集团能够转型升级。转型升级已经成为吉林华兴集团发展和成长的必然选择，

不进行转型升级，企业将痛失发展机遇，被社会淘汰出局。

二、民营企业以提升竞争力为目标的经营管理机制转型内涵及主要做法

吉林华兴集团明确经营机制转型的目标和工作思路，大力实施法人层管项目，通过对项目有效的过程控制，达到优化资源配置、降低运营成本、提高整体效益，实现项目是成本中心、企业是利润中心的管理目标。建立健全全过程风险管控指标评价体系的预警机制及审计检查监督管理，将各类风险隐患降到最低水平，确保各项经营活动均在预期轨道上运行。加强现场管理、精细管理、科学管理，强化信息化建设，广泛应用新技术、新工艺，使企业生产运营进一步优化。通过加大人才培养，建立起有序的用人机制。实施“退休退股”的股权流转机制改革，实现股份的有序流转，把股份流转到那些对华兴发展有突出贡献的员工手里的激励机制。打造华兴特质的企业文化，铸就华兴品牌，提升企业核心竞争力，从根本上激活了“人心”，形成了全体华兴人积极向上的凝聚力和向心力。主要做法如下。

（一）明确经营机制转型的目标和工作思路

吉林华兴集团牢牢把握“以建设百年华兴为主线，发挥优势、稳中求进，站稳延边、拓展周边，引领华兴迈进建筑市场新常态”的经营发展主题。以提升市场开发、组织管理、施工技术、成本管控、人力资源、信息化、企业文化、品牌建设等方面的核心竞争力为目的，通过创新发展思路，科学精细管理，加强人才培养及企业文化的建设，不断探索使用先进施工技术与工艺，强化施工现场标准化及文明施工建设，确保工程质量、施工安全，以优异的产品、可靠的质量、优越的性价比、诚实守信及周到有效的服务，铸就华兴品牌，不断扩大企业的知名度，把建筑工程事业做优、做强、做大、做精，是吉林华兴集团经营机制转型的目标。

吉林华兴集团在“拼市场、拼现场、拼效益”的“三拼”精神指引下，瞄准用户需求，瞄准市场方向，加快企业转型升级，制订了强基固本，多业并举，措施得力的长远规划和实施方案，形成全方位、多角度、智能化的企业发展和工程建造服务体系，构筑大市场孕育大发展，大发展孕育大企业的工作思路。吉林华兴集团的经营发展目标和工作思路是在董事会的决策领导下，按长期规划目标、短期发展目标，年度工作计划由企业经营班子具体组织实施。

（二）创新理念，及时转变发展方式和发展战略

1. 新理念引领新发展，将做优做专放在企业发展的首要位置

吉林华兴集团在经营发展过程中，用新理念引领新的发展，将企业做优做专放在做强做大前面，用发展质量统揽发展速度，把发展质量放在做强做大之前的首要位置。在当前的经济形势下，注重以下几个方面能力提升的思考：在提升市场竞争力特别是投标报价水平的行业竞争力上；在提高创效能力，特别是远离总部的外埠工程的利润率上；在提高市场集中度和大项目的比重上；在提高资金收益率，特别是项目的回款率上；在提高风险控制力，特别是外埠市场的经营管控上；在加强人才队伍建设以适应企业强化内功的要求上；在提高核心技术和质量安全管理水平以巩固提高企业品牌美誉度等方面作为企业提高发展质量的主要内容。

2. 创新市场开拓，确保企业发展持续稳定

吉林华兴集团创新市场开拓，保持市场竞争优势，增加开源。一是确保站稳延边、积极拓展周边，大力实施走出去战略。吉林华兴集团以延边为中心，以长春、松原、白山、长白山等地为支点，做大做强传统主业。在进一步扩大在本地区的市场占有率的同时，继续做好域外市场。二是创新实施全员市场开拓政策，逐步实现全员开拓市场的新局面。吉林华兴集团秉承“干一项工程，竖一座丰碑，交一方朋友，拓一片市场”的施工理念，处理好与业主的良好关系，站稳已进入的市场。吉林华兴集团实施全员开拓市场的激励与约束机制，实施谁跟踪的项目，中标后奖励谁的全员市场开拓制度，做到全员都是信息搜集者，全员都是工程跟踪者的市场开拓局面。三是借船出海，实现共赢发展。吉林华兴集团根据企

业发展规模与管控能力，吸纳、联营社会优质资源，采用“借船出海”“借梯登高”的方式承接域外的项目，与战略伙伴通过更加紧密的互惠合作，谋求更多的发展机遇和有利条件，实现共赢发展。四是严格防范市场开拓的各类风险。吉林华兴集团高度重视市场开拓风险防范，全面研究，慎重考虑，审慎决策，以防陷入劣质工程而难以自拔。

（三）紧跟时代发展，切实加强企业管理体制变革调整

1. 积极适应时代发展要求，实施法人层管项目

创新实施法人层管项目，切实加强对项目的直接管控，加大对项目的技术、安全等方面的投入，确保工程质量。一是实施全过程动态管理。项目管理创新的目标方向，是企业实行完全意义上的动态管理，企业所有工程项目，都实行动态管控。项目部成为法人严格控制下的一次性组织，企业法人和项目经理之间界限明晰，责权利约定具体明了，确保企业项目管理水平大幅度的提升。二是建立科学统一的项目目标责任制。项目部是责权利统一对等的临时性机构，代表法人对项目目标和项目合同负完全责任的责任主体。吉林华兴集团制定形式统一的项目目标管理责任书。针对不同类型、不同造价水平、不同管理模式的工程项目，分门别类制定样本，做到制式统一、条目统一、内容统一、收益分配流程统一、奖罚措施统一。规范项目成本控制，所有在建工程都要按照项目目标成本书的要求，落实成本责任，加强过程监控。充分体现和落实法人对项目管理的要求，对项目来源、过程管理、资金拨付、竣工结算等关键环节，都严格管控，把法人管项目的要义落实到项目管理全过程。三是改善项目部经营环境，突出项目部责任主体，发挥项目部成员的积极性、主动性和创造性。围绕提高项目管理效率抓创新，集中解决好项目管理中的突出难题。实行内部资金动用的项目实名制和专款专用制，做到统一支付。企业为项目经理履行职责扫清障碍，清理各种关系，建立良好秩序。同时，积极探索外埠市场区域化管理，积累管理经验，促进项目管理扁平化。

2. 做好预警，建立全过程风险管控指标评价体系

吉林华兴集团建立全过程、全方位和全层次的风险指标体系，做到过程监督科学化，总体把控系统化，把风险降低到最低程度。一是做到全过程。就是在项目的整个生命周期内，从项目的招投标、签订合同，到投入运营，最后的竣工验收和回访保修，对于项目的不确定因素，都必须进行风险的研究与预测、过程控制及风险评价，实施有效的全过程的事前、事中、事后的控制。二是做到全方位。就是对整个项目质量、工期、成本、施工过程、合同、技术、计划等各个方面，对风险影响进行分析。从合同、经济、组织、技术、管理、法律等各个方面，研究对策，确定解决方法。三是做到全层面。对于已被确认有重要影响的风险，做到从业主到各专业承包商、劳务分包商等各行为主体，均落实专门机构、专人负责风险管理，并赋予相应的职责、权限；在组织上，全面落实风险管理责任，建立风险管理组织体系，将风险管理作为上到高层，下到基层管理人员的重要工作内容之一，建立全员风险意识，做好风险监控工作。

3. 加强审计工作，完善内部监督管理

吉林华兴集团严格贯彻执行国家审计法及相关规定，建立健全各项内审制度，审计工作逐步走向程序化、正规化，确保审计工作的常态化、高效化。审计工作紧紧围绕吉林华兴集团的工作重心，在生产经营中开展全过程监督，不断拓展审计领域，审计监察工作从事后审计转入事中监督，并通过调用各部（室）上报的数据、现场调研，进行综合判断，及时发现问题，及早予以纠正，促进完善内部管理的成效，确保各项经营活动均在预期轨道上运行。

（四）创新管理，企业生产运营进一步优化

1. 强化现场管理，树良好企业形象

吉林华兴集团加强现场管理，狠抓现场标准化建设。一是狠抓项目质量管理。质量是企业的立身之本，是企业发展的生命线。吉林华兴集团牢牢树立“质量是企业生命，更是华兴人自尊心”的质量意

识。全体员工树立起以“质量优为荣，以质量差为辱”的荣辱观，落实好质量管理责任制，加强标准化管理，完善质量技术管理办法，形成有效的质量管理机制。抓好项目质量竞争机制的落实，建立奖惩制度，发挥示范作用，多创优质工程，确保以质量赢市场。在严格执行《吉林省建筑施工现场标准化管理指标考核办法》的基础上，修订企业技术标准、地下防水工程技术标准、建筑地基基础工程施工技术标准等5项技术标准。出台《吉林省华兴集团安全生产防护设施工具化、定型化、标准化图文集》。制订和完善工程质量检查、原材料检验检测、分包工程的质量管理、施工方案的研讨优化和专家论证、技术交底、内业资料管理等制度，做到制度管理全覆盖、无死角。二是确保安全文明施工。安全是对执业者本人与业主本人的双重负责。吉林华兴集团加强安全教育，切实提高人的安全意识和主观能动性；加大制度落实力度，确保各项规范和标准得以全面实施；确保资金投放，保证措施费及时到位和技术措施科学可靠；严把所需物资的质量关，以满足安全生产的需要；定期对设施、机械复查，确保其运行完好；做好工程各环节的风险源辨识与管控，使安全生产各环节均处于受控状态。吉林华兴集团对每一个工程在安全方面投入大量资金，确保施工安全。三是确保工程按合同履约。吉林华兴集团一直秉承诚信经营的核心理念。工程按合同履行，是诚信品牌的重要保障。加强工期、安全、质量、文明施工的履约，做到不失约，永保诚信核心品牌。四是做好售后服务。吉林华兴集团牢固树立“服务就是争市场”的竞争意识，本着“用户的利益所在，就是生存发展的根本利益所在”的原则，做好交工工程的跟踪服务。对于交工的每一个工程，定期与用户沟通，了解工程的使用情况，如发现问题，主动及时帮助解决，做到让用户放心、安心，发扬好华兴独特的服务文化。

2. 精细管理，向现代企业升级

吉林华兴集团科学管理、精细管理，向现代企业升级。一是强化财务管理。吉林华兴集团切实加强资产管理和降低资产负债率，培养树立全员参与成本和风险控制意识，提高财务管理效率，控制财务成本管控风险。吉林华兴集团注重提升财务管理、成本管理两大能力建设，实行资金集中管理，统一会计核算制度，保证企业资金有序使用与支付。高度重视资金支付和流动性风险，对经营、投资、集资等活动各环节产生的现金流量按程序严格审批。降低施工垫资风险，杜绝因施工垫资，导致资金拖欠的恶性循环。合理控制资金流，加速资金周转，加强应收账款清收。二是加强税收筹划，降低项目成本。吉林华兴集团加强税收筹划，从材料采购、人工使用、机械设备使用等方面，尽量足额取得增值税专用发票，能用一般纳税人的就不用小额纳税人，提高进项税抵扣额。在投标过程中，对业主方在招标文件里有关涉税内容的条款，应就增值税专用发票的归属问题进行明确，避免出现无法抵扣的情况。三是抓好项目采购管理，努力降低成本。出台《工程物资设备管理办法》《库区物资管理细则》等制度，对降低工程成本，提高工程质量起到决定性作用。积极探讨新的降低成本的办法和途径，加强集中采购，与生产厂家直接采购，省去中间费用，既降低成本，又保证产品质量。

3. 大力推进信息化建设，提高现代化水平

吉林华兴集团紧随时代发展要求，规范优化现代信息办公流程，建立网络办公平台，实现施工现场与机关的协同管理，克服了时间、空间瓶颈，降低成本，提高效率。同时，企业紧跟时代发展需要，加大BIM、装配式建筑等新技术、新工艺的学习、应用，大力推进建筑工业化。

（五）进一步健全激励机制，促进企业健康发展

1. 加强奖惩制度建设，做到公平处事

吉林华兴集团建立并在工作实践中进一步健全奖惩激励制度。制度本着“奖惩结合，有功必奖，有过必罚”的原则，与员工岗位职责挂钩，与公司经济效益相结合。在奖励上针对员工对企业的贡献大小，采用不同形式的奖励。对违反规章制度，给企业造成经济损失和不良影响的员工，给予相应处罚。

2. 实施退休退股的股权流转政策，充分调动员工向上发展的积极性

吉林华兴集团作为民营股份制企业，为实现企业可持续发展，打破股东终身制，实施“退休退股”的股权流转的机制，建立起一套生生不息、永续流转的股权制度，让员工获得公平发展的环境，为企业可持续发展保驾护航。退休退股，实现股份有序流转。股东退休后，其股份退出，空出的股份，流转到那些对企业发展有突出贡献的员工手里，将企业中优秀的人才，吸引到股东队伍中，他们与企业发展同呼吸共命运。这样就能为企业吸纳、留住更多的人才，为企业注入新鲜血液，确保企业的长远发展，让企业走上永续发展之路。实施“有进有出、可上可下”的股份管理措施。按照吉林华兴集团章程，如果股东跳槽到别的企业，其股份将退出。在股东可进可出的同时，企业内部也实现了职位的“可上可下”。在吉林华兴集团，不同职位拥有的股份或份额也不同。按照考核要求，优秀的人才得到晋升，份额随之增加，而考核不合格者会降职，份额随之减少。

3. 创新人才培养，强化团队建设，提升企业竞争力

吉林华兴集团在人力资源制度上实行顶层设计，坚持五湖四海吸纳人才的原则，健全人才吸纳、引进、培养、储备的长远机制，大力推行人才本土化，提高人才的质量和使用效率。实行“传帮带”“师傅带徒弟”“接班人制度”的文化与知识的传承方式，是华兴人的最优良传统，取得较好的效果。

吉林华兴集团切实提高人员培训力度和水平。制定和完善执业资格证书奖励办法，鼓励员工参加岗位学习培训。企业根据实际需要，采取走出去、引进来的方式交流学习。组织员工参加针对性强的培训学习，也请专业老师到企业进行培训学习。每年投入上百万元用于人员的学习、培训、考察，丰富员工的知识、提高员工的工作能力和业务水平

“不看关系看业绩，不唯学历唯能力”的新型干部晋升考核制度在吉林华兴集团已成常态。“公平竞争，择优选能”的干部制度，给企业带来勃勃生机，形成较为成熟的技术人才梯队和接班人队伍。在抓好员工晋升渠道通畅的同时，根据企业经营管理形势的变化，不断修改完善中层负责人经营业绩考核等办法，把业绩考核作为加强企业管理，强化约束，激励和企业价值导向的重要手段，通过每年年终的全面考核，在干部队伍中形成风清气正的良好局面，使每位员工都能在劳动中释放出越来越大的能量。

（六）以创新企业文化和党建工作助力企业健康发展

1. 创新企业文化，营造团结和谐开拓进取的发展氛围

吉林华兴集团大力弘扬“尊重个性、弘扬特长、激励探索、提倡冒尖、鼓励合作、宽容失败”的创新文化，推动管理创新由个别走向全员，由被动走向主动。华兴人坚持“团结奋斗、求实创新、百折不挠、勇往直前”的企业精神这一文化精髓；坚持“用户至上的原则，奉行满足用户需求是华兴人的神圣职责”的服务目标；坚持“创新、责任、诚信、感恩、思考和不断追求卓越”的经营理念；发扬“不看关系看业绩，不唯学历唯能力，公平竞争，择优选能”的用人文化；继续坚持“传帮带”“师傅带徒弟”“接班人制度”的文化制度。充分发扬过硬作风等优良文化传统，结合本企业实际，深入开展各类文化活动和群众性文体活动，丰富员工的精神文化生活，形成昂扬向上的文化氛围。这一切都已形成全体员工认同的文化共识，成为打造牢固向心力的精神支柱。

2. 加强党建工作，发挥组织引领作用

一是用党建工作引领企业的生产经营。让党员干部深入了解生产一线的管理现状，发现生产经营过程存在的问题和隐患，及时采取控制措施，确保各环节管理规范、合理。二是用思想政治工作引领企业文化。在企业文化建设中体现党员的先锋模范作用，为企业发展提供可靠的思想保障。在企业文化的制定、宣传和推行中，党员起到至关重要的作用，也促进党员自身的政治水平、思想意识和文化素养的提高。三是用党建引领企业社会责任建设。党员带头以承担社会责任作为自己的使命，展示了党员的风采，增强了企业凝聚力，企业形象得到有效提升。

三、民营企业以提升竞争力为目标的经营管理机制转型效果

（一）基本实现企业经营管理机制转型，竞争力得到有效提升

吉林华兴集团经过创新发展，广拓市场，精细、科学管理，加大奖惩措施，加强人才培养及企业文化等的建设，企业核心竞争力不断增强，基本实现企业经营管理机制的转型升级，华兴品牌影响力进一步增强，走上持续健康发展之路。吉林华兴集团是省级重点扶持企业，自2014年以来一直位列吉林省施工企业前30强，且排名逐年上升。2016年，吉林省住建厅评出的121项省级标准化管理示范工地，吉林华兴集团获奖12个，约占吉林省奖项的1/10。2017年，被中华全国总工会授予“全国五一劳动奖”。

（二）取得了良好的经济效益

2013年前，企业负债累累，债主迎门，濒临崩溃。然而经过企业经营管理机制转型升级，使吉林华兴集团经济效益进一步提升，企业成本明显下降，效率效用明显提升。2013年，企业完成施工产值10.3亿元，利税6600多万元；2014年，完成施工产值15.5亿元，利税1.02亿元；2015年，完成施工产值16.02亿元，利税1.07亿元；2016年，完成施工产值12.13亿元，利税1.1亿元。

（三）进一步提升了员工满意度

经营管理机制转型升级的成功，这不仅为企业开拓出更为广阔的市场，更使全体员工直接受益。吉林华兴集团实行岗位工资制，做到公平公正、同岗同酬。每月月底前工资按时发放，从未发生过工资拖欠的情况。建立明确的工资增长机制，依据企业效益与社会工资水平的发展，每年为员工增加约10%的工资，使员工的收入有稳步的增长。2017年，员工年平均工资超过7万元，明显高于延边地区的工资水平。吉林华兴集团严格依法合理的落实好员工的休（产）假等制度，全体员工均享受“五险一金”待遇，员工每年进行一次健康体检。较好的工资条件、良好的福利待遇、人文的管理氛围、合理合法的用工环境，使吉林华兴集团员工富有“我是华兴人”的自豪感和归属感，形成每位员工与企业同舟共济、华兴人一家亲的良好局面。

（成果创造人：孙启[illegible]、徐佳彬、王家利、高　峰、
张　平、王绍鑫、尹延云、李延清、梁卫光）

商业模式与战略管理

化纤龙头企业以纵向联盟为载体的竹纤维产业培育管理

吉林化纤集团有限责任公司

吉林化纤集团有限责任公司（以下简称吉林化纤）始建于1960年，1964年建成投产，是一家以化学纤维生产销售为主、集国有资产经营、纺织服装、设计研发、建筑安装、商业贸易等科工贸于一体的地方性大型国有控股企业。总资产过百亿元，员工12000余人。主导产品包括人造丝、竹纤维、腈纶纤维、化纤浆粕、纱线、碳纤维六大系列450多个品种，产品畅销国内20多个省、市，远销亚洲、欧洲、美洲、非洲10多个国家和地区。吉林化纤拥有世界先进的腈纶纤维生产基地、竹纤维生产基地、人造丝生产基地，全国较大的碳纤维原丝生产基地、保健功能纺织品原料基地和国家差别化腈纶研发生产基地。

一、化纤龙头企业以纵向联盟为载体的竹纤维产业培育管理背景

（一）拓宽纺织原材料来源，推进纺织业绿色发展的需要

竹纤维是从自然生长的竹子中提取出的纤维素再生纤维，是继棉、麻、毛、丝后的“第五大天然纤维”。由于具有良好的透气性和天然抗菌、抑菌、除螨、防臭和抗紫外线功能，竹纤维的这些天然特性使得它在贴身衣物面料的纺织方面具有优势。面对纺织原料缺失，吉林化纤从竹制浆可生产纸张的做法中得到启迪，1998年年底经过反复论证和小试后批量生产，2000年获得竹纤维生产的相应专利，进入量产阶段。大力培育发展竹纤维产业，将有利于拓展纺织再生原料，促进纺织行业绿色发展。

（二）实现竹资源经济性开发，促进农村地区脱贫致富的需要

我国是世界上竹类资源比较丰富的国家，拥有40多属500余种竹子，竹林面积占世界竹林总面积的1/5。竹纤维市场化研发成功，使得每吨竹子带来的经济价值由几百元上升到几千元，提升了经济附加值，激发了农民种植竹子的积极性，使得竹林面积迅速扩大，不仅仅改善了当地的自然环境，而且为西南贫困地区农民脱贫致富提供了新途径。

（三）打通竹纤维中下游产业链，实现竹纤维产品市场价值的需要

吉林化纤位于纺织产业的上游，主要是为纺织行业提供原料。从2000年突破竹纤维提取核心技术以来，要实现竹纤维产品的市场价值，做大竹纤维产业，还面临许多问题和困难。一是在竹纤维的纺织和服装产品开发方面，还存在一些问题需要解决；二是竹纤维是一种全新产品，消费者对竹纤维产品不了解，许多中下游企业对竹纤维不接受，市场徘徊不前的窘境需要加大市场开拓力度；三是在竹纤维市场开拓过程中，由于竹纤维产品缺乏统一的质量标准，知识产权得不到保护，假冒伪劣产品到处泛滥，市场无序竞争，损害了竹纤维产业的健康发展。为此，吉林化纤认识到，只有充分调动纺织产业链中上、中、下游众多企业的积极性，充分参与到竹纤维产业的发展中来，才能促进竹纤维产业的发展，做大做强竹纤维产业，实现竹纤维产品的市场价值。

二、化纤龙头企业以纵向联盟为载体的竹纤维产业培育管理内涵和主要做法

吉林化纤为快速拓展竹纤维在纺织全行业的应用，开发竹纤维重点产品市场，更好地实现竹纤维的市场价值，以原创性核心技术为基础，以组建纵向产业联盟为依托，一方面通过在西南地区建立竹材料种植和加工生产基地，一方面联合纺纱、织造、染整、终端纺织产品等各环节上的企业，以“天竹”品牌协同推进竹纤维产业培育，不断扩大竹纤维重点产品应用领域，取得了明显成效。

（一）梳理竹纤维产业链，明确产业培育的思路和原则

1. 主要思路

吉林化纤的产品主要是为下游企业提供原料。从竹纤维服装产业的整个链条来看，吉林化纤属于化纤业，处在这个产业链条的上游。竹纤维作为一个全新的原材料，其全产业链需要跨越第一产业的种植业，第二产业的化纤业、纺织业、服装制造业，以及第三产业的服装销售业才能到达终端消费者的手中。

通过梳理竹纤维产业链，吉林化纤意识到，要培育全新的竹纤维产业链，有两条路径可以选择。第一条路径是吉林化纤围绕竹纤维产业链进行自身的纵向一体化。按照这个战略布局，吉林化纤不仅仅需要在化纤业进行竹纤维的开发和研究，同时要在其上游的种植业进行布局，而且要在其下游的纺织业、服装制造业和服装销售业都要有所布局，从而使得吉林化纤成为一个纵向一体化的竹纤维系列产品提供商。第二条路径是吉林化纤以开发竹纤维原材料作为核心竞争力，联合产业链上的企业共同把竹纤维产品这个市场做大。按照这个战略布局，吉林化纤就要作为竹纤维产业链上的核心企业，发挥其在化纤行业的地位和作用，搭建一个组织载体，共同和中下游企业一起研究开发竹纤维产业链各环节的技术、工艺和产品，共同培育和发展竹纤维产业。基于自身的业务定位和纺织行业竞争格局，吉林化纤选择了第二条路径，充分发挥其在产业链中的协调和引领的作用，以在竹纤维原创技术上的核心优势为基础，一方面向原料种植端拓展，构建竹资源的原料基地；另一方面通过组建纵向联盟的方式，将竹纤维产业链的上、下游有关联的企业联合起来，集合纺纱、织造、染整、成衣制造、商贸企业甚至消费者的力量把竹纤维这个市场做起来。

2. 基本原则

为了促进竹纤维产业的培育和发展，吉林化纤集团确定了如下原则。

第一是质量为先原则。整个竹纤维产业链的核心关键在于竹纤维的质量，这也是吉林化纤能够作为纵向产业联盟的核心企业推动产业链不断发展的重要原因。因此，保证竹纤维的质量，不断开发出更适合纺织和更适合服装制造需求的竹纤维是吉林化纤重点要保证的。

第二是诚信至上原则。纵向联盟是一个非常不稳定的战略联盟，为了更好地发挥天竹联盟的作用，必须坚持诚信至上的原则。只有联盟内企业真诚相待才会建立彼此的信任，有了信任才能促进各联盟企业对于竹纤维市场更多地参与和投入。各联盟企业必须在技术开发、市场有序竞争、产业链衔接、防伪打假、保护知识产权、产品质量标准等各方面严格规定并监督执行，保障联盟的健康发展。凡是查到有欺瞒、欺诈行为的不诚信联盟企业，将被清除出天竹联盟，同时也让更多有诚信的、想为竹纤维市场作贡献的相关企业加入联盟中，从而形成了一个良性循环。

第三是自主品牌原则。吉林化纤从开始培育竹纤维产业链就把打造我国自主品牌、培育国际知名品牌和著名品牌作为一个追求的目标。各联盟企业依托联盟，从研发到生产、从宣传推广到市场开发都努力将打造品牌融入各个环节，通过对竹纤维产业链培育的同时，实现从技术领先到市场领先再到原材料（资源）领先再到品牌领先的更高阶段。

第四是发挥协同效应的原则。竹纤维产业链的培育是一个渐进的过程，在培育的同时也要进行产业链整合，以发挥协同的效应。吉林化纤作为竹纤维产业链环节中的重要企业，通过调整、优化联盟企业关系使其协同行动，提高整个竹纤维产业链的运作效能，最终提升整个竹纤维联盟企业的竞争优势，以共享竹纤维产业发展带来的机遇。

（二）建立竹原料种植生产基地，稳固竹纤维原料供应

1. 积极寻找优质竹资源

吉林化纤地处我国北部，纤维素植物资源匮乏。竹纤维的原料竹子大多生长在西南地区，一吨纤维

生产需要6吨新鲜的竹子，要实现大批量规模化生产，同时要实现高效率低成本的目标，必须要在原料基地进行建厂生产。我国竹子分布在五个省，20多个竹乡。任何一种竹子都能从中提取出纤维素，经过化学方法生产成再生纤维素纤维，但由于竹材中纤维细胞含量不同，组成的成分不同，制成的纤维的品质就参差不齐，不能保证稳定的质量。为了保证竹纤维的品质稳定，使产业链内各企业开发的竹纤维系列产品稳定，经过多品种竹子原料对比试验，四川地区的慈竹和黄竹原料中纤维细胞比大，木素含量低，结构较为疏松，便于进行化学加工处理。为此，吉林化纤收购了四川宜宾市长江包装纸业，成立了四川天竹竹资源开发有限公司，建立了竹纤维原料发展基地。

2. 扩大竹浆粕产能

从原竹中提纯纤维素，是竹纤维的核心技术，也是扩大竹纤维产能的基础。如果没有好的技术和产能提供优质的竹浆粕，那么竹纤维的发展将受到严重限制。为此，吉林化纤于2006年投资12亿元在四川宜宾建立年产10吨的竹纤维浆粕基地。采用有机生态的慈竹和黄竹为原料，利用国家科技支撑计划攻关课题成果“制备高质量的竹浆纤维关键技术”和发明专利技术，购置国际先进设备及自动化管理装置，将年产1万吨的竹浆粕生产线重新建成了一条利用竹材生产化学纤维浆粕的年产10万吨的浆粕生产线。工艺采用预水解加助剂蒸煮，高温氧脱木素、两道二氧化氯漂白、两段四级除砂等技术；设备上采用大容量400立方米蒸煮锅、进口安德利兹中浓化工助剂混合器、日本欧姆龙传感自动装置、国内先进气垫干燥浆粕抄造机，产品各项理化指标达到国际先进水平。2014年3月18日，四川天竹竹资源开发有限公司10万吨竹纤维浆粕项目投料运行，成为目前世界上较大的专业竹纤维浆粕生产企业。

（三）持续开展工艺技术攻关，不断提升竹纤维性能和质量

1. 开展竹浆粕生产工艺创新，提升竹浆粕质量

吉林化纤依靠吉林化纤企业内部技术人员和下游联系密切的技术人员（如上游的竹浆粕生产企业、下游的化纤企业），根据产品的质量需要、规模需要、节能需要进行技术研究，在综合各项制备高质量竹浆粕的措施，结合规模化生产的实际情况，重新对竹浆生产的工艺技术条件进行了升级改造。通过合理选用竹材品种、提高备料质量、采用预水解＋助剂的硫酸盐蒸煮方法及低温＋高温两段预处理工艺、强化漂白工艺等创新技术措施，使浆粕甲种纤维素含量达到97%，灰份≤0.10%；铁份≤20ppm，制备的高质量竹浆粕完全满足了纤维生产需要。

2. 攻克竹浆纤维加工关键技术，制备高质量竹纤维

吉林化纤为了提高从竹浆粕到竹纤维的技术能力，与东华大学等高等院校进行合作，共同承担国家科技支撑计划“竹浆纤维加工关键技术”课题（2007BAE41B03）。通过大量实验研究，采用二次浸渍工艺技术，提高碱纤维素均一性，降低碱纤比，碱纤维素甲纤含量由31%提高到36%；二硫化碳用量降至20%～25%（对a-纤维素重量），大大降低二硫化碳、碱和硫酸消耗，减少对环境的污染。采用高效溶解技术，提高过滤性能，粘胶粒度（≤5μ）由62%提高到98%。采用高分子取向技术突破传统的二级牵伸，研究分子多级牵伸、取向技术，通过提高大分子结晶度、取向度达到提高纤维干、湿强度的目的，竹浆纤维干强由2.36cN/dtex提高到2.80cN/dtex，湿强由1.34cN/dtex提高到1.70cN/dtex；利用碱性修复剂处理竹纤维，保留了竹浆纤维的天然抑菌性。通过这些关键技术攻关，生产出了既保留了普通再生纤维素纤维的吸湿透气特点，还具有特殊的天然抗菌抑菌性，突破了竹纤维的研发瓶颈，掌握了原创纤维的核心技术，制备出了高质量的竹纤维。

3. 持续开发差别化系列化竹纤维产品

吉林化纤通过和国内院士、国际知名专家等研发人员合作，着眼于企业3～5年的发展规划，研究对纺织行业有重大影响的课题项目，实现普通再生纤维突破国外技术封锁，开发出不同细度、不同长短的差别化竹纤维。河北吉藁化纤先后推出0.8旦细旦竹纤维、毛型竹纤维、有色竹纤维、原生态竹纤

维、蛋白竹纤维、冰丝、阻燃竹纤维、专业无纺布用的竹纤维等，并针对不同的纺纱工艺及下游需求进行定制化操作。如对细旦衬衫应用的特殊化工艺生产，对涡流纺纱的对应化专供以及特制填充物竹纤维、地毯专用竹纤维等，为新领域拓展提供了差别化的原料保障。

（四）整合上下游资源，创建竹纤维纵向产业联盟

1. 构建天竹联盟，明确成员企业的权利与义务

尽快提升竹纤维产品的市场竞争力，既要保证纺织纤维的品质，更要做好后续纺纱、织布、染整、服装、销售、管理等工作，建立起一个从原材料加工到产品的高效联合体，形成整体的开发体系显得十分必要。为此，2005 年 11 月，吉林化纤在中国纺织工业协会和纺织企业家联合会的大力支持下，组建成立了天竹纤维产业联盟（简称天竹联盟）。天竹联盟由吉林化纤牵头，共有 32 家企业加入联盟，形成一个以竹纤维纽带的上下游产业链组合体。2017 年成员企业已达到 137 家，涉及竹纤维产业链的上、下游各个环节的企业。

产业链联盟明确规定了成员单位的相关权利和义务。成员单位可优先获得竹纤维采购权；可获得竹纤维的价格优惠；获得竹纤维吊牌；可自行牵头或委托联盟理事会，组织针对某一市场或产品市场化的相关工作；可参加由联盟组织的信息交流和其他活动；可对联盟理事会及其工作提出建议、批评和要求。

成员的义务则包括遵守联盟章程，积极支持并参加联盟组织的各项活动；对联盟编发的有关信息资料以及联盟单位提供的统计资料严格实施保密制度；定期准确填报联盟下发的各种报表；按规定参加联盟会议、小组活动及其他活动。

2. 完善联盟组织体系，加强专业指导和产业链整合

天竹联盟由九家联盟企业组成理事会，吉林化纤为理事长单位；下设联盟秘书处，成立了六家产业委员会、五个中心、七家海外办事处、十大开发基地。

六家产业委员会的职能主要是了解纺织行业发展动态，及时发布相关信息，得到国家政策支持，提供竹纤维在混纺、针织、家纺领域发展素材及产品品质提升的技术保障。五个中心的职能涵盖产品设计、开发、使用、发布、推广、信息等环节，形成产品从创新到市场的闭环发展模式，为产业链联盟的发展提供有力的支撑。七家海外办事处使竹纤维在发展国内市场的同时，为拓展国外产品市场敲开了大门，打下了坚实的基础。十大开发基地涵盖竹纤维应用的针织、服装、家纺、运动、休闲各个领域，使竹纤维这一“源于竹，比棉更柔软”的纺织原料更好地走入普通百姓家。

3. 明确联盟功能定位，推动成员企业协同促进竹纤维产业发展

天竹联盟是一个松散型的虚拟组织，不断吸引新的企业加入的原因在于产业链联盟具有很好的联盟机制，能够让成员企业得到价值共创价值共享的益处。联盟的主要功能包括。

政策制定。定期举行关于竹纤维产业的工作会议，联盟企业根据各自的实际情况提出有关竹纤维产业的政策制定、市场管理、产品集成、课题组织等方面的议题，经理事会讨论通过后实施。

市场实现。制定市场战略及策略。对特定产品市场，组织联盟成员开展技术实现工作、产品化工作及市场推广工作，并制定相应的市场技术标准及服务标准，作为联盟企业公约。

产品集成。针对某一市场组织联盟内的优秀企业，制定共同的解决方案，并在联盟内企业加以推广。

产品宣传。联盟从全局的角度综合考虑及设计传播渠道，合理分配广告资源，避免企业各自为战、主题分散的局面，整合竹纤维产业优势，共同策划或共同实施符合联盟战略的市场活动。带领联盟企业国际大型展会，使得成员企业的面料、纱线、成衣通过国外直接对接实现成交。

联合开发。联盟加强成员企业与工程院院士工作站、东华大学、河北科技大学等专业院校的合作，

加强与天纺研究院等科研实体合作，夯实材料基础研究，提升产品开发高度和广度，也鼓励成员企业相互参与竹纤维产品的开发。

品牌授权。天竹联盟内的企业允许联盟内的企业免费使用“天竹”品牌，遵守“天竹”授牌管理办法。凡是含有“天竹”纤维成分的制成品，都可申领“天竹”吊牌。

4. 对接竹纤维下游企业，提供专业技术服务

吉林化纤组成专家队伍，深入到产业链联盟内各企业进行有效对接，从纤维的生产过程开始，到产品质量稳定措施，到产品的性能特点，及在后续纺纱、织布、染整各工序中的注意事项逐一进行讲解，使各企业对竹纤维有了深入的了解和明确的认识。吉林化纤与国家产品开发中心进行合作，针对下游各领域企业推出差别化、功能化腈纶、竹纤维、人造丝产品等几种新型纺织原料，结合国内优秀的纺织面料企业，开发近百款优秀的面料。

在中国国际流行面料设计大赛上，设立“吉纤杯”面料开发奖项，鼓励优秀的面料开发企业进行创新开发、市场推广，推动纺织产业的创新发展。通过一系列的对接活动，提高了对竹纤维应用产业链企业的客户服务能力。

（五）打造“天竹”自主品牌，共同培育发展竹纤维市场

1. 注册“天竹”系列商标

吉林化纤为竹纤维注册了“天竹”这个商标，并将这个商标应用于天竹®纤维，天竹®纤维纱线，天竹®纤维梭织面料，天竹®纤维制作的T恤面料，天竹®纤维制作的服装，用天竹®纤维制作的家纺产品，天竹®纤维卫生材料，天竹®纤维装饰用品等各个领域，并免费授权联盟成员企业使用，努力打造全产业链的“天竹”自主品牌。

2. 开展统一品牌经营

吉林化纤通过纵向产业链联盟的作用，快速使竹纤维的“天竹”品牌应用到各领域品牌中，使“天竹”品牌在纺织行业内各领域都拥有一席之地，不断提升品牌影响力。吉林化纤规定：对于纵向产业联盟内企业以竹纤维为原料开发产品的，可以免费共同使用竹纤维的“天竹品牌”。根据下游企业使用的纤维量和开发的产品品种，实行“天竹”吊牌，通过吊牌发放，统一对竹纤维产品进行规范。同时，对产业链各企业在使用竹纤维过程中存在原料成分不清情况，对会员企业免费进行成分测试，并出具测试报告。

3. 积极培育市场，扩大竹纤维产品应用领域

基于竹红维纵向产业链联盟间企业的密切配合，吉林化纤集团加强从技术服务到市场推广、上下游对接形成系统模式，使竹纤维在纺织领域各行业应用得到快速拓展。

家纺领域。联盟内江苏金太阳、罗莱家纺、梦洁家纺、愉悦家纺等企业利用竹纤维的吸湿透气性，结合开发1.2D纤维，采用50支以上紧密纺、赛络紧密纺纱线制成床单、被罩等床上用品，深受消费者喜爱，使竹纤维在床品领域得到较好应用，每年达到100万套。

服装面料领域。联盟内鲁泰、红豆、才子等企业采用1.0D竹纤维，采用60支以上赛络紧密纺纱线开发成不同款式面料，应用于衬衫、裤装面料，具有良好的垂感和极佳的舒适性，每年达到50万米。

传统内衣领域。联盟内北京爱慕、曼妮芬、山东雪达、中山健将等企业利用竹纤维抑菌特点，采用80%高配比例竹纤维与棉或者莫代尔混纺，制成抑菌、亲肤面料，使竹纤维在内衣领域应用得以快速发展，每年达到1000万件。

巾被领域。联盟内孚日集团、三利巾被、洁丽雅毛巾等企业利用竹纤维抑菌性好，快速吸湿的特点，仅将纯竹纤维应用在巾被的毛圈部分，克服了纤维湿强度低的缺陷，使竹纤维在巾被领域应用有了新的发展空间，每年达到2000万条。

袜子领域。联盟内浪莎袜业、和亨袜业、七匹狼等企业利用竹纤维的抑菌防臭特点，采用竹纤维和涤纶高强度纤维混纺，避免了袜子穿着过程中容易破洞的问题，使竹纤维在袜子领域的使用站稳了脚跟，每年达到3000万双。

童装领域。联盟内 balabala、童泰、泰迪熊等企业利用竹纤维柔软舒适、生态环保的特点，采用与棉混纺制成童装，满足各年龄段的儿童需要，使竹纤维在的童装领域应用广受欢迎，每年达到100万件。

4. 加强抽查和检测，维护“天竹”品牌形象

竹纤维的外观与普通纤维基本一致，尤其是和普通粘胶纤维更容易混淆，由于竹纤维具有较高的经济附加值，市场时常出现用普通纤维代替竹纤维的现象，为保持竹纤维市场的纯洁性，吉林化纤依托纵向产业联盟不断规范竹纤维市场。

科学检测，净化竹纤维市场。吉林化纤与中国纺织行业标准化研究所、上海纤维检验所共同制定竹纤维检测标准，为各种新型纤维含量及成分确定提供了有力依据，有效避免了一些企业利用假冒竹纤维扰乱市场的行为。吉林化纤在广州等设立流动监测站，对竹纤维终端产品成分进行检测，为客户义务出具检测报告3500余份，牢牢地把握住市场质量关，净化市场环境，为竹纤维健康成长，为联盟各企业发展提供一个良好的市场发展环境。

通过对市场上冒充竹纤维的纱线进行检测分析，发现山东日照、德州、邹平、夏津等个别企业存在以普通粘胶纤维冒充竹纤维蒙蔽消费者，扰乱市场。根据联盟章程对弄虚作假企业进行了制裁，对造假者开除盟籍，并且在网上公示，有效净化了市场环境。

随机抽查，维护竹纤维市场。吉林化纤与联合河北纤维检验局、方圆检测对联盟产业链企业终端市场带有“天竹”吊牌、贴标的成品进行定期或不定期地抽查，检测竹纤维含量是否相符。纵向联盟内各企业执行每年两次进行抽测，并随机走访抽测义乌小商品批发市场、中国虎门服装批发市场、广州童装批发市场、深圳外贸服装批发市场、福州外贸服装批发市场、河北高阳毛巾市场、石家庄湾里庙批发市场等交易场所，针对检测结果在联盟网站和各种会议上及时公布通报。

三、化纤龙头企业以纵向联盟为载体的竹纤维产业培育管理效果

（一）培育壮大了“天竹”牌竹纤维产业

吉林化纤依托竹纤维产业链联盟，把天竹品牌的竹纤维产业“从无到有”培育起来，极大地促进了整个竹纤维产业的发展，使得竹纤维的应用从最初的袜子、毛巾等家纺领域，发展到内衣、服装、运动、内饰、家居、产业等各个领域，使天竹牌竹纤维产品不但成为中国家喻户晓的产品，也出口到美国、加拿大、韩国、日本、土耳其、印度等30多个国家和地区，出口量也稳步提升，预计到2017年年底，竹纤维相关产品的出口量将超过10000吨，出口创汇达到1.6亿人民币。

（二）竹纤维原料产品销量逐年增加，行业地位更加巩固

吉林化纤不仅首创了竹纤维，以联盟为载体开发了系列产品，通过以纵向联盟为载体的产业培育，吉林化纤在中国竹纤维行业中占领先机。自2005年开始，吉林化纤竹纤维的销量逐年递增，2014年和2015年竹纤维销量稳定在13200吨；2016年销量21000吨，在前两年基础上增加59%；2017年上半年销量12500吨，预计全年销量27000吨，比2016年增加28%，在竹纤维的市场占有率达到85%以上。

（三）带动了竹源所在地扶贫脱困，促进了纺织产业的绿色发展

通过竹纤维产业的发展，使得在竹子生产、采伐、收购、运输等许多环节上提供了很多农民就业机会。据估算，竹纤维产业已经为四川屏山县、南江县等西南贫困山区，通过砍伐250万吨竹子原料创造了80亿元的收入，带动四川省屏山县、江安县等十多个县和云南省双江县等五个县40多万人口脱贫。初步估计，竹纤维的系列制品也为社会创造出了300亿元的经济价值。

从生态效益来看，竹纤维产品的规模化、产业化发展，对以石油化工原料生产的化学纤维有一定的替代作用，减少石油等不可再生资源的消耗。一定程度上实现“以竹代棉、以竹代木”。竹林的发展不与粮棉争地，可以减少耕地的占用。据测算，生产1吨棉花需要10亩耕地，按1吨竹纤维代替1吨棉花计算，则目前我国竹纤维生产已经节约250万亩耕地资源。此外，通过大力发展竹林产业，使得当地生态环境得到明显改善。

（成果创造人：宋德武、岳福升、李振峰、于长慧、康志海、陈　阵、张云乔、华伟亮）

打造发展中国家建材家居综合服务商的连锁经营模式构建

中建材投资有限公司

中建材投资有限公司（以下简称中建材投资）是中国建材集团有限公司的三级企业、中国建材股份有限公司全资子公司，于2001年在广东省深圳市成立，业务覆盖商贸物流、水泥商混、资源开发、房地产开发及投资业务。成员企业分布在澳大利亚、巴布亚新几内亚、瓦努阿图、坦桑尼亚等国家，以及深圳、韶关、长沙、郴州、九江等地，年收入50亿元，总资产超100亿元，员工总人数2200人，连续多年位列深圳100强企业。

一、打造发展中国家建材家居综合服务商的连锁经营模式构建背景

（一）满足市场需求、解决安居难题的需要

巴布亚新几内亚作为大洋洲第二大国，英联邦成员国，但却是世界上较不发达的国家之一，居民房屋以简易木质结构为主，框架为硬木，墙面为复合板，屋面是铁皮，内外墙涂油漆防护。木质房屋特点决定了对木材、板材、油漆、铁器、五金工具、紧固件、水管等材料的巨大需求，而这些材料中除木材外均需依赖进口。当地澳洲建材零售店，产品来自澳洲、新西兰等地，价格高，大部分当地人收入无法承受，建造自由住房的愿望始终难于实现。作为中国最大建材企业的成员企业，为满足当地普通人安居需求，中建材投资凭借多年在深圳经营进出口业务的丰富经验，依靠珠三角强大的五金建材产品制造平台，于1994—2006年期间在巴布亚新几内亚开设了4家建材连锁店，推广中国建材产品，产品质量过硬，价格却很亲民，做普通百姓消费得起的产品，切实惠及百姓，满足当地建材需求。

（二）推广中国产品“走出去”的需要

公司进入巴布亚新几内亚运营建材连锁超市多年以来，中国建材产品得到了一定推广，用优质中国产品、民族产品、优势的价格取得了一定的市场占有率。但当地家居行业市场仍被澳洲、新西兰企业控制，中国家居产品同样存在着小店经营不成规模的问题。作为一家建材央企成员企业，公司时刻铭记央企责任，致力于推广中国产品，在巴布亚新几内亚建材行业取得一定成绩的同时，将与建材密切相关的家居行业作为公司密切关注的领域。

（三）延伸业务链，增强企业竞争力的需要

中国建材作为中国最大的建材企业，拥有完善的建材产业链和一流的品牌，如何将优质的中国产品打入国际市场是企业一直思考的问题，依靠集团公司强大的建材产品背景，响应国家“走出去”号召，经过实地调研分析，1994年，中建材投资选择了进入处于经济发展初级阶段、后期可能会出现爆发性增长的南太不发达国家巴布亚新几内亚，并聚焦建材零售业，成为海外落后市场中国服务业输出的先行者。

二、打造发展中国家建材家居综合服务商的连锁经营模式构建内涵和主要做法

中建材投资依托国内中国建材强大的建材制造业背景，结合自身优势分析海外市场，战略定位于经济落后地区发展中国家巴布亚新几内亚，建立科学的标准店与复制推广体系相结合的连锁经营模式，整合多方资源，打通国内集中采购与物流渠道，着眼于当地百姓修建住房、改善家居条件需求，打造集批发、零售、新产品发布推广、仓储、物流配送于一体的建材家居连锁店，致力成为发展中国家建材家居综合服务商；坚持本土化运营、诚信经营，建立完善的国内、海外风险管控体系，坚持推广高质量、高性价比中国产品，链接当地用户需求和“中国制造”，满足所在国百姓建房、装修、家居“一站式”购

物体验和需求；集合企业效益、改善当地居民生活质量、推广中国产品于一体，践行央企社会责任，塑造企业形象，深耕发展中国家建材家居零售市场，实现多方共赢，成为央企在海外开展连锁经营业务的独一家。

（一）明确战略定位，确立经营管理理念

1. 明确连锁经营的战略定位

中建材投资经过深入研究，明确定位，选择巴布亚新几内亚，并进入难度较高的、被澳洲白人垄断，但市场需求巨大、发展前景好的建材家居零售业，分享第三世界国家经济飞速发展过程的成果，成为海外落后市场中国服务业输出的先行者，前瞻的战略思维为中建材投资在巴布亚新几内亚业务长期运营奠定了坚实基础。

巴布亚新几内亚当地产业单一，主要发展矿业和农业，无大批建材、家居产品加工制造企业，几乎所有相关产品均需从海外进口，相当长一段时间内进口贸易依然是主流商业形式。建材、家居产品主要是以家庭消费为主、以办公消费为辅，为满足遍布各地百姓购买需求，中建材投资明确战略定位，确立了以零售、批发相结合的连锁经营模式，选择当地一、二线大中型城市，依托连锁店面打造建材家居综合服务商。

2. 确立明晰的经营管理理念

经过建材超市10余年的发展、积累，根据巴布亚新几内亚实际情况、行业特点，公司凝练确立“稳健经营、规范运作、精细管理、滚动发展”十六字管理理念，为公司业务发展保驾护航。

稳健经营。在发展过程中，始终用长远的、发展的眼光看问题，克服短期行为，确保长期持续发展；认真处理好规模与效益、速度与效益的关系，不盲目扩张，在保证管理到位、人才到位的前提下分阶段、有计划地扩大销售半径，提高覆盖率，在控制经营风险的同时不断发展壮大。

规范运作。公司明确建立完善组织架构、管理制度，制定规范化操作流程，在确保公司运营有条不紊开展的同时，提高效率，降低风险。

精细管理。公司始终保持艰苦奋斗的传统，坚持精细管理，建立了全面的人员管理、安全管理、财务管理以及信息系统管理系统，精打细算，严格控制运营成本。针对巴布亚新几内亚的信用环境，建立了完备的财务规章制度、费用管理制度，提高存货周转率，应收账款及时到账。

滚动发展。公司一直秉承滚动发展的思路，在初始投入25万美金之后，无追加投资。公司快速发展，但始终坚持滚动发展，正是这样的坚持，所有连锁店家家盈利，从无例外。

（二）分步推进建材家居连锁经营，打造标准店与复制推广体系

1. 拓展业务范围，开展家居业务

随着经济发展，当地居民的生活水平和消费层次也在升级，对电器、家居产品的需求日益旺盛，客户群与建材产品消费群体有大量重合。借助中国拥有一大批优质的家电产品生产商，公司不失时机开展电器和家居产品销售，利用经营建材产品积攒的良好商誉，用最低成本打开了新的市场。2007年，公司正式设立了专营家居家电产品的大型家居中心（HOME CENTER），经营初期产品只有电视机、餐厨具、体育用品等少量类别，现已涵盖家具、家电等八大类上万个品种，产品线不断延伸。依托连锁经营平台，公司成功将众多来自中国的家居民族品牌引入巴布亚新几内亚市场，形成建材业务、家居业务两大业务板块。连锁经营平台也由单一的建材产品服务商转变为建材家居产品综合服务商。

2. 打造“建材家居一体店”

打造建材家居“一站式”购物平台。在巴布亚新几内亚莫尔兹比港、莱城等当地一线大城市，人口多、市场需求量大，公司先后在这些城市设置单独运营的建材店、家居店，专业化经营，更好服务客户。随着业务增长，连锁店须向二线城市扩充，由于巴布亚新几内亚经济发展很不平衡，除首都莫尔兹

比港和工业城市莱城外，其他区域人口少，市场容量差距大，若分别设建材店、家居店，成本高、回报低，公司综合考虑，首创提出“建材家居一体店”模式，即建立一体化大卖场，集建材、家居两类产品于一店。“一体店”模式相比分设建材、家居店，极大降低运营成本，并以最快速度全线铺设两类产品，缩短筹建时间。公司运用此模式，分别于 2010 年设立可可坡一体店、2012 年设立肯比一体店，该模式被 Leon Enterprise、Idea Hardware 等竞争对手竞相模仿。

3. 打造标准店统一规范与复制推广体系

连锁经营，以同样的方式、同样的管理在多处出售同样种类的商品、服务，渗透更广范围，以快速成功扩张，并实现规模优势、品牌优势、管理优势。通过对建材家居连锁店进行规范化塑造，包括前端运营规范、后端财务管控规范，沉淀出可快速复制、推广的模式，实现“由点到面”的快速扩张。

统一总体规范。在店面建设方面，建立统一的店面布局风格、内部产品展示设置、配备仓储和停车功能区，店面设计协调店面运营需要和客户购物体验需要；在店面管理方面，建立统一的卖场管理流程、人员培训管理等规定，为客户提供标准化服务；在产品管理方面，建立基于系统的一体化管理体系，实现货物“进、销、存”一体化管控。产品分区摆放，系统数据和实物对应，建立自有的物流配送队伍，提供专业的物流配送服务。

科学开设标准店。连锁经营能够取得成功的首要关键就是如何正确选定店面地理位置，根据城市、区域、商圈、街道、位置等参数，选出最佳开店地址，并综合考虑现有客户流量和潜在流量影响。标准店占地面积约 6000 平方米，其中一半用于建设主体店面，一半用于客户停车和展示外场货物。标准店建筑面积 4300 平方米，其中卖场展厅 2800 平方米（二层），配套仓库 1500 平方米（二层）。展厅布局采用仓储式货架，实现“展示、仓储”一体，充分利用空间。标准店配备员工队伍 50 名，其中中方管理人员 2 名，本地员工 48 名，设 10 个运营部门。为标准店配置车辆 6 辆，其中办公用 1 辆、装卸货叉车 2 辆、大中小送货车各 1 辆。

统一管理体系。作为现代连锁经营管理模式，坚持经营管理三大模块（采购管理、销售管理和库存管理，即“进销存”管理）规范化、标准化运作。为提供强大的数据支持平台，引进澳洲 PACSOFT 业务系统，根据“进销存”管理，设定相应销售模块、采购入库模块、存货模块等功能模块。分店根据系统存货情况，制订采购计划；采购到货，运用业务系统存货模块进行存货管理；销售开票使得存货流出，实现收入与利润；存货流出后需再次采购的，进入下一次循环。

复制推广流程化。经过不断开设新店，沉淀积累了丰富的店面开设、运营管理经验，也锻炼了一批富有责任、经得起考验的管理队伍，为连锁经营模式的复制推广奠定了深厚的基础。根据战略发展方向，选定潜在可行市场区域，实地考察并进行细致的市场分析、财务投资分析，调研结果如果可行，则立即委派骨干业务、财务人员参与新店建设。复制现有的店面设计、业务系统搭建、人员聘用、管理制度等方案，充分共享已有采购渠道、产品体系，除开店面装修时间，1 个月内新店可实现开业运营，快速实现从无到有的蜕变，且背靠强大的集成采购、产品开发平台，以及财务集中管控风控平台，保证复制推广在正确方向下、合规前提下进行，实现开一个店，盈利一个店。

（三）整合资源，打通国内集中采购、物流渠道，突出内外一体化

1. 整合国内建材、家居产品，实现国内集中采购

中建材投资依托在深圳的政策支持、区位优势，设立了从事贸易业务的中建投商贸公司，专注出口贸易，辐射珠三角建材、家居产业厂家，具备“天时、地利”。公司在巴布亚新几内亚的滚动发展，培养了一批非常了解当地市场需求的专业队伍，在国外服务到期回国后，进入中建投商贸公司，专门对接海外建材家居业务，很好地链接巴布亚新几内亚市场需求和国内产品供应。同时依托中国建材背景，中建投商贸公司与巴布亚新几内亚公司联合组成产品开发团队广泛参加交易会，遍访珠三角建材家居厂

家，挑选优质产品、实力厂家开展合作，统筹安排厂家发货、货物拼装、报关出海等事宜，为实现海外业务发展提供强大支撑，连锁平台上售卖国内产品近3万种，国内供应商近400家，平均每日有效开票张数近2300张，服务人群约6000人。

2. 突出内外一体化优势，打通国内物流仓储与海外终端渠道

公司在深圳盐田保税物流园区拥有6.5万平方米自建仓库开展保税物流业务，具备进境保税、出口退税、跨境电商等多项政策优势和功能，是200多个国际知名品牌的货物集散及全球配送中心，以园区4.17%的库容占比26.97%的业务量。

公司以保税仓优势，突出内外一体化，集中优势资源，尽最大能量发挥盐田保税物流服务与巴布亚新几内亚公司终端渠道销售的核心优势，打通物流与终端销售环节。

3. 深化供应商合作，提升价值

主动走出去和国际大品牌商谈合作，先后和博士、三星、格力、美的等商家建立合作，努力深化供应商合作，集成双方力量建设平台。

随着连锁经营业务影响力的扩大，境外建材家居供应商前来洽谈合作，通过建立独家合作方式推广产品，公司倾力打造的连锁平台被供应商高度认可，现已成功和太阳能厂商、风扇厂商、冷电厂商、家具厂商等商家建立战略合作，供应商在前期试营销结果非常好的情况下均承诺后续上线更多产品系列，并借助平台进行形式多样的产品推广。

4. 借助社会力量，扩大影响力

在"一带一路"倡议下，2016年深圳和莫尔兹比港结为友好城市，深圳市政府计划在巴布亚新几内亚建立一个深圳产品的展销中心，在巴布亚新几内亚推广中国产品、中国技术，并以此建立两个城市、两国人民友好交流的纽带。深圳市政府多次考察莫尔兹比港市场，公司基于自身在巴布亚新几内亚当地的市场占有率与影响力，依靠连锁平台的规模、覆盖的人群、BNBM HOME品牌的影响力，申请与政府合作，在更广层面推广连锁平台概念。在综合考虑品牌影响力、展销中心运营能力等软件、硬条件后，深圳市政府最终选定和公司建立合作，借助建材家居连锁平台建设"广东（深圳）产品展销中心"，由公司全权负责该中心的推广和运营，依托连锁平台的品牌影响力、遍布巴布亚新几内亚全境的市场渗透力，推广中国制造、中国产品，推广平台影响力。

（四）专业、专注，推进品牌建设

1. 统一标识BNBM，天蓝色深入人心

遍布各区域的连锁店面均为统一装修风格，主体外墙顶部打上"BNBM HARDWARE"或者"BNBM HOMECENTRE"标语，墙面颜色均为蓝色，使用统一定制的招牌。店面背景、产品货架、员工制服等都统一使用"天蓝色"色彩，外事活动均着统一制服，往来信件、流程单据抬头均带BNBM标识，所有报纸广告均印有BNBM标识，并以蓝色为背景，积极营造BNBM文化，突显BNBM特征。现在当地居民提起建材家居连锁就会想到BNBM，想到BNBM就想到"BNBM蓝"，这一概念已深入人心。

2. 坚持做质优价美产品，树经营品牌

坚持以产品质量、客户服务为企业生命。秉持匠心精神，在产品开发引进阶段，严格遵循产品"澳洲标准"底线，并尽量选择和知名民族品牌、上市公司合作，从源头严把产品质量要求，坚持做优质产品。在产品售出后，一般给予半年至一年保质期，客户可免费维修或退货。对经营中发现有缺陷的产品，立即下架处理，客户可无条件退货。追诉调查问题产生原因，并彻底淘汰相应的供应商，确保高标准严要求。

为进一步打造BNBM HOME产品质量品牌，产品开发团队积极参加广交会、澳洲产品交易会，主

动和 BOSCH、三星、MAKITA 等世界范围内知名品牌商谈合作，丰富连锁经营平台上品牌层次和种类。多年来 BNBM HOME 对质量的追逐、不断提升的客服，确保了平台上的产品消费者买得放心，BNBM 经营品牌也持续赢得市场认同。

3. 强化媒体宣传

公司重视广告宣传，和巴布亚新几内亚报纸 The Nationaal 建有长期合作关系，BNBM 产品广告每日登报，其中包括 3 天的头版广告、1 天的背版广告。所有对外广告均印有大大的 BNBM 标识，并配有专有的天蓝色背景。遇有节假日，单独制作产品促销单，第一时间与报纸一起传递至各地客户手中。遇有外事活动，特别是对外捐赠等意义重大事项，均会安排报纸进行报道，让更多人熟知 BNBM 乐于公益、回馈社会的行动，进一步提升企业在当地的品牌形象。另外，根据个别区域居民喜欢听广播的习惯，与当地电台建立长期合作关系，滚动播放最新产品资讯、促销活动安排，推广公司品牌。

（五）诚信经营，立信于市

公司视信用为立业根本，在企业内部营造诚信文化，对外交流遵守诚信守则。树立诚以待人、诚信做事的风气。管理制度流程纳入诚信理念，各分店诚信经营，所有业务均在阳光下进行，给市场留下清清爽爽做人、干干净净做生意的良好形象。近年随着亚洲背景私企大量进入巴布亚新几内亚市场，也带来了采购回扣、逃税、协助客户套现专用资金等不良的习气，一些客户直接找到分店经理要求回扣或协助套现，但均因违反公司诚信经营制度规定被拒绝，虽然失去部分生意，但同时也使公司诚信经营的口碑在行业内渐起，很多大型企业、政府单位都直接来 BNBM 采购，长期来看诚信经营给公司带来了更多业务。

正是对诚信经营的坚守，巴布亚新几内亚当地最大的两家社保基金组织 Nasfund（企业员工参保）、Nambawan Super（政府员工参保）均和公司建立合作关系，将 BNBM 纳入其会员房建、装修材料采购供应商，由其直接将资金汇至公司巴布亚新几内亚账户，专款专用。近年该类业务采购以 16%速度年年递增，Nasfund 建材产品采购 60%来自 BNBM。通过和巴布亚新几内亚社保基金组织的合作，BNBM 连锁平台诚信经营的口碑在其庞大的会员群体中广为传播。巴布亚新几内亚无信用评级机构，得到该组织的认可，侧面反映公司信用非常良好。

在采购方面，从不刻意拖欠供应商货款，均按时足额付清。境外供应商近 170 家，由于 BNBM 良好的付款记录，双方充分信赖，80%的供应商给公司 30～60 天账期，允许货到付款。初次合作的澳大利亚、新西兰供应商基于 BNBM 的良好声誉，经过内部评估，在未曾见面的情况下，直接给予 BNBM 货到付款条件，给予公司极大的信任。

（六）坚持“本土化”经营

1. 扎根巴布亚新几内亚，员工本地化

公司在巴布亚新几内亚员工总数 530 人，其中当地员工 493 人，中方人员 37 人，员工本土化率 93%，人力资源本土化。根据店面运营规模配置 2～3 名中方人员，45～70 名当地员工。店面各类岗位均由当地员工担任，中方人员主要负责协调和督导，真正实现员工本地化、店面经营本土化。

2. 以人为本，增强员工归属感

培养本土员工，本地员工中服务公司 5 年以上 140 人，10 年以上 32 人；拥有近 70 人的本地中层管理人员队伍；充分尊重当地社会习俗和员工宗教信仰，例如，允许周五去做礼拜的员工晚到，传统节日期间可着传统服饰上班，并组织 Party 共同庆祝，建立“亲和、友好”的员工关系，增进员工认同感和归属感。为帮助员工成长更快，每年推选 40 名员工来首都参加外部培训，开阔视野、提高管理技能，很多员工均第一次坐飞机、第一次来首都，非常珍视这类培训机会，感激公司安排，当地众多企业无法做到的。总部人事部门每年定期到各分店组织企业文化宣讲、客户服务、安全管理等培训，注重员工技能提升。多样的培训方案，员工更加认可公司文化，更愿意跟着管理团队一起努力开辟新的事业。

23年来，中方员工普遍任满3~5年离开巴布亚新几内亚，但当地员工却一直坚守在各自岗位。从某个角度看，中方员工更像是过客，当地员工是主人。在很多老员工心中，BNBM就是他们的家。BNBM本地化经营的体制，给了当地员工充分发挥个人才智的舞台，给予大家的不只是一份工作，更是实现自我价值的平台。2012年，已服务公司15年的莫尔兹比行政人事经理Torre Miria被评选为中国建材集团公司劳动模范，赴北京领奖。Torre Miria的荣誉感、自豪感极大激发了当地员工对公司的认同感和忠诚度，增强了员工的归属感。

3. 营造“和谐、亲清”文化氛围，拉近中外员工距离

公司将文化建设作为品牌建设的重要内容，企业经营中坚持中国建材集团“创新、和谐、绩效、责任”文化理念，员工之间营造“亲、清”氛围，中方和本地员工一起在开放式办公区域工作，彼此尊重对方文化背景和习惯，在公司制度规定内，协作配合完成各项工作。各分店每月召开月度会，评选优秀员工，沟通交流工作和生活；每月举办简易集体生日会，融洽员工关系；举办丰富多彩当地假日聚会，中巴双方员工分享各自传统舞蹈、纪念形式等文化。通过制度规定、多样的团建安排，快速拉近中方员工和当地员工的心理距离。当地员工已完全认可中方团队工作，即使是刚毕业不久的大学生，凭借过硬的专业知识储备、吃苦耐劳的精神赢得员工的尊重。中方管理人员也完全融入当地，员工之间关系简单、纯粹。通过营造“和谐、亲清”文化氛围，凝聚员工热情，做到不但待遇留人，更要感情留人、事业留人，中巴员工一家亲。相比其他当地外资企业，BNBM整体氛围积极向上，员工关系简单，员工忠诚度高。

（七）构建完善的风险管理体系

1. 搭建以财务管控与人事管控相结合的组织架构

组织结构以业务运营和财务管控两大条主线相结合，其中业务经营负责店面经营、市场开拓等前端业务，财务管控负责核算分析、风险管控、人事管理等后端管理事务。业务部门专注业务经营，财务部门专注核算和合规管控，保证业务发展符合公司战略、制度规定，两大部门分工负责、相互监督、协同配合。

财务投资管控方面，公司建有完备的“三重一大”及财务、投资等管理制度，对重大事项决策、重要干部任免、重要项目安排、大额资金的使用均需报国内公司审批后执行，同时执行经营情况月报制度，随时监控海外公司整体运营情况，确保国有资产安全。

人力资源管理方面，中方员工均有中建材投资统一组织招聘、筛选、培训，确保人员素质能力过硬。薪酬标准与晋升提拔均由中建材投资考核考察确定，确保员工队伍整体精干、业务能力和管理能力达标。

2. 在海外构建以财务管控为核心的内控规范

坚持以财务管理为核心，财务内控监督延伸至运营各个末端，防范海外经营风险。

财务集中管理。

第一，集中管控合规风险。境外经营环境复杂多变，连锁经营面临很多税务、法务、海关监管等经营合规风险。公司将这类风险管控汇集至财务部，财务团队多年来认真研究巴布亚新几内亚法律法规，包括公司法、税法、劳工法等和公司经营相关的法律，必要时借助外部专家力量，剖析相关风险事件影响，制定风险管控措施，确保经营合法合规。

第二，集中管理资金。公司各区域连锁店每日均有大量现金流入，次日均按制度规定全额存入指定账户。银行账户统一由财务部监控，结合应付账款、应收账款，合理调度资金，并充分利用盈余资金投资国债，控制资金支付风险的同时提高资金利用效率。

第三，核算集中。各区域分店专注运营管理，不承担财务职责，财务核算集中在总部财务部。通过核算集中，极大加快单据处理效率，减少人员冗余，同时利于财务部集中监控分店运营情况。

"一对一"监控分店运营。为每个分店委派一名财务专员，负责分店日常财务核算，监督分店经营管理是否合规，实行"一对一"跟踪管理，辅助分店提升管理效率、效益。通过垂直、集中管理，确保了财务人员独立性，便于其站在公司整体利益角度、客观表达财务意见。10 家分店各自独立运营，由财务部统一监控，形成一个"分而不散"的组织体系。

KPI 对标考核分店业绩。编制月度 KPI 分析报告，指标体系涵盖销售、毛利率、利润、费用管理、应收账款和存货管理等指标。通过横向、纵向对标，全面反映各分店经营管理情况，明确指出分店现存的问题与不足，跟踪改进措施实施，各个击破。通过 KPI 对标分析，形成"赶、比、超"的比拼氛围，逐步提高整体业绩。

3. 强化安保体系建设，护航海外经营

公司始终视安全管理工作为境外经营第一要务，除驻地建筑围墙、安装刺网与电网、监控系统、重金聘请保安人员外，在思想上充分重视、制度上严格落实。

第一，建立制度约束。BNBM 设立安全生产小组，总经理任组长，组员包括其他高管和店长。制度汇编就安全生产工作设有三部管理条例，分别为《安全生产管理办法》《重大安全事故应急预案》和《驻外机构及人员突发事件应急处理预案》，详述公司安全管理规定及应急处理措施，降低事故发生可能性及造成的损失，每年查漏补缺，根据实际情况及时进行删改修订。

第二，落实责任。BNBM 安全管理工作坚持"责任到人、全员参与"，形成以总经理为总负责人、店长对分店层面安全工作负全责、员工对各自工作负责的分层责任体系。

第三，加强安全培训教育，严肃外出纪律。安全培训是入职培训重点内容，强化员工安全意识。建立外出请示制度，禁止单人私自外出。建立各地安全动态沟通机制，视情况增添店面安保力量、闭门歇业，保障人员安全、财产安全。

第四，人员、资产投保。为外派人员购买保险，同时购买房产、存货、车辆等险种，降低安全事故造成重大损失。

三、打造发展中国家建材家居综合服务商的连锁经营模式构建效果

（一）经济效益优异，社会效应显著

2016 年，在巴布亚新几内亚业务实现销售收入 4.2 亿元，税后利润 7624 万元；2017 年 1～6 月实现销售收入 2.14 亿元，税后利润 4095 万元。公司在巴布亚新几内亚业务近十年收入复合增长率为 10%，利润总额复合增长率为 17%，毛利率稳定在 30%以上，巴布亚新几内亚公司成立时投资约合仅 145 万元，在未追加投资的情况下，2016 年年底净资产达 5.5 亿元；此外公司在巴布亚新几内亚自有大量土地，按照土地市场价值估计，净资产达 11 亿元，实现了国有资产的保值、增值。

积极参与当地社区公益，捐助受灾居民重建家园 18 家、捐助学校修建校舍、走访慰问困难儿童近 350 人，组织员工募捐资助困难人群上千人。将企业发展真正融入社区发展，和谐共生。

经过 10 余年发展，凭借优质产品、亲民价格、高效服务，公司建材家居连锁超市（BNBM HOME）已家喻户晓，旗下产品遍布城市，BNBM HOME 也演变成品牌 Logo。

（二）平台效应显著，中国产品得到推广

中建材投资在巴布亚新几内亚开展海外连锁经营，勇于打破被西方常年垄断的建材家居市场，最强大的底气就是中国情怀。作为境外央企子公司，时刻记着自己代表的是中国形象，通过海外连锁经营平台，推广中国产品，讲好中国故事。

建材业务重点涵盖五金工具、工程机械、新能源发电、建筑新材料等大类，中国产品占比 65%。

家居业务几乎囊括格力、美的、TCL、海信、华为、OPPO、得力等知名品牌，中国产品占比近 85%，年采购金额 2500 万美元。随着海外连锁平台扩大、推广，BNBM HOME 作为当地最知名的连锁品牌，公司采购中国产品逐年递增，伴随着中国产品、中国制造的质量持续优化、提高，国内各大知名家电品牌已深入当地人心，获得市场充分肯定，中国产品在巴布亚新几内亚得到了很好的推广。

与深圳市政府合作的“展销中心”已先后展出广东高科技产品近百样，累计接待人次近 3 万人，让当地居民对中国产品、中国技术耳目一新，都为中国经济发展社会进步点赞。借助展销中心运营，BNBM HOME 连锁平台进一步深入人心，不再仅仅是一个商业交易的平台，而是成了中巴两国人民民间交流、往来的一个互通渠道，是一个让巴布亚新几内亚人民更好了解中国的窗口，平台价值得到升华。

（三）形成连锁经营模式，成功在南太、东非市场推广

经过近 10 年在巴布亚新几内亚当地业务的不断积累，连锁经营模式日渐成熟，积累了有效解决海外合规经营、协调文化冲突、培养独当一面能力人才等管理经验，在业务经营、财务监督、风险管控等方面形成成熟的操作体系，是集团“走出去”战略的先锋企业，海外连锁更是众多央企中鲜有的业务形态，公司始终将做强做优海外连锁视为历史使命，力争在全球范围拓展海外连锁。

2015 年成功通过收购方式进入瓦努阿图市场，成为当地第一大建材家居连锁企业，2016 年净利润比收购前增长 167%，预计 5 年即可收回投资成本，充分证明连锁经营模式 BNBM HOME 具有强大的生命力。

（成果创造人：蔡国斌、冯　玮、文　敏、翟　颖、鲍建涛、
潘　璇、唐东海、宋瑞来、陈　强）

依托集团全产业链优势的海外电力项目“投建运一体化”管理

中国电建集团海外投资有限公司

中国电建集团海外投资有限公司（以下简称电建海投公司）成立于2012年7月，是中国电力建设集团有限公司（以下简称中国电建）专业从事海外投资业务市场开发、建设、运营的法人主体，是以海外电力能源开发与资产运营为主的专业化投资公司，是中国电建海外投资、海外融资、海外资产运营管理和全产业链升级引领平台。中国电建是面向全球客户在能源电力、水资源与环境、基础设施等领域提供全产业链集成、整体解决方案服务的综合性特大型建筑集团。截至2016年年底，电建海投公司在老挝、柬埔寨、尼泊尔、巴基斯坦、印尼、刚果（金）等10余个国家地区设有30个各层级公司，总部设有17个职能部门，共有7个投产项目、3个在建项目、10多个前期项目，在建及运营电力项目总装机300万千瓦，资产总额273.97亿元，共有中外员工1111人。电建海投公司成立以来，在海外电力能源项目“投建运一体化”管理模式方面进行了积极探索与实践。

一、依托集团全产业链优势的海外电力项目“投建运一体化”管理背景

（一）积极响应“走出去”倡议，发挥集团全产业链优势的需要

中国电建占有全球50%以上大中型水利水电建设市场，具有技术储备与人才资源优势，能够为区域、流域、国别提供能源电力、基础设施规划建设的一体化解决方案，形成“懂水熟电、擅规划设计、长施工建造、能投资运营”的核心能力和电力建设全产业链突出优势。作为中国电建的海外投资、海外融资、海外资产运营管理和全产业链升级引领平台，电建海投公司利用“走出去”机遇，依托产业政策、资金优势、集团全产业链优势和行业领先地位，积极开拓海外电力能源投资业务，推动中国标准、中国技术、中国文化“走出去”。

（二）落实国际业务优先发展战略，推动集团转型升级和结构调整的需要

中国电建成立海外投资专业公司，作为产业链的整合者、转型升级的驱动者、市场波动的平衡者，为海外客户提供全产业链集成、整体解决方案，推动中国电建从建设承包商向建设投资发展商的转变，推动集团转型升级和产业结构调整。紧紧依托集团全产业链优势，通过实施投资建设运营一体化管理，推动集团成员企业从规划设计到装备制造、工程建设、电站运营等成员企业“编队出海”，在开拓上游投资业务的同时，兼顾拉动建设与运营等不同板块业务，承担着从价值链低端向高端纵向一体化发展的使命，在获取投资收益的同时，为集团形成可持续经营的优良资产、创造持续稳定的利润来源和现金流，推动集团转型升级和结构调整。

（三）适应海外电力项目运营特点，提升企业国际竞争力的需要

海外投资业务开发是一项复杂的系统性工程，具有如下特点。一是公司业务涉及特许经营、直接投资和收购与兼并等多种投资形式，业务领域广、专业管理难度较大；二是境外投资特许经营时限长、实施环境复杂，对运营管理、风险防控要求更高；三是海外投资项目分处多个国别市场，组织管控模式创新、本土化经营与跨文化融合任务重等特点。结合以上特点需要建立一种高效协同一体化的管理模式，持续提升海外投资能力、海外融资能力、建设管理能力、运营管理能力、资源整合能力和风险管控能力，更好地适应国际市场，提升国际竞争力，增强企业的控制力、影响力、抗风险能力，以实现海外国有资产的保值增值。

二、依托集团全产业链优势的海外电力项目“投建运一体化”管理内涵和主要做法

电建海投公司依托集团“懂水熟电、擅规划设计、长施工建造、能投资运营”的核心能力和全产业链优势，发挥电建海投公司作为投资方的主导作用，实施“投资建设运营一体化”管理。通过加强投融资能力建设，为海外项目开发提供有效资金支持；建立投资、设计、监理、施工“四位一体”建设管理组织管控模式，统筹强化建设管控，优化内部市场规则，增强成员企业合作意愿和协同能力，推动一体化业务的健康发展；发挥投资方与委托运维单位联合管控作用，推进运营标准化、信息化和本土化建设；以合同管理和国有企业党建优势为纽带，建立完善的多方协作机制，带动集团内部的设计、施工、制造、监理、运营等业务向海外拓展；建立海外风险管控体系，细化各项保障措施，推动资源共享、强强联合和集成管理，实现参建各方价值最大化，实现良好的经济效益和社会效益。主要做法如下。

（一）明确总体思路，建立完善组织管控体系

1. 注重顶层设计，明确“投建运一体化”管理模式

电建海投公司研究制订海外投资战略规划，明确提出投资建设运营一体化管理模式，打通投融资、建设管理和资产运营整条产业链，整合各方资源，以获取投资收益，创造持续稳定的利润来源和现金流，促进集团海外业务产业链向价值链转变；同时借助集团强大的专业实力和管控能力，吸纳集团内部优秀成员企业参与到项目各环节，实现对项目全生命周期、全产业链的掌控。在建设期，以投资主体为引领，推动规划、设计、监理、施工各方发挥各自优势、快速反应，高效整合资源，持续优化设计和施工方案，提高建设效率，降低投资成本，按期高效完成建设任务。在运营期，通过投资方和运营方有效整合，减少运行成本，实现双方效益的协调统一，推动价值创造能力的联动提升。

2. 明确职责分工，建立健全组织架构

根据公司发展战略，电建海投公司成立职责明确、分工科学的17个总部部门，包括市场投资开发、项目建设、运营管理、集中采购管理等职能，明确公司总部与项目公司总部“两级总部”功能定位。公司总部承担“战略管控、投资决策、资源配置、风险防范、绩效评价、价值创造”6项功能，项目公司总部承担“项目决策、项目执行、专业管理、风险防范、外联沟通、价值创造”6项功能，进一步明晰责权利和管理边界，把两级总部建设成价值创造中心、人才培养中心和风险控制中心，为实现战略目标提供组织支撑。

3. 建立完善制度体系，梳理项目管控流程

电建海投公司定期对管理制度进行修订，全面梳理200余项管理制度和110个主要业务流程。经过五年发展，公司组织架构、管理运行、市场营销、专业团队、风险防控都已形成强有力的体系循环和能力支撑，为做强、做优、做大海外投资业务、打造具有国际竞争力的专业化公司奠定坚实基础。

（二）加强投融资能力建设，推动海外投资项目开发

1. 建立完善海外投资项目决策机制

电建海投公司以战略目标为导向，加强和集团内工程企业、设计院和咨询等单位的横向交流和战略合作，按照专业领域和区域布局，有计划地开展国别市场研究，明确重点国别和重要区域，深耕能源电力市场，以水电、火电、新能源投资开发为主，集中精力寻求新突破和区域化发展。重点推进“一带一路”、中蒙印缅经济走廊、湄公河流域等项目。建立海外投资项目储备、优选、评审和决策机制，从源头上把好海外投资质量关、风险关，增强市场开发工作的主动性、计划性和系统性，提升尽职调查、综合协调、理性研判和科学决策能力。

2. 构建有国际竞争力的多元化融资体系

电建海投公司初创时资金短缺，2013年设立中国水电（香港）控股有限公司，以解决海外投资项目资金缺口和投资平台缺乏问题，并积极发挥投资、资金归集和人才、技术管理等职能作用，不断优化

海外投资项目的控股架构，降低海外项目的运营管理成本和优化整体税负。利用中国香港平台，分别于2014年、2017年两次成功发行10亿美元高级永续债券，发行利率分别为4.05%和3.5%，刷新央企境外发行美元永续债的新纪录。两次募集资金全部用于海外投资项目开发，为投融资一体化提供资金支持，降低资金成本，提高海外投资项目收益。

3. 采用中外资本合作模式实现控股

以巴基斯坦卡西姆燃煤电站项目为例，电建海投公司按照51%出资比例实现控股，卡塔尔AMC公司以49%的股比出资。股东双方共同成立离岸合资公司100%控股项目公司，实现风险共担。为充分发挥中国电建全产业链一体化优势，股东双方明确卡西姆项目主要承包商从中国电建成员企业中招标，但股东协议也将涉及双方重大利益的事项设置为“保留项”，由董事会进行审批，包括EPC承包商、运维商的选定等。项目公司以董事会决议的形式，明确在公司治理中沿用中方股东及母公司的政策、制度、文件，从制度层面保障贯彻执行中方股东在人事、财务、审计、奖惩、监管等方面要求的合规性，保障项目使用中国技术、中国标准的合理性，保障中方股东对固定资产购置和处置、投资、赠予、担保等事项的决定权，确立了中国国有资本在项目公司的真正控股地位。

（三）建立投资、设计、监理、施工“四位一体”建设组织管控模式

1. 明确“四位一体”合作机制

电建海投公司的海外电力项目通常采用EPC（设计、采购、施工总承包）工程总承包模式。投资、设计、监理和施工“四位一体”现场合署办公，以合同约束为前提，以行政统筹为纽带，通过成立EP（设计+采购）中心、安委会、质委会和召开四方会议等多种组织形式，建立内部市场化规则和项目管理体系，协同参建各方关系，全面引入QHSE标准化管理体系，保证建设期项目质量、进度、成本、安全、环保等要素管理受控，持续优化设计和施工方案，提高建设效率，提高项目管理能力和营利能力，降低经营成本，实现参建各方价值创造最大化。“四位一体”中各方职责如下。

电建海投公司在东道国组建项目公司，履行投资方职责，通过招标确定EPC总承包商，具体做好服务、监督、协调、统筹等工作。

监理单位发挥专业能力，对投资方负责，监督、审核设计图纸；代表投资方实施对项目各要素的全面管理，充分发挥监理的屏障、协调、专业职能，为投资方提供增值服务。

设计单位为项目总造价、工艺方案、工期计划管理提供可靠支撑，树立“安全、节约、和谐、效益最大化”的理念，在开发阶段对设计进行整体优化，在实施阶段及时提出局部设计优化建议方案，规避设计失误对投资项目造成的不可逆转影响。

EPC承包方作为项目的核心执行主体，以EPC合同为准绳，充分配置整合资源、发挥组织管控能力，承担EPC总承包责任，接受投资方、监理单位的监督管理，对各分包商进行监督管理，有效发挥各参建企业的技术、管理和建设优势，将集团公司旗下最优资源配置到本项目。

2. 建立全过程质量管控体系

一是加大全过程质量控制和监督力度，通过将项目公司专工、监理及参建单位各级质量管理人员的日常巡查与定期检查相结合，实现全员质量管理，确保施工质量；二是加强现场质量专项检查，对检查中发现的问题进行整改和验收，实现闭环管理；三是坚持“样板引路”，加强质量通病管理，要求EPC承包商编制质量通病控制措施，通过狠抓防治质量通病、样板引路以及专项质量检查，提升现场质量管控水平，确保工程质量可控、受控。

3. 建立“三级”网络进度计划管理机制

按照建设工程的不同阶段、不同专业进行阶段性目标分解，建立“三级”网络进度计划管理机制，以进度计划为控制依据，以各项组织、管理、技术措施为保证手段，进行施工全过程的动态控制。项目

公司统筹负责项目进度控制，电站监理负责进度控制的监督，EPC 承包商主要负责策划执行，各级单位按照“三级”网络控制进度计划，以 EPC 合同和重要施工节点里程碑为控制点，对施工进度计划及现场进行全面控制。定期组织专业人员对“三级”网络进度计划执行情况进行监督，对现场施工进度情况进行检查，对不能按期开工完工、进度滞后的项目进行通报，督促 EPC 承包商调整措施，制订实施推进计划和具体措施，确保工程进度计划按期实现。

4. 实施海外项目“九化”安全管理

电建海投公司创新安全管理模式，实施海外项目“九化”安全管理，即监督管理法制化、管控体系一体化、责任落实全盘化、风险管控动态化、教育培训实操化、班组建设规范化、文明施工秩序化、过程控制标准化、应急管理常态化，为项目建设顺利实施提供保障。南欧江二期建立“安全体验馆”模拟“安全帽撞击体验”等 14 个事故场景，让员工通过视觉、听觉、触觉亲身“体验”生产现场危险发生的过程和后果，提升安全意识。公司聘请第三方安全服务机构专家参加海外项目的安全生产检查和事故隐患排查，实现专业的人做专业的事。发挥统筹协调作用，与相关邻近方建立“安全互助型、环境友好型”的关系，为海外电力投资项目创造良好的建设环境。

（四）投资方与委托运维单位联合管控，促进项目运营一体化

1. 建立“两位一体”运营组织管控模式

为实现电站电力生产“安全、稳定、长期、连续”的管理目标，建立“两位一体”运营管理组织管控模式，由电建海投公司发电企业负责运营合同管理，由委托运维商负责现场运行、检修、维护工作，推进投资运营项目的专业化管理。双方以委托运维合同为基础，在运维合同框架内，按照权责明确、奖惩分明的原则，围绕提高电站生产运行维护质量和工作效率的共同目标，认真履行各自职责，建立并实施评价、考核、奖惩激励机制，有效调动委托运维单位积极性，推进运营管控制度化、流程化、标准化，确保海外投资收益，带动集团内相关企业运维业务的发展，实现双方共赢。

2. 提前开展运营生产准备

按照“建管结合、无缝衔接”的要求，运维队伍提前介入机组安装调试、上网协调、移民环境等各项工作，确保各级电站持续安全运行。如甘肃能源公司是中国电建内部专业的火电运营公司，负责卡西姆港燃煤电站运营，早在本项目前期，就担任技术咨询服务，为项目可研、设计、选型等方面提供专业支持；提前为项目储备海外运维人才，为项目运维提供人力保障；全面开展技术调研，稳步推进生产准备工作。

3. 建立运营生产考核激励机制

积极推进运营管理制度化建设，建立覆盖安全运行、计划营销、设备技术、文明生产、考核评价等 21 项电力生产类规章制度。在项目公司年度经营业绩考核的基础上，以“指标引领、及时纠偏、考核促进，形成特色”为原则，建立具有海外电站特色的生产运营指标评价体系。严格合同管理，明确双方职责，实现外部合同考核与内部管控一体化，提高管理实效。南欧江流域公司及委托运维单位共同成立联合检查组，每月对安全生产、运行维护、设备检修、移民环境、标准化建设等进行检查，并开展评先树优，取得良好的效果。

4. 推进运营标准化、信息化、本土化建设

一是在标准化建设方面，建立标准化管理信息系统、新增外籍员工管理及工作标准等方面，提升标准化管理水平。二是在信息化建设方面，推动水电站生产管理信息系统和能源集中监管平台建设，策划并实施建立“海投公司发电信息移动平台”，各发电公司每日将生产、经营重要信息、数据上传平台，形成电站运营历史数据库。三是加强对运营指标、技术改造、备品备件及材料消耗、经营成本、运行事件记录等方面的分析，提升精细化管理水平。四是关注厂用电率和度电运维费指标，积极实施降本增效

措施，合理控制运营成本，使发电公司利润最大化。五是围绕“能发电、能送电、能卖电、能回收”，狠抓发电量指标和电费回收，开展电力营销工作。

（五）建立全面风险管控体系，有效防范海外项目风险

1. 建立海外投资全面风险管控体系

以合同关系为纽带建立经济关系共同体，通过各种合同实现项目利益、风险的再分配。注重事前规范、事中监控、事后问责的全过程监管，建立全面风险管理内控体系，强化决策风险控制、建设运营风险管控，提升海外投资风险管控能力。一是规范决策流程，从源头上控制项目风险，对投资环境、收益、运营等关键环节严格把关。二是强化海外项目投资审核机制，对备选海外项目进行审核和选择，提高项目决策的科学性与准确性，确保合理的项目投资回报。三是向中国出口信用保险公司投保海外投资保险，防范和规避政治风险。四是从国家政策和合同约定入手，双管齐下进行汇率及汇兑风险管理，规避融资风险。五是聘请国际知名事务所进行税务咨询和筹划，开展税赋政策尽职调查，降低税收法律风险。六是深化项目研究分析，完善资产估值，提高报价的精准性。

2. 强化项目建设运营全过程风险管控

一是为海外各项目配备法律风险专员，严格遵守所在国的法律法规，严格审核合同履约、劳务用工等方面的风险，提高全员的守法经营和风险防范意识。二是制定了公司境外资产建设运营管理办法，确保所有项目操作规范、运营平稳。三是建设期选取集团内部综合能力较强的工程公司作为 EPC 承包商，规避施工风险。四是在运营期选择集团内部专业运营公司作为电站运营商，保证电站的安全稳定长周期运行。五是针对运营涉及的关键指标开展监测分析，实现实时掌控和异动预警，增强了对海外资产的在线监控能力。

（六）多措并举打造一体化坚强保障体系

1. 构建绩效考核奖惩机制保障

紧密结合设计建设运营一体化管理和业务特性，按照差异化、时效性原则，构建涵盖公司总部部门平衡积分卡、项目公司经营业绩责任考核、员工全面绩效考核三个层次的多维度、多要素全面绩效考核体系，强化收入与绩效紧密挂钩的分配激励机制，发挥绩效考核的激励和约束作用。

2. 打造国际化复合型人才队伍

把海外项目作为国际化人才培养基地，通过各类专业培训、项目实践，加速国际化、复合型专业人才队伍团队建设，为海外投资项目的开发建设储备人才。一是推动岗位分析和胜任力模型建设，打通员工职业生涯发展通道，推动中高级人才本土化。二是持续完善“一石三柱”培训体系，即以内部培训为基石，以领导力培训、职（执）业资格培训、专项业务培训为支柱的员工培训体系。三是建立内训师队伍，突出内容的实用性、操作性，有针对性地开展业务培训。四是开展“导师带徒”，对新员工进行“一对一”培养，对新到项目的海外员工，从语言能力、商务交往、风俗习惯等方面开展多层次的培训，使他们尽快融入海外团队。

3. 精心培育以“海文化”为核心的特色企业文化

围绕品质型、效益型、活力型“三型海投”建设，精心培育以“海文化”为核心的多元特色文化。一是注重顶层设计：制订文化规划、管理细则和评价内容，编印文化手册、宣传画册等。二是加强载体建设：统一形象标识，统一工装，推进商务礼仪标准化。三是开展主题活动：组织文化建设年、文化研讨会等活动，得到员工的充分认同和积极响应。四是丰富文化内涵：积极建设“海文化”，用文化理念规范行为、统一思想、凝聚力量，以跨文化融合推进本地化经营和属地化管理上水平。

4. 履行社会责任，积极推动本土化建设

公司项目运营期大多在 30～40 年间，外籍员工占到 30％～70％，公司坚持“绿色发展，科学开

发”理念，依法依规推进项目本土化经营。一是建立区域平台公司，在项目建设、属地化经营、财务管理、税务筹划等方面做到统一对外，各参建单位之间实现信息资源共享，降低经营成本。二是加强与使领馆、商会、当地政府、中方机构、红十字会的沟通与联系，为海外投资项目发展营造良好的外环境。三是积极履行社会责任，老挝各子公司、柬埔寨甘再项目公司坚持为当地政府、学校、慈善公益组织捐赠物资、修缮房屋、架桥修路，在水电站库区放养鱼苗、植树造林等，保护项目周边的生态环境。四是重视当地雇员的聘用管理和技能培训，提高当地员工的素质和能力，在建好项目的同时促进当地社会经济发展。

5. 发挥党建优势，凝聚参建各方形成合力

电建海投公司成立海外项目联合党工委，发挥党建在海外项目建设管理中的积极作用，实现“四个统一”，即统一组织模式、统一资源配置、统一对外宣传、统一活动载体，提高建设效率、塑造良好形象，凝聚各方力量，实现高效协同，推动项目顺利建设。实施惩防体系五年规划，对老挝区域、卡西姆、甘再等海外项目组织开展专项检查、效能监察，健全反腐倡廉联席制度，构建海外廉洁风险防控联动机制，为公司持续健康发展提供坚强的政治保障。

三、依托集团全产业链优势的海外电力项目“投建运一体化”管理效果

（一）优化资源配置，取得良好的经济和社会效益

电建海投公司探索出适用于中资企业的海外电力项目“投建运一体化”管理新模式，规避传统模式的弊端，解决海外电力项目开发的诸多难题，有效降低投资风险和建设成本，项目可预期投资收益增加。目前，电建海投公司已建成投产项目 7 个，建设的项目 3 个，在建项目进度、质量、安全、成本和环保“五大要素”有序受控，投产项目运营稳定、效益可期。企业的控制力、影响力、抗风险能力和国际竞争能力持续增强，海外国有资产实现了保值增值。

电建海投公司主要经济指标连续 3 年实现两位数以上增长，全面超额完成生产经营任务目标。2014、2015、2016 年实现营业收入、利润总额、资产总额分别为 27.63/31.51/46.56 亿元、2.86/3.73/4.10 亿元、152/195.49/273.2 亿元，在集团经营业绩和管理评价考核中处于前列。公司荣获“中国走进东盟十大成功企业”；柬埔寨甘再水电站和老挝南俄 5 水电站先后获得中国建设工程“鲁班奖”，被评为“2016－2017 年度国家优质投资项目奖”。

（二）推动集团转型升级，推动中国技术、中国标准和中国设备走出去

海外电力“投建运一体化”管理模式的应用，为集团公司带来总计约 200 亿元海外业务收入，中国电建国际国内权威排名大幅攀升，位居美国工程新闻纪录（ENR）全球工程承包商 250 强第 5 位，相比 2012 年大幅上升了 9 位。电建海投公司通过实施海外电力项目“投建运一体化”管理，进一步发挥产业链的整合者、转型升级的驱动者、市场波动的平衡者的作用，为海外客户提供全产业链集成、整体解决方案，推动中国电建从建设承包商向建设投资发展商的转变，推动集团转型升级和产业结构调整，有效带动集团公司设计、施工、制造、监理、运营等业务成功实现海外拓展，产品和服务加速向海外输出。如卡西姆项目以 2.7 亿美元的资本金，撬动电建集团成员企业 16 亿美元的设计、施工、监理、装备等出口，带领山东电建等 10 余家成员企业“走出去”，投入产出比达到 1∶6，推动了中国技术、中国标准、中国设备走出去。

（三）履行社会责任，树立中资企业良好形象

电建海投公司紧跟国家战略和“一带一路”倡议走出去，大力推进属地经营和本土化建设。各海外项目坚持绿色环保，依法经营，优先聘用并培训当地员工，采用导师带徒等方式，对当地员工进行培训，提高了他们的技术和技能，为当地培育了一批懂技术、懂管理的水电、火电站建设人才；改善当地就业形势，推动当地经济发展，促进互利共赢和跨文化融合。据不完全统计，仅在卡西姆项目建设期，

每年可为当地提供超过 3000 个就业岗位；在运营期可为当地提供 500 个培训与就业岗位。在推进项目开发建设的同时，认真履行社会责任，积极参与当地公益事业，为当地人民架桥筑路、修建设施、捐资助学等，赢得了当地政府和人民的认同、尊重和支持，有效地推动了项目本土化建设，实现了和谐安全、合作发展与价值共享，增强了中国电建拓展国际市场的重要软实力，树立了中资企业"负责任、勇担当"的良好形象。

（成果创造人：盛玉明、杜春国、蔡　斌、俞祥荣、曹跃生、李　铮、何书海、赵新华、黄彦德、胡胜丰、齐晓凡）

大型汽车集团以服务型制造为目标的转型升级

北京汽车集团有限公司

北京汽车集团有限公司（以下简称北汽集团），成立于1958年，是中国主要的汽车集团之一，在国内汽车行业排名第五位。目前已发展成为涵盖整车（包括新能源汽车）研发与制造、汽车零部件制造、汽车服务贸易、通用航空、产业投融资等业务的国有大型汽车企业集团。北汽集团自成立以来，建立了中国汽车工业第一家整车制造合资企业，中国加入WTO以后第一家整车制造合资企业，收购了瑞典萨博汽车相关知识产权，在汽车行业进入新转折的时代又前瞻性地率先布局新能源产业、通用航空产业等，创造了中国汽车工业的多个第一。2016年北汽集团实现营业收入4000亿元人民币，同比增长15.9%，在世界500强中的排名位居第160位。

一、大型汽车集团以服务型制造为目标的转型升级背景

（一）更好地满足消费者多样化、个性化需求的需要

随着我国经济社会发展，消费者的物质需求与文化需求在量变的积累中不断呈现出质变，并在近年形成了显著的消费升级趋势。在汽车消费领域，一方面汽车正在由过去的小资产品变成消费品，由奢侈品变为必需品，消费者对汽车产品的关注越来越由单一化向多样化与个性化转变；另一方面，随着居民消费水平和消费文化的不断提升，汽车消费者越来越不仅满足于产品本身的功能价值，更多地开始追求围绕出行场景全过程的服务价值与情感价值，更加注重品牌文化，更加注重场景体验。这些都不是传统制造所能够满足的。因此，汽车制造企业不得不顺应消费升级的需求，以需求来带动制造，通过服务将传统制造业转型为面向新时代的服务型制造业。

（二）北汽集团自身发展的需要

就北汽集团自身来说，从发展趋势来看，2014年前后北汽集团整车领域利润率进一步走低，服务板块相对薄弱，亟须服务增值提升单用户贡献。从服务能力来看，当时北汽集团的各服务平台各自为战，网联化建设还无法做到全集团共通互联，制造服务业缺乏统一的平台调配资源，供应链管理还缺乏稳定系统的资源协调途径。另一方面，北汽集团50多年行业积淀在制造和服务领域积累了大量有效资源，在2014年前后就已经形成了开展服务型制造的坚实基础。在制造层面，北汽集团不仅拥有瑞典萨博、德国奔驰的一流技术，还有“越野世家”军车级的精密制造能力；在服务层面，北汽集团鹏龙打通传统车全产业链，北汽集团新能源覆盖新兴领域全场景等，都是北汽集团进一步向服务型制造转型的有力武器。所有这些都为北汽集团在2014年开始进行以服务型制造为方向的转型升级提供了良好的基础条件。

二、大型汽车集团以服务型制造为目标的转型升级内涵和主要做法

北汽集团构建“智·慧（SPIRIT）模型”，全面围绕用户需求，倾力打造符合市场需求的产品与服务，通过大数据与智能化技术实现产品、服务、制造各个环节的大数据互联互通，以多个关联性服务业以及创新型产品获取市场数据，以大数据等智能化手段分析数据、发现需求，以智能制造、个性化定制等手段落实并满足需求，实现服务与制造相互促进、螺旋上升发展，带动北汽集团整个产业链转型升级，产出与利润均迈入新的增长阶段。主要做法如下。

（一）战略引领，顶层设计

1. 明确服务型制造转型升级目标

在企业使命方面，北汽集团提出将汽车制造商定位转变为出行解决方案供应商。在战略目标方面，

北汽集团调整发展方向，促进服务与制造相融合，围绕出行场景，开展出行服务，服务消费者的同时挖掘市场需求，最终通过智能化手段满足市场需求。在财务目标方面，计划到 2020 年实现营业收入 6200 亿元，利润总额 400 亿元，其中服务与金融板块占收入和利润的比重分别达到 15%和 25%，资产证券化率达到 90%以上。

2. 明确服务型制造转型升级的整体思路

在具体的发展策略上，北汽集团提出以数据管理为基础的制造与服务相融合的发展模式。具体来说，就是在需求层面以智能化的产品和网联化的服务为基础，将产品和服务变成市场的触角，变成消费者各个维度需求数据的搜集者和"传感器"，在提供产品和服务的同时获取消费者数据，并将数据反馈给企业数据中心，作为下一步研发、生产制造的现实依据。

在制造层面，北汽集团一方面基于来自需求层的数据，通过 VOCe+、众创研发等项目充分形成产品预言，使产品从最初始的状态就反映出消费者的本质需求。另一方面，北汽集团通过对工厂的智能化改造，使得制造环节不断反馈数据，形成工业大数据，精确控制生产环节，准确预测生产问题，高效实现生产业绩。结合消费者大数据和工业大数据，北汽集团积极推动大批量个性化生产，高效全面地服务消费者，将传统的制造转变为基于服务的制造。以数据为媒介，北汽集团基于服务的制造和基于制造的服务相互沟通，共同促进，最终实现服务与制造深度融合。

（二）产品为先，满足多样化需求

1. 打造差异化越野车产品

越野车是汽车综合能力的集中体现，在消费升级的市场背景下，越来越多的"越野一族"加入使用专业级越野车的队伍中来。作为北汽集团的传统项目，越野车同时又是当前自主品牌市场的空白。因此打好越野车市场，对北汽集团而言有着"四两拨千斤"的市场效果。瞄准这一目标，近年来北汽集团着力开发 BJ 系列越野车产品，搭载大功率高性能发动机和高品质零部件，采用前双横臂和后整体桥式悬架系统，搭配四驱系统与差速锁，设计上以朴实的直线风格凸显硬朗气质，为有越野需求的用户提供内外兼修的实力产品。由于拥有过硬的技术实力和品质基础，北汽集团越野车不仅受民用市场所欢迎，更是获得军方采购的认可。2017 年香港回归 20 周年阅兵式和建军 90 周年阅兵式，北汽集团 BJ80 荣耀地成为领导阅兵"座驾"；与此同时，在 2017 年热映的爱国主义电影《战狼 2》中，北汽集团 BJ40 更是随同影片拍摄驰骋疆场，充分展现北汽集团越野车产品的市场认可度。

2. 构建层次健全的乘用车产品体系

随着消费升级在我国市场上愈演愈烈，乘用车市场呈现出典型的周期换代现象。上汽集团五菱品牌车主更换产品更青睐上汽集团旗下高一层级的宝骏品牌就是这方面的典型代表。因此，构建阶梯递进型的产品体系，是汽车行业以最小的成本获得最大销量的重要手段。以此为基础，近年来，北汽集团倾力打造系列化的乘用车产品线。在豪华车领域，北汽集团与德国奔驰合作，打造北京奔驰系列产品，从轿车产品的 C－class、E－class 到 SUV 系列的 GLC 和 GLA，为豪华车市场提供品质与尊贵的双重保障。在中高端领域，北汽集团提供合资品牌北京现代和自主品牌北汽绅宝双线产品，以不同的文化风格满足当前中国最主流市场的用车需求。在中低端领域，北汽昌河、北汽银翔和北汽威旺构成的中低品牌阵营，充分下沉渠道，在三线以下城市和农村市场大展宏图。通过系列产品线构建，北汽集团成功实现对乘用车市场周期换代产品的全覆盖。

3. 完善商用车产品谱系

商用车是未来物联网的重要组成环节，市场占有率越高、覆盖范围越广泛的商用车产品体系，不仅意味着拥有商用车市场的价值，更意味着对未来物联网时代重要节点的掌控。近年来，备受关注的三一重工"挖掘机指数"正是这方面的典型案例。以此为目标，北汽集团近年来大力发展商用车，北汽福田全面实现包括重卡、轻卡、商务汽车、客车以及各类工程机械车在内的完整商用车产品体系，同时积极拓展商用车智能网联业务，目前依托人工智能、物联网等技术的无人驾驶卡车、互联网超级卡车均已面世，为商用车市场的全面进化创造条件。

4. 保证新能源汽车先发优势

新能源汽车是北汽集团高科技新兴产品。同时新能源汽车由于其本身的特征与智能网联天生具有强关联，对服务天然具有强需求，是制造与服务相结合的典范。以市场为导向，北汽集团一方面按照“大中小、高中低、234”的原则进行技术与产品规划，车型级别从A00级到B级，续航里程从200、300到400公里，形成产品“梦之队”，用迭代产品打开市场空间。另一方面对电池系统、驱动系统、智能系统及轻量化等核心技术上以及新能源汽车服务进行深度研究，开辟出北汽集团独有的ILINK智能网联系统和智·惠管家服务体系，使北汽新能源持续保持国内领先地位。

5. 开发其他出行工具

除汽车以外，北汽集团抓住消费升级和供给侧改革的时机，主动向高、精、尖领域发展，拓展出行的空间范围。目前在通用航空领域，北汽集团已经拥有P750超短距离起降多用途飞机、AW109轻型双发直升机等多款产品，并积极谋划进军商用无人机市场，为补汽车出行市场之不足，形成出行环节闭环创造条件。

（三）基于智能技术，沟通企业与用户

1. 产品领域智能化

在传统车和新能源车智能网联方面，北汽集团以C80电动汽车为基础进行技术开发，目前已能实现交通标识、信号灯、车辆、行人的识别，相应的车载多传感器数据融合的环境感知技术也已经能够兼容多种激光雷达、毫米波雷达；在人体特征识别领域，目前已能够完成人脸识别、指静脉识别、眼动识别、掌纹识别等多种人车交互方式；而在V2X技术领域，目前已总体技术方案、紧急刹车预警、车辆变更预警、特殊车辆预警、前方碰撞预警等场景的开发，为北汽集团开发前装或后装的智能网联汽车打下坚实的基础。

在全新的无人驾驶与智能汽车方面，北汽集团与百度合作推动“NOVA PLS”战略，在环境感知技术、车载平台技术、V2X通信技术、高精地图定位技术等领域展开深度合作，初步实现产品使用行为数据的记录与分析，其中的智能座舱技术已经在2017年的上海车展展出。

在智能网联系统方面，北汽新能源公司于2015年推出I－LINK系统，在国内首次将4G通信技术应用于车联网系统，同时拥有自然语音识别技术，实现车端与大数据云平台的交互，车与人的交互以及车与手机等其他智能终端的交互。近两年来，北汽集团将这一系统不断完善，将系统能够参与的互动范围扩展到车与充电桩的互联以及车与车的互联等领域，目前I－LINK已经超越单独的车载操作系统，形成一个包含人、车、机、桩互联和车车互联的生态系统，极大扩展了北汽集团的产品终端与消费者生活的接触范围，对北汽集团了解用户行为，不断迭代产品提供源源不断的动力。

在车载智能电子设备方面，北汽鹏龙基于当前用户使用习惯和全新时代背景下汽车更多的应用场景，从WIFI接入、PM2.5监测与空气优化、安全设备、共享设备、多功能物流配送、无人机、增强现实等多个角度开发系列个性化的智能硬件，将汽车电子变成一整套针对车主的“可穿戴设备”，并互相联网，不断分析消费者行为信息，以期不断改进产品，同时使客户车内外各类产品广泛互联，提供给消费者“知心管家”般优质的产品体验。

经过多个维度的智能化设计，目前北汽集团的新上市的汽车，无论是以车的方式直接与消费者互联，还是以手机映射的方式间接与消费者互联，均能够实现与消费者的实时交互，部分实现与汽车与其他智能设备的交互，并在交互的过程中，不断发现新的需求，新的场景，不断为生产制造反馈来自需求端的数据，实现产品不仅满足客户需求，同时服务生产制造的目的。

2. 生产领域智能化

当消费者的行为和需求数据通过产品通道及服务业各业务入口回传至大数据中心，生产制造环节就需要对数据进行加工整理，具体化消费者潜在需求，并通过先进的制造能力对消费者需求快速回应。这需要企业不断整合生产技术资源，提升生产过程的智能化水平。

在这一领域，北汽集团首先打造 VOCe+（聆听消费者声音）系统，在全价值链环节贯彻“以消费者为中心”的发展理念。通过内部来自产品与服务领域的大数据，结合外部大数据仓库，进行顾客定位、顾客需求分析，产品特征分析，为产品研发、生产制造提供各从品牌与产品战略到产品型谱、产品线 DNA 到产品特征定义等各种策略支持，其后通过投放市场的大数据反馈，诊断产品各个策略的偏差，快速反馈消费者声音，高效迭代产品，使产品的生产制造围绕客户需求展开，实现市场收益的最大化。

为了进一步提升消费者的参与度，进一步把握消费者需求，最大限度地将全球范围内创新资源为我所用，北汽集团倾力打造众创研发平台。在该平台上，北汽集团定期发布相关研发任务，由企业外的用户和企业内的工程师分别参与完成任务并由平台回收多个任务方案，评审团队和市场用户分别在线下和线上展开评审，筛选出排名靠前的任务方案，最终交评审团队线下评审，选出最符合用户需求和技术需求的方案，交由平台发布，实现用户、技术、品牌营销等多目标的共同达成。

为了使根据消费者需求研发的产品真正满足消费者对品质与体验的严苛要求，进一步打磨产品工艺，提高生产效率，北汽集团同时投入智能工厂的推广建设工作，目前北汽集团与德国奔驰合资建设的北京奔驰工厂，已经达到工业 4.0 水平。与此同时，北汽海纳川零部件工厂、北汽新能源常州工厂等也纷纷在不同程度上投入智能工厂建设，为北汽集团更高效率满足用户需求提供根本保障。

在北京奔驰的智能工厂中，北汽集团大量采用基于嵌入式 Internet 技术和无线通信技术进行模块与模块之间，设备和设备之间，系统与系统之间的通信和信息交流，实现设计、生产、物流、销售、服务等业务领域信息化管理的综合集成。通过建设智能化的产品信息系统，将订单管理，BOM 管理，产品数据管理，产品生命周期管理，变更管理等，进行无缝信息化的集成，最终达成六个方向的生产智能，包括智能计划排产，智能生产协同，智能资源管理，智能决策支持，智能质量过程管控，智能的设备互联互通等，催生传统的制造业生长出个性化定制等全新的业态。

在推动智能制造的过程中，北汽集团围绕消费升级中日益个性化发展的消费者需求趋势。大力推进 C2M 个性化定制商业模式。以智能化的方式实现客户与厂商的信息透明沟通，供应商与厂商的信息集成与即时互通，实现厂商价值链的整体集成，改传统的人工驱动为信息驱动，减少过程库存，提高自动化程度，最终通过物联网实现个性化订单的批量化生产，高效率地满足客户个性化需求，将传统的制造业转变为“基于服务的制造”。

（四）互惠服务，实现企业与消费者共赢

1. 出行服务

围绕出行需求，北汽集团整合集团内的全部出行资源，包括北汽鹏龙及北汽新能源出租车平台，形成多种购车、租车渠道的汽车租赁平台和二手车平台，新建北汽车咖出行平台，北汽华夏出行公司，为消费者提供从一次性购车，到中短期租车，再到单次打车等在内的各类出行服务。

2. 出行工具服务

出行工具的服务是对北汽集团提供的全部产品的服务价值延伸。围绕这一领域，北汽集团开展从零部件供应到汽车销售再到维修保养等一系列服务。在零部件领域，北汽海纳川整合优质资源，围绕出行工具——汽车的生产和维修保养，提升自身系统化解决问题能力，逐渐由单一的零部件供应商转型为出行工具解决方案供应商。在销售领域，围绕从一次性出行到短租、长租再到购买整车等不同的“出行购买行为”，北汽集团推出一揽子金融方案，帮助消费者以最适合自己特征的方式购买北汽集团的出行服务。在维修保养领域，北汽鹏龙推出“黑马”养护服务、二手车电商等全新的服务平台，竭尽全力解决针对车的服务。在北汽集团的新产品通用航空领域，北汽集团不仅为出售的飞机提供全生命周期的保养服务，还提供包括飞行员培训等在内的一系列增值服务，使消费者在出行工具的使用上实现真正的后顾无忧。

3. 出行生活服务

除了直接面对出行的一系列服务，北汽集团还为消费者解决出行过程中生活上的种种问题，开发出各种便捷化的服务解决方案。2016 年，北汽鹏龙成立后市场统一的 APP，建立“北汽后花园”服务系统（以集团资源为基础，具有关联性和互通性的多个服务业组合生态）。在物流方面，北汽鹏龙帮助有自驾游需求的消费者以个性化的方式实现汽车物流，异地取车等业务；同时针对当前养宠物家庭众多，宠物成为家庭出行后顾之忧的难题，提供宠物寄养等服务，不仅提供消费者出行服务方案，还为消费者出行过程中种种生活问题提供个性化的解决方案。

4. 出行娱乐服务

消费者出行往往都有娱乐游玩需求。如果解决出行问题的同时，能够高效可靠地帮助消费者满足娱乐需求，也能够大大减少消费者再度寻找服务的时间，提高用户满意度。围绕这一方向，北汽车咖出行推出从出行到地方性旅游的一站式服务；北汽集团旗下通用航空公司，针对消费者“出行”环节之后的“娱乐”与“游玩”生活场景不断开发各种服务方式，目前已经成立的泛太平洋跳伞俱乐部即是这方面的典型代表。

（五）互联互通，推动服务智慧化

信息化时代向智能化时代转变的重要一环即是大数据分析。而能够支持深度学习等智能化分析的大数据，一定是多环节、多维度的海量数据。对北汽集团来说，除了通过产品智能化获得消费者行为数据外，另一个重要的数据来源就是服务市场，通过服务消费者深入地了解消费者需求，搜集相关数据形成顾客行为画像，为制造环节向智能制造升级提供源头活水。

为了实现这种对数据的掌握，北汽集团在服务生态的每一环节均进行“互联网+”。在出行服务层面，北汽华夏出行与车咖出行两大出行公司均提供网约车服务，使客户行为数据充分在数据库中沉淀；在出行工具服务层面，北汽鹏龙的维修保养平台推出电商模式，北汽集团的销售渠道普遍采用 IDCC 网络营销，并在部分销售网点开展 VR 营销。北汽新能源的充电桩业务配备与智能网联系统相联系的“智惠管家”APP，使电桩发现以及充电的整个过程成为人、车、机、桩智能互联生态系统中的重要一环，为消费者提供便捷的同时，也使新能源公司能够通过多维度用户数据，构建立体化的用户画像，更精准地发现用户痛点，不断为用户提供更满意的产品与服务。

在出行服务生态圈的整体整合层面，北汽鹏龙是通过统一化的鹏龙 APP，将大服务体系纳入移动互联网管理。在该 APP 的整体构架中，经销商、车友圈，以及潜在消费者个人通过选车、修车、二手车置换、购物、自驾出行、汽车租赁、医疗咨询乃至宠物服务等全方位服务联系在一起，不但使北汽集团不断挖掘围绕 4S 店的各类潜在需求，实现服务增值；更是将每一次通过鹏龙 APP“触网”的客户通过各个角度记录下他们的行为习惯和需求特质。在充足的数据量支持下，北汽集团将可逐渐实现预测性生产，从而逐步引领整个行业。

通过多圈层服务业务的构建，并将这些业务联网，北汽集团获得大量消费者行为数据。由于这些数据来自各种不同层次、不同维度的服务消费，北汽集团将能够实现比百度（单纯搜索型用户数据）、汽车之家（单纯汽车论坛数据）、微信（纯社交型数据）等外部数据库更立体、更有结构性，从而也更有价值的用户大数据。通过这些数据的分析建模，北汽集团的研发制造将更有效率，更具智能化特质。由此，北汽集团的多圈层服务已经超出传统服务业的范围迈入以大数据为基础，以智能化为手段的新阶段。

(六) 完善组织构架，保障制造与服务深度融合

为了实现对产品、服务、制造三个领域的大数据统一调配，综合分析，北汽集团成立数字化委员会用于协调各个部门的数据。在数字化委员会的基础构架部分，北汽集团联合外部机构共建云平台与大数据中心，IT 人员负责其基本的运行维护和开发工作。在应用层面，北汽集团将整体业务，划分为研发、制造、供应链、产品与销售五大部门，统管各个口径数据的上传与数据决策的传达，其中研发部包含从新技术研究、众创研发平台到各车型开发项目的相关数据；制造部主要涉及生产、制造的各个环节，负责各工厂的数据监控和调配；供应链部门逐步实现对供应商体系的统一协调管理和数据调度；产品部则关注以产品作为物联网接口的数据收集、分析和管理；销售部则更广泛地包含从销售到服务的整个环节。数字化委员会的决策层为集团高层，通过对数字化的全局把控和掌握，实现管理决策的科学化和智能化，秘书处则负责在高层的指导下开展具体的管理工作。

在数字化委员会的推动下，北汽集团的组织机构随之发生变革，传统的直线式部门管理，由于数字化管理的加入成为矩阵式结构。在垂直事务方向上，各部门以部门长为中心开展工作，处理日常事务；在横向数据协调沟通上，各部门以大数据工作组为组织形成跨部门数据沟通。跨部门事务的协调、决策与争端解决则由数字化委员会统一负责。由此形成北汽集团围绕大数据中心的矩阵式管理结构。

通过数字化委员会的构建，北汽集团以数据的方式将整个集团的产品、服务和制造融合在一起。通过在服务端推动“互联网+”，产品上实施智能化，实现服务与产品使用过程中的大数据搜集，积极为制造环节提供客户需求的大数据；通过对消费者数据的把握，引进智能化技术，使制造的全过程更加贴近消费者。两者通过消费者对出行的需求这一关键因素紧密结合，推动北汽集团的产品与服务不仅为服务消费者而存在，同时也为了服务制造环节而存在，更好地实现为了满足消费者需求而制造，从而将服务和制造深度融合，实现了北汽集团从传统制造业向服务型制造企业的转型。

三、大型汽车集团以服务型制造为目标的转型升级效果

(一) 提升了企业经营管理水平

通过系统化、体系化的转型，北汽集团产品与生产能力快速升级换代，智能化水平不断提高，发展效率显著提升。转型之初存在的服务平台各自为战，网联化建设还无法做到全集团共通互联，制造服务业缺乏统一的平台调配资源，供应链管理还缺乏稳定系统的资源协调途径等问题有效得以解决。过去三年来，北汽集团全员劳动生产率由 2013 年年底的 264.48 万元/人·年，上升到 2016 年的 323.02 万元/人·年，上升 22.13%。而随着管理效能的提升，近些年北汽集团也获得了一批管理类奖项，其中包括“金紫荆”最佳上市公司领袖奖，北京市第 29 届企业管理现代化创新成果一等奖以及中国企业管理最高奖“袁宝华管理金奖”等。

(二) 获得广泛认可，推动社会发展

经过三年的发展，北汽集团创造经济效益的同时，也创造了巨大的社会效益。在科学技术方面，整个转型过程中北汽集团在智能化、轻量化、新能源以及汽车整体技术方面积累了大量的技术成果，获得了“北京市人民政府质量管理奖”“中国汽车工业科学技术奖一等奖”“石川馨一狩野奖”等一系列奖项，为我国汽车工业和汽车智能化技术积累做出了显著的贡献。在商业模式方面，北汽福田牵头成立的全国首家“汽车物联网”不仅为本企业效力，而且优化行业的运行；北汽新能源“绿色智能出行生态圈”不仅服务自己的产品，还为整个产业提供便利。在节能环保方面，整个转型的过程中，北汽集团持续降低能耗，不断推动节能减排。据测算北汽集团 2016 年年底万元产值能耗只有 0.019 吨，比 2013 年

再降 17%，只有全国万元 GDP 能耗的 1/30。同时通过 8 万余量纯电动汽车销售，仅在二氧化碳减排上就能达到 4 万余吨，为全国节能减排、环境保护做出了显著的贡献。

（三）支持了企业快速发展，创造显著经济效益

北汽集团成果实施 3 年来，在经济效益上取得了显著的成绩。转型之初存在的利润率走低，服务板块薄弱，单用户贡献度低等问题得到了有效的解决。首先是产业结构领域，北汽集团构建了以产品为核心的智能化体系和以服务为核心的网联化体系。

在这个过程中，服务业能力不断提升。2013 年至 2016 年，北汽集团服务贸易收入由 169.1 亿元增长到 418.9 亿元。在利润方面，北汽集团服务贸易由 2013 年的 6.2 亿元增长到 2016 年的 18.7 亿元，增长 2 倍以上；2014 年以来增长率直线上升。伴随着服务化对整体结构的贡献，集团的整体实力也得到不断提升。2016 年全年，北汽集团全球 500 强排名一跃进入第 160 位，产销量达到了 284.7 万辆，营业收入突破 4000 亿元，比项目实施前的 2013 年分别增长 30%和 52%。项目的实施显著增加了北汽集团的用户量和单用户贡献，为集团不断提高竞争力打下了良好的基础。

（成果创造人：徐和谊、张夕勇、孔　磊、杨　钧、李春华、王刘芳、刘　乐、于晓艳、张　健、冯彦彪、张　旭）

创新引领的大型现代煤制油化工基地建设与管理

神华宁夏煤业集团有限责任公司

神华宁夏煤业集团有限责任公司（以下简称神宁集团）是在原宁夏煤业集团有限公司基础上，合资成立的国有能源化工企业，资产总额1412亿元，主营业务为煤炭和煤制油化工，其中煤炭产能7500万吨，煤制油化工产品总规模近1000万吨，是宁夏优势骨干企业。

一、创新引领的大型现代煤制油化工基地建设与管理背景

（一）推进煤炭资源就地转化，延伸煤炭产业链和促进企业平稳健康发展的需要

神宁集团煤炭开采历史悠久，煤炭产能占宁夏全区85%左右。长期以来，由于受陕西、山西、内蒙古等周边富煤省份包围，以及宁夏铁路运输条件的限制，加之企业主要以原料开采、初级产品加工业为主，煤炭产品主要用于发电和工业燃料，不仅产能长期得不到释放，而且资源利用效率较低、污染严重，产业链短，产品结构单一，资源附加值低，企业主要靠拼资源维持经济低水平发展。传统发展的教训使企业清醒认识到以先进的技术为依托，摆脱传统经营模式，走产业结构调整之路，延伸产业链，实现煤炭就地转化，探索和发展现代煤制油化工产业，有效提高煤炭附加值，是推进煤炭清洁、高效利用，实现产业转型升级和可持续发展的根本选择。

（二）构建我国煤制油产业体系，保障我国能源供给安全的战略需要

我国是一个能源生产大国，也是一个能源消费大国。“缺油、少气、富煤”的资源禀赋，决定了我国在较长时期内将保持以煤为主体的能源结构。一方面，煤炭是一种污染较为严重的燃料。采用创新技术发展现代煤化工产业，部分替代我国石油和天然气的消费量，促进石化行业原料多元化，为国家能源安全提供战略支撑，为石油安全提供应急保障，符合国家产业政策，同时也符合国家当前能源供给侧改革战略。

（三）宁夏地区全面建成小康社会和维护少数民族地区社会稳定的现实需要

煤炭是宁夏的优势矿产资源，但相对周边其他几个产煤大省，宁夏所处的地理位置相对偏僻，外运受限。因此，按照就地转化的思路，利用丰富优质的煤炭资源，以及便利的交通、连片的荒地、良好的环境容量、水资源，以及大型陕甘宁气田等得天独厚优势条件，建设一批大型现代煤制油化工项目，把资源优势转化为经济优势，并带动相关产业发展，是宁夏经济实现跨越式发展、全面建成小康社会的战略性选择。正是在这种大背景下，宁夏回族自治区党委、政府在2001年提出建设包括大型煤炭基地、火电基地和煤制油化工基地为主的宁东能源化工基地宏伟构想，并将此作为全区“一号工程”，举全区之力予以推进。

二、创新引领的大型现代煤制油化工基地建设与管理内涵和主要做法

神宁集团面临着无任何煤化工人才储备、无任何煤化工核心技术、无任何煤化工项目建设与运营管理经验的“三无”困难与挑战。在大型煤制油化工基地规划与建设中，企业积极坚持规划先行，大力推进创新驱动，集聚多种资源优势，激活内生动力，既保障了基地总体规划的科学性、先进性和前瞻性，同时也攻克了成套的世界级煤制油化工关键技术难题，有序推进了基地项目群成功建设，探索和积累了可供借鉴、推广的大型煤制油化工基地建设模式。主要做法如下。

（一）科学论证，规划先行，明确基地建设运行的原则、思路和目标

1. 基本原则

立足宁夏的区位和资源优势，顺应国家能源发展战略，以创新为引领，按照“产业园区化、装置大

型化、生产清洁化、产品多元化、品质高端化”的原则，大力推进资源优势向经济优势转化，提升企业发展质量，增强核心竞争力，实现可持续发展。

2. 发展目标

打造产业集群、技术集聚、人才集中的低碳、清洁、安全、高效的世界级现代煤制油化工基地。

产业集群。就是建成一批以煤制油、煤基烯烃为主导的现代煤化工大型项目，进而形成一系列以烯烃、调和油品为基础原料的煤制油化工下游产业链，实现产业一体化、高端化、差异化发展；同时，建成与项目配套的技术开发与转化、“三剂”开发与生产、装备制造、专业化服务等相关产业体系。

技术集聚。就是建成具有引领世界煤化工技术的，集技术研发、产品开发、工程设计于一体的高科技孵化基地；与全球知名科研机构合作建立技术研发平台，形成一批具有自主知识产权的专有技术，发挥煤制油化工技术的集聚效应。

人才集中。就是通过基地的建设，引进、培育和造就一批高素质的项目建设、运营管理、技术开发人才队伍；立足基地，着眼高端技术，借助信息网络，与国内外有影响力的科研院所、专家和团队，开展广泛的交流合作，形成煤制油化工“智囊”集中地。

3. 总体思路

以产品项目一体化、公用工程一体化、物料传输一体化、环境保护一体化、管理服务一体化的“五个一体化”为主导、技术创新为支撑、管理创新为手段，优化整合产业要素，形成产业共生耦合、物料闭路循环、资源共享、安全环保的发展格局，不断提升能源利用效率。

（二）整合资源，创新驱动，攻克煤制油化工关键技术难题

1. 建立“四位一体”科研管理体系和“需求牵引＋协同开放”的科技研发模式

一是建立以企业技术委员会为决策层，以专家咨询委员会为咨询层，以职能部门为管理层，以研发中心等科研机构为研发层，以各生产单位为成果应用层，以“院士工作站”和“博士后工作站”为支撑，以企业技术中心及国家工程实验室为依托，与外部科研院所、高等院校相互支持的技术咨询、技术开发、技术服务、技术管理四位一体的科技创新管理体系。

二是构建“产、销、研、用”一体化的研发工作体系，立足装置、面向市场，采取“问题＋课题——联合开展科研攻关——应用创新成果——持续技术升级”的“需求牵引＋协同开放”的科技研发模式，聚合全球科技前沿资源，开展工艺、设备、产品等联合攻关，推进成果转化应用，并持续进行技术完善和升级。

2. 引进—消化—吸收—再创新，形成拥有自主知识产权的技术

一是攻克制约25万吨/年甲醇项目平稳运行的技术瓶颈。企业技术人员与国内煤化工领域专家不断探讨，经30余次技术攻关改造，成功实现德士古废锅技术制合成气的工业化应用，全废锅流程发电的净效率达43%～48%（传统煤发电一般为35%～38%），形成具有自主知识产权的全废锅流程水煤浆加压气化技术。

二是攻克制约50万吨/年煤基烯烃项目中的技术瓶颈。企业组建技术攻关团队，开展了5200多项技术攻关和消缺改造。其中开发的新型镶嵌干煤粉气化组合烧嘴全部替代进口烧嘴，有效气含量较原设计值提高3个百分点；开发的MTP国产物料分布器使用寿命较原设计提高了5倍以上；开发的高性能MTP工业催化剂打破国外垄断，价格降低约40%。

3. 协同创新，开发具有自主知识产权的核心技术

联合有关院所，开发了具有自主知识产权的日投煤量2500吨～3000吨的大型干煤粉加压气化技术“神宁炉”。与国内外同类技术相比具有投煤量大、技术指标优、适应煤种广、智能化程度高等优点，达到世界领先水平。

4. 集成创新，形成百万吨级煤制油成套关键技术和装备

采用开放、协同创新方式，与国内 29 家企业和科研院所联合攻关，通过项目的工业化应用，使得国内一批技术与装备制造企业跻身于国际一流。其中实现了中科合成油百万吨级费托合成技术国产化示范应用，打破煤炭间接液化技术国外垄断；开发出了国产 10 万标方大型空分成套技术，使得国内空分技术首次跨入国际先进行列；研发出了国产大厚度临氢 Cr－Mo 钢板、P91 高温管材等特种材料，以及智能控制系统、特种机泵、阀门，各项性能指标均达到国际先进水平。

（三）突出统筹，精细管理，有序推进基地项目群建设

1. 突出项目前期策划，构建项目管理框架

一是树立项目全生命周期管理理念，秉承“标准更高、速度更快、质量更优、投资更省、遗憾更少”的价值追求，统一和提升全体参建人员对大型煤制油项目建设和管理的认识。

二是结合项目规模、工程特点、技术难度、管控风险，构建强矩阵式项目管理组织架构；发挥各装置项目部工程建设主体职能和管理作用，推行实施“模拟法人”的治理结构，实现项目部权、责、利的统一；将 PMC 人员聘用到技术、采购、商务、施工、质量、费控总监等关键岗位，与业主组成了目标统一、高效协同的 IPMT 管理团队。

三是针对项目实施风险，对项目技术选择、总体建设计划、合同策略、资源配置、风险控制等进行反复研究和多方面论证，开展“兵棋推演”，不断优化形成系统的项目执行框架；合理平衡项目建设安全、进度、质量管控和投资控制的关系，灵活运用多种合同模式，创造性地推行“开口 EP＋C”模式。

四是依托信息化手段，建立了以管理标准、技术标准、工作标准为主要内容的综合管理体系，统一各参建单位和参建人员的行为标准；导入进度计划、投资、质量、环境、安全等项目管理要素，建立智能化项目管理平台。

2. 围绕“五大控制”，协同推进项目建设。

一是安全风险预控上，推动安全管理实现“三个转变”：管理对象由事故隐患排查治理向危险源辨识、风险评价转变，管理环节由结果管理向过程管理转变，管理方式由安全检查向体系审核转变。对外委施工单位实行“五个统一、五个一样”：统一推行风险预控管理体系，统一推行安全质量标准化，统一推行班组建设，统一安全培训和教育，统一考核与监管；执行一样的管理，一样的安全标准，一样的安全责任，一样的安全考核，一样的事故责任追究。

二是质量控制上，深入推进“审核＋检查＋考核”的质量管理模式，建立施工、监理、质监方全面参与、各负其责的安全质量联动管控机制；树立“小业主，大监理”的管理理念，充分发挥监理人员现场管理“四控两管一协调”的作用；严格执行图纸会审和设计交底，坚持与设计规范、生产要求、HAZOP 分析三个结合，组织设计、监理、施工、建设和生产单位进行五方会审，提高设计审查质量；在项目工地创造性地开展现场安装地面无土化、器材清洁化、现场条理化、机料定置化、作业标准化、行为规范化和一日一清化的“清洁化施工，无土化安装”活动，对大型机组安装开展了以“整理、整顿、清扫、清洁、安全、素养”为主要内容的“6S”管理活动。

三是进度控制上，按照项目总体统筹计划，狠抓关键路径，细化制订四级节点计划目标，突出计划预警，及时进行偏差分析与纠偏；针对不同时期设计、采购及施工特点，合理调配资源，开展设计、采购、土建、安装、工程收尾等各类会战，加大制约瓶颈攻坚。

四是投资控制上，推行限额设计，制定设计激励政策，鼓励各设计单位深入开展设计瘦身和设计优化工作，从源头加强投资控制；引入业内优秀的工程造价咨询单位，构建工程造价“二级管理、三级审查”管理体系，率先采用“工程量清单＋辅助费率”的工程计价模式，对工程变更推行“申请＋签证”

两段式审批制和变更造价 A/B 审核制，严控变更审批和造价审核。

五是材料控制上，建立了收集、初评、考察、交流、评议、审定、注册、备案的供应商准入“八步法”，严把供应商准入关口；采用大宗材料框架采购和乙供材料限价管理方式，灵活调整采购策略，强化设计与采购的紧密衔接。

3. 严把试车过程管控，高效推进生产试车工作。

一是在策略上制定项目中交管理“九完五交”标准，着力开展“三级三方”（三级：集团公司级、指挥部级、项目部级；三方：设计方、工程方、生产方）为主的“三查四定”工作，系统查找整改工程设计、采购、施工有关缺陷问题，按照清单销项原则，推进项目高标准交付生产。

二是注重生产准备工作的策划与实施，与项目建设进度协同推进组织、人员、技术、物资、资金、营销、安全、外部条件等八大准备，夯实生产试车基础。

三是在组织上成立四级试车领导机构，从技术支持、生产、调度、安全环保、工程保运、物资供应、资金保障、销售、人力、后勤等方面予以全力保障；充分发挥院士等专家组专业技术力量，对项目总体试车方案进行审查，优化完善各类技术方案，研究制定试车过程中重大技术风险控制措施。

四是坚持“程序不能乱、步骤不能少、标准不能降”的原则，开展多轮次安全试车条件确认，积极调动设计院、保运及施工单位等各方力量，全面投入试车工作，严格落实试车方案、技术规程、操作规程，从严执行标准化试车作业包，稳步推进项目试车。

五是建立环境保护“制度、组织、应急救援”三大保障体系，加强试车过程三废排放的在线监测，实现锅炉烟气超低排放，污水近零排放。

（四）两化融合，精益管理，探索“两智一数”基地运行管理新模式

1. 建设数字化车间生产过程智能控制一体化平台

通过建立由生产过程控制网络、数据采集网络异构系统通讯与共享；利用 RFID、GPS、多媒体等技术，建立全面感知的物联网可视化平台；利用 DCS、APC、PID 等控制技术，建立生产操作自动化平台；应用 APS、RTO 等优化技术，实现价值全局最优；通过工艺建模、过程仿真、风险识别、应急指挥、决策辅助等技术与系统，实现从原料到产品、从计划调度到操作控制的多维度、多层次预测，预防事故、优化作业，提高生产组织的预测性。促进两化融合向纵深发展。

2. 建设智能工厂生产管理智能服务平台

基于实时数据库、数字化设计移交等，将工程设计、生产动态、现场多媒体等信息的融合技术与可视化技术，建立统一的工厂数据模型；基于生产执行系统 MES，建立生产管理智能服务平台，实现生产、能源、设备、质量、安全等业务综合集成与流程优化，提高生产管理效率，降低生产运营成本；基于目标传导式绩效管理平台，建立员工绩效评价体系、薪酬奖励体系、员工成长体系、企业文化体系，实现战略绩效、组织绩效和全员绩效的统一。

3. 建设智慧园区综合决策分析平台

通过私有 4G 专网建设，为安防环保一体化应急指挥平台、生产调度指挥平台和物流配送一体化平台，建立园区无线接入环境。通过主数据标准化、数据仓库及智慧云平台建设，建立大数据基础，实现园区企业间的互联互通，协同共享。

（五）文化引领，预控为主，探索构建“11311”安全管控模式

1. 培育安全文化

重点从理念文化、制度文化、行为文化、物态文化四个方面入手，着力培育具有煤制油化工特色的安全文化。

理念文化方面。突出“4+2”理念，倡导“一切生产事故都是可防可控的”“所有隐患都是可以控制的”“泄漏就是事故”“超标排放就是事故”四个理念；把握冰山理论和海因里希法则“两大规律”，引导员工从意识层面认识和把握安全管理规律。

制度文化方面。执行国家相关安全法律法规、行业标准，健全基地各类安全生产管理制度和标准，完善各级安全责任体系，强化安全责任，逐步实现员工“上标准岗、干标准活”。

行为文化方面。从安全行为认知（安全承诺、安全宣誓、领导干部率先示范）；安全行为准则（安全禁令、准军事化管理、员工行为准则、八严禁八必须、九不修）；安全行为激励（目标激励、奖励激励、风险抵押、职务晋升、评先选优、绩效评价等），规范员工安全行为，培养有令必行、有禁必止的执行力。

物态文化方面。以新技术和信息化为支撑，装备现代化为基础，构建“6+2”物态文化。建立安全联锁（ESD）、火灾气体检测报警、应急救援、巡检定位跟踪、内外操培训、移动式检测监控六大系统和绩效管理一体化平台与安全管理信息化两大平台。

2. 构建风险预控管理体系

一是明确体系建设五关系。即职责产生工作、工作产生风险、风险产生制度、制度产生记录、记录支持职责，这五个方面既是因果关系，又是体系接口关系，是认识体系、建设体系的总体框架。

二是“一单五卡”到岗位。“一单”是指《工作任务清单》，“五卡”是指《风险辨识卡》《风险预控卡》《能量隔离卡》《质量验收卡》《应急处置卡》。

三是体系落地“十六化”。推行风险辨识动态化、风险管控分级化、作业操作票证化、应急演练常态化、安全经验分享化、措施落实指述化、安全技能过关化、领导干部示范化、能量隔离上锁化、当班工作日清化、岗位创建完好化、委外管理统一化、责任落实属地化、检修现场标准化、工作场所定置化、生产现场目视化。

四是环境保护控减排、保达标、再利用。通过新技术应用和研发工作，力争污水零排放，最大限度回收再利用废气、废渣。

五是安全教育一培训、二警示、三反思。全员通过套餐、过关和岗位练兵等形式广泛开展安全培训工作；建立安全警示教育基地，每年收集整理七类事故案例，全员开展事故案例警示教育，对三违和事故责任人开展警示再教育；所有人员对照警示教育开展反思讨论，提升员工安全素质。

六是隐患治理一查、二改、三督办。鼓励全员查隐患，隐患整治必须严格按照 PDCA 进行闭环整改；对车间级以上隐患进行挂牌督办。

七是推行“五星五型”班组创建月查、季评、年十佳及交接班“2020 八步法”。对本质安全型、质量效益型、创新驱动型、资源节约型、和谐发展型“五型”班组建设情况进行“五星”月度自查、季度评比，每年对排名前十名的班组长进行表彰，提升班组建设水平。

3. 夯实安全管理基础

就是着力夯实基层建设、基础管理、基本功训练三个基础。

基层建设方面。主要突出车间党、政、工、团、班组建设。

基础管理方面。以岗位责任制为中心，规范生产、设备、安全管理，内容主要包括工作计划、方案、规章制度、记录台账等。

基本功训练方面。以岗位练兵为主要内容，突出过“八关”和“套餐式”等培训方式。

4. 打造高素质的员工队伍

就是着力打造高素质的操作、技术和管理人员队伍。通过岗位练兵、技能竞赛、技术比武、师带徒等方式培养一支优秀的操作人员队伍；通过技术管理、技术革新、技术攻关、科技研发等方式培养一支优秀的技术人员队伍；通过提升责任意识、加强工作作风、提高职业技能、强化创新能力，培养一支优秀的管理人员队伍。

5. 建立安全发展长效机制

按照企业安全发展所必须经历的自然本能、严格监督、自主管理、团队管理的四个阶段，通过制定基地安全发展规划，建立安全发展长效机制，实现“零事故、零伤害”的目标。

在企业发展之初，根据企业安全现状，相继开展了安全基础年、安全基础提高年；体系建设推进年、落地年、达标年、提升年；标准化创建年、达标年、巩固年、提升年。每年突出一个主题，解决一个突出问题，建立量化评估标准。通过四步走，推动由“要我安全”向“我要安全”的质变，逐步从严格管理过渡到自主化管理、团队管理阶段，最终达到本质安全型企业目标。

（六）内培外引，海纳百川，打造一支适应基地建设和运行的多层次人才队伍

一是历经种种艰辛引进一批急需高端人才。十余年来，神宁集团前后引进各类人才1500多人。同时，按照不求所有、但求所用的思路，大力实施“柔性”引进策略，借助院士及其团队技术、智力优势，推动引进技术的消化和再创新。

二是大力培养自有人才队伍。目前，基地已有一支近8000人的煤制油化工领域一流的人才队伍，其中80%具有大专以上学历，硕士、博士近300人。

三是建立健全了公平公正的选人用人机制。引进和培养人才重要，而留住人才更关键。神宁集团始终坚持“诚信引人、感情留人、服务留人、事业留人、待遇留人”，并通过建立健全长效机制，确保各类人才“引得进、留得住、用得好”。

服务留人方面。积极与相关单位联系，协调解决员工队伍特别是外地引进人才队伍的住房、子女上学、配偶就业等问题，消除他们的后顾之忧。

待遇留人方面。参考国内化工企业各类人才队伍收入情况，确定化工队伍的合理收入。对于特殊领军人才，甚至采用一人一标准的薪酬方案。同时，积极构建了目标传导式绩效管理平台，有效将员工的工作绩效与组织的战略目标联系在一起，激活了员工内生动力。

事业留人方面。一方面，积极为高端人才搭建各种施展才能舞台，让其最大限度实现人生价值。另一方面，对班组长、技术员及以上管理人员全部实行“公开竞聘”制度，积极开展了专业技术及操作人才选拔工作，为各类人才成长搭建良好的发展平台，确保人才队伍健康发展。

（七）突出导向，激活动力，探索创建目标传导式绩效管理

1. 建设全目标统一、全指标量化的目标管理体系

一是层层进行目标分解。本着定量指标数字化，定性指标定量化考核的原则，将年度目标层层分解，并与班组和岗位的操作指标（产量指标、工艺指标、消耗指标）紧密结合，将企业战略目标层层分解、传递到员工、岗位，通过指标保目标，目标保战略，实现战略、目标、指标相统一。

二是构建三级计量体系。通过各生产厂的煤、水、电、气、化学三剂输入、产品产出的一级计量体系，厂对车间原料、水、电、气消耗、中间产品产出的二级计量体系，车间对班组产量、消耗、操作三大指标控制的三级计量体系，配置了459块主要计量仪表。

三是构建内部模拟市场机制。建立检维修、分析化验、计量检定、煤质分析及三剂检测等6类4345项定额标准，将辅助生产单位转变为经营单位，形成与生产单位内部交易和结算考核的模拟市场机制。

2. 建设全要素整合、PDCA循环的绩效评价体系

一是建立四级考评架构。建立从公司到厂、厂到车间、车间到班组、班组到个人的四级考评架构。前三级是组织绩效考评，第四级是员工绩效考评。

二是建立 KPI 指标库。根据企业战略目标和年度目标，按照“定量为主，定性为辅”的原则，建立组织五型计分卡（FSC）和员工岗位计分卡（PSC），共涵盖组织绩效指标 19724 项，员工绩效指标 43975 项，形成了从组织到岗位的 KPI 指标库。

三是制定绩效考评标准。结合项目运行实际，编制管理标准 1853 项、技术标准 2543 项、工作标准 1292 项。以三大标准为基础，制定 10 万余条绩效考评标准。

3. 建设责权利相统一、激励约束并重的薪酬激励体系

一是制定组织、岗位调节系数。从业务量、技术难度、管理规模和风险控制等维度，采用优序图法，确定评价维度权重；采用 360°评价法、运用对偶分析法，测定组织、岗位的绩效调节系数。

二是建立薪酬分配模型。依据考核结果，运用组织和岗位调节系数，自下而上汇总形成薪酬分配分值，自上而下分配奖金总量，自动计算出组织和员工的奖金额。

4. 建设价值贡献、和谐共赢的员工成长体系

一是规划三类人才成长通道。操作人员实行技工、技能师等 8 个职业技能等级；技术人员实行三级师、二级师、一级师、专家等 9 个专业技术职务等级；管理人员实行初级、中级、高级的成长发展通道，形成三类人员的职业发展规划。

二是建立绩效档案。以员工日常绩效考核成绩为基准，根据年度获奖、创新和处罚情况进行加减分，形成员工年度绩效成绩，以此为基础建立员工绩效档案，并对同一人在不同时期、不同岗位的绩效进行综合评定。

三是构建员工评价体系。以绩效档案为基础，结合测评、竞聘、培训等成绩，作为员工岗位调整、职称评定、评先选优、职务晋升等各方面的主要依据，为员工创造公平公正的发展空间。

5. 建设 GCP 绩效管理一体化平台

以生产实时数据库系统、本安信息化系统、实验室信息系统等 11 个信息系统为支撑，采用 SQL 数据库、WEB 和 JAVA、Web Service 数据集成等技术，设计绩效分析、奖金兑现、绩效档案等 7 个模型，建立了数据自动获取、自动考评、智能分析的绩效管理一体化平台，实现了从目标管理体系到员工成长体系的全过程管理。

三、创新引领的大型现代煤制油化工基地建设与管理效果

（一）建成并成功运营了国内首个大型现代煤制油化工示范基地

1. 安全管理方面

通过“11311”安全管控模式的推广，来自五湖四海的员工队伍安全意识、安全思想得到统一，员工在作业中从“要我安全”已逐步向“我要安全”转变，从“被动服从”逐步向“主动预防”转变，从“他律”逐步向“自律”“自觉行为”转变。现场隐患，特别是人员不安全行为大幅减少，现场安全管理水平明显提高。安全管理中消除了体系建设与实际执行“两张皮”的现象，总结出一批员工好听、好记、好执行的行为准则，基地事故事件逐年下降幅度达 20%～30%，所有生产单位全部达到国家危化品安全标准化二级及以上。

2. 薪酬激励方面

通过目标传导式绩效管理的应用。一是基地主导产品甲醇、聚甲醛、聚丙烯近五年可控成本年均分别下降 17%、15%、12%，有效提升了企业经济效益。二是运行中控合格率提高 8%，误操作事件下降 30%，有效促进了安全生产。三是绩效考评结果客观真实反映员工真实绩效水平，薪酬的激励与约束作用凸显，有效激发了员工内在动力。四是通过自动监控，员工考评从集中考评变为实时考评，重点工作完成率提高 14%，有效提高了管理效率。五是以绩效档案为基础，绩效成绩优异的 900 余名人员得到岗位晋升，1600 多名人员获得“技师”“金银牌员工”“专家”“劳模”“十佳班组长”等称号。对绩效

成绩未达标的50余名员工进行岗位及岗档调整，搭建了员工公平成长平台。

3. 在项目管理方面

50万吨/年甲醇制烯烃项目建设周期较同类装置缩短6个多月，投资较设计概算降低16%；煤化工副产品深加工综合利用项目投资较设计概算降低26%；400万吨/年煤制油项目安全达1.61亿人工时，投资较设计概算降低12%，仅用39个月建成，且一次投料试车成功；聚甲醛项目获国家“优质工程金奖”，煤制油项目获得“2017年度全国化学工业优质工程”奖。

（二）形成了一批重要自主创新成果

通过实施创新驱动，神宁集团建成了“国家级企业技术中心”“低阶煤清洁转化与应用技术国家地方联合工程实验室”“国家级专家服务基地”“博士后科研工作站”等一批科技创新和人才载体平台。完成重大科技攻关170余项，其中承担省部级以上科技攻关项目30余项，解决了一系列技术瓶颈。共申报专利450项，已授权356项，获省部级以上奖励81项，其中国家科技进步二等奖4项。为公司增值创效50多亿元，其中开发的“神宁炉”在400万吨/年煤制油项目中应用28台，节约装置购置和技术引进费用14亿元，并向美国顶峰集团、内蒙古伊泰集团等技术许可23台，成为首个向国外输出的气化技术；分享了德国鲁奇公司全球MTP技术转让权益的15%，成功实现了从技术引进到技术输出的蜕变。提高了我国在高技术领域的自主创新能力，带动了国内一大批装备制造企业的提升，使得我国具备了向国外成套输出大型煤制油化工技术和装备的能力。

（三）增强了国家能源安全保障能力

基地的建成对大力发展现代煤制油化工产业，推进国家石油替代战略，提高我国能源体系抵御风险能力，抢占后石油时代的技术制高点具有现实意义。煤制油化工产品在其组成、品质等方面有别于石油基油化品。尤其是煤炭间接液化油品具有超低硫、低灰分、低芳烃、直链烷烃多的特点，可生产国内稀缺、高品质的基础油化品，也可以深加工生产火箭煤基航天煤油、特种润滑油、超级柴（汽）油等军需特殊油品，对增强我国国防安全具有重要战略意义。

（成果创造人：姚　敏、邵俊杰、蔡力宏、汤卫林、兰志强、赵　平、王玉芹、罗春桃、温　豹、张玉柱、郭中山、李晓东）

电信运营商间移动通信网络资源的共享服务管理

中国联合网络通信有限公司北京市分公司

中国联合网络通信有限公司北京市分公司（以下简称北京联通）隶属于中国联合网络通信集团有限公司，是北京地区实力雄厚、品牌强劲的全业务电信运营商，服务面积 16800 平方千米，服务人口 2500 多万人，拥有室外室内基站 40000 多个，移动用户 1340 万户、固话用户 560 万户、宽带用户 358 万户，纯移动网络日均数据流量就已达到 1000TB/日。北京联通资产规模近 500 亿元，收入规模、利润贡献多年保持联通集团前列。

作为首都地区主导的全业务电信运营商，北京联通一直致力于为首都党、政、军用户提供值得信赖的重要通信保障服务，为社会各界提供稳定可靠的固定电话、移动电话、互联网、多媒体信息化和增值业务等现代信息服务。近年来，北京联通积极响应中央提出的“创新、协调、绿色、开放、共享”发展理念，打造电信运营商间移动通信网络资源的共享服务管理，努力提升网络性能和服务质量，有效满足首都通信市场普遍服务需求。

一、电信运营商间移动通信网络资源的共享服务管理背景

（一）国家政策大力支持移动通信网络资源共享

移动通信网络资源所需投资巨大，一直是制约服务普及和市场竞争的主要因素之一。从 2G 到 3G，再从 3G 到 4G，老百姓享受到了越来越快捷的移动网络服务的同时，电信网络布局也越来越密集。为争夺基站位置，三大运营商抢占通信设施建设场地，不少地区出现不同运营商在同一地方分别建设铁塔的情况，造成了大量的重复建设和资源浪费。如何通过实施移动通信网络资源的共享，提升网络质量、改善网络服务，是传统电信运营商亟须面对解决的问题之一。早在 2008 年 10 月，工信部就曾发文叫停电信网络资源的重复建设，要求三大运营商积极推动基础网络共建共享。近几年来，移动用户对于网络覆盖要求越来越高，然而运营商的站址资源普遍处于紧缺状态，电信领域的共建共享显得尤为迫切。2014 年铁塔公司的成立将运营商对于基站建设场地选择的权利剥离出来，这无疑是推动运营商移动通信网络资源共建共享的一个新起点。在此契机下，运营商也逐渐意识到，只有主动共享、有效盘活网络资源，才能大幅节省资本投入，从而显著改善网络质量，创造出更多高质量、高价值的通信服务。

（二）落实集团公司战略部署的新要求

2016 年 1 月，为深入贯彻落实“十三五”规划提出的“创新、协调、绿色、开放、共享”的发展新理念，并进一步深入落实工信部、国资委关于电信网络资源共建共享的政策要求，中国联通和中国电信双方签订了“资源共建共享·客户服务提质”战略合作协议，通过开放、共享包括网络、业务和服务在内的各类资源，以及探索业务、资本等各个层面的合作，构建行业发展新业态。为深入贯彻落实集团公司实施聚焦战略、创新合作发展的战略部署，紧紧抓住与中国电信的合作窗口期，集团公司要求各省公司加快合作进度，实现向合作要投资、要效益、要效率，以共享发展资源、优化存量产能、提升服务水平、发挥协同效益、促进两家企业的健康发展。为此，北京联通积极落实集团公司部署，将推进移动通信网络资源共享服务作为战略转型的重要目标之一。

（三）市场激烈竞争推动移动通信网络资源共享

随着移动互联网 OTT 产业的不断发展，通信产业发生了翻天覆地的变化，电信运营商正被从电信产业价值链的高点挤向“流量管道”的位置。从近几年的经营数据可以看出，电信行业业务总量与业务

收入同比增幅差距正逐步拉大，“增量不增收”形象愈发严重。为避免这种情况的恶化，电信运营商应尽快争取客户服务、网络覆盖等竞争优势。但是，2015 年北京联通通信质量覆盖问题投诉占全部客户投诉的 31.6%，居所有投诉问题之首位。因此，在这种市场环境下，积极开展移动通信网络资源的共享服务，在不断增强运营商信号覆盖的同时，也将逐步降低成本支出、减少重复建设、提高设施利用率，这对于北京联通和北京电信在北京市场上快速提升运营能力和客户服务水平具有重要意义。

二、电信运营商间移动通信网络资源的共享服务管理内涵和主要做法

北京联通和北京电信在双方集团公司的统一领导下，以降本增效和更优质高效服务客户为目标，通过搭建企业间协同共享工作机制，建立工单驱动的移动通信网络资源共享服务流程，拓展移动通信网络资源共享服务内容，有效降低了网络建设投资和维护成本，提升了服务质量，率先探索了移动网络资源共享服务模式。主要做法如下。

（一）明确移动通信网络资源共享服务的工作思路及实现路径

北京联通与北京电信以“资源共建共享·客户服务提质”为主题，在北京地区从网络建设、运行维护、市场营销等领域加快基站建设、共享传输网络、丰富终端品类、合作应急通信、分享优化数据等多方面开展深度合作，全面提升网络的服务能力，如图 1 所示。

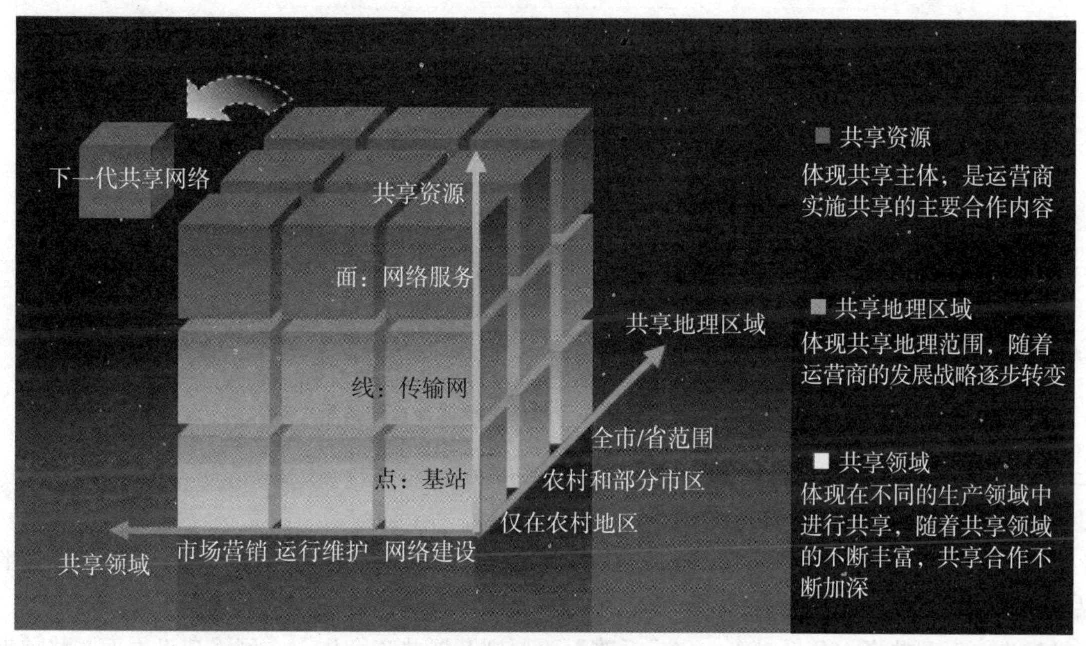

图 1 移动通信网络资源的共享服务思路

为全面落实移动通信网络资源共享，北京联通与北京电信通过签订合作协议、建立工作小组、形成沟通机制、确定议价分摊模式等打造企业间的协同化共享工作机制。通过工单驱动再造企业间投资规划、建设、运维等工作流程，辅以技术手段将工作流程横向贯穿两家企业，从而打破企业间的合作壁垒。最终探索出一条移动通信网络资源共享服务的合作形式——从基站资源共享（画点）到传输资源共享（连线）再到网络服务共享（带面）的全方位共享服务实践，全面提升基础业务价值，开拓发展空间，实现降本增效，提升国有资产运营效率，为客户提供更好的网络和服务，如图 2 所示。

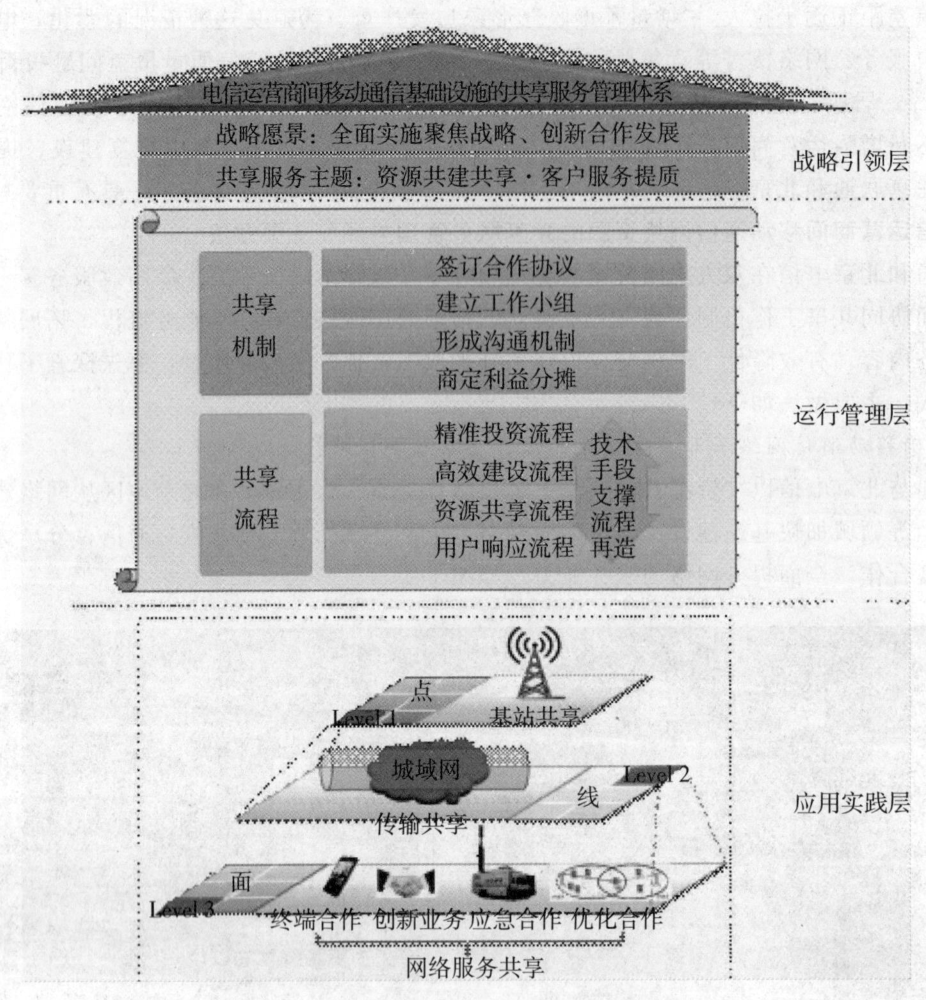

图 2　移动通信网络资源的共享服务管理体系

（二）围绕服务价值提升，建立企业间协同共享工作机制

1. 签订深度合作战略协议

北京联通与北京电信在双方集团公司的统一领导下，2016 年 3 月，北京联通与北京电信举行了"深度战略合作协议"签约仪式。根据协议，两家公司将从网络建设、运行维护和市场营销领域入手，以"积极推进、互利共赢、公平对等、先易后难"为原则开展共享合作。在网络建设方面，将前期移动网宏站、室分深度合作试验的基础与实际情况相结合，在移动通信网络资源的共建共享中实现深度合作，包括 LTE 宏站、室内分布系统以及传送网建设等多个领域。在运行维护方面，双方共同推进移动维护资源的共享，在重大灾害、突发事件、重要保障、网络优化协同以及网络健壮性提升等方面进行合作和共享，以最终达到提升服务质量、改善用户感知的目的。双方将不断借助新技术，积极试验、稳步推进，为两家公司的深度合作及可持续发展探索新模式，奠定更加良好的信息服务环境，支撑"互联网＋"行动计划等推动市场化运作合作。在丰富终端品类、规范移动通信服务、开展创新业务合作等方面积极探索合作机制，联合开展"六模全网通"终端的引入推广。

2. 建立双方合作工作小组

为确保深度合作工作的顺利推进，北京联通与北京电信设置了各级领导小组，由公司领导挂帅，各单位一把手负责，协同推进，重点对合作过程中重大事项、合作原则进行指导和决策。同时双方细化成立了专业工作小组，有针对性的推进共享工作，解决实际问题，包括网络规划建设组、运行维护工作组、市场渠道工作组等。各专业工作小组负责在各自专业领域制定双方合作机制、原则、合作范围及框架方案，指导并组织下属各部门、中心、分公司全面开展深度合作工作，如图3所示。

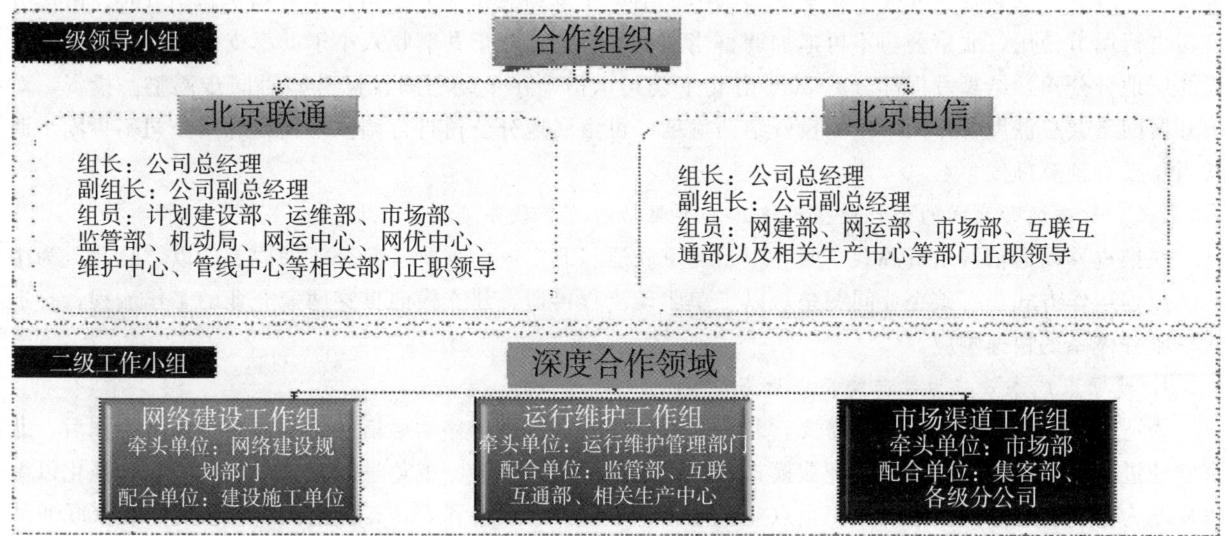

图3　北京联通与北京电信合作小组

3. 建立常态化的沟通机制

北京联通与北京电信为保障移动通信网络资源共享合作领域中各项工作的落实推进，双方建立了常态化工作沟通机制，包括联席会机制、专业组例会机制、合作方案完善机制等。联席会机制。双方联合工作组定期召开联席会，原则上每半年召开一次，或根据工作需要不定期召开。联席会主要研究制定移动通信网络资源共享合作工作总体规划、计划，研究确定双方深度合作工作的相关政策、方案，统筹协调各专业组推进落实。专业组例会机制。在北京联合工作组的指导下，双方建立专业组例会机制，双方专业组联合负责各自专业内的合作方案协商，根据合作原则制定具体执行方案并推进落实。例会机制原则上每两周开一次，或根据工作需要不定期召开。共享方案完善机制。建立共享方案完善机制，根据各自移动通信网络变化和需求变化等情况，双方专业组定期或不定期更新或完善共享合作方案，处理共享合作方案落地实施中的问题。

4. 商定商务议价分摊模式

北京联通与北京电信就财务及税务处理以及预算激励考核政策沟通达成一致，双方下发统一的正式文件，重点内容是会计核算中单独计列与统计网络深度合作取得的收入及支出，并配套资源配置考核激励指引分公司加快、加大网络深度合作。运行维护部门与网络建设部门对具体合作业务类型的定价标准进行探讨，依据原共建共享基本定价规则形成双方认可的基本定价标准，设定具体定价的合理区间。

北京联通与北京电信的业务合作主要包括机房及配套资源合作，传输线路资源合作，基站资源合作，室分资源合作以及应急通信资源合作等。原则上共享资源定价采用孰低原则，若租用资产有市场价格或政府指导价，则以市场价格或政府指导价为准，但定价不超过提供给其他用户的最低价；若租用资产没有可参考的市场价格或政府指导价，对于双方共享设备的，总体原则为依托设备年折旧费用作为标准并摊销至月，按照共享数量进行均分，并通过折扣系数对锚定方给予一定倾斜，对于非共享设备在上述原则中剔除共享均分。资源共享收入确认原则上按照“开通当月不计收、次月开始计收”执行。为调动北京联通下属单位对该项工作的积极性，特从收入、利润、投资等方面设置考核目标与奖励。收入，属地分公司在开展网络共享合作中取得的共享收入全额作为分公司主营业务收入，北京公司不再另行额外追加当期收入预算目标。此外，为实现有效激励，在年度收入预算考核时，对因开展网络共享而取得的网络资源租赁收入按照收入的“1+奖励系数”倍计算纳入目标考核。利润，对于开展网络共享深度合作中，所取得的共享收入大于共享支出、出现结算净盈利的属地分公司，结算盈利部分100%由该分公司自行调节使用，北京公司不再追加调整当期利润目标。对于共享收入小于共享支出、出现结算净亏损的属地分公司，结算亏损部分的50%由北京公司承担，在年度利润目标考核时同步调整。投资，对于开展网络共享深度合作而产生的投资结余额度，可由属地分公司自行调节使用，北京公司不再同步调减当年投资预算额度。

（三）打破运营商间的合作壁垒，建立工单驱动的共享服务流程

在推进移动通信网络资源共享服务中，北京联通与北京电信需要改变企业间原有的以“自我”为中心的流程运作方式，打破企业间壁垒，以工单驱动流程再造，建立横向贯穿两家企业的工作流程，打造共享服务体系的快速响应。

1. 建立以成本效益为导向的精准投资流程

为适应当前市场变化和战略需要，北京联通与北京电信进行移动通信网络资源共享深度合作后，北京联通进一步优化网络资源投资配置模式，打破过去着重以网络侧视角进行投资规划的模式，强化以聚焦战略为指引，投资向重点区域、重点业务倾斜，加强共享项目和capex管控，以规划期中北京联通共建共享需求分析为基础，深入分析规划期对共建共享可能产生影响的因素，结合对规划期间政府管制政策的发展趋势判断，制定共建共享目标，建立投资规划模型。

电信负责北京的北部四区	昌平区
	顺义区
	延庆区
	怀柔区
联通负责北京的南部六区	门头沟区
	房山区
	大兴区
	通州区
	平谷区
	密云区

开展情况	室外共享站址分布	
	共建-电信承建	共建-联通承建
2016年开通	25	25
后续继续推进	51	14

开展情况	室内覆盖共享分布	
	共建-电信承建	共建-联通承建
2016年开通	101	33
后续继续推进	855	533

图4 移动通信网络资源共享分布情况

按照共建共享模型的精准规划，北京联通与北京电信在北京市开展了室外基站与室内基站的广泛共享合作，并持续按双方划定的区域合作建设（如图4所示）。室外基站。电信联通共享的楼宇主要集中

在怀柔、昌平、平谷、密云区域，主要场景为乡镇、行政村。其中昌平共享比例较高，2017 年共享与建设任务比例达到 21%。室内基站。2016 年电信联通共享的楼宇主要以住宅楼宇为主，2017 年电信联通共享的楼宇主要以写字楼、宾馆酒店为主。其中大兴共享比例较高，2017 年共享与建设任务比例达到 30%。

2. 建立以共建为基础的高效建设流程

在建设环节，双方根据彼此的规划和计划建设情况，结合自身网络长期规划目标需求，调整当期项目中自身新建站址的规划，使在审定共建方案时，大大提高站址共建率，达到节省项目建设配套投资比率的目标。凡涉及共享内容的建设项目，由资源需求方向合作方提出需求，合作方在 10 日内答复，对无法共建共享的项目需说明具体原因。原则上由需求发起方作为联合建设牵头方，也可采用合作方牵头、分片负责、委托第三方等多种合作建设形式。合作建设牵头方会同双方完成合作建设方案，合作建设方案确定后，双方应尽快签订合作建设协议并组织实施，同时双方在审定过程中一次将建设方案和技术施工方案审定完成，共建部分直接延伸到共享完成确认，减少了再次发起共享申请的环节，降低了审定环节大量人工成本，压缩了实施时间周期。

为了在移动通信网络资源共建流程上更加精准地实现精准选址建站，北京联通和北京电信通力合作，将原本独立的移动网资源系统在云平台上形成资源信息共享，采用全新云化架构，实现应用中心化部署，引入 HADOOP、NOSQL 等新技术，对双方移动通信网络资源数据形成归一化管理。

3. 建立以共享为核心的资源共享流程

由于北京联通与北京电信之间的制式频段相差不大，对站址的要求也是极其相似的，存量移动通信网络资源中能够挑选出满足需求的站址比例相当大。存量基站已与业主谈妥签署租赁协议，完成了基础工程建设，包括基建、电力改造等，新增基站会节约建设时间，也避免了重复性的花费，这种共享模式最优化配置了现有资源，实现了“共享”价值链的成本节约。

4. 建立以用户服务为中心的快速响应流程

故障处理响应流程。通过网络监控中心发现问题，在移动通信网络资源所有单位和使用单位之间，通过工单流转横向穿透，形成快速、有效的响应机制。为确保维护工作顺利开展，目前北京联通属地单位与北京电信属地单位之间商定通过“配合工单”的方式进行维护配合工作，实现可管、可控、可追溯、可统计分析。

在故障处理时，为了让故障发现方实时获悉故障处理方的信息，并可及时采取应对措施，北京联通本着“快速响应、互惠互利”的原则，联合北京电信在通信基站维护环节，引入物联网技术，实现移动通信共享网络资源维护和服务的完美结合。北京联通与北京电信通过对共享的移动通信网络资源进行自动实时监控、信息传递，从而达到维护人员联动服务的主动式服务模式，实现“移动通信网络资源——互联网——监控系统——维护人员”信息自动传递，完成“物”“人”互动的闭环解决方案。当基站运行发生故障或维护人员日常巡检时，故障信息和监测数据将随 APP 工单通知到双方的维护人员，由资源归属方实现及时应对和快速处理的目的。同时，另外一方也可以实时通过故障处理流程掌握问题解决情况，及时做好客户的安抚工作，降低了双方由于沟通不畅导致的信息不对等问题。

投诉处理响应流程。建立以移动客户服务为出发点的闭环流程模式，服务理念落实到每个企业的每个部门每个岗位，集中优势网络资源，提高投诉处理效率，推动前后台联动，信息共享，形成双闭环投诉处理流程，同时对于判断出故障点为对方的设备时，将“投诉单”转换成“故障单”，按照故障处理响应流程进行故障处理。

为规模化推进客户投诉问题的解决效率，北京联通与北京电信针对由客户投诉引发的故障工单在自己公司内部建立了抢单机制，按照业务优先级实施快速响应，紧密合作。通过打破运营商内部维护部门的壁垒，充分利用全北京市的资源，实现资源共享、人员共用，扩大员工参与、受益的范围。面向所有人员发布工单，各抢单人依据能力特长和问题难度进行抢单，网络监控部门所在单位全程监督实施过程、验收实施效果，确保解决进度和质量，实现效益目标。

（四）树立“网络即服务”理念，探索多元化的共享服务路径

北京联通和北京电信加快改善以 4G 网络覆盖为重点的服务质量，探索出一条移动通信网络资源共享服务实践的生产链条——从基站资源共享（画点）到传输资源共享（连线）再到网络服务共享（带面）的全方位共享服务形式。

1.“点”共享——探索基站共享，实现接入层面合作

基站共享是指联通手机用户在某个地方没有联通 4G 信号覆盖或者覆盖较弱的情况下会切换到电信的 4G 网络上，这极大满足了运营商普遍服务的要求。对于两家运营商而言，解决了各自的 4G 网络覆盖不足的问题，对用户来说则会享受到更佳的网络体验。目前北京联通与北京电信 4G 深度合作采用 MOCN（Multi－Operator Core Network）方式，即两家运营商仅共享 RAN，而核心网独立。单个基站同时虚拟为联通和电信的基站，通过基站回传网络分别接入各自的核心网，同时为双方用户服务。

2.“线”共享——加快传输共享，盘活核心资源能力

基站回传资源共享。北京联通对于共享基站的回传方式采用了接入层传输网络共享，在承载网汇聚/核心层互联互通，将共享基站的业务传送到对方的核心网。共享的基站能够虚拟成两个逻辑的子基站分别为两家运营商提供服务，北京联通和北京电信在各自的基站回传网为对方共享的基站建立一个共享 VPN，共享基站通过 UTN/IPRAN、IP 承载 B 网/CN2 承载网、EPC CE 等承载网络的互通，实现与各自核心网设备的互通。

管道资源共建共享。北京联通按照共享工作要求，以管道资源共建共享为出发点，组织管线中心与北京电信接入维护中心开展合作。双方建立固定接口人制度，建立应急抢修配合流程，并有效地将北京联通管线中心 12 个维护单位与北京电信接入维护中心 10 个维护单位进行通信对接，开展基础资源共享、维护体系对接工作。目前，北京联通与北京电信双方共同拟定了《管线设备应急处置资源合作流程》，本流程仅限临时占用事项，临时占用缆线必须在原有网络资源修复完毕后恢复至原路由。原则上缆线临时占用期限为 1 个月。2016 年北京联通已为北京电信提供 4 段管道，共计 3.2 子管公里，协助北京电信解决了由于大兴区机房突发情况造成的大批基站断站的问题。

3.“面”共享——丰富合作模式，扩大合作规模效益

终端协同合作。联通电信于 2015 年 12 月召开六模全网通终端白皮书联合发布会，持续推动产业链丰富全网通款型，对于全网通终端与移动定制版终端保持“同质、同价、同时”上市。双方持续在全网通终端政策上保持协同，共同提升全网通终端销量。在全网通策略推出后，在整体终端市场中全网通终端快速普及，不仅全网通款型及销量得到显著提升，而且全网通终端均价大幅下降，产品性价比快速提升。在全网通策略推出前，2015 年 11 月六模全网通销量在整体终端销量占比为 20%，在售款型为 122 款，产品零售均价为 3849 元。在全网通策略推出后，2016 年 4 月，全网通销量占比快速提升至 43%，超过移动三模终端，全网通成为所有制式终端中销量和占比最高的终端；在售款型数量增长至 222 款；产品零售均价下降至 2713 元。

应急通信合作。在重大灾害、突发事件和重要保障等方面开展应急通信合作，北京联通和北京电信共用电力、传输等网络资源，如临时借用纤芯资源、大型发电机组、卫星传输设备共享、互相协助业务恢复等。同时双方专业接口人负责牵头制定应急合作预案，并定期组织双方联合应急演练，原则上每年度举办一次合作演练或按需举行。目前，北京联通和北京电信已共同制定共建共享应急车开通双站流程，并确定 4G 基站共站工作流程。

移动网络资源优化合作。北京联通和北京电信不断开展互换周期、范围、时限，和互换数据量的相关工作，定期组织与网络相关的测试数据互换。在移动网络质量评估工作中，双方进行多种形式的合作，以减少网优成本费用支出以及双方人力物力的重复投入。开放共享多种形式的移动网络质量评估数据，定期组织数据互换，商定数据交换周期、范围、时限、数据量。北京现已完成每年 4 轮次主要区域（五环内道路、五环外市区重点道路、郊区县城道路、高速公路等）拉网测试，以及每半年进行一次、每年两轮次、每轮次测试里程约 5000 公里的移动、电信 LTE 对标测试，其他后续工作也在陆续开展中。

三、电信运营商间移动通信网络资源的共享服务管理效果

（一）有效降低了网络建设投资和维护成本

通过移动通信网络资源的共建共享，2016 年北京联通新增基站 3389 个，共享率达到 5%左右，节约建设投资 3780 万元，节省维护费用 336 万元，能耗节电 200 万度，减少土地占用约 6360 平方米。同样对于北京电信通过共建共享，节约建设投资约为 2800 万元，节省维护费用 331 万元，能耗节电 150 万度，减少土地占用 6100 平方米。而后续在运营中，通过与电信联合维护和不断地推动自维转型，发掘外部和内部的潜在资源，减少目前移动网络维护主要依靠代维的模式，通过工作模式的转变和新的维护力量的加入，对原有代维的工作量进行压降，2016 年北京联通整体削减 13.6%的代维工作量，在代维费上节省约 1700 万元每年。

（二）提升了网络质量和响应速度，客户满意度不断提高

移动通信网络资源的共享为基站建设选址提供了更丰富的选择，缩短了基站等网络资源新建所耗的时间，能够快速响应网络新建和补点建设的需求，这些需求大部分源自用户的反馈或者投诉，整体解决用户问题所花费的时间变短就很大地提升了用户的感知，进而提升用户口碑。2016 年基站新建历时比 2015 年平均缩短 4 个工作日。同时共享的移动通信网络资源也降低了新建基站的投资，在有限的投资内能够建设更多的站点，基站密度增大，网络覆盖信号强度增强，在语音和数据方面呈现出一张稳定性更强的网络，为提升用户速率和实现 VoLTE 打好基础。通过低成本高密度的建设减少了网络上的覆盖空洞，弱覆盖小区 2016 年年底同比 2015 年下降了 36.7%，掉话率高的小区 2016 年年底同比 2015 年下降了 14.2%。北京联通网络用户口碑（NPS）2016 年第四季度较 2015 年同期相比改善了 7.9 分，其中用户对语音信号覆盖、信号稳定性、上网速度、室内/室外信号和网络投诉咨询服务的认可都有不同程度的提升。

（三）推动了行业变革，促进了共享服务模式发展

通过联通与电信之间开展共享服务的实践与探索，同业同类竞争的国有企业可借鉴共享服务来提高效率、效益，这对于盘活国有资产存量、提升国有资产利用效率都具有重要意义。此外，通过这样的共享服务，北京联通移动通信网络不断完善，将基站资源与环保行业进行共享合作，积极扩展和社会资源的共享，构成了面向行业、面向社会的共享大平台。例如与小云公司进行共享合作，在基站上布放雾霾传感器，进行空气质量的监测和数据的回传。通过大数据分析将雾霾浓度和移动趋势可视化形成雾霾云图，形成针对雾霾的咨询能力，为北京市雾霾防治政策制定提供决策依据，这也是电信行业与其他行业进行共享合作的一次创新实践。

（成果创造人：霍海峰、王传宝、邢志超、许　强、杜宇玲、张　放、迟　野）

以领先发展战略为指引的大型通用航空企业建设

中航通用飞机有限责任公司

中航通用飞机有限责任公司（以下简称通飞公司）是中国航空工业集团公司联合广东粤财投资有限公司、广东恒健投资有限公司和珠海格力航空投资有限公司于2009年共同投资设立。通飞公司总部位于广东省珠海市，下辖160余家企事业单位，主营业务是通用航空产品研发生产、运营与服务，截至2016年年末，注册资本118.51亿元，总资产560亿元，已建立华南、华中、华北和东北四大国内产研基地，在美国、欧洲和以色列拥有海外产研基地，通航运营与服务业务已在国内10余个省份布局。目前，通飞公司在研在制的产品涵盖中轻型公务飞机、水陆两栖飞机、涡桨式多用途飞机和活塞式轻型飞机等系列，2016年生产交付各型通用飞机361架（含国外交付）。

一、以领先发展战略为指引的大型通用航空企业建设背景

国内外通常把航空产业划分为三大块，一是军用航空，即指以军事为目的的航空产业；二是公共运输航空，即指以定期航班载客和载货为目的的民用航空产业，三是通用航空，即除前二者以外的其他航空产业。

（一）国内通用航空产业发展与我国经济社会发展水平不相适应

从1949年到2009年，60年中国内航空产业总体上得到较大发展，军用航空取得巨大进步，成为能够自主研发当今世界最先进战机的少数几个国家之一。公共运输航空（即通常所说的民航）年客货运总量也已位居世界第二。相比之下，通用航空无论是制造还是运营却未得到同步发展，与世界先进国家相比差距很大。据统计，2009年，我国通用航空器保有量仅907架，与美国的22.4万架相差巨大。

（二）加快通用航空产业发展是我国经济社会发展的必然要求

通用航空是航空产业的重要基础，其应用领域广，产业带动效应强。按照国外发展经验，通用航空产业投入产出比为1∶10，就业带动比为1∶12。据FAA（Federal Aviation Administration，美国联邦航空管理局）统计，美国通用航空产业产值为1500亿美元，约占其GDP的1%，带动就业岗位高达126.5万个。

我国的通用航空是一个正在开发中的巨大宝藏，具有广阔的发展前景。发展通用航空产业不但能够带动经济发展和提供大量的就业岗位，同时能够有效促进我国经济发展方式转变和产业结构的优化升级，促进我国制造业的整体进步。为此，国家高度关注通用航空发展，并从相关政策上给予引导。2010年，国务院和中央军委联合颁布《关于深化中国低空空域管理改革的意见》，标志着我国低空开放开始破局。国内许多省市也把发展通用航空作为高技术新兴产业纳入其地方经济发展规划之中并开始付诸行动。

（三）企业有基础有责任推动我国通用航空产业发展

通用航空产业作为航空产业的重要组成部分，具有产业链条长、辐射面宽、联动效应强等特征。该产业以公务机、特种飞机、轻型飞机和民用直升机等飞机制造运营为主导，集研发、制造、销售、运营服务和基础设施配套为一体，涉及庞大的关联产业集群，经济拉动效应高，对第一、第二、第三产业都有巨大的带动作用。

发展通用航空是一项艰难而复杂的系统工程，在发展过程中国内面对一系列难题：一是我国的通用航空产业处在起步阶段，目前的产业规模不大；二是产业技术密集，技术要求高、投入大；三是基础设

施严重不足，建设投入大；四是产业相关政策不配套不完善；五是投资回收周期相对较长；六是有效的市场需求尚未发育成熟等。我国通用航空产业要破解这些难题，进入一个发展新阶段，需要有基础、有实力、有担当、有作为的企业迎难而上，先行先试，闯出一条符合国情的通用航空产业发展新路来。

通飞公司的设立，是中国航空工业集团公司加快发展我国通用航空产业的战略举措。中国航空工业集团公司是由中央管理的国有特大型企业，主要从事航空武器装备、军用运输类飞机、直升机、机载系统、通用航空、航空研究、飞行试验、航空供应链与军贸等经营业务。为改变我国通用航空产业长期未得到重视、资源分散和发展缓慢等问题，2009 年中国航空工业集团公司从战略高度把通用航空产业作为集团重要主业之一来发展，整合全集团通用航空产业资源，成立中航通用飞机有限责任公司，专业从事通用航空产业经营。通飞公司成立八年多来，以全集团几十年积累的通用航空产业资源为基础，借助地方产业资本力量，顺应我国通用航空发展新形势，充分研究和遵循通航产业发展的客观规律，把握通航产业发展机遇，创新发展思路，探索和实践我国通用航空产业发展的新路径。

二、以领先发展战略为指引的大型通用航空企业建设内涵和主要做法

通飞公司制定实施领先发展战略，围绕通用航空开展全产业链经营，把企业建设与发展充分融入国内区域经济圈和国际通用航空产业链，实施“主制造商一供应商”建设与发展模式，践行以自主研发生产为核心、国际并购与引入相结合的发展路径，先行先试，多措并举培育国内通用航空产业，推动其快速成长，做到经济效益与社会效益、短期效益与长期效益的统一。主要做法如下。

（一）科学决策，制定领先发展战略

1. 综合研判，确立领先发展战略

通飞公司运用多种战略研究工具和方法，借助咨询公司专业力量，从自身使命任务出发，结合自身特点与实际，对国内外通航产业经营环境进行调查，对国内外通用航空企业进行深入研究分析，明确企业的使命是：传播航空文化，实现飞行梦想，引领中国通用航空产业发展；发展愿景是：成为“国内领先，世界一流”的通用航空方案提供商。为践行这一使命和愿景，通飞公司确立以研发制造为核心，专业化、集团化、国际化、规模化和全产业链经营的领先发展战略，担负起国内通用航空产业开路先锋责任，明确在通用航空的技术水平、产业规模和品牌效益等主要方面居于国内行业领先并进入国际一流行列的目标。

以研发制造为核心是通飞公司作为一家制造业企业的基本定位；专业化，即聚焦于通用航空产业领域经营；集团化，即在国内外广泛布局发展，既充分拓展运营空间又在管理和战略上实现有效统筹；国际化，即注重发掘国内国际两种资源和两个市场，与国际通用航空产业有效对接；规模化，即注重规模经营，在经营能力、规模和效益上成为世界领先的通用航空企业；全产业链经营，即在以研发制造为核心的基础上，围绕通用航空产业链有效布局，使之成为相互依托、相互促进的关联产业集群，最终促进通用航空制造核心产业的发展。

2. 明确领先发展战略实施路径

首先，提升通用航空制造能力。通飞公司在承继中国航空工业集团公司几十年积累的通用航空产业制造资源基础上，需要在国内外布局，高标准建立新的制造基地，形成新的制造能力，使自身的制造能力位居国内领先，并朝着国际一流水平迈进。

其次，提升通用航空产品创新能力。通飞公司在对自身传统产品不断改进升级的同时，要瞄准国内外市场需求不断开展先进适用的新产品试制试产，并通过国际并购和引进快速取得国际先进产品，初步构建起较为完整的通用航空产品谱系，为客户提供充分的选择，在产品品种和品质水平上做到国内领先。

再次，探索与企业发展相适宜的管理体制与品牌运营模式。结合企业战略布局，在国内同行中率先

开展国际化经营，构建国际化创新开发和运营管理体系，探索国内通用飞机研制生产新模式新路径；策划推出“爱飞客”品牌并在全国布点建设“爱飞客”综合体，以适应市场化经营的需要。

最后，拓展产业链，谋划通用航空产业发展新格局。国内通航产业尚处在发展初期，产业成熟度低，规模化的市场尚在孕育。通飞公司为担当引领中国通用航空产业发展重任，从国情出发，从最基础工作做起，从通用航空全产业链上进行谋篇布。确立以市场为导向，以制造为核心，以运营服务为推手，以商业成功为目标的发展理念，以通用飞机研制生产为根本，将经营范围延伸至通用航空作业、飞行培训、航空俱乐部与综合体、服务保障和航空文化传播等上下游产业，建立起通用航空全产业链经营新格局，使各产业环节相互衔接、相互促进和协同发展，既为通用飞机的研制生产提供有效支撑，又为通用航空产业的培育成长做出铺垫。

（二）践行“两融”理念，统筹布局产研基地建设与升级

1. 融入国内区域经济圈和国际通用航空产业链

通飞公司践行“两融”理念，统筹布局产研基地，即融入国内区域经济发展圈和国际通用航空产业链。

在融入国内区域经济发展圈方面，从资本、产业布局和经营实体建设等方面进行大力开拓。2009年，通飞公司与广东省、珠海市产业资本对接重组，引入30%股比的地方资本，直接注入现金资本30亿元，既改善资本结构，又壮大资本实力，通飞公司总部也因此落户珠海，融入经济发达的珠三角经济圈。此后又通过市场化运作，与河北省、湖北省、江苏省和黑龙江省等众多省区进行战略合作，进一步融入地方资本，建设和提升通飞公司总部与各实体企业的经营发展能力。

在融入世界航空产业链方面，通飞公司成立之初就把目光投向世界，确立并实施国际化发展战略。一方面，实行“请进来”的做法，先后在珠海和石家庄与全球最大的通用飞机制造商——美国赛斯纳飞机公司建立合资企业，引进208B多用途飞机、“XSL＋”奖状喷气公务机等国际先进的通用飞机产品，在国内迅速形成生产能力并投放市场。在新研产品上也引进国外的成熟技术、人才和配套附件，主动与国际主流通用航空企业和产业标准对接。另一方面，实行“走出去”的做法，并购美国西锐飞机公司100%股权，直接把经营触角延伸到通用航空产业最发达的北美，为国内市场带来先进、成熟的通用飞机产品和运营经验。此外，在开发新型高端公务机上实行开放、合作、共担、分享的做法，做到两种资源、两个市场高度融合，有效弥补自主研发通用飞机周期长、投入大和品牌弱的劣势。

2. 按照“主制造商一供应商”模式新建产研一体的产业基地

借鉴国际成熟经验，采用“主制造商一供应商”模式在珠海布局产研基地。在“主制造商一供应商”新模式下，主机厂所（即主制造商）专注于通用飞机整机的集成研发生产能力的建立，各自分别承担整机集成设计和制造工作，而一般设计、实验与加工则主要依托行业内外相关企业（即供应商）市场化协作来完成，既大幅降低主制造商建设投入、精简员工规模，还大大降低新产品研发周期。

在珠海建立轻资产的通用飞机设计研发中心和集成制造中心。设计研发是企业的核心能力所在，通飞公司以原航空工业特种飞行器研究所的飞机设计力量为依托，高起点扩充建立一支能承担大、中、轻型全谱系通用飞机整机设计的专业人才队伍，注重通用飞机整机集成设计和实验能力建设，一般设计与实验能力则主要依托行业内外资源，注册成立珠海通用飞机设计研究院有限公司。

整机集成制造也是通飞公司重要的核心能力。按照协同制造理念，通飞公司彻底改变我国传统主机企业大而全的建设模式，新建大型通用飞机总装集成制造和全复合材料通用飞机整机制造能力，对于数量庞大、专业门类繁杂的一般零部件生产则不搞低水平重复建设，全部依靠市场化协同制造来解决，依此注册成立中航通飞华南飞机制造有限公司。

在此模式下，通飞公司基于国内主要航空制造企业的产权纽带，着重做好主制造商的供应链建设与

管理，在重大项目管理中，采取一套市场与行政手段相结合的供应链管理方法。首先，由主制造商与供应商通过市场手段建立协作关系，通过合同约束双方行为；同时，又以主制造商或其上级公司为牵头方，联合供应商建立统一的项目行政指挥系统和技术管理系统，依靠国家、行业（集团）和政策等行政力量，对项目实施过程进行指挥、协调和管理。

3. 按照新理念提升国内原有的产业基地

由于通用航空在我国长期处在发展初级阶段，通飞公司成立时承接的存量通用航空产业资源不仅规模小，而且水平也低。在领先发展战略指引下，通飞公司按照融合与分享发展理念，分别与湖北荆门和河北石家庄等地签订战略合作协议，引入地方资本，按照通飞公司全国专业化分工布局，提升建设原有产业能力，注重与珠海基地产业能力建设差异化，形成各自专业特色，杜绝重复建设，如荆门基地的水动力实验和浮空器研制能力原本就是国内领先，通飞公司支持其按照新型号研制需要进一步提升，而不在其他地方新布点；石家庄基地则以满足通飞公司多用途通用飞机及其金属零部件研制生产需要布局能力提升建设，并改变其零部件仅自产自用做法，转而面向国内外通用航空企业提供配套；国内通用飞机的设计资源则全部集中到珠海，以形成高端设计人才的聚集。

4. 开展国际资本运作，建立先进的国外产研基地

鉴于我国通用航空产业发展水平与国外先进水平相比尚有较大差距，为了尽快缩小这种差距，通飞公司除坚持在国内自主研发生产外，充分运用通用飞机开放发展的属性开展国际并购，于 2011 年收购国际知名通用飞机制造商——美国西锐飞机公司，一举在通用航空最发达的北美拥有研发制造基地。此外，通飞公司还与法国企业合作在欧洲建立大型浮空器研发基地，与以色列企业合作建立海外公务机研发基地，使通飞公司大型浮空器和某类公务机研发能力居于世界领先水平。

（三）自研、引进合作与国际并购并举，开发生产通用航空产品

通飞公司在充分研究国内外通用飞机发展现状和市场需求基础上，进行通用飞机发展谱系规划，以市场为导向，以创新开发生产模式为抓手，多渠道加快开发生产适销对路的通用飞机产品，建立起国内通用飞机品种最全的产品谱系。

1. 以自主创新为本，在通用飞机研发生产上占据主动

一是以“主制造商一供应商”模式推动 AG600 大型水陆两栖飞机的研制。通飞公司针对国内对大型水陆两栖飞机的需求，抓住珠海基地建设契机，按照“主制造商一供应商”模式，取得 AG600 大型水陆两栖飞机研制的国家立项，与一百多家国内外供应商用近八年时间开展协同研制，取得突破性进展，使通飞公司成为能够承担大型复杂通用飞机研制生产的企业，一举奠定通飞公司作为国内通用飞机领先企业的地位。该机 90%以上的结构及系统零件都是由国内供应商提供，全机机载成品几乎全部为国内外供应商提供，大幅度节省研制投资、缩短研制周期、精简主制造商员工规模。

二是吸收消化国外先进技术，自主研发新型全复材通用飞机。通飞公司重组设立之初，继承的产品研发制造技术长期停滞，新产品研发非常缓慢。因为航空技术具有高技术特征，基础投入大，见效周期长，如果全部依赖自研既不经济也不可能。因此在技术发展路径上，需要自研与引进吸收国外技术相结合。2010 年通飞公司通过国际贸易从北美取得多款新材料轻型公务机产品原始技术，经过吸收消化，以其中一款产品为参照，于 2012 年启动全复合材料轻型公务机——AG300 的研制，仅用两年时间，于 2014 年 7 月 5 日首飞成功。

2. 利用国际并购开发通用飞机产品

一是直接引进西锐公司成熟产品在国内基地生产。西锐公司的明星产品 SR2X 系列飞机，连续九次获得《罗博报告》“极品之选”奖项，是全球市场上最受欢迎的活塞型通用飞机之一，目前累计全球交付 6000 余架。通飞公司在珠海建立该型飞机生产线，就近供应国内及周边国家市场，并与美国公司进

行分工合作，将在美国生产的该机机体部分复材零部件转到珠海制造。

二是开展新研型号的联合开发。通飞公司属下的美国西锐公司联合国内所属企业研发 SF50 轻型喷气公务机。该型飞机是带整机降落伞的喷气公务机，立项之初便获得超过 500 架全球订单，市场前景广阔。通飞公司选派国内骨干人员赴美参与设计，拓展国内设计人员的国际视野，使国内研发在技术规范、供应链体系和适航取证标准等方面与国际对接，提升国内企业的整体研制水平。该款飞机于 2016 年已取得 FAA 认证，现已开始批量生产供应市场。

3. 通过合资合作加快国内通用航空产品发展

通飞公司在国内多地布点研制生产基地，引进世界知名通用飞机制造企业开展合资合作，推动国内通用航空产品更快发展。

一是合资生产。通飞公司分别在珠海和石家庄与美国塞斯纳飞机公司建立合资公司，生产中高端喷气公务机和多用途通用飞机，都做到当年设立合资公司，当年引进成熟型号产品，当年实现生产交付，满足国内市场对这类飞机的需求，解决自研产品进入市场周期太长问题。

二是合作开发。通飞公司为填补产品谱系空白，降低研发风险，联合以色列企业开发先进双发涡桨飞机，联合法国公司开发先进重载飞艇。合作方决定共同出资成立型号项目研发公司，共同组建联合研发团队，按照国际一流标准统筹研发。

（四）延伸产业链布局，促进国内通用航空产业成长

通用航空产业在国内尚处在培育发展阶段，产业基础十分薄弱，产业体系很不健全，规模化的产业市场还未形成，有效的需求和供给都与国内经济社会发展水平不相适应。通飞公司要践行领先发展战略，就必须从该产业现状与特点出发，从产业基础工作做起，统筹布局，全面培育该产业成长。为此，通飞公司以通用飞机研发制造为核心，向产业链两端拓展延伸，构筑通用航空全产业链经营业态，通过产业链延伸端发力，加快培育国内通用航空产业成长。自 2011 年起，通飞公司陆续通过并购、新设、合作等方式在国内布点设立一批通用航空运营企业，包括通航作业、通勤航空、飞行培训、飞行俱乐部、航空油料、机场管理、“爱飞客”综合体等企业，涵盖通用航空运营和服务保障的大部分业务范围，加快培育国内通用飞机的市场需求，为自身和国内通用飞机制造业的发展壮大奠定基础。

1. 全国布点，多元合作，规划建设通用航空运营基地

基础设施滞后是制约我国通用航空产业发展的一大瓶颈。为解决通航机场、航油供应和维修保障等基础性问题，通飞公司在全国范围配合各级政府规划建设通用航空运营网点，构建通用航空运营示范基地。

一是与地方政府携手，采用 PPP 等模式，建设区域机场和服务保障基地。通飞公司先后与武汉、荆门、南通、阿勒泰、北京、天津、重庆、沈阳、大连等 26 个城市就建设通用机场和“爱飞客”航空综合体项目达成战略合作协议。其中，武汉、荆门、南通、阿勒泰等 4 个地区已进入开发实施阶段。

二是寻求企业合作，创新通用航空基础设施建设模式。通飞公司在通用航空产业集聚示范区吸引其他企业参与土地开发、投融资、旅游、文化等相关产业合作，推出“爱飞客”航空综合体，即以“爱飞客”品牌为标志，以通用航空飞行运营业务为主体，集通用机场建设与运营、通用航空俱乐部和通用航空小镇为一体的综合示范项目。通飞公司创立的爱飞客控股公司已落户南京并统筹管理分布在全国的通航运营服务业务，建立良好的合作关系，从基础建设入手共谋通用航空产业发展。

2. 建立飞行培训基地，为飞行爱好者提供便捷的入门渠道

目前，国内持有私人飞行执照的人数还很多，持证飞行者严重不足是制约我国通用航空产业发展的一个瓶颈。究其原因，主要是我国私照培训渠道相对匮乏。为此，通飞公司出资收购深圳鲲鹏国际飞行

学校，并将主要基地迁址珠海，在珠海和梧州开展私照飞行培训，为国内飞行爱好者提供一个稳定的学习渠道。此外，通飞公司还依托全国布点的“爱飞客”航空俱乐部开展私照培训，为飞行爱好者培训提供更多更便捷的选择。

3. 建立通用航空飞行服务保障体系，解决客户后顾之忧

创办通用航空客服公司，并在国内布点拓展业务，为客户提供飞机维护维修和备件供应等综合服务，又针对小型活塞飞机的航空油料特殊的现实情况，建立特种航空油料公司，方便客户。

（五）传播航空文化，培育通用航空文化根基，塑造企业品牌形象

着力塑造企业的品牌形象，如“中航工业通飞”和“爱飞客”等企业品牌、“鲲龙、领世、领翔”等产品品牌，具体措施包括如下。

一是注重顶层设计，准确把握品牌定位。成立品牌建设委员会和品牌管理办公室，制定品牌建设专项战略规划，准确把握品牌定位。二是加强品牌注册保护，完善品牌管理体系。做到品牌建设与知识产权保护相结合，加强品牌法律保护意识，做好品牌名称、标识等的注册工作，建立应对品牌侵权行为的防护措施。建立《中航工业通飞品牌管理办法》和《中航工业通飞商标管理办法》等管理制度。三是强化品牌授权，规范品牌使用。对所属单位使用公司品牌进行清理，建立《中航工业通飞品牌授权实施细则》《企业工商注册名称申请和变更管理办法》，明晰使用集团品牌和中航工业通飞品牌所赋予的权责。四是强化品牌理念，深耕品牌文化。强化“价值源于创造”的品牌理念，构建符合通用航空产业特点的品牌文化体系。五是创新工作思路，做好品牌宣传推广。通过 AG600 飞机研制、“愿景”喷气机批量交付等重大事件推广企业和产品品牌，通过举办通用航空会展、“爱飞客”飞行大会、“爱飞客两会之夜”和建设“爱飞客公益基金”等，传播培育通用航空文化。

（六）主动作为，协助政府制定和落实产业政策法规

为做好行业的龙头企业，通飞公司积极配合政府制定和落实行业政策法规，主要包括国家和地方通用航空产业发展战略与产业政策、中国航空工业集团公司通用航空发展规划及措施办法和行业的技术标准规范等。一是推动通用航空产业发展上升为国家战略。通飞公司就促进我国通用航空发展，向国家献言荐策并得到重视和采纳，如配合国家主管部委起草《通用航空综合集聚示范区行动计划》，配合政府颁发《国务院办公厅关于促进通用航空业发展的指导意见》等。二是积极推动国家低空空域的开放。空域开放是通用航空发展的基本条件，连续多年呈送通用航空产业相关空域开放提案，并通过其他途径推动国内低空逐步开放。三是用好各方资源，推进政策落地。通飞公司提出“通航产业集聚示范区”“通航＋旅游＋X”“通勤航空”等区域性解决方案，协助地方政府制定扶持通用航空产业发展的具体措施办法，并获得多个地方政府的政策、资金、土地等方面支持；争取到国资委资本金增资和各股东方同比例增资，“十二五”获增资本金总额 18.57 亿元，“十三五”资本金增资项目已初步获得国资委认可；积极推进重点项目国家立项，并申请国家专项建设基金、民机产业基金、科技创新基金等政策性资金支持，积极对接地方财税政策，申请贷款贴息、研发奖补、出口退税资金支持等。

三、以领先发展战略为指引的大型通用航空企业建设效果

（一）走出一条培育和发展我国通用航空产业的可行路径

通飞公司准确把握国家和中国航空工业集团公司对通用航空产业发展的定位，在经营实践中逐步形成和践行一套符合国内实际的企业发展思路和领先发展战略，由此走出一条健康快速发展我国通用航空产业的可行路径。通飞公司已经建立国内的华南、华中、华北、东北，以及海外五大整机研制生产基地，形成全产业链发展和专业化、集团化、国际化与规模化领先发展态势。以通用飞机研制生产为核心，上下游拓展产业链，形成相互依托、相互促进、全面发展的经营格局，为克服国内通用航空产业发展存在的诸多瓶颈赢得了主动。国内通用航空产业基础设施薄弱的情况正在加速改变。通飞公司已成为

国内名副其实的行业领先发展企业和国际通用航空知名企业。

（二）节约投资建设成本，快速推动企业发展

一是在新建和改建通用飞机研制生产基地上，节省投资达数十亿元。通飞公司在建设和发展中践行新战略、新路径、新做法，仅以珠海基地的建设为例，如按照国内传统“大而全”模式来建，其投资规模和员工规模比通飞公司要高出10倍以上，珠海基地的实际固定资产投入仅几个亿，而传统做法需要投入几十个亿。

二是在产品研制上成功实现轻资产大协作，降低研制成本数以十亿计。通飞公司在AG600飞机的研制上，依托集团和社会力量，全面实施协同研制，不仅使主承制单位充分做到轻资产和员工队伍小规模，而且充分运用了行业已有资源，大幅度降低了型号研发直接投入。经测算，由此降低的型号研制成本数以十亿元计。

（三）为我国通用航空行业的发展奠定基础

一是有效传播通用航空文化。通飞公司通过举办通用航空会展和通用航空论坛、创办“爱飞客”基金和推广“爱飞客”品牌、开发通用航空旅游和生产现场参观、举办通用航空科普活动和开展广泛的相关新闻报道，使通用航空文化在国内得到有效传播。通飞公司“爱飞客”品牌已得到国内通用航空产业界的普遍认同，以品牌作价投资已超过10亿元。

二是为我国通用航空产业的培育与进步做出贡献。通飞公司按照全新的理念和模式建立起大型通用（特种）飞机研发制造基地，并自主研制出水陆两栖飞机，填补了国内空白；培育了国内唯一能够全谱系设计、制造、运营与服务各型通用飞机的能力；与国际先进通用航空企业成功对接，缩小与国际先进通用航空技术的差距，提升我国通用航空发展水平，促进我国通用航空产业发展，为其他企业提供可资借鉴的经验。

（成果创造人：徐占斌、傅俊旭、吴光权、杨　雷、宋庆春、孙　康、王　涛、黄领才、褚林塘、张育松、梅　瑜、张立贤）

大型集中供热企业绿色智能发展的转型升级

北京市热力集团有限责任公司

北京市热力集团有限责任公司（以下简称北京热力）于2000年6月正式挂牌成立，前身是1958年8月成立的北京市煤气热力公司。2011年12月，北京热力与京能集团重组，成为京能集团的全资子企业。北京热力为综合性的供热公司，在业态上集供热规划、设计、工程建设、设备制造、运营服务于一体，在热源上集热电联产、区域锅炉房供热为一体。北京热力由总部、7家供热专业分公司和24家专业子企业组成，职工总数8600人。截至2016年年底，北京热力总资产为378.53亿元，营业收入为97.81亿元；管理面积为2.75亿平方米，服务热用户150万户，拥有一次管线1494公里、热力站3928座。

一、大型集中供热企业绿色智能发展的转型升级背景

（一）提高首都供热服务保障水平的需要

当前，首都北京面临着提高城市管理水平、加大空气治污力度，控制PM2.5等一系列重点工作。北京热力承载着保障“四个服务”的重任，肩负着维护首都供热安全和能源平衡的重要责任，承担着为中央和北京市重大活动、重要会议提供安全供热的政治保障任务。北京热力在发展壮大过程中，深感城市集中供热的热源建设明显滞后于城市发展，特别是在遇到极端严寒天气和天然气短缺时，原有高能耗、粗放式的供热管理已经不能保障首都核心区的安全供热，优化能源结构、实行舒适供热，向绿色供热转型升级成为企业必然的选择，这也是缓解供需矛盾、进一步提高首都供热保障水平的必经之路。

（二）实现首都供热绿色智能发展的需要

《绿色北京行动计划（2010－2012年）》明确提出要调整供热能源结构，要求煤炭比例小于20%，发展清洁能源供热，天然气比例大于70%。“十二五”时期，北京市核心区关停4座大型燃煤机组、拆除184座燃煤锅炉房，替代燃煤供热面积3921万平方米，在远离城市核心区新建四大燃气热电中心。四大热电中心的投入，缓解了首都供热能源不足的情况，但由于输送距离的增加，使得原来的近端用户变为远端用户，特别是首都核心区的重要用户，面临热源故障或供热主管线故障造成停热的影响明显增加。建立以气为主、梯次配备、多源互补、多网互联的安全、清洁、高效、可持续的供热保障体系尤显重要。同时，北京热力在首都核心区的供热市场份额为80%，面临着运用智能技术提升供热运营安全的重任。因此，倡导绿色智能发展，统筹热源规划，实施节能改造，开展多种能源利用研究，增加非化石燃料使用比例，打造符合首都发展需求的绿色、低碳、智能的供热系统，成为北京热力的责任。

（三）实现企业转型升级的需要

截至“十二五”末，北京市供热面积达8.5亿平方米，供热需求急剧增加，供热生产服务成为重要的基础设施保障，尤其是热电联产城市供热在协调城市能源结构、资源利用、环境建设、安全保障以及经济可持续发展中发挥着越来越重要的作用。北京市供热企业有2000余家，行业集中度较低、规模化程度低、供热格局分散，北京市鼓励大型专业供热单位增强主导地位和骨干作用，加快整合步伐。北京热力作为一家大型国有供热企业，面对行业深度整合、供热资源紧缺、环境安全提升以及供需矛盾的多重压力，急需从创新管理思路和机制入手，实现清洁高效能源结构的破局，实现从保障型供热向为用户提供舒适型供热的破局，实现从传统生产型企业向提供高效便捷服务的现代化企业的破局。

二、大型集中供热企业绿色智能发展的转型升级内涵和主要做法

北京热力全面把脉企业面临的内外部发展环境，明确提出绿色智能发展战略，以组织变革和管理升级为依托，致力于绿色、智能和供热服务保障三大转型升级。一是绿色供热发展的转型升级，全面实施清洁能源改造，研发推广节能减排技术，开展新能源综合研究应用，建立热电厂余热供热为主、区域锅炉房为辅的“1＋4＋N＋X”供热新模式，实施多热源联网的联调管理。二是智能供热发展的转型升级，全面推进现代信息技术与传统供热产业的有机融合，实现源网站的自动化监控，建立大数据交互平台，创建智能生产管理体系，实施精细化的调控管理。三是供热服务保障的转型升级，创建以客户需求为核心的政企联动的客户服务体系，填补供热领域创新服务模式空白，打造“掌上热力”APP和便捷高效的热费管控系统，建立生产安全标准化体系，实行安全生产和重大事故风险“一票否决”管理。为保障“三大转型升级”的实现，北京热力重构组织体系，提升基础管理和风险防控能力，打通面向基层和用户的“最后一公里”管理与服务。主要做法如下。

（一）制定绿色智能发展战略

1. 确立绿色智能发展的总体战略

北京热力确立“建立社会效益和经济效益俱佳的绿色、智能供热能源企业”的战略目标。为使这一战略目标有效落地，北京热力以生产、供应、服务为核心，以创新发展为前提，以先进技术应用为手段，以精细化管理为保障，持续优化业务布局，主动参与市场竞争，实施生产调度、客户服务和安全生产三大保障体系建设，提升管理质量和效率效益，基本形成多热源联网的“1＋4＋N＋X”先进供热系统格局，即一个核心集中供热大网、四大燃气热电中心、多个集中大网尖峰热源、多个独立区域供热锅炉房的供热。

2. 确立“五个坚持”的发展总体思路

一是坚持以创新发展为前提，积极探索供热核心业务发展新模式；二是坚持以供热核心业务为依托，调整和优化产业结构；三是坚持以效益为中心，实现社会效益和经济效益共赢；四是坚持以优质服务为理念，提升“北京热力”品牌形象；五是坚持以绿色低碳为目标，打造智能化绿色供热能源企业。

3. 强化规划保障与实施

北京热力以专项业务规划、子企业规划为支撑，成立规划实施领导小组，推进规划的实施和落地，通过目标导向、顶层设计，将规划目标和任务分解到各年度计划，并进行考评。在具体工作中以问题为导向，强化资金管理、董事会议事决策、法律纠纷应对、技术管理人才库建设。针对经营管理、安全生产、节能减排、投资融资、科技研发、管理创新等问题组织创新攻关和成果转化。北京热力以“送京城温暖，还首都蓝天”为企业精神，以“追求卓越”为核心价值观，实现企业和谐稳定、绿色智能的发展。

（二）全面实现绿色供热发展的转型升级

1. 全面实施清洁能源改造

北京热力按照“区域统筹、效率优先、清洁低碳、综合利用”的原则，整合燃煤锅炉资源，对管理范围内的燃煤电厂及热源实施燃煤锅炉改燃气锅炉工作。一是完成集中联网热源的改造，关停大唐高井、京能石热、国华一热燃煤热电厂，建设东北、西北、东南、西南四大燃气热电中心，出资改建5座燃煤热源厂，改造扩容一座原有燃气热源厂，将改造后的热源厂增容为城市热网调峰热源，使城市集中供热大网的热源供热能力达到10043兆瓦，其中北京热力自有热源能力达到3016兆瓦。二是开展区域燃煤锅炉房改造，积极拓展区域供热服务，接收、整合、并购燃煤锅炉房，进行清洁能源改造或替代，为首都大气环境综合治理做贡献。

2. 研发推广节能减排技术

烟气余热回收节能技术具有非常重要的节能环保应用价值。北京热力对所有煤改气锅炉安装烟气余热回收装置。一是加装烟气节能器，对烟气冷凝水余热进行回收再利用，使排烟温度降低至85℃以下，锅炉效率提高2%，实现节能降耗，此项技术已在北京热力得到广泛应用。二是开展烟气热泵热能回收研究，在总后63#院锅炉和望京蓝天供热厂6台29兆瓦锅炉房增设烟气热泵热能回收系统，使烟气温度降至35℃甚至更低，实现深度节能。

3. 示范研究多种绿色新能源供热

北京热力为解决供热能源不足的问题，引入地热、太阳能、空气源热泵多种热源供热方式，搭建集地源热泵、太阳能、坡屋顶、LED节能灯多种节能技术为一体的左热厂节能减排教育示范基地。为解决夏季生活水亏损问题，开展空气源热泵系统替代原有燃气锅炉房集中供应生活热水的应用研究，采用空气源热泵系统生活热水成本约为40元/吨左右，考虑到3至5月和10至11月室外环境温度较低，影响空气源热泵效率，非采暖季生活热水能源成本在45元/吨左右，与采用传统燃气锅炉房集中供应生活热水能源成本73.15元/吨相比，可降低成本近40%。同时，由于夏季可不再启动锅炉房设备，可节省大量锅炉房运行人员，有效解决独网供热系统中生活热水价格与生产成本严重倒挂的问题。

4. 构筑“1+4+N+X”的绿色供热格局

按照“分区优化、内增外引、联网互备”的思路，打造“1+4+N+X”多热源联网的热电联产城市供热格局。一是依托城市热网，对全市热电设施进行布局调整，建设“1”个相对稳定的和城市中心区发展相匹配的城市热网。二是按照“两扩两迁，先建后拆”的原则，在东、南、西、北四个方向建设四大燃气热电中心，作为城市热网的主要热源，原有中型热电厂成为“4”大热电中心的辅助热源。三是对城区部分大型燃煤锅炉房实施清洁能源改造，扩能建成热网中的“N”座尖峰热源，成为城市热网的有力补充。四是为确保供热发展，再接收发展“X”个清洁能源区域锅炉房。

5. 实施多热源联网的联调联供管理

北京热力对上游热源电厂实行热电气联调联供的协同管理，依据用户需求、天气情况、热源及管网情况、热力站情况统筹策划调度。一是根据源、网、站及热用户的分布位置、用热需求进行热量平衡，通过多热源联网运行的水力工况、热力工况分析，综合考虑各热源能源成本、供热能力、循环水量等因素确定主热源，并进行解裂组网，制定多热源联网运行方案。二是整合热源、管网、热用户的实际运行信息，按照室外温度曲线、热源启动优先级、热用户负荷变化规律，连续模拟计算不同条件下的热力管网运行工况，指导生产管理人员科学调度各热源的实际热量供应。

（三）实现智能供热发展的转型升级

1. 实施信息化建设

北京热力制定《信息化建设规划》，实施“互联网+”战略，重点应用云计算、物联网、大数据等技术，集成企业内部9套经营管理系统和10套生产管理系统，建立办公自动化管理平台，向北京热力及所属单位提供工作所需的各种信息，建立企业内部横向信息沟通渠道。其中新建的热费管理系统、居民热计量系统和智能化热网系统具有跨时代意义，为智能化绿色供热能源企业建设奠定坚实基础。

2. 建立数据采集与监控系统

一是打造数据采集与监控系统，建立热源、管网、小室、阀门、热力站等热网基础数据、设备参数信息的采集范围和数据标准。二是通过对锅炉DCS改造、热力站无人值守改造和热计量采暖改造，运用传感、监测、数据通信、网络互连、自动控制、物联网等技术，实现对锅炉房数据及热力站数据的自动化监测、采集和上传，实现远程控制。三是配套研发应用热计量系统，研发居住建筑热计量热分摊装置，实现设备运行和数据采集、自动远传、智能分析的信息化管理。电厂和尖峰热源厂的数据采集覆盖率达100%，统代管热力站数据采集覆盖率达73.71%，用户室温采集81496户，覆盖率达6.74%，全面建立热源的智能化管控系统和热力站“无人值守”监控系统。

3. 建立大数据交互平台

一是变系统间“多对多”的数据交换关系为主数据管理系统与应用系统间“一对多”的数据交换关系，降低数据交换的复杂度，提高共享数据的一致性。二是规范各应用系统的数据标准，实现服务数据仓库与应用系统数据的同步与更新。三是利用信息化手段实现快速发展，扩大网络接入规模，实现数字信息化的全方位覆盖，不断提高供热生产、经营、管理、决策的效率。

4. 打造智能供热生产管理体系

北京热力通过集中供热运行监控系统、集中供热节能气象预报系统、供热调度指令任务单信息管理系统、供热调度综合管理系统、管网与用户地理信息系统、多热源联网运行水力工况分析系统等6项核心技术建设，最终形成以大数据为依托，以信息化为载体，以供热新技术为支撑的智能供热生产管理体系，有效提升供热系统优化运行和保障能力，推进热网运行安全和能源的合理应用，并实现节能降耗、降低污染排放的目标。梳理供热系统基础资料，并进行数据化、信息化，将计算机、通讯、网络、气象、自动控制、辅助决策系统等信息技术有机融为一体，将热网基础数据、面积台账、监控数据、气象数据、测温数据、热指标等信息整合，结合历年的供热数据，建立供热数学模型，确定各热力站计划热指标、供热量，每日指导各热源、热力站运行调节，提高供热质量，达到经济运行、节能降耗的目的，为生产管理、指挥决策提供有效支撑。

5. 实施精细化、自动化调节管理

北京热力在用户端采用热力站“一站一日一计划”的精细化调节和运行管理模式，“以站为单位”划小核算单位，每日进行核算，以每个热力站近三年最低热指标值为当年参考热指标，根据各热力站每日运行面积、次日室外平均温度、耗热指标和用户室温参数，通过热耗管理平台计算每个热力站的计划供热量，制定每个热力站次日供热量计划，再汇总出各级管理单位所管热力站的总计划供热量，通过监控系统按照室外温度变化进行当日热量分配，设定各热力站的核算供热量和系统供热温度控制曲线，通过用户室内温度的采集和监测，对温度控制曲线进行校核，自动调节供热量，形成实际供热量。各站运行人员还可以根据实际管理需要进行监控和参数调节，最终实现舒适供热。

（四）实现首都供热服务保障的转型升级

1. 建立政企联动的城市智慧供热服务平台

北京热力成立供热服务中心，采用扁平化管理，以信息化为手段，整合供热服务资源，建立政企联动的城市智慧供热服务平台和供热服务管理模式。一是整合企业内部资源，建立四级客户服务保障体系，即北京热力客户服务中心（96069）、7家分公司客服、28个供热服务中心、102个供热服务站，下设311个服务维修网点，24小时为客户服务。二是通过官方微博、微信拓展用户服务渠道，与用户进行多渠道、多维度的沟通服务，及时了解供热需求。三是无偿为8个区搭建供热服务管理平台，服务面积5亿平方米，实现客户投诉、应急管理、政府与企业间协同办公等功能。96069客户服务中心升级为北京市非紧急救助服务中心（12345）的分中心。建立政企高效协同和数据开放共享的对接机制，为政府加强行业监管决策提供数据支撑，实现北京热力与政府、政府与供热企业、企业与用户之间的高效互动，建立有效的政企联动管理体系。

2. 创建“掌上热力”APP客户端

北京热力推出集客户服务、在线缴费、智能家居等功能于一体的手机应用客户端——“掌上热力”APP。该系统以用户需求为导向，提供供热资讯、故障报修、投诉建议、在线缴费、通知公告等功能，为用户提供24小时在线的全天候服务。向全行业推广供热服务、生产、保障、缴费等链式业务，为政府部门提供监管渠道，为供热企业提供移动办公平台和服务渠道，实现百姓、供热企业、政府的一体化供热服务管理。

3. 打造便捷高效的热费管理系统

一是将热费管理明细到千家万户，建立精细化、电子化的热费管理体系，热费管理系统实现用户信息、热费管理的信息化，实现缴费自动登账、自动对账功能，同时具有银行代收代缴、自助缴费等功能，各种缴费渠道实时交换数据，收费业务数据流与银行收讫热费数据流两流一致，不仅满足海量热用户的收费管理需求，更能实现对用户缴费的精细化管控。二是为配合热费管理系统建设，实施远程公建用户控制终端（热力站现场）、数据库及网络通信设备、居民用户控制终端（居民住宅现场）的建设，使系统自动生成用户热计量实际应收金额，通过智能卡读写控制装置进行用户管理。三是热费管理系统通过信息化手段，实现用户自主用热及热费预收，实现经营与管理的协同联动，提高热费收缴率，促进用户主动节能降耗。

4. 建立标准化的生产安全保障体系

北京热力以本质安全为核心，以引领提升供热行业安全生产管理为目标，从安全管理制度、安全生产责任制和安全风险防范管理三个方面构建“三位一体”的标准化安全管控体系。一是通过开展全员、全过程、全闭环式的安全生产管理，全方位实现标准化安全管理，全面提升安全生产监管能力，实现安全生产管理精细化、安全生产责任体系全面建立，风险防范管理全面化、系统化实施。二是建立健全“党政同责、一岗双责、齐抓共管”的安全生产责任制，加大安全生产考核权重，实行安全生产和重大事故风险“一票否决”制度。三是与各分、子公司逐级签订《安全保卫目标责任书》，打牢安全基础，将各级人员、各部门、各环节的安全管理工作有机结合起来，将安全责任层层分解，落实到具体岗位和人员。

（五）实施一体化、区域化组织机构变革及管理升级

1. 开展管理及组织机构变革试点

为解决管理断链、服务水平参差不齐、成本费用连年高涨的问题，北京热力由企业管理部牵头，对生产调度、安全、人员、工资、成本费用、资产、业务范围等进行深度调研，首先在所属子公司的两个供热厂实施源、站一体化管理试点，制定《实施方案》。通过实施一体化管理试点，两个供热厂共精简机构 5 个，分流热源厂富余人员 42 人，降低生产成本 340 万元。使两个供热厂组织机构设置得到规范，人员编制高效精干，调度管控协同精细，成本费用降低，为北京热力全面实施区域化管理奠定基础。

2. 实施一体化、区域化组织机构变革

一是成立区域化改革领导小组和实施工作小组，明确提出“两个一体化、三个区域化”的管理理念，即源网站一体化、供热运行检修服务一体化，管理区域化、发展区域化和争取政策区域化。二是依据北京市行政区划，打破传统专业壁垒、整合管理资源，再造管理流程，对北京热力的供热业务按区域化进行调整，将原有北京市域内的 9 家分子公司的 30 亿元供热资产、2550 名人员、1.14 亿平方米供热面积、14 座锅炉房进行区域化调整，重组成立六家区域分公司。三是建立规范统一的组织体系，规范区域分公司各级机构的名称、组织、职责及人员编制，建立分公司、中心和服务站三级组织架构体系，中心以下层面打破管岗、工岗划分，强化各中心面向基层的综合服务职能，提升面向用户的服务站建设，建立系统化、精细化的一站式服务模式，打通用户服务的“最后一公里”，提升“北京热力”品牌的影响力。

3. 实施科学精细的基础管理

北京热力全面启动战略管控、内控体系、管理标准、技术标准和安全生产标准建设，共完成集团机关、7 家分公司和 8 家子公司的内控体系建设工作，业务流程逐步规范，风险防控机制逐步建立。按照

集团、分公司、中心和服务站四级组织管理体系，共建立完善规章制度2298项。以安全管理为例，总结供热行业的安全管理经验和做法，全面、系统和科学地建立了一部覆盖供热生产、服务全过程、操作性强的热力行业安全生产标准，提出安全生产工作各项要求、评判依据、查证方法和表现形式。

三、大型集中供热企业绿色智能发展的转型升级效果

（一）节能降耗减排成果显著

一是供热单耗大幅降低。通过建立智能化生产调度体系，建立供热保障响应机制和热电气的联调机制，实施热网的精细化调节和运行管理，供热单耗由“十一五”末的0.315吉焦/平方米下降到“十二五”末的0.271吉焦/平方米，降幅13.97%，处于全国供热行业领先水平。二是全面实现绿色低碳发展目标。通过清洁能源改造和节能改造，共替代88座锅炉房，替代燃煤供热面积3539.1万平方米，占全市总消减燃煤供热面积的90%，削减燃煤量82.06万吨，减排二氧化硫、烟尘、氮氧化物等合计9356吨，综合节能量折合标煤共计27.32万吨，提前实现市域内供热的“无煤化”。

（二）保障能力和用户满意度不断提升

一是切实发挥供热保障作用。成功应对三个供暖季因天然气短缺的“限气保供”和三次供暖季电负荷受限期间的热力供应，保证供热系统安全稳定运行，高标准完成重大会议和活动103项供热服务保障任务。二是用户满意度不断提升。加大对低温区、老旧小区、集中投诉地区的消隐改造力度，共解决317个低温区12万余户的供热保障问题，室内温度抽检合格率达到98.2%，客户投诉回访满意度大幅提高。

（三）示范效应和行业影响力不断增强

一是科研技术示范效应显著。调度监控、智能化建设、供热计量等方面的科研项目经费投入累计超过1亿元，取得120余项发明或实用新型专利，大口径直埋热水管道应力分析、热力盾构、热力暗挖隧道工程等科研技术填补多项国内空白，技术咨询服务业务延伸至天津、河北、山东、辽宁、甘肃、宁夏等多个省市。二是行业地位和影响力不断增强。通过积极参与国家、行业及地方标准的编制，不断提升行业影响力，“十二五”期间，主编国家、行业、地方标准12项，参编国家、行业、地方标准20余项。

（成果创造人：李大维、郭明星、刘水洋、张　群、陈义国、田金风、赵　峰、刘　荣、冯　伟、张　玫、付　瑶）

基于行业对标的国际一流能源工程企业建设

海洋石油工程股份有限公司

海洋石油工程股份有限公司（以下简称海油工程）是中国海洋石油总公司（以下简称中国海油）控股的上市公司，中国唯一集海洋石油、天然气开发工程设计、陆地制造和海上安装、调试、维修以及液化天然气、炼化工程为一体的大型工程总承包公司，远东及东南亚地区规模最大、实力最强的海洋油气工程 EPCI（设计、采办、建造、安装）总承包之一。海油工程总部位于天津滨海新区，2002 年 2 月在上海证券交易所上市，注册资本 44 亿元，总资产 288 亿元，最大年收入 220 亿元。现有员工近 8000 人，在天津塘沽、山东青岛、广东珠海等地拥有大型海洋工程制造基地近 350 万平方米，有 19 艘船舶组成的系列化海上施工船队，海上安装与铺管能力在亚洲处于领先地位。拥有 3 万吨级超大型海洋平台的设计、建造、安装以及 300 米水深水下检测与维修等一系列核心技术，具备 1500 米水深条件下的海管铺设能力，在海外拥有 17 家境外机构，业务涉足 20 多个国家和地区。

一、基于行业对标的国际一流能源工程企业建设背景

（一）建设海洋强国等国家战略的宏观要求

“十一五”末以来，国家出台了一系列国际化发展战略要求，国资委在中央企业负责人会议提出，“十二五”时期中央企业改革发展的核心目标是做强做优、培育具有国际竞争力的世界一流企业。党的十八大提出，提高海洋资源开发能力，发展海洋经济，保护海洋生态环境，坚决维护国家海洋权益，建设海洋强国，为持续发展壮大中国海洋石油工业提供了重要产业发展保障和更高要求。共建“丝绸之路经济带”和“21 世纪海上丝绸之路”重大倡议的提出、实施和推进，为中国海洋石油工业“走出去”指明了推进方向，规划了发展蓝图。海油工程作为国有大型企业，是中国海洋石油工业的“国家队”“先锋军”，推进海洋强国建设责无旁贷。为推动和践行“一带一路”“海洋强国建设”，推动企业国际化核心竞争力建设，建设国际一流能源工程企业，成为海油工程的必然选择。

（二）落实母公司国际战略的要求

2012 年，中国海油发布《“二次跨越”发展纲要（2011—2030 年）》，提出“二十年两步走，实现油气总产量增两倍，海外产量占比达到 70%，全面建成国际一流能源公司”的国际化发展建设目标。海油工程围绕母公司“二次跨越”发展纲要的国际化建设要求，提出“跟随母公司海外发展”的国际化发展战略，建立和实施能源工程企业国际一流指标体系是战略落地的重要举措。

（三）企业国际一流建设目标的内在需求

对于国际一流海洋工程企业，海油工程只有建设发展的总体方向和相对定性的认识和理解，对于公司当前的具体差距缺乏定量了解和把握，更加缺乏系统分析对标的平台和工具。2012 年，海油工程深入分析复杂多变的国内外发展环境，根据公司经营发展状况，提出建设国际一流能源工程公司的目标，通过深入剖析行业内国际领先企业内外部特征以及能源工程行业未来发展趋势，对海油工程未来发展战略目标进行深层次定位，着手制定能源工程企业国际一流指标体系，启动基于行业对标的国际一流能源工程企业建设。

二、基于行业对标的国际一流能源工程企业建设内涵和主要做法

为响应国家战略和母公司国际发展规划，推动公司国际化建设，海油工程明确总体目标和基本思路，系统分析并对标国际一流企业，建立并实施推进国际一流指标体系，找准差距和努力方向，取得国际一流能源工程企业建设的阶段性成果，为最终国际一流能源工程企业目标的实现夯实基础。主要做法如下。

(一) 确定建设国际一流能源工程企业的总体目标，明确建设的基本思路

1. 确定总体目标

企业经济规模、产业结构、技术装备施工能力、管理水平等方面达到国际一流水平。具体包括：经济规模不断扩大，国际化程度持续提高，海外收入占50%以上，与中国海油形成国际化战略共同体；产业结构多元发展，在传统的海上油气工程业务领域成为一流的EPCI总包商，深水、水下、LNG工程等新业务向总承包服务升级转型，形成新能源工程产业的技术和市场基础；全面掌握1500米水深的深水和水下工程设计和施工能力，部分领域达到3000米；形成3000米水深的深水和水下作业装备能力；管理水平显著提升，市场范围明显扩大，形成较高的国际知名度。

2. 明确基本思路

系统梳理国际一流能源工程企业发展历程和现状等，构建当期海洋工程企业国际一流指标信息库，客观分析公司综合能力现状和未来发展实际需求，遵循相关原则选取国际一流能源工程企业开展系统对标，系统建立一整套海洋工程企业国际一流指标体系，用于规划、指导和推动公司中长期战略发展。

(二) 分析提炼国际一流能源工程企业基本特征

立足自身现状和发展需求，着手调查分析国际一流能源工程企业的发展路径和基本特征，主要就发展路径、管控模式、经营业绩、船舶装备等专题开展调研分析，总结归纳一流企业的共同特质，以及这些企业之所以能够在激烈的国际竞争中取胜的内因元素和关键要素，为公司国际一流能源工程企业建设找准总体方向、建设路径。

1. 梳理国际能源工程公司发展路径

选取Saipem、Technip、McDermott等15家国际能源工程公司，从产业结构演变、发展方式选择、发展策略选择、产业链构成分析、经营绩效和财务表现、重大资产变化分析、管理模式创新、当前战略选择等9个方面进行提炼和对比分析，找出海洋工程企业国际化发展规律。

分析表明国际化是海油工程谋求发展的必然选择，当前海油工程的国际化建设还处于初期阶段，商业模式应以国际项目承揽和合作的方式为主，目标市场以周边的东南亚、中东等市场为重点，适当关注拉美和西非等热点市场。随着企业国际化的不断深入，并购是企业快速发展成长的一条捷径，是企业国际化走向成熟阶段的主要商业模式。

2. 借鉴国际一流能源工程企业管控模式

对Saipem、Technip、Aker solutions、McDermott等7家国际一流能源工程企业管控模式开展专题分析，涉及公司治理情况、组织与运营管理模式、风险管理理念和方法三个方面。这7家企业均为具有良好可持续发展能力的优秀能源工程公司，其发展战略与海油工程的战略有较高的匹配度；均是大型上市公司，建立完善的公司治理架构，其管控模式对完善海油工程具有借鉴意义。

3. 剖析国际同行船舶性能和发展情况

对Technip、Subsea7、McDermott、Saipem等全球9家船队实力较强的总包型海洋工程企业280多艘工程船舶发展情况进行对标分析，从船舶发展特点和趋势、船舶发展对企业绩效的影响、船舶发展动向和发展方式等方面进行归纳分析，全面分析世界主要海洋工程企业的工程船舶发展战略和理念。

分析表明，全球海洋石油工程船舶正向船型更大、航速更高、性能更强、多功能化、高标准绿色方向发展。合资建造新船、升级改造旧船、长期合约租赁和融资租赁、企业或船舶收购等船舶规模增长方式正被广泛采用。为此，海油工程应把主力深水工程船舶发展放在优先位置，新建船舶要选择较高的设计标准，并充分考虑船舶升级改造的可行性和便利性，采取多样化的工程船舶规模增长模式。

4. 统计分析国际一流能源工程企业经营业绩

开展国际一流能源工程企业经营业绩专题对标分析，包括国际一流能源工程企业近10年的财务表

现情况，海油工程过去十年的业绩增长情况，中海油有限公司工程建设投资及其与公司销售收入的相关性分析，专业机构对市场发展前景的分析预测，全球油气产量与能源工程产业市场价值的发展关系等，为海油工程中长期发展经营指标体系建立提供支持。

采取情景模拟方式，对海油工程在发展环境和经营业绩正常情况、乐观情况、悲观情况下做出三种不同销售收入预测。在正常情况下，以11%的复合增长率来测算公司各年的销售收入额；在乐观情况下，以15%的复合增长率来测算公司各年的销售收入额；在悲观情况下，将中长期业绩增长的最低复合增长率定为5%。

5. 分析国际能源工程企业经营与发展趋势

通过前期对国际一流能源工程企业的广泛研究，筛选出 Technip、Subsea7 和 Worley Parsons 三家公司作为海油工程的重点标杆企业，对其经营、投资、并购、管理及战略动向等开展深入分析。分析表明，从能源工程企业核心竞争力分类来说，工程技术型企业要比项目管理型企业和资产装备型企业具有更强的抗风险能力和可持续发展能力。海油工程想要保持基业长青，必须转变发展模式，逐步从装备资产型企业向工程技术型企业转型，秉持技术驱动的发展模式，持续强化企业核心技术能力，注重工程技术发展和产品设计研发。

（三）对标国际一流企业，建立国际一流指标体系

为系统反映国际一流企业特征，结合国资委发布的《做强做优中央企业、培育具有国际竞争力的世界一流企业要素指引》，海油工程着手构建能较全面反映能源工程企业“国际一流”内涵的对标指标体系，体系由三级指标构成，一级指标 11 个，二级指标 37 个，三级指标 119 个。该指标体系在强调“硬实力”的基础上，更加关注“软实力”对标，形成包括经营业绩、核心资产和投资、产业和市场结构等 11 项关键要素的对标指标体系。同时结合对标管理的国际性、全局性、针对性、实效性的基本要求，以公司战略管理需要为目的，对对标体系实施全过程动态管理，以提高对标成果对公司战略和经营决策的指导意义。

1. 筛选对标企业

确定对标企业选取方法。参照国际排名、地域代表性、企业类型、运营特色等要素，从众多国际能源工程企业中甄选出更具代表性的对标企业，主要筛选标准说明如表 1 所示。

表 1　对标企业筛选标准说明

考虑要素	选取标准	主要原因
国际排名	在《ENR 全球最大 250 家国际承包商》排行榜中连续多年的能源工程企业	上述排名发布机构具有较强权威性，公信度较高，上榜企业能够代表本行业世界一流水平
区域代表	欧洲、美洲、亚太等地区的主导企业	确保对标企业在地域上具有较为全面的代表性
企业类型	综合运营、专业运营	比较不同类型企业的差异，吸取借鉴各类企业的经验
一流特色	具有与众不同的核心能力、竞争优势以及自身特色	保证对标企业的卓越特质

在此基础上，结合战略目标，选取对标企业，通过对全球众多能源工程企业进行甄选，最终选取 15 家典型的 EPCI 总包企业作为对标对象。这 15 家企业均为不断发展的优秀能源工程公司，既有充分国际化的大型能源工程企业，也有正努力实施国际化战略、在本区域内处于领先地位的新兴能源工程企业，企业规模不尽相同，但发展状况均处于良好状态，其发展战略均与海油工程的战略具有较好的匹配度。

2. 初选“硬实力”“软实力”对标指标

“硬实力”指标是衡量“国际一流”的基础要素，结合能源工程企业性质，以经营业绩、核心资产

和投资作为“硬实力”的两个关键要素，细分为企业规模、盈利能力、成长性等 6 个方面，共 28 个指标。与此同时，结合能源工程行业特点，总结国际一流能源工程企业产业和市场结构、科技研发、公司治理等 9 项“软实力”关键指标，共 91 个指标。

3. 构建国际一流指标体系

综合评价国际一流关键要素指标，综合公司发展背景，海油工程对国际一流的定义进行完善和补充，形成符合企业发展要求的国际一流内涵与评价体系，并设定体系指标值，用以指导和规划公司中长期建设和发展，如表 2 所示。

首先，总结海油工程关键要素指标现状。从“硬实力”“软实力”两方面，找出与“国际一流”的差距。将“国际一流”关键要素及其主要指标划分为四个区域：保持区、潜力区、改进区和障碍区。保持区中的各项指标接近或超过国际同行水平，需要继续巩固；潜力区中的各项指标的实力与国际同行差距不大，通过努力能够上升至国际同行相同水平；改进区中的指标与国际同行有明显差距，需要加大投入和改进的力度；障碍区中的指标是发展中的难点，需要长期投入，不断改进并逐步提高。

其次，确定体系设计原则。一是从反映企业“硬实力”和“软实力”的两个维度思考，构建企业在国际市场上的竞争能力；二是反思许多国际一流企业走向衰败陷入困局的教训，将体现企业当前发展高度的静态指标和体现企业未来发展动力的动态指标相结合。

再次，确定体系指标。针对海洋工程的行业特点，根据简洁、集中、可量化的原则，征求公司内外部专家的意见，选取最能集中反映能源工程企业“国际一流”特征的 18 个指标，制定海油工程“国际一流”的指标体系前期方案，并由公司领导层会同相关专业最终将指标体系精简为 9 个关键指标。

最后，设定体系目标值。对标国际一流同行，结合能源工程产业发展趋势预判和海油工程发展战略，确定各指标的目标值。

表 2 海油工程“国际一流”指标体系

序号	一级指标	二级指标	目标值
1	价值创造能力	销售收入	600 亿（2030 年）
2		净资产收益率（ROE）	10%
3	场地位和影响力	工程作业水深	与国际市场领导者相当（3000 米）
4		产业链完整性	油气上游工程 EPCI＋EPCM、中下游工程 EPCM、新能源工程 EPCI＋EPCM
5		跨国经营指数[1]	0.3
6		核心业务客户覆盖率[2]	60%
7	新和可持续发展能力	专利数量	1200
8		科技成果转化率	70%
9		近三年新业务销售收入占总销售收入之比[3]	5%

注 1：跨国经营指数（TNI）＝（国外资产/总资产＋国外销售额/总销售额＋国外雇员数/总雇员数）/3。

注 2：核心业务指海上油气工程业务：客户指从事海上石油勘探开发的主要 IOC 和 NOC，以全球 50 家最大涉海石油公司为参考。

注 3：近三年新业务销售收入占总销售收入之比＝近三年新业务销售收入之和/近三年总销售收入之和。

（四）参照对标，指导国际一流能源工程企业建设

1. 建设和提升海油工程的价值创造能力

一是提出“四大能力”建设战略发展方向，促进经营业绩快速增长。海油工程“四大能力”建设，

即以设计为核心的总承包能力建设；以大型装备为支撑的海上安装能力建设；以海管维修为突破口的水下设施维修能力建设；巩固常规水域市场地位，加强深水作业研究和能力建设。

二是构建国际“大市场”体系，提升国际市场价值创造能力。构建上下联动、全员参与的国际“大市场”格局，不断提升国际市场价值创造能力。坚持“抓牢国内、拓展国外”的市场开发策略，密切关注国际市场动态，找准国际市场开发突破点，着力突破国际市场重点区域、领域壁垒；加强高素质的市场开发队伍、风险识别商务谈判及组标报价队伍、海外项目执行及管控队伍建设；加快实施国际市场开发管理体制的调整和管理模式的优化工作，培育海外市场开发能力、全球资源整合能力和风险管控能力。

三是全面推行“五化”管理方式，推进内外部协同增效。为实现公司工程项目高效有序运行，科学施策、全局管控，全面推行“五化”管理方式，项目运行展现新的面貌和局面。“五化”管理即设计标准化、采办集约化、橇块产业化、设计采办建造一体化和海上安装管理协调区域化，基本涵盖和贯穿海油工程设计、采办、建造、安装等全产业链条，从设计源头把控全局，从各环节相关性着手，以实现项目综合效益最大化。

2. 提升海油工程的市场地位和影响力

一是以企业硬件装备建设突破工程作业水深。坚持规划引领、效益优先原则，按照突出主营业务、突出国际化基础建设的总体思路，积极稳健实施重大投资项目，持续增强企业硬件国际核心竞争能力建设。“十二五”期间，海油工程累计实现投资总额 116.6 亿元。先后实施青岛深水基地和珠海深水基地建设，已形成包括塘沽、青岛、珠海、惠州、湛江等在内的 350 万平方米陆上海洋工程制造基地，全面形成“跨越南北、功能互补、覆盖深浅水、面向全世界”的场地布局。“海洋石油 201”“海洋石油 278”等 6 艘船舶相继入列，形成 19 艘船舶组成的系列化海上作业船队，挖沟机、ROV 等高端配套装备也得到均衡发展，进一步巩固了公司海上安装与铺管能力在亚洲的领先地位。

二是持续健全完善企业产业链布局。以“国际一流”指标体系为引领，海油工程按照“有效”发展的方针，做强做优核心产业，在此基础上，有针对性地转方式、调结构、发展相关高端产业。通过多年的培育发展，海油工程业务链实现“纵向延伸、横向拓展、优化衔接”，企业整体业务链条得到进一步丰富和完善。纵向上，形成 LNG 储罐 EPC 总包能力，中下游业务布局初显成效；平台结构完整性管理使海油工程全面掌握海洋结构物设计到完整拆除的平台全寿命周期技术、施工、管理能力。横向上，深水与水下产品业务使海油工程“走向深水”迈出实质性步伐，模块化建造板块成为海油工程打开国际市场的最重要“品牌名片”之一，企业业务链各单链条更加丰厚充实。

三是系统规划和重新部署海外业务布局。在原有中化建国际工程公司的基础上，成立海工国际工程有限责任公司，开拓国外市场，承揽海外业务，坚持积极进取、管理创新、低成本高效发展，以海油工程为后盾和依托，依靠海油工程 EPCI 总承包能力和低成本优势，不断提升海外市场开发能力和海外项目管理水平。

为形成“集中管理、全面辐射”的管理效能，海油工程积极推进境外机构合理布局，已建立所属境外机构 14 家，初步形成“一道防火墙”（海油工程国际有限责任公司）、“一个中心”（新加坡项目运营中心）、“四大区域管理平台”（东南亚、非洲、欧美、中东）的海外布局，海外业务遍及 20 多个国家和地区。

四是持续拓展和维护海外客户。在自身国际经验不足、实力不强的情况下，海油工程“借船出海”，通过建立技术联盟、生产战略联盟、市场营销战略联盟等方式参与国际竞争，把加强国际合作、实现优势互补作为成长壮大的必由之路，有效解决市场狭小、资金有限及跨国作业等瓶颈问题。先后与 Technip、Fluor、Worley Parsons、Kvaerner 等知名国际工程公司建立长期合作关系，与 Saipem、Petrofac、JGC、Chiyoda、SBM 等保持良好的合作关系，与 Shell 签订 EFA，使公司现场管理水平大幅提升，撬动其他油公司对海油工程的认可。加强与油公司交流合作，成功进入 TOTAL、PTTEP、沙特阿美等国际油公司合格供应商库。

3. 建设和提升海油工程的创新和可持续发展能力

一是以科技创新支撑企业可持续发展。坚持贯彻落实总公司“自主创新、重点跨越、支撑发展、引领未来”的方针政策，积极实施“科技驱动”战略，紧密围绕总公司科技发展规划和制约海油工程产业发展的重大技术瓶颈开展技术攻关工作。

二是以发展方式创新开辟新的事业机会。通过资本运作，有效整合国内外资源，获取国际市场、关键技术和能力，不断提高海油工程的国际化水平和可持续发展能力。在资本运作项目的选择上，海油工程始终以获取关键市场、技术和服务为出发点积极开展一系列探索与尝试，不断加深与国际海工企业的合作。例如，为推进深水技术发展，与美国 AOH 公司合作，设立专门从事海洋工程深水领域技术研发和设计的高泰公司，同时作为深水人才孵化器，高泰公司在半潜式平台、Spar 等深水平台关键技术研究上取得一定成果；与国际顶尖综合性工程公司美国福陆（Fluor）公司合作，共同组建中海－福陆海洋重工有限公司。

三、基于行业对标的国际一流能源工程企业建设效果

（一）国际一流能源工程公司建设阶段性成效显著

通过深入的行业对标，海油工程建立了符合企业发展的国际一流指标体系，为建设国际一流能源工程企业的目标明确了深层次定位。围绕这一指标体系，海油工程制定并实施了一系列战略举措，国际一流能源工程公司建设取得预期成果，为最终国际一流能源工程公司目标的实现打下了坚实基础。销售收入从 2012 年的 123.8 亿元增长到 2015 年的 162 亿元，增幅 31%；净资产收益率从 1.98%增长到 15.2%；工程作业水深由 300 米增长到 1500 米；跨国经营指数由 0.02 提升到 0.12；核心业务客户覆盖率达到 30%～35%；专利数量由 279 项增长到 586 项，科技成果转化率 70%；公司产业链条不断完善，新业务比例持续上升，实现从浅水到深水、从上游到中下游、从国内到国外的“三个跨越”，培育和形成深水与水下、模块化建造、LNG 工程等一批新的经济增长点。

（二）初步形成国际核心竞争能力

海油工程内外部资源和能力得到显著加强，拥有 3 万吨级超大型海洋平台的设计、建造、安装以及 300 米水深水下检测与维修、1500 米 S 型海管铺设、海上废旧平台拆除等一系列核心技术；陆地国际化制造基地和深水船舶装备达到国际先进水平，具备了一定的国际竞争装备硬件优势；成立了 14 家境外机构，国际业务遍布 20 多个国家和地区，海外市场承揽屡获突破；产品更趋多样化，实现由低端向高端的转型，国际化项目执行能力持续增强，工程产品和专业服务得到国际能源公司的高度认可，培育出海洋工程“中国制造”的国际品牌形象。

（三）国际化经营业绩连续实现突破性进展

海油工程国际化经营取得了丰硕的成果，成功实现地域、产品、国际市场承揽额、海外收入占比四个“跨越”。海外合同从最初“数万”上升到“百亿”，“十二五”期间，国际市场承揽额达到 184.7 亿元，其中 2014 年国际市场承揽额达到 132 亿元的公司历史峰值。2015 年海外收入达到 54.6 亿元，海外收入占比从“十二五”初的 7%上升到 35%。在 2016 年国内海洋工程项目严重萎缩的情况下，海外收入占比达到公司总收入的近 60%。

（成果创造人：朱　磊、周学仲、闵　兵、李　涛、金瑞健、孙　宇、赵　婵、傅小荣）

实现央企间战略合作优势互补的石化产品集采专供服务管理

中石油铁工油品销售有限公司

中石油铁工油品销售有限公司（以下简称油品公司）成立于2013年1月，是中国中铁股份有限公司（以下简称中国中铁）与中国石油天然气股份有限公司（以下简称中国石油）通过战略合作方式成立的合资公司，注册资本金1亿元。其中，中国中铁全资子公司——中铁物贸集团有限公司持股比例40%，中国石油天然气股份有限公司持股比例35%，中国石油燃料油有限责任公司持股比例25%。油品公司主要业务是将中国中铁的工程建设用油市场优势和中国石油的石化产品资源优势相结合，以中国石油专项计划方式保质保量保证油品供应并提供优惠价格和配送储存等方面的服务，对中国中铁工程建设中所需的汽柴油、沥青、润滑油等石化产品实施集采专供。

一、实现央企间战略合作优势互补的石化产品集采专供服务管理背景

（一）响应国资委关于国企改革的要求

党的十八大报告指出，要毫不动摇巩固和发展公有制经济，推行公有制多种实现形式，深化国有企业改革，完善各类国有资产管理体制，推动国有资本更多投向关系国家安全和国民经济命脉的重要行业和关键领域，不断增强国有经济活力、控制力、影响力。特别是在国内经济增速放缓、经济结构正在优化转型的重要时期，国资委号召央企抱团取暖，通过优化成本，寻求利润。通过强强联合，提高效率，优化利润。

油品公司充分整合中国中铁和中国石油双方需求，通过对中国中铁实施石化产品集采专供，实现合作双赢。一方面，统一供应渠道，确保供应质量与数量，发挥规模优势，切实降低中国中铁采购供应成本，提升企业降本增效的水平；另一方面，创新营销服务模式，使中国石油获得深度开发基础建设领域市场的机会，从而巩固和提升终端市场份额。

（二）实现央企间优势互补的需求

为防控采购风险，有效化解采购管理存在的问题，中国中铁提出要深化采购管理体系改革，加快推进“大集采”发展战略。通过油品公司实施石化产品战略集中采购管理，加强在石化产品采购方面的标准化、规范化、集约化、信息化管控，加强石化产品采购供应工作的有效监管。基础建设用油市场作为专项领域市场之一，需求量巨大。但由于工程资金拨付具有不确定性，传统采购方式主要以赊销模式为主，导致中国石油一直未能充分开发该市场。通过油品公司实施石化产品战略集采专供服务管理，获得中国中铁的政策保障，使市场需求得到集中管控，采购渠道得到统一。通过油品公司实行系统内结算，打破资金结算的壁垒，有效解决实现市场需求与资源供应的对接问题，实现优势互补。

（三）探索央企战略合作模式的需要

按照国企改革的要求，央企间成立了众多的总部级合资企业。2012年9月，中国中铁与中国石油共同签署了《战略合作框架协议》，旨在将中国中铁系统内石化产品的市场需求优势与中国石油的资源供应优势有机地结合起来，实现市场与资源的高效对接。后期油品公司的成立，进一步深化了中国中铁和中国石油的战略合作关系。但如何探索出适合特大型工程企业需求特点的战略集采模式，使得石化产品集采专供能够真正落地实行，如何统一石化产品供应渠道，如何确保石化产品供应质量和数量，如何建立满足工程用户需求的终端服务模式，切实降低采购供应成本，巩固专项市场份额，取得明显成效实现双赢，最终打造央企间合作典范，是油品公司乃至所有成品油销售企业面对的重要发展课题。

二、实现央企间战略合作优势互补的石化产品集采专供服务管理内涵和主要做法

自2013年成立以来，油品公司以项目需求和保供为中心，以特色服务为抓手，以信息化为手段，以项目全生命周期管理为主线，构建透明化、市场化的集采专供机制，推动石化产品战略集采业务发展。打造用油单位、供应商、运输单位和油品公司四方联动，需求、采购、供应、服务、结算五个环节闭环管理的战略集采融合平台，构建阳光战略集采供应链，形成核心竞争力，提高企业现代化管理水平，达到“实现股东价值、成就客户事业、助力员工成长”的企业发展愿景。主要做法如下。

（一）构建石化产品集采专供服务管理总体思路

油品公司以“立足长远、互惠互利、合作双赢、共同发展”为目标，充分利用股东双方的政策支持，促进管理模式创新，推动营销模式转变，建立适应市场需求的石化产品战略集采专供模式。

协调中国中铁出台集采政策对下属单位及项目所需的石化产品开展战略集采专供服务，提供市场保障；依靠中国石油全国资源、销售网络渠道为项目提供品质保障、价格优惠、服务优良的石化产品供应服务，提供资源和服务保障；由双方股东共同出资和授权信用额度，建立资金池，用于战略集采业务的资金周转，实现项目优先供货需求和供应商优先付款需求的缓冲对接，提供资金保障；依靠自身企业发展，整合外部优势资源，调动股东双方一切可以调集的力量，建立辐射全国各省、涵盖所有工程项目，集采购、销售、运输、仓储、服务于一体的石化产品战略集采专供服务管理体系，提供组织保障。

（二）凝心聚力，建立石化产品集采专供服务管理体系

1. 建立高层管理机制，推进央企战略合作

油品公司由股东方各指派一名股东代表，定期召开油品公司股东会，制定公司发展经营方针和政策，把握企业发展方向。油品公司实行董事会领导下的总经理负责制，董事长和副董事长分别由中国中铁和中国石油委派管理层人员担任，从两大集团战略高度制定油品公司的长远发展计划。油品公司通过股东会和董事会的形式，增强两大央企高层联系，从双方利益诉求出发，切实解决公司发展中遇到的困难和问题，统一协调出台政策促进公司发展，推进战略合作不断向前。

2. 创新内部管理体系，形成横向联合工作网络

油品公司除按专业分工设置部门外，还设立跨部门的项目制专项工作小组。专项工作小组具有明确的工作内容和攻坚方向，组长牵头负责组织实施、跟踪、督促、协调工作，每个成员都有具体工作任务、完成标准和限定完成的时间节点。组长定期向领导报告、反馈、描述工作过程及结果。专项工作小组在公司部门纵向管理的基础上，形成横向联合工作网络结构。

3. 挖掘系统内资源，构建覆盖全国的纵向服务网络

油品公司积极寻求中国石油总部支持，由总部指定专业处室负责协调对接油品公司集采服务工作，并会同其他处室以及各地区销售企业制定专项政策，协调解决系统性、机制性问题；各地区销售企业明确营销部门副处长牵头负责协调油品公司业务，并设置专门岗位对口负责具体业务衔接。

油品公司协调各地区销售企业根据项目供应需求及时为用油单位提供临时储油和简易加油设施，并协助做好运输、安装等服务工作。充分发挥各地区销售企业现有配送系统优势，加大对运输公司协调力度，通过油品配送、小额配送和流动加油等多种方式，帮助油品公司提升物流环节的服务质量。油品公司与各地市销售企业协商确定授信额度，在每月底前按照实际结算的发票金额保证足额付款，提高资源采调工作效率。协调润滑油和燃料油公司两个专业公司从全国范围内统筹考虑定价、授信等政策，及时提供专业技术支持，并加强可替代产品的信息沟通。结合各地区销售企业实际，争取有竞争力的联名加油卡优惠政策，提供灵活多样的服务，帮助油品公司快速开拓公务车辆市场。

4. 调动协作单位积极性，创建网状管理新架构

油品公司构建跨系统的战略集采专供服务支撑体系。中国中铁大型项目基本分为两类：一类为中铁

股份整体中标、直接管理的，主要依靠中铁物贸各子分公司开展需求归集、对账组织和货款代付工作；另一类是各局分别中标、单独管理的，主要依靠各局设置在项目上的材料厂等单位，开展需求归集、对账组织与货款代付工作。

油品公司通过服务费委托中铁物资公司向中铁各项目施工相关单位及时宣传中铁股份公司有关油品集采的政策文件，协调各用油单位按照中铁股份公司相关规定，将油品需求纳入集采专供范围。中铁物资公司组织各用油单位与油品公司签订油品供应合同，结合实际用油方需求和施工进度，配合用油单位提报日常需求计划。在国家发改委调整成品油价格或中铁股份调整供应价格时，通过中铁物资公司及时向各用油单位进行通报，组织各用油单位签认油品接收数量，组织进行三方对账，并根据油品集采相关政策或合同约定，按时向油品公司足额支付相应货款，或协助油品公司向项目催要货款。

为充分调动中国中铁各局各级物资部门集采的积极性，油品公司通过支付管理服务费的方式，体现其在油品供应过程中服务价值。从而建立纵向到局、处、材料厂三级管理部门，横向到项目指挥部、项目部、各分包部等施工团队的多层级立体网状集采管理体系。

（三）多措并举，推动石化产品战略集采专供实施

1. 协调股东出台配套政策，推进集采专供全覆盖

在股东双方战略合作协议基础上，油品公司积极协调股东方出台一系列配套政策推动集采工作。中国中铁从顶层设计出发，在集采产品范围、需求计划、定价规则、对账结算和资金支付等方面，出台6项政策文件，通过搭建石化产品集中采购平台的方式，推动集中采购，营造良好的集采氛围，制定“集中支付”“资金融通”和“双清”三种回款办法，提供资金回笼保障。中国石油将油品公司全产品纳入封闭结算体系，提供资金保障，并结合市场情况给予油品公司最大的价格优惠政策。同时组织全国各省区销售分公司，召开专项会议，讨论并发布集采专供服务办法，建立专业化的服务体系，从资源保障、授信服务、价格支持等方面逐步出台3项政策文件，提供资源供应和服务保障。

2. 规范定价机制，打通战略采购渠道

油品公司从中国中铁的项目需求出发，按照互惠共赢的原则，推动中国中铁下发《石化产品战略集采实施细则》。明确要求采购价格以市场为导向，战略采购价格实行定期协商机制，供应价格实行统一定价机制，由中国中铁股份公司定期发布。将自主封闭定价向公开化、市场化、透明化定价机制转变，让中铁项目切实享受到集采红利，集中采购获得更广泛的支持。

石化产品价格管理包括集采战略采购价格管理和供应价格管理。油品公司与中国中铁采购专家库中选取的专家、二级公司人员共同组成专业工作组，负责与中国石油开展石化产品战略采购价格谈判。专业工作组提出价格谈判方案。油品公司协调中国石油对其每月的资源配置在销售公司计划中单列，并下达给相关单位，保证在资源供应紧张时期优先供应。在市场价格异常波动时，通过谈判确定临时价格机制，保证供应并维护各方利益。

3. 召开集采推进会，推动集采政策执行

在股东方的支持下，每年召开由中国中铁各工程局主要领导参加的集采推进会，对集采专供涉及的各方面进行深入沟通和交流，共同研究和解决石化产品战略集采专供价格机制、需求归集、项目对接、实施供应等方面问题，通过完善顶层设计助力业务开展，推动各项政策落地。

4. 深入项目一线，着力集采政策宣贯

油品公司通过自上而下和自下而上多种角度宣贯集采政策。上到中国中铁各施工局相关部门，下到项目收料人员，通过拜访工程局领导、参加业务交流、组织集采对接会议等多种场合进行宣贯，为战略集采打造声势。特别是在开发新项目的过程中，油品公司人员每对接一个项目，就利用机会向项目部经理和物资部长、材料员等积极宣传集采专供政策，及其成本优势、数质量优势、管理优势等特点。

5. 加强监督考核，促进集采政策实施

为保障石化产品战略集采政策的执行力度，将各单位石化产品战略采购实施情况纳入中国中铁对各单位采购管理考核指标，各二级公司应对所属三级单位战略集采实施情况实施监督、检查和考核，并与领导班子考核指标相挂钩。油品公司通过中国中铁定期组织对石化产品战略采购效果进行评价，并根据评价结果优化石化产品集中采购供应组织策略。

（四）因地制宜，提供定制化菜单式集采专供服务

1. 统筹供需计划，合理配置资源

油品公司发挥专业公司优势，对中国中铁下属各单位及所属的各类施工项目、工业制造及辅助施工生产所用的燃油、润滑油及沥青进行有效归集，合理配套资源，科学摆布库存，提供完善的配送服务，保障用油单位的稳定供应。

协调中国中铁各单位物资管理部门，按照季度编制本单位在建项目石化产品季度分月需求计划表，经上报物资采购管理中心汇总、审核后，提交油品公司执行。油品公司根据物资采购管理部门提交的各单位在建项目石化产品季度分月需求计划，结合中国石油资源分布情况，按照“运距最短、效率最高、费用最省”的原则，编制各单位石化产品季度分月供需平衡计划。

2. 发挥渠道优势，科学调运资源

油品公司依托中国石油所属20余家炼化企业和31个省（区、市）销售公司的资源，根据项目大小和石化产品用量，进行资源统筹安排和协调，保障油品稳定供应。全国31个省市分公司均安排专人负责集采专供业务，提供资源保障、数质量管理等各项服务支持。充分利用中国石油运输公司全国配送网络开展一次配送运输服务，以距离项目最近的油库、加油站为半径，制定最优的服务保障方案，实现物流成本最小化。

3. 建立快捷高效开发新模式

工程项目开始进场时就需要用油，但此时不具备签署合同条件。油品公司为保证项目正常施工，建立以《商务洽谈备忘录》为载体的快捷市场开发模式，以简便高效的手续确保项目初期及时用油。《商务洽谈备忘录》明确供需双方确定的供应渠道、运输方式、供应保障措施、供应价格等具体事项，后期将作为合同签订的依据。同时，需求单位出具《委托函》，明确集采专供业务的有权经办人，规避现场交接风险。凭借两个文件，供需双方实现在合同签订前开展临时供应、办理结算支付等工作，大大提高供应效率。

4. 实施“五统一”标准管理

根据项目具体情况，找准项目关键管理部门，精准发力实施分类开发，开发效率明显提升。中国中铁项目普遍存在项目多且分散、无法设置油罐、整体用量较小、需求无规可循、随时需要供应等特点。油品公司针对中国中铁项目特点，推行战略集采专供规范管理，坚持实行资源渠道统一、服务标准统一、供应价格统一、运费计算统一、结算方式统一的区域配送“五统一”管理，提高集采专供的可操作性，增强终端服务能力。

5. 实行项目全生命周期管理

油品公司通过中国中铁物资管理部门和专业网站等多渠道获得项目中标信息，锁定开发目标。公司市场开发部设立各工程局对应的负责人，第一时间进行对接，确定项目供应方案，拟订销售合同；以项目交接单的形式，通知计划调运部组织资源供应、结算；运营管理部负责项目的日常运行维护，待项目竣工后发起封账协议，实现从项目中标到完工的全生命周期管理。

6. 建立专属现场服务团队

油品公司内部建立专业的运营管理团队，分局分省负责购、销、运的统一调度。在此基础上，油品

公司还发展培养了由12家第三方入围承运商、500余辆车、1000余名司机组成的专业化现场配送服务队伍。通过树立专业化的管理标准，制定严格的管理制度，由油品公司统一培训考核。每年定期组织召开承运商座谈会，建立健全承运商管理体系和制度，不断提升承运商团队服务水平。

7. 探索一站式定制化服务模式

针对工程项目需求特点，探索总结出满足项目需求、适应地域环境、供应方便快捷的“全项目周期服务＋24小时服务”的一站式终端服务模式。提供整车配送到罐、流动加油车配送到机械、自建油库自助加油及加油卡自提等多种定制化供应模式，为项目提供免费油罐、加油机、加油枪等储油设施设备，使项目可以轻装上阵。

（五）贴合需求，不断拓宽集采专供业务领域

1. 发行中油一中铁联名加油卡

中国中铁拥有大量的工程机械、公务车辆和私家车，此前未实施统一管理，由各工程局、三级公司和项目部自行分散采购，成本管控缺乏有效抓手。油品公司抓住“营改增”契机，提出发行中油一中铁联名加油卡，促进“营改增”后公务车辆用油进项税源足额有序归集，降低油料采购成本，提高公务车辆用油管控水平，获得中国中铁股份公司的充分认可。

油品公司与中国石油销售公司积极联系对接，经过为期两年的普通加油卡业务探索，最终形成一套中油一中铁联名加油卡运作体系。联名加油卡由油品公司独立开卡，采用项目预充值的加油卡管理模式开展业务。相对于普通加油卡存在一定优势：一是独立开卡，网络化办理，办理效率高；二是主副卡管理制，开卡单位可设定消费品种，方便集中管控；三是跨省优惠，用卡单位享受“一卡在手，全国优惠”的政策；四是服务支持，油品公司开通中油一中铁联名加油卡固定电话咨询专线，用于专门解答解决各单位具体问题。

2. 稳步拓展沥青业务

油品公司依托已经形成的石化产品集采专供氛围，加大对战略集采专供业务的宣传力度，以中国中铁三级路面施工专业化公司为对接重点，以点带面开发公路项目沥青业务。在中国中铁物资采购管理部和中国石油燃料油有限责任公司的大力支持下，构建沥青业务供应链条体系，提供物流、技术流和资金流等全方位服务体系。油品公司利用中国石油“昆仑”沥青的资源、质量和价格优势，建立从“沥青工厂”到“项目使用现场”的“点对点”直供模式，实现沥青供应过程全流程控制。

3. 多维开展润滑油脂业务

油品公司充分利用集采政策的支持，选取部分项目进行试点集采，在试点过程中不断总结积累润滑油脂产品集采专供业务经验。随着油脂集采业务的深入开展，油脂需求“量小分散，分布不均”的特点，使得现有的传统线下集采专供模式难以大面积推广。为破除瓶颈，油品公司利用互联网思维，与昆仑润滑油公司、中铁鲁班公司达成合作，充分利用鲁班电商平台，创新润滑油脂集采专供业务模式，采取建设油脂特许专营店的形式开展润滑油脂线上集采，有效推动润滑油脂集采业务快速发展。

油品公司积极协调中国石油昆仑润滑油公司与中铁装备集团、中铁设备管理站、中铁地铁盾构工程类项目等工程单位多方位开展合作，共同研制设备初装润滑油脂及盾尾油脂、泡沫剂、主轴承密封油脂、主轴承润滑脂等盾构类专用油脂，针对中铁主要工程设备的润滑需求实行定制化生产，并提供相应的润滑油脂使用指导，探索产研销一体化的合作模式。

4. 尝试其他石化业务

与中国石油西北化工销售公司、辽河油田大力特种沥青有限公司等单位建立战略合作关系，开展SBS改性剂、沥青拌合加热用重油、导热油、沥青混凝土抗车辙剂等业务，为项目提供“一站式”集采服务。

（六）创新理念，确保集采专供资金链运行稳定

1. 优化对账结算流程

中铁项目覆盖全国31个省市，涵盖铁路、公路、桥梁、隧洞、市政等多种工程类型，不同项目的结算方式不尽相同。油品公司通过不断的探索与尝试，结合各工程局的特点和配合程度，形成一套较为固定的对账结算流程。一是现场对账与线上对账相结合。一般地，项目对账单位会涉及工区、材料厂、物设部，物贸公司也可能会参与其中。为最快的完成中铁内部单据流转、满足各方对账需求，油品公司安排承运单位负责人现场与各工区（分部）核对签认供应数量，并将签认单据返回材料厂、物设部等，公司匹配价格后，将对应的价格明细发材料厂或物贸公司核对，在线上完成最终签认。二是统一对账与分散对账相结合。为尽快地完成月底对账结算，油品公司协调各局物资公司、项目材料厂、物设部实行统一对账结算，由油品公司将签认单发给统一对接单位，"自上而下"完成对账结算。

2. 引进销售结算新理念

工程项目通常是先施工，待业主验工计价后才拨付资金回款，使工程项目不得不寻找社会油品经销商进行垫资供应。油品公司为缓解资金紧张矛盾，建立以月结为基础的销售结算体系，每月末与项目进行结算、次月回款。借鉴项目结算流程，建立以月结为基础的销售结算体系，疏解项目资金需求，保证项目施工油品供应数量和质量，吸引工程项目加入集采专供平台中来。

为缓解全部项目月末统一对账带来的压力，油品公司通过集采通手机APP系统的应用，在签认单编制、价格匹配、开票结算过程中自动化生成基础数据，实现单据线上处理、日清日结，大大提高数据准确率。利用数据共享理念，创建数据处理中心，将对账工作做在日常。通过数据处理中心，每日将现场签认数据与信息系统提报数据进行核对，及时发现错误和问题。每日数据准确性的提高，使月末对账结算效率明显提升。

3. 融合财务金融新政策

油品公司的资金筹款方式主要依靠银行贷款支持。两大股东分别为国有企业，尚未合并报表，在无担保、无抵押的情况下，只有取得银行信用贷款让资金运转起来，才能更好地服务于双方股东。油品公司在融资渠道方面与银行紧密联系加强合作，先后与中国工商银行、交通银行、中国银行等银行开展授信业务。在无担保、无抵押的情况下，坚持大行带头授信的原则，争取最大贷款额度，保证公司开展业务的资金需求。

4. 节约资金使用成本

采购方面，油品公司取得在中国石油系统内月度授信和封闭结算的财务支持，大幅节约资金成本和人力成本，便于准备资金头寸安排。销售方面，依托中铁股份公司出台的集中付款、资金融通、内部债权债务清理等清欠办法，对欠款单位所在二级公司直接清收划款，加大项目回款的催收力度。结算方面，采取灵活的收款方式，优先收取现金汇款，对于资金确实困难的项目给予银行承兑付款的权利。与多家银行开展票据贴现业务，选择当期最低贴现利率进行贴现，及时补充资金需求。在与银行信贷合作过程中，不仅做好贷后维护工作，同时争取提升贷款额度、降低贷款利率，逐步将各家银行贷款利率将至基准，最大程度降低财务费用，为公司节约资金成本。

5. 实行资金精细化管理

油品公司执行月度资金计划管理，每月月初上报资金收付计划，负责测算全月资金缺口，编制资金平衡表，制定解决方案，保证资金安全，提高资金使用效率，最大限度做到收支平衡。主要通过项目负责人根据实际提出回款目标、公司领导根据全局下达回款任务、财务部全月跟进回款进度督促提醒等方式，随时掌握月底资金缺口，依靠银行贷款、票据贴现方式保证付款资金。

定期召开资金清欠分析会，统计欠款项目账龄，提交上级单位执行内部清欠。油品公司成立清欠

"双清小组"，依托中铁股份公司资金管理政策，将任务落实到人，实行对二、三级工程单位和具体工程项目的三级负责制，确保资金回笼工作有效开展。通过清欠工作，一方面解决资金回笼问题，另一方面也让公司上下从领导到员工，全员参与账款清欠，全员关注资金运行。

（七）总结借鉴，以信息化、制度化建设助推管理提升

1. 搭建集采专供信息管理平台

为解决员工数量不足、业务量庞大繁重、劳动效率不高的问题，油品公司充分应用现代信息化技术，借助"互联网+"思维，创新设计系统功能与流程，建设覆盖市场开发、业务运行、经营管理、办公管理等方面的企业管理信息平台，打造业务、财务一体化的"信息管理平台"。以流程化、集成化、协同化、自动化、移动化、可视化为目标，以业务流、物流、票据流、信息流为主线，搭建油品公司与供应商、客户、运输公司四方联动、信息共享的统一平台。

2. 加强信息化应用水平，提升移动办公能力

油品公司依托信息化平台，以自行研发的"集采通"手机 APP 软件为载体，实现对油库提油、一次配送到罐、现场流动加油、验收签认等业务的线上处理、数据自动上传和多方共享功能，并融合 OA、合同、HR、报销等系统，实现网络化、移动化办公。为快速提高"集采通"手机 APP 的使用率，油品公司协调股东方，多次召开"集采通"手机 APP 培训会，迅速增加供应商、运输方、项目方的用户数量。另外，公司为全员配备移动办公设备，随时相应项目对接业务、处理问题需求，让工作和办公不再受时间、地点限制。

3. 优化设计业务流程，建立健全管理制度

针对市场开发、资源调度、对账结算、资金回笼等业务的关键点和风险点，设计规范业务流程，并在业务开展过程中不断优化改进，保证关键业务权限分离、风险可控。整章建制，建立健全市场开发、项目交接、价格管理、承运商管理、运费管理等各项管理制度，以全面指导各类业务开展，将权利装进制度的笼子。从原有的"业务依靠手工操作、培训依靠经验传授、风险依靠领导重视"的模式，转变为"操作有流程、管理靠制度、风险有监督"的规范管理模式。共梳理流程 66 个、制度规章 39 个，形成《专业管理流程手册》和《规章制度汇编》。

三、实现央企间战略合作优势互补的石化产品集采专供服务管理效果

（一）集采规模增长，采购成本下降

集采量节节攀升，从 2013 年 6.3 万吨到 2016 年 51.5 万吨，年均增速 110%。集采项目呈翻倍式增长，从 2013 年的 61 个项目发展到 2016 年的 1112 个项目。集采面不断扩大，目前中铁所属 18 个局级单位均实现集采，4 个局年集采量超过 4 万吨，4 个局年集采量超 2 万吨，6 个局年集采量超 1 万吨。集采产品不断丰富，从最出单一的成品油业务，发展到已涵盖汽柴油、沥青、润滑油、重油、改性剂和加油卡等主要石化产品种类。

自开展石化产品集采以来，截至 2016 年年底，累计实现集采量 127.5 万吨。其中，柴油累计实现集采 113 万吨，沥青、重油及改性剂 14.5 万吨，润滑油 450 吨，联名加油卡业务累计消费额 6447 万元。集采金额达 64 亿元，为中铁系统节约采购成本超过 4 亿元。

（二）集采专供初见成效，股东双方实现共赢

战略集采专供业务满足了中国中铁降本增效和中国石油扩销上量的需要，基本实现"立足长远、互惠互利、合作双赢、共同发展"的目标。不仅满足了中国中铁工程项目多方面石化产品需求和降低采购成品的需要，而且构建了科学高效的石化产品战略采购管理体系，实现石化产品采购供应方面的标准化、规范化、集约化、信息化管控，全面提升采购管理水平，进一步提升中国中铁的整体竞争力。通过石化产品战略集采专供业务的开展，既进一步发挥了中国石油资源优势，同时也带动了中国石油各业务

板块的销售，实现了对专项市场份额的巩固和提升。另外，战略集采专供业务的开展，顺应了“十八大”后廉政反腐的形势，净化了系统内油品采购环节风气，形成了风清气正的物资采购氛围。

（三）集成战略合作优势，探索出央企战略合作新模式

历经四年多的探索与实践，油品公司逐步形成了“以项目为中心、以保供为目标、以服务为核心、以信息化为手段”的石化产品战略集采专供模式。打造了管理精细、流程标准、风险管控、数据共享的战略集采专供业务供应链生态圈，形成战略合作优势互补、持续创新发展的新局面，探索出央企战略合作新模式。2016 年，国资委中央企业瘦身健体提质增效工作组来到油品公司调研，并在第 39 期《中央企业瘦身健体提质增效工作简报》对战略集采专供模式进行了专题报道。肯定油品公司探索出了适合中国中铁的石化产品战略集采专供模式，为央企间战略合作探索了新思路，摸索了新方法。

（成果创造人：王之君、杜向忠、黄怀朋、田景惠、朱定法、胡亚群、
田　双、蔡　斌、郭　斌、韦　健、吴　静、徐哲璐）

实现多方共赢的城乡一体化示范区建设

伟大集团

伟大集团前身是成立于1970年的湖南中型国企株洲市建筑工程公司，2000年改制之后，已形成城乡开发、节能建筑、金融基金、文化旅游四大产业板块，总资产36.14亿元、净资产14.32亿元，2016年实现产值18.76亿元，现有员工789人。

一、实现多方共赢的城乡一体化示范区建设背景

（一）积极响应国家政策，破解城乡二元困境、推动城乡一体化的需要

改革开放以来，我国农村面貌发生了翻天覆地的变化。但是，城乡二元结构没有根本改变，破解城乡二元结构、推进城乡发展一体化，是工业化、城镇化、农业现代化发展到一定阶段的必然要求，是中国现代化的重要标志，更是中国现代化的历史需要。有使命感的企业有责任有义务发挥所长，为实现我国现代化贡献自己的力量。

（二）把握国家新型城镇化建设机遇，实现企业可持续发展的需要

为适应国家新型城镇化建设新要求，房地产企业需要城乡一体化开发新模式，既促进城镇化的健康发展，推动行业转型升级，又扩大内需、带动国民经济健康发展。伟大集团改制前，企业严重亏损，濒临倒闭，自2000年改制后，由单一的建筑施工企业开始涉足房地产开发。当时企业员工多、负担重，资金压力大，传统的地产开发已经无法保障员工个个有岗位。2007年伟大集团反复研究决定将战略重心由城市开发转入城乡一体化区域发展。

（三）服务区域经济社会发展的需要

党的十七届三中全会通过的《中共中央关于推进农村改革发展若干重大决定》，指出要加强土地承包经营权流转管理和服务，按照依法自愿有偿原则，允许农民以转包、出租、互换、转让、股份制合作等形式流传土地承包经营权，为推进城乡一体化发展确定了政策依据，政府鼓励有担当的企业在大中型城市的城乡接合部、郊县开展城乡一体化建设试点。伟大集团是湖南较早介入城乡一体化示范区建设的房企，选址青龙湾作为城乡一体化示范区。株洲县紧邻株洲市，青龙湾区域内象石和柏树两村交通不便、山多耕地少，靠打鱼为生，村民处于贫困线以下，株洲县财力紧张、无力投入巨资开发建设。伟大集团认为城乡一体化建设是利国利民的大事，现有国家政策支持政企合作，示范区的建设能够实现村民、政府和企业三方共赢。

二、实现多方共赢的城乡一体化示范区建设内涵和主要做法

伟大集团积极参与政府主导的城乡一体化示范区建设，解决示范区农民、农业和农村三农发展问题，科学建设城乡一体化示范区配套设施，系统打造城乡一体化示范区特色产业。为支持示范区开发建设，建立综合管理信息系统，轻资产经营，在各个城乡一体化示范区内形成资源共享、利益分享、风险分担、合作共赢的命运共同体，推动多方共赢的城乡一体化示范区建设，适应国家新型城镇化建设新要求。主要做法如下。

（一）积极参与政府主导的城乡一体化示范区建设，科学设计建设思路

城乡一体化示范区是政企携手对区域进行顶层设计、整体规划、一级土地开发、区域建设、产业整合、产城一体、运营管理等新型城镇化建设的特色小镇项目。伟大集团根据区域位置、乡村持续发展、政府需求等，针对性制定各个城乡一体化示范区的建设思路。

1. 科学选址、整体规划

在大中型城市的城郊接合部及郊县，优先选择区域交通优势明显、农村经济发展相对落后、生态环境优良、发展前景可观的区域实施“城乡一体化示范区”建设。

以首个城乡一体化示范区——株洲·青龙湾城乡一体化示范区为例，项目位于株洲市县交界地带，隶属于株洲县管辖，地处湘江上游上风上水之地，距离株洲市中心仅8分钟车程，山水自然环境宛如世外桃源，仅有几条起伏狭窄的山道穿梭于灌木密林中，承担着与外界的交通联系，但山水田园环境、民俗人文风情资源非常优越。项目起始之初，县人民政府聘请株洲市规划设计院在此规划建设株洲伏波生态区，即大概10平方千米的生态新城。

伟大集团与株洲县人民政府签订合作协议，以伏波生态区两型社会建设示范为契机，在株洲县渌口镇的柏树村和象石村建设城乡发展一体化项目，2008年9月，命名为株洲·青龙湾城乡一体化示范区，作为伏波生态区的龙头项目，纳入政府城市规划。

在尊重当地城乡整体发展规划的前提下，伟大集团争取省市县政府政策支持，与政府保持紧密的联系沟通，整合国际级专家团队，因地制宜对项目统一进行高起点、高标准的规划设计，使每一个城乡一体化示范项目最大限度地贴近当地的发展实际，高度整合各种资源，形成鲜明特色的开发思路。联合加拿大PFS、澳洲MATRIX、华南理工大、广州思贝、湖南大学建筑设计研究院、伟大城乡建筑设计院等，组建成立“中国城乡一体化发展国际研究设计机构”，共同致力于城乡一体化发展的思想、模式、概念研究，为伟大集团城乡一体化项目连锁发展提供市场分析、评审把关、战略决策、规划设计、产品研发、优化完善等技术支撑，确保城乡一体化发展示范项目高质量地开发建设和运营。

在反复研究的基础上，伟大集团明确株洲·青龙湾城乡一体化示范区的建设方案：跳出城区单一地产开发格局，根据各个项目区域的不同情况，按照未来发展的终极要求进行顶层设计，从人文、社会、经济三维层面设计运行模式和商业模式。以项目范围内农业、农田与地理原貌的大幅度保护提质为前提，按现代生态农业重新规划与建设，做好农业的可持续发展；统一改造美化保留民居农舍，打造集中拆迁安置区，建设社会主义新乡村；适度开发低密度、高绿化率、高宜居度的高端物业，以及体育运动公园、五星级度假酒店、学校医院、养老、中心商业小镇等国际化生态休闲配套，引进适合村民和业主乐业的实体产业，在保留原生态、传承历史、发扬地域文化的基础上，将适度地产开发与生态旅游、农业、商业、体育、休闲养生等广泛嫁接。

2. 市场运作、滚动开发

在示范区整体规划的前提下，项目所有开发建设资金、项目规划设计、项目运作风险等全部都由企业承担，并在政策法规允许的条件下完全市场化运作。

以株洲·青龙湾城乡一体化示范区为例，示范区由伟大集团与县人民政府合作进行一级土地开发。整个8000多亩示范区内，按照项目详细规划，用于商业地产开发的建设用地约3000亩，利用保留的山水田林打造的生态旅游农庄约3000亩，用于体育公园、商业镇、医疗、教育、入区企业等基础设施和产业导入的建设用地约2000亩。整个项目实施土地分期分批报批、分区域滚动开发。

伟大集团在首先建设好项目内的道路、水电等市政工程的同时，分批开发做熟一定的商业用地，通过分批次土地报批、征地拆迁、市场招拍挂，用于商业住宅开发建设，其中的土地收益由政府与企业进行合理的利润分成；而二级地产开发则由相应的摘牌企业独自进行，获取合理的地产开发利润，由此再以相应的土地、地产开发利润继续投入到后期土地、产业的开发运营当中，以维持项目的分批滚动开发。

3. 保护优先、适度开发

着力推进绿色发展、循环发展、低碳发展，树立尊重自然、顺应自然、保护自然的生态文明理念，形成资源节约和保护环境的空间格局、产业结构、生产方式、生活方式。

以湖州·东林城乡一体化示范区为例，2.1万亩项目用地，保留14000亩竹林作为生态旅游产业发展空间，另有3000亩用于公园等基础设施建设，仅用4000亩用于商业地产开发，最大限度保留项目区域内的竹林原生态、山水田园风光和乡村风貌，把开发建设对地域的历史文化、民俗风情、人文遗迹等生态文明的影响降到最低。

这种开发建设模式前期投入大、回报周期长、先行困难多，为此示范区在最大限度保护原生态环境的基础上进行适度开发：通过高尚居住与休闲旅游产业的长期短期结合，实现项目投入产出的平衡；以休闲度假产业、生态旅游农业的开发，实现对人文自然环境的更好保护，从而达到示范区建设与生态保护的互利共赢；通过缔造现代城市与田园牧歌和谐共存的国际社区，让政府、企业、成功人士、本土村民共享资源、共谋发展，让城里人乡村人共享财富、共创和谐、安居乐业。

（二）重点解决示范区的三农发展问题

伟大集团在推进城乡一体化示范区建设的过程中，着力在城乡规划、基础设施、公共服务等方面推进一体化，促进城乡要素平等交换和公共资源均衡配置，全面改善农村生产生活条件；着力解决农民增收，保持农民收入持续较快增长，彻底解决农民的后顾之忧。

1. 开辟农民增收渠道，共享发展成果

株洲·青龙湾城乡一体化示范区的建设将农业运营、乡村旅游与城市居住、休闲度假有机结合，有效破解城乡二元体制，实施城乡统筹发展，多渠道、全方位、可持续地拓展增收就业渠道，改善农村福利，帮助村民乐业。伟大集团与当地政府一起解决户口、养老和医疗等农民切身利益后，通过举办夜校、专业技能和农业知识培训、读书阅览室等服务，着力构建学习知识、增加才干和劳动技能的平台，提升农民素质，使单纯的农民个体转化为产业工人，享有土地租金、劳务薪金、农贸经商等多渠道增加收益，具体如下。

土地租金收益：伟大集团联合村民成立农业公司，村民可将土地、山塘流转出租给专业农业运营公司，土地按市场价格补偿，村民获取稳定、长久、可观的租金收益，且解放更多农村劳动力进行创业或就业。不愿意流转土地、喜欢自己耕种的农民，可与伟大农业公司签订合同，按农业公司的绿色、环保要求种养，农业公司提供资源技术支持，产品可交农业公司销售。

产业工人薪金收益：农业公司雇请大量劳动力代为耕种管理，使原住村民转变为农业产业工人，长期享受薪金收益；农业公司用工灵活，村民愿意常年在农业公司打工的，可与农业公司签订合同，每天按时上下班，按月发放工资；不愿受合同约束的，可做临时工，按天计算工资；家庭妇女可做计时工，按累计工时计发工资。

服务就业性收益：支持鼓励项目内高尔夫、酒店、会所、保洁、家政、安保、园林等社区配套机构，为原住村民提供大量服务就业岗位。

商贸经营收益：发展农家乐、渔家乐、农家客栈、主题商贸、民俗文化村，为村民提供专业技能及商贸培训，运营有机绿色食品、手工作坊、园艺花卉、谷酒巷等商业，让村民自己当老板就地经商。

商铺租金收益：为村民建设商业街铺，村民的安置别墅一层为商铺，村民可自己经营，也可以将自有商铺出租。

其他收益：福利分红等收益。

目前，青龙湾示范区内已有1000多人在伟大农业、伟大物业、伟大文体、伟大养老、同德幕墙、伟大超市、主题商业等产业公司就业，村民可居可商，安居乐业。

2. 妥善安置，提供舒适方便的居住环境

村舍，宜拆则拆、宜留则留、宜改则改。秉承“宜商宜居宜生产”原则，为需要拆迁的村民高标准建设多个独具特色、商贸一体的安置集镇，营建城市社区般的高品质乡村别墅村；对于零散保留的民居，统一翻新靓化，改造周边道路、景观，改善居住条件，鼓励引导经营特色农家乐、乡村客栈等休闲商业；对于集中保留的成片民居，统一打造民俗文化村，建设完善各种生活居住配套设施，全方位、多层次地规划民俗景点，实现村组变社区、村民胜市民。例如，株洲·青龙湾城乡一体化示范区为就地安置拆迁农民，建设柏树里生态农贸镇、象石南渔家乐、象石北农家乐、菱角塘生态集镇四大高品质安置集镇。其中，柏树里生态农贸镇由墨尔本 MATRIX、加拿大思贝、湖南大学建筑设计研究院联手设计，占地近 80 亩，总建筑面积 25240 平方米，总数 70 户，项目容积率仅为 0.48，建筑密度仅为 22.5%，绿地率高达 46.7%。内部建有乡村俱乐部、民俗风情街、广场花园、运动场等，户户带花园庭院、停车位。象石南渔家乐在妥善安置拆迁村民的基础上，利用现有江岸、水塘、青龙港等大面积水域，大力发展钓鱼、打渔、鸬鹚捕鱼、游泳、食鱼、鱼加工等水岸经济。

在此基础上，推进功能完善、配套高档的公共基础设施全面覆盖社区，完善小孩入托上学、村民休闲、就医、购物、就业等生活配套建设，实现城乡基础设施一体化、公共服务均等化，社会保障共享化。

3. 因地制宜，培育发展生态旅游农业

针对株洲·青龙湾城乡一体化示范区保留的 3000 亩田园、山林和鱼塘，通过依法流转、集约经营等方式整合提质，在伟大农业公司的整体运作下，联合区域内广大农户，采用“合作社＋农户＋农庄基地”的方式，大力发展生态旅游农业，突出田园休闲旅游、农产品提供、农事活动体验、生态空间享受、农耕文化教育和乡村民俗参与等不同主题，以生态绿色、体验休闲、科技展示等三大经营方向为依托，运营循环生态农业示范区、农耕体验区、农产品生产区、生态养殖区、农家乐休闲区、渔家乐与垂钓区、花卉超市、农贸集镇、农耕文化广场、田园烧烤、自助厨房等，形成覆盖食、宿、游、购、娱的绿色采摘、农田租赁、认种认养、科普教育、民俗展示等为一体的综合性农业旅游体系，引导当地农户大力发展壮大种养殖、特色手工业、绿色蔬果，从而保护基本农田，最大限度维护区域原有农业生态资源平衡。

邵阳·崀山和洛阳·龙门城乡一体化示范区由于处在 5A 级景区的腹地，除了成为主景区的配套项目外，着力引导当地发展民族特色农家乐、民俗客栈，做大做强旅游产业。

（三）完善配套设施，提供便捷舒适的工作生活环境

1. 采用 PPP 模式，打造城市基础设施

城乡一体化示范区大都远离城市，没有道路、桥梁、园林绿化、公园、自来水系统、排水净化工程、配电系统、天然气和通信网络等市政工程体系，建设单位需要筹措巨额资金帮政府解决这一基础设施的建设问题。伟大集团采用 PPP 模式，先由伟大集团筹措资金建设，按照约定时限由政府用土地出让金抵扣（回购）市政工款，有效解决，政企前期合作的资金瓶颈。

2. 完善公共服务设施，保障便捷生活

根据示范区的建设规划，示范区区内逐步完善社区村民生活需要的学校、医院、银行、物业服务、购物、交通等配套设施。伟大集团在推进株洲·青龙湾城乡一体化示范区建设中，优先启动社区建设，通过招商引入了中加学校青龙湾分校、引入三三一医院青龙湾分院及惠城物业，解决示范区入学、就医、街道卫生、家政服务问题，并把 49 路公交车延伸到示范区内解决村民的出行问题，利用商业门面引进银行、餐饮等配套服务设施，开设伟大超市，极大方便了示范区内村民的生活。这些生活配套设施的用房，前期由伟大集团免费提供，待市场成熟后收取一定的房租。

（四）健全产业布局，培育示范区经济活力

城乡一体化示范区不是单纯的工业园，也不是简单的商住小区。伟大集团在选址时就要求，每个示

范区一定要有和它相匹配的特色产业，而且进驻示范区的产业在该区域具有一定竞争力。

1. 突出特色

城乡一体化示范区是一种“产业综合体”，集居家、旅游休闲、就业于一体，除了农业、旅游业、体育业、文化业、房地产业、商业共性元素外，遵循“特色牵引、市场主导、产业支撑”的原则，根据当地特点、政府要求，导入特色产业。为服务引进的企业，水、电、汽全面接通，打造进区有厂房、入驻可开工、生活有保障的优越环境。比如，株洲·青龙湾城乡一体化示范区突出节能特色，导入同德门窗和被动式节能产业；邵阳·崀山和洛阳·龙门城乡一体化示范区突出旅游特色，导入旅游专业管理公司；湖州·东林城乡一体化示范区突出健康理念，导入中国医药研究院和白云山制药企业等。

2. 强化保障

伟大集团在示范区规划设计阶段就根据当地政府的要求策划导入当地最匹配的产业，做好区域布局，招商部门面向全球招商，明确入区优惠政策和条件。首先，积极争取当地政府政策支持，重点是土地税收优惠政策。其次，主动提供帮扶，对于产学研类孵化产业免费提供办公场所和实验车间；对于具有一定品牌影响力的企业入园免费供地和建设厂房，比如，为吸引同德幕墙入驻株洲·青龙湾城乡一体化示范区，向其免费提供加工车间；针对示范区重大项目，由伟大集团提供资金或资金担保，强力支持示范区特色产业的发展。

3. 注重持续发展

注重发挥示范区优势的资源，促进园区产业持续发展。比如，湖州·东林城乡一体化示范区以“健康养生”为主题、当地天然的氧吧条件、适合中医产学研的竹林资源，吸引了中国中医院和广州白云制药集团落户，为其后续发展提供得天独厚的资源支持。

（五）建立综合管理信息系统，实现轻资产连锁

1. 开发综合管理的信息系统，提升示范区工作运行效率

伟大集团城乡一体化示范区遍布全国，参与示范区建设的独立法人单位上百家，为提高决策和运行速度，开发 ERP 办公综合管理系统，支持伟大集团与各示范区、企业之间的沟通，具体由人力资源、协同办公、质量控制、规划设计、成本控制、财务管理和营销客户等功能板块组成。综合管理平台具有自我诊断功能，帮助管理者优化流程。比如，洛阳·龙门城乡一体化示范区投资方有三个法人单位，招标采购流程自成体系各有特点，最后系统提出了三方接受的最优化流程，避免了纠纷的发生，降低了时间成本。

2. 建立金融支撑系统，强化平台化的金融支持

城乡一体化示范区建设特点决定了入驻企业在项目初始阶段，很难满足商业银行等的融资要求。因此，伟大集团及时开发与之相匹配的金融支持模式。

一是利用新型城镇化建设的国家政策，用伟大集团信用和项目性质撬动社会资本。根据国家统计局的预测，每增加一个城镇化率，需增加 5.88 万亿元的固定资产投入，伟大集团积极寻求国家金融体系对城乡一体化项目的支持，用伟大集团的信用为示范区内企业提供融资担保，用项目抵押方式获得启动资金。2016 年年初株洲·青龙湾城乡一体化示范区内的中心商业镇项目成功采取 PPP 融资模式，由株洲市城投出资、伟大集团担保为中心商业镇项目启动解决 6000 万元资金，目前该项目推进顺利，预计投资回报率达到 23%。2016 年年末伟大集团根据 5A 景区洛阳龙门历史文化园区的总体发展规划与洛阳市合作，规划设计洛阳·龙门国际康养度假区项目，前期启动资金 5 亿元由开元发展（湖南）基金管理有限责任公司采取发行基金方式筹措。

二是成立湖南第一家私募基金平台——伟大基金。伟大基金已发行成长基金、投资发展、长信基金、开元基金、财富基金、鸿福基金、鸿运基金、鸿泰基金、鸿发基金、鸿盛基金、景宏基金、景泰基

金、瑞丰基金、鑫瑞基金等 14 只基金，在投资其他企业的同时，也为各示范区解决几十亿的资金需求。以株洲·青龙湾城乡一体化示范区为例，伟大基金共为其发布 6 只基金，累计解决 20 多亿的资金需求，为青龙湾项目推进和发展做出了重大贡献。

三、实现多方共赢的城乡一体化示范区建设效果

（一）服务农民生产、生活

促进了农民收入增长与就业。根据对株洲·青龙湾城乡一体化示范区村民的跟踪调查，年人均收入由 2007 年的不到 5000 元增长至 2017 年的 50000 元，610 户 2700 多名村民中有 1300 多名村民进入产业公司就业，有 600 多人进入农业公司成为产业农民，有 400 多人开设餐馆、客栈从事乡村旅游。

解决了农民的养老、就医难。伟大集团积极争取相关政策，解决农民的户口问题，每个城乡一体化示范区中，80％的村民变成城市户口，伟大集团为他们购买养老保险和医疗保险，实现老有所养、病有所医。

提高了农民的生活质量。城乡一体化示范区为村民提供了完善、便捷的生活配套设施，优美舒适的生活环境，改善了农民生活质量。

（二）为建设新型城镇化探索了一条成功之路

通过株洲·青龙湾城乡一体化示范区的践行，形成了企业特色的城乡一体化建设的管理模式，以此为基础不断丰富，形成了《破解城乡二元之困局》专著，并公开出版发行。株洲·青龙湾等多个城乡一体化示范区荣获住建部“中国城乡建设十大经典案例”，伟大集团董事长邓天骥成功当选为“中国城乡建设十大领军人物”。2015 年来，河北永清县委县政府、广州从化区委区政府、兰州市委市政府、成都崇州市委市政府、浙江湖州市委市政府、河南洛阳市委市政府、湖南新宁县委县政府等相关政府，以及万科、中海油等地产企业先后多次考察学习。

（三）带动了地方的发展，实现多方共赢

城乡一体化示范区的建设开发带动了区域经济发展。以湖州·东林城乡一体化示范区为例，该示范区先期导入的中国中医研究院和广州白云制药集团在该区域的发展中扮演着越来越重要的角色，解决了当地 1600 多人回村就业，每年为东林贡献 10％的 GDP，并成为推动产业集群化发展最主要的力量，吸引了更多的投资者。再如，根据跟踪分析，进驻株洲·青龙湾城乡一体化示范区的相关企业，2016 年上游企业材料采购量达到 8.6 亿元，相比 2015 年增长 32.8％，下游施工企业提供的房建、市政公共产品完成建安产值 16.7 亿元，相比 2015 年增长 35.4％，入园企业借助城乡一体化平台，实现了显著发展。

（四）促进了企业经济效益的提升

通过城乡一体化示范区的建设，伟大集团经营业绩快速增长，主营业务收入（不含示范区其他项目公司关联收入）由 2015 年的 14.579 亿元增长至 2016 年的 18.76 亿元，年均增长率为 28.67％，远高于国内同行业的平均增长水平；净利润由 2015 年的 1.18 亿元增长至 2016 年的 1.53 亿元，年均增长率为 30.15％。另外，伟大集团员工人均销售收入由 2015 年的 184.22 万元增长至 2016 年的 209.35 万元，年均增长率为 13.64％。

（成果创造人：邓天骥、邹舒潜、刘九冬、汪政家、吴文觉、张伟峰、谢庆安、向爱民）

民营企业绿色生态型马铃薯全产业链构建与管理

张家口弘基实业集团有限责任公司

张家口弘基实业集团有限责任公司（以下简称弘基集团）组建于2008年，是一家集矿业、工业、农业、牧业、商贸流通、房地产开发等于一体的综合型民营企业集团，现有7家成员公司，拥有员工1300多人，资产总额达17亿元。弘基集团积极顺应国家宏观经济产业政策，立足区域资源优势，谋求可持续健康发展，在原有矿业开发经营尚处于蓬勃上升时期，果断转型发展生态农业，在河北省张家口市塞北管理区设立弘基集团农业科技开发有限责任公司，累计投资6.6亿元，建设马铃薯全粉加工项目和马铃薯脱毒种薯繁育基地，形成涵盖种薯研发培育、机械化种植、鲜薯科学储存、规模加工、全粉废渣利用、畜牧养殖的绿色生态型全产业链。

弘基集团每年繁育马铃薯优质种薯10000多吨，生产马铃薯商品薯60000多吨、马铃薯全粉10000多吨。弘基集团农业科技开发有限责任公司被农业部评为“国家级农业产业化重点龙头企业”“农产品加工业示范企业”。

一、民营企业绿色生态型马铃薯全产业链构建与管理背景

（一）响应绿色可持续发展的必然要求

2007年，党的十七大报告指出，“建设生态文明，基本形成节约能源资源和保护生态环境的产业结构、增长方式、消费模式”，并将此作为我国实现全面建设小康社会的奋斗目标。建设生态文明，要追求经济社会与生态环境的协调发展，要转变高投入、高消耗、高污染的工业化生产方式，以生态技术为基础实现社会物质生产的生态化，使生态产业在产业结构中居于主导地位并成为社会经济增长的主要源泉；建设生态文明，要重视经济的可持续发展，不仅要重视经济增长数量，更要追求经济增长质量，改变传统的生产和消费模式，实施文明生产与文明消费。从维护社会、经济、自然系统的整体利益出发，实现人类与自然的协调发展。农业产业既是“绿色产业”又是“低碳经济”，因此，弘基集团审时度势，及时调整和转变企业经营理念，坚定不移地向“绿色”和“生态”转型。

（二）企业战略调整转型的必由之路

弘基集团在开展马铃薯加工业务之前，是以矿产勘探、开采、冶炼为主的企业，因受行业属性所限，在矿产勘探、开采、冶炼过程中，能耗较高，产生较多废水、废气和废物，对周边环境造成一定的污染。集团组建之初，矿产开发资源丰富，矿产品价格居高不下，盈利能力强劲，但鉴于国家宏观经济发展理念已经发生根本性改变，弘基集团意识到只有顺应形势，尽早转型，才能赢得发展的主动和先机。

马铃薯是世界上仅次于小麦、水稻、玉米的第四大粮食作物，我国明确将马铃薯作为保障粮食安全的重点作物，摆在关系国民经济和“三农”稳定发展的重要地位，并提出“马铃薯主粮化”。与此同时，随着我国现代城市居民消费水平的不断提高，对马铃薯制品的消费需求愈发旺盛，我国已经成为世界第一的马铃薯生产、加工和消费大国。经过认真调研和科学论证，为了使企业实现稳定、健康和可持续发展，弘基集团决定发挥区域优势与管理特长，实施战略转型，布局绿色生态型马铃薯全产业链。

（三）发挥区域优势，促进地方经济增长

在我国北方地区发展马铃薯种植和加工产业具有自然、地理和社会各方面的优越条件。张家口市是全国马铃薯重点产区和育种科研基地，马铃薯种植和加工业是全市重点培育的七大支柱产业之一，常年

种植面积在160万亩以上，是马铃薯种植的传统优势区域，尤其是，坝上地区的自然条件具有海拔高、日照长、气候冷凉和传毒介体少等特点，所生产的种薯质量享誉全国，销往20多个省（区），一直是我国主要的马铃薯种薯和商品薯生产基地之一。但是，由于缺少加工龙头企业的带动，当地马铃薯产业的发展一直较为缓慢甚至举步维艰。

为此，2008年弘基集团确立“建加工龙头，建示范基地，延伸产业链条，带动区域发展和农民致富”的总体思路，通过构建绿色生态型马铃薯全产业链，大力发展循环经济，实施产业扶贫，促进当地农民脱贫致富，推动区域经济发展。

二、民营企业绿色生态型马铃薯全产业链构建与管理内涵和主要做法

弘基集团遵循“前瞻性规划、高起点设计、高标准建设、快节奏运作”的原则，坚持绿色发展理念，系统整合马铃薯的种植、生产、加工和营销等环节，循环利用资源，形成育种、种植、加工和营销的全产业链。主要做法如下。

（一）科学论证、全面分析，制定马铃薯全产业链发展战略

弘基集团经过科学论证和全面分析，提出马铃薯全产业链发展的总体思路。一是促进马铃薯种薯脱毒化、品种专业化、种植规模化，依靠先进的农业技术建立大规模的马铃薯种薯繁育及种植基地，并与有关农户签订合同，建立合理的利益分配机制和稳定的购销关系。二是在大力发展马铃薯淀粉和全粉加工的同时，积极发展薯片、薯条、变性淀粉及其他高附加值产品，建立较为完善的原料供应和产业链上下游合作体系。三是提高企业自身的研发能力，加强科研人才培养及研发队伍建设，积极开展与中国农业科学院、中国农业大学等大专院校和科研院所的合作与交流，建设成为马铃薯加工科技创新平台和产业化示范生产基地。四是参照国家标准及规范，制定严格的马铃薯加工原料、产品、流程、检测方法、环保等相关制度，以保障马铃薯加工产品质量安全，生态绿色。五是积极开拓市场，提升企业产品市场占有率，努力提升自主创新能力，打造核心竞争力，提高产业集中度和品牌知名度。六是坚持绿色发展理念，从产品本身到产品生产过程都严格按照国家绿色管理规范标准执行，大力发展马铃薯加工清洁生产技术与装备，提高产品的出品率及加工副产物的综合利用率，促进节能减排，降低资源消耗及污染物排放，保护生态环境，实施资源循环利用。

1. 确立科学的经营理念

始终坚持“以市场导向为基准；以ISO14000标准保质量；以产品创名牌；以消费者满意度增效益；汇通中外食品新文化；汇通国际现代高科技”的经营理念，设立张家口弘基农业科技开发有限责任公司，推动相关业务发展，实行董事会领导下的总经理负责制。组织机构本着精简、高效和制衡的原则，参照国内外同行业先进经验，设立必需的管理部门和生产车间及后勤等组织机构，选择空气质量高、自然环境优越、纯天然、无污染的塞北管理区，建设马铃薯生产基地，从源头保证企业产品的质量安全。

2. 创建“公司＋科研＋基地＋农户＋合作社”的产业化模式

弘基集团马铃薯产业依托得天独厚的马铃薯资源优势，走“公司＋科研＋基地＋农户＋合作社”的产业化之路，立足张家口塞北管理区，以天然无污染的绿色产品为优势。建设大规模的自有农场，其马铃薯种植面积与“农户＋合作社”的马铃薯种植面积几乎相当，为大规模产业化和机械化种植奠定坚实基础。弘基集团与基地、农户、合作社签订生产收购合同；弘基集团与技术依托单位，技术依托单位与基地，科技人员与农户、合作社签订技术服务合同。通过契约的方式，明确合同各方的责任、权利和义务，推进马铃薯产业化发展。

3. 布局马铃薯全产业链

首先，在种薯繁育环节，实施“种子革命”，建成高标准的脱毒种薯培育基地，从源头保证种薯质

量；其次，在种植模式上，积极探索规模化、集约化、标准化的种植经营模式，极大地降低种植成本，提升基地农户种植经济效益；再次，在产品加工环节，从荷兰引进世界上先进的马铃薯全粉加工生产线，极大地提高和优化产品质量，填补河北省马铃薯全粉加工的空白；最后，在产品营销方面，聘请行业专家对产品的工艺、口感、品型、包装、市场渠道等方面进行全方位的调试和策划，使全系列产品均能因其原料天然绿色、配料科学健康、口感别致独特，受到广大消费者的一致好评。

弘基集团一方面采用先进的节能新材料、新工艺、新技术，努力做到合理使用资源；另一方面充分利用马铃薯生长生产的自然属性，发展循环经济。通过对马铃薯的种植、生产、加工等产业链条进行系统整合实现循环利用。例如，在马铃薯茎叶收获前，采用机械刹秧粉碎还田的方式，既可增加地力，又可废物利用，减少环境污染；将加工过程中产生的薯皮薯渣作为畜牧业养殖饲料，减少废物排放，发展绿色生态循环经济。

（二）建设国内规模最大、集约化程度最高的脱毒种薯繁育基地

张家口市马铃薯种薯生产在全国处于领先地位。脱毒种薯的生产起步早发展快，脱毒种薯覆盖率高，市场化程度高，已经形成比较完善的马铃薯脱毒种薯繁育技术体系和推广体系，当地的马铃薯科研力量较强，为张家口马铃薯种业发展提供技术保障。依托区域优势，弘基集团投资 2.4 亿元，成立张家口弘基马铃薯良种繁育中心有限责任公司，专门从事马铃薯品种选育、种薯繁育。完善相关硬件设施，建设占地 3 万亩的马铃薯种薯繁育基地、占地 500 亩的马铃薯种薯育种中心、马铃薯脱毒种苗组培切繁中心、气调库、智能日光温室等，并建立河北省级企业科技中心，与中国农业科学院、张家口市农科院建立长期的协作关系，从事马铃薯新品种选育、脱毒种薯繁育和开发推广。种薯生产除满足弘基集团种薯需求外，还为本地和外省提供优质的种薯。

马铃薯种薯繁育基地拥有先进的灌溉系统、机械设备，选择适宜当地自然条件的种植模式，马铃薯种植生产基本实现整地、播种、灌溉、施肥、病虫害防治、收获全程机械化。为节约水资源保护生态环境，以现代节水设施和节水灌溉技术为切入点，着力应用滴灌和微灌技术。集成滴灌节水技术、病虫害科学防治技术、高垄种植技术和机械化作业技术，达到中投入高产高效目标，提高水分、肥料、农药利用效率，为逐步减少化肥、农药使用量奠定基础。另外，对种薯生产田采取草田耕作重施农家肥的“三轮”（轮作倒茬：二年牧草一年马铃薯；轮施肥：种植马铃薯重施农家肥，牧草不施肥；轮深耕：种植牧草浅耕，种植马铃薯深松耕）耕作制度。

为提高专业技术水平，聘请中国农科院多名技术专家担任技术顾问，多次邀请荷兰农学专家到基地进行指导，针对马铃薯种植、田间管理、收获、仓储等一系列过程进行专业培训，并派遣专业技术人员对国内外企业、农场进行实地考察。

（三）研发优质马铃薯品种，打造种源核心竞争力

张家口市马铃薯的种植分为坝上和坝下两大栽培区。在弘基集团马铃薯脱毒种薯繁育基地建设前，脱毒种薯应用普及率低，专用型品种研发滞后，脱毒种薯繁育体系不完善，种薯质量监督体系不健全，一度成为张家口市马铃薯产业升级的主要制约因素。为此，弘基集团及时投资建设马铃薯脱毒种薯繁育基地，建成大型机械化脱毒种薯标准化生产农场，瞄准国际先进水平，开发脱毒种苗、种薯等高新技术。

弘基集团经过慎重考虑，确定脱毒马铃薯品种后，挑选若干个具有原品种典型特征特性、重100～150 克的壮龄薯，经钝化催芽、茎尖剥离、分生组织培养、组培苗切段扩繁等过程，获得脱毒马铃薯种苗，种苗经炼苗、培养基础苗、扦插定植、后期管理等后，获得马铃薯脱毒微型薯，微型薯经催芽、播种、田间管理等获得马铃薯脱毒原种。在脱毒种薯培育期间，高标准要求工作人员的技术操作水平，以避免水分过多引起烂苗、薯苗徒长、病虫危害等问题。

为提高研发水平，弘基集团积极寻求合作。与中国农业科学院蔬菜花卉研究所合作，在脱毒技术、脱毒种薯生产技术体系等方面取得突破。投资2.2亿元与张家口市农科院（我国较早开展马铃薯新品种选育和茎尖脱毒组培技术的单位之一，是“农业部薯类产品检测中心”的母体单位）共同组建马铃薯良种繁育中心，年设计繁育微型薯1亿粒，繁育能力全国第二，不仅满足本公司种植的需要，同时提高当地马铃薯良种的普及率。2015年，弘基集团马铃薯良种繁育中心与中国农业科学院蔬菜花卉研究所签署育种合作协议，在马铃薯育种、品种示范推广、合作申报科研项目、人才培养、技术引进等多方面开展合作。此外，弘基集团与北京营养源所签署战略合作协议，围绕马铃薯、亚麻籽、燕麦等杂粮深加工研究与产品开发展开合作。

（四）严格遵循绿色标准，管理马铃薯生产加工全过程

1. 创建“五统一”的绿色原料供应模式

为确保质量，将原料生产作为马铃薯产业的“第一车间”，在种植区内与农户、合作社签订合同，实行“五统一”管理，确保原料绿色供应。“五统一”管理，即统一供种，合理保证马铃薯种源优质；统一栽培，积极提供技术指导和支持；统一管理，规范管理标准和技术流程；统一收购，降低交易成本让利种植农户；统一价格，规范市场交易价格提高农民收入。

2. 引进国外先进设备，实现马铃薯全粉绿色生产

从荷兰引进世界上先进的马铃薯全粉加工生产线，建成3.8万平方米的自动控温、控湿、控风现代化马铃薯贮藏库和6000平方米的马铃薯全粉加工车间。优质脱毒马铃薯经清洗去石后，利用蒸汽去皮技术，去皮后的马铃薯经切片及漂烫处理后，进行蒸煮加工，蒸煮的马铃薯片与回填物料及添加剂进行混合，使产品游离淀粉减少到最小，再调质处理后，进行气流干燥，生产出合格产品。除下的皮渣制作薯渣饲料。在不影响产品加工质量的前提下，最大限度提高出成率。

3. 加强节能环保，合理使用资源

认真贯彻国家产业政策和行业节能设计规范，严格执行节能技术规定，努力做到合理使用资源。明确节能工作分管领导，各生产车间、班组经济效益直接与节能状况挂钩，节约者奖，浪费者罚，严格计量，杜绝跑、冒、滴、漏。制定科学的操作规程，完善节能管理体系，使节能降耗的思想落实到全公司每个人的工作中。积极采用先进的节能新材料、新工艺、新技术，避免采用国家或行业主管部门已淘汰落后的工艺和设备。

此外，结合产业特点，合理设计工艺、流程，提高资源利用效率，节约成本。例如，脱毒种薯繁育场区排放的废水主要为生活污水，年排放量7740吨，经化粪池、隔油池处理后，排入场区污水管网，最终排入西侧弘基农业科技开发有限公司的污水处理厂进行处理。该项目年产生活垃圾32吨，袋装化管理，由环卫部门集中清运并分类处理；年产生植物茎叶121吨，植物茎叶收获前机械刹秧粉碎还田，既增加地力，又废物利用，减少环境污染。针对马铃薯全粉生产废水有机物浓度高、生物降解性好、不含有毒有害物质的特点，采用厌氧、好氧流程，降低运行费用，解决污水处理站建得起用不起的问题。

（五）开展废渣利用与畜牧养殖

成立张家口弘基牧业开发有限责任公司，主营生猪养殖和蔬菜种植等，积极推进“种养一体化循环经济”发展模式，采取“公司＋基地＋农户，或者公司＋合作社＋农户”的农业产业化经营方式，辐射带动周边农村和农户脱贫致富。马铃薯生产加工过程中产生的废渣和废料作为畜牧养殖的饲料添加成分或制作成饲料直接出售；猪场粪污处理实行生物发酵、固液分离，固体部分加工成有机肥投入市场，液体部分取代化肥直接输入马铃薯种植农场和周边苗木基地实施滴灌，实现生猪饲养机械化、管理标准化、粪污利用无害化、蔬菜生产绿色化。

三、民营企业绿色生态型马铃薯全产业链构建与管理效果

（一）完成全产业链布局，推动企业战略转型

弘基集团以马铃薯脱毒种薯培育和全粉加工为重心，从良种研发、繁育、种植，到马铃薯深加工，完成全产业链布局，顺利实现从矿业开发到生态农业的战略转型。对当地和周边地区的马铃薯产业升级具有非常明显的带动作用，推动了整个坝上及内蒙古周边地区马铃薯产业的良性发展，带动当地 40000 户农民进行集约化种植，提高了马铃薯产量。同时，政府部门、专家学者、国内外同行业企业多次到弘基集团，就先进的马铃薯生产技术和管理方法进行考察调研并提出很多宝贵的改进建议和意见，极大地推动了马铃薯产业发展。弘基集团从育种科研到投产的短短几年里，得到了农业部、商务部、财政部、国家发改委等各级领导的高度认可和大力支持。先后被授予“全国农产品加工业示范企业”“农业产业化国家重点龙头企业”“全国光彩事业重点项目”“马铃薯产业发展优势企业”等荣誉。

（二）实现了生产过程绿色、产品绿色

弘基集团按照绿色生态发展的理念布局马铃薯全产业链，无论是产品，还是产品的生产过程都符合国家有关部门提出的绿色管理规范标准，废水、废渣、废气综合治理，杜绝环境污染。比如，生产过程中产生的马铃薯废渣得到综合利用，作为饲料销售或用于畜牧业发展；污水处理站排放的污泥作为马铃薯种植过程中的农肥使用。2017 年，弘基集团农业科技开发有限责任公司生产的马铃薯全粉，被评为“河北省中小企业名牌产品”，生产的马铃薯被中国绿色食品发展中心认定为“绿色食品 A 级产品”。

（三）创造了显著的经济、社会效益

2015—2017 年，弘基集团脱毒种薯培育项目累计实现经济效益 1845 万元；马铃薯销售业务累计实现经济效益 4261 万元；马铃薯全粉加工项目累计实现经济效益 4558 万元。此外，成果的实施切实提高了农户收入，截至 2016 年年底，马铃薯种植合作项目覆盖区域的 4 万多农户每亩增收 1200 元以上。

（成果创造人：张　海、刘国峰、赵秉印、张　阁、夏长永、张　静、张东凯、赵振丽、李　芬、艾连庆）

以增强核心竞争力为目标的投资与建设一体化管理

中铁投资集团有限公司

中铁投资集团有限公司（以下简称中铁投资集团）是中国中铁股份有限公司（以下简称股份公司）旗下的全资子公司，于2014年8月25日在北京注册成立，注册资本金15亿元。主要从事基础设施项目投资、建设和经营管理、股权投资、土地规划、工程设计咨询、机械设备租赁，是集投资管理、建设管理、总包管理、营运管理“四位一体”的专业化投融资建设平台，是面向社会提供规划、勘察、设计、施工、维护、运营和投融资“一站式”综合服务的投资公司。截至2017年6月底，共投资承揽任务997.4亿元，完成营业收入391.48亿元，实现效益28.63亿元；中铁投资集团投资承建的工程项目先后荣获“中国建筑工程鲁班奖”“中国土木工程詹天佑大奖”等21项荣誉。

一、以增强核心竞争力为目标的投资与建设一体化管理背景

（一）解决投资企业发展瓶颈、实现国有资产保值增值的需要

当前基础设施市场的主要矛盾，是政府和企业资源禀赋的相对有限性与市场规模快速扩张之间的矛盾。当前国内基础设施投资企业，广泛存在人力资源、资金资本、市场渠道方面的内在瓶颈制约，限制了企业规模的快速发展。中铁投资集团现有员工500多人，与所投资建设的997.4亿元任务不相匹配，创新管理势在必行。基于企业自身资源禀赋特性，立足于自身投资建设优势、平台优势和渠道优势，构建以增强核心竞争力为目标的内外结合、合作共赢投资建设管理体系，并以此为杠杆支点，将外部人才团队资源、资本市场资源、施工合格供方资源导入集团的运作体系，以实现集团资源有效外延的需求十分迫切。

（二）顺应新时期项目发展潮流，适应国内基础设施市场发展趋势的需要

当前，我国基础设施市场保持快速发展，以PPP为代表的投资建设项目市场快速成长，成为基础设施投资市场的新蓝海。随着《关于进一步规范地方政府举债融资行为的通知》《关于印发地方政府土地储备专项债券管理办法（试行）的通知》《关于坚决制止地方以政府购买服务名义违法违规融资的通知》等一系列规范性文件的出台，我国基础设施市场的投融资机制、建设施工机制、建设后运营管理机制等正在发生全面深刻的变化。中铁投资集团作为基础设施领域的领导企业，深刻感受到挑战与机遇并存的全新外部形势，深刻认识到PPP市场将成为未来基础设施市场的必争之地。充分响应新时期项目投资建设的综合需求，打造具备中铁投资集团特色的投资建设管理新模式，在未来的基建市场持续保持领先地位、抢占市场制高点具有十分重要的意义。

（三）解决投资建设项目管理面临的新问题，实现投资建设一体化的需要

PPP项目市场是基础设施市场下一阶段的成长重心，也是下一阶段基础设施市场新问题、新矛盾、新情况的碰撞点与结合点。PPP项目存在特殊性、复杂性、多样性的特征，对传统投资建设模式提出了新课题和新要求。下一阶段，基础设施投资企业需要着眼于推动全局资源的优化配置，实现投资建设成本与投资建设效率之间的良性平衡，真正做到“专业的人办专业的事，专业的服务带来专业的利润”。因此，建立一种高效协同的投资建设一体化管理模式，对更好地适应市场竞争，提升核心竞争力，具有十分重要意义。

二、以增强核心竞争力为目标的投资与建设一体化管理内涵和主要做法

中铁投资集团紧紧围绕以增强核心竞争力为目标的投资建设一体化管理体系构建，以产融结合、责权利对等、投建管并重为指导原则，以组织架构创新、流程职能创新、模式制度创新为导向，建立内部

外部两个序列的基本架构，打造以 B2 模式为核心的多层次、多梯度投资建设一体化模式，为不同类别项目提供多样化选择方案；开展内部模拟市场化招标，系统整合内部资源，确定施工建设合格供方；强化合同管理和预警考核，建立合同履约双保险机制；建立对 SPV（Special Purpose Vehicle，特殊目的机构）公司的嵌入式管理，延伸拓展带动盈利模式升级。主要做法如下。

（一）明确投资建设一体化管理目标和指导原则

1. 明确投资建设一体化管理目标

中铁投资集团有针对性地制定了清晰的一体化管理建设目标，即以投资为核心，打造“资本运营平台、建设总包核心”两位一体的投资建设管理体系，实现投资运营一体化、投资建设一体化。具体体现在：一是推动“投资＋资本运营”一体化，积极推进和落实产融结合、产投结合、产资结合的方案规划，实现自身从传统的基础设施建设企业转型升级为资本运作平台；二是推动“投资＋建设施工”一体化，通过完善合同管理、招标管理、预算管理制度，实现分级、分层、分类的体系目标，实现建设效率、建设成本的综合平衡。

2. 确立产融结合、责权利对等、投建管并重的指导原则

一是产融结合。当前以 PPP 为代表的投资建设项目市场的突出特征体现在，建设规模快速增长、资金需求迅速提高、项目复杂度空前增加，对于基础设施投资建设企业提出了更高要求。中铁投资集团立足资本市场、建筑市场和咨询市场的交汇点，为了解决项目投资建设和运营管理环节之间的联通不畅和渠道断层，创新性打造“产融一体化”理念，提出“项目池、资金池、方案池”协同管理总体设计思路，具体建立项目投资和融资协同管理制度、投资研究管理制度、融资方案研究制度，以促进集团成为“资本市场、建筑市场”的连通器。

二是责权利对等。推动实现上级股东、平行股东、兄弟单位之间权力共享、责任共担、利益共沾。中铁投资集团在治理管理原则上，注重公司治理层面的权力共享、责任共担、利益共沾与公司运营层面权力分置、责任分担、利益分割的辩证统一。提出“整合内外资源，基于权责利对等原则，强化商业合同履约”的理念，并具体设计中铁投资集团特色的《股东管理制度》《合同管理制度》《合格供方制度》，推动实现集团与上级股东、平级股东、施工合格供方之间的资源借调与利润回报。

三是投资建设管理并重。中铁投资集团提出从传统的“重建设、轻投资、轻运营”转变为“投资、建设、运营并重并举”的全新原则和定位，具体建立 B2 模式为核心的多层次投资建设管理模式和 SPV 公司嵌入式管理模式，以投资建设模式升级带动盈利模式升级。

（二）建立高效运转的组织体系

中铁投资集团发挥投资主体龙头作用，一方面，建立区域子公司，发挥建设监督管理职能；与产业基金、政府出资人代表共同设立 SPV 公司，发挥业主管理职能。另一方面，对以往合作的股份公司系统内部施工建设单位进行绩效评分，科学筛选确定施工建设合格供方，由合格供方组建总包部，发挥对系统内部建设资源整合主导作用。

1. 打造内部外部两个序列的基本架构

中铁投资集团通过打造两个序列的组织体系，全面涵盖集团主体架构、子公司架构、集团外部关系架构，融合内部外部关系、管理执行关系、合同权责关系。投资建设项目的参与主体，依据层级关系和隶属关系，被划分为“集团内部管理主体序列”和“集团外部执行主体序列”。在具体操作层面：

一是建立集团内部管理主体序列。该序列主要包括集团总部、区域子公司、SPV 公司。针对具体投资建设项目，集团根据内部章程，将项目的委托管理权授予区域子公司，再由区域子公司根据项目合同的约定，成立和管理独资或合资 SPV 公司，并负责对于合格供方和总包部的持续指导、督促和监管，以实现管理结构和管理目标的合理匹配、管理成本和管理效率的良好平衡。

二是建立集团外部执行主体序列。该序列主要包括合格供方、总包部、项目工区。合格供方按照合同规定设立总包部，并对总包部进行项目规划授权和建设授权，总包部通过管理项目部实现对项目建设施工的具体管控，以实现执行流程和执行责任的合理匹配、执行成本和执行效率的良好平衡。

2. 突出强化内外部两个职能核心

在上述组织架构的基础之上，中铁投资集团按照“流程规范、职能突出”的原则，突出强化区域子公司、总包部两个职能核心的地位，即内部以区域子公司为投资、融资、管理核心；外部以总包部为规划、建设、实施核心。一方面，中铁投资集团制定完善《投资融资管理流程》《合同管理制度》《项目建设管理章程》，将投资、融资、建设管理的流程、权限、职责集中于区域子公司，将其打造成集团内部序列的管理核心和责任核心；另一方面，通过制定完善《合格供方制度》《内部招标制度》《预警考核制度》，将资金管理、项目建设、竣工计价的职能重心集中于总包部。上述两个职能核心的规划，可以有效保障统筹兼顾、统分结合、专业分工，形成矩阵式管理架构，实现区域内多个总包部管理从独立分散化到系统一体化的转变，保障投资建设项目的高效进行。

3. 建立 SPV 公司管理制度，实现资源整合与共享

SPV 公司的股东管理目标是整合内外资源、建立长效合作。中铁投资集团以 SPV 公司模式下的股东管理作为资源整合的手段，通过建立《SPV 公司股东管理制度》，将其打造成为平行股东之间的桥梁和纽带。对于股权比例、职能划分、责任分担、利益共享分别做出了详细的规定，并出台相应的管理章程。在此基础上，SPV 公司的股东管理和公司治理，按照 PPP 投资建设项目合同章程、SPV 公司管理章程、集团总章程的规定严格执行，以实现股东各方对于投资建设项目的一体化协同开发、协同建设、协同运维，保障股东权益得到充分落实。

中铁投资集团在《SPV 公司股东管理制度》中，将股东关系管理制度作为重中之重，确立 SPV 公司股东管理制度的 3 个基本规则：一是在股东关系层面，将集团在 SPV 公司的股东权益建立在《PPP 项目的合资协议》和《SPV 公司章程》的法律基础之上，为集团参与 SPV 公司的股东治理提供一个稳定基石和良好起点。二是在治理结构方面，明确股东治理权责章程，使得整个 SPV 公司管理制度植根于股东关系层面，为全方位的现代公司治理提供良好基因和科学内核。三是在决策制度方面，建立以表决制度为核心的决策制度，推动股东会、董事会、监事会的科学治理和有序运行，贯彻执行现代企业治理理念。

4. 理顺“三种关系”，强化系统集成管理

从体制机制处理投资总包项目中股份公司、中铁投资集团、设计单位、合格供方以及各标段项目部等各层级单位之间关系，通过理顺管理关系、经济关系、建设关系，建立规范科学的运行秩序。一是理顺管理关系，理顺中铁投资集团与股份公司的关系、中铁投资集团与合格供方的关系、中铁投资集团与各区域子公司的关系，实现集团公司各管理层级的良性运转。二是理顺经济关系，明确财务关系、合同关系、评审与审批关系、投资回购关系，全面强化“双资管理”，提高企业资产运行质量。三是理顺建设关系，严格按 ABCD 模式项目建设管理办法执行，突出“四大指标”——产值、实物工作量、安全质量、里程碑工期的管理；明确区域子公司、总包部和各参建单位的职能定位、业务定位，确保职责清晰，管控清晰。

（三）打造以 B2 模式为核心的多层次、多梯度投资建设一体化模式

1. 建立差异化投资建设模式，为不同类别项目提供多样化选择方案

中铁投资集团针对投资建设项目市场的多元化、多样性特征，打造以 B2 模式为核心，由 A 模式、B1 模式、B2 模式、C 模式、D 模式构成的分类分层、梯度化的完整模式体系。

A 模式主要针对股份公司主导运作中标并委托中铁投资集团运作管理的上游项目。中铁投资集团

及区域子公司负责实施投融资、回购管理及建设管理，由中铁投资集团直接成立或委托区域子公司成立总包部实施。

B1 模式主要针对股份公司主导运作中标的上游项目。中铁投资集团及区域子公司负责实施投融资、回购管理及建设过程的监督管理，由中铁投资集团直接成立或委托区域子公司成立总包部实施。

B2 模式主要针对中铁投资集团主导运作中标的上游项目。中铁投资集团与合格供方按照责权利对等的原则合作建设。中铁投资集团及区域子公司负责实施投融资、回购管理及建设过程的监督管理，委托合格供方成立总包部实施。

C 模式主要针对中铁投资集团与合格供方共同运作中标的上游投资类项目。中铁投资集团委托区域子公司负责实施投融资、回购管理，并通过 SPV 公司及督导巡查方式进行建设过程的监督管理，由合格供方与业主签订施工总承包合同，并成立总包部实施。

D 模式为合格供方主导运作、中铁投资集团把关决策以上级股东中国中铁股份有限公司资质中标的传统施工承包类项目。中铁投资集团委托区域子公司对 D 类项目进行施工过程监管，委托合格供方成立项目部实施。

2. 将 B2 模式打造成分层模式体系的重点与核心

从 A 模式到 D 模式，中铁投资集团直接介入的深度递减。在具体项目的模式选择上，B2 模式得益于其良好的股权结构设计、合理的总包分包授权、规范的项目运营分成机制，表现出广泛良好的实用性。中铁投资集团大力推动 B2 模式成为集团投资建设项目的主流模式，并将其打造成基础设施市场中政府部门、合格供方、外部平行股东之间合作的范例和样板。

除此以外，中铁投资集团对于不同特点的项目进行分类施策。例如，对于来自股份公司主导运作的核心重大项目，采取 A 模式进行全程深度介入，以保证项目投资、建设、运营的效果最大化；而对于传统施工承包类项目，则采取 D 模式，通过调动资源杠杆，实现投入产出效率的最大化。通过发挥多层次、弹性化的投资建设模式体系重要作用，有力推动中铁投资集团实现“集团人力投入的最小化”和“项目建设效果最大化”的良好平衡。

（四）通过内部模拟市场化招标，确定施工建设合格供方

1. 以建立合格供方制度为抓手

中铁投资集团面向上级股东股份公司的二、三级子公司，建立《合格供方制度》，并以此为抓手，整合股份公司内部建设资源，筛选明确投资建设项目开发施工主体。按照制度规定，中铁投资集团通过对以前有过历史合作的施工建设单位进行绩效评级与评分，形成具备优先劣后顺序的《合格供方企业名录》。通过对《合格供方制度》的严格落实与执行，中铁投资集团将其打造成为放大自身资本资源、人才资源、技术资源的抓手和着力点。

在《合格供方制度》基础上，中铁投资集团进一步建立合格供方的常态化沟通制度，强化信息共享和信息互换。在上级股份公司天然联系的基础上，中铁投资集团与合格供方之间通过不断深化投资建设项目实践，点对点地建立起互相磨合、互相信任、互相协作的直接桥梁纽带和深度信用背书，有力推动集团与合格供方之间政府资源、资本资源、人才资源、技术资源等方面全方位共享合作不断向纵深发展。

2. 实施总包管理，明确施工建设主体

中铁投资集团建立内部招标制度，在《合格供方企业名录》基础上，以中国中铁采购电子商务平台为依托，在股份公司体系内部进行模拟市场化的公开招标。遵循“集团宏观审慎指导、区域子公司具体科学操作、总包部细化分解落实”的分层指导、分层执行、分层落实的原则，通过公开招标、邀请招标、议标三种方式，落实总包分包的权力、职能、责任归属。

在具体实施过程中，首先集团层面通过建立和管理招标三会（招标管理委员会、专家评标委员会、招

标监督委员会），通过招标政策、招标流程、招标规章的宏观审慎把控，统筹推进招标过程的公平、公开、公正进行。其次，总包部负责配合区域子公司编制招标文件、发布招标公告、落实现场勘查。最后，区域子公司通过成立招标领导小组，负责拟定标段划分、组织开标评标、完成与施工建设主体的合同签订。

（五）强化合同管理和预警考核，建立合同履约双保险机制

1. 实施合同分级管理，严格合同审批

当前投资建设项目的多样性、复杂性、层次性特征，决定了合同分级管理和分级审批的必要性。中铁投资集团成立由投资、合同、财务、法律事务等部门组成的合同条件评审小组，加强与政府和业主沟通，跟进可研评审、定额选用、方案论证、文件审批。根据合同重要性与复杂程度，中铁投资集团将合同分为重大合同、重要合同、一般合同，实行审批制、核准制、备案制相结合的分层签订、分级审批模式。

2. 建立预警考核机制，统筹加强项目工期进度与质量控制

结合投资建设项目管理办法的具体要求，敦促要求区域子公司通过月度检查、季度考核的形式，对总包部或项目部的管理开展预警及考核管理：由合同部负责管理机构与人员履约预警；工程部负责进度及计划、里程碑节点管理、业主投诉及负面舆情预警管理；安质部负责安全质量预警管理；财务部负责预算指标完成及资金预警管理。通过开展履约预警及考核管理，充分调动总包部的工作积极性，提高总承包管理水平，为全面履行施工总承包合同奠定管理基础。

针对不同级别预警状态，制定差异化应对管理措施。Ⅲ级预警项目的管理，预警等级认定后，投资集团向区域子公司发出预警通知，要求区域子公司制定措施，限期解决问题；由区域子公司组织，相关部门参加，召开预警项目专题会议，约谈总包部主要管理人员，深入分析原因，提出整改方案和改进措施，配足资源，加强管理，扭转被动局面。区域子公司做好整改过程检查、督导。Ⅱ级预警项目的管理，预警等级认定后，投资集团约谈区域子公司分管领导；由区域子公司分管领导组织，相关部门参加，约谈合格供方的分管领导；区域子公司督导总包部针对预警项目制定整改方案。区域子公司做好整改过程检查、督导。Ⅰ级预警项目的管理，预警等级认定后，投资集团约谈区域子公司主要领导、合格供方分管领导，并向股份公司汇报，启动任务调整等相关管理措施；由区域子公司主要领导组织，分管领导及相关部门参加，约谈合格供方主要领导；合格供方派驻工作组进驻现场，直至存在的问题得以解决。

3. 建立依托市场化和内部关系的履约双保险机制

在合同执行过程中，通过市场化履约、内部关系履约的双保险机制，强化合同履约的机制保障。一方面，中铁投资集团通过制定严格、科学、完善的项目合同，对权利、义务、责任、风险进行事先约定，通过集团内部管理、外部协同监察、第三方绩效评估，实现市场化、商业化、规范化的合同履约；另一方面，通过上级股东、平级股东的关系管理，针对合格供方进行上级股东层面的合同履约保障。最终，中铁投资集团通过《合格供方制度》中的合同履约绩效评价体系，对合格供方的合同履约进行评级评分，实现奖优罚劣和市场出清。

4. 推进全面风险管控体系建设，确保严管严控

严格“三重一大”决策程序，完善投融资风险评估机制，从源头上防患于未然，实现项目的高质量、可持续运行。建立内控体系，建立健全事前、事中、事后全过程的风险管控机制，及时掌控企业经营状况，严控投资、融资、回购、担保风险。加强财务监察监督，严明财经纪律，杜绝财务管理违规违纪问题发生。坚持依法治企，完善法律审核机制，防范决策风险、债务风险、运营风险、廉政风险，保障企业秩序运行、健康运行、平安运行。

（六）建立对SPV公司的嵌入式管理模式

1. 加强嵌入式人员管理，建立集团与SPV公司之间人员流动机制

中铁投资集团高度重视对SPV公司的嵌入式人员管理，强调以人员嵌入为通道，实现集团层面与

SPV公司之间资源和经验的互通。一是强化高级管理人员的派驻制度，严格执行《派驻前任职资格评审制度》《派驻时正式公开任命制度》《派驻后的履职考察制度严格执行》，从而加强集团与SPV公司之间的流程互通、经验互通、资源互通，锻炼和培养集团高级管理人才梯队；二是重视专业技术人员的派驻，落实专兼结合的分类管理、内外结合的分层管理、选调结合的分级管理，保障SPV公司安全、有序、高效运营；三是监督人员巡查和定期报告述职相结合，实行“自下而上的定期巡查”和“自下而上的定期报告述职”相结合的制度，集团派驻SPV公司的人员每年两次，定期向集团报告工作情况。集团对于派驻人员的权力行使、职责落实、重大业绩进行考察评级，从而落实能上能下、优劣分明、奖罚严明的人才激励制度，实现集团和SPV公司之间的人才高效流动和人才资源的合理配置。

2. 落实财务管理制度，通过财务嵌入强化经营规范管理

中铁投资集团对SPV公司实行严格的财务管理制度，通过财务嵌入强化规范经营、规避运营风险。具体操作层面：一是实行集团与SPV公司联动的一体化预算决算制度，SPV公司的财务预算、财务决算、财务管理、财务审计，需要在集团的经营目标、内部审计规则、特许经营协议的框架内进行，并建立预算指标偏离度实时监测和预警制度；二是实行财务管理职责分级负责制，以总经理为财务总负责人、以财务总监作为分管负责人、以财务部长作为一线执行人，实现“财务权力分级管理、财务责任层层落实”的目标；三是针对SPV公司重大融资、筹资、投资，实行严格的编制、上报、审查制度，对于非经营性投融资活动和资金往来，进行严格的限制，从而保障SPV公司主体的财务规范和财务安全。

三、以增强核心竞争力为目标的投资与建设一体化管理效果

（一）一体化模式基本形成，业务绩效显著提升

在项目投资建设和管理运营的实践中，中铁投资集团实现了营销模式、商业模式、建设模式的循环优化，探索、建立、完善了一套科学的流程模式、严谨的组织架构、规范的制度体系，全方位提升了集团项目承揽能力、投资建设能力、运营维护能力，形成了中铁投资集团特色的项目投资建设和管理模式。实现集团业务绩效显著提升，主要经济指标大幅增长，全面完成各项经营目标任务。2015、2016年投资合同额分别达到215亿元、580亿元，营业收入、利润增长了近一倍。

（二）一体化管理高效运转，公司管理效率效益显著增强

在项目建设的实践中，中铁投资集团在内部和外部构建起了高度专业化的分工体系，充分实现了“让专业人干专业事、用专业化的服务创造专业化的利润”的效果，提高了中铁投资集团的项目融资投资效率、建设实施速度、运营管理效能，中铁投资集团成立以来，采用B2模式管理，大幅节约了公司人力资源，累计实现人员节约150人，节约人员幅度20%以上，进一步强化了中铁投资集团在新时期PPP项目市场的核心优势地位，大大增强了中铁投资集团在基础设施市场乃至整个央企序列中的核心竞争力。

（三）实现了多方共赢，为国有资产保值增值提供了参考借鉴

中铁投资集团通过项目的投资建设一体化管理，实现了自身与政府机构、金融机构、合格供方之间广泛而深入的业务合作。以B2模式为核心的多层次模式体系和SPV公司管理模式，已经成为一个杠杆支点，运用有限的资源投入，撬动了规模巨大的资金资源、人力资源、项目资源，实现了“融资投资合作、项目协同开发、投资回报增长、股权资本增值”的良性循环，为国有资产保值增值提供了可供参考的宝贵经验。

（成果创造人：张永强、崔根群、宋　凯、张宇宁、李鸿宾、薛军亮）

钢铁企业基于去产能背景下的转型发展管理

杭州钢铁集团公司

杭州钢铁集团公司（以下简称杭钢集团）创建于 1957 年，是一家以节能环保、钢铁制造及金属贸易为主导业务，智能健康、教育与技术服务为培育业务的“2＋2”产业格局的大型企业集团，由浙江省国有资产监督管理委员会管理，注册资金为 12.08 亿元。截至 2016 年年底，拥有全资及控股子公司 37 家，其中杭州钢铁股份有限公司（以下简称杭钢股份）为上市公司。2016 年，名列“中国企业 500 强”第 179 位，“中国制造业企业 500 强”第 80 位。2016 年经受半山钢铁基地关停之痛，实现销售收入 701.9 亿元，利润 13.93 亿元，去产能工作成为全国典型。

一、钢铁企业基于去产能背景下的转型发展管理背景

（一）企业应对钢铁去产能过剩的需要

2008 年国际金融危机以来，全球经济增长颓靡，钢铁市场持续供大于求。2012 年年底，我国钢铁产能利用率仅为 72%，明显低于国际通常水平。从历史数据看，2013 年我国粗钢产量 7.5 亿吨，粗钢表观消费量 7.7 亿吨，是粗钢表观消费峰值年；2014 年我国粗钢产量 8.2 亿吨，是粗钢产量峰值年，粗钢表观消费量下降至 7.38 亿吨。2014—2015 年粗钢表观消费量同比呈下降均势，我国粗钢表观消费量进入峰值区的特征明显，总体呈缓慢下降趋势。国内钢铁产能过剩问题日益加剧，产销价格严重倒挂，钢铁企业生存举步维艰，化解产能严重过剩矛盾是当前和今后一个时期推进产业结构调整的工作重点。

（二）优化调整产业结构，助力企业转型升级的需要

据中国钢铁工业协会发布的数据，2013 年年末国内钢材综合价格指数 99.14，同比下降 5.86%，2014 年年末同比下降 16.19%，2015 年年末钢材综合价格指数下跌到 56.37 点，同比下降 32.16%，钢材价格过度下跌，难以通过降成本完全消化。2012—2015 年全国重点大中型钢铁企业与杭钢钢铁板块比较数据表明，钢铁行业整体微利甚至亏损，杭钢钢铁业处于盈亏边缘，必须加快转型升级，腾笼换鸟，优化调整产业结构。

（三）深化改革提升企业综合竞争力的需要

推进经济结构性改革是贯彻落实党的十八届五中全会精神的一个重要举措。杭钢集团虽然经过近 60 年的发展，实现了从无到有，从小到大，从单一钢铁发展到多元产业并举的发展。但杭钢集团的发展面临许多困难和矛盾，突出的是新与旧的交织、破与立的交替、兴与衰的博弈，以及思想准备不足、体制机制先天不足、创新能力不足、人才储备不足、产业替代不足“五条短板”。以关停半山钢铁基地为契机，大力调整产业结构、资本结构，实施跳出半山、发展杭钢，开启新时代新创业征程，是杭钢集团深化改革，提升企业综合竞争力的需要。

（四）改善环境实现产城融合的需要

杭钢集团半山钢铁基地与杭州市中心直线距离 9 公里，对杭州市环境影响客观存在，老百姓对提高周边社会环境质量要求不断高涨。浙江省持续加强对钢铁等行业领域减排设施的监管，明确将污染物减排作为推进生态文明、建设美丽浙江和保障 G20 峰会的重要任务。杭钢集团半山钢铁基地所处区域资源消耗和污染物排放已不适应城市功能的调整需要。

2015 年以来，杭钢集团坚定推进去产能、调结构、促转型工作。

二、钢铁企业基于去产能背景下的转型发展管理内涵和主要做法

杭钢集团在新与旧的交替、破与立的交织、兴与衰的博弈中，面对钢铁产能严重过剩的严峻形势，坚持以人为本，把稳定和发展作为一切工作的中心，作为维护职工利益的最大举措，按照“依法依规，合情合理，平稳有序”的工作原则，“顶层设计，系统谋划，平衡各方，有序推进”的工作方针，“思想领先，分级负责，分别对待，分类处理”的工作方法，扎实推进去产能、调结构、促转型的各项工作，实现职工、企业、社会的和谐发展，全面平稳实现浙江省委、省政府做出的2015年年底关停杭钢集团半山钢铁基地的决定，在党中央和国务院化解过剩钢铁产能的决策部署指引下迈出了成功的一步，并以推进供给侧结构性改革为主线，继续遵循“创新、协调、绿色、开放、共享”的发展理念，确立“创新、高端、绿色、特色”的发展方向，力求通过五至十年的努力，实现“七个化”的发展目标，即“企业规模化、产品高端化、产业集群化、市场国际化、管理精细化、资产证券化、体制现代化”。主要做法如下。

（一）配强配实组织领导，统领转型升级各项工作

2014年12月和2015年3月，浙江省政府召开专题会议，明确2015年年初启动杭钢集团转型升级工作，关停半山基地全部产能，并决定成立杭钢集团转型升级工作领导小组，常务副省长担任领导小组组长，办公室设在浙江省国资委，发挥综合协调作用，牵头会同杭州市等单位重点抓好杭钢集团转型升级资金支持、人员分流安置等工作的推进落实。2015年8月下旬，杭钢集团充实调整领导班子。

杭钢集团党委充分发挥党的政治优势，逐级压实主体责任。成立“半山钢铁基地转型升级职工分流安置工作领导小组”，领导小组下设办公室、资金保障组、安全生产组、政策解释组、维稳组、考核督查组、后勤保障组、责任追究组、宣传舆情组等工作机构。全体党员干部面向党旗重温入党誓词，宣布政治纪律和组织纪律，制定下发责任追究和捆绑考核管理办法，进一步强化责任落实。

（二）科学制定政策措施，依法依规落实各项方案

严格方案审批程序。杭钢集团职工分流安置由浙江省国资委会同杭州市、省财政厅、省人力社保厅等单位按照浙江省、杭州市及杭钢集团三方共担的原则，研究提出杭钢集团职工分流安置方案，报杭钢集团转型升级工作领导小组批准后实施。资产处置方案及处置管理办法，报经省国资委批准后实施，确保杭钢集团半山钢铁基地关停职工分流安置及资产处置工作依法、依规稳妥有序开展。

依法、依规制定政策。提前出台职工分流安置政策，充分听取各方意见，充分保护各方利益。杭钢集团《半山钢铁基地转型升级职工分流安置方案》提前一个多月与职工见面，充分听取基层的意见，经修改完善后形成职代会审议稿。职代会前，向代表下发《半山钢铁基地转型升级职工分流安置方案（审议稿）》，保证代表充分酝酿和审议，充分体现职工意愿。组织12场有435人次职工代表参加的座谈会，通报方案修改完善内容、政策依据，倾听意见和建议。在职工分流安置模拟选项率96.14%的基础上，于2015年12月28日召开杭钢集团四届六次职工代表大会，并以87.44%的高得票率，表决通过《半山钢铁基地转型升级职工分流安置方案》。

细化各项实施方案。根据《杭州钢铁集团公司半山钢铁基地关停方案》中安全重点工作和事故预防控制重点，加强风险辨识，对各单位原有方案中制订的安全措施和事故应急预案进一步细化完善，并在实施中严格落实，责任到人。其中，焦化厂、动力公司重点单位根据专家评审意见，对报备方案进行细化完善；涉及水、电、氧、风、汽、气等关停作业，按照工作界面，做好协调和可靠切断工作，并配合属地政府做好“三供一业”移交工作；抓好各单位消防重点部位和剧毒物品安全管理工作；涉及放射源单位，在实施关停工作时，同步移送放射源到集团公司放射源储藏室。做好应急救援准备工作。环保关停方案按照环境保护部《关于加强工业企业关停搬迁及原址场地再开发利用过程中污染防治工作的通知》（环发〔2014〕66号）和杭钢集团环保总体关停方案要求，强化生产关停过程污染防治工作，最大

限度实现达标排放，并妥善处置各类污染物。

（三）明确各项工作任务，统筹推进目标计划实施

根据 2015 年年内全面关停的时间表和转型升级任务，确立“稳定、创新、发展”三大目标。

稳定。实施“四小步”策略，制订实施关停工作目标计划，即 2015 年 9 月，使广大干部职工的期望值回归到理性、务实的状态；10 月，化解 19 个历史遗留问题；11 月，出台职工分流安置政策，12 月下旬，提交职代会审议通过；12 月底，完成半山钢铁基地全部关停。

创新。半山钢铁基地关停后，推进“走出半山、走进市场、发展杭钢”思想解放系列活动，制订并实施“十大”改革创新行动计划。

发展。谋划企业中长期发展，开始制定《杭钢“十三五”发展规划》，明确思路、目标、重点任务和保障措施；启动招商引资工作，培育和引进新兴产业，进一步优化产业结构，提升杭钢集团综合竞争力。

以上三大目标是一个有机的整体，互为支撑、交叉推进、步步为营，确保转型升级总体目标的顺利进行。继 2015 年 10 月 24 日关停炼铁 1 号高炉后，从 2015 年 12 月 18 日开始，陆续安全关停热带厂、中轧厂、小轧公司、紫金公司、高线公司等生产线；12 月 23 日，半山钢铁基地全面安全关停。运行了近一个甲子的半山钢铁基地完成了历史使命，比原计划提前 8 天顺利关停。

（四）做细、做深思想工作，及时化解处置各类矛盾

关停半山钢铁基地，重点是职工分流安置，核心是政策，难点在平衡各方。为此，杭钢集团坚持以思想疏导和职工分流安置为着力点，把思想疏导工作贯穿全过程。深入领会“跟着群众跳火坑”的群众工作法、“从最坏处准备，向最好处努力”的底线思维法等方法，结合企业实际，灵活采用“正面引导法、耐心开导法、案例释疑法、算账对比法、一对一交友法”等思想政治工作“十法”，消除疑虑、化解矛盾。采用危机应对“八制”，即包案责任制、分级包干制、分类化解制、露头熄灭制、宽严相济制、红线警戒制、应急处置制、政警企联动制等，处理突发事件，化解苗头性危机。同时，对困难职工用“帮”，对偏执职工用“情”，对挑头人员用“法理并用”。细致化、人性化的工作态度和方法，起到了很好的效果。

在短短三个月时间里，杭钢集团先后召开 57 次会议，先后单独听取 2500 多名职工和各方意见，邀请省、市专家进行方案论证、风险评估、合法性审查。为推进转型升级并取得政府及各有关部门关心和支持，仅杭钢集团主要负责人在五个月时间里到省、区、市汇报就达 90 多次，对人员安置方案进行 80 多次修改，最终设计出使各个群体、不同年龄段职工都能找到合适通道的 12 条分流安置政策。杭钢集团的政策给职工吃了定心丸，在各级政府的鼎力支持下，为安置职工编织好就业服务、社会保障的“两张大网”。

（五）分级分类处置资产，确保国有资产保值、升值

完成杭钢股份资产重组。2014 年 12 月 31 日为评估基准日，杭钢股份将置出资产与杭钢集团持有的宁波钢铁 60.29%股权和紫光环保 22.32%股权中的等值部分进行置换；杭钢股份的置出资产为杭钢股份持有的股权类资产，非股权类资产，除应交税费外的全部负债。

杭钢股份与杭钢集团进行资产置换后，置出部分作价不足的差额部分，由杭钢股份向杭钢集团发行股份补足；同时，杭钢股份向杭钢商贸、冶金物资、富春公司、宝钢集团、宁开投资、宁经控股发行股份购买其各自持有的宁波钢铁、紫光环保、再生资源和再生科技的相应股权。杭钢股份向包括杭钢集团在内的 8 位投资者募集配套资金发行股份。资产重组完成后，募集资金 24.75 亿元。杭钢股份实现全资控股宁波钢铁有限公司，钢铁及贸易产业得到延续。

解放思想，凝聚人心，公开透明处置资产。按照杭州市收储土地于 2017 年 9 月底前全部移交的要

求，杭钢集团根据国家、浙江省有关国有资产管理相关办法，经专家讨论、风险评估、合法性审查，出台实施杭州钢铁集团公司《半山钢铁基地资产处置办法》《半山钢铁基地资产处置实施细则》《半山钢铁基地移交土地上非杭钢资产补偿管理办法》。结合杭州市对工业遗存的总体规划，并确定保、留、用、废的设备处置方案，通过招标、拍卖、挂牌依法依规处置区域范围内资产，确保国有资产不流失和处置利益最大化，确保移交土地上的资产处置进度全部达到计划目标要求。

（六）加大研发投入力度，抢占核心领域技术高地

围绕集团核心产业，开展与高校科研机构的产学研联合攻关，加强社会人才引进和知识产权管理，推进钢铁、环保、科研院所、学院等科技创新。制定实施《高层次人才引进管理办法》《引进高层次人才工作实施方案》，引进社会各类高层次人才5名。杭钢集团拥有博士后工作站2个，院士专家工作站1个，2016年新设立国家技能大师工作站1个，省级技能大师工作站1个。2016年宁波钢铁有限公司开展汽车用钢、优质高碳钢等13个新产品开发，并成功进入市场。新产品销售率达22.85%，R&D投入占营业收入比重达到2.91%的历史最高水平。环保产业与上海交通大学等签订技术研发战略合作协议，其下属紫光环保公司实现环保水处理技术关键环节的重大突破，完成多个项目的离子除臭设备的系统设计和设备设计。2016年杭钢集团新增国家专利授权384个。2016年，钢铁、环保、科研院所、学院等7家单位科技研发及技改投入44644万元，占营业收入比重2.24%。

（七）“四轮驱动”新兴产业，培育发展壮大“创新高地”

半山钢铁基地2015年年底的关停，为杭钢集团转型升级开启了一个全新时代。杭钢集团结合浙江省八大万亿产业发展方向，立足自身既有优势条件，坚持以“打基础、调结构、抓创新、谋发展”为总基调，制订未来发展战略规划，按照“七个化”定位，实施“四轮驱动”“创新高地”的战略思路。

“四轮驱动”，即构建“2+2”产业架构，也就是“主攻节能环保产业、做强做优钢铁制造及金属贸易产业，培育智能健康、教育与技术服务两大产业”。

“创新高地”，即半山基地和宁波基地，半山基地按照“产城融合、创新高地”的思路，打造可看、可学、可复制、有实力的智慧健康特色小镇；宁波基地按照“奋斗两个五年，再建一个‘杭钢’”的战略要求，通过成立宁波钢联有限责任公司、整合钢铁相关公司，并以收购、兼并手段做大、做强大宁波产业板块。杭钢集团成为控股型公司，集团总部为决策中心、利润结算中心、人才培养及管控中心；下辖若干企业集团，包括环保集团、钢联集团、职教集团、智能健康集团、检验检测集团、半山特色小镇投资建设运行公司等。

按照“七个化”的目标定位，着力在三个方面取得突破。一是发挥现有优势，打造杭钢集团转型“升级版”；二是依托半山产业基地，走好杭钢集团发展“特色路”；三是实施创新驱动，培育积极“增长极”。通过不懈努力，力争把杭钢集团打造成为全国城市钢厂关停实施转型升级的样板、浙江省国有企业转型升级的示范、杭州北部城区经济发展的新亮点。

围绕浙江省委、省政府以“五水共治”为重点的环境保护重大决策和浙江经验转化为先进的商业模式，带头做“两山理论”的践行者的目标要求，全力拓展水务市场，加速推进以城市垃圾处理为重点的固废处置、以水处理设备为中心的装备制造、工程技术等环保业务板块的开拓，加强水、土、气环境监测体系建设，仅2016年在建和筹建项目近20个。积极培育智能健康产业，一手开拓以大健康为主题的高端装备制造业、智能健康服务业和大数据信息与应用产业，一手引入智能健康理念，推动现有房地产、酒店旅游业务转型升级。大力培育教育与技术服务产业，按照打造“工匠摇篮”的目标要求，加快职业教育发展，并积极推进与“一带一路”沿线国家职教的深度合作；发挥杭钢集团检测检验资质优势，大力拓展监测、校准、认证及技术服务领域，打造高标准、专业性的第三方检测产业园。相继成立浙江省环保集团有限公司、浙江杭钢职教集团有限公司及环保学院、健康学院，已与舟山等多个市县、

国内多家知名企业签订战略合作协议；新创办杭钢电商、中杭检测、宁波紫藤、紫达物流、智谷科技等5家公司，并支持员工自主创业创办77家公司，为企业转型升级打下基础。

三、钢铁企业基于去产能背景下的转型发展管理效果

（一）提升企业经济增长的质量和效益

通过去产能促转型工作，杭钢集团的业务结构、产业结构和资本结构均得到进一步优化，由以钢铁、房地产、贸易流通为核心业务向以节能环保、钢铁制造及金属贸易、智能健康、教育与技术服务为重点的“2+2”产业格局转变。2016年，杭钢集团实现销售收入701.9亿元、利润13.93亿元，其中节能环保、智能健康、检验检测等新兴产业的合计销售收入和利润比上年分别增长34.12%和23.67%，与2015年相比，达到优化产业布局、结构优化、效益倍增、平稳转型的目的。

（二）资产质量得到改善

分类处置“僵尸”企业和风险资产。全面梳理集团内部“僵尸”企业和风险资产，按照有所为有所不为的要求，实施“一企一策、一笔一策”，分类、分批推进“僵尸”企业处置和风险资产化解，确保清理退出一批、重组整合一批、创新发展一批。截至2016年年底，大部分“僵尸”企业实现扭亏、减亏或清算注销，风险资产得到有效化解。2016年杭钢集团净资产为188亿元，比2015年增长17.54%，资产负债率比2015年下降5.12个百分点。杭钢股份总股本由8.39亿股增加到25.98亿股，杭钢集团整体资产证券化率由42%提升至75%。资产质量得到明显改善。

（三）管控能力显著提高

实施杭钢集团公司制改革，实现由全民所有制企业向有限责任公司转变、由管资产向管资本转变，真正建立产权明晰、权责明确、管理科学、运行顺畅、监督有力、执行有效的现代企业制度。全面实施以人事制度改革、监管体系改革、薪酬制度改革为重点的“改革创新十大行动计划”。特别是杭钢集团总部机构改革于2016年5月底完成，仅用两个月时间，将职能部门从20个减至10个，在岗员工从422名减至89名，所有在岗人员实行“全体起立、从零开始”，一律实行“双推双考”，达到“大集团、小总部、高效率、优服务”的目的。

重新明确杭钢集团管控体系的顶层设计，按照“做强总部、做实板块”的管控定位，着力打造集团总部决策、战略管理和资源配置的中心地位。强化总部公司治理、战略、投资、风险管理等核心职能，提升了集团整体风险管控水平。经过4个多月的梳理、修订和完善，已形成顶层管理制度19个、其他配套性管理制度72个的规章制度体系，有效推动管理制度化、规范化、科学化。

杭钢集团关停半山钢铁生产基地，走转型发展之路所取得的初步成绩，为在钢铁行业化解过剩产能背景下企业的转型发展提供了一个成功的样本，受到社会各界的普遍关注和赞誉。

（成果创造人：陈月亮、张利明、汤民强、任海杭、李　凯）

以转型升级为目标的煤机装备制造企业全产业链构建

山东能源重型装备制造集团有限责任公司

山东能源重型装备制造集团有限责任公司（以下简称山能重装集团）是山东能源集团的二级企业，是国有大型煤机装备制造企业，总部在山东省泰安市高新区，整合了原新矿集团山能机械、枣矿集团鲁南装备、临矿集团山东煤机3家企业。山能重装集团建有山东、新疆、内蒙古、陕西四大生产基地，权属二级企业21家，主要生产销售采掘、支护、运输、提升、洗选、装卸全系列煤机装备和再制造、工程机械、压力容器、半导体激光器等16大类、1300多种产品，产品在全国各大矿区应用并出口俄罗斯、印度、印度尼西亚、土耳其、越南、马来西亚、澳大利亚等国家。2016年年末员工人数8221人，资产总额113亿元，营业收入81亿元，位列中国煤炭机械工业50强第2位。

一、以转型升级为目标的煤机装备制造企业全产业链构建背景

（一）落实山东能源集团总体发展战略的需要

作为“五大主体产业”之一，山东能源集团装备制造产业的战略定位为：坚持以《中国制造2025》为指引，以装备成套化、高端化、智能化为方向，实行集群发展与合理布局、重点发展与全面提升、内部整合与外部扩张、自主创新与引进吸收、纵向延伸与横向拓展相结合，运用互联网＋等手段，加快“两化”深度融合，突出打造产业特色，实施高端绿色制造，优化企业产品结构，提升质量品牌效益，形成煤机装备制造、重型装备再制造、非煤机装备制造三个业务板块，向“专精特新”方向发展，构建起内外并举、相互支撑、结构合理、有序发展的产业格局。在这一战略思想的指引下，2014年12月，山东能源集团组建山能重装集团，希望做强做大装备制造产业。为此，山能重装集团必须肩负起振兴装备制造板块的重任，借助构建全产业链，实现产业整合、产品升级、企业转型，在激烈的市场竞争中获得先机，争做行业领跑者，确保山东能源集团总体战略落地生根、开花结果。

（二）提升企业竞争能力的需要

山能重装集团是一个“新集团、老企业”，下属的3家煤机企业都有50多年的发展历史，产业规模不同、产品相对独立、市场相对分离、优势相对分散、竞争力相对较弱，存在很多短板。一是产业层次偏低，产品结构不合理，以煤机装备制造、再制造为主，产业布局分散，除液压支架、设备再制造在国内市场有一定影响外，其他产品区域结构雷同，同质化竞争严重，综合竞争力不强。二是产业链条偏短，产品多处于加工、组装、制造阶段，多处于价值链的中低端，高科技含量、高附加值特别是掌握核心技术的产品少；配套关联的研发设计、设备安装、撤除、售后服务等服务产业体系不完善，难以引领市场竞争。三是高端人才缺乏。山能重装集团地处泰安市，远离信息、技术和人才中心，吸引外部高素质人才困难，企业高新技术人才缺乏，特别是极度缺乏高、精、尖技术的行业领跑者，造成企业研发和创新能力不足，高水平、原创性的科技成果较少。这些问题既是企业面临的现实问题，也是亟待解决的瓶颈问题。山能重装集团必须改变单纯的制造、再制造产业结构，加快从产业链附加值低端向高端挺进，从产业链的中间向两端延伸，构建全产业链，实现转型升级，从而破解企业发展难题，打造市场竞争新优势，提高企业竞争能力。

二、以转型升级为目标的煤机装备制造企业全产业链构建内涵和主要做法

山能重装集团以建立现代产业体系、转变发展方式为方向，以微笑曲线的价值提升理论为依据，在制造、再制造一体化产业链的基础之上，确立向上下游服务产业延伸的思路，明确主体产业和主体延伸

产业，有序退出辅营产业，调整优化产业结构，加快建立集研发、制造、租赁、再制造、服务“五位一体”的全产业链；同时，建立与之匹配的管控体制，全面实施市场化管理，确保全产业链条上的各个环节相互补充、相互支撑、协同发展、协同创效，努力建成技术先进、实力领先、品牌卓越的国际化大型能源装备制造集团。主要做法如下。

（一）明确全产业链构建的思路和原则

绝大多数权属企业的发展历程都是“依煤而建”“依煤而生”，以维修、制造、再制造为主，产业层次偏低，产业链条不完整，抗风险能力低。如何通过优化调整产业结构，完善产业链条，以促进集团整体有序发展，是企业成立后首先需要考虑的问题。经过反复研究和论证，决定发展现代服务业，推动装备制造、再制造与现代服务业相互衔接、融合发展，改变单一的装备制造、再制造产业结构，加快由产业链低端向研发设计、销售、服务、品牌等高端延伸，建立设计研发、制造、租赁、再制造、服务“五位一体”全产业链，形成产业集群，促进转型升级。

实施原则：一是政策引领。以国家政策方针为引领，以市场需求为导向，研究国家行业政策、发展环境、产业结构、发展重心、投资方向、管理升级等问题，提供前瞻性、全面性、科学性的企业发展分析和指导依据，大力发展国家产业政策鼓励的新产业、新技术、新业态、新模式，淘汰落后产能，融合发展传统产业与现代服务业，以更宽泛的视野定位企业未来发展。

二是改造升级。本着“前瞻与务实、全局与重点、继承与创新”相统一的思路，正确处理传统产业改造升级与新兴产业培育发展、发展速度与质量效益、发展基础产业与延伸拉长产业链之间的关系，升级传统产业，做到产业布局思路清晰、目标明确、举措完善、符合科学发展的本质要求。

三是创新驱动。把科技进步作为产业升级的第一动力，促进自主创新、集成创新和引进、消化吸收再创新，推动科技创新和技术进步，提升自主研发能力，努力实现发展方式的根本转变。

四是创建品牌。尊重企业发展历史，整合资源、突出特色、优势互补，提升发展内涵，强化自主知识产权保护，构建制造、再制造和现代服务业两大产业板块为内涵的全产业链，打造企业特色，创建企业品牌，力争早日建成国际化大型装备制造企业。

（二）围绕全产业链构建调整优化产业结构

1. 明确主体产业

山能重装集团把制造和再制造产业作为构建全产业链的主体产业，加快从中低端向高端发展。

一是制造产业。依托四大生产基地，以智能化、信息化和实现“两化”深度融合为方向，不断完善从铸锻、机加工、焊接到装配、检测、试验的产品制造工艺流程，提升产品综合配套实力。积极引进国内外顶尖装备制造商，引进先进管理经验和生产技术，牵头或参与国家、行业标准制定，形成具有专利技术、专有技术及商业秘密为内涵的标准体系，不断提升制造水平。比如，将新泰千亩工业园建成山东省优先批命名的“新型工业化产业示范基地”和“数字化装备制造中心”。与波兰柯派克斯公司合作建立的塔高公司成为国内液压支架的顶尖制造商，年产值15亿元。塔高公司投资1.8亿元建成国内首套高端液压支架智能焊接系统，50台机器人上岗作业，极大地提高了工作效率。与瑞典山特维克公司合作建立了高端掘进机制造公司。与内蒙古乌兰集团合作在鄂尔多斯建立了装备制造基地，与淄矿集团合作成立了陕西万华公司，将产品和技术延伸至内蒙古、陕西地区，年收入突破2亿元。2016年3月，山能重装集团制定的千万吨综放工作面设备选型配套标准要求，获得国家能源局批准实施。

二是再制造产业。2008年，山能重装集团权属企业与清华大学、中国人民解放军陆军装甲兵学院（以下简称装甲兵工程学院）建立校企合作关系，开展矿山机械设备零部件再制造技术研究。经过10年发展，山能重装集团与装甲兵工程学院合作建立了机械产品再制造国家工程研究中心，成立了激光技术及应用工程研究所和中德高功率半导体激光器技术合作研究中心，获得再制造授权专利65项，国际专利8项；承担国家发展和改革委员会（以下简称国家发改委）、国家工业和信息化部及省级科研项目10余项，建立了以激光熔覆、熔覆粉末制备及授权专利为核心的技术研发应用体系，形成集“装备生产、材料研发、标准制定和技术应用”四位一体的产业链，率先建立了国内最大的矿山设备激光熔覆再制造生产线，并分别在新疆、内蒙古等地建立了再制造基地。与神华集团（现已重组合并更名为国家能源投资集团有限责任公司）、兖矿集团等国内大型企业建立了合资合作关系，年熔覆各类再制造零部件2万㎡，激光熔覆不锈钢立柱技术和规模均达到了世界领先，为新矿集团新巨龙煤矿生产的千万吨级综采工作面采煤设备，实现了连续6年不升井维修。

与此同时，加快发展激光熔覆、激光电弧复合焊、激光清洗和激光增材制造技术，建立激光产业化示范基地，加快再制造产业发展。2015年，与德国企业合作，相继研制出4千瓦、5千瓦、6千瓦、8千瓦的大功率半导体激光器设备，并全部实现工业化应用，顺利销往国内北京、山西、内蒙古、新疆等地区。同年，山能重装集团自主研制成功了3D激光打印系统，实现了矿山设备关键位置的堆积增材制造，得到了社会各界的广泛关注。2016年10月，山能重装集团大族公司凭借在激光领域的综合影响力和竞争力，成为28家挂牌企业之一，同时成为国家发改委批复的再制造试点单位。2016年，再制造产业全年完成产值近20亿元。

2. 发展设计、租赁、服务、物流等延伸产业

山能重装集团把现代服务产业作为构建全产业链的主体延伸产业，加快培育。

一是发展研发设计产业。2015年11月，抓住国家和山东省鼓励各类企业通过股权、期权、分红等激励方式调动科研人员创新积极性的政策机遇，山能重装集团以70名工程技术人员为基础，采取混合所有制方式成立了恒图科技公司，该公司采取“集中管理、分散服务”的方式，让研发人员拥有研发、成果、资本三块收益，提升自主创新能力。恒图科技公司成立一年多来，不断向价值链上游的研发设计延伸，建立了采煤机、刮板机、皮带机、液压支架、装车站、压滤机等产品专业设计队伍，与煤科总院、山东大学、中国矿业大学等科研院所、高等院校开展深层次、多维度科研合作，加快设计速度，减少设计失误，提高设计质量。启动了煤矿综采自动化开采技术项目研究，重点攻关液压支架电液阀、刮板机变频控制、采煤机自动控制、自动化供液及系统集成等关键技术。投资3232万元建成煤矿机械大型结构件机器人焊接生产线，提质提效。2016年获得授权专利109项，其中发明专利14项，在澳大利亚注册了1项发明专利和7项实用新型专利。博士后工作站成功获批。2016年重大技术创新项目立项82项，科技投入1.1亿余元。

二是发展融资租赁产业。2015年10月，山能重装集团投资3亿元成立了恒信融资租赁公司，搭建融资平台，变“卖设备”为“租设备”，开展对矿售后回租业务，解决再制造产业发展遭遇的设备所有权问题，同时开展对外融资，提供低成本的外部流动资金支持，推动企业持续健康发展。2016年，山能重装集团与新矿集团伊新煤业签订融资租赁合同，包括液压支架、刮板运输机、采煤机以及运输能力2500吨皮带机等设备，合同总额达到1.68亿元，使山能重装集团继成套装备制造、成套装备再制造后又实现了成套装备融资租赁。经过一年的培育发展，2016年恒信融资租赁公司实现利润962.8万元，成为企业渡难关、谋发展的有效支撑。

三是发展生产服务产业。构建基于产品生命周期的保姆式服务链条，以咨询顾问方式提供生产诊断评估，提供系统改进、效率提升的综合解决方案。以工作面支架安撤、综掘机维护维修、生产系统组建等业务为主开展技术服务。直接组织骨干生产队伍，实行承包运营，通过为客户创造超额价值赚取利润。山能重装集团对中煤集团平朔煤炭公司安家岭、安太堡两个洗煤厂加压过滤尾煤系统实施反承包运营，对销售给两家洗煤厂的加压过滤机进行承包运营、服务和维护，从而实现产品或系统的增值。目前，在平朔公司运行的加压过滤机已由原来的4台发展到现在的12台，年产量达到600万吨，为平朔

公司年创经济效益 10 亿元，年实现运营收入 700 余万元。塔高公司为安徽皖北煤电公司设计 9000/20/38 矸石充填支架一套，完成了设计业务的突破。泰装公司发挥支架搬运车制造和专业化驾驶操作优势，为客户提供支架运输服务，形成了新的经济增长点。莱芜煤机洗选厂总承包服务，实现了“交钥匙”工程。

四是发展物流贸易产业。山能重装集团坚持“大营销、大市场、大合作、大流通”的理念，统筹国内国际两个市场、两种资源，以煤炭、钢铁贸易为主体，推进其他物流贸易为补充，建立物流贸易产业。在上海自贸区成立了上海分公司，在中国香港成立了恒通机械产品进出口公司，作为实施“走出去”发展战略的重要平台；同时依托原有的金元贸易公司，积极搭建更多双边、多边贸易平台，拓展国内和国际贸易市场；泰装公司与山东交运集团合作成立了运输项目部，年收入近 5000 万元。

3. 有序退出不符合发展战略的辅业

2015 年以来，完成“僵尸”企业处置，明润特装实现扭亏为盈，延安物流项目加快对外装让或合作步伐，盘活资产。将医疗卫生、供电、供水、供暖等企业办社会职能分离移交，社会化管理。泰安煤机 43 名老工伤人员医疗保险纳入地方统筹，17 名离休干部纳入省级困难企业补贴，保证了职工群众的个人利益，降低企业费用支出每年 192 万元。

（三）调整集团组织机构，建立与全产业链相适应的管控机制

1. 明确集团战略管控模式

山能重装集团实行战略管控，主要通过宏观调控、资源整合和管理改革等手段实现各企业的协同发展。通过战略规划、项目审批、投资决策、资金统管、信贷担保等方式对权属二级企业的发展进行调控，以保证其按照集团既定的战略方向发展。在战略规划方面，集团健全完善战略引导下的目标传导管理体系，建立从战略规划→年度经营计划→全面预算管理→绩效评价→薪酬管理等环环相扣的管理循环链条，形成以战略规划引领企业发展的工作机制。

资源整合就是搭建集团统一的财务集中平台、人力资源管理平台、研发设计平台、物资供应和市场营销平台为各权属二级企业进行服务。一方面通过资源整合体现集团总部的价值创造作用，另一方面发挥协同效应。在财务管理方面，山能重装集团建立了财务共享中心，将不同地区、地点的实体的会计业务放到一个共享服务中心来统一处理、记账和报告，为集团成员单位提供会计服务，使会计业务实现会计政策执行统一、业务处理流程统一、会计核算标准统一、会计账套操作统一，实现信息集成共享。目前，新汶片区的 12 家二级单位实现了财务集中共享。在资金统管方面，山能重装集团实行“统一领导、集中归集、收支两条线”的资金管理体制，对所属二级单位的货币资金和承兑汇票等资金资源，实行集中统一管理，实现资金统管，盘活资金存量，实现了资金资源的运作安全、结算快捷、监控有效。在人员统一配置方面，山能重装集团建立了人力资源共享服务平台，设立人力资源一卡通管理信息库，建立人力资源共享平台，形成人员流动灵活、即需即到、谁用谁偿的动态配置机制。

管理改革指为了实现集团管控目标，山能重装集团为各产业板块的发展制定相应的制度和管理模式，并选择有关企业进行试点运行。比如在生产上，山能重装集团建立了生产统一协调机制，成立价格委员会，本着公平、公正、实事求是的原则，对各单项产品成本价格进行审核论证，2015 年以来，共梳理测定液压支架、刮板机、采煤机、掘进机等 20 大类、641 种产品的制造价格。建立月度和临时价格会议制度、产品价格调整制度，当市场材料价格发生较大变化时，24 小时内给予调整制造价格。同时推行专业化生产，新汶分公司是刮板机专业化生产主体单位，鲁南装备是皮带机专业化生产主体单位，塔高公司是液压支架专业化生产主体单位。按照销售、品牌、设计、工艺、质量“五个统一”的原则，对液压支架、皮带机、刮板机和再制造成台（套）产品进行专业化生产管理，明确生产主体单位和配套单位，消除产品重叠浪费和内部竞争，凝聚发展合力，形成“拳头”产品。

2. 合理界定集团总部的职能定位，科学建立总部机构

强化集团总部的战略发展中心、资金运营中心、资产监管中心、人力资源交流中心、企业服务中心职能，明确各生产经营单位的成本管控中心、人力资源培训中心、创新成果转化中心和利润贡献中心职能，合理界定母子两级管控架构的权责边界。从战略规划、投资管理、兼并重组、研发和运营、供应、营销等方面，建立统一的、标准化的管理流程、规章制度和任务标准体系，规范各级单位的行为与集团的战略方向保持一致，以实现一体化运营、协同创效。

3. 实施扁平化改革

针对企业组织层次多、管理链条长的状况，以减少管理层级，扩大管理幅度为目标，按照产品系列化、生产专业化、分布区域化、管理人性化的原则，将原山能机械、山东煤机所属15家二级单位，作为集团二级单位直属管理，实施扁平化管理改革。按照产品、专业、区域对原新汶分公司所属子公司、项目部、机关人员进行优化组合，再制造事业部、机械制配事业部、机械加工事业部、机械总装事业部、机电制管事业部、煤机事业部、骏马公司、建鑫公司、机关部室、物业部、护卫大队（保卫科）、离退休服务站、调研员及其他人员由新汶分公司进行管理；中瑞公司、中矿公司、天玛公司由新汶分公司煤机事业部进行管理。对产业相似、关联度较高、区域相近的单位合并管理，将产业相近的北京戎鲁科技公司划归科技公司管理，将同处宁阳磁窑开发区的乾泰公司划归塔高公司合并管理，将良腾公司划归泰装公司管理；将汶上分公司划归兖州煤机管理。

通过扁平化改革，打破了“团套团”的管理模式，集团二级单位有21家减少了1个管理层级，使各二级单位成为独立应对挑战、开拓市场、自负盈亏的真正市场主体，通达政令，管理提效，加快发展。2016年扁平化改革的15家单位全部实现增盈，9家单位增盈10%以上。

（四）建立市场化经营核算机制

1. 实施全面市场化管理

以激发活力、创造价值为主题，深化和拓展“人人都是经营者，岗位就是利润源”的经营理念，构建市场主体、市场客体、价格体系、计量和结算体系、结算平台等内部市场基本要素，建立组织体系、制度体系、信息化系统和文化氛围等运行保障体系，通过内部市场结算形成各市场主体间的交易与契约关系，以“收入一支出（可控全成本要素）＝利润（或薪酬）”的结算形式体现各市场主体业绩，使“每个生产者都是经营者，每种生产要素都有价格，每一天都知道经营结果，每个市场主体都能有效控制，每一道生产（运营）工序都将投入产出”的理念深入人心，取得了积极成效。通力公司优化细分事业部下属四、五级市场主体，组成若干相对独立的经营承包核算单元，进一步激发了干事创业的生产积极性。塔高公司采取“任务承包”的方式，打破工序生产模式，建立“三级”经济实体，盘活了内部资源。泰煤公司对事业部内项目进行分级承包，激活了内部经营活力，取得大量生产订单。

2. 推行货币化结算

深化延伸全面市场化管理，实行内部市场货币化结算，建立总部机关与两个中心、各公司之间，各公司与内部车间、班组之间两级结算体系，划小核算单位，对集团内部资金进行集中调节、使用和管理，以此作为完善经济运行机制的总抓手，调整优化生产和劳动关系，降成本、促效益、增工资。通过内部货币化结算改革，打破资金管理“大锅饭”现象，层层传递压力，挖掘潜力，调动全体职工的积极性；结合企业资金预算、成本控制、目标利润等，使内部各经营环节的经济往来由无偿接转变为有偿交换，有效地反映、监督、控制、调节和考核各独立核算单位经营状况；更直观地反映市场化运营情况，完善和深化各层级结算体系和价格体系；便捷结算方式，简化结算步骤，减少管理和人工成本，充分反映职工劳动价值，提高工作效率。

（五）改进投资与融资管理，为全产业链构建提供资金保障

1. 投资管理

在投资方向上，顺应国家产业政策，突出集团公司主业发展和培育核心竞争力，高起点谋划、高标准定位，以优化产业产品结构、延伸产业链条、发展高新技术、应用新工艺等为重点。在投资规模上，立足自身投资能力有效防范财务风险，实行全方位、全过程的投资成本控制，将资产负债率控制在合理区间之内，努力提高投资收益。在后续管理上，与投资项目建设单位签订业绩考核责任书，落实建设工期、年度目标、质量标准、投资规模、奖惩措施等内容。

2. 资金管理

成立由财务总监任组长的融资领导小组，积极联系各金融机构，多渠道、低成本筹措资金，每年融资 25 亿元左右，满足了企业资金需求。创新融资方式，通过西部证券公司发行公司债 10 亿元，降低融资成本。利用信托资金 3 年期 5 亿元，长短期融资结构有了重大改观。持续推进“财务创效”，每年财务创效近 1 亿元。

三、以转型升级为目标的煤机装备制造企业全产业链构建效果

（一）培育形成了“五位一体”全产业链

通过几年的努力，山能重装集团在制造与再制造一体化发展的基础上，进一步完善“研发－制造—租赁—再制造”的循环发展模式，并通过研发、租赁、再制造增强产品和业务的黏性，进一步发展生产服务产业，打造形成了集研发设计、自主制造、融资租赁、再制造和服务于一体的“五位一体”全产业链运营模式，既在企业内部创造了一个全新的发展脉络，又可为客户提供成套解决方案，企业发展目标更加明确，发展路径更加清晰，发展布局更加合理。

（二）培育了新的经济增长点，有效落实了能源集团总部的发展战略

通过建立“五位一体”的全产业链，培育了新的经济增长点，恒图科技公司每年通过设计优化和工艺提升节约成本 400 余万元，2016 年政策创效 2544 万元；恒信租赁公司 2016 年创造效益 962 万元。上海分公司、中国香港公司、金元公司每年贸易额 30 亿元，成为企业规模发展的重要支撑；同时，通过构建“五位一体”全产业链，有效承接了山东能源集团总体发展战略，加快向“专精特新”方向发展。

（三）企业规模、效益大幅提升

2016 年销售收入 81 亿元，同比增加 16 亿元，增幅 24.7％；利润 8793 万元，同比增加 3741 万元，增幅 74.1％；企业资产总额 113 亿元，同比增加 10 亿元，增幅 9.7％。2015－2016 年企业连续 2 年位列中国煤炭机械工业 50 强第 2 位，被国家发改委批准为“第二批再制造试点企业单位”，提升了企业综合形象。

（成果创造人：周　峰、郭彦光、苗　健、潘立强、高荣惠、刘孝利、李　旭、陈文思）

以创建国际军事海洋旅游领航企业为目标的战略实施

天津滨海泰达航母旅游集团股份有限公司

天津滨海泰达航母旅游集团股份有限公司（以下简称滨海航母）为天津泰达投资控股有限公司的全资子公司，注册资金4.9亿元，总资产逾9亿元，下设4家子公司，涵盖景区运营、项目开发、旅行社、演艺、餐饮、游艇等业务。滨海航母以创建国际军事海洋旅游领航企业为目标，不断加快航母主题公园建设步伐，逐步将其打造成为以“基辅号”航母旅游资源为核心，集航母编队观光、武备展示、主题演出、拓展培训、会展会务、国防教育、娱乐休闲、影视拍摄八大功能于一体的综合性军事主题公园，构建起独特的军事旅游品牌。截至2016年，滨海航母营业收入从2000万元到突破1.5亿元，游客量从19万人次到146万人次，年均增长均超过25%。滨海航母相继获得国家文化产业示范基地、国家国防教育示范基地、国家4A级景区、全国研学旅游示范基地、十佳海洋旅游目的地等称号。

一、以创建国际军事海洋旅游领航企业为目标的战略实施背景

（一）适应滨海新区开发开放，实现建设国际国内旅游目的地的需要

随着天津滨海新区开发开放纳入国家总体发展战略布局，特别是京津冀协同发展的深入推进，有力助推着滨海新区经济社会的全面发展。而滨海新区旅游业作为区域经济的战略性产业，也迎来了大发展、大繁荣的有利时期。“十二五”期间，天津滨海新区要逐步建成面向全球、特色鲜明、精品集聚的国际国内旅游目的地。到2015年，滨海新区接待国内外游客突破2000万人次，旅游综合收入达200亿元以上。

滨海新区旅游业的蓬勃发展，也对滨海航母提出更高发展要求。滨海航母要紧紧抓住滨海新区独特的“海”资源，围绕“中国经济第三极”的战略定位，将滨海航母打造成与新区经济发展相匹配的世界一流的军事旅游品牌，构建继深圳华侨城、上海迪士尼之后的中国主题旅游品牌第三极。要实现这一发展定位，滨海航母必须立足现有资源基础、瞄准一流品牌、完善产业布局、拓宽服务链条、创新运作模式，提高品牌竞争力。

（二）发挥差异化品牌竞争优势，赶超国内外先进主题公园的需要

全球主题公园行业发展如火如荼，环球影城、海洋世界等世界级旅游品牌相继在中国落地生根。中国主题公园自20世纪90年代以来，逐步形成以华侨城为代表的大型娱乐主题公园，以“旅游＋地产”的模式逐渐在全国铺开。就京津冀区域来说，现有北京欢乐谷、天津欢乐谷、天津方特、天津凯旋王国等，环球影城也将落户北京，未来该区域的行业竞争压力显著。而就主题产品来说，深圳“明斯克”号已落户江苏南通，也将逐步开发以军事主题为特色的大型主题公园，是滨海航母未来发展的竞争者。

因此，滨海航母必须审时度势，在充分调研分析的基础上，立足于自身优势实施以创建国际军事海洋旅游领航企业为目标的发展战略，以军事品牌为核心，突出“航母”军事文化资源的稀缺性，形成世界独一无二的军事文化体验区，在主题特色和功能构成上区别于国内外先进主题公园，形成“人无我有、人有我精”的品牌竞争优势，形成国内标志性的军事文化旅游综合体，跻身世界一流主题公园行列。

（三）响应国家国防教育战略，传播海洋军事文化的需要

党的十八大强调要“增强全民国防观念”，这说明了新形势下加强国防教育的重要性、紧迫性。滨海航母作为国家国防教育示范基地、爱国主义教育基地，具备特有的先天优势。滨海航母紧紧围绕军事

文化内涵，不断加大投资完善国防教育配套设施，有效联合军事院校等资源，接收尖端退役武备设施，特别是驱逐舰、核潜艇、护卫艇等“航母编队”稀缺资源，进一步弘扬爱国主义教育，传播海洋军事文化的正能量。

滨海航母顺应新形势的要求，从企业实际出发，自 2011 年开始实施以创建国际军事海洋旅游领航企业为目标的发展战略。

二、以创建国际军事海洋旅游领航企业为目标的战略实施内涵和主要做法

滨海航母以创意演艺为引领，以旅游休闲为主导，以航母主题为载体，以科学技术为支撑，通过军民合作、资本运营广泛整合军事与海洋资源，构建融合化多业态的国际军事海洋文化创意旅游领航企业。在发展战略的实施中，滨海航母加强组织领导，准确战略定位，紧密结合企业实际提出“12345”战略工程，采用“品牌、文化、创新、管理”四大策略，不断加强战略实施的保障体系建设，驱动战略工程落地生根。主要做法如下。

（一）加强组织领导，确定战略定位

滨海航母成立集团战略规划领导小组，由集团董事长、总经理任组长，分管副总经理任副组长，有关部门负责人任成员，下设办公室，及时研究和解决工作中出现的实际问题，为航母军事旅游战略的顺利开展创造必要的组织条件。滨海航母委托天津财经大学编制《滨海航母旅游集团发展战略规划》《滨海航母旅游集团品牌与营销推广策划书》《滨海航母旅游集团创建 5A 实施方案》等。集团领导把认识定位在扩大航母品牌影响力上，把工作目标放在领导责任落实上，把工作纳入集团总体目标规划上，为航母军事旅游品牌战略的开展提供强大的领导保证。

（二）紧密结合企业实际提出“12345”战略工程

1. 实现一个目标

滨海航母通过提高资本运营效率，发展多元化产业，提升人才能力，降低成本，提升集团的竞争力、创新力以及抵抗风险的能力，在现代旅游领域、高端现代商贸领域创造知名的滨海航母品牌，提升品牌效应和市场影响力。利用资本市场，推动企业规范经营管理。引进科学的公司治理方法，建立一套规范的管理体制和财务体制，促进公司提升管理水平。力求实现将滨海航母打造成为融合化多业态国际军事海洋文化创意旅游领航企业的目标。

2. 依托两大引擎

一是文化方面。加强旅游文化建设是提升旅游产业竞争力的重要手段，滨海航母发挥军事文化特色、做足海洋文化内涵、融合津味儿文化，打造国际军事海洋文化创意旅游领航企业。

二是科技方面。科技与旅游的结合，是如今旅游产业发展的必然趋势，科技创新发展，对进一步提高滨海航母的知名度，提高集团的服务水平，促进滨海航母的整体发展有着非常重要的推动作用。

3. 夯实三大能力

一是核心竞争力。滨海航母挖掘集团核心力，不断塑造集团差异化特色品牌，以与时俱进的发展主张，弘扬集团的卓越管理能力；不断渗透高质服务、追求卓越、勇于开拓创新的企业精神，推出一系列企业管理措施。

二是持续创新力。滨海航母在完善管理机制的同时提升项目开发能力、项目管控能力、整体服务水平等，为提升集团项目质量、强化公司执行力、塑造公司鲜明品牌形象奠定基础。

三是风险控制力。首先，建立更加系统化、标准化、流程化和规范化的管控体系，从事后防范的“事故管理”，转变为预防为主、超前控制的“风险管理”；其次，通过财务风险管理，搭建资金和预算绩效领域的风险事件库。

4. 瞄准四大重点

一是"5A"创建。滨海航母通过加大整合力度，提升整合资源能力，积极争取土地资源，加快完善周边旅游交通、配套设施建设，注重以人为本，提升服务水平，注重资源与环境的和谐，体现园区科学规划布局及深厚的人文关怀，推进园区高水平发展，营造完美旅游氛围，尽快创建成为"5A"级景区，进一步扩大景区影响力。

二是上市。滨海航母健全集团内部治理体系，明确各机构的职责，建立有效的内部监控系统，加强集团内部控制与风险控制，充分发挥董事会在公司治理中的关键作用，按照国务院国资委颁发的《关于规范国有企业改制工作的意见》等相关文件，规范集团改制的相关工作，完善现代企业制度，逐步使企业符合上市规范运行等方面的要求，争取 集团在5年之内完成上市。

三是项目。对于已建项目，进行科学分析与整理，明确每个项目的盈利水平，并进行可持续发展的分析研究；对于在建项目，进行严谨的项目管理，精准把握施工进度，保证项目保质保量完成；对于拟建项目，科学进行项目可行性论证，根据滨海航母总体实力和发展需求对拟建项目投放的先后顺序以及空间位置进行合理布局。

滨海航母凭借自身发展优势，依托军事与海洋资源，结合发展战略定位，形成演艺创意、航母载体、旅游休闲、旅游商业、旅游运营、旅游地产六大板块发展格局，构建"一园三区两带"的总体布局，即航母编队游览园、中心观光区、航天游览区、军事体验区、滨水娱乐带和海洋休闲带的项目规划。

四是品牌。滨海航母以主题公园为主，充分挖掘"航母"的品牌价值；以餐饮、住宿等业务为助，满足游客的多方面需求，丰满品牌形象。通过多种媒体的广告宣传、举办或赞助大型赛事活动等手段，全面提升品牌影响力。通过市场宣传开拓，达到以散客带团队，以团队促市场的目的，从滨海航母整体形象树立、旅游路线设计、营销推广宣传等各个层面上展开全面"滨海航母旅游"营销工作。让滨海航母成为全国各地消费者出游的最佳首选目的地、最满意目的地和最向往旅游地。

5. 实施五大路径

一是融合海洋文化特色，突出航母军事主题特色。滨海航母着力发展文化创意产业，结合天津文化、海洋文化、军事文化等旅游文化资源打造一批文化创意产品，争做国家文化产业示范基地，助推津滨文化产业的大繁荣。

二是打造一体消费链条，提高参观游客的忠诚度。进一步积极发展演艺娱乐、商务会展、酒店服务、旅行社、旅游地产等多种旅游业态，实现多种产业齐头发展，开发新型消费业态，打造消费链条，形成多功能旅游集散中心，增强园区吸引力。

三是注重资本运营方式，建立多元化投融资体系。寻求多种融资途径和渠道，在充分挖掘公司存量资产价值的同时，争取政府、松散层企业、行业协会、跨国企业等的支持，获得相关资金的支持，扩大投融资规模，加快好项目的建设步伐。

四是整合新区旅游资源，打造海陆空精品旅游线。滨海新区现有旅游资源丰富，但分布及管理较为松散，资源未得到最大限度利用。滨海航母整合现有滨海旅游资源，借助新区的各种优势，形成资源互补产业联动并头发展，发展特色旅游品牌。

五是注重经济社会效益，文化产业事业互动发展。滨海航母的每一个项目都有着军事文化、海洋文化或者天津文化的烙印。滨海航母做到文化产业、事业的互动发展，以产业保障事业，以事业推动产业。

（三）"品牌、文化、创新、管理"四大策略驱动战略工程落地生根

1. 品牌驱动发展策略

一是品牌定位。滨海航母品牌定位于依托海洋资源并以独特的军事文化特色为指引的集教育、体

验、休闲、娱乐等于一身的综合型主题旅游基地。

二是目标市场定位。滨海航母营销定位于三类人群，即青少年群体、都市白领群体、政务与商务群体。区位市场定位：以天津、北京为核心，通过市场渗透策略，逐步达到国际领航企业的目标。

三是品牌营销推广。滨海航母采取“借势发展、口碑宣传”的品牌自主营销推广策略，以“小投资、大回报”为原则，助推品牌影响力的增强。

首先，借政策之顺势。滨海航母顺应国家文化大发展大繁荣之势，相继打造多个文化王牌项目，获得媒体的聚焦关注。将文化品牌演艺融入滨海新区文化产业发展中，获得巨大的传播效益和经济效益。

其次，借大品牌之气势。滨海航母通过做足“航母”军事品牌内涵，吸引实力品牌企业的合作共赢。近年来，通过与皮尔·卡丹、奥迪、金泰丽湾等一大批实力品牌企业合作，一方面将品牌影响传播到海外，另一方面确立航母会务活动的高端品质，进一步扩大航母影响力。

最后，借媒体之声势。滨海航母确立“到天津，看航母”的旅游形象主题宣传口号，利用形象广告传播、新闻话题、网络渠道、微信营销传播等多方位、多角度进行宣传。滨海航母的品牌知名度和美誉度日益提高，旅游品牌的形象力转化为持续的生产力。

2. 文化引领发展策略

一是做足军事文化核心内涵。利用“基辅号”航母这一独一无二的载体，将一艘锈迹斑斑的退役战舰华丽变身为主题鲜明的旅游景点。原舰开发面积8万平方米，真实还原鱼雷发射舱、航母机库、作战指挥中心、声呐舱、锚缆舱、原舰士兵生活区、对空导弹库、反潜导弹库、飞行甲板、舰艏武备区等，以近乎原貌的状态向游客静态展示航母这一海上巨无霸的雄姿和内部构造；舰内开发设置航母发展史展览馆、国防教育展厅、“呼唤和平”长廊、原舰物品展示区，让游客在航母娱乐的过程中增强军事知识。

“十二五”期间，作为国家国防教育基地，滨海航母积极与天津警备区、中国航空博物馆等单位合作，协调退役装甲车、清障车、坦克、卡车等20余辆，退役强击机－5、歼击机－6等10余架飞机落位航母园区。2016年，滨海航母继续创新品牌发展，采用“军民合作”共建国防教育基地模式，与海军工程大学勤务学院签订合作框架协议，利用退役的133驱逐舰和353潜艇，并以“基辅号”航母为核心，联合护卫舰、补给舰，共同组建“航母编队”，普及舰船知识。未来，将全面开发南北岛区域，以海上娱乐休闲旅游综合体为核心，形成舰队游览区、军校训练区、沙滩娱乐区、湿地休闲区四大功能区。同时，开放航母夜场，形成独具魅力的“航母不夜港”。启用“海陆空”概念，构建区域立体化交通休憩网络。空中，利用航母直升机、观光电梯、高空缆车，游客可体验空中鸟瞰航母编队全景，领略特色海岛的魅力；海上，利用喷气飞艇、摩托艇、水陆两栖观光巴士，打造海上游览路线；陆上，配置豪华观光游览火车前往南北岛，形成360度环岛观光航母编队，打造出一道靓丽的旅游观光风景线。

二是文旅结合、文创发展。2011年坚持“以创意演艺为引领”的发展战略，将航母旅游资源与海洋有机结合，成功打造大型实景海战表演剧《航母风暴》。该表演剧以真实航母和大海为场景，全面恢复航母武备系统，呈现真人特技表演和震撼的航母海战特效效果，带游客领略实景表演的壮观。同时，“航母风暴”的成功上演直接拉动营业收入较同期增幅60%以上，并于2011年10月25日荣登央视《焦点访谈》栏目，使滨海航母的知名度和美誉度进一步攀升。

“十二五”时期，滨海航母又相继推出《飞车特技》《花车巡游》《极炫飞跃》等好莱坞大型实景特技表演，继续紧扣滨海航母“以创意演艺为引领”的发展定位，进一步丰富景区价值内涵，体现出创意演艺对景区发展的引领作用。

3. 创新项目支撑策略

一是首创俄罗斯创意文化风情街“免租”经营模式。2014年，滨海航母抓住“基辅号”航母自带的俄罗斯风情文化内涵，俄罗斯创意文化风情街区成功开街，使滨海航母旅游文化内涵得到再一次延伸与提升，并入选全国优选旅游项目和中国文化产业重点项目。该项目首创与经营租户实行“免租”经营，有效营造街区的地道俄罗斯文化氛围，通过俄罗斯本土经营者向游客展示纯正的俄罗斯精品文化。同年，滨海航母经营收入实现1.5亿元，游客量达到146万人次，年均增长分别达到25%和28%。

二是创意主题低空飞行。全面启用航母甲板的飞机起降功能，恢复航母原舰航空指挥室的功能，配置雷达指挥系统，建立直升机与航空母舰的通信网络，打造“空中巴士”项目。围绕“航母甲板起飞”的独特资源，形成低空飞行“鸟瞰大海”的体验新亮点，圆游客一个独特而震撼的“航母出征梦”。

三是顶级项目引进。引进新西兰堪称水上过山车的探险项目“航母喷气飞艇”，以时速80千米在水上极速飞驰，360度急速回旋，让游客充分经历一次没有硝烟但却胆战心惊的海战历险之旅。

四是启用“退税”概念。充分借鉴出境旅游的签注、购物退税模式，打造航母旅游全新的“出境”体验，惠及广大游客，撬动游客消费杠杆，为滨海航母二次消费的增加起到积极作用。

4. 科学管理发展策略

一是深化企业改革，树立竞争意识。滨海航母在成立之初确立“多劳多得、奖罚分明”的考核目标责任制，采用“基本工资+绩效/提成”的薪酬管理体系。集团各部室负责人每年年初与集团签订年度考核责任书，经济指标层层落实到人，形成组织机构分工明确、职能健全清晰的管理体系。奖罚机制的合理运用激发公司全员的工作热情，形成全员竞争上岗、努力创收的良性氛围。

2015年，滨海航母创新中层管理人员聘用管理办法，巩固党管干部的工作格局，打破中层干部终身制，进一步激发中层干部干事创业的激情与活力，确保集团军事旅游品牌战略的顺利实施，促进经营业绩稳步攀升。

二是完善管理体制，统一标准化管理。为适应“十三五”时期发展，有效实施军事品牌战略，滨海航母重新调整组织架构体系，优化部门组织架构，理顺工作业务流程，为集团良性发展建立基础。

2014年，滨海航母导入质量ISO9001、环境ISO14001、职业健康安全GBT28001三个标准体系，通过重新系统地梳理内部管理体系，加强痕迹化管理，滨海航母用PDCA的管理方法，不断完善内控体系，促使集团内部管理再上新台阶。具体如下。

财务预算控制体系：年初由各部门编制费用支出计划，经集团考核小组审查，报集团审核批准后执行。费用按月度计划跟踪，并控制在年度预算费用范围内。各部门根据公司批准并下达经营计划，对费用进行控制。

痕迹化管理控制体系：滨海航母建立“会前一会中一会后”一体化的痕迹管理模式，针对集团层级、经理办公会层级、部门层级各项会议，实现全面记录管理，确保集团内部管理的有效推进。

基建项目管理控制体系：为加强公司基建项目管理，从项目规划设计到竣工验收，从项目招投标到项目决算，严格划分责任权限，规范、完善内部审批流程，实施项目建设节点控制、过程跟踪，确保采取项目全面控制，保证基建项目顺利完工。

绩效考核管理控制体系：滨海航母结合自身实际，建立“量化”考核体系，从考核目标制定、跟踪、分析，均做到有标准可循、过程可控、可追溯，促进工作效能不断提升。一是根据经营计划，不断量化经济指标。二是尝试对非指标性管理工作进行量化考核，增加时间节点控制、工作效果控制、新项目储备等量化指标，加强对职能性部门的管控与考核。三是以指标促管理。通过对职能性部门新增量化考核指标，倒逼管理更加科学化。如2015年加大财务理财收入指标，倒逼财务部合理调配临时资金进行理财，为公司创收179万元。

安全生产管理控制体系：滨海航母始终坚持“安全第一、预防为主、综合治理”的管理方针，建立全员安全生产责任制，与公司各部门、与施工单位签订安全责任书，层层落实安全责任，切实加强隐患的排查和整改，确保滨海航母安全零事故的目标。

“品牌驱动、文化引领、创新发展、科学管理”的具体做法，实现航母军事旅游品牌的“羽化成蝶”，近年来，游客量以年均25%的速度增长，游客满意度均达96%以上。

（四）加强战略实施的保障体系建设

1. 培养人才优化队伍支撑发展

一是建立人才资源目标管理机制。短期目标——建立统一集中的人力资源管理信息平台，实现准确、快捷的人力资源数据统计；建立完善的人力资源管理制度；完善企业内部人才培养机制，建立内部人才培养体系和职业生涯规划体系。中期目标——实现统一规范的人力资源管理流程；提升总体人力资源管理水平；建立科学合理的薪酬福利体系，实现职工收入的逐年递增。长期目标——建立并推广能力模型；大规模提升人员技能及素质。

二是加强培养管理人才。采取多种形式加强各种适应性的短期培训，全面提高管理者的综合素质和驾驭市场的能力。根据企业发展的需要，选送人才参加专业化、高层次的进修学习。加快培养旅游企业职业经理人才，吸引高水平人才进入旅游企业，优化旅游企业经营管理人员的专业结构和知识结构。

三是重点培养引进专业人才。滨海航母着力培养、引进一批投融资、资本运作、旅游电子商务、度假管理、会展策划、景区规划、商业宣传策划等专业技术人才。建设一支规模大、素质高、结构合理的人才队伍，提升集团核心竞争力。

2. 强化管控增加效益促进发展

一是完善法人治理结构。建立完善发展战略、企业经营、项目开发、财务管理和人力资源等管控中心，提高集团管控效能。规范议事规则和办事程序，使法人治理结构的运行制度化、具体化、流程化，建立权力、责任、义务有机统一，责任链条清晰、层层落实到人的责任体系。

二是建立健全经营指标管理体系。完善集团经营运行（包括经营规模、成本分析、财务运转等）的综合监测分析制度，研究制定涵盖集团多业务板块及各企业的经营运行统计机制，形成全面、系统、及时反映集团综合运行总体情况的指标体系，对企业进行动态跟踪，发现问题，及时调整，使企业运营全程可控。

三是建立健全集团全面风险管理体系。围绕整体发展目标，建立符合企业实际的风险防范体系，强化风险管理组织职能，执行风险管理基本流程。建立风险管理的三道防线，即集团公司各有关职能部门和所属企业业务部门为第一道防线；总法律顾问、集团公司法律事务部和所属企业法务专员为第二道防线；集团公司内部审计部门和监事会为第三道防线。建立考核机制。将风险防范纳入各所属企业总经理业绩考核，对经营管理过程中忽视经营风险给企业造成损失的要进行责任追究。

四是建立信息化网络平台。以信息化建设为主要载体，提高集团职能管控能力，通过信息共享，构建集团及所属企业协同运转、高效管理和科学分析的辅助决策系统；以网络为媒体，提升市场营销，积极发展电子商务。建立自己的CRS系统（中央数据库系统），真正实现三网合一（Internet互联网、Intranet企业内部网、Extranet企业外部网）。

三、以创建国际军事海洋旅游领航企业为目标的战略实施效果

（一）扩大滨海航母的社会影响力，提升品牌形象

实施军民合作的军事旅游品牌战略以来，滨海航母经营业绩稳步攀升，营业收入年均增长达25%以上。2014年营业收入1.5亿元，游客量146万人次。作为独特的军事旅游资源，滨海航母已经逐步成为全国旅游行业的一张特色名片，并相继跻身国家AAAA级景区、国家国防教育示范基地、国家文化产业示范基地、全国研学旅游示范基地、全国航母主题旅游产业知名品牌创建示范区、天津市文化产业示范基地等。“到天津，看航母”已经成为叫响天津市乃至全国的旅游品牌形象。

（二）带动配套产业发展，社会效益显著

滨海航母自2011年实施军事旅游品牌战略以来，进一步完善了区域旅游产业链的发展，实现旅游六要素中“游、购、娱”的联动发展。同时，经营效益的稳步增长也带动了区域内的人流、物流、资金和信息流的流动，为滨海新区提供大量直接和间接的就业机会。

根据加拿大学者的系统模型理论，旅游业收入每增加3万美元，就将增加1个直接就业机会。以此测算，“十二五”时期，收入增加6260万美元，为社会提供近2000个就业机会，有效地缓解了周边地区人口的就业问题，促进滨海新区旅游业持续、快速、稳步发展。

（成果创造人：刘占中、刘卫东、郭琴丽、侯　婷）

轨道交通装备企业战略实施体系建设

中车株洲电力机车研究所有限公司

中车株洲电力机车研究所有限公司（以下简称中车株洲所）始创于1959年，前身为铁道部株洲电力机车研究所，现为中国中车股份有限公司核心一级子公司。中车株洲所现有14家全资及控股子公司，总资产495亿元、净资产281亿元。员工人数1.8万人，其中，中国工程院院士1名、博士200多名、硕士1800多名。拥有变流技术国家工程研究中心、动车组和机车牵引与控制国家重点实验室、新型功率半导体器件国家重点实验室等九个国家级科研创新平台，两个企业博士后科研工作站，形成“新材料－芯片－零部件－子系统－整机－大系统”的产业发展格局，从单一从事铁路电气化技术的事业单位发展成为布局全球、拥有三家上市公司的多元化高科技企业集团。

一、轨道交通装备企业战略实施体系建设背景

（一）抵御发展风险，保证企业稳定发展的需要

“十二五”初期，受“7·23”甬温线动车追尾特大事故以及铁道部债务危机影响，国内铁路建设速度放缓，加之铁路总公司机构改革的影响，铁路发展从爆发增长期进入巩固调整期，这给中车株洲所轨道交通核心主业发展带来了巨大冲击。同时，中车株洲所前期布局的新产业尚处于孵化或培育阶段，产业规模小，进入行业时间短，在业内知名度不足，在高度竞争的环境下艰难成长，还不足以成为公司新的支柱型产业，背负着巨大的发展责任和压力。在内外交困的局面下，必须要保持战略定力，强化战略执行，不折不扣、全力推进战略目标的实现，才可能勇渡难关，保生存、求发展。

（二）应对多元产业国际化竞争，实现可持续发展的需要

“十二五”初期，中车株洲所经过跨越式发展，已经从机会导向、野蛮生长阶段过渡到战略导向、精细化管理的新阶段，并进行了多元化、国际化的经营布局。组织形态从直线职能制过渡到既有上市公司、又有事业部的企业集团，业务组织呈现“体量大小不一、产业特点迥异、行业跨越广阔”等特点。公司发展既面临多元化企业集团发展的共性问题，也面临一些自身发展带来的个性问题。如何解决好多元化、国际化带来的行业适应性、国别差异、高强度竞争等问题，构建一套适应于多产业、多国别、多组织、多经营形态的战略实施体系，是摆在中车株洲所面前的战略课题。

（三）规范战略管理，发挥战略引领作用的需要

中车株洲所在早期战略管理中，一定程度上存在“重战略、轻策略”“重编制、轻执行”“重前期、轻后期”等问题，规划编制与执行落实存在“两张皮”的现象。原控股母公司（中国南车）登陆资本市场实现公司整体上市后，中车株洲所对精细化管理需求日益迫切，加之旗下管理多家上市公司，对规范性管理要求也越来越高。如何改变过往粗放式管理方式，强化对战略规划的贯彻和执行，实现战略目标的闭环控制，充分发挥战略规划对企业经营的引领作用，成为中车株洲所要解决的重大管理问题。

二、轨道交通装备企业战略实施体系建设内涵和主要做法

中车株洲所面对内外部环境的急剧变化，坚定实施以“技术和市场”为核心的同心多元化发展战略，科学选择拟进入的新产业，通过战略规划的层层分解，明确多元产业责任主体，确定多元产业业务组合及发展策略、发展路径和保障措施，督促战略规划落地，确立战略落地的衡量标准，实现战略实施过程规范和管理高效，提升战略执行力，有效保障公司战略目标的实现，推动多元产业的协同发展。主要做法如下。

（一）构建新产业选择标准，科学决策进入领域

1. 明确新产业选择的“六大”原则

中车株洲所在总结过往产业发展得失基础上，确定在新产业选择方面应遵循的六大原则。一是高战略牵引原则，新产业选择要高度契合中车株洲所的发展战略，所选产业应与当期运营的产业具有高度的战略协同性，使新产业与既有产业能实现很好的优势互补。二是高端定位原则，新产业进入门槛高、收益率高、差异化明显，符合国家重点支持的产业方向，竞争格局尚未固化，存在很好的差异化市场进入机会，行业盈利能力强，能满足进入后的持续发展。三是促进行业进步原则，对进入的产业抱有使命感，能促进该产业所在行业在满足顾客需求、技术进步、业态环境改善等方面的进步，成为行业壮大、发展提质的推动力量。四是有限多元原则，有所为，有所不为，集中优势资源投入到市场空间大且更有希望成为市场领导者的战略目标型新产业上，提升资源配置效率。五是发展基础可靠原则，具备或能有效整合新产业发展必需的资源，具备培育或获取竞争优势所依托的能力基础。六是风险可控原则，对拟进入的新产业可能存在的各类风险，能够预判并制订应对措施，风险在可控范围。

2. 开展新产业选择的否决性评估

遵循新产业选择原则，对新产业项目设置七项否决性指标，包括产业战略价值、产业宏观环境、行业竞争态势、行业盈利水平、产业项目净现值、产业实施规划和产业风险防控等，任一项未通过评估，项目终止，放弃进入该产业。评估通过进入综合性定量评估阶段。

3. 开展新产业选择的综合性定量评估

综合性定量评估从产业宏观环境、产业市场形态、产业战略价值、产业竞争基础、产业发展目标、产业实施规划、产业风险防控 7 个维度展开，下设 34 个一级指标、34 个二级指标，共同构成定量评估指标库。根据这些纬度和指标对新产业项目的影响程度，采取层次分析法对其权重进行赋值。在评审过程中，评审专家对每一项指标进行评分，加权平均后得出该项目的综合评分结果。

4. 明确新产业选择的分级控制标准

根据评分结果，中车株洲所对新产业项目实施分级控制，具体如下：80～100 分，同意推进；60～80 分，视定性评审意见确定项目走向，定性评估为“项目可行”，则项目承担单位继续论证，若定性评估为“项目不可行”，则项目终止；60 分以下否决。

（二）战略规划层层分解，明确实施责任主体

中车株洲所总体战略确定后，将分解为分子公司规划、专项业务规划、职能规划，不仅是对战略目标的分解，还包括对战略任务的分解，分别由分子公司、业务发展主体以及职能部门负责分解规划的贯彻和执行。在规划编制及实施过程中，各级、各类规划有序衔接，确保战略目标与任务高度统一，责任匹配到位。

为使公司战略规划具备环境动态适应性和实施有效性，在保证长期战略不动摇的前提下，根据行业环境和经营形势的重大变化，在三年滚动规划和年度经营计划中对战略举措和任务进行实时调整。各类规划均要分解到分子公司和职能部门，分子公司继续分解至更下层组织，职能部门则落实为部门行动计划，最终变为员工个人 KPI 指标。通过战略规划的层层分解，明确战略实施的责任主体以及其要承担的战略任务。

（三）制定业务组合策略，加强职能保障

中车株洲所始终以“核心产业牵引新产业发展、新产业推动核心产业壮大，实现产业协同效应”作为业务组合策略制定中要遵循的原则。“十二五”期间，中车株洲所业务组合策略确定如下。

核心产业方面，以巩固和强化内核优势为目标，创造和保持高层次的竞争优势；对内稳定贡献利润与现金流；对外巩固行业地位，持续领跑。打造内核优势的路径包括：技术上，加强前瞻性、基础性技

术研发，向科技的“无人区”迈进，保持技术领跑地位；产品上，打造标准化、模块化的系列产品，形成质量和成本的比较优势；加强大系统集成能力建设，提供系统解决方案；品牌上，保持在行业内的活跃度和热度，扩大中国中车品牌影响力；资源整合上，对内强化资源协同，提高资源利用效率，对外拓展资源获取渠道，嫁接外部资源助力产业发展。

新产业方面，以形成差异化竞争优势为目标，尽快孵化培育壮大，在细分市场领域形成稳固的地位与竞争优势。打造差异化竞争优势的路径包括：培育方式上，采取内生培育和外延并购相结合的方式，在公司擅长的技术和市场领域中，以自身能力为基础，通过引进消化、自主研发、市场开拓、供应链打造等方式培育新产业，对于不熟悉的新产业领域，则以资本运作方式直接介入，获得成熟的产供销体系；加强对新产业重点市场与项目的参与和支持力度，关注创新能力的建设和产业竞争力的提高；研究并实践差异化管理策略，在人力资源配备、激励考核机制、组织模式创新、产业政策等方面形成差异化管理的完整制度；有效移植与嫁接核心产业的资源优势，推动核心产业关键能力的跨行业、跨业务共享，加快培育和壮大新产业。

为实现战略目标、保障战略执行，中车株洲所构建全面战略实施职能保障体系，由管控模式与组织系统保障、技术研发体系建设、营销体系建设、生产体系建设、人力资源保障、资金保障、信息化平台等公共服务平台等构成。保障体系中的每个环节都有相应的职能部门负责，出台具体举措，细化为部门重点工作，解决规划执行过程中的问题和障碍，为战略目标的实现保驾护航。围绕“十二五”战略目标，主要措施如下。

技术研发方面，推行集成产品开发（IPD）体系，构建全生命周期产品管理机制。以“基础研究机构＋各行业市场导向型开发机构”的组织架构为载体，搭建基于设计技术、制造技术、产品技术和公共服务等平台的分层研发模式。构建全球化研发网络，建立海外创新中心，为产业布局、孵化和发展提供支撑。加大科技创新投入及新产品研发投入，年度科技投入占每年销售收入的8%。

营销体系方面，推行产品、行业、区域“三位一体”市场营销体系，推动各单位区域营销资源和渠道的整合，实现区域客户资源和市场渠道资源在各单位之间的共享。积极落实“经营城市”的市场策略，重点城市定向突破、深耕细作，对城市资源进行集聚及组合营运，提高产业协同效率和产出效益。实施大客户管理，建立大客户开发与共享机制，构建战略联盟，实现客户质量全面升级。

人力资源管理方面，实施“乔”型职业发展体系，搭建职业经理、工程技术、专业管理、营销贸易、能工巧匠五大职业发展通道，打造能力与职位并重的人才发展体系。建立职业经理评价标准、后备队伍选拔体系、非职业经理通道全面任期制，完善赛马机制。建设国际化人才孵化平台和行业高端人才引进平台，为公司国际化运营、新产业发展提供人才保障。

资本运营方面，运用兼并收购、合资合作等方式，快速进行产业布局、合理调整产业结构，通过产业重组、市值管理等创新盈利模式，资本运营成为推动公司发展的新引擎。

战略合作方面，国内与近二十家大型企业、十余个地方政府、众多科研机构建立战略合作关系，国外与芝加哥市等政府机构以及牛津、剑桥、庞巴迪等校企、研究机构建立稳定的战略合作关系。

（四）实施战略监控与考核，确保实效

落实战略询审制度和战略规划考核，实现对战略实施的“全局＋重点”、点面结合的全方位监控。

1. 战略询审，动态掌控战略运行态势

战略询审通过战略询审会议、战略询审报告两个载体实施，由公司产业发展管理委员会牵头，技术与管理专家以及总部职能部门和分子公司共同参与，旨在对战略实施情况进行科学、客观、公正的评价，分析实施结果与规划目标、竞争对手的偏差和原因，找出经营管理薄弱环节，向决策层提示战略风险。审视战略环境，并结合公司发展战略，明确战略问题解决思路，提出下一年度战略重点工作方向和

未来三年的规划设想。

2. “全面+专项”考核，督促战略落地

战略规划考核分为全面考核与专项考核两种方式。全面考核通过经营目标责任状开展，专项考核通过战略规划执行率来体现。

经营目标责任状考核作为公司组织绩效考核的核心载体，考核结果与公司经营班子考核、分子公司和职能部门薪酬、干部升迁考评、员工职业发展直接挂钩。经营目标责任状的核心内容均以战略规划为指引，重点工作目标设定需以落实和支撑战略规划为基本评判标准。

战略规划执行率是专项考核指标，考核方法是以战略目标为基准，考核战略实施结果偏差率，其考核结果成为判定规划实施成效和决定高层管理者薪酬等的重要依据，也间接影响中低层员工的收入和后续晋升。

（五）构建战略落地的衡量标准，科学评价战略实施成效

根据成熟产业和新产业应该呈现的战略状态和要提升的能力方向，设计差异化的战略落地衡量标准，引导产业经营改善，作为评价战略实施成效的依据。

针对成熟产业，重点关注发展能力、运营能力、盈利能力和资源效率的提升，相应设置关键性定量指标评价战略实施成效，具体如表1所示。

表1 成熟产业战略落地的衡量标准

能力提升方向	能力提升内涵	衡量标准（关键指标）
发展能力	营业规模的发展态势和营业收入增长能力	营业收入增长率
运营能力	企业资产运营能力、营业的流转效率、营业收入管理能力和营业循环状态等	总资产周转率、存货周转率、应收账款周转率
盈利能力	企业市场获利能力、内部利润管理能力和盈利质量	营业毛利率、营业利润率、营业利润增长率、盈余现金保障倍数
资源效率	各项资源的产出效率	人均销售收入、总资产报酬率、净资产报酬率等

针对新产业，重点关注战略能力、经营能力、组织管理能力、财务能力的提升，具体衡量标准设定如表2所示。

表2 新产业战略落地的衡量标准

能力提升方向	能力提升内涵	衡量标准（重点工作）
战略能力	进入产业必须具备的核心能力的建设情况及产业方向选择、战略目标制定及战略资源配置应达成的状态	对应能力提升内涵确定阶段性重点工作
经营能力	供应链建设、市场营销体系、产业质量改进及新产品开发等方面应达成的状态	
组织管理能力	核心团队和职能管理对于组织管理的保障程度	
财务能力	营业收入增长能力以及产业的获利能力	

（六）搭建战略信息化平台，支持规范、高效战略管理

积极利用信息化手段助推战略管理水平的提升，除充分利用办公信息化系统提升常态化工作的规范性外，还利用DFKI、CFK、Winder等数据系统扩展战略研究信息渠道，并构建投资管理信息系统和战略组织绩效管理系统，全面提升战略实施的信息化管理水平。

1. 构建投资管理信息系统，保障战略资源配置决策合理、过程规范

投资管理信息系统是涵盖项目立项、预算管理、采购、资金支付的全流程操作平台，实现规划、立项、预算过程、验收、审计、结算等全过程的实时管控，不断积累项目数据，实现对项目历史数据的灵活挖掘，满足投资业务的决策支持与分析需求。

2. 构建战略组织绩效管理系统，实现战略管理的 PDCA 循环

战略组织绩效管理系统由战略绩效系统、管理报表系统、财务合并系统和管理驾驶舱构成，涵盖目标制定、实施、评价与战略回顾，支持战略管理 PDCA 循环的实现，优化战略与组织绩效管理流程，保障公司战略落地；统一指标与维度口径，集成各系统数据源，实现经营结果的及时反馈，有效支撑公司的高效协同管理。

三、轨道交通装备企业战略实施体系建设效果

（一）战略执行力显著提升

中车株洲所推进战略实施体系以来，各级组织战略执行力得以显著提升。在内外部环境发生变化的形势下，公司上下团结一心，攻坚克难，坚定朝着战略目标方向前进。战略与经营无缝对接，一切经营活动以战略为纲，战略导向深入人心，原有主业得以稳步发展，新产业布局良好，重点项目进展顺利，既定战略目标得以圆满完成。

（二）竞争力大幅提升

多元化发展战略有效实施，做强、做大轨道交通核心主业，实现持续领跑，轨道交通主业已成为高铁国家名片的核心力量，国内产品型谱最完备、综合技术实力最强的牵引控制系统首选供应商，轨道交通领域研发实力最强、产品种类最齐全、销售规模最大的高分子材料企业；实现了从干线铁路到城轨、城际领域的全覆盖，由单纯的产品提供商发展成为系统方案解决商，市场主导地位进一步巩固。除此以外，还积极布局、培育了诸多新产业，并进入快速成长期，成为国内领先的节能与新能源客车生产商、国际一流的半导体器件提供商、全球领先的汽车减震降噪零配件供应商，深海机器人排名世界第三，发布全球首套深海采矿装备等。多元产业齐头并进，改变了轨道交通产业一枝独秀的局面，为公司可持续发展奠定了坚实基础。

此外，中车株洲所国际化发展成效显著，现拥有 5 个海外技术研发中心、12 家境外公司，海外营业收入超过 72 亿元，产品远销 30 多个国家和地区，境外员工超过 4500 人，海外资产超过 50 亿元人民币，跨国经营指数 25%。在众多产业、技术领域上，中车株洲所与全球知名企业同台竞技，很多领域已与行业标杆并驾齐驱，多项技术填补“国内空白”，达到“行业领先”甚至“全球首创”，成为高端装备制造业走出国门的典范。

（三）企业实现快速成长

“十二五”规划目标全面达成，公司战略执行率达到 95%以上（其中销售收入目标达成率为 98%；净利润目标达成率为 117%）。

公司规模效益迈上一个新台阶。“十二五”期间，营业收入从 2010 年末的 105 亿元增长到 2015 年的 294 亿元，年均复合增长率超过 22%；海外销售收入由 2010 年的 3.29 亿元增长至 2015 年的 77 亿元，复合增长率达到 88%；净利润从 10.8 亿元增长到 30.2 亿元，规模效益均创历史新高；总资产从 149 亿元大步跨越到 462 亿元，增幅超过 200%；净资产由 68 亿元增长到 190 亿元，增幅接近 180%。成功缔造时代电气、时代新材两大“百亿级”上市子公司，进一步巩固行业领跑地位。

（成果创造人：丁荣军、李东林、王卫安、程　惠、涂晓红、吴爱虎、
邓恢金、黄　蓉、曾鸿平、彭华文、杨孝杰、黄　准）

面向业务创新的能力共享开放生态系统建设

中国联合网络通信集团有限公司

中国联合网络通信集团有限公司（以下简称中国联通）于2009年1月6日在原中国网通和原中国联通的基础上合并组建而成，在中国大陆31个省、自治区、直辖市和境外多个国家和地区设有分支机构。中国联通主要经营固定通信业务，移动通信业务，国内、国际通信设施服务业务，卫星国际专线业务、数据通信业务、网络接入业务和各类电信增值业务，与通信信息业务相关的系统集成业务等。截至2016年年底，中国联通服务的用户总数达到4.1亿户，资产规模6159.1亿元，2016年全年实现主营业务收入2410亿元。

一、面向业务创新的能力共享开放生态系统建设背景

（一）实现企业战略转型的需要

随着移动互联网面向纵深发展，运营商面临着产业价值链更多更强大的竞争对手，传统的IT架构已经无法支撑现有业务的持续稳定发展，如何整合内外部资源，重拾移动通信时代价值的霸主地位，是摆在当前各家运营商面前的一个难题，电信运营商的转型已是大势所趋。面对空前严重的市场竞争和业务转型的需要，能力开放体系应运而生。它将企业网络、客户、渠道、数据等核心资源封装为能力提供给丰富的创新应用，打造标准化的、有序协同的、安全可控的数据共享与能力开放生态圈，支持“平台＋应用”模式，向各创新单元提供公司级的敏捷IT能力视图，助力实现企业平台化、平台开放化、开放能力化的未来转型，以前所未有的速度和大规模的综合服务，让各种看似不可能的任务成为现实。

（二）打通IT资源和能力壁垒，实现IT能力开放运营的需要

随着公司业务和IT复杂度进一步提升，传统封闭的IT架构和业务支撑模式难以适应互联网＋时代对业务的支撑和响应速度，IT部门极易成为生产瓶颈。为打破传统IT架构相对独立和封闭的壁垒，提升IT能力的经济价值，基于运营商的特色和优势，以资源开放共享为手段，建立有序、协同、规范的能力开放体系，突破传统IT“封闭支撑”模式的厚重和开放不足的问题，大大提高业务的敏捷性，降低公司运营成本，简化业务的支撑流程，提高IT生产能力，开拓行业创新互联与经济发展的通道。资源共享与能力开放体系建立全流程的标准体系规范，通过能力商店及能力平台，采用市场化的能力交易和结算机制，实现IT能力的全生命周期运营管理。

（三）实现通信产业合作共赢的需要

资源共享与能力开放体系致力于打造一个创新的合作共享平台，为大众创业、万众创新提供支撑手段，使各类创新主体间的联系更加紧密，实现通信产业内外的合作共赢，以“资源共建共享，客户服务提质”为主题，为业务创新及产业内各合作方提供高质量、高效率的服务。资源共享与能力开放体系转变传统的IT支撑模式，实现业务转型，激发各类IT应用产生，主要包括：整合企业内部IT基础能力，打破能力孤岛，实现企业IT能力一点看全、一点接入；打造新型流量经营模式，助力企业精准营销，提升用户感知；基于共享的IT基础能力，并结合各分、子公司现状，各创新单元快速响应市场需求，推出百花齐放的应用，为企业内外的创新单元提供生长的土壤；一点引入第三方IT能力，满足企业内部共性资源需求，减少重复建设、降低资源成本投入；输出基础IT能力，实现各类物联网应用的敏捷开发，简化业务流程，逐步实现万物互联。通过建设资源共享与能力开放生态体系，树立信息化建设示范标杆，为实现企业间的互联互通搭建桥梁。

二、面向业务创新的能力共享开放生态系统建设内涵和主要做法

中国联通基于系统能力的双向开放运营，有效承载内外部的各类 IT 能力，连接内外部 IT 能力消费者与 IT 能力提供者，支撑业务应用与功能开发，达到快速构建各类业务功能、敏捷响应业务需求的变化、支持业务创新的快速孵化上线的目标。建立全流程的标准体系规范，建立统一的能力目录、能力标准、安全标准、质量标准、授权机制，标准的能力接入和能力提供规范，联动的服务体系。针对企业总部信息化、分公司信息化内部能力进行梳理、汇聚，逐步标准化。通过建设能力商店实现标准化 IT 能力的一点展示、一点交易；通过能力平台实现 IT 能力的统一接入、统一调用。积极调研 IT 能力诉求，统筹规划 IT 能力视图，并引入 IT 能力生命周期管理体系，形成反馈闭环，不断提升优化 IT 能力。主要做法如下。

（一）建立全流程的标准体系规范

1. 建立 IT 能力标准规范体系

中国联通在能力开放与数据共享体系的搭建中，对 IT 能力进行企业内部的标准统一，规定 IT 能力的基本特征是承载一定业务功能的、可复用、相对稳定的一个或多个 API 组合，是用于支撑各类业务活动的公共要素或环节，是各类业务应用的“公约数”。通过制定 IT 能力标准体系规范，为企业内部包括分子公司、基地、各创新单元在能力开放共享领域提供技术指导、管理规范，促进能力开放领域规范化、标准化、可管可控，为企业创新发展保驾护航。

2. 分级管理、逐步推进 IT 能力标准化的实施进程

中国联通同时兼顾目前企业内部的业务、系统现状，采用分级管理、逐步推进的方式，逐步提升能力的规范性。按照 IT 能力的使用场景及重要性，分为以下三类：一是能力等级一，即现有成熟 IT 能力，目前已经在企业内部小范围开放，适用于过渡期支撑；二是能力等级二，即现有成熟 IT 能力，并在现有基础上进行二次开发，依照标准提供的标准 SDK 封装，适用于能力继承场景下的对内开放；三是能力等级三，即按照数据共享与能力开放平台的标准规范定义、开发的能力，适用于新建 IT 能力，对内、对外开放的场景。按照不同能力等级，能力规范的维度进行分级管理、逐步推进。

（二）构建数据共享与能力开放支撑体系

数据共享与开放平台体系的搭建可分为前台的能力的一点展示与在线交易平台，即能力商店、后台的能力集成与管控平台以及能力开放与共享平台两部分组成。能力商店与能力平台相互关联，协同合作。通过能力商店，解决全网能力的一点展示、一点交易；通过能力开放共享平台，解决全网能力的一点接入、一点使用。

1. 构建全网 IT 能力一点看全的能力商店

中国联通的能力商店，作为数据共享与能力开放体系中进行能力统一展示、一点交易、能力上架等流程透明化的载体，面向企业总部内部的各个业务单元，各个分子公司以及第三方合作业务厂家，提供企业 IT 信息化统一的能力呈现、搜索、申请、统计、结算等功能。对于众多拥有开发能力的业务单元来说，作为能力商店的能力使用方，可获得更加透明、标准化的平台能力支撑，通过“平台＋业务应用”的新的 IT 模式，最大程度发挥自身运营灵活性，实现自身能力复用、沉淀。

2. 构建全网 IT 能力一点接入的能力平台

数据共享与能力开放平台采用企业级互联网架构，改变企业内烟囱式的系统建设，通过服务化、去中心化、高可用以及数据化运营等手段，支撑传统业务面向互联网化的升级，达到 IT 与业务发展相适应的目标。能力开放平台功能主要包括服务接入模块、运营中心、协议适配中心、注册中心、运维中心。

数据共享与能力开放平台使用分布式服务框架提供开放、安全、高性能、高可靠性的服务调用框

架，同时提供统一的服务规则、统一的管理办法及统一的交互方法，为企业快速、灵活构建大规模分布式服务应用提供基础。

分布式服务框架具有连通性、健壮性、动态扩展等特点。分布式服务的注册中心、服务提供者、服务消费者三者之间均为长连接；注册中心通过长连接感知服务提供者的存在，服务提供者宕机，注册中心将立即推送事件通知消费者。

（三）实现IT能力全生命周期的能力运营

1. 统筹规划IT能力视图

实现IT能力全生命周期的能力运营，首先要把握好IT能力痛点、难点。中国联通基于能力诉求统筹规划IT能力视图。IT能力视图的规划通过业务视角梳理、价值导向牵引、能力众筹助力的思路进行开展，基于业务视角分级别分层次构建IT能力体系，匹配转型重点业务助力转型提速，通过能力众筹，促使多方参与积极挖掘现有能力，鼓励自主研发、自主创新。在此能力统筹规划的框架，各能力提供方可以在本领域垂直做深，更专注极致。

2. 实施IT能力全生命周期管理

为提供更好的服务，中国联通引入IT能力全生命周期管理体系，该体系的出发点是为IT能力输入输出服务提供完善、标准、科学的解决方案。

建立完整的IT能力运营体系，实现传统的分散运营向互联网化集中运营转变，与产业链合作伙伴开展广泛合作，为构建产业链生态圈提供基础保障，形成完整的运营体系。IT能力的运营与运维也是IT能力统筹规划的重要部分。数据共享与能力开放平台的IT能力运维模块实现统一的工单管理功能，面向运维团队开放进度查询、状态跟踪、超时预警、统计查询功能。按照能力质量标准和能力使用过程发现的问题进行能力评价，包括补充评价、星级评价、按版本号评价处理，并对评价结果进行分析，反馈给能力提供方，为IT能力的持续优化、升级提供推动力。总结运营中存在的问题，对运营团队、组织结构进行相应调整，进而达到运营体系与业务支撑相匹配。

（四）构建能力开放与共享平台服务保障体系

1. 建立规范化体系化的安全管理机制

安全机制是内、外部应用访问该平台的安全控制机制的汇总，主要包括接入认证、鉴权机制、数据安全、主机和网络安全等方面。接入认证对访问该平台的应用提供黑白名单的安全接入认证，拒绝黑名单内IP访问能力开放平台，通过防火墙，拒绝外部非法IP地址的访问，同时对接入该平台的应用ID及其数字证书进行身份的鉴别和认证。鉴权机制应用访问能力开放平台时对应用进行鉴权处理，对应用可访问的能力进行绑定维护管理。数据安全对涉及用户名口令、身份token、证件、银行卡、社保卡、住址、电话、信用卡信息等敏感信息一律加密传输及存储，传输数据使用错误探测和纠正技术，并做业务数据一致性校验，严防数据被篡改，同时定期进行数据备份、建立灾难恢复计划。主机和网络安全按照安全基线配置要求规范对主机进行配置，特别是不得存在弱口令，且关闭不必要开放的端口；对系统以及所安装的软件进行漏洞扫描及安全加固；必须通过防火墙等措施对进入内部网络的数据包进行扫描过滤，能够根据用户、IP地址、访问类型等方式进行访问规则设置，能够对常见的入侵行为进行检测并阻止。

2. 建立动态灵活的服务管控机制

为保障能力开放与共享平台的服务质量，中国联通制定服务管控机制，主要包括流量控制、优先级策略、配额控制等。流量控制，即当达到某时间段全部接口总调用次数阈值时，能力开放平台将进行应用级流量控制；当达到某时间段单服务总调用次数阈值时，能力开放平台将进行服务级流量控制。优先级策略，即能力运营方结合应用接入的需求，进行相关参数设置，控制服务调用的优先级。配额控制，即能力使用方进行能力订购时，设置此应用调用此能力的配额值，当达到或接近某时间段此能力调用次数配额阈值时，该平台将对应用进行告警或直接限制此能力的调用，应用方可在管理页面进行配额升级申请，向管理员申请更高的配额。

3. 建立全链条端到端的监控与告警机制

中国联通对能力开放平台进行 24 小时不间断监控，监控方式包括主动的平台监控告警和被动的平台监控及告警。该平台同时具备优化升级能力，通过对日常的使用和能力调用情况进行监控，并依据监控数据对能力效率和使用率进行有效评估，对效率低的应用组织力量进行优化提升，将使用频次低的服务进行整合。

（五）完善能力交易、价值变现机制，营造能力提供方和能力使用方相互促进的发展生态

该平台采用市场化的交易机制，面向中国联通企业内部、外部分别采取不同的结算方式，包括：内部虚拟结算，即能力价值量化，在结算周期内实现内部虚拟结算；对外实现收益，即按照计费规则在周期内结算，且按成本分摊落地。以企业外部作为能力提供方，由企业内部使用能力，对外付款为例。能力开放与共享与提供能力的外部能力提供方签署合同（框架协议），合同中应明确能力单价、计费规则、结算单周期等信息。能力开放与共享平台依据合同内容维护能力信息，包括能力单价、计费规则、对应合同编号，对应的能力提供方主体、付款账号信息等。能力开放与共享平台按照结算周期，根据使用量和计费规则，出具应付账单详单，并负责与能力提供方的对账工作。经过对账确认后的最终账单，可批量导入至报账系统中形成结算单，合同履行人进入报账系统中可通过一般付款审批流程批量付款。传递给报账的付款批信息应包括付款账号、付款主体方及合同信息。能力开放与共享平台计算内部成本分摊表，通过接口传递 ERP 核心的总账模块，进行相关的成本自动分摊。

三、面向业务创新的能力共享开放生态系统建设效果

（一）建立了集约化能力开放体系，降低了 IT 资源使用成本

能力开放平台对外统一服务协议，节约沟通成本、系统交互成本、重复开发成本。就相对能力使用者直接对接业务系统而言，能力生态体系的 IT 能力标准体系可有效避免因协议种类繁杂，带来的多次协议封装适配工作。使用能力开放平台使客户完全摆脱了对接不同系统时协议复杂、需多次适配的困扰，平均应用首次接入的工作量可由 14 人/日缩短为 5 人/日。以目前能力平台累计接入业务系统 42 个、累计订购能力 414 个计算，能力开放体系下，累计为各创新业务单元节约人力成本 3726 人/日，约 186 人/月，可节约开发成本约 465 万元。

（二）全面汇集了各领域能力，实现了 IT 能力透明化、扁平化

能力开放平台统筹能力规划，与各系统建设紧密结合。打破了能力开放平台建设的孤岛，打破了 N * M的网状调用关系网，建立有序、协同、规范的能力开放体系。拥有统一的能力规范、成熟度模型，全面提升能力价值。标准化的能力开放体系使能力可以被多个系统有相同业务需求的应用同时使用，扁平化直连节约沟通成本、系统交互成本、重复开发成本、运维成本，全面提升能力价值，有效避免了二次开发的资源浪费。据统计，能力共享池中已有 85 项能力被 1 到 17 个应用共享，平均单个能力开发成本为 7 人/日，以平均每项能力被复用 3 次计算，共节约可复用能力重复开发成本 1785 人/日，约 89 人/月，可节约开发成本约 222.5 万元。该平台自 2015 年 10 月上线起，逐步推进能力标准化，从以下三种途径实现全面汇聚联通各域能力。一是对新增业务需求进行分析提炼，将公共的 IT 能力诉求进行抽取，按照标准化能力规范进行能力建设，并沉淀至数据共享与能力开放的能力池中。二是已有各域公共业务能力按照规划逐步进行 IT 能力标准化并纳入能力资源池，现有的接口类平台进行统筹管理，对成熟能力进行聚合，非成熟能力进行升级。目前该能力商店已上架 450 项能力，共计 1403 个标准 API，全面汇聚营业侧、管理域、大数据域、电商域能力。IT 能力的业务场景覆盖基础业务、创新

业务、管理支撑、大数据、第三方业务五项业务大类，92个业务小类。在汇集信息化专业基础IT能力的前提下，平台能力展示已经形成了IT能力全视图，并呈现不同维度的能力视图，方便用户快速了解能力详情，有业务需求的用户可以直接在商城检索能力，直接应用能力，真正实现了能力全面开放、应用一点接入。目前平台已累计惠及智能语音导航系统、小沃科技、云提醒、落地开等百余个创新应用，实现资源共享。

（三）能力监管更加透明可靠，实现创新业务可持续运营

中国联通形成了一套完整的涵盖故障预警、问题定位跟踪、事件分析等方面的运维体系，有效保证平台稳定支撑现网业务，一旦出现问题，能够做到有法可解、有迹可循。依托于“1＋2＋3”的客户服务体系，使客户简单方便地反馈问题，运维人员在接到问题的第一时间即发起调用链分析，根据业务流水查询交易日志，分析应用接入数据、下游系统响应时长等，实现1小时内100％定位问题，100％解决问题。截至2017年4月，能力开放平台各接入应用累计订购接口数414个，平均接口调用成功率在95％以上。数据和能力覆盖联通全网4亿用户，包括全网客户信息、渠道信息和数据信息。实现了高性能可扩展，并发业务量可达2万笔/秒，业务处理平均响应时间小于30毫秒。实现了集群无扩展节点数限制，实现在不停止业务的情况下，近100％的能力线性扩展。

（四）促进了生态体系内的资源共享，实现了跨界互利共赢

中国联通致力于搭建一个“IT能力”和“创新应用”之间的桥梁，用市场化机制构筑一个繁荣生态体系，使内部能力价值变现、外部能力参与生态圈建设获得收益。一方面，推动运营商内部IT转型升级，构建“平台＋应用”模式，转变传统信息化支撑方式，促进分公司、业务部门、创新业务单元向“业务、IT一体化”转型，激发内部生产动力，打造百花齐放应用。另一方面，助力互联网＋战略，把运营商的客户、渠道、网络等资源优势，通过能力共享开放生态体系形成一个整合的能力视图，将自身能力资源开放赋予市场，与各行业结合成为“赋能者”，促进跨界繁荣，最终实现应用、平台、能力三者互利共赢。主要成效包括：打造了新型流量经营模式，促进了业务转型创新，提升了用户感知；助力了小沃科技搭建“移动支付风控管理体系”，有效防范了全网移动支付安全隐患；营造了企业内部员工创新创业环境，保驾创新孵化项目“沃创客”取得成功。

（成果创造人：孙世臻、陈淑平、刘海舟、常　培、冯天洋、
陶　元、何　璇、刘啸原、王立峰、孙　艺、李　焱）

煤炭企业基于资源整合的工矿游景区建设

河南大有能源股份有限公司新安煤矿

河南大有能源股份有限公司新安煤矿（以下简称新安煤矿）是河南大有能源股份有限公司主力生产矿井，矿区位于河南省洛阳市新安县境内，东距洛阳 46 千米，西距义煤总部所在地义马市 35 千米。井田面积 53.6 平方千米，矿区面积 135.61 平方米。目前矿井保有储量为 2.1 亿吨，可采储量 1.3 亿吨，现核定生产能力为 180 万吨/年，剩余服务年限 50 年以上主要开采煤层为石炭二迭系山西组二 1 煤，远销江西、贵州、湖北、安徽等十几个省市。全矿共有六个采区，现有人员 4283 人，内部机构 38 个。

一、煤炭企业基于资源整合的工矿游景区建设背景

（一）加快煤矿环境综合治理，改变矿区环境面貌的迫切需要

新安煤矿建设初期，受当时“先生产，后生活”等建设理念和环境保护意识薄弱的影响，矿区地面基础设施建设标准低、起点低，同时，煤炭开采对地面环境造成“黑、脏、乱、差”，与新时代大型现代化矿井建设目标差距较大，与时代发展和生态文明建设严重脱节。党的十八明确要求，要大力推进生态文明建设，要坚持节约资源和保护环境的基本国策，坚持节约优先、保护优先、自然恢复为主的方针，着力推进绿色发展、循环发展、低碳发展，形成节约资源和保护环境的空间格局、产业结构、生产方式、生活方式，从源头上扭转生态环境恶化趋势。近年来，随着人们对物质文明和精神文明生活追求的不断攀升，“体面劳动、幸福生活”是时代的需要，更是职工的心声和向往，特别是新生代矿工对工作条件和生活环境有了更高的要求。新安煤矿只有尽快改变企业环境面貌，才能吸引人才、凝聚人心、稳定职工队伍。

（二）培育新兴产业、确保煤矿企业可持续发展的迫切需要

随着国家大力推进风能、水能、核能等清洁能源建设，新兴产业对传统低效率、高耗能等资源型企业带来的冲击越来越大。仅靠煤炭资源开采支撑企业发展的道路越走越窄，解决产品单一这一制约企业可持续发展的瓶颈问题已势在必行。新安煤矿紧跟国家转变经济增长方式、建设美丽中国的“风向标”，在巩固煤炭主业的同时，令煤炭工业生产和旅游事业相结合，积极探索矿山地质环境恢复和综合治理与旅游开发产业的融合发展，建设有生工矿游景区，为企业培育新兴产业，确保煤矿企业实现可持续发展。

（三）当地政府“旅游富民”政策为企业发展“工矿游”提供了机遇

洛阳市“旅游福民强市”发展战略明确指出，要加快旅游产品结构调整，推动旅游产业与其他产业相互融合，着力培育旅游新兴业态，全面优化旅游消费环境，实现旅游业持续较快发展。新安县实施“旅游富民”发展战略，提出要按照“块状发展、集聚融合”的发展思路，坚持旅游产业与农业、工业、城镇建设、文物遗迹保护、山水景观的“六结合”，用旅游来融合一产、二产和三产，整合全县旅游资源，打造“美丽新安”“全域景区”。当地政府的“旅游富民”政策给新安煤矿发展工业旅游带来了政策机遇。同时，新安煤矿独特的区位优势、特殊的地形地貌、丰富的矿业遗迹、深厚的文化底蕴、完整的生产流程，更是给发展工业旅游提供了有利条件。

二、煤炭企业基于资源整合的工矿游景区建设内涵和主要做法

新安煤矿以“创新、协调、绿色、开放、共享”的新发展理念为统领，以实现煤矿企业“生产、生活、生态”融合发展为前提，以培育新兴产业、实现多元化发展为目标，通过全面整合企业、员工、社会、市场和政府等多方资源，加快推进“工矿游”景区建设，提升工矿游服务品质，探索出一条以“地

下带地上，黑色转绿色，煤炭促旅游”的融合式发展道路。主要做法如下。

（一）制定工矿游发展总体规划

1. 发展思路

为发展工矿游，新安煤矿从政府政策支持、旅游资源禀赋条件、交通区位优势等方面进行了科学论证和调研分析。

一是在地方政府政策措施方面。近年来，河南省制定旅游规划发展，明确旅游发展战略和思路。洛阳市提出以建设国际文化旅游名城为主线，以项目建设为抓手，以品牌打造为核心，持续抓好旅游产业转型升级和综合素质提升，加快旅游产品结构调整，推动旅游产业与其他产业相互融合，着力培育旅游新兴业态，全面优化旅游消费环境，实现旅游业持续较快发展的“旅游福民强市”发展战略。新安县也高度重视旅游业发展，全力打造“全域旅游”，强力推进旅游业的五个融合。新安煤矿的有生工矿游正被列为新安县打造五大旅游板块的重要窗口。

二是在地理位置和交通条件方面。工矿游景区位于河南省洛阳市新安县境内，东距九朝古都洛阳46千米，西距义煤总部所在地义马市35千米，连霍高速、310国道、陇海铁路、郑西高铁从矿区南部并行穿过，交通便利、区位优势明显。另外，附近拥有“马陵之战”古战场、黛眉山世界地质公园、黄帝密都青要山、黄帝故居始祖山、黄河新安万山湖、黄河绝版奇石山庄、荆紫仙山、汉函谷关、千唐志斋、龙潭大峡谷等众多景区，容易形成协同发展效应，客源市场潜力巨大。

三是矿区具有较好的旅游资源条件。在新安县1160平方千米的土地上，可供游览面积达到550平方千米。境内自然风光秀美、文化积淀深厚，旅游资源丰富，特别是小浪底水库蓄水后形成的168平方千米的广阔水面，占整个小浪底水库面积60%左右，整体形成了以山为骨、以水为魂、以文化为脉的旅游格局。与县域地貌相似，新安煤矿有着特殊的地形地貌，南低北高、三沟加两岭、坡度大、山谷长，矿井水资源尤其丰富（自然涌水量每小时850立方米），矿区分布错落有致，层次分明，生产和生活区域既彼此独立又相互连通，布局规范合理相得益彰。矿区内不仅拥有美丽的人文景观，而且还有丰富的矿业遗迹，文化底蕴积淀深厚，集中了现代矿井、地貌、水域、建筑等多种类型的风景资源，适宜开展综合性的旅游活动。

基于上述论证分析，新安煤矿充分借鉴澳大利亚的巴拉腊特（BALLARAT）金矿工业游、德国奔驰博物馆工业游和湖南宝山国家矿山公园矿山游等国内外知名工业游的成功经验，果断提出在加强巩固煤炭主业的同时，建设“生态型矿区、文化型矿井、旅游型矿山”的发展思路，将旅游作为三产龙头来定位，当成新兴产业来培育，确立了“党委统揽、企业主体、市场运作、社会参与”的工作总思路，举全矿之力、聚全矿之智开发建设有生工矿游景区。

2. 规划设计

2016年，为对有生工矿游景区进行长远规划和持续开发，新安煤矿委托郑州信和嘉程建筑有限公司对有生工矿游景区进行了总体规划设计。景区项目共分近、中、远三个建设时段。近期规划（2016—2020年）——核心区重点项目建设运营期。优先开发和完善煤矿井下体验区、现代煤矿生产区、地质保护科普区、徽派建筑风貌区四个区的旅游设施和设备，率先形成接待能力，正确处理煤炭生产与景区合理开发的关系，高起点规划、高标准建设、高水平管理，保证生产的前提下，分步开发，使矿区成为旅游项目体系中的一个重要组成部分，实现经济、社会、生态效益的有机统一，促进旅游产业开发与自然资源利用的有序进行。中期规划（2021—2025年）——外围区重点项目建设运营期。远期规划（2026—2030年）——全面启动纵深发展期。

3. 组建运营管理团队

新安煤矿通过内部层层选拔，组建了一支年轻、精干的有生工矿游景区运营管理团队，专门负责景区的管理、服务与运营工作。结合景区的实际，借鉴现代企业管理理念，制定和完善了集人文精神、组织制度、行为准则、激励措施四位一体的《洛阳有生工矿游景区员工手册》，补充完善了《洛阳有生工矿游景区安全救护制度》《客运、物运车辆安全管理制度》《员工绩效考核制度》《干部岗位责任制度》等30余项以岗位责任为核心的科学化、规范化规章制度。坚持先培训后上岗，根据员工综合素质确定工作岗位的原则，先后举办二十多期培训班，使员工的服务意识、服务能力、服务质量得到了全面的提高。

（二）实施环境综合治理，建设美丽矿区家园

1. 强化环境管理与监控

新安煤矿成立了环保工作领导小组，矿长为第一责任人，并由一名副矿长分管，设置环保专职管理机构，安排环保专业人员从事专职环境管理工作。制定了《新安煤矿环境保护管理办法》《新安煤矿环保设施运行管理办法》《新安煤矿环境保护考核办法》《新安煤矿环境突发应急预案》等一系列管理制度，做到有章可循、有据可依，职责明确。同时，委托新安县环境监测站负责新安煤矿的日常监测工作，确保做到达标排放。

2. 开展矸石山综合治理

2008年，投资80余万元在矸石堆场建设了现代化的喷淋降尘系统，可以实现360度旋转喷雾，既能够抑制矸石山扬尘的产生，又可以防止矸石自燃；同年，投资100余万元，在矸石山东边界建成了高3米～5米、长250米的挡矸墙，以防止矸石山发生垮塌和塌陷；2016年，投资30余万元，对矸石山喷淋降尘系统进行了升级优化，延伸了管路，增加了喷头，覆盖所有绿化及稳定区域，做到了抑尘、绿化和防火“齐头并进”，同时在稳定区域大量栽种槐树、柳树、榆树、黑麦草等绿化植被，对坡面不容易栽种的区域使用绿色防尘网进行覆盖，进行了精心绿化和治理。2013年以来，在矸石山栽种各类苗木5600多棵，播撒草籽面积近2万平方米，覆盖防风抑尘网2万多平方米，对防治矸石滑塌和扬尘的产生，起到了重要作用。

3. 开展矿区、储煤场扬尘治理

为抑制储煤场扬尘，保护周边环境，新安煤矿共投入340余万元，建设了围绕储煤场四周的高10米、长741米的防风抑尘网，实现了储煤场的封闭管理。并对储煤场原有的喷淋降尘装置进行了全面检修，将喷头数量由6个增加到8个，确保了覆盖整个储煤区域，进一步抑制储煤场扬尘的产生，保证了周边环境的整洁。利用丰富的矿井水资源，建成了覆盖全矿区的喷淋降尘装置。一是可以对工业广场路面、矿区道路进行喷淋降尘，抑制扬尘产生；二是夏季通过喷淋洒水可以大幅度降低气温，营造舒适环境；三是可以为矿区植被提供灌溉，确保植被的繁茂。同时，利用洒水车不定时对矿区道路进行洒水，两种降尘措施相辅相成，不仅抑制了矿区道路及工业广场扬尘的产生，还美化了环境。

4. 构建低碳循环体系

一是矿井水循环利用。为进一步提高矿井水处理效果，加大矿井水复用率，新安煤矿投入专项资金342万元，建设了两套处理能力分别为每小时460立方米和每小时400立方米的矿井水处理站。经监测，外排水质达到了《煤炭工业污染物排放标准》中化学需氧量小于50毫克每升，悬浮物小于50毫克每升的排放标准。经处理后的矿井水主要利用途径：第一种是储煤场喷淋降尘；第二种是为矿区内五条人工河及景观水系所用；第三种是矸石山绿化降尘；第四种是矿区和景区绿化；第五种是附近农田灌溉。

二是矿井余热利用。2017年，投资394万元，利用总装机容量1410千瓦的4台空压机，实施热能回收，循环利用，每天通过热能回收，产生热水600吨，水温42℃，可满足全矿职工在春、夏、秋三季洗浴专用。既实现了热能的循环利用，节约能耗，又为环保管控提供了新的可行模式。

三是燃气锅炉取代煤锅炉。新安煤矿管理层提前谋划，组织各专业技术人员对燃气锅炉进行摸底，并依据目前环保管理的严肃性与紧迫感，适时与当地政府、环保主管部门进行接洽，对新安煤矿采暖期供暖、冬季职工洗浴做出安排。2017 年投资约 500 万元的 2 台 10 吨和 1 台 6 吨燃气锅炉投入使用。

5. 打造生态宜居矿区

新安煤矿按照“生态自然、绿化经济、江南风格、低碳宜居”的工作思路，以清洁生产、绿色发展为根本，秉承河南能源“用心做事、追求卓越”的核心价值观，举全矿之力开展矿区环境建设。一是对使用三十余年的生活垃圾场进行覆土改造，合理规划布置，种植猕猴桃、蓝莓、山楂、樱桃、石榴、柿子等近二十余种果树，变卫生死角为百果绿洲，既起到绿化、美化矿区的效果，又可以使员工享受收获劳动成果的喜悦。二是充分利用棚户区拆迁后的空地和闲置护坡，新建了牡丹苑，共引进 9 大色系 48 个品种的国色牡丹来装扮矿山，提升矿区品位，使职工家属不用到洛阳就能赏国色雍容、品雅趣天香。三是地面环境卫生和矿区绿化实行责任区域量化分解，全员参与，分片包干，责任到科（队），并制定地面清扫保洁质量标准，消除“死角”现象，对重点地段、人员聚集场所加大清扫保洁力度，设置专人进行不间断保洁，做到日清日洁。同时，配齐、配全清扫、运输必备设施，完善楼宇、道路、清运等各岗位工作流程图，实行环境卫生定区域、定人员、定职责、定时间、定标准的“五定”管理方法，实施日常卫生常态化检查，使保洁工作制度化、标准化和规范化。先后下发《新安煤矿环境卫生管理办法》《矿区文明公约》《矿区卫生督查考核标准》等管理办法，加大矿区环境卫生的管理力度；矿区文明督查小分队不间断巡查，定期开展“讲文明、讲礼仪、重实践、树形象”活动，教育全体职工家属从自身做起，及时发现和制止不文明行为，时刻保持矿区文明、有序、整洁、规范的对外形象。

（三）建设完善旅游景点和接待服务设施，提升矿区旅游品质和服务水平

1. 打造核心矿区景点

为实现矿井废旧资源再利用，新安煤矿聚全矿之智，利用业余时间组织职工开发创造，先后建成具有地质科普意义的地质游园、数理矿山、雅丹地貌、冰川地貌、丹霞地貌和喀斯特地貌等地质地貌群景区。同时，还按照矿区不同区域的特点，打造了弟子规文化墙、兰亭古韵文化墙、十二生肖广场、百家姓文化广场、徽居建筑群、孝老爱亲街、仿古门楼牌坊街、道德经文化墙、历史浮雕墙、鼎文化墙、河洛图书摩崖石刻、千米休闲长廊、五十六个民族图腾浮雕、八角玲珑塔、丽江苑等为代表的特色人文景观，特别是在地质游园北端，利用待报废的综采设备和综掘设备等，建造再现井下作业的“煤矿作业实操现场”。其中，割煤机、刮板输送机、转载机、液压柱、液压支架、变压器、瓦斯监测传感器、通信电话、照明灯具等设备一应俱全，真实再现了现代化煤矿的井下作业场景。

几年来，建成了一系列美丽的人文景观，如“一流人间瀑布”“日月潭”“双龙湖”“七彩莲池”“荷花池”“珍禽园”“牡丹苑”“樱桃沟”“百花苑”等，整个矿区形成了四季常绿、三季有花、处处有水的北国江南景象，给人以“进矿区，置水乡，观园林，雨潇湘”的绝妙享受，实现了生产、生活、生态的协调发展。目前，整个矿区绿化面积已达 47 万平方米，绿化覆盖率达到 85%以上，人均绿化面积达 110 平方米，刷新了矿区的环境面貌，改善了职工生活和工作条件，激发了活力，凝聚了人心，增添了人气，实现了“井下文明生产、井上文明生活”。

2. 完善景区硬件设施

高标准修建游客服务中心，完善游客接待中心功能，设置景区导游电子触摸屏、LED 室外电子影屏、导游岗位窗、旅游咨询台、商品购物等设施；规范设置了导游全景图、导览图、景物介绍牌、公共信息图形符号等 300 多个，分别用中、日、英三种文字标识；在合理位置设置了足量的游客休息设施和观景设施，为游客提供了舒适的休憩环境。在净化工程上，投入资金对旅游厕所进行了改造和建设，使旅游厕所达到三星及三星级以上等级规范要求。此外，在景区沿线设立旅游专用交通引导标识，按照生

态化停车场的标准，科学设置停车分区、回车线和出入口，完成景区内停车场规范化和特色化建设，各项工作实现了规范、达标的要求。

3. 加强景区服务管理

加强环境卫生管理，使矿区无乱堆、乱放、乱搭、乱建、乱吐、乱丢等现象；加大公共绿地养护管理力度，加大道路、街道清扫保洁力度，努力达到“七净六无”水平。不断加强对导游工作人员的培训力度，提高导游的服务水平和服务意识，定期开设导游员培训班，聘请各方面的精英讲授经济、历史、地理、语言、文学艺术、救护等知识，必须通过考试后方可上岗工作；制定严格的培训规则和方案，以培养出专业的导游人员。提高导游的服务意识，使其具备良好的服务能力和水平。

4. 提升矿区职工整体素质

新安煤矿矿区与有生工矿游景区相互交织、互为一体、高度融合、不可分割，全矿职工家属的行为举止与文明程度不仅体现了新安煤矿的精神面貌，还折射出工矿游景区的整体形象。因此，新安煤矿尤其注重对全矿职工及家属整体素质的培养，探索出“以德治矿、注重引领、彰显特色、提升素质”的理念，建立了矿井管理与景区管理相配套的道德规范体系，制定以准军事化训练、推广普通话、文明用语及“两述两化”为主要内容的员工行为规范，充分利用矿区内部电视、广播、报纸、文化栏、微信、OA 办公网和发放《企业文化手册》《职工家属行为规范手册》等形式，开展广泛的宣传教育，使每一名职工家属都能够自觉做到爱护家园、保护环境，树立文明新风尚，争做文明好矿工，实现矿区和景区的“生产、生活、生态”融合、协调发展。

（四）挖掘煤文化历史价值和旅游价值，提升矿区文化内涵

1. 全方位展示煤文化内涵

长期以来，煤矿给人的印象始终是脏、乱、差，安全无保障，人们对煤文化和煤矿安全文化知之甚少。景区从丰富而博大的煤矿文化家族中选取恰如其分的素材，主要包括煤文化和煤矿安全文化两个层面。“煤矿作业实操现场”通过艺术处理，以煤矿井下探秘游的方式将煤的形成、原始开采到现代化开采方式的沿革加以全方位的展示，使参观者了解煤的科普知识和煤矿井下作业的整个过程。通过对巷道内设置大型矿难综合防治区、冒顶事故防治区、透水事故防治区、瓦斯爆炸防治区四个区域的布置，让游客亲身感受到煤矿巷顶悬煤、天崩地裂、矿石倾泻、水漫巷道、一触即发（瓦斯爆炸）的危情时刻，并配合以特殊灯光、感应式音响及喷头等，营造出处处惊险、步步刺激的矿井迷宫，让游客了解大自然的奥秘和深不可测，以及人类在征服大自然的过程中所生发的智慧和勇气。有生工矿游景区的建设，体现了煤矿文化的时代特征，展示了煤矿文化的文脉强音。

2. 打造煤矿安全生产实习培训基地

有生工矿游景区内建成的“煤矿作业实操现场”的“巷道”内，形成了完整的联络巷、掘进工作面、采煤工作面和防治水工程、防突工程、通风工程等模拟生产作业面；形成了完善的安全监测监控系统、压风自救系统、供水施救系统、人员定位系统、矿井通信系统、紧急避险系统六大系统，割煤机、刮板输送机、转载机、液压柱、液压支架、变压器、瓦斯监测传感器、通信电话、照明灯具等设备一应俱全，真实再现了现代化煤矿的井下作业现场。不但成为河南能源集团内部的煤矿安全生产实习培训和技术比武实操基地，还承接了国内多所大中专院校煤矿专业毕业生的实习培训任务。在加强生产（工艺）技术实操培训的同时，也特别注重煤矿安全知识的培训，从煤矿自然灾害的形成、预兆到灾害预防和治理，从发生煤矿安全事故时的躲避、撤离、求救到发生事故后的营救，从安全理论的学习到对职工安全文化理念的灌输、安全事故的警示、安全意识的培养、安全亲情教育等，实现了对职工全方位、系统化的安全培训，杜绝了安全事故的发生。

3. 建立中华传统文化科普教育基地

有生工矿游景区内建成了以“地质游园”“雅丹地貌”“冰川地貌”“丹霞地貌”“喀斯特地貌”为代表的地质地貌保护科普区；以“上下五千年历史浮雕”“鼎文化长廊”“五十六个民族图腾浮雕”“十二生肖广场”“百家姓文化广场”为代表的历史和民族文化展示区；以“道德经文化墙”“孝老爱亲”“新二十四孝图解”“弟子规文化墙”等为代表的传统道德文化传承弘扬教育区；以“丽江苑”“徽式建筑”为代表的特色建筑风貌区，生动展示了中华民族传统文化和优秀历史文化遗迹，不仅成为全矿职工科普知识和道德教育场所，还成为中小学生的科普教育基地。多年来，免费接待中小学生参观、学习和培训共计 1000 余场（次），充分体现了一个老国有企业的社会担当。

4. 开发旅游纪念品

与一家玩具厂开展合作，开发旅游纪念品。主要包括矿灯、矿帽、矿用胶鞋、工作服等劳动保护用品，还包括仿造矿用设备制作了一些儿童塑料玩具，如割煤机、刮板输送机、转载机、液压柱、液压支架、变压器、瓦斯监测传感器、通信电话、照明灯具等，不断延伸旅游消费链条。

5. 加强矿区旅游品牌宣传推广

坚持“形象就是品牌，外宣也是资产”的理念，加大对矿区旅游景区的宣传力度。既通过《中国煤炭报》《中国能源报》《河南经济报》、河南煤炭杂志等传统媒体以登载专题文章的形式进行宣传，又通过网络、微博、微信等新媒体进行推广；既加强线上广告宣传又采取线下举办旅游节、参加旅游推介会等形式进行全方位、多层次、宽领域的营销宣传战略，扩大有生工矿游的品牌影响力。让“参观一个煤矿，知道工作的珍贵”“当一次矿工，无悔一生”深入人心，提高了景区的知名度和美誉度。

（五）主动融入地方，发挥区域旅游协同发展效应

1. 积极争取地方政策支持

洛阳有生工矿游景区的建设和提升得到了洛阳市委、市政府和新安县委、县政府的高度关注和支持，在相关政府部门的大力支持下，洛阳有生工矿游景区建设得到了快速发展，步入正常发展轨道，相继被列入《新安县旅游十三五发展规划》和《洛阳市旅游十三五发展规划》；多年来，政府相关部门的政策支持接连出台并充分得到落实：一是 2015 年《关于有生工矿游景区占用的城镇土地使用税减免申请》获得新安县地方税务局批复，自 2016 年起每年为新安煤矿减免城镇土地使用税 200 余万元，主要用于景区的不断提升与发展建设；二是 2016 年为提升矿区和景区道路，新安县政府出资 380 余万元对景区主干道进行了整修扩建；三是新安县体育局为景区内更换了全新的体育用品和健身器材，配建了高标准的篮球场地。

2. 发挥区域旅游协同效应

“十二五”以来，新安县快速发展的旅游业给有生工矿游带来了发展机遇，有生工矿游与其他旅游景区很快形成了战略同盟，形成协同发展效应。2013 年 3 月，洛阳有生工矿游景区开园揭牌，成功加入洛阳市旅游年票，景区知名度和游客量成倍上升。2016 年，新安县旅游局牵头组织龙潭大峡谷、洛阳有生工矿游景区、黛眉山地质公园、千唐志斋博物馆等五家景区和新安宾馆、康萌大酒店、黛眉行宫等五家星级酒店组成一体化营销战略模式，旅游协同发展优势得以有效发挥；同年，洛阳有生旅游有限公司通过公平竞争，最终与新安县旅游局成功签约，获得了新安县游客中心经营管理权，成为对外宣传、推介、提升有生工矿游景区品牌的重要平台。

三、煤炭企业基于资源整合的工矿游景区建设效果

（一）有生工矿游景区建设取得明显效果

2012 年 11 月，有生工矿游景区被河南省旅游局命名为 3A 级旅游景区，成为河南省唯一一家工矿游景区。同年，新安煤矿荣获“中国最美矿山”荣誉称号。矿区绿化总面积约为 47 万余平方米，绿化

覆盖率接近85%，人均绿地面积达110平方米，整个矿区达到了“点上绿化成景、线上绿化成荫、面上绿化成林、环上绿化成带，点、线、面、环相衔接”的综合绿化效果。多年来，新安煤矿相继荣获了全国煤炭系统建设和谐社区先进单位、中国低碳文化建设先进单位、河南省文明单位、河南省园林单位等荣誉称号，提升了企业的知名度，得到了河南省各级政府的认可和支持。

（二）实现了煤炭生产与工矿区旅游的协调融合发展

有生工矿游景区实施以来，新安煤矿主、副产业利用互补优势，实现了协调融合发展。2012年，煤炭销售收入8.4亿元，内部考核利润2.8亿元。2013年，煤炭产量创造189万吨的历史最高纪录。2014年，在国内煤炭企业受到国际金融危机和国内经济下行的双重影响，全行业普遍亏损的情况下，新安煤矿仍实现原煤生产170万吨，煤炭销售收入6.08亿元，实现内部考核利润1.02亿元。2015年以来，在全国煤炭企业持续亏损的情况下，有生工矿游景区利用自身优势，得到了快速发展，游客接待量逐年增长，成为新安煤矿煤炭主业的有益补充。

（三）有力促进了企业改革和矿区的和谐稳定

在河南省全面落实推进“三去一降一补”供给侧结构性改革，全面深化省属国有企业和“三钢一煤”改革的攻坚时期，新安煤矿在全面完成“三供一业”改造、剥离企业办社会职能和离退休职工移交地方的工作任务中，以独特的区位优势被上级主管部门定为独立矿区，获新安县政府批准，成立了“新融社区居民委员会”。有生工矿游景区分流安置煤炭主业职工300多人，为煤炭主业减轻了负担，全员工效等指标得到了提升。矿区职工的工作和生活环境得到了极大改善，彻底颠覆了以往公众对煤矿“黑、脏、乱、差”的印象，体现了企业对职工的人文关怀，使煤矿职工也能做到“快乐工作、体面生活”，职工的自豪感、集体荣誉感和凝聚力得到了提升，幸福指数和获得感倍增。

（成果创造人：李书文、刘建中、郭　栋、姚红军、席战伟、郭　晓、杨伟锋、张正义、杨宏伟、田彦伟、张陆化、刘　昱）

民营企业“纵横双向”战略的决策与实施

浙江荣盛控股集团有限公司

浙江荣盛控股集团有限公司（以下简称荣盛）成立于1989年，是一家以石化、聚酯、纺丝、加弹为主业，煤化工、房地产、物流、创投等为辅业的现代企业集团。荣盛规模位居全国同行业前列，在全球范围内拥有3家上市公司，30多家子公司，总资产超700亿元。2016年销售额超860亿元，2017年在中国企业500强中排名第176位，在中国民营企业500强中排名第34位，在中国石油和化工企业500强中排名第11位。

一、民营企业“纵横双向”战略的决策与实施背景

（一）紧跟国家政策，抢抓构建绿色石化产业链机遇的需要

2009—2014年，国务院及其部委先后发布了《石化产业调整和振兴规划》《国家能源局关于鼓励和引导民间资本进一步扩大能源领域投资的实施意见》《能源发展战略行动计划》等文件，通过推进能源体制改革、放开竞争性业务，鼓励有实力的民营企业进入能源开发领域公平竞争并参与国有石油化工企业的重组和改造，形成上下游一体化发展，促进石化行业全方位稳定发展。2013年，国务院先后取消或下放了多项石油、化工、环保行政审批事项，为民营企业进入石化行业提供了政策便利，进一步推动了民营石化产业的发展。2015年起，作为上述政策的回应，中国逐步放开了进口原油使用权和原油进口权。在诸多国家产业政策的引导下，荣盛积极响应我国石化产业布局的需要，紧紧抓住发展机遇，于2015年6月注册成立浙江石油化工有限公司（舟山每年4000万吨的炼化一体化项目），推进荣盛产业链绿色健康发展。

（二）打破产业垄断，争夺原料定价权的需要

中国虽是纺织大国，但从二十世纪末的聚酯、二十一世纪初的精对苯二甲酸（PTA），到当前的芳烃（根据中国化学纤维工业协会《2016年中国化纤行业运行分析与2017年运行预测报告》，2016年进口达1400万吨，占比56%）及其原料，化纤纺织产业的上游原料始终被国外化工企业垄断，导致国内化纤纺织产业的发展步履维艰。对上游原料的高度进口依赖使得国内企业缺失定价权，不仅影响到企业的盈利水平，同时也关系到我国产业在国际上的竞争地位。延伸产业链可以使荣盛逐步掌握上游资源，争夺国际定价权，从而解决原料供应难题，打破“任人宰割”的困局，同时促进国内产业链平稳健康发展。

（三）应对行业竞争，实现企业转型升级的需要

在国内同行业的大型企业中，恒力集团、盛虹集团、恒逸集团、桐昆集团、新凤鸣集团等均已形成了聚酯、纺丝、加弹三道流程组成的“一体化”生产和销售格局，行业出现了产能过剩、产品同质化等问题，形成激烈的竞争态势。对此，荣盛应当抢夺先机进军国内供应不足的原料领域，通过产业链延伸，上下游相互配套，形成原油—燃料油、石脑油—芳烃—精对苯二甲酸—聚酯—纺丝—加弹的全产业链竞争格局，同时以“大质量”为理念，整合现有生产经营模式，研发新产品提升差异化水平，以稳中求进的良好发展态势积极提质增效、转型升级，从而实现跻身世界500强企业的“十三五”目标。

二、民营企业“纵横双向”战略的决策与实施内涵和主要做法

荣盛充分借助国家各项政策支持，牢牢抓住供给侧结构性改革主线，围绕“巩固、突出和提升主营业务竞争能力”的战略方针，以项目建设和质量、效益工作为抓手，以创新工作为保障，通过纵向继续

向产业链上游延伸和拓展，横向不断加快现有产业的科研创新力度、提升企业发展规格，同时将制度文化建设、信息化建设和绩效考核体系建设作为有力支撑，以“质量”“效益”“成本”为控制指标，加快推进结构调整、完善产业链条，以此带动集团实现跨越式发展，逐步构建石化航母级企业，为中国石油化工行业的绿色可持续发展做出应有的贡献。主要做法如下。

（一）明确集团发展定位，制定战略规划和阶段目标

1. 紧抓市场脉搏，明确发展定位

荣盛坚持走“高投入、高产出”之路，以市场为导向，在明确的经营目标和管理目标指导下，以主业为重心，集中资源和精力，基于积累的成熟经营理念和经验，加大结构调整和技改投入，积极引进国际先进设备、扩大产能，获得持续发展动力。坚持以科学发展观为指导，不断积极主动地探索产业的价值增长点，致力打通绿色石化产业链，构建纵深产业配套的民营石化航母级企业。

2. 剖析行业环境，制定战略规划

经过近三十年的快速发展，中国石油化工行业已从高速增长的发展阶段进入中高速增长的新常态，总体表现出集约化、规模化、一体化水平偏低，高端石化产品发展滞后等特征，产能过剩与部分产品供应不足同时存在，产业链部分环节供应缺口较大。根据行业性质，原料资源为石化行业的关键成功因素，向上游走意味着在原料领域更有主动权和话语权。中国石化产业当前正在从过去的不均衡发展转变为均衡发展，拥有全产业链竞争优势的企业将率先从产业格局均衡发展中受益。根据行业态势及荣盛发展现状，2003 年在荣盛已形成聚酯和纺丝、加弹配套产业链的情况下，董事长主持召开总裁办公会议，会议一致决定将“纵向”往上游发展正式确立为荣盛转型时期的战略选择，荣盛产业开始真正延伸至石化领域（如图 1 所示）。

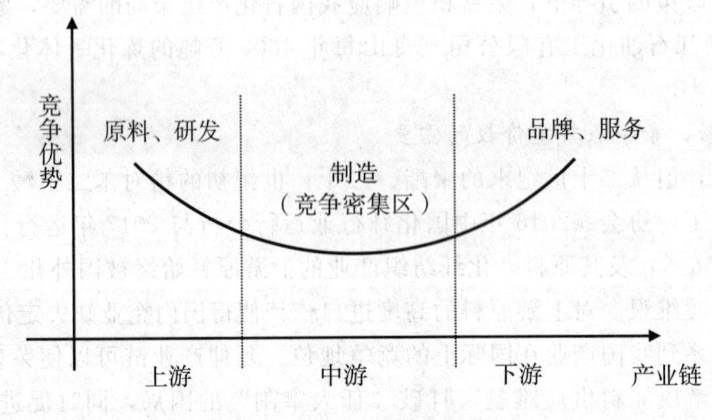

图 1　石化行业微笑曲线

化纤产业方面，化纤多数产品出现了产能过剩等问题，市场需求呈现出差异化、功能化趋势，通过创新激活需求的重要性显著上升，市场竞争从数量扩张和价格竞争向质量型、差异化为主的竞争转变。在纵向延伸产业链的同时，荣盛决定逐步整合现有的生产经营模式，提升自身科研技术能力，以供给侧结构性改革为导向研发差异化、功能化产品，淘汰落后产能，兼以“横向”发展提升企业核心竞争力。

3. 聚焦发展战略，制定阶段目标

荣盛紧跟国家和行业的五年发展规划，以“纵横双向”战略为黄金准则，坚持创新发展、绿色发展的理念，分别制定集团“十二五”“十三五”阶段目标。

荣盛“十二五”的总体经营目标是实现产销 800 亿元，利税 100 亿元。在纵向上，荣盛将进一步扩大 PTA 等上游产业的规模，以此来巩固和延伸现有的产业链优势，重点有浙江逸盛石化四期、大连逸盛石化二期、海南逸盛石化三大 PTA 项目和宁波中金石化芳烃项目等；在横向上，荣盛将加快现有产

能的转型升级，在聚酯涤纶基础上，研发差别化、功能化产品，逐步提升产品质量和提高市场占有率，重点有浙江盛元化纤聚酯差别化项目。

到“十三五”末期，荣盛在业务经营上要实现“三个三”目标，即实现年销售额3000亿元，年利润300亿元，年缴纳税金300亿元。在纵向上，荣盛产业链将努力延伸到石化产业的顶端，以完整的产业链带来规模效应，从而真正掌握发展的话语权，重点有浙江石油化工炼油项目（每年4000万吨的炼化一体化项目）、宁波中金石化二期芳烃项目。在横向上，在“大质量”理念的引领下继续科技创新，提升产品差异化能力，通过浙江盛元化纤二期聚酯项目建设等打造大型纤维新材料产业基地、兼并收购同行优质资产拓展聚酯薄膜领域。通过“纵横”合力，荣盛将致力把自身打造为世界500强企业之一。

（二）纵向紧抓产业链价值增长点，多模式做大做强主业

1. 与同行强强联手，合作探索产业链上游

PTA是荣盛向上游拓展延伸的首要领域。2003年，荣盛与同行领先企业恒逸集团以股权式战略联盟方式，合资于浙江宁波建立浙江逸盛石化有限公司，主营业务为生产、销售PTA，成为国内首个纯民营PTA项目。2006—2010年，荣盛与恒逸继续扩大PTA项目，先后在浙江、海南、辽宁等多省建立多个PTA生产基地，具体分别为浙江逸盛石化二期、大连逸盛石化、海南逸盛石化（以下合称为逸盛）。截至2015年年底，逸盛PTA年产能共计1350万吨，占国内PTA行业目前有效产能的36%，占亚洲和全球PTA产能的比重分别为18%和15%，是全球最大的PTA生产商。逸盛充分地满足两家公司自身的需求，同时降低原料市场波动的影响，极大地增强荣盛的市场竞争力。

2. 自主开发芳烃项目，培植利润新增长点

继荣盛PTA项目规模全面扩大后，PTA的上游——芳烃项目成为荣盛瞄准的新目标。2004年，荣盛石化（集团所属上市公司）全额出资收购设立宁波中金石化有限公司，自主开发产能为每年90万吨的芳烃项目。项目引进美国UOP公司芳烃工艺专利技术、专利催化剂及专利设备与控制系统，引进大型机泵、反应器内件等先进国际设备。随着芳烃技术的发展，2015年，荣盛响应国家发展循环经济这一重大战略的号召，通过增资将中金石化每年90万吨芳烃产能调整为每年200万吨芳烃，努力做到资源与物料物尽其用，在实施芳烃工程的同时，配套建设原料预处理设施，通过新建燃料油分离、渣油轻质化、加氢改质、石脑油加氢等工艺装置，充分利用芳烃工程副产的富氢气体，生产高品质芳烃原料重石脑油，实现循环经济，降低污染物排放，解决大部分芳烃原料来源的问题。2015年10月，宁波中金石化投入运营，截至2016年年底，芳烃项目所产生净利润达20.53亿元，超过PTA成为公司最重要的业绩贡献点。

3. 树立混合经济新典范，加快提升产业链一体化水平

随着国内炼化项目政策开放，在浙江省政府的推动以及荣盛“纵横双向”战略的指引下，荣盛积极投身舟山炼化项目。2015年，由荣盛牵头，与桐昆集团、巨化集团、舟山海洋综合开发投资有限公司合作成立浙江石油化工有限公司（以下简称浙石化），其中荣盛以51%的股权占比控股。浙石化每年4000万吨炼化一体化项目按多产芳烃、配套乙烯并适当生产成品油的原则，合计规划生产芳烃每年1040万吨、乙烯每年280万吨、成品油每年1670万吨。项目分两期实施，一期每年2000万吨炼油装置计划于2018年底投产，生产芳烃每年520万吨、乙烯每年140万吨、成品油每年840万吨，主体工程包括22套炼油装置和15套化工装置；二期工程炼油、芳烃和乙烯等核心装置规模与一期相同，包括22套炼油装置和12套化工装置，计划于2020年投产。

浙石化项目按照“宜油则油、宜芳则芳、宜烯则烯”理念和“分子炼油的模式”设计制定加工流程，主要产品包括PX等芳烃、乙烯、丙烯、聚乙烯、聚丙烯、汽油、MTBE等，不仅将完全保障荣盛PTA生产的自给自足，还将填补国内市场的巨大缺口，有望成长为千亿市值的炼化巨头，使荣盛形成

"燃料油、石脑油—芳烃—精对苯二甲酸—聚酯—纺丝—加弹"产业链一体化的竞争优势，为企业构建行业壁垒，为荣盛提升持续赢利能力和抗风险能力提供了坚实的后盾。

浙石化项目既是荣盛"十三五"规划的重点项目，更是国家"十三五"重大项目，各级政府从项目用地、成品油出口、税收优惠、成品油销售终端（加油站）资质等各个方面对浙石化项目均给予了大力支持，全力保障项目早日投产达效。

4. 整合国际优质资源，促进集团产业国际化

一是通过投资参股方式快速进入国际原油开采领域。2014 年，经国家发改委登记后，荣盛以现金形式出资一亿加元（人民币约 5.52 亿元）入股加拿大能源控股有限公司（以下简称能源公司），以 50%的股份与能源公司原投资者并列为第一大股东。加拿大油气资源拥有量位列全球前三，能源公司主要从事石油天然气的勘探与开采，在加拿大萨斯喀彻温省拥有约 405 平方千米的石油勘探权和开采权，原油地质储量约 2 亿桶，可钻探井位约 200 口。能源公司是荣盛首个境外投资项目，通过海外投资参股的方式，荣盛在促进产业国际化的同时，以最小代价向产业链上游发展，进一步做大做强自身，最终进军产业源头。

二是以全额出资方式成立海外办事处，打开贸易便捷通道。2016 年，荣盛以 61440 万元人民币的资本在新加坡设立荣盛石化（新加坡）私人有限公司，主要从事石油化工产品及其原材料等进出口贸易，一方面有利于荣盛更好地参与国际市场交易，为企业产业链整体往上游发展提供了原料供应便捷性，另一方面有利于荣盛与国际市场完全接轨，实现国际化战略。

（三）横向加快升级改造，多方位打造差异化产品

1. 完善创新机制，营造良好改革氛围

荣盛实施激励自主创新的各项政策，加大企业体制创新和管理创新的力度，积极推进企业制度文化建设，完善法人治理结构，并充分发挥企业内部各科研平台的作用，培育有效的激励约束机制。例如，荣盛陆续出台《技术、管理创新管理规定》《研发项目管理办法》等制度，使员工的创新活动"有法可依，有章可循"，充分调动科研人员的积极性，促进功能性、差异化产品的研发。

2. 搭建科研平台，保障科技创新动力

荣盛坚持"以人为本"，先后建立市级高新技术研发中心、省级企业研究院、省级院士专家工作站、省级企业技术中心、国家级博士后科研工作站和聚酯新纤维研发中心等。此外，还组建起一支包括韩国专家在内的研发团队，并与浙江大学、东华大学、浙江理工大学、天津工业大学等高等院校建立长期的产学研合作关系。依靠这些科技创新平台和人才资源，荣盛大力推进新产品、新技术的研发，持续研发近 50 个科技项目，研发出多种功能性、差别化的新型聚酯及纤维品种，比较典型的有异形扁平易收缩纤维、圆孔扁平易收缩纤维、高燃点负离子纤维、PTT/PET 共混酯纤维等，并在近三年获得科技奖项 20 余项。

随着各类科技创新平台和研发团队的不断充实，荣盛的化纤类新产品占比逐年提高，目前占整个化纤产品的六成左右。荣盛在供大于求的市场结构中，通过致力创新，有效避免产品同质化，获得创新的超额价值和差异化能力。

3. 升级生产设备，切实提升产品品质

随着工业 4.0 的兴起，荣盛积极开展设备革新，进行产业升级。目前纺丝和加弹项目的关键设备均自国外引进，具备国际先进水平。其中，在 2011 年，为推进年产 50 万吨的浙江盛元化纤差别化纤维项目的实施，荣盛一次性投资 25288 万元引进 4 套德国高端工业自动化设备"AUTEFA"，实施"机器换人"项目，是中国首套应用在化纤行业的全过程智能化自动流水线。采用"机器换人"项目后，生产系统形成卷绕自动落丝—输送—检测—中间立体仓储—包装等全自动一体化流水线，不仅减少约 40%的

劳动成本，更有效避免人工作业造成的人为损伤和产品外观降等率，大幅提升产品品质和品牌附加值，增强产品在市场中的竞争力，同时引领同行企业的智能化改造，对行业的持续健康发展起到积极的引导作用。

4. 并购优质资产，进军聚酯薄膜领域

为进一步提升产品差别化能力，2015 年 10 月，荣盛通过司法竞拍兼并收购原绍兴赐福集团本部产业，成立浙江永盛薄膜科技有限公司（以下简称浙江永盛薄膜），并以 70%的股权占比控股。浙江永盛薄膜拥有优质的设备资产，6 条多尼尔双向拉伸聚酯薄膜生产线均从德国引进，具有多层化、大型化等优势。2016 年以来，荣盛通过经营管理团队组建、员工技能培训、设备维修保养，实现薄膜全面复产。目前浙江永盛薄膜拉膜聚酯产能为每天 550 吨，日产出成品膜约每天 420 吨，产能已位居 BOPET 行业前五位。通过进军聚酯薄膜领域，荣盛聚酯产品差异化能力进一步得到提升，行业地位和市场竞争力显著提高。

（四）修炼内功、整合资源，多维度“护航”战略实施

1. 抓好“三个建设”，优化母子管控模式

一是扎实抓好制度文化建设，使管理工作更加灵活统一。2012 年，荣盛设立制度与文化建设办公室，专门负责集团规章制度的建设和推进工作。2012 年以来，荣盛有关部门根据“母子管控模式”要求分模块对制度进行整合、修改和制定，主要在两个方面强化建章立制工作：一方面是进一步加强集团层面制度的修订，具体包括《人力资源管理规定》《安全生产和环境保护管理规定》等，涉及员工福利、安全生产、技术创新、产品销售等各个重要领域，使各相关工作的开展有更加科学合理的制度依据；另一方面是在荣盛本部相关部门的协调和配合下，加快外部子公司的制度建设工作，在其自主分类管理的前提下实行垂直管理。2016 年，荣盛制度归口部门指导控股子公司浙石化和浙江永盛薄膜修订制度 30 余项，包括《采购管理规定》《安全生产责任制》等，均已得到有效实施。强化制度建设加以垂直管理，既符合子公司的实际情况，又与荣盛制度一脉相承，实现管理灵活性和原则性的高度统一。

二是扎实抓好信息化建设，使产业链各端交流更加顺畅。荣盛在行业内率先引入 ERP 系统，积极进行信息化建设，逐步全面整合采购、生产、存货、销售、财务、人事等业务环节，以此提升企业快速反应能力。随后，荣盛在 ERP 系统的基础上，推进财务 NC 系统、OA 办公系统、CRM 客户管理系统等信息系统的搭建，形成多位一体的信息管理体系。2015 年，荣盛进一步加大信息化建设步伐，引进多名高级信息管理人才，并专门设立信息化总监一职。2016 年，荣盛初步完成准确畅通的信息化管理平台构建，正式统一启用致远 OA 协同办公系统，系统应用范围包含荣盛石化、盛元化纤、宁波中金、浙石化等各个集团控股子公司，优化数据的分析及其在荣盛产业链中的共享，从而实现母公司对子公司的管控并增强上下游产业之间的协同效应，使得企业逐步与工业 4.0 时代接轨，推进企业生产由“制造”向“智造”转型，经营模式由“生产制造”向“供应链协同”转型。

三是扎实抓好考核机制建设，使分级管理更加科学合理。2013 年，在“大质量”理念的引导下，荣盛设立以董事长为首，各中心分管领导、各公司总经理组成的绩效考核领导小组，负责研究和制定集团绩效考核体系建设思路、整体框架，并在绩效考核领导小组下设绩效考核办公室，办公室成员选调总裁顾问、外籍专家，人力资源、行政、财务中心和贸易公司、生产公司等富有经验的中层以上管理人员，专门负责绩效考核体系框架的搭建、方案的规划、项目的设定、考核的实施、考核方案的调整和改进等工作。在梳理组织架构、落实岗位要点的基础上，实施规范、高效的母子管控绩效考核模式。围绕“抓关键、可操作、公平、动态调整”四项原则，荣盛以各公司、中心为单位进行集中型分级考核，以此实现集权高效化、分工专业化、职责清晰化。

2. 落实四项举措，提供企业持续发展“原动力”

一是切实加强企业信用建设。荣盛以“诚信立业，追求卓越”为经营理念，成立稽查、审计等直属部门，定期对企业的工程建设项目、技术改造项目、合同履行率、银行还贷及应付账款的清偿情况等进行审计，并列出详细清单，对出现的问题及时督促相关单位办理，保证项目建设高质量、合同履行不延期、资金往来无死账，以此赢得承包商、供应商、采购商和金融机构的信任。

二是与社会各界签署战略合作协议，实现资源共享、优势互补。随着“一带一路”建设的实施和“深沪港通”的开通，对荣盛的安全稳定运营提出更高的要求。本着“发挥优势、相互促进、长期合作、互利共赢”的原则，荣盛先后与人保浙江分公司、国家开发银行浙江省分行、浙商银行股份有限公司等多个社会组织签署战略合作协议，以期双方在发展过程中互相提供更好的服务和支持，实现资源共享、优势互补、合作共赢。

三是扎实做好融资工作，推动企业高效发展。荣盛充分利用资本市场的融资功能，立足于做强主业和实现价值持续增长进行融资。继 2014 年成功发行总额为人民币 10 亿元的公司债券“14 荣盛债”后，2015 年 12 月荣盛以非公开发行股票的方式募集资金 40 亿元。2016 年荣盛以合理高效使用募集资金为重点，扎实做好再融资相关后续工作，尽快促使芳烃项目发挥效益，降低经营业绩的波动，提高可持续发展能力。

四是加大安环检查力度，夯实发展根基。荣盛在配备节能环保装置的基础上，成立安环督查小组，定期对荣盛本部各公司、外部全资和控股子公司开展安全生产和环境保护专项检查工作，并通过结合企业自查和专家（第三方机构）问诊检查的方式监督安全生产、废水治理、废气排放、固废处置等事项，积极开展资源型废物回收再利用，力争实现产业内循环，推进企业绿色可持续发展。

三、民营企业“纵横双向”战略的决策与实施效果

（一）发展目标逐步实现，经济效益大幅增长

在“纵横双向”战略的引领下，荣盛各项工作得到了切实有效的开展，取得了良好的发展成果，基本上实现了“十二五”发展目标。2016 年，荣盛经营业绩再上新台阶，销售量同比增长 59%；实现营业收入 868.8 亿元，同比增长 8%；利润总额 30.8 亿元，同比增长 305%；上缴税金 23 亿元，同比增长 85%，以稳中求进的良好发展态势迎接“十三五”精彩开局。

（二）领跑地位得以巩固，竞争实力显著提升

荣盛通过纵向一体化和横向差异化的战略实施，在民营石化领域获得了全产业链竞争优势，进一步巩固了其在行业内的领跑地位。2015 年，荣盛位列“中国石油和化工民营企业百强榜”第 2 位；2016 年，在继续深入贯彻实施集团战略的基础上，荣盛以优异的经营业绩荣登“中国石油和化工民营企业百强榜”榜首。

（三）企业形象稳步提升，社会影响日益提高

荣盛始终不忘自身作为行业领跑者的责任感和使命感，通过积极改造、转型升级，引领行业创新发展、绿色发展，并树立了良好的企业形象，数年来先后获得“全国化纤行业科技创新企业”“全国纺织行业实施卓越绩效模式先进企业”“浙江省管理创新示范企业”“浙江省信用管理示范企业”“萧山区‘十二五’时期功勋企业”等各级荣誉，多次被客户评选为“优秀合作伙伴”“优秀供应商”，获得社会各界的认可。2017 年 3 月，荣盛受邀参加了第 32 届世界石化大会（WPC）并在会上发言，充分展现了荣盛日益提高的社会影响力和国际影响力。

（成果创造人：陈国刚、俞传坤、李水荣、项炯炯、倪信才、俞凤娣、
罗　伟、寿柏春、朱太球、卢　铭、倪雪刚、高洁琼）

以激活组织、提升效率为目标的战略绩效管理

咸阳彩虹集团实业有限公司

咸阳彩虹集团实业有限公司（以下简称彩虹实业）是彩虹集团的全资子公司，于2015年3月注册成立，业务覆盖房地产、能源服务、医疗健康、商贸物流等产业。下属企业7家、事业部2家，资产规模17.6亿元，拥有员工1825人。

一、以激活组织、提升效率为目标的战略绩效管理背景

（一）适应现代服务业发展的需要

彩虹实业的业务板块多属于充分性竞争产业。在房地产领域，一是龙头企业凭借雄厚的资本实力从一线城市向二、三线城市渗透；二是区域性民营企业通过敏锐的市场洞察、良好的激励机制，在市场占据了一席之地。在能源服务领域，许多企业正在尝试探索各种模式的综合配套服务，以提高自身竞争能力。在医疗健康领域，医疗体制改革逐步深化，壁垒逐步放开，大健康领域需求旺盛，资本投资活跃。在商贸物流领域，业务规模持续增长，物流、商流、信息纵横交错，经营风险日显突出。彩虹实业欲在房地产、医疗、物业管理、物流贸易等领域发展，并赢得一席之地，需要把握行业机遇，适应行业竞争，从管理机制上进行创新，提升彩虹实业的综合竞争力。

（二）满足内部发展，提升管理效率的需要

随着彩虹实业规模不断扩大，层级过多、业务庞杂、包袱沉重等问题日渐凸显，严重影响企业的生产经营效率。例如，个别下属企业富余人员多，每年付出成本约1000万元；贸易物流板块开展的融资性贸易存在潜在风险；热电公司、加油站还处于亏损状态。因此，彩虹实业需要引入战略绩效管理，构建战略绩效体系，加强对所属企业的管控，提升管理效率。

（三）实现企业发展战略的需要

彩虹实业的“十三五”发展规划明确提出到2020年实现工业总产值翻两番的目标，达到营业规模100亿元、公司价值100亿元的“双百”目标。为确保公司战略落地，积极引导下属企业围绕战略目标，开展经营管理活动，实现健康良性发展，增强企业活力，彩虹实业从2015年起开始构建以激活组织、提升效率为目标的战略绩效管理体系，以精简业务链条、调整资源配置，调动全员积极性，支持企业的稳步发展。

二、以激活组织、提升效率为目标的战略绩效管理内涵和主要做法

彩虹实业健全战略绩效管理，开展战略分解，明确年度任务目标，及时跟踪和评估，开展过程控制，保证生产经营目标的实现，将企业战略与个人业绩紧密连接，有效推动彩虹实业运营系统的高效运转，促进企业的健康发展。主要做法如下。

（一）构建战略绩效管理体系

彩虹实业根据管理实际，引入“战略地图”及“平衡计分卡”，中长期发展目标与短期发展目标相结合，长期目标滚动修订，科学分解制定短期目标，以此为基础，系统构建目标体系、执行体系、考评体系、奖惩体系“四位一体”的战略绩效管理体系。

在目标体系层面，制定“十三五规划”，据此制定短期目标即“年度经营目标”。年度经营目标的核心指标设定为投资收益率，实现资产保值增值。为保证该目标的实现，细化分解为利润指标、产值或销售收入指标、成本指标、费用控制指标、风险控制指标、应收账款指标、动能市场开发指标（市场保持

率、新客户开发数)、安全指标、管理指标（人力资源开发、管理创新、员工培养）以及企业文化建设指标等，并结合各业务板块特点，进行个性化调整。

在执行体系层面，为保证子公司、车间、班组到个人的目标责任的落实，重点推动创新、双创、成本驱动，将企业战略目标、岗位目标、部门目标，团队、个人远景目标明确紧密结合，上下思想一致，步调一致；目标责任到人，千斤重担万人挑、人人肩上有指标，内部无障碍沟通，做到执行标准化、流程化管理，建立检查监督机制，过程管理控制到位，降低企业内耗，降低成本，生产运营可视化、精细化、透明化，从而提升工作效率、产能效率。

在考评和奖惩层面，实施年度经营指标承包制度，即各子公司、管理部门与彩虹实业签订年度经营目标责任书，月度诊断、按考核标准打分排序，并按当月得分，计算子公司的应发工资总额。根据结果对员工的绩效进行分析，激励员工不断提高自身绩效，实现人力资源的优化配置。

（二）基于企业总体战略，设立目标体系

1. 基于1—2—3—7战略，设定公司长期目标

彩虹实业的长期发展目标是打造立体化的现代服务产业系统，致力于成为国内一流行业典范，为实现该目标，彩虹实业制定“1—2—3—7”路径规划。其中，“1”是指一个系统，即基于多元化业务协同布局，借助“互联网＋”，打造立体化现代服务产业系统；“2”是指双轮驱动，即以实体运营和资本运作为“双轮”，打造“双驱”创新经营模式；“3”是指三个平台，即依据现有各业务板块，形成平台化发展，打造智能生产服务、智慧生活服务、现代金融服务三大平台；“7”是指七个业务板块，即房地产开发、物业管理、能源服务、医疗健康、贸易物流、教育培训、金融服务，部分具体发展目标如下。

房地产板块：积极探索“地产开发＋”和“智慧物业”运营模式下房地产业务的拓展机遇，定位差异化、高端化市场，成为业态多元化协同的房地产开发商和一流的现代物业服务企业。

能源服务板块：立足彩虹集团、面向市场开拓，利用资源优势创造服务价值，成为区域领先的综合性能源服务及生产配套解决方案提供商。

贸易物流板块：从开展一般性贸易和生产服务贸易及物流配送的公司，发展为面向“一带一路”且整合多方资源，具有国际化视野的现代商贸物流平台型企业。

医疗健康板块：打造三级医疗体系以及公共服务和健康服务平台，建设中国知名的兼具特色专科、综合诊疗、保健服务为一体的智慧医疗健康产业集团。

2. 关注当期任务，设立年度目标

围绕EVA提升的首要任务，彩虹实业年初确立收入、利润保值增值年度目标，以战略地图为基础，平衡记分卡为工具，结合各专业板块特点，系统性分解经营指标及重点工作，落实责任部门，明确责任人，调动全员热情，确保战略目标的达成。例如，为达成彩虹医院年度目标，在重组整合地域资源、优势医疗资源的基础上，积极推进体制机制创新，引入高端人才，配置股权、期权激励，依托中国电子在健康医疗大数据、“互联网＋医疗”应用等方面的专业优势，建成大数据中心、影像中心、检验中心、体检中心等。

3. 分解年度目标，确保目标可控

为了确保目标达成，彩虹实业将年度目标分解，每周进行工作自查，量化下周工作任务，明确完成时间，咬住目标、落实责任，对员工实施月度考核、月度兑现。

（三）创新驱动，激活执行体系，提高管理效率

为保障绩效目标的达成，制定多种创新机制，鼓励员工以个人或团队名义，围绕公司各项业务，持续推进管理创新、技术创新，与此同时，加强成本管控，推动企业提质增效。

1. 创新机制引导，众创众筹，有效激励

制定《彩虹实业公司创新项目管理办法》，成立领导小组和工作推进组，鼓励、引导全员参与“双创”活动，为员工无偿提供创新资源和灵活的政策支持，营造良好创新环境，员工自发组成团队小组，结合岗位特点，投身创新实践，形成“人人创新、事事创新”的浓厚氛围。具体做法如下。

一是建立“众创项目库”，要求本部各部门、所属各单位下设机构，确定1～2项创新项目，由各单位进行管理，并报公司总部备案。

二是建立“众创空间”。彩虹实业利用互联网等信息平台，建立面向内部全员的开放式“众创空间”，共享思想、知识、经验、服务和各种资源，形成“协作、分享、共赢”的开放式创新系统；组织“创新风暴”等发散式交流分享会，为员工提供畅所欲言、建言献策的良好氛围，使员工“善于钻研、勇于创新、勤于实践”的创新意识显著提高。

三是建立“众创基金”。形成专项扶持资金保障系统。公司本部、所属各单位可结合自身实际设立“众创基金”，用于扶持创新项目，通过资金补助、成果奖励等方式，激励和引导创新项目的实施，促进创新成果的转化。设立“众创基金”的单位制定相应的管理办法，报公司审批后实施。

四是营造“众创文化”。树立“创享发展”理念，倡导“勇于创新、宽容失败”的“开创精神”，打造“大众创业、万众创新”的“众创文化”，使创新成为一种工作方式、企业氛围及价值导向。2016年彩虹实业下属8家单位均建立众创管理园地，员工提建议、搞技改的热情高涨。

五是灵活设置众创众筹共担共享机制。例如，贸易业务是彩虹实业规模扩大的主要保障，为提高广大员工参与贸易活动的积极性和责任心，有效促进贸易业务开展，降低贸易活动资金风险，解决贸易活动资金缺口，设计“众创众筹”机制，制定《入资共同开展贸易业务试行办法》，员工自愿入资，入资合伙期间，各员工的出资为共同财产，不得随意请求分割，合伙终止后予以返还。同时，在盈余分配上，规定依法纳税并提取必要的准备金后的利润按员工出资比例进行分红；在风险债务承担上，合伙债务先由合伙财产偿还，合伙财产不足清偿时，以各合伙人的入股股份为依据，并承担相应的债务。

2. 依托全面预算管理，强化成本管控

各经营主体增强市场化意识，加大对外拓展业务的主动性，提高经营质量和盈利能力。通过全面预算管理和成本核算体系的综合应用，构建一套基础规范、业务清晰、权责明确、核算精细、上下协同的企业成本精细化核算体系。彩虹实业各单位梳理业务范围、细化核算单元和核算要素、加强资源配置、制定核算的办法和流程、设计可视化的报表等，实现全要素核算，使之前的成本中心转变为利润中心，明确各经营主体的经济责任，增强各经营主体的经营能力和市场化意识。

3. 开展动态监控，实现过程管理

彩虹实业对各子公司经营过程开展月度跟踪检查、打分评比及季度诊断分析。根据月度经营指标完成情况，针对存在问题较多的单位，由投资运营部牵头，会同财务部等部门共同会诊，及时掌握各项工作进展情况，协调解决存在的问题。

建立运营管理系统，对子公司所有项目实行全流程管控，从立项审批到执行结束的全过程，均在运营系统中留下记录，开展责任追溯、经营分析、管理优化以及经营风险控制。同时，为加强对项目的过程管控，重点项目实行周报制，以便相关管理者随时掌握项目的完成进度、资金使用、质量状况等。

4. 全员参与，激活组织，提高创新管理效率

彩虹实业充分发挥党工团作用，定期举办员工技术比武、工匠大赛等活动，并将获奖项目报送当地工会参加评选。2016年，彩虹实业集中开展两次工匠比武、合理化建议活动，共计350多人参加；共征集合理化议案322项，直接经营效益66.27万元，提案质量、采纳率都有明显提高。

（四）紧密结合贡献度，开展绩效评价

1. 实行经营业绩考核与贡献度评价相结合的考评机制

经营业绩考核主要针对考核对象经济指标、重点工作完成情况进行综合定量评价，其考核结果权重为80%；贡献度评价是对被考核者的履职行为、工作态度和工作效果进行定性排序评价，其考核结果权重为20%。

2. 加强激励引导，提高员工综合素质

在绩效评价过程中注重内部充分沟通，借以实现全体员工的业务能力增长及协作性加强，以促进长期战略目标的实现。

建立健全绩效管理体系，引导员工树立以绩效为导向的薪酬观念。员工的绩效分取决于员工的工作数量、工作质量、5S、安全、行为规范、违纪等，同时结合部门的月度得分及部门所有员工的绩效关联系数，三者相乘，最终给出员工绩效分，予以公布。绩效结果用于职务调整，推动员工个人发展计划，选择优秀、有发展潜力的员工，进行职位晋升或作为彩虹实业储备干部；对因工作环境不适合而造成绩效不佳的员工进行岗位调整；对因胜任力低或工作能动性差导致绩效不佳的员工予以降职或再培训。

（五）以EVA提升为导向，奖罚分明

制定《保值增值考核管理办法》，依据考核结果对二级单位、部门、个人等进行执行情况的沟通，激励调整，物质奖惩，未达成的指导其改进工作。

根据所辖企业的特点，在每年年初，由彩虹实业根据各子公司的利润完成值，考虑次年影响利润增减的因素，遵循市场化原则，采取一企一策方式确定当年所属各单位保值基数、增值基数，以及适用被考核人员的奖惩系数、封顶系数。一般情况下，次年利润增幅设定值，不低于当年的GDP增幅值，无特殊原因，利润不能出现减幅。指标确定后，由彩虹实业与各单位主要负责人签订《保值增值责任书》。每年年底，据各单位利润的实际完成数，核算适用人员的个人考核兑现数。

三、以激活组织、提升效率为目标的战略绩效管理效果

（一）实现对成员单位的有效管控，提高战略执行力

彩虹实业以激活组织、提升效率为总体目标的战略绩效管理有效增强了公司经营团队对经营指标的关注度，科学分析，找出主要问题，认真补齐短板。通过对经营活动实施全流程管理，业务方案、项目过程、收付款、采购及合同管理均有所加强，各阶段数据及时更新，实时动态反映当前经营状况，事前事中事后协同管理，降低了管理疏漏，有效地防控了经营风险。通过定期的经营预测和经营分析，及时掌控各项业务的开展、执行情况，经营情况的变动原因均可追溯到项目级。掌握第一手信息，经营班子准确判断全年经营任务的整体趋势和关键点，可针对问题点精准发力，做到从容应对，确保年度目标稳健收官，提高整体的执行力。通过绩效考评机制，将企业总体发展目标与子公司、员工个人利益挂钩，有效激发了员工积极性，形成了发展合力。

（二）激发企业活力，实现产业良性发展

有效改善经营质量、提升经营效果，通过创新创效，2016年全年降本增效4270万元，全年共计收到合理化建议1713条，其中采纳建议301条，有38项建议获得实施，节约挖潜332万元；全年共有5个项目获得众创基金补贴，补贴基金80余万元，有效发挥众创基金的杠杆作用，当年实现经济效益1344万元。

（三）促进企业稳步发展

2016年彩虹实业全年收入目标13亿元，实际完成19.3亿元；利润目标2500万元，实际完成7538万元。同时，彩虹实业还收获了良好的社会效益及生态效益。例如，彩虹医院职工积极发挥个人创造

力，提案“儿童床旁持续血液透析”方法，可提高危重患儿的抢救成活率，具有重大的医学意义和社会意义；彩虹能源服务公司职工借助“创业基金”，开展总装厂房的供电方式优化改造工程。使变压器电能损耗减少，改造后每年可节电 30.6 万度，在降低运营成本的同时，于节能环保方面效果显著。

（成果创造人：黄明岩、张君华、魏永刚、朱文澂、孙有良、左阳之、张和平、刘　昭、刘建平、李志强）

新型城镇化背景下城市综合开发产业链整合

中交城市投资控股有限公司

中交城市投资控股有限公司（以下简称中交城投）是中国交通建设股份有限公司（以下简称中国交建）的全资子公司，是中国交建“五商中交”战略中“城市综合开发运营商”的重要载体和平台。2015年中交南沙投资发展有限公司、中交南方投资发展有限公司、中交佛山投资发展有限公司三家投资公司整合重组、成立中交城投，注册资本为31.5亿元。

作为中国交建专业化的城市综合开发运营投资平台公司，中交城投以城市综合开发运营领域具有行业影响力的专业投资平台公司为定位，围绕城市综合开发运营这条主线，协调发展房地产开发、产业发展、基础设施投资和金融投资等业务，深耕珠三角、布局全国重点城市、积极探索走出海外。目前，中交城投在广州、珠海、佛山、顺德和宁波等地拥有在建投资项目13个，合同投资额约1600亿元，员工人数为680人。

一、新型城镇化背景下城市综合开发产业链整合背景

（一）抓住国家新型城镇化战略的需要

新型城镇化有别于过去以规模扩大和空间扩张为核心的粗放发展方式，而是以人的城镇化为核心、以质量提高为关键，着重于基础设施建设、公共服务配套、产业结构优化、生态环境保护的全局性、多方位统筹，以产城融合为理念真正使城镇成为高品质的宜业宜居之所。自党的十八大报告提出“坚持走中国特色新型工业化、信息化、城镇化、农业现代化道路”以来，新型城镇化作为全面建设小康社会的载体、实现经济发展方式转型的重点受到国家的高度重视。国家层面相继发布的重要政策文件和举办的工作会议，为新型城镇化推进提供了多方位的政策支撑和路径指导。城市综合开发依托专业化的企业，以市场化的手段进行城市资源的优化配置和整合，包括对城市规划、城市基础设施、生态环境和公共产品建设、产业资源、城市运营管理、城市公共服务进行投资，将以上各类资产纳入整体进行系统经营，满足了新型城镇化关于基础设施、公共服务、生态环境优化以及产业发展的需求。因此，围绕城市综合开发这一主线，打造一个能够承载产业功能、城市功能和生态功能协调发展的综合性资源整合平台，是中交城投发挥中国交建的综合优势，紧密对接国家战略，在“政企深度合作、城企共同发展”中推进新型城镇化并最终促进区域经济发展的重要实现路径。

（二）对接政府诉求，助力区域经济发展的需要

在新型城镇化的新趋势下，多数土地一级开发商和房地产企业纷纷转型城市综合开发商，行业竞争非常激烈。过去大规模的片区开发普遍存在重硬件建设、轻软实力打造的情况，主要依赖房地产的发展、忽视具体产业的导入和培育，使许多新城新区变成“空城”。在现阶段，产业资源的导入、城市造血功能的培育和发展，已成为影响区域开发和运营成败的关键因素，也是政府在片区开发建设中的痛点。

依托于传统主业优势和强大实力，大型基建国有企业在城市综合开发产业链的中端建设投资环节具有优势，但在前端规划策划和后端产业导入、城市运营方面专业能力普遍较弱，资源相对不足，而城市价值的创造，恰恰来源于对城市的规划和设计、对产业的引入和服务以及对城市资产（房地产、市政、产业园区）的建设和运营。这种价值创造能力既是提升城市整体价值的核心方式，也是业务拓展的重要手段，更是获取企业长期投资受益的保障，同时也是政府在选择城市综合开发商合作开发建设一片区域

时最为关注的问题。因此，大型基建国有企业在向城市综合开发商转型的过程中，探索出满足政府需求、提升价值创造能力的城市综合开发业务模式，对于企业在激烈市场竞争中脱颖而出、实现未来可持续发展是必然选择。

（三）落实集团部署，打造核心竞争力的需要

近年来，面对复杂的国际、国内经济形势和严峻的竞争环境，中国交建精准地提出了打造“五商中交”的战略定位和目标，推进机构改革，从以往的“承建商”向多元化业务转型，打造全球知名工程承包商、城市综合开发运营商、特色房地产商、基础设施综合投资商、海洋重工与港口机械制造集成商。自2012年开始，中国交建在珠三角地区投资布局了珠海横琴新区综合开发项目、广州南沙灵山岛尖综合开发项目、佛山城市轨道2号线一期工程项目。基于在珠三角已形成的城市综合开发领域的经验、人才和资源，2015年三个项目实施主体中交南沙投资发展有限公司、中交南方投资发展有限公司、中交佛山投资发展有限公司重组成立中交城投，成为中国交建城市综合开发运营的专业化投资平台。

中交城投要在日益激烈的城市综合开发市场竞争中做强做大，必须在发展目标、业务定位及核心能力等方面进行系统定位和科学设计。在中国交建发展战略的部署和引领下，中交城投制定的发展目标是“中国领先、世界一流的城市综合开发运营商”，功能定位是“成为中国交建在城市综合开发运营业务的引领者”，业务范畴是“城、房、产、基、金”协同发展，围绕城市综合开发运营这条主线，统筹业务合理布局，以城市区域开发业务为核心，协调发展房地产开发和基础设施投资业务，大力培育产业发展业务，做强金融，实现科学发展和做大做强，并明确打造创新能力、整合能力、资本运作能力和品牌影响力四种核心能力。因此，为落实中国交建战略部署、实现自身发展目标和战略定位，中交城投必须统筹中国交建在品牌、技术、资金和政企关系等方面的优势，完善布局城市综合开发全产业链，逐步打造四种核心能力。

二、新型城镇化背景下城市综合开发产业链整合内涵和主要做法

中交城投以推进公司战略发展目标为统领，充分发掘利用中国交建的资源与优势，积极完善城市综合开发全产业链的布局，优化组织结构和人力资源配置，积极打造多元化融资渠道和培养全过程风控能力，在城市区域开发业务、基础设施投资和房地产开发等业务领域提高综合服务能力，为政府提供城镇化建设和区域经济发展的一揽子解决方案，不断提升企业盈利能力和价值创造能力，打造中交城投在城市综合开发领域的核心竞争力和品牌影响力。主要做法如下。

（一）设计城市综合开发业务模式

为确保发展目标和战略定位的实现，中交城投经过系统梳理和分析确定了“联动开发”和“产融结合”的总体发展思路。联动开发，即以城市区域开发业务为核心，创造房地产开发、基础设施投资、产业发展、金融投资等业务领域的投资机会，依托城市区域开发形成一二级联动、产业发展协同、金融投资助力的联动开发模式。产融结合，即城市综合开发运营业务与金融业务保持协同，共同发展，形成滚动开发、高速周转和高效增值的资本运作模式，实现同一笔资金支撑多项业务，阶段性利润回流循环利用，自有资本的高效率运作。

遵循“联动开发”和“产融结合”的总体发展思路，因应市场环境、政府需求、行业政策的变化，中交城投城市综合开发的业务模式经历了从1.0模式到3.0模式的升级（如表1所示）。

表 1 城市综合开发业务模式

	1.0 模式	2.0 模式	3.0 模式
合作内容	工程建设投资	配合区域开发策划 工程建设投资 征地及拆迁安置 土地营销 配合产业招商	区域整体开发策划 工程建设投资 征地及拆迁安置 产业发展服务 城市运营服务
收益模式	投资成本 投资收益	投资成本 投资收益	投资成本 投资收益 产业发展服务费
中交城投代表项目		广州南沙灵山岛尖项目 珠海横琴新区项目 佛山顺德西部启动区项目	宁波奉化城市转型示范区项目

1.0 模式以完成区域土地整理、基础设施投资建设为主要工作，通过所开发区域土地的出让收入形成地方财政收入后进行预算支出，实现项目投资成本和投资收益的回收。以基建为传统主业的企业在进入城市综合开发领域的早期往往会采用这种模式。由于进入门槛较低，市场竞争激烈，获利能力越来越低。

2.0 模式是参与到合作区域的房地产开发环节，并参与前端的规划策划环节、配合政府开展后端的产业招商工作。珠海横琴新区综合开发项目、广州南沙灵山岛尖综合开发项目、佛山顺德西部启动区城市综合开发项目便是中交城投在 2.0 模式下运作的城市综合开发项目。

3.0 模式是在关注土地整理、城市基础设施投资自建设和房地产开发的同时，更加关注产业链前端的城市规划和项目策划，产业链后端产业发展和产城融合、资产运营和资本运作，是城市综合开发完整产业链进行资源整合和价值创造的全过程。在此模式下，产业发展是实现产业和人口集聚的最关键一环，也是城市综合开发运营商企业提升核心竞争力最为有力的抓手。在这一模式中，除了收回投资成本和获得基本投资收益以外，对助力区域产业发展做出的贡献也让中交城投可以通过政府产业发展服务费的付费获得回报。这些回报来源于区域的土地增值、产业发展和人口集聚带来的财政收入等。宁波奉化城市转型示范区综合开发项目便是中交城投对于城市综合开发 3.0 版的第一个实践。3.0 模式下城市综合开发，覆盖投资、融资、设计、规划、建设、管理、运营等各个环节，由于城市开发涉及的范围广、开发时间长、资金需求量巨大，为此，中交城投从组织机构、人力资源体系、资金融通和管理等多方面进行管理创新给予保障性支撑，在产业链上不同环节上精准发力。

（二）优化组织机构和人力资源体系

中交城投设总部和项目公司两级管理架构，实施战略运营型的组织管控模式。总部职能部门从专业职能角度对公司的战略、运营、人员、财务、风控、招采、安全质量、党建、企业文化等进行管理；总部事业部是公司“城、房、产、基、金”五大业务板块市场发展和运营管理平台，承担各业务拓展的职能并为其提供业务指导。各项目公司是业务操作单元，是项目投资建设的责任主体、运营主体，利润实现中心。控股公司，将其纳入公司的管控体系，完善规范其公司治理和实施考核干预。参股公司，通过治理机制的设计确保公司职权及影响力，通过股东会和董事会对其关键事项、关键环节进行审核和干预。

中交城投的城市综合开发全产业链布局对尚处于初级发展阶段，产业链上各价值环节的人才储备相对不足，为此，中交城投逐步建立起一套系统的人力资源保障体系，加紧打造专业的人才队伍，为发展目标的实现提供人力资源保障。目前，中交城投的人才队伍包括中国交建系统内部调动和外部引进（社会招聘、校园招聘）两个渠道，并对通过内部调动和外部引进后的人才进行专业化培训，着力打造“7323”人才工程：培育投资拓展、规划设计、招商营销、财务金融、项目管理、法务风控、党群保障等7大专业骨干团队，培育30名综合能力强的团队领军人才、20名业务精湛的专业领军人才和300名各类专业技术人才，为公司快速发展提供强有力的支撑。具体措施包括专业人才孵化基地建设、干部培训、内训师培养、导师带徒、内部培训等，并探索实施面向重点板块、重点业务和重点人群的市场协议薪酬。

（三）保障资金需求，科学控制风险

中交城投目前的融资渠道主要是项目贷款，依托中国交建卓越的品牌影响力和资信背景，在获取大规模、低成本的资金上具有一定优势。为了更好地匹配全产业链城市综合开发的资金需求，中交城投积极开拓多样化的融资渠道，并加强资金管理。融资渠道方面，在广州南沙灵山岛尖综合开发项目中，充分利用自贸区政策及海外低成本资金，开展跨境直贷业务；在佛山市城市轨道交通建设2号线一期工程项目中，充分利用PPP政策环境，争取项目国开发展基金，通过利用国开发展基金的低利率，有效降低资本金压力；积极引入长期股权投资基金，加入社保基金投资项目库，广州南沙灵山岛尖项目、珠海横琴新区项目等项目均成功进入投资项目库，拓宽了项目长期资本金的融资渠道；积极推进产融结合，中交城投与中交建融租赁有限公司在南沙共同设立中交融资租赁（广州）有限公司，注册资本金为人民币31.5亿元，其成立将有利于公司产融结合，发挥其协同效应。资金管理方面，强化资金使用预算，提高资金集中度，加快资金周转，逐步建立起动态的资金管理体系。资金集中度超过90%，获得授信及项目融资额度超过510亿元，有力保证了公司的业务开拓与资产经营的资金需求。

城市综合开发项目多属资金密集型，投资金额大、经营风险高，项目实施中存在诸多风险因素，为实现科学、准确、高效的风险管控，中交城投在横琴新区综合开发项目建立“投资项目风险管控系统”，以“信息化”手段实现了对项目全生命周期收益情况和风险水平的动态监测，为管理决策及过程控制提供支撑。系统从投资人角度出发，以投资收益为核心，建立以投资项目全生命周期为中心的“一个中心，六大体系”的业务管理体系，深入挖潜，发挥自身的产业优势，可实现项目全生命周期活动信息化管理。“一个中心”即投资收益；“六大体系”即经济政策研究体系、市场研究体系、土地开发出让管理体系、资金运作体系、工程实施管控体系、文化品牌建设体系。

（四）围绕城市综合开发全产业链布局业务

1. 遵循价值策划先导的理念

通过总结和提取国内外新城发展历程和城市综合开发项目实践经验，中交城投在实施城市综合开发项目过程中遵循价值策划先导的理念。在认识层面，明确项目前期的价值策划对于项目获取、项目风险控制、项目价值创造具有至关重要的作用，价值策划通过影响功能策略、空间策略、招商策略、定价策略以及市场认可程度，最终也将影响整个项目的盈利水平。

在落实价值策划的一系列技术工作中，中交城投对于主导权的掌握并拥有可控、稳定、优秀的技术资源是确保项目的战略、产业定位以及政府、市场和企业自身的需求能够有效实现的重要前提。技术资源主要有两个渠道：一是培养自身技术团队，专业技术人员的引进和培训加速开展，同时也通过收购兼并等方式迅速吸纳技术力量，如通过收购方式设立城市规划研究院，获得城乡规划甲级资质、土地规划甲级资质、市政工程设计和旅游规划等相关资质，提升区域规划设计及价值策划和服务能力；二是通过采购服务的形式满足日益增长的业务需求，整合外部的第三方合作伙伴开展价值策划工作，结合现阶段的业务能力特点，中交城投针对不同的项目，依据项目的规模、类型、特点等多个维度，按照合作方的专精地域、特长、品牌、质量等多角度分类别建立起潜在合作供应商库，并依据各业务开展需求，对供应商关键指标赋值，建立评分体系，并基于业务的实际需求与合作积累下来的默契与经营，选择适合中交城投自身城综业务的供应商建立战略合作关系，如阿特金斯、AECOM等，形成一套稳定的整体规划战略合作体系，以巩固自身品牌形象，保障城综业务的成本、质量可控。

2. 优质高效推进项目建设

依托集团强大的建设、施工、管理经验与能力，在土地整理、建设开发等环节利用中交大兵团作战优势，能够高标准确保1年合作区域达投资建设到政府要求，形成良好的规模效应，快速塑造区域形象，让政府和市场树立信心。例如，广州南沙灵山岛尖综合开发项目投资额82亿元，自开工至今三年累计完成投资额约67亿元，约占项目投资总额的81%，快速打造南沙城市新形象。

一是根据政府批准的土地征收计划完成土地整理投资工作，包括征收、收购或收回土地以及农用地转为建设用地需要支付的土地价款投资、征地和拆迁补偿费用投资和市场化方式获取土地指标费用投资，以及依法需要支付的与征收、收购或收回土地有关的税费投资及其他费用投资。二是根据建设计划负责完成市政基础设施设计、投资、融资和建设工作，包括城市道路、桥涵、综合管廊、供水设施、供电设施、天然气供气设施、水蒸气供气设施、污水设施、排水设施、通信设施、照明设施、公交设施、环卫设施、消防设施、邮政设施、防汛设施、人防设施、土地平整工作以及为完善土地使用功能的其他配套工作等。三是根据建设计划完成公共服务设施的设计、投资、融资和工程建设工作，包括公共绿地和湿地公园的建设、景观环境和河道整治等环境类公共服务设施；教育、医疗、文化、体育和社区服务等民生服务类公共服务设施；综合服务类公共服务设施；其他公共服务设施。

3. 房地产联动开发

房地产开发主要选择在投资的城市区域开发项目内开展业务，获取成本低、周转快、收益高的项目，实现资金快速回笼，减轻土地整理和工程建设投资的资金压力。中交城投着力拓展特色小镇开发业务，在部分已落地的大型城市综合开发项目如宁波奉化城市转型示范区项目中，规划部分区块进行特色小镇建设，并以此作为城综项目二级开发的切入点。在特色小镇建设中，通过整合以绿城为代表的各方具有比较优势的合作伙伴，从项目合作伊始即通过合资等形式开展业务合作，共同开展特色小镇项目，并以此带动房地产开发和销售，为整个城市综合开发项目提供充沛利润回报。

4. 打造产业体系

中交城投明确了大力推进产业发展业务的“十三五”规划目标，在未来一段时期内将以产业为根基引导城市综合开发业务模式的创新。为此，针对母公司中国交建的产业资源，中交城投充分发挥产业发展部的作用，对母公司中国交建的下属行业内产业资源、外部合作产业资源进行汇集分析，建立起适合于城投业务的“集团内部可合作产业资源库”与“集团外部可导入产业资源库”，将其整体打包作为项目的核心竞争力，在项目的前期的合作沟通、发展规划，中后期的建设、招商、运营等多个环节形成具有中交特色的核心竞争力。

与此同时，中交城投发挥母公司中国交建的央企品牌优势和世界500强竞争优势，将搭建平台、筑巢引凤作为公司产业发展业务的重点和特色，以高校、科研机构、行业协会等机构为突破口，快速高效地建立起自身的产业资源。例如，顺德西部启动区综合开发项目中，通过加入项目资源丰富的商协会、建立与行业相关的产业联盟的战略合作关系等渠道建立主动营销渠道，在各协会上将资源整合，发掘潜在的客户；委托专业代理服务公司用协助精准对接项目、组建外脑智囊团等手段，搭建行业渠道、信息渠道、业界渠道及人脉渠道，挖掘、整合项目资源，推动土地出让，最终实现产业导入。目前，中交城投已与国内高校（如大连理工大学、浙江大学、同济大学）、国内领先的商务园区运营商亿达集团、电子信息行业唯一的综合性协会中国电子企业协会、国内一流旅游综合运营商中青旅集团、以军民融合产业园区为主要投资方向的成都泰和伟业公司、以健康产业和科技产业园为主要投资方向的北京嘉鑫世纪投资公司、中国集成电路产业航母高科技A股上市企业紫光股份、中国最早生产通信设备制造企业之一的上海普天、世界知名的重型装备制造企业振华重工，集卫星业务和大数据于一体的高科技领军型企业中交星宇以及集高新科技成果转化、专注股权投资、企业重组、上市及并购的中大创投等企业建立了战略合作伙伴关系。此外，中交城投与平安银行广州分行和平安证券签署了规模约1000亿元的产业基金合作协议。目前已联合中国交建装备事业部相关企业，计划在智慧城市、智慧交通、装配式建筑和海上风电全产业链等方面开展产业投资合作。

5. 探索城市运营

城市运营可以为城市综合开发项目后期提供持续稳定的现金流来源。目前，中交城投尚未有项目进入城市运营阶段，但已制定明确的城市运营业务发展战略，筛选出合适的业务领域并切入。城市运营领域的产业选择主要先从中国交建在相关规划中提到的产业着手，同步关注产业“蓝海”，通过对产业发展机会系统性的分析研判，明确要优选与城市综合开发相关的业务领域，例如产业园、地下管廊、水务、固废处理、停车场、充电桩、邮轮等产业的运营。

三、新型城镇化背景下城市综合开发产业链整合效果

（一）业务规模和布局快速扩张，多元化盈利结构初步形成

自中交城投2015年成立以来，在广州、珠海、佛山、顺德等珠三角核心城市和宁波等长三角核心城市地拥有在建投资项目13个，合同投资额约1600亿元。目前，中交城投在中山、扬州、成都、武汉等城市的区域开发和房地产项目发展。同时，中交城投还借助中国交建海外优势在海外市场协同发展，在刚果布、阿联酋等国均有项目跟进。这些优质项目的储备为中交城投的持续发展奠定了坚实的基础。2016年，中交城投新签投资合同额408亿元，比2015年增长215%；实现利润总额6.15亿元，比2015年增长37%，净资产收益率17.46%，比2015年增长35%；各项安全质量、管理目标受控，各项经营指标表现较好。

得益于产业链布局的日益完善，中交城投城市综合开发业务多元化的盈利模式正在不断形成，如通过自持经营性资产收取物业服务费、租金、物业增值收入等收益；通过获批合作收购的规划设计院获得价值策划收益；通过合作成立的融资租赁公司获得由提供产业链金融服务所产生的投资收益；采取管理输出的方式获得品牌管理费的收益；通过产业导入、自我造血与地方政府共享城市价值等，中交城投全产业链多点多赢的盈利模式已初具雏形。

（二）品牌影响力日益显现，综合开发业务模式成效显现

从城市综合开发1.0模式到3.0模式，中交城投逐步探索出大型国有基建企业向城市综合开发运营商的发展路径。通过打造产城融合的城市综合开发3.0模式，以企业、区域可持续发展为目标，直击政府痛点，增强市场竞争力，扩大业务布局，为中国交建战略转型做出自身贡献的同时，也为大型国有基建企业向城市综合开发运营商转型提供一定的借鉴意义。

（三）有效促进了区域经济发展

作为广州首个大型央企合作投资建设的综合开发项目，中国交建作为城市综合开发运营商，斥资82亿元开发建设总面积3.5平方千米的灵山岛尖。南沙项目整合中国交建产业资源，先后成立了中交城投公司和中交华南区域总部，同时引入了中交产业投资公司、中交股权投资基金、中交二航局南方公司、中交融资租赁公司等产业资源，预计到2022年中国交建在南沙可实现年度总部结算量达740亿元。中国交建有效地发挥了引擎作用，带动了灵山岛尖产业进驻热潮，灵山岛尖目前已吸引多家世界500强企业进驻。通过中交城投资源带动的产业导入和大型企业的进驻，有力促进了区域加速发展，为南沙打

造粤港澳大湾区核心城市形象做出了贡献。

顺德西部启动区综合开发项目中，中交城投本着配套先行的策略，前期着力提升片区的配套环境，成功引入了顺德百年名校西山小学，并启动了佛山南部最大公园群的建设，打造“凤城新印象”。围绕高端产业片区“广东省智能制造产业基地”的定位，在高端产业片区的招引上，两年来联手政府成功引入 8 个优质项目，涵盖医疗器械、新能源汽车、智能家电、孵化器平台等领域，其中包括千山药机大型医药机械制造企业、天劲新能源汽车动力电池基地、申菱专业特种环境系统研发制造基地、顺德智能制造孵化器、中南智能科技产业园等，投资总额超 61 亿元，推动顺德西部启动区的持续健康稳健发展。

（成果创造人：刘成云、丁仁军、何　勇、何小明）

金融服务与财务管理

大型企业集团以“四个资金池”为依托的境内外资金管理

中国重汽财务有限公司

中国重汽财务有限公司（以下简称重汽财务公司）隶属于中国重型汽车集团有限公司（以下简称重汽集团）。重汽财务公司成立于 1987 年 10 月，经中国人民银行批准设立。现注册资本 30.5 亿元，总资产规模达 300 多亿元，由中国重汽（香港）有限公司、中国重汽集团等 33 位股东共同出资组建。

一、大型企业集团以“四个资金池”为依托的境内外资金管理背景

（一）服务于集团提升国际化战略的需要

实施国际化战略使重汽集团连续 12 年整车出口领先重卡行业，出口创汇迅猛提升，重汽集团进军国际市场的各项工作同时全面铺开，坚持“引进来”和“走出去”并举，通过在海外建厂、海外投融资、建立国际市场营销服务网络等手段，实现了全球化运作的新突破。集团国际化战略不断发展，但在国际资金管理方面存在不足，为此，重汽集团迫切需要建立境内外、本外币资金池，加强全球资金管理，填补集团外汇资金管理空缺。

（二）完善与提升财务公司功能的需要

重汽财务公司最初仅为集团公司境内成员单位提供金融服务，局限于人民币单一币种，建立境内人民币资金池，无法对境外成员单位提供金融服务，无法实现外汇资金的集中运营管理。主要表现为：受政策限制，各成员单位的外汇资金并未集中至重汽财务公司；重汽集团各成员单位众多、各单位独立核算、自主收付汇，导致外汇资金、币种分布不均匀，使集团大量外币资产缺乏有效的风险管理；各公司独立管理汇率风险的过程中缺乏在集团范围内的统筹安排，存在虽然个体实现了汇率风险的规避但集团总体的外汇资产风险依然存在的现象，无法实现汇率风险管理成本最低化；成员单位独立运作不具备规模优势，缺乏与银行的议价能力，不利于集团综合财务成本的降低。随着集团国际化战略的提出，重汽财务公司研究制定自身国际化战略，在现有完善境内人民币资金池业务下，逐步向监管部门申请开展外汇业务，取得跨国公司外汇资金集中运营管理、跨境双向人民币资金池业务以及结售汇业务，建立境外外币资金池、境内外币资金池和境外人民币资金池，有利于集团加强境内外、本外币一体的资金管理。重汽财务公司紧跟集团海外业务发展，合理利用国际、国内两个市场，强化全球范围内的资金管理，提高资金效率，降低企业成本与财务成本，化解外汇风险，同时依靠金融服务，增加集团公司参与全球贸易与国际活动的服务能力与竞争力。“四个资金池”将有效完善与提升财务公司功能。

二、大型企业集团以“四个资金池”为依托的境内外资金管理内涵和主要做法

重汽财务公司以重汽集团国际化战略为引领，以境内外监管政策为依据，通过跨国公司外汇资金集中运营管理、跨境双向人民币资金池和结售汇等业务，以搭建境外外币资金池、境内外币资金池、境外人民币资金池、境内人民币资金池等四个境内外、本外币一体化联动运作的资金池为依托，以高效、安全的信息系统为保障，不断开发金融产品、创新金融服务，创建多币种、全方位、广覆盖的全球资金管理体系，实现营运资金管理、投融资管理、风险管理和全面预算管理的全球运营资金管理，逐步由单一资金管理向集约化金融服务和集团化金融管理转变，有效降低集团综合财务成本，合理配置资源，提高风险防范能力，为集团国际化发展提供资金保障。主要做法如下。

（一）明确指导思想，构建以“四个资金池”为依托的境内外资金管理体系

1. 突破现有资金管理模式，明确资金管理目标

重汽财务公司明确以重汽集团国际化战略为指导思想，全面分析重汽集团资金管理模式，确定境内外资金管理体系目标。目前集团公司主要采用收支两条线的资金管理模式，通过重汽财务公司集中管理集团资金，现有境内人民币资金池已无法满足集团资金管理需要。随着国际化战略的开展，重汽集团不断理顺资金管理思路，为保证资金的安全性、提高资金的周转效率和实现资金的增值，提出以资金池为依托，构建境内外资金管理体系。

2. 探讨业务模式，制定“三步走”战略方案

重汽集团确定目标后，重汽财务公司重新研究资金管理的业务模式，从国家政策、营运资金管理、投融资管理、风险管理、全面预算管理等角度，确定以“四个资金池”为依托的全球资金管理。根据集团战略部署，重汽财务公司开展业务调研：一是走出财务公司到集团和成员单位了解外汇需求，调研其金融服务需求；二是走出财务公司到银行、其他财务公司等金融机构，汲取成熟的业务模式和经验；三是走出财务公司到外汇管理部门多沟通汇报，探讨外汇政策，赢得其政策支持。经过调研，重汽财务公司明确通过搭建“四个资金池”，建立境内外资金管理体系，同时，制定全球化“三步走”战略。第一步，通过对外汇资金集中运营管理业务，搭建境内外外币资金池，统一管理集团外汇资金，实现多币种金融服务职能；第二步，在现有境内人民币资金池基础上，通过跨境双向人民币资金池业务，搭建境内外人民币资金池，统一运作境内境外人民币，真正实现集团全球资金全部集中至财务公司；第三步，开展结售汇业务及金融衍生品业务，搭建本外币兑换桥梁，有效防范汇率利率风险，实现全球范围内资金自由流动。

3. 调整资金管理机构，搭建职责明确的管理架构

重汽财务公司明确管理目标后，深入研究重型汽车整条产业链的资金管理，进一步完善管理机构，提出以集团公司作为资金管理的决策者，重汽财务公司为集团公司提供资金管理平台，集团境内外成员单位及其产业链客户为资金使用者的金字塔型管理结构。重汽集团是资金的筹划管理部门，负责制定集团资金管理的各项规章制度，负责资金全面预算管理，优化资金结构，确保资金决策的及时准确制定。重汽财务公司执行集团公司整体决策，负责资金的归集、下拨、调度及分析，提高资金使用效率，确保集团公司决策的高效执行。集团各成员单位需拟定自身资金计划并及时向集团公司上报审批，确保自身生产经营的资金需求。

配合以“四个资金池”为依托，逐步实现全球资金管理的工作思路，重汽财务公司调整管理模式，重新划分组织机构，有效防范国内外金融风险。重汽财务公司按《中华人民共和国公司法》的要求成立了股东会、董事会和监事会，实行董事会领导下的总经理负责制，以现代化金融企业管理标准设置组织架构。根据业务发展和管理的需要，重汽财务公司设立了综合管理部、信贷投行部、计划财务部、营业管理部、稽核审计部、风险管理部、信息科技室等职能部门，同时成立了风险管理委员会、贷款审查委员会、资产管理委员会、投资决策委员会等，为不同层次的决策提供支持。

为更好地执行财务公司全球化“三步走”战略，经会议研究决定调整公司现有组织构架，设立全球资金管理战略工作小组，由总经理任组长，财务总监为副组长，营业管理部、信息科技部、计划财务部、信贷投行部、风险管理部、稽核审计部、综合管理部等各部门负责人为成员；增设国际业务部，专门负责重汽财务公司全球化战略相关工作，包括业务资质申请、系统平台搭建和业务工作正常开展等。

4. 加强人力资源管理，提高境内外资金管理核心竞争力

重汽财务公司为配合全球化“三步走”战略方案，制定国际化的人才建设战略目标和任务，培养全球化资金管理的国际化高端人才，提高公司核心竞争力。首先，加强人才引进和培养力度，建设国际化

后备人才库。结合自身人才需要，确立“立足本土、胸怀全球”的人才培养模式，从教育培训开始，推进校企合作，形成资源共享、优势互补、双赢互动的合作关系；立足企业内部资源，选拔培养高素质复合型人才；对外招揽熟悉国际业务操作的金融人才；加强思想政治教育，不断提高国际化人才政治素质。其次，加强员工培训，提升业务能力。对内培养员工国际业务意识，增强全球风险意识；加强国际业务实战培训；定期组织开展最新外汇相关政策制度研讨班，推广普及外汇常识，不定期选派优秀员工外出考察学习。最后，加强人力资源管理，推进国际化人才队伍建设。加强统筹规划，提高人才使用率；完善激励机制，促进员工实现自我价值；健全考核评价体系，科学评价员工的劳动价值。国际化的专业人才为全球资金管理体系构建提供了强有力的人力资源保障。

5. 以“四个资金池”为依托，实现境内外资金管理

重汽财务公司在早已运作成熟的境内人民币资金池的基础上，结合全球资金管理新趋势，陆续搭建了境内外币资金池、境外外币资金池、境外人民币资金池以及境内人民币资金池。“四个池子”既各司其职又相辅相成，共同以财务公司为核心，在全球范围内搭建了一个全币种、全方位、全覆盖的国际资金管理平台。依托资金管理新平台，重汽财务公司致力于将“池内之水”盘活，通过归集、下拨、调拨、对外放款、外债、结售汇等方式开渠引流，打破各资金池间壁垒，在严格遵守现行资金监管政策下，创新资金管理模式，实现能够灵活运用国际、国内两个市场，以财务公司为平台，统筹营运资金管理、风险管理、投融资管理、风险管理的境内外资金管理。

（二）通过对外币资金实行集中管理，搭建境内外两个外币资金池

1. 合理选择合作银行，搭建全球资金管理外部网络平台

全球资金管理必须依托商业银行的资金网络体系，合作银行应具备健全的基础设施、遍布全球的资金网络体系、充足的专业化人员、能提供全方位服务等条件。为此，重汽财务公司调研多家银行，最终选择中行、工行、汇丰三家银行作为合作银行，并与其制定全球资金管理方案，利用合作银行搭建全球化银企直联系统，便于外汇资金的集中管理。

2. 合理设计账户管理结构，实现全球资金账户的集中统一管理

以财务公司为平台的境内外资金管理体系中，重汽财务公司分别在合作银行开立国际外汇资金主账户和国内外汇资金主账户。国际外汇资金主账户主要管理境外成员单位外汇资金，国内外汇资金主账户主要管理境内成员单位外汇资金。境内外成员单位分别在合作银行开立结算账户，同时在重汽财务公司开立收入户和支出户。收入户用于存放归集的资金，支出户用于存放下拨资金。合理的账户管理结构，便于资金集中统一管理。

3. 建立境内外两个外币资金池，实现境内外成员单位外币资金集中归集

重汽财务公司利用合作银行的全球资金网络，通过银企直联自动归集境内外各成员单位的外汇资金至国内（国际）外汇资金主账户，同时，归集的资金计入其在财务公司开立的收入户中。境内外成员单位外汇资金的集中归集，改善了原有外汇资金分散、闲置、无组织的状态，壮大集团整体外汇资金规模，形成“统一管理、统一调配”的高度集中资金管理，为以财务公司为平台的境内外资金管理体系奠定了坚实的资金基础。

4. 建立境内外两个外币资金池，实现境内外成员单位外币资金下拨管理

境内外成员单位需要资金时，重汽财务公司通过其收入户下拨至支出户，由境内外成员单位从支出户支取外汇资金，同时重汽财务公司通过国内（国际）外汇资金主账户下拨至境内外成员单位外部银行账户。通过外汇资金下拨，为集中后的外汇资金提供便捷的资金回流渠道，解决之前外汇资金“只进不出、能进难出”的困难局面，疏通以财务公司为平台的境内外资金管理体系的整体脉络。

5. 打通境内外外汇资金通道，实现资金的有效配置

境内外外汇资金通道主要是指为实现境内外汇资金池和境外外汇资金池资金畅通，通过国际外汇资金主账户和国内外汇资金主账户建立联通，解决境内外筹融资难题，有效调剂资金余缺，实现资金最优配置。当境外（内）成员单位有外汇资金需求时，通过财务公司平台办理流动性资金贷款或委托贷款，通过国内（际）外汇资金主账户划转至国际（内）外汇资金主账户，进一步划转至境外（内）成员单位银行账户。境内外外汇资金通道业务，丰富了境内外资金管理体系项下的金融产品种类，完善了以财务公司为平台的境内外资金管理体系的金融职能。同时，相对于市场上高成本的融资方式，在财务公司境内外资金管理体系内部的外汇筹融资极大降低了境内外成员单位的融资成本，减少了财务费用，也实现了重汽集团对境内境外两种资金资源的统筹运作。

严格把控额度，实现资本项下跨境自由流动。由于国家外汇管理局试点政策的创新，虽然境内外贸易项下资金流通性较大，但为防止外汇风险，加强外汇管理，境内外资金池通道业务仍受额度限制。重汽财务公司可集中调配外债额度 4 亿美元、对外放款额度 7 亿美元，可在额度范围内调剂资金余缺，实现资本项下跨境自由流动。2015 年 9 月 29 日，重汽财务公司经批准变更成员单位、合作银行及业务内容后，归集外汇资金额度最高为 40 亿美元。

合理使用外债，实现境外资金境内运作。外债额度直接控制境外资金流入规模，在额度内合理使用外债打破了外汇资金跨境流入的屏障，实现境外资金境内运作，结合国际化投融资手段，提高重汽财务公司国际化金融水平。

通过对外放款，实现境内资金境外使用。对外放款额度直接控制境内资金流出规模，在额度内合理使用对外放款打破了外汇资金跨境流出的壁垒，实现境内资金境外运作，结合国际化投融资手段，为集团海外资金需求提供坚实后盾。

严格额度管理，提高外汇资金流动性。重汽财务公司严格控制国内外汇资金主账户与国际外汇资金主账户之间净融入额不得超过境内成员企业集中的外债额度，净融出额不得超过境内成员企业集中的对外放款额度。利用实时台账进行额度控制，确保任一时点外债、对外放款融出入资金全部在规定额度内灵活调动，同时银行系统监控财务公司通道业务，双重防护确保财务公司在规定额度内自由调拨外汇资金，充分释放外汇资金流动性。

（三）通过对人民币资金实行集中管理，搭建境内外两个人民币资金池

1. 搭建境内人民币资金池，集中管理境内人民币资金

重汽财务公司已建立成熟的境内人民币资金池，有效管理境内资金，集团资金通过境内人民币资金池实现高度集约化管理。重汽集团依托重汽财务公司实行“收支两条线”的资金管理模式，即各成员单位在财务公司同时开立 01 和 02 两个活期账户，01 为收入户归集资金，02 为支出户下拨资金，实现资金收支分离。同时，灵活运用银企直联系统、财企直联设置多种归集策略，将主动归集与被动归集相结合，避免成员单位资金沉淀，达到境内人民币资金高度集中至财务公司境内人民币资金池，增强集团资金集中力度和集约化程度，提高资金集中度。同时，根据重汽财务公司金融业务范围，在境内人民币资金池的基础上，通过流动资金贷款、委托贷款、抵质押贷款、保理、票据贴现等功能，管理境内人民币资金。

2. 搭建境外人民币资金池，集中管理境外人民币资金

随着我国逐步解除跨境交易中使用人民币的限制，人民币的跨境使用快速发展，跨境贸易人民币结算显著增加，重汽集团在出口创汇的同时调整国际结算策略，主动使用人民币作为跨境结算币种，充分享受人民币国际化进程带来的政策红利。为实现境外人民币资金归集，重汽财务公司分别于中信、工行、汇丰三家银行开立跨境人民币专户，通过境外人民币资金归集和跨境集中收付，为跨国集团企业总

部对成员单位的资金统筹管理和业务集约化处理提供了重要手段。重汽财务公司可通过跨境人民币专户归集或下拨境外成员单位境外人民币资金。

3. 合理利用跨境人民币资金净流入额，打通境内外人民币资金通道

经中国人民银行济南分行批准，重汽财务公司作为跨境人民币资金集中运营业务的主办企业开展境内外成员企业的跨境人民币资金集中运营业务，跨境人民币净流入额上限为43.6亿元。在此基础上，财务公司主动归集境外人民币资金，在额度范围内集中调剂资金余缺，利用外债和对外放款打通资本项下境内外人民币资金流通渠道，为集团充分利用境内外市场、统筹资金、提高财务运行效率提供有力工具。如果境内成员单位急需人民币，可通过跨境人民币专户，将归集境外的人民币（借入的外债）通过财务公司以贷款或委托贷款的方式调剂资金。同样，境外成员单位急需人民币时，可通过跨境人民币专户，将归集境内成员单位资金在额度范围内调剂资金。

4. 运用资金系统，加强跨境额度管理

中国人民银行对跨境双向人民币资金池有严格的额度控制，额度管理尤为重要。首先，合作银行根据其在重汽财务公司额度占比，通过银行系统进行额度控制，防止任何时点超过跨境额度。其次，重汽财务公司通过自身资金系统控制总体跨境额度，防止超过额度办理资金池业务。最后，重汽财务公司同合作银行根据重汽集团总体所有者权益，重新评估跨境额度。

（四）开展结售汇业务，打通本外币资金通道

在构建资金池的同时，重汽财务公司积极与国家外汇管理部门沟通，获得了结售汇业务的经营资质以及银行间市场会员资格。据此，重汽财务公司能够对参与外汇资金集中运营管理的成员单位的结售汇业务进行统一结算、统一平盘。重汽财务公司每天营业日通过系统向各个成员单位发送汇率报价。在“四个资金池”基础上，成员单位直接通过其在重汽财务公司账户申请办理结汇或售汇申请。重汽财务公司收到申请后，立即到银行间外汇交易市场询价锁定汇率，办理成员单位的结汇或售汇。结售汇业务将境内外人民币资金池与境内外外币资金池进行联通，在头寸限额内调剂本外币种类，实现了成员单位本外币相互调剂，减少不必要的结售汇环节，同时充分发挥整体优势和规模效应，所有成员单位共享从银行间即期市场取得的最优市场报价。即期结售汇业务采用对外汇资金进行“集中申请、集中授信、统一询价、统一操作”的代理模式，可以有效节省财务成本，降低汇率风险。外汇集中运营管理和即期结售汇业务相结合可极大地弱化集团外汇资产离散性的特点，为重汽集团建立内部交易对冲的汇率风险管控体系，降低汇兑成本和交易成本，实现资产的保值增值，为集团长远发展提供强有力的资金支持。

（五）完善资金管理制度建设，健全资金管理机制

1. 完善规章制度，有效加强内控管理

为实现全球资金管理体系，确保业务有序合规开展，重汽财务公司在原有180多项资金管理制度的基础上，修订完善了《跨国公司外汇资金集中运营管理实施细则（试行）》等规章制度，规范和明确了资金管理中的账户结算、收付款、存贷款等业务的操作流程和具体要求。为有效防控业务风险，重汽财务公司与合作银行签订了《现金管理服务协议》，各成员单位分别与集团签订授权书，明确各自权利和义务。同时，重汽财务公司明确具体操作流程，实行前、中、后台操作分离，确保资金池事前、事中、事后全流程运作的有效管控。

2. 健全资金管理机制，提高资金使用效率

一是建立资金集中结算机制，实施资金集中统一管理。在收支两条线资金管理模式下，严格控制多头开户和资金账外循环，保证资金管理集中统一。境内外成员单位必须在重汽财务公司开立结算账户，通过重汽财务公司办理资金归集及收付转等业务，集中统一结算，建立现金池，实现资金集中管理、统一调控和有效监控。重汽财务公司将集中的资金与合作银行开展同业资金业务。资金集中结算，使得成

员单位资金处于集团公司严密监管之下，营造新型的财企关系。

二是强化资金管理约束机制，提高资金使用效率。首先，优化资金约束机制，抓好资金结构管理。针对资金使用的轻重缓急，将营运资金区分生产经营资金和非生产经营资金。生产经营资金不得挤占或挪用。非生产经营资金，力求压缩总额开支。其次，建立资金循环机制，狠抓资金流程管理。重汽财务公司发挥“四个资金池”作用，为集团调剂资金余缺，更好服务集团成员单位及产业链客户所需资金。调剂使用的资金，一律实行有偿制，严格监控，专款专用。最后，严格执行资金审批机制，加强资金管控。所有成员单位外部资金的使用都需经集团公司审批，审批同意后，通过财务公司办理资金的使用。

三是在预算控制的基础上，对资金运动全过程实施系统管理。首先，在全面预算管理的基础上，通过重汽财务公司资金池业务，采用合理的计算方法，确定资金的合理需求量，加强资金的计划管理，及时分析资金动态，使资金使用达到最优化。其次，利用重汽财务公司核心业务系统，对资金申请、使用、流转等全过程进行监控，加强现金流量分析，达到资金流、信息流的高度统一。

（六）有效防范外汇资金风险，保障境内外资金管理体系的安全性和流动性

1. 加强外汇头寸管理，控制外汇风险

重汽财务公司处于外汇交易中介地位，外汇买卖主要包括代客外汇买卖和自身外汇买卖。每日营业结束必然会出现外汇头寸，形成“多头”和“空头”。由于汇率具有波动性，重汽财务公司尽量使持有的敞口头寸为零。外汇头寸管理包括即期头寸管理、远期头寸管理、综合头寸管理和预防性头寸管理。

即期头寸管理以即期外汇头寸为管理对象，尽量减少敞口头寸或者外汇头寸为零，从而消除和规避外汇风险，确保外汇交易收入。运用方式主要有“买进”或“卖出”即期或远期外币交易。其买进和卖出的渠道主要有两种，一种是在银行间外汇市场上买卖；另一种是向客户提供有利的报价，针对大额交易提供更优惠的报价，吸引客户进行即期和远期的外汇买卖。

远期头寸管理。远期外汇交易如果到期日不一致，需要进行资金调整或是头寸管理。通过对先到期的头寸即期买卖，筹措资金去交割，然后对后到期的头寸进行买卖，远期交易的交割日需与这些买卖外汇交易的交割日一致。

综合头寸管理。由于每天既有即期买卖也有远期买卖，即期和远期头寸有时需要相互配合，因此，综合头寸管理需要制定“综合外汇头寸”表，此表包括即期头寸、远期头寸以及综合头寸的买进和卖出，进行综合头寸差额的外汇买卖。

预防性头寸管理。由于外汇市场和资金市场的形势不断变化，不仅保留风险头寸，还将一种货币的风险头寸通过制造多种货币头寸分散保留下来。保留头寸的多少，常常取决于在金融市场的地位以及外汇交易员的能力。

2. 设置外汇风险敞口限额，控制外汇风险

外汇风险敞口限额管理是为了将汇率风险限制在一定程度内，确保市场风险控制在可以承受的范围之内，使外汇风险水平与其风险管理能力资本实力相匹配。风险敞口限额包括交易限额、风险限额和止损限额等。敞口限额的大小主要取决于公司外汇业务的进取程度、外汇交易员能力等因素，可以按照资产组合、金融工具和风险类别进行分解，并依据业务性质、规模、复杂程度和风险承受能力设定定期审查和更新限额。为避免亏损超过设定的容忍程度还需常常进行止损点控制，制定可以容忍的最大亏损额。

3. 通过资产负债匹配管理，控制外汇风险

通过对外汇资产、负债的时间、币种、利率、结构的配对，尽量减少由于经营外汇存贷款业务形成的外汇敞口，避免风险。主要内容包括：对外币币种实施配对管理，减少外汇敞口；对远期外汇头寸的到期日实施配对管理，尽量使未来某一时期到期的资金恰好等于到期的负债，用到期资产偿还到期的负

债，从而避免外汇风险敞口的形成；对外汇资金与负债的利率实施配对管理，尽可能减少外币资产与负债之间的利率基础差异，使得外汇资金负债分别在浮动利率类别和规定利率类别上达到平衡，以规避外汇敞口的利率风险；对外汇资金负债的期限结构实施配对管理，当出现短期外汇负债长期使用时，应适当增加长期外汇存款，压缩长期外汇贷款，活化沉淀资金，提高资金的流动性。当出现长期外汇负债短期运用时，不能盲目增大长期外汇贷款而追求期限对称，必须调整负债结构，增加低成本负债。同时，可以利用外汇衍生品市场上远期外汇合约、货币期货合约、掉期外汇交易、货币期权、货币互换等金融衍生品进行风险控制。

（七）全面提升信息系统，完善信息科技功能

1. 提升资金管理系统，搭建全球资金管理内部网络

为便于进一步拓宽发展空间，特别是为国际业务的发展创造有利条件，围绕“独立、安全、高效”的目标，重汽财务公司选择交通银行总行，量身定做了一套“以客户服务为中心，集全面业务管理、网上金融服务、监督决策于一体”的综合资金管理系统。该系统是全国财务公司行业率先与银行合作开发的新一代信息系统，整合了重汽财务公司原有分散的信息系统，涵盖了账户管理、存款业务、信贷业务、结算业务、票据业务、网上金融服务、银企直连、外汇业务等所有业务及与银监局、人民银行的监管报送管理等，为财务公司更好地服务于重汽集团发展和境内外资金管理体系建设提供了有力保障。财务公司为境内外成员单位提供自身网络平台，将产业链资金流、信息流、产品流进行整合，搭建全球资金管理内部网络平台。

2. 利用信息系统大数据分析，提高全面预算管理的准确性和时效性

以“四个资金池”为依托，利用信息系统的大数据管理，从资金收付、资金调拨、资金分析和考核等多角度、多维度分析、预测与企业金融财务资源相关的各类信息，为集团高层决策提供依据。大数据分析平台有用户层、应用层、服务层、业务层和基础设施层等方面。首先，基础设施层营造一个稳定、高效处理海量数据的硬件环境；其次，业务层内有与业务相匹配的全部信息化系统，包括账户管理系统、资金结算系统、金融业务系统、会计核算系统等，这些系统包含海量的原始数据，这些数据进入数据层，再通过服务层对数据进行分析、传输、存储整合等；最后，通过应用层，实现资金预算管理、资金控制管理、资金监督管理和资金考核管理。

三、大型企业集团以“四个资金池”为依托的境内外资金管理效果

（一）形成了丰富的产品服务体系，提升了集团全球化战略

重汽财务公司丰富的产品服务体系为集团提升全球化战略打下坚实基础，推动集团海外市场开拓和国际化战略的实施，为海外重汽建设提供良好条件，助力集团进一步打开国际市场、加强国际合作、布局全球业务、实现跨越式发展。2016 年，重汽集团抢抓“一带一路”倡议机遇，在国际市场继续保持行业领先，实现整车出口 2.5 万辆，占全国重卡行业出口总量的 40.2%，连续 12 年占据国内重卡企业出口优势地位。以技术为代表的重卡产品进入新西兰等发达国家，实现了中国高端重卡出口新的突破。

（二）有效提升了集团跨境资金融通能力，进一步降低了财务成本

重汽财务公司通过搭建境内外、本外币“四个资金池”，将各成员单位资金统一集中管理，提高资金集中的便利性，加强集团的境内外外汇资金集中，运用政策提高跨境资金双向流动的流动性，特别是在境内流动性偏紧的情况下，通过试点通道业务高效引入境外资金，以较低的融资成本解决流动性需求。此外，通过资金集中管理将各成员公司盈余外汇资金集中在一起，提升集团公司与银行及同行业的整体议价能力，谋求更优惠的本外币存贷款利率，并通过短期投资等方式获取投资收益，实现集团资金效用的最大化。实施以“四个资金池”为依托的境内外资金管理以来，重汽财务公司为集团公司融通境内外资金约 1.7 亿美元（折合人民币约 12 亿元），节省财务成本约 7000 万元。

（三）完善了财务公司功能，打造全球司库管理中心

财务公司既具备金融属性，又具有企业集团资源优势，在境内外资金管理创新方面不断向外汇管理局、山东银监局以及中国人民银行沟通研究金融政策，不断创新国际业务，积极探索具有自身特色的境内外资金管理，完善财务公司金融职能。财务公司在已成熟运作国内人民币资金的基础上，集中运营集团全球本外币资金，积极探索外汇金融产品，创新业务模式，逐步打造集团全球司库管理中心。通过信息技术，利用大数据分析，将多种金融产品相结合，与银行合作资金业务，有效规避汇率、利率风险，建立境内外资金管理平台系统的风险控制，有力加强了集团全球汇率、利率风险管理，金融服务国际化格局初显。

（成果创造人：韩文杰、刘德英、玄甲莲、刘玉婷）

服务实体经济的供应链金融共享平台的建设与运营管理

中企云链（北京）金融信息服务有限公司

中企云链（北京）金融信息服务有限公司（以下简称中企云链）由中国中车发起，联合中国铁建、国机集团、金蝶软件等部分国有和民营企业，经国务院国资委批复于2015年5月在北京成立。2016年11月增资扩股后，23家股东聚集了中国中车、中国铁建、国机集团、航天科技、中船重工、鞍钢集团、中国铝业、中远海运、招商局、中国能建、中铁物资11家央企，北京首钢、北汽集团、上海久事、厦门国贸、云天化、紫金矿业6家地方国企及中国工商银行、中国邮储银行2家金融机构，金蝶软件、智德盛、北京华联、云顶资产4家民营单位。按照国务院国资委对中企云链继续保持央企控股地位的批复要求，11家央企股权合计53.8%，中国中车为中企云链第一大股东，持股22.22%。自2015年9月上线至2017年9月末，已注册企业用户7500余家，其中具备“云信”开立资格的核心企业200余家，核心企业实现“云信”支付超过205亿元，流转交易累计600亿元。

一、服务实体经济的供应链金融共享平台的建设与运营管理背景

（一）共享信用资源、增强商业信用，提升供应链竞争力的要求

中企云链探索以创新企业间应收应付账款清算方式为手段，搭建供应链金融平台，实现纵向供应链和横向行业的贯通，突破传统供应链金融行业障碍，将供应链金融的链状结构发展为网状结构，推进横向经济组织联合和纵向供应链整合，建立起稳定的供应链供应关系。大企业利用自身信用和行业地位，通过中企云链平台对供应链上下游企业应收账款融资进行支持，解决困扰广大中小供应商的资金问题，有利于供应商及时进行原材料采购，专注于产品生产，提高产品质量，迅速应对市场变化，提升供应链竞争力，带动产业转型升级，全面增强产业竞争力。

（二）解决中小企业融资难，促进实体经济发展的要求

越来越多的企业开始布局供应链金融，整合资源降低运营成本，拓展企业盈利空间。然而传统的供应链金融也面临着诸多待解决的难题：一方面，核心企业大量银行授信闲置，承担大量财务费用，不愿配合金融机构确认应付账款；另一方面，中小企业信用等级低，难以解决企业实际资金需求，同时产业链地位弱势，赊销严重，资金周转困难。在此背景下，中企云链通过搭建免费供应链金融共享服务平台，从产业角度重新审视供应链金融的价值创造，省去大企业自建平台造成的重复投资，提升效率，将各产业供应链上的商流、物流、信息流进行整合集聚，构建和谐、健康的良性产业生态。

（三）降低金融服务信息不对称、提高资金配置效率的要求

随着互联网技术及金融科技的快速发展，区块链技术日渐成熟，并深刻影响到产业链中供应链金融交易过程的合同、交易及记录，进而改变传统的商业模式。区块链分布式记账、电子签名、时间戳等互联网技术，既解决了传统模式下产业链交易链条上企业的信任机制，也为供应链金融增强交易安全，实现全面线上化提高效率提供了技术条件。中企云链以区块链技术、云计算为依托，通过创新商业模式，开发出适合国情和企业需求的全线上第三方信息平台，调动供应链企业参与积极性，借助互联网的信息交换力量，实现供需双方的及时信息提供与互换，完成动态信息交流与传递，金融服务的信息不对称与交易成本被大大降低，资源配置效率大大提高。

二、服务实体经济的供应链金融共享平台的建设与运营管理内涵和主要做法

中企云链本着打造互利互惠、协同共享、富有竞争力的链属企业生态圈的核心理念，通过聚集工业

制造、建筑、能源、军工、现代服务等众多中央、国有、地方大型企业资源与金融资源，以互联网思维建立“免费、共享、安全”为特征的信用流转共享服务机制，围绕供应链核心企业优质信用的流转与共享，搭建大中小企业融通发展，实体产业和银行协同发展，为实体经济服务的供应链金融共享服务平台。有效缓解中小微企业融资难、融资贵难题，降低实体产业杠杆和融资成本，助力金融服务脱虚入实，促进实体产业提质增效，实现供应链企业协同创新、共同发展。主要做法如下。

（一）明确供应链金融共享平台建设的指导原则

中企云链秉承“开放、免费、共享”的互联网精神，依托金融科技技术，搭建免费的全线上信息系统平台，实现产业链企业资产与金融机构资金的有效对接。用制造业流水线方式建立大企业供应链金融业务处理共享中心，构建起跨产业、跨部门、跨地域的产业互联网供应链金融创新服务体系。

1. 集聚产业资源，让大企业成为供应链金融的主角

中企云链创新商业模式，让大企业真正成为供应链金融的核心，改变传统供应链金融中大企业无偿提供资信保证、只尽义务没有权利的现状，调动起大企业参与供应链金融的积极性和迫切性，真正让金融服务回归服务实体经济的本质。一是中企云链为大企业提供免费的供应链金融平台，大企业自主决定自身银行授信在成员单位间的具体分割，自主决定供应链中小企业融资成本而不再由金融机构定价，自主决定是否将自身优质信用转化为价值收益。二是大企业通过中企云链平台掌握供应链上下游多级供应商的交易数据，清晰了解自身信用流转到终端末梢企业的过程，精细化管理供应链。三是大企业成为决策主体，将具体业务操作等免费外包给中企云链，充分享受共享成果，省去自建平台的投资与运营成本。

2. 调动金融资源，共建供应链金融新场景

中企云链通过引入中国邮政储蓄银行和中国工商银行两家金融机构成为股东，探索出基于大企业授信的供应链金融模式。银行只对核心大企业授信，而核心企业再基于真实交易将自身授信向上下游企业分割，让供应链上中小企业也共享大企业的信用，供应链中小企业的资金风险敞口由银行端下移至核心企业，作为风险承担主体，核心企业也将获得相应风险溢价收益。一方面，银行提高了工作效率，降低了供应链金融的坏账风险；另一方面，银行的供应链金融业务从“零售”变为了“批发”，批量获取众多大企业供应链资源的金融收益，实现了与大企业共赢。

3. 建立资源共享，实现大中小企业融通发展

中企云链整合国企产业资源与金融资源，调动供应链核心企业和金融机构的积极性，实现中小企业为大企业注入活力、大企业带动中小企业发展。一是中企云链创新应收应付清算方式，为广大供应链中小企业降低融资成本的同时，也为大企业与金融机构创造效益，优化了供应链结构。二是搭建跨产业、跨区域、跨部门，物联网和互联网相融合的金融生态平台，以供应链金融为切入点，聚集产业与金融资源，实现大企业、中小企业、金融机构共享、共赢的大中小企业融通发展的新局面。

4. 打造“N＋N＋N”供应链金融共享平台，创新金融服务新模式

中企云链立足实体产业发展，创新产品设计，打造创新商业模式。将传统线下需投入大量人力物力的供应链金融服务全部实现线上化，将过去数日完成的业务，即日即时完成，重构供应链金融服务场景。坚持资源来于核心企业，收益回归于核心企业，为企业提供免费平台服务，让实体企业既是平台的资源提供者，也是资源最大受益者。

中企云链创新出一种“N家银行＋N家核心企业＋N家上下游企业”的全线上“N＋N＋N”供应链金融平台模式。

中企云链第三方服务模式，既不同于当前部分产业集团建立的行业供应链金融模式，也不同于银行等金融机构建立的交易银行供应链金融模式。相较于部分产业集团自建平台，一是不局限于单一核心企

业供应链，避免平台发展规模局限；二是避免大企业重复投资，尤其互联网平台建设、运维及市场推广需要巨额投入，避免国有资产流失；三是具有规模优势，可以为企业级用户提供综合、全面的一揽子解决方案。而对于银行自建银企平台，尽管银行在资金、支付结算及金融专业性上有优势，但大企业及其供应链上企业加入其平台后，受其授信限制，其他金融机构无法加入，大企业将被绑架在一家银行，导致企业巨大的流动性风险，这是所有大企业都不愿意做的。

中企云链整合众多大企业集团内部资源、供应链资源与金融资源等诸多要素资源，打破传统供应链的金融封闭、单一壁垒，形成开放、立体的“N＋N＋N”供应链体系，优化资源配置，促进合作共赢。

（二）众筹共建混合所有制企业，为平台建设提供组织保障

1. 股东众筹，调动股东资源

中企云链由中国中车以众筹的理念发起设立，在保证央企国有股权控股的前提下，联合了多家大型央企、地方国资、民营企业及金融机构，多种资本参与，放大了国有资本功能。既避免了一股独大造成的机制僵化，又发挥了国有控股混合所有制优势，实现资源配置最优、效率最高。

基于股权众筹的股东结构，中企云链“源于中车、走出中车，服务实体经济”，股东产业资源不断聚集，陆续吸引了十几家央企和地方大型国资的数百家核心企业入驻平台，并带动了数千家供应链中小企业。随着中企云链的发展，后续也将继续以众筹方式引入更多的优质企业和资源。

2. 损益共享，员工投资入股激发企业活力

为了使管理团队及员工的利益与中企云链股东的利益捆绑在一起，共同承担投资风险，参照《关于国有控股混合所有制企业开展员工持股试点的意见》（国资发改革〔2016〕133号），经中企云链董事会及股东会讨论并审议通过，管理团队及核心骨干发起设立云顶（天津）资产管理中心（有限合伙）企业，按照国资监管要求以实缴货币对中企云链进行投资，持股中企云链12%股权，成为中企云链第二大股东。管理团队及核心骨干既是企业股东也是企业员工，企业的发展与个人利益戚戚相关，不断激发员工的创新、创业激情，不断提高公司治理水平，企业发展活力进一步增强。

3. 建立混合所有制企业的决策运行新机制

发展混合所有制经济是党中央深化和推进供给侧结构性改革和国有企业改革的重要举措。中企云链通过引资本与转机制相结合，产权多元化与完善企业法人治理结构相结合，推动完善股东会、董事会治理下的国有控股混合所有制现代企业制度，避免国有股东一股独大、过多行政干预，有效激发企业活力。

中企云链股东众筹均不控股、不并表，既保持国有控股企业的性质，又在股东会、董事会、监事会治理结构下，保持了各经济成分股东的参与权。股东无论大小、经济性质，都必须通过股东会、董事会、监事会表达各自利益诉求。通过设立董事会观察员制度，让未进入董事会或监事会的股东自愿列席公司会议，了解公司动态及决策事项，保障股东权益，建立高效的股东治理结构。

在公司决策上，适应互联网企业快速、灵活的经营特点，严格遵守集团管控的同时，股东会对董事会、公司管理层在经营上进行充分授权。在合法合规的前提下，由管理层根据实际经营状况会商讨论、共同决策，打破传统国企层层汇报的沟通模式，确保经营一线信息实时反馈。

（三）创新企业债权确认模式，打造企业信用流转线上平台

1. 创新国内企业债权确认新模式

为充分盘活银行等金融机构给予核心企业的授信和资金支持，发挥核心企业在实体经济中的行业领军地位和优质信用，中企云链在严格遵循国家法律框架的基础上，推出“云信”产品（一种可拆分、流转、融资的电子付款承诺函），为企业间应收应付往来款清算提供新选择。通过“云信”实现核心企业信用流转和中小企业快速融资，让传统金融无法涉足的供应链末梢企业也能享受到供应链中核心企业的

优质信用，充分发挥互联网带来的长尾效应，惠及供应链上下游的广大中小企业。

核心企业首先从银行等资金方获取授信支持，而后由核心企业根据其所属子企业规模大小、经营状况、发展方向、市场导向等信息进行风险程度评定，经中企云链平台核实后，由核心企业分配并在中企云链平台设定所属子企业可使用“云信”最高额度，其可分配的总额度即该核心企业取得的银行专项授信额度。核心企业向供应商通过支付“云信”来支付货款，供应商收到“云信”后有三种选择，一是选择部分或全额继续持有；二是选择部分或全额向平台进行保理融资变现；三是选择部分或全额继续支付给其他企业，实现“云信”在供应链企业间的广泛应用。

供应商通过拆分流转所持有的“云信”，快速流转到更多供应链上的广大中小企业，免费清理企业三角债，大幅降低供应链交易成本。同时，供应商也可以将持有的“云信”进行转让融资，向平台提交合同和发票，即可实现两小时内的高效低成本融资。平台保理公司以应收账款商业保理的形式受让相应“云信”，以再保理的形式将“云信”转让给银行金融机构取得融资，在此过程中平台保理公司仅收取融资额 2‰的年化手续费，不收取利差，从而将银行资金以安全、便捷、高效的方式引入供应链末端中小企业。“云信”到期后，由大企业将开立“云信”金额等值的资金划入银行，由银行根据最终持有“云信”的不同对象进行清分，划入持有“云信”对象的银行账户。

“云信”集合了企业间传统应收应付清算方式的优点，并解决了票据追踪的难题。云信＝银票（可靠）＋商票（支付免费）＋现金（随意拆分）＋易追踪。

企业在平台全程注册、收支流转甚至融资等完全线上操作，足不出户。各供应商收到“云信”后自主任意免费拆分，进行再次流转和融资，具有类似现金的高度灵活性。任意一级供应商收到“云信”，仅需在线提供与上一买家的合同和发票，即可实现当天融资变现，享受足不出户、资金到户的极致客户体验。大企业可以实时追踪到“云信”的流转过程。在某些建筑或科研单位等对资金流向有特殊要求的企业，使用“云信”后，避免了资金被挪用。

2. 建立供应链金融平台“开放、免费、共享”运作机制

中企云链突破传统单一企业供应链的“疆界”，聚合在统一的平台上。各企业集团通过云链平台开展自有供应链体系的供应链金融，中企云链仅将各产业集团供应链金融业务后台处理进行集中共享。所有企业无门槛入驻平台，只要是合法成立、运营的企业都可以是中企云链平台的用户。企业在平台注册、实名认证、开户，开立“云信”、接收“云信”、拆分流转支付“云信”全部免费，仅在供应商将“云信”融资变现时平台按融资额收取年化 2‰的手续费，平台再无其他费用。

“中企云链不是信用的创造者，只是信用的搬运工。”中企云链的目标是打造服务供应链企业的产业互联网，做产业互联网中的“京东”与“天猫”。中企云链供应链金融仅仅是“获客”手段，以供应链金融服务免费和共享，实现用户规模效应。通过开展供应链企业广告、物流、招投标、集采等增资服务，成为平台公司未来盈利点。

中企云链针对平台融资小额高频、单笔业务成本趋同的特点，在天津滨海建立了金融工场，以制造业“富士康”流水线工作模式改造金融业务后台处理，采用流程标准化、工业化，任务池、抢单、计件工资等方式，大幅降低平台运营成本，建造大企业供应链金融共享中心。

（四）运用大企业信用碎片化，贯穿供应链服务中小企业融资

按照《中华人民共和国合同法》《中华人民共和国物权法》等法律，中小企业供应商收到供应链核心企业基于真实贸易向其开立的“云信”，是核心企业出具的应收账款债权凭证，也是核心企业的企业信用支付凭证。利用“云信”任意拆分特性，一级供应商收到大金额“云信”自主拆分出一定金额向下一级供应商进行支付，二级供应商将收到的“云信”再拆分后向三级供应商支付，三级供应商再向四级供应商支付，以此类推，最终核心企业开立的“云信”将被不断拆分成无数个“小云信”，理论上最小

的"云信"可以是一分钱。核心企业"云信"拆分过程也是企业信用拆分的过程，通过"云信"在供应链的支付流转，实现了大企业信用的碎片化，将大企业优质信用在供应链上进行传递。

在传统供应链金融模式中，中小企业随着级次递增其信用等级降低，融资成本逐渐增加。使用"云信"后，处于任何供应链级次的中小企业供应商可以利用"云信"可转移支付的特性，向其他中小企业流转核心企业"云信"偿付欠款，也可以向云链平台提出融资需求，由平台合作金融机构放款，实现精准融资，融资成本均是"云信"开立核心企业的资金成本，让供应链末梢的小微企业也享受到核心大企业信用带来的低成本融资。例如，中车核心企业中车株洲电力机车开立一笔6000万元6个月期的"云信"，截止到期日，单笔"云信"被拆分245次，流转4级，102家供应商参与。其中，一级供应商没有融资，二、三级供应商才开始融资，而且各级供应商融资成本同为年化利率4.8%，通过"云信"贯穿整个供应链，共享大企业的优质信用，解决中小企业融资难题。再比如中车某核心企业开立一笔500万元6个月期的"云信"，经供应链上供应商多级流转支付，"云信"支付到了第十级供应商。

（五）利用金融科技，提高服务实体经济的供应链金融效率

中企云链将传统线下企业间的应收应付确认、融资流程全面优化整合到互联网线上。企业在网上注册、实名认证入驻平台，可快速开展应收应付账款的确认及融资。

核心企业基于真实贸易关系，合理安排资金计划在线向上游供应商确认应收账款开立"云信"，上游供应商再向其上游的企业支付"云信"，并逐级向供应链上有供应关系的企业进行多级支付，实现免费清理企业三角债。在使用"云信"过程中，核心企业实时掌握供应链上各级供应商使用其开立"云信"支付和融资的数据，清晰梳理出其供应链企业产品、原材料路径及企业链属关系。

中小企业既可以使用"云信"快捷清理债务，也可以融资变现。中小企业只需将接收的大企业"云信"选择任意金额后向平台提出融资申请，上传合同和发票，进行USB Key（以下简称UK）确认即完成了融资申请的全部工作。合作金融机构融资资料及流程存在差异，平台通过流程优化，简化中小企业提交融资申请资料，将各金融机构复杂的资料审核流程交由中企云链平台天津共享中心进行处理，并在2个小时内按照合作金融机构差异化的审核标准完成融资资料核查，线上同步推送金融机构，金融机构等资金方则在2小时内即时放款到该中小企业账户，大大提高中小企业融资效率。

（六）严控平台风险，建立多层次风险防范体系

金融的本质是信用及风险识别与评估，供应链金融基于供应链企业间的供应关系，对供应链上广大企业的物流、商流、资金流与信息流进行风险评估并提供金融服务。中企云链定位于构建大企业、中小企业与银行共同发展的良性生态圈，搭建资产与资金对接的信息交换数据平台、企业信用流转的中转站和交换中心。中企云链本身不创造企业信用，平台企业的信用由资产端和资金端来产生。中企云链创新模式中供应链流转的"云信"都是核心大企业的信用，将传统供应链金融违约风险归集到核心大企业，不再依赖供应链上中小企业的信用评价，大大降低金融机构供应链金融风险控制难度，增强了业务实操性。

为加强平台企业的信用管理，防范违约事件发生，保障企业的合法权益，中企云链从平台企业的认证、准入、银行授信管理及信息安全等方面严格审查，并利用大数据分析对潜在风险事项进行风险识别与预警，避免风险事件的发生。

平台企业实名认证是保障交易安全可靠的基础。入驻云链平台的企业需要进行实名认证，实名认证包括上传企业基本信息、证照，并绑定银行颁发的企业网银UK（与中国金融认证中心CFCA合作的70余家银行颁发的UK可以在平台上绑定，绑定UK的过程类似个人业务的绑定信用卡）、上传《数字证书使用承诺函》等，经过平台审核验证后才能开展业务。

中企云链借助银行的授信风险控制与央企等大企业集团内部风险控制有效统一，建立平台独有的风

险控制体系，并严格大企业的准入标准，保证信用流转的安全。具体操作上，一是入驻平台能开立“云信”的企业必须是当期评级为AAA、AA＋的企业，并且有银行闲置的银行授信，央行征信系统无违约记录；其评级及授信额度信息由平台风控部门直接从评级机构和银行实时获取。二是入驻大企业集团必须是实体产业，为国家重点支持的产业领域，禁止落后产能领域企业开立“云信”。三是建立平台与大企业集团授信管理数据交换实时沟通机制，由大企业集团的资金管理部门专项管理在云链平台上的专项授信额度，并进行债项担保。平台在“云信”到期日前30日、15日、7日、3日、1日及当日分别由客服专席进行还款提醒，如果大企业集团分配“云信”专项额度给下属成员单位出现还款风险，则于还款当日上午启动大企业集团进行还款，保证“云信”的正常流转与到期兑付。四是因各企业集团的财经纪律对票据项下的真实贸易背景或债权债务关系都有比较明确的规定，因此大企业集团、银行与云链平台签署的三方协议中，明确要求大企业集团一般按照票据来进行管理，避免承诺付款日各核心企业未按照约定付款，造成央行征信信用受损情况的发生。五是采用区块链分布式记账、电子签名、时间戳、智能合约等技术实现企业应收应付账款的信息记录和交换，从技术上排除数据被篡改、被伪造的各种可能，保证持有“云信”债权的唯一性。

中企云链平台建设和运营过程中，充分考虑到信息安全和系统平稳运行的要求，采用领先的软硬件系统以及安全防护措施，制定和落实严密的管理制度，严格做好数据备份和容灾管理，为用户提供银行最高等级的安全保护。中企云链已通过公安部国家信息安全等级保护制度第三级安全测评认证，保障用户的账户安全、通信安全及数据安全。

（七）增强信息系统开发能力，保障平台平稳可靠运行

建立了专业化的技术开发与信息系统运维团队及完备的标准化管理制度。平台信息系统研发组织由创新产品团队、系统开发团队、系统测试团队、系统运维团队、系统安全团队，以及客户服务团队组成，目前有50余人的产品研发团队，大部分人员都来自国内知名的软件技术公司，核心团队具有多年的大规模、多并发的平台产品架构设计能力，以及银行系统安全设计经验。

信息系统采用先进的多层分布式B/S四层架构设计，包括客户层、表示层、业务逻辑层、数据层4个典型应用模型。信息系统开发建设不断标准化、流程化、规范化，制定了从需求调研、方案设计、系统开发、上线测试、系统运维到升级迭代的覆盖平台产品全生命周期的一系列研发标准、开发流程；建设并应用了系统需求管理、问题处理、项目管理、代码版本化管理等内部研发信息化系统。

与中国金融认证中心（CFCA）合作，集成CFCA电子签章认证服务，实现多重身份认证保障信息安全，并由中国金融认证中心（CFCA）为电子签名相关各方提供电子签名的真实性、可靠性验证服务。从实名认证、关键交易签名、电子合同安全应用等几个角度，有效地解决用户身份真实性、所签署电子协议的法律有效性问题，保障供应链融资平台数据传输的真实性和机密性，同时能防止“钓鱼”攻击。

多重安全硬件架构保障平台高效不间断运转。平台网络架构采用链路与设备的热冗余，网络设备全部双路热备，即使网络设备出现故障，也能保证在无人干预的情况下自动切换，保证服务、数据的连续性与可靠性。

三、服务实体经济的供应链金融共享平台的建设与运营管理效果

（一）降低供应链整体融资成本，促进实体企业提质增效

中企云链平台自2015年9月正式上线至2017年9月末，已有注册企业用户7500余家，核心企业实现“云信”支付超过205亿元，通过“云信”流转累计免费清理供应链企业三角债600多亿元。2016年，中企云链平台累计为已入驻的中国中车集团、中国铁建集团等央企集团降低有息负债、节省财务费用2亿元，直接增加财务收益2000万元，平均提高集团EVA增加值2%。此外，中小企业通过接收大

企业“云信”进行低成本高效融资 90 亿元，直接降低融资成本 2 亿元。随着“云信”业务的全面铺开，仅在国有大企业广泛推广使用，即可降低国有大企业融资成本数百亿元，尤其为企业三角债的疏围解困提供了有效路径，对核心企业乃至整个实体经济的降本增效起到不可估量的推动作用。

（二）金融服务脱虚入实见实效，创新体系深得实体企业认可

通过中企云链构建的大企业、中小企业与银行的共生生态体系，已有超过 4500 家中小企业获得融资近 90 亿元，其中超过 80 亿元来自邮储银行、工商银行等金融机构，切实做到了引导银行信贷资金回归实体产业，真正实现了金融服务“脱虚入实”。截至 2017 年 9 月，“云信”业务已在中国中车、中国铁建、国机集团全面推广使用；中国中铁、中国交建、中国能建、中国建筑、中节能、航天科技、中国能建、上海城建、北京华联等也已经陆续完成试点进入全面推广阶段；招商局、中国商飞、船舶重工、江淮汽车等众多大型企业确定了业务合作意向。

（三）助力企业信用体系建设，共同推进产业链供给侧改革

中企云链平台通过资源整合和流程优化，促进产业跨界和协同发展，降低了企业经营和交易成本。既有利于解决中小企业融资难题，更能确保资金流向实体经济，为供给侧结构性改革提供重要支撑，也为中国在 2020 年成为全球供应链创新与应用的重要中心，形成一批适合我国国情的供应链发展新技术和新模式，为形成覆盖我国重点产业的智慧供应链体系做出了贡献。

（成果创造人：詹艳景、刘　江、宋文东、赵红军、
柏晓琳、张　岩、白　静、刘长波、程　菲）

非公有制建筑企业构建利益共同体的股权结构改革管理

新十建设集团有限公司

新十建设集团有限公司（以下简称新十集团）是湖北省一家拥有 40 多年历史的大型房屋建筑施工总承包 1 级企业，具有机电设备安装工程专业承包 1 级资质、建筑装修工程专业承包 1 级资质、地基与基础工程专业承包 1 级资质、钢结构工程专业承包 2 级资质、市政公用工程施工总承包 2 级资质。公司现有注册资本金 5.0059 亿元。下设新十建设集团房地产开发有限公司等 5 个子公司，现有员工 4200 余人，建造师 67 人，高级工程师 53 人，工程师 196 人，助理工程师 285 人，机械设备 4000 余台（套），近百个施工项目，年施工能力逾百亿元。

一、非公有制建筑企业构建利益共同体的股权结构改革管理背景

（一）建立现代企业制度，应对激烈的建筑市场竞争的需要

新十集团是在原“武汉市新洲区第十建筑工程公司”的基础上发展壮大起来的，创建于 1973 年，属国有企业，1985 年划归新洲区刘集乡，改制为集体企业。随着市场经济体制的逐步建立和企业体制改革的不断深化，2004 年新洲区启动了全区建筑企业的改制，企业实行出售卖断，由集体企业改制为非公有制企业。虽然企业的性质变了，但经营管理等一切照旧。2008 年年初，原企业主要负责人到龄退休，经协商原股东集体退出，由现任董事长等 3 人购买公司全部股权。企业在深化改革、建立现代企业制度的过程中，遇到重重阻力，严重阻碍了企业的健康发展。第二次改制又遇到阻力，处于停滞不前状态。表面上看，企业经过了两次改制，但两次改制均不彻底、不到位。无论是企业的外部环境压力，还是内部的管理运行，都迫使企业必须尽快建立现代企业管理制度，真正做到产权清晰、权责明确、制度完善、管理科学。

（二）构建企业利益共同体，充分发挥所有者、经营者等各方面积极性的需要

企业在第二次改制时，持股人数较少，股权过于集中，致使公司的治理结构无法健全，影响了企业所有者、经营者和各方人员的工作积极性。公司二次改制时，因企业法人代表的更换以及一些其他的人为因素，企业的发展前景并不被人看好，虽然企业曾动员有实力的经营者和管理、技术骨干参股，但观望者多，响应者寥寥。此后，随着企业的发展逐年向好，局面也在逐渐改观，但股权过于集中的矛盾日益显现。长期下去，难免出现人员流失、带走技术、带走人才、带走项目等问题。把股本向企业经营者和管理、技术骨干等人才转移，让他们持股当股东，可以有效地留住他们的人，拴住他们的心，形成企业利益共同体，树立长期立足企业求发展的信心，激发各方人员尽心尽力经营和管理企业的积极性和创造性。

（三）克服自身发展瓶颈，实现企业做强、做优、做大的需要

公司董事会清醒地认识到企业发展存在的瓶颈和短板，最突出的就是持股人过于集中，且有的持股人对企业发展漠不关心，不闻不问，这种状态严重阻碍了公司的发展。企业进行股权结构改革迫在眉睫，势在必行，它是企业进一步发展，做强、做优、做大的必然选择和迫切需要。正是在这样的背景下，公司实施了企业股权的进一步改革，让决策层、管理层和优秀员工均持有股份，并在此基础上进行配套改革，完善公司管理结构，实施管理创新措施，以较好地解决企业改革、管理和发展过程中的问题，使企业组织形式和管理水平在股权结构改革中得到提升。

二、非公有制建筑企业构建利益共同体的股权结构改革管理内涵和主要做法

新十集团在确立企业股权结构改革的指导思想、工作原则和股改方案的基础上，引入协商机制，构建股权结构改革的组织体系和准入条件、实施保障体系，实施“三扩一调”的改革措施，引入职业经理人制度，有效协调股东和经营管理者及全体员工的责权利关系，优化公司股权结构，构建企业利益共同体，规范公司治理，提升企业管理水平，不断激发企业的内生活力，调动员工的积极性，实现公司做大、做强、做优的战略目标。主要做法如下。

（一）确立企业股权结构改革的指导思想、工作原则和股改方案

新十集团在改革和发展的实践中，逐步认识到股权激励的作用，认识到股权结构改革的重要性、必要性和紧迫性，公司要发展壮大，做大、做强、做优，股权改革势在必行。在股权结构改革中，新十集团以《中华人民共和国公司法》为依据，按照现代企业制度的要求，首先确立股权结构改革的指导思想，即以中央、省、市大力发展非公有制经济的相关文件精神为指导，以调整股权结构为手段，使企业适应市场化、现代化的新形势，以解放和发展生产力为标准，将企业股权合理流转到企业经营管理者、优秀管理者和优秀员工手中，构建企业利益共同体，不断提高股本经营效率，增强企业活力，完善现代企业制度，建立资产监管体制，全面推进依法治企，做大、做强、做优企业，不断增强企业的经济活力、控制力、影响力和抗风险能力，促进企业持续健康发展。

新十集团股权结构改革的基本原则：一是依法规范。企业股权改革遵循《中华人民共和国公司法》及行业其他有关要求及公司制定的相关规范，严格履行法定程序，依法办事，维护持股人的合法权益。二是注重价值提升。强化股权投资项目全生命周期的价值管理，实现新十集团价值最大化，确保股金保值增值，提升新十集团整体价值。三是统一标准。对持股人的身份、能力、实力、贡献、诚信等方面进行量化打分，形成统一标准，一视同仁，统一实施。四是开放流转股权。股权不搞终身制，有进有出，贡献大、实力强、诚信好的管理精英、项目经理等优秀人才经过一定的程序可以持有股权，因年龄原因或违法违纪及其他原因，可退出股权。

（二）建立股权结构改革的组织体系，完善运行和协商机制

公司制定了股权结构改革的实施方案（以下简称《实施方案》），其中明确规定，股权结构改革在公司董事会的领导下推进。为此，公司成立以董事长为组长的股权结构改革领导小组，领导小组成员除董事会成员外，还吸收股东代表、职工代表以及中层管理干部参加。股权结构改革在领导小组的领导下，在公司办公室、人力资源部、财务部等部门积极参与下具体实施。

股权结构改革以《中华人民共和国公司法》为法律依据，以各级政府制定的相关文件为指导，以公司制定的《实施方案》和相关规定为准则，在领导小组的统一指挥下依法进行。《实施方案》规定了通过股权结构改革方案的相关股东会议情况，股权改革的总体思路、实施内容、实施进程、实施办法以及保障措施等，在全公司予以公告。确保股权结构改革有法、有规可依，按法、按规执行，受法律、法规、制度约束。

股权结构改革在具体实施阶段，首先是要确权。由于各种历史原因，确权遇到了一系列困难。2008年新十集团再次改制时，股东确定为3人，并已注册，法律手续健全。但随着时间的推移，股权过于集中，不利于调动员工工作积极性的弊端逐渐显现。公司试图按正常程序研究扩股，但阻力很大。在这种情况下，公司为了发展，先后两次接纳多人向公司出资入股，但未注册。现在公司要进行股权结构调整，对后来出资但未注册的人算不算股东，形成了两种完全不同的意见，一种意见是应视他们为股东；一种意见是没有注册，法律手续不健全，其出资只能算公司向他们借款，可给高于银行借款的利息，不能算是股东。双方各持己见，僵持之下，最后走法律程序解决。公司共有7人向新洲区人民法院提起诉讼，状告新十集团，要求确定股东资格。法院受理案件后，经过调查认为，原告已履行出资义务，并向

被告公司实际缴纳资金，被告公司也向其开具了股东出资证明，原告履行出资的实质条件已具备；原告出资后参与了公司的经营管理与利润分红，履行了股东的权利与义务，有成为公司股东的真实意愿表达，且被告公司于2013年12月1日的股东会做出决议，对原告的股东身份已予确认，同时确认了包括原告在内的公司在册股东出资溢价的计算标准，足以证实原告依法享有被告公司股权。新洲区人民法院判决这7人胜诉，享有新十集团的股东资格。原3人股东中有人对判决持在异议，遂向武汉市中级人民法院上诉，市中院依法组成合议庭对案件进行了审理，驳回上诉，维持原判。至此，原股东由3人变成了10人。另还有部分人员的情况与上述7人类似，他们虽没有参与诉讼，新十集团比照这7人的情况，对这部分人员的股权也予以确认。

2008年新十集团改制时，确认的股东只有3人，董事长出资比例占34.45%，另有两人各占32.775%。企业股权结构改革的核心是要扩大持股人数，而要扩大持股人数，原持有股份的股东就要减持股份，不然扩大持股人数就不可能实现。为了顺利完成股改，公司大股东带头减持股份，明确减持目的、减持数量、权利和义务条款，形成股权减持文件；对于减持态度摇摆的股东，在已减持的股东带动和影响下，通过耐心细致的思想工作，解除股东后顾之忧。同时，针对待减持股东最大利益障碍，提出减股让利的减持策略；对于坚决不减持的股东、协商不能有效推进的股东，由后两次出资（未注册）的股东向新洲区人民法院起诉，法院依法做出判决，后两次出资的股东胜诉，经法院执行庭强制执行减持被告人股份。

（三）确定扩股原则和准入条件

股权结构改革是利益的重新分配，首先涉及人。什么人可以持股？持股人必须具备什么条件？尤其是在想持股的人员比较多，不能全部满足需求的情况下，确定扩股原则，制订持股人必备条件就显得尤为必要。为此，公司股权结构改革领导小组制订了改革的原则和持股人必备条件，并经股东大会表决通过。

股权结构改革的总原则：一是坚持依法合规，公开透明。依法保护股东利益，严格遵守国家有关法律法规，确保原则公开，程序公开，结果公开，严禁利益输送，杜绝暗箱操作。二是入股自愿，风险共担。建立健全激励约束长效机制，符合条件的管理人员和员工自愿入股，入股人员与企业共享改革发展成果，共担市场竞争风险。三是规模适度，择优入股。根据企业实际，持股人控制在20人左右，如报名人数超出，设置一定条件择优录取。四是严格程序，强化监督。严格执行每一步程序，领导小组持续跟踪指导，加强评价监督，确保股权结构改革目标明确，操作规范，过程可控。

持股人的必备条件：一是政治素质。拥护中国共产党领导，拥护中国特色社会主义道路，团结同志，品行端正，诚实正直，遵纪守法，以身作则，言行一致。二是贡献突出。公司管理人员和项目经理所承接的工程项目，连续3年为国家纳税不少于100万元；中层管理人员爱岗敬业，工作能力强，业绩突出，连续3年受到上级主管部门或公司的表彰。三是实力雄厚。以现金和技术形式入股，现金入股人须一次出资不少于100万元；技术入股人要有国际、国内建筑技术知识产权证书，并在建筑实践中得以运用。四是诚实守信。诚实经营，讲求信誉，近5年无不良诚信记录。

（四）实行“三扩一调”的股权结构改革

随着改革的深入和形势的发展，根据公司股权过于集中形成的管理层和员工工作积极性不高，主人翁意识不强，对企业发展的关切度不高和风险意识淡化，股权的激励与约束机制缺失等弊端，公司于2014年年底，在依法确认股权和原股东减持股份，并确认后两次入股中第一次的入股人享受溢价待遇的基础上，根据股权结构改革小组制订的标准，进行了“三扩一调”改革。

1. 量化新增资产扩股

新十集团经过两次改革，企业得到了一定的发展，净资产和所有者权益都不断增加。所谓量化新增资产扩股，就是根据企业年初账面待分配利润和所有者权益数额，按原始股和两次扩股的总股本数分段算出股本增值率，量化到持股人名下，这次量化新增资产扩股 6767.11 万元，占扩股总额的 55.35%。量化新增资产扩股有利于明晰内部产权，调动原持股人的积极性，激发新持股人的工作热情。如果不及时量化新增资产扩股，随着企业的发展、时间的推移和人员的变化，势必造成待分配利润越来越多，从而形成“共有股或集体股”，看似股东人人有份，但谁也看不到、摸不着，谁也不关心，使资产越来越难以分割和量化，最终将导致企业内部出现产权不清的状况。

2. 管理人员和优秀员工以现金投入扩股

基本原则：新增的入股人员一律以现金的方式入股，并将资金在规定的时间内转入公司指定的账户。此次现金扩股，连同老股东的新增出资共募集现金股本 5460 万元，是总扩股本的 44.65%。现金扩股把管理人员和优秀员工的个人资金转化为对企业的投资，形成企业的生产发展基金，有效地缓解了企业融资贵、融资难的问题。

3. 吸收行业内实力强、信誉好的优秀项目经理以资金扩股

非公有制建筑企业之间的项目经理及其他人才，存在着正常的、合理的人才流动。近几年，新十集团影响越来越大，发展前景看好，吸引了一批人才。这次进行股权结构改革，扩大员工持股面，也为这批人才留有席位，吸取他们入股，共吸纳股金 1000 万元。吸收外来人才入股，开辟了新的融资渠道，优化了股权结构，使他们成为企业利益共同体的一员，以股留人，大大调动了他们的工作积极性。

4. 调整内部股权结构和持股比例

按照董事会研究制定的原则，新股东人数控制在 20 人左右，在报名人数大大超过的情况下，董事会按照持股人的必备条件，经过认真筛选、权衡、考核，共吸纳 19 人入股，股东人数比 2008 年改制时的 3 人增加了 6 倍多。通过以上 3 种形式新增股本 12227.11 万元。是原股本 5059 万元的 2.42 倍。企业实收资本总额达到 17054.8 万元，企业股权结构和分布格局发生重大变化。在这 19 个持股人中，公司高层 7 人，占 36.9%，中层管理人员 2 人，占 10.5%，优秀员工 10 人，占 52.6%；持股份额，高层占 56.7%，其中公司法人代表持股 16.6%，成为企业最大的股东，中层管理人员占 6.2%，优秀员工占 37.08%，从根本上打破了原有的平均化的股权结构，拉开了经营者持股与一般股东持股的差距，用产权纽带和利益机制把企业股东、经营者和员工更加紧密地连在一起，形成利益共同体，并使企业产权进一步明晰，股权结构得到优化，为公司进一步的快速发展奠定了良好的体制基础。

（五）引入职业经理人制度，处理和协调各方面的关系

1. 引入职业经理人制度

由于公司股权结构改革吸收了一些高管人员、管理和技术骨干入股，这些人同时具备了股东和管理人员或员工的双重身份，使得企业内部的关系更加复杂。进入董事会的持股者，既是企业的股东，又是企业的决策者；没进入董事会的持股者，既是企业的股东，又是企业的管理人员、技术人员或一般员工。为了处理这种关系，董事会引入了职业经理人制度，聘请了一名执行总经理负责日常经营管理事务，董事会对执行总经理的工作予以监督，同时对执行总经理的工作业绩定期进行评估，并根据评估结果对其进行奖惩，以激励执行总经理对公司负责，对全体股东负责。

2. 正确处理和协调各方面的关系

职业经理人是董事会聘请的高层管理者，董事会要求职业经理人懂管理、善经营、勤勉尽责，正确执行董事会决策，搞好企业日常经营管理，不断提高企业管理水平，努力促进企业健康成长、快速发展。股东、职业经理人、管理者和员工的共同目标是使企业的效益最大化，使企业不断发展壮大，这是处理好股东、职业经理人和其他各类人员关系的基础。进入董事会的股东是董事会成员，职业经理人要执行董事会的决策，更多的股东既是企业的一般管理者或普通员工，又是被管理者，他们要服从职业经

理人的指挥。公司董事会要求，所有股东都要积极支持和配合职业经理人的工作，按照工作岗位，作为被管理者的股东要服从职业经理人的管理和调配，不得无故刁难职业经理人的工作，要为职业经理人的工作创造和谐环境和良好氛围。

3. 设定职业经理人具备的条件

职业经理人要恪尽职守，遵纪守法，爱岗敬业，尽职尽责，具备应有的敬业精神；职业经理人不能损害股东和企业的根本利益，必须尽可能多地为股东创造价值，这是职业经理人的基本职能；职业经理人在履行职务时要出于公心，做到公私分明，不以权谋私，不侵占公司财产，不损害股东利益，不接受商业贿赂。股东和职业经理人虽然是所有者和经营者之间的关系，但在具体工作岗位中只是分工不同，角色不同，所追求的目标都是公司的不断发展和利益最大化。通过实现这个目标，职业经理人得到更多的经济收入，并体现人生价值，股东一方面取得更多的分红，另一方面还可以按照所在工作岗位取得相应的工资收入。

（六）规范公司治理结构，提升企业经营管理水平

在公司制企业中，股权结构决定公司治理结构。新十集团在股权结构改革完成后，首先按照《中华人民共和国公司法》的规定，进一步建立健全公司法人治理结构，强化公司法人结构的一系列制度建设，正确处理法人治理结构中制衡和效率的关系，确保公司的经营管理在法制化的轨道上规范运行。公司按照《中华人民共和国公司法》的要求召开股东大会，新一届股东大会选举新一届董事会、监事会，董事会选举董事长。董事会召开会议，聘请一名职业经理人担任执行总经理，主持公司的日常业务工作；修改公司章程和董事会章程；研究并推荐公司党委书记报批人选。

1. 明晰董事会职权与义务

修改后的新十集团公司董事会章程规定：董事会是公司的决策机构，依法行使《中华人民共和国公司法》规定的职权，对股东会负责；董事会决定公司的发展战略、中长期发展规划、年度工作计划、预算方案，以及决定聘任或解聘公司管理人员等 11 项职权。

2. 规范董事会与各方面的关系

一是与经理层的关系，形成董事会决策、经理层执行的决策与执行机制。除总经理外，董事与其他经理人员职权不重合，实现决策权与执行权的分离与制衡。董事会集中精力把方向、议大事、防风险，充分发挥战略决策和引领作用。董事会对经理层合理授权，维护总经理在公司执行性事务中的管理权威。经理层充分尊重董事会对公司重大问题的统一决策，忠实执行董事会决议，认真向董事会报告工作，获得董事会对各项工作的指导与支持。

二是与党委分工协作、相互配合。为加强党对企业的领导，在建立现代企业制度的基础上，充分发挥党组织政治核心作用，新十集团实行“双向进入、交叉任职”的领导体制，由一名董事任党委书记，其余董事（除非党员外）任党委委员。公司党委围绕公司的两个文明建设开展工作，积极参与决策，并带头执行董事会决议，发挥模范引领、保障监督作用。

三是与监事会沟通协调、良性互动，充分发挥监视会的监督作用。邀请监事会列席董事会各类会议，及时提供相关文件资料，积极组织监事会成员参加董事会组织的考察调研，加强信息沟通交流，董事会认真督导落实监事会提出的各种问题和整改建议。

3. 加强各项制度建设

一是加强内控制度建设，完善企业内部控制。以《企业内部控制基本规范》等文件为依据，结合企业实际情况，全面梳理原有管理制度，在符合内部控制要求的前提下，着眼于管理制度创新，建立适合企业的内部控制管理体系，明确相关部门人员的职责和权限，推行各项全面管理，提倡股东积极参与，建立各方面相互协调支持又相互制约的内控体系。

二是健全确保股本安全完整的制度，保障企业利润最大化。通过健全有关制度，科学有效地监督和制约资金流动、周转的各个环节，对股本的利用进行控制和监管，从而确保股东的投入安全完整，防止资产流失，使企业的各项经营活动阳光透明，活而有序，尽可能杜绝不必要的成本费用开支，促进企业的有效经营，以求企业实现更大的盈利目标。

三是建立内部报告制度，完善企业内部审计体制。为了确保股本资金合理有效使用，公司建立和完善内部报告制度，加强内部审计工作。由监事会牵头，每半年对股本资金使用情况进行一次审计，如实反映资金使用情况和公司经营状况，及时披露相关重要信息，发现问题及时向公司董事会报告。

四是建立检查督促机制，确保内部控制制度的实施。制度的生命在于落实，公司监事会定期对公司各项制度的落实情况进行督促检查，对董事会、股东大会决议执行情况监督检查，发现问题及时上报、督促解决，确保公司各项制度的实施。

五是强化对股东法定知情权的保护。依据《中华人民共和国公司法》，董事会非常重视依法保护股东的知情权和利润分配权等权利，采取多种措施，防止以公司章程、股东间协议等方式，实质性剥夺股东的法定知情权。

（七）加强股权结构改革的宣贯工作，确保改革工作顺利推进

一是做好宣传发动工作，营造企业股权结构改革的浓厚氛围。首先，坚持发动群众，依靠群众，从群众中汲取改革的智慧和力量。新十集团董事会认为，要搞好企业股权结构改革，必须最大限度调动一切积极因素和各方力量，发动群众参与改革，引导舆论支持改革，从群众中汲取智慧和力量，汇聚起全体员工投身改革的强大合力。其次，注重倾听群众对改革的意见。企业股权结构改革，牵涉到方方面面的利益，矛盾、风险、挑战之多前所未有，唯有真诚倾听群众的呼声，认真回应群众的诉求，真情顺应群众的期盼，才能把广大员工的智慧和力量凝聚到改革上来，破解改革中的难题，化解各方面的风险挑战，推动企业股权结构改革取得成功。在改革过程中，公司共收集到群众的各种意见100多条，经梳理后大部分被采纳，并充分体现在《实施方案》之中。最后，引导群众对照先进找差距，提高对企业股权结构改革的认识。新十集团董事会在企业股权结构改革动员会上，认真分析建筑业市场的形势，使广大员工深刻认识到，近几年建筑业市场竞争日趋激烈，有的企业脱颖而出，不断发展壮大；有的原地踏步，发展缓慢；还有的被市场淘汰，倒闭关门或被兼并。发展势头好、不断壮大的企业有一个共同的特点就是不断深化改革，勇于创新发展，建立现代企业制度。新十集团要发展，就要向这些企业学习，向它们看齐。不改革就是死路一条，坚持改革才是阳关大道。形势的发展要求企业要改革，市场的竞争迫使企业非改革不可。通过广泛的宣传动员，员工充分认识到改革的重要性、紧迫性。企业的改革，不但关系到企业的长远发展，还与员工的利益密切相关。企业发展了大家都受益，一旦遭到市场淘汰，企业倒闭了，不仅股东的投资会遭受重大损失，员工也会面临下岗的危险。统一了认识，员工自觉参与改革，积极支持改革，人人争做改革的促进派。公司上下形成了企业股权结构改革的合力。

二是做好思想政治工作，组织企业骨干、项目经理带头参与股权结构改革。首先是与企业骨干、项目经理交心谈心，释疑解惑，消除他们的各种思想顾虑。新十集团董事会清醒地认识到，企业股权结构改革成败的关键环节是要使企业骨干、项目经理踊跃持股、积极参加改革，不然扩股就成了无源之水、无本之木，改革就不可能成功。要做好企业骨干、项目经理的工作，要解开他们的心结也绝非易事，需要做大量的思想政治工作以及说服教育工作。当时在企业骨干、项目经理中普遍弥漫着三种情绪，即与己无关，认为企业的股权结构现状很难改变，我干活拿工资，扩不扩股、改不改革与我无关；要想持股也很困难，认为即使能够改变现有的股权结构实施扩股，自己持股也是不可能的，因而对持股不抱希望；认为即使是持了股也不见得是利好。多年来股权结构改革难以推进，关键是公司的管理体制不健全、不完善所致，不改变现状，即使持了股，也不见得是利好。要改变长期形成的旧管理体制绝非易

事，因此对持股后的企业发展和效益信心不足。为了做好企业骨干、项目经理的思想工作，新十集团董事会成员与企业骨干、项目经理逐个谈心，向他们宣讲改革方案和改革的意义，畅谈企业的发展前景，并征求他们对改革的意见。谈心的过程是艰苦的，一次不行谈两次，两次不行谈三次，直到做通思想工作，统一思想认识。董事长对每一个企业骨干、项目经理都谈了一遍心，有的谈了两次，累计谈心 60 余人次。全体董事会成员一共谈心达 200 余人次。

三是激发企业骨干、项目经理的改革热情，让他们积极投身到企业股权结构改革之中。新十集团董事会耐心细致的思想工作，苦口婆心的认真宣讲，使 40 多名企业骨干、项目经理基本上统一了思想认识。在这个基础上，新十集团董事会专门召开了公司企业骨干、项目经理的动员会，董事长做了动员报告，动员和鼓励公司的企业骨干、项目经理踊跃持股，积极投身到企业股权结构改革的潮流之中，同时宣布新十集团的股份是开放的，热忱欢迎外部的专业人才、实力雄厚的建筑精英到新十集团持股。动员会上，参会的全体企业骨干、项目经理都表达了积极的持股意向，会议取得圆满成功，为公司股权结构改革的成功奠定了良好基础。

三、非公有制建筑企业构建利益共同体的股权结构改革管理效果

（一）调动了全体员工的工作积极性，公司发展取得突破性进展

公司股权改革成功，在广大员工中产生了良好的反响，大大激发了他们的工作积极性，有力地促进了企业的快速健康发展。股权结构改革后的 2016 年，公司的各项效益指标明显改善。公司产值首次突破百亿大关，向国家纳税 3.5 亿元，比上年增加 15%。工程质量大大提高，公司承建的工程合格率达 100%，一项工程获省“楚天杯”，两项工程获市“黄鹤杯”。品牌知名度在建筑领域和社会上越来越高。2016 年入围湖北省企业 100 强，较 2015 年上升了 7 位，2016 年入围武汉市企业 100 强，较 2015 年上升了 2 位。

（二）完善了公司治理结构，提升了公司治理能力和管理水平

经过一年多的艰苦努力，到 2015 年年底，新十集团企业股权结构改革工作圆满完成。这项改革工作的完成，优化了企业的股权结构，规范了公司的治理结构，大大调动了全体员工的工作积极性，全面提升了企业的管理水平，取得了良好的经济效益，并为非公有制企业股权改革提供了经验和参考依据，产生了良好的示范效应。新十集团股权结构改革严格按照《中华人民共和国公司法》实施，完善和规范了公司结构，实现了持股人员多元化，资本结构更趋合理，吸纳了优秀员工入股，建立健全了股权激励机制，构建了企业利益共同体，实现了股东、管理者和员工利益一致。企业实现所有权和经营权分离，在科学管理的轨道上迈出了坚实的步伐。新十集团的股权结构改革，为深化非公有制企业特别是非公有制建筑企业的股权结构改革提供了经验，产生了良好的示范效应。新洲区已有 6 家建筑企业前来学习取经，在 2016 年全区建筑业表彰大会上，公司介绍了股权结构改革的经验，会后多家企业纷纷向公司索取经验材料。2017 年，新十集团再次入围全国民营企业 500 强，公司的各项经济指标继续保持良性增长，市场占有率持续提升，成为行业转型升级和效益方面的标杆，受到上级领导和行业主管部门的充分肯定。

（成果创造人：王建东、王东才、肖仁松、张秋权、徐保国、袁云林、袁守文）

大型钢铁集团促进产融协同的产业链金融服务管理

河钢集团有限公司

河钢集团有限公司（以下简称河钢）成立于2008年，系由唐钢和邯钢合并组建而成的特大型钢铁企业，隶属于河北省人民政府国有资产监督管理委员会，注册资本200亿元。经过几年来的稳健经营，河钢已经发展成为跨地区、跨行业、跨国别的大型国际化企业集团，形成了以钢铁为主业，金融服务、海外事业、非钢板块协同发展的产业格局。其中钢铁主业拥有唐钢、邯钢、宣钢、承钢、舞钢、石钢、衡板、河钢新材8家子公司；金融服务拥有河钢财务公司、河钢融资租赁、河钢商业保理、财达证券；海外事业布局欧洲、美洲、非洲等地区，拥有“四钢两矿一平台”，包括瑞士德高公司、南非PMC公司、澳大利亚威拉拉铁矿、河钢塞尔维亚公司、马其顿公司、南非开普敦公司、美国克拉赫公司，以及22个海外服务中心；大力发展矿山资源、现代物流、装备制造、资源综合利用、工程技术等非钢产业，矿产资源、现代物流等产业初具规模，新材料、新能源、生产性服务业等新兴领域加速布局。2016年年末资产总额达到3604亿元，在册职工11万人，2016年产钢4632万吨，全年实现营业收入2908亿元。

一、大型钢铁集团促进产融协同的产业链金融服务管理背景

（一）适应钢铁行业战略转型的需要

在供给侧结构性改革的大背景下，国家提出“三去一降一补”，其中钢铁行业就是去过剩产能。河北省是我国钢铁大省，化解过剩产能任务艰巨，“十三五”期间，河北省仅钢铁行业就承担了全国1/3的压减任务。作为全省最大国有企业，河钢在2016—2017年两年内需压减炼铁产能260万吨、炼钢产能502万吨，通过建新产线、生产新产品实现规模扩张的发展阶段已成为历史，行业转型势在必行。综观浦项、新日铁住金、蒂森克虏伯等一些世界著名钢铁企业的发展历程，它们都围绕着产业链的纵向延伸、横向拓展，实现了由制造向服务的战略转型。产业链金融作为产融结合的高级形式，是钢铁企业战略转型中一个非常重要的手段和发展方向。产业可以借助金融资本使金融服务渗透到原料、设备采购、生产和销售的各个环节；而金融资本也可以利用产业的资源和品牌优势支持金融的发展。

（二）实现对产业链有效管理的需要

现代企业要获得和保持竞争优势，不仅仅取决于自身产品、渠道、品牌等因素，还取决于对整个产业链的理解与适应，企业之间的竞争最终将演变成产业链之间的竞争，产业链管理也成为大型企业集团的管理方向。以原料采购为例，一般情况下钢铁企业要求供应商提供一定的账期作为准入选项，长期这样做会导致供应商资金周转困难，甚至可能忠诚度下降转供他企，造成原料断供或者缺损，进而拖累整体产业链的稳定性。钢铁企业可以利用自身在融资成本上的显著优势（河钢融资成本平均为5%，供应商融资成本为8%～10%且融资困难），有目标、有计划地通过内外部金融机构为上下游企业提供包括但不限于应收账款保理、商票贴现、买方信贷等低成本金融服务，降低整条产业链上的财务成本，促进产业链稳定协同关系的建立。

（三）应对钢铁企业发展困境的需要

随着国内经济进入“新常态”，钢生产、消费开始进入“弧顶区”，直接影响了钢铁工业的效益。从2012年开始，中钢协会员企业销售利润率始终小于1%，2012－2014年平均每年销售利润率为0.44%，2016年销售利润率只有1.08%，远小于工业行业5.97%的平均水平。在全行业面临困难局面的形势下，钢铁企业全面创效、提升盈利能力才是硬道理。

二、大型钢铁集团促进产融协同的产业链金融服务管理内涵和主要做法

河钢凭借自身在产业链上的核心地位，优先发挥内部金融平台的作用，以外部金融机构作为补充，针对产业链的各个环节，全方位地为整条产业链上的企业提供个性化、标准化金融服务；借助“平台化＋互联网”思维，搭建开放的专业化金融服务平台，提供包括应收账款保理、商票贴现业务在内的供应链融资产品，确保物流供应的及时顺畅，促进整个产业链的紧密合作；提供包括保兑仓、买方信贷、定金销售、信用销售等需求链金融产品，解决下游客户资金需求，促成钢材的高端销售；为子公司提供售后回租及设备直接租赁业务，打造集团内部设备采购平台；提供进口矿掉期、现货托盘、期货等服务，帮助下游客户规避大宗商品价格变动风险；发行资产证券化产品，募集开展金融服务所需的低成本资金；推进境外优质资产境内上市，提升资产证券化水平。搭建良性融资体系，确保整条产业链资金平稳均衡运行。通过开展产业链金融服务，降低上下游企业融资成本，提高产业链整体竞争优势，提升公司风险管控能力。主要做法如下。

（一）科学分析，明确产业链金融服务的基本思路

在低增速、低盈利、高风险的行业新常态下，河钢提出要改变原有制造企业的惯性思维，以市场化、专业化、公司化为方向，在产业链条嵌入金融服务，将“产业链”打造为“价值链”，实现产融协同运作。

在战略层面上，以开展产业链金融服务为契机，提升产业链管理能力，打造一条具有竞争力的产业链。以产融结合为主线，盘活存量，用好流量，放大增量，全面提升集团资本运营能力，有效促进集团产业资本的金融化与金融资本的产业化，使金融服务业务成为集团重要的效益增长极。

在实现路径上，以建设自有金融服务平台为主，以外部金融机构为辅，运用综合手段，管理上下游中小企业的资金流、信息流和物流，创造综合价值。

在风险防控上，以真实贸易为前提，运用自偿性贸易融资方式，通过综合手段封闭资金流或者控制物权，将风险控制到最低。

（二）完善金融服务组织，搭建开放的专业化金融服务平台

河钢以平台化理论为指导，搭建若干开放的业务平台（如图1所示），提供产业链金融解决方案（产品）。

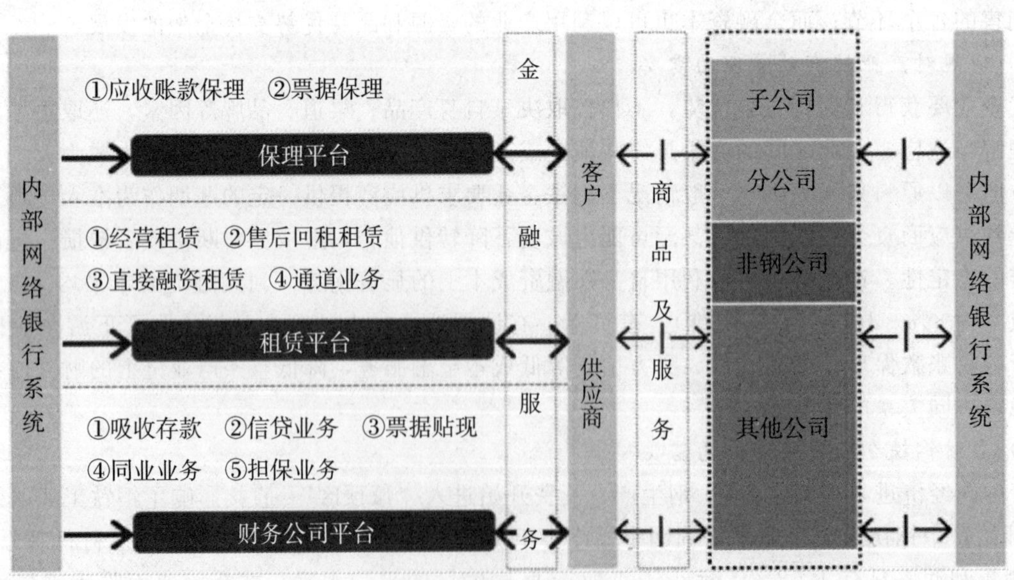

图1　河钢专业化金融服务平台体系

河钢财务公司：为中国银监会批准设立的非银行金融机构，作为人行电子商业汇票系统的接入行，能够为成员单位开出财务公司作为承兑人的电子银行承兑汇票。

河钢商业保理公司：为商务部批准的类金融机构，供货商可以基于现在或将来其与河钢订立的货物销售、服务合同所产生的应收账款转让，由河钢保理向其提供资金融通、买方资信评估、销售账户管理、信用风险担保等一系列综合金融服务。

河钢融资租赁公司：为商务部批准的类金融机构，依托河钢的整体优势，可以为成员企业提供直接租赁、售后回租等金融服务。

此外，在引入商业银行机制、模拟商业银行运作模式的基础上，于2014年同步建设内部网络银行，通过内部网络银行系统，河钢内部交易不动用真实现金，以“内部虚拟货币”结算，统一收付外部资金，实现企业内部虚拟货币与外部真实资金之间的一体化，有效归集集团内部资金，为各金融服务平台提供资金保障。内部网络银行的往来结算、信贷机制、监督管控等功能的充分发挥是河钢金融服务平台运行的基础，对集团金融服务正常开展起到支撑作用，具体包括以下3点。

内部结算作用：河钢内部往来结算，通过内部银行信息系统进行支付清算，是河钢重要的金融基础设施，也是保证集团内部资金流动的大动脉。

内部平衡作用：内部银行根据资金有偿占用的原则，引入信贷机制，在统筹调节资金余缺的基础上，通过利息率的杠杆调节作用，对各金融服务平台开展的产业链金融业务进行引导。

监督反馈作用：根据河钢对金融服务板块的业绩考核要求，内部银行执行信息数据的存取、运算等指令，完成金融业务的数据核算、统计和分析，实现对金融板块的全流程管控。

（三）针对上游供应链特点，设计实施采购端金融服务

河钢成立伊始，基于提高资源掌控能力、市场话语权的考虑，成立采购总公司，统一采购煤炭、焦炭、铁精粉、合金（锰系、硅系、铬系、特种合金）等原燃料。以2016年为例，统采物料4012万吨，采购金额（结算口径）320亿元。河钢一般占用供应商3个月的账期，到期日开具6个月承兑汇票，这种结算方式占用供应商金额大、期限长，导致供应商资金紧张。河钢根据采购端的特征、客户的需求和产品设计，有针对性地设计出金融服务方案。

1. 应收账款保理服务

主要适用于中小原燃料供应商且有强烈资金变现需求的客户。卖方（供应商）与买方（河钢）不时签订在境内销售商品和/或提供服务的基础合同，卖方（供应商）按照《保理合同》约定的条件和方式将其在基础合同项下的应收账款出售给河钢保理公司，并要求提供相关应收账款管理服务，主要步骤如下：卖方形成应收账款→向商业保理平台申请转让债权→商业保理平台受让债权→债务人支付货款。

根据《河钢保理业务操作流程》，应收账款转让分为受理、调查、评审、合同签订、应收账款受让、放款、收款及清账、保后管理、解保9个流程。河钢在与供应商的长期经营活动中，积累各方资金流水与合同履行诚信情况等宝贵的数据信息，有效评估融资对象的还款意愿和还款能力，进一步获得风险定价能力提升的收益。

2. 供应链支付方式服务

主要适用于具有票据拆分需求以支付材料采购价款的中小企业。受前期钢铁市场持续低迷的影响，钢铁企业对供应商延期付款，在行业困难时期确实发挥了缓解资金压力的作用，但商业信用过度滥用也使整体信誉受损，造成供应商对货款回收产生担忧，从而出现恐慌性加价，导致采购成本升高。河钢提供互联网化的商票保贴服务，解决商票难追踪、难贴现、难流转的缺陷。主要业务流程如下：资方向河钢提供授信→向核心企业分配额度→核心企业给供应商开证→供应商拆分→到期偿付清分所有方。

3. 商票贴现服务

主要适用于已经通过电票系统开具电票的客户。钢铁企业在资金收支结算流转中广泛采用票据结算方式，票据资金占比高、规模大，河钢大宗原燃料采购主要使用票据资金结算，月均80亿元左右，上游客户从河钢获得的票据较多，存在票据贴现需求，但受到银行信贷规模和授信的限制。“一头在外”票据贴现业务相对于下游风险更加可控，票据资产可变现能力强，持有或转贴现有利于流动性管理。河钢财务公司开展“一头在外”票据贴现业务，其主要业务流程如下：向供应商开出足月票据→发货后向财务公司申请贴现→财务公司付贴现→或财务公司向商业银行转贴现→钢厂兑付。票据贴现业务客户范围严格限定为与河钢有长期往来的供应商，加强对贴现资料规范性和真实性的审核，确保贴现业务在双方真实贸易背景下开展。

(四) 结合转型升级需求，设计实施销售端金融服务

河钢实行“一个市场两个主体”的营销模式，对于技术要求高、工艺复杂、专用性强及用户订货量大且连续稳定的产品，原则上采用直销（直供）模式；对于钢厂周边合理销售半径的区域销售，原则上采用由所在钢厂为主导的直销和现销模式；对于高度同质化的产品及共同市场、共同客户的销售，原则上采用由集团销售总公司负责的统销模式。2016 年河钢产钢材 4468 万吨，销售总公司负责统销钢材 3064 万吨，为快速推动产品结构、客户结构、市场结构转型升级，设计以下 4 种金融产品。

1. “厂商银”贸易融资服务

主要适用于钢厂（子公司）、客户（经销商）、银行及其他相关合作方（监管库），银行为客户开出银行承兑汇票，定向用于向钢厂（子公司）购买钢材商品，并由钢厂（子公司）承诺承担一定责任（退还差额购货款责任，及交付商品责任）的一种融资业务模式。根据操作模式不同，可以分为“保兑仓”“先票后货”“先票后单”三种操作模式，其中“保兑仓”最为典型，其主要流程如下：经销商向钢厂订货→经销商向银行申请融资支持→银行开出以钢厂为收款人的银行承兑汇票并交付给钢厂→钢厂发货给监管仓库→经销商交款以释放货权→监管仓库接到银行指令发货。开展“厂商银”业务的基本条件是客户为销售总公司协议户，与销售总公司合作时间在两年以上，月协议量符合协议用户享受最大订货批量优惠标准所规定的批量下限。

风险控制是“厂商银”贸易融资服务业务管理的重点，实际操作中严格按“用途限定、封闭运作”的原则，加强对现金流和物资流的管理。现金流管理上，银行承兑汇票必须指定用于向钢厂购买商品。票据须直接交付给钢厂，不得通过贸易商交付给钢厂。钢厂收到货款后，应向银行出具书面确认函进行确认。缴存的提货款必须用于追加保证金，存入指定的保证金账户。贸易商未存保证金提货时，由钢厂退还差额购货款，相应的退款应存入指定的保证金账户用于兑付到期票款。物资流管理上主要关注提货权如何释放，贸易商向钢厂提货必须向银行存入相应的保证金，且均须经银行同意，由银行发出提货指令。

2. 托盘服务

主要适用于品种多、小批量、个性化定制的中小客户，通过托盘业务建立钢材超市，能够集中批量向钢厂订货并享有批量优惠。河钢云商作为托盘单位主要操作该项业务，其主要流程如下：集团通过内部银行提供资金支持→河钢云商收取保证金→批量向钢厂订货→钢厂发货给云商合作仓库→客户可以在约定的付款期限内分批付款提货。

为加强风险防控，货物出厂转至社会库或与钢厂合作库后由专人负责控货，货权属于河钢云商；客户可以在约定的付款期限内分批付款提货，由河钢云商开具“放货通知单”出货，或者客户一次性支付完垫资本息后，货权转移至客户。

3. 定金订货服务

主要面向终端用户、三方直供户、重点工程和集采招标项目的用户，定金额度原则上不低于合同总额的20%，以“河钢集团有限公司”名义向钢厂全款订货，至迟在发货前客户须支付垫款本金及利息(利息折算到价格)，其主要流程如下：集团通过内部银行提供资金支持→河钢钢贸收取保证金→向钢厂订货→客户发货前支付垫款本金及利息。

4. 信用销售服务

适用范围为有垫资需求且保险机构在承保前通过完善的信用评估方法授予一定信用限额的客户。设计原则是：不改变子分公司的现有订单生成、生产组织、入库发货等管理流程；不改变销售部门客户开发、订单管理、合同结算及客户服务等管理流程；不触碰子公司利益。

操作方式分为两种：一是集团买断模式，即集团通过内部网络银行预付全款购买子公司钢材，子公司开票给集团，集团向终端客户赊销钢材，河钢保理公司向河钢提供应收账款保理服务。二是子公司直接赊销模式，即子公司直接向终端客户赊销钢材，河钢保理公司向子公司提供应收账款保理服务。买断模式操作流程为：保险公司核定客户信用限额→客户向集团下订单→集团向钢厂订货→钢厂发货→赊销期满后支付货款。

（五）主动管理资产负债，开展资产融资租赁业务

1. 售后回租融资租赁业务

主要业务流程为：子公司将其自有设备转让给河钢租赁公司，河钢租赁公司再将设备出租给子公司，子公司按照合同的约定承租租赁物并向河钢租赁公司支付租金，付清全部租金及约定款项，租赁物所有权转移至子公司。

售后回租除以固定资产换取流动资金以支持企业经营以外，在回租期限内不再提取固定资产折旧，改善企业的资产流动性，提升流动比率并迅速提升经营绩效。2016年5月1日全面“营改增”后，把售后回租业务定义为贷款业务，所开具的发票承租人不能作为进项抵扣。河钢租赁公司业务重点向直接租赁方向拓展。

2. 直接融资租赁业务

河钢成员企业的设备采购，原则上均由河钢租赁与设备制造商或销售商签订买卖合同，河钢租赁与河钢成员企业签订融资租赁合同。

主要业务流程为：河钢成员企业与设备制造商或销售商接洽，负责设备选型、合同招标、运输安装等具体事项；河钢成员企业与河钢租赁接洽，提供相应的文件资料；河钢成员企业与河钢租赁签订融资租赁合同，河钢租赁与设备制造商或销售商签订设备买卖合同；按照融资合同及设备购买合同，河钢租赁向设备供应商支付设备款，成员企业则开始向河钢租赁支付租赁款；租赁期结束后，河钢成员企业零对价取得设备所有权。通过开展融资租赁业务，将河钢租赁打造为河钢内部设备采购平台，可实现拓宽融资渠道、降低融资成本、改善债务结构的多重目的。

（六）依托强大贸易基础，开展进出口端的金融服务

河钢进口矿（含协议矿、贸易矿）采购、钢材出口统一由河钢国际公司操作，2016年河钢国际公司进口量4700万吨，钢材出口贸易量500万吨，在此庞大贸易量基础上，河钢金融平台提供的金融服务方案如下。

1. 进口矿掉期服务

河钢国际通过新加坡地区的进口矿掉期市场，和上游客户锁定期货进口矿价格，对下游供应商采取固定价格对外销售。目前进口矿采取M、M+1、M+2的方式定价，M定价需要全月普氏指数全部确定后才确定最终的定价，但在月度中需要定价的，上游客户和河钢国际一同协商市场定价，通过远期掉

期市场锁定价格和风险。

2. 进口矿现货托盘服务

河钢国际对上游客户在资金短期上给予托盘业务支持，具体操作步骤为托盘的进口矿所有权归河钢国际，河钢国际可以动用托盘资源，若被托盘公司使用时，可随时以同样品种的资源供被托盘公司使用。托盘的进口矿在港口的管理公司由河钢国际指定，便于河钢国际统一管理，统一发运，并享受港口阶梯性的优惠政策。河钢国际收取一定的融资费用，一般不高于市场的融资成本。

3. 进口矿期货服务

河钢国际对上游客户原则上实行最长 90 天的远期海外融资，具体操作步骤为河钢国际通过海外公司进行 90 天的远期信用证融资，保证上游客户资金链的稳定和资源的控制，若上游客户资金充足，可以提前还款，河钢国际财务部门利用河钢资金平台，将该部分资金理财使用，提前还款后不再向上游客户收取已还款资金的融资成本；若信用证 90 天到期，优质的上游客户短期资金紧张，河钢国际可以利用集团的资金平台，短期为该上游客户垫资，但期限不能超过 60 天。

（七）发行资产证券化产品，提高资产的流动性

河钢提供产业链金融服务产品，如应收账款保理、票据贴现、融资租赁等未来可以产生稳定的现金流，通过结构化设计进行信用增级，在此基础上发行资产支持证券产品。以河钢保理应收账款资产证券化为例，其关键步骤如下：筛选入池应付账款，与券商完成基础资产贸易真实性的确认工作；河钢保理受让应收账款并支付对价，河钢进行债务加入，作为共同债务人向债权人承担付款义务；资产支持证券分为优先级和次级，次级资产支持证券的分配顺序在优先级资产支持证券之后，为优先级提供信用支持；专项计划设立，投资者将认购资金以专项资产管理方式委托计划人管理，计划管理人设立并管理专项计划，募集资金支付给河钢保理，河钢保理将受让的供应商应收账款转给资产支持计划；河钢集团（或下属公司）在回收款转付日将基础资产对应现金划入专项计划账户，由托管银行对专项资产进行托管；本金和收益分配，托管银行根据管理人分配指令，将相应资金划拨至登记托管机构的指定账户用于支付资产支持证券本金和预期收益。

（八）推进境内外优质资产上市，提高资产证券化水平

2012 年起，河钢牵头与中非基金、天津物产集团、香港俊安集团、南非工业发展公司（IDC）等国内外优秀企业，历时两年，从力拓手中收购南非 PMC 公司控股权。通过此次收购，河钢以 2.34 亿美元持股 35%，成为 PMC 第一大股东和实际控制方。收购后，南非 PMC 铜二期项目开始建设，项目资金来源主要依靠股东投入和国开行贷款，资金成本压力较大。

河钢拥有的上市公司之一河北宣工的盈利水平持续低迷，依靠现有资产和业务很难实现持续盈利，面临退市风险。将 PMC 优质资产注入河北宣工，实现境外资产跨境重组成为河钢国际化战略必须统筹考虑的问题，河钢聘请专业中介机构实施河北宣工重大资产重组项目。

河北宣工重大资产重组项目（发行股份购买资产）包括两部分内容：一是发行股份购买资产，即由上市公司河北宣工以每股 12.39 元的发行价格向四联香港公司（拥有南非 PMC80%股权）现有股东非公开发行股份，支付资产交易对价，收购四联香港公司 100%股权；二是募集配套资金，即以 12.70 元/股向社会特定投资者发行股份，募集不超过 26 亿元配套资金，用于四联香港控股的南非 PMC 的铜二期项目建设。

2017 年 4 月，经中国证券监督管理委员会上市公司并购重组审核委员会审核，河北宣工重大资产重组项目（发行股份购买资产）获得通过。

（九）建立风险防控体系，提升金融服务保障能力

河钢根据产业链金融服务的特点设立相应的风险控制政策，对产业链融资服务流程中各环节要素进

行相关规定；以全过程风险控制理念为基础，建立各项具体的风险管理措施，为全面开展产业链金融服务奠定良好基础。风险控制政策具体从客户准入、规模控制、限额管理、审批流程和风险预警等方面着手，确立各个环节的风险控制要点，将整个风险管理有机结合在一起。

河钢金融服务主要以“一头在外”为主，在触发业务时主要以业务合同、发票为准，确保以真实贸易背景为前提。依托河钢信息化系统，结合票据业务特点，取消纸质票据的流转，建立电子化票据流转系统，涵盖业务准备、应收账款管理、申请放款、风险预警等方面的信息化风险控制手段。运用自偿性贸易融资的方式，通过货权质押等手段封闭资金流或者控制物权。

信用销售通过引入保险机制对信用销售形成的应收账款进行承保，从而规避 90％的坏账风险，同时在客户准入管理、信用限额控制、履约保证金、售后与保险业务管理上加强防控，缩小风险敞口。

三、大型钢铁集团促进产融协同的产业链金融服务管理效果

（一）产业资本金融化初具雏形，提升了产业链竞争优势

河钢开展产业链金融服务，实现了对现金流、信息流和物流的统筹管理，提高了产业链上下游企业授信程度，缓解了产业链上下游企业融资难问题，也有效地提升了整个产业链的竞争优势。铁、钢、轧工序成本同比分别降低 13.54％、9.49％和 2.93％；吨钢四要素成本同比降低 11.18％，四要素外费用降低 8.28％。

（二）资源得到优化配置，促进了企业转型发展

一是客户结构大幅度改善。长材类减少了纯贸易商，以大型工程项目和直供工地为重点；板材一对一直供比例为 39.25％；直供销量比 2016 年增加 161.77 万吨，直供比例提升 7.48％。与家电、汽车、装备制造、传动机械、食品包装类知名企业形成稳固合作，带动集团产品向中高端市场拓展。二是产品结构调整初见成效。河钢品种钢比例由 2014 年的 30％提高到 2016 年的 54％，提高 24 个百分点。高端产品由 2014 年的 438 万吨提升到 2016 年的 1200 万吨。汽车板销量达到 316 万吨，家电板达到 163 万吨，同比分别提高 72％和 97％。高端中、宽厚板突破 200 万吨，同比提高 115％。三是采购成本持续降低。国内吨料采购成本较中钢协平均水平低 36 元，进口矿采购价格低于普指 0.6 美元/吨。四是获取了金融业务利润。河钢利用优势，进一步提升风险定价能力，获得相应风险溢价收益。

（三）集团海外投资实现价值增值，提升了资本市场声望

河钢收购南非 PMC 公司累计投入 13.54 亿元，宣工股票复牌后最高股价为 44.3 元，河钢新增宣工股票最高市值为 67.07 亿元，增值率 395.35％。本次资产重组项目已被业界誉为跨境重组经典案例，具有积极的示范作用。

（成果创造人：刘贞锁、胡志刚、李　栋、赵向军、赵　晔、
李峰辉、张百兴、王陇刚、于　超、陈　博）

国有元器件分销企业实现转型发展的混合所有制改革

深圳中电国际信息科技有限公司

深圳中电国际信息科技有限公司（以下简称深圳信息）成立于2014年9月，注册资金人民币1.6亿元，由中国电子器材总公司（以下简称器材总公司）独自以货币形式出资。深圳信息系中国电子(CEC)全力打造的元器件产业应用创新平台，是以元器件市场拓展、技术服务为核心，广泛应用互联网信息技术，提供自有媒体社区、应用创新、技术支持、大数据、金融及供应链配送服务于一体的专业平台。

一、国有元器件分销企业实现转型发展的混合所有制改革背景

（一）大力推进国有企业深化改革的需要

改革开放30多年来，我国一直把国有企业改革作为经济体制改革的重要内容，在不同历史时期，针对我国国情和国有企业实际，采取了一系列改革措施"积极发展混合所有制经济"。国有企业发展混合所有制经济，要坚持政府引导、市场运作，坚持完善制度、保护产权，坚持严格程序、规范操作，坚持宜改则改、稳妥推进，切实保护混合所有制企业各类出资人的产权权益，调动各类资本参与发展混合所有制经济的积极性。要分类推进，分层推进，鼓励各类资本参与国有企业混合所有制改革，建立健全混合所有制企业治理机制，建立依法合规的操作规则，营造国有企业混合所有制改革的良好环境。为此，中国电子提出在"十三五"期间，"以提质增效为中心、结构化改革为主线、市场化转型为支撑"的总体发展思路。

（二）行业竞争激烈，急需建立适应市场化的体制机制

电子信息产业是"十三五"规划中主要的发展方向，具有重要战略意义。当前，全球以半导体元器件为首的电子信息产业也在向亚洲特别是中国转移。电子元器件作为电子信息的基础，在电子信息产业中处于不可替代的地位，随着国家"十三五"发展规划的相继落实，中国半导体元器件产业将迎来重大的发展机遇期，分销作为半导体元器件产业中的重要一环，也将迎来快速的发展。从市场角度来看，电子元器件分销行业是个市场化水平高、存在很强市场竞争的行业，国外分销商如安富利、艾睿、WPG等作为国际著名的元器件分销商已在市场上具有很高的占有率，企业经营风险逐步显现。如果不积极主动调整，不仅难以适应复杂多变的市场环境，更难与行业中机制灵活、效率占优的企业正面竞争。唯有主动转型、抢抓机遇，在体制机制上进行改革和创新，有效联合丰富的市场资源，按照市场化原则规范公司治理结构，建立现代企业制度，强化团队激励约束，不断增强企业发展活力、市场竞争力和盈利能力，才有可能从红海中突围出来，从而发挥保障国家电子元器件供应链渠道安全，推动国产元器件走向国际市场的作用。

（三）企业突破瓶颈实现持续快速发展的需要

近年来，深圳信息保持每年20%以上的增长速度。为适应市场变化，保持企业快速稳定的发展，深圳信息聘请咨询公司制定了由企业平台向平台企业转型发展的战略目标。在实践的过程中，国企运营管理体制机制不顺、固有资本相对固化，导致国资利用效率不高、影响力和带动力不足，国企法人治理结构难以根本改善，使得企业转型发展面临瓶颈。混合所有制改革作为深化国企改革的重要突破口，能够引入社会资本盘活被固化的国有资本，使得国企产权更加清晰，形成有效制衡的公司法人治理结构、灵活高效的市场化经营机制，从而有利于企业完善现代企业制度，使国企不断创新发展。

基于上述原因，深圳信息决定从2014年开始通过混合所有制改革，引入战略投资者，实行员工持股，为企业注入资金，缓解资金压力，丰富行业资源，有效增强员工主人翁意识，提升企业活力和向心力。

二、国有元器件分销企业实现转型发展的混合所有制改革内涵和主要做法

深圳信息积极推进混合所有制改革，通过北京产权交易所公开挂牌，采用增资与股权转让同步进行的方式，在稀释大股东股权的同时，引入外部战略投资者，实现股权多元化；实行员工持股，建立激励约束长效机制，使核心骨干人员更紧密地与股东、公司的利益保持一致，更好地推动企业的创新和股东价值的提升，激发和提升国企的创新活力和盈利能力。在此基础上，进一步规范公司治理结构和董事会的建设，充分发挥董事会的决策作用、监事会的监督作用、经理层的经营管理作用，实现规范的公司治理。主要做法如下。

（一）统筹规划为先，稳步推进混合所有制改革

1. 开展前期准备工作

为推进混合所有制改革，进一步激发企业活力，加快公司业务发展，深圳信息统筹规划，开展改制的基础工作。2014年11月，深圳信息上一级企业中国中电国际信息服务有限公司与台湾大联大投资控股签署《战略合作备忘录》，由器材总公司与大联大投资控股共同投资深圳信息，发挥各自优势资源，互利共赢，实现成为元器件供应链领跑者的战略构想。

2015年，深圳信息成立改制工作领导小组，全面负责推进整体改制工作。通过积极与各意向投资方进行深入沟通，针对改制进度、员工持股、国有股权转让与企业增资同步推进等复杂情况进行探讨，制订整体改制框架方案。

2015年10月，深圳信息成立资产审计评估工作协调组，公开招标选定中介机构，以2015年9月30日为基准日，启动财务审计和资产评估工作。同时，研究开展员工持股方案、引入战略投资者、国有股权转让与企业增资同步进行等工作，编制完成深圳信息改制方案初稿。

2016年6月，深圳信息的改制项目以及股权转让项目通过中国电子信息产业集团有限公司的国有资产评估备案，同时，获得中国电子信息产业集团有限公司《关于深圳中电国际信息科技有限公司增资扩股及股权转让有关事项的批复》（中电资〔2016〕339号）。深圳信息根据批复，通过在北交所进场公开挂牌方式，实施增资扩股及部分股权转让，引入外部投资者并实施员工持股。

2016年7月，按照批复指示，在江西省共青城市设立三家合伙企业共青城亿科合融、亿科合思、亿科合拓投资管理合伙企业（有限合伙）作为员工持股平台。

2. 北京产权交易所公开挂牌

稀缺的案例、紧迫的时间、部分待确认的内部程序以及当时尚未成熟的规则和政策给深圳信息在北交所挂牌交易带来难题。一是增资扩股项目在交易所的成交案例数目有限，可参考案例屈指可数；二是本项目涉及增资和股转同步进行，操作难度极大；三是本项目涉及员工持股，引入员工持股的路径还需反复商榷；四是目前相关的操作规则和政策还未成熟，本项目在操作中有许多问题需要不断跟交易所、国资委沟通完善。

项目操作各方秉承认真负责的态度，携手通力合作。2016年6月29日，深圳信息在北交所正式挂牌，实施增资扩股，转让方同步实施股权转让。挂牌期满后由大联大商贸有限公司（以下简称大联大商贸）及中电创新基金（有限合伙）（以下简称中电创新基金）入场顺利摘牌，共青城亿科合融投资管理合伙企业（有限合伙）（以下简称亿科合融）代表员工持股平台在场外完成本次交易，并正式签署增资扩股协议，融资金融38332.9064万元，其中包括大股东中国电子器材总公司的股权转让价款9736.1809万元，以确保国有资产的保值增值。本次混改完成后，深圳信息实际融资额人民币

28596.7255万元，注册资本增至人民币24676.3720万元。

2016年9月29日，深圳信息就本次增资扩股完成工商变更。截至2017年1月11日，所有投资人及员工持股平台依照协议约定完成资金投入，股权结构如表1所示。

表1 深圳信息股权结构

股东名称	实收资本	持股比例
中国电子器材总公司	130460000.00	52.8684%
共青城亿科合融投资管理合伙企业（有限合伙）	24676372.00	10.0000%
大联大商贸有限公司	37014558.00	15.0000%
中电创新基金（有限合伙）	54612790.00	22.1316%
合计	246763720.00	100.00%

（二）引入战略投资，围绕主营业务配置资源

1. 遴选战略投资者

深圳信息严格执行引入战略投资者审批程序，规范操作，实现国有资产保值增值。一是充分分析深圳信息当前的经营状况、优势和劣势、市场的机遇和威胁、未来业务的发展定位，本着优势互补、合作共赢等原则，确定最有利于提升企业价值的投资者类型，在合作原则、合作范围、对象遴选、合作模式、审批决策、项目实施及运营管控等方面进行明确的规定。二是对行业领域进行全面分析研判，选择行业先进企业或与深圳信息产业配套协同度高的不同所有制企业，作为合资合作的潜在对象。

通过对潜在合作对象进行全方位考察及尽职调查，对其与深圳信息发展战略的契合度进行综合评估，重点评价潜在合作对象实际控制人的诚信度、经营理念及管理水平，再通过谈判，确定大联大商贸和中电创新基金为拟引入的战略投资者。

大联大商贸为大联大投资控股股份有限公司（WPG）在上海的全资子公司。大联大控股是全球著名亚太区市场份额领先的半导体元器件分销商，总部位于台北，旗下拥有世平、品佳、诠鼎及友尚等品牌，员工人数近5600人，代理产品供应商超过250家，全球超过120个分销据点（亚太区约70个），2015年营业额达162.4亿美金。

中电创新基金由CEC、全国社会保障基金理事会及中电鑫安三方共同出资设立，基金规模100亿元，其中全国社会保障基金理事会占股60%。由普通合伙人中电鑫安于2013年9月11日在北京成立，注册资本5000万元，是CEC旗下从事股权投资、资产管理的专业投资管理公司，专注于信息技术、移动互联、金融服务、大健康医疗等优质投资领域。2014年4月9日，中电鑫安于中国证券投资基金业协会正式登记成为私募投资基金管理人。

2. 围绕主营业务引入优势资源

深圳信息通过挂牌交易成功引入大联大商贸、中电创新基金及员工持股平台亿科合融。

大联大商贸为深圳信息引入更多更好的国际级半导体原厂的产品资源及先进的管理经验，进一步提升深圳信息的综合运营水平，同时可拓宽深圳信息的渠道发展，特别是国内半导体厂商在国际市场上的推广。另外，其在中国市场的业务比重也很大，从仓储、物流及进出口业务板块来看，可以充分发挥深圳信息虎门供应链中心的专业化优势，实现双方资源的优势互补和互利共赢。中电创新基金由CEC、全国社会保障基金理事会及中电鑫安三方共同出资设立，其普通合伙人中电鑫安是CEC旗下从事股权投资、资产管理的专业投资管理公司，通过引入中电创新基金，其专业资产管理团队，能够为深圳信息的公司治理、内部制度完善等提供强有力的支持，进一步规范公司法人治理结构以及内部管理制度，增

加深圳信息的企业信用。员工持股平台是深圳信息核心员工成为公司股东的重要途径，通过股权激励的手段，能够增强核心员工主人翁意识，提升公司核心凝聚力和竞争力。

深圳信息通过挂牌交易进行外部股权融资，直接增加深圳信息正常经营和抵御风险的现金流，减少债权融资付息和还债所引起的资金压力，降低偿债风险；增资后深圳信息的股本大幅度增加，有利于增加公司的信用价值，进而有助于深圳信息获得更多的资金杠杆支持，加快业务发展速度。

（三）推行员工持股，激发员工凝聚力和积极性

深圳信息积极推进员工持股，通过制定员工持股办法，根据岗位的重要性确定持股员工范围和持股比例，引入核心骨干员工持股，建立股权随岗位变化而调整的动态机制及退出机制，将股权给予真正合适的激励对象。

1. 设立持股平台

根据员工持股方案，授予股权合计人数为 123 人，为避免公司因员工持股平台人数穿透审查问题影响到下一步的资本运作，对股权授予人数进行适当控制，员工持股平台总授予人数不超过 150 人。由于持股平台以有限合伙企业的形式进行设立，我国法律明确规定有限合伙企业的人数不能超过 50 人，为此设立 3 家有限合伙企业作为员工持股平台。员工不直接持有改制后公司的股权，均通过持股平台间接持有。

2. 明确授予条件

深圳信息制定员工持股办法，将授予的股权分为无绩效要求与有绩效要求两种。持股办法明确规定无绩效要求的持股对象为 2016 年 3 月 31 日之前入职中电港，且 2016 年 3 月 31 日当天职级为 M2（经理级）或 P4（资深级）及以上的员工；无绩效要求的持股对象为授予时当年度绩效评价结果不低于 B，且上一年度 12 月 31 日在中电港任职满一年，且职级为 M2（经理级）或 P4（资深级）及以上的员工或者公司新引进的经总经理办公会确认属于关键技术岗位、管理岗位和业务岗位的优秀人才。持股办法还规定持股对象不得代他人持有有限合伙企业财产份额且有限合伙人出资的资金来源为自有资金。

3. 确定管理运营机制

3 家合伙企业均由同一普通合伙人担任执行事务合伙人，负责日常经营管理工作，有限合伙人不参与企业日常经营管理，但有权监督执行事务合伙人的经营管理行为。另外，普通合伙人不参与合伙企业的收益分成，合伙企业所得收益均由有限合伙人按照各自的财产份额比例进行分配。

4. 合理设计退出机制

对持股员工的锁定期及退出机制做出明确的约定。公司未上市时，除非发生特殊情况，持股员工的财产份额在持股方案有效期内被锁定；公司实现上市的，持股员工自公司上市之日起两年内不得转让其直接持有的财产份额。另外，持股办法规定员工因辞职、调离、退休或被解雇等原因离开公司，均由普通合伙人代扣代缴相关税费后按照约定的价格予以回购。

（四）完善法人治理，建立现代化企业管理制度

深圳信息在改制以前实行的是执行董事制度，随着资产规模和经营规模的扩张，员工人数及组织结构日益扩大，经营决策、组织管理、风险控制的难度有所增加。

深圳信息完成混合所有制改革后，积极参照股份公司和上市公司法人治理结构的有关规定，进一步完善公司内部机构设置，规范内部管理制度，建立现代企业法人治理结构，尽可能确保重大决策的科学有效性，降低经营决策及公司治理风险。根据《中华人民共和国公司法》《公司章程》等法律和文件，确立股东会、董事会、监事会和总经理办公会的公司治理架构，制定相应的决策程序和议事规则，形成权力机构、决策机构、监督机构和管理层之间权责明确的相互协调和制衡机制。依据深圳信息章程，董事会设立 5 个董事席位，其中，中国电子器材总公司提名推荐 2 席（其中 1 席通过法定程序被选举为董

事长），深圳信息员工持股平台推荐1席，中电创新基金推荐1名，大联大商贸有限公司推荐1名。监事会是监督机构，对股东大会负责并报告工作，对公司的重大生产经营行使监督权。

（五）夯实基础保障措施，确保混改顺利实施

1. 进行审计评估，全面优化企业资产结构

深圳信息引入中介机构对公司资产进行全面审计评估，严格执行从申请立项、资产清查、评定估算到验证确认的国有资产管理程序，防止国有资产在产权交易过程中发生流失。

2015年9月30日股东全部权益账面价值16413.30万元，评估值52734.90万元，评估值比账面净资产价值增值36321.60万元，增值率为221.29%，资产负债率由91%下降到83%。

2. 融合多元文化，提升企业软实力与影响力

深圳信息混合所有制改革势必对原有的企业文化造成冲击和影响，为此，除保留原有国企的特色组织机构之外，融合新增股东所具有的企业文化，对企业文化重新设计，通过多元化的企业文化融合，提升企业软实力，为企业战略发展保驾护航。

三、国有元器件分销企业实现转型发展的混合所有制改革效果

（一）顺利完成混改，建立现代企业决策机制

2016年9月29日，深圳信息完成混合所有制改革，成为国有控股的混合所有制企业，由中国电子器材总公司、大联大商贸有限公司、中电创新基金（有限合伙）以及共青城亿科合融投资管理合伙企业（有限合伙）共同持股（中国电子器材总公司为第一大股东，持股比例52.87%）。本次混改完成后，深圳信息实际融资额为人民币28596.73万元，注册资本增至人民币24676.372万元。本次混改同时也实现了原股东中国电子器材总公司部分股权的对外转让。

（二）引入战略资源，为企业进一步发展奠定基础

深圳信息根据企业总体发展目标，借力混改整合资源优势，把握行业发展趋势，提出“大平台、精专业”的战略目标，推动由企业平台向平台企业转型，由元器件垂直电商平台向元器件产业应用创新平台转型升级。在传统专业技术分销的业务基础上，探索发展具有平台属性的萤火工场及智慧供应链业务，形成萤火工场、授权分销、智慧供应链三位一体的业务体系。

（三）推动了企业稳步发展，创造显著经济效益

深圳信息混合所有制改革完成后，借助资金以及战略资源，推动三大业务板块持续稳步发展。2016年，在授权分销方面，新增办事处至30个，成立了智能终端事业部及中电百特事业部，已代理产品线92条，其中国内产品线56条、国际产品线36条。成立独立业务部门运营智慧供应链，完成虎门元器件专业仓库的基础建设，同时上线仓储物流管理系统。萤火工场积极探索发展模式，目前已是业界有影响力的智能硬件设计链服务平台。2016年，深圳信息销售规模达到人民币931589万元，完成预算116%；实现利润总额4104万元，完成预算103%。

（成果创造人：宋　健、刘　迅、周继国、杨春红、王丽凤、张显军、周　杰、陈红星、佘玲玲、元明海）

大型国有集团企业基于分级机制的应收账款证券化设计与实施

中国电子信息产业集团有限公司

中国电子信息产业集团有限公司（以下简称中国电子）成立于1989年，是中央管理的大型国有集团企业。中国电子主营业务分布于“新型显示、网络安全和信息化、集成电路、信息服务”等国家战略性、基础性电子信息产业领域，核心业务关系国家信息安全和国民经济命脉。经过多年资产重组、业务整合、结构优化，目前拥有全资及控股二级企业20家，控股上市公司14家，员工总数13万人。2016年，中国电子实现营业收入1993.6亿元，利润总额51.0亿元，同比增长43.7%。

一、大型国有集团企业基于分级机制的应收账款证券化设计与实施背景

（一）深化国企改革的需要

近年来，中国经济增长面临新旧动能转换、结构不平衡、杠杆率过高等问题，转型发展面临前所未有的压力。适应经济发展新常态成为摆在各类企业尤其是国有企业面前的一道难题，作为经济增长的排头兵和压舱石，国有企业面临巨大的稳增长、调结构、促转型压力。为促进经济社会持续健康发展，不断增强国有经济活力、控制力、影响力、抗风险力，国有企业要主动适应和引领经济发展新常态。中国电子作为国家信息产业的国家队，为我国电子信息产业的发展不断贡献自身力量。但随着业务规模自2014年首次迈入2000亿元大关以来，面临增长势头放缓、整体资产运营效率下降、资本资产结构存贷双高等突出问题，尤其是主营业务能力有待加强、资本回报水平偏低且下行压力趋大的状况一直没有得到根本缓解。因此，深化改革，提升发展质量效益，既是现实环境的客观要求，也是中国电子继续承担好电子信息产业国家队历史使命的需要。

（二）适应资本市场发展的需要

2015年4月20日，《关于进一步做好中央企业增收节支有关事项的通知》（国资发评价〔2015〕40号）正式发布，提出“加大资本运作力度，推动资产证券化，用好市值管理手段，盘活上市公司资源，实现资产价值最大化”的工作思路。2015年，中国资产证券化市场迎来快速发展。备案制、注册制、试点规模扩容等利好接连推出，市场发行日渐常态化，规模持续增长，为中国电子积极尝试证券化工作提供了有利时机。在资本市场创新发展的大环境下，资产证券化既是适应新的市场变化的现实需要，也是中国电子突破原有融资模式、实现自身转型发展的自主选择。

（三）优化企业资产结构的需要

经过多年快速发展，中国电子资产规模不断增大、经营效益显著提升。与此同时，应收账款、存货增长较为明显，增幅呈逐年加快趋势，直接导致2014年“两金”增速高于营业收入增速，成为影响企业整体资产流动性和可持续发展的突出问题。为了解决应收账款资金占压，有效盘活存量资产，控制或降低应收账款规模具有很强的必要性和紧迫性。中国电子曾利用应收账款保理等手段进行“两金”治理，但由于受到规模等因素限制，其实际效果并不理想。为了探索长期、有效的解决办法，自2015年3月起，中国电子积极探索应收账款证券化方案，以盘活存量资产，优化融资结构，压降两金，满足降低融资成本和资产负债率的需要。

二、大型国有集团企业基于分级机制的应收账款证券化设计与实施内涵和主要做法

中国电子面对“两金”过快增长、资产负债率较高、应收账款周转率较低等问题，以市场化、精益化、可推广为指导思想，科学设计指导思想清晰、目标明确、组织架构完善的总体工作方案，高效分析

与筛选债务人优质、违约概率极低、现金流结构合理的入池资产，创新设置两级六档分层结构，优化建立简洁流畅、便于回款归集的交易结构与交易流程，平衡各方利益，严格控制回款不及时、合格投资损失风险，建立常态化发行机制，圆满完成两期应收账款证券化工作，实现盘活存量资产、优化融资结构、稳健降低杠杆等目标，为企业创新、可持续发展奠定良好的基础。主要做法如下。

（一）科学设计，制订总体工作方案

1. 明确指导思想

明确以市场化、精益化、可推广为应收账款证券化工作的指导思想。市场化是工作方案的根本指导思想，要求各项工作以风险收益共担共享为机制，按照市场化融资、市场化发行要求，聚合各方力量开展工作；精益化要求以低成本为前提开展应收账款证券化工作，不能损害企业的利益，同时，各项工作开展要体现精益管理精神，发挥组织协作的高效性，减少沟通与实施过程中的无效冗余；可推广是方案科学性与经济性的必然要求，方案的实施要能够按需多次操作，是市场化、精益化的最终结果。

提出四项基本原则，作为后期工作开展的总体要求：一是证券化工作不得影响所属企业正常业务经营；二是通过证券化工作实现集团公司资产负债表结构实质性改善；三是实现较低成本融资；四是风险可控，确保应收账款及时足额回款，合格投资收益稳定可靠。

2. 制定工作目标

在前期大量调研所属企业应收账款情况的基础上，为确保证券化工作的有序展开，明确证券化工作目标为建立常态化发行机制，开展不低于 3 年的应收账款证券化，预期从 2015 年实施起至 2017 年年末解决不低于 30 亿元的应收账款问题。

3. 完善组织架构

结合自身实际与外部要求，建立健全组织架构体系，为应收账款证券化工作提供有效支撑。联合集团公司财务、资产、投资、法律等多个职能部门，集团所属企业，市场中介机构等各方成立工作小组，由集团财务部总牵头，明确各方权责。最终，中国电子作为原始权益人，所属金融服务企业作为资产服务机构，招标选定的资产管理公司为计划管理人，所属财务公司作为监管人，主审会计师事务所提供会计与审计服务，通过竞价谈判选定的律师事务所作为法律顾问，市场排名前三的评估机构作为证券化工作评级机构，相关密切合作银行作为托管银行，共同构成证券化工作组织架构。

（二）明确交易结构与交易流程，确保简洁流畅、便于回款归集

1. 优化交易结构

将初始权益人（即转让应收账款债权的所属公司）的银行收款账户与监管人（即中电财务/振华财务）设置为二级联动关系，由监管人按月出具余额对账单，原始权益人（即中国电子）将本月收到的基础资产对应的应收账款收款与初始权益人确认，确认后将该笔款项计入专项收款账户。如果初始权益人的银行收款账户是在中电财务/振华财务开通的二级联动之外的银行收款账户，需要将收款账户更换为中电财务/振华财务已开通的二级联动银行账户。通过财务公司银行账户二级联动方式，实现证券化工作不得影响所属企业正常业务经营的目标，同时确保入池应收账款按时足额完成回收。

应收账款证券化存续期内，基础资产产生的现金流期限与资产支持专项计划产品期限会存在时间差，造成现金流在资产支持专项计划中的沉淀。在交易结构设计中，为了最大限度地降低融资成本，同时解决应收账款入池之后的现金流沉淀问题，在保障资产支持专项计划资金安全的前提下，积极探索专项计划合格投资。通过聘请投资顾问，限定较为安全的投资标的并制定稳健的投资策略，充分利用资产支持专项计划回收资金，投资债券基金、银行结构化存款、低风险理财产品等。

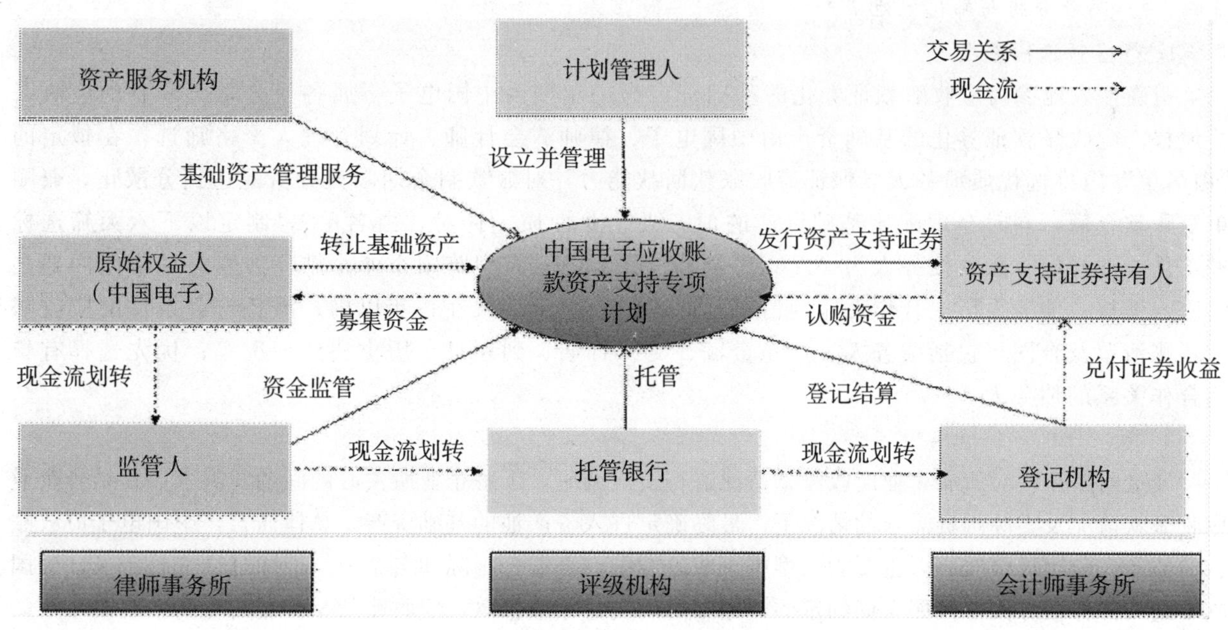

图1　中国电子应收账款资产支持专项计划交易结构

2. 优化交易流程

为提高应收账款证券化的评级，大幅简化交易流程，通过两次转让实现债权的完全转移。首先，初始应收账款债权转让，即中国电子下属各子公司挑选特定的应收账款资产，将该等应收账款债权转让至原始权益人（中国电子）。其次，将应收账款债权转让至资产支持专项计划，中国电子取得上述应收账款资产出售至资产支持专项计划，通过融入资金偿还到期债务改善资产负债结构。最后，完成特定应收账款证券化，资产支持专项计划向合格投资者发售资产支持证券，合格投资者认购资产支持证券并支付认购资金，资产支持专项计划获得募集资金并向原始权益人支付应收账款买卖对价。

（三）风险共担、收益共享，设置两级六档分层结构

基于风险共担、收益共享原则，设置两级六档分层结构，尽可能降低融资成本。为了充分调动各方的能动性和优势，中国电子基于特定主体，综合考虑原始权益人（中国电子）的整合优势及风险可控诉求，资产服务机构的应收账款综合分析能力，初始权益人（中国电子下属子公司）的应收账款管理能力，以及计划管理人的合格投资风险约束等因素，设置两级六档（即优先A、优先B、次级A、次级B、次级C、次级D），指定次级购买人分别为原始权益人（次级A）、资产服务机构（次级B）、初始权益人（次级C）、计划管理人（次级D），在为优先级提供充分保证之余，最大程度保证各个参与机构的积极性，实现各参与方的收益和风险相匹配，并带来多元化的融资及超募效果。

为确保实现资产负债结构的实质性改善，中国电子及其下属子公司认购次级不超过总体的5%，剩余次级份额由计划管理人负责销售。通过设置次级由原始权益人、资产服务机构、初始权益人、专业投资机构认购，在保证改善资产负债结构的前提下，进一步扩大内部增信效果，提高证券化产品评级，实现低成本的融资。

分层结构是应收账款证券化的常见设计，中国电子将原始权益人、资产服务机构、初始权益人、计划管理人等利益相关方进行充分关联，明确其权责，使各方积极性得到最大程度发挥，为应收账款后续回款与合格投资收益提供良好保障。

（四）高效分析与筛选入池资产

1. 严格筛选债务人

明确拟入池参与应收账款证券化的基础资产为一年期内中国电子下属各子公司所享有的应收账款债权。应收账款证券化的基础资产由中国电子、律师、会计师、计划管理人严格筛选，在拟定的“白名单”内挑选优质债务人以保证应收账款回款能力，对账款剩余期限充分搭配达到分散化，兼顾单笔账款金额，同时合理配比基础资产的债务人企业性质。针对“白名单”，制定以下六大筛选标准：优先选择应收账款债务人为AAA/央企/高评级国企/大型跨国企业；排除涉密类和集团内部之间应收债权；债务人历史合作无违约情况；应收账款剩余期限在一年以内；准备符合条件的应收账款台账清单及合同，包括债务人、交易金额、交易日期、到期日、历史违约情况等；优先选择有长期合作关系的债务人。

2. 深入分析违约概率

经过前期多次对所属企业应收账款情况进行实地调研，了解企业所关心的问题与需求，在结合企业应收账款情况及实际融资需求的情况下，最终确定进入资产池的基础资产。总体而言，中国电子应收账款的债务人信用评级较高，主要为大型中央或地方国有企业、国际知名企业。回顾过往交易记录，中国电子绝大部分债务人能按照合同约定的金额和时间支付相应价款，应收账款整体履约率高。

3. 合理预测现金流

根据所属企业提供的应收账款数据和永续经营假设，对基础资产清单所包含的基础资产进行预测，按照业务合同以合同约定金额分析测算，从而得出基础资产未来各期现金流。为了更加准确预测现金流情况，对资产池中客户（买受人）企业性质分布、入池资产所在行业情况、入池资产所在地区分布、入池资产应收账款金额分布、应收账款剩余期限分布、前十大客户（买受人）余额分布进行多维度刻画，最大可能提高现金流预测能力。

（五）平衡各方利益，严格控制回款不及时、合格投资损失风险

1. 梳理关键风险点

应收账款证券化方案存在的主要风险有：第一，入池应收账款无法回收风险，可能导致集团公司声誉风险和次级本金损失，若未回收应收账款大于一定比例，则可能无法完全覆盖集团企业投资本息；第二，投资损失及合格投资收益过低风险，可能影响集团公司资本金回收，经测算，年化合格投资收益低于一定值时，集团公司及其他次级认购人的本金将不能完全偿付。

2. 建立严格的风险防控体系

针对风险，从平衡各方利益出发，坚持风险收益共担共享原则，建立全流程风险控制体系，确保方案整体风险可控。

为降低入池应收账款无法回收风险，采取如下措施：方案设计增加计划管理人认购底层次级D占比5%，作为最先亏损的级次；优选入池企业的优质应收账款，力争实现应收款资金回收率达到100%；通过资产服务机构和监管机构常态化工作，如按周召开联席会议沟通应收账款汇款情况，提前提醒应收账款初始权益人关注到期回款情况等，加强入池应收账款回收的监管和催收等措施。

为降低投资损失及合格投资收益过低风险，采取如下措施：投资范围限于安全类固定收益理财产品，以确保投资本金的安全；若出现投资损失，约定计划管理人将其次级认购本金和财务顾问费作为最优先的亏损级次，承担投资损失。

（六）充分利用大数据手段，精益化管理应收账款

1. 建立大数据服务系统

中国电子下属企业作为资产服务机构，以“业务—数据—资产—证券化”的理念，联合各方为本次

专项计划定制研发服务与监管平台，该平台使用先进的技术框架，形成集资产管理、现金流分析、回收清算、风险控制为一体的综合管理平台系统，真正实现业务数据化、数据资产化、资产证券化的立体服务与监督，为中国电子下属企业业务转型和应收账款的精细化管理提供有效支撑。

2. 精益管理应收账款

该系统可以完成项目基础数据维护和应收账款回收的集中管理两大业务，由财务公司和集团公司所属公司共同配合资产服务机构完成账款回收数据渠道的建立，提供基础的服务功能保障，包括基础数据管理（应收账款数据、合同信息、初始权益人、客户信息）、证券化项目管理、应收账款回收管理、综合查询以及基础的系统管理。

随着应收账款证券化业务开展的逐步深入，信息系统累积大量的业务操作数据，包括客户（买受人）的基础信息、账款回收信息、历史预警信息等；此外，系统接入相关外部数据，包括工商、法院诉讼等信息，结合系统累积的业务数据共同构造应收账款的大数据集市。该大数据集市一方面极大提升系统的预警范围，更好的控制业务风险；另一方面形成集团公司客户的征信体系，为业务的后续开展提供更多的数据支持。

（七）着力打造人才队伍，有效支撑应收账款证券化

以提升业务能力、培育核心人才为原则，加强证券化的专业人才队伍建设。持续多年实施财务人员年度培训和专项培训工作，增强财务人员同市场最新发展的紧密联系，精心选择会计准则、财务共享、管理会计应用、金融工具和资金管理、营改增等财务工作的热点难点课题，提升财务人员的业务水平和工作能力，并以此为基础，综合培育核心管理人才。

（八）与有关各方充分沟通，获得外界广泛支持

市场化遴选合作方。严格按照国家和集团公司招标投标管理办法，从集团公司中介机构备选库目录中选定各项中介机构，在维持既有良好合作关系的同时，充分体现市场化原则。通过邀请招标方式选聘证券服务机构，由其负责确定资信评级机构和托管银行；采用竞争性谈判形式选聘法律服务机构和会计服务机构。

在应收账款证券化方案设计与实施过程中，与外界机构的沟通交流贯穿始终。前期调研阶段，工作小组就方案的可行性与上交所债券业务部进行初步沟通；方案审批阶段，工作小组就专项计划结构设计与证监会公司债券部进行深入交流；发行备案阶段，工作小组根据上交所的反馈回复进行最终方案的发行备案。此外，工作小组在前期就会计处理和税务处理问题与会计师事务所、税务部门等进行充分沟通。良好的沟通机制和外界广泛的支持为方案顺利实施提供了保障，在市场化、法治化原则下实现多方共赢。

三、大型国有集团企业基于分级机制的应收账款证券化设计与实施效果

自 2015 年以来，中国电子已成功完成两期应收账款证券化工作，共包含集团公司所属 19 家法人企业、近 5000 笔应收账款，合计入池资金 20.647 亿元，募集资金 20.038 亿元。两期应收账款每笔应收账款均正常回款，一期优先 A 收益率 4.00％，优先 B 收益率 5.65％，次级收益率 8.56％，合格投资收益率 3.65％；二期优先 A 收益率 3.5％，优先 B 收益率 4.42％，次级收益率 13.80％，合格投资收益率 4.29％。两期应收账款清算工作顺利完成，保障了本金安全的同时，为次级投资人创造了价值，真正体现风险收益共担共享，并降低了企业融资成本。

（一）优化企业资产负债结构

降低集团公司资产负债率，提高集团公司应收账款周转率。发行两期资产支持证券后，中国电子 2015、2016 年年末的资产负债率均下降 0.1 个百分点，应收账款分别减少余额 11.08 亿元、9.567 亿元，集团公司应收账款周转率分别提高 0.13 次/年、0.11 次/年，计提的坏账准备分别减少 0.22 亿元、

0.19 亿元，EVA 经济增加值分别增长 1.7%、0.4%。

（二）获得广泛认可

“中国电子应收账款一期资产支持专项计划”于 2016 年 2 月 3 日在上海证券交易所举行了挂牌仪式。该项目于 2015 年 12 月 25 日正式设立，是国内率先以中央企业集团总部作为原始权益人且实现在集团企业整体层面有效改善资产结构的资产证券化项目。项目为改善企业资产负债结构，在信用增级、结构分层、合格投资等方面做出了积极尝试，对中央企业开展资产证券化、实现市场化资源配置具有较好的示范推广意义。中国电子就此项工作进行专门总结，多家中央企业也与中国电子深入交流经验。

（三）推动企业转型升级

应收账款证券化所得资金有效支持了各级企业的发展，优化了相关企业的资产负债结构与经营条件，助力产业全面转型升级，集团公司各大业务板块取得了长足的进步与发展。例如，在集成电路领域，中国电子位居 IC 设计行业前列；在信息服务领域，成功构建年营业收入达 6000 亿元规模的中国电子信息产业大生态。

（成果创造人：李晓春、李兆明、贾海英、许海东、周　仙、赵　惟）

基于财务管理转型的大型企业资金集中管理

中国有色矿业集团有限公司

中国有色矿业集团有限公司（以下简称中国有色集团）成立于1983年，是国务院国资委管理的大型中央企业，主业为有色金属矿产资源开发、建筑工程、相关贸易及服务，涉及铜、铅、锌、镍、钽、铌、铍、金、银、稀土等40余个有色金属品种，业务遍布80多个国家和地区，是我国有色金属工业最早实施“走出去”战略的企业之一。截至2016年年末，中国有色集团资产总额1196亿元，从业人员5.3万人。2016年实现营业收入1410亿元，利润总额近7亿元，其中“走出去”的境外企业共实现营业收入370亿元，利润总额超过14亿元。

一、基于财务管理转型的大型企业资金集中管理背景

（一）提升国际竞争力和影响力的需要

资金集中管理是现代大型企业集团普遍采用的管理方式，是企业追求卓越、打造一流的重要手段。根据统计，超过80％的中央企业均通过设立资金管理中心或财务公司来实现内部资金集中管理；半数以上中央企业同时拥有财务公司和类似资金管理中心的内设机构；国际上大型跨国公司均通过建立资金管理中心对集团内部资金实行集中管理和控制。中国有色集团为进一步实现“打造世界一流矿业集团”的战略目标，提出“抓资源、国际化、走高端”的发展路径。随着中国有色集团“走出去”战略的深入实施，海外资产并购不断增加，通过资金集中管理，能够提高企业精细化管理水平，降低资金成本，提升国际竞争力和影响力。

（二）新常态下实现财务管理转型的需要

随着企业经营环境的快速变化、业务发展的迅速扩大，中国有色集团下属企业对资金管理的安全性和专业性要求不断提高，对总部金融服务支持的需求日趋多样化。为适应新常态，中国有色集团紧紧围绕“财务资源集团化运作”的核心，发挥集团整体优势，深化财务管理功能，推进财务管理转型。资金集中管理是财务管理转型的关键环节。在集团战略逐步推进的过程中，企业资金管理模式也必须依据企业战略发展方向和市场变化的要求及时调整，以满足企业快速发展的需要。

（三）实现降本增效的需要

近年来，中国有色集团资产体量不断扩大，经营业务快速发展，但在资金管理中却出现了一些问题。一是资金分散在数百家下属企业中，资金集中使用程度不高，集团资金总量的规模效应难以体现，总体融资成本难以压降。二是下属企业余缺不均，没有形成资金余缺相互调剂的机制，不利于控制集团融资总量。三是下属企业财务独立性强，集团无法对重大、异常的资金调动进行监控，难以及时掌握资金动态情况，对管理数据、管理过程及重大决策监控的研判缺乏有效手段。为此，急需通过资金集中管理提升闲置资金使用效率，降低总体筹资规模，节约财务成本，实现降本增效，提升风险管控能力。

二、基于财务管理转型的大型企业资金集中管理内涵和主要做法

中国有色集团通过规划设立资金管理中心和财务公司两大机构、深入推进资金预算管控机制、搭建统一的资金管理信息化平台等举措，以盘活存量资金、调剂资金余缺、加速资金周转、降低财务费用、保障集团公司资金链安全、促进财务资源的优化配置为核心，充分兼顾资金管理的规模效应、管理时效以及税收成本等因素，实现以预算管控机制为基础、以信息化系统为支撑、以人才团队为保障的资金集中管理。主要做法如下。

（一）建立资金管理中心和财务公司双平台管理模式

中国有色集团设立的资金管理中心与财务公司并行的资金管理模式，以资金管理中心为主要资金管理平台开展集团内资金集中管理业务。两大资金管理体系优势互补、互相借鉴，共同实现集团资金全覆盖管理。一是有助于集团公司通过持续性和系统性财务管理提升集团整体资金运作效果和效率，是对集团经营管理理念的深化实践。二是随着经营发展的不断完善，通过高效的资金调配和规模优势为集团公司创造较为丰厚的收益。

资金管理中心是在集团公司设立的内部管理机构，通过预算管控机制，实现对下属企业资金余量及资金收支的统筹管理。财务公司则根据资金管理系统的数据，发挥金融牌照的优势，进行高效的资金运作。资金管理平台和财务公司相辅相成，极大地提高资金管控效率和集中度。一是对于境内企业进行集中资金收支监控，实时统计资金收支，预警违规资金收支业务，跟踪大额资金流向，极大地防范资金风险。二是对于境外企业，通过报文方式实现境外账户查询、支付，对境外分子公司的账户余额、交易流水情况进行掌握，对各境外下属企业账户进行查询和监管。通过境内外联动，引入境外廉价资金，实现节约融资成本、加强资金周转的目的。三是通过掌握资金收支规律，在保证资金链安全的前提下，进行内部资金调拨，盘活内部沉淀资金。通过资金池盘活沉淀闲余资金之后，可以对集团内部资金实施整体调配，满足资金紧缺企业的用款需求，提升资金盈余企业的资金收益，进而减少中国有色集团整体对外融资总量，节约融资财务成本的支出。四是发挥整体规模效益，集中对外融资，进一步压降整体筹资成本。通过发挥中国有色集团的整体信用优势，拓宽融资渠道、降低融资成本。对于外部业务，要取得足额的授信以备不时之需，同时，严格审批和监管外部融资业务，有效防范融资风险。

（二）完善顶层制度设计，强化管理

中国有色集团先后制定了多项资金管理制度，并通过不断加强监管，实现对制度落实情况的日常化监督、检查，为推进资金集中管理提供有力的保障。

业务制度的制定根据集团资金管理业务覆盖能力的进度来开展。根据资金管理机构的职能分类，制度建设主要包括以下内容。一是业务操作制度，主要包括账户管理、资金归集与下拨、支付管理、融资额度核定、集中结售汇、外汇收支集中管理、票据集中管理、单证集中管理等内容的规定。二是风险管理制度，主要包括授权管理、审查审批、风险管理、内控核查、预警及危机处理等内容的规定。三是支持保障制度，主要包括财务预算管理、机构及人员管理、信息科技等内容的规定。四是考核制度，主要确保各项制度均能严格执行。中国有色集团已经先后完善出台《资金管理办法》《资金预算管理办法》《银行账户管理办法》《对外筹资管理办法》《内部贷款管理办法》和《担保管理办法》6项资金管理的业务制度，对银行账号、资金预算管理、筹融资管理、担保管理、资金结算管理等方面都做了严格的规定。同时制定了《资金管理考核办法》，将各项制度的落实纳入绩效管理中，切实保障各项措施的落地。此外，中国有色集团还从人员管理的角度，制定了《总会计师委派管理办法》和《会计人员管理办法》，通过组织不定期的学习、培训，进一步强化对财会人员的管理，保障各项制度的落实。

（三）明确资金预算管控的战略定向

中国有色集团根据自身多年的预算管控经验及资金管理的实际需求，通过制度建设明确以预算管控作为资金集中管理基础的战略定向。一是通过“收支两条线”的方式，并区分经营、投资、筹资三大资金活动，引导下属企业进行资金预算编制工作；二是通过年度预算，以月度滚动的编制频率进行预算执行的纠偏调控；三是通过资金管理系统的技术手段实现对下属企业资金支付的预算控制，确保企业资金收支在预算范围内。资金预算管控机制的具体内容包括：

一是精细化的预算编制。资金预算编制按照“收支两条线”进行编制，主要包括经营活动资金收支、投资活动资金收支、筹资活动资金收支。下属企业按照各业务板块的特点，根据年度和月度生产经营、投资、筹资计划，从业务端基础数据开始，落实业务信息依据，科学、合理测算各项目的资金流入流出。同时，下属企业在预算编制中需要上报翔实的预算编制依据附件，具体包括已有的产品销售合同、物料采购合同、设备采购合同、工程承包合同、工程施工合同、运输合同等支付条款、贷款业务合同的本金偿还和利息支付条款以及资金收支计划统计报表，包括人工成本支出统计表、管理费用支出统计表、税费支出统计表等。

二是严格的预算执行。在资金预算管理中，资金预算经审批之后，下属企业严格按照资金预算通过资金管理系统进行业务收支活动，对于预算内的费用支出，需按照审批流程进行支付，并提交详细的收支相关附件。对于预算外的支出需履行严格的预算外审批程序后才能进行支付。对下属企业资金收支直接控制的预算为月度滚动预算，而月度滚动预算不能累计超出年度预算控制。此外，为平衡管理成本与业务灵活性，下属企业预算由集团总部进行逻辑审核，资金收支则给予预算内的自主审批权力。

三是定时的预算分析与调整。在资金预算管理体系中，下属企业按月度进行资金预算执行分析，每月编制上报上一月度的资金预算执行分析报告，对上一月度的资金预算和实际资金支出、收入的项目和金额做出对比分析，研究实际数与预算数产生差异的原因。对于差异超过10%的金额，要深入查找动因，并分析对未来月度现金流入流出造成的影响。当在预算执行中遇到国家政策变化、不可抗力、市场形势重大变化等因素时，统一进行年度的资金预算调整。

四是严肃的预算考核。在资金预算管理中，中国有色集团将下属企业资金预算管理水平纳入绩效考评中。资金预算管理主要评价指标包括：资金预算执行情况、预算编制及执行分析质量和时间要求、资金预算管理水平等。对于严格执行资金管理要求，业务合规、流程规范的出资企业，进行奖励；对于违规使用资金，不严格执行资金管理办法，甚至造成经济损失的出资企业，进行惩处。

基于预算管控是中国有色集团资金集中管理的重要内容。实践中，不通过实质归集资金，实现资金余缺调配和统筹使用，并有效的管控全流程资金收支业务，监控资金风险，在较大的减少资金归集成本以及管理成本的情况下，实现高效的资金集中管控。

（四）通过账户集中管理，实现与合作银行的银企直联

银行账户是企业进行资金运作和财务管理的载体和渠道，对下属公司账户的统筹管理，是资金结算中心实现各项管理工作全面集中的重要基础。中国有色集团对下属企业进行账户集中管理，并通过与合作银行的银企直联实现账户的实时监管，确保资金集中管理业务数据完整可控。

中国有色集团对下属企业的账户集中管理主要包含以下几方面内容。一是制定集团账户宏观管理政策，明确集团各级账户的开立、变更及注销管理流程的集中管理。二是对集团各级账户功能及属性进行设定，按集团政策设定收支两条线分离管理的账户体系。三是构建资金池账户，设立顶点账户以及各层级分支账户，通过内部账户实现数据的统计分析。通过账户集中管理，既可以提升下属单位系统账户的使用效率，从管控角度来看，也保证最大限度地对下属企业的资金真实情况进行穿透和监管，从而更好地实现资金管理的整体战略。

为实现账户管理集中的目的，中国有色集团开展一系列工作，确保账户管理集中的实施效果。首先，进行存量账户清理。对于已在集团选定的合作银行开户的分、子公司，集团将所有已开立账户纳入集团资金管理中心账户管理体系，并要求关闭在其他银行开立的结算账户；对于未在集团选定的合作银行开户的分、子公司，要求各下属企业清理账户，在合作银行开立结算账户，并将资金转移至合作银行，同时对其他银行账户进行销户处理。其次，确立集团账户的流程管理制度。对于纳入集团统一管理的下属单位，其在银行开立或撤销结算账户需要事先经集团资金结算管理中心审批同意，从而控制合作银行系统外的账户规模及资金体量，保证集团账户体系结构精简、高效、优质。最后，通过银行技术支持，实现账户集中管理。一是设立收支两条线的账户管理模式。收支两条线需开立两个人民币结算账

户，作为二级账户，一个作为收入账户，用于收存各种形式的款项以及上划款项，除向一级账户上划资金外，只收不付；一个作为支出账户，用于支付各项开支等费用以及收存一级账户的下划资金。除收取一级账户拨款外，只付不收。该管理模式条理清晰，账户明细收支分离，易于集团管理。二是针对目前集团境外分子公司独立经营的情况，在地域、货币的基础上对分子公司进行区域划分。将同一区域内的企业统一管理，建立基础的在区域内可推广使用的财务制度、业务制度，采用相似的结算模式，选择相同的账户开立行。使用统一标准要求区域内的分子公司，逐步减少差异化的管理、核算情况。

（五）搭建高效的资金管理信息化平台

中国有色集团通过招标对比，选取市场主流的信息系统软件，以科技和业务创新为动力，充分结合自身管理需求进行个性化开发设计，搭建高效的资金管控操作平台，为资金管理模式的落地提供技术支撑。

1. 实现全面稳定的资金管理功能

该信息化平台主要包括资金预算、资金结算、账户管理、资金调度、银企直连、现金管理、票据管理、筹融资管理8大主要功能模块。充分实现用户账号权限管理、审批流程管理、账户管理、银企直联、资金预算、资金计划、资金结算、融资管理、票据管理、资金风险控制、资金监控、税务成本管理、管理查询等功能。通过信息系统对集团整体资金进行全面实时监控。一是实现资金预算的精细化编制，通过个性化逻辑设置，搭建严谨完整的资金预算模型。二是实现企业与银行的直联，提高业务处理效率。三是实现下属企业与资金管理中心的业务协同，实现业务与资金、资金与财务的一体化。四是实现事前计划、事中控制和事后分析的完整预算管控闭环，全面提升企业的核心竞争力。信息化平台的搭建为实现资金的集中管理、统筹安排，以及加速资金周转、监控资金风险、提高资金的整体使用效益的管理目标提供有力的保障。

以资金预算管控业务为例，资金管理系统会根据下属企业在系统中发起的付款单据进行预算检查，对资金支付的用途和额度进行统筹管理，预算通过后，进行领导的线上审批，保证管理者的主动风险防范。同时，资金管理系统中统一设置付款业务为付款申请、付款审批、付款经办、发送网银、生成凭证5个环节。每一个环节均对应设置审批节点。根据中国有色集团下属企业对各自付款业务风险点的判断，在规范的审批流程中，还可进行个性化定义。例如，对应不同金额，进行审批分级授权。在控制收支风险的同时，兼顾管理灵活性。

2. 进行信息系统数据联通，构建完整的信息化管理系统

中国有色集团建立完善了全面预算、账务核算、业务管理等信息系统。为保证各信息化系统充分进行数据共享，相互验证，提高数据准确度和时效性，资金管理系统与各系统间进行深入的数据接口交互，从而构建起完整的信息化管理系统，这对于企业实现数据互融互通，加强全面管控，提升系统使用效率有着重要的意义。

通过技术规划，资金管理系统与Oracle财务核算系统、海波龙预算系统、主数据管理系统等进行深入联通，极大地提高企业整体管理的效率。尤其是通过与Oracle财务核算系统的联通，初步实现资金业务与财务的一体化，实时的数据共享实现资金收支业务与财务核算系统自动对账，并自动生成财务凭证，既简化工作流程，提高财务核算的效率和准确性，又减少核算的工作量。

据统计，中国有色集团月均资金收付业务单据为30000笔左右，按每笔业务大约2～3分钟的处理时间，大约需要1000小时至1500小时的工作量。同时，这些业务在业务核算系统中还需要一定的时间来处理对应的业务以及其他的工作事项。采取系统对接后，资金收付业务所有信息与账务核算系统实现共享，只要在一边的系统中体现数据，另一边的系统则可自动生成业务单据，单据的业务处理时间缩短约500小时至700小时，为原业务的一半，工作效率得到大幅提升。此外，从业务管理角度来说，对于同一笔收付业务，各系统之间还可以相互印证，从不同管理需求中验证业务逻辑，提高财务核算以及内部管理业务数据来源的一致性及准确性。

（六）重建组织架构，打造专业团队

中国有色集团打造专业的团队保障资金集中管理的顺利实施，包括集团总部各处室业务骨干以及工商银行、建设银行、中税网等。根据资金管理中心业务开展情况以及发展规划，资金管理中心采用与财务部一套班子、两套牌子的管理模式，既提高运营效率，又节省人力资源成本。在此前提下，财务部（资金管理中心）创新组织架构设置，根据资金管理的具体业务，对应处室职责分工，设置了8个处室，分别为综合处、预算管理处、核算管理处、财税管理处、监督管理处、收付管理处、融资业务处、信息保障处。上述8个处室的划分主要对应资金集中管理的细分业务，既有专业分工，又进行通力合作，极大的提升中国有色集团资金集中管理能力。尤其是监督管理处室的设置，在出台各项制度的基础上，实现对制度落实情况的日常化监督、检查，为推进各项业务开展和制度落实提供人力保障。

另外，2016年4月，项目筹建工作小组先后拜访了兵器装备、中交集团、中电建、中煤集团、中铁建、中车集团6家中央企业，对其资金集中管理的运营模式和软件选用工作进行充分调研，充分对比分析资金管理经验的优缺点。工作小组之后又对境外财资平台的搭建进行充分调研论证，在集团自身管理需求的基础上，经过多次论证，最终拟订创新方案的蓝图及目标。在整个管理方案搭建完成后，中国有色集团先后两次组织下属企业财务人员约500人次各进行为期一周的理论和上线操作集中培训，参加人数创下历史之最，为推进项目成果的落实奠定了坚实的人才基础。

三、基于财务管理转型的大型企业资金集中管理效果

（一）经营质量得到夯实，国际竞争力显著提升

中国有色集团在开展资金集中管理后，发挥预算引领作用，显著提高了资金使用效率，有效控制了资金风险，稳步提升了资金效益，夯实了企业经营质量，中国有色集团在国内、国际的竞争力及影响力不断增强，管理效益和经济效益显著。中国有色集团的资产结构逐步改善，资产负债率从75%的国资委监管水平线上逐步回落。2017年，中国有色集团实现利润总额10.5亿元，创造历时同期最高水平，其中通过资金集中管理降低财务费用约2亿元，极大地提升了经营质量。2016年1月，中国有色集团在海外发行5亿美元的债券，获得各大机构投资者的积极认购，最终实现7.5倍的认购倍数。

（二）资金余缺得到统筹平衡，管理水平大幅提升

中国有色集团通过搭建高效的资金运作平台，进一步提高了资金集中的规模效益，拓宽了融资渠道，提升了议价能力。在2017年实现平均资金成本为基准利率下浮5%，在当前基准利率下，以年平均带息负债规模约600亿元计算，每年可节约财务费用3.91亿元。同时，通过对下属企业的资金统筹管理调配，进行临时或中长期的资金余缺调剂，有效形成“存贷双减”的效果，进一步缩减了集团整体对外的贷款规模，减少了对外利息支出，每年可节约资金成本2.06亿元。预计远期每年可增加经济效益10亿元以上。此外，随着资金集中管理的不断推进，中国有色集团不断提高规模经济优势，既实现企业“降杠杆”的管理需求，又极大地降低了企业资金成本，整体管理水平得到较大提升。

（三）实现全流程监控资金收支，资金风险防范能力得到提升

中国有色集团通过资金管理系统对下属企业资金收支进行实时跟踪，对于大额资金流向和异常资金支付实时预警，实现集团总部对下属企业资金收支的合规性、安全性的穿透，确保资金收付的风险管控。经统计，资金管理系统共推广实施244家单位，集中管控银行账户1571个，监控收支业务近70000笔，共涉及现金流约1500亿元，覆盖集团境内企业全部现金流量的近90%。管控力度和管理深度较实施资金集中管理之前大幅度提升，风险防范能力得到进一步加强。

（成果创造人：毛　宏、刘　非、闫俊华、刘　宇、剧　宁、
石　岩、宗雅鑫、闫　淼、高　洁、张力月、王　珏）

以效益提升为目标的配电网综合投资绩效管理

国网辽宁省电力有限公司

国网辽宁省电力有限公司（以下简称辽宁电力）成立于1999年，是国家电网公司的全资子公司，供电营业区域14.8万平方公里，服务人口约4230万人。截至2016年年底，辽宁电力资产总额941.40亿元。辽宁电网拥有35千伏及以上变电站（含开关站）1769座、变电容量19875.80万千伏安，换流站2座、换流变容量1060.08万千伏安，35千伏及以上输电线路54101.33公里。2016年当年完成售电量1623.12亿千瓦时，实现利润15.20亿元。

一、以效益提升为目标的配电网综合投资绩效管理背景

（一）加大配电网建设，服务地方经济社会发展的需要

当前，我国经济发展进入速度变化、结构优化、动力转换的新常态，宏观经济下行压力增大，钢铁、化工、水泥等高耗能产业逐渐淘汰，对用电需求产生较大影响，供电公司经营发展面临严峻挑战。面对经济发展新形势，国家对国有企业提高发展质量、提升经济效益提出明确要求。对供电企业而言，配电网前端连接输电网络、后端服务终端用户，是保障电力能源“落得下、配得出、用得上”的关键环节，科学安排配电网发展投资事关企业战略与规划的落实，影响企业经营可持续发展能力。当前，由于配电网建设不足，对辽宁的地方经济社会发展造成一定制约，作为关系国计民生的国有骨干企业，在加大配电网建设服务地方经济社会发展的同时，强化精益规范管理、落实精准投资要求，着力在发展总量、质量、存量上寻求突破，是辽宁电力的使命与职责所在。

（二）改善投资管理，提高配电网投资效率的需要

2015年以来，辽宁地区宏观经济趋势下行明显，用电量增长趋缓，辽宁电力在大规模电网投资、刚性成本逐年增加的前提下保持持续稳定的经营效益增长面临较大的压力，辽宁电力迫切需要把有限的资金投入到最能提升电网经济性、可靠性的建设项目中。为解决投资发展不均衡问题，建设城乡统筹、安全可靠、经济高效、技术先进、环境友好的配电网络设施和服务体系，以促进配电网投入产出效益提升为导向，结合地区产业布局、经济发展特点，深入分析评价配电网投资绩效，优化发展投资策略，科学安排投资项目、合理把握投资时序，促进配电网投资结构优化，推动配电网投资科学决策具有十分迫切的需求。

（三）创新评价工具方法，提升投资绩效管理水平的需要

传统的配电网投资管理侧重于完成国家发改委和国家电网公司下达的配电网建设目标，在电网公司系统内尚未形成完善的配电网投资绩效评价体系，投资管理粗放、决策过程粗放、投资管理不到位，配电网投资缺乏有效的绩效管理工具与手段。主要体现在以下几个方面：一是配电网投资方向与业务目标的关联度不清晰，缺少有效的要素关联；二是现有产出评价侧重业务目标，主要采取财务分析方式的绩效评估，较少对经济效益和社会效益同时关注；三是投资结构不平衡，配电网负载不均衡问题普遍存在，影响电网资产回报；四是传统的方法侧重从可靠性、安全性、供电质量等单项指标评估，缺乏对配电网整体性评价，直接指导性不强，急需提升配电网投资绩效评价水平。因此，为解决上述问题，辽宁电力从2015年年末开始，逐步建立成熟完善的配电网投资绩效评价体系，加强投资全过程精准管控，引领配电网投资有序推进，成为助力公司发展的必然选择。

二、以效益提升为目标的配电网综合投资绩效管理内涵和主要做法

辽宁电力坚持精准投资理念，以提高企业投资效益、增强投资稳健性为导向，以规范化、精益化为主线，科学建立配电网综合投资绩效评价体系；创新利用大数据等新兴技术手段，构建信息化平台，实现投资绩效评价的跨专业信息融通与可视化展示；应用模型结果深度挖掘配电网投入产出效益，开展各地市公司横向比较，建立“事前－事中－事后”全覆盖的配电网投资全过程闭环管控机制；持续开展“回头看”等工作，促进综合投资绩效管理的螺旋式循环提升。主要做法如下。

（一）树立精益化管理理念，明确配电网综合投资绩效管理工作思路

1. 深入调研论证，明确建设思路和使用对象

多次调研访谈，确定建设思路。坚持精益管理理念，通过调研目前国家电网系统内其他配电网投资评价模型，取长补短，明确从建立综合全面的评价指标体系、合理准确的绩效评价模型、跨专业数据融会贯通与可视化综合平台、强化全过程闭环管控及监督考核机制等方面着手，以新的思路实施具有辽宁特色的配电网综合投资绩效管理。

开展数据摸底，明确适用对象。对配电网投资绩效评价模型相关度较高的业务系统进行数据摸底，如当前财务部应用的 ERP－FICO/财务管控系统、营销部应用的营销业务管理系统、运检部应用的 ERP－PM/生产管理系统（PMS）、安质部管理的电能质量在线监测系统等，对相关部门负责人开展访谈，厘清数据质量，明确配电网综合投资绩效管理对象的适用范围是城市及区县 10 千伏及以上配电网，投资绩效评价主要设备包括架空线路设备、电缆线路设备、配电变压器、箱式变电站、环网柜设备。

2. 建立强有力的组织保障体系

设立界面清晰的组织机构。辽宁电力在年度重点工作安排中，将配电网投资绩效评价体系建设工作定为公司“一把手”工程。为确保工作组织有序、执行到位，成立以公司董事长和总经理担任组长、其他领导班子成员担任副组长、总会计师担任常务副组长的专项领导小组，负责制订公司配电网投资绩效评价体系工作方案，研究解决工作推进过程中的重大问题。领导小组下设项目办公室，负责贯彻领导小组各项工作部署，协调工作中存在的问题，做好公司配电网投入产出与业绩考核目标的有序衔接，对重大问题提出解决意见后报领导小组决策。

3. 构建跨部门高效协同合作机制

辽宁电力建立工作协同运作模式，明确职责分工，采用工作宣贯会、协调推进会议、专业指导培训会议等多层次交流、系统方式，以实现配电网投资管理机制的优化，解决专业化管理模式下协调难、反应慢、效率低等问题。

4. 按照试点先行的原则平稳推进

坚持“试点先行、由点及面”的原则，通过抓试点为后续整体工作探索道路，探索总结出具有全局性、指导性的模式和做法，积累经验。科学选择试点公司，依次逐步推进配电网综合投资绩效管理。在地市公司层面，以售电量、配电网投资、经济规模（GDP）三个指标的水平分布划分城市等级维度，对辽宁省 14 个城市进行综合评估，从中型城市规模中选取鞍山、营口、辽阳、朝阳、丹东 5 个具有代表性的地市公司作为试点。

在县公司层面，综合考量资产设备信息完善程度、信息采集的配合度及调研访谈结果，选取信息化试点县辽阳灯塔市、属于熔断区域地域狭长资产运维成本高的丹东凤城市、电能质量数据具有地域特色的朝阳北票市和资产规模较大的鞍山台安县作为试点公司。

（二）建立配电网综合投资绩效评价体系

1. 明确指标体系设计原则与指标来源

辽宁电力在设计指标体系时遵循四项基本原则，一是目的性与系统性相结合的原则，二是全面性与

精简性相结合的原则，三是完整性与导向性相结合的原则，四是科学性与可操作性相结合的原则。在具体指标来源上，为全面、客观、科学地评价投资绩效状况，辽宁电力重点结合电力体制改革、配电网建设改造行动计划（2015—2020 年）、国家电网公司和辽宁电力“十三五”发展规划、财务法规等政策文件，同时借鉴其他电网公司的评价模型，建立指标体系备选库。

2. 科学确定指标体系

针对电力体制改革、配电网发展相关政策及国家电网、辽宁电力的“十三五”规划进行深入的分析与解读，通过梳理相关政策总结提炼，从网架坚强、经济高效、智能环保三大核心维度构建配电网绩效评价指标体系。

借鉴战略地图的绘制方法，进一步将网架坚强、经济高效、智能环保三大核心维度进行逐层分解，划分为优化资产、财务成长、用户满意、安全可靠、高效运营和可持续发展 6 个架构模块。同时在架构模块下确定 12 个产出的关键指标领域（投资回报、财务稳健、优化网架结构、优化升级资产配置、提升用户满意度、提升供电能力与质量、供电安全、满足各类用户用电需求、提升运营效率、社会责任、智能互联、节能减排），并以财务稳健（运营成本）与投资回报（资本成本）2 个关键指标领域作为投入水平分析，兼具经济效益和社会效益，实现对配电网投资绩效的综合衡量。

充分借鉴其他电网公司的评价指标，在投入与产出两个大类下，确立 54 个指标用于建立指标体系（如表 1 所示），兼顾指标涵盖范围的全面性和实用性。

表 1　配电网投资绩效评价指标体系

指标分类	关键指标领域	关键绩效指标
产出	优化升级资产配置	配电网配变容量
		架空线路长度
		在运设备平均运行年限
		……
	优化网架结构	配电网线损率
		供电可靠率（RS-3）
		……
	财务稳健	配电主要设备折旧费用
		单位资产售电量
		……
	投资回报	配电网主营业务利润
		单位配变容量售电量
		配网建设投资收益增长
	节能减排	替代电量
	满足各类用户用电需求	全社会最大用电量
		网供最大用电量
		低电压用户比例
	提升用户满意度	用户平均停电时间
		用户平均故障停电时间

续表

指标分类	关键指标领域	关键绩效指标
产出	供电安全	设备缺陷次数
	提升供电能力与质量	电压合格率
		线路平均供电半径
		……
	提升运营效率	故障停电缺供电量
		预停停电缺供电量
	智能互联	智能电表覆盖率
	社会责任	全社会最大负荷
		网供最大负荷
		单位资产供电负荷
投入	财务稳健（运营成本）	配电网主营业务成本
		配电主要设备运维检修成本
		……
	投资回报（资本成本）	配电主要设备资产净值

3. 构建配电网综合投资绩效评价模型

基于评价模型构建方法论，遵循指标处理，确定权重，信息集结，模型验证等多个步骤构建投资绩效评价模型。与其他模型相比，主要特色体现在：

一是创新权重赋权法，提高模型整体精度。由于层次分析法在指标数量较多时，难以验证判断矩阵的一致性，辽宁电力引入序关系分析法。序关系分析法，即根据各个指标的重要性对其进行排序，并对其重要程度进行赋值，最后运用数学模型进行计算，根据各指标的重要程度进行赋值，具备功能驱动、保序性等特点，指标个数没有显著，且易于操作。通过对优化升级资产配置、优化网架结构等 12 个关键绩效指标领域的指标重要性进行排序分组，同时采用“组间差异性权重赋值，组内均权赋值”的方法，从而更加合理的完成各个指标的赋权工作。

二是企业绩效与社会效益并重，增强投资评价全面性。辽宁电力应用国际通行的公共服务价值模型，配网投资绩效评价项目设计涵盖财务稳健、投资回报、优化网架结构等 12 个产出的关键指标领域，并以财务稳健（运营成本）与投资回报（资本成本）2 个关键指标领域作为投入水平分析，相对于传统配电网投入评价方法而言，提供一个新的更加全面综合的投入产出评价视角。

（三）构建信息化平台，实现投资绩效评价的跨专业信息融通

辽宁电力坚持“用数据说话、用数据决策、用数据管理、用数据创新”理念，充分发挥数据资产价值，搭建涵盖配电网监测、分析、辅助决策等各项功能于一体的信息化平台，有力支撑配电网综合投资绩效评价管理的顺利实施。

1. 确保基础数据准确可信

通过开展配电网数据普查，逐线、逐变、逐站摸清配电网基本情况，规范配电网基础设备台账，明晰电力设施归属；建立配电网基础设施信息综合管理系统，为配电网建设与发展提供海量的数据支撑。

2. 推动跨部门业务数据集成与共享

畅通信息渠道打破专业间的信息壁垒，实现业务数据集成。全面协同财务部、营销部、运检部、安

质部管理、规划计划部等多部门开展数据质量调研及业务系统数据收集工作，积极开展同各业务部门的协调工作，关注数据质量及数据收集规则，建立良好的沟通机制。深入推进“营配调”数据贯通。为发挥系统集成应用成效，依据电网数据特性，开展“营配调”融合数据的核对、准确性校验、数据采集质量治理工作，设计开发“营配调”融合辅助工具，在基础设备层面实现 PMS、OMS（调度管理系统）、EMS（调度自动化系统）、用电采集系统四个系统间数据的横向绑定，实现“营配调”基础设备的实时对接。

3. 可视化展示辅助决策分析制定

可视化管理是指利用 IT 系统，自动生成在数据库的基础上生成图形演示，从而让管理者更加直观、高效地掌握企业信息，实现管理的透明化，提升决策的效率，并能够使信息得到更有效的传达。通过可视化展示投入产出效益评价模型，有助于企业决策者能够更加直观、全方位地了解企业在配电网投资方面的发展现状，增强企业决策分析能力，实现配电网投资的保值增值，并增强企业的竞争力。

在具体操作过程中，辽宁电力通过开展各地市公司的横向、纵向对比，整体把握试点地市的投资绩效与竞争力水平；针对各试点地市的情况，具体分析关注地市的优势、劣势、机会、威胁，以便对症下药；利用可视化的视图对比，观察投资绩效与竞争力表现极好或者极差的城市，迅速定位投资能力及竞争水平两极分化的地市公司；进一步根据各地市的投资绩效评价及竞争力水平，选择最佳投资方案。

（四）深度挖掘评价结果，实现全过程投资管理

基于配电网投入产出效益评价与各单位横向比较结果，建立配电网投资项目闭环管控机制，利用模型分析成果指导工作实际，实现两者紧密结合。

1. 综合比较分析不同单位投入产出效率

针对每一个试点城市的情况，通过 3 年 12 个季度的连续数据来深入分析投入、产出以及投入产出比的情况。

例如，模型测算表明，朝阳市属于投入不断增高，产出不断下降的情形。投入方面，2013－2015 年朝阳配电网投入不太稳定，且一直呈增大趋势，其中设备资产净值一直以来表现较差。产出方面，2013－2015 年朝阳配电网产出水平较低，分值多小于 80，且呈下降趋势，其中大多为居民需求。配网建设投资收益增长在 2013－2014 年表现较差，但是 2015 年四个季度报告期均出现较好表现；另外，在运设备平均运行年限在前期表现较好，但是后期表现较差，出现两极化现象。

投入产出比方面，2013－2015 年朝阳配电网的投入在不断增加，产出却在不断降低，导致项目投入产出比一直在下降。在报告期内，2015 年第四季度表现最差（前七个报告期除 2014 年第一季度外，投入产出比均大于 1，后五个报告期投入产出比均小于 1）。

此外，通过从横向维度将鞍山、辽阳、朝阳、营口、丹东五个试点城市一起进行比较，可以进一步了解不同城市之间的投资表现差异，同时也综合时间、城市的因素把握整体投资效率的脉络。

2. 建立配电网投资闭环管控机制，实施全过程投资管理

深入应用模型分析评价结果，强化“事前—事中—事后”配电网投资全过程闭环管控机制。

一是加强事前评价引导。通过对各地市公司的投资绩效评分横向比较，做出有针对性的投资安排，促进提高各地市配电网的竞争力。具体体现在把控源头，优化配电网投资策略及在项目储备环节向评分较高的地市公司给予倾斜。一方面，优化配电网投资策略，确保资金向配电网投资效益高的地方倾斜。在配电网规划、前期等环节，落实效益效率理念，深化容载比、负载率、可靠率等核心指标诊断评估，确定投资策略。创新制定基于配电网绩效评价体系的省市县三级配电网投资决策流程。在编制年度配电网投资计划时，省公司依据各供电公司配电网投入产出效益排名及得分，根据省公司配电网整体投资能力，统筹平衡各供电公司配电网投资规模，提出各市公司配电网投资安排建议，提交国网公司审批。各

市公司依据所属各县公司配电网投入产出效益评价排名及得分，按照省公司下达的配电网投资规模，科学安排所属各县公司配电网投资规模，并在项目储备库中优先排定投入产出较高的项目，按照流程提交省公司投资管理委员会审批，从而确保“好钢用在刀刃上”，资金向配电网投资效益高的地方倾斜。另一方面，严格储备管理，在项目储备环节向评分较高的地市公司给予倾斜。在配电网项目储备环节，应用配电网投资绩效评价结果，建立三级配电网项目储备库管理机制。严控配电网项目建设的合规性，筑牢投资绩效评价基础。一级储备库的储备规模及储备深度按照国家电网公司要求执行；二级储备库的储备深度按照国家电网公司要求执行，储备规模（总投资）原则上不低于一级储备库的130%；三级储备库的储备深度（必要性、可行性等）要严于国家电网公司对一级储备库的深度要求，具体标准由各专业部门制定，储备规模（总投资）原则上不低于二级储备库的130%。在此基础上，对评分较高的地市公司给予有针对性的倾斜。

二是加强事中跟踪管控。紧紧围绕“重过程”的总体要求，在“细”字上下功夫，结合业务环节，充分挖掘信息化系统功能，实现对投资项目的全过程管控。在运营过程中深入应用指标管理，其中包括利用评分滚动修编辽宁省配电网“十三五”规划，利用评价得分做好项目投资节奏调整，做好项目优先排序。在具体项目层面，强化任务执行事中跟踪，确保项目执行进度可控、在控。细化投资项目工作进度表与里程碑计划，明确具体单个任务、单个环节执行时限，并跟踪、监控单个任务的执行进度，统计按时履行计划、落后里程碑计划的工作任务个数及对应明细。对实际履行与里程碑计划存在较大差异的工作，具体分析差异原因，研究改进措施，完善业务监控流程，为计划执行分析考核、管理流程优化提供科学的数据支撑。

三是加强事后综合绩效考核。进一步根据考核结果促进投资改进提升。实现闭环评价，在投资后评价中加强综合效益考量。在配电网投资后评价环节，加强综合效益考核考量，从安全效益、经济效益、社会效益多方面对单项配电网工程、市县公司整体配电网工程进行评价，充分应用项目储备规模及项目质量准入评估成果，优化配电网投资结构，解决配电网投资“两头高、中间低”的问题，优化网架结构，拓展供电服务覆盖面。进一步加强统筹协调，多专业联合评估项目收益。在配电网投资绩效考核环节，财务、发展、运检、基建、调度各专业共同研究，强化项目投入产出综合论证，合理评估项目效益；立足于已有评价结果，多角度促进配电网投资决策优化与改进提升，为下一年度投资科学决策提供有力支撑。针对电网结构、设备质量、运行控制等问题，统筹安排基建、技改投入，突出投资重点，优化投资结构，确保投入最优。

（五）持续动态优化综合投资绩效管理

一是推动绩效评价体系动态优化。常态化进行评价体系“回头看”，通过“回头看”配电网投资绩效评价体系的各种资源使用情况；评价投入产出效率实现是否还存在弹性空间；评价所实现的目标在推动和促进企业可持续发展中作用发挥情况。通过对实际绩效与最优值的差别比较，查找绩效差距，定期总结思考，制定提升对策。

二是建立健全监督机制。密切跟踪配电网建设工作进展，掌握目标任务完成情况，加强对配电网的资金投入力度、投资行为的监督与评估，加强配电网建设改造工作监督管理，形成闭环管理机制，并开展配电网建设改造专项行动监督与现场检查。

三是不断完善投资考核体系。通过建立完善的同业对标及业绩考核指标，按照权责相当、主体明确、效益优先的原则，落实配电网投资绩效主体责任，增强投资精益管理考核力度，对规划、储备、计划、统计、执行等各环节的数据完整性、准确性、及时性、经济性全面评价考核，加强项目执行闭环管控机制，保障配电网投资可控在控。

四是更新调整综合分析平台。根据评价体系调整、指标变化等对综合分析平台实施动态优化，实时调整各项指标关键点和关注程度，以及预警阈值等。跟踪调整各级指标确保一致性。对各级指标的一致性进行定期检查，重点对影响关键绩效指标实施里程碑偏离的因素进行识别和纠正，保证各级指标在衡量配电网投资绩效时的一致性，实现重点指标的动态优化。

三、以效益提升为目标的配电网综合投资绩效管理效果

（一）投资精准性显著提高，经济效益凸显

将配电网综合投资绩效管理应用于辽宁电力电网投资的实践，改变传统的投资评价模式，有效克服前期投资管理中存在的不及时、精准度低等问题，通过科学指导配电网投资规划，优化资源调配，增强基础设施投资能力，有效促进区域投入不均衡问题解决，推动地方经济发展，保障用电安全。辽宁电力项目预算管理水平显著提高，在宏观经济形势下行的不利背景下，通过改善配电网投资管理水平，助力辽宁电力科学决策配电网投资规模、节奏和时序，提高配电网投入产出水平，促进改善经营效益和提升可持续发展的能力，配电网投资项目可为辽宁电力年均创造效益 4205 万元，已累计创造效益 7008 万元，为辽宁区域经济的繁荣发展做出积极贡献。

（二）实现投资全过程管控，管理水平大幅提升

通过项目实施，由规划、建设、运检、财务等跨专业部门开展配电网投资全过程评价，丰富事前评估、事中监控、事后评价的管理手段，建立配电网投资资源优化配置机制，有效挖掘投资价值和投资机会，监控投资风险，保障投资效益，杜绝无效投资、避免低效投资。源头管控力度显著增强，深入应用基于配电网绩效评价体系的省市县三级配电网投资决策流程，优化配电网投资策略；在配电网项目储备环节，深入应用评价体系，建立三级配电网项目储备库，配电网项目建设的合规性显著增强，投资绩效评价基础得到有力夯实；在投资决策环节，实现财务、运检、基建、调度等多专业联合评估项目收益，从全局最优的视角出发统筹安排基建、技改投入，突出投资重点，优化投资结构，确保投入最优。

（三）科学评价配电网投资绩效，为提高决策能力提供有力支撑

配电网绩效评价体系不仅涵盖财务稳健、投资回报等经济领域，而且包括满足各类用户用电需求、社会责任、节能减排等多个社会效益方面的产出关键指标领域，确保评价管理的统筹性和科学性。与此同时，通过构建与实施配电网资产投入产出绩效评价体系，项目投资决策支持能力不断提高。通过统筹现有资源，应用投资绩效评价模型及竞争力评价模型分析整体投入产出水平、各方面竞争力的逐年变化趋势，结合配电网投资对象、资金分配、投资效率与回报等方面，提出基于数据和历年变化趋势的有针对性的分析和建议，为识别投资效率高、回报高的投资对象提供有力支撑。

（成果创造人：谭洪恩、赵洪伟、冯　凯、范士新、肖一飞、胡　因、刘中彦、桑文奇、巴明强、李恒宇、尹明植）

电网企业以资产组为对象的投资管理优化

国网江苏省电力公司

国网江苏省电力公司（以下简称国网江苏电力）是国家电网公司系统规模最大的省级电网公司，现辖13个市、51个县（市）公司及20余个科研、检修、施工单位，服务全省4100万名电力客户，拥有35千伏及以上变电站3000余座、输电线路9万公里，电网规模超过英国、意大利等国家，电压合格率、电网抵御风险能力达到国际先进水平。2016年，国网江苏电力完成售电量4595亿千瓦时、固定资产投资384亿元；实现营业收入2758亿元，利润80亿元；资产总额2804亿元。连续三年囊括国家电网公司同业对标“综合标杆”“业绩标杆”和“管理标杆”3项第一名，连续第五年获得国家电网公司企业负责人业绩考核A级第一名。

一、电网企业以资产组为对象的投资管理优化背景

（一）适应经济形势变化与电力体制改革的需要

受宏观经济发展和产业结构调整等因素影响，国内售电量增速下滑，电网企业的主营收入保持中低速增长，电量对收入和效益的增长贡献明显减弱，江苏部分地市公司在有些时间段甚至出现工业用电量负增长或零增长的现象，电费回收难度加大，资源空间约束是电网企业发展必须考虑的问题。一直以来，国网江苏电力在国家电网公司实现整体业绩“保增长”工作中肩负着较大责任，电网企业的发展必须要综合考虑监管期新增投资和有效资产规模、电网运营成本和准许收益水平，对投资管理的科学性、效益性要求更高，需要进一步增强市场意识和资源意识，积极研究投资管理优化改进策略。

（二）满足建成“两个一流”的战略目标要求提升投资决策水平的需要

国家电网公司以“奉献清洁能源 建设和谐社会”为使命，提出建设电网坚强、资产优良、服务优质、业绩优秀（简称“一强三优”）的现代公司的战略发展目标。国网江苏电力根据国家电网公司战略目标制订了公司“三步走”战略规划，到2017年要率先全面建成“一强三优”现代公司、到2020年基本实现“两个一流”。按照“两个转变”（转变电网发展方式、转变公司发展方式）的战略实施路径，国网江苏电力需要加大电网投资力度，这将对投资安排优化、发展与效益平衡提出更高的要求。国网江苏电力需要正视收入增幅趋缓与支出保持高位的矛盾，深入挖掘数据经济价值，充分掌握电网运行现状，进一步准确定位投资方向，拓展投资分析的深度和广度，提高投资辅助决策水平。

（三）增强投资管理能力、提升企业精益化水平的必然需求

电网企业是资产密集型企业，固定资产是实现经营管理目标的核心战略资源。电网企业的固定资产分布具有点多、面广、量大等特征，投资项目管理存在较大难度。经过多年的发展，电网企业内部形成了精细化的专业分工，同时也带来了各专业更加聚焦自身专业的投入产出目标、对公司整体价值提升协同度尚显不足，不同投资评价主体难以同步实现时间、空间、目标、效益之间的协调和最优。需要寻找一种新的管理路径，增强专业管理间的合力，归集整合不同口径、不同维度的经济、技术要素，分析各项投资行为对公司整体价值的影响，以整体价值最大化为目标统筹安排投资资源。国网江苏电力作为国网系统资产规模最大的网省公司，更需要发挥创新典范、实践表率的作用，率先探索优化投资管理的工作路径与方式方法。

2013年，国网江苏电力成立专门的柔性团队，以资产组为对象开展投资管理优化研究，梳理海量数据进行论证，以论证结果反向推动理论研究完善、丰富，最终确保先进的理论落地并转化为生产力。

二、电网企业以资产组为对象的投资管理优化内涵和主要做法

国网江苏电力围绕率先全面建成“一强三优”现代公司战略目标，首次将“资产组”概念引入电网投资全过程管理，融合电网企业组织架构、管理需求和生产经营实际，以产品或服务能计量、消耗和资源占用相对独立、为用户提供完整明确功能的单元为标准建立电网资产组体系，将国网江苏电力整体价值创造过程直接具化到电网的最小细胞单位，通过价值创造场景的数据还原，提高电网投资的管理精度，解决电网效益评价与科学投资决策的难题；搭建基于资产组的电网投资一体化信息平台，归集海量公司内外部数据信息，适应不同类别的投资需求，统筹配置电网资源，提升电网投资的整体性和效率效益，形成公司价值创造合力。主要做法如下。

(一) 选取资产组为对象，明确投资管理优化目标

1. 明确投资管理优化目标

国网江苏电力发现对于重资产的电网企业来说，“资产组”是归集各业务单元创造价值和占用资源信息的最佳载体。所谓“资产组”，国网江苏电力将其定义为电网企业可以认定的最小资产组合，该组合具有三个基本特征：是为用户提供完整、明确功能的单元；生产的产品或提供的服务可以单独计量（对于电网企业即能够单独统计电费）；资源占用和消耗相对独立。将能够产生收益的独立功能单元作为一个资产组，为优化电网投资决策和投资效益评估提供了有用的海量信息基础和操作依据。

以某个变压器（居民小区供电主要设备）投资为例，真正为居民小区供电的设备除了主要资产变压器之外，还需要配电箱（柜）、400V线路、接户线、表箱及电表等附属资产，在传统的管理模式下，这些资产物理上虽然是相连的，但分别归不同部门管理，每个资产产生的经济回报只能凭经验粗略估算，需不需要投资、投资的规模等主要靠技术部门的经验判断，投资的经济性及产生的效益始终是后评价工作中的难题，而在资产组管理模式下，变压器、配电箱（柜）、400V线路、接户线、表箱及电表等资产作为一个整体，即最小的低压台区资产组，该资产组能够为小区提供供电服务，居民使用的电量及与之相关的电费收入可以通过电表计量，各类资产价值、损耗可以独立核算，对该台区资产组开展有针对性的投资决策，能够更好地兼顾投资的科学性、经济性，合理评估投资效益。

2. 对电网企业资产组进行分级分类

国网江苏电力基于上述资产组的认定，遵循“上带下、下不带上”的原则，根据电网运行拓扑关系，结合电网企业的组织架构、管理模式特点及生产经营实际，对全部电网资产实行分级分类资产组划分，建立形成“台区资产组—中压线路资产组—变电站资产组”的多级电网资产组体系，用不同口径的资产组模拟区域电网基本特征。其中，台区资产组体现电网网络化运行特点的最小功能单元，包括变压器、配电箱（柜）、400V线路、接户线、表箱及电表；中压线路资产组包括中压线路及所属区域的所有台区资产组，是较大、较完整的网络资产，也是配网管理的重点；变电站资产组包括变电站、所属区域中压线路及其覆盖的供电区域的所有台区资产组。

(二) 以资产组为口径，优化投资管理指标体系

1. 建立基于资产组的投资管理指标体系

国网江苏电力围绕率先全面建成“一强三优”现代公司的战略目标，以价值链为主线，修改传统以项目或市县公司为考核口径的指标体系，转变为以资产组为口径计算的指标体系，分为组织信息、投资信息、设备信息、电能信息、停电信息、财务信息、现场信息7大类指标，具体包括“单位资产售电量”“线损率”（线损电量/供电量）、“户均容量”（变压器容量/用户数）等151项投资效益评价指标。

根据对资产组的界定，投资管理指标体系也呈现出相应的结构特征。从定量角度看，资产组各层级指标之间存在着从下往上的加权平均、汇总求和及从上至下的迭代分解、减法求余的逻辑关系；从定性角度看，高层级资产组与低层级资产组指标之间存在同向变动的关系，当高层级资产组获得改善或者出

现异常时，可以沿着资产组层级的方向分解，追溯责任源头，从而对应维持进步或提出改进措施。

2. 针对分级资产组设计指标

在指标设计时，除了使用传统的成本投入、单位电量运行成本、电费收入等共性指标外，还考虑不同层级资产组的指标设计差异，可以更有针对性地反映投资对象的投入产出效益。例如，对于台区资产组，低压台区是电能流的终端，供电压的合格率关乎用户的日常用电稳定性，选取“电压合格率”“电压稳定率”等指标，可以准确反映电网坚强的战略目标实现情况；同时，台区售电量可以直接获得，并且位于同一根线杆上的电表不存在由于电价不同造成的收入差异，使用“单位资产售电量”能够合理反映业绩成果。随着资产组上升到10千伏线路电压等级，由于线路途径区域的差异，位于工业用电比例较高的地区相对居民用电比例较高的地区电价较高，如果继续采用“单位资产售电量”作为指标，将无法考虑不同电价对收入的影响，因此选用“单位资产营业收入”更能准确衡量资产组的投资结果。对于变电站资产组，变电站的主要作用是电能的汇集和分配，线损的存在，会影响电能流的汇集和准确分配，可以使用线损率考核电力系统运行的经济性。

（三）依托技术支撑，构建基于资产组的投资管控平台

1. 以资产组为载体实现数据结构化整合

基于资产组的管理体系下，管理维度从原先的市县供电公司细化至电网每一个资产组细胞单元，以资产组为载体融合安全、技术、经济、服务要素信息，为开展投资管控提供数据“原材料”。运用物联网技术，通过智能电表每15分钟数据自动采集传送，时间维度从传统的“月一季一年”转变为“实时一日一周一月一季一年”，实现日常经营实时对接，中、长期目标的短期分析、实时控制。

2. 应用信息化新技术建设资产组投资信息平台

为了应对管理颗粒度和管理信息数据的爆发式增长，国网江苏电力建立价值反映全景地图，全面反映各层级资产组的经营状况、资产布局、资源投入、投资绩效等信息。综合运用大数据分析、云搜索等先进技术和信息化手段，集成多个业务系统信息，搭建基于资产组的投资管理平台，对于电网投资的各个环节发挥不同的功能和支撑作用。基于资产组的投资管理平台运用外围系统及数据仓库开展数据集成、运用电网拓扑构建资产组体系、运用GIS平台开展资产组地理定位、运用“五分位”法实现海量数据的定量与定性自由切换、运用温场图效应分析宏观电网区域特征、运用大数据服务器做好海量数据高效运营、运用三屏显示增强跨系统的数据信息分析比对，将投资决策与效益评价贯穿整个投资循环的项目规划、项目前期、计划安排、工程建设、竣工验收、后评价等各个阶段，形成完整的投资管理体系。

（四）基于资产组，辅助电网投资决策

1. 开展电量短期预测，促进投资精细化

电网具有显著的区域特性，随着城市化进程、居民生活水平提升、高耗能企业的限制，不同区域、不同时期的农村与城镇、市郊与市中心的用电、负荷特征均不相同。传统的电量预测是基于整个地区的电量预测，无法做到单个对区域用电的有效预测。国网江苏电力基于资产组，结合不同区域电网负荷影响因素进行电量预测，以气温、人体舒适度、负载率、节假日、检修计划（停电）等因素为自变量，在系统中部署多种预测模型，由系统根据历史数据自动计算选择预测最准的模型，为电网局部用户（群）未来售电量情况的精准预测提供支撑。

2. 拓展储备项目审核范畴，把控投资项目质量

电网企业的投资可以分为资本性投资和成本性投资。以成本性储备项目审核为例，在以前的投资项目审核中，国网江苏电力主要对成本项目的规范性及资料齐全性等方面进行审核，因专业数据信息支撑有限，项目的投资回报期、内部利润率等难以计算，中、长期投资预测不够准确。国网江苏电力以资产

组信息平台为载体，集成的大量业务、财务信息，以项目对应的资产组为决策对象，将项目审核的范畴从主要侧重“规范性”拓展至“规范性、经济性、合理性、协调性和针对性”。例如，对连续两年高强度投资的资产组再次立项申报，需要分析该投资是否合理；对低效同时电量还是逐年递减的资产组申报立项，分析该投资的经济性问题等。同时，将原先人工审核变为现在的系统一键式导入审核并自动出具报告，大大提升储备项目审核的效率效果。

3. 储备项目空间分布，及时掌控区域电网未来投资

基于资产组，国网江苏电力通过建立“储备项目—资产组—空间定位”关联，将全年储备项目在空间地图上直观展示。通过直观分析整体储备项目布局，判断资源配置的空间合理性，针对未储备项目的电网空白区域，结合技术、服务指标判断是否存在“应投未投”情况，并将未安排项目“空白区域疑点”以自上而下的方式下发督办，从而化被动审核为主动监控，构建“上下联动”的资源配置精细化管理模式。

4. 投资智能辅助决策，提升投资的针对性

国网江苏电力以资产组为载体采集生产、营销、调度、财务等多维数据，进行结构化整合，建立电网投资的基础数据库；根据电网安全、技术、经济、服务目标建立指标体系并合理设置阈值，形成电网投资的标准库；根据指标阈值自动从基础数据库中筛选查找电网存在的问题，以问题为导向形成“电网问题库”；同时针对问题通过地理位置、周边情况等自动提出智能辅助决策方案，支撑现场勘查。通过以问题为导向，自动筛查电网“设备性”“发展性”“结构性”“效益性”问题，根据不同区域不同时期电网发展目标，以“问题组合”的方式选择当前最需要投资的局部电网资产组，有效提升投资的针对性和效率效果，大大提升电网投资决策的标准化和集中度，增强电网资源的一体化配置水平，协调大供电区域内整体投资布局。

（五）综合多维信息，强化投资过程管控

1. 项目实施计划控制，实现投资安排经济高效

在项目需求确认后，需要确定项目的空间布点和实施时序。国网江苏电力将项目与资产组挂接，从“空间”维度对项目布点的预计供电区域进行选择，从“时间”维度运用历史数据结合电量预测计算新增布点预计经济效益指标及对周边资产组的效益影响，同时结合区域资产组的技术和效益维度进行星级排序，为确定项目施工的轻重缓急提供参考依据，保障高效资产组、电量高增长资产组的供电可靠性，合理安排项目空间布点和执行时序，在保证电网安全、技术、服务目标的同时，最大化保证项目实施的经济高效。

2. 预算执行协同管控，提高项目施工财务管控力

利用资产组信息平台，以实时数据还原现场场景的思路，让管理者能够实时了解现场施工动态。将投资挂接到资产组，集成组织、投资、设备、电能、停电、结算等数据，集中展示项目开工时间、停电点时间、财务结算时间、日售电量历史信息和预测信息等信息，通过施工时点与售电量曲线的比对，判断停电时点选择的经济性（是否选择售电量低谷期开展停电施工）；通过施工时间与现场表计采集的“停电时点”比对，判断项目现场实施的真实性；通过现场完工时点与项目结算曲线的比对，判断项目执行的及时性等。

3. 预算完工时点选择，实现增供扩收与客户满意双赢

电网的特性要求在实施维修或新设备接入时需要采取电网局部停电，确保电网施工的安全性。施工停电既影响局部用户的用电满意度，又影响公司利润，因此，在施工停电时点的选择上需要围绕用户的用电行为进行决策。依托于电网资产组结构，每个资产组均服务于一个区域的用户群，通过对资产组历史售电量波动曲线的分析，分析区域用户的用电行为特征，针对不同区域进行个性化的项目实施经济性

选择，针对重点区域的关键用户必要时采取成本更高的“带电作业”模式，规避用电高峰停电施工造成的经济损失和供电服务压力，将项目预算管控由传统的序时发生改进为经济发生，提升管理的精细度。

（六）运用指标体系，评估投资效果

1. 细化管理维度，使电网价值呈现可视化

传统的电网运行评价主要是以公司为对象，即“省－市－县”维度，以 EXCEL 报表或报告为主要的信息展示模式，对电网某一个区域运行效率效益评价的数据支撑缺乏反映。国网江苏电力以资产组为最小功能与核算单元，将电网投资管理颗粒度进一步细化至资产组单元，归集海量的信息数据于资产组载体上，细化投资管理颗粒度，改变投资决策对象的模糊化与粗线条；同时运用五分位法在电网地理图上直观展现，将投资效益评价维度拓展至县公司下辖某一个镇、某一个区域直至每一个资产组，通过地理位置、温场图的运用，实现电网价值呈现可视化。

2. 实施资产组综合体检，提高投资效益评价的综合性

资产的实物管理专业化分工，生产、调度、车辆、营销等各专业分别建立专用的管理系统，过去与同一个资产组相关的投入、产出信息关联度较低，海量资产数据价值未能发挥作用。基于资产组平台，国网江苏电力将原先分散在各个专业的技术、经济、营销、安全、服务等指标进行整合，形成单个资产组的指标清单。针对每一类指标结合公司战略目标设定合理的阈值，参考医院体检报告的形式对每个资产组进行综合体检，出具体检报告。考虑到综合的体检报告涉及多个专业，为方便量化体检报告的解读，进一步根据指标内涵将量化指标转换为通俗易懂的定性词汇，从而构成单个资产组“画像”，方便决策者通过简单的词汇描述迅速掌握资产组的运营现状，为开展有针对性的个性化管理提供支撑。同时，通过不同周期体检指标的波动变化进一步评价投资、管理的针对性和有效性。

3. 资产组层级间比对分析，直观判断投资区域电网分布

电网是一个连续的、系统的整体，供电区域内每一级电网的运行水平均影响区域电网的供电服务能力。依据“木桶定律”，需要对运行效率最差的层级加强投资，以提升区域电网整体水平。基于资产组的投资管理根据电网拓扑运行关系将整个电网按分级分类管理原则划分为“台区资产组－中压线路资产组－变电站资产组”多个层级，应用 GIS 地图实现分层级多指标的组合空间展示，通过同一时点、同一空间下不同层级资产组运行特征比对，迅速发现不同层级电网运行特征，直观判断供电区域内最需要补强的短板电网层级，着力加强最薄弱环节的资源配置，从而提升电网整体运行水平，为从宏观角度进行电网规划和投资切块提供辅助支撑。

（七）建立基于资产组的电网投资管理保障机制

1. 强化组织过程保障

资产组体系建设工作由国网江苏电力主要领导牵头，开展构思和设计，前期在班子会进行多轮头脑风暴，探讨体系架构和功能方向，领导班子多次在办公会上提出体系建设要求，并通过督办单、会议纪要等形式推进工作进程；具体实施过程由分管领导亲自带队，定期召开项目组会议，指导试点单位不断修正完善建设思路，推进建设进程，其他班子成员不定期深入现场了解项目进度，提出改进建议；体系建设取得初步成效后召开项目现场推广会，组织主要部门负责人深入现场听取项目实施汇报，研究下一步建设方向。决策层的整体设计把握确保体系建设高度，分管领导亲自带队实施确保系统建设效率，在公司系统推广应用确保体系功能落地。

2. 优化创新人才保障

一是组建跨专业人才建设团队。基于资产组的投资管理需要公司多个专业的协同配合，为解决系统建设过程中遇到的专业面广、数据集成难度大等困难，国网江苏电力将财务与业务信息融合的难点问题面向全员招标解决方案，由竞标人提出问题解决方案，由招标小组集中审议复验，解决难题的同时，选

择精通公司各专业业务信息的人才加入建设团队。同时，建设过程中多次至专业部门、一线班组调研，邀请业务骨干讲流程、讲原理，并聘请各专业领头人作为项目建设顾问。

二是运用“青年创客”平台储备人才。国网江苏电力积极开展资产组“青年创客”平台活动，充分发挥青年员工聪明才智，激发创新热情，为公司培养一批“专业精、思路新”的优秀青年人员，同时推动平台持续创新探索；通过“双向选择”模式，组建跨专业人才团队，并选择一名电力专业博士加入团队，专门负责攻克系统开发等难关。

三是优化业务系统流程。在资产组的划分和分类过程中必然涉及对业务流程的分析和控制，国网江苏电力各专业以公司整体价值增值为目标，全面梳理专业业务流程，消除非增值作业，合并同质作业，通过对业务流程的再造，促使各业务系统产生的数据能够更好地感知、测量、记录、传送、储存、分析、推理，最终为电网运行控制、公司运营服务提供决策支持。

三、电网企业以资产组为对象的投资管理优化效果

（一）显著提升了投资管理对象的精细度和时效性

国网江苏电力以资产组作为企业价值创造的基本单元，抓住了主要驱动因素，能将公司价值创造的过程细化落实到最小的资产单元，提高了管理的精益度，管理维度从原先的利润中心、成本中心细化到每个资产组；时间频度从原先传统报告的月、季、年维度细化至“时点－时段－周期”实时对接；价值评价维度从原先的16个财务指标拓展至单个资产组围绕“一强三优”公司战略目标的151个指标。通过管理维度的变革、时间频度的细化和价值评价维度的拓展，公司管理颗粒度（维度）是传统的40多万倍。

（二）显著提升了电网资源配置的经济性和智能化

基于资产组的投资管控信息平台，融合多专业目标，集成各专业数据，打破专业信息壁垒，寻找技术与经济的最佳契合点，以分层资源组比对提升资源配置协调性、以储备项目空间分布提升资源配置针对性、以指标组合分析提升资源配置合理性、以储备项目自动审核提升资源配置智能化等，进一步优化国网江苏电力整体资源配置，促使公司将有限资源投入到关键领域，提升投资决策的效率效果和智能化水平。例如，从“规范性”“合理性”“经济性”“协调性”方面开展储备项目自动审查，对于甄别出的低效储备逐项排查，分析是否存在“应投未投”情况，提升财务资源配置能力；通过将技术指标和经济指标组合在空间地图上分屏展示，改善传统投资决策依靠技术指标，引导精准投资，从决策源头确保国有资产保值增值和服务地方社会经济发展双重责任的履行。

（三）全面改善了电网投资管理，显著提高了电网投资效益

2014年，在理论研究基础上选择两个变电站进行数据论证；2015年，在数据论证基础上进一步选择南通地区作为试点；2016年，基于前期试点经验，明确全省系统开发与应用思路，选取成熟模块进行全省推广，并已取得阶段性成果。通过对全省项目的统计，截至2016年年底，国网江苏电力基于资产组平台累计优化投资项目4500余个（提高项目选择的科学性、合理性），优化投资近58亿元（提高投资的经济性），有效保障了投资项目质量。截至2016年年底，国网江苏电力资产总额已达2803.32亿元，较2014年相比增长6.27%；利润总额79.92亿元，较2014年增长8.99%，资产收益率有效提升。同时，全省居民户均配变容量提高至4.58千伏安；国有资本保值增值率为104.39%。2017年6月12日，国网江苏电力成为中国总会计师协会授牌成立的国内首家“中国管理会计实践创新平台”。截至目前，通过资产组体系建设已申请了17项专利，1项软件著作权。

（成果创造人：王小兵、林汉银、朱永彦、徐 帅、陈启忠、曹小进、程 璐、芮 筠、曹 贺、陆晓冬、张 进、胡朱周）

大型企业集团财务公司适应利率市场化的融资服务管理

京能集团财务有限公司

京能集团财务有限公司（以下简称京能财务）成立于2006年，是中国财务公司行业协会评定的A级单位。截至2016年年底，京能财务总资产182亿元，净资产37亿元，表外受托资产153亿元，2016年实现营业收入65091.25万元，实现利润总额36577.56万元。

一、大型企业集团财务公司适应利率市场化的融资服务管理背景

（一）适应利率市场化，降低集团整体融资成本的需要

京能财务隶属的京能集团为大型能源行业，资产负债率较高是该行业的显著特点，多年来，京能集团一直致力于寻找降低集团整体融资成本的有效途径。2016年年底，京能集团银行贷款余额为542亿元，应付债券余额为131亿元，为保证集团资金链不发生断裂，融资工作是重中之重，集团一方面要充分利用整体资金存量，提高内部资金使用效率；另一方面要适应外部金融环境，做好资金增量的规划。

与此同时，伴随利率市场化的深入推进与资本市场的发展，我国市场融资方式和定价都发生了巨大转变，金融脱媒也渐渐成为一种趋势。为此，京能集团一方面需要坚持适中杠杆、适度信贷，秉承稳健、安全的财务资本结构，增强集团金融保障能力和抗风险能力；另一方面更需要充分发挥京能财务金融资源管理运作优势，拓展金融服务领域，创新金融服务方式，为集团及成员单位提供更加优质的金融服务。

（二）发挥整体优势，实现集团资金一体化管理的需要

京能集团成立财务公司以前，由于80%以上的成员单位历史比集团长，成员单位多头开户情况严重，户头多达200多个，年资金流量600亿元。资金流信息不明，用途不可控，各成员单位管理模式不统一，管理水平参差不齐，融资分散，集团融资管理缺乏统筹计划，总部对整体资金运行的集中管控能力不强，部分成员单位资金链条频频告急。京能集团急需通过京能财务进行资金一体化管控，发挥京能财务融资服务平台优势，优化资金配置，提升资金控制力和效率效益，支持集团整体战略的实现。此外，几年来，京能集团经历了多次重组，又先后吸收合并北京热力、京煤集团，需要对并购企业进行有效融合，以使其与集团的整体战略、经营目标协调一致，互相配合。财务管控是整合管理的重要环节之一，其中资金融合是重要抓手，京能财务便是京能集团资金融合的重要平台。京能集团要求京能财务通过提供存、贷款等金融服务，管理新合并企业的资金，将新企业的资金迅速融入企业集团的资金链，促进其与集团有机整合。

（三）发挥融资服务平台作用，服务集团战略发展的需要

目前，京能集团业务总体划分为8类，其中4类主营业务包括电力生产和供应、热力生产和供应、煤炭生产和销售、房地产开发经营及物业管理；4类培育业务包括节能环保（能源技术咨询与服务），投资与资产管理（能源、金融股权投资），新型化工（煤制油、民爆），石油、天然气勘探开发、储运及贸易。京能集团下属的各分、子公司分别承担了集团的主业与辅业，由于行业间存在着不同的经济周期、成熟产业与新兴产业的发展也存在着较大的不平衡，致使京能集团内的下属单位存在着不同的资金状况，难免出现存贷双高的局面。京能集团需要京能财务利用金融牌照，在外部货币市场为集团融入新资金，运用市场化手段平衡集团内资金余缺，依托京能财务金融行业人才的投融资经验，通过提供内部化的金融服务，提高企业集团资金集约化水平和内部资金运营效率，防范集团整体资金管理风险。

基于上述需求，自 2007 年起，京能财务充分考虑企业集团发展大局，开展适应利率市场化的融资服务管理创新。

二、大型企业集团财务公司适应利率市场化的融资服务管理内涵和主要做法

京能财务对集团内部资金进行全方位整合与集中，以此为基础，开展风险识别、计量、控制与监控，高效精准地进行资产负债、现金流动等管理，有效控制、规避与转移风险，为成员单位开发个性化的融资产品，开展贴身式的金融服务，提高融资服务的适用性、促进产品的多样性、实现产品的多元性，在降低集团整体融资成本，实现总体效益的提升的同时，保证京能集团的健康持续发展。主要做法如下。

（一）开展资金集中管理，奠定融资服务基础

1. 建立完善的资金管理组织体系

建立资金管控的组织体系，明确区分资产管控的决策、执行与监督检查职能。董事会是最高管理决策机构，负责审批年度资金计划、年度资金计划执行情况、年度同业授信计划和对金融机构授信。总经理办公会是日常管理机构，对京能财务的资金计划、资金运作、资金平衡、资金调度等日常工作进行审批和管理。执行层各业务部门按照职能划分，资金计划部作为资金管控的主责部门，负责京能财务整体资金的平衡调整、资金运作，对京能财务资金来源及运用情况进行分析、研究、管理和监督；结算部负责吸收存款等相关业务的资金计划和操作；业务发展部负责信贷业务的计划和操作；投资部负责投资等相关资金业务的计划和操作；风险管理部负责实收资本、利润分配等相关业务资金计划的编制和管理；综合管理部负责固定资产与在建工程项目等相关业务资金计划的编制和管理；稽核部进行稽核评价。

2. 构建科学的账户管理架构

为了有效开展资金管控工作，服务各地的成员单位，京能财务的资金管控以账户管理为基础，通过商业银行的账户管理产品，搭建内部资金管控账户体系，向成员单位提供服务。自 2007 年以来，京能财务配合京能集团先后开展过三次成员单位账户核定与清理工作，按照先摸底、再核定、最后清理的程序开展各企业银行账户的清理工作。通过账户开立的资金归集源头管理，促进集团建立高度集中、安全高效、监管到位的资金管理体系，充分发挥集团整体优势，确保资金运转的安全、及时、规范、高效。对下属企业实施严格审批的账户管理模式，要求子公司向集团公司提出书面申请，按照集团统一要求开立相关银行账户（包括收支账户、保证金账户、税务专户、贷款户等），由集团财务管理部确认开户必要性并进行书面批复。此外，要求子公司严格按规定使用银行账户，未经允许，不得开立归集范围之外的账户。

3. 设计灵活的资金归集模式

京能集团的资金归集工作由集团财务管理部负责，通过财务公司具体实施。京能集团投资遍布国内 25 个省、自治区、直辖市，并在澳大利亚和非洲实现“走出去”战略的突破，培育京能清洁能源、京能电力、昊华能源、京能置业四个上市公司平台。为了便于成员单位操作，京能财务结合各成员单位的不同情况，在资金归集模式的选择上，结合成员单位原有账户开户行的不同，采取多种的归集方式。对于在京能财务归集行有基本账户的企业，采用收支一条线的方式进行归集，减少企业再次开户的手续；对于在京能财务归集行以外开立基本账户的企业，采用收支两条线的方式进行归集，保证将源头收入户直接纳入集团财务公司统一管理；对于受政策限制不可归集的账户，采用资金监控的方式进行管理，随时掌握不可归集的资金是否超出限额，做到应归尽归。多种归集模式相结合的方式既满足资金归集的总体要求，也满足成员单位实际管理情况，对因客观因素无法归集到的资金也纳入监控范围，极大地满足集团资金集约化管控的要求。

（二）精准资金管控，保证稳健运营

1. 实施层次清晰的现金流预测管理

由于企业集团本身特点，京能财务吸收存款客户仅限于集团成员单位，与银行相比，客户数量少，存款集中度高，大客户业务类型相似，资金池内资金具有共振效应，资金池波动剧烈、振幅明显。为了平衡资金运用效率与流动性安全的问题，按照京能集团管控要求，京能财务在集团成员单位中开展资金计划管理工作，严格按资金计划审核划转资金。

京能财务制定《京能集团财务有限公司资金计划管理办法》《京能集团财务有限公司资金平衡管理规定》及《京能集团财务有限公司资金调拨管理规定》，对每日、每周、月度及年度的资金计划、平衡和调拨进行详细规定。针对资金计划影响最大的成员单位的用款需求和计划，建立与成员的良好沟通机制，通过京能财务邮箱、客户经理QQ群、微信群等随时随地与客户密切沟通，实时了解成员的资金情况，尤其重点关注集团重点单位、平台企业及成员单位通过发债等外部融资方式获取的大额资金。每周四统一收集各成员单位的账户情况和下周资金计划，形成京能财务结算客户汇总周计划，为公司整体流动性安排提供坚实的信息保障。资金运作方面，首先确保成员单位计划内资金使用到位，其次安排同业业务和投资业务，最后安排计划外资金。通过这样的方式，在资金按计划运作的基础上，保证资金运作规模的最大化，以及计划外资金运作的合理化，将服务集团与资金效益最大化有机结合。

2. 打造高效多维的结算体系

京能财务依托公司自有结算系统，在京能集团内统一进行结算银行管理、成员单位账户管理、资金归集管理、资金计划管理、结算凭证管理，以及结算对账管理等，从而防范资金风险，加强集团内源融资建设。京能财务多维结算体系以具有自主知识产权的财企银（即财务公司、企业、银行）一体化的结算系统为核心，将网上结算、电子单据、银企接口、资金计划、资金监控等功能纳入体系中，实现各个结算成员单位之间、成员单位和京能财务之间、京能财务与结算合作银行之间信息流、资金流的全过程集中管理，具有结算资金流转一体化、客户操作便捷化、流程管理立体化的特点。通过多维结算平台，京能集团内部沉淀在各银行的内生性现金流得以有效集中，京能财务及集团财务部门可以通过多维结算体系对集团成员单位账户开立信息和资金流动信息进行统计分析和监测，使得资金信息透明化，客观公正地评价成员单位在资金方面对集团的贡献度和对集团发展战略的执行力，为集团管理决策提供全面而准确的参考数据，使集团管控力度得以强化。

3. 细化现金管理

京能财务可运作的资金主要来源于成员单位的存款，为了保证成员单位的支付结算需求，需要保留一部分作为结算备付。结算备付金保留不足，会造成财务公司无法满足成员单位的结算需求，引发资金的流动性风险，而结算备付金保留过多，则会导致资金的闲置，降低资金的收益率。京能财务积累多年客户存款变动数据，开展系统研究，发现京能集团受行业影响，吸收存款余额呈一条“微笑”曲线，即年初、年尾两头高，年度中期存款低，在此基础上计算出最低结算类存放同业金额及合理的结算备付率，并根据吸收成员单位存款的规模和稳定性，以及成员单位资金收支计划的准确程度对基本结算备付率进行调整和修订。目前，京能财务的基本结算备付率为13.5%。京能财务每日制定“资金头存单”，在满足结算备付率的前提下，确定运作资金规模。

4. 搭建货币市场资金桥梁

京能财务根据资金和业务现状，利用金融市场工具、技术和产品，开辟多元和低成本的融资渠道，利用同业优势，与银行及其他金融机构开展资金合作，进行现金余缺管理，为京能集团提供系统外的资金融通渠道。京能财务已开展的融资品种包括：同业拆借、信贷资产转让、票据转贴现、票据再贴现、债券质押式回购、财票保贴、卖断型财务公司金融债、国内保理和国内保函等。通过开辟集团融资新渠道，不仅保障京能财务内部资金链的安全，而且有效的支持各项业务发展，缓解集团整体资金压力。

（三）合理资产管理，实现保值增值

京能财务按资金来源进行长短期分配，并通过业务组合实现最佳效益，短期资金来源用来保证流动性和短期投资，长期资金来源配合集团长期投资战略。京能财务的资产业务管理主要包括三个部分。第一部分为自营贷款及类贷款业务，如应收账款保理业务、票据贴现业务等，业务开展对象为集团成员单位。票据贴现及保理业务主要集中在短期。贷款业务周期较长，占资产比重较大，也是京能财务营业收入的主要来源。第二部分为同业业务，主要包括大额存放同业业务和同业拆借业务，同业业务的开展对象为与公司开展授信的同业机构，其中同业拆借业务在银行间市场开展。大额存放同业业务包括 7 天、14 天、1 个月、3 个月、6 个月及 1 年等不同期限的产品，其收益率水平与期限成反比。同业拆借业务流动性较强，收益率也相对较低，开展的规模较小。大额存放同业业务和同业拆借业务均受金融市场短期资金情况的影响较大。第三部分为投资业务，主要是债券类投资业务。投资业务较同业业务的流动性稍差，但收益率略高。基于上述业务特点，京能财务在财务结构管理的过程中，确定以下原则。

第一，贷款业务优先原则。京能财务作为集团内部的内源融资管控平台单位，服务成员单位、满足集团内部资金需求是财务公司最基本的职能，也是成立财务公司的初衷所在。京能集团规定，“子公司在同等融资条件下，应优先使用财务公司的信贷资金”。自营贷款及类贷款业务作为面向集团成员单位开展的主要业务，在京能财务资金安排上给予优先满足。在贷款业务中，按照集团总体战略部署，优先安排集团重点项目、科技环保项目，扶持困难企业。第二，流动性与收益性匹配原则。京能财务结合负债期限结构情况，将资金在不同期限和收益率的资产中进行合理分配，同时，通过询价和谈判，在相同期限的资产中取得最优的收益，以达到资产的最优组合。第三，监管合规与市场化兼顾原则。财务公司作为非银行金融机构，监管机构通过各类监管指标对其进行监管，如流动性比例、资本充足率、宏观审慎（MPA）监管体系等，京能财务的资产管理要符合监管机构的相关要求，同时，随着资金市场化水平的不断提高，积极掌握资金市场动态也是资产运作的基础要求。

（四）定制金融服务，助推集团发展

1. 创建差异化管理的自主利率机制

不断完善自身定价能力，设计满足企业需要共公司发展的价格体系。参考现代公司治理结构的“三会一层”，明确区分利率定价的决策、执行与监督检查职能，建立利率管理委员会和日常工作办公室，明确利率定价的决策机构，划分权限，厘清部门职责，形成前台报价、中台审核、后台支持的定价流程和体系。

2. 明确定价原则

在确保集团及成员单位资金安全的前提下，明确定价原则，一是服务集团，二是市场化，三是匹配性，四是差异性，五是合规性。

3. 以资金归集度和存款规模作为存款利率差异定价的核心指标

为了应对银行同业的竞争，秉持“优服务为客户，保价格促发展”的业务理念，一方面摒弃以行政手段来扩大业务范围和规模的方式，通过提供更完善、更贴心的服务吸引集团成员单位在财务公司开展存款业务；另一方面，存款业务坚持以市场价格定价的原则，在央行准许的利率浮动范围内，按照对不同期限资金的需求程度合理确定存款利率水平，不搞存款价格“一刀切”，实现存款成本合理发生，确保盈利水平。

4. 以客户信用风险评级作为贷款利率定价的核心指标

京能财务贷款定价以成本加成为基础定价方法，根据资金成本、经营费用、目标利润、市场竞争因素和客户综合贡献度等进行调整并确定贷款利率水平。贷款利率定价中风险溢价根据贷款期限、担保方式、行业状况及企业的分类评级等因素加以量化。

贷款利率的下浮分为四个档次利率来进行管理，从低到高依次为以中国人民银行同期贷款基准利率下浮30%、下浮20%、下浮10%、下浮5%；同时结合资金市场情况及和客户协商结果采用专项审定来确定下浮利率水平。原则上被京能财务资产分类分为“次级类、可疑类、损失类”贷款的贷款客户不可享受下浮利率。

5. 加快产品创新，实现产品多样性

根据客户的需求特点，满足不同类型的客户以及客户不同发展阶段的融资需求，提供多样性的金融产品，让客户体会到融资渠道便利。

一是开发项目周转贷款，弥补在建项目临时性资金缺口。针对集团部分在建项目银行授信办理迟缓，融资成本较高的情况，及时推出项目周转贷款，提早介入项目的建设前期，一方面满足项目建设阶段性资金需求；另一方面提高成员单位与银行的议价能力，促进项目融资资金的及时到位，加速建设周期，有效降低项目造价成本。

二是开发循环贷款品种，实现授信额度的循环使用。针对电力运营企业存在电费收入和燃气费支付因时间差导致的短期资金缺口的现象，推出循环贷款业务，协助客户解决周期性资金短缺的问题。由于循环贷款本质上是短期流动资金贷款，多采用信用贷款形式，因此，针对信用级别较高的客户开展此项业务，既满足客户短期资金需求，又有效控制信用风险。

三是加强同业合作，推出银团贷款业务。将大型电力项目作为银团贷款业务拓展对象，联合银行为客户设计个性化的银团贷款方案，降低集团成员单位融资成本，满足项目整体融资需求。

四是构建“票据池”，延伸产业链金融。京能财务“票据池”综合服务模式是集收票与代保管、出票与承兑、背书与贴现、质押与质出、转贴现与再贴现等各项业务为一体的统一管理的运作模式，实现资金池与票据池之间的融通，纸票池和电票池之间的融通，票据池与业务单位的融通，票据池与银行同业的融通，以及跨区域融通，打通成员单位上下游企业的资金链条，为企业拓展业务提供了有利的融资支持。

五是借鉴贸易融资方式，创新保理业务。在分析电力行业客户的收款特点基础上，将保理业务创新应用于电费回收结算过程中，利用电费结算与燃料采购存在时间倒差，通过保理方式为电力客户提供短期融资，降低客户融资成本，提前兑现客户的应收账款，改善客户财务报表结构。

（五）严格风险管控，确保融资服务安全

1. 攻克关联交易难题，化解业务收缩风险

为实现“产融结合、协同发展”，京能集团不断优化资本结构，提高资产证券化水平，目前已经完成火电板块、清洁能源板块、房地产板块的重组上市。但是证券监管机构将上市公司在财务公司开展金融业务认定为关联交易，并对此进行一系列限制。因此，为了配合集团资产证券化的步伐，京能财务主要开展以下两方面的工作：第一，与上市公司签订金融服务框架协议和关联交易协议，协议经上市公司股东会审议通过后，对外予以披露；第二，配合上市公司定期披露与财务公司的关联交易事项和额度，以满足监管的要求。通过采取透明化的操作，使得财务公司与上市公司之间的交易能够被监管当局和第三人认可，可以在协议规定的额度内进行资金归集，有效地化解存款业务收缩风险。

2. 建立“信用池”，保障资金链安全

京能集团成员单位经营状况各异，资金需求、授信资源十分不均衡，有的企业资金短缺、有的企业资金充裕；同一企业基建期资金短缺，运营期资金充裕；这种不平衡性严重影响京能集团资金链的安全。为此，京能财务首创“信用池”，提出将集团各成员单位的银行授信额度在集团层面统一使用，互补余缺，通过集团统一授信管理和财务公司授信调剂，链接内源融资平台和外源融资平台，达到平衡各

成员单位的资金来源、保障集团资金链安全的目的。

3. 建立流动性风险实时监测系统

京能财务根据《巴塞尔协议Ⅲ》及宏观审慎监管的要求，选取流动性比率、流动性缺口、资本充足率、杠杆率等一系列指标，按照日、月、季、年进行实时监测，并按月编制流动性报告，开展流动性管理工作，通过提高资金流的透明度，实现更准确的现金流预测及更有效的风险控制。通过信息化手段，将合规风险和操作风险在系统中进行刚性控制。

4. 建立信用风险防线，平衡自身利益与客户利益

为平衡客户的利益诉求和自身安全经营需求，京能财务对新产品开发过程设置三道防线：第一道防线是新产品开发前期，对客户需求、同类产品、同业做法进行详尽调研；第二道防线是新产品设计过程中，谨慎设计产品要素，严控业务流程；第三道防线是对新产品的试行进行风险评估和后督稽核，严控客户信用风险。

（六）以客户为中心，提升服务质量

1. 建立客户服务中心，增加客户存款黏性

为了提升客户服务的水平，京能财务专门成立客户服务机构，坚持“以市场为导向，以客户为中心”的经营理念，从业务部门抽调人员到客户服务中心，实行客户经理制，明确客户经理的职责，确保客户信息通过客户服务中心得到充分的收集、沟通和反馈，从而保障客户需求到及时优质满足。客户服务中心的主要工作内容包括信息收集与整理、信息共享、业务宣传、产品推介、内部协调和客户沟通六个方面。为了规范服务行为，提升服务水平，树立良好文明形象，京能财务制定完善相关制度流程，明确客户服务管理的组织机构与职责、任职条件和选用、工作内容、客户信息管理、客户经理的培训与考核、职业操守等，并制定相应的业务流程图及风险控制矩阵。

2. 搭建多渠道的沟通平台，提升品牌知名度

建立“京能网银”QQ工作群，客户经理在线实时解答各成员单位在办理存、贷款业务及使用财务公司网银过程中遇到的各种问题；在京能财务公司网站中单独设立“客户服务”模块，下设信息发布、客户交流、政策解读、内部交流及畅所欲言5个子版块，安排客户经理担任相应子版块的版主，每月进行更新和维护，负责发布政策产品信息、解答客户疑问等工作；设立“京能财务微信公众号”，展示业务、产品，为京能集团财务人员提供思考、交流、学习的平台。

3. 组织客户培训，提升财务公司影响力

为能准确分析经济环境，把握财经政策，提高京能集团财务人员对京能财务相关系统操作的熟悉度，每年结合公司发展规划及年度目标，对成员单位不同的人员结构进行客户培训，内容包括：融资筹划、财税管理、网银系统操作、结算解决方案，以及信贷、结算业务操作程序注意事项等方面。

（七）开发信息平台，提供保障支持

1. 设计开发实时网上结算系统

网上结算系统由三部分组成：财企系统，即京能财务的网上银行系统，通过网银客户端将结算业务延伸到集团成员单位的电脑桌面；柜面系统，即京能财务结算业务系统，京能财务通过该系统为成员单位办理存款结算的业务系统；银财系统，即京能财务与各银行的银企直联系统（目前已经实现与中国工商银行、中国农业银行、中国建设银行的专线直联），是京能财务衔接结算合作银行的通道。三大系统打通“客户—京能财务—银行”的资金结算链条，为成员单位提供便捷高效的结算平台，实现集团对系统内企业资金的交易额、余额及交易量进行实时监控。

2. 开发贷款的风险监测和控制系统

为保证公司稳健运营，降低信用风险，满足利率市场化要求，京能财务开发贷款的风险监测和控制

系统，根据贷款客户的信用评级，合理确定贷款价格，服务集团客户，提高资金使用效率。

通过信用评级模块设置评级标准方案，系统自动构建集团成员单位信用评价体系；在贷款管理模块设置贷款利率、到期业务提醒、贷款类型分类和授信管理，实现自营贷款、委托贷款、贴现贷款及特殊业务的全流程管理，满足集团资金再分配的需求，有力支持集团主业发展。

三、大型企业集团财务公司适应利率市场化的融资服务管理效果

京能财务通过融资服务管理，为成员单位提供金融服务能力显著增强，降低了财务费用，促进了资金的优化配置，实现了“去杠杆、降风险”的管理目标，集团资产负债率始终保持在65%左右，大幅低于五大电力80%左右的资产负债率水平。

（一）促进了集团业务发展

通过有效的融资服务，京能集团资金协同作用显著增强。几年来，京能财务累计实现贷款利息收入311601.28万元，降低集团整体融资成本223626.70万元。京能集团先后吸收合并北京热力、京煤集团以来，京能财务认真落实集团资金归集要求，在京能集团与北京热力合并的第一年，京能财务实现归集北京热力本部及分公司资金141481万元，可归集资金归集率达81%，促成两个资金池的实质性融合，创北京市属企业合并即资金归集的历史第一；2016年，京能财务通过行政性手段和市场化手段并重的措施，实现了京煤集团所属72%的单位直接或间接参与归集，截至2016年年底，京能财务归集京煤资金27亿元，全部资金归集率达到55%，超额完成了任务目标。

（二）为成员单位提供金融服务能力显著增强

京能财务积极支持北京热力和京煤集团的重点项目建设，截至2016年年底，京能财务为北京热力提供贷款3亿元，为京煤集团发放贷款10.7亿元，充分发挥财务公司的资金融通功能。京能财务参与分销4亿元昊华能源公司债（京煤集团下属企业），占其债券发行规模的26.67%，此举一方面可以支持成员单位通过债券市场直接融资；另一方面由于京能财务参与债券发行的竞标，有效地降低了债券的发行利率，降低了企业的融资成本。京能财务作为企业集团内部金融机构，努力为集团提供产业链金融服务。2016年，京能财务为集团成员单位提供了500万元应收账款保理融资，并签订了2亿元的联合贷款合同，这两项创新业务，在降低融资成本的同时，有效提升了成员单位资金和运营管理的效率，将成员单位产业链上下游企业紧密联系在一起，打通了上下游企业的融资瓶颈和障碍。

（三）京能财务各项业务规模显著增长

京能财务已经成为京能集团内源融资的重要渠道，截至2016年年底，在京能财务开户的成员单位共计184户，日均吸收存款金额为136.82亿元，比上年同期增长11.26%，实现了连续五年持续增长；在信贷业务方面，日均贷款规模113.89亿元，较2015年增长34.1%，自营贷款日均规模较2015年增长34.1%，抵消贷款平均利率同比下降20.75%的不利冲击，全年实现贷款利息收入49194万元，较2015年增加4381万元。

（成果创造人：朱保成、唐鑫炳、刘嘉凯、张　玫、张　伟、刘　颖、杨　建、王　申、熊　涛、张　捷、王雪莹）

特大型建筑企业面向 PPP 项目的投资管理

中国中铁股份有限公司

中国中铁股份有限公司（以下简称中国中铁）是集勘察设计、施工安装、工业制造、房地产开发、资源矿产、金融投资和其他业务于一体的特大型企业集团，总部设在北京，注册资本金 228 亿元，员工 29 万余人，其中中国工程院院士 2 名。共有 4 个专业共 42 项总承包特级资质及众多的其他等级的总承包和专业承包资质。参建的铁路占中国铁路总里程的 2/3 以上、电气化铁路占中国总里程的 90%、高速公路约占中国总里程 1/8、城轨工程约占中国的 3/5，同时还参建了包括坦赞铁路在内的亚、非、拉等地区一大批精品工程。共获国家科技进步奖 103 项，其中特等奖 5 项。

一、特大型建筑企业面向 PPP 项目的投资管理背景

（一）响应政府号召的需要

经过多年探索实践，我国 PPP 项目模式已呈现出加速发展之势。2013 年以来，国家先后出台了《国务院办公厅关于政府向社会力量购买服务的指导意见》《关于推广运用政府和社会资本合作模式有关问题的通知》《政府和社会资本合作模式操作指南（试行）》等指导意见和行政法规，从顶层设计上进行了系统规范。中国中铁作为设计施工类特大型中央企业集团，对于国家推行的 PPP 项目模式，从企业性质上讲响应政府号召责无旁贷，从综合实力上看又涵盖了 PPP 项目所涉及的投资、设计、施工等所有业务，具有较强的业务契合度，更有利于提升资源配置和运行效率，实现共赢。

（二）适应市场变化的需要

当前大量的政府公共项目由原来的投标模式变成了 PPP 投资模式，财政部分别于 2014 年 12 月、2015 年 9 月和 2016 年 10 月发起了三轮 PPP 示范项目，涉及项目 748 个，投资金额接近 2 万亿元。截至 2016 年上半年，审核纳入我国 PPP 平台项目库中的项目有 9285 个，总投资额超过 10 万亿元，其中进入执行阶段项目规模达 1 万亿元，整个社会公共建设和基础建设市场已经由投标占绝对主体逐步过渡到了投标、投资并重的格局。面对快速变化的市场格局，中国中铁要想保持发展态势、确立竞争优势，必须依托自身在设计、施工领域的技术与管理优势和投融资方面的体量优势，大力进入 PPP 项目领域，才能不被潮流淘汰，在未来的市场竞争中赢得先机。

（三）推动企业发展的需要

近年来，传统投标经营竞争越来越激烈，管控难度越来越大，投入资源越来越多，整体利润持续处于较低水平，投标经营带来的施工生产对整体经营效益的增量贡献愈发乏力。中国中铁要想持续保持强劲的发展势头，保持合理的经营效益，实现自身可持续发展，必须在继续推进、大力巩固既有投标市场的基础上，强势推进 PPP 项目投资领域。以投资方式强势带动设计和施工，积极进入运营管理，在投资融资、设计施工、设备采购、运营管理等全领域获得协同的经济效益，逐步形成投标经营＋投资经营双轮驱动的稳健格局，支撑企业持续健康发展。

基于上述需要，中国中铁从 2014 年开始，统筹推进面向 PPP 项目的投资管理。

二、特大型建筑企业面向 PPP 项目的投资管理内涵和主要做法

中国中铁秉承风险与收益并重、投资与融资并重、建设与运营并重的原则，由中国中铁、投资公司、金融公司、工程局四类投资主体分工协同推进项目投资与建设，建立从整体规范到具体操作指引的全套管理制度体系，以四级审核严格控制项目投资决策，通过对项目合法合规经济性、投资方案可行性

精准判断项目实际情况，依据项目特点在经营性、准经营性、非经营性基础上深化五种投资模式，采用双劣后/平层、认缴基金、权益基金等三类融资方式为项目提供充足、高效、低成本的资本保障，通过整合内外部优势，有效降低建设成本，持续提升运营效益。主要做法如下。

（一）坚持三个并重，实施稳健经营

一是坚持“风险与收益并重”的原则。面对PPP项目，中国中铁坚持从源头上注重收益与风险管控，既积极响应国家投融资体制改革的大趋势，积极参与符合企业战略发展需要、投资条件好、资金回收可靠的项目。也坚持从企业实际出发把握好企业投资经营规模与企业资金实力、负债承受能力的匹配度，严格按照预算开展投资经营，不突破企业投融资预算，不随意抬高企业的负债。

二是坚持“投资与融资并重”的原则。中国中铁在PPP投资中，秉承整体推进、融资先行的理念，将投资方案与融资方案摆在同等重要的位置来对待，共同提交会议进行决策。投资和融资以投资合作方案为载体，基于项目全周期，统筹考虑规划设计、合作模式、投资保障、融资方案、建设管理、运营管理、投资退出等各个阶段的投资边界条件，全面推进投资运作。

三是坚持“建设与运营并重”的原则。PPP项目的周期一般少则10年，多达30年，而这其中短则一两年、长则三五年一般就会完成项目建设，后续绝大部分时间则处于运营期间。中国中铁在PPP项目管理中，充分发挥建设施工核心优势，按照“大标段划分”原则对投资项目进行高效施工组织，将规模较小的PPP项目委托给一家参建工程局代为总承包管理，将工程局自行投资且规模较小的PPP项目委托给一家参建工程处代为总承包管理。推进从施工承包商到投资运营商的角色转变，注重运营方案的同步策划，针对不同特点设定合理路径，致力提升运营水平、满足绩效考核、实现高效回报。

（二）突出四大主体，健全组织体系

1. 突出战略、投资、融资、建设四大主体

一是中国中铁总部是PPP项目投资的战略与职能管理主体，统筹负责PPP项目战略规划、高层运作和组织管理；二是成立中铁投资、中铁交投、中铁建投、中铁昆投、中铁城投、中铁上投六大投资公司，定位为投资主体。中铁投资负责北京、天津、内蒙古、河南、河北、山东、辽宁、吉林、黑龙江、湖南等省市区域；中铁交投负责广西、山西区域及全国范围内高速公路投资项目；中铁建投负责广东、福建、海南、江西区域；中铁昆投负责重庆、云南、贵州、湖北区域；中铁城投负责四川、青海、陕西、甘肃、宁夏、新疆 、西藏区域；中铁上投负责上海、江苏、浙江、安徽区域；三是成立中铁资本、中铁财务、中铁信托等金融类公司，同时与建设银行、民生银行、平安银行、光大证券、中信信托等金融机构按照50%∶50%的股权比例设立中铁建信、中铁民通、中铁平安、中铁光大、中铁聚信等基金或资产管理公司，作为融资主体为项目提供充足资金；四是以中国中铁自有工程局为建设主体，按照“大标段划分”和“专业优势对应”导向，全面支撑PPP项目建设。

2. 构建协同推进的责任分工体系

中国中铁依托四大主体构建起层层递进、环环相扣、协同推进的责任分工体系。目前中国中铁先后与河南、陕西、贵州、浙江、海南、武汉等30多个省市开展合作对接，与33个省市签订战略合作及框架协议。战略合作协议签订后，相关投资公司依托协议成果启动投资事项。一是与政府主管部门、业务科室、规划设计单位等对接，细化落实高层对接成果，商谈具体合作项目、模式、边界条件等，形成一致思路和方向；二是编制项目可行性研究报告，履行项目内部决策程序；三是编制PPP项目投标文件，落实公司决策要素；四是中标后与甲方出资代表共同出资组建项目公司，代表中国中铁对项目实施管理。

中国中铁下属或参股的金融机构，根据不同类型PPP项目配套提供全方位融资解决方案，设立对应产业基金等金融产品，为项目资本金提供充足的资金来源，有效拓宽融资渠道，降低融资成本，撬动

项目投资和建设。在项目建设上，投资公司依托内部门类齐全、实力强大、数量众多的工程局资源，综合考虑项目营销配合、专业化施工、低成本施工、内部信誉评价、业主意见五大因素，在“鲁班平台”上进行公开和邀请招标，实现工程承包的内部最优选择，充分发挥内部建设核心优势，实现投资建设高效一体化。

（三）建立三类制度，规范运行机制

1. 建立系统的管理办法

一是制定整体性投资管理办法。制定《投资管理办法》《基础设施项目投资管理办法》，从组织机构及职责分工、投融资预算、项目甄选、组织与实施、投资退出、评级与考核、投资问责等方面进行规范；二是制定《投资项目施工任务内部招标管理办法》《投资项目后评价管理办法》《表外业务管理办法》《金融投资管理办法》等专项管理办法。

2. 建立明确的操作指引

编制《PPP 项目操作指南》，对 PPP 项目分类、项目信息管理、前期运作、可行性研究、标前管理、合同管理、建设管理、运营管理、投资退出、投资评价等，从责任主体、具体工作、推进原则、工程流程、注意事项、资料文件等进行系统性规范和详细的分解，实现对投资项目的全流程规范和操作性指引。同时，配套编制《可行性研究报告》《过程经济评价报告》《中期评价报告》《后评价报告》《终结评价报告》等系列模板，实现标准化制作和精细化管控。

3. 建立严格的评审程序

在项目评审决策上，中国中铁实施 PPP 项目评审决策“三三制”，即前期准备坚持“三不评审”，事项审核坚持“三类审核”，决策程序坚持“三级决策”。“三不评审”是未经前期有效运作，不予评审；未按规定编制《可行性研究报告》，不予评审；未由投资主体履行投资决策前置程序，不予评审。“三类审核”是依托《可行性研究报告》对项目本身的投资价值进行审核，依托会议纪要、法律意见书等程序性文件对前置决策程序合法性进行审核，依托内部评价和尽职调查等对投资主体的综合能力进行审核。“三级决策”是以中国中铁名义投资的项目申请资料先行由投资发展部初审，再由项目投资专家委员会评审，最后提交党委常委会、总裁办公会、董事会决策终审。

（四）把握两个重点，做好前期运作

1. 把握项目合法合规经济性

开展六大基础调研。项目基础调研由中国中铁各投资公司牵头组织开展，一是调研政府的经济生态环境和财政能力；二是调研政府的基建投资状况及付款情况；三是调研有关 PPP 项目的相关政策规定；四是调研包括项目批文、物有所值评价、财政可承受能力论证在内的系列程序性资料；五是调研同类基础设施项目的预算、建造成本等情况；六是调研项目工程可行性研究情况。通过六大方面的基础性调研论证，全面掌握 PPP 投资项目的真实情况。

对经营性、准经营性和非经营性 PPP 项目进行针对性摸排。一是针对经营性项目，优先考虑国省干线高速公路网中的收费公路项目或政府重点扶持的水务环保等项目。公路项目每公里造价不超过当地政府收费标准划分区间对应的最高造价水平。人（车）流量应有沿线产业作为支撑，同业保护机制有保障。二是针对准经营性和非经营性项目，政府一般公共预算收入应在 30 亿元以上，项目是所在省市的城轨、城市地下综合管廊、海绵城市建设、铁路、公路、市政、棚户区改造、水务环保等领域的重点工程。项目征地拆迁费用原则上不超过总投资的 20%。纳入省级及以上 PPP 项目库，政府补贴或政府付费纳入经批准的中长期财政规划及经本级人大批准的年度财政预算，运营收入和运营成本的预测、收费定价和调价机制、风险分担机制、收益分享机制、绩效考核机制、政府补贴或付费机制、投资退出机制等关键环节科学合理。

2. 把握实施方案可行性

根据项目阶段，合理选择关注重点。将项目的投资阶段划分为三个部分：在立项、报批、初步设计、征地拆迁、管线迁改等前期工作部分，注重依据投资额采取有效方式合理控制费用，注重高效介入设计相关工作，确保投资人不承担超出概算范围以外的费用；在建安工程和常规设备的采购及安装部分，注重投资占比的确定，注重承包和费用的设计，避免承包价格不足；在专项设备、运营设备的采购、集成和安装、项目建成后更新改造、维修、养护和运营部分，注重哪些事项可纳入投资的范围，力争各项业务合理的方式和利润空间。

根据投资目的，分类实施对应策略。中国中铁依据投资范围和投资目的不同，合理选择投资周期。投资周期包括建设期和运营期，国家规定应不低于 10 年。建设期的选择上注重设计方案科学合理、技术可行，充分考虑征拆受阻造成的停窝工影响以及后续抢工期导致项目建设管理成本的增加。运营期注重根据项目性质和回报机制合理设定，其中，经营性 PPP 项目尽量延长运营期，非经营性 PPP 项目尽量缩短运营期，准经营性 PPP 项目则根据政府补贴、项目年度运营收入和成本进行综合分析测定。

根据自身实力，科学甄别风险边界。一是对应构建落实投资保障措施。经营性、准经营性、非经营性 PPP 项目均纳入省级及以上 PPP 项目库，准经营性 PPP 项目的政府补贴、非经营性 PPP 项目的政府付费纳入地方政府中长期财政规划和经人大批准的年度财政预算。经营性 PPP 明确特许经营要件，准经营性、非经营性 PPP 项目明确政府补贴机制、付费机制和绩效考核机制。二是进行风险控制。经营性 PPP 项目，重点考虑运量风险，聘请咨询机构进行运量调查并出具报告，作为投资决策依据。准经营性 PPP 项目，重点考虑税费优惠政策和价格机制，力争以运营收入保底。三是努力争取补贴。力争让国家专项补助资金和省市补助资金作为项目资本金投入到经营性 PPP 项目公司，减少投资人的出资金额。对于非经营性 PPP 项目和运营预期较差的准经营性 PPP 项目，尽量提高政府出资比例，降低投资人的出资金额和风险。四是选择合理投资回收及回报机制。经营性 PPP 项目主要通过运营收入实现投资回收，通过施工利润和运营收益实现投资回报。准经营性 PPP 项目主要通过运营收入和政府补贴实现投资回收，通过施工利润、运营收益、绩效考核实现投资回报。非经营性 PPP 项目主要通过政府付费实现投资回收，通过施工利润、运营维养收益、绩效考核实现投资回报。

（五）采取多种投融资模式，持续拓展市场

1. 对应不同项目实行五种投资模式

一是组合式政府缺口性补助模式。该模式所依托的基础主要是地方政府不提供项目资金补助、急需推进的大型绕城公路项目、能够纳入国家高速公路网，这种情况下政府缺口性补助主要通过建设期国家车购税专项补助和延长收费年限方式之一或组合方式实现。

二是建设成本和运营成本与可行性缺口补助相挂钩模式。在政府专项补贴作为项目资本金 PPP 的基础上，按照“还本付息和运营成本全覆盖并实现合理收益”的路径，将项目建设成本和运营成本均与可行性缺口补助相挂钩，大幅降低并锁定项目运营风险，提高银行和产业基金介入项目的积极性。

三是以财务模型测算确定投资条件的大型 PPP 项目运作模式。针对大型地铁城轨等 PPP 项目，加强项目前期策划和过程组织，掌握所有涉及项目成本和收益的投资要素和影响事项，构建财务模型进行数量化分析与测算，精准确定项目投资条件和边界。

四是与地方龙头企业优势合作的投资模式。该模式侧重面对具有较大施工技术难度的项目，中国中铁发挥强大的建设一体化优势，与当地政府组建的具有较强实力的国有基础建设投资集团进行联合，以少数股份实现投资中标并撬动施工。

五是“基础设施投资＋产业导入”产业园区投资模式。充分利用中国中铁在资金、规划、建设、关联产业等方面的优势，以“规划＋设计＋投资＋施工总承包＋参与招商＋运营”方式，推进产业园类型的投资项目建设招商运营一体化策划实施，推进后续滚动发展。

2. 匹配投资构建三种融资模式

一是双劣后/平层模式。针对投资额大于10亿元，准经营性、非经营性且项目注册资本金较小、补充资本金可以以股东借款形式注入的PPP项目，由中国中铁和合作金融机构合作成立基金管理公司（普通合伙人GP），由合作金融机构发起设立针对项目的产业基金信托计划或资管计划，由社会合格投资者认购优先或平层受益权，享受预期收益。由中国中铁或参与项目的下属工程局认购劣后或平层受益权，享受浮动收益。基金管理公司据此发起设立并全程管理针对项目的产业基金，并以股东投资、股东借款的方式将资金注入PPP项目公司。这种模式能够在充分满足融资需求的基础上，将风险有效控制在项目公司层面，止于项目公司各股东按照同股同权所承担的风险。二是认缴基金模式。针对个别重大战略性项目，并且政府要求PPP项目资本等于项目公司注册资本金，或者补充资本金必须以资本公积的形式投入项目公司的特点，中国中铁主要以认缴基金的模式推进项目融资。中国中铁投资公司和社会合作基金公司以有限合伙的方式按照一定比例认缴产业基金，由中国中铁和合作基金公司以普通合伙人的身份管理该产业基金。由产业基金、中铁投资公司、中央专项建设基金及项目贷款共同注资成立PPP项目公司，这种模式能够有效满足严格的项目资本金及融资需求，属于远期回购性质。三是权益基金模式。针对底层资产良好，规模偏小（一般小于10亿元），满足金融机构投资风控标准和要求，但由于出资额少金融机构不愿意参与的PPP项目，由中国中铁全资的金融基金公司与在基金协会备案的基金公司以双普通合伙人（双GP）模式进行资本金融资，中国中铁跟投比例控制在20%以内。

（六）发挥三大优势，降低建设成本

1. 发挥网点优势

中国中铁具有遍布全国乃至全球的经营网络，国内全面覆盖并渗透包括西藏、新疆在内的全部省市自治区。中国中铁发挥网点优势，一是广泛搜集项目信息，遍布全国的经营网络通过各种渠道搜集各地政府推出的PPP项目具体信息，进行前期针对性甄别和筛选，及时推送进入项目库；二是辅助安排高层对接，各经营网点充分利用多年积累的各种通道，为高层对接、战略合作、签订框架协议等开展铺垫和协助工作；三是协助推进项目前期运作，对于一些重点项目，协助投资主体从项目手续、涉及业务、关联关系等方面与政府、相关机构等进行密切沟通，助力优选优质项目，为实现合理投资效益奠定项目基础。

2. 发挥设计优势

中国中铁有中铁科研院、大桥院及各工程局的专业设计院，整体上覆盖铁路、地铁、轻轨、市政、房建、公路等众多基础建设领域。在此基础上，一是提前介入项目设计，建立设计施工一体化的管理协调平台，实现设计与施工的有效衔接；二是提前介入工程可研，跟踪初步设计，参与概算复核，主导施工图预算，推进限额设计和施工图优化，确保投资受控；三是提前与工程局进行对接，确保设计质量和施工安全。通过内部关系及投资设计施工一体化衔接，提升项目的技术可行性和施工经济性。

3. 发挥施工优势

中国中铁下属14个综合工程局，4个专业工程局，4个工业制造局，2个设计院，1个物贸局，覆盖铁路、地铁、城轨、市政、房建、公路、水利、港口、机场、桥梁、隧道等绝大部分基础建设领域。在此基础上，对任务分配实行内部工程局竞标管理，实现优中选优；在施工组织上，实行投资公司、工程局、工程处三级联动模式，提高施工组织效率；在劳务管理上，通过在关键环节和重要工序上采用内部队伍、在一般环节上择优选用劳务库星级队伍的方式，保障劳务资源质量与数量；在物资采供上，通过中铁物贸、工程局物贸、工程处物贸三级物资分类供管和集采、网采等形式，实现物资的高效经济性供管；在设计落地及变更上，通过现场四方确认方式，加速变更确认质量和效率；在设备配套上，充分整合中国中铁下属轨道类、铺架类、掘进类工业制造优势，实行联合设计、内部采购，精准满足施工需求。施工上全面全纵深的内部协同，凸显合作优势，减少外部合作风险，有效放大综合施工能力，满足各种PPP项目的施工安全、质量、工期、效益需求，确保项目投资落地的快速高效经济性。

（七）实施八项举措，提升运营效益

一是合理界定运营起点，中国中铁在项目运营起始点确定上以交工验收、交付使用或试运营之日起计算，要求所有PPP项目不得以自身难以掌控的竣工验收日期计算，防范源头风险；二是滞后时间同步关联，经营性和准经营性PPP项目，因业主原因、不可抗力等导致建设工期延长或滞后时，相应延长项目运营期；三是满足绩效考核要求，提供满足绩效考核的运营服务质量；四是激活过程变动机制，在面对外部运营环境变化触发收费调价机制时，及时按合同约定调价；五是及时预警，督促政府按合同及时足额支付政府付费、补贴和绩效考核奖励资金；六是构建管理数据库，中国中铁建立PPP项目运营管理数据库；七是推进三种模式探索，针对不同项目特点选择自行、联合、委托经营，整合优势提升管理水平；八是开展全程评价，实施期间和期末等系列经济评价，分析成本收益，对应整改，持续促进投资运营效益。

三、特大型建筑企业面向PPP项目的投资管理效果

（一）PPP项目规模持续扩大，有效拓展了投资市场

强势巩固了30多个省市基建投资市场，有效巩固了铁路、地铁和高速公路等传统市场的优势地位，拓展了城市地下综合管廊和海绵城市建设等新兴市场领域，快速拓展了PPP项目投资规模。2015年，中国中铁PPP项目总投资规模为318亿元，占中国中铁基础设施项目总投资规模3345亿元的9.5%；截至2016年年底，中国中铁PPP项目总投资规模达到了2606亿元，占中国中铁基础设施项目总投资规模7286亿元的35.8%；截至2017年9月底，中国中铁PPP项目总投资规模已达到了3838亿元，占中国中铁基础设施项目总投资规模8918亿元的43%，PPP项目投资额度和增速都呈现出快速增长的态势。

（二）有效带动了企业生产经营，经济效益显著

一是有效扩大了施工生产体量。随着PPP项目体量的快速增长，已经达到了中国中铁全部新签合同额的1/5，成为扩大工程体量的重要途径。二是有效拓展了施工领域。传统的承包经营，虽然在铁路、桥梁、长大隧道等基础建设方面有明显的竞争优势，但在地下管廊、海绵城市等新兴领域实现了借势造势、借船出海的拓展效果，丰富了施工生产专业和领域。三是有效促进了经济效益。PPP项目与投标项目的双轮驱动，充分发挥了自身综合优势，整体上确保了生产经营效益。2016年，实现营业收入6433亿元，利润176亿元，《财富》世界500强企业排名第55位。

（三）全面促进了企业升级发展

一是构建了立体经营格局。在推进PPP项目投资中，构建了投资经营＋承包经营的双轮驱动的立体经营格局，实现了应对各类模式的复合型的经营竞争力。二是提升了工程建设一体化水平。由于PPP投资对设计施工的整体撬动功能，推进了内部一体化进程，提升了一揽子服务和整体协同能力。三是逐步推进了企业角色的转变。中国中铁深度涉足了投融资管理、资本运作、运营管理等非传统业务领域，推进了由施工生产为核心的工程承包商向涉足项目投融资、工程设计建设、运营管理等领域的涵盖承包商＋投资商＋运营商的现代基础产业综合服务商转变。四是形成了企业与地方优势互补、共赢互促的良好发展态势。

（成果创造人：孙旭东、李永青、周民忠、冯慧光、景　象、王德志、李林杰、罗元恒、汪先俊、林生辉）

汽车企业提升价值创造能力的财务共享中心建设

神龙汽车有限公司

神龙汽车有限公司（以下简称神龙公司）成立于1992年5月18日，是东风汽车公司与法国PSA集团合资兴建的乘用车企业，各占50%股比，注册资本70亿元，员工总数11000余人，2016年产销超过60万辆、销售收入675亿元、利润总额97亿元。神龙公司总部位于湖北武汉经济技术开发区，分别在武汉、襄阳、成都建有三个生产基地五大工厂，在北京、上海设立东风标致、东风雪铁龙品牌部，形成"五地五厂"事业布局。神龙公司未来将努力实现"从提供汽车产品向提供出行服务转变""从传统单一业务向多样化新型业务转变""主动融入开放共享的出行服务生态圈"的战略转型。

一、汽车企业提升价值创造能力的财务共享中心建设背景

（一）加强集团管控、适应公司高速发展的需要

神龙公司总部位于武汉，实施"一个公司、两个品牌"的营运管理方式。2014年产销分离后，将营销部门单独划出，由神龙公司的两大股东即东风公司、法国PSA集团同比例注资成立东风标致雪铁龙汽车销售有限责任公司（以下简称销售公司），销售神龙公司生产的整车与备件。随着一系列新事业逐步开展，神龙公司及其一体化管理的销售公司涉及业务逐步遍及武汉、上海、北京、襄阳、成都五地，业务领域涉及生产制造、批售、零售等多个环节，这对原有的财务运作模式提出了挑战。如果继续维持原财务派驻制管理方式，财务运作成本将不断增加，分散各地的财务人员不利于统一管理，难以实现集团的管控要求。同时，随着对内投资规模加大、对外"走出去"步伐的加快，企业经营风险也在上升，因此客观上要求企业必须改变经营方式，由"做大做强"向"做强做优"转变，以提升抗风险能力和核心竞争能力，适应企业战略发展的需要。为促进企业战略发展目标的实现，就必须要求掌握着企业经营状况核心数据，并具有专业服务技能的财务部门承担起"战略家、管控家、推动者、运营者"的角色，为企业提供有效的运营和决策支持服务。

（二）降低成本、提升运行效率的需要

建立共享中心以前，神龙公司及销售公司的应收、应付、总账及报表、税务、成本核算、薪酬核算、武汉地区员工费用报销及资金收支业务在武汉总部处理，北京/上海品牌部、襄阳工厂以派驻的形式各配备了2～3名财务人员，服务于当地的费用结算、资金收支。以2014年会计人均凭证量进行统计，武汉地区年人均会计凭证量为10751笔，北京、上海、襄阳年人均会计凭证量分别为6628笔、4099笔、2000笔，各地财务人员工作效率存在较大差距，整体核算效率也需要进一步提升。随着经营规模的不断扩大，公司产销规模、供应商与经销商数量都在大幅提升，以手工会计凭证量为例，每年增幅约10%，2014年已达到36万笔会计凭证。财务业务量的激增及日趋复杂化，需要通过流程梳理与再造、信息系统的开发与优化等方式，打造适应"共享时代"的财务模式，降低成本并提升运行效率，适应企业快速发展需求。

（三）提高价值创造能力、发挥决策支持作用的需要

随着神龙公司新事业的逐步开展，各地财务人员工作量激增，分散的财务管理模式要求各地的财务团队负责从会计核算到财务管理的全部业务，没有实现专业分工。财务人员长期陷于财务核算等低附加值的工作中，无法有效切入企业各业务流程进行深入了解，为管理决策提供高质量的支撑。财务数据作为企业最重要、最庞大的数据信息来源，在财务活动日益复杂、集团规模日益庞大的今天，如何打通业

务与财务的壁垒，使业务部门能够高效获取、有效共享财务数据，如何提升决策支持与价值创造能力，助推财务部门向价值创造型转变，这些都要求神龙公司急需转变财务管理模式，通过共享、协同提升财务工作的价值创造能力。

二、汽车企业提升价值创造能力的财务共享中心建设内涵和主要做法

神龙公司借助建立财务共享平台，搭建集团数据仓库，集成客户与员工主数据、核算数据、预算数据、资金数据、成本数据、分析报表等与管理决策相关的信息，打通业务与财务核算的壁垒，挖掘会计信息的价值创造能力，打造基于企业研发、采购、生产、销售全价值链的财务增值服务，积极实施管理会计转型，成功实现企业财务管理模式变革，有效支撑神龙公司战略发展。主要做法如下。

（一）调整组织机构，建立财务共享组织

从2015年5月项目开始设计，到12月整体上线，历经短短8个月时间，神龙公司项目团队借助外部专业咨询公司、系统实施商的力量，基于加强集团管控和提升财务管理水平的需要，搭建支撑全集团业务的财务共享中心，实现财务基础业务的统一规范处理，提升核算效率，探索价值创造途径，最终实现财务对于公司战略决策和业务价值链的支持作用。共享中心服务的组织范围包括神龙公司及其分公司、一体化管理的销售公司，地域上覆盖武汉、北京、上海、襄阳、成都五地，并将针对终端客户的阳光工匠公司及其直营店、二手车公司也纳入共享中心服务范畴；财务职能范围包括费用核算、薪酬核算、应收业务、应付业务、总账及报表、税务管理、资产核算、资金收付八大职能。

建立共享服务中心，必将带来财务组织架构、岗位、人员的变革。首先，打破原有架构，由原会计分部的应收室、应付室、费用室、综合室及资金分部资金室组成财务共享中心，并对各科室的业务职能进行梳理与切分；其次，为更好地服务业务部门、方便现场管理，在每个业务单元设置一名"现场稽核岗位"人员，处理单据收集邮寄、政策宣贯、银行税务柜台业务等相关事宜；再次，在每个科室设置一名"分析管理岗位"人员扮演内部分析顾问的角色，进行共享中心大数据分析与应用管理、流程的制定优化与评价、系统功能的分析与项目、各类报表的编制分析跟进等工作；最后，通过转岗的形式安置北京、上海、襄阳各地优化的会计人员，实现人员的平稳过渡。这些变革为共享中心的顺畅运营与价值提升打下坚实的组织基础。

（二）夯实制度基础，优化管理流程

神龙公司针对八大主流程和130余个子流程的作业指导书进行补充完善，并对流程制度进行反馈与优化，充分夯实共享中心运营的制度基础。

1. 坚持"三个统一"，夯实核算基础

神龙公司财务共享中心坚持三个统一的管理理念，即核算政策统一、核算标准统一、核算流程统一。第一，在遵循会计准则和本地法规的基础上，打造全集团统一的核算政策，对于同一经济业务，各业务单元的会计处理方法保持适度统一。第二，实现全公司数据标准的统一，科目统一，数据来源、处理、报送的路径统一、标准统一，信息共享。例如，规范营销领域武汉、北京、上海三地的费用报销渠道，同一业务、同一性质的开支统一从既定费用科目中列支，确保营销领域的数据横向可比。第三，实现全公司统一的核算流程，以标准化、系统化运作为目标，打破传统根据业务单元分工管理的工作模式，站在流程视角对会计核算进行专业化分工，有效提高工作的专业度、效率及准确性，确保核算质量与服务水平。例如，针对费用报销流程，打破以往按部门或业务单元派单、一人承担该笔报销的全流程操作方式，采取按收单、检核、扫描、记账、凭证装订等流程节点分工的模式，提高各流程节点的专业度与核算效率。

2. 梳理端到端业务，实现共享中心流程化运作

借助咨询公司项目团队的专业力量，神龙公司财务共享中心完成对所有业务流程的访谈与流程梳

理，借助精益管理的理念与工具，对各流程环节进行分析，判断每个节点是否增值高效，确定并输出八大主流程和 130 余个子流程的作业指导书，实现全面覆盖。共享中心生成的流程文档、作业指导书中，对部门职责、岗位职责、关键控制点、流程图、操作标准及注意事项进行规范，明确工作职责、报账流程、审批权限、财务会计档案管理、报账规范，确保有章可循、规范操作。这些文档将根据客户反馈定期补充完善、持续优化，充分夯实共享中心运营基础。共享中心编制的各类分析报表，定期输出至业务部门与管理层，为其业务开展与管理决策提供财务支持。

3. 打造集中收付平台，实现资金统一管控

神龙公司财务共享中心作为资金收付的统一管理部门，负责集中管理所有账户、资金收付、网银操作，通过标准、统一、规范及高效的操作，从账户主数据管理到支付指令的发出和授权，以及到银行对账，建立起一个完整的工作流程。同时，按照“流程化、标准化、自动化”的管理思想，对资金收付的流程环节进行优化，满足资金收付快捷和安全的要求。

一是账户管理集中。面对分散资金模式下账户开立的随意性和庞大的账户群给企业带来的资金风险和管理成本，共享中心采用统一管理账户的模式。首先，规范新账户的开立原则和流程；其次，每一个账户的开立、变更或注销都须经过集团的审核，并向业务单元备案；最后，对于现有的账户进行详细梳理，对于那些使用频率不高、开立用途已不再适用的银行账户，做销户处理。通过以上措施保证集团层面能够统一管理各地账户并实时了解各账户的状态。

二是统一支付操作。统一支付操作包括统一支付指令、统一网银收付和统一账户对账，即所有的支付指令由共享中心发出，所有由网银服务的付款和资金核算在共享中心统一完成，所有集中管理的资金账户由共享中心完成对账。

（三）借助信息化手段，搭建共享中心服务系统与数据仓库

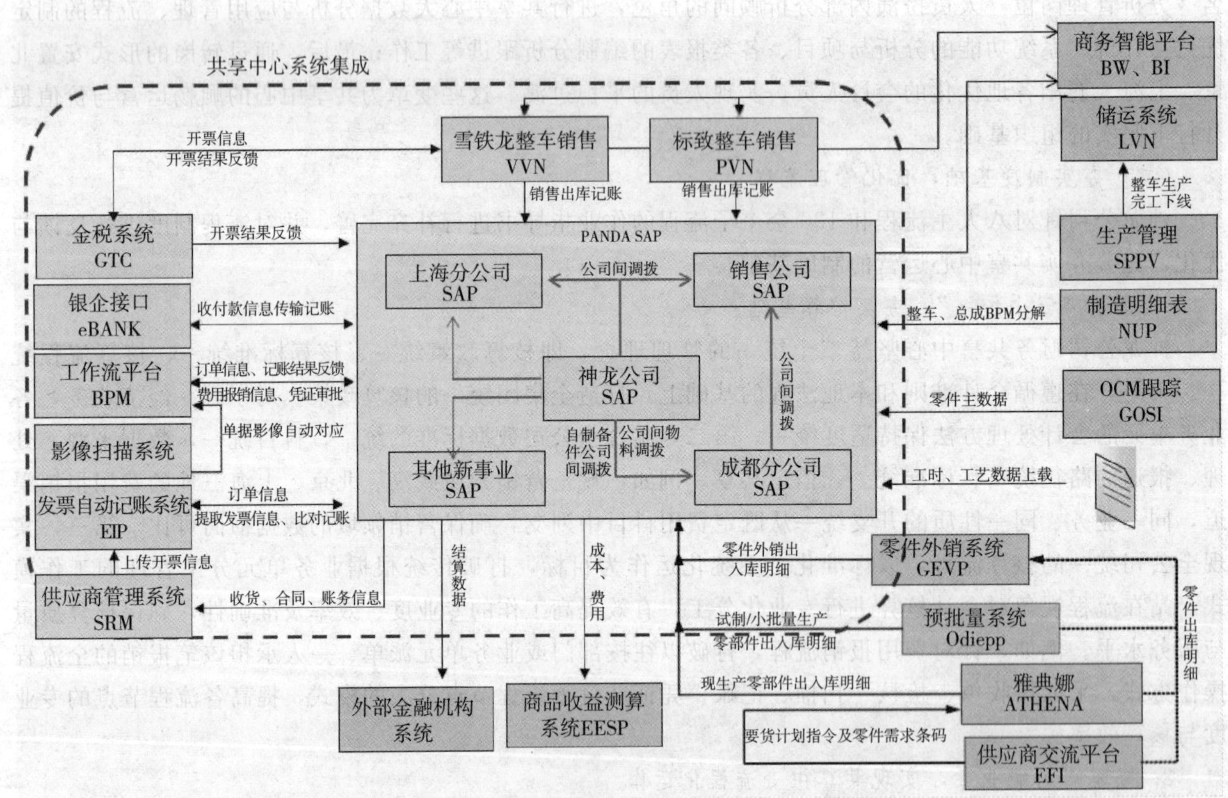

图 1　共享中心系统集成

在互联网快速发展的大背景下，神龙公司明确搭建大数据系统平台的思路：第一，整合系统资源，将优化的流程和管理规范在信息系统中加以控制、落实；第二，综合考虑管理层、业务部门、外部客户的数据需求，创新数据挖掘方式，应用分析技术，建设数据仓库，提升财务部门的价值创造能力。共享中心系统集成如图 1 所示。

1. 系统集成，提升核算效率

一是开发工作流平台、影像扫描系统，并使之与 SAP、银企接口形成数据交互，实现费用核算系统集成。报销人可登录平台填写报销数据发起审批流程，流程以电子单据的形式流转到业务端、财务端进行分级审批，审批通过后工作流平台与 SAP 对接实现自动记账，出纳通过自动获取 SAP 员工主数据模块中的员工银行账号完成网银支付，同时电子单据编号和凭证编号也一一关联，便于后期查询对账，实现从费用报销申请、审批、记账、支付全过程在线操作，员工可随时查询报销进度，提高工作效率与透明度。紧急情况下，异地单据可直接通过专用扫描仪将影像信息传递至共享中心记账，针对不同业务需求，可提供多种单据传递模式供业务单元选择。

二是开发采购发票自动记账系统，并使之与 SAP、银企接口、供应商管理系统、工作流平台形成数据交互，搭建采购核算系统集成。供应商可在线查询交货信息、上传开票清单、发票扫描自动识别提取数据、自动“三单匹配”、线上账务审批、自动记账、网络对账，提高供应商结算效率。

三是对接商务智能平台，形成以 SAP、整车销售系统、银企接口、金税系统、商务智能平台为主的销售核算系统集成，经销商可在线下单、查询商品车流转信息、自动记账、实时共享账务信息、上传电子发票，提高经销商结算效率。

2. 整合业财数据，建立数据仓库

财务共享模式在集中会计核算的同时也接收并创造海量数据，这些业务数据、财务数据快速更迭、翻新，通过分析整合后，以数据仓库的形式在共享中心系统集成中存储起来，再利用共享中心系统与业务系统间资源整合互联，实现信息的传递、共享。共享中心数据仓库包括员工主数据、核算数据、预算数据、资金数据、成本数据、分析报表等。其中，客户与员工主数据部分，收集供应商、经销商的名称、地址、开户行、联系方式、账号、税号、财务状况等基本信息，员工的身份证号、工资账号、公积金账号等个人信息；分析报表包括法定会计报表及共享中心出具的其他财务报表，是应内、外部客户要求，利用 SAP 系统报表模块、工作流平台报表模块灵活定义后自动生成的多维度查询、分析报告，以满足数据使用者的分析需求，如整车成本明细表、供应商索赔汇总表、供应商年度采购额对比表、供应商特殊付款频次统计表、关键物料采购价格趋势表、分领域质量成本报表等。

（四）开展财务增值服务，提升财务价值创造能力

神龙公司提高数据使用效率，将这些数据转化为有价值的决策支持信息，成为共享中心建立过程中的关键点。神龙公司着眼业财融合、价值创造，打造支持企业研发、采购、生产、销售全价值链的财务增值服务。

1. 共享成本费用信息，为研发阶段新项目投资收益分析提供支持

在激烈的市场竞争下，神龙公司需要有计划地导入新产品，以迎合市场的需求。如何优化整合资源，成功引入新车型，需要结合历史数据和各种假设条件，考虑货币时间价值对车型项目的盈利性进行预测，以便正确地评价和取舍。一是共享成本费用信息，为预估测算假设条件提供依据。车型收益分析测算的假设条件包括全生命周期的售价、产量、产品结构、汇率、管理费用、商务费用、财务费用等。共享中心按照业务要求整合并提取系统平台中的各类成本、管理费用、商务费用、财务费用信息，并输出至商品收益测算系统，帮助其编制基于历史数据且考虑通货膨胀等因素后的覆盖车型生命周期的测算假设条件，为准确预测车型项目收益打下坚实基础。

二是建立成本参考系，为制定目标成本提供依据。新产品的成本在开发设计阶段已经基本确定下来，因此加强产品研发阶段的成本控制非常重要。神龙公司采用目标成本法控制项目阶段的制造成本，确保新车型批量投产后实现即定收益。目标成本的制定一方面取决于外部环境，考虑产品装备、预计售价、产销量等因素，为实现预期的利润，要求制造成本控制在一定范围内；另一方面依赖于参考新项目车型的产品定义，利用相似车型的历史成本数据做出的成本预估。共享中心将现有车型的整车成本明细表输出给收益测算部门，帮助其建立“整车成本参考系”，即在每个现生产车型系列中选取产销量较大的车型作为跟踪重点，将整车拆分成发动机、变速箱、底盘、电器件等，分块分析整车的采购成本构成和演变。通过对不同车型以及同一车型、不同时点之间的成本进行横向和纵向对比，准确掌握因配置、级别、产品和时间不同产生的成本差异以及成本演变趋势，计算出各个车型各功能模块、不同时点的采购成本。参考整车成本参考系中与新车型定义相同或相似的功能模块在相应时间点的采购成本，汇总后即可较为准确地预估新车型的制造成本，为目标成本的确定提供数据支撑。

2. 运用即用结算数据，为采购策略选择与商务谈判提供支撑

共享中心利用即有结算数据，编制各类分析图表，并不断优化财务结算政策，帮助采购部门在供应商选择、谈判、结算、分析改进各环节中获取效益。一是在供应商选择环节，整合现有供应商索赔信息，为选择质量优良的供应商提供数据支撑。神龙公司零件索赔类型包括零公里退货索赔、停线索赔、随废索赔、售后质量索赔等，零公里退货索赔由仓库在零件流系统中录入后传递至财务 SAP 系统，停线索赔、随废索赔由工厂提交财务部，售后质量索赔由质量部门提交财务部，各类索赔分属不同部门管理，缺乏信息共享的平台，采购部也无法全面了解供应商的质量状况。共享中心将各类索赔数据提取后形成按时间、供应商、索赔类型分类的供应商索赔汇总表，各职能部门可随时查询，作为判断备选供应商质量水平的重要依据。

二是在商务谈判环节，利用共享中心采购结算数据，采取不同的谈判策略，增加议价能力。共享中心定期向采购部提供各供应商年度采购额对比表，使其可直观了解供应商的采购量演变；采购部门依据“二八定律”重点对采购额前 20 位的核心供应商做跟踪分析，制定商务谈判策略，促进年度降成本目标的达成；通过共享供应商特殊付款频次的数据统计，采购部门可判断供应商对资金的敏感度，为后续合同结算条款的谈判提供判断依据。

三是在付款结算环节，摒弃原有的所有供应商统一付款政策的模式，开展采购付款账期最佳时间分析，依据“应付账期＞中间过程（入库、仓储、生产、下线、库存）账期＋应收账期”的原则，灵活组合“现金/承兑汇票的比例＋付款天数”，针对不同供应商灵活选择不同的对神龙公司最有利的结算政策，确保现金流的稳定。

四是在分析改进环节，共享中心持续关注与原材料市场价格波动敏感性较大的物料价格，如含贵金属的物料、钢板、铝板等，编制关键物料采购价格波动表，帮助采购部门定期开展重要物资的市场供求形势及价格走势商情分析，并合理利用到未来商务谈判中；同时，将分析数据提供给财务内部资本运作部门，为其利用金融衍生工具运作大宗商品保值（贵金属、铝等）提供预测依据。

3. 依靠统一集中的成本信息，为生产质量成本管控提供指引

2014 年，神龙公司提出建立质量管理体系的目标，希望掌控企业每个生产年度在产品规划、采购、设计开发、生产、物流、营销等各领域对投入性质量成本、损失性质量成本的投入情况，以期在提高产品质量的同时，降低企业成本，提高企业的经营效益。质量成本框架如图 2 所示。

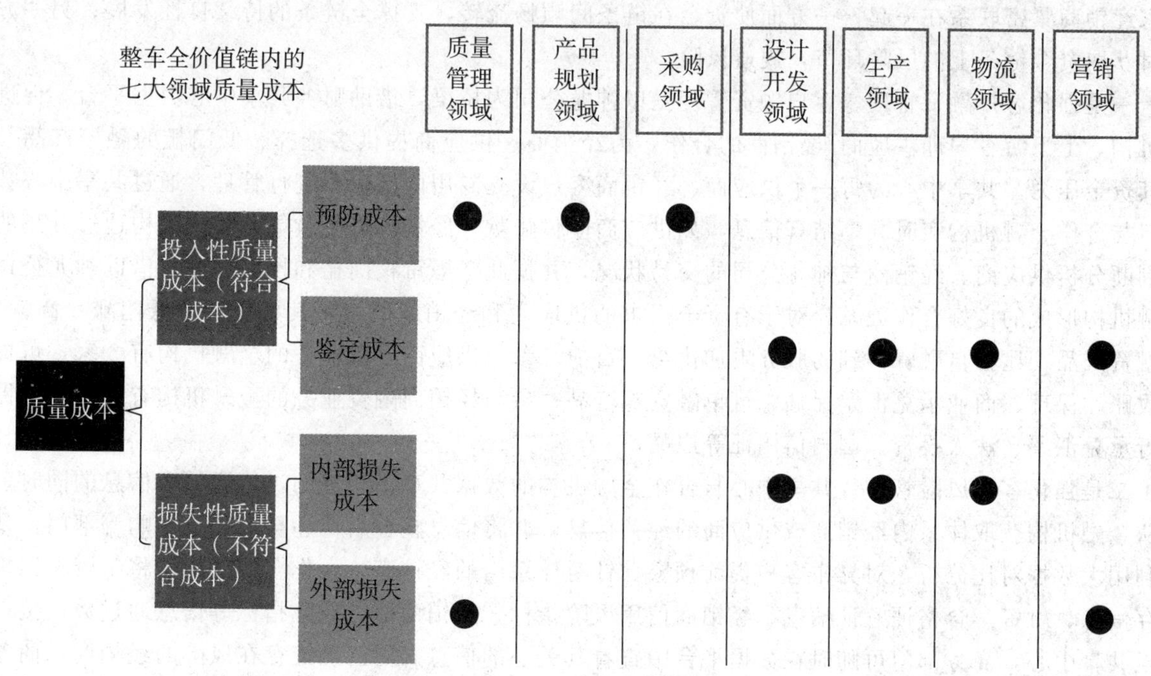

图 2　质量成本框架

通过对质量成本内容的研究，识别出各领域涉及的预防成本、鉴定成本、内部损失成本、外部损失成本；通过对取值依据的研究，确定质量成本报表的数据需求。但当时销售领域、生产领域财务核算分散化，无法及时提取到标准、统一的成本信息；同时，生产领域各工厂按工段设置成本中心，通过“成本中心＋费用科目”的颗粒度进行费用控制，而非按工序、质量成本的类型进行归集，因此无法满足分领域、分成本明细的质量成本报表提取要求。

建立共享中心后，产品规划、采购、设计开发、生产、物流、营销领域的成本费用信息都集中在共享中心系统平台数据库中，各业务单元核算的颗粒度细化统一，按质量部门需求的展示维度以质量成本报表的形式集中展示，帮助质量部门随时监控指标的变化情况，掌握质量成本内部变化关系，做到有效控制和持续改进。

4. 搭建商务智能平台，为精准获取销售动态提供决策支持

神龙公司采取双品牌战略，两个品牌部各有其销售渠道和管理团队，且双品牌旗下各有数百家经销商分散在全国各地。销售部门在共享中心的数据支持下，通过建立商务智能平台，展现营销管理涉及的关键信息，提供全方位的商品销售历史、现状、预测及分析，辅助公司管理层精确获取有效信息，灵活应对市场。第一步，共享中心将整车/备件销售收入、利润等财务相关数据传递至商务智能平台的数据仓库（SAP Net Weaver BW）；第二步，数据仓库整合业务系统、共享中心的数据信息，传递至 SAP 的数据分析模块（Business Object）中，形成整车销售情况、整车销售收入、备件业务、营销电子地图、竞品电子地图五个模块的多角度分析比较；第三步，通过商务智能门户网页（BI），将实际/预测信息以直观的图表展示出来，供管理决策层、信息相关者使用。这些分析图表展示了整车销售线索/订单/交付/开票/网点下单和库存数据的分析、备附件的销售收入趋势分析、双品牌对比分析、公司商品车与竞品车对比分析等，向公司决策层提供了企业内外部环境信息和区域运营状况，为决策层迅速有效应对市场提供有力支持。

5. 依托共享服务中心，深化客户资金与风险管理

作为汽车主机厂，神龙公司通过财务共享中心的数据平台，将产业链上游约 500 家供应商、下游近

千家经销商紧密联系在一起，一方面使资金在链条间顺畅流转，支撑全链条的持续良性发展；另一方面及时获取资金链条上的风险环节，规避风险。

一是强化客户融资管理。客户融资管理是以神龙公司为桥梁，借助财务共享中心数据平台，促进金融机构、上下游客户即供应商/经销商的合作，为经销商、供应商提供多选择、低门槛的融资产品，缓解其资金压力。共享中心为每一个供应商、经销商客户设立专用内部账户进行管理，通过共享中心数据接口与合作金融机构实时共享结算信息，如供应商应付账款、经销商订货量等，金融机构通过共享的数据判断分析供应商、经销商与神龙公司的交易状况，并据此考虑审核门槛和授信额度。借助神龙公司与金融机构形成的良好合作关系，对于有资金需求的供应商和经销商而言，其可获得“低门槛、高额度”的融资产品，比独自融资得到的服务更加优惠。目前，参与供应商融资业务的金融机构有5家，可提供应收账款保理、商业承兑汇票保贴、订单融资等产品；参与经销商融资业务的金融机构有9家，可提供银行承兑汇票、法人投资、国内信用证等产品。

二是强化客户风险管理。共享中心与合作金融机构的数据共享是相互的，传递结算信息的同时，也可从金融机构获取体系内经销商或供应商的经营信息，并将信息整合后传递至商务、采购等部门，帮助其利用大数据对比分析，对异常客户提前预警。针对体系内的经销商，合作金融机构可将融资车销售与库存信息、融资车合格证赎证信息、经销商信用风险指标、经销商债务风险指标等信息通过数据接口传递至共享中心，商务部门可随时在数据平台中查看其关心的信息。对已确定存在风险的经销商，商务部门将进行业务运营行为、财务信用行为、其他异常行为的评估；对存在潜在风险的经销商，商务部门将进行债务风险、管理风险、运营风险、信用风险的评估；对暂时不存在潜在风险的经销商，商务部门将从盈利能力、成长能力、运营效率、目标绩效、资产管理、财务管理等方面综合评估；根据风险评估确认的结果预警等级，做出整改、整顿、退网预警、退网等处理决定。针对体系内的供应商，合作金融机构可将供应商信用风险指标、供应商债务风险指标等信息传递至共享中心，采购部门也可获取存在风险、潜在风险、暂无风险的供应商信息并进行分析评估，根据风险评估确认的结果预警等级，做出整改、整顿、预警、停供等处理决定。

三、汽车企业提升价值创造能力的财务共享中心建设效果

（一）财务运行成本降低，财务服务效率提升

自财务共享中心成立以来，一方面从容面对以每年10%的速度递增的业务量压力；另一方面实现减员10人即15%的管理层要求，降低管理成本150万元/年，真正意义上做到降低管理成本。在效率提升方面，一方面通过梳理、优化、再造共享中心所涉及的八大业务流程，废除了冗余步骤，简化整合流程链条；另一方面，通过打造共享中心系统集成，实现账务处理的自动化、批量化，财务核算效率大幅提升。以年会计人均凭证量指标为例，共享前后由9355笔/人年提升至11253笔/人年，涨幅达20%；员工报销结算周期由16天缩短至8天，效率提升50%；财务服务效率提升助力公司整体效率提升，2016年公司全员劳动生产率上升3.13%。

（二）会计信息质量不断提升，有效防范财务风险

神龙公司通过财务共享中心的建设与完善，持续巩固会计信息质量，完成对各地会计业务的调研与评估，从“准则－政策－规范－操作”四个层面深度剖析，追溯各业务单元核算方法的适用依据，统一核算政策、标准、流程，确保集团内会计信息的相关性、可靠性、可理解性、可比性，用会计语言及时准确地诠释公司的经营状况，供数据使用者科学评估决策，有效落实了企业的财务核算要求，规避各地行政领导对会计核算的影响干预，确保财务规范性的同时有效防范财务风险。

（三）财务服务范围拓宽，价值创造能力显著提升

神龙公司通过建立共享中心集成了公司全价值链上的大量数据信息，这些数据不仅为管理会计的决

策支持、精细化管理积累了基础，也使得共享中心数据仓库的建立成为可能。同时，共享中心实现了对交易过程的显性化、规范化，夯实了数据基础，使神龙公司从源头上获取数据，保证了数据的质量，这些数据正是战略分析、管理决策中的重要部分。共享中心打破了财务与业务之间、企业与外部金融机构之间的鸿沟，不局限于财务视角，灵活提炼出管理者和业务部门最关心的数据，在研发、采购、生产、营销各个环节支持业务需求与管理需求，有效促进了企业管理的各项工作，使共享中心实现由财务核算向价值创造的跃升。2016 年，神龙公司研发领域新项目目标成本达成率 107%、新项目收益控制平均偏差率低于 1%，采购领域实现降成本 10%，生产领域完全制造成本降低 6.2%，营销领域销售整车超过 60 万辆、经销商融资需求满足率达到 97%。

（成果创造人：沈　军、黄　河、罗　楠、潘　倩、刘　柳、张　映、魏　滨）

高速公路运营企业业财一体的扁平化财务管理

山东高速股份有限公司

山东高速股份有限公司（以下简称山东高速）成立于1999年，由山东高速集团有限公司（以下简称山东高速集团）与招商局华建公路投资有限公司共同发起设立；2002年3月，在上海证券交易所上市，注册资本48.11亿元。山东高速主要从事对高等级公路、桥梁、隧道、港口等基础设施的投资、运营管理，以及高速公路产业链上下游相关行业、金融、环保等领域的股权投资。运营管理的公路总里程达2103公里，运营管理区域覆盖山东、河南、湖南、湖北。山东高速不断完善管理体制和组织结构，将路桥管理单位优化整合为7家分公司、4家管理处、4家子公司。

一、高速公路运营企业业财一体的扁平化财务管理背景

（一）新常态下企业转型升级、提质增效的要求

2012年以来，我国经济进入新常态。为推动经济转型、提质增效，国家推出供给侧结构性改革，要求创新经济发展的体制机制。随着经营规模、管理区域的不断扩张，以及人工、原材料、资本等要素价格的不断上涨，高速公路运营管理也面临成本上涨、效益下滑、服务质量下降等问题。路桥运营管理行业已经到了“投不起、建不起、养不起、修不起”的瓶颈周期，必须转型升级，否则难以为继。同时，结合山东省新旧动能转换要求，山东高速集团整体组织架构围绕“放、管、服”改革提出精简要求，设立三级管控体系，取消三级以下企业，打造“一级响、二级强、三级专”的发展格局。因此，山东高速不断探索路桥运营管理的新方式，寻找能够转型升级、提质增效的途径。

（二）推动企业扁平化管理、提高管理效率的要求

为适应新常态，推动供给侧结构性改革，山东高速对路桥运营管理的组织结构进行了扁平化变革。首先，不断探索组织结构的瘦身调整。2012年，探索实施了“一路一公司”机构改革，实行一个运营单位管理一条高速公路，实现了资源的集约管理和集中调配。2014年，组织了“12310”运营管理改革，即“1个运营单位，2个领导，管理200公里左右的里程，3个机关部室，10个机关工作人员”，精简运营机构，推动区域化管理和路域化管理的有机融合，实现组织管理架构的又一次升级优化。其次，推动适应于新结构的“简政放权”式的流程再造，将总部部分权力和责任下发各单位，减少审批流程和非必要性报表、材料报送工作，梳理和精简各业务工作节点。通过流程再造，流程节点由819项缩减至457项，精简幅度达到44.2%，大大减少了分公司、管理处层级审批和报送事项，同时通过权力和责任下放工作，实现了管理压力和绩效压力的层层传递，激发各单位的主观能动性，实现“权、责、利”的有机统一。

（三）推动企业信息化管理、构建业务共享平台的需要

随着云计算、移动互联网等新一代信息技术的广泛应用，社会信息化、企业信息化日趋成熟，路桥运营管理所处的技术环境发生了翻天覆地的变化，为适应这种变化，利用创新的技术提高运营管理水平是必然趋势。因此，各业务板块也在实际工作中不断建立并持续完善各自的信息化系统。随着各业务系统的逐步完善，打造高速公路运营管理统一的后援支持平台成为发展趋势，因此，山东高速提出建设“智慧高速”，将各业务系统进行整合，以实现信息共享、业务协同、人员联动，打造山东高速的智慧品牌。

二、高速公路运营企业业财一体的扁平化财务管理内涵和主要做法

山东高速以定额管理、资金集中支付、费用包干为依据，以全面预算管理系统、协同办公系统、拜特资金结算系统为支撑，以绩效考核为手段，对基层单位预算审批、资金收支管控、财务报销核算等方面进行标准化、流程化设计应用，实现资金使用、会计档案、财务数据的统一管理与共享，有效融合业务指标与财务指标，调动一线业务部门参与成本控制与财务管理的积极性与自主性，以实现高效支撑公司高速公路新体制运营管理，达到高速公路运营板块战略目标的作用。主要做法如下。

（一）统筹规划，构建业财一体的扁平化财务管理体制

扁平化改革意味着管理重心逐步下移，分公司层面除保留人力、财务、行政等综合管理部门外，撤销原有的收费、养护、路政、信息等业务管理部门，将职能交给更专业的收费站、养护所、路政大队及信息分中心，让一线团队承担更多的责任。职责的下放，必然要求权力、资源的跟进。财务管理作为资源配置的主要手段，需要满足不同层级需要。其中，公司管理层要求新的财务管理模式要有利于促进公司战略目标、管理目标的实现；遵循国家的法律法规和公司相关规章制度，符合公司内部控制规范要求；有利于控制风险，保障资金安全。基层管理单元要求新的财务管理体制能够便于获取充分的财务资源以利于开展运营管理活动；财务报销简便易行，资金收支快捷高效；资源分配、绩效考核公开公正公平。

为满足上述需求，山东高速对财务管理的体制机制也进行重新的设计，让财务管理在管理层高效支撑战略目标落地，在基层渗透到业务管理一线，构建业财一体的扁平化财务管理体制。

（二）促进业财一体化，让财务管理融合到运营管理的各个方面

为保障业财一体的扁平化财务管理体制顺利落地，山东高速计划财务部从财务管理的自身做起，从人员素质、管理指标等方面做到与业务对接，不断促进财务管理与业务活动的深度融合。

1. 开展财务一体培训，构建公司人员知识结构的业财一体

机构调整以后，分公司财务人员由以前的每家 6 人调整为 3 人，缩编 50%。为充分发挥分流人员的作用，山东高速将其充实到各一线单位，然后实行报账员制度，要求每个基层管理单元设置兼职报账员。通过对报账员的系统培训，使其能够充分掌握公司财务管理的各项制度，通过报账员在基层单位落地开花，促进业务与财务的不断融合。同时，加强公司总部、分公司计划财务部财务人员的业务培训，不断提高财务管理人员的业务知识水平。

2. 科学设定各项管理指标，构建业务变量驱动的财务管理指标体系

山东高速根据丰富的高速公路运营管理经验，利用多年积累的高速公路运营管理数据，通过反复的比对测算，对高速公路运营涉及的各项财务指标进行业务变量的因果分析，构建起一套完整的以业务变量为基础的财务管理指标体系。以车辆使用费中的路政车辆为例，对路政专用车辆设备使用费的测算，不仅考虑每个路政大队的设备配备数量、百公里燃料消耗、维修定额、燃油平均单价等因素，而且与每个大队的巡查里程及清障、路赔收入紧密挂钩。通过定额标准测算出单车年行驶里程，再根据不同车辆设备的配置数量定额、燃料消耗定额、维修经费定额，计算出车辆设备使用预算，不仅与各单位实际需求更加符合，更因与工作量直接挂钩，充分调动各单位增收的积极性，促进运营工作的良性循环。

（三）促进财务管理扁平化，提高财务管理效率

分公司业务管理部门的取消，意味着财务管理少了一道汇总审核。财务管理要同时面对人员减少，服务单元增加的双重困难。山东高速面对所属 125 个收费站、26 个养护所、23 个信息管理分中心、27 个路政及每年近 10 亿元资金支付的局面，财务管理必须做到高效运转以支撑全公司高速公路运营管理。一是调整财务管理机构设置，优化财务人力资源配置。建立报账员制度，构建“总部计划财务部、分公司计划财务部、报账员”的财务管理体系，取消原有业务部门的相关审核。二是优化财务管理流程，缩

短财务管理工作环节。为充分体现扁平化改革的初衷，给予基层管理单元更多的空间，对原有的财务管理流程进行缩减，放权、放资源于基层单元，工作节点由原来的109个减少为90个，减少上下级之间各种烦琐的上请下达，避免无效沟通。三是充分利用信息化处理方法，提高工作效率。机构改革以后，充分利用信息化系统，实现预算、报销、审核、支付、资金管理的信息化处理，取代一单一审、人工审核、人工报销、表格报送等传统手段，提高工作效率。

（四）制定高速公路运营管理定额，构建精细化预算管理体系

为提高分公司经营管理的主动性，山东高速对分公司业务经费采用定额管理制度，以取代原有依靠历史水平的经验管理的做法。山东高速根据高速公路运营方面的丰富经验，对各基层管理单元所涉及的成本费用进行细致的分解，通过设定合理的参考变量、调整系数，准确计算各单位每年的运营管理费用。例如，人员绩效薪酬、机电设备用电、专业车辆设备使用等将其与车流量、巡查里程、通行费及路赔清障收入等变动指标结合起来，通过反复测量、分析、计算，找出其内在相关性，总结出一套既简便易行又符合工作实际的定额测算方法，为预算费用的测定开辟了新的途径。以收费人员绩效工资测算为例，综合考虑人均收费额、人均车流量、工作质量考评等调整因素，根据各收费站工作量变化及综合绩效考核情况，按月对绩效工资进行测算调整，并将绩效工资总额包干到收费站控制使用，由收费站根据每人的工作业绩和考核表现制定分配方案，经人力资源部门审核同意后，直接兑现到员工。从而充分体现公司按劳分配、奖优罚劣的薪酬分配原则，调动一线员工的工作积极性。再以收费站用电费用测算为例，综合考虑收费站基础用电、车道用电及工作量系数调整、可变情报板用电、可变信息标志用电、道路摄像机用电、高杆灯用电、房屋面积用电调整、人员用电调整、ETC充值点用电9项影响调整因素，既保障收费站车道基本用电需求，又充分考虑因车流量变化造成的车道用电费用增加。

通过对定额标准的不断修订、完善，山东高速基本实现费用测算标准的统一与相对公平，避免单位间在经费使用分配问题上的攀比、猜忌与不满，充分调动各单位控制经费的积极性、自觉性，同时为对各单位的考核提供客观公正的数据依据。

（五）采取经费包干管理制度，加强成本管控

分公司对各基层管理单元的经费管理主要采用经费包干制度，一改以前的大锅饭、平均主义。高速公路运管企业运营成本可分为两大类，一类是与车流量密切相关的直接成本，另一类是保障运营工作顺利开展的间接成本。直接成本支出受自然气候条件、路面车辆碾压频次等因素影响，支出金额较大，费用开支由相关业务主管部门根据预算定额进行控制管理。间接成本支出一方面与单位规模、设备数量、工作量大小相关；另一方面与管理水平相关，如果管控不到位，很容易造成无谓的损失与浪费，比较适合采用经费包干管理进行管控。

各分公司在预算定额合理测算的基础上，将具有稳定性、相关性、可控性的办公经费、邮电通信费、车辆设备使用费、水电暖费、零星维修费等间接成本费用，包干到各基层管理单元控制使用。对上述费用支出按照总额限制、分季度控制的原则，参照超额累进分成的模式，对节支的经费进行合理分配。通过经费包干使用管理，提高基层单位经费使用的自主性和经费控制的自觉性，使资金使用更加高效，资源配置更趋合理，避免不必要的内耗与浪费。

一是在年初，根据山东高速下达的年度预算，结合费用定额标准及各单位设备数量、工作量变化，各分公司对各基层单位的经费包干额度进行测算，与各单位确认无异议后，经经理办公会通过印发各单位执行。二是分公司根据不同费用特点及各单位实际情况，对各单项费用制定季度控制标准。各单位在包干项目和季度控制金额内，可自主安排经费使用，无特殊情况分公司在审批时不做干预。每月末，计划财务部汇总各单位包干经费执行情况，在山东高速办公系统进行通报，督促预算执行有超支可能的单位及时整改，对预算执行进行事中控制。三是分公司每季度对各包干单位预算执行情况进行考核。对单

项或总额费用超支的单位按考核规定扣分，并按超支比例暂扣责任单位管理人员工资，暂扣的工资根据下季度预算执行情况进行返还或补扣。通过这种形式对超支单位起到警示作用。四是年终按权重汇总四个季度考核得分，得分纳入各单位综合绩效考核成绩，最终影响其年终薪酬奖励。同时，根据各单位经费节支及考核得分情况，经分公司审批兑现奖励资金，用于改善员工工作、生活设施设备支出，从而更好地调动各单位控制经费支出的积极性、自觉性。

（六）加强内部控制，提高监督力度

扁平化管理对公司内部控制提出更高的要求，为此，山东高速建立业财一体、内外互补的监控体系。一是公司总部各业务管理部门制定相应的工作标准，实行工作巡查制度。日常控制的主要手段是定期及随机的巡查。二是加强内部审计。山东高速 2013 年成立专门的审计部，负责内部审计工作，审计工作范围覆盖至所有生产经营活动，有效防范经营风险。三是重视贯标及各项质量管理工作。四是重视外部审计工作。

（七）构建财务共享平台，提高财务处理智能化水平

山东高速在用的财务信息系统主要有用友 NC 财务核算系统、全面预算管理系统、拜特资金结算系统、固定资产管理系统，基本实现财务信息的系统化处理。机构改革后，为解决分公司人员减少、业务量突增的现实问题，山东高速对分公司财务报销及资金支付流程进行优化升级，依托协同办公网络平台，对相关财务控制过程进行标准化设置与流程再造，对各项审批、支付、报销、单据传递事项进行统一规范，实现预算申报、费用审批、资金支付等流程在各部门间的快速高效批转。

1. 优化资金使用计划审批流程

每月底，各基层管理单元通过网络平台提交次月资金使用计划申请。月度资金使用计划的申报，以分公司核定的年度经费控制计划和季度考核数为依据，经审批后作为其下月资金使用的控制依据，以保证分公司成本费用预算控制目标的实现。

每月基层报账员按业务类别汇总属地内各基层管理单元的下月资金预算，通过协同办公平台提交，经分管部室、分管副经理、计划财务部及分公司经理审核后，由计划财务部汇总后上报至上级公司。

为便于资金使用计划的申报、审批、汇总，山东高速按不同业务类型，设计各业务的“月计划审批表”，对月度资金使用审批表的格式、信息进行规范。通过年度计划、累计完成情况等项目，清晰反映各单位各项费用的预算执行情况，对可能超预算的单位进行事前干预。同时，分公司对各项指标都设置季度考核控制数，对于支出超出季度考核数的单位，按超支比例扣减其考核得分。

2. 优化资金支付审批流程

各基层管理单元需要支付相关费用时，可随时在网络平台提交付款申请，付款申请的审批以各单位上月申报的资金使用计划为依据，以保证分公司资金使用预算执行率考核指标的实现。

为提高审批、支付效率，分公司在付款申请表中设计申请部门联系人、对方单位账号、付款方式等内容。详细的信息资料使各级审核、审批部门对申请内容一目了然，方便费用支出的事前干预与控制。

3. 优化费用报销流程

费用支付完成后，由各基层报账员对原始发票、单据的所载信息进行初步审核后，执行费用报销流程。审签以网上审批通过的资金支付申请为依据，在保障审签效率的同时，保证费用支出的合规性。在费用报销的同时，对原始凭证的粘贴等基础工作进行规范，对基础工作不合格的部门暂时不予报销，从而为分公司财务基础工作奠定良好基础。

4. 设计单据传递流程

为保障通行费等各项收入入账的及时性及单据传递的安全性，山东高速设计单据传递流程，作为在无法及时获得原始单据时入账的凭据和日后单据交接的依据。该流程包括收入记账流程、单据交接流程

及确认上解流程三部分。

因分公司所辖收费站分布于沿线各地市，每天的通行费收入缴款单不可能实现即时传递，为此设计“通行费现金收入明细表”，由收费站对通行费缴款情况进行统计上报，收费管理中心复核无误后，提交计划财务部进行账务处理，计划财务部记账后与银行进行对账，从而实现收费站、收费管理中心、计划财务部、收款银行四部门间的及时核对，确保收入资金的安全可控。而明细表同时又作为日后原始单据传递的依据，在提高交接效率的同时，减少丢单、错单的发生概率。

（八）实施财务管理综合绩效考核，激励基层单元自主管理能力的提升

为确保财务管理目标的顺利实现，山东高速制定《财务综合管理绩效考核办法》，分层级进行考核，总部对分公司进行考核，分公司对各基层单元进行考核，以确保各层级之间权、责、利的统一。通过月通报、季考核、年统算的考核手段，逐步引导规范各单位的财务收支行为。

《财务综合管理绩效考核办法》包括成本目标完成率指标和财务综合管理考核指标。通过设置成本目标完成率指标，可以将成本费用控制的重心下移至各基层部门，调动各部门主动控制成本费用的积极性。财务综合管理考核指标主要涉及财务日常管理，如原始凭证的合规性等，从而在源头上加强财务基础工作。一是在每月末，对财务综合绩效考核情况进行通报，使各单位在知晓本单位财务管理弱项的同时，了解其他单位出现的问题，避免类似错误的重复发生，督促存在问题的单位及时整改。二是在季度末，按照《财务综合绩效管理考核办法》，对成本费用支出超季度控制数的单位，需进行情况说明，制定整改措施。按照成本控制费用指标和单项指标的控制情况、财务专项检查的考核情况，对管理单元进行考核，并与薪酬挂钩，提高基层管理单元自主管理的积极性。三是在年终，对于包干单位合理范围内的经费结余，允许其自主更新购置与员工生活娱乐相关的健身器械、康乐设施等器具设备，从而充分调动各单位在资金管控方面的积极性、主动性。同时，对节支经费的使用按超额累进的方式进行梯度控制，避免包干单位片面追求自身利益，刻意压缩业务经费开支，影响运营工作的正常开展。四是在财务综合管理方面，针对原始票据的规范性、单据传递的及时性、报表统计的准确性等问题，制定相应的考核标准及扣分依据。考核结果纳入对各单位的综合绩效考核成绩，与其年终薪酬奖励直接挂钩，完善内部控制的奖惩机制，更有效的保障各项财务制度的执行与落实。

三、高速公路运营企业业财一体的扁平化财务管理效果

（一）提高了财务管理水平，提升了资金使用效率

业财一体的扁平化财务管理改变了传统管理模式下财务职能重复投入带来的资源浪费、效率低下等弊端，促进财务管控由分散管理向集中管理转变，提高了核算效率和质量，解决了跨地域资金收支的及时性、安全性问题，财务管理效率显著提高。首先，提高了各基层管理单元成本节约的主动性。山东高速近年来的年成本完成率控制在95%以内，每年节约运营管理成本3000万元左右。其次，实现了资金的集中归集。通过拜特资金结算系统，各分公司通行费收入、日常管理经费实现每日归集，避免了资金沉淀，提高了资金使用效率，据统计，结算中心累计存款余额已达81.6亿元，为内部成员单位调剂发放贷款54.73亿元，节省财务费用3.44亿元。

（二）提升了企业管理效率，提高了路桥运营服务质量

业财一体的扁平化财务管理，高效的支撑了山东高速对路桥的运营管理，使管理效率大幅提高，路桥运营服务质量不断攀升。目前，ETC、自动发卡机、Wi－Fi等自动服务设备已覆盖所有收费站，道路通行效率及客户体验水平大幅提高；道路清障救援实现了“51590”机制，即接到道路故障报警，路政清障人员要5分钟出动、15分钟到达、90分钟恢复交通，清障效率明显提高；机电设备维修实现了一般故障1～2小时响应、12小时排除，重大故障0.5小时响应、2小时内解决，保证机电设备完好率在95%以上；协同办公系统实现了来文督办、定时提醒，手机办公更是实现了随时随地处理公文，公

文处理期限刚性约束为 2 天。

（三）积累新的高速公路财务管理经验，为探索新的财务管理体制打下坚实基础

业财一体的扁平化财务管理体制作为公司改革创新中走出的新的财务管理的一步，实现了公司全体积极参与财务管理的重要作用，使得财务管理不再像以前只是财务部门的事情。山东高速上下开始不断重视预算、核算、资金等财务管理业务，财务管理真正成为与公司业务息息相关的重要活动。该种氛围的构建，为公司下一步构建高速公路财务共享中心打下了良好的群众基础。

同时，在业财一体的扁平化财务管理体制构建过程中，山东高速对财务工作进行全面的梳理与优化，整合同类业务流程 30 余项，规范相关表格、附件近百个，实现了预算管控、资金使用、报销核算、档案管理的集中与统一，促进会计基础工作的提升，为实现财务共享管理模式奠定基础。目前，山东高速正在启动新一轮的财务信息一体化建设，以期实现预算、核算、资金管理一体化。财务共享中心将成为下一步财务管理的转型升级，之前所构建的财务管理体系在这次转型中起到了基础性的架构作用。

（成果创造人：赛志毅、伊继军、张晓冰、郭玉波、周　亮、高德忠、
于立意、陈　鹏、张建忠、周慧娟、邱　娜、戚俊丽）

供电企业运维检修成本项目化管理

国网天津市电力公司滨海供电分公司

国网天津市电力公司滨海供电分公司（以下简称滨海公司）隶属于国网天津市电力公司，2001 年由原塘沽、汉沽、大港供电分公司合并成立，是国家电网公司 31 家大型重点供电企业之一，担负整个滨海新区的电网规划、建设、设备运维检修（以下简称运检）和供电服务工作。滨海公司现有供电面积 2270 平方公里，供电服务人口 298 余万人，负责运行维护变电站 68 座，35 千伏及以上输电线路长度 2259 千米，通信线路 965.1 千米，10 千伏配电线路 718 条、长度 4800 余千米，配电站房 4000 余座。

一、供电企业运维检修成本项目化管理背景

（一）支撑区域经济社会发展、提升供电能力的要求

滨海地区经济社会的快速发展，带动电网投资进一步增加，电网设备规模快速增长，对电网设备可靠性要求越来越高，这对电网设备运检工作量和质量提出更高的要求。“十二五”期间，天津市累计完成电网投资 343 亿元，滨海公司电网投资占比超过一半以上。自 2014 年开始，滨海公司运行维护的 35 千伏及以上等级变电站、输电线路、通信线路和 10 千伏配电线路等主要电力设备，增加 6.79%、5.87%、6.25%、3.75%，对应的设备运检工作量快速增长。如何高效使用有限的运检成本，维护更多的设备，提高运检质量和效率，提升整体供电能力，是滨海公司面临的重要挑战。

（二）适应新形势下供给侧改革、实现降本增效的要求

2016 年 8 月，工信部等 11 部委联合下发了《关于引导企业创新管理提质增效的指导意见》，要求企业进一步加强成本管理和控制。同时，随着电力体制的深入开展，在成本监管办法中要求对设备运检的材料费、业务费进行核定，并以此为电价定价依据。电网设备运检成本是滨海公司可控成本的重要组成部分，每年合计约为 2000 万元～3000 万元，占全部可控成本比 35%～50%。滨海公司从严从紧控制成本支出，通过成本项目化管理，实现成本合理分配，将运维检修成本真正用于应修设备上，杜绝无效维修，提高资金使用效率，实现降本增效、精准运维，降低全社会用电成本，承担社会责任。

（三）扭转成本条块化管理模式、强化风险防控的要求

滨海公司原先采用“条块式”运检成本管理，但管控颗粒度粗、管控环节少、规范性不足。一方面，成本预算成“块”管控，各专业灵活安排运维成本，提高成本管理灵活性的同时增加了潜在风险。一是预算额度的计算未与具体运检业务进行对应，预算精准度不高。二是各专业“并线”形式安排工作任务，导致成本使用“先到先得、后到不得”，影响运检物资和服务及时到位，最终影响电网稳定运行，容易造成电网潜在的带风险运行。另一方面，成本实施的管控成“条”。成本管理全过程涉及全公司多个部门、车间和基层班组，仅限于在“预算”和“支付”两个节点实施“条状”控制，业务管理和成本管控信息不同步，造成业务量与成本量不匹配、成本超预算等问题。滨海公司自 2014 年起，针对运维检修成本“条块化”管理的问题，引入项目化管控的思想，保证电网设备健康可靠运行，提升整体供电能力。

二、供电企业运维检修成本项目化管理内涵和主要做法

滨海公司运用项目化管理的思维和方法，发挥运检成本管理对运检整体业务的引领作用，将设备运检业务按多层次、多维度细分为项目群，标准化、精确化匹配成本预算，强化项目预算制定、成本使用申请、招标采购、合同签订、项目实施、项目验收、成本结算全过程管控，构建项目化运检成本管控体

系。搭建“组织体系、信息平台、专业协同”三级保障机制，强化成本管控与运检业务管控在组织、信息、业务方面全面协同，提供管理保障。实施项目历史数据库、标准成本计算库、成本项目计划库“三库联动”，应用大数据精准编制成本预算。设计“五步四审”精细管控流程，完善项目化成本精确评价和考核体系，实现运检成本使用效益的最大化，以运检成本管控水平的提升倒逼设备运检业务管理水平持续提升。主要做法如下。

（一）细分成本对象，构建运检成本管控体系

1. 多维度细分项目，明确项目化管控主体

运检成本项目化管控是对常态化、重复性的运检工作进行成本费用细分，按照运检工作费用类型、专业、设备种类、标准工作类型、时间阶段、设备集群等维度进行细分项目，确定工作对象和成本对象，按照项目化管控的理念，明确项目的工作内容、工作时间和成本预算。项目细分按照有利于设备运检工作组织的原则来执行，可以按单个维度划分，也可组合划分。通过多维度细分成本项目，明确设备运检工作主体。一方面确保运检计划更准确，成本预测更精准；另一方面也有助于推动各专业部门准确确定运检工作优先顺序，精准安排检修计划。

以变电专业运检成本为例。实施项目化管控后，将变电专业运检业务类成本划分为变电设备维护、五防设备维护、安防和遥视设施检修运维、变电其他附属设施维护、通信设备检修运维、变电反事故措施治理6个主项目，再按照具体业务类别、实施位置、地域等细分为33个子项目，实现成本项目与业务类型、工作计划、预估工作量全面匹配，明确各项成本项目的业务内容、预算额度和实施时间，推动运检计划的合理安排。

2. 全方位掌控过程，优化项目化管控体系

滨海公司在准确划分运检成本对象的基础上，优化运检成本项目化管理，全方位把控项目节点。对项目需求计划、招标采购、合同签订、成本执行、成本结算等节点进行管控，改变以往只管预算上报和资金结算两个节点的方式。一方面强化运检业务进度、质量管理，推动运检业务按计划执行，及时发现运检过程的进度、质量问题。另一方面实时掌握运检成本使用情况，提高资金的使用效率；通过全方位的过程把控，有效解决以往因业务管理和成本管控的信息不能实时同步而造成的运检业务量与成本量不匹配、成本超预算等问题。

（二）构建三级保障机制，筑牢成本管控基础

1. 构建“2＋3”管控机构，提供组织保障

滨海公司按照“专业协同、分级管控”的原则，采用“2＋3”结构设计，从管理权限和岗位职责两个维度进行优化，构建纵向领导层和工作层两级，横向负责组、技术支撑组和业务协同组三部分的组织机构。领导层主要职责是统筹、协调各方资源，全面指导运检成本项目化管理，审定年度预算，对实施过程中的重大重要事项进行决策。工作层主要职责是落实和执行领导层的决策部署，全面负责成本项目实施。输、变、配电等专业车间成本管理人员和班组，为专业负责组，承担工作执行和成本使用计划的编制、招标采购、合同签订、现场实施的组织、竣工资料整理和费用报销等工作。技术支撑组由技术计划室管理人员组成，负责为项目实施全过程进行技术支撑、监督、检查和考核。业务协同组主要由财务部、发展部、监察部等负责成本管理、物资管理、结算审计、招标采购和合同签订等归口管理专业人员组成，配合开展运维检修成本项目化全过程管理。

构建“2＋3”的跨专业、跨部门的组织机构，一方面强化部门、车间之间的沟通，建立联动机制，从预算管控、物资供应、招标采购等专业管理角度为一线班组提供支持和服务；另一方面发挥输、变、配电等专业车间的业务主体和成本使用主体的作用，确保按照实际工作需求使用费用，避免成本使用不当影响设备运检材料和服务供应的及时性。

2. 打造信息管理平台，提供信息保障

一是实现项目全线上管理。提供预算下达、项目分解、计划提报、招标结果、合同签订、物资签收、工作量确认、项目结算、项目结项等线上功能，实现与财务管控系统、ERP 系统、物资管理系统、合同管理系统等的全面集成，实现全线上作业，保证业务执行和成本管理信息及时、准确传递。二是强化项目档案管理。滨海公司参照大修项目的档案管理要求，综合考虑业务管理和成本管理对档案资料的要求，实施按子项目逐一建档、按主项目集中存放的管理方式，形成档案资料清单。三是设定周期审核确认制。每周各专业车间梳理汇总成本费用的使用情况，专业管理人员对已提交的阶段性资料、ERP 系统、财务管理系统中预算情况核对无误后，通过审核确认项目成本费用情况，并录入信息管理平台。通过信息管理平台，有效解决条块化管理模式下成本管理与业务管理信息不同步问题，提供实时信息保障。

3. 构建“三跨”合作机制，提供协作保障

一是跨部门协同。运检成本项目化管控涉及各部门、各专业车间及班组，需要各司其职，协同配合。二是跨计划协同。生产月例会、预算月例会、成本月例会“三会合一”机制，实现各项计划通过信息平台共享，在时间、进度上全面配合、统筹各部门的工作计划，减少部门间信息流转不畅、协同不力的管理损耗。三是跨专业协同。实施综合生产计划管理，统筹安排、全面并总，实现“设备停电一次、所有年度运检工作全部完成”的机制，从而减少重复停电，提高供电可靠性。通过各方合作协同机制，避免以往工作中存在的重复检修的问题，有利于降本增效。

（三）实施“三库”联动管理，成本项目编制精准化

1. 建立项目历史数据库，提供工作量预测基础

滨海公司建立项目历史数据库，详细记录各年度成本项目的内容、预算额度、预算调整情况、完成的业务量、审计记录等信息，作为分析各专业成本逐年使用情况的实际依据。由于大部分运检业务的重复性和常态化特点，可以基于项目历史数据，结合下一年度设备、线路的新投、退运情况，较为精准地预测出运检项目工作类别、工作内容、工作量。同时，项目历史数据也可以辅助业务管理部门和财务部门衡量预算需求的合理性。

2. 细化标准成本计算库，提供费用预测基础

电网检修运维成本标准是滨海公司根据电网企业生产经营活动需要达到的技术和管理水平，经过精确的调查分析和技术测定所制定的最优成本消耗标准。为对各运检项目成本费用进行合理分配，滨海公司修订形成《国网滨海供电公司电网检修运维和运营管理成本标准》，编制成本预算标准化计算公式。首先，制定标准作业库。根据各类电网设备的技术特性、生产运行特点和检修维护状况，对典型作业流程进行提炼，在作业内容规范化、标准化的基础上，计算各种作业的材料、人工和机械台班的通常消耗量水平，制定标准作业库。其次，核定作业成本定额。根据市场供求状况和实际招标采购统计数据，采用专家意见法分析测算各类材料、人工和机械台班的单价标准，以此来核定作业成本定额。最后，核定单位资产成本标准。归集单台设备各种检修项目所需的成本，汇总测算每座变电站每年检修运维所需的成本总额，汇总各电压等级典型变电站总容量、总长度和标准检修运维费用总额，计算核定各电压等级单位变电容量的年均检修运维成本标准。在项目化成本管理全过程中，滨海公司坚持以标准成本库为依据，强化成本预算和执行管控。一是成本预算核定，汇总某个成本类运检项目包含的作业活动，计算作业成本定额，形成项目成本预算。二是应用单位资产成本标准测算年度总体运检成本需求，编制、分解成本预算，为统筹配置成本资源、加强成本分析、考核与评价等提供依据。三是通过作业成本定额，强化一线班组生产作业标准化，为生产作业管理提供标准依据。

3. 编制运检成本项目库，提升成本利用效率

滨海公司依据运检项目历史数据库信息，结合标准成本计算库，确保运检项目的必要性，提升成本资金利用效率，形成运检成本项目库，确定项目年度预算。一是上报运检成本储备项目。每年 10～11 月，各专业车间按照运检项目历史数据库信息，根据新增、退役设备和线路，综合考虑设备状态，结合标准成本计算库，提报运检成本项目储备库，计算出总体概算。二是下达总体运检成本预算。根据单位资产运检成本计算库，结合当年总体预算和利润目标，下达运检预算总额。三是上报调整运检成本项目。各专业车间根据运检总体预算，调整运检成本项目，调整预算。四是审核下发运检成本计划。运检成本项目化领导组根据运检预算总额，对上报的项目进行联合审查，开展重要性评级与紧迫性排序，按照《国网滨海供电公司运检成本储备项目分级评价标准细则》评价标准进行打分和评级排序，依据重要性和紧迫性将项目分为 A、B、C、D 四个等级。其中 A 类为关系安全生产的刚需项目，B 类为服务经营发展的基本项目，C 类为服务长远发展需要的优化提升项目，D 类为在投入能力富余情况下可安排实施的预备项目。A、B 类项目比例分别不低于 40%、30%，C+D 类项目比例不高于 30%。

（四）实施“五步四审”管控，成本项目管理精细化

1. 实行“五步”管控法，强化成本项目过程管理

滨海公司根据材料费类项目和业务费类项目的不同特点，在需求计划、招标采购、合同签订、成本执行、成本结算五个重要步骤采取差异化管控方式。

一是加强需求计划精准提报。材料费类项目强化采购入口管控，规定专职采购人员，集中物资系统采购权限，采购时注明物资名称、数量、价格，在审批时需要比对典型成本类项目的采购物资清单，确保不超范围采购，杜绝跨项目采购现象。在业务费类项目中，由各专业车间或班组提出成本使用计划，注明工程概况、涉及的设备明细和实施工期等信息，转至招标环节。

二是强化招标进度和质量管理。首先，制定年度招标计划，计算招标、合同签订、物资生产的提前期，确保物资和服务的及时供应。其次，按照历史物资和服务质量评价，增加技术要求，在招标评标条件和资质上结合历史项目库中的信息，充分考虑中标方资质和供应能力，确保中标方的供应能力符合运检工作要求。最后，按照成本费用项目历史库的信息，按年度小幅下浮单价确定限价，强化招标比价功能，通过招标采购实现降本增效。

三是加强合同签订的风险管理。一方面根据不同业务类型、物资采购类型建立统一规范的合同范本库，要求中标人在合同中附上服务项目工程量或物资交货时间、交货标准，以此为项目执行的法律基础。另一方面实施合同签订专业审批、法律审批、财务审批、监察审批，规定每个专业审批重点条款和标准，严控合同条款的技术、法律、财务风险。

四是强化成本执行过程管理。材料费类项目要求接收人收到实物后，对照合同进行质量、数量检测，实施拍照记录，在配送验收单上签字确认。业务费类项目根据合同的进度和工作量清单，在项目施工前现场拍照存档，施工完成后由班组进行现场验收，签订阶段验收单。

五是强化结算管理。首先，强化资金预算申请。各专业要根据项目进度提前申请月度预算，没有资金预算不予以结算，以推动各专业部门成本费用有序使用，不影响滨海公司总体资金支付安全。其次，确保结算资料齐全。材料费类项目要确保采购计划书、现场验收报告、入库单、结算资金付款单和发票齐全。业务费类项目要求中标通知书、合同、现场工程量统计表、工程验收单、结算书、结算资金付款单、发票等资料齐全。最后，强化结算审核。车间、业务主管部门、审计部门、财务部门依次审核项目结算资料，确保无误后支付款项。

2. 加强“四级”审核制，防控成本项目实施风险

一是需求计划环节实施专业审核。由成本使用专业车间和专业管理部门对物资采购计划和运检业务

费需求计划从业务管理角度进行审核，在保证一线班组采购的自主性的同时，保证成本使用的必要性，避免提前采购和过量采购导致库存浪费。

二是招标采购环节的栏标价技经审核。由技经专业按照标准成本定额核算工作量对应的招标拦标价，结合历史成本项目数据信息，保证“量”与“价”的合理匹配，提升招标业务的经济性，降低采购成本。

三是结算环节的审计审核。成本结算之前由监察部组织进行审计核定量价一致性，按照大修技改项目审计要求对费用结算提交的资料进行审核，备审资料包括中标通知书、合同、竣工验收材料、工程量清单、结算书以及其他证明材料，确保真实性与合规性，降低廉政风险和未来的审计风险。

四是支付环节的领导审核。根据合同签订额度进行审核层级的划分，在限额以下的支付由各专业的分管领导审批，超过限额的需要由公司总经理审批。在审批时附上这一专业运检项目预算情况和实施情况，推动领导层及时了解运检工作的整体完成情况，掌握进度、质量、成本使用的异常情况，发现企业运检工作中存在的运营风险，便于开展决策。

3. 实施动态调整，实现刚性管控与突发需求平衡

为应对运检工作的突发性和零散性，推进成本资源的优化配置，滨海公司实施运检成本项目动态调整机制，每年在6～7月和10～11月进行费用及项目调整。分析成本项目下达情况、已支付、在途和计划需求情况，结合下一阶段的运检计划和上级单位下达的新任务和要求，采取“总额调整—分项目申报—总体审核下发”方式，按照轻重缓急排序，动态调整成本项目或额度，避免原有“并线”形式安排工作导致的成本分配使用不合理的问题。

（五）强化成本使用后评价，推进项目考核精确化

1. 实施成本使用评价，实现对比可视展示

一是年度预算编制质量评价。主要包括运检业务预测是否符合实际；业务预算与财务预算是否有效衔接；重要预算编制参数设定是否准确；主要预算指标的年度间变动情况是否合理；预算执行保障和监督措施是否有效等。二是预算执行过程评价。主要包括项目预算实施情况，项目预算安排与实际执行情况是否一致；项目预算阶段性支付与实际使用比例是否匹配等。通过评价准确评估专业车间的业务计划管控能力和成本费用控制质量，提高运检业务和成本管控能力，提升成本资源的使用效率。通过对成本预算后评价，解决条块化管理模式下预算额度计算与具体运检业务不匹配的问题，推动预算精准下达和精确实施。

滨海公司基于成本项目管理评价结果，及时发布每个车间的月度检修计划完成情况、项目预算执行率月度情况、供电可靠率、故障抢修情况，通过可视化大屏并结合运营监控中心的实时监测，实时展示各专业车间的评价结果，形成“比学赶帮超”的氛围，推动各专业车间运检成本管控和运检业务水平的持续提升。

2. 完善绩效考核控制，持续提升管控水平

制定《国网滨海供电公司检修运维成本费用的管理细则》，明确检修运维成本费用管理考核标准，从成本项目的进度、质量、合规三个方面，提出计划提报准确率、合同签订及时率、计划完成率、资料合规性等26项指标，汇总形成运检成本费用管控指数，将该指标纳入部门绩效考核和车间、班组对标体系，提升计划制定准确性，强化过程管控规范性，确保业务执行进度，提高成本计划与实际支付的匹配度，实现运检成本费用支付均衡化。

三、供电企业运维检修成本项目化管理效果

（一）提高了运维检修水平，提升了电网供电能力

运维检修成本项目化管理的实施，推动运检业务管理和成本管控“业财融合”，发挥运检成本管理

的引领作用，优化管理链条，全面提升了运检能力和水平，提高了电网设备供电能力，可靠供电水平持续提升。2016 年，滨海公司城市综合电压合格率达到 99.999%，在国网公司中保持标杆水平，农网综合电压合格率达到 99.997%。变电故障降低 66.7%，配电故障降低 35.8%，输电故障降低 16.7%，输电电缆故障降低 30%，配电专业外破次数和配网故障率同比降低 38%和 36%。线路跳闸率、故障停运率等各项指标的综合排名，在国家电网公司对标中均名列前茅。

（二）提升了资金利用效率，推动了企业降本增效

运维检修成本项目化管理的实施，确保了各专业车间按照设备运检的轻重缓急排序使用成本，确保从电网设备可靠运行全局角度使用成本，提高成本实施的准确性和及时性，做到对成本费用的“可控、能控、在控”，提升了资金利用效率，在确保电网可靠运行的前提下提升了成本使用效益。2016 年因必要性不足消减计划 5 项，共计 362 万元，累计调整项目 11 项/次，共计 434.2 万元，检修运维成本费用的综合使用效率提高了 28.1%。在电网设备总量以 3%～4%的比例逐年递增的情况下，剔除专业新增管理要求，常规运维成本保持总量稳定，结构优化。2016 年滨海公司每万元电网资产运行维护成本比 2015 年下降 24.24%，成本使用效益大幅提升。

（三）实现了全过程管控，增强了风险防范能力

运维检修成本项目化管理的实施，建立了权责明晰、管控有力、完整覆盖的保障体系，强化部门协同、专业协同、计划协同，完善了“五步四审”的管理机制，有效降低审计风险、廉政风险、资金风险。自 2014 年应用以来，完成运检项目资料归档 1451 份，已累计取得竣工结算造价审核报告 228 份，实现对成本费用使用过程中风险点的有效管控和预防，未发生“在途”物资费用跨年清理、常规和专项费用被挤占、列支不合理费用现象，在历年的审计过程中没有出现成本使用不规范等审计问题，全面提升了滨海公司成本风险防范能力。

（成果创造人：周敬东、陈　涛、高海霞、孙云东、廖春清、郑渠岸、张永伍、张　昕、刘书玉、李超群、王　媛、武晓晶）

社会责任管理与国际化经营

大型军工集团公司发挥军贸优势的国际化经营战略实施

中国兵器工业集团公司

中国兵器工业集团公司（以下简称兵器工业集团）是中央管理的国有骨干企业，是国家战略性产业和科技创新体系的重要组成部分，是陆军装备研制生产的主体以及毁伤打击和信息化装备发展的骨干，是国家实施“走出去”战略的支撑与推进军民融合深度发展的主力。兵器工业集团以服务国家国防安全和国家经济发展为核心使命，是一家面向陆军、海军、空军、火箭军以及武警等各军兵种，在装甲突击、防空反导、远程压制等领域提供技术装备的企业集团。兵器工业集团积极推进军工技术民用化、产业化，打造汽车零部件、工程机械、铁路产品、石油化工、特种化工、民爆器材、光电信息、北斗产业、智能制造装备、应急产业等先进制造业板块和贸易流通、工程技术管理、金融服务等现代服务业板块。到2016年年末，兵器工业集团资产总额3692.95亿元，人员总量25.2万人，主营业务收入4038亿元，利润总额135.3亿元。

一、大型军工集团公司发挥军贸优势的国际化经营战略实施背景

（一）贯彻国家“走出去”战略的必然要求

21世纪初，我国实施“走出去”战略，鼓励发挥我国比较优势的对外投资，扩大国际经济技术合作的领域、途径和方式，发展对外承包工程和劳务合作；鼓励有竞争优势的企业开发境外加工贸易，带动产品、服务和技术出口；支持到境外合作开发国内短缺资源，促进国内产业结构调整和资源置换；支持有实力的企业跨国经营，实现国际化发展。兵器工业集团经过长期的探索和实践，具备较强的基础与实力，作为国家军贸领域的开拓者和排头兵，在新形势下有责任、有义务统筹国内、国际两个市场、两种资源，不断巩固和拓展军贸市场，更加充分发挥军贸优势，打造军品外贸、战略资源、国际工程、技术引进、民品出口为主体的具有兵器特色的国际化经营新模式。

（二）做强、做优、做大兵器工业的内在要求

现阶段国际军贸市场美俄两国垄断的“两超多强”竞争局面没有明显改变，一些西方发达国家通过前沿技术封锁、金融、外交等手段抢占全球军贸市场，攫取更多的份额，使传统军贸业务发展面临严峻的挑战。而国内武器装备长期面临平战需求矛盾，通过军贸可以减少国家财政对保军能力的维持维护费用投入。面对严峻的发展形势，做强、做优、做大兵器工业，要求兵器工业集团加快推动国际化经营战略实施。一方面，以我国完整的军工科研生产和服务保障体系为后盾，利用低成本、高质量、优服务的比较优势，增强与世界领先防务商争夺市场的竞争能力，充分发挥军贸优势，探索军油互动、军矿互动、贸易与投资相结合、工程与投资相结合的发展道路，扩大石油矿产资源开发、国际工程承包和民品出口业务规模，拓展新的发展空间与市场；另一方面，以国际业务增长促进国内产能合理利用，实现动态保军，以国际业务拓展带动产业结构升级，提升总体运营质量与效益。

（三）提升国际化经营能力的现实要求

兵器工业集团始终致力于建设高科技国际化兵器工业，全球化经营发展格局正在形成，但国际化经营能力还有待提升，主要表现在以下几个方面：一是商机把握能力有待提高，客户关系维护网络还需完善，国别研究、策划市场能力仍在培育中；二是风险防控能力有待提高，跨国并购后的企业整合面临较大文化、法律风险，风险防控体系仍需进一步健全；三是全球资源整合能力有待提高，企业运作模式仍以主要依靠自身优势向另一国输出为主，全球配置资源满足用户需求的模式尚未形成；四是对国外企业

先进管理经验的吸收、借鉴程度不高，投入产出效果、资源配置效率与一流跨国企业相比尚有差距。国际化经营能力问题还得在国际化经营实践中去解决，这就要求进一步发挥兵器自身独特优势，创新国际化经营发展道路，推动国际化经营向纵深发展。

二、大型军工集团公司发挥军贸优势的国际化经营战略实施内涵和主要做法

兵器工业集团紧密围绕服务国家国防安全和服务国家经济发展两大核心使命，依靠体系化武器装备研制生产能力和产业转型升级，统筹国内、国际两个市场、两种资源，坚持国家战略引领、坚持市场有限相关、坚持改革创新驱动三大理念，以军贸为核心，充分发挥军贸在市场、人才、产业、资源等方面对国际化经营的带动作用，制定并实施"发挥军贸优势的国际化经营战略"，通过建立健全组织管理体系、实现军贸业务模式创新、优化调整国际产业格局、实施国际化并购与合作、推动北斗产业走向世界、实施全价值链精益管理等举措，推动国际化经营向成体系成建制武器装备出口、海外工程建设与运营总承包、合资合作与重组并购并重转变，形成市场国际化、产业国际化、资源国际化、品牌国际化、人才国际化的良好经营局面，开拓国际化发展新空间，促进国际化发展水平，打造具有全球竞争力的世界一流军工集团。主要做法如下。

（一）确立以发挥军贸优势为核心的国际化经营战略

1. 坚持国际化经营三大理念

在国际化战略实施过程中坚持三大理念：一是坚持国家战略引领，服务"走出去"和"一带一路"。作为中央企业，兵器工业集团积极贯彻国家"走出去"战略和"一带一路"倡议，主动作为、勇于担当，不断提升"NORINCO"品牌的国际形象、地位和影响力，做好军工集团国际化经营排头兵。二是坚持市场有限相关，发挥军贸优势。作为市场主体，兵器工业集团充分发挥军品科研生产的能力和市场优势，积极扩大国际军贸市场份额，充分发挥军贸优势，运用具有兵器工业集团特色的商业模式，带动优势产业技术"走出去"。三是坚持改革创新驱动，推进转型升级和能力提升。作为创新单元，兵器工业集团坚持改革和创新驱动，全面实施全价值链体系化精益管理战略，利用国际、国内两种资源，提升国际化经营管理能力，推动经营模式转型升级，实现质量效益型持续发展。

2. 通过五年规划贯彻落实国际化发展战略

为确保"发挥军贸优势的国际化经营战略"顺利实施，兵器工业集团在"十二五"发展规划中，明确提出主动融入国家"走出去"整体战略，统筹国内、国际两个市场、两种资源，创新国际化运营管理模式，提升国际化经营管理水平，实现军贸业务转型升级，打造军品外贸、战略资源、国际工程、技术引进、民品出口为主体的具有兵器特色的国际化经营新模式；"十三五"发展规划进一步明确要牢牢把握国家"一带一路"倡议机遇，充分发挥军贸优势与集团公司产业链优势，利用军贸渠道与品牌优势进一步推动国际化经营向成体系成建制武器装备出口、海外工程建设与运营总承包、合资合作与重组并购并重转变，形成军品贸易、北斗导航、铁路产品、重型汽车、汽车零部件、环保产品、民爆产业等国际化发展布局，开拓国际化发展新空间。

（二）完善国际、国内业务齐抓共管的经营组织管理体系

兵器工业集团举全集团之力推动国际化经营水平，从集团统一领导、部门职责设置到经营平台业务范围均是国际、国内经营两手抓，统筹协调推进。国际化经营业务由集团公司党组统一领导，董事长兼任集团公司军贸领导小组组长。确定所属中国北方工业有限公司（以下简称北方公司）为国际化业务经营平台，统筹开展各项具体工作，明确一名副总经理分管国际化经营业务并兼任北方公司董事长。明确集团公司总部相关职能部门国际化经营职责，如发展规划部负责国际化投资并购与合作业务，军品经营部负责军贸产品质量管理，民品发展部负责民品产业国际化经营，人力资源部负责海外高端人才引进使用、境外培训和跨国经营团队建设等。建立北方公司和相关子集团、直管单位密切协同、分板块运营的

专业化国际业务经营机制，其中，军贸科研板块业务由北方公司（军贸研究院）及相关军品科研单位承担；军贸生产板块业务由北方公司及相关军品生产单位承担；战略资源开发板块业务以北方公司所属振华石油、万宝矿产公司为主；国际工程承包板块业务以北方公司所属北方国际为主；民品及北斗产业国际化经营板块业务由北方公司及相关子集团和直管单位承担。

（三）强化军贸业务市场体系、研发体系和商业模式创新

1. 确定核心市场和潜力市场，强化军贸市场体系建设

加强市场营销策划，高度聚焦市场，按照“核心市场领先、潜力市场突破”的原则配置资源。核心市场指对支撑、巩固和提升军贸市场地位具有重要意义，在陆军武器装备领域占有绝对优势或在某些军贸产品细分市场具有明显比较优势的市场；潜力市场指有潜在需求和成长空间，经过努力可以实现突破并有较大增长空间的市场。根据市场情况，分别确定 14 个核心市场和 11 个潜力市场，深入研究客户国家的政治、经济、外交、周边环境、冲突形式、潜在威胁、现役装备、作战模式、未来需求方向和竞争态势等影响军品需求的深层次因素，充分挖掘客户潜在需求，根据客户需求策划营销方案，一方面实现货架产品和市场需求的最大程度匹配，另一方面围绕市场配置资源，最大限度满足客户深层次需要，进一步提升在核心市场的市场地位，不断在潜力市场实现突破，通过实施核心市场领先和潜力市场突破战略，持续推进军贸由跟踪市场向策划市场的转变。

2. 以军贸技术研究院为牵引，统筹军贸研发体系建设

按照“围绕产业链部署创新链、围绕创新链部署资源链”的思路，组建军贸技术研究院，统筹协调全集团武器装备研发生产力量，开展军贸装备发展体系策划与顶层设计，军贸市场国别研究、成体系成建制系统解决方案研究、产品策划及技术支撑，军贸品牌建设与产品质量持续提升以及助力国内装备发展等工作，提升大型武器顶层设计能力、跨系统和跨领域产品集成能力、技术储备能力，形成一批对市场地位有重大支撑作用和军贸业务可持续发展的技术创新成果，自有资金投入超过军贸销售收入的 5%，新产品新技术成交占当期成交总额的 60%以上，研发论证的 155 火炮、MBT2000 主战坦克、红箭 8 反坦克导弹和远程火箭、551 轮式步兵战车以及“天龙”系列防空导弹、“蓝箭”系列空地导弹、“GP”系列制导炮弹和“GB”系列制导航弹等已成为世界军贸知名品牌产品。

3. 树立合作共赢“大军贸”发展理念，强化军贸商业模式创新

为实现军贸业务“三个转变”和“三个升级”，兵器工业集团充分整合社会资源，积极构建“大军贸”体系，将互联网思维植入军贸经营模式，形成具有鲜明兵器工业集团特色的军贸商业模式。一是产业链竞争商业模式，将军贸竞争模式拓展到产业链竞争，站在军贸产业链竞争的高度参与国际军贸竞争。面向国际军贸市场需求，集成各军工集团技术、产品资源，发挥科工贸协同优势，科研开发、市场开拓、生产制造、质量控制、技术服务 5 个产业链重要环节协调一致，创建全球最具竞争力的军贸产业链。打破行业封闭，军贸产品中的发动机、惯导、热像仪、电台、气象雷达、方舱等关键配套产品已实现面向社会择优选配。二是成体系成建制出口商业模式，以技术创新实现由提供单一装备模式向成套、成体系装备模式升级。如××国主战坦克、装甲车辆、车载火炮、远程火箭炮、防空系统等一揽子采购合同，总金额 19.2 亿美元，首次实现师级装备体系出口成交；××国海军陆战队 1 个机械装甲营、2 个装甲连、3 个 SR5 多管火箭炮连、3 个 81mm 迫击炮连等一揽子装备项目 5.1 亿美元，实现旅级装备出口成交。三是国际投资拉动产品出口商业模式，把军贸业务从产品贸易提升到国际投资与技术出口层面。由单一产品出口拓展至产品出口与成套技术转让并重，与客户合资建设兵工厂、生产线，并已成功出口坦克、大口径炮弹焊接钢质药筒、枪弹等生产线。

（四）推动北斗产业“走出去”拓展军贸和国际业务发展空间

1. 系统构建服务全球的北斗高精度服务平台

兵器工业集团2014年开始提供A－北斗/GNSS快速定位服务，填补移动通信领域辅助北斗定位服务的空白，奠定在北斗产业的基础平台运营商角色。兵器工业集团发挥产业基础平台优势，积极拓展全球北斗地基增强系统建设，全力参与“‘一带一路’空间信息走廊”工程建设和实施，持续夯实国际卫星导航产业地位。同时，以东方联星、北斗芯等公司为主体成立北斗芯片联盟，集中资源突破芯片研发与设计、北斗应用与系统集成发展瓶颈，占领产业发展高地，促进资产结构脱重向轻，加快扩大信息类业务规模。

2. 积极推动北斗系统海外应用

积极推动传统产业与北斗产业深度融合，通过商业模式创新，打造传统产业升级新引擎。扩大位置网、警务北斗装备、城市北斗指挥中心等系统集成应用领域，与巴基斯坦国家灾害管理局开展气象监测领域的北斗应用，利用高精度定位技术提供气候变化监测、预防、应急管理等服务；与哈萨克斯坦就“事故灾难紧急响应系统”达成合作意向；在“一带一路”沿线国家石油运输、矿山开采、地铁建设等项目和劳务人员安全保障中运用北斗系统高精度定位导航服务，提升对生产事故、物资丢失等运营风险的管控能力。

3. 利用高层互访机会推动国际合作

作为我国继高铁、核电之后的第三张名片，北斗“走出去”意义重大。兵器工业集团以北斗为平台通过高层互访机会加强国际合作，提升全球化配置资源能力。2016年11月，兵器工业集团与俄罗斯格洛纳斯非商业集团签署《中俄卫星导航芯片联合设计中心谅解备忘录》，推动兵器工业集团北斗产业进入国家战略布局，整合俄罗斯芯片设计能力研发先进卫星导航芯片，大幅提升在全球卫星导航产业芯片领域的地位；2017年4月，利用驻沙特代表处资源，支持国家卫星导航系统管理办公室与沙特国王科技城合办“中沙北斗/GNSS应用研讨会”，展示并宣传兵器北斗/GNSS应用与基础产品，与沙特在卫星导航基础设施建设等领域开展合作，提高整合全球资源发展北斗产业的能力。

（五）发挥军贸优势稳步推动多元化国际经营

1. 以军贸国际产能合作带动优势民品产能“走出去”

军贸业务形成的营销渠道、市场网络与品牌优势，为优势民品产品产能“走出去”奠定了坚实基础。借助海外军贸平台，积极实施国际产能与技术合作，在海外设立近40家合资公司，在开展军贸业务的同时，积极推动优势民品产能集群式“走出去”，实现优势产业全球布局与资源全球配置。民品方面，以重型汽车、重型机床、矿用车、工程机械、火车轴、特种化工、精细化工、民爆器材、光电信息等优势军民结合产品出口为重点，把优势产业和高效产能向外输出。如利用军品弹药生产线输出渠道推动民爆业务国际化市场布局，民爆业务从单纯贸易向贸易与爆破工程服务项目、海外合资合作相结合转型升级，海外年爆破作业量约2亿方；在刚果（金）、厄瓜多尔、澳大利亚、巴基斯坦、几内亚、乌干达、阿尔及利亚等市场开展炸药生产线合资合作及投资并购；利用军品特种车辆生产线输出渠道推动重型汽车、轨道车辆业务国际化市场布局，2010年与南非SG集团合资成立南非ESI重型汽车整车生产公司，截至2016年年底生产并销售整车2800台；与伊朗德黑兰城郊铁路公司、绿菠萝工业集团（GPIG）等合资成立德黑兰轨道车辆制造公司，截至2017年3月共为伊朗轨道交通市场提供814辆交流地铁车、66台电力机车、262辆双层客车产品及相关售后维修服务。

2. 以产业平台优势带动我国装备和技术“走出去”

兵器工业集团充分发挥军贸国际化经营优势，带动国内大型成套设备和优势产能对外转移，对落实国家“走出去”战略，实现相关产业转型升级发挥积极作用。联合中石油共同投资开发伊拉克、哈萨克斯坦、叙利亚油田项目，与大庆、胜利、四川、江汉、吐哈、新疆和中原等石油管理局建立良好技术合作关系，带动国内油田建设与油服工程、石油装备等企业进入国际市场；在缅甸、刚果（金）等铜矿项目中，与中国电建、中冶、金川、紫金矿业和南昌设计院、云南西南地勘院、天津华北地质勘查局地质研究所、包头钢铁设计总院、北京中矿建设工程有限公司等形成良好合作关系，带动国内有色勘察设计、工程施工、采矿服务、矿业设备等企业“走出去”；与中广核集团合作，通过纳米比亚湖山铀矿项目推动国内民爆行业技术、设备、产品、服务走向国际市场。2013 年以来，累计带动中国石油、中国有色、中国电建等石油机具、钻井及地面工程服务、矿山设备出口 23 亿美元；带动中国北车、中国华电、中信重工、中国通号等铁路装备出口 6 亿美元；巴基斯坦拉合尔轨道交通橙线项目带动约 8 亿美元的地铁车辆、信号系统、通信系统、供电系统等装备出口。

3. 以海外工程总承包增强国际工程业务竞争力

军贸业务建立的良好国际间政府互信关系，在推动兵器工业集团国际重大项目和重点工程总承包方面发挥了重要作用。以 EPC（工程总承包）、BOT（建设一经营一转让）等为合作形式，在伊朗、巴基斯坦、埃塞俄比亚、老挝、缅甸等国家承包建设轨道交通、电力工程、矿山设施、工业、农业、市政、房建等专业领域的几十个大中型工程项目，总金额达 112 亿美元，在轨道交通、水电工程、矿山建设、公路桥梁等领域形成较强市场竞争力。其中，承建总金额逾 16 亿美元的巴基斯坦拉合尔轨道交通橙线项目是“一带一路”框架下中巴经济走廊具有示范意义的基础设施签约项目；承建伊朗德黑兰 3、4、5 号电气化铁路线，在伊朗轨道交通领域形成较强的市场竞争力，累计签订合同超过 50 亿美元，出口地铁车辆 623 辆、双层客车 262 辆、电力机车 66 辆，有力推动国内铁路装备“走出去”。

4. 以军油互动、军矿互动推动海外战略资源开发

石油、重要矿产资源是重要的国防战略资源，现阶段我国石油及部分重要矿产品供需矛盾非常突出，对外依存度大大高于国际公认 50%的能源安全警戒线。兵器工业集团在长期军贸交往中与客户政府建立深度互信，部分经济落后、支付能力弱但拥有丰富石油、矿产资源的军贸需求国提出通过联合开发自然资源方式进行军贸交易结算，兵器工业集团充分把握机遇，发挥军油互动、军矿互动的优势，通过开展战略资源并购与合作，推动海外石油及铜、钴等重要矿产资源开发与产业布局，利用海外资源提高我国战略资源储备。石油业务以在产油气田项目为主，适度参与油气勘探项目、海上油田项目，通过企业并购、项目收购等多种途径，扩大优质油气资源储备。2013 年以来，累计投入 32 亿美元，在伊拉克、哈萨克斯坦、埃及、缅甸、叙利亚、巴基斯坦等国获取并运营 6 个油气项目；与委内瑞拉、安哥拉、伊拉克等国家石油公司签订原油供应长期合同及原油采购合同，原油年贸易量超过 3000 万吨，形成较强经营业绩与国际影响力，是中国—哈萨克斯坦、中国—委内瑞拉、中国—科威特、中国—俄罗斯政府能源合作委员会成员单位。矿产业务综合考虑资源禀赋、行业成长性和市场容量，以铜为主，兼顾铂金、钴等有色金属，优化矿种组合，瞄准中大型矿产资源项目，开展并购与开发，实现优质资源储备升级。累计投入 13.1 亿美元，在缅甸、刚果（金）、津巴布韦等国获取并开发运营 4 个矿产项目。铂金资源量占我国企业获取海外铂金资源量的 76%，铜、钴资源量位居我国企业获取海外铜、钴资源量前列，成为维护国家矿产资源安全的一支重要力量。

（六）加大对外投资与合作，推动产业链向高端发展

1. 强强联合完善特种化工产业链条

2017 年，通过强强联合、优势互补，兵器工业集团积极引进沙特阿美石油公司在辽宁共同投资开发精细化工及原料工程项目，共同建设炼化一体化基地，打造中国军工集团与全球著名石油公司合作典范。项目建设规模为 1500 万吨/年炼油、100 万吨/年乙烯，是列入国家石化产业规划布局和东北老工业基地振兴规划重大项目，也是兵器工业集团完善和发展海外石油勘探开采—石油贸易—石油化工—精

细化工产业链重点项目，通过发挥兵器工业集团产业优势和沙特阿美石油公司技术、资源、管理优势，进一步提升兵器工业集团石油化工和精细化工板块竞争力，推动辽宁和盘锦地方经济振兴发展，促进我国石化产业安全、高效、可持续发展。

2. 海外并购实现汽车零部件产业全球布局

以聚焦核心零部件、大部件、模块化为依托，以汽车电子、机械电子化、智能化、轻量化、新能源化和无人化趋势为牵引，通过并购世界一流汽车零部件企业，推进产品结构优化升级，实现汽车零部件产业的全球布局，兵器工业集团已经成为汽车零部件产业具有核心竞争力和国际话语权的解决方案系统集成供应商。2015 年和 2016 年分别完成对德尔福汽车接收系统项目和机电一体化项目收购工作，改变汽车零部件生产以传统机械加工产品为主、产品结构单一的局面，实现由机械类部件向汽车电子产品的转型，配套车型由以商用车为主发展为商用车和乘用车并重；通过收购德国凯毅德公司，利用汽车车锁系统世界高端制造品牌，实现系统集成化、产品轻量化、产品高端化转型，产品 50%以上为奔驰、大众、宝马等主流汽车品牌配套，稳定保持国内高端车型市场配套份额领先的优势地位；通过收购瓦达沙夫公司，稳固该品牌国外车型配套市场份额，实现国内高端主流车型配套。

（七）完善国际化发展配套保障机制

1. 加强营销投资“两张网”建设

打造以海外代表处为核心的海外营销网和以海外投资项目为核心的海外投资网，广泛分布于非洲、美洲、欧洲等国家和地区。海外营销网强调基于军贸核心业务的市场开拓需要，开展国际市场调研、信息搜集研判、客户关系维护等工作，推动重大项目成交、生效和执行，形成系统稳定的一体化服务模式；海外投资网围绕重点优势市场，以价值为导向，结合行业开展国际化产能合作需求，基于严谨完善的项目论证，开展多个领域的产业投资，形成具备较强价值转化能力的全球布局投资项目网络。海外营销网保证市场地位和区域影响力，海外投资网贡献稳定收益和现金流，“两张网”分工明确、配合密切，有效支撑国际化经营和质量效益型发展。

2. 制订国际化经营激励措施

抓住经营管理者需求制订激励措施，营造激励氛围，清除激励障碍，通过充分授权与合理授权相结合、物质激励与精神激励相结合，建立涵盖规划目标、任期目标、年度目标、专项目标的四级目标考核体系，将目标完成情况与经营管理者绩效充分对接，并积极引导在业务领域、产业链条、市场区域等互补性较强的子集团和成员单位协同开展国际化经营，整合全集团资源提高国际化经营活力。同时强化各经营单位的责任意识，建立管理控制流程和控制标准，优化闭环控制系统，逐步提高投资决策能力、投融资保障能力、专业人才能力。

3. 强化投资风险管控

精益投资管理，强化投资项目实施过程中“成本、质量、进度、安全、团队”五大关键控制要素管理，管控好投资审批决策流程和投资项目运营，确保投资项目实现预期收益。发布海外投资负面清单，完善境外投资项目风险管控；不符合企业发展战略和规划的境外投资项目；非主业境外投资项目；不符合企业投资决策程序和管理制度的境外投资项目；投资收益低于融资还款成本的商业性境外投资项目、项目自有资金比例低于 20%的境外投资项目；单笔投资额大于本企业合并报表净资产的 50%、年度累计投资额大于企业净资产的境外投资项目；未明确项目主要责任人和相关责任人的境外投资项目等。完善内部控制体系，强化目标和预算管理，加强运营过程监督。

4. 构建开放融合的国际化高端人才体系

面向重大科研型号项目、核心关键技术领域、重点管理岗位引进“高、精、尖、缺”急需紧缺型人才，凝聚一批具有国际视野、高水平、高素质科技人才与经营管理人才，构建市场化开放融合式高端人才体系，形成具有全球竞争力的人才比较优势。为引进海外专家量身定做涵盖管理模式、工作方式、事业平台、承担项目、薪酬激励、团队配备、资金支持等内容的人才特区政策，建立“一人一策六约定”用才机制，明确界定引进海外专家与所在单位双方的责权利关系，确保高端人才“引得来、融进去、用得好”；与德国、英国、俄罗斯、以色列、日本相关高校和科研院所开展人才合作，建立海外高层次人才培养培训基地；注重员工本土化与国际化，吸引投资所在国人才。

三、大型军工集团公司发挥军贸优势的国际化经营战略实施效果

（一）军品贸易稳居行业领先地位

2014—2016 年，兵器工业集团连续 3 年军贸出口成交占国防科技工业总成交的 1/4，稳居国家军贸行业排头兵地位。2013 年以来，军贸成交国家达到 92 个，累计成交 10 亿美元以上的国家 7 个，累计成交 1 亿美元以上的国家 29 个。军贸产品结构不断优化，呈现“两个 60%”，即新产品、新技术成交占比超过 60%，成体系、成建制武器装备成交占比超过 60%，打造了 155 毫米自行火炮、AR3 远程火箭炮、VT4 坦克、红箭及蓝箭系列反坦克导弹、天龙防空导弹等一批具有国际竞争力的军贸产品品牌，在国际军贸市场树立“NORINCO”品牌形象。

（二）国际化经营能力大幅提升

与 200 多个国家开展经贸往来，构建了以 35 个海外代表处为核心的海外营销网和以 37 个海外投资项目为主的海外投资网。2016 年，军贸和境外子企业实现收入和利润在集团占比均接近 50%，海外资产占比 27.84%，海外所有者权益占比接近 10%。跨国化指数由 2013 年的 12.46%提升到 2016 年的 22.95%。建设形成阿联酋、沙特、伊拉克、巴基斯坦、孟加拉国、缅甸、埃塞、肯尼亚等核心市场，巴林、卡塔尔、科威特、约旦、柬埔寨、老挝、泰国等重点市场，为兵器海外军民融合产业发展提供了载体和平台，为构建海外军事支撑保障体系奠定了基础。

（三）集团经营效益与市场地位稳步增长

兵器工业集团坚持履行军工核心使命与服务国家经济发展并重，积极探索国际化经营新路径，经济运行稳步提升，价值创造能力持续改善，国际化发展迈上新阶段，有力支撑了集团总体经济实力的增长。连续 13 个年度蝉联国务院国资委业绩考核 A 极，在 2016 年世界 500 强企业中位列第 134 位。利润总额由 2011 年的 86.3 亿元增长到 2016 年的 135.3 亿元，年均增长 12.3%；主营业务收入由 2011 年的 3067 亿元增长到 2016 年的 4038 亿元，年均增长 9.3%。

（成果创造人：尹家绪、曹光祥、植玉林、马保勇、彭心国、安伟时、
韩晓东、徐余庆、孟庆贵、李　群、唐　辉、王鲲鹏）

基于综改示范区“煤改电”背景的低温余热高效利用管理

山西中聚晶科半导体有限公司

山西中聚晶科半导体有限公司（以下简称中聚晶科）是一家主要从事蓝宝石晶体研发、生产、销售的高科技公司，现有员工 65 人，其中研发人员 15 人、技术骨干 36 人，主要致力于信息功能材料、集成电路产品、专用设备技术的研究与开发。中聚晶科成立于 2015 年 3 月 18 日，位于山西转型综改示范区机械园 2 号路，注册资本 1 亿元，目前实现年产蓝宝石晶体约 285 万毫米，2016 年产值约 8432 万元，利润约 3000 万元，纳税约 1537 万元，每小时冷却循环水循环量为 1000 立方米，用电量为每天 11 万千瓦时，每小时产生余热量 13956 千瓦，属于高科技、高载能民营高新技术企业。

一、基于综改示范区“煤改电”背景的低温余热高效利用管理背景

（一）落实综改示范区资源转型的任务需要

国务院明确要求山西转型综合改革示范区（以下简称综改示范区）在产业目标定位上，由过去“以煤为基”到“建设安全、绿色、集约、高效的清洁能源供应体系和现代产业体系”。综改示范区的建设改变山西传统的“一煤独大”资源型发展方式，目标是建成国家新型能源基地、煤基科技创新成果转化基地、全国重要的现代制造业基地。综改示范区自 2014 年公布《国家资源型经济转型综合改革实验实施方案》开始建设由高新技术产业开发区、太原经济技术开发区、太原武宿综合保税区、晋中经济技术开发区、太原工业园区、山西榆次工业园区、山西科技创新城、山西大学城产业园区 8 个园区逐步整合而成并建立扩展区，总面积约 600 平方千米。目前区内有企业约 6000 余家，是全国范围内面积最大的园区之一。中聚晶科作为园区骨干企业成立煤改余热工作组。由综改示范区管委会授权，工作组承接综改示范区资源转型的重要任务，共同落实综改示范区能源高效管理利用工作，开展煤炭减量替代行动。

（二）提高“煤改电”能源转化效率的需要

传统的“煤改电”方式包括空气源热泵、蓄能式电暖器、蓄能式发热电缆、大型热库、地源热泵等方式，能源转换效率偏低需要进一步优化。这就要求企业拓展思路，探索提高“煤改电”能源转化效率的新路径。充分结合余热资源，将原本废弃余热资源二次利用，将废热水、冷却塔废热水等大量余热废弃资源通过电能提取后进行供暖。形成节能高效、安全稳定、冷热兼容，运行成本低的煤自技术、资源优势，通过资源整合，优势互补进一步提升能源转化效率，进行电能提取余热供暖的“煤改电”管理模式创新。

（三）企业降本增效的现实选择

综改示范区内现有存量企业中传统产业居多，产品附加值率较低，产品总体处在产业链低端，普遍具有能耗高、能源利用率低、供热需求大的特点。综改示范区又是企业密集型的园区，区内有能源消耗大户（太钢万邦、国电热电）、供气需求大户（娃哈哈、尚品天香）、成套产品生产大户（吉利汽车、经纬纺机）。这些大户如果能通过管理方式的转变，形成能源闭环系统，即带来可观的节能收益，又能为生产企业的产品找到销路，同时可以大幅增加山西电力公司供电能力和售电量。中聚晶科属于综改示范区用电量最大、产生余热最多的企业，目前能源消耗成为困扰公司发展的主要因素，不但浪费热源而且增加了排放。因此中聚晶科能够在落实国家相关政策服务园区企业的同时，解决热能回收再利用，成为公司生产经营头等大事。通过余热的回收利用并服务于园区企业，充分挖掘资源价值，发挥示范引领作用，为企业自身及园区创造经济效益。

二、基于综改示范区“煤改电”背景的低温余热高效利用管理内涵和主要做法

为了落实综改示范区交办的任务，中聚晶科联手园区用户企业、电力企业共同打造“煤改电”新模式。通过开展热源调研、狠抓全过程管理、创新开展灵活的能源合同管理等方式确保工作顺利推进。最终实现综改示范区供暖燃煤清零，创造可观的节能收益，真正实现了绿色环保的生产经营理念。主要做法如下。

（一）确定“煤改电”的思路，强力组织推进实施

1. 明确职责分工落实

为推动“煤改余热”工作顺利实施，中聚晶科与综改示范区管委会、山西电力公司共同成立“煤改余热”工作组织体系。指挥部设置在综改示范区管委会。工作组成员由中聚晶科、电力公司等相关企业负责人组成并由指挥部统一指挥、调度、响应。智慧能源管理公司由第三方公司单独成立，对工作组业务进行全过程经营管理，独立核算、独立经营，作为连接用户和公司的桥梁和纽带。

工作组下设综合、规划、工程、电网、运维 5 个办公室，主要职责分工为以下几个方面。

综合办：负责“煤改余热”工作的统一组织协调，前期办负责“煤改余热”现状数据摸底和改造范围的确定；

工程办：负责工程的整体设计建设，并负责工程的全过程跟踪管理；

规划办：负责改造前期的总体思路和合理规划；

电网办：负责“煤改余热”配套电网规划及电网建设管理工作；

运维办：负责“煤改余热”工程投运后的设备运维检修。

同时“煤改余热”工作组又下设成立服务小组，专门与政府、供热公司、制造业关联企业、园区客户等跨行业对接。建立“你中有我、我中有你”的深度融合的管理服务体系。

为各单位管理信息全面融合，搭建跨行业管理信息平台，以实现煤改电全业务流程管控，将跨行业数据上线管理，加强管理数据汇总，最终形成以智慧能源管理公司为核心的集市场营销、设备制造、工程设计规划、运营管理、售中售后服务、信息化管理为一体的能源服务公司。

每个部门工作的落实情况由指挥部考评组进行全面考核并对工作落实情况进行实地检查，从数据采集的真实性、准确性、及时性，规划的合理性、安全性、经济性，工程的可行性、科学性，电网建设的周期性、可靠性、连续性，以及运行的稳定性、高效性进行全方位的量化考核，做到考核过程“公平、公正、公开”工作落实到部门、责任落实到个人，考核结果“合情、合理、合法”最终形成自上而下的“落实中有监督”“监督下有落实”的工作氛围。

2. 建立多方合作沟通机制

工作组与上级部门，利用专题汇报、文件简报等多种形式，定期向政府领导汇报工作，主动与政府和有关部门进行沟通，赢得理解和支持。积极邀请政府领导到现场办公，共同寻求解决“煤改余热”工作遇到的困难。充分发挥政府资源和优势，实现管理过程的管控，全力推动“煤改余热”工作有序进行。工作组与供热公司等公共服务企业共同为“煤改余热”开辟项目“绿色通道”。将煤改电工程与供热管网工程同步规划、同步建设、同步实施。依托“煤改余热”工作小组进行合署办公全天候对接工程相关事宜，加快业扩报装资料、流程的内部流转速度，坚持做到“内转外不转”的工程管理机制。工作组对相关用户，积极主动了解需求。推进企业间信息融合力度，通过充分沟通，实现市场推广。并积极协调各企业共同协商参与决策，从而为工作的顺利推进建立组保障。

3. 摸清情况完善政策制度

工作组从实际出发，对内建立全面合理的综合管理制度，对外积极落实“煤改电”配套政策，建立全面的保障体系。

在内部工作过程中，制定严格的管理制度，将实施效果纳入绩效考核，并将业务编制关键考核节点以周报的形式发布。具体为对已实施改造的企业项目从工作组分管领导到项目实施主管以及售后服务人员进行工程质量、施工进度、节能效果、客户满意度等全方位的绩效考核，做到“责”“权”“利”明确，赏罚分明，并以此作为季度、年度部门和个人考核依据。

在外部工作过程中，多次与山西省大气污染防治办公室、省经信委、省发改委等主管部门沟通汇报，积极反映改造方案，沟通落实补贴政策、电价机制等方面的配套政策。最终由省政府出台政策，解决工程补贴和电价机制等问题，为“煤改电”的顺利推进提供保障。

落实电价政策，进一步降低用电成本。电价执行独立的电采暖峰谷分时电价政策，实行单表计量、单独计价。谷时段延长两小时，峰时段缩短两小时，同时鼓励与风电、光伏发电企业开展直接交易。

（二）加强余热利用的技术攻关，突破能源提取核心技术

中聚晶科通过加大研发力度，突破低温预热高效利用技术难题。特别是针对热负荷提取、热量利用不均衡、热输出管道负荷不足等技术难题。加大攻关力度，提出优化热媒水利用、蒸馏和中水热联合利用、随热变化灵活扩容等整体解决方案。通过与高等院校、科研院在示范区内投资建设创新研发平台，引入核心技术和核心研发团队。分设电子控制开发组和人工智能开发组，性能优化组，硬件小组，软件小组。各小组长对本组所承担的技术项目部分全面负责，包括人员调配，所涉及部分的资金使用，对本组成员的奖惩等，使项目的开发进程明显加快。加强差异化技术攻关，根据实施对象和条件的不同，有侧重地选择合适的余热循环利用改造模式。对于园区工厂、医院、酒店、大中型院校对于冷热水均有需求且功耗较大的区域，优先推广采用集中性双向 HTM 热平衡机组设备进行升级改造。对于小企业或居民端，依据水余热资源分布和用户分布密集度不同，优先分散式单向 HTM 热平衡机组进行供热以实现效率、效益的最大化。

（三）通过热源利用现状调研，准确掌握技术改造方向

依托“煤改余热”工作组进行热源利用现状调查研究。按照企业为单元，通过原始数据采集、现场核查、入企访问等多种形式，对园区内热源利用现状进行全方位的调研，整理园区高耗能、高余热用户明细表，建立余热数据库，将收集到的热源总热量及水量通过数据分析计算出 HTM 热平衡机组可以交换的热量、流量数据，确定余热可供热面积，与环保局及供热公司共同建立采暖方式台账，建立试点地区年度“确片确户”的明细；明确年度改造数量，汇总统计有关情况。同时结合热源和供热需求，做好热平衡规划。

在现状调查研究过程中制订切实可行的调查计划，并逐一实施。一是通过部门走访，了解各级政府部门对引导低碳能源消费方式的具体措施及现状，从宏观上认识能源建设现状；二是通过问卷调查，收集园区企业能源消费方式的组成、试用新能源的现状等，做到确片确户，为研究分析提供可靠的依据；三是通过访谈，选取有代表性的用户，了解问卷未涉及的，而现实存在的能源消费问题，真实了解能源建设现状，了解最真实的想法，进一步完善研究分析。

调查做到客观、准确、全面的搜集掌握情况，调研深入综改示范区、深入企业内部、及时了解企业内部情况，总结优秀企业的经验，把新技术推而广之；并对调查情况及时做好分析，针对调查的信息做出筛选。完成调查研究报告，合理运用调查结果，对改造工程进行排序，为综改示范区“煤改电”工作的顺利进行提供基础保障。

（四）狠抓工程全过程管理，确保每个环节有效衔接

“煤改余热”工程的全过程包括：前期规划设计、施工建设、系统运行。要重点关注“煤改余热”差异化设计，建设计划管控，施工工艺标准，系统高效运行等关键环节。

1. 设计阶段

根据热源利用中污水余热、工业废水余热、冷却塔余热等不同热能形式进行差异化设计。结合企业分布情况，分为热源大规模聚集型、一般型、分散型，对不同类型的热源灵活进行设备配置、电源布置和电网配套设施建设，做到设计方案精细、准确。在设计过程中将供热需求、产品供给、电网建设等原先不交叉的行业，进行技术经济效益分析，提高设备利用率。通过加强设计与施工、制造的配合，实现设计数据精准化，减少施工误差；实现设计过程数据的修正与更新；实现对设备精准度的把控，提高精益化管理效率；实现设计与用户端的联动，做到各专业、工序间的有效整合。

2. 建设阶段

通过规范建设管理，提高工程质量。推行热源片区经理负责制，针对每一个热源设立项目技术部，对技术、施工、监理等实行统一管理，对工程质量进行全过程跟踪管理。项目过程中，主要做到以下5个方面：一是定详细的建设方案，明确“煤改余热”项目任务书、时间表、路线图和责任人，确保责任到位、措施到位、投入到位、落实到位。二是完善建设项目现场管理制度，如工程签证管理、材料设备采购、价格控制、验收、清点、设计变更管理。三是开展一体化招标，将单轨流程变为平行流程，设计、施工、物资招标一次完成，大幅缩短工程周期，确保施工建设进度。四是积极控制、优化工程变更，深入现场，掌握工程进展及变更的落实情况。检查工程设计变更签证手续是否合理、及时、完整、真实。五是实施标准化建设，制定《煤改余热施工工艺手册》《煤改余热典型施工图》统一施工工艺标准。严格执行设立的建设法规和强制性标准。把技术标准、管理标准、作业标准落实到施工全过程，并积极推广一站式工厂化装配，做到建设流程“标准化”。

3. 运行阶段

结合煤改电设备运行情况、用电负荷、气候变化情况，合理调整巡视周期，加强设备巡视管理，及时发现并消除设备缺陷隐患。山西电力公司加强带电检测，综合利用红外测温、超声波等检测技术提升设备带电检测水平，凡是能带电作业完成的工作，一律不安排停电，对于必须实行停电检修的工作提前接入应急发电装置，让客户感知“零停电、零停暖”，确保供暖24小时不间断。

在运行维护队伍建设方面，中聚晶科与山西电力公司共同建立抢修驻点，每个驻点部署熟悉设备、作业能力强的抢修队伍。同时实施事故抢修包片制，实行“网格化”管理，根据综改示范区用户位置、数量划分为5个服务网格，每个网格有3名客户经理，协作开展服务。安排客户经理定点办公，就近开展抢修运维，服务响应时间由30分钟缩短为10分钟。

在应急处理方面，制订应急处置预案，制订大面积故障情况下负荷转供及现场处置措施，确保故障时快速响应和处置。完善应急机构建设，坚持迎峰度冬值班制度，运行单位24小时坚守岗位，遇到恶劣天气，全员到位，最大限度提高故障应急处理能力。

（五）研发“煤改余热”信息平台，用大数据开展增值服务

山西电力公司在国内率先开发建设“煤改余热”信息化平台。并将系统纳入山西省电力公司电力运营监测中心统一管理。平台主要功能是开展园区内“煤改余热”专项监测分析，对配套热平衡机组、电网设备的投运情况进行在线监测，重点对设备负载、供热温度、供水回水流量压力、电压、功率因数等关键信息进行采集分析，并结合地理位置信息进行全景展示。实现统一指挥、统一调度，将“煤改余热”数据与政府管网数据、供热监控系统数据进行对接，实现“煤改余热”大数据互联。

“煤改余热”信息管理平台网络架构具体为：采用B/S架构，包括数据采集存储、数据展现分析、数据发布3个子系统。通过数据采集存储，将分布在园区内不同用户的数据打包到数据集中器；通过数据展现分析，将数据集中器传来的数据进行数据加工，形成可视化图形、数据分析模型、图表信息展示模型、智能设备维护模型；通过数据发布，将平台数据管理信息上传到上一级服务器，使政府、电力运

营监测中心及相关机构通过不同的权限登陆获取平台数据，为上述机构提供宏观决策分析参考。

借助“煤改余热”信息化平台，获取宝贵的用户数据资源，运用数据资源为用户开展增值服务。主要做法是从用户负荷变化、电量变化、电费支出等方面挖掘数据价值。充分利用电力公司技术及属地供电资源优势，为园区用户提供能效分析、用电监测、节能改造等个性化服务。通过这一举措电力公司实现从传统的能源供应商向综合能源服务商转变。在具体实施过程中，通过大数据建立能耗分析，为用户实现能耗数据分析及告警，并与相关系统互联；对重点区域进行能耗数据监控；其中的控制模块可根据气象、热源输出等信息实现远程自动控制，确保热源转换端能够实现自动调节；能耗分析模块通过实时能耗、成本数据采集和处理，实现不同条件下各层级热耗、水量和电能等数据的在线分析，为供热精细化调节提供依据，提高企业能源管理水平，帮助用户进行节能降耗，改变用户采暖习惯，优化用户采暖方式，达到能源的精益化管理。

运用“煤改余热”信息管理平台为用户开展数据增值服务介绍：“煤改余热”信息管理平台整合园区内工业企业的用电及供热数据，运用平台的综合大数据平台为用户提供如下服务。

一是系统要按照工艺流程实现用能的可视化，实现能源从输入到输出整个工艺流程的监控。

二是系统能够实现同一园区用户在不同时段的用能分析比较；能实现相同用户在同一时段的用能分析及比较；能实现关联指标在同一坐标平面内的关联分析。

三是系统能够实现尖峰、谷、平电力及电量消耗的统计及分析，能够实现峰、谷、平电价统计分析及用电成本分析管理。并且能够实现园区内用户的用能大小分析及排名，得出耗能最大的用户及耗能最小的用户排名，便于后期的诊断治理。

四是系统具备安全用电报警功能，包括设备故障报警、用能（电）量超标报警、过电流报警、过电压报警、电能质量超标报警等功能，并以多种报警方式展现给用户（包括声光报警、短信报警、云平台报警等多种模式），并可能对报警记录进行事件查询，便于故障分析及诊断。

五是系统具有碳排放监测预警及交易功能：系统可以将用户的能源消耗核算成碳排放指标，在将来的碳交易市场上提供数据依据。

（六）实施合同能源管理，实现多方共赢

采取灵活的合同管理方式，特别是针对目前园区和周边地区高耗能企业存在的能源利用率低下、经营状况不好的企业采取会同能源管理的方式进行合作既减轻企业的资金投资压力又实现能源的高效利用，具体做法分三步走。

一是签订合同阶段。由中聚晶科牵头，第三方担保公司担保或保险公司承保与高耗能企业签署合同能源管理合同，凭借合同能源管理会同向银行进行项目专项资金贷款，解决资金来源问题。

二是组织实施阶段。由中聚晶科全额出资对高耗能企业进行热能再回收利用改造，三方通过能源管理合同约定，对节约能源高效利用产生的经济效益进行第三方评估确定周期节能经济指标，对节能改造后节约资金进行按比例分配，共享收益。中聚晶科通过预算在1～3年收回投资，3年以后进入全面盈利模式。

三是对接移交阶段。合同期满后中聚晶科将节能改造设备及控制、管理系统移交高耗能企业并对企业相关人员进行技术指导和培训，全面移交过渡到高耗能企业。

合同能源管理方式的运行，既给企业减少资金紧张的压力，同时实现中聚晶科、担保机构、银行盈利的目标，实现合作共赢的商业模式。

（七）努力推广普及，拓展应用范围

在主流媒体及时报道“煤改余热”重点工作推进情况，以便使社会各界更加关注综改示范区“煤改电”相关工作。主要在政策支持、工作推进、技术应用方面加强信息宣传。建立门户网站，通过多媒体、服务网、园区报、会员邮件群发等及时传达政策信息和各类综合信息。使综改示范区内用户及时了解“煤改余热”整体情况的，实现对多种信息资源的对外发布。同时加强综合配套服务，包括技术交流与培训服务、中介代理等一系列的业务组合。在园区管理委员会的授权下，通过现有团队，组织专业队伍，联合外部企业，为园区内企业提供水电暖供应、工程维修等工程。通过外包方式，引入专业公司，为示范区企业提供个性化、创新型服务。

积极将“煤改余热”进行园区外拓展应用。在成果推广过程中，成立推广小组全程督导，加强各企业日常交流与研讨，对成果、典型事例、出现的问题及原因等进行全方位的总结、分析和集体讨论。对推广研究取得的成果进行评估、深化推广。由推广领导小组编制研究报告，并组织召开成果推广会，聘请专家鉴定推广研究成果。

在“煤改余热”工作组的指导下，以中聚晶科为主体，树立推广标杆企业目标；以标杆企业为先导，摸索推广经验的同时在整个行业铺开，互相促进，共同发展。面向园区外，多角度、多层面的实施推广，最大限度实现项目成果最大效益。

具体实施为：一是试点推广，确定园区外热源利用率高且采暖区域相对集中的学校为重点，由推广领导小组组织，具体开展推广实施。二是分区域选点推广，选定示范区周边城镇化推进较快的晋中区域为重点进行推广。三是全方位推广，根据《国家大气污染防治行动计划》中提出的“2＋26”个通道城市，以改善区域环境空气质量为核心，以减少重污染天气为重点，积极向大气污染通道城市推广，加强技术的交流。重点选择天津、石家庄等城市，宣传新增居民建筑废热源采暖方式。同时针对国外市场，与俄罗斯 MOnocrystal 等国际半导体领先企业开展能源利用沟通交流，进行国际层面推广应用。

三、基于综改示范区“煤改电”背景的低温余热高效利用管理效果

（一）服务国家电能替代工程

现已推动园区节能效益整体提升，形成国内大面积规模的污水源热泵技术集中供暖煤改电项目。实现节省标准煤消耗量 6244.8 吨/年、降低二氧化碳排放量 15565.2 吨/年、二氧化硫排放量 468.4 吨/年、粉尘颗粒物排放量 68.69 吨/年，氮氧化物 234.2 吨/年；项目一期工程的节能减排量 1492.51 吨，减少二氧化碳排放 3720.07 吨，减少二氧化硫排放 111.94 吨，在示范基础上，放大项目集中供暖服务规模达≥100 万平方米，推动电能替代的有效实施。

（二）整合资源实现多方共赢

通过 HTM 热平衡机组实现低温余热高效利用在示范园区收到了良好的经济效益和社会效益。在增加企业经济效益的同时，降低用户供热成本，拉动投资，增加电力公司售电量，实现多方共赢。目前在综改示范区机械园内已建设的 100 万平方米煤改余热供暖项目总投资 9600 万元，收取供暖费 2880 万/年，抵扣项目运行费用 1765 万元/年后，财务收入为 1115 万元/年。项目静态投资回收期为 8.61 年。一期供热面积 300000 平方米，年营业收入 675 万元，非居民建筑供热面积 450000 平方米，年收入 1642.5 万元，居民建筑制热面积 250000 平方米，年收入 562.5 万元，该项目累计供热面积 1000000 平方米，年累计收入 2880 万元。

（三）服务区域经济发展

综改示范区内 6000 户企业，高耗能企业占园区企业总数的 45%，能源使用率低的企业占 24%，到目前为止 65 户企业已经签约实施，供热面积达到约 150 万平方米，用户供暖区域室内平均温度达到 19.5℃，供暖成本较政府集中供热降低了近 43%，较天然气锅炉采暖降低了 56%，从供暖效果和供暖成本方面取得了突破性的成果，还有 380 户企业已经开始陆续进行技术沟通，基本达成了改造意向，全部实施后，预计供热面积将达到 1000 万平方米。目前，前来中聚晶科参观、考察的队伍络绎不绝，有神龙电缆、山西华卫药业、山西娃哈哈昌盛饮料公司、山西高行液压等园区企业 30 余家都提出邀请中

聚晶科技术人员前往各地进行实地考察，根据当地废热、余热量确定供暖面积以及热利用量提供综合能源解决方案，目前技术人员外派指导考察的计划已经排到 2018 年 5 月。

（成果创造人：陈　宏、刘人楷、姚劲松、陈志梅、史　添、韩　丽、翟利民、王　治、王　皑、张　宇、郝贵荣、朱昌辉）

以打造世界一流乳制品企业为目标的国际优质资源整合管理

内蒙古蒙牛乳业（集团）股份有限公司

内蒙古蒙牛乳业（集团）股份有限公司（以下简称蒙牛）成立于1999年8月，总部设在内蒙古自治区呼和浩特市和林格尔盛乐经济园区，2014年成为入选恒生指数成分股的中国乳业第一股。蒙牛是中国领先乳制品供应商，专注于研发生产适合国人的乳制品。蒙牛乳业成立16年来，旗下拥有特仑苏、纯甄、优益C、未来星、冠益乳、酸酸乳等明星品牌，为亿万中国消费者提供多元化的营养健康产品。截至目前，蒙牛已拥有4万多名员工，在全国建立了37个生产基地，1个海外基地。2016年，蒙牛产能达921万吨，营业收入超537.79亿元。蒙牛致力“以消费者为中心，成为创新引领的百年营养健康食品公司”，并将“专注营养健康，每一天每一刻为更多人带来点滴幸福”作为自己的使命，努力打造世界一流乳制品企业。

一、以打造世界一流乳制品企业为目标的国际优质资源整合管理背景

（一）紧跟乳品消费升级趋势的需要

受频频爆发的乳制品安全事故影响，国内消费者对乳制品企业的信心严重受损，国家持续加强监管监督促进行业规范化发展，对乳品企业质量安全监管、乳品质量安全水平提出更高标准。同时，随着消费者对高端乳制品需求不断增加的趋势，行业产品结构持续升级，高附加值的产品日渐获得市场青睐。国人的乳制品消费正从“喝上奶”向“喝好奶”转变。消费者不仅注重“口感、口味”，更加关心其营养成分及功能性、安全性，对品质的要求不断提高，乳制品企业产品结构升级趋势越来越明显。在此背景下，要打造世界一流乳制品企业不仅需要在生产工艺、产品结构和营销方式等方面持续创新，还需要系统整合优质奶源、研发、生产、营销等产业链资源，以提高乳品质量，提供更多乳制品类，更好地满足消费升级需求，形成引领消费升级的国际竞争力。

（二）助推乳品行业转型升级的需要

中国乳制品行业近些年在生产能力、质量安全以及法规制度建设上取得了一定成就。但生产成本越来越高、原奶价格波动频繁、奶牛养殖效益降低、进口乳品冲击等一系列现象要求行业转型升级。据中国报告网刊登的《我国乳制品行业发展分析》，2012年，行业内共有规模以上乳品企业649家，资产总计1744.14亿元，增速为12.64%，较2011年明显下滑；行业负债总计为958.18亿元，同比增长7.56%。另一方面，2012年中国乳制品行业进口量达122.45万吨，进口金额34.56亿美元；出口量仅16.45万吨，出口金额2.83亿美元。当时我国存栏100头以上的奶牛场和养殖小区的比例仅占总存栏量的35%，其规模化、集约化程度远不能够适应市场发展的需要，相配套的服务设施落后，在一定程度上制约了乳品行业的持续发展。由于乳业产业链条较长，只有全产业链整合发展，才能在保证产品品质的同时更好控制生产成本，减少中间环节的不可控因素，最大程度促进乳品企业的发展。为此，乳制品企业亟须放眼全产业链，打造研发、奶源、生产、市场等现代高效乳业全产业链运行体系，使乳制品质量得到更可靠保障，重振国人对国产乳制品的信心，推动行业以更开放、更优化的资源配置实现转型升级。

（三）提升蒙牛整体竞争实力的需要

为了给消费者提供更好品质的产品，推动整个行业可持续发展，蒙牛提出了2020可持续发展战略。该战略的核心是以消费者为中心，成为创新引领的百年营养健康食品公司，为消费者提供营养健康解决

方案，为更多人带来点滴幸福。国际先进乳品企业凭借其多年的发展经验，在管理体系、生产安全制度、养殖经验、工艺、产品等方面具有很多值得中国乳品企业借鉴的地方。与之相比，包括蒙牛在内的国内乳品企业在奶牛饲养、质量管理、产品研发、品牌建设方面还存在差距。因此，蒙牛要实现 2020 可持续发展战略目标，迫切需要对标国际先进乳业企业，引入国际奶源、成熟的工艺和产能、产品品牌、技术和前沿的研究成果等优势资源，提升参与国际竞争的实力，以形成可持续的竞争优势。

基于上述原因，蒙牛从 2012 年开始推进以打造世界一流乳制品企业为目标的国际优质资源整合管理。

二、以打造世界一流乳制品企业为目标的国际优质资源整合管理内涵和主要做法

蒙牛以“打造世界一流乳制品企业”为目标，全面整合国际优势资源，统筹全球先进的技术、研发和管理经验，组建多元化的治理架构，提高公司治理水平。将领先、科学、智能、环保的先进管理理念与乳品研发、奶源、生产、市场等全产业链相结合，做好产品源头保障，构建多元化产品体系，注重生产过程管控，加强海外市场开拓，为中国消费者提供更具国际化品质的产品和服务，全面提升全产业链的国际竞争力。主要做法如下。

（一）明确“打造世界一流乳制品企业”的发展目标与重点方向

蒙牛结合乳制品行业发展现状及企业自身发展实际，综合评定优劣势，基于公司在全产业链不同环节的实际，寻求最匹配的全产业链合作伙伴，打造全产业链的国际竞争力。

1. 准确识别公司优势与不足

蒙牛的优势主要体现在机制、团队和企业文化上，这为公司打造世界一流乳制品企业提供了良好的基础保障。在机制优势方面，蒙牛已逐渐发展为混合所有制企业，中粮入股使国企的雄厚资本优势和民企的机制灵活优势有机融合，有利于统筹更多优势资源帮助蒙牛“走出去”。混合所有制的多元法人治理结构有利于管控运营风险，提高企业管理效率；在团队优势方面，蒙牛管理团队有着丰富的乳品行业经营管理经验，平均从事乳业的时间都超过 10 年，蒙牛 100 系统人才培养体系也为蒙牛发展提供强有力的骨干力量；在企业文化优势方面，蒙牛将企业文化视为企业发展的核心力量，坚持“诚信、创新、激情、开放”的核心价值观，不断强化蒙牛人富于激情、忠诚、执行力强的优点，并引领整个团队向着更加创新、更加国际化的方向发展。

要实现打造世界一流乳制品企业的目标，蒙牛还存在一些不足，具体表现为缺乏先进奶源管理经验、产品持续创新的能力、工厂质量管控能力，以及市场营销渠道的扩展等。这些短板的存在，在一定程度上影响蒙牛打造世界一流乳制品企业目标的实现。

2. 明确战略目标和重点

蒙牛明确制订战略发展目标：进军世界乳业 10 强，成为世界一流的乳制品企业。对标国际先进乳制品企业，明确世界一流的基本内涵，即一流的奶源、一流的研发、一流的产品和一流的服务。一流的奶源，即规模化、集约化牧场奶源比例达 100%；一流的研发，即营养配方、加工工艺等达到世界一流标准；一流的产品，即乳品蛋白含量国际领先，比肩发达国家乳蛋白含量标准；一流的服务，即消费者满意度行业领先。

由于乳制品的供应链中的各个环节都会对乳制品的质量有很大的影响，全产业链模式可使乳制品上下游形成一个利益共同体，从而把最末端的消费者需求，通过市场机制和企业计划反馈到处于最前端的奶源环节。蒙牛要打造世界一流乳制品企业就是要用全球、全产业链的优质资源来服务消费者，让产业链上的所有环节以市场和消费者为导向，以全球最优质的自然资源、技术资源和专家资源开展从源头到终端各环节的国际合作，形成一条技术领先、营养全面、有机健康的乳品全产业链，用中国优质乳制品满足全球消费者的需求。为实现这一战略目标，蒙牛将国际优质资源整合作为发展的关键点和突破口，

明确三大重点推进方向。

第一，发挥混合所有制企业机制优势，引入国际资本和行业资本，优化公司治理架构，组建勤勉尽职的董事会和健全的内部监控制度，不断提升公司技术和管理水平，增强各方资源协同调动的能力，为打造世界一流乳制品企业提供动力源泉。

第二，汇集奶源、研发、生产、市场等全产业链优质资源，整合国内外优秀科研力量开展产品研发和技术创新，布局全球优质的奶源资源，整合全球先进的技术和设备，为中国消费者生产最优质的牛奶，服务公司战略目标的实现。

第三，建立健全国际优势资源整合的保障机制。明确国际优势资源整合管理的牵头管理主体、具体执行主体，发挥公司内部整体合力。做好国际人才培养及引进工作，为国际优质资源整合提供人力支撑。注重信息化系统建立与完善，提高资源整合工作效率。培养开放包容的企业文化，吸引更多的合伙伙伴、人才团队，促进国际优质资源的融合。

（二）组建多元化治理架构，提高公司治理水准

蒙牛组建多元化治理架构，充分发挥上市公司的平台作用，积极引入中粮、Arla Foods、达能等合作伙伴，通过定向增发、股份认购、战略合作等方式，保持股权比例的合理稳定，充分调动各方资源进行协同，提升公司治理水平，以更好地实现国际优质资源整合。

1. 多元化治理架构

资本结构在很大程度上决定着企业的偿债和再融资能力，是企业吸引国际优质资源的重要影响因素。蒙牛凭借良好的成长势头，吸引国际知名投行的青睐，接受摩根士丹利、英国鼎晖、香港英联加盟成为合作伙伴，并积极引入中粮、Arla Foods和达能等不同属性的治理团队，逐步搭建起比较规范、完善的治理架构，实现股份结构的多元化、外部化和公司治理结构的国际化，基本形成更加合理稳定的股权结构。一是牵手中粮集团，形成“国有资本＋民营资本＋战略合作”的多种所有制合作模式。中粮与收购的合作方厚朴基金设立合营公司，耗资61亿港元，认购金牛、银牛、老牛基金和创业者牛根生现有股份的形式，获得蒙牛20.3%的股权，成为蒙牛的第一大股东。中粮的加入，推动蒙牛“食品安全更趋国际化，战略资源配置更趋全球化，原料到产品更趋一体化”进程。二是与Arla Foods签署战略合作协议，Arla Foods以22亿港元入股蒙牛，持股约5.9%。蒙牛还与Arla Foods订立战略合作协议，两家公司建立长期战略合作关系，参与到集团的实际运营中。三是升级与达能的战略合作，向达能定向增发，达能投入51.53亿港元，成为蒙牛第二大股东。蒙牛、雅士利、达能联合签署股份认购协议。达能以25%的股份成为雅士利第二大股东；蒙牛仍持股51%，为雅士利的控股股东。

2. 健康稳定的治理模式

注重组建勤勉尽职的董事会和健全的内部监控制度，充分发挥多元化治理架构的治理机制，提高公司治理水准。蒙牛董事会由13名董事组成，包括2名执行董事、6名非执行董事及5名独立非执行董事组成。中粮、Arla Foods、达能分别提名或委派经验丰富的管理人员参与蒙牛董事会，其中，董事会主席由中粮集团管理高层兼任，总裁由中粮集团委派。董事会主要负责制订公司整体战略和政策、绩效和管理目标、评估业务表现和监察管理层表现。董事会下设4个董事委员会，分别为审核委员会、薪酬委员会、提名委员会和战略及发展委员会。蒙牛还借鉴国际先进治理经验，聘请职业经理人，组建公司管理层团队。董事会向管理层转授权力和责任，以管理和经营公司。管理层负责实施董事会所决定的策略及指示，并在董事会制订的任何书面程序及指示架构内工作。设立出资人委员会，每次开完生产经营例会后，专门召开“出资人与经营班子沟通会”，讨论重大事项，确保公司决策更科学、严谨。

为促进公司治理模式健康稳定，中粮与达能、Arla Foods三方重组股权，其中，合计31.44%的股权由合资公司中粮乳业投资持有，代表三方股东的共同利益。签订股东协议，进一步加强三者之间的伙

伴关系，并为蒙牛充分利用未来机遇提供更有利的条件以及为巩固主要股东平台提供催化剂。协议约定，达能、Arla Foods 如希望增大对蒙牛的持股比例，需与中粮商议协定，这一强有力的外部约束机制，有效促进蒙牛治理架构的健康稳定。

（三）加强奶源优质资源整合，做好产品源头保障

蒙牛综合采用进口优质奶源、海外投资建厂、引进奶源管理经验等方式，充分利用“黄金奶源带”的低廉原奶成本和品质优势以及国外成熟的牛奶深加工技术，实现国内、国外产品“同线、同质、同标”。

1. 布局掌控全球优质奶源

世界上优质的牧场集中于南北纬大约 40°～50°的温带草原，包括荷兰、丹麦、法国、德国北部、奥地利、蒙古、中国内蒙古、澳大利亚、新西兰等国家和地区。蒙牛特别重视这一优质奶源带的布局，在新西兰建立工厂，在澳大利亚、新西兰全球布局奶源，与新西兰鹏欣、Miraka 建立战略合作关系。截至 2016 年 6 月，蒙牛奶源地已扩充至丹麦、德国、奥地利、新西兰。

蒙牛选用国际高端奶源，加工生产出多种高端乳产品，包括特仑苏、鲜语牧场 MouMilk、欧世等。蒙牛高端品牌特仑苏设有专属牧场，其牧草均从加拿大、澳大利亚等世界牧业发达的地区引进，其蛋白质含量高达 18%～23%。蒙牛第一批全球直供牛奶——鲜语牧场 MouMilk，其原奶则来自澳大利亚精选小牧场。蒙牛旗下婴儿奶粉品牌欧世，其奶源 100%源自 Arla Foods 的北欧斯堪的纳维亚地区牧场。不仅如此，蒙牛还与天猫开展战略合作，开启全球牧场直供战略，采用海外精选小牧场直采独家直供天猫的模式，依靠全球极速物流网络，让中国消费者可以在第一时间享受到全球优质小牧场生产的高品质鲜奶。

2. 引入先进奶源管理经验

蒙牛与欧洲成立时间最长的著名乳品企业 Arla Foods 加强战略合作，引进 Arla Foods 的 Arla Garden 牧场管理体系，通过国内 200 余位专家对 661 个关键点的梳理，将其转化为适用于中国牧场的“MN Garden”牧场管理体系，并在全国牧场因地制宜进行管理改善。自 2012 年以来，双方的合作覆盖从前端奶源管理到生产质量控制等关键领域，快速实现与国际乳业先进管理水平接轨。截至 2016 年 6 月，蒙牛牧场管控标准与 Arla Foods 结合度已超过 65%，管理标准持续提升。

3. 奶源地生产及包装

蒙牛投资 11 亿元建立雅士利新西兰工厂，开创奶粉行业国内品牌在海外 100%自主建厂的先河，是中国乳企“走出去”的标志性事件。雅士利新西兰工厂不仅能够享受新西兰的优质奶源，更能够吸收国外的先进技术、全产业链管理经验，实现完全自动化生产，不但产品质量更加稳定可靠，生产效率也远高于国内水平，为蒙牛品质管理全程智能化打造一个参考样本。其生产的雅士利新西兰原罐产品超级 α一金装，由雅士利与新西兰的奥克兰大学 Liggins 研究所，根据中国宝宝发育需求研发的新产品。

（四）加强技术合作与研发，构建多元化产品体系

蒙牛注重联合更多合作伙伴，发挥合作伙伴的资源优势，共同研发更多品类产品。与合作伙伴合作建立三大研发基地，提高研发力度。优化产品结构，开拓新型产品，满足消费者多元化需求。

1. 合作建立研发基地

蒙牛不断与国际接轨，与合作伙伴陆续建立起三大研发基地——蒙牛—加州大学戴维斯分校营养健康创新研究院、蒙牛达能乳制品有限公司、中国—丹麦乳品技术合作中心，分别提升自身在基础营养、低温酸奶、奶酪等方面的研发力度和产品开发力度。一是基础营养研发方面，与加利福尼亚大学戴维斯分校（UC Davis）签署合作框架备忘录，在营养健康创新以及食品安全领域展开全球合作。基于 UC Davis 在营养领域的研究资源，为蒙牛提供营养解决方案，助力蒙牛开发营养健康的产品。二是低温酸

奶研发方面，与达能共同成立合资控股公司——蒙牛达能乳制品有限公司，借助达能公司在酸奶产品研发方面的技术支持，对蒙牛基础品牌酸奶产品进行配方、规格或包装升级。不断增强菌种培育能力，确保高品质菌种的稳定性，将产品保质期从 21 天延长至 25 天。三是奶酪方面，借助中粮、蒙牛、Arla Foods 三方的研发能力，为两国的乳品技术，特别是奶酪研发提供创新平台。将百年奶酪研发经验带到中国，研发适合中国人口味的奶酪，让对奶酪还不算熟悉的中国消费者也能充分体会到奶酪的美味。

2. 联手优化产品结构

蒙牛核心产品业务主要是液态奶，其产品收入占 2012 年总收入的 89.6%。其低温乳品、其他乳制品业务收入分别占其 2012 年总收入的 8.8%、1.6%。为此，蒙牛着力加强国际优质资源整合，以优化产品结构，弥补低温乳品业务、奶粉业务的不足，同时开发植物蛋白新的萌芽业务。一是低温乳品业务方面，与达能共同成立合资控股公司，作为蒙牛和达能在境内收购、投资、经营低温产品业务的平台。蒙牛参照达能全球生产和质量管理标准，对蒙牛原有低温工厂进行对标改造，使用全球统一的质量管理体系，并依据国际标准和中国标准对出厂产品进行双重审核。凭借全球 18 个营养健康中心多年关于发酵乳的菌种研究经验和研究成果，研发生产“碧悠”“冠益乳”“优益 C”三大明星品牌以及深受中国家庭喜爱的蒙牛原味酸奶、大果粒、红枣酸奶等产品。通过与达能的深度合作，蒙牛在低温酸奶业务方面的短板得到有效弥补，在低温酸奶市场的认可度和美誉度有效提升。目前，蒙牛达能占有中国近 24% 的低温乳制品市场份额，居行业领先地位。二是奶粉业务方面，并购雅士利，通过资源整合与互补，充分利用双方在产品、品牌、渠道等方面的优势，实现蒙牛奶粉业务更快、更好地协同式专业化发展，建立更具竞争力的奶粉平台，加快高端奶粉行业整体升级的速度。三是植物蛋白业务方面，与 White-Wave 白波集团共同创立合资公司——植朴磨坊，开展植物基营养品业务开发，开创性地打造零胆固醇、低脂肪、富含钙、富含维生素 E 等产品特性，为消费者提供更多营养健康的产品选择。

3. 研发个性化产品，满足消费者多元化的需求

随着迪士尼落户中国，迪士尼的唐纳德、米奇等形象已深入人心，上海迪士尼度假区期望合作的乳品企业能够提供相同形象的产品。蒙牛作为上海迪士尼度假区的官方乳品合作伙伴，结合中国消费者的口味偏好，在制作工艺上将牛奶与水果、巧克力、饼干、雪泥等进行创意搭配，为度假区开创出口味多样、层层惊喜的 8 款定制冰激凌，包括米奇经典冰激凌、米妮趣夹心冰激凌、绅士唐纳德蓝莓柠檬口味雪泥等，确保游客在度假区游玩期间享受到高品质、有趣味的乳制品。

（五）加强生产监督与考核，保证乳品质量安全

蒙牛投巨资建立全球样板工厂，引进瑞典利乐、德国 GEA、英国 APV 等世界知名公司车间生产设备，引入独立的国际第三方审核公司审核自有工厂成熟度。并采用 LIMS 系统全面升级实验室信息化系统，加强生产过程质量控制。

1. 打造“全球样板工厂”

蒙牛采用无菌包装生产商瑞典利乐公司的设备，按照国际 GMP 和 HACCP 的标准要求进行设计和安装，共放置 20 多条液体奶生产线，日处理鲜奶 1000 余吨，和林格尔生产基地“三期工程”被利乐公司列为“全球样板工厂”。整个生产过程完全由电脑控制完成，一切生产活动均在无菌管内进行，包括自动化包装，有效避免人为的污染，也最大限度地保留牛奶所含的维生素及其他营养成分。

2. 开展工厂成熟度审核

蒙牛聘请外部专业机构，对蒙牛自有工厂实施质量及食品安全管理成熟度进行系统性审核，帮助工厂找准改进机会点。审核按照“优标准、强过程、重改进”的思路，依据现行法律法规、行业要求、认证规范以及国际先进食品安全标准进行评价，重点关注工厂的持续改进能力，评审其对质量及食品安全管理薄弱环节的发现、分析和改进能力。蒙牛组织认证公司、受审核工厂、审核委托方等三方，对现有

评价机制进行评审。依据现行法律法规、行业要求、认证规范等内容完善现行评价标准。借鉴国际知名企业达能公司的食品安全标准，将最先进、最严格的食品安全理念融入审核标准中，确保审核的先进性和完整性。工厂审核过程完全由具有食品行业从业经历、国家注册的资深审核员负责，按照既定审核标准从严审核，以此保证审核过程的专业性、独立性和公正性。审核过程重点关注工厂的持续改进能力，评审其对质量及食品安全管理薄弱环节的发现、分析和改进能力。审核结束后，集团质量部门持续追踪所有受审核工厂问题改进的有效性。

3. 加强生产过程管控

蒙牛与西门子结合战略合作伙伴，将检验和质量控制有机结合，推广 LIMS 实验室信息化系统，实现质量控制自动化、检验流程标准化、检验记录电子化、数据采集自动化，实现实验室检测流程、产品质量判定、产品转序控制集于一体。这使得检验和质量控制流程有机结合，按照奶车生乳、奶仓生乳、半成品、成品、原辅料、线下创建样品六大检验流程，结合各自不同的物料流转工序、不同的质量控制要求个性化设计。覆盖全国 36 个事业部的 66 个型号 1186 台检验设备，通过软件解析和数据提取，自动采集仪器检测数据，并上传至信息化系统中，作为原始记录信息进行检测结果计算或直接作为检测结果出具，1200 多种检验方法的电子原始记录全面信息化。这一系统目前已在蒙牛全国 36 个法人单位应用实施，建立操作简便，管理科学、严谨，全面升级的实验室信息化系统，通过信息化手段自动判定代替人工质量判定的比例达 80%。

4. 全面接轨国际权威标准认证规范

蒙牛与 AsureQuality，协同中粮集团以及新西兰普华永道会计师事务所，共同探索成立食品质量安全第三方独立认证机构，帮助蒙牛在国内率先把具有国际先进水平的食品质量安全认证覆盖到乳品行业的全产业链。同时，蒙牛与国际质量巨头 SGS（通标标准技术服务有限公司）、LRQA（英国劳氏质量认证有限公司）达成战略合作，对蒙牛目前管理体系认证以及成熟度审核进行整合、改进，并率先使用符合 GFSI（全球食品安全倡议）组织认可并推行的 FSSC22000 标准为蒙牛提供专业指导，有效降低蒙牛的认证与审核成本的同时，蒙牛与国内外专家共同探讨质量管理新思维，实现优势互补、资源共享。截至 2016 年 6 月，蒙牛与 AsureQuality 在国内率先合作建立的牧场食品安全保障标准已付诸实施，全面聚焦牧场食品安全管理，覆盖法律合规性、供应商管理、牧场设计与管理、饲料和水的管理、奶牛健康和福利、原奶生产及环境 7 个部分，并落实至 119 个控制点。

（六）加强海外市场开拓，提升品牌影响力

蒙牛与国际接轨，通过“走出去”开拓海外市场的方式，寻求国际营销热点，探索跨界合作，提高品牌的国内外影响力。

1. 布局海外销售网络

东亚、南亚地区是蒙牛实现海外推广战略的最重要市场。其中，马来西亚海欧集团是当地最大的中国产品代理商之一，通过该代理商遍布各地的销售网络，在当地近 3 亿人的超高温灭菌奶市场中，蒙牛的占有份额为 10%。在海外市场，蒙牛已开发新加坡、马来西亚、蒙古、缅甸、柬埔寨等国家，出口产品包括常低冰三大业态，受到海外市场的认可和好评，连续 3 年销售同比增长超过 30%。

蒙牛结合当地消费需求，有针对性地布局产品。一是常温奶方面，蒙牛在海外上市 NBA 球衣包装、纯甄，特仑苏投放独立小货架。截至 2016 年 6 月，常温产品同比增长 4%。二是低温奶方面，用哆啦 A 梦，明星做代言，终端生动化的陈列形式拉动销售。截至 2016 年 6 月，香港市场乳酸菌市场占有率达 15.9%，为香港市场乳酸菌第二品牌。三是冰品方面，拓展冰品市场，在中国澳门地区、缅甸上市冰品，利用节假日进行推广。截至 2016 年 6 月，销量同比增长 45%。

2. 发力国际营销热点

蒙牛与NBA、上海迪士尼度假区、好莱坞影片等加强营销合作，加强在媒体、活动、市场推广等领域的合作。NBA中国首次授权蒙牛在产品包装设计上使用NBA标识。蒙牛成为“上海迪士尼度假区官方乳品合作伙伴”及“上海迪士尼度假区官方冰激凌合作伙伴”，在迪士尼度假区内呈现蒙牛的综合品牌。里约奥运会期间，蒙牛在巴西里约和圣保罗两大奥运核心城市机场交通枢纽，投放大量覆盖墙贴、电子屏等的内外各类广告，以“中国牛，蒙牛!”“GO，China!”的标识，既为中国队加油喝彩，也推动蒙牛在世界赛场上的更多亮相。

（七）做好全方位配套保障，增强公司发展软实力

1. 健全组织保障

蒙牛可持续发展委员会作为国际优质资源整合管理的重要组织保障，由公司总裁任委员会主任，各系统负责人任副主任，明确蒙牛国际优质资源整合管理的战略方向和发展重点。奶源、研发、生产、销售等核心业务系统，结合国际化合作项目实际，配合可持续发展委员会对国际化合作进行管理和指导。同时，蒙牛法务部门设置专人专岗，专职负责国际化资源整合涉及的法务事宜，逐步建立国际化合作的法律风险防范机制。

2. 加强人力资源保障

蒙牛集成内部人才优势，开展“百人晨曦计划”，为现有骨干员工提供培训提升的平台。选拔技术拔尖的乳品从业人员到丹麦学习，拓宽中国乳业人员的国际化视野。积极引入“外脑”力量，通过引进中粮集团、Arla Foods、Danone SA等多家战略合作伙伴的管理人才，委任蒙牛管理高层，参与蒙牛生产管理、市场推广等具体业务决策。

3. 做好信息化支撑

蒙牛与美国IBM展开全面深入合作，协同推进SAP（Spsten Applications and Products）系统提高运营效率、推动全产业链食品安全信息的大数据建立、对社交化媒体信息进行自动采集和快速分析等。SAP项目为蒙牛带来的变革点达126项，包含价值链端到端的供应、生产、物流、销售、财务、管理多个方面。蒙牛作为中国首家将SAP系统拓展性应用的企业，依托SAP系统高效协同工作，从原奶入厂、原辅料采购、生产制造过程到终端销售的全产业链开展智慧化、系统化的品质保障，实现产品在全产业链的质量控制点的正反向资讯追溯，达到质量、数量的层层可控。

4. 培养开放包容的合作文化

蒙牛坚持“诚信、创新、激情、开放”的核心价值观，不断培养整合国际化的合作文化氛围，吸引更多的国际合作伙伴。编制《蒙牛画册》《员工行为准则》等，根据公司商业道德标准，规定员工所必须遵循的行为。明确提出致力于创造包容、多元化的环境，公平对等与尊重他人。这不仅适用于公司内部员工，也适用于合作伙伴、客户、消费者等。蒙牛致力于以开放的态度，吸引更多的国际伙伴合作，培养开放包容的企业文化氛围。

三、以打造世界一流乳制品企业为目标的国际优质资源整合管理效果

（一）引领了乳制品消费升级

开展全产业链的国际优质资源整合，使蒙牛不仅仅关注食品安全，更关注消费者的营养健康需求。蒙牛纯牛奶中每百毫升中优质乳蛋白含量从3.0克提升至3.2克，高出国家标准6.9%，其中，特仑苏优质乳蛋白从3.3克升级至3.6克。还研发出口味独特、营养均衡的高品质酸奶冠益乳、纯甄以及蒂兰圣雪酸奶冰激凌等产品，以满足消费者多元化的消费需求。2016年，蒙牛蝉联《全球品牌足迹》前十品牌，在消费者选择最多的中国快消品牌中排名前三。蒙牛精选牧场纯牛奶获得“最佳创新商业品牌”。蒙牛嗨Milk凭借其在结构、IP及细节方面的极致设计，荣获IF国际设计奖的“Design Award 2016”

奖项。蒙牛旗下品牌雪糕、乳酸菌饮料、纯牛奶荣获“2015 轻工品牌竞争力优势产品”称号。

（二）推动了中国乳品行业可持续健康发展

蒙牛不断与国际大型企业进行深入合作，推动“粗放式”生产转为“集约式”，逐渐形成全产业链集团式生产，实现了乳业资源在国际范围的优化配置，打造了可持续发展的全球乳业生态圈合作，不仅给蒙牛带来荣誉，更为整个行业的转型升级做出表率。以奶源为例，通过借鉴丹麦牧场管理的经验，提升了中国牧场主的养殖和管理技术，蒙牛来自规模化牧场的奶源比例达到 100％。

（三）提高了蒙牛的整体竞争实力

全产业链利用国际优质资源，使蒙牛不断缩小自身与乳业发达国家在产品品质、技术、成本等方面的差距。蒙牛的业务版图逐步扩展、业务根基逐渐夯实。通过对雅士利的收购，蒙牛在奶粉业务上的短板迅速得以补齐，截至 2017 年 6 月，蒙牛奶粉销售额超过 18.2 亿元。蒙牛与达能的合资公司蒙牛达能在全国低温乳品市场保持市场份额优势地位。蒙牛被纳入恒生指数成分股，率先成为中国乳制品企业蓝筹股。荣获美国《机构投资者》杂志颁发的“最佳投资者关系奖”，成为国内率先荣获国家出口内销产品“同线同标同质”审核认证的乳品企业，是我国出口乳品质量安全示范基地。蒙牛的营业收入于 2016 年达到 537.79 亿元。自 2009 年入围荷兰合作银行公布的“全球乳业 20 强”榜单以来，蒙牛凭借稳健的综合表现，2016 年位列全球乳业第 10 位。

（成果创造人：卢敏放、马建平、吴文婷、石东伟、张　平、高　飞、刘胜利、温永平、吴福顺、于晓庆、程晓飞、朱春红）

以服务地方绿色环境建设为导向的电网新能源一体化业务扩展管理

国网辽宁省电力有限公司大连供电公司

国网辽宁省电力有限公司大连供电公司（以下简称大连供电）隶属于国家电网公司，是特大型供电企业，供电区域1.26万平方千米，用电客户376万户。大连供电在职全民职工4387人。固定资产原值253.22亿元、净值101.55亿元，资产总额113.75亿元。管辖66千伏及以上（含35千伏）变电站255座，变电容量2386万千伏安，输电线路6103千米。2016年，大连供电完成售电量261.64亿千瓦时，销售收入156.7亿元，利润总额112.3亿元，东北地区名列前茅，是全国首批一流供电企业。大连供电先后荣获“中央企业先进集体”“全国供电可靠性A级企业”“国家级两化深度融合示范企业”等荣誉称号。

一、以服务地方绿色环境建设为导向的电网新能源一体化业务扩展管理背景

（一）改善能源结构，建设绿色城市的需要

大连是我国著名的海滨城市，随着地方经济的高速发展和城市人口的快速增长，大连地方环境遭到不同程度的破坏。2015年环保部华北督查中心会同辽宁省环保厅对大连市开展了环境保护综合督查，结果令人担忧。大连市空气质量未达到国家环境空气质量新标准要求，2015年PM10（颗粒物）年均浓度比2012年升高了29%，二氧化氮年均浓度比上两年分别升高了11%和26%，臭氧年均浓度同比上升了54.5%。有研究表明造成大连空气质量偏低的主要原因之一是新能源应用比例偏低，煤炭及化石燃料排放严重超标。加快能源结构转型及扩展电能替代是大连城市绿色环境建设的迫切需要和有效方法。

（二）落实国网公司电能替代发展战略，实现能源转型的需要

国家电网公司在全球能源互联网规划中明确提出，加大新能源开发及电能替代战略实施对改变能源秩序，维护能源安全，重塑能源治理架构，实现人类能源可持续发展具有极为重大的战略意义。大连地处辽东半岛最南端，化石能源稀缺，以大量消耗化石资源和以生态环境损坏为代价的传统工业化模式已经逐渐被淘汰，面临日益严重的能源危机。2015年社会用能比例分配中，化石能源超过60%，社会用能缺口接近10%，而新能源应用不足15%，推动能源转型已成为改善地方能源结构的迫切需要。大连供电作为责任央企，落实国网公司电能替代发展战略，积极接纳新能源，扩大电能替代应用领域，是降低大连地区能耗强度，推进地区能源转型，转变电网发展方式的重要举措。

（三）抓住机遇培育企业新增长点，构建企业持续竞争力的需要

在东北地区经济总体增长乏力的严峻情况下，部分供电企业售电量大幅下滑，大连供电2015年售电量仅维持上年水平，电网生产经营面临巨大压力。新能源的消纳及电能替代实施，是供电企业抓住市场机遇，培育企业新增长点的有利时机。大连供电主动适应体制改革，分析企业可持续竞争优势，不断拓展潜在的新能源市场，持续推进电能替代和新能源开发，进而加强供电企业在能源市场的占有率，同时依托“互联网+”提升客户服务质量，改革公司运营模式，提高精益化管理水平，扩大企业经营业绩，从而构建企业持续竞争力。

从2015年开始，大连供电针对上述情况，开展实施以服务地方绿色环境建设为导向的电网新能源一体化业务扩展管理。

二、以服务地方绿色环境建设为导向的电网新能源一体化业务扩展管理内涵和主要做法

大连供电紧密依托国网公司电能替代发展战略，以服务地方绿色环境建设与提高企业经营业绩双赢为目标，以实施国家科技项目及辽宁省煤改电试点项目为牵引，科学制定新能源发展规划，明确一体化业务扩展思路，结合大连电网实际，构建一体化的电网新能源业务扩展机制，研发新技术助力新能源业务扩展，构建源网荷友好互动关系，提升新能源一体化应用水平，建立营销大数据平台创新客户服务模式，从而转变电网发展方式，优化地区能源结构，提高企业核心竞争力，促进地方经济社会绿色发展。主要做法如下。

（一）科学制定新能源发展规划，明确一体化业务扩展思路

在大连电网“十三五”发展规划中，大连供电明确将“落实国家新能源发展战略，大力推动两个替代实施，提升清洁电能终端占比，转变电网发展方式”作为电网新能源发展战略方向，在总体规划中单独增加新能源扩展部分，实现电网发展与新能源扩展一体化规划。重点对核电、风力发电、光伏发电等新能源的接纳做出总体规划，加大核电超高压输电线路建设，依托国家示范项目超前研究大容量化学储能技术，为推进大连地区风光储一体化制定远景规划。积极与省市政府协作，对新能源汽车、“煤改电”等电能替代项目开展需求预测及项目规划工作，会同大连市城市规划设计研究院编制《大连市电动汽车充电基础设施专项规划（2016—2020）》，计划“十三五”期间，全面布局新能源汽车配套措施，完成充电站130座、公共充电桩群3210个和用户专用及分时共享充电桩20050个，2020年纯电动车将达到3万辆。积极响应国家清洁取暖政策，作为辽宁省实施“煤改电”试点企业，协助大连市计划拆除10吨以下燃煤锅炉134台，已受理大连市高速公路管理局开展高速服务区、收费站等33个“煤改电”替代项目，逐步扩大“以电代煤”试点工作范围。

大连供电明确以一体化业务扩展为主要工作思路，将新能源扩展与电网发展进行一体化规划，构建一体化的业务扩展机制，建立一体化的新能源技术体系，构建源网荷友好互动关系，提升新能源一体化应用水平，拓展客户服务新模式，从而提高新能源应用比例，增加供电企业电量销售收入，实现服务地方绿色环境建设与提高企业经营业绩双赢的发展目标。

（二）构建一体化的电网新能源业务扩展机制

1. 建立健全新能源业务扩展组织体系

大连供电成立以公司总经理、书记为组长的新能源业务扩展领导小组，实现对电网新能源扩展工作的集中管理。下设办公室，统筹协调公司各部门高效推进新能源扩展实施工作。发展策划部、营销部（客服中心）、运维检修部、调度控制中心、信息通信公司组成专业管理小组，负责本专业内部新能源扩展相关工作。由办公室统一牵头，建立新能源接入技术标准13项，管理办法7项，优化业务流程12项（其中合并业务流程8项，废止冗余业务流程4项），减少用户办理节点23个。将新能源业务考核纳入公司综合业绩考核中，实现一体化管理。在新能源业务的所有节点中均设置办理时限和考核点，避免责任不清导致的推诿阻塞，确保业务流程能够高效执行，2016年公司新能源业务考核全部达标。

2. 采用内外协同的新能源扩展工作方式

大连供电加强与政府部门及社会企业合作，对外通过理顺源网荷三者供需关系，推动大连市政府出台新能源发展及电能替代激励政策；对内创新服务模式，争取更多新能源客户和业务，通过内外协同的工作方式，有力推动多种类新能源发展，不断扩展电网新能源业务范围。2016年与市政府签订合作发展新能源框架协议，协同红沿河核电站建设500千伏核南线送出工程，与大连宜家家居等25家企业协作建立光伏电站，持续完善多方合作共赢机制。在客户服务方面，变被动报修为主动服务，深入到风电厂、光伏发电企业、大连港等新能源应用企业宣传优惠政策，2016年新增入网新能源企业46家，新增新能源业务455项。

3. 建立适应新能源接纳的电网调控一体化管理模式

新能源的开发及利用涉及发电、输电、变电、配电及用电等电力系统各个环节，既要保证新能源安全有序地并入电网，又要满足用户的服务诉求，还需要考虑各级电网的输送和配电抢修，这对传统电网调度模式提出的巨大挑战。大连供电通过开展数字化变电站改造、智能电网调度技术支持系统建设、地县调控集成及大数据中心等多个项目，建立电网调控一体化管理模式，实现新能源与传统能源调控一体化管控。通过新增地调防护屏、地调防误操作系统等安全模块，大幅提升调度指令和操作准确性，确保一体化电网调度的安全稳定；同步推进 D5000、CC2000、第二核心汇聚等多业务支撑系统，加快潮流分析速度，对核电、风电、光伏发电制定不同的接入序列和容量，稳步增加新能源入网比例，2016 年新能源入网比例提高 34 个百分点。

4. 协同省市政府一体化推进“煤改电”试点工作

财政部、住建部、环保部、国家能源局联合发布通知支持北方地区冬季清洁取暖试点工作，大连供电作为辽宁省实施“煤改电”试点企业，与辽宁省及大连市政府紧密协调高耗能供暖企业，一体化推进“煤改电”试点工作。2016 年年底已完成大连棒棰岛国宾馆、大连市热电集团有限公司等电锅炉替代燃煤锅炉 50 余项，预计投运锅炉 100 台，增加用电容量 13.9 万千伏安，涉及供暖面积 33.68 万平方米，实现年替代电量 2800 万千瓦时，相当于减少煤炭消耗 4850 吨，减排二氧化碳近 1.47 万吨。

（三）研发多项新技术，助力新能源业务扩展

1. 依托国家科技项目，推进风光储一体化发展

提高电制热储能效率是风光储一体化面临的技术难题。大连供电积极争取国家科技项目，与中国电力科学研究院、中国科学院过程工程研究所、浙江大学和上海交通大学紧密协作，共同承担国家科技部的国家科技支撑计划能源领域 2015 年项目一高压电制热储热提升可再生能源消纳技术。大连供电充分利用风电及光伏各类项目的实施经验和采集到的现场实测数据，为研究热协调优化调度模型、策略和算法的建立与测试提供基础数据支撑。项目研究过程中，突破大容量电热一相变储热关键技术，开发具有自主知识产权的 10 千伏及以上电压等级大功率电热一相变储热系统，大幅提高储热密度，有力推进风光储一体化向纵深发展。

2. 超前研究新能源汽车充放电与电网互动技术

大连供电紧密结合国家 863 课题“新能源汽车与电网互动技术”，与国网南瑞科技股份有限公司和国网电科院组成项目研发团队，共同研制新能源汽车有序充放电协调控制系统，增强电源、电网、新能源汽车间的有序互动，减少新能源汽车无序充电造成的谐波污染和对电网的不利影响，提高新能源的利用效率和电网的稳定水平；提出基于时空分布的新能源充电需求评估分析方法，有效控制不同空间位置充电站的充电高峰负荷，提高新能源汽车对电网的平峰填谷能力。利用新能源汽车来储存清洁能源再稳定送入电网，大连电网清洁能源上网比例提升至 37.89%；增强电网的消峰填谷能力，降低高峰负荷值 9.14 千瓦，给企业带来可观的电网容量效益。

3. 研发自适应港口岸电系统

为有效缓解港口环境污染及推动“以电带油”，大连供电采用多种新技术解决岸电与船舶连接问题，在自适应港口岸电系统设计中，东北地区首次采用电能质量智能调节装置，确保船舶安全、稳定接用岸电；利用智能变频变压技术，实现 6 千伏/50 赫兹或 6.6 千伏/60 赫兹双频双压输出，满足不同电制靠港船舶的用电需求；可在船载发电机不停机的状态下，实现船舶带负荷并网，达到船电与岸电的无缝切换，实现不间断供电。

2016 年 1 月投入运行的大连港自适应岸电示范项目在大连港大窑湾二期集装箱码头以及三期集装箱码头分别建设一套港口岸电系统，总容量达到 5 兆伏安。2016 年年底一万标箱集装箱中远荷兰号货

轮在大窑湾集装箱码头成功驳接自适应岸电系统，实现东北地区高压自适应岸电系统连船“零”的突破。自适应港口岸电系统的应用每年可节约燃油超过70万吨，减少氮氧化物和二氧化硫排放超过1.2万吨，节能减排效果十分显著。

（四）构建源网荷友好互动关系，提升新能源一体化应用水平

源网荷互动本质上是将电源侧、电网及用户负荷通过高效协同方式，实现能源资源利用最大化的运行模式。大连供电在电网调度控制领域开展源网荷协同技术、分布式电源消纳技术及储能技术研究，建立新能源一体化互补机制，通过源源互补、源网协调、网荷互动等多种交互形式，构建“柔性电网”，不断提升源网荷友好互动关系。

1. 开展源荷协同调度控制策略研究

大连是国家新能源应用示范城市，太阳能、风能资源丰富，目前各类分布式电源总装机容量已突破40兆瓦。分布式发电方式接入传统配电网，打破原有的能量平衡格局，容易引起配电网线损增加和节点过电压等安全问题，同时间歇性新能源功率输出存在不确定性，储能系统、可控负荷等受其自身能量限制引起的不同时间断面上的耦合相关性，使得有源配电网的优化调度策略十分复杂。

大连供电采用源荷协同调度控制策略，将零散分布、不可控的负荷资源转化为随需应变的“虚拟电厂”资源，有效降低配电网线损，解决节点过电压安全问题，提高新能源在配电网中的利用效率及配电网自身的安全经济运行水平；在电源波动、突发自然灾害或电网紧急事故时，用电客户变负荷为电源，对电网起到削峰填谷作用，从而大幅提高供电的安全性和可靠性。

2. 打造分布式电源的协同调度能力

大连电网从电源结构来看，以常规燃煤机组为主力电源，电网调峰能力取决于常规机组的调节能力。在冬季供暖期间，供热机组基于“以热定电”的原则加大开机方式，导致负荷增加、调峰能力减小、需要引入分布式电源参与电网调峰，保证电网运行稳定。而在非供暖期间，电源调整方式相对宽松灵活，此时可大幅增加分布式电源参与调峰。大连供电采用新一代信息技术结合电网智能化控制，实时监控主力电源及分布式电源信息，制订适应分布式电源的电网调峰策略，结合电源及负荷变化情况动态调整系统参数，在电网调峰出现扰动时能够及时预警并实现自愈控制，实现分布式电源的协同调度，从而确保源网荷的安全稳定及友好互动。

3. 建立储能系统与新能源发电的互补机制

2016年，国家能源局批准大连20万千瓦液流电池储能电站列为国家示范项目，该站建成投运后，将成为全球规模最大的化学储能电站。大连供电负责编制大连电池储能调峰电站接入系统方案，为将来新能源发电储能做好前期规划工作。大容量储能系统能够有效改善新能源发电的时间功率输出曲线，减少电源接入对电网的不利影响，增加电网对新能源的吸收接纳能力。

（五）建立营销大数据平台，创新新能源客户服务模式

1. 建立市、县两级新能源客户服务管理模式

为深入基层开拓新能源客户和项目，建立市、县两级新能源客户服务管理模式，积极推动市、县两级政府、企业及社会用能单位参与电能替代工作，制定电能替代12项主要工作措施，争取到259个新能源配套项目。充分发挥营销大数据平台的精准分析和辅助决策优势，在市、县两级有针对性的宣贯电能替代优惠政策，开展经验交流及新技术、新产品、新设备推广活动，截至2016年年末，走访市、县两级企业179家，发布节能信息、发放宣传材料10万余份。遴选符合条件、有意愿的新能源客户参加能效服务活动小组，对小组成员开展跟踪服务，收集小组成员的用能信息，对用能习惯和需求提出改进措施，2016年帮助大连港、西太平洋石化等高耗能企业实施电能替代项目11个。

进一步简化市、县两级新能源客户入网手续，首先，开通绿色通道，为新能源客户并网申请提供便

利条件；其次，在受理申请阶段，分别召开协调会议、方案审核会、设计审核会，提供多套并网方案；最后，在实施阶段，提供一站式服务，从设备安装、并网调试、产权划分、合同签订到技术支持与售后各环节，保证新能源并网工作高效便捷完成。

2. 建设适应新能源扩展的全能型供电营业所

随着风电、光伏等新能源并网接入以及新能源汽车等各类电能替代项目实施，传统的供电营业所受专业限制已经无法适应电网新能源业务的快速发展。为此，大连供电建设全能型供电营业所，涵盖新能源业务受理、项目实施及运维，电量电费监测分析以及客户服务等功能，利用营销大数据平台中“站、线、变、箱、户”的拓扑关系，积极扩展配电网与新能源设备之间的连接通道；以业务协同运行、人员一专多能、服务一次到位为目标，实现电网末端业务融合，提升新能源业务能力。大连供电将全能型供电营业所建设作为扩展电网新能源业务重点工作，加快推进建设步伐，制定3年推进计划，做好保障措施，2016年年末，优化整合59个全能型供电营业所，新能源业务量增长33.6%，客户服务投诉率降低65%，满意率上升77%。

3. 推行“互联网＋”营销服务新模式

充分利用营销大数据平台，采用“互联网＋”技术优化新能源受理方式和业务流程，将新能源入网申请、业扩报装、应急抢修、客户服务等日常业务升级为“互联网＋”营销服务模式。一是推广“掌上电力”手机APP，实现新能源业务线上受理、现场服务预约等“互联网＋”服务形式，优化用户体验，加快服务流程；二是通过95598网站及微信公众号实时接受客户反馈，对新能源服务的响应速度、服务态度、服务质量进行及时跟踪回访，提升新能源客户服务质量；三是建立营销大数据平台与“互联网＋”业务接口，对工单接收、业务研判、工单派发、过程跟踪、质量审核进行全程监控，实现工单监督闭环管理。2016年年末，网上受理新能源业务工单885项，占总业务量的84.4%，网上业务平均流转时长缩短33.4%，网上客户交互信息达到8.44万条，发布新能源政策及法规1108条，阅读量超过12.3万人次。

（六）实施新能源业务扩展全过程风险管控

1. 与政府部门多渠道沟通合作，防范政策性风险

为有效防范政策性风险，大连供电通过与大连市政府签订新能源合作框架协议，合作编制新能源汽车“十三五”发展规划，实施辽宁省政府新能源试点项目等多渠道沟通，与政府部门定期召开联席会议，及时了解政策导向，确保新能源扩展工作完全符合国家政策走向，从而有效规避政策性风险，2014年以来与政府合作的32个新能源项目均未受到政策调整影响。

2. 采用企业资源计划（ERP）系统，实现新能源项目全过程管控

新能源项目立项前期，委托辽宁省电力科学院等专业机构进行项目投资预算分析，确保项目投入资金与实施后的收益比例科学合理。为确保项目实施过程可控，采用SAP公司的企业资源计划（ERP）系统，防范项目实施风险。在计划模块制定项目的总体规划和预算，在项目模块跟踪项目各阶段的执行情况，设备模块对新增设备的投运和异动实现资产全寿命周期管理，财务模块实现各环节的资金预算与往来款项有效管控，物资模块实现设备和服务招投标及采购管理，通过科学严谨的系统管理，确保项目实施过程全程可控，资金预算能够合理分配及使用，自2004年以来126个新能源项目，累计3800万元资金均通过企业资源计划系统得到有效管控，项目完结率达到99.28%，采购订单完成率达到99.5%，账卡物一致率达到99.85%，财务凭证集成率达到100%。

3. 主动防范电网低压设备故障风险

新能源接入方式中采用储能方式安全性较高，而光伏发电入网大多采用低压直接接入方式，大连光伏低压入网占比高达66.4%。而大连电网低压设备种类繁多、数量巨大，导致网架结构复杂，设备故

障风险较大。为进一步提高光伏发电并网的可靠性和稳定性，建立大连电网低压设备故障预警系统，将传统的由用户发起的报修模式升级为主动抢修模式，提前防范设备异常带来的故障风险。利用配电设备自动化监控技术，及时接收中压线路、开关、配电变压器等12类设备告警信息，参照配电网拓扑结构以及空间数据，实现基于设备状态参量变化趋势的故障风险预警76次、家族性缺陷关联风险预警23次、设备超期服役预警12次、设备重负荷预警24次，下达主动抢修工单144张，经现场核查后预警准确率达到90%以上，运维检修服务工单中，主动抢修工单占比达到45%，现场解决率达到100%。通过主动防范电网低压设备故障，可大幅降低人工误判可能，2016年大连光伏并网低压故障率降低了45个百分点，可靠性提升至86%。

三、以服务地方绿色环境建设为导向的电网新能源一体化业务扩展管理效果

（一）显著提升城市绿色环境保护水平

大力推动新能源的消纳及电能替代实施，积极参与国家高压电制热储热科技项目，协同市政府推动辽宁省“煤改电”试点工作，累计减少煤炭消耗达到6万吨，减排二氧化碳近1.47万吨，而新能源汽车推广应用及与电网互动，每年可减少二氧化氮、二氧化碳等气体排放约135.28万吨，从而大幅降低地区化石和燃煤消耗，碳排放及氮氧化合物排放得到有效控制，风光储一体化建设大幅提升新能源应用比例，大连电网新能源上网发电比例提升至37.89%，地区能源结构得到有效改善，城市生态环境质量取得新突破，2016年大连市区空气质量优良天数299天，比上年增加29天，空气质量达标率81.7%，比上年提高7.7个百分点。

（二）实施电能替代有力推进地区能源转型

大连供电与市政府紧密协作，稳步推进电能替代工作，在电网上游不断提升新能源的接纳能力，扭转大连电网单一火力发电模式，地区能源结构实现多元化，有力推动地区能源转型发展，2016年年底，核电、风电、光伏发电等新能源占比提升了23.6%，而在电网下游，煤炭、化石能源消耗逐步下降，“煤改电”试点中2016年增加用电容量13.9万千伏安，实现年电能替代2800万千瓦时，岸电系统实施后可减少船舶燃油消耗73.5万吨，减少氮氧化物排放8000余吨、二氧化硫排放4000余吨。新能源汽车的蓬勃发展及与电网互动，增强了电网的消峰填谷能力，降低高峰负荷值9.14千瓦，平均每年带来500万千瓦时的电网容量效益。2016年大连市综合统计数据表明，新能源的接纳及应用相比传统能源提升了34.2%，而电能占综合能源比例提升至66.5%，地区能源转型成效显著。

（三）探索适合供电企业的新能源业务扩展模式

大连供电不断扩展新能源接入方式，主动引导终端客户消费理念和能源消费理念的转变，稳步扩大“以电带煤、以电带油”，培育出供电企业电能销售的新增长点，在降低地区能耗强度，提高绿色环境建设的同时，也提升了企业经营业绩，探索出适合供电企业的新能源业务扩展模式。新能源的接入及电能替代实施，每年可减少电量损失8600万千瓦时，替代电量增至18500万千瓦时，全年累计增加售电量27100万千瓦时。电网新能源一体化业务扩展，建立适应新能源接纳的电网调控一体化管理模式，大幅增强电网调控能力，大连供电顺利完成“达沃斯”“国际马拉松赛”“全运会”等大型保电任务，供电可靠性达到99.998%。建立营销大数据平台扩展客户服务模式，有效提升新能源客户服务水平，服务承诺兑现率始终保持100%。

（成果创造人：王如伟、唐如海、孔剑虹、司　艳、李春平、杨万清、
张葆刚、王跃东、牛明珠、李振威、刘家振、刘　冰）

建筑施工企业促进劳动关系和谐的农民工工资监督管理

中冶建工集团有限公司

中冶建工集团有限公司（以下简称中冶建工）是中国冶金科工集团有限公司下属的大型施工国有制企业，主要经营国内外大中型工业与民用建设工程，涵盖建筑勘察设计与施工、混凝土制造、安装检测装饰、吊装、物流、园林等建设施工全流程。拥有房屋建筑工程、冶炼工程、市政公用工程3个施工总承包特级资质，建筑设计、人防设计、冶金行业设计、市政行业设计“四甲”资质和勘察甲级资质，拥有公路工程、机电安装工程等多项施工总承包一级资质。截至2017年8月底，中冶建工职工总人数5032人，农民工人数20471人，资产总额达138亿元。中冶建工先后获得“国家建筑工程鲁班奖”“詹天佑土木工程大奖”“建筑钢结构金奖”“全国市政金杯奖”等荣誉。自2011年起，中冶建工新签合同额和营业收入连续6年保持百亿元以上，跻身中国建筑业竞争力100强企业。

一、建筑施工企业促进劳动关系和谐的农民工工资监督管理背景

（一）保障农民工合法权益，构建和谐劳动关系的需要

随着城镇化加速和社会生产的进一步发展，农民工作为我国改革开放和工业化进程中涌现的一支新型劳动大军，已成为产业工人的重要组成部分，在建筑行业更是施工现场的主力军，承担着一线繁重的建设任务。据国家统计局统计，截至2016年年底，我国建筑行业从业人员有5185万人左右，其中农民工约3687万人，占71.11%。建筑行业的农民工，呈现出数量大、流动性强、文化水平较低、法律维权能力较弱等特点。当前，建筑施工行业农民工管理普遍不够规范，总承包企业和分包企业履行责任不够到位，在工资支付方面缺乏有效的监管。近几年中央和各地政府连续出台文件，从各方面规范农民工管理，为农民工权益提供保障，对企业也提出了更高的管理要求。因此，建筑施工企业加强农民工工资的监督管理，保障农民工合法权益，对于构建和谐的劳动关系十分必要。

（二）加强分包企业延伸管理，规范现场生产秩序的要求

目前，建筑行业施工现场管理中，总承包企业对分包企业的管理侧重于建设任务和安全质量等日常施工方面，对分包企业其他用工管理关注度不够，而一些分包企业由于自身管理水平有限，在农民工日常管理和工资监管上不够规范，存在用工隐患。在这种情况下，总承包企业无法及时了解施工现场农民工用工实际情况，对于分包企业可能出现的日常管理混乱、挪用工程款、克扣拖欠农民工工资等行为缺乏有效监管，甚至导致群体性事件和冲突，严重影响企业正常的建设施工。因此，加强对农民工工资监督管理，既是总承包企业延伸对分包企业的管理、规避用工风险的需要，也是分包企业改善自身管理缺陷、保障合法权益的需要，更有利于规范施工现场管理，减少劳动纠纷，维护正常的生产秩序，提高生产效率。

（三）履行社会责任，树立企业品牌的需要

近年来，中冶建工正处于高速发展的黄金时期，随着经营规模的逐步扩大，农民工用工数量也在逐年增加。规模巨大的农民工是建筑施工的主要群体，给中冶建工创造了良好的经济效益，也带来了巨大的社会效益和社会影响。中冶建工在追求经济利益的同时，更加注重履行社会责任。做好农民工工资监督管理，维护好农民工的合法权益，是带头贯彻国家相关规定，践行互利共赢价值观，促进社会和谐发展的必要举措。完善的施工现场管理也有利于树立优秀的企业形象，创造良好的企业品牌，为中冶建工的持续高速发展提供积极动力。

二、建筑施工企业促进劳动关系和谐的农民工工资监督管理内涵和主要做法

中冶建工总结多年来施工现场农民工用工管理经验，针对建筑施工企业农民工管理特点，以构建和谐劳动关系为导向，以制度化规范和信息化管理为手段，辅以良好的检查、考核和培训体系，优化农民工基础管理流程，建立内外结合的配套监管体制，从规范引进分包商到清理农民工离场，落实流程规范，注重日常监管，全流程、全方面地加强建筑施工企业农民工工资监督和管理。主要做法如下。

（一）明确农民工工资监督管理总体思路和目标

1. 确立农民工工资监督管理思路

在建筑行业中，分包企业与农民工建立劳动关系，对农民工进行直接管理。中冶建工以此为切入点，结合施工现场实际和多年管理经验，确立“源头抓起、制度化管理、内外联合、整体推进”的管理思路。进一步规范分包企业的引入，建立一系列规范化的制度，完善内部管理和考核机制，最终达到全面强化农民工日常管理和工资监管的目的。

2. 以保障农民工合法权益、构建和谐劳动关系为目标

中冶建工积极履行建筑施工总承包企业责任，不断延伸分包企业管理，以制度化规范和多样化手段建立长效监管机制，致力于弥补当前建筑企业农民工日常管理和工资监管的缺陷，解决农民工工资拖欠问题，以便农民工及时足额获得劳动报酬，保障其合法权益。在建筑施工总承包企业、分包企业和农民工之间构建起和谐的劳动关系。

（二）规范引入分包企业，建立诚信合作关系

1. 完善招投标制度，规范引入分包企业

中冶建工作为建筑施工总承包企业，在项目施工前对分包企业进行公开招标，严格筛选合格优秀的分包企业进入项目现场进行施工，明确约定分包企业必须遵守国家关于农民工工资管理的相关规定，执行中冶建工关于施工现场农民工工资监管的制度，承诺在总承包企业的监督和指导下做好农民工日常管理，妥善发放农民工工资。

2. 推行履约保证金制度，建立分包企业信用库

中冶建工制定《中冶建工集团履约保证金管理办法》，在分包企业合作中全面推行履约保证金制度。与中冶建工签订分包合同的分包企业，在进入施工现场前，要根据工程性质及合同量大小，按 2%～8%的比例缴纳履约保证金，在工程完工后经过审核，确保无工程质量缺陷及农民工工资拖欠等问题后予以退还，否则履约保证金将优先用于支付拖欠的农民工工资。

中冶建工在与分包企业合作过程中，按月度对分包企业进行工程质量及农民工管理等方面的考核，考核结果纳入分包企业信用库，建立起科学的分包企业评价体系和分包企业资源储备体系。在工程建设中，按分包企业考核结果及信用库信息，优先选择管理到位、信誉良好的分包企业合作，构建长期稳定的合作关系，达到互利共赢。同时，每年度对基础管理扎实、信用良好、表现优秀的分包企业进行表彰和奖励，以激励分包企业不断提升工作水平和管理水平，持续完善工程管理和农民工日常管理。

3. 明确管理职责，规范分包企业入场

分包企业在进入施工现场前，项目部要求分包企业熟知中冶建工农民工管理规定，执行中冶建工农民工管理要求，尤其是落实农民工工资管理方面的管理职责。分包企业承诺严格执行农民工工资管理文件，积极做好项目农民工劳动合同规范、实名制管理、工资造册发放等日常管理工作，明确优先发放农民工工资，并认可在结算工程款不足以发放农民工工资时由分包企业先行垫付等内容。分包企业还设立专门的劳务管理员（以下简称劳务员），直接负责农民工的日常管理。

（三）制定农民工工资监督管理配套制度

1. 明确施工现场农民工工资管理各方主体职责

在施工现场，总承包企业项目部对本项目的农民工工资管理进行全面监管，项目经理是第一责任人，负责协调和督促分包企业做好相关工作。项目部设农民工管理员（以下简称民管员），对农民工工资管理负直接监管责任。

分包企业劳务员具体负责农民工日常管理和工资支付，接受项目部和总承包企业的监管，按要求执行管理流程，办理相关手续，及时发放工资。分包企业、负责人及劳务员履行农民工工资直接管理责任，接受项目部和总承包企业监管、指导和考核，履职情况纳入分包企业信用库，出现管理失误时视情节轻重进行处理。

2. 严格执行农民工工资保证金制度

根据《国务院办公厅关于全面治理拖欠农民工工资问题的意见》等相关文件，各地区建设主管部门相继出台一系列针对农民工工资管理的文件和规范，其中建立健全农民工工资保证金制度是重要手段。中冶建工在工程建设之初便按规定积极缴纳农民工工资保证金，并制定相关管理办法，进一步加强对农民工工资保证金制度的执行和落实。

3. 严格执行农民工工资专用账户管理制度

农民工工资专用账户管理制度是《国务院办公厅关于全面治理拖欠农民工工资问题的意见》中提出的重要管理措施，中冶建工积极配合各地区建设主管部门，切实执行相关政策。截至 2017 年 8 月底，在建设银行、邮政储蓄银行、三峡银行等共开设了 28 个农民工工资专用账户。中冶建工由公司人力资源管理部门、工程管理部门、财务部门等多机构联动，共同协调和落实农民工工资专用账户的设立和日常使用。在支付分包企业工程款时，优先通过专用账户拨付农民工工资，完成支付后再按审核程序拨付分包企业剩余工程款，积极履行总承包企业代发农民工工资的职责。

4. 严格执行农民工工资监管办法

中冶建工制定《中冶建工集团农民工工资发放监督管理暂行办法》，在下属所有项目部推行实施。该办法明确施工现场项目部和分包企业的管理职责，规范农民工从施工进场到完工离场的整个管理流程，配套以三级月度报表制度、三级考核制度、内外联合监管、四级培训制度等体制，强化总承包企业对分包企业农民工工资拨付的有效监管，保障农民工依法获得劳动报酬，及时发现和解决拖欠问题。

（四）优化监管流程，保证农民工工资准确发放

1. 关注源头，加强农民工劳动合同规范化监管

分包企业在组织农民工进入施工现场时，首先和农民工签订合法并规范的劳动合同。在合同中依法约定工作任务、劳动期限、报酬待遇等具体内容，工资标准不得违反国家规定和行业原则。劳动合同由农民工本人签字确认，分包企业劳务员和项目部民管员对合同逐一进行检查和核实，确保符合用工规定。

2. 落实到人，严格执行农民工实名制管理

中冶建工严格执行农民工实名制管理。第一，农民工进入施工现场时，分包企业要收集核实本人信息，建立信息库。第二，分包企业在项目部监管下，为农民工办理农民工工资专用账户对应的银行卡，填写《农民工银行卡登记表》，实行一人一卡，实名管理。第三，分包企业在项目部监管下，为进场农民工填制《农民工花名册》，登记农民工信息。分包企业将《农民工花名册》复印件交项目部民管员，民管员负责核实信息的真实性，保证无违规情况。

3. 化繁为简，以班组为单位强化农民工日常管理

中冶建工要求分包企业按施工现场工作任务设立班组，确定班组长，以班组为基本的农民工管理单

位。班组长对本班组农民工负有直接管理责任，班组长和分包企业订立《班长承诺书》，承诺按照分包企业委托和项目部要求做好本班组农民工日常管理。每名进入班组的农民工都要和班组长签订《班组成员委托书》，接受项目部工作安排。分包企业劳务员负责指导和管理各班组农民工日常工作，报送项目部民管员。项目部民管员监管分包企业农民工日常管理动态，确保农民工管理正常有序开展。

4. 有据可依，进一步规范农民工日常考勤

中冶建工把考勤作为农民工工资分配的重要依据，以班组为单位对农民工进行考勤管理。班组长按要求翔实记录本班组农民工日常出勤情况和工作任务完成情况，为月度工资分配提供基础。同时，中冶建工在项目部加强硬件设施和信息化建设，在重庆、天津、银川等地项目试点考勤机信息化考勤，完善施工现场监控体系。

5. 三表统一，保证农民工工资分配真实性

中冶建工以农民工花名册为基础，日常考勤为依据，工资分配明细为结果，落实到人，确保花名册、考勤表和工资明细三表完全一致，由分包企业劳务员、现场负责人签字确认后提交项目部。项目部民管员对分包企业提供的月度工资资料进行再次审核，确保工资资料的真实性及完整性。

6. 强化审核，严格审批农民工工资拨付和发放

中冶建工在发放农民工工资和拨付分包企业工程款的环节，进一步加强审核程序。项目部在支付分包企业款项时，优先拨付农民工工资，确认无工资拖欠后，项目部再拨付剩下的工程款。

7. 完善流程，确保工资发放到农民工手中

第一，通过各地区建立的农民工工资专用账户，由项目部将审核无误的农民工工资册报送银行，委托银行直接进行工资打卡，并收集打卡回执等支付凭证作为完成支付的凭据。第二，未建立专户的地区，项目部将审核后的农民工工资拨付给分包企业，监督分包企业委托银行进行工资打卡，并及时收集银行打款回执作为支付凭据，交由项目部进行二次审核，确保与工资册一致。第三，没有条件进行农民工工资银行打卡发放的情况下，项目部将审核后的农民工工资拨付给分包企业，监督分包企业以现金的形式发放到农民工手中。项目部民管员到现场监督，并和农民工进行现场交流，收集意见，及时发现和处理工资拖欠问题。

8. 公示公开，使农民工工资发放透明化和人性化

项目部要求分包企业在发放农民工工资后，于施工现场将详细的发放结果进行公示。农民工收到工资后，由本人核实签字，如果发现工资金额与公示有出入，可以在规定期限内报告项目部民管员。项目部督促分包企业查清原因，及时解决问题，确保每名农民工及时足额获得报酬。

9. 及时清理，保证离场农民工无工资拖欠

农民工完成工作任务或因其他原因离开施工现场时，班组长在当月《分包企业用工考勤表》中如实记录考勤，备注离场日期。分包企业劳务员核实情况并报送项目部民管员。对于离场的农民工，及时结算并发放工资，必要时由分包企业暂行垫付。

（五）提升全面监管，确保农民工工资无拖欠

1. 加强动态监管，建立健全三级月度报表制度

中冶建工在规范施工现场农民工工资管理流程的同时，建立自下而上 3 个层级的月度报表制度，进一步加强对所有项目部农民工工资支付的动态监管。第一级为各项目部，由项目部民管员统计本项目各分包企业农民工工资发放情况，及时报送给所属分子公司人力资源部门。第二级为各分子公司，由分子公司人力资源部门汇总和审核本单位各项目部报表，各分子公司将本单位农民工月度报表汇总报送至中冶建工总部。第三级为中冶建工总部，由总部人力资源部门审核各分子公司上报的农民工工资发放情况，汇总整个公司的农民工工资发放月度报表，上报公司领导层。同时，全面监管当前所有施工现场农

民工工资支付情况，重点关注存在农民工工资拖欠问题的项目部和所属分子公司，要求相关责任人及时解决拖欠问题。

2. 强化检查考核，建立健全三级检查考核体系

中冶建工在全公司范围内建立施工现场农民工工资管理监管检查考核体系，自下而上分为3个层级。第一级是项目部自查考核，自查结果形成考核分数，定期报送项目部所属分子公司人力资源部门。第二级是分子公司对项目部的定期检查和考核。中冶建工下属所有分子公司的人力资源部门，参考项目部上报的自查考核结果，定期将项目部自查结果和现场检查结果上报中冶建工总部。第三级是中冶建工总部对项目部的不定期抽查。中冶建工总部人力资源部门定期收集并汇总各项目部农民工工资管理自查结果和各分子公司检查结果，重点关注存在拖欠问题和管理风险的项目部，督促分子公司和项目部及时解决存在的问题。中冶建工将三个层级的考核结果纳入对分包企业履约考核及项目部效益考核范围内，作为管理指标的重要内容，直接影响分包企业信用度和项目部相关管理人员的薪酬分配。有利于加强分包企业和项目部对于农民工工资管理工作的重视程度，推动工资管理工作规范有序地开展。

3. 畅通维权渠道，建立健全农民工工资拖欠应急机制

中冶建工在施工建设中，要求项目部在施工现场醒目位置设立《农民工维权告示牌》。告示牌中承诺项目部和分包企业保障农民工合法权益，并注明相关单位责任人的联系方式，农民工权益受到侵害时，可以向分包企业负责人及项目部反映，也可以到当地劳动保障监察机构投诉，保证农民工维权渠道的畅通。同时，中冶建工要求项目部制定《农民工工资拖欠隐患排查制度》和《农民工工资拖欠应急预案》，成立农民工工资拖欠应急工作领导小组，排查工资拖欠隐患，保障工资发放。

（六）建设智慧工地，提升农民工工资信息化监管水平

1. 引进信息化设施，建立“智慧工地”三级监管体系

中冶建工在利用常规方式加强施工现场农民工工资监管的同时，也积极探索信息化的监管手段，在重庆、银川、上海等地，试点推行“智慧工地”的建设。通过与专业劳务管理系统研发机构的合作，引入一整套施工现场农民工管理信息化系统，实时监控和记录施工现场农民工进出场情况和作业情况，利用软件管理系统，建立起从项目到分公司再到集团总部的三级监管体系，实现从信息采集到工资发放监管再到离场清理的全流程信息化管控。

2. 完善信息采集，进一步规范基础管理

“智慧工地”第一级监管系统为项目部，主要通过施工现场的硬件设备和软件系统，采集本项目部农民工日常管理信息，整合相关数据，加强基础管理。同时，还建立自动预警机制，及时发现管理漏洞，规避风险。

3. 完善数据统计，提升日常监管效率

“智慧工地”第二级监管系统为分子公司，主要通过对本单位所有项目部的农民工管理数据进行汇总，进一步分析整合。通过信息化系统的推行，分子公司可以及时掌握本单位所有项目当前农民工用工动态和工资支付情况，提升日常监管效率。

4. 利用大数据分析，整合劳务用工资源

“智慧工地”第三级监管系统为中冶建工总部，主要汇集各分子公司农民工用工基础数据，通过这些数据分析，有利于全面掌握农民工用工现状，进一步整合劳务用工资源，有针对性地调整农民工管理方式，为相关的政策制定和战略决策提供依据。

5. 推广移动客户端，实时掌控现场用工动态

中冶建工在“智慧工地”建设中，还注重移动办公手段的运用，试点推广“掌上劳务”APP等手机移动客户端。在客户端中，可以查阅检索农民工基本信息、合同信息、出勤信息、工资信息等，实时

显示项目签到考勤信息、在场工种类型、违规报警信息等，还可以利用内部通讯录进行沟通交流，使农民工用工管理和工资监管更加便利灵活。

（七）与建设主管部门联动，内外结合强化日常管理

1. 接受建设主管部门监督，完善农民工工资基础管理

各地区建设行政主管部门对施工现场农民工工资管理有具体的规定和检查制度，中冶建工积极与建设主管部门联动，要求各项目部按有关规定进一步规范现场农民工工资管理，及时进行网络申报，积极配合现场检查。人力资源部门和项目部实时关注建管部门考评结果，及时整改存在的问题，不断完善施工现场农民工工资管理。

2. 主动联系建设主管部门，畅通联动渠道

在接受建设主管部门监督的同时，中冶建工还主动加强和建设主管部门的联系，建立长期稳定的联动渠道。项目部加强与所在地建设主管部门点对点的交流，及时反映当前农民工工资管理动态，获取政策支持和指导，定期与建设主管部门核实有无本项目农民工工资拖欠问题投诉。

（八）加强培训交流，整体提高农民工工资监管水平

中冶建工在农民工工资监管中，十分重视培训和交流，采取自上而下四个层级的培训，明确管理人员的工作职责，完善工作交底，引导农民工正确维权，将监管措施落到实处。

第一个层级是中冶建工总部对各分子公司及项目部的培训。中冶建工总部人力资源部门不定期开展全公司范围内的农民工工资监管专项培训，对各分子公司人力资源部门及项目部民管员进行集中培训。第二个层级是各分子公司对项目部的培训和工作交底。各分子公司有新项目成立或项目部民管员发生变动时，人力资源部门对新确定的项目部民管员进行岗前培训。第三个层级是项目部对分包企业的培训和工作交底。项目部民管员在分包企业新进场或劳务员发生变动时，对新确定的劳务员进行岗前培训。第四个层级是项目部及分包企业对农民工的培训。

三、建筑施工企业促进劳动关系和谐的农民工工资监督管理效果

（一）保障了农民工合法权益，构建了和谐劳动关系

中冶建工在所有项目部全面推行一系列农民工工资监管政策，不断规范管理流程，有效解决了农民工工资拖欠问题，极大地保障了农民工的合法权益。2015 年年底，中冶建工全年累计拖欠农民工工资约 2300 万元，到 2016 年年底，基本实现了农民工工资零拖欠。农民工及时足额获得了劳动报酬，更加认可施工现场的管理秩序。中冶建工人力资源部门在内部检查中，与大量农民工进行了面对面的交流，得到了普遍积极的反馈。2015 年年底，中冶建工在重庆市建筑企业诚信综合评价体系的农民工工资保障考评中，满分率为 53%，到 2016 年年底，满分率达到 92%。成果的实施从制度上和执行上有效保障了农民工的权益，构建起和谐的劳动关系，得到了建设主管部门的认可。

（二）加强了分包企业延伸管理，进一步规范生产秩序

中冶建工逐渐改变以往对分包企业粗放式的管理，建立起规范的农民工工资管理流程和配套的监管体系，提升了分包企业管理水平，维护了良好的合作关系。2015 年年底，与中冶建工合作的合格分包企业有 184 家；到 2016 年年底，合格分包企业达到 250 家。规范了施工现场农民工工资管理，改变了以往施工现场管理松散和混乱的局面，进一步规范生产秩序。2015 年年底，中冶建工在建项目农民工工资管理合格率为 61%，到 2016 年年底，合格率达到 95%。生产秩序的规范，也推动了企业劳动生产率的提高，中冶建工 2016 年全员劳动生产率较 2015 年同比增长 12.28%。

（三）树立了良好的企业品牌，推动了企业的稳步发展

中冶建工改善了施工现场管理体制，构建起和谐稳定的劳动关系，降低了农民工用工成本，提高了生产效率。2016 年，中冶建工实现新签合同额 194.72 亿元，营业收入 127.17 亿元。与此同时，中冶

建工先后荣获“全国‘重合同，守信用’企业”“重庆市最佳诚信企业”等荣誉称号。2015 年年底，在重庆市建筑施工企业诚信综合评价考核中首次进入前三名，至今仍屹立前三名之列。中冶建工在经营发展中重视对农民工合法权益的保障，在施工现场积极履行总承包企业的监管责任，构建和谐的劳动关系，得到了建设主管部门、合作企业和全社会的认可，树立了良好的品牌形象，推动了企业的长久持续发展。

（成果创造人：姚晋川、周　勇、雷善军、王善桃、黄祥有）

邮政企业实现“共建共赢”的电商精准扶贫体系建设

中国邮政集团公司江西省分公司

中国邮政集团公司江西省分公司（以下简称江西邮政）下辖 11 个市分公司，90 个县（市、区）邮政局，从业人员 1.6 万人，从事投递工作人员 3882 人，共有邮政局所（含金融网点）1656 处，邮运邮路 800 多条，单程总长度达 4.7 万余千米，其中农村邮路 600 多条，单程 2.3 万余千米；农村投递配送邮路 2305 条，配送总里程 3180 万千米；服务人口达 4600 余万人。2016 年实现业务收入 36.8 亿元，规模列全国第 17 位。

一、邮政企业实现“共建共赢”的电商精准扶贫体系建设背景

（一）落实国家精准脱贫战略的需要

2015 年 11 月发布的《中共中央国务院关于打赢脱贫攻坚战的决定》提出加大“互联网＋”扶贫力度，支持邮政、供销合作等系统在贫困乡村建立服务网点。《关于促进农村电子商务加快发展的指导意见》，明确把电子商务纳入扶贫开发体系，将电商扶贫工程列为精准扶贫十大工程之一，鼓励引导电商企业开辟革命老区和贫困地区特色农产品网上销售平台，在顶层设计上为电商扶贫明确了思路。江西是著名的革命老区、典型的农业大省，也是脱贫攻坚任务繁重的省份之一。截至 2015 年年底，江西省仍有贫困人口 200 万人，贫困村 2900 个。全省贫困面仍然较大，剩余贫困人口贫困程度较深，致贫原因复杂，脱贫难度较大。国家 2016 年下发了《关于全力打好精准扶贫攻坚战的决定》，提出了加大电商精准扶贫的各项措施。江西省商务厅出台了《江西商务扶贫专项行动计划》，进一步明确了电商扶贫的要求。江西邮政作为国有公用性企业，服务“三农”的主力军，积极响应国家号召，认真履行社会责任，为政府分忧、为群众解难，把政府、社会、百姓的难题作为经营发展首先要破解的课题，把发展农村电商确立为“最大民生工程”，把推进电商扶贫工作作为脱贫攻坚的首要任务，紧扣精准扶贫主线，以农村电商推动扶贫事业。

（二）解决农产品流通突出问题的需要

江西生态环境优良、物产丰富，但是长期以来囿于信息的闭塞、流通的不畅，许多高品质的农产品“长在深山人未识”，农产品流通“买难卖难”问题十分突出。一方面，农村物流配送体系不健全，大部分社会快递企业只是在重点乡镇布局设点，而未在乡到村布局设点，县到乡到村物流配送是制约农产品流通的瓶颈问题；其次，农产品质量标准化建设不到位。由于很多农产品种养殖分散，缺乏规模龙头企业，大量农产品缺乏相应的标准化，尤其是认证体系、溯源体系、质量检测体系等不健全，导致农产品线上销售推广面临困难；另一方面，人才稀缺导致农产品上行缺乏后劲。电商扶贫工作离不开专业性人才，尤其是离不开精通互联网技术、线上营销，同时熟悉农业经济运行规律的复合型人才。与之相对应的是，很多农村地区青壮年常年在外务工，留下来的多是老弱妇孺，劳动力不足尤其是专业人才不足已经成为制约农村发展的一个突出短板。江西邮政长期根植于农村市场，通过多年的积淀，拥有完备的农村物流配送网络、城乡实体服务网点以及训练有素的队伍、良好的品牌、信誉，完善的物流、资金流、信息流“三流合一”优势，可以高效下沉激活农村电商服务，快速对接电商扶贫全产业链服务，并打造电商扶贫专属服务。

（三）邮政自身转型发展的需要

邮政作为传统行业企业，由于外部环境各方面影响，企业发展也处于创新转型发展的关键时期。

2015年，中国邮政集团公司根据各项业务板块发展现状提出了“一体两翼”的经营发展战略，即以邮政综合服务平台为主体，以金融理财服务和寄递业务为两翼。农村电商是一体的重要组成部分，江西邮政落实集团公司提出的“一体两翼”经营发展战略，从传统的业务发展理念中解放思想，以“成人达己”的理念，将电商精准扶贫作为“互联网+”时代下农村电商发展的创新举措，主动承担社会责任，加速培育农村电商发展生态，为邮政农村电商发展营造良好的外部环境，提高邮政业务发展的黏性，巩固邮政业务发展的客户资源，为邮政发展其他业务打下坚实的基础，形成农村电商带动“金融翼”“寄递翼”发展，同时“两翼”支撑农村电商的良性互动的企业长效发展生态圈，实现邮政创新转型发展。

二、邮政企业实现“共建共赢”的电商精准扶贫体系建设内涵和主要做法

江西邮政立足国情省情企情，坚持以电商精准扶贫为主线，以“农产品进城”为主体，聚焦贫困村、贫困户、扶贫产业，建立“五大”推进机制，推行“六个一”运营方式，有效构建起“共建共赢”的电商精准扶贫体系，取得了显著成效。主要做法如下。

（一）确立电商精准扶贫的工作思路

江西邮政结合国家精准脱贫战略，遵照集团公司加快发展农村电商决策部署，确立以“五大机制”构建电商精准扶贫体系，实现“共建共赢”的工作思路。

1. 制定总体规划

以“聚焦扶贫、服务农村、助力农业、致富农民”为总的发展定位，在全国率先启动实施以“千百十”为主要内容的江西电商扶贫工程，即在全省2900个贫困村全部建立电商扶贫站，打造100个电商扶贫示范村，带动10万户以上贫困家庭脱贫致富。

2. 明确服务宗旨

江西邮政明确以“让江西优质农副产品不再难卖”为服务宗旨。江西是农业大省，有很多名优农副产品，但农民苦于没有很好的渠道和平台将产品销售出去。把农民特别是贫困村民的优质农副产品销出去、销出好价格，是农村电商目前最重要的抓手和切入点，也是最容易让农民感觉到效果、感受到电商扶贫价值的民生工程。

3. 构建四级运营体系

在省一级设农村电商公司，统管全省电商扶贫线下站点建设、线上平台构建、农产品线上推广、站主培训等。在市一级设农村电商项目部，统管全市的电商扶贫工作。在县一级设电商运营中心，负责村站建设、运营指导、站主培训、农品挖掘与销售、邮路规划等。在村一级设“邮乐购”电商服务站，以电商平台为载体，紧紧围绕“精准扶贫”这一核心功能，为村民提供代销农品、代购用品、代缴费用、代投邮件、小额金融等5项服务，帮助村民实现“六个不出村”：一是销售不出村。这是站点最主要的功能，把农民的农产品卖出去，卖出更好的价格。这是电商最直接的增收扶贫。二是购物不出村。村民可在站点实现网络购物，从网上购买工业品和生活用品，让村民享受到网购的便利和实惠。这是电商省钱的扶贫。三是生活不出村。村民可在站点代缴水电费、通信费、税费，代订汽车、火车、飞机票等。这是电商省时间的扶贫。四是金融不出村。可在站点实现2000元以下的小额取款。这也是电商省时间的扶贫。五是创业不出村。以“邮乐购”电商服务站作为创业平台，实现在乡创业。这是电商创业的扶贫。六是快递不出村。各家快递公司的快件都可以在村站投递和收寄。这是电商物流配送方面的扶贫。

4. 推行四种电商精准扶贫方式

一是销售扶贫。通过站点线上销售农产品实现增收脱贫，包括贫困户农产品直接作为成品在线上销售和作为原料卖给电商服务站、合作社加工。二是就业扶贫。通过农村电商发展，为贫困户增加就业岗位，实现增收脱贫。包括贫困户经营站点直接创业和参与打包发货等电商服务环节及合作社生产加工环节取得报酬等。三是产业扶贫。通过品牌和产业发展，提升农产品附加值，带动增收脱贫。四是思想扶

贫。通过电商扶贫，改变贫困户“等靠要”的思想，让靠销售农产品、靠向合作社提供劳动力增收等方式脱贫；通过农产品产业运作，能够帮助广大贫困户获得种植生产的技术和能力，做到自力更生，实现最有尊严的脱贫。

5. 制订全面绩效考核方案

为保障电商精准扶贫体系建设实施，江西邮政对各市邮政农村电商及36个重点县带头人进行考核管理，实行“每季一评，年终总评”的累进制考评方式，主要从渠道建设、团队建设、运营成效等方面制订市邮政农村电商及36个重点县带头人考核方案。在考核方案中，主要渠道建设、团队建设、资金争取、运营成效的占比分别是15%、15%、10%、70%，重点抓运营，引导市邮政农村电商及36个重点县注重日常运营的细节。考核指标主要包括渠道建设、团队建设、运营成效、资金争取等六大内容，其中六大内容中又细化站点建设、运维质量、运维培训、扶贫成效、品牌推广等12项具体指标衡量，根据其重要程度等设定相应的分值和权重，得出相应的绩效考核总分值。

（二）主动联系政府扶贫部门，建立联合推动机制

1. 开展电商精准扶贫战略合作

江西省扶贫和移民办（以下简称省扶贫办）是全省扶贫工作的主导部门，商务厅是全省电子商务进农村的主管部门，江西邮政与省扶贫办、商务厅联合签订战略合作框架协议，由省扶贫办牵头组织，商务厅提供支持指导，江西邮政负责主体实施，三部门组成全省电商精准扶贫的核心小组，共同推进“江西电商扶贫工程”。

2. 成立调研小组深入调研

省扶贫办与邮政组成调研小组，依次赴吉安、萍乡、鹰潭等地的贫困村实地走访调研“邮乐购”站点，并召开电商扶贫工作座谈会，就电商扶贫工程进展情况进行分析和探讨，在电商扶贫工程落地选站主、选址、建设方式和建设规模等方面达成共识。同时，积极采取“走出去”“引进来”相结合的方式，跳出江西看江西，赴浙江遂昌、甘肃陇南等地调研，从自身的条件出发，学习先进电商理念和精准扶贫好的做法，结合江西农村电商的生态环境，勤于提升和完善，敢于实践和探索，勇于突破和创新，在一些无人涉足的领域，做一个开拓者，走出一条属于江西的电商精准扶贫之路。

3. 联动形成电商精准扶贫合力

由省扶贫办牵头，组织商务厅、农业厅和邮政公司、移动公司、电信公司联合制定下发《江西省电商扶贫工程实施方案》，明确各部门的职责，整合各自优势资源，形成推进电商精准扶贫工程的合力。扶贫部门主要协助邮政做好选点选人工作，对验收合格的电商扶贫站点进行资金补贴到位。商务部门主要发挥电商联席会议机制作用，帮助邮政协调解决电商扶贫有关困难与问题，促进各类资源的对接融合，并协调大型电商平台、电商服务机构、流通企业等主体参与电商扶贫。农业部门负责建立农产品溯源体系和质量检测体系，对符合标准的电商扶贫站点农产品给予农产品溯源、质量检测、“三品一标”认证等服务，确保农产品质量标准化建设到位。邮政部门是电商扶贫工程的主要实施者，负责加快电商扶贫站点和农村物流配送体系建设，加快开发电商扶贫优质农产品。移动部门负责发挥移动用户资源优势，开展农产品营销推广，并利用大数据分析，做好精准扶贫产品服务。电信部门负责为电商扶贫站点提供优惠、优质的网络服务，利用互联网研发技术，提供实时的建档立卡贫困户数据，将电商扶贫纳入大数据平台统计与分析。

与此同时，江西邮政整合省派单位资源，联动驻村第一书记，把电商扶贫列入驻村帮扶内容，在贫困村开展“省派单位＋第一书记＋贫困村”电商精准扶贫活动。2017年4月，江西邮政联动中国银行江西省分行，针对其挂点下坪贫困村开展“‘邮中’感谢，‘姜’扶贫进行到底”电商扶贫活动，短短几天线上销售生姜4539单、1.2万千克，带动33户贫困户户均增收1000元，11名贫困户参与打包发货，

人均增收300元。

4. 借助外力，提升项目运营水平

一是与社会知名电子商务团队合作成立江西邮政农村电商公司（以下简称省农村电商公司）。公司成员主要由邮政内部选拔人才与电子商务团队成员组成，对农产品进城项目进行运营和管理，主要包括线上平台建设、运营和管理、农产品品牌塑造和推广等。省农村电商下设五大部门，分别是行政外联部、渠道建设部、运营推广部、项目策划部、项目支撑部。二是与电子商务培训机构合作，通过专业的电子商务技能培训，提升电商运营中心人员、站点站主的运营水平，从而提升整个农产品进城项目的运营水平。

（三）以贫困户为主要对象，建立精准帮扶机制

1. 以贫困县为主要推进区域

整合系统内外、邮政上下资源，围绕站点全覆盖、服务全功能、物流全通达、政策全争取、资源全整合的“五全目标”，在国家级贫困县重点推进，挂图作战。聚焦重点片区、重点示范，在全省公开招聘36个农村电商带头人，挂职县分公司副总经理，专门负责电商扶贫的组织、规划、推动、督导工作，精心打造36个重点示范县。目前，江西省已建1299个电商扶贫服务站中，贫困县达到850个，其中瑞金市、吉安县、兴国县、于都县等重点推进县贫困村建站覆盖率已达到50%以上。

2. 以贫困村为主要建点对象

一是定选点原则。坚持“五个优先”，即有一定电子商务基础的贫困村优先、专业合作社运行较好的贫困村优先、有省派定点帮扶单位驻村工作队（第一书记）的贫困村优先、计划摘帽脱贫的贫困县和贫困村优先、纳入全国旅游扶贫试点村的贫困村优先。二是定建点流程。由县邮政电商运营中心与乡镇或村委及邮政网点人员深入农村实地考察，按照一摸排、二沟通、三培养、四建设的方式进行建设。三是定管理主体。由邮政企业先行投入4万元左右建立起站点，进行统一装修改造和设备添置，配齐大屏幕电视、电脑、电商应用软件、打印机、扫描枪、助农取款设备、农产品展示架、邮件寄存柜和封装设备。扶贫、商务部门验收合格后，对邮政企业给予每个站点1万元以上的建设补贴。县邮政电商运营中心负责对站点进行日常管理和运营指导。四是定运营方式。统一推行“六个一”（建设好一批电商扶贫站点、选配好一个电商扶贫带头人、推广好一个电商扶贫主打农产品、对接好一个电商扶贫产业合作社、运用好一个电商扶贫线上平台、构建好一条扶贫爱心邮路）的运营方式，实现一个站主带动一群人、一个站点拉动一大片增收脱贫。目前，电商扶贫站点已覆盖近50%的贫困村。

3. 以贫困户为主要帮扶对象

邮政与扶贫办、乡镇政府和站主，共同建立完善贫困户、外出务工人员及返乡创业人员等信息数据库，全面掌握当地建档立卡贫困户信息，主动服务建档立卡贫困户，并建立帮扶台账。在帮扶的对象上，突出“四个优先”，即优先选择和培养适合的贫困户担任站主，优先销售贫困户农产品，优先吸纳贫困户加入合作社，优先组织贫困户参与产品打包等劳务。

（四）以农产品销售为主要手段，建立扶贫增收机制

1. 利用以邮乐网为主体的线上销售平台

为有效解决贫困户难卖、贱卖问题，江西邮政以“邮乐网—邮乐农品”为主体，大力推广邮乐江西馆、邮乐小店、邮掌柜系统和老俵情微商城等邮政自主平台，联合建设老俵情淘宝旗舰店、京东旗舰店，积极进驻社会电商平台，全面构建开放的农村电商线上综合服务体系。目前，已开设各类网上县馆148个、上线农产品2000余款。在各平台开辟“电商扶贫农产品专区”，优先推送电商扶贫站点信息、优先销售贫困户产品，并广泛开展“革命老区精准脱贫年货节”“我要扶贫”公益推广等系列线上活动。其中，“革命老区精准脱贫年货节”在不到一个月的时间，推广销售年货大礼包18221件，销售额达

360多万元，带动瑞金贫困户2000多千克滞销土蜂蜜和井冈山40多户红蓝卡贫困户的竹荪销售一空，每户增收2000多元。

2. 建设以区域电商为主的线下实体店

由于供给两端信息不对称造成当前农产品供给不平衡，发展区域化农产品电商对于解决区域农产品供给侧问题具有重要的意义。在省邮政农村电商公司的支撑下，赣州瑞金打造O2O生态圈试点项目，开设瑞金首家蔬菜线下实体店，以瑞金电商扶贫站点为线下渠道，以瑞金华屋、田坞蔬菜基地为主要合作对象，将贫困户的优质农产品引入社区，实现线上平台与社区的无缝对接，实现瑞金本地蔬菜供给平衡，减少蔬菜的外地进口率。

3. 推进微信移动平台建设

一是大力推广邮政集团公司开发出的“邮乐小店”。采取集中培训、集中下载、集中开店方式，鼓动全省邮政员工和村站站主自主下载邮乐小店APP，注册开通小店。“邮乐小店”是一款对原有邮乐网优选项目的升级产品，支持广大群众自助注册开通运营。根据商品不同，小店主还可实时获得一定比例（1%～3%）的交易佣金。二是大力推广“江西电商扶贫”微信公众号。以“一周一精品”形式，专注打造电商扶贫“一县一特色”项目。相继推广了瑞金萝卜、于都生姜、吉水竹笋、余干大米、广昌米粉、靖安黄菊、瑞昌蜜桃等多个县的电商扶贫项目，总单数13000余单，带动百余户贫困户户均增收800余元。瑞金萝卜线上日销售量突破5000单，直接为贫困户带来了8000余元的收入；瑞昌蜜桃项目在一周时间里产生订单1577单，销售蜜桃3300千克，实现销售额5万余元，带动当地42个贫困人参与采摘、打包，人均增收500元。

4. 打造“老俵情”等农产品品牌

省农村电商公司为各市县提供农产品品牌策划、运营推广、品控管理和大数据分析等各环节服务，引导各地、各站点树立主打的特色产品和品牌，打造“一村一优品”“一县一特色”。目前，已成功打造“老俵情”总品牌，旗下有廖奶奶咸鸭蛋、功橙赣南等7个注册商标和100多款知名农产品。这些品牌和主打农产品，增加农产品附加值，不仅带来销售规模的大幅提升，更带来销售价格的大幅提升。目前，共销售廖奶奶咸鸭蛋200万余枚、赣南脐橙500多吨、广丰马家柚129吨、兴国生姜440吨、遂川山茶油20吨。许多产品线上销售价格高出原线下销售价一倍以上，如兴国生姜从0.5元/斤的商贩收购价提高到1.8元/斤的扶贫收购销售价、井冈山冬笋从2元/斤提高到5元/斤、玉山红芽芋从0.5/斤提高到0.8元/斤。

5. 确保农产品质量和包装管控，确保客户消费体验

指导各市县上报一批适合区域运作或全国运作的农产品，省农村电商公司建立生产、包装、价格、配送的全流程产品质量监督和运营管控标准体系。由公司项目支撑部人员进行运营监控，规范全省项目的运作流程，集中售后管理，便于协调处理各种投诉事件，实现对农产品各环节的监管。同时针对具有成为爆款的区域农产品开展营销推广活动提供产品、政策支撑。

（五）以合作社为主要纽带，建立产业带动机制

引导站点组织贫困户和村民自办或对接合作社，以合作社为纽带，建立“农户种养制作＋合作社加工包装＋电商推广销售”的经营体系。

1. 因地制宜选产业，以资源优势做大规模

江西省邮政着重提倡一个站点对接好一个合作社，鼓励市县分公司结合当地的资源禀赋、产业基础和生态环境，选择能够得到政府的帮扶，具有竞争力和生产力的特色产业发展，建立起“农户种养制作＋合作社加工包装＋电商推广销售”的经营体系。通过合作社运作，将农户（生产者）与合作社形成利益共同体，因地制宜挖掘和培育“前方有市场、后方有资源”的本地特色产品，培植电商扶贫特色产

业，以电商扶贫的规模化、产业化，带动更多的贫困村民实现可持续脱贫。例如，江西兴国县埠头乡电商扶贫站组织当地68位农户（其中贫困户56户）成立生姜种植专业合作社，采取“站点＋合作社＋扶贫产业＋贫困户”方式运营，打造以生姜为主的农产品以及加工品，开发姜粉、糖姜、醋姜等生姜衍生品，形成初具规模的电商扶贫产业。目前加入合作社的贫困户增加到160余户，流转400余亩土地种植红薯、生姜，产业不断壮大。江西遂川县高坪镇车下村电商扶贫站点利用当地油茶和茶叶的优势，成立油茶、茶叶合作社，建立茶叶加工厂，租下300多亩田地和山场种植茶叶，并对原有400多亩的茶园进行低改，在茶叶种植基地放养土鸡土鸭，开辟水塘养鱼，形成种、养、加一条龙的产业链，并紧跟国家政策，充分利用政策、整合各种资源成立集农业、林业、水、旅游开发、观光、农产品精深加工为一体的“江西玖玢生态农业发展有限公司”，注册“仙人眉”与“思林”品牌商标，实现产业发展规模化，年销售额达600万元，让300余户村民实现了在家门口就业。

2. 系统组织培训，保障产业带动动力可持续

产业发展是可持续脱贫的主要依托，而人才问题是产业可持续发展的关键。电商扶贫带头人、扶贫站主、电商运营中心人员等都是电商扶贫产业发展的引领者。江西邮政采取针对性、分层次的外拓内训等的培训方式，不断对这些人员进行专业培训，不仅提升他们的专业技能，而且还着重提升他们的发展意识。培训的内容坚持以问题为导向，坚持“干什么学什么”“缺什么补什么”。针对扶贫站站主的培训，采取送教下乡巡回培训的方式提升站主的信心与技能，进而提升整个站点的运营质量；针对电商扶贫带头人和县级电商运营中心人员的培训，借助微信、视频等互联网在线平台进行远程培训，同时采取基层调研和现场帮扶等灵活方式开展培训工作。已组织开展培训超过3000多场，覆盖上万人。

3. 注重日常维护，强化站点与合作社的管理意识

随着产业规模的不断壮大，需要朝着专业化发展。电商运营中心督促站点与合作社建立起日常的运营管理机制，强化产业资金管理、规范站点与合作社的日常运营。建立利益联结机制，合作社是连接农户（生产者）与市场的桥梁，将合作社与农户（生产者）形成利益共同体，提高农户（生产者）的积极性。

（六）以扶贫邮路为基础支撑，建立物流配送机制

对电商扶贫站点和贫困村增开直通邮路，全面提升“县一乡一村”物流配送能力，打通电商扶贫“最初一公里”和“最后一公里”瓶颈。

1. 推出“私车公助”

制定“私车公助”激励办法，由投递员自行购买机动车辆，企业在规定年限内分年补贴，并补助燃油、维修保养、保险等费用，缓解大量增配投递工具的资金压力。取得商务部门支持，优先规划贫困县的“县—乡—村”邮路，电商扶贫站点建到哪，邮路就通到哪，确保电商产品出得去、进得来。目前，全省新增扶贫爱心邮路300多条，改造农村投递部675个，新增农村投递车辆829辆。

2. 加快推进“村村通快递”

整合社会物流快递资源，推动实施农村快递服务体系建设“1＋N”（邮政主导、社会快递公司参与）战略，与顺丰、“四通一达”等8家快递公司签订战略合作协议，共同推进贫困地区快递服务体系建设，在县级建立快件集散处理中心，乡镇建立电商快递综合服务中心，村级建立快递综合服务站，推动贫困县、贫困村领先实现“村村通快递”，初步取得很好的成效，已建成农村电商快递综合服务中心127个，累计代运、代收、代投快递公司下乡快件60多万件，配送农产品进城包裹300多万件。

3. 扶持贫困地区物流仓储建设

大力扶持贫困地区物流仓储建设是加快完善农村贫困地区物流配送体系的重要手段。要求每个市分公司利用闲置场地建立商品临时中转仓库，初期面积大致为100～200平方米，有条件的市、县建立规模更大的仓储。目前，江西省已建成电商仓储配送中心43个，建在贫困县的有14个，电商智慧产业园

1个，收发商品超过1000余万件。

（七）完善服务支撑机制，推动电商扶贫持续发展

将电商精准扶贫体系建设与市场经营紧密结合起来，持续提供推进体系建设的动力。一是扩展渠道。通过站点建设，将服务渠道由乡镇网点下沉到村级站点，快速提高渠道覆盖面。二是拓展客户。通过农产品代销增收等服务，赢得村民信赖，成为邮政忠实客户。三是融合金融。在所有站点提供便捷的金融服务工具，给站点配备助农通设备、POS机、农村电商联名卡、金融客户转介卡四项便捷金融服务工具，同时根据站点站主资金流动性需求，为其提供无抵押无担保的贷款服务。通过以邮政储蓄卡作为农产品销售、劳务报酬、合作社分红等的结算卡，绑定一大批客户、沉淀下大量资金，打造农村金融独一无二的竞争力。四是制造包裹。通过农产品网销，制造大量包裹，抢占农村快递市场制高点。五是积存大数据，通过网销、网购、代收代缴、代寄代投等，形成庞大的数据集群。兴国县建有219个站点，一年销售农产品9200多万元，帮助1000多名贫困户实现增收的同时，引入金融客户5300多人，带动金融资产增长6000余万元；制造包裹5万多件，实现收入34万余元。

三、邮政企业实现"共建共赢"的电商精准扶贫体系建设效果

（一）取得了显著的扶贫成效

通过实践，初步探索出了"站点＋合作社＋扶贫产业＋贫困户"的电商产业扶贫模式，吸引了社会众多企业加入电商扶贫工程，为江西近万名贫困户提供了工作岗位，解决贫困户的就业问题，让扶贫由"输血"向"造血"转变，提升贫困户增收脱贫的内生动力。江西省已建成电商扶贫站点1299个，辐射服务100多万贫困户，扶植和对接产业合作社397个，上线农产品2000余款，销售农产品1.51亿元，带动5.3万户贫困家庭增收脱贫。

（二）对农村电商发展做出了有益探索

在欠发达地区，农产品上行是农村电商发展的主要矛盾。以农产品进城为主导，提升农民的收入，才是政府和农民最迫切的需求。在推动农产品进城的实践中，江西邮政探索出了一些破解农产品上行难题的路径。一是农村物流配送。对电商扶贫站点和贫困村增开直通邮路，并以快递综合服务中心整合各家社会快递企业资源，全面提升"县一乡一村"双向物流配送能力，初步打通了农村电商"最初一公里"和"最后一公里"。二是产品质量安全。与农业厅实行战略合作，由农业部门提供电商扶贫农产品追溯体系和"三品一标"认证支撑，同时与地方龙头企业合作，借助龙头企业生产能力及资质，委托其加工生产，解决农产品上行的质量安全问题。三是农村电商人才。采取内部培养与外部招聘相结合的方式，全方位引进复合型电商人才和具有项目经验、管理经验的高层次专业人才。采取项目外包方式，委托社会电商培训机构对邮政农村电商从业人员和电商服务站主进行系统培训，构建起自上而下的人才体系。

（三）有效推动了企业在农村服务业务方面的发展

一是扩展了农村邮政渠道覆盖的广度，目前已建成电商服务站点20844个（含扶贫站点），这些站点是邮政布局农村的阵地，已成为电商交易结算的柜台，金融客户聚集的舞台，包裹和电商快递服务的平台。二是拓展了农村邮政业务发展的深度，一年带动金融资产增长25亿多元，带动快递包裹200多万件，收入1500余万元，代运代投社会快递公司快件近60万件。三是提升了农村邮政网络运行能力，建成电商县级运营中心61个、仓储配送中心43个、电商智慧产业园1个，"村村通快递"持续推进，夯实了电商寄递实物网。四是提升了邮政品牌信誉度，人民日报、中央电视台、江西日报、江西电视台等主流媒体多次进入扶贫站点对站点运营及个人事迹进行深入报道，邮政整体形象与品牌得到快速提升。

（成果创造人：李金良、黄君仲、杨战军、李红标、纪　幸、章荣晖、徐晓峰、王贵文、甘兆勇）

化工企业基于资源深度开发利用的节能减排管理

安徽金禾实业股份有限公司

安徽金禾实业股份有限公司（以下简称金禾实业）前身是来安县化肥厂，2006年国有企业民营化改制后走上了快速发展的道路，是从事食品添加剂、基础化工、精细化工产品及化学肥料产品生产、销售、供电发热、研发为主的国家高新技术企业。在食品添加剂领域，金禾实业是全球著名的麦芽酚、乙基麦芽酚、安赛蜜和三氯蔗糖生产和销售商。金禾实业注册资金56432万元，总资产36.7亿元，在职员工2540人，于2011年在深圳中小板成功上市（002597）。2016年实现销售收入24.5亿元，上缴税金1.98亿元，出口创汇6800万美元，累计完成各类投资10亿元。

一、化工企业基于资源深度开发利用的节能减排管理背景

（一）落实国家节能减排，建设生态社会的需要

化工行业与国民经济发展社会文明进步息息相关，是国家经济发展的支柱行业。中国化工企业起步较晚，存在着工艺技术落后、原辅材料综合利用率低、能耗物耗大、产品成本高、缺少市场竞争力、经济效益低下等问题。近年来，国家对化工行业污染的整治越来越严，加大了对化工企业环保设施运行情况的检查和对环保违法企业的查处力度。先后颁布了《中华人民共和国节约能源法》《中华人民共和国水污染防治法》等一系列法律法规。安徽省政府也颁布了相应的法律法规，对合成氨企业制定了行业政策法规。工信部连续多年公布了工业行业淘汰落后产能的企业名单及淘汰落后装置、设备清单。为了严格执行国家、地方人民政府对环境保护、节能减排、绿色发展的具体要求，化工企业必须运用各种新工艺、新技术、新设备，实施资源深度开发利用的节能减排管理。

（二）企业脱困转型的迫切需要

金禾实业是一家以小氮肥为基础发展起来的综合性化工企业。当时，面临着小氮肥生产规模小、工艺装置落后、原辅材料消耗大、成本高等状况，国家又取消了相关优惠扶持政策。随着农业机械化耕作方式的逐渐普及，碳酸氢铵产品的使用范围也越来越小，市场萎缩严重。金禾实业为了生存发展，必须选择基于资源深度开发利用的节能减排和转型升级发展策略，确立“以化养肥，肥化并举”的发展思路，充分实施以资源深度开发利用为抓手的节能减排管理，争取摆脱困境，走上持续稳定发展的康庄大道。

（三）提升企业核心竞争力的需要

金禾实业有近30种化工产品，原辅材料几百种，资源、能源的浪费必然带来环境污染和产品生产成本飙升。金禾实业要破解这个难题，以资源深度开发利用促节能减排成为首选措施，资源的深度开发利用符合建设资源节约型、环境友好型社会的要求，是企业履行社会责任和义务。我国现在正处于工业化、城市化、现代化加快推进的阶段，基础设施建设规模庞大，能源需求快速增长，“高碳经济”特征突出的现实。产品的竞争力需要以高质量、低成本为基础，金禾实业须通过技术进步，促进资源深度开发利用和节能减排管理，降低产品成本，提升企业核心竞争力。

二、化工企业基于资源深度开发利用的节能减排管理内涵和主要做法

金禾实业以技术进步为突破口，加大技术投入和改造力度，调整产品结构，利用原有的化肥生产设施，改造转产市场销路好、利润大的化工产品，实现“以化养肥，肥化并举”的转型发展。充分调动企业技术人员和广大干部员工的积极性，开展与高等院校、研究院所合作，采用先进的技术、工艺设备，

强化资源的深度开发利用，使生产过程中产生的废水、废渣、废气充分利用，实现节能减排，为建设资源节约型、环境友好型生态社会做出积极贡献。主要做法如下。

（一）设立节能减排管理专门机构，不断完善相关管理制度

1. 完善组织架构

金禾实业成立节能减排工作领导小组，总经理任组长，总工程师为副组长，下设办公室，具体负责资源深度开发利用和节能减排工作。领导小组充分利用金禾实业的省级企业技术中心和安徽省合成甜味剂清洁生产工程研究中心两个研究开发机构力量，以任务为导向，具体研究工作中遇到技术工艺问题，推广新工艺、新技术、新设备，群策群力，破解难题。

2. 明确工作目标

金禾实业建立节能减排目标责任制和考核问责制，确立节能减排的方针、目标以及具体方案；规定相关部门、人员的任务、职责及奖惩考核办法等一系列相关制度，确保资源深度开发利用的节能减排管理工作有法可依，有章可循，不留盲区、死角。金禾实业根据资源开发利用的需要和节能减排的终极目标，对目标任务进行细化、量化，分解落实，并制订节能减排考核指标，由行政部、财务部、企管部将目标完成情况列入各分公司领导、干部员工实绩考核内容。各项指标按月分解，逐月考核，节能减排比重占各分公司考核总分的25%，考核结果直接与各分公司管理团队、员工的薪酬挂钩，实行节能减排工作问责制。自2012年起，各分公司《经营目标责任书》明确增加四项节能减排指标，即单位产品能耗、原材料转化率、废水COD浓度、单位产品基准排水量。

3. 制定管理制度

金禾实业开展清洁生产审核和能源审计，查找问题，制订对策措施。按照《关于印发千家企业节能行动实施方案的通知》和《中华人民共和国清洁生产促进法》的要求，为全面了解清洁生产和资源、能源管理水平及用能和环保状况，排查在资源、能源利用、环境保护方面存在的问题和薄弱环节，挖掘节能减排潜力，寻找节能减排突破口，降低资源、能源消耗和环境治理负担，提高经济效益。委托第三方中介机构组织开展清洁生产和能源审计，针对资源、能源、环保管理、用能、污染物排放、能源消费结构、用能设备运行效率、产品综合能耗及实物能耗等相关情况，编制《能源审计报告》和《清洁生产审核报告》，报告内容获得上级主管部门认同、批准。按照《清洁生产审核报告》提出的低费、中费和高费整改项目，编制具体实施方案，列出实施进度表，按计划推进。

（二）实施产品结构及生产工艺装置调整，促进节能减排

金禾实业年产3000吨合成氨装置是20世纪70年代建成投产的，在40多年的发展过程中，一些工艺装置、设备、工艺路线、原辅材料利用率明显落后，资源、能源消耗高，产品成本高、污染重。金禾实业先后淘汰以合成氨为原料生产的二套两步法三聚氰胺、尿素，以及合成氨气体精炼净化装置、配套10万吨稀硝酸和5万吨浓硝酸装置。为进一步降低能耗，金禾实业还将建厂初期及20世纪末期，技术工艺、设备落后的4台变压器以及近12500千瓦高能耗电机进行淘汰。

（三）强化资源深度开发利用，延伸产品链

金禾实业采取“以化养肥，肥化并举”的发展思路，大力开发资源深度开发利用，延伸产品链，促进节能减排管理。

1. 投产建设硝酸产品新装置

金禾实业拥有年产16万吨的合成氨产品，由于产品特点，直接外卖市场较小，生产碳酸氢铵产品更是销售不畅。金禾实业延伸产业链，建设年产20万吨硝酸生产新工艺装置，直接把合成氨转化为硝酸产品，延伸合成氨的产业链，扩大用户范围和市场空间。

2. 建成投产年产35万吨双氧水项目

合成氨生产是用无烟煤气化产生半水煤气，通过净化及提氢装置获得纯度很高的氢气，而氢气是生产双氧水的主要原料。金禾实业充分利用这个资源优势条件，用来延伸产业链条，创造经济价值。双氧水产品的下游产业得到纵深两方面的延伸和扩展，市场潜力越来越大，不仅延伸产业链，也带来较好的经济效益。

3. 回收二氧化碳产品，减少温室气体排放

合成氨装置每年往大气中排放几十万吨二氧化碳气体，既污染环境又浪费资源。金禾实业利用年产淘汰的三聚氰胺厂房改造，购置设备新建年产5万吨工业二氧化碳生产线，回收二氧化碳出售，改善大气环境，实现节能减排。

4. 投资建设水泥粉磨站

金禾实业的安赛蜜产品会产生大量的硫酸钙，热电锅炉产生硅酸盐炉渣以及三废炉产生的炉渣，总体量比较大。为解决废渣出路，金禾实业新建年产100万吨水泥粉磨站项目，从外部购入水泥熟料与废渣按比例混合研磨制成水泥产品出售，解决废渣的排放问题。

5. 回收农用硫酸钾，促进安赛蜜产能提升

安赛蜜生产过程中产生的废水里含有硫酸钾，金禾实业通过自主研发，建设生产线回收硫酸钾，作为农业钾肥对外销售，变废为宝。

6. 回收氯化铵、醋酸钠、盐酸产品

三氯蔗糖产品生产过程中会形成多种含有醋酸钠和氯化铵的废水及氯化氢、二氧化硫废气。金禾实业为此组建科技攻关小组进行技术攻关，把废弃物变成醋酸钠、氯化铵、盐酸资源产品，又以盐酸为原料深度加工延伸生产氯乙烷产品供生产乙基麦芽酚产品使用，形成闭路循环。

7. 废渣回收氢氧化镁、氯化镁产品

麦芽酚、乙基麦芽酚产品生产过程中会形成碱式氯化镁废渣，其中含有多种有机溶剂、碱式氯化镁、氯化镁、无机杂质。金禾实业自主研发工艺技术装置，回收有机溶剂、氢氧化镁、氯化镁产品，溶剂、氯化镁返回生产线再重复利用，销售氯化镁剩余部分和氢氧化镁，促进资源的深度开发利用。

（四）应用新技术新工艺改造传统装置，促进资源深度开发利用和节能减排

在资源深度开发利用促节能减排发展方针的指引下，新技术和新工艺的研发、引进消化应用成为金禾实业的必经之路。合成氨车间引进增氧燃烧造气工艺技术，用醇烃化工艺装置取代原有的精炼净化生产装置，并新建75吨/小时“三废炉”装置，将造气炉产生的煤渣、生产系统产生的废气、废水集中焚烧，减少“三废”排放。

将传统的冷却塔循环水降温工艺进行优化，改为溴化锂循环水冷却处理系统，使循环水的温度下降4～5℃。原有的合成氨联醇项目采用五段压力生产，压力高、能耗高、生产可控制性差、潜在危险因素多。对此，金禾实业引进技术消化吸收，上马低压醇项目，使整个生产系统压力大幅下降，促进装置长周期稳定运行。

金禾实业过去生产硫酸采取的是硫黄制酸工艺，除燃烧放热释放的热量得到回收利用外，其余工序尚有低温热量释放。由于当时没有什么先进的回收设备技术，也没有采取回收措施，让大量的热能白白浪费。金禾实业投资2200万元购买美国专利产品，花费四个月时间建成HRS低温余热回收系统，按照每日生产100%硫酸1000吨考核计算，日产1.0兆帕蒸汽415吨左右，每日创造经济效益5万元以上。

（五）加大自主研发投入，开发新技术新工艺

金禾实业充分调动企业技术人员和员工的积极性、创新性，开展多项技术创新、发明，并同安徽省

内外重点化工院校安徽大学、合肥工业大学、滁州学院、淮阴工学院合作，将生产过程中产生的热能废液等回收利用，获得多项国家发明专利，如三聚氰胺生产中熔盐炉出口烟气热能回收技术、麦芽酚生产中溶剂的回收处理方法及装置、安赛蜜生产中的三乙胺回收处理方法及装置、三聚氰胺生产废料的回收处理方法、一种液尿洗涤塔低位热能回收利用方法、一种无机膜回收酒精处理方法及装置等。

金禾实业制定《企业专利管理办法》《科技创新成果管理办法》，两个办法均对科技创新活动制定相关资源、资金、时间等方面支持条件的规定，对取得创新突破，专利技术申报、授权，按照成果质量、专利类型教育奖励，有的成果实施转化，创新人员获得几十万乃至上百万的奖励。金禾公司干部职工积极开展“五小”活动，自主开发的核心技术涉及资源深度开发利用及具体节能减排近 40 余项，均得到成功转化。

（六）高起点高标准建设新项目

为充分发挥现有设施潜能，降低能耗，金禾实业建成年产 2500 吨三氯蔗糖设施。三氯蔗糖是第五代甜味剂，产品口感纯正，广泛使用与高端食品、饮料中，是目前最理想的甜味剂。

金禾实业建设年产 7 万吨一步法三聚氰胺生产线，该项目由两条年产 3.5 万吨一步法三聚氰胺生产线组成。项目技术来源于国内著名企业的技术转让合作。该生产工艺优点主要表现为原辅材料、能源单耗低、现场环境好、自动化程度高、“三废”排放少、综合成本低。通过财务精算，新工艺装置与原生产装置比，每吨产品原辅材料消耗下降 540 元，能源下降 120 元，劳动力成本下降 765 元，削减废水 COD60 千克，综合经济效益 1850 元，社会效益、生态效益显著。

（七）实施能量系统优化技改工程

金禾实业为切实有效地落实资源深度开发利用、废弃物变废为宝方针，大力实施节能减排，采用能量系统优化技术改造传统化工产业，提高过程系统用能效率。

对甲醛生产的尾气直接送到三聚氰胺生产线的熔盐炉燃烧供热。对废水处理站沼气进行回收用于锅炉燃烧发电供热。三聚氰胺车间尿洗塔气包蒸汽供蒸汽发电机组发电，蒸汽冷凝液返回车间循环使用。双氧水生产中含有机溶剂气体，该气体有一定的压力和温度，导入膨胀发电机组进行发电，气体的温度、压力得到有效释放，有利于回收其中的有机溶剂。

冷凝水、工艺用水和二次蒸汽余热回收及综合利用。化工企业有很大一部分冷凝水、工艺用水和二次蒸汽，回收这一部分水资源及其中的余热能产生很大效益。金禾实业投入较多资金将化工车间产生的冷凝水全部回收送往发电厂，对化工车间所排出大量污热水和二次蒸汽进行综合利用，污冷凝热水送到要求不高的生产车间，提高能源综合利用效率。引进合同能源管理模式对热电系统实施节能改造。将 1＃、3＃及 4＃锅炉现有光管式省煤器改为膜式省煤器，解决 1＃、4＃炉省煤器面积偏少使排烟温度过高的问题，减少 3＃炉省煤器根数而使磨损减轻、热风温度提高，达到提高锅炉效率的目的。

金禾实业对生产、生活区实行绿色照明改造，逐步采用新的电磁感应灯具替换原有的白炽灯等高耗能灯具，总照明功率下降 58.4%。金禾实业利用县域内丘陵地带多、植被作物少，不宜耕种的荒山野岭建设分布式光伏发电厂，充分利用太阳能，生产清洁能源。总投资约 3 亿元，年均发电 4800 万千瓦时，创造经济效益约 2640 万元，做到“零”排放、“零”污染，保护环境绿色可持续发展。

三、化工企业基于资源深度开发利用的节能减排管理效果

（一）推动企业走出困境，迈上健康稳定发展的道路

金禾实业通过资源深度开发利用的节能减排管理，使一个濒临倒闭的年产值不足 7000 万元的小氮肥厂变成了小氮肥上市公司。2016 年，金禾实业总资产 36.5 亿元，年产值 25 亿多元，年上缴税金 2.2 亿元，利润 5.2 亿元，出口创汇 7000 万美金。金禾实业已经成为全球著名的生产销售商，是全球细分领域最具规模、最具影响力企业之一。金禾实业曾先后获得“安徽省名牌产品”“重合同守信用单位”

"中国化工 500 百强企业"等荣誉称号。通过了 ISO9001 质量管理体系、ISO14001 环境管理体系、GB/T28001 职业健康安全管理体系、ISO22000 食品安全管理体系认证，通过了《企业知识产权管理规范》GB/T29490 标准体系认证。

（二）加快了产品结构调整步伐，促进了经济增长方式的转型升级

金禾实业加快资源、产业、产品结构调整，推进节能减排和循环经济发展，提升盈利能力，淘汰了技术含量低、资源和能源消耗高的产品和工艺装置，提高产品的技术含量和附加值，实现与竞争对手的差异化的竞争格局。从销售、生产到技术、供应全方位进行联动，有针对性地调整产品结构，开发市场需要的、盈利能力强的产品。金禾实业每年至少组织开发 15～20 个新技术、新工艺，并组织实施转化；每年至少申请 20 项专利技术，作为核心技术储备。引进国内领先的双氧水、三聚氰胺、硝酸生产技术并成功工业化大生产，取得良好经济效益；利用自主研发的核心技术提升了乙基麦芽酚、安赛蜜、三氯蔗糖食品添加剂产品生产技术，达到世界先进水平，成为经济增长的新引擎。

（三）促进了生产资源大幅降低和节能减排成效倍增

金禾实业开展技术工艺创新研发工作，对产品生产技术、工艺装备进行技术诊疗，挖掘技术、工艺、装置潜在的缺陷，采取针对性措施，实现资源开发和充分利用。在节能减排上，采用新工艺、新设备、新材料，从工艺流程、技术革新、设备管理、节能降耗、资源利用等全方位入手，对生产过程中的消耗、排污进行全程控制，把清洁生产、资源综合利用、生态设计与可持续发展等融为一体，在金禾实业生产规模不断扩大的情况下，污染物的排放总量逐年下降。全面完成了政府部门给予金禾公司能源节约以及总量减排任务，并顺利通过了相应的核查核算工作。在资源深度开发利用和节能减排发展方面取得显著绩效，促进了经济、生态、社会、文明诸多领域的长足进步。

（成果创造人：杨迎春、夏家信、姜维强、王从春、陶长文、孙彩军、李恩平、田家民、耿庆保、施以军）

服务文化古城风貌保护的电网规划建设管理

国网陕西省电力公司西安供电公司

国网陕西省电力公司西安供电公司（以下简称国网西安供电公司）最初成立于1958年，名为关中供电局，是中华人民共和国成立以来陕西省最早的电力公司。2016年年底，供电区域面积为10108平方公里，员工总数3748人，农电员工为2534人，担负着西安十一区二县的电网建设运营及供电服务工作，管辖35千伏及以上变电站144座、容量1227万千伏安，线路297条、3026公里，10千伏线路1518条、10371公里、配变11789台，用电客户207万户。2016年完成售电量291.21亿千瓦时，2017年迎峰度夏期间电网最大负荷819.4万千瓦，最大日用电量16723万千瓦时。国网西安供电公司曾先后荣获"全国五一劳动奖"、全国文明单位、国家电网公司先进集体、西安市先进集体，连续12年名列西安市行风测评公共服务行业第一名。

一、服务文化古城风貌保护的电网规划建设管理背景

（一）坚定民族文化自信的需要

西安是中华文明和中华民族重要发祥地之一，拥有3100多年的建城史，拥有国家级重点保护文物单位200多处，地上遗址10000余处。作为丝绸之路的起点，西安积极响应和落实国家"一带一路"倡议，荣登联合国"全球最具发展潜力新兴城市"榜单，特有文化积淀和历史文化风貌造就了西安在国内和国际的影响力。20世纪80年代以后，许多旧城在"旧貌换新颜"的同时失去了原有的特色风貌，十三朝古都以全新的方式迎接着现代大都市的建设与发展。国网西安供电公司必须积极投身到古城的发展与建设中，不断践行"大西安"的发展战略，以其自身优势与独特魅力展现中华民族的文化自觉与自信，与政府步调一致，做好供电服务，为城市发展提供不竭动力。

（二）彰显城市文化底蕴和可持续发展的需要

在古城西安的发展过程中，原有的电网规划建设缺乏完善的文化古城保护体系，在勘察、设计、实施过程中受到自身业务局限和思想认识不足的影响，电力规划建设团队中缺乏专业技术团队支撑，不可避免地对古城风貌带来冲突和破坏。国网西安供电公司必须紧跟时代的步伐，在电网规划建设过程中遵循文化古城的特色，按照城市规划布局配套开展工程项目主体、外观、建设模式、外部环境的特色设计，在保护遗址与古城风貌相结合的情况下，与古城特色背景有效融合。随着国家、政府对历史文化的重视程度不断提高，国网西安供电公司应当按照城市规划布局配套开展特色电网工程，保护古城风貌，使电网与古城特色有效融合。

（三）提升电网企业自身管理水平的需要

文物保护与电网安全的矛盾、电网网架结构与政府规划相匹配的矛盾，是供电企业在市政规划建设过程中面临的难点问题。在以往的工作中，电力部门只是接受市政规划和改造，被动配合，造成电力规划建设方案过于片面，电网运行的经济性和安全性均受影响。电网规划建设工作必须尽快寻求突破，打破专业壁垒，力争与政府建立更加完备的合作共赢机制，不断提升电力部门在政府规划中的重要作用。同时，与文物保护单位建立联系，在电力规划建设体系中树立文化传承和保护的观念，对所辖供电区域内的古文化、古遗址做到更加科学地保护与利用，并有计划、有针对性地推广新技术、新设备的应用，将节能环保的理念融入古城保护和发展中，才能真正提升电网规划建设管理水平。

基于以上背景，国网西安供电公司自2014年起，深入研究服务文化古城风貌保护的电网规划管理。

二、服务文化古城风貌保护的电网规划建设管理内涵和主要做法

国网西安供电公司结合古城西安的地域特点，建立电网与城市整体融合、电网与群落遗迹环境沁入、电网与单体型文物相互结合的规划建设原则。建立健全组织体系和工作体系，对外加强政企联动联责机制建设，对内拓展工作队伍建设，形成良性互动、积极高效的组织体系。不断拓展电网规划格局与内容，确保深化服务于文化古城保护的电网建设目标顺利实施和落地。通过三个“双协调”、供电能力研究、后评价实施等手段确保城市与电网的可持续发展，最终建立一套完整的服务古城风貌保护的电网规划建设管理体系。主要做法如下。

（一）科学制定指导思想和基本原则为电网规划建设提供有力支撑

国网西安供电公司以服务文化古城风貌保护为目标，确立“紧跟古城建设步伐，超前谋划电网发展方向，不断提升管理水平，履行企业社会责任，实现古城风貌保护，彰显城市文化魅力”为指导思想。制定符合古城风貌保护与发展的工作原则，实现电网规划与古城风貌立体式结合。

1. 电网与城市的整体融合原则

国网西安供电公司准确把握电力设施在古城中的定位，不断强化古城风貌保护在电网建设中的重要性，加强土地及资源的综合利用，优化各供电区域内电网布局，延伸用电服务的内涵和外延，在工作中渗透古城风貌保护的理念，以“三个消除”为己任，即消除安全隐患、消除对原有风貌破坏、消除环境污染和侵占，最终实现城市电网与城市景观有机融合，并助力彰显古城文化魅力。

2. 电网与群落遗迹的环境沁入原则

针对占地较大的群落型古遗迹、古遗址，电网规划建设遵循环境沁入原则。充分利用原有的环境和条件，分层次完成电网规划和建设任务，从追求外观的和谐统一转向技术、功能、生态等多方面的相互渗透和沁入，采用电力设施特别布置，电器设备特别定制，施工工艺特殊选取，实现电力设施与环境整体貌保持最佳的一致性、协调性。

3. 电网与单体文物的相互结合原则

针对国家重点保护的单体古建筑，电网规划建设遵循电力设施与单体古建筑彼此结合原则，在电网规划建设中认真分析单体建筑、空间设置等因素，采用“绿色”建设思路实施特色变电站建设，不断提高电力设施选型的精益化水平，将智能电网输变电设施与古建筑巧妙结合，杜绝破坏和侵占，提高电网设备与古城文化风貌和谐共存的紧密度，实现环境友好。

（二）完备的组织体系及工作机制推进政企联动和内部运转

1. 建设组织体系

一是成立工作领导小组。成立以市长为组长，国网西安供电公司与市级国土、规划、环保、住建、公安、交通、城管、林业和园林等行政管理部门共同参与的组织保障体系，即西安市电网建设领导小组，办公室设在市发改委。在国网西安供电公司内部，健全“省公司－市公司－县公司（客户服务中心）－供电营业所”与政府“省－市－县（区）－乡镇（街道）”四级电网管理，形成与政府职能部门的网格化对接。

二是加强工作队伍建设。通过队伍建设，在电网规划建设队伍中营造良好的文化氛围，培养员工对文化保护工作的敏锐度，迅速提升制定规划、实施建设中的主动作为、科学分析能力。首先，理顺内部工作流程，切实做好规划、设计、建设、运维和服务等各环节无缝对接。其次，加强培训，注入文化保护元素。提高规划建设人员的文物保护意识和能力。最后，鼓励创新，建立奖励机制，调动人才的积极性和创造性。在规划选址和路径设计过程中，全力做好地质和文物勘察，大胆提出对古城保护和电力建设的设想，各类特色变电站建设也孕育而生。

2. 建设工作机制

一是建立日常保障机制。在完备的组织体系基础上，建立日常工作保障机制。第一，领导小组会议制度。由市长办公室组织，每半年召开一次电网建设会议，协调解决电网建设中存在的重大问题，推进电网发展建设。同时，由主管市长或主管秘书长主持，每季度召开一次会议，研究解决电网建设中突出的问题，把握宏观方向。第二，工作例会制度。由市长办公室牵头，陕西省市两级电力公司与市发改委联合办公，每月召开工作例会，统筹协调推进项目建设工作。国网西安供电公司于每月 5 日向市电网建设领导小组办公室上报月报。第三，督办制度。市长办公室负责电网建设领导小组确定事项督办，向市委书记做专题汇报，向市委督查室、市政府督查室报送电网重点建设月报。

二是工作推进机制。第一，政府各级规划部门与国网西安供电公司共同参与的电网规划编制，并确保站址及走廊得到预留，避免重复建设，共同审定发布《西安市“十三五”城市电网规划》。第二，将电网建设项目列入西安市重点建设项目，发放“重点建设项目绿卡”，优先办理审批手续，享受基础设施配套政策、财政补贴等优惠政策。第三，公安等政府部门对电力站址廊道依法采取保护和控制措施，避免外力破坏和非法占用。第四，发挥公共舆论监督，对于重点项目进展存在的问题在《今日聚焦》电视栏目予以曝光，聚焦行政审批不作为、慢作为、乱作为等行为。

(三) 全新的规划模式确保群落型与单体型古建筑充分保护

1. 认真分析古城电网发展趋势

一是古城电网建设内容不断延伸。为满足古城建设和发展的要求，电网户内变电站正不断得到推广和应用，架空线路的入地改造也在深入推进中，并逐步成为古城电网规划建设的主要发展方向。

二是古城电网建设水平逐渐提高。随着古城的经济社会发展和科技水平进步，城市全户内变电站的建设从少到多，规划城市新建电缆线路建设的电压等级已由 110 千伏改为 500 千伏，核心区域也基本达到全电缆化。

三是古城电网规划建设标准在个别区间差距仍然突出。从同一城市来看，城市中心地区电网建设标准要高于城市郊区和其他地区。目前，户内 GIS 布置的变电站主要应用于城市中心城区，而城市外围或周边地区大多采用投资相对节省的户外 AIS 变电站和半户内变电站。

2. 突破传统电网规划格局

西安电网规划不断突破现有模式，紧密结合城市发展需要。按照城市规划“十三五”期间西安市域将建设为功能各异的“米”字形大九宫格局，主城区以虚实相当的小九宫格局为主，形成新古分治、历史文化与现代文明交相辉映的大都市形态。国网西安供电公司突破传统电网规划格局，不再沿用以往以一环、二环等环线或城市外围边界来划分供电区域的方法，转为融合城市大九宫格局，根据用电区域生态环境、负荷性质和未来需求等因素，将电网分为十三个供电区域，详细勘察各供电区域内的古文物和遗迹的地理位置，注重变电站外形设计与古城环境相协调，工程设计与周围自然环境相适应，新建电力设施与城市环境相融合，研究、推广新技术在电网建设中的应用，最大限度地节能、节材、节地。电网规划将最终形成以 750 千伏为骨干网架，330 千伏及以下电压等级全面协调发展的坚强智能电网为基础，全面考虑电网规划与经济和社会发展规划的衔接，强调区域规划、专项规划与西安市总体规划的衔接，与文化古城保护进行立体和全面的结合，满足古城保护与可持续发展全面需求。

3. 构建群落型古遗址电网规划

在西安市老城区内部及周边，群落型古建筑遗址占比较大，包含众多国家重要文物保护单位，如大明宫遗址、隋代韩城湖遗址、大雁塔遗址等，政府明令禁止任何形式的开发和侵占，并对周边设施和建筑提出明确的标高限制。但随着城市飞速发展，老城区用电负荷不断攀升，原有的变电站已无法满足要求，各种运维手段也不足以消除负荷过载带来的安全隐患，新建变电站势在必行。从规划层面考虑，国网西安供电公司针对其特点制定相应规划方案。

一是合理选择站址。在变电站规划选址时，把符合文物遗址保护作为电网规划基本前提，调取所属供电区内古遗迹相关资料，结合实际情况进行差异化选择，确定采用户外、半户内、全户内等类型变电站建设模式，既充分保证电网建设的需要，又不破坏周边文物和风貌。二是充分论证方案。结合地理状况、土地性质、历史文物及邻近设施情况，充分完成考古勘探和环境影响评价，在做好基础设计的同时提前制定应急预案，确保顺利通过文物部门审批，对文物遗址进行全面保护。三是周边环境协调。注重电力设施与周边的古建筑风格、园林绿化、道路交通相协调，使变电站建筑与周边的整体环境配置和谐统一，与古城风貌要求相适应。

西安市政府实施西关正街改造工程，配套建设鼓楼西广场和安定门北广场。政府要求古城墙附近的建筑不能超过古城墙高度，所有建筑和设施都必须低于 9 米。国网西安供电公司决定在广场内采用半楔入式电网设计方案，建设 110 千伏安定门变电站。利用先进技术将变电站占地面积缩小到原占地尺寸的 1/3，线路通道采用全电缆敷设，缆线沟道纳入市政综合管廊统一建设。变电站立面设计从尺度、色彩、历史特征等方面入手，力求体现明清建筑风韵与古城墙协调一致，改变电站的建设，既解决一环以内西关商业区和城区西南部的电力供应问题，又保护古城墙空间要求，体现西安古城特有的神韵风貌。

4. 构建单体型古建筑电网规划

电网规划不断寻求创新，针对单体型古建筑的保护制定出与之相匹配的用电规划方案。首先从宏观角度确定电压等级和建设边界，将古建筑由内而外分为核心保障、外部管控、环境协调三个部分，针对不同部分细化规划方案，组织设备选型。其次，对古建筑进行分级保护，充分考虑敷设缆线通道、空间利用、负荷分配等因素，确定线缆走径。最后，在确保规划可靠实施的前提下，利用原有地形、树木、桥梁等因素，实现环境友好。

以西安古城墙为例，现有城墙为明代城墙遗址，高和宽均为 10 米左右，为内部中空结构。对古城墙遗址区内的电网规划，以负荷测算和可行性研究为基础，经过专业团队综合分析后，决定将变电站选择建设在城墙东侧的朝阳门附近，并大胆提出在中空的城墙内建设一座特色变电站的规划方案。110 千伏朝阳门变电站在规划设计中，一方面利用城墙中空结构的特性，将变电站设计在城墙内壁，采用集成性强、占地小、维护率低的新型设备，充分考虑空气流动、噪声、散热等情况，完成变电站站内设备部署。另一方面，朝阳门外有一座横跨护城河的仿古桥，是连通城里城外的重要交通枢纽。变电站众多的出入缆线既不能架设电线杆形成黑色污染，现有桥梁也没有为众多线缆预留走径。为此，规划在主桥旁 200 米处新建一座辅桥，辅桥的桥身仅为 3 米宽，风格与主桥和城墙保持一致，桥的一端直接与城墙内的变电站入口相连，另一端与路基下的管网通道相连，从而彻底解决变电站缆线走径问题。这样的设计既有效解决用电需求，又能很好地保护古城墙的原有风貌。

（四）新技术应用和服务拓展促进电网建设还原古城风貌

1. 新技术应用加强古城风貌保护

国网西安供电公司在保护古城风貌的过程中，积极尝试新技术应用，先后建成 110 千伏世园变等一批全户内智能型变电站，大量采用新型的体积小、损耗低、噪声小的环网柜、开关站等环保设备，有效减小占地。积极推广装配式、配送式智能化等新型变电站技术，有效缩短建设周期，减少电力建设对古城造成的影响。各环网单元进出线采用进口负荷开关充气柜，全绝缘、全密封，30 年免维护。配电网实现正常运行及事故实时监测，当配电网中发生故障时，能够进行及时准确的分析和判断，对故障点实现快速隔离，并自动恢复供电，减少因电网检修带来的环境破坏程度。智能化电网的实际应用为古城发展提供更加有力的保障。

2. 清除电力黑色污染还原古城原有风貌

在古城风貌保护的过程中，消除电力设施在空中的黑色污染，主动与古城环境相融合是一项艰巨的任务。为此，国网西安供电公司积极推进城市电缆化进程，努力清除影响古城视觉的路中杆和架空线，有力提升古城文化品质。

南二环架空线线路全长13.68公里，涉及12条10千伏和14条110千伏架空输电线路，该线路投运于1996年。随着20余年的城市发展，曾经作为电力风景的架空线路，已经与古城周边环境严重失调，严重影响古城风貌。国网西安供电公司下大力气开展架空落地建设，在道路北侧人行道下方建设直径2米的电缆沟道，在位于道路中心绿化带下方建设直径3.5米的电缆沟道，以及沿线环网柜、箱变的基础及电缆引接管道施工。共拆除174基110千伏四回路高压铁塔、262基10千伏线杆，给古城留下一道美丽的风景线。

3. 拓展服务外延做好古城风貌保护

为了将古城风貌保护的原则贯彻始终，国网西安供电公司不断拓展工作外延。在做好核心区域的古城风貌保护工作同时认真分析13个供电区域关于古文物、遗址的数据，发现在城市外围的区域内也存在零星的文物需要保护，而这些遗址多数处于新建开发区范围，用电设施属于开发区自行投入建设。为此，国网西安供电公司不断加大服务保护古城风貌的外延和力度，结合用电管理规定，在与开发区洽谈供电合作协议之初就提出古城保护的工作倡议和要求，并提交相关的电网规划建设标准，在建设过程给予帮助和指导，促使电力设施建设符合古城风貌保护要求。

对于不具备新建能力的地区和单位，国网西安供电公司在运行维护上创新采用“一保、换小、前端转”的工作方法。以保旧、护旧、少量更新为原则，确保现有电力设施安全运行，以资产全寿命周期管理为基础，严格监控设备运行状况，提高设备巡查周期以便及时消除隐患，最大限度保护古建筑风貌；针对存在安全隐患的老旧设备采用占地小、体积小、兼容性强的先进、环保设备进行替代；对于原设备供电能力和供电半径无法满足要求的情况，力争在调度端进行调整，最大限度保障安全用电和保护原有风貌。

（五）持续做好后评价工作确保城市与电网协调发展

1. 建立工作改进三个“双协调”

一是技术与经济双协调。持续推进发展模式对于电网发展能力的激发和提升作用，在古城保护与电网发展两个维度之间寻找最适合的平衡点，从而更好地诠释服务文化古城风貌保护的理念。二是抢占与预控双协调。在城市建设中，进一步提升企业快速响应城市发展需求的能力，充分调动内外部可利用资源，有效缩短工程建设周期，降低自身投入。三是现状与发展双协调，结合古城文化遗产保护需要，对于电网供电质量、未来发展空间及与城市发展的适配度进行综合评估，从而确保西安电网始终健康持续发展，为古城提供优质服务。

2. 开展电网供电能力提升研究

为深入推进服务文化古城风貌保护的工作进程，满足安全用电要求，做好地方经济社会发展对用电的需求研究，具体包含地方政府关注的重大项目供电需求、线路迁改需求、招商引资项目供电需求、已提交的和意向性的用电报装信息等，及时修正和增补13个供电区域内的各项基础数据，为电网规划建设提供翔实依据。同时，进一步加强对110千伏及以下电网规划、建设与改造深入研究，开展电网供电能力情况专题研究，具体包含电网运行基本情况、设备（从变电站到台区）重过载情况及发展趋势研究等。结合古城风貌保护和城市发展需要，分析经营区各级电网变电站、线路等设备的重载和轻载分布，为进一步实施电网规划做好准备。

3. 施行电网项目建设后评价

国网西安供电公司在兼顾自身效益的同时积极履行社会责任，积极促成西安市政府组建以规划、市政、文物、园林、土地等相关部门联合办公的电网建设后评估机构，对电网建设效果与古城风貌保护的融合程度进行综合评价。既确保电网企业的可持续发展，也同步兼顾古城风貌保护。综合评价电网建设项目对古城环境可能造成的影响，电网新技术的应用对古文物保护起到的作用，电网建设规模对促进古城环境建设的带动能力，对正在实施的电网建设项目进行跟踪，确保在建项目对周边环境不造成影响。

三、服务文化古城风貌保护的电网规划建设管理效果

（一）古城西安的国际影响力不断提升

截至2017年年初，西安电网新建、扩建330千伏变电站1座、110千伏变电站11座。为确保各开发区等单位自建电网符合古城风貌保护要求，按要求接管高新开发区一期15座开闭所，40公里电缆，60公里电缆沟道，价值1.25亿元电力设施资产，移交高新开发区二期内涉及15座开闭所、1座按开闭所方式建设的标准厂房及8座环网柜，10千伏电缆90余公里，价值5800万元电力设施资产。顺利完成了丝博会等一系列大型国际会议和活动的胜利召开，在电力能源的支撑下，西安的古城文化影响着全世界，城市国际影响力不断提升。

（二）古城西安的文化风貌得到完善保护

国网西安供电公司会同政府部门、设计单位通过开展建筑结构形式、降噪、小型化、电磁环境等方面研究，制定符合西安古城保护和电网自身发展特点的电力规划建设方案，在古遗迹保护区内变电站占地面积分别缩小到原占地尺寸的1/3，有效节约资源，"绿色"建筑设计技术充分将智能电网输变电设施外部装饰与城市建筑风格有效融合，架空线落地实现配网电缆化率100%，充分保护了古城原有历史文化风貌，实现古城历史文化风貌与现代电网的完美融合与和谐发展，促进人文山水、古城新姿交相辉映，构成古老西安特有的神韵风姿。

（三）电网企业的管理效益水平得到有效提升

在政企联动机制的促进下，西安市政府已将《西安市十三五电网发展规划》与电力设施布局规划纳入城市总体规划，变电站站址和电力走廊得到有效落实；《西安市人民政府办公厅关于加快十三五期间全市电网建设的通知》中，明确指出继续执行"十二五"土地片价政策，核准权下放，有效降低电网建设成本。突破规划格局，制定符合古遗址、古遗迹风貌保护需要的电网规划，通过结合古城规划和风貌保护的电网建设和升级改造，企业经营管理指标有效提升，配电自动化覆盖率100%，配电网供电可靠性99.99%；古城区事故率显著降低，故障处理时间由原来的1小时下降到20分钟；电力设施实现30年免维护，电网健康运行能力加强，设备故障发生率大幅降低，有效减轻设备运行维护工作。

（成果创造人：余先进、李　静、何晓英、韦加雄、李昆烨、杨引虎、冯雅琳、蒋　勃、吴小平、高彦聘、蒋光英、张　婷）

大型海外油气投资公司业务价值链的优化和拓展

中国石油拉美（秘鲁）公司

中国石油拉美（秘鲁）公司（以下简称秘鲁公司）是代表中国石油天然气集团公司管理运营其在秘鲁油气投资业务的国别公司，运作管理 6/7 区、8 区和 57/58/10 区 3 个项目公司。自 1993 年以来，经过 20 多年的发展，秘鲁公司油气产量由最初的 5 万吨发展到现在的近 300 万吨，秘鲁公司也由原来的单一小项目公司成长为一家综合性、多元化油气公司。

一、大型海外油气投资公司业务价值链的优化和拓展背景

2014 年以来，国际油价出现断崖式下跌，秘鲁公司面临的内外部环境非常严峻，油田项目实现可持续发展的难度十分巨大，秘鲁公司在深入总结前 20 年发展经验和教训的基础上，大胆提出“逆势而上、开展‘二次创业’”的发展目标和相应战略。

（一）是强化中秘战略合作伙伴关系、深耕拉美地区油气市场的需要

从国家层面看，秘鲁公司优化和拓展业务价值链是有效落实《中华人民共和国政府与秘鲁共和国政府 2016 年至 2021 年共同行动计划》及经贸、矿业、工业园区、信息互联互通、经济技术、质检、环境等领域多项双边合作文件的要求，对中国企业耕耘拉美市场有着巨大的示范意义。秘鲁公司有着辉煌的过去，其 20 多年的发展史就是一部浓缩的中国石油海外创业史，不仅创造了良好的投资回报和社会效益，还培养了一大批熟知海外业务的精英骨干。在国际油价持续低位振荡、政府环保要求日益严苛、社区问题存在较大隐患等严峻形势下，秘鲁公司充分利用当地资源潜力较大、社会环境相对稳定、社会文化包容性较强的特点，“二次创业”，破茧重生，对于中方企业坚定在秘鲁稳定运营的信心、打造拉美能源合作示范区具有巨大的现实意义。

（二）是推动中国石油在拉美地区业务结构调整优化、推进世界一流综合性国际能源公司建设的需要

中国石油在“十三五”规划中已经明确提出将继续大力发展海外业务、有效实施“国际化”战略，其中对美洲投资业务的定位是“拓展美洲”，秘鲁公司优化和拓展业务价值链正是集团母公司“拓展美洲”战略的落地措施之一。与此同时，在国际油价持续低迷背景下，秘鲁公司原有的部分老项目经济性不可持续，部分项目面临巨大环保风险，部分新获取项目在市场和运输等方面面临制约，急需在新形势下进一步解放思想，充分利用国家及集团母公司层面的力量，顺势而为，立足现有项目的精细管理，打破限制项目的发展瓶颈，拓展发展空间。

（三）是延续“百年油田”历史辉煌、实现项目可持续发展的需要

国际油气市场大环境的改变给秘鲁公司的生存和可持续发展带来前所未有的挑战。如果不转变发展方式，仍然依靠原来的老项目和精细化管理的比较优势，秘鲁公司将陷入持续亏损的泥潭。只有持续优化和拓展业务价值链，实施“二次创业”，才能破茧重生，在秘鲁当地再续“百年油田”新的辉煌，使得当地人民共享发展成果。

二、大型海外油气投资公司业务价值链的优化和拓展内涵和主要做法

秘鲁公司精心开展顶层设计，明确优化和拓展业务价值链的发展路径，开展“二次创业”，在激烈的市场竞争中精选并获取优质资产，构筑上中下游协调发展新格局和天然气化工上下游产业链，拓展发展空间；持续适时优化现有项目，及时止住“出血点”，不断打造更强更好更优的资产组合；紧紧围绕提质增效的中心，坚持中方主导，始终坚守合规经营的底线，充分利用一体化比较优势实现过程创效；

立足现有项目的精细管理，打破限制项目的发展瓶颈，实现创新驱动和低成本发展；坚持本地化运营、国际化发展，与员工、社区、社会实现互利共赢、和谐发展，以创业的拼搏精神和科学的管理创新推动公司发展再创辉煌。主要做法如下。

（一）精心谋划部署，明确优化和拓展业务价值链总体思路

1. 制定公司优化拓展业务价值链的思路与目标

面对新的挑战困难和形势任务，秘鲁公司明确“二次创业”的总体工作思路：按照“中方主导、本地化运营、国际化发展”的经营管理原则，将发展思路由原来以“实物量”管理为主的“四精”管理，向以“价值量”管理为主的优化和拓展业务价值链转变，将秘鲁公司建成一个传承和发扬中国石油优良传统，能够主动适应新形势、有效应对新挑战、全面实现新目标的优秀国际化石油公司。

“二次创业”的主要战略目标是：按照拉美公司有质量、有效益、可持续发展的要求，切实转变观念，在低油价时代确立秘鲁公司的多目标战略，即由原来的片面突出产量规模，转变为经济效益、油气生产、安全环保、党风廉政和公司治理等多目标战略，推动公司从外延式发展向内涵式发展转变，由“生产经营型”向“资产经营型”转变，努力提升企业价值管理水平，实现秘鲁公司优质高效发展。

2. 设计“二次创业”的主要路径

按照“问题导向抓关键、目标导向定重点、结果导向出实效”的要求，明确以优化和拓展业务价值链为核心的“二次创业”主要路径：以提高发展质量效益为中心，坚持创新驱动和低成本发展战略，立足现有项目的精细管理，推进开源节流降本增效工作，做好效益勘探、开发生产、安全环保、管理提升、信息化、队伍建设、党风廉政和综合管理八项基础工作，实施管理、技术和人才三大创新，推进中方主导、精细管理、创新驱动、风险防控、外部开源、商务谈判六大举措，打破限制项目的发展瓶颈，优化资产结构，延伸产业链，拓展价值链，构筑天然气化工上下游产业链和油气资产上中下游协调发展的新格局。

3. 构建保障机制

从上到下高度重视。各党支部、项目公司和业务部门高度重视，认真组织开展“二次创业”工作部署学习讨论活动，层层传达压力和信心，使全体员工充分认识“二次创业”的迫切性、重要意义和目标要求。

大力强化组织保障。设立总经理直接负责的秘鲁公司“二次创业”活动领导小组，全面领导和负责“二次创业”活动开展。活动领导小组办公室设在行政部，具体负责方案实施和监督落实，定期总结分析工作进展，确保活动取得实效。

深入开展调查研究。公司班子成员率先垂范，紧紧围绕如何“二次创业”新征程，结合各自负责和分管业务，开展广泛深入的调查研讨，系统研究当前各项工作面临的形势问题及解决方法，梳理形成各自分管业务的工作思路和行动方案。

确保措施务实有效。坚持问题导向，以项目公司、业务线条和业务部门三个维度查找问题，深入讨论分析问题存在的原因，找准切入点和落脚点，制定解决问题的具体措施办法，确保活动成效，对照方案要求，明确责任分工，形成各自的实施方案，由活动办公室统一收集汇报。

持续推进成果转化。高度重视“二次创业”活动经验总结和转化落实工作，构建完善“二次创业”的长效性机制，实现成果的常态化制度化，持续推进秘鲁公司管理提升和管理创新工作。

（二）立足业务拓展、加大新项目开发力度，实现业务和市场规模稳中有升

秘鲁公司积极寻找优质项目，通过有效开展投资环境分析、技术和经济评价以及商务谈判等，把握新项目机会，成功获得秘鲁 10、57 和 58 三个区块资产，拓展集团公司在秘鲁的发展空间，为“二次创业”奠定资源基础。

1. 开展当地油气市场环境分析和竞合对标分析

秘鲁社会政治稳定，投资环境较好。秘鲁实行总统议会制，政局稳定，政权更迭相对平稳，基本在民主政治体制框架下运行。该国石油法允许外国资本参与秘鲁的石油开发，现行的石油勘探开发合同主要为许可证合同，合同者拥有采出油气的所有权，合同条款较有利。秘鲁政府意图扩大油气生产和消费市场，非常重视与中国关系，而秘鲁公司已经在当地进行了 20 多年的深耕细作，积累了丰富的经验。

秘鲁石油储量和市场虽然不大，但得益于秘鲁稳定的政治环境、良好的经济环境和有利的税收政策，越来越多的国际石油公司进入秘鲁石油勘探开发市场，竞争也日益剧烈。在秘鲁境内外共有 50 多家国际石油公司执行着 89 个石油合同。

2. 精准选取目标资产，开展技术和经济评估分析

2012 年年底，巴西国家石油公司为筹集资金而开始剥离其境外资产，采用两轮招标的方式拟出售其在秘鲁的资产。该资产涉及秘鲁 10、57 和 58 三个区块，均采用矿税制合同模式，其中 10 区块为老油田，57 区块为已发现待开发区块，58 区块为勘探有发现区块。

经过中国石油组织专家研究论证，认为项目可行。通过现场实地考察、现场资料收集、技术交流讨论等形式，对该项目进行较深入细致的研究，并根据收集到的数据资料完成整体技术和经济评价，认为该项目资产品质和资产组合较好，具有一定的生产规模和勘探潜力，未来有望实现每年 500 万吨以上的高峰权益产量，经济上符合中方内部收益率要求。

3. 发起目标资产收购和商务谈判，成功获得优质资产

根据选定的目标资产，中国石油从 2013 年 3 月底启动项目工作组，经过详细评价论证，先后于当年 5 月和 7 月提交非约束性报价和约束性报价，并顺利进入谈判阶段。经过为期三个月的三轮艰苦商务谈判及多次沟通交流，中国石油就资产收购和股权交易方式等内容与巴西国家石油公司达成一致。2013 年 11 月，双方签署项目《股权收购协议》，2014 年 11 月正式交割。

（三）优化资产组合，及时处置与发展战略不匹配的油田资产

1. 全力、有效识别个别油气资产存在的问题和潜在风险

识别秘鲁国家层面问题和风险。近年来，秘鲁政府不断出台新的、更加严格的环保法律和规定，增加了项目的环境恢复成本；秘鲁政府中民族主义势力增强，反对将合同交给外国公司作业，对资源类外资企业的监管力度增强；企业所在地的社区关系处理和协调的难度越来越大，社区居民出于经济目的，提出的要求越来越苛刻，增加了企业的运行成本。此外，还存在地方政府部门不作为，工作效率低下，无视相关的石油法律法规等问题，影响了项目生产和经营。

识别 1AB/8 区项目面临的问题和风险。2015 年以来，该资产面临环境法律变化、油价降低、1AB 合同退出、成本控制、投资等诸多风险。国际油价持续低位运行，导致项目收入大幅缩减；近年来秘鲁政府不断提高环保标准，造成环境恢复、管道修复、油田弃置、政府罚款等潜在风险和义务；雨林社区高额经济索取和纠纷不断升级，直接影响生产；2015 年 8 月 1AB 区块合同到期，需处置现场材料、原油库存，移交员工和服务商，拆除现场废弃设施和物资，面临大额费用支出。

2. 全力应对个别项目环保突发性问题和历史遗留商务、法律问题

积极应对环保和历史遗留问题。2013 年 3 月，秘鲁出台新的土壤环境标准（ECA），大幅提高治理标准，要求 1AB/8 区项目承担所有污染点的环境恢复工作，而这些污染主要由前作业者造成。环境恢复成为合资公司重大的潜在义务和风险。为了避免政府无限扩大合资公司环境治理责任，2015 年 3 月份，1AB/8 区项目就合同退出责任义务启动国际仲裁，2016 年 1 月向美洲商事仲裁委员会（CIAC）提交与秘鲁石油进行 1AB 区仲裁的诉状，并按程序进行申诉、应诉、反驳、再反驳、听证会等过程。国际仲裁的提起，为合资公司提供义务履行抗辩的理由，有力地应对秘鲁政府后续不利于项目利益的法律

和行政行为，迫使秘鲁政府就合同义务面对面地进行谈判。

突出强化环保监管工作。针对秘鲁政府不断更新的环保监管法规及许可要求，秘鲁公司成立环保许可专项工作小组，系统开展环保许可梳理、登记及申请工作，努力消除许可工作瓶颈。6/7区严格按照秘鲁环保法律法规要求，组织承包商处理生活垃圾、生产废物、废水，防止土壤污染和排放违规；按规定开展土壤、废水、大气等环境监测，有效防止环境纠纷事件。57/58/10区项目加强环保隐患自查工作，开展11次环保隐患自查自改活动，检查钻修井作业、施工作业及维修维护等，及时发现和处理油田现场存在的环保隐患。2016年，秘鲁公司未发生重大环保及污染事故，也未发生因环保问题导致的有关罚款。

3. 通过及时资产处置及时止住"出血点"

稳妥推进1AB区到期退出，及时止住"出血点"。中方进入1AB/8区项目以来，2004－2012年，项目实现了较好经济回报，累计实现净利润10.7亿美元。2013－2015年，由于油田进入开发后期，产量不断递减，政府要求合资公司承担高额的环境恢复和管道修复义务等，项目效益逐步变差，开始陷入亏损。1AB区合同2015年8月到期前，合资公司提前与政府进行项目退出协商，签署资产移交框架协议。在秘鲁政府组织的1AB区国际招标中，中方和伙伴分别对区块经济效益进行独立评价，双方就生产潜力、开发策略及经济评价进行深入坦诚的交流，对于合同认识、投资参数达成一致，双方评价结果的净现值和现金流均为负值，双方决定不再进行投资，避免未来承担更多的潜在风险和蒙受更大的经济损失。

（四）坚持中方主导，通过"过程创效"谋求投资回报最大化

1. 突出中方主导，强化对关键岗位和流程的控制

加强中方对各项业务的管控力度。对于6/7区、10区、58区等全资项目，按照中方主导、本地化运营的思路，梳理国家公司层面管理架构和组织机构，强化中方对关键岗位和关键业务的控制，强化计划财务、招标采办、人力资源等关键部门的管理。对于57区、8区等小股东项目，加强股东事务管理，充分行使股东权利中的监督权、表决权和否决权，强化对大股东经营决策的监督，确保中方利益。8区重点围绕股东责任开展维权工作，降低不合理的责任义务分摊，严控股东义务风险。

2. 大力推进管理创新，提高管理创效能力

深入研究管理体制机制创新，打破中方员工在项目公司间的壁垒，行政商务、人力资源、计划财务等业务实行统一管理，激发员工活力，降低管理内耗，形成"一盘棋"的局面。进一步理顺工作界面，压缩管理层级，梳理业务流程，强化责任分工落实，提高管理效率。针对6/7区延期合同规定的最低义务工作量要求，将义务工作量在秘鲁公司范围内向更高效的区块或者业务转移，提高投资利用水平。57区重点推进合作方式创新，增加中方话语权和参与权。

3. 实施"一体化"策略，带动中国石油队伍和技术走出国门

发挥中国石油在天然气产业上的一体化优势，利用秘鲁政府发布天然气基础设施和综合利用规划的契机，推动参与秘鲁天然气一体化项目。

4. 注重技术创新，推进提质增效

将技术优势打造成提高效益和效率的增长点。加强与科研单位的联合研究，提高科技成果在各项目的应用水平和转化效率。开展项目间科技交流和成果共享，提高科技创新生产力。认真总结6/7区、1AB/8区、10区等老油田开发过程中形成的技术经验和规律，提高老油田的开发效果，并成功向委内瑞拉陆上油田、叙利亚的Gbeibe油田和阿塞拜疆K&K等项目输出。认真总结57区开发过程中使用的新技术、新工艺、新方法，努力降低产能建设投资和生产运行费用，为58区开发工作积累充足的技术储备和管理经验。

5. 把好审计监督关口，确保项目依法合规经营

一是建立健全合资公司内部管理控制和约束机制，健全财务、采购、营销、投资等方面内部监督制度和内控机制，加强对合资公司重大决策和重要经营活动的监督，强化流程管控的刚性约束，确保内部监督及时、有效。

二是规范董事会运作。每年定期召开股东大会和董事会，由股东大会和董事会审议批准企业年度投资预算、工作量、审计报告和其他重大事项，增强中方话语权。针对投资预算等重大事项，中方严格审计合资公司重大事项，对不符合中方利益的事项坚决予以否决，有效维护了中方利益。

三是发挥中方员工的监督作用，全面参与合资公司勘探、开发、财务、投资、法律、销售等生产经营过程，及时掌握相关信息，监督合资公司的规范运营，避免大股东侵犯小股东的利益。

四是健全审计监督体系，发挥小股东审计和第三方独立监督的作用。由国际知名的中介审计机构出具年度财务审计报告，根据需要，中方与合资公司进行沟通和协调，安排小股东审计，加强对合资公司的审计监督。

(五) 优化运营管理、提升创效能力，确保利润、现金流实现“双正”

1. 精雕细刻，持续开展技术挖潜

发挥中国石油在老油田挖潜方面的技术优势，发扬秘鲁6/7区在精细油藏地质研究、长停井复产、措施增产和捞油井挖潜等方面积累的技术特色，利用物探、测井和岩屑录井资料，深入研究各含油层系分布规律、采出程度和剩余油分布范围，针对老井恢复、新井实施和新层系开发强化技术研究，形成“老井挖潜稳扎稳打、新井实施高速高效、工艺技术可靠实用”的油田开发模式和配套技术系列，深入挖掘经济产量增长点，提高钻井成功率和措施有效率，以有限的投入实现最大产出。

2. 精益求精，精细生产管理

高效实施稳产增产措施。强化油井现场精细管理，采取差异化油井管理方式，挖掘油井潜力，强化开井时率，努力控递减，确保6/7区产量稳中有升。通过老井查层补孔压裂、抽油井抽吸时率优化、增加捞油井及设备等有效措施，成功逆转10区产量下滑趋势。

大力推进去无效产能工作。对低效、无效产能，分生产单元开展经济评价，分层次、分阶段开展无边际效益产量调减工作，制定详细的关停方案，强化油藏动态管理，提升油田开发水平和效益。

3. 精打细算，严控投资、成本

加强投资管控，确保项目经营效益。6/7区剩余合同期很短，长期投资产生的效益非常有限，甚至很可能无法收回成本，在这种情况下，秘鲁公司明确“五个严格控制”要求，即严格控制非义务工作量投资；严格控制非生产性投资；严格控制非环保工作投资；严格控制非安全工作投资；严格控制非法律强制性投资。对属于“五个严控”范围的投资，一律暂停、暂缓或取消。

严格成本管控，严禁无效低效支出。以成本最优为原则，基于不同业务类型，实施差异化成本控制策略，确保经营效益最大化。合理处置闲置资源，6/7区项目无法消化的资源，在秘鲁公司内部项目之间调剂消化，确保闲置资产能够有效保值。按照顾全大局、问题导向和服务发展的思路，本着最低成本实现最大效益的原则，统筹安排项目的商务公关工作，降低商务公关成本。

4. 精心管理，开源节流

坚持苦练内功，向内部挖潜要效益。优化内部资源配置，优化调整组织结构，大力推进减员增效，提高用工水平和工作效率。例如，加强10区现场管控力度，设立中方专职副总经理，提高现场工作的执行能力；转移10区富余操作人员到6/7区，输出钻井外包服务等。

注重外部开源，向承包商要效益。果断取缔不合格承包商，坚决撤换报价高、服务差的不合格承包商，充分引入市场竞争机制，加强采办管理，充分比选价格和承包商，掌握定价的主动权。例如，8区

开展生产运行、后勤服务等方面的合同复议，压减服务费243万美元等。

着眼全局，向秘鲁政府要效益。健全专项工作小组模式，成立总经理负责、各专业部门参与的专项工作组，有组织推进与秘鲁政府的谈判沟通工作。根据轻重缓急，按照“先易后难、齐头并进”工作原则，积极推进与政府合同复议工作。结合6/7区剩余合同期短的现状，科学制定谈判策略，努力降低矿费和义务工作量投资。

（六）以“互利共赢”理念创“和谐油区”，实现可持续发展

1. 推进员工本地化，营造良好的发展环境

推进员工本地化，实现中外友好交融。秘鲁公司总员工619人，其中，中方员工55人，员工本地化率达91.2%。

加强员工队伍建设，为业务发展提供保障。提供职业发展平台，制定经营管理人才培训计划，培养一批复合型国际化经营管理人才。通过跨国公司合作、研修等多种方式，培养具有国际视野、熟悉当地经营环境和国际商业规则的本地人才。构建完善有效的约束和激励机制，实现责权利的对等，建立职级晋升通道，确立员工职业生涯与公司发展相统一的职业发展管理体系，充分调动员工的积极性。切实维护本地员工的合法权益，积极改善员工生产、生活条件，保障员工身心健康。

2. 创建“和谐油区”，实现与利益相关者的互利共赢

注重绿色环保。严格遵守当地法律法规，注重对自然环境和各类资源的保护，利用老井深层污水回注工程，改变原先作业者向附近河流排放污水的方式，创建绿色环保和谐油区。

重视HSE工作。坚持“珍爱生命，安全第一，绿色发展，共享和谐”的理念，建立实施安全生产责任制度，扎实做好项目安全、稳定、防恐和应急管理工作。

加强与利益相关方的沟通交流。主动沟通，密切交流，积极合作，与当地政府、国家石油公司、合作伙伴、油区社区和工会等多个利益相关方建立和谐关系。

3. 积极履行企业社会责任，实现与本地经济社会共同发展

秉持“立足当地、共谋发展”的理念，在深入了解油田社区原有居民的生存状态、风俗习惯、组织方式等基础上，与之建立有效的沟通机制深化沟通，充分了解原有居民的诉求，实施健康援助，改善教育条件，开展职业培训，加大基础设施建设，扶持当地产业发展。

三、大型海外油气投资公司业务价值链的优化和拓展效果

（一）奠定了未来十年的发展基础

从资源基础看，2016年秘鲁公司勘探工作实现多点开花。一是58区通过效益勘探、精细管理，经济高效地完成了最低勘探义务工作量，成功保留了矿权。二是取得了显著的勘探成果。58区获得商业发现，有望实现区块大幅增值。三是10区储量入库一次性获通过，按期高质量完成报告准备，预审获得储委领导和专家的一致认可，直接通过审核，增加了项目的资源基础和公司的SEC储量。

（二）优化了中国石油在拉美地区的业务布局

秘鲁公司对其业务链的优化和拓展，进一步拓展了其石油资产的生存空间，有利于发挥中国石油的综合一体化优势，通过良好商务运作和天然气综合利用一体化项目，充分发挥中国石油的产业链一体化比较优势，降低投资成本，与57区、58区上游开发协同推进，构筑完整的天然气化工上下游产业链，实现效益最大化。

（三）显著增强了海外项目的盈利能力

从经营效益看，2016年秘鲁公司经营效益指标超预期完成。全年秘鲁公司实现销售收入3.06亿美元，完成年计划的127%。利润总额与净现金流均好于年初预期指标。单桶操作费8.6美元，比年初计划下降32%。其中，6/7区项目成功实现利润与现金流“双正”目标，实现利润总额740万美元，净现

金流 684 万美元。10 区剔除溢价摊销也成功实现利润与现金流“双正”目标。从各项指标来看，“二次创业”的成效明显。

从产量规模看，2016 年秘鲁公司油气产量稳中有升。全年油气作业当量 273.8 万吨，权益油气当量 170.6 万吨，原油（液态烃）和天然气全年生产任务均超计划完成。其中，原油（液态烃）作业产量 131 万吨，权益产量 92.9 万吨，完成年计划的 123.7%；天然气作业产量 16.6 亿立方米，权益产量 9.05 亿立方米，完成年计划的 137.1%。

（成果创造人：陈金涛、刘文涛、高金玉、王政文、纪春库、谢　刚、李勇明、李　刚、阳　辉、李怀志、吕大维、田　蕾）

火力发电机组超低排放改造工程多项目交叉并行管理

华能沁北发电有限责任公司

华能沁北发电有限责任公司（以下简称沁北电厂）于2001年12月26日成立，现有员工711人，占地面积130多公顷。沁北电厂由华能国际电力股份有限公司、河南省建设投资总公司、河南省电力公司、河南省济源市建设投资公司分别按55%、35%、5%、5%比例出资组建，是河南省“两点一线”能源布局的重要电源支撑点，在华中电网水火调剂，西电东送，改善电网结构，实现区内资源优化配置中发挥重要作用。现运行容量4400兆瓦，是华中地区第一座单机容量600兆瓦的大容量、高参数骨干电厂，也是我国600兆瓦超临界机组国产化依托电厂，是华能集团公司、华中区域容量最大的燃煤火电厂。截至2016年年底，企业资产总额125.14亿元，累计发电1717.32亿千瓦时，营业收入536.57亿元，实现利税56.46亿元。

一、火力发电机组超低排放改造工程多项目交叉并行管理背景

（一）贯彻落实国家环保战略的需要

在2020年前，我国要对燃煤机组全面实施超低排放和节能改造，对落后产能和不符合相关强制性标准要求的，要坚决淘汰关停。河南省也提出加快环保改造的要求，要求对30万千瓦及以上燃煤机组超低排放改造实施“提速扩围”，明确指出2016年采暖季前，省内所有燃煤发电机组必须完成超低排放改造。沁北电厂作为火电行业的标杆企业，义不容辞地肩负起落实国家环保战略的责任，通过超低排放改造工程的多项目交叉并行管理，确保国家环保战略落地。

（二）发展清洁高效燃煤发电，推进企业绿色发展的需要

沁北电厂作为华能集团容量最大的燃煤发电厂，资源消耗大、环境影响敏感性强，面对宏观经济下行、电力需求增速放缓、社会用电量持续下降、行业竞争不断加剧的形势，沁北电厂应用新技术，提升电厂机组节能减排改造工程管理水平，迈出企业绿色发展关键性的一步；践行华能集团“三色使命”，坚持推动环境保护和绿色发展，进行超低排放改造，有力推进企业绿色发展。

（三）提升企业核心竞争力的需要

企业的环保意识已成为市场的准入门槛，环保担当日趋成为社会对企业综合能力的衡量标准，增强环保意识、提高企业环保能力变被动接受为主动承担是提升企业核心竞争力的不二选择。沁北电厂1号、2号机组建于2002年，3号、4号机组建于2006年，5号、6号机组建于2009年，经检测多项污染物排放浓度已无法达到国家新标准的要求。由于国家环保政策的加速出台，增强项目管理、压缩改造周期，完成超低排放改造成为提高企业核心竞争力的客观需要，更是提升经济效益的有力抓手。

二、火力发电机组超低排放改造工程多项目交叉并行管理内涵和主要做法

沁北电厂为贯彻落实国家环保战略，实现“打造华能标杆，创建世界一流”的战略愿景，积极开展环保装备升级改造工作，在超低排放改造项目中坚持以“提高现场管理水平，优化现场管理方案”为中心，以“安全第一、质量为本”为前提，以技术创新为抓手，以人才队伍为支撑，科学策划、严密论证，按照“重安全、高效率、强监督”的理念建立标准流程，实施项目管理“启动—计划—实施—控制—收尾”全过程一体化管理，按照“计划—布置—检查—总结—考核”的PDCA闭环工作程序，上下一体、全员投入，确保超低排放改造保质保量按期完成，实现经济效益、社会效益、环境效益的统一，确保企业可持续发展。主要做法如下。

(一) 组建多项目交叉并行项目管理体系

1. 完善项目组织体制

华能沁北电厂成立由厂长、党委书记任组长的改造工作领导小组，下设安全质量监督、施工管理、调试启动等工作组；建立以生产厂长为组长，涵盖科研院所、专业专工、技术带头人等的技术人才网络，负责对项目管理工作给予技术支持；从各个部门抽调管理精英和技术骨干，增设大型工程项目管理办公室，具体负责改造工程的各项工作，将项目责任人从部门下沉到班组具体人。

2. 完善管理制度，实现规范管理

根据大型技改项目的要求和改造工程特点，重新修订完善《外包单位管理规定》《现场管理细则》《华能沁北电厂机组超低排放改造工程调试管理制度》等一批项目管理制度。大项目办作为项目管理的责任主体，协同安监部修订完善《生产安全事故综合应急预案》等 53 项应急预案，完成重大危险源的现场检查、评估工作，进一步降低现场作业风险。修订或新增《大型技改项目管理细则》《多项目交叉并行管理标准》等厂级管理制度和工作标准。这些制度从多项目交叉并行的要求出发，对责任划分、工作标准、工期节点、考核情况做出严格规定。

3. 引入项目管理工具，实现多项目交叉并行标准化管理

根据项目规划，通过引入一些成熟、先进的项目管理方法及工具，如项目网络图、甘特图、关键路径法、网络计划时间参数计算等，提高整体生产能力和技术水平。同时，大项目办根据所辖项目特点和项目前期管理、施工管理、总结、验收、后评价等不同阶段的不同要求，结合上级公司和电厂各项管理制度，建立项目全过程管理台账，记录项目关键节点内容，扫描存档，记录项目管理痕迹，记录项目管理中存在的问题及解决方法，为后续工作推进积累经验，项目台账实行表格化管理，为标准化管理创造条件。在推进项目前期工作的同时，积极谋划项目施工管理，成立项目施工管理小组，明确负责人及责任，制作项目管理表格，为项目总结和后评价积累资料，实现多项目交叉并行全工艺流程标准化管理的目标。

(二) 科学规划并总体设计改造项目

沁北电厂一年内要完成六台机组超低排放改造，同时要完成 171.55 亿千瓦时发电量计划。沁北电厂采取先易后难的方式，通过科学谋划、整体统筹，做到改造与机组运行时间和空间的完美结合。

1. 优化改造工序

沁北电厂 6 台机组超低排放改造经充分调研，在选择适合煤质的基础上，确定改造技术路线。6 台改造机组中，两台百万机组和 4 台 60 万机组改造各有特点，百万机组投产时间晚，烟囱已是钛钢内筒，改造项目相对较少，施工难度相对较小；60 万机组投产时间早，改造煤质硫份高，改造内容较多，施工难度相对较大，另外，相比百万机组，还增加空预器改造和烟囱防腐改造，其中，烟囱改造一般需要 8 至 12 个月，脱硫双塔改造一般需要 6 个月，由于两项改造均在同一空间作业，改造空间狭小，改造难度极大。

沁北电厂综合考虑发电计划、改造难度和改造任务，决定烟囱改造和脱硫双塔改造必须在上半年开工，且不能长时间影响机组正常运行。经充分调研和与地方政府沟通，选择在脱硫出口建设临时烟囱，临时烟囱建设后，烟囱和二级吸收塔建设可以开工，同时机组可以正常运行，解决施工和机组运行的矛盾。同时在上半年逐台完成两台百万机组改造，保证全厂 45.5%容量机组改造完成。迎峰度夏抢发电量期间全厂机组均可以有效备用，满足发电计划要求。

沁北电厂在总体改造规划和设计的基础上，抓住关键点，重点谋划烟囱防腐改造项目。在科学谋划、精心调研和公开招标的基础上，将烟囱改造分为设计、施工和钛钢复合板采购三个标段，按照最有利原则通过公开招标选择设计能力强的设计单位，选择施工方案最优、施工业绩最好、施工质量最高的

施工单位，选择国内业绩多、质量好、能够保证供货的钛钢复合板供货单位。科学设计较为有力的改造工序和施工计划，为完成全年改造任务和发电量计划奠定坚实的基础。

2. 充分发挥 PDCA 闭环管理的作用

每日发布改造日报，每周、每月、每季发布施工进度和关键措施落实情况。强调“计划—布置—检查—总结—考核”的 PDCA 闭环工作程序，不断对项目计划进行修正，克服项目管理过程中的习惯性思维和行为，积极探索新的多项目管理方法和手段。沁北电厂通过正向激励和反向约束，促进外包自主管理，充分发挥外包队伍主观能动性，将“失职追责”的安全生产责任制纳入外包安全生产管理考核体系，有效督导各单位认真落实安全生产主体责任，强化各项安全管理工作，保障本单位安全监督管理机制的高效运转，严格按照“一厂出事故、万厂受教育”要求吸取事故教训，排查设备隐患，不断促进本单位安全生产管理水平的提升。

（三）加强组织领导，实现多方位资源整合

1. 发挥项目协同效应，实现多方位资源整合

沁北电厂不断整合社会资源，逐步组建政府指导、上级公司把关、电网公司关怀、沁北电厂为核心和纽带、社会各方协同参与的协同机制。一是全过程及时向政府部门、上级公司、电网公司及时沟通报告，争取政策资源，在项目的相关政策导向、预算计划、业务流程等方面寻求帮助和支持。二是积极与科研机构沟通，在厂部建立以生产厂长为组长的技术人才网络，共同研究攻关改造项目关键难点，整合技术资源，为多项目交叉并行奠定坚实的技术基础。三是对内积极宣传发动，号召各方面无条件支持项目建设，整合内部资源。各职能部门建立“绿色通道”，多方面给予最优、最快、最全面的服务。四是对相关参建单位高标准、严要求，邀请各重点参建单位的上级主管领导到厂，贯彻思想、传递压力，确保参建单位以高度的责任感与电厂一道攻克难关。

2. 实行多项目交叉并行管理，高效有序优质完成施工

为更好地达到多项目协同管理，增设大项目管理办公室，应用“均衡受控、高效有序、信息畅通、应变灵活”的多项目管理思想，对超低排放所有项目进行统一管理，对人员、资金、物资等企业资源统一安排调配，对项目的实时运行按照多项目管理模式进行管理。这些项目的设备物资采购、工程招标、工程结算等工作，由大项目管理办公室统一协调管理。超低排放项目施工组只负责安装、施工等项目实施任务，其他职能部门的关系协调也由大项目管理办公室负责。对这些项目的监控，除日常的听取汇报和现场检查外，电厂改造领导小组、各职能部门会定期和不定期地对这些项目的实施情况进行监督检查，发现问题及时提出整改。

沁北电厂在确定对超低排放所有项目实行统一管理、设置大项目管理办公室后，建立一整套项目管理运行制度，从项目的整体管理、范围管理、时间管理、费用管理、人力资源管理、沟通管理、质量管理、风险管理、采购管理九个方面提高项目管理规范化的要求，增强项目交叉并行管理的基础，同时按照统一管理的原则，加入多项目管理的理念，组织管理技改项目的全过程。通过这种多项目并行管理模式的施行，超低排放改造工程解决了以往技改项目在工期、资金、工艺效果等方面的积弊，较好地完成了 6 台机组超低排放改造。

（四）加强现场管理，确保施工安全

沁北电厂将“诚信、安全、和谐、共赢”八字方针作为施工现场参建单位管理的原则和方法，贯彻改造工作始终。以外包规范化管理为抓手，将施工安全为第一责任，绘制大型技改项目管理流程图，严格按照程序把控，确保施工安全。

1. 把严入厂关口，源头把控施工安全

一是严格选择入厂施工单位。二是加强入厂人员的安全管控。三是把控入厂的施工工器具及安全劳

动防护用品，对所有入厂工器具和劳动防护用品严格检验。四是针对新入厂外包单位，要求必须在现场储备充足的应急救援药品，将应急预案保障体系落到实处。五是与外包队伍签订《安全生产责任告知书》，引导和帮助外包生产经营单位建立健全自身的安全生产责任制，监督其安全投入能够满足安全生产的需要。

2. 强化红线意识，落实三级安全教育培训

一是强化入厂安全培训，将三级安全教育培训工作落到实处，从电厂到班组层层递进，强化安全教育培训效果。二是通过日常的安全学习，对施工人员不间断地进行现场危险点及事故案例的讲解，提高施工人员的安全意识。三是以沁北电厂安全生产“五条红线”为重点，对参建单位进行规章制度和管理流程宣贯，并强化红线意识，对违反安全生产“五条红线”规定的，不能认真落实安全生产责任的，坚决一票否决，坚决清除出场。

3. 深度参与协作，统筹多项目交叉施工管理

一是针对工期紧、部分项目存在设计定稿及时性差等情况，沁北电厂深度参与设计、施工和验收等各个环节，确保施工安全及施工质量可靠性。二是依托电厂，组织进行现场图纸会审，使施工单位明确技术重点和难点；会审中发现与现场实际不符的部分，及时进行设计变更；同时要求主要设计人员长期驻厂，随时解决施工过程中的设计问题。为保证现场施工进度，在1～4号机组改造期间，沁北电厂邀请现场重点施工单位企业领导到厂统一进行协调，由施工单位立军令状，在保证安全、质量的前提下，按照进度节点完成施工任务。三是依托外包规范化管理试点积累的经验，深入关注施工人员的生活水平，组织人员对外包单位驻地进行专项抽查，要求外包单位提高施工人员住宿以及饮食水平，保障饮食安全，保障施工人员身体健康。

4. 严把质量关，实行三级验收

为进一步加强沁北电厂施工质量，将隐患杜绝在源头，确保最终施工成果，领导小组专门建立超低改造原材料入库出库一体化管理，严把材料关，确保施工质量、降低验收烦琐程序，保证改造工程质量。比如，发生材料设备不能及时到位情况时，沁北电厂根据进度计划中施工及材料进厂的先后次序，统筹安排，安排专人对重点设备进行催货。加强入厂验收制度，对所有入厂设备材料进行现场见证复检，杜绝设备质量隐患。同时，质量验收实行施工单位自检、监理单位和业主单位复检的三级验收制度。根据工程实际情况编制验收实施细则、质量验收评定标准，对施工过程进行巡视、旁站、隐蔽工程检查的质量控制把关。

（五）加强质量管理，确保施工质量和进度

沁北电厂机组超低排放改造作业面较广，设计施工人员较多，施工场地受限，交叉作业普遍，动火作业、吊装作业多。沁北电厂通过加强现场风险管控，分析现场存在的危险源等管理方法，进一步强化主体责任，实行分片、分专业进行全过程、全天候的网格化安全监督管理，调整优化进度计划，确保项目改造的进度控制。

1. 科学论证方案，落实应急预案保障体系

沁北电厂组织监理、参建单位根据项目的特性，编制详细的专项施工方案，通过反复论证审核后予以实施，确保施工方案科学、经济、合理。在项目控制方法上采用事前控制和事中控制相结合的方式，事后控制进行补充。同时，针对复杂性和危险性大的重点项目，制定专项应急预案，并组织多次应急演练，提高施工人员自我保护和应急救援能力，确保应急预案保障体系的落实。

2. 实行网格化管理

沁北电厂按照精细化管理的思路和要求，以及施工特点和管理划分，对施工现场进行区域划分，实行网格化管理。进入现场的外包施工人员按区域，实行不同颜色的着装标识，悬挂外包施工人员信息

牌，实现对责任人的准确定位和查找。电厂管理人员和监理人员按工程特性进行分区划片，明确各自职责，确保每一个作业面有专人负责、有专人管理，各级作业面负责人对所辖区域作业任务全程监督、一跟到底。

3. 优化施工现场统筹，实现项目交叉管理精细化

沁北电厂安全管理人员每天参加外包单位的班前会和班后会，协助并督促外包工程负责人开展日常管理工作，积极开展现场风险管控工作，辨识施工中的危险点，向施工人员交代预控措施的落实情况及安全注意事项，总结在当天施工过程中出现的违章及整改情况。针对高风险作业，实施全过程全天候监护，组织安监、大项目办、监理等相关专业管理人员进行专项旁站监督，现场监护人员 24 小时倒班监督巡查，履行现场签到手续，确保施工安全。

（六）发挥党组织在项目建设中的政治核心作用

沁北电厂党委探索党建工作与中心工作融合、促进、发展的途径和方法，在大型技改项目管理过程中全面铺展党建工作，以党建激发项目建设的内生动力，为项目的安全建设提供助力。

1. 找准党建工作着力点

沁北电厂以党建工作为核心，建设临时党支部，推动党建工作由被动向主动转变，由封闭式向开放式转变。有效解决项目工期紧、任务重、人数多、风险大、难管控等问题。充分调动广大党员的积极性，使党员敢做事、能做事，使职工群众做事有范本、有动力。针对 5 号机组中存在的问题，沁北电厂确立在 6 号机组改造工作中，成立大型技改项目临时党支部，吸纳外包队伍中的党员，统筹协调各部门、外包单位打破行政划分，由主管厂领导担任支部书记、主要管理和技术人员担任委员及小组长、成员包括电厂和外包单位所有参建党员，制定工作目标和实施方案，制定党员示范行动的具体规划，指明电厂及外包党员参与示范行动的方式，选定一批素质过硬、业绩优秀、群众认可的党员先进个人和集体作为示范典型，构建形成完备的共产党员示范体系，充分发挥党支部战斗堡垒作用和党员先锋模范作用，形成“人人抓改造、促改造”的总动员格局。

在开展超低改造工作中，临时党支部专门组建项目党员突击队，专人专项具体负责，责任落实到人。发挥宣传优势，赢得 13 家施工队伍对项目建设的支持。沁北电厂充分发挥党的理论优势和宣传优势，成立临时党小组 5 个，党员突击队 3 个，党员志愿服务站 3 个，以党员突击队、党员示范岗为载体，开展以党员为一线堡垒的“比学赶超”竞争机制，调动广大群众的积极性。在烟囱防腐改造工程基础浇筑关键节点，党员突击队 48 小时轮流作业，保证施工节点，临时党支部成员还被评为“优秀共产党员”。

2. 以党建工作推进项目建设

临时党支部在厂党委的领导和支持下，以“三型”党支部为目标，通过定期召开党员大会、支委会、党小组会，推进工作、解决问题，把参建的部门、单位和全体党员凝集到一起，形成工作合力。组织开展“佩戴党徽亮身份”“党员示范岗”“党员示范工作区”“党员突击队”“党员技术攻关小组”和“党员管理创新工作室”等形式多样、内容丰富的党员示范行动，大力宣传先进典型，形成良好舆论导向，充分调动广大党员的积极性，发挥示范效应，用实际行动感染广大职工群众，形成凝聚人心的强磁场。比如，在 6 号机组超低排放改造中，要求在 3 天内人工清理完成吸收塔内部近 800 立方米的积泥，沁北电厂超低排放党小组协调各个施工单位人员多方参与，党员同志充分发挥模范先锋作用，经过 3 昼夜的奋战，完成吸收塔内部积泥的清理工作，为顺利完成改造做出重要贡献。

3. 推广建立临时党支部的实施方法

沁北电厂认真总结临时党支部管理流程及方法，在改造及检修过程中推广实施，提升施工人员积极性，提高施工效率，有效缩短施工周期。沁北电厂 4 台 60 万机组同时改造，其间还要进行 4 号机组定

检和其余3台机组临检，电厂将6号机组大型技改项目开展党建工作的经验进行推广，成立4台60万机组超低排放改造临时党支部，深化和发展“党员示范行动”，面向所有参加60万机组超低排放改造工作的部门、外包单位和个人开展创先争优和评选表彰活动，激发员工内生动力，“人人争先进、个个比贡献”，使党建工作更有针对性、更富活力、更有效果，确保按期高质量地完成技改工作。

三、火力发电机组超低排放改造工程多项目交叉并行管理效果

（一）减少了污染物排放，助力生态文明建设

济源市环保局的监测数据显示，超低排放改造后，沁北电厂6台机组改造完成后的烟尘减排在88%以上，约1190吨/年；二氧化硫减排在78%以上，约4999吨/年；氮氧化物减排在50%以上，约3135吨/年，满足济源市绿色发展的需要，对加强生态文明建设，落实“以电代煤”、优化能源结构，降低雾霾污染起到重大作用。

（二）推进了节能减排，促进了企业绿色发展

2017年，河南省发改委印发文件，明确对未完成超低排放改造的机组不再安排基础电量计划。沁北电厂及时完成改造，对保障企业经济效益有重大作用。完成排放标准改造后，完成供电煤耗283.34克/千瓦时，同比降低2.73克/千瓦时；厂用电率为3.23%，同比降低0.11个百分点。按照华中电网考核办法，沁北电厂5号、6号机组分别增加200小时发电利用小时数，6台机组均取得超低排放补贴电价，进一步增加了单位发电利润。沁北电厂以环保排放“零超标”为目标，取得安全与效益的双丰收，同时也成为河南省绿色发展的示范典型。

（三）提高了企业核心竞争力，实现了企业可持续发展

沁北电厂通过设备超低排放改造大型技改，实施多项目交叉并行管理，短期内完成国家环保减排任务，得到了电网公司、环保部门的高度赞誉，实现机组“可用、可调、可靠、可信”，对电网的安全经济运行发挥了重要的支撑作用，为行业超低排放改造提供了示范经验。同时，沁北电厂积极响应打赢环保治理攻坚战的号召，走出一条高效益、高增长、低消耗、低污染的可持续发展之路，提高了企业核心竞争力，实现了企业可持续发展。

（成果创造人：钱　辉、韩吉亮、赵德清、庞　博、
李建高、李吉峰、李福林、吕炳燕、郭小丰）

跨多国天然气管道利益相关方共享价值管理

中亚管道有限公司

中亚管道有限公司（以下简称中亚管道公司）于2016年4月注册成立，是中国石油天然气集团公司所属全资子公司。中亚管道公司前身是中石油中亚天然气管道有限公司。中石油中亚天然气管道有限公司于2007年注册成立，原为中石油集团的全资子公司，2015年完成股权重组后，中石油集团和国新国际集团各持股50%。中亚管道公司主要承担中石油集团在中亚地区的天然气管道投资、建设和运营业务。其负责建设和运营的中亚天然气管道项目，是我国第一条境外跨多国进口天然气管道项目，是保障我国能源安全的四大战略能源通道之一。

2016年7月，中亚管道公司进行业务重组，中哈原油管道、哈萨克斯坦西北原油管道纳入公司统一管理。目前，中亚管道公司下辖9个合资合作公司，建设和运营5条天然气管道、2条原油管道，业务范围覆盖乌兹别克斯坦、哈萨克斯坦、塔吉克斯坦、吉尔吉斯斯坦、中国五个国家，管道总长超过10000公里，现有管输能力天然气570亿方/年、原油2600万吨/年，国内保供能力天然气510亿方/年、原油2000万吨/年。

一、跨多国天然气管道利益相关方共享价值管理背景

（一）跨国战略管道项目建设运营的客观需要

中亚天然气管道项目是一项具有重大战略意义的工程。一方面，这是一项关系到能源安全的国家战略项目，作为保障我国能源安全的四大战略能源通道之一，能够满足我国日益增长的清洁能源消费需求。管道累计向国内输送天然气超过1500亿方，惠及25个省、市、自治区近5亿人口，已经成为国内天然气消费的重要供应来源。另一方面，这又是一项关系到多国利益的跨国战略合作项目，作为“一带一路”倡议第一个取得实质进展的基础设施项目，对重塑中亚地区天然气进出口格局具有关键作用。中亚天然气管道的建设，促进了中亚地区天然气出口多元化，实现了我国与中亚国家能源基础设施互相联通，有效践行了我国“一带一路”倡议和发展理念。由此可见，保障管道如期顺利建成并实现安全平稳运行，关系到多个国家的共同利益，必须采取共享价值方式，确保管道建设运营目标的实现。

（二）化解复杂环境风险的必然选择

中亚天然气管道项目环境复杂，面临多重风险。首先，中亚地区环境复杂、风险集聚。中亚地区地缘政治关系复杂，国家间博弈给管道项目实施带来巨大挑战。同时，过境国政治并不稳定，法律政策多变，投资环境较差，汇率风险增大，增加了企业经营管理难度。再加上近年来恐怖势力活跃，社会安全状况日趋恶化，也给管道建设和运行带来了极大的威胁。其次，相关参与主体的利益诉求存在冲突。从国家层面来看，资源国、过境国和进口国都有各自的利益诉求，有些诉求甚至存在相互冲突和矛盾。从管道运行阶段来看，涉及“产、供、销、用”各环节多个利益相关方，不同的相关方利益诉求差异较大，要实现上游资源与下游市场供需平衡、相互匹配，保障管道平稳运行，中亚管道公司面临的协调难度较大。最后，各国管理能力和技术水平差异较大。我国与中亚国家在管理理念和文化、施工技术和标准、管理方法和手段等方面存在较大差异，且许多方面并无先例可循，需要中亚管道公司在实践中探索跨多国项目组织与跨文化管理方法。在此背景下，需要协调与平衡不同利益主体的诉求与期望，引领与带动不同利益主体来共同创造并分享价值。

（三）现代企业管理发展的必然趋势

在全球新一轮科技革命和产业变革背景下，共享经济模式迅速崛起，要求现代企业的管理模式做出相应的转变。大力发展共享经济，已经成为我国优化资源配置、化解过剩产能、培育发展新动能的重要举措，企业作为宏观经济运行的微观主体，也必须顺应这种大趋势，迅速转变经营理念和管理模式，从单纯追求自身利益最大化，向与利益相关方共同创造并分享价值转变。

二、跨多国天然气管道利益相关方共享价值管理内涵和主要做法

中亚管道公司始终坚持国家战略目标与公司发展目标高度统一，明确“确保中方核心利益，关注合作方合理诉求，合作共赢，共同发展”的指导思想，以“企业与利益相关方共赢”为管理目标，推动与利益相关方的价值共识、价值共创和价值共享。高度关注利益相关方的诉求，对企业全生命周期的利益相关方进行识别，并剖析每一个利益相关方的诉求和期望，寻找最适合方式，建立利益相关方参与合作机制，开展与利益相关方的价值共创，最终实现利益相关方价值共享。主要做法如下。

（一）基于全生命周期，识别与分析利益相关方

1. 开展全生命周期利益相关方识别

利益相关方是指在项目前期、管道建设与运营全过程中与中亚管道公司存在相互影响的各类群体。中亚管道公司采用历史数据分析、调研访谈、问卷调查、委托课题研究等相结合的方法，收集相关信息，系统梳理利益相关方及其主要诉求。在此基础上，根据不同利益相关方对于管理目标实现的影响程度，划分相应的类别，实施差异化管理。

2. 利益相关方诉求及影响分析

中亚管道公司通过相关课题研究、社区影响评估、居民诉求征集等多种途径和方法，对利益相关方的影响程度进行全面评估，经过深入的分析，明确利益相关方的核心诉求及其影响程度，如表1所示。

表1　中亚管道公司利益相关方诉求及影响分析

利益相关方	核心利益诉求	影响程度
外方股东	按期完工投产，尽早得到投资回报	高
中方股东	按期完工投产，确保长期平稳运行	高
中方政府	按期完工投产，满足国内天然气消费需求	高
资源国政府	增加输气量，通过天然气销售获取经济收益，同时实现天然气出口多元化	高
过境国政府	带动本国税收和就业，提升本国队伍素质，在过境同时下载天然气供本国消费	高
供应商	保持材料和设备稳定采购，并能按期收回货款	高
承包商	多承担工程量，确保项目在实施过程中的收益	高
监理单位	业主、承包商等配合监理工作，工程符合预期要求	高
咨询机构	通过提供人才、技术和管理知识获取收益	高
金融机构	项目顺利投产，按期收回贷款本金和利息	中
沿线社区	尽量减少对当地居民正常生活造成的影响，避免对社区生态环境产生破坏	中
终端用户	确保天然气稳定供应，控制合理的消费价格	低
新闻媒体	及时了解项目进展以及运营情况的真实信息	低
企业员工	获得合理劳动报酬、福利待遇以及个人发展机会	高

（二）划分利益相关方类别，构建针对性合作机制

针对每一个利益相关方进行深入分析，挖掘其具备的资源、技术和管理等方面的优势，并分析其合作的意愿，研究设计适当的参与机制，如表2所示。

表2 中亚管道公司利益相关方优势及参与合作机制分析

利益相关方	核心优势	合作意愿	参与合作机制
外方股东	熟悉当地政策环境，能够争取政府相关部门的支持	高	采取协议和股权合作方式，降低资金成本，保障投资收益
中方股东	拥有丰富的海外经营经验，与哈萨克斯坦良好的合作基础	高	采取协议和股权合作方式，降低资金成本，
保障投资收益中方政府	国家领导人高度重视，能够提供便利，开辟绿色通道	高	建立政府间合作协调机制，争取相关政策支持
资源国政府	拥有丰富的天然气资源，影响管道的运输量和管输费收入	高	建立政府间合作协调机制，签订长期购气协议
过境国政府	拥有多项相关政策制定权，能够帮助协调沿线征占地等事宜	中	建立政府间合作协调机制，遵守劳务等相关规定
供应商	按期提供高质量的材料和设备，拥有一定技术创新能力	低	实行公开、透明的招标采购管理，促进供应商产品升级与技术提升
承包商	掌握工程施工建设所需的人力和技术等资源	低	联合控制工期、质量和成本，帮助完善安全管理体系
监理单位	掌握优秀的监理人才和先进的管理方法	中	聘请国际知名监理机构，积极配合开展监理工作
咨询机构	掌握先进的人才、技术和管理知识等资源	中	聘请国际知名咨询机构，共同研究创新适合项目的管理方法
金融机构	可提供项目所需的大笔资金	中	提供项目投、收益及风险的真实信息，按期偿还利息和本金
沿线社区	占有管道途经的土地资源	中	支付合理的占地补偿费用，尊重民族风俗习惯，保护生态环境
终端用户	是天然气市场消费的主体	中	保障管道安全平稳运行，宣传天然气价格政策、用气安全等信息
新闻媒体	拥有广泛的新闻受众，可帮助企业提升品牌形象，获得社会认可	中	及时、准确地披露对社会有影响的企业信息，举办开放日等活动
企业员工	是企业管理目标实现的主体，具有执行企业决策的知识和能力	高	保障员工安全与合理薪酬福利，提供员工成长机会和晋升通道

1. 明确与东道国政府和外方股东的合作机制

面对中亚国家关系复杂、矛盾较多且难以协调等特殊环境，打破以往国际长输跨国管道以“同一项目公司”和“联合体”形式为主的“多边合作”模式，规避中亚国家错综复杂的地缘政治风险，降低并减少多边磋商、协调一致的时间成本和经济成本，开展“双边合作”，按管道过境国分别设立合资公司，中亚管道公司在各段管道持股50%，为同一条管道系统、多个项目公司之间建立中方主导、统一掌控协调机制。通过采取“分国分段建设和运营”的项目组织和管理模式，突出中方在双边合作中的优势，快速优质推动项目实施，同时利用在各过境国合资公司持有股权的优势，形成中方对管道整体建设和运行在管理上的掌控，在兼顾外方合理诉求的同时，确保中方国家战略型管道核心利益实现。

中亚天然气管道项目启动后，中国政府与管道过境国政府分别签署《政府间协议》，中方股东与外

方股东分别签署《企业间协议》，合资公司建立《合资公司章程》，明确政府、股东、企业的责任、权利和义务，奠定多方协作和参与的基础。中亚管道公司设立股东事务部，专门负责协调股东会议、日常联系与沟通等相关事务。在具体管理工作中，严格执行《合资公司章程》，尊重和保护外方股东的利益。关系合资公司发展的重大事项，坚决执行规范的决策程序。日常管理中遇到问题，及时与外方股东进行沟通协调，共同指导合资公司建立完善管理体系，并把中方的优秀管理实践向合资公司进行推广。

2. 明确与商业伙伴的合作机制

在管道建设期，充分发挥中石油综合一体化优势，实现对项目的基本掌控，同时结合国际化运作模式和优质的国际资源，创新项目建设管理模式，有效消除商业伙伴间的利益分歧。在项目前期准备、设计、采购、施工阶段，充分利用中石油集团的内部资源，大规模采用工序交叉、协同工作、并行执行等手段，在充分发挥中方主导力量，打破常规工程管理方法的同时，严控各个环节质量，确保各环节之间紧密衔接。采取"业主＋PMC＋第三方监理＋EPC"国际化项目管理模式，通过"强"业主扩大中方股东介入项目施工管理程度；对PMC实施"柔"性管理，利用德国ILF公司严谨规范的管理，强化PMC作为独立第三方在技术与管理方面的权威，统一股东之间在技术标准、操作规范方面的分歧；放宽第三方监理管理范围，聘用国际知名监理公司，将国际化的质量管理贯穿整个工程的管理链条。通过多方通力合作，项目实现三个百分百：入场物资设备合格率100％，特殊工种持证上岗率100％，单项工程质量合格率100％。

进入运营期，为创造一个"目标统一、责任共担、协调有力、合作共赢"的跨多国管道运营环境，中亚管道公司在充分沟通、交流基础上，围绕"中方有效掌控"和"全线输气能力保障"的核心利益，构建"四国多方跨国运行协调机制"，以国内市场动态需求为导向，以购气和输气合同为基础，协调土库曼斯坦、乌兹别克斯坦、哈萨克斯坦、中国四国，推动中石油国际事业公司、中国石油北京油气调控中心、阿姆河天然气公司、土国康采恩、中乌天然气管道公司、中哈天然气管道公司等运营相关方共同开展工作。组建"土－乌－哈－中天然气管道运行协调委员会"，形成管道运行日常业务协调沟通机制，规范上下游生产运行工作程序，统一制订输气计划、统一制订检修计划、统一制订运行方案、统一下达调度指令、统一协调应急处置，达到中亚进口气与国产气产运销平衡，保证项目投产后安全、平稳、高效运行。

3. 明确中外方员工合作机制

一是不断完善安全管理体系，切实保障员工安全，覆盖员工工作与生活的各个方面，有效保障员工的健康和安全。二是平等对待中方和外方员工，提供语言、专业等方面的培训机会。建立网络课堂和企业大学，邀请外方员工到中国接受语言和技能培训，同时推荐中方员工到国外进修，并提供多种路径的晋升通道。三是建立科学规范的员工绩效管理体系，完善激励与约束机制，从哈萨克斯坦PK石油公司引入全员绩效管理工具，与平衡计分卡及关键绩效指标有机结合、相互补充。

4. 明确与沿线社区的合作机制

高度关注沿线社区居民生活，通过传统文化传承、员工培训及文化交流活动等方式，要求所有员工理解和尊重当地风俗、文化和宗教信仰。每逢当地节日或者沿线居民家中婚丧嫁娶等重要日期，公司员工主动参与节日庆祝活动，上门拜访居民并送上小礼物，获得沿线社区的认可与赞赏。

重视管道建设与运行过程中对环境的扰动，联合施工单位、监理单位以及沿线社区，共同保护生态环境。在项目前期的管道路由选线，以及项目可研、设计阶段，尽量避开自然保护区、生态脆弱区，尽量少占用农耕地，减少征占、压埋地表和植被的范围。施工开始前，按照环评报告书、水土保持方案及其批复要求委托开展环境监理、水土保持监理、水土保持监测工作。施工过程中，控制施工场地占地，尽量避开植被良好区，合理安排施工，减少开挖量和废弃量。施工结束后，做好地貌恢复、植被恢复、弃渣（土）处理。

（三）开展利益相关方沟通管理

1. 引入国际化的标准和管理，推动中外方达成利益共识

在建设期，引进 ILF 和 MOODY 国际知名公司，利用其强大的技术优势和权威性，推动外方接受欧美设计、施工和质量管理标准，确保中亚天然气管道项目工程质量；通过技术交流及引入俄罗斯权威专家，说服乌兹别克斯坦、哈萨克斯坦两国专家接受中方技术方案，在管材的选取上接受中方螺旋管选型方案，将管材供货进度控制在中方手里。

在运行阶段，邀请世界知名管道完整性管理专家为合资公司员工进行专项培训，推动管道完整性管理在合资公司推广应用；组织合资公司外方技术专家来中国访问交流，推动中国先进的局部氮气置换换管维抢修技术在当地的应用；组织合资公司维抢修比武竞赛，使外方主动接受并学习中方先进技术；开展运行技术和 HSE 管理标准制定，以体系完整、标准先进的技术标准引领合资公司技术管理水平提升。

2. 以基地为窗口展示企业信息

为加强与各利益相关方的沟通，中亚管道公司把总部的办公场所、海外的每一个站场、国内的每一个计量站都作为展示企业信息的重要窗口。例如，由于霍尔果斯和阿拉山口两个计量站地处祖国边境，中亚管道公司结合边境特色开展宣传工作。在阿拉山口边境的博物馆内，专门设有展厅介绍中亚天然气管道的建立历程和重大意义。

3. 以报刊为载体加强信息披露

中亚管道公司作为中石油集团的二级子公司，是集团在中亚地区海外业务的运营主体。中亚管道公司主动向集团汇报项目建设和运营情况，同时借助中石油集团的《年度报告》《社会责任报告》《绿色发展报告》《海外运营报告》等作为重要载体，向更广泛的利益相关方披露信息。此外，及时总结提炼项目建设和运营中的重大技术和管理创新成果，通过期刊发表、参与评奖、座谈交流等多种途径，向兄弟企业、行业专家等相关群体进行传播。

4. 以活动为桥梁面对面沟通

举办丰富多彩的交流活动，为利益相关方提供零距离的沟通机会。邀请政府、合作伙伴、专家、媒体、社区居民等外部利益相关方走进企业，参观办公场所和工作现场，与公司领导和员工进行面对面交流，促进相互理解和文化交流，向中亚地区的人民展示中国人民的友好和传统中方文化。

三、跨多国天然气管道利益相关方共享价值管理效果

（一）确保安全平稳运营，创造显著经济效益

2009 年年底，中亚管道公司仅用 28 个月就实现了中亚 A/B 线建成投产，按期完成国家和中石油集团交给的任务。中亚天然气管道自投产以来，实现安全平稳运行。截至 2017 年 4 月 14 日，天然气管道安全运行 2692 天，累计输气超过 1700 亿方，累计安全生产 1.9 亿人工时，车辆安全行驶 2.5 亿公里，未发生重大安全事故。

中亚天然气管道项目在顺利投产之后，已经实现并超过了预期的收益，切实保障中外股东投资收益。2010—2016 年，中亚天然气管道管输收入超过 130 亿美元。

（二）保障我国经济社会发展能源需求，带动相关产业发展

中亚天然气管道的建设和运行，保障了我国经济社会发展巨大的能源需求，有效缓解了我国天然气供应的紧张局面，提高了天然气供应保障程度，确保了经济保持平稳运行。截至 2017 年 4 月 14 日，中亚管道公司累计向中国供应天然气 1756 亿方，圆满完成了天然气保供尤其是冬季保供的任务。其中，2016—2017 年冬季保供期间，中亚天然气向国内供气量占同期中石油国内总销售量的 30%；目前，通

过管道每年向中国供应天然气超过 300 亿方，中亚天然气累计向国内供气量占同期中石油进口总量的 50%。

此外，在采购、分包、投资等多个环节，带动了国内相关产业的发展。例如，在管道建设中，成功推动超过一半的钢管、管件等主要设备采办来自中国，超过一半的施工总承包工程量由中国工程队伍承担。

（三）为东道国创造显著经济社会效益

截至 2016 年年底，中亚管道公司累计为沿线国家贡献税收超过 20 亿美元，带动沿线国家施工建设、油服、管道运行等相关行业企业的业务发展，促进沿线各国管道建设行业发展和标准提升，创造了可观的经济效益。此外，中亚管道公司严格执行属地化用工，员工属地化率接近 80%，截至 2016 年年底，中亚管道公司累计为沿线国家提供长期就业 2300 余个，建设高峰期创造临时就业 2 万余个。

（成果创造人：孟繁春、孟向东、张少峰、金庆国、曹　伟、张　鹏、钟　凡、李　琳、钱亚林、刘　涛、王立军、关新来）

石油钻探企业以低碳、环保为核心的绿色钻井生产管理

中国石油集团渤海钻探工程有限公司

中国石油集团渤海钻探工程有限公司（以下简称渤海钻探）是中国石油天然气集团公司直属石油工程技术服务企业，主营业务包括石油钻井工程、井下作业工程、定向井技术服务、泥浆技术服务、测井技术服务、油气合作开发、石油钻采工程技术研究等 19 项业务，施工队伍遍及华北、大港、新疆、青海等 10 多个国内油气田和印度尼西亚、委内瑞拉、伊拉克等 8 个国际市场。渤海钻探下设所属单位 24 个，用工总量 2.48 万人，资产总额 294 亿元。

一、石油钻探企业以低碳、环保为核心的绿色钻井生产管理背景

（一）改变高污染高消耗现状的迫切需求

由于深井复杂井的增多，渤海钻探钻井能耗持续增长，在这种情况下，如果沿用传统生产方式，综合能耗将持续居高不下，造成成本和污染物排放急剧增加，影响企业持续、健康发展。因此，必须从转变经营方式入手，大力推进低碳、环保发展，探索建立资源循环利用、污染达标排放、能源消耗最低的绿色钻井生产链，推动资源型企业转型升级、稳健发展。

（二）提升市场竞争能力的必然要求

随着国内石油开发难度的日趋增大和储量递减，企业竞争日益激烈。一方面，国内钻探业务快速发展，生产规模逐年扩大，工程造价持续压缩，原材料价格不断上涨，人工成本逐年加大；另一方面，勘探对象日趋复杂、作业难度不断加大、深井和复杂结构井持续增多，钻探风险空前增大。在这种环境下，施工周期相应延长，能源及材料消耗不断增加，面临的不确定性因素增多，削弱钻探企业的市场竞争力。为此，只有通过推行以低碳、环保为核心的绿色钻井生产，持续推进节支降耗，才能不断提升市场竞争能力，增强企业发展后劲。

（三）提高企业经济效益的有效手段

近年来，石油钻探市场“量价齐跌”，石油钻探企业经营上面临严峻挑战。在工作量方面，受中石油勘探开发投资大幅缩减、部分油田调整招标方式等因素影响，渤海钻探市场份额大幅收缩。在服务价格方面，国家为了调动非公有制经济活力，激励更多民营队伍进入石油领域，工程技术服务市场进一步开放，行业竞争加剧；同时中石油调整了绩效考核政策，净利润考核权重由 40%提高到 70%，超交利润与工资指标挂钩，实行 3 ∶ 7 分成，油田公司向乙方进一步传递经营压力，导致石油钻探企业工程技术服务价格逐步下行。在这种形势下，石油钻探企业必须不断降低生产消耗，才能取得更大的经济效益。

（四）履行环境保护社会责任的必然选择

渤海钻探国内市场主要分布在华北、大港、新疆、青海等 10 多个国内油气田，作业范围涉及滩海、草原、池塘、居民区及海南国际旅游岛，这些区域环境敏感，环保要求高，要求企业按照“综合利用，变废为宝，防治污染，低耗生产”的发展方针，实行绿色钻井生产管理，以满足当地环境保护工作的要求。

二、石油钻探企业以低碳、环保为核心的绿色钻井生产管理内涵和主要做法

以低碳、环保发展为引擎，以社会责任和企业效益为内驱，以实现节能减排、环境保护为目标，本着“节支、降耗、减排、防污”的生产理念，走低投入、低消耗、低排放之路，坚持节能减排与降本增

效统一，技术节能与管理节能并举，主动节能与持续改善结合，统筹解决钻井能耗较高、成本较高和环境保护问题，推进绿色钻井生产，实现低碳、环保发展。主要做法如下。

（一）开展顶层设计，明确工作思路

紧抓顶层设计源头，围绕钻井生产全过程，从每一道作业工序、每一项施工环节入手，层层相接、环环相扣，确立“实行绿色钻井顶层设计、推广节能增效工法、推行优快钻井生产、构建循环利用体系、建立钻前污染预警防范机制、运用环保钻井技术、实施钻井环保评估管理”的工作思路，建立低耗、环保的钻井生产管理机制，实现全领域、无缝隙钻井绿色生产。

推广节能增效工法。钻井生产具有人员、资金、装备、技术密集和高能耗等特征，降低排放必须与节能增效相结合，才能取得最大收效。为此，渤海钻探将“提高能源利用效率、减少污染物排放、降低成本支出”这一约束性理念融入钻井生产管理的各个环节，通过调整设备参数，优化技术指标，改进管理方式，降低排放与节能增效相统一，为企业低碳发展提供保障。

推行优快钻井生产。加强生产组织，提高生产效率，减少设备等停时间，缩短钻井生产工期，从而降低能耗，减少排放。切实围绕生产运行的重点环节和关键工序，开展工程提速，推行先进生产工法，控制事故复杂，提高运行效率，降低能源消耗，促进企业低碳发展。

构建循环利用体系。钻井过程产生大量“废弃物”，处理不当会造成环境污染和资源浪费。为此，渤海钻探通过建立污染雨水收集系统、循环使用泥浆、应用海水钻井、回收钻井废弃油物、实施绿色再造修理、推广柴油机预热节能循环系统，构建企业内的“废弃物”循环再利用产业链，减轻废弃物对环境的污染。

建立钻前污染预警防范机制。钻前工程是为油气勘探提供钻井场地、设备、池类及进场道路的一项基础工程。为此，渤海钻探改变施工方式，实施钻前工程污染预警防范管理，采取现场踏勘判明环境条件、风险分析辨识污染因素及预警防范确保先决条件等多项措施，将事后处理变为事前预防，将钻前工程污染风险降至最低，从源头保护钻井工程环境。

运用环保钻井技术。推行无液相钻井技术、泥浆不落地技术、废弃物减量化处理技术，应用节能装备工具等，实现钻井过程“零污染”。

实施钻井环保评估管理。为确保每口井的环保措施落到实处，符合国家、地方政府的环保要求，达到甲方的施工标准，持续提升环保服务水平，实施以完井固化评估、地貌恢复评估、环境后评估为重点的钻井环保评估管理。

（二）推广节能增效工法

1. 运用钻井能耗管理矩阵

合理配置能耗设备与合理匹配使用耗能设备是节能增效的基础。渤海钻探研究影响耗能的主要因素，遵循钻井设备与作业工况合理匹配的原则，从生产区域到生活区域统筹考虑，根据钻机配套情况，按机械钻机和电动钻机分类，分别制定钻井作业能耗管理矩阵表，明确在设备安装、设备试运转、起升井架、打导管、一开钻进、二开钻进、三开钻进等作业工况匹配使用的耗能设备和设施等。矩阵表一目了然，简便易行，体现精细化管理的理念，指引现场人员操作，将比较粗放的操作变为精细化的操作，同时为钻井队操作节能提供考核和奖惩依据。

2. 建立柴油机匹配原则

通过分析柴油机运转曲线发现，柴油机最大使用寿命和最佳运转效果与柴油机负荷分配之间有一定的关联关系，参照该规律系统编制各种工况下柴油机负荷分配方案及原则，以达到效率最大化、能耗最低化、排放最小化。

3. 实行三种新型搬安模式

由外向内交叉作业模式。鼓励钻井队在上口井测声幅期间进行拆卸和搬迁，腾出场地减少设备的二次拆甩。按照由外及内的原则，对外材料房、固井水罐、工程值班房和营区搬迁至新井并安装到位，有效缓和人员和运力紧张的矛盾，提高钻机的拆搬安速度。搬迁安装时间控制在 72 小内达到开钻水平。

化整为零无序列搬迁模式。着重改造部分 40 型钻机，打破零部件安装顺序，实行边拆边安的方式，科学安排拆卸、搬运，做到任何部件都可以单独安装，实现设备不压车、吊装不重复、安装不返工，提高设备一次到位率。

统筹资源集中作业模式。在外部市场，针对运输车辆紧张的特点，采取集中拆卸、集中搬运和集中安装的方法，避免等车辆、等运输，确保施工的连续性。搬家安装时间同比缩短了 29.26%。

4. 推行“双罐十一橇”系统

丛式井是指在一个井场或平台上，钻出若干口甚至上百口井，各井的井口相距不到数米。丛式井搬安不同于常规井，通常采取钻机整体拖运搬安。渤海钻探对丛式井整拖搬安进行装备精简，增加钻机整体移动等快搬装置，对动力系统、循环系统、泥浆净化系统和标准电路进行完善，停用原有固控系统，改为“双罐十一橇”系统：将泥浆泵吸入、固控处理和加重功能融合在一具罐中，同时降低该罐的高度，实现固控设备随罐体运输，平均每口井节省拆、安固控设备时间 2 小时；另外一具储备罐增加加重功能，实现重浆储备；一橇为振动筛橇，在搬家时可用做材料爬犁，节省一趟吊装作业。推行“双罐十一橇”系统后，口井拆搬安时间由常规的 1 天缩短到 5～7 小时。

（三）推行优快钻井生产

1. 完善提速技术手段

加强瓶颈技术攻关。针对塔里木山前高陡构造打直打快需要，研发垂直钻井系统；针对潜山井不压井起下钻、电测需要，突破全过程欠平衡钻井技术等。

推广成熟技术应用。强化常规技术集成，大力推广高效能钻头钻井、PDC 钻头加复合钻井、MWD（LWD）加动力钻具钻井等一系列成熟技术，实现持续提速。

试验提速新工具。渤海钻探根据自身技术优势和特色，坚持个性化和差异化技术创新策略，积极探索试验提速新工艺、新工具。2016 年累计使用各类提速工具 231 井次，总进尺 17.32 万米，节约钻机日费 1761.61 万元，其中自产提速工具推广应用 66 口井、95 井次，共缩短钻井周期 64.1 天，节约投资 936 万元。

2. 针对不同区域和不同井型环境，实施区域突破、模板推进提速

区域突破提速。区域突破提速即选择影响某一区块钻井再提速的“瓶颈”问题，组织技术专家和骨干进行攻关，在最短时间里找到破解“瓶颈”的技术方案。例如，2016 年，通过实施区块突破提速，渤海钻探在苏里格水平井平均建井周期 51.15 天，创苏里格地区最好水平。

模板推进提速。模板推进提速即将集成的技术提速方案进行再优化，制成该区域的技术再提速模板。各钻井队参照提速模板要求，结合每一个区域、每一口井进行具体研究分析，按照“一对照、二优选、三跟踪”的原则，对照提速模板制定施工方案，优选钻井参数及提速工艺。

实施重点区块提速专项奖励政策，坚持月评比、月兑现，对创出高指标的队伍给予奖励，共奖励 28 队次。重点区块提速专项奖励政策的实施，使平均建井周期缩短 5%，中石油重点提速区块平均建井周期缩短 10%。实行区域市场单队进尺月度动态排名，强化提速样板培育。

3. 推行先进生产工法

为减少停等时间、缩短施工周期，渤海钻探大力推行“542 工作法”“双盯工作法”“两个专打”的先进生产工法，不断提高生产效率。

推行"542 工作法"。为加强工序衔接，推行"五个到位、四个不等、两个为零"。"五个到位"即做到钻井井位到位、工程设计到位、井场道路到位、注水井泄压到位、工农关系协调到位。"四个不等"即做到钻机不等井位、施工不等设计、搬迁不等运输、运输不等道路。"两个为零"即内部生产协调做到衔接零时差、服务零失误。

推行"双盯工作法"。为保证重点井生产，针对重点井关键阶段、关键环节、关键工序，实行基层干部带班盯井、两级机关管理人员驻队盯井。

推行"两个专打"。为提高施工效率，推行"区域专打、井型专打"。"区域专打"即在同一区域市场相对固定施工队伍，减少长距离跨区域搬迁，提高施工效率。"井型专打"即培养并相对固定专门打水平井、深井超深井、大位移井、欠平衡井、煤层气井的专业化队伍。

4. 控制事故复杂

事故复杂是指施工过程发生的井喷及井喷失控事故，工程质量返工事故，固井事故，测井、射孔事故，钻井卡钻、井下卡管串事故，钻头事故，钻具（管柱）事故，井下落物事故等，以及溢流与井涌、井漏、井塌等复杂。事故复杂多，既增加生产成本，又延长施工周期。为此，渤海钻探围绕影响施工质量的难点，加强技术攻关，强化关键工序控制，缩短施工周期，降低事故复杂，事故复杂时率达到国际先进水平。

（四）构建循环利用体系

1. 建立污水雨水收集系统

口井施工前，开挖收集池，将钻井过程中产生的污水、废水经过沉淀后重新作为配泥浆的原料，不但节约配浆资源，也减少污水排放；利用雨水收集池收集雨水作为钻井过程中的生产水，节约大量的生产用水。

2. 循环使用泥浆

口井施工完毕后，将井中及循环罐中的泥浆沉淀、净化处理后，用罐车倒运到下口井再次利用，减少泥浆废弃物排放，降低工人劳动强度，实现资源循环利用，同时节省配浆时间，提高了工作效率。

3. 应用海水钻井

在大港滩海、冀东端岛的海油陆采钻井队，充分利用地缘优势和井型优势，在钻开油气层前使用海水钻井，减少对淡水资源的消耗，节约淡水运输费用。

4. 回收钻井废弃油物

钻井设备需大量使用润滑油、液压油且必须到期更换，如处置不当极易污染环境且自然降解非常慢，往往造成寸草不生。渤海钻探将更换下的废油全部交由具有资质的企业回收，用作其他润滑产品的原料，降低油品采购成本，杜绝土壤污染。

5. 实施绿色再造修理

应用高新技术延长设备使用时间。从 2008 年开始，采用脉冲冷焊、高能微弧堆焊、电刷镀及纳米复合镀等技术，逐步对皮带轮、减速箱轴、轴承孔、电磁刹车轴等关键零部件进行再制造修复。

实行 PDC 钻头"户口"管理制度。PDC 钻头是钻井生产不可或缺的资源，也是重要的消耗品。为减少 PDC 钻头消耗，渤海钻探出台 PDC 钻头管理规定，规范管理责任人、领取与发放制度、使用与修复原则、成本考核办法及钻头报废和回收程序，细化可修复钻头和报废钻头在外观、尺寸、磨损程度上的标准。每支钻头从购买开始就拥有了"户口"，所属二级单位机关、项目部、基层队从三个层面分别建立钻头台账进行"落户"与"注销"，充分发挥每支钻头的功效。

6. 推广柴油机预热节能循环系统

实现柴油机循环加热与自动温控，使柴油机停车期间机体温度保持在 45 摄氏度左右，工作时不启车跑温，每台柴油机平均每年减少跑温消耗柴油 1.4 吨。

（五）建立钻前污染预警防范机制

1. 开展现场环境风险踏勘

以“安全第一、环保优先、以人为本”为基本原则，将环境风险评估纳入井位勘探过程中。

规范井位勘查管理。接到井位后，详细了解该区域环保要求和标准，查阅周边井型及地质资料，指派专人查勘井位周边环境敏感区域的范围与距离，并探测地下油、水、气、暖、光等管线的走向及深度，及时发现施工井对周边环境可能造成的影响。

形成踏勘技术路线图。井位勘查结束后，由现场井位勘查人员填写井位勘查记录，标明勘查的井号、设计井深、参测人员、井位的地理位置、测量时间等。根据踏勘记录情况，组织技术人员画出踏勘技术路线图，标注出井位周边环境敏感区域和地下管线分布情况。

2. 开展污染因素分析辨识

依据踏勘技术路线图，组织相关的技术和环保专家，对可能造成的环境风险因素进行综合辨识与分析，模拟出可能造成的环境污染和后果，判断和分析污染等级，围绕噪声、空气、污染物扩散等不同的环境标准，分门别类加以研究，制定不同的预警防范措施，通过这种“一场一策”的方式，加强钻前工程的针对性。

环境风险因素综合分析。针对不同施工区域钻前和钻井工程施工特点，找出主要的生态环境影响因素和环境污染因素。

模拟环境污染和后果。筛选工程对环境的不利影响，组织技术和环保专家进行模型推演，预测并模拟出各工况下可能造成的环境污染和后果。

3. 实施污染预警防范措施

针对不同的污染等级及环境标准，制定出不同的防范措施。例如，距离居民区 500 米的井位，建造隔音墙；针对就近有养殖池、庄稼地等的区域，建立围埝阻等。

（六）运用环保钻井技术

1. 推行无液相钻井技术

将《无液相（气体）钻井技术研究》确定为重点科研项目，针对无液相钻井现场 HSE 管理、井壁稳定、出水出油预测和携水除水等关键技术开展攻关。组建研发团队，多次与钻井科研院所、石油院校和设备制造厂家进行调研交流，重点开展无液相钻井理论、综合配套技术等研究，利用技术交流、现场观摩、驻厂监造和厂家培训等多种方式，成功组建一支专业化技术服务团队，独立编制无液相钻井施工方案和空气、雾化、泡沫钻井等相关技术和操作规程，为开展绿色钻井生产夯实基础。

此外，配套 455 标方/每分钟空气、227 标方/每分钟氮气量的气体钻井设备，自主研发能够远程监控的计量管汇橇，无液相设备远程监控系统，高、低压排砂管线及专用弯头等附件；研发注液泵，连续循环阀、分流管汇集控制箱，设计固体注入机，达到了现场绿色钻井生产装备配置标准。

2. 推行泥浆不落地技术，避免污染物渗透地表造成污染

加快泥浆不落地设备自主研发与制造，设计开发储油罐、旋转泵、固控罐、储备罐等设备 15 套，可同时满足 15 支钻井队绿色钻井生产；加快规程编制，建立完善泥浆不落地业务技术规程和安全规程；通过导师带徒、岗位练兵等方式强化人员技术提升，加快人员技术培训。

3. 推行废弃物减量化处理技术

对装备和技术进行升级，在不落地处理系统的基础上，增加振动筛、离心机、自动配药等装置，完成聚合物、硅基、聚磺等三种钻井液体系的四种废弃物处理配方研究，形成废弃物减量化处理技术方案，根据国标、钻井液类型及地域特点，采取不同的技术进行处理，并优化工艺流程，最大限度地控制

钻井废弃物排量。2016 年，渤海钻探成功应用了 128 口井废弃物处理技术，其中 54 口井应用了废弃物随钻处理技术，处理废弃固相 50278 方、废弃钻井液 42230 方，产生液相 27740 方全部重复利用，固相通过修复处理，满足土壤环境质量标准。

4. 应用节能装备工具

应用钻机“电代油”技术改造钻机动力系统。钻机“电代油”技术即利用工业网电替代原有钻机的柴油机动力系统进行钻井，降低钻井动力成本，减少柴油燃烧所造成的二氧化硫等有害物质排放，消除柴油机巨大的噪声污染。2011 年以来，渤海钻探通过抓大顾小、机电并进、民油结合、区域扩张、行业拓展和租买结合六项措施，加快应用步伐，扩大应用规模，实现具备条件的区块均能使用“电代油”的目标。

应用节能发电机改造机械钻机动力系统。2008 年以来，渤海钻探先后对 77 部机械钻机的传动系统进行改造，加装节能发电机，使钻机能够在大部分工况使用节能发电机，将钻机富余的机械能通过节能发电机转换为电能，用于井场供电，并停用辅助发电机，实现了钻机节能减排，提高了钻机井场电力保障的冗余性和可靠性。

应用无功补偿技术改造直流电动钻机。自 2011 年以来，共在 18 部直流电动钻机上加装无功补偿装置，实现对无功功率的自动补偿，提高供电设备的带负载能力，减少发电机组的使用台数，节约了能耗。

应用液力耦合器替代传动系统的变矩器。自 2008 年以来，将 15 部链条传动钻机的 47 台液力变矩器更换为液力耦合器，使钻机的机械效率由原来的 70％提高到 85％以上，有效降低了设备能耗。

此外，渤海钻探还应用双燃料发动机及天然气发动机替代柴油发动机，应用烟气余热利用技术替代燃煤锅炉，取得显著成效。

（七）实施钻井环保评估管理

1. 建立完井固化评估机制

针对环境非敏感地区，渤海钻探建立完井固化评估机制，建立无害化研究室，通过小规模实验，研发絮凝剂和助凝剂，完井后根据泥浆池中废弃物总量和类型确定处理剂种类和添加量，按比例充分搅拌，将固化土回填在地表覆盖素土。

2. 建立地貌恢复评估机制

一方面，对运输过程评估，仅 2016 年累计拉运废弃物 18 万方评估 30 井次，杜绝运输过程跑冒滴漏出现；另一方面，对钻井队搬迁后的地貌进行科学评估，随时跟踪记录各项环保指标，检验是否符合地方环保部门的基本要求和甲方验收标准。

3. 建立环境后评估分析机制

开展全生命周期评价，涵盖每口井从环境踏勘到交井地貌恢复的全过程，全方位评价预警防范措施制定、实施，钻井过程中的控制效果，完井交井的效果监测等，追溯各个时期环保措施的制定和落实是否到位，为绿色钻井的持续循环改进提供科学保障。

三、石油钻探企业以低碳、环保为核心的绿色钻井生产管理效果

（一）提高了企业经济效益

通过实施以低碳、环保为核心的绿色钻井生产管理，渤海钻探盈利能力、积累能力、发展能力不断增强，2016 年，在形势最为严峻、发展最为艰难的情况下，渤海钻探营业收入由重组前的 87 亿元，增长到 154.5 亿元；企业增加值由重组前的 37 亿元，增长到 55.1 亿元；资产总额由重组前的 100 亿元，增长到 294 亿元。

（二）增强了成本管控能力

渤海钻探钻井生产成本持续降低，生产经营成本在中石油同类企业中处于领先地位。2016 年，全年节支增效 3.8 亿元。其中，物资采购成本降低 9510 万元，装备使用成本降低 8635 万元，运输成本降低 5153 万元，用工成本降低 6195 万元，基建维修成本降低 320 万元，小汽车运行成本降低 673 万元，审计和效能监察增效 3356 万元，财务价值创造增效 4191 万元。

（三）实现了低碳、环保发展

2016 年，渤海钻探能源消耗总量 255469 吨标准煤，与 2015 年相比减少 17081 吨标准煤；新鲜水用量 160.21 万方，与 2015 年相比下降 17.54 万方；措施节能量 6183 吨标准煤，完成中石油年度节能考核指标的 112.41%；措施节水量 1.72 万立方米，完成中石油年度节水考核指标的 110.96%；二氧化硫排放 2895 吨，与 2015 年相比减少 325 吨，氮氧化物排放 9624 吨，与 2015 年相比减少 1495 吨，完成了中石油下达的控排指标，实现了清洁生产。渤海钻探连续 5 年获得中石油环境保护、节能节水先进企业荣誉称号。

（成果创造人：范先祥、刘云卿、刘荣军、唐廷川、马　强、秦　超）

实现“过程创效”的海外石油技术支持与商务运作平台建设

中国石油天然气勘探开发公司

中国石油天然气勘探开发公司（以下简称中石油勘探开发公司）是代表中国石油天然气集团公司（以下简称中国石油）负责海外油气投资业务的公司，归口运营与管理中国石油海外油气投资业务。截至2016年年底，中国石油在全球35个国家管理运作着91个油气投资项目，海外项目总资产超过700亿美元，海外油气作业权益产量当量达7600万吨，形成集油气勘探、开发、管道、炼化、销售于一体的完整产业链。

一、实现“过程创效”的海外石油技术支持与商务运作平台建设背景

（一）借鉴技术与商务支持体系的成熟模式，打造国际一流石油公司的需要

国际大石油公司开展跨国经营已经有超过百年的历史，技术与商务支持体系的构建是国际大石油公司核心竞争力之一。首先，国际大石油公司都采用了集中的技术与商务支持，全球优秀同行都设立了集中管理的研发和技术支持服务部门，实施国际化运作、全球化服务。其次，国际大石油公司的技术商务支持基本上采用项目制管理、有偿化服务。大多数国际石油公司对技术支持专家和工程师、商务专家实行集中管理，以项目的形式为业务单元或项目公司提供服务。例如，埃克森美孚全球服务公司按公司化管理机制运作，向各板块的业务公司提供服务，并收取服务费用。BP（英国石油公司）在上游业务中，通过勘探、开发服务协议向区域提供支持，同时成立全球业务服务中心为总部与各业务单位提供多种共享服务。最后，随着资源获取难度的上升和国际竞争的日趋激烈，非常规油气和深海作业日趋增多，对业务支持能力的要求越来越高，技术商务支持能力的重要性日益凸显。因此，中石油勘探开发公司要打造国际一流石油公司，就要充分学习借鉴国际大石油公司技术商务支持体系的最佳实践，构建一套与海外业务发展阶段相适应的技术与商务支持体系。

（二）盘活中国石油大而全的技术、商务支持体系，实现价值增值的需要

与BP、壳牌等国际油公司十分关注通过“过程”赚钱，即通过项目建设过程中的方案设计、技术支持、合理定价等，谋求更高的投资回报。要实现海外项目生产运营的“过程创效”、谋求项目价值增值，既要借鉴国际石油公司的通行做法，又要依托中国石油现有的技术商务力量，通过构建海外技术商务支持体系，统筹中国石油天然气集团公司已有的技术及商务支持单位，包括勘探开发研究院、物探、测井、钻井、地面工程等海外技术支持中心及国内油田海外技术支持机构，通过技术服务协议，为海外业务提供有偿技术支持和服务，实现技术专利的有偿使用、转让及技术支持与服务费用的收取，真正实现“过程创效”。这不但有利于整合海外技术支持资源、提升商务运作水平、规范项目运作，更有利于财务集中管理与合同费用监督，合规支付技术支持费用，最终实现中国石油经济效益和整体利益的最大化。

（三）提升海外业务整体盈利能力的需要

2014年下半年以来，国际原油价格连续出现断崖式下跌，全球油气行业进入低油价、低景气周期。在持续低油价的严峻形势下，部分海外项目效益大幅下滑甚至亏损，海外油气业务的生存发展面临前所未有的挑战和压力，要求企业大力推进开源节流、降本增效，将“无形”的软实力最大限度地转化成“有形”的效益。经过20多年的积累，海外技术商务支持力量已经发展壮大，构建完善一套标准化、全球化的海外技术服务与商务支持体系，一方面可以实现海外项目与技术研发、技术服务单位之间的无缝

对接，获得高效实用的技术商务解决方案；另一方面将为海外业务创新商业模式，提升盈利能力，实现优质高效发展奠定坚实基础。

二、实现“过程创效”的海外石油技术支持与商务运作平台建设内涵和主要做法

中石油勘探开发公司系统调研整合中国石油在海外主导或参股项目的技术与商务服务需求，整合集团母公司大而全的技术与商务支持业务，依托“1＋14＋N”技术支持机构，以中油锐思技术开发有限责任公司（以下简称中油锐思公司）为运作平台，采用共享服务的方式，为海外油气业务提供上中下游全产业链的专业技术支持服务，以及专家咨询、专业培训、人员派遣、会计法律和行政后勤等商务支持服务，有效增强低油价下海外项目创效能力。主要做法如下。

（一）明确服务载体，开展顶层设计

1. 推进类似业务单位的兼并重组与境外法人实体注册

2015年以来，以中油锐思公司为运作载体，托管2005年成立的北京锐思公司，实行“一套人马两块牌子”的管理模式，进一步理顺和规范对类似业务单位的管理，统一承接并组织中国石油海外业务的技术支持、商务支持。积极探索在境外注册公司的可行性，通过转型现有境外公司、参股境外公司等方式，在新加坡和委内瑞拉注册境外公司，积极推进海外承接业务的顺利实施。

2. 明确发展思路和目标定位

出于海外业务发展的需求，充分学习借鉴国际大石油公司技术商务支持体系的成熟做法，提出海外石油技术与商务服务平台的发展思路和目标定位。

发展思路：瞄准市场、勇于创新、善于服务。瞄准市场，即瞄准中国石油海外油气业务的大市场，为海外项目提供优质高效的技术商务支持。勇于创新，即在没有经验、没有模式可寻的新兴业务中，着力创新思维、创新方法、创造经验与模式。善于服务，即以优质高效的技术支持与商务支持，赢得海外项目的信任和依赖，组织好国内客户的技术和力量，在服务中求发展、求效益。

目标定位：成为中国石油优质的海外支持与服务公司。致力于构建海外油气业务的技术支持平台、商务运作平台，打造CNPC Global Solution（全球专业解决方案）品牌，为海外业务提供优质高效的技术和商务支持服务。

（二）以中国石油海外主导或参股的项目为主体，分类施策谋求海外业务收益最大化

1. 以中方担当作业者的项目为主体，通过项目建设运营过程谋求更高投资回报

截至目前，中国石油参与运营与管理的91个海外油气合作项目中，超过60%的项目由中方担任作业者。中油锐思公司以中方担当作业者的项目为主体，主动开展市场开拓，着力开展三方面的努力：一是根据海外项目的实际需求大力推介国内技术，推动中国石油国内先进适用技术走出国门；二是积极参与项目建设运营过程中的方案设计、技术支持、合理定价等，积极探索合作机会；三是按照市场规则，以公开投标的方式参加项目招标。

2. 以中方参股的项目为重点，通过自身的技术与商务服务能力来获得收益

中国石油海外油气业务参股的91个海外项目，近40%的是小股东项目。在小股东项目中，中方股份少、话语权小，主要是通过保障“五权”来切实发挥小股东作用，即知情权、参与权、话语权、决策权、监督权，具体包括：通过合同落实知情权，通过搭建多层次多领域的管理架构落实参与权，通过程序化的决策流程与前后方联动落实话语权，通过制度化精细化的高效管控落实决策权，通过严密的伙伴监管落实监督权。中油锐思公司密切结合中方保障“五权”的具体举措，抓住一切机会努力展示自身的技术服务与商务服务能力，用实力说服合作伙伴，用水平打开市场。目前，中油锐思公司已经与莫桑比克公司、塔吉克斯坦项目公司、俄罗斯亚马尔、阿联酋陆海项目等小股东项目签署技术服务合作框架协议，并在地质研究、LNG项目监理等领域提供良好的服务。

3. 健全适合国际化项目运作的制度保障

中油锐思公司积极按照国际化企业的管理要求，研究制定确保技术支持与商务运作平台合规运作的制度体系，分别制定《海外技术支持服务定价体系》《关于公司化管理运作机制实施办法》《公司员工奖励激励管理办法》《技术支持共享服务管理办法》等管理制度，开发建设“公司经营管理一体化集成管理平台”，将各项技术、商务、培训等工作流程和合同管理过程都纳入系统运行，保障技术支持和商务运作平台的正常高效运行。

（三）依托“1＋14＋N”体系，系统打造海外技术支持服务平台

1. 统筹管理“1＋14＋N”技术支持机构

中国石油与国内研究院所和机构合作建设“1＋14＋N”技术支持中心，涵盖海外业务所涉及的所有重要专业领域。“1”代表中国石油海外勘探开发研究中心；“14”代表中国石油最具专业实力的海外物探技术中心、采油工程技术中心、采油（气举）技术中心、天然气技术中心、地面工程技术中心、钻完井技术中心、井控技术支持中心、测井技术支持中心、海洋工程技术中心、炼化与LNG技术中心、HSSE管理与技术中心、信息技术中心、发展战略研究中心、规划研究中心；“N”代表中国石油各大油田的研究院所。多年来，这些研究中心分别由中国石油海外板块机关相关部门代为管理，涉及10多个部门，一大批人员。在各个中心，经常遇到管理职责不明、管理界面不清的情况，管理效率低，业务重叠，资源分散。中油锐思公司成立后，统筹“1＋14＋N”各海外专业技术中心、国内油田海外技术支持机构，以勘探开发和物探、测井、钻井、地面工程、采油、应急救援等海外技术支持中心为依托，从技术支持服务和商务运作等方面为中国石油海外业务提供专业的产品、服务和解决方案，集成管控海外业务技术支持服务、成果集成应用、新技术交流等，推动海外业务整体利益最大化。

2. 推动国内先进适用技术服务更快更好走向海外

中油锐思公司详细研究海外地区公司和项目公司的不同石油合同模式、不同作业者地位，对海外客户进行精准分类；开展海外业务需要的技术服务资源梳理归类，明确海外客户的技术需求和国内支持服务资源。在此基础上，协调14家研究中心的相关单位，以其资质参与海外项目公司投标，有效引导“1＋14＋N”单位更快更好地走向海外项目，直接创造效益。

3. 为海外项目提供个性化技术支持服务

中油锐思公司积极运用“互联网＋”技术，系统整合对接海外项目的需求与国内的资源供应。研究并开发“油气 solutions”微信公众号，把石油行业的专家资源、专利和专项特色技术定向推送到海外项目的管理层、采办部门和技术管理等相关部门，使海外项目能在生产经营工作需要时，随时查阅、筛选相关内容，向海外油气项目定向对口“输出”国内先进成熟技术产品和解决方案，解决海外项目生产难题，快速满足客户需求，实现海外项目投资成本的快速回收。

（四）规范国际商务运作，开辟资源国员工培训业务

1. 为国际商务运作提供规范平台

在海外项目的运作过程中，中油锐思公司承接海外项目商务运作落地业务，通过与国内相关支持服务公司的协作，较好地处理合同的签订、项目的落实推动、研究成果验收、上报材料翻译提交等程序，向资源国政府提供合理合规的证明。所经手的几个国家的业务，经资源国审计验证全部合格。例如，在中东伊拉克PG公司业务承接过程中，中油锐思公司组建专门团队靠前研究国际“No Gain No Loss”的具体要求，与海外项目和国内技术支持单位沟通，确保承接业务的商务运作符合DPSC合同的相关要求，推动海外业务的合规运行，切实保障权益与中方利益。

2. 有效开辟资源国员工培训费用的回收渠道

中国石油海外业务共有资源国员工约5万人，分布在五大油气合作区的35个国家91个项目。按照

与资源国合作的惯例，投资方每年必须将员工工资中一定比例的资金用于当地员工培训，以提高其能力素质，加快员工本地化速度，满足当地石油工业发展的需求。为了培育和提升资源国员工的技术商务能力及对投资方的忠诚度，中油锐思公司把开展对外籍员工的培训当作提升员工素质并回收培训费用的有效手段。一是与20多所国内外院校达成协议，结成联盟，为资源国员工提供优质的培训资源和课程体系。二是逐步建立资源国员工培训系统，向海外项目推出约100项国际公开课。三是针对不同项目的需求，开发送教上门等个性化培训方案。四是有倾向性地加入中国文化的内容，加强对中国石油的宣贯，增添中国石油的色彩。

（五）研发自主知识产权技术，开发实体业务

1. 积极开发具有自主知识产权的专利技术，增强“过程创效”的发展动力

中油锐思公司在总部的大力支持下，在依法合规经营的前提下，大胆探索，创新科研合作机制，自主研发专利技术，进一步拓宽未来发展领域。例如，为满足提高世界级稠油油田采收率的行业需求，中油锐思公司联合相关机构，积极研究多元热流体增产技术，成功研制空气废水复合热载体发生器。多元热流体增产技术，具有操作简便、增油效果明显、节能环保、效益突出的特点。研发过程中已获得国内实用新型专利10项，获得PCT国际专利4项，还申报国内发明专利6项，并在委内瑞拉、哈萨克斯坦注册专利，为设备的出口创效和专利保护创造良好条件。

2. 有效投资实体业务，推动国内技术创新创收

中油锐思公司在技术支持、商务运作和员工培训基础上，进一步增加对外投资，联合宝鸡石油钢管厂、中国石油技术开发公司，与哈萨克斯坦当地公司联合成立亚洲钢管厂。亚洲钢管公司于2015年9月签署创建协议，2017年3月开始厂房基础施工，作为中哈两国产能合作重点项目之一，是中哈上游油气合作的关联项目，受到两国政府高度关注。

三、实现“过程创效”的海外石油技术支持与商务运作平台建设效果

（一）形成了国际技术、商务服务的完善机制

通过中油锐思公司的运作，有效整合了集团公司技术支持力量，构建起“1＋14＋N”的强大海外技术支持体系，为海外项目方提供了低成本一站式商务服务和高质量技术支持解决方案，有效推动技术成果转化。创新合作方式，采用框架协议、战略合作协议、订单服务、招投标和委托等多种运作方式，先后签署技术服务框架协议，及时满足了项目需求，加快了海外项目投资成本的回收。

（二）顺利开展技术、商务服务，支持中国石油海外业务

2015－2017年，中油锐思公司已经与哈萨克斯坦、莫桑比克、土库曼斯坦、俄罗斯、阿联酋、伊拉克、委内瑞拉、秘鲁等10多个国家先后签署了120多个技术商务类服务合同，提升了海外项目效益的技术贡献率，保障了商务运作的合规与有效。与莫桑比克四区项目作业者ENI公司签订的全面技术支持与服务协议，使中国石油获得工程与技术服务的参与权和分享权，目前已带动国内5家单位参与项目FLNG建设。成功获得了阿联酋服务市场订单，走出了在中东高端市场提供服务的第一步；成功组织了亚马尔监理专家的派遣，先后有40多名监理人员走上LNG模块建造现场管理岗位，为中国石油培养了宝贵的LNG建设专业人才，保障了海外重点项目的顺利建设；首次按照市场原则，以公开投标的方式成功中标阿塞拜疆地质研究项目，将国内先进石油勘探开发、管道炼化技术推广到国外市场，有效促进了国内先进技术的推广应用和转化。

（三）大幅提升国际化经营能力和竞争力

通过成果的实施，获得国内外各类专利14项，通过联合研究和工厂试验等创新科研合作机制，在提高油田采收率等方面取得了较好的效果，增强了海外业务的科研实力和技术水平，为海外业务提供了优质高效的勘探、开发等技术共享服务和法律、咨询、培训、后勤等商务共享服务，为海外业务打造全

球服务品牌奠定了良好的基础，有效提升了海外业务的国际化经营管理水平，大幅缩小了与埃克森美孚、BP等国际石油公司在共享服务方面的差距，为中国石油建设世界一流综合性国际能源公司做出了贡献。

（成果创造人：陈　龙、林佳明、司军涛、黎　江、杨兆军、宋宇波、生丽敏、李仁昌、桑俊梅、米林林、谢新宇、韩　治）

供电企业服务政府老旧城区改造配电网规划管理

国网湖北省电力公司武汉供电公司

国网湖北省电力公司武汉供电公司（以下简称武汉供电公司）属国家电网公司特大型供电企业之一，以建设和运营武汉电网为核心业务，供电区域覆盖武汉市13个行政区、3个国家级经济开发区，供电面积8569平方公里。2016年年底，武汉供电公司拥有固定资产原值399.76亿元，用电客户464万户，供电人口超过1000万人，售电量418.9亿千瓦时，所辖35千伏～220千伏变电站232座，输电线路6158公里，主变容量3115万千伏安，电网最大负荷1148万千瓦。近年来，武汉供电公司先后荣获全国“文明单位”、全国“五一劳动奖状”、国家电网公司“文明单位标兵”、湖北省“先进基层党组织”等荣誉称号。

一、供电企业服务政府老旧城区改造配电网规划管理背景

（一）适应现代城市发展的需要

老旧城区多属于城市的核心区域，由于历史原因，老旧城区居民密度高，道路与建筑间空间狭窄，电力设施与建筑物间距离较近，树障现象严重，居民抛物引起线路跳闸情况频发，配网自动化覆盖率和供电可靠性偏低。同时，由于老旧城区内空间受限，电网以架空线路为主，结构混乱，电杆占道、多级转供和用户私搭乱接现象较为普遍，严重影响市容市貌，并造成极大的安全隐患。随着政府不断加大招商引资和城市建设力度，旧城建设改造全面铺开，加快老旧城区配电网建设改造成为现代城市发展的必然诉求。

（二）贯彻先进电网理念的需要

贯彻落实“绿色低碳、智慧高效、友好便捷、坚强可靠”的国际一流绿色智能电网的先进理念是城市进步发展的需求。在老旧城区配电网改造中，武汉供电公司需要贯彻先进的电网理念，着力解决制约城市中长期发展的电源难点，统筹考虑新增站点与运行裕度、负荷增长与网架优化、业扩报装与招商引资之间的关系，做到投资方向精准、建设时序科学；同时需要推广应用先进配网技术，加强需求侧管理，促进节能减，提高能源利用效率，以安全、可靠、环保的电力供应保障社会经济发展，为全面建成小康社会提供有力支撑。

（三）强化规划精益管理的需要

自“十二五”发展规划以来，武汉供电公司贯彻国网湖北省电力公司“以目标为引领、以需求为导向、精准投资、构建现代配电网”的总体要求，以问题为导向做实中低压规划项目，完成“十三五”配电网规划编制工作。为适应电网发展的新形势下的配电网规划管理的新要求，国网武汉供电公司组织开展基于“网格化”的配电网规划专题研究，为创新老旧城区配电网规划与实施奠定了基础。

武汉供电公司探索老旧城区配电网规划与实施管理模式，迫切需要建立科学的工作体系和精益化的管理机制。随着国家电网公司“三集五大”建成以来，公司管理方式发生变化，组织结构发生变革，管理更加集约化、专业化、扁平化。如果不及时开展与新体制相适应的协同机制建设，将使协调难、反应慢、效率低的问题凸显，制约管理效能的发挥。配电网规划与实施工作涉及专业多，各部门之间的协调工作量大，打破部门之间、专业之间壁垒，建立新体系下系统高效的运作模式，是提升企业管理水平的重要途径。

基于以上背景，武汉供电公司于2014年7月在武汉市人民政府、国网湖北省电力公司大力支持下

开始实施服务于老旧城区改造的配电网规划管理的专项工作。

二、供电企业服务政府老旧城区改造配电网规划管理内涵和主要做法

武汉供电公司针对老旧城区特殊的地理区位及电网现状，梳理问题、诊断分析、深入研究，结合“网格化”规划先进方法，兼顾自然人文环境，确定适用于老旧城区电网建设与改造的供电模式，提出切实可行的老旧城区分年度电网建设与改造实施方案。在提升城市文化品质、展现武汉市国家历史文化名城风貌特色的同时，极大提高了老旧城区的电网供电能力和电能质量，使历史文化遗产与现代化城市功能得到完美结合。主要做法如下。

（一）选取典型区域，确立规划原则和目标

1. 选取典型老旧城区开展试点工作

武汉供电公司选取4个具备代表性的老旧城区进行配电网现状分析诊断、目标网架及自动化规划。这4个代表性街区分别为汉口一元路片区、汉口青岛路片区、武昌昙华林片区、武昌首义片区。其中青岛路与一元路片区位于汉口原租界风貌区内，地段内保存有德国领事馆旧址、圣教书局等多处文保单位及历史建筑，是武汉市历史文化发展演变中居住文脉和商贸文脉的重要代表地段；昙华林老旧城区内聚集了几十处百年的历史建筑，是探索武昌文脉和传承文明不可多得的“实物标本”；首义片区除辛亥首义遗迹外，还荟萃了蛇山、黄鹤楼等著名的自然与人文景观。

2. 确定老旧城区配电网规划原则

老旧城区配电网规划设计依据国家电网公司《配电网规划设计技术导则》要求，遵循“网格化”规划理念，坚持“以规划为引领，以项目为核心，以负荷发展为依据，贯彻标准化，体现差异化，兼顾自然人文环境”的规划原则，统筹考虑电压序列、网架结构、设备造型、电源接入、负荷密度和配电自动化等规划设计模块，通过研究，提出适用于老旧城区现状和未来发展的现代配电网供电模式、主要技术原则和配电网过渡接线型式。

同时结合政府对老旧城区独特风貌的保留需要，武汉供电公司针对城市配电网发展需求，依照城市发展规划中老旧城区保留区域的划定范围，在电网发展方面从管理角度，对此类在城市发展中予以保留的老旧城区单独进行规划管理，提出与老旧城区配套的发展目标，并结合规划积极向政府部门提出管线的通道预留需求，为后期改造打下基础。

3. 编制老旧城区配电网规划目标网架

武汉供电公司依据老旧城区配电网规划原则，结合其定位、各种产业发展及负荷密度情况，构建适合老旧城区发展的中压配电网的目标网架——网格化链式结构。接线方式应为“主干双环网，支线双射，用电负荷双接入”。远近结合，合理制定远景目标网架，实现由电网规划引领、目标网架引导老旧城区配电网发展。

为保障配电网建设科学过渡，逐步达到目标网架要求，配电电缆线路接线方式由多联络、单射、自环等非标准接线方式向单环、双射过渡，单环、双射向双环过渡。该接线型式可与老旧城区配电网现状接线型式较好地衔接过渡，形式简单、规范、标准，联络及转供负荷能力强，可以满足区域目标年供电负荷及供电可靠性目标要求。

（二）构建政企协同机制，保障项目有效实施

1. 落实内部协同职责，统筹规划与实施

在以往的电网规划与建设中，35千伏及以上主网唱主角，中压配电网处于配角位置。随着主网越来越完善、坚强及电力体制改革的不断深化进行，自2013年起，电力建设投资重心开始向配电网倾斜。因历史欠账等因素，长期以来，武汉地区配电网发展方式粗放，网架基础薄弱，主要表现在城市配电网结构不合理，线路及配变重过载问题突出，配电自动化系统尚处于试点阶段。

为落实老旧城区配电网规划与实施的各项要求，武汉供电公司统筹协调全过程工作，明确各部门职责权限范围，成立老旧城区配电网建设改造领导小组，领导小组下设规划设计组、工程实施组。

领导小组结合国网湖北省电力公司投资意见，研究老旧城区配电网规划和建设总体工作思路；不定期听取规划设计组和工程实施组工作汇报，提出相关要求；负责老旧城区配电网建设和改造中的组织领导与统筹协调。

规划设计组由发展策划部牵头、经济技术研究所为研究主力，负责组织编制老旧城区配电网建设和改造的规划、可研，初审配电网工程初步设计。负责根据省公司批复下达的投资计划、可研及市公司下达的初步设计批复，编写工程的里程碑计划。

工程实施组由运维检修部牵头、属地运维部门为实施主体，负责督导各单位执行相关技术和工艺标准，组织施工工艺质量的把关，协调各单位间的工作关系；负责协调物资供应、核算结算工作，废旧物资处置等工作。负责组织工程验收，明确验收标准，发现问题及时整改到位。

工作小组充分发挥经济技术研究所的技术支撑作用，保证分工明确，落实责任，各环节、各阶段工作流程顺畅，工作界面清晰，工作对接高效，实现规划与实施一体化、集约化、专业化，为老旧城区的规划与实施提供有力的组织保障。

2. 建立常态外部联动机制，推进工作开展

一是建立协调例会常态机制。武汉供电公司与武汉市政府规划部门建立定期协调会制度，形成长效互动沟通机制。协调会联络制度贯穿老旧城区配电网的改造需求、现场勘查、规划设计、施工建设等各阶段，双方在工作推进过程中能够及时掌握工作进展，确保信息实时畅通，在关键技术、方案的确定上达成共识，共同解决实际工作中的困难和问题。

二是电网规划与市政规划充分衔接。电力通道规划是电力规划与市政规划衔接的重要环节，依托于政府控制性详细规划。武汉供电公司主动从政府部门获取相关规划资料，对老旧城区电力通道用地、电力设施用地规划进行充分研究，通过电力廊道以及用电设施用地预留红线规划，促使电力通道与市政规划的高度对接，最终将电力通道成果纳入城市总体规划和土地利用总体规划中，同时满足政府和用户对于老旧城区在供电可靠性、城市美观等方面的要求。

三是推动外部环境切实有效改善。武汉供电公司积极走访政府规划部门，全面了解老旧城区经济发展规划，以地方对电力的需求为契机，主动汇报配电网概况、重大意义、目标节点和相关要求，争取当地政府对老旧城区配电网规划与实施工作的理解和支持，不断促使政府出台支持电网建设的制度办法、工作方式、流程简化、“绿色通道”等，切实推动外部环境不断有效改善。

（三）开展诊断挖掘分析，满足负荷需求

1. 多渠道收集资料，全面掌握老旧城区现状及未来

一是积极走访政府相关部门。武汉供电公司主动从政府部门获取相关规划资料，如详细的市政规划文本和图册资料等，结合市政规划资料，对未来经济形势、新增用户、老旧城区内用地性质进行充分研究，通过电力廊道及用电设施用地预留红线规划与市政规划的对接，实现电网规划与城市规划“一张图”，做到超前谋划提前布局，对上级高压电网进行支撑，同时进行高、中压电力廊道和通道的落实。

二是更好地掌握老旧城区用电情况及现场设备运行情况。武汉供电公司组织相关人员深入街区现场，进行勘察研究，就街区整体风貌、电力线路路径，电力设施状态，变电站站址地势、周边环境，建筑特点、当地用户需求等进行详细的勘查，对其中发现的问题进行拍照取像，对现场环境和情况进行全面、深入的现状评估。

2. 基础数据管理系统助力，深入挖掘分析老旧城区电网数据

传统的依靠人工填报、处理数据的规划设计模式，既耗费大量时间，也难以保证数据的准确性，限

制数据分析的深度和广度，制约电网诊断、规划分析工作的细化深入。武汉供电公司依托大数据平台，探索大数据挖掘分析技术在配电网规划中的应用，构建武汉配电网规划基础数据管理系统，集成设备（资产）运维精益管理系统、调控一体化 SCADA 系统两大系统相关数据。通过对不同系统的数据进行匹配及不良数据检测，搭建起统一的配电网规划基础数据库，包括静态参数和动态参数，规范规划基础数据的统计口径，同时便于规划人员及时掌握配电网的最新动态，实现对规划数据的标准化管理。

3. 科学分析电网现状，做实老旧城区负荷需求预测

通过解读市政规划资料和实地勘查等方式，掌握老旧城区基本情况，再依托基础数据管理系统平台，对电网及经济数据进行深入地挖掘分析，从设备情况、电网运行情况、电量负荷的近远期预测等方面进行深入分析。

其中，分析重点是对老旧城区负荷进行科学合理的预测，电力负荷预测的准确性在很大程度上决定电网建设的合理性。城市电力负荷的预测需要结合地区电网运行数据、具体的经济发展情况及市政规划和国民经济计划的相关资料。在充分研究的前提下，采用自然增长率加大用户法进行老旧城区近期负荷分布预测，采用空间负荷密度指标法进行远景年空间负荷分布预测。数据挖掘分析技术的运用，拓宽指标分析的广度和深度，更加深入、精确，为引导配网规划方向和建设重点提供科学依据。

（四）实施“网格化”规划，确保远近期规划有机结合

1. 贯彻“网格化”规划理念

传统电网规划方法由于规划理念不够清晰明确，对规模庞大的电网适应性较差。为重新审视和指导配电网规划与实施，逐步推进城市现代化配电网建设，国网武汉供电公司开展《基于“网格化”的武汉配电网规划研究》。

“网格化”规划方法通过对武汉市政规划资料的解读以及电网现状概况及存在问题的分析，并为电网规划做好铺垫。采用空间负荷密度指标法进行空间负荷分布预测，为细化各分区规划指导原则创造先决条件。以空间负荷分布预测与电力平衡结果，将配电网供电区域划分为多个供电分区，按照供电区域差异化的规划标准，确定中压配电网目标网架接线模式，科学地将各供电分区划分为若干供电网格。以供电网格作为中压配电网规划、项目管理和用户接入的基本单元，将中压配电网构筑成“网络清晰、联络有序、负荷均衡、安全可靠”的目标网架，规范目标网架及其过渡过程，统筹配电自动化、通信、无功规划，引领配电网标准化建设，实现网格化供电。

网架组网将一个变电站划分为 6 个中区，由 6 组中压线为其供电，每组中压线分别与周围 6 个变电站的一组中压线形成联络。一个中区内，变电站之间互相支援。依据上述网架组网原则，将每个老旧城区划分为一个或若干个网格，便于规划、设计、施工人员统一开展项目编制工作，提升规划方案的可实施性。

2. 制订规划方案

武汉供电公司在研究老旧城区现代配电网目标网架规划时，统筹考虑高中低压电网协调发展及从现状向目标网架过渡的具体方案，根据规划期负荷预测和高压布点，结合规划目标和典型接线型式，规划能够满足老旧城区经济社会发展和坚强智能电网建设需要的中压配电网目标网架结构，并根据分阶段发展程度，提出中压配电网现状网架向目标网架的过渡方案。同时，遵循全寿命周期管理理念，节约投资，充分利用现有的设备，确保老旧城区电网安全可靠供电。兼顾目标网架，在技术原则指导下，提出切实可行的老旧城区分年度电网规划改造实施方案。

与此同时，充分考虑到老旧城区的价值在于独特的街区环境与历史风貌，对于历史建筑的保护不仅是指保护单幢建筑本身，其周边环境及整个街景的完整风貌特色更为更要。电力设施建设应与老旧城区具体的环境景观要求进行统一考虑，在安全的前提下，按照周围建筑的形式进行设计，充分吸收原有建筑的结构和色彩元素，融入现代化的设计理念中，实现电力设施与环境整体的和谐，确保配电网设备朝

着资源节约型、环境友好型方向发展。

(五) 组织专家评审论证，保证项目规划质量

1. 建立规划评审专家库制度

建立规划评审专家库，规范规划评审工作制度化、标准化。规划实施可行性与必要性评估是对规划报告中提出的规划项目实施的理由进行重新审查、分析和评估，是保证老旧城区配网规划可行的关键环节。规划评审专家库人员由武汉供电公司分管领导、副总工程师、职能部门、专业部门、基层单位领导专业技术管理人员和经济研究所规划评审室组成。规划评审前，可根据规划项目性质确定评审专家。对规划评审专家定期进行培训、考试和考核，克服评审工作的随意性。

2. 召开规划评审会议

组织相关部门召开评审会议，并针对专家评审意见对规划修订完善。由武汉供电公司发展策划部负责召集公司相关部门进行集中审查，举行评审会议，广泛收集各相关部门的意见。评审工作应按照国家、行业和公司的相关规程规范、规定要求开展，严格把控配网项目可研的技术、经济标准，保证评审质量。

在老旧城区的专项规划评审过程中更加注重传统风貌的保护与整治，配合市政规划要求，加强老旧城区自然、人文环境保护理念的宣贯。根据会议评审意见，经济技术研究所对规划进行修订，分析老旧城区的经济社会情况及电网发展情况，论证规划项目的工程建设的必要性及建设规模等。

(六) 加强规划项目深度，促进可研初设一体化

1. 出台间隔资源规划使用指导意见

变电站中压间隔资源分配不均，难以适应城市日益增长的负荷需求，老旧城区中由于用地紧张、站点稀缺，这种问题尤为突出。需要加强变电站间隔规划管理，达到电网间隔规划远近结合、科学使用的目标，使有限的间隔资源更合理有效的分配。武汉供电公司制定变电站中压间隔资源规划使用指导意见，该意见明确间隔资源规划与使用的归口管理部门为发展策划部，经济技术研究所具体负责变电站间隔使用台账的管理，并负责收集间隔使用或调整申请，完成申请初审，参与间隔使用申请的审批。

2. 推进可研初设一体化工作

以往配电网规划完成以后，在可研、设计、施工的过程中易受业扩、居配、迁改、通道落实等因素影响，造成“规划、项目两层皮”的问题。针对此种情况，武汉供电公司以老旧城区配电网规划与实施工作为契机，推进可研初设一体化工作，确保规划项目能够落地实施。

可研初设一体化工作在项目可研设计阶段，由武汉供电公司经济技术研究所定期根据现场实际情况与目标网架结合提出网架项目并开展项目可研初设，旨在通过配网规划和项目现场勘查相结合的方式，核实项目的可实施性。在项目可行性研究设计过程中，做好中间审查和沟通工作，发现问题及时处理。使设计质量和设计进度在可控范围内，减少设计失误失准现象。项目通过可研评审后方可进入规划储备库，并坚持纳入储备库的项目才能开展前期工作的原则。形成规划反馈机制。可研是对规划的深入落实和进一步优化，接入系统方案原则上应与规划一致。但对经审定后接入系统方案发生重大变更的电网项目，及时进行反馈，并在年度电网规划滚动修编中落实。

3. 注重新技术应用

在可研初设一体化工作中注重新技术应用，充分考虑老旧城区自然人文环境，以确保配电网安全可靠为前提，加强对老旧城区有历史价值建筑的环境保护，提高供电能力，强化节能环保。各类电气设备，如环网箱、路灯等，其选型和布局在初设阶段必须紧紧围绕老旧城区建筑环境特点来开展，各类箱体与建筑实体的接触必须综合考虑人身、建筑、设备安全，室内低压线路的改造必须充分尊重建筑物内空间布局和文物保护等。电气设备充分考虑交通条件、传统格局、空间利用、负荷分配等因素，从造

型、色彩等方面入手，既满足电力规范要求，又能与周遭环境形成统一风格。

（七）完善后评价机制，实现项目全过程管控

武汉供电公司针对已完成项目的实施过程、结果及其影响进行调查研究和全面系统地回顾，并与项目决策时确定的目标以及技术、经济、环境、社会指标进行对比。通过分析评价，总结经验教训，提高未来的决策水平和管理水平，也为后评价项目实施运营中出现的问题提出改进建议，提高投资效益。武汉供电公司在选取电网技术改造项目评价指标时，充分考虑其实用性和可操作性，根据配电网项目特点，将配电网项目后评价指标体系分为项目管理水平、项目技术水平、经济效益水平和项目影响程度 4 个一级指标及若干二级指标。

在具体开展对老旧城区配电网升级改造项目建设成效后评价工作时，主要围绕项目对电网的影响指标、项目经济指标，如供电可靠性、项目效益投资比等数据对老旧城区配电网改造升级各阶段的建设水平进行综合评估评价。同时充分考虑其特殊地理区位，在满足各项指标均达到要求的前提下，适当调高对环境的影响因素的权重，将电网设施对周边环境的友好程度作为重要评价标准之一。

三、供电企业服务政府老旧城区改造配电网规划管理效果

（一）有效配合政府进行老旧城区改造，助力城市发展

在社会效益上，老旧城区配电网结构不断完善，供电半径日益合理，电压质量和供电可靠性得到显著提高。截至 2017 年 6 月，供电半径短至 4.3 公里；电压质量提升至 100%，并已全面消除供电“卡脖子”和低电压现象；供电可靠性提升至 99.982%；减少停电时间 0.8 小时，减少社会停电损失约 1760 万元，累计创造经济效益 2094 万元。

在助力城市发展上，高效的运营水平和精益化管理最大限度地减少了故障抢修时间和客户业扩服务时间；中压线路发生故障时，故障段损失负荷小于 2 兆瓦，区域内的故障线路的非故障段可在 5 分钟内恢复供电。在武汉市近年来的极端高温天气情况下，武汉全市老旧城区实现了线路零跳闸、配变零烧毁的目标。

（二）老旧城区配电网结构不断完善，供电质量显著提高

在电力网络结构上，武汉市老旧城区电网中压线路联络率达到 100%，大部分联络复杂线路、自环线路、单辐射线路等非标准接线通过网架优化，实现了网络结构扁平化、标准化。老旧城区内电网逐步形成结构清晰合理的双环网骨干网架，用户供电可靠性明显增强。

在供电分区上，以供电网格为单位，变电站供电分区相对清晰独立，有效避免了交叉重叠和跨区供电现象。区域内双环网供电区域以该双环网所处网格中区为边界，每个环网设置 4～6 个双环网节点，每个双环网节点为一个小区供电，供电范围通过统筹优化相对固定，有效减小中压供电半径，合理分配负荷。

（三）构建适用于老旧城区改造的配电网规划管理政企协同机制

按照“专业归口、分级负责”的原则，武汉供电公司各专业部门按职责与对口市、区级政府的规划、发改、工信部门、重点客户和利益相关方加强了沟通联络，构建起高效的政企协同机制，形成一套分工明确、数据共享、协调统一的配电网规划与实施工作体系。2015 年，《武汉市电力设施布局规划》取得市政府批复，首次实现武汉电网规划与城市规划“一张图”。2016 年，武汉市政府开辟电网基建项目前期“绿色通道”，为武汉供电公司取得配电网规划与实施需要的各项协议和支持性文件等材料提供了便利，有序推进武汉老旧城区配电网建设项目实施。

（成果创造人：明　煦、刘　嵩、孙　皓、邓　薇、韩启新、万文轩、戴　飞、周　纯、王　睿、傅　蔷、刘　纲、梅维胜）

汽车企业基于自主品牌的国际产能合作

安徽江淮汽车集团股份有限公司国际公司

安徽江淮汽车集团股份有限公司国际公司（以下简称国际公司），主要负责江淮汽车海外市场拓展，自2006年正式成立以来，已经成长为自主品牌汽车走向国际市场的中坚力量并在细分出口市场保持领先优势。其中，轻卡连续14年行业出口第一，重卡出口取得突破，乘用车出口市场结构和产品结构持续优化，国际公司先后与全球130多个国家和地区建立合作关系，在海外拥有近1000家销售网点及700余家服务网点，并建有2家海外合资公司、2家全资子公司和19家海外KD组装工厂。截至2016年年底，国际公司累计出口车辆超过45万辆，出口总量位居行业第五位。

一、汽车企业基于自主品牌的国际产能合作背景

（一）顺应国家战略，有效化解企业产能过剩问题的需要

2013年，我国先后提出共建"丝绸之路经济带"及"21世纪海上丝绸之路"的倡议（简称"一带一路"），提出今后中国对外开放的新思路。有关机构预测到2020年，我国汽车产能将达到5000万辆，与此同时，行业机构和车企对"十三五"车市增速的预测却在4%～5%之间，必然出现产能过剩隐忧。江淮汽车作为中国汽车行业中的重要一员，近年来产能扩展较为迅速，目前已经形成以合肥为中心，以山东青州、江苏扬州、四川遂宁等为分基地的生产布局，总产能已突破120万辆规模，但实际销售仅为产能的50%，面对中国经济发展新常态，寻求国际产能合作，是江淮汽车面对"十三五"期间产能过剩的需要。

（二）适应世界经济新形势，加速企业转型升级步伐的选择

近年来，面对当地愈加苛刻的贸易壁垒和对发展本国汽车工业的不断重视，传统汽车贸易出口的模式受到严峻挑战，中国汽车出口企业纷纷尝试通过海外建厂方式，突破贸易壁垒限制，进而巩固企业出口既定优势。江淮汽车也必须以产能合作为突破口，精心布局海外工厂项目，由单纯的产品输出转向技术和人才的输出，推动企业国外业务转型升级。

（三）落实集团国际化战略要求，实现企业持续发展的需要

江淮汽车"十三五"国际化战略规划中明确指出，到2020年，江淮汽车出口实现10万辆，其中向"一带一路"沿线国家出口实现7.2万辆，比重约70%，为实现这一目标，确立培育三大核心能力，即"产品同步规划能力""营销服务本土化能力""海外工厂质量管控能力"，并以此为基础建立国际业务可持续竞争优势。

二、汽车企业基于自主品牌的国际产能合作内涵和主要做法

遵循化解国内过剩产能与优化提升产品结构的"双轮驱动"基本思路，构建完善的"母子工厂"体系，采取当地KD组装、合资合作等方式，将海外投资或指导建设的工厂作为承载一般产品和技术的"子工厂"，而将国内的工厂建设成为具备先进制造技术并具有技术支援功能的"母工厂"，通过"母子工厂"建设，有序推进国内过剩产能转移，提升产品的属地化生产能力，有效规避高额进口关税和进口配额限制，更好地满足当地产业政策需求，提升产品终端竞争力。主要做法如下。

（一）开展散件组装持续提升零部件地产化率，满足目标市场产业政策要求

伊朗产业政策鼓励散件组装（Knock Down，简称KD），对整车进口征收高额关税，江淮汽车统筹调度公司资源，2011年与伊朗合作伙伴签署合作协议，首款产品——江淮同悦即以散件形式出口至伊

朗，并在伊朗当地工厂完成组装下线，赢得终端客户赞赏。2012 年，江淮汽车顺势推出第二款产品——江淮和悦，同样也是以散件形式出口，此次为提升组装产品品质，江淮汽车要求经销商派遣专门技术人员来华学习车辆组装技术，此举得到客户的高度认同，自此以后，江淮汽车每向伊朗投放一款新品，必邀请客户来厂进行专项培训。2014 年，江淮汽车全新产品——瑞风 S5 正式在伊朗市场实现组装下线，在伊朗市场实现“轿车＋SUV”产品组合，双方合作也从最初的 2000 余台提升至 20000 余台。

2015 年 7 月以来，伊核谈判达成，伊朗制裁解除，本国经济复苏加快，伊朗政府也迫切希望大力发展本国汽车工业，不断出台新的汽车产业政策，尤其在零部件本土化上要求越来越严格，达不到地产化政策要求，江淮汽车产品进口将面临高额关税。鉴于此，江淮汽车迅速调整策略，聚焦现有车型及后续车型的地产化率达标，联合合作伙伴先后实现发动机、座椅、排气管、玻璃、保险杠、油箱等汽车零部件的本土化生产，双方合作从最初的散件组装延伸至零部件本土化生产。

（二）指导合作伙伴投资建厂，获取整车进口配额

江淮汽车作为最早进入阿尔及利亚市场的中国汽车品牌，自 2011 年开始，连续 5 年位居终端市场销量第一。但自 2016 年起，当地政府颁布新的汽车法规，开始实施配额许可证管理制度，2016 年度汽车配额共计 15.2 万辆，每个进口商所分配额度不得超过总量的 30%，但如果通过散件形式进入阿尔及利亚市场，则不受配额政策影响。江淮汽车积极与合作伙伴探讨建立散件组装工厂可行性，以谋取长远发展利益。

自 2014 年起，江淮汽车阿尔及利亚合作伙伴（Emin Auto）就同国际公司签订“散件组装技术许可协议”，其后合作伙伴迅速启动工厂选址工作，进入 2015 年，在外交部及中国驻阿尔及利亚大使馆的大力支持和推动下，合作伙伴（Emin Auto）终于获得阿尔及利亚工矿部的建厂资质审批。2016 年 1 月，江淮汽车阿尔及利亚轻卡散件组装工厂签字仪式在首都阿尔及尔隆重举行。

（三）抓住“一带一路”发展机遇，乘势布局空白市场

哈萨克斯坦是中亚地区最大经济体，属于高收入国家，但经济过度依赖石油和矿产采集、贸易及初加工，机械制造和轻工业相对落后，受国际能源价格低迷和俄罗斯卢布贬值双重冲击，哈萨克斯坦经济下行压力明显，吸引外资愿望迫切。2015 年 3 月，在国家发改委、外交部和哈萨克斯坦投资发展部的组织下，江淮汽车作为唯一一家汽车企业应邀出席“中哈第三次产能合作论坛”，并签署《JAC 产品 KD 组装授权协议》，7 月双方签署《JAC 产品经销协议》，在哈萨克斯坦组装江淮汽车全系列车型，同步推进地产化并出口俄罗斯等周边国家和地区，逐步达到 5 万辆的生产销售规模；支持发展哈萨克斯坦汽车工业，在生产设备、技术、标准和人才方面提供支持，辅导培育民族汽车品牌。作为中哈产能合作和哈萨克斯坦第三次现代化建设中的重点项目，该项目得到中哈两国政府的高度重视和关怀，哈方已经制订诸如税费减免、政府采购、租赁贷款、资金支持等一系列的支持政策。

（四）围绕本土化经营既定目标，主动构建产销一体化合资公司

越南是东南亚重要新兴市场之一，有着巨大的市场潜力，借道越南可以覆盖东盟市场。经过几年的出口运作，国际公司对越南市场已经有较为深刻的认识和理解，面对出口越南高昂的物流成本和贸易壁垒的限制，2009 年江淮汽车以本地化开发建厂的形式重新布局越南市场，积极迎接东盟一体化。该工厂占地 19000 平方米，注册资本约 280 万美元，其中安徽江淮汽车股份有限公司为控股股东，现有员工 182 人，其中越南员工 176 人，中方管理人员和专家 6 人，主要负责 JAC 品牌轻卡产品的生产和销售，并针对越南市场进行本地化的产品开发，有效布局东南亚生产基地。

三、汽车企业基于自主品牌的国际产能合作效果

（一）扩大江淮汽车出口规模，提升行业影响力

江淮汽车国际业务在“一带一路”国家范围内取得快速的增长。2016 年，江淮汽车实现出口约 5.7